LES LOIS
DE
LA PROCÉDURE
CIVILE.

DE L'IMPRIMERIE DE COUSIN-DANELLE, A RENNES.

Se trouve,

A PARIS, { CHEZ WARÉE ONCLE, LIBRAIRE, COUR DE LA SAINTE CHAPELLE, N°. 13 ;
CHEZ BÉCHET AINÉ, LIBRAIRE, QUAI DES AUGUSTINS, N°. 57.

LES LOIS
DE
LA PROCÉDURE
CIVILE,

OUVRAGE DANS LEQUEL L'AUTEUR A REFONDU SON ANALYSE RAISONNÉE, SON TRAITÉ, ET SES QUESTIONS SUR LA PROCÉDURE,

PAR G. L. J. CARRÉ,

PROFESSEUR EN LA FACULTÉ DE DROIT DE RENNES.

Jura docent alii, nos quâ ratione modoque
Quæ sibi debentur nunc quis obtineat.

(G. GROTIUS, Isagoge ad Praxin fori batav.; auctor ad lectorem.)

TOME PREMIER.

A RENNES,

CHEZ DUCHESNE, LIBRAIRE, RUE ROYALE, N°. 2.

M. DCCC. XXIV.

OUVRAGES DU MÊME AUTEUR.

INTRODUCTION GÉNÉRALE A L'ÉTUDE DU DROIT, et spécialement DU DROIT FRANÇAIS, avec des tableaux synoptiques, à l'usage de MM. les Étudians. Paris, 1808, HACQUART, rue Gît-le-Cœur, n°. 8.

Ouvrir la carrière et en montrer toute l'étendue à ceux qui veulent la parcourir; fixer leurs regards sur les principaux objets de cet immense tableau; guider et soutenir leur premier pas; leur tracer, en un mot, le dessin des grandes masses autour desquelles viennent se grouper toutes les parties de la doctrine : tel est l'objet de cet ouvrage, essentiellement élémentaire.

TRAITÉ DU GOUVERNEMENT DES PAROISSES, Rennes, 1822, COUSIN-DANELLE; se vend à Rennes, chez DUCHESNE, libraire, rue royale, n°. 2; à Paris, chez BÉCHET.

M. DUPIN aîné s'exprime comme suit, sur cet ouvrage, dans son Introduction aux lois des communes, pag. 175 :

« Le décret du 30 décembre 1809 a l'avantage d'établir, pour toutes les parties du Royaume, un réglement » commun, une sorte de droit public, dont les Fabriques tiennent une administration uniforme. Il a dû trouver » place dans notre Recueil, ainsi que plusieurs autres décrets, ordonnances et réglemens postérieurs qui sont venus » en interpréter et en développer le sens.

» Mais il en est de ces réglemens comme de toute espèce de lois. Ils fixent des principes généraux et ne résol- » vent pas toutes les difficultés particulières; ils laissent encore beaucoup de questions à résoudre à l'administrateur, » au jurisconsulte, au magistrat.

» Frappé de cette idée, un savant professeur de la faculté de droit de Rennes, M. CARRÉ, à qui la science du » droit est déjà redevable de plusieurs ouvrages distingués, marchant sur les traces de Jousse, de Boyer, et de son » compatriote, Potier de la Germondaye, a voulu, à leur exemple, composer un Traité du Gouvernement des » Paroisses, où il examine tout ce qui concerne, dans leurs rapports avec les lois et les réglemens d'administration » publique, 1°. les fonctions, droits et devoirs des Curés, Desservans et autres personnes ecclésiastiques ou laïques » relativement à l'exercice du culte; 2°. l'organisation, les biens, les droits, l'administration et les procès des » Fabriques.

» Cet ouvrage (qui a paru en 1821, 1 vol. in-8°.) est d'autant plus utile à consulter par les Curés, les Maires, et » en général les membres des Conseils de Fabrique, que c'est un traité purement pratique; on n'y trouve qu'une » instruction facile, dégagée d'expressions scientifiques, et offrant, avec simplicité et laconisme, l'état actuel des » choses, en ce qu'il a de positif et d'évident; le rapprochement des conséquences dans ce qu'elles ont de plus » certain; et enfin les observations d'un jurisconsulte impartial, sur les difficultés que peut présenter l'application » des textes. C'est sous ce point de vue que je m'empresse de le recommander à tous les citoyens que leur probité, » leurs vertus et leur zèle pour le bien public et la religion, appellent à prendre part, ne fût-ce que comme Mar- » guilliers, à l'administration d'une paroisse.»

INTRODUCTION A L'ÉTUDE DES LOIS RELATIVES AUX DOMAINES CONGÉABLES, ET COMMENTAIRE DE CELLE DU 6 AOUT 1791. Rennes, COUSIN-DANELLE, 1822, se vend à Rennes, chez DUCHESNE, à Paris, chez WARÉE oncle, libraire, Cour de la Sainte-Chapelle, n°. 13.

Sous presse,

LES LOIS FRANÇAISES SUR L'ORGANISATION ET LA COMPÉTENCE DES JURISDICTIONS CIVILES, expliquées par les principes de la théorie, les doctrines des publicistes et des jurisconsultes et les décisions des Cours souveraines, dédiées à M. DUPIN aîné, docteur en droit de la faculté de Paris et avocat à la Cour de la même ville. Rennes, 1824, COUSIN-DANELLE; se vend à Rennes, chez DUCHESNE, libraire, rue royale, et à Paris, chez WARÉE oncle, libraire, Cour de la Sainte-Chapelle.

Depuis l'époque où l'Assemblée constituante commença par le renversement de l'ancien système judiciaire, la grande révolution qui s'est opérée dans toutes les branches de la législation, l'introduction d'un nouveau droit a donné naissance à une foule d'ouvrages parmi lesquels on ne saurait en citer un seul qui ait traité, dans son ensemble, et en joignant la théorie à la pratique la plus importante de ce droit, celle qui organise les autorités judiciaires et détermine leurs attributions.

L'utilité d'un semblable travail est vivement sentie, et il est d'autant plus à désirer, que l'étude des lois qui régissent cette matière présente plus de difficultés, soit parce qu'elles n'ont point été réunies dans un seul Code, soit à raison de leur incohérence et sur-tout de la diversité et de l'incertitude des décisions judiciaires.

L'étudiant n'emporte des écoles que des idées vagues sur cette partie, qui ne peut être traitée que très-accessoirement dans les cours qu'il a suivis; le magistrat et le jurisconsulte n'ont acquis que par un travail long et pénible, les connaissances qu'exige, en cette même matière, l'exercice de leur état.

L'auteur remonte aux principes généraux; il expose les doctrines universellement adoptées des publicistes et des jurisconsultes; il traite l'historique de nos institutions judiciaires anciennes et modernes; rapporte ensuite les textes des lois existantes; il les explique par leurs motifs, en fait l'application aux espèces qu'il a prévues, ou sur lesquelles la jurisprudence a prononcé; il a dû, par ce motif, séparer entièrement la théorie de la partie positive et pratique.

Et d'abord, il a composé LE CODE DE L'ORGANISATION JUDICIAIRE ET DE LA COMPÉTENCE, en classant dans leur ordre naturel, et en distribuant par articles, non seulement le texte de nos lois, mais encore les principes qu'elles n'ont pas expressément consacrés, mais qui sont invariablement admis dans la jurisprudence.

En tête de chaque livre, souvent même de chaque chapitre, se trouvent les notions générales que comportent, *dans leur ensemble*, les dispositions qu'ils renferment. Chaque article a aussi son commentaire particulier tiré des motifs de sa disposition : c'est cette partie qui forme véritablement *un traité méthodique* de l'organisation et de la compétence. Tout ce qui n'a trait qu'aux difficultés d'application, est discuté et résolu sur chaque article en forme de question. C'est assez dire que le Traité des lois d'organisation et de compétence est rédigé sur le même plan que celui des Lois de la procédure civile, auquel il se rattache essentiellement.

ÉLÉMENS DU DROIT FRANÇAIS DANS SES RAPPORTS AVEC LE NOTARIAT.

L'auteur, en rendant un hommage mérité aux différens ouvrages qui ont été publiés sur le notariat, n'en croit pas moins que celui qu'il offre aux jeunes aspirans à l'exercice de cette honorable profession sera pour eux d'une grande utilité. Les élémens de droit qu'il annonce, ne sont autre chose que le cours élémentaire qu'il a donné en 1806, aux élèves qui dans l'intervalle de la suppression des écoles centrales au rétablissement des facultés de Droit, suivirent l'école particulière qu'il tenait alors à Rennes.

Le même cours a été renouvelé plusieurs fois dans la faculté de Droit, à la demande de MM. les Étudians.

L'auteur l'a rédigé, en supposant un jeune homme suivant tous les cours des facultés, et cherchant dans chacun ce qui convenait au notariat. Ainsi, son travail présentera les notions élémentaires de toutes les branches de la législation publique et privée, constamment appliquées aux fonctions des notaires.

A

M. TOULLIER,

AGGRÉGÉ DES ANCIENNES FACULTÉS DE DROIT, PROFESSEUR DE DROIT CIVIL, ET BATONNIER DE L'ORDRE DES AVOCATS, A RENNES,

AUTEUR DU DROIT CIVIL FRANÇAIS,

Scis etenim justum geminâ suspendere lance
Ancipitis libræ : rectum discernis........

(PERSE, Sat. 4, vers 10 et 11).

AVERTISSEMENT.

L'AUTEUR a refondu et il présente au public, sous un titre nouveau, les ouvrages qu'il a publiés en 1811 *et* 1818, *sur la procédure civile.*

*Dans le premier, l'*Analyse raisonnée, *etc., il s'était borné à recueillir les décisions rendues sous l'ordonnance de* 1667, *qui lui semblaient applicables au nouveau Code, à comparer et à discuter, soit les opinions des jurisconsultes qui avaient écrit sur ce Code lui-même, soit les arrêts des Cours souveraines, et à traiter enfin les diverses questions nées de l'étude approfondie d'une loi qu'il est chargé, par état, d'expliquer à ses élèves, et sur lesquelles il a été consulté.*

Il ne voulut composer alors qu'un livre essentiellement pratique, *si l'on peut s'exprimer ainsi : on eût donc vainement cherché la méthode que l'on désire dans un ouvrage élémentaire destiné à l'enseignement de la jeunesse; on n'y trouvait que les avantages d'un recueil, aussi complet que possible, sur les questions les plus usuelles et les plus importantes de la procédure.*

Depuis, déférant aux représentations de ses amis et de plusieurs jurisconsultes éclairés qui regardaient ce défaut comme une imperfection, l'Auteur fit son Traité de procédure civile, *où les principes généraux de cette branche du Droit sont exposés; les questions traitées dans l'*Analyse raisonnée *s'y trouvent ensuite sommairement rappelées; enfin l'auteur y ajouta un supplément qui comprenait les nouvelles décisions intervenues dans l'intervalle de* 1811 *à* 1818.

Ces divers essais, auxquels le public a daigné faire un accueil favorable, ont encouragé l'Auteur à se rendre digne de tant de bienveillance par de nouveaux efforts.

L'idée de refondre les deux ouvrages en un seul, et de faire marcher de front la théorie et la pratique, lui a paru une idée heureuse.

L'exécution de ce plan lui permet aujourd'hui de traiter sous des rapports plus étendus la science de la procédure civile.

Il s'est attaché d'abord à donner les notions les plus exactes et les plus précises sur la doctrine, et à faire connaître l'esprit et les motifs de chaque article du Code qui lui a paru susceptible d'explication.

Quoique cette partie de son travail ait spécialement pour objet l'instruction de MM. les Étudians, auxquels de pareilles notions sont indispensables, les personnes les plus exercées y trouveront peut-être, avec plaisir, classés et développés, dans leur ordre naturel, des principes qu'il n'est pas inutile de se rappeler à l'occasion : amant meminisse periti. *Voilà pour la théorie.*

Quant à la pratique, l'auteur a multiplié les exemples et les espèces. L'ouvrage est augmenté de plus d'un tiers, et cependant le nombre des numéros indicateurs est moins grand que dans les éditions précédentes.

L'ouvrage est augmenté, *parce que, depuis* 1818, *des questions nouvelles très-importantes ont été agitées, consultées, jugées, et que l'auteur s'est fait une loi de recueillir toutes les espèces parvenues à sa connaissance, dont la solution pouvait agrandir le domaine de la science.*

La quantité des numéros a diminué, *parce que l'auteur s'est contenté de faire mention des questions sur lesquelles il n'avait à faire que peu ou point d'observations.*

Il se plaît, en terminant cet avertissement, à répéter ce qu'il a dit dans la préface de son Traité de procédure :

« *Si je réussis quelquefois, je ne me dissimule pas qu'une partie du succès appartient d'avance, et aux savans jurisconsultes qui ont traité la matière et à mes confrères des autres facultés. Je citerai, en première ligne, MM. Pigeau, Berriat Saint-Prix* (1), *Poncet, Thomines-Desmazures.*

» *C'est ainsi qu'animé du désir de mériter la bienveillance de sa Majesté, sous la protection de laquelle nous exerçons nos fonctions, et de justifier la confiance des savans distingués qu'elle a préposés à la direction de l'instruction publique, nous ne négligeons rien pour contribuer, autant qu'il est en nous, aux progrès de la science que nous professons. Heureux, si le public continue d'encourager nos efforts !.....* »

---

(1) *Le vénérable* PIGEAU, *nommé à si juste titre le Maître de la science, a emporté les regrets de la magistrature, du barreau et de la jeunesse studieuse à l'instruction de laquelle il avait consacré sa vie entière; mais la faculté de Paris possède le savant professeur de Grenoble,* M. BERRIAT SAINT-PRIX, *si honorablement connu par ses divers ouvrages. Que cet estimable collègue trouve ici l'hommage de tous les sentimens que m'inspire le suffrage d'un émule assez généreux pour avoir accordé à mes faibles essais un éloge qui n'était dû qu'aux travaux supérieurs dont il a enrichi la jurisprudence et l'histoire.*

INTRODUCTION

GÉNÉRALE

A

LA PROCÉDURE CIVILE

ET

A LA PRATIQUE JUDICIAIRE.

LIVRE PREMIER.

PROCÉDURE CIVILE.

TITRE Ier.

Objet et Définition de la procédure. — Son utilité. — Nécessité de l'étudier, sous les deux rapports de la théorie et de la pratique.

1. Les lois civiles, qui règlent les droits et les devoirs réciproques des individus concernant leurs intérêts privés, ont pour garantie et pour sanction l'institution du pouvoir chargé de les appliquer (1).

(1) Nous avons rassemblé et expliqué, dans notre Traité de l'organisation et de la compétence des tribunaux civils de France, toutes les lois relatives à cette matière.

2. Mais cette institution n'aurait pu atteindre suffisamment son but, si le législateur n'avait en même tems déterminé comment les citoyens pourraient réclamer du magistrat la justice qui lui est due, et faire parvenir la vérité jusqu'à lui.

Il n'était pas moins nécessaire de renfermer l'autorité judiciaire dans de justes limites, de lui tracer une forme de procéder régulière, d'indiquer enfin les voies à suivre, soit pour se pourvoir contre ses décisions, soit pour les faire exécuter.

3. De là l'établissement des formalités judiciaires qui, dans leur ensemble, constituent ce qu'on appèle la PROCÉDURE (1).

La procédure n'est donc autre chose en général que la forme suivant laquelle les justiciables et les juges doivent agir, les uns pour obtenir, les autres pour rendre justice.

4. Elle est criminelle ou civile, suivant que la justice doit être rendue, soit à l'occasion d'un fait que la loi, autant pour le bien général que pour l'intérêt privé, a déclaré punissable, soit à l'occasion de toute contestation purement civile. Nous n'avons point à nous occuper ici de la *procédure criminelle.*

5. POTHIER définit la procédure civile, « La forme suivant laquelle on doit intenter les demandes en justice civile, y défendre, instruire, juger, se pourvoir contre les jugemens et les faire exécuter. » Et, en ce peu de mots, ce grand jurisconsulte a indiqué toute la marche d'une affaire contentieuse (2).

6. Mais cette définition si simple et si juste n'empêche pas que les règles de la procédure ne soient très-étendues; la loi doit, en effet, dans toutes les circonstances et à toutes les époques de la poursuite judiciaire, offrir, tant aux magistrats qu'aux justiciables, les garanties les plus solides contre l'erreur et les surprises; elle doit signaler, proscrire et sur-tout prévenir les abus; elle doit rendre facile au juge la recherche de la vérité et prémunir sa conscience contre les pièges que la mauvaise foi ne cesse de lui tendre.

C'est la réunion de ces dispositions qui forme le CODE *de procédure civile.*

7. La perfection de ce Code consiste à éclairer la marche de la justice sans l'embarrasser ni la retarder; ne rien prescrire qui ne soit utile, ne rien omettre de ce qui est nécessaire, telles doivent en être les bases; donner les moyens de parvenir, dans le moins de tems et avec le moins de frais possible, à la découverte de ce qui est vrai et juste, tel en est le but (3).

8. Néanmoins, quoique le législateur n'ait rien négligé pour atteindre ce degré de perfection, on ne peut se dissimuler que ses efforts n'ont pas toujours eu tout le succès désirable. C'est un inconvénient inséparable de la difficulté d'appliquer les principes du droit naturel et les règles générales de la législation positive, à celle de toutes les branches de cette législation qu'il est peut-être le plus difficile de soustraire totalement à l'arbitraire (4).

---

(1) Ce mot dérive du latin *procedere*, s'avancer, marcher. Ainsi, *la procédure* est une manière d'*agir*, une marche *à suivre*.

(2) Voy. ci-après les distinctions à faire entre la procédure judiciaire et la procédure extrajudiciaire, pag. x, n.os 26 et 27.

(3) Observations préliminaires du projet rédigé en 1804.

(4) Ainsi, rapidité dans la marche et économie dans les frais, autant que ces deux objets sont compatibles avec une instruction suffisante, voilà ce que les législateurs ont toujours

9. D'une part, cette imperfection inhérente en quelque sorte aux lois de la procédure, de l'autre, la nécessité d'en garantir l'exécution par des nullités et des déchéances tellement rigoureuses que souvent elles emportent la perte du droit même des parties, quelque bien établi qu'il fût au fond; enfin, la facilité que quelques personnes qui abusent de tout, ne trouvent que trop souvent à éluder la loi, ont rendu la pratique judiciaire un objet de critique et de reproches. On s'est récrié contre certaines formalités, inutiles et minutieuses en apparence, et l'on a même voulu en retrancher les plus essentielles.

10. Mais, quoi qu'il en soit de cette prévention, qui, au reste, n'est élevée que par des personnes étrangères au barreau, et qui n'ont pas l'expérience nécessaire pour juger en parfaite connaissance de cause, il est généralement reconnu, par les hommes qui ont approfondi la science du droit, que les règles et les formalités de la procédure écartent en général de l'administration de la justice le désordre, l'arbitraire et la confusion, et qu'elles empêchent que les citoyens ne soient traduits devant des juges qui ne leur seraient pas donnés par la loi :

Elles préviennent le danger des erreurs, en donnant à l'instruction sur le fait et sur le droit assez d'étendue pour éclairer le juge, et assez de simplicité pour écarter presque toujours la chicane et ses vexations;

Elles garantissent le repos des familles par des prescriptions utiles et par de sages présomptions;

Elles donnent toute la latitude nécessaire à une légitime défense, et assurent la propriété par des délais précis, des observances et des ressources tutélaires;

Elles arrêtent enfin la précipitation des jugemens, en prescrivant de sages lenteurs, et bannissent l'arbitraire, en faisant à chaque instant sentir au juge

---

cherché à obtenir en matière de procédure, et en quoi ils ont plus ou moins réussi. Il suffit de jeter un coup-d'œil sur les lois, tant anciennes que modernes, pour être convaincu que tel a été leur système constant. Ce qui ne laisse aucun doute à cet égard, c'est qu'ils ont préféré souvent de modifier l'application d'autres principes, afin d'obtenir cette brièveté et cette économie. Ils ont introduit par exemple l'exception de litispendance, en vertu de laquelle on a le droit de demander le renvoi d'une cause à un tribunal saisi d'une cause connexe (*voy. pag.* 445); celle de garantie (*voy. pag.* 475 *et* 480), qui autorise à faire suspendre le jugement de l'action principale pendant le délai nécessaire pour appeler le garant, et qui, en outre, force le garant de plaider hors de sa juridiction naturelle.

Ces dispositions et autres semblables, telles que celles qui prescrivent la jonction de causes connexes, le délai commun accordé à plusieurs défendeurs domiciliés à différentes distances, la faculté d'intervenir, l'obligation de juger les causes en état, quoiqu'interrompues par décès de l'avoué ou de la partie, toutes ces dispositions, modifiant ou restreignant les droits que les principes généraux de la matière accordent aux parties, n'ont pu être portées que parce qu'elles étaient conformes aux deux grandes considérations de la brièveté et de l'économie : il importe donc de ne pas les perdre de vue, parce qu'elles deviennent d'une application fréquente, soit pour reconnaître l'intention du législateur, quand il a prescrit ou défendu certaines formes, soit quand il s'agit d'interpréter une disposition obscure ou douteuse. C'est en les prenant pour règle, que les auteurs du Code se sont attachés à n'ordonner que des formalités indispensables, et qu'ils ont supprimé beaucoup d'actes inutiles, comme les présentations et les défauts, faute de se présenter et de se défendre; actes qui retardaient sans nécessité la procédure, et en augmentaient les frais... — (*Voy. Berriat Saint-Prix*).

l'empire de la loi sous les ordres de laquelle il agit, et dont il doit suivre toutes les impulsions.

Au reste, toutes les inculpations dirigées contre la procédure viennent échouer contre cette remarque du premier de nos publicistes : « Il y a toujours trop de » formalités, si l'on consulte le plaideur de mauvaise foi qu'elles gênent, dit » Montesquieu ; il y en a toujours trop peu, si l'on consulte l'honnête homme » qu'elles protègent ; leur multiplicité, leurs lenteurs, les frais qu'elles occa- » sionnent sont comme le prix que chacun donne pour la liberté de sa personne » et pour la sûreté de ses biens » (1).

11. De l'utilité de la procédure, mais aussi de la facilité que l'on peut trouver à en abuser, dérive la nécessité de l'étudier et de l'étudier dans toute sa pureté. On sait d'ailleurs qu'il n'est pas de cause, pour ainsi dire, qui ne présente à traiter des questions de forme souvent subtiles et épineuses, qui, comme nous l'avons dit, peuvent fréquemment décider du fond, et sur lesquelles on ne saurait acquérir assez de lumières par la simple pratique.

12. Ainsi, l'on était tombé dans une étrange méprise en négligeant, dans les anciennes universités, l'enseignement de la procédure, comme si le tems passé à écrire des actes isolés, sans avoir préalablement acquis la connaissance de leurs motifs, de leur but, des rapports qu'ils ont entre eux, de leurs effets, pouvait produire autre chose que de graver des formules dans la mémoire et d'exposer le praticien aux plus déplorables erreurs, toutes les fois que les circonstances d'une affaire l'écarteraient de sa routine ; comme si la science n'était pas indispensable pour agir avec discernement et sécurité ; comme si l'avocat n'avait pas aussi souvent à consulter ou à plaider sur la forme que sur le fond des procès, et n'avait pas besoin, dans l'un comme dans l'autre cas, d'interpréter les textes par les principes de la doctrine et par l'esprit de la loi, que l'on ne saurait bien saisir sans elle ! ! !

« Quelques jurisconsultes, disaient les rédacteurs du projet, ont négligé dans » leur jeunesse l'étude des formes judiciaires ; ils en ont presque toujours été » punis par la nécessité où ils se sont trouvés de recourir à des lumières étran- » gères, pour suppléer à l'instruction qu'ils avaient dédaignée (2) ».

---

(1) Cependant, et c'est un rapprochement assez curieux pour être remarqué, Montesquieu avait écrit auparavant, dans ses Lettres persanes : « Il serait assez difficile de décider si la forme s'est rendue plus pernicieuse lorsqu'elle est entrée dans la jurisprudence, ou lorsqu'elle s'est logée dans la médecine ; si elle a fait plus de ravages sous la robe d'un jurisconsulte que sous le large chapeau d'un médecin, et si, dans l'une, elle a réuni plus de gens qu'elle n'en a tué dans l'autre ».

Cette contradiction peut étonner au premier coup-d'œil, mais elle s'explique : lorsqu'il écrivit ses Lettres persanes, Montesquieu, encore jeune, n'avait pas mûri ses idées et creusé la science de la législation, comme à l'époque où il écrivait l'Esprit des lois. Il ne vit, dans la procédure, que l'abus et le ridicule de certaines formes ; il les frappa du trait de la satire ; plus tard il en sentit l'importance et l'utilité, et les fit ressortir avec son énergie ordinaire.

(2) Dire que la procédure n'est qu'un art qui ne s'apprend que par l'usage, c'est, en quelque sorte, l'assimiler à ces métiers où la main seule agit, où il ne faut nulle méditation, mais seulement de l'exercice et de l'habitude ; c'est énoncer une aussi grande absurdité, que si l'on osait avancer qu'avant d'écrire, il n'est pas besoin de penser.

Ajoutons que les lois de la procédure, comme toutes les autres, ont besoin d'être inter-

13. Pour se livrer à cette étude avec plus de fruit et de facilité, il convient de suivre une méthode que des professeurs célèbres ont indiquée pour l'enseignement de diverses branches du droit.

Cette méthode exige que l'étudiant embrasse d'un seul point de vue l'ensemble et l'esprit du Code qui contient les lois relatives à la partie dont il s'occupe.

Il doit donc connaître avant tout l'histoire de ce Code, l'esprit général dans lequel il est rédigé, la réunion des matières qu'il régit, le plan suivant lequel elles sont traitées, leurs rapports avec les maximes fondamentales du droit en général, et enfin les règles d'interprétation qui leur sont applicables.

Tel est l'objet des titres suivans.

---

prétées par les principes qui leur servent de base; que l'on doit, dans leurs dispositions, consulter également plutôt l'esprit du législateur que les lettres et les mots qui servent d'expression à la pensée; qu'ainsi, la doctrine ne peut être séparée de la pratique. La théorie éclaire la pratique, et garantit des préjugés et des erreurs dont l'esprit serait imbu, si l'on ne suivait que l'usage; la pratique à son tour, fécondant les principes de la théorie, complète des connaissances qui, sans elle, seraient évidemment imparfaites.

Nous sommes donc bien fondé à considérer, comme une importante amélioration apportée dans le système du droit, l'établissement d'un cours spécial, dont l'objet est d'exposer et de développer la théorie de la procédure civile, et d'expliquer d'après elle les textes de la loi. Ce n'est qu'après avoir profité d'un tel enseignement, que l'on peut retirer de l'usage une utilité réelle.

Étudier la procédure sous ce double rapport, afin d'apprendre à n'agir qu'avec discernement, à ne rien faire sans en connaître le but et l'utilité, tel doit être conséquemment l'objet, nous ne dirons pas seulement de ceux qui n'aspirent qu'au droit de représenter les parties devant les tribunaux, sous le titre d'avoués, mais encore de ceux qui se destinent à y paraître dans un rang plus élevé, comme magistrats ou comme jurisconsultes. Combien un avoué, qui ne connaîtrait que sa routine, ne serait-il pas exposé à compromettre les intérêts de sa partie et les siens propres, puisque la loi le déclare responsable de sa négligence et de ses fautes!

Et si, comme nous le disons, les avocats sont aussi souvent consultés sur les voies de procéder que sur les résultats futurs des procès; si, dans les causes qu'ils ont à défendre au barreau, il n'en est pas une qui ne présente des questions de compétence et de procédure, quelle ne serait pas l'humiliation de celui qui, contraint d'avouer qu'il ne possède que la moitié des connaissances nécessaires à sa profession, se verrait forcé de recourir pour l'autre aux officiers ministériels qui lui sont inférieurs dans l'ordre des fonctions, comme ils sont présumés l'être dans l'ordre de la science!

Quelle ne serait pas aussi la honte d'un magistrat, auquel nulle branche du droit ne saurait être étrangère, et qui ignorerait cependant celle-là précisément qui n'existe que pour diriger les officiers ministériels, qu'il doit tenir sans cesse sur la voie qu'elle leur trace, et pour éclairer constamment la marche qu'il doit suivre lui-même! Quoi qu'il en soit, l'étude de la procédure est extrêmement négligée, et ce serait un grand abus à signaler, s'il était possible qu'il existât, que l'élévation subite aux fonctions de la magistrature d'un jeune licencié, quittant les bancs de l'école, sans connaître les lois qui déterminent les attributions du juge, ou qui règlent la marche qu'il doit tenir pour les exercer. — (*Voy. notre Traité des lois d'organ. et de compét., pag.* 116.)

TITRE II.

Du Code de Procédure civile.

CHAPITRE Ier.

Notices historiques sur ce Code et sur les lois qui l'ont précédé. — Son esprit général.

14. Avant la publication du Code de procédure, les formalités que l'on suivait en France pour l'administration de la justice civile, étaient en grande partie celles que prescrivait l'ordonnance de 1667.

Cette loi était l'ouvrage des magistrats les plus éclairés du 17e. siècle, le résultat de la science et de la méditation la plus profonde; elle offrait ce qu'il y avait de plus sage et de plus complet sur la pratique judiciaire, et le Code actuel a dû nécessairement y puiser les dispositions dont une longue expérience avait prouvé l'utilité.

15. Elle-même avait eu pour modèles d'anciennes ordonnances parmi lesquelles les Établissemens de Saint-Louis font époque; mais on cite particulièrement celles de 1539, 1560, 1570 et 1629, dont on retrouvait les sources dans quelques lois romaines, dans les Capitulaires, dans les écrits des plus anciens praticiens, mais sur-tout dans les Règles ecclésiastiques, que l'on peut justement considérer comme renfermant les élémens que le génie et la raison ont développés dans les lois de la procédure (1).

---

(1) Les recherches historiques que l'on pourrait faire sur l'origine et les progrès de la procédure, offriraient moins d'importance et d'utilité que celles qui auraient pour objet les autres branches de la législation publique ou privée.

M. Meyer, dans l'introduction à son savant Traité des institutions judiciaires, a énoncé une proposition dont la vérité ne peut être contestée, lorsqu'il a dit que l'on chercherait vainement dans l'histoire l'exemple d'un peuple qui, sans avoir perdu son indépendance et son existence nationale, ait adopté la procédure d'une autre nation, et que si l'Europe entière a long-tems obéi aux lois civiles des Romains, si plusieurs peuples les suivent encore, il n'en est aucun qui ait emprunté sa procédure.

Si, en effet, l'on excepte quelques règles relatives aux actions, aux exceptions, à l'exercice de la jurisdiction, aux droits de défense des parties, aux divers genres de preuves, nous ne trouvons rien d'analogue entre les formes judiciaires des Romains et celles qui ont été admises parmi nous. Nous ne dirons donc qu'un mot sur cette partie de la législation romaine, pour tracer ensuite une légère esquisse de ce que nous pensons devoir particulièrement intéresser dans l'historique de nos lois de procédure.

Les lois des Douze Tables n'avaient point déterminé la manière dont les citoyens exerceraient leurs droits devant le magistrat. Elles ne contenaient que la théorie de la justice positive, et ce que nous appelons vulgairement la pratique était encore à faire.

Pour y suppléer, les jurisconsultes inventèrent les formes publiques, que l'on nomma *les actions de la loi, actiones legis.*

On ne comprenait pas seulement sous ce nom les actions judiciaires, on l'appliquait en-

16. Cependant l'ordonnance de 1667 n'était pas exempte de défauts; on lui reprochait une classification peu naturelle des matières; un grand nombre de lacunes obligeaient de suppléer à ses dispositions par les ordonnances antérieures, par les arrêts et réglemens des Cours souveraines et par les décisions de ses nombreux commentateurs. On lui reprochait, enfin, des vices de détail

---

core aux actes purement *légitimes* qui se faisaient hors de la présence du juge, et qui avaient aussi leurs solennités. Les patriciens, jaloux de leur autorité et voulant se rendre nécessaires à la classe plébéienne, tinrent long-tems secrète la connaissance de ces formes. Ils avaient attaché à leur observation une rigueur extrême. Les moindres omissions formaient des nullités absolues. Aussi consultait-on les patriciens comme les oracles de la loi, et la clientelle que chacun d'eux se créait ainsi lui assurait autant de suffrages dans les assemblées publiques.

Flavius, fils d'un affranchi, parvint à soustraire le livre des actions et le rendit public. Le peuple acquitta une dette de reconnaissance, en le nommant édile.

Ces formes, ces solennités, dont le nombre s'était encore accru, lorsqu'*Ælius* composa son ouvrage, auquel on donna le nom de droit *œlien*, consistaient moins dans une rédaction consacrée pour chaque acte que dans certains signes symboliques, tels que le don d'un anneau dans les promesses du mariage, la jonction des mains droites pour exprimer le mandat.

On ne tarda pas à substituer des signes écrits ou des notes abrégées. Enfin, Théodose le jeune abolit tout ce qui, n'étant que symbolique ou de pure formule, n'ajoutait rien à l'essence de l'acte.

Nos annales ne nous présentent que des obscurités sur l'origine et les premières révolutions de nos lois. Suivant Montesquieu, le pays du domaine des Francs fut régi, sous la première race, par le Code théodosien et les lois saliques. Les Bourguignons et les Visigoths eurent également des lois écrites; mais les invasions des Normands, les guerres intestines et la barbarie qui en fut la suite, firent tomber toutes ces lois dans l'oubli : on perdit même en France l'usage de l'écriture.

Cependant, au milieu de ces troubles, diverses coutumes locales se formaient peu à peu. Déjà le régime féodal avait introduit un autre état des personnes et de nouvelles règles sur la transmission des biens, ces deux bases premières de toute législation.

La procédure n'existait point encore; du moins ne peut-on nommer ainsi l'usage barbare du combat judiciaire, qui avait remplacé la preuve par le serment.

Saint-Louis parut, et tout prit une face nouvelle. Le combat judiciaire fut aboli; le sang ne fut plus le seul interprète du bon droit, et les plaideurs remirent le glaive entre les mains de la justice, qui ne s'en servit plus que pour frapper les criminels. Des tribunaux supérieurs furent institués pour réformer les sentences arbitraires des juges des baronnies (*). Quelques règles furent données sur la forme de procéder; mais ce fut sous Philippe-le-Bel que le régime judiciaire prit une véritable consistance, et que les formes de la procédure commencèrent à s'épurer. Les circonstances nous paraissent assez curieuses pour être rapportées.

Deux grands événemens presque contemporains, le Parlement rendu sédentaire à Paris, et la translation du Saint-Siége à Avignon, amenèrent cette révolution.

Tous les tribunaux, les avocats, les jurisconsultes attachés à la Cour de Rome, vinrent à la suite de Clément v s'établir en-deçà des Alpes. A cette époque, il n'y avait pas de pays où la procédure pût rivaliser avec celle d'Italie, puisée toute entière dans les lois canoniques.

Quelques avocats français se rendirent à Avignon pour s'initier aux secrets de cette pratique, et en enrichir le barreau français. Fiers de ce patronage et curieux de propager les usages de leur pays, les jurisconsultes d'Avignon composèrent quelques traités élémentaires sur la matière, pour la rendre moins aride et pour en faciliter l'étude, en présentant des procès fictifs dans lesquels ils faisaient figurer des personnages de l'antiquité, qui, soit

(*) Voy. notre Traité des lois d'organisation et de compétence, part. 2, pag. 53.

que l'expérience avait démontrés, et qui avaient occasionné de grands abus de la part des officiers ministériels (1). En 1790, elle se trouvait en opposition avec la nouvelle organisation de la justice civile.

17. Ces reproches servirent de prétexte à la loi si connue du 3 brumaire an 2, qui, en supprimant les avoués, abrogea de fait la plupart des dispositions de l'ordonnance; loi désastreuse qui, comme tant d'autres de la même époque, prouve qu'au sein des tourmentes révolutionnaires, il arrive souvent qu'au lieu de corriger les vices de certaines lois, on les remplace par des lois funestes.

On ne s'attacha qu'à détruire quand il ne fallait que réparer, et bientôt l'on vit naître des abus infiniment plus préjudiciables que ceux qui existaient auparavant. L'instruction la plus nécessaire au bon droit devint impossible; la fortune des parties fut la proie de mandataires *sans titre légal*, et le plaideur téméraire qui n'avait plus à craindre la juste peine des dépens, n'en fut que plus encouragé dans ses chicanes.

18. L'absence des garanties qu'offrait l'ordonnance et le retranchement absolu de toutes les formalités protectrices des citoyens, devinrent la source de tant d'abus, qu'on reconnut bientôt qu'il y avait loin d'une judicieuse réforme à l'entier anéantissement de l'ordonnance, et l'on en demanda le rétablissement avec autant d'ardeur qu'on en avait mis à en provoquer la suppression.

On regarda donc comme un grand bienfait la disposition de la loi du 27 ventôse an 8, qui rétablit les avoués, et l'arrêté du gouvernement du 18 fructidor suivant, qui leur ordonna, *par provision*, de suivre exactement la procédure établie par l'ordonnance et les réglemens postérieurs.

19. Ces mots, *par provision*, promettaient une législation nouvelle sur la pratique judiciaire; mais on attendit que le Code des lois civiles fût terminé, et peu de tems après sa publication, le Code de procédure fut *aussi discuté, adopté* et mis en activité.

---

par eux-mêmes, soit par avocats ou procureurs, plaidaient en demandant ou en défendant (**).

Les progrès des lumières et de la raison amenèrent de nombreuses améliorations dans le système judiciaire; une foule d'usages bizarres tombèrent en désuétude; enfin, l'ordonnance de 1667 fut publiée; grand et dernier monument qui acheva la restauration de ce système, et mit la procédure française en harmonie avec le raison et l'équité.

(1) On peut voir les observations que d'Aguesseau, pendant son exil à Fresnes, faisait sur cette ordonnance dans son Mémoire sur les vues générales, pour la réformation de la justice. Une des principales raisons pour lesquelles, après avoir parlé des imperfections de la loi, il expliquait comment elle n'avait pas produit tous les avantages que ses auteurs avaient espéré, était l'énormité des droits qui se prennent sur les plaideurs. Il faisait des vœux pour leur diminution. « Après tout, disait-il, le premier devoir de la royauté est de » rendre ou de faire rendre justice à ses sujets. C'est une dette que le roi paie, quand il » les met en état de la recevoir gratuitement, et il ne s'en acquitte qu'imparfaitement, » lorsqu'il leur vend, en quelque manière, ce qu'il est obligé de leur donner...... » (*Voy. tom.* 13, *pag.* 217, *édit. de* 1819). Ce grand abus a-t-il disparu sous l'empire du Code actuel? Il serait permis d'en douter. — (*Voy. notre Traité des lois d'organ. et de compét., art.* 17, *pag.* 107 *et* 110).

(**) Telle fut l'origine de ces traités bizarres qui parurent en 1315 et en 1330, où l'on voit les personnages les plus vénérés de notre culte paraître en justice comme juges ou plaideurs, officiers ministériels, témoins, etc., pour y faire tous les actes admis dans cette procédure. On trouve une analyse curieuse de ces ouvrages singuliers dans les notes historiques et biographiques, par M. Dupin aîné.

20. A cette époque, c'est-à-dire le 1er. janvier 1807 (1), les lois, les usages et réglemens anciens relatifs à la procédure civile furent définitivement abrogés, et la France jouit enfin de l'inappréciable avantage d'un système uniforme et complet de législation civile, tant sur le fond que sur la forme.

21. Les rédacteurs du nouveau Code, en adoptant celles des règles anciennes dont le tems avait démontré la sagesse, ont profité de tout ce que la jurisprudence des arrêts, les ouvrages des auteurs et les lois intermédiaires leur offraient d'utile.

On ne saurait donc contester de bonne foi que cette nouvelle collection des lois de procédure n'ait sur l'ordonnance une prééminence marquée, qui s'accroît encore de l'esprit général qui a présidé à sa confection; le législateur s'est constamment appliqué dans ce travail à éviter deux écueils également funestes : si, d'une part, il a supprimé les formalités ruineuses qui trop souvent éternisaient les procès, de l'autre, il n'a pas voulu qu'une instruction trop rapide conduisît à l'erreur, quelquefois à l'injustice, suites inévitables de la précipitation.

CHAPITRE II.

Plan du Code de procédure. — Matières de ses dispositions. — Distinction à faire, d'après elles, entre la procédure judiciaire et la procédure extrajudiciaire.

22. Pour l'utilité et la facilité des juges et des justiciables, le législateur a rangé les dispositions du Code sous autant de divisions particulières qu'il établit de procédures pour chaque espèce de juridiction.

Ainsi, dans le liv. 1 de la 1re. part., il a réuni les dispositions concernant la procédure spéciale des justices de paix ; dans les vingt-cinq premiers titres du liv. 2, celles qui s'appliquent aux tribunaux civils d'arrondissement, et dans le vingt-sixième, celles qui sont particulières aux tribunaux de commerce.

Le liv. 3 est entièrement consacré à la procédure devant les tribunaux et les Cours d'appel, et le liv. 3 de la 2e. part. aux règles à suivre devant les arbitres.

23. Toutes ces dispositions tracent et régularisent la marche à tenir pour obtenir, dans chaque tribunal, la décision d'un procès civil.

Leur complément se trouve dans celles que contiennent les liv. 4 et 5 ; l'un sur les voies ordinaires et extraordinaires ouvertes pour attaquer les jugemens, l'autre sur les moyens de les faire exécuter.

Ces différens modes de poursuivre l'exécution sont, en général, communs à toute décision judiciaire, de quelqu'autorité qu'elle émane, et c'est pourquoi il n'y a pas lieu à distinguer ici, comme on l'a fait par rapport aux formes prescrites pour l'obtention et la prononciation des jugemens, entre ceux qui sont rendus par telle juridiction ou par telle autre.

24. Les dispositions contenues dans ces différens livres établissent toutes les règles que réclame la procédure, d'après la définition que nous avons donnée

(1) Voy. nos questions sur l'art. 1041.

n°. 5, et elles se rapportent toutes en conséquence aux cinq objets indiqués dans cette définition, savoir : *la demande, l'instruction, le jugement, le pourvoi contre le jugement, l'exécution.*

25. Plusieurs auteurs, entre autres M. Pigeau ; qui méritera toujours d'être cité au premier rang, ont traité de la science de la procédure sous ces divisions; mais cette méthode expose à confondre des règles qui, quoique identiques dans leur but, peuvent différer quant à la nature des formalités qu'elles prescrivent. Elle empêche d'ailleurs de saisir le caractère propre que cette différence de règles et de formalités, relatives à chaque tribunal, imprime à la procédure qui se fait devant lui.

Pour bien connaître la marche de chaque procédure, les règles générales, leurs modifications ou exceptions, il convient donc d'étudier le Code dans l'ordre suivant lequel les matières y sont classées, sauf à se rendre raison de cette classification, et à remarquer en passant les rapports de similitude ou de différence qu'ont entre elles les dispositions propres à chaque tribunal, et à les rattacher aux divisions admises dans la doctrine.

C'est ceque nous avons essayé de faire par les notions générales qui forment les préliminaires de chaque livre, de chaque titre, même de chaque article du Code, et qui composent dans leur ensemble un traité de doctrine sur la procédure civile.

26. Cette procédure, qui comprend toutes les règles et toutes les formalités à observer, à l'occasion d'une affaire contentieuse, depuis la demande jusqu'à l'exécution du jugement, est appelée *procédure judiciaire*, parce que tous les actes qu'elle comporte sont faits en présence du juge ou de son autorité.

27. On la distingue, par cette qualification, d'une autre espèce de procédure que l'on appèle *extrajudiciaire*, parce qu'elle ne suppose point essentiellement un débat en justice, parce qu'elle se borne à tracer la marche à suivre dans une foule de circonstances qui exigent l'intervention du juge lui-même ou des officiers ministériels, autrement que pour parvenir à un jugement ou à son exécution.

28. Toutes les règles, toutes les formalités qu'elle établit, se trouvent dans la seconde partie du Code, sous le titre général de *procédures diverses*, attendu qu'elles constituent autant de procédures particulières et distinctes sur diverses matières de droit privé, indépendantes les unes des autres (1).

29. Enfin, le Code est terminé par des dispositions générales dont l'objet est de prévenir les abus qui pourraient naître de l'interprétation ou de l'application vicieuse de la loi, et de procurer la stricte exécution d'un grand nombre de dispositions particulières, en établissant des règles absolues et invariables dont les parties, les officiers ministériels et les juges ne peuvent s'écarter (2).

---

(1) Voy. tom. 3, pag. 337.
(2) Voy. tom. 3, pag. 481.

TITRE III.

Application aux lois de la procédure civile de certaines maximes générales du droit français.

30. Il est dans notre législation certains principes fondamentaux qui ont un point de contact avec toutes les lois dont elle se compose, parce que leur application dépend d'eux comme d'un régulateur général.

Ces principes ont été placés, en grande partie, en tête du Code civil, par la considération qu'il embrasse, plus que tout autre, l'universalité des choses et des personnes.

Il existe d'autres principes qui n'ont point été érigés en loi, mais qui n'en sont pas moins constans et obligatoires, puisque la jurisprudence les a consacrés. Ils établissent des points de doctrine incontestables, et par conséquent ils font, comme les dispositions de la loi même, partie essentielle de l'enseignement du droit.

Nous avons à examiner l'influence des uns et des autres sur les règles positives de la procédure civile.

31. Premier principe : *Nulle loi n'est obligatoire qu'autant qu'ayant été promulguée par le* Roi, *elle est réputée connue de la nation.*

Tel est le principe général que consacrent la Charte constitutionnelle et l'article premier du Code civil. Entre le peuple, pour qui la loi est faite, et le législateur, il faut en effet un moyen de communication; car il est nécessaire que le peuple sache ou puisse savoir que la loi existe et qu'elle existe comme loi.

La promulgation est le moyen de constater l'existence de la loi auprès du peuple, et de lier le peuple à l'observation de la loi.

C'est l'acte par lequel le Roi, investi par l'art. 13 de la Charte de la plénitude de la puissance exécutive, proclame, conformément à l'art. 22, le texte de la loi qu'il a sanctionnée, en ordonne l'envoi aux autorités constituées, et prescrit l'obéissance.

32. C'est en vertu de cette promulgation que les lois deviennent exécutoires, c'est-à-dire susceptibles d'exécution dans toute l'étendue du royaume; mais elles n'ont force obligatoire, dans chaque partie, que du moment où il existe une présomption légale qu'elles y sont connues.

Cette présomption est acquise, suivant l'art. 1 du Code civil et les ordonnances royales des 27 novembre 1816 et 18 janvier 1817, (1) savoir :

Pour le département de la résidence royale, un jour après que le Bulletin

(1) On croit généralement ces ordonnances vicieuses (*voy. le Traité du droit civil de M. Toullier, 2.e édit., tom. 1, pag. 69 et suiv.*), et l'on forme le vœu que tout ce qui regarde le mode de la publication de la loi soit déterminé par les trois branches du pouvoir législatif. — (*Voy. Essai historique et politique sur la Charte, dans l'ouvrage de M. le comte Lanjuinais, des constitutions de tous les peuples, tom. 1, pag. 257, n.° 333*).

où la loi a été insérée a été reçu de l'imprimerie royale par le garde-des-sceaux, lequel constate sur un registre l'époque de sa réception ;

Pour les autres départemens, après l'expiration du même délai, augmenté d'autant de jours qu'il y aurait de fois dix myriamètres entre la ville où la promulgation a été faite et le chef-lieu de chaque département.

Mais dans tous les cas où SA MAJESTÉ juge convenable de hâter l'exécution des lois ou de ses ordonnances avant la réception du Bulletin officiel et l'expiration des délais que nous venons d'indiquer, elles sont adressées au préfet de chaque département, qui en constate la réception sur un registre, et prend incontinent un arrêté par lequel il ordonne qu'elles seront imprimées ou affichées où besoin sera.

Cette forme de publication s'applique aux ordonnances royales comme aux lois.

33. Il est à remarquer maintenant qu'aucune disposition de la Charte constitutionnelle n'interdit au législateur de retarder l'exécution d'une loi, et par conséquent il peut fixer, pour cette exécution, tous autres délais que ceux dont nous venons de parler.

La raison en est que certaines lois exigent des réglemens organiques, des mesures d'administration sans lesquelles il serait impossible de les bien exécuter; d'autres sont d'une telle importance qu'il est utile d'accorder quelque tems, afin de les méditer, pour prévenir les erreurs auxquelles exposerait une exécution trop rapprochée. Il en est enfin, et ce sont particulièrement celles de la procédure, dont il serait difficile de concilier les dispositions dans une instance déjà liée avec celles des lois sous l'empire desquelles cette instance aurait été introduite.

C'est par cette considération que, d'après la disposition de l'art. 1041, le Code de procédure civile n'a été mis en activité que le 1er. janvier 1807, quoique les différentes lois qui le composent aient été promulguées dans le courant de 1806.

34. Second principe : *La loi ne dispose que pour l'avenir; elle n'a pas d'effet rétroactif.*

Ce second principe consigné dans l'art. 2 du Code civil, est une conséquence immédiate de celui que nous venons de développer, et suivant lequel la loi, pour être obligatoire, doit avoir été publiée.

Il est évident que si l'on pouvait faire remonter l'action d'une loi nouvelle à un tems antérieur à sa publication, ce serait la supposer obligatoire avant qu'elle eût été connue; et ce qui n'est pas moins absurde, ce serait lui faire produire un effet préexistant à sa cause.

35. Il suit de là que l'on doit respecter les droits acquis antérieurement à la publication d'une loi; mais là se borne l'application du principe de la non rétroactivité.

On peut donc le considérer comme étranger, pour ainsi dire, aux lois de la procédure, puisqu'elles se bornent, en général, à prescrire les moyens de conserver ou recouvrer les droits des parties, sans avoir, *au fond*, aucune influence sur ces mêmes droits, à l'égard desquels le juge ne prononce jamais qu'en vertu des dispositions antérieures qui les concernent.

Par suite de conséquences, ces lois doivent être exécutées au moment de leur publication, même dans les procès qui auraient été commencés auparavant.

En d'autres termes, qui sont précisément ceux d'un arrêté du gouvernement, du 6 fructidor an 9, « tout ce qui touche à l'instruction des affaires, » tant qu'elles ne sont pas terminées, se règle d'après les formes nouvelles, san » blesser le principe de non rétroactivité, que l'on n'a jamais appliqué qu'au fond » du droit. » (1)

36. Il est vrai que le Code de procédure a fait une exception, en statuant, par l'art. 1041, que les procès commencés avant sa mise en activité seraient instruits et jugés suivant les anciennes formes; c'est du moins ce qui résulte de ce qu'il dispose que tous procès qui seront *intentés depuis* seront instruits conformément à ses dispositions. Mais cette exception, loin de détruire la règle générale, la confirme au contraire, en sorte que toute loi de procédure qui pourrait survenir désormais, serait sujette à cette règle, si elle ne portait pas la même exception.

37. Troisième principe : *La loi abrogée, soit par une disposition formelle, soit par le non usage ou par* L'INCONCILIABILITÉ *de ses dispositions avec celles d'une loi postérieure, est considérée pour l'avenir comme si elle n'avait jamais existé.*

C'est une vérité sur laquelle il paraîtrait superflu d'insister, s'il n'était utile d'expliquer comment le principe doit être appliqué en ce qui concerne le Code de procédure.

L'art. 1041 abroge généralement et sans distinction toutes lois, réglemens, coutumes et usages relatifs à la procédure. Il diffère en cela de l'art. 7 de la loi du 20 ventôse an 12, qui n'abroge les anciennes dispositions, touchant le fond du droit, que dans les seules matières qui sont l'objet du Code civil.

L'abrogation de celles qui concernaient la procédure est donc générale et absolue, et ne permet en aucun cas de les invoquer comme règles obligatoires.

Mais on n'en conclura pas qu'on ne puisse y recourir sous aucun rapport; souvent, au contraire, il devient indispensable de les consulter pour éclaircir un texte obscur ou pour résoudre toute autre difficulté que présenterait son application.

Tel est le sens de la règle du droit romain : *Priores leges ad posteriores trahuntur, nisi contrariæ sint* (2).

Tout ce qui résulte de l'abrogation de ces lois, c'est que les tribunaux ne sont pas obligés de les appliquer, et qu'en conséquence les parties ne pourraient fonder sur la contravention à leurs dispositions, soit un appel, soit un pourvoi en cassation.

38. Il est à remarquer, en outre, que cette abrogation ne s'applique qu'aux lois et réglemens *généraux* qui étaient en vigueur dans les différentes contrées de la France.

Mais, dans les affaires qui intéressent le gouvernement, on a dans tous les

---

(1) On sent que s'il se trouvait dans les lois de procédure quelques dispositions qui influassent sur le fond du droit, elles admettraient l'application du principe général de la non rétroactivité, puisque l'exception n'est relative qu'aux dispositions de forme. (*Voy., sur l'art.* 1041, *la note* 6°.) Mais qu'il survienne une loi qui substitue à telle formalité prescrite aujourd'hui par le Code une formalité différente, une loi enfin qui modifiât les dispositions anciennes, cette loi nouvelle sera observée même dans les affaires introduites avant sa publication. — (*Voy., sur l'art.* 397, *les n.os* 1428 *et* 1429).

(2) Digeste, loi 26, *de leg.*

tems jugé nécessaire de s'écarter de la loi commune par des lois spéciales, soit en simplifiant la procédure, soit en prescrivant des formes différentes.

Or, on ne trouve dans le Code aucune disposition qui puisse suppléer ou remplacer ces réglemens spéciaux, qu'il eût nécessairement fallu établir, si l'on avait supposé qu'ils fussent compris dans l'abrogation prononcée par l'art. 1041. — (*Voy.* n°. 3434).

Par cette considération, un arrêté du Conseil d'état, du 1er. juin 1807, a déclaré que ces lois et réglemens ont continué de subsister comme lois de l'Etat, et indépendamment des dispositions du Code.

39. Quatrième principe : *Les lois spéciales, c'est-à-dire particulières à une matière, doivent être appliquées de préférence à une loi générale même postérieure, lorsque celle-ci n'y a pas formellement dérogé.*

Ce principe, dont ce qui précède est une conséquence, est la règle même consacrée par la loi 80, au ff. *de regulis juris.* « *In toto jure, generi per speciem derogatur, et illud potissimùm habetur quod ad speciem directum est.* » L'espèce déroge au genre, et l'on doit toujours s'attacher à suivre ce qui a un trait direct à l'espèce.

Il est évidemment fondé sur la raison. Lorsque le législateur statue en particulier sur un objet, et s'écarte à son égard des règles ordinaires faites pour des cas analogues, ce ne peut être que par des considérations majeures qui ne permettent pas, même lorsqu'il existerait quelques incertitudes dans un cas donné, de se décider d'après les règles du droit commun, si elles se trouvaient en contradiction avec l'esprit de la loi spéciale.

40. Il résulte de ce principe, relativement aux lois concernant la forme de procéder, que toutes les fois qu'une loi particulière a posé des règles propres à certaines matières, il n'y a pas lieu à recourir aux dispositions du Code de procédure qui forme la loi générale. Par exemple, celles qu'il contient sur les arbitrages ne peuvent pas toujours être invoquées dans les arbitrages forcés en matière de société commerciale, parce que le Code de commerce renferme des dispositions spéciales à leur égard.

41. Dans le Code de procédure lui-même, on remarque des règles générales et des règles spéciales; *des règles générales*, comme celles qui tracent la procédure à suivre dans les tribunaux civils d'arrondissement, et relativement aux matières ordinaires; *des règles spéciales*, comme celles qui concernent les justices de paix, les tribunaux de commerce, les affaires sommaires. Ici, par suite du principe ci-dessus posé, on doit décider encore que ces règles spéciales doivent être exclusivement observées, et que toutes les fois qu'il s'élève des difficultés dans leur application, ces difficultés doivent être résolues par l'esprit de la loi spéciale. Cependant il importe d'observer que si les lois spéciales n'ont rien déterminé à l'égard de certains actes ou de certains cas qu'elles indiquent ou qu'elles supposent, il faut nécessairement, pour écarter l'arbitraire, recourir à la loi générale, et appliquer les règles et les formalités qu'elle pourrait contenir relativement à ces cas et à ces actes.

42. Cinquième principe : *Les étrangers ne sont pas, comme les Français, tenus indistinctement à toutes les lois du royaume.*

Ainsi l'art. 5 du Code civil ne les soumet qu'aux lois de police et de sûreté, et à celles qui régissent les immeubles situés en France, tandis que toute loi, quel que soit son objet, oblige indistinctement tous les Français.

Mais si l'on considère que, suivant les art. 14 et 15 du même Code, l'étranger peut, en certains cas, citer ou être cité devant les tribunaux français, pour affaires civiles, on doit nécessairement admettre qu'il est soumis à toutes les dispositions du Code de procédure, et conséquemment à tous les principes concernant la manière d'intenter les actions, la forme de procéder, les effets du jugement et son exécution.

43. Sixième principe : *On ne peut déroger par des conventions particulières aux lois qui intéressent l'ordre public et les bonnes mœurs.*

Telle est la disposition de l'art. 6 du Code civil; elle comprend nécessairement toutes les lois qui forment le droit public de la nation, suivant la loi 45, *de regulis juris*, et la loi 38, *de pactis*, au Digeste. L'ordre public n'est en effet que le résultat des lois qui composent le droit public.

Or, ces lois ayant pour objet les rapports des gouvernans avec les gouvernés, des administrateurs avec les administrés, des *juges* avec les *justiciables*, celles qui règlent la procédure font une partie essentielle du droit public.

« L'administration de la justice, dit l'auteur de l'article *droit public*, au nou» veau Répertoire, est de droit public en *matière civile*, aussi bien qu'en matière » criminelle; c'est pourquoi les particuliers ne peuvent y déroger que dans le » cas où la loi elle-même leur en a laissé la faculté ».

44. Cette faculté leur est accordée à l'égard de toutes les dispositions qui n'ont été portées que pour leur avantage personnel; telles sont entre autres celles qui ont trait à l'incompétence d'un tribunal, relativement au domicile du défendeur, aux délais fixés pour l'exercice des actions et des pourvois, pour la confection de certains actes ou opérations, etc., et enfin aux formalités des exploits et autres actes de procédure.

45. Mais le juge ne peut jamais déroger d'office, même à ces dispositions, parce qu'il ne lui est pas permis de mettre sa volonté à la place de celle des lois, de dispenser ainsi une partie des formes prescrites dans l'intérêt de l'autre, de tracer aux justiciables ou de suivre lui-même une marche différente de celle qu'elles ont réglées. Il n'y a encore d'exception que pour le cas où le magistrat y serait lui-même formellement autorisé, comme il l'est dans certains cas par ces mots, *pourra le juge* (1).

46. Septième principe : *Il est défendu aux juges de prononcer par voie de disposition générale ou réglementaire. — (Code civ., art. 5).*

Prononcer par voie de disposition générale ou réglementaire, c'est, de la part du juge, imposer à tous les justiciables ou à une partie d'entre eux, qui ne seraient pas aux qualités d'un procès, l'obligation de se conformer à la décision rendue sur cette contestation.

Ce pouvoir étant formellement interdit aux magistrats, il s'ensuit qu'ils ne peuvent jamais enjoindre, soit aux citoyens, soit aux officiers ministériels, de se conformer à telle forme de procéder qu'ils indiqueraient, ou à tels jugemens qu'ils auraient rendus sur un point de procédure ou de droit.

Les seuls réglemens que les tribunaux soient autorisés à faire, sauf approbation du Roi, sont ceux qui seraient relatifs à l'ordre du service et à la distribution des affaires dans les différentes sections (2).

(1) Voy. art. 154.

(2) Décret du 6 juillet 1810, art. 21. Voy. notre Traité d'organisation et de compétence, pag. 21 et suiv.

Huitième principe : *Le juge qui refuserait de juger, sous prétexte du silence, de l'obscurité ou de l'insuffisance de la loi, se rend coupable de déni de justice.*

Ce principe posé dans l'art. 4 du Code civil, trouve sa sanction dans les dispositions du Code de procédure, titre *de la prise à partie.* Il est étendu, par l'art. 506 de ce Code, aux cas où les juges refusent de répondre les requêtes, ou négligent les affaires en état ou en tour d'être jugées. On peut même affirmer, d'après la jurisprudence, qu'il doit recevoir son application toutes les fois qu'un juge, au mépris d'une provocation légale, refuserait d'exercer son ministère en toute circonstance où la loi l'exige.

48. Ainsi l'insuffisance, l'obscurité ou le silence, soit des lois concernant le fond, soit de celles relatives à la forme, ne peuvent, sous aucun prétexte, arrêter la marche d'un procès ou en suspendre l'instruction. Il en résulte qu'en ces circonstances le juge, si la loi est muette ou insuffisante, doit statuer d'après les principes de l'équité; et si elle est obscure, l'interpréter suivant les mêmes principes combinés avec les règles générales du droit positif, l'esprit du législateur et les inductions que présenteraient des dispositions pour des cas analogues.

49. Cette observation nous conduit à poser et expliquer ici quelques règles générales d'interprétation et d'application des lois.

TITRE IV.

Règles générales d'interprétation et d'application des lois. — Leurs rapports avec celles qui règlent la procédure civile.

50. Interpréter une loi, c'est en expliquer le sens d'une manière plus claire que les expressions dans lesquelles elle est conçue.

51. Il y a deux sortes d'interprétations, l'interprétation par voie *d'autorité* et l'interprétation par voie *de doctrine.*

52. L'interprétation par *voie d'autorité* consiste à résoudre les questions et les doutes par voie de réglement et de disposition générale ; elle appartient naturellement et essentiellement au pouvoir législatif. C'est une maxime du droit romain : *Ejus est legem interpretari cujus est legem condere.*

Il suit de ce principe que la puissance législative doit seule avoir en France le droit d'interpréter les lois.

Or, la puissance législative ne pouvant plus s'y exercer que collectivement par le Roi, la Chambre des pairs et la Chambre des députés des départemens (*art.* 15 *de la Chart. const.*), le concours des trois autorités paraît aujourd'hui nécessaire pour donner une interprétation qui devienne obligatoire pour tous.

Une loi du 15 septembre 1807, encore en vigueur, se trouve en opposition avec ce principe constitutionnel, en ce qu'elle accordait au chef de l'ancien gouvernement le droit d'interpréter la loi judiciaire par voie de disposition générale, dans la forme des réglemens d'administration publique.

Les lois administratives avaient été soumises également au même mode d'interprétation, en exécution, 1°. de l'art. 55 de l'acte du 22 frimaire an 8; 2°. d'un réglement du Conseil d'état, du 5 nivôse même année.

Les tribunaux furent assujétis à prendre ces interprétations pour règle de leurs décisions.

En vain des jurisconsultes célèbres s'élevèrent-ils contre cette usurpation du pouvoir législatif; ils eurent la douleur de la voir maintenue et consacrée par des arrêts solennels de la Cour de cassation elle-même. On en trouve la preuve dans le Répertoire universel, v°. *divorce*, dans l'importante affaire Mac-Mahon.

Cette doctrine semble aujourd'hui proscrite par la Charte. On se souvient même que dès la session des chambres, en 1814, le Roi fut supplié de proposer un projet de loi qui eût réservé exclusivement le droit d'interprétation, non plus au Gouvernement seul, mais à *la puissance législative;* c'est-à-dire aux trois autorités dont le concours est indispensable pour la formation de la loi (1).

On reviendra donc tôt ou tard aux véritables principes constitutionnels.

M. le comte Lanjuinais, dans son Essai sur la Charte, pag. 98 et 258, en fait une juste application et leur rend un juste hommage. Il n'appartient, dit-il, qu'aux volontés qui font les lois d'en émettre des interprétations obligatoires; aucune des branches de l'autorité législative ne peut s'attribuer à elle seule l'interprétation générale; ce serait une usurpation du pouvoir législatif. L'acte du Gouvernement qui résout une difficulté en matière administrative, qui développe le sens des lois, n'est qu'une instruction, une direction, un conseil, que l'on pèse et que l'on balance, et auxquels l'administration ni le juge ne sont tenus de s'astreindre.

53. La loi interprétative doit être exécutée même pour le passé, puisque le sens qu'elle indique est celui de la loi antérieure, qui devait être entendue et exécutée dans ce même sens; et, en effet, la loi nouvelle n'étant que déclarative du véritable sens de la loi existante, c'est d'après ce sens, et en conformité de cette loi nouvelle, que les affaires à juger *depuis sa promulgation*, bien qu'elles aient pris naissance sous l'ancienne loi, doivent être décidées (2). « Les erreurs » ou les abus intermédiaires, disaient à ce sujet les rédacteurs du projet de Code » civil, ne font pas loi. »

54. « Cependant, ajoutaient-ils (et le principe est désormais incontestable), » les jugemens rendus en dernier ressort, les sentences arbitrales passées en » force de chose jugée, les transactions, doivent être exécutés, attendu que » les parties ont acquis, par suite de ces actes, des droits dont on ne pourrait » les priver sans injustice. »

55. L'interprétation par *voie de doctrine* est celle qui appartient aux jurisconsultes, aux juges et aux administrateurs.

Elle consiste, soit à fixer le vrai sens de la loi, soit à la suppléer en cas de silence ou d'insuffisance de ses dispositions.

(1) Voy. Traité du droit civil français, par M. Toullier, tom. 1, pag. 109, n.° 141.

(2) *Novæ constitutionis effectus revocari debet ad præterita, si tantummodò declaret quod anteà leges caverant. Declaratio autem nihil novum vel dat, vel statuit.* — (*Mornac; voy. aussi Voët, sur le Digeste de legibus, n.° 17*).

Loi 7, *in fine*, Code, liv. 1, tit. 14, *de legibus et constitutionibus*, et la novelle 19.

Lorsqu'elle vient du jurisconsulte, elle n'a d'autre effet que d'éclairer le magistrat sur le jugement qu'il doit rendre, selon ses lumières et sa conscience.

Quant à l'interprétation donnée par le magistrat, elle constitue une décision obligatoire, mais pour ceux seulement entre lesquels elle est intervenue.

Lorsque, enfin, l'interprétation est donnée par l'administrateur, elle peut, *selon les circonstances*, obliger tous les administrés, si toutefois l'approbation du Roi lui imprime le caractère de réglement d'administration publique et ne porte que sur un *mode d'exécution*.

56. Dans toute loi, on doit considérer deux choses qui servent particulièrement à en faciliter l'intelligence, 1°. les expressions dans lesquelles elle est conçue; 2°. les motifs qui l'ont dictée.

De là deux règles principales :

Première règle. Il faut prendre les termes dans leur signification propre et naturelle, et non selon l'analogie ou l'étymologie grammaticale; mais *selon l'usage commun*, à moins qu'il n'y ait d'ailleurs des conjectures suffisantes pour leur donner un sens particulier. — (*Puffendorff, Traité des lois naturelles, in-4°., liv. 5, chap. 12, § 3, et argument des lois 7, § 2, ff de suppellectile legatâ, et 9, au Code de legibus*).

Mais les termes de la loi peuvent avoir un autre sens dans la langue du droit, qui souvent étend ou restreint la signification usuelle; et, en ce cas, c'est au sens légal qu'il faut s'attacher (1).

De cette obligation de s'en tenir à la signification légale ou usuelle des termes, on doit conclure que les expressions de la loi, lorsqu'elles sont générales, doivent être prises dans toute leur étendue (2).

Aussi tient-on pour maxime incontestable que, si la loi ne distingue point et n'excepte rien, on ne doit aussi faire ni distinction ni exception, à moins, disent les auteurs, qu'il n'existe une raison particulière tirée de la loi même, ou du motif sur lequel elle est fondée (3).

Deuxième règle. Lorsque les expressions sont équivoques, il faut en fixer le sens d'après l'esprit de la loi et l'intention du législateur (4).

On doit y parvenir; 1°. en étudiant la loi dans son ensemble pour en rapprocher et combiner les différentes dispositions (5);

2°. En rapprochant de la loi à interpréter celles qui concernent la même matière ou des matières analogues;

3°. En faisant attention aux circonstances dans lesquelles cette loi a été rendue, pour connaître si elle n'a pas eu pour objet de prévenir ou de détruire des abus qui existaient alors;

4°. En tâchant d'appercevoir les inconvéniens qui naîtraient de cette interprétation, afin d'en adopter une autre, parce qu'il est évident que le législateur n'a pas entendu donner lieu à ces inconvéniens.

C'est pourquoi l'on doit encore tenir pour maxime certaine qu'il faut toujours,

---

(1) Loi 69, ff *de legibus*.
(2) Loi 1, § 1, ff *de legatis præstandis*, et la note de Godefroi, n.° 36.
(3) Nouveau Répertoire, v.° *interprétation*, n.° 3.
(4) Lois 15 et 21, ff *de verb. sign.*; loi 17, *de legibus*.
(5) Loi 24, ff *de legibus*.

dans le doute, adopter le sens qui donne à la loi l'effet le plus conforme aux principes de la raison et de la justice (1);

5°. En s'attachant aux motifs de la loi, s'ils ont été exprimés par le législateur lui-même.

Ils l'ont été, à l'égard de nos différens Codes, par les orateurs du Gouvernement et du Corps législatif; ils le sont encore aujourd'hui par les ministres du Roi et par les commissaires qu'il charge de soutenir devant la Chambre la discussion des projets de loi rédigés en Conseil d'état.

57. De ce qu'il est permis d'interpréter la loi à l'aide de ses motifs, il ne s'ensuit pas qu'il soit généralement permis, par parité de raison, d'étendre la disposition d'une loi rendue sur un objet à un autre objet, si cette extension n'est ni dans les termes ni dans l'intention du législateur. En effet, fût-il certain que le législateur aurait eu, dans un cas comme dans l'autre, les mêmes raisons pour statuer de la même manière, il n'en résulte pas nécessairement que telle ait été son intention.

58. Ainsi, la maxime *ubi eadem ratio, idem jus*, ne s'applique que dans les circonstances où l'on peut avec fondement penser que le législateur a eu en vue de disposer à l'égard d'un cas qu'il n'a pas exprimé, comme à l'égard de celui sur lequel il a formellement statué.

De là les règles suivantes, concernant la faculté d'étendre les lois d'un cas à un autre :

1°. Il y a lieu à l'interprétation *extensive*, lorsque les dispositions d'une loi deviendraient illusoires et ne produiraient aucun effet, si on ne les étendait au-delà de ce qu'exprime le sens littéral des mots;

2°. Toute loi doit être étendue à ce qui est essentiel à l'objet qu'elle a en vue, et à tout ce qui est une suite nécessaire de sa disposition.

Ainsi, la loi qui donne certains pouvoirs ou avantages est présumée, alors même qu'elle n'en ferait pas mention, accorder tous les droits nécessaires pour user de ses pouvoirs ou avantages (2);

3°. Dans les choses corrélatives, on peut étendre les dispositions d'une loi favorable, et décider que le législateur n'a parlé expressément de l'une que par forme d'exemple (3);

4°. Ce qui en droit est regardé comme de même nature, doit se décider par les mêmes principes, et l'on peut alors étendre les lois d'un cas à l'autre.

L'interprétation dans ces différentes circonstances ne consiste pas à suppléer arbitrairement la loi, mais à en faire l'application à des cas qui, pour n'être pas exprimés dans ses dispositions, n'y sont pas moins réellement renfermés, conformément à son esprit et à l'intention du législateur.

59. Les lois favorables doivent être interprétées suivant la signification la plus étendue qu'on puisse leur donner (4).

Les lois rigoureuses, au contraire, doivent être entendues et restreintes dans

---

(1) Loi 19, ff *de legibus*, et loi 90, *de regulis juris*.
(2) Loi 2, ff *de jurisdictione*; argument, liv. 3, ff, § 3, lib. 8, tit. 3, *de servitutibus prædiorum rusticorum*.
(3) *Lege ultimâ, Cod. de indictâ viduitate.*
(4) Loi 25, ff *de legibus*.

la signification la plus étroite (1). C'est ce qu'exprime la maxime si connue du droit canonique : *Odia restringenda, favores ampliandi.*

Cette maxime exige deux observations importantes : la première, c'est qu'il n'existe point de *lois odieuses,* si l'on prend ce terme dans le sens qu'il présente naturellement, car les lois ne sont établies que pour le bien commun, et tout ce qui tend à le procurer doit concilier le respect et l'affection.

Mais il est des lois qui, pour le bien commun, mettent des bornes à la liberté naturelle des individus, prescrivent des règles ou des formalités gênantes, ou attachent certaines peines à leur inobservation. Ce sont ces lois que l'on appèle rigoureuses (*odiosæ*).

Il en est d'autres qui, loin de restreindre la liberté, ne sont faites au contraire que pour en protéger et en faciliter l'usage. Elles accordent des grâces, des facultés, des droits, des avantages quelconques; c'est pourquoi on les appèle *favorables,* par opposition aux *lois rigoureuses.*

La seconde observation, c'est que l'interprétation *restrictive* des premières et *extensive* des secondes, suppose essentiellement qu'il peut y avoir quelque doute légitime sur le sens qu'on doit leur attribuer. Si en effet le sens ne peut être méconnu, et que les termes dans lesquels elles sont conçues, les vues et les motifs qui les ont fait établir, les circonstances où elles ont été portées, l'ont fait suffisamment connaître, alors on doit les interpréter par elles-mêmes, indépendamment de ce qu'elles ont de rigoureux ou de favorable. « Il faut, dit » Domat, Lois civiles, liv. 1, tit. 1, sect. 2, § 7, juger par la rigueur du droit » si la loi ne souffre pas de tempérament, ou par le tempérament de l'équité, » si la loi le souffre. »

Il n'appartient point au magistrat de substituer au texte précis d'une loi, qui commande avec rigueur, son opinion sur l'esprit de cette loi. Cette maxime, si souvent répétée, *il faut consulter l'esprit de la loi quand la lettre tue,* est donc abusive toutes les fois que la disposition est claire, formelle et impérieuse. « *Dura lex, sed cripta.* » (2).

60. La règle générale de l'interprétation extensive des lois favorables se suffit à elle-même ; mais celle qui établit l'interprétation restrictive des lois rigoureuses se développe par plusieurs autres, particulièrement applicables aux lois de la procédure, qui, pour la plupart, sont des lois *rigoureuses.*

Ainsi, 1°. en toute disposition pénale, on doit admettre l'interprétation la plus douce (3).

2°. En tout cas, dans l'incertitude, l'interprétation se donne en faveur du défendeur contre le demandeur (4).

3°. On ne doit jamais étendre les lois rigoureuses au-delà du cas qu'elles expriment, si ce n'est pour tirer la conséquence du moins au plus dans le même genre; par exemple, si une loi se bornait à interdire à une personne l'administration de ses biens, à plus forte raison décidera-t-on que cette loi entend lui interdire la faculté de les aliéner.

---

(1) Loi 19, *de liberis et posthumis;* lois 56, 155, § 2, 192, § 1, *de regulis juris.*
(2) Loi 1, § 20, ff *de exercitoriâ actione.*
(3) Lois 9 et 155, § 2, ff *de regulis juris;* loi 42, ff *de pœnis.*
(4) Loi 125, *de regulis juris.*

4°. Par suite, on ne peut, en ce qui concerne les formalités nécessaires pour la validité des actes, soit judiciaires, soit extrajudiciaires, exiger à la rigueur ce qui n'est pas formellement et nécessairement prescrit.

5°. Ce qui est contraire au droit commun ne doit pas être tiré à conséquence pour des cas qui ne sont pas formellement exprimés (1).

Telles sont les principales règles d'interprétation qui, souvent, nous aideront à résoudre les difficultés que présentent les textes du Code de procédure (2).

61. Le sens de la loi étant déterminé, soit par la clarté du texte, soit par suite de l'interprétation donnée d'après les règles ci-dessus, il ne s'agit plus que de l'appliquer.

Comme l'interprétation, l'application des lois admet certains principes dont nous croyons utile de donner ici la substance :

1°. L'application des lois doit se faire à l'ordre des choses sur lesquelles elles statuent; les objets qui sont d'ordre différent ne peuvent être décidés que par les lois de leur ordre. C'est d'après ce principe que la Cour suprême a cassé nombre de jugemens et d'arrêts qui avaient appliqué en matière criminelle les dispositions de l'ancienne ordonnance de 1667 sur la procédure civile (3).

2°. Quand deux lois sont absolument opposées ou contradictoires, on doit appliquer la plus récente, suivant la règle de droit : *Posteriores leges prioribus*

---

(1) Loi 141, *de regulis juris.*

(2) Au surplus, dans l'interprétation des lois de la procédure, il est nécessaire d'avoir recours aux lois et réglemens, ou antérieurs ou explicatifs, et parmi ceux-ci, il faut particulièrement s'attacher au tarif des dépens du 16 février 1807. Ce tarif, en établissant la taxe de tous les actes de procédure, retrace les circonstances dans lesquelles il doit avoir lieu; en sorte qu'il sert naturellement d'explication pour ces circonstances, souvent même il ajoute quelques règles à celles du Code; en un mot, il en fournit une interprétation par voie d'autorité; exemple (ci-après, n°. 2071). Le gardien doit-il être assigné sur l'opposition du propriétaire? La contexture grammaticale de l'art. 608 suppose l'affirmative. L'art. 49 du tarif dit le contraire, en termes exprès. On ne doit, porte-t-il, assigner que le saisissant et le saisi : il faut donc lire l'art. 608, comme s'il était ainsi conçu : « Par exploit signifié au gardien et par *dénoncé,* » en sorte que le mot *contenant* ne peut se rapporter qu'au dénoncé; en un mot, dénoncé est substantif et non pas adjectif, comme le texte le suppose, par erreur dans la rédaction.

(3) Cependant, quoiqu'en thèse générale, le Code de procédure ne puisse être réputé avoir dérogé aux dispositions du Code civil (si l'on n'excepte l'art. 834), parce qu'il a pour but d'indiquer seulement son mode d'exécution, il n'en est pas moins vrai que certaines dispositions puissent avoir été, et en effet ont été insérées pour faire connaître le véritable sens dans lequel quelques-unes du premier ont été conçues. Aussi, lorsque quelque article du Code de procédure n'a pas pour objet l'instruction des affaires ou la manière de procéder devant les tribunaux, mais qu'il consacre quelque principe de droit, il faut le regarder comme interprétatif du Code civil. Or, comme nous l'avons dit, une loi interprétative se rattache toujours à la loi dont elle fixe le sens, et, sans paraître rétroagir, elle est obligatoire du jour où celle-ci a été promulguée. C'est par cette raison que la Cour de cassation, interprétant par les art. 767 et 770 du Code de procédure l'art. 2151 du Code civil, a jugé, par arrêt du 22 novembre 1809, que le créancier doit être colloqué au même rang que pour le principal, pour tous les intérêts qui ont couru depuis l'adjudication jusqu'au jour où le procès-verbal d'ordre a été définitivement arrêté, et qu'à cet égard, le Code de procédure n'était point introductif d'un droit nouveau, mais seulement explicatif de l'article 19 de la loi de brumaire an 7, et de l'art. 2151 du Code civil, interprété par ces articles 767 et 770. — (*Voy. Persil, Questions sur les hypothèques, pag.* 290 *et* 291).

derogant. Mais si la contradiction existe entre deux dispositions de la même loi, et qu'elle ne soit pas parfaitement absolue, on doit les appliquer de manière que chacune d'elles, s'il est possible, produise suivant son texte un effet qui ne soit pas lui-même contradictoire ; et s'il y a impossibilité de parvenir à ce résultat, l'application n'a lieu que par suite d'interprétation, c'est-à-dire que l'on préfère la disposition qui paraît la plus conforme à la nature de la matière, à l'esprit et à l'intention du législateur.

3°. Dans tous les cas, s'il y a incertitude sur l'existence d'un fait, sur la culpabilité ou sur l'innocence d'un individu, sur le plus ou le moins de fondement d'une nullité opposée, la présomption légale étant en faveur du défendeur contre le demandeur, la disposition rigoureuse ou pénale de la loi ne doit pas être appliquée. De là viennent ces deux maximes : *Actore non probante reus absolvitur. Probare debet qui dicit.* — (*Toullier, tom.* 8, *pag.* 98, *n°.* 43).

TITRE V.

Des Actions en général et de leur Exercice (1).

62. L'APPLICATION des règles de la procédure civile commence au moment même où il s'agit de former une action en justice. Le Code indique bien les tribunaux devant lesquels les actions doivent être portées (2), mais il ne s'explique point sur leur nature; il n'entre non plus dans aucun détail sur les attributions de l'autorité judiciaire en général et de chaque tribunal en particulier. Il se borne à tracer la marche de la procédure.

63. Cela ne suffit point pour l'élève de droit, qui ne peut se dispenser, avant d'étudier la procédure, d'acquérir des notions exactes sur la nature des actions sur leur objet et sur leur exercice. Il n'est pas moins nécessaire qu'il connaisse au moins les dispositions principales des diverses lois qui règlent le pouvoir du magistrat (3).

De là les notions succinctes que nous présentons dans les chapitres suivans, sur les *actions en général*, sur leur exercice et la compétence des tribunaux civils

---

(1) Voy. notre Traité des lois d'organisation et de compétence, liv. 2, tit. 1.

(2) Voy. les art. 2, 3, 50, 59 et 60.

(3) Voy., au Recueil de Sirey, 1809, pag. 1, le projet proposé par la Cour de cassation dans ses observations sur le Code de procédure, d'un livre préliminaire qui eût traité *des actions* et *de la compétence des tribunaux*. Nous ne saurions trop recommander, sur le premier objet, la lecture du Traité de notre estimable collègue M. Poncet, professeur de la faculté de Dijon, ouvrage qui fait vivement désirer celui qu'il a annoncé sur la compétence.

CHAPITRE Ier.

Des Actions en général.

64. Tout droit qui dérive d'une loi positive suppose la faculté de réclamer l'appui de l'autorité judiciaire, soit afin d'obtenir, conserver ou recouvrer la jouissance de droit, soit afin d'être indemnisé de sa privation.

C'est cette faculté que l'on nomme *action* dans l'acception la plus étendue du mot. L'*action* est donc en ce sens le droit de poursuivre en justice ce qui nous appartient ou ce qui nous est dû.

Elle participe de la nature même des droits dont elle a pour objet la poursuite, et sous ce rapport les principes qui la régissent sont consignés dans le Code civil et dans le Code pénal.

65. Mais les lois de la procédure, soit civile, soit criminelle, envisagent l'action sous un autre point de vue; elles la considèrent comme devant être ou étant déjà exercée en justice : ainsi, dans le langage de la pratique, l'*action* est l'exercice de la faculté de poursuivre nos droits, ou, en d'autres termes, c'est une réclamation quelconque formée devant l'autorité judiciaire.

Ces mots *action, demande* sont donc absolument synonymes; si l'on dit qu'une personne a *action*, pour exprimer le droit qu'elle a de former *demande*, de même on dit qu'une *action* est intentée pour exprimer qu'une demande est formée.

66. Il y a *action* pour l'Etat toutes les fois qu'un individu est légalement prévenu d'être auteur ou complice d'un fait punissable aux termes des lois pénales.

Il y a *action* pour chaque individu, toutes les fois qu'il éprouve quelqu'empêchement illégal dans la jouissance ou l'exercice de ses droits privés.

Dans le premier cas, l'action est *publique*, et le fait criminel est le seul qui y donne lieu, abstraction faite de l'intérêt privé de la personne lésée (1). Dans le deuxième cas, l'action est *civile*, puisque l'individu qui l'exerce n'a en vue que son intérêt privé.

67. *L'action publique* est ainsi appelée parce qu'elle a pour objet l'application de la loi pénale au fait réputé criminel, et la réparation du dommage causé à la société entière; elle est exercée devant les juges criminels par les fonctionnaires publics auxquels elle est confiée par la loi (2).

68. L'action que l'on nomme *civile* ou *privée* n'a pour objet que l'intérêt civil ou privé de celui qui l'exerce; elle est toujours portée par lui devant le juge civil, à moins qu'elle ne soit fondée sur un dommage résultant d'un fait punissable, auquel cas elle peut être poursuivie, soit devant le juge criminel, en même tems que l'action publique, soit séparément devant le juge civil (3).

Nous n'avons à parler ici que de l'action civile poursuivie en justice civile, soit qu'elle dérive d'un délit, soit qu'elle provienne de toute autre cause.

69. Mais puisque toute action participe de la nature du droit dont elle a pour

(1) Code d'instruction criminelle, art. 1.
(2) Code d'instruction criminelle, art. 1.
(3) *Ibid.*, art. 3.

objet la poursuite, nous avons à remarquer que l'on distingue autant d'espèces d'actions civiles que l'on connaît aussi d'espèces de droits civils.

70. Les droits civils sont *personnels* ou *réels*.

Les *droits personnels* sont ceux qui résultent, soit de l'obligation légale ou contractuelle d'une personne, soit de son état civil. Ces derniers sont souvent appelés droits des personnes, et donnent lieu aux actions que l'on appèle *questions d'état*.

Les *droits réels* sont ceux que l'on a dans une chose ou sur une chose, *indépendamment de la convention de l'individu qui la détient*.

Par conséquent, et suivant les définitions que nous avons données *infrà*, pag. 6 et 130, l'*action personnelle* est celle qui s'exerce contre la personne obligée ou ses héritiers, et l'*action réelle*, celle que l'on poursuit contre tout détenteur de la chose dans laquelle ou sur laquelle on réclame un droit réel.

Mais comme il est possible qu'à un droit réel se joigne un droit personnel, l'action par laquelle on poursuit tout à la fois l'un et l'autre (1) est appelée *mixte*, parce qu'elle participe de l'action *personnelle* et de l'action *réelle*.

71. Cette distinction des actions se rapporte uniquement à leur objet général et commun; mais chacune d'elles peut être désignée sous des dénominations propres, suivant son objet particulier, suivant le but que le demandeur se propose, le tems et les circonstances dans lesquels on l'exerce, et la procédure plus ou moins étendue qu'elle occasionne, etc.

Ainsi, parmi les actions, les unes sont *mobilières* et *immobilières, possessoires* et *pétitoires, hypothécaires, rédhibitoires, conservatoires;* les autres *principales, incidentes, subsidiaires, reconventionnelles, préjudicielles, rescisoires, ordinaires, sommaires, etc.* Nous les avons définies au fur et à mesure que le développement de la doctrine du Code et la discussion de ses difficultés pratiques nous en ont fourni l'occasion.

Ce qu'il importe de remarquer maintenant, c'est qu'avant d'intenter une action, il y a plusieurs observations à faire, soit pour prévenir *les fins de non-recevoir* que le défendeur pourrait opposer (*voy. nos. 72 à 76 de cette introd.*), soit pour indiquer les précautions que le demandeur doit prendre lui-même, afin de se mettre en état de justifier au fond l'objet de sa demande. — (*Voy. n°.* 76).

CHAPITRE II.

De l'Exercice des actions.

SECTION PREMIERE.

Observations à faire avant de former une demande.

72. Celui qui se propose de former une demande en justice, doit se pro-

---

(1) Voy. la définition donnée *infrà*, pag. 106, n.° 288.

curer avant tout la certitude qu'elle ne renferme pas en elle-même des causes qui la rendraient *non recevable*, c'est-à-dire qui autoriseraient le juge à la rejeter, sans examiner si le droit sur lequel elle est établie est bien ou mal fondé.

C'est l'opposition de semblables moyens que l'on appèle *fins de non-recevoir* ou *exceptions péremptoires du fond.* — (*Infrà, pag.* 425) (1).

Pour prévenir ces exceptions, il est nécessaire d'examiner,

1°. Si l'on est rigoureusement obligé de former la demande; car il est des avantages qui sont acquis de plein droit, et sans qu'il soit besoin d'en faire la réclamation en justice; tels sont, par exemple, les effets de la subrogation (*Cod. civ., art.* 1251), de la compensation (*art.* 1290), de la saisine des successions. — (*Art.* 724).

2°. Si l'on a véritablement action, autrement un *droit d'agir en justice*, fondé sur une disposition expresse, ou du moins sur une conséquence immédiate de la loi positive. Les obligations purement naturelles ne produisent point d'action, soit pour contraindre à les accomplir, soit pour répéter ce que l'on aurait payé pour leur exécution (*Cod. civ., art.* 1235), et il en est de même des dettes de jeu et de pari. — (*Art.* 1965, 1967).

3°. Si le droit d'agir n'est pas éteint par prescription ou transaction; enfin, par l'une ou l'autre des différentes manières dont s'éteignent les obligations, comme *paiement, novation, délégation, etc.* (2)

4°. Si l'exercice de ce même droit n'est pas du moins suspendu par un *terme* ou par une condition (3).

5°. Si l'action n'est pas déjà formée et en *litispendance* (4), ou si elle n'est pas *connexe* à une autre action précédemment introduite; en ce cas, il y a lieu à déclarer la dernière action non recevable, et à renvoyer les parties procéder devant le juge saisi de la première (5).

6°. S'il n'y a pas *concours*, autrement *rencontre* de plusieurs actions; car, en cette circonstance, il faudrait examiner si la loi permet d'exercer à la fois ces diverses actions, autrement de former simultanément plusieurs demandes; ou si elle n'autorise au contraire à n'intenter qu'une seule d'entre elles; précautions très-importantes, puisque l'option entre deux ou plusieurs actions étant une fois consommée, le demandeur se rendrait souvent non recevable à former désormais celle qu'il n'aurait pas choisie d'abord.

Mais ceci suppose, suivant la maxime *quotiens concurrunt plures actiones ejusdem rei nomine, una quis experiri debet* (6), qu'une seule action suffit pour

(1) Voy. le Traité des fins de non-recevoir, par M. Le Merle, avocat à Nantes, in-8.°, Nantes, 1819.

(2) Voy. Code civ., liv. 3, tit. 3, chap. 5, et en outre tit. 15 et 20. Nous expliquerons en leur lieu les effets du désistement, du serment déféré et de la chose jugée, parce que les règles relatives à ces manières d'éteindre les obligations appartiennent particulièrement à l'explication du Code de procédure. — (*Voy., sur le désistement, tom.* 2, *pag.* 33; *sur le serment, tom.* 1, *pag.* 114, 274 *et* 275; *sur l'autorité de la chose jugée, tom.* 2, *n*os. 1583, 1584, *et pag.* 134 *et* 466).

(3) Code civil, art. 1168, 1176, 1180, 1185, 1186.

(4) De *lis, litis*, procès, et de *pendere*, être en suspens.

(5) Voy. *infrà*, tom. 1, pag. 446 et 448, et l'art. 171.

(6) Digeste, *de reg. jur.*, *leg.* 43, § 1.

remplir le but de la demande; car, si le demandeur ne pouvait obtenir pleine et entière satisfaction par l'exercice d'une seule action, il est incontestable qu'il pourrait exercer en même tems toutes celles qui lui seraient nécessaires.

C'est à cette jonction de plusieurs actions simultanément exercées que l'on donne le nom de *cumulation*.

La *cumulation* exprime donc le droit de profiter en même tems de plusieurs moyens d'obtenir justice, et le *concours* la faculté d'en choisir un seul entre plusieurs (1).

73. Le but de l'action étant de contraindre celui contre lequel elle est dirigée à l'accomplissement de ses obligations, il s'ensuit qu'on ne peut en former aucune, si l'on n'a un *intérêt* particulier et légitime. Une demande qui ne tendrait qu'à nuire au défendeur, sans apporter aucun profit légal au demandeur, serait donc infailliblement rejetée : de là cette maxime, *l'intérêt est la mesure des actions*.

Mais il n'est pas toujours nécessaire que l'intérêt soit *actuel;* il suffit quelquefois qu'il soit susceptible de se *réaliser* légalement; c'est ainsi qu'un habile à suc-

---

(1) Ainsi, lorsqu'il a été porté atteinte par un délit aux intérêts privés d'une personne, il y a *concours d'actions*, aux termes de l'art. 3 du Code d'instruction criminelle, puisque la partie lésée a le choix de porter sa demande en dommages-intérêts, soit en justice civile, soit en justice criminelle; mais il ne peut y avoir *cumulation*, parce qu'il lui est interdit de poursuivre simultanément cette demande par les deux voies, l'une ou l'autre la conduisant également au même but, qui est de lui procurer la réparation du préjudice qu'elle souffre.

Ainsi encore, supposons, avec M. Pigeau, tom. 1, que Charles ait contracté envers Paul l'obligation de lui défricher vingt hectares de bois, et se soit engagé à lui payer 1,000 fr., à défaut de remplir cette obligation. Charles ne fait point le défrichement; Paul aura le choix, ou de poursuivre l'exécution de l'obligation principale, ou d'exiger les 1,000 fr. stipulés par la clause pénale. (*Cod. civ., art.* 1228). Deux actions *concourent* donc en sa faveur; mais, comme il ne peut demander à la fois le principal et la peine (1229), il n'y aura pas *cumulation*.

Ces deux exemples prouvent combien il importe de réfléchir avant de choisir entre deux voies; car, dans la première espèce, il est un principe qui, pour n'être pas consigné dans nos nouvelles lois, comme il l'était dans l'ordonnance de 1670, n'en est pas moins incontestable (*voy. nouv. Répert., au mot* conversion), et d'après lequel la partie civile qui n'a pas pris la voie criminelle, se rend non recevable à abandonner la voie civile pour prendre l'autre, tandis que, si elle s'est pourvue au criminel, elle peut revenir à la voie civile; dans la seconde espèce, si la partie a préféré demander les 1,000 fr., elle se rend non recevable à abandonner cette demande, et à poursuivre l'exécution de l'obligation principale.

Mais supposons que Pierre soit créancier de Paul pour cause de prêt; il a contre ce dernier une action pour le faire condamner à payer cette somme. Néanmoins, comme il peut se faire que la simple condamnation ne suffise pas pour faire parvenir Pierre au paiement de son dû, les lois lui donnent encore d'autres actions qu'il peut exercer et joindre à la première. Ainsi, dit M. Pigeau, pag. 59, il peut former opposition entre les mains d'un débiteur de Paul, et assigner celui-ci pour voir dire que la somme que ce débiteur reconnaîtra lui devoir sera délivrée à lui Pierre, jusqu'à concurrence de son dû. Il y aura ici *cumulation*, c'est-à-dire que cette seconde action pourra s'intenter *en même tems* que l'autre ou depuis, sans exclure la dernière, toutes les deux étant nécessaires pour parvenir au but de Pierre, qui est de se faire payer. Or, il pourrait ne pas atteindre ce but, en ne faisant des poursuites que contre Paul seulement, puisque celui-ci pourrait n'avoir entre ses mains aucunes de ses facultés pécuniaires, qui seraient toutes entre les mains d'un tiers.

céder peut, durant le délai que la loi lui donne pour délibérer, exercer une action purement *conservatoire,* et faire tous autres actes qui ne tendraient qu'à la conservation, à la surveillance et à l'administration provisoire des biens de la succession; il lui importe seulement, dans ces circonstances, de protester qu'il n'agit qu'en sa qualité *d'habile,* afin de ne pas courir les risques de faire présumer de sa part l'acceptation d'hérédité, aux termes des art. 776 et 779 du Code civil. — (*Voy. infrà sur l'art.* 174).

D'un autre côté, il est des cas où un intérêt *éventuel* serait insuffisant pour autoriser l'action; tel est celui de l'art. 187 du Code civil, qui exige expressément un intérêt né et actuel, lorsqu'il s'agit d'attaquer un mariage ou d'en soutenir la nullité. Il en est d'autres aussi où l'intérêt, quel qu'il fût, n'empêcherait pas de déclarer le demandeur non recevable; par exemple, on ne peut attaquer un jugement par tierce-opposition quand on y a été représenté par le condamné. — (*Cod. de procéd., art.* 374).

74. L'intérêt naît du droit dans lequel le demandeur se croit justement fondé; mais l'action ou la faculté de poursuivre le droit en justice lui appartient, soit de son chef, soit par transmission; en effet, l'action est un véritable bien qui fait partie de notre fortune, et qui, par conséquent, est comme tout autre *transmissible et divisible* (1).

Comme *transmissible,* l'action fait partie d'une succession et passe aux héritiers; celui qui contracte stipule, non seulement pour lui-même, mais pour les siens. L'héritier d'une action a donc le droit d'en poursuivre le débiteur, et par la même raison il est chargé de répondre aux actions dont son auteur était tenu: c'est le motif pour lequel les titres exécutoires contre le défunt, le sont également contre la personne de l'héritier. — (*Code civ., art.* 887.)

Comme *divisible,* l'action peut être intentée et poursuivie par chacun des héritiers pour sa part et portion, de même que chacun d'eux n'est tenu personnellement qu'au prorata de sa portion héréditaire, quoiqu'il le soit hypothécairement pour le tout (*Code civ., art.* 873), attendu que l'hypothèque est essentiellement indivisible et ne peut être détruite ni morcelée par la mutation de propriété ou par le partage des biens.

Ici se présentent deux observations importantes. La première consiste à faire remarquer qu'encore bien que l'action hypothécaire puisse être exercée sans division contre un des héritiers, cela ne contrarie point le principe de la divisibilité, puisque cet héritier, condamné hypothécairement au paiement de la totalité d'une créance, exerce contre ses consorts un recours en remboursement de ce qu'il aurait payé au-delà de sa part virile, comme détenteur de l'objet hypothéqué: chacun des cohéritiers contribue donc en définitive au paiement de la dette, et par conséquent le principe de la *divisibilité* produit ses effets.

(1) Exemple: Une personne laisse dans sa succession une dette de 10,000 fr., hypothéquée sur une maison. Quatre héritiers acceptent la succession purement et simplement. Par l'événement du partage, la maison tombe à Pierre, l'un d'eux; il peut être poursuivi par le créancier des 10,000 fr. pour la totalité de cette somme, comme détenteur de la maison hypothéquée; mais comme il ne doit, en qualité d'héritier, que le quart de la dette, c'est à dire 2,500 fr., par suite du principe de la divisibilité, il aura son recours contre chacun des cohéritiers, afin d'obtenir remboursement des 7,500 fr. qu'il a payés en sus de sa portion.

La seconde se rattache au principe posé ci-dessus n°. 70, que l'action réelle s'exerce contre tout détenteur, indépendamment de son obligation personnelle ou de celle de son auteur : d'où suit qu'elle ne peut être dirigée contre l'héritier, à moins qu'il ne soit détenteur lui-même. Mais le détenteur poursuivi peut, conformément à l'art. 182 du Code de procédure, exercer son action en garantie formelle, soit contre celui dont il tient sa jouissance, soit contre l'héritier de ce dernier.

A son tour, l'héritier d'une action réelle l'exerce contre le détenteur, et par conséquent, lorsqu'il s'agit d'intenter une action de cette nature, le principe de la *transmissibilité* des actions produit également ses effets.

Mais l'héritier, quoique représentant universel du défunt, n'a pas toujours et indistinctement action du chef de celui-ci. C'est ce qui arrive toutes les fois qu'il s'agit de droits qui étaient attachés individuellement à la personne de son auteur, tels que ceux de gérer une tutelle, d'agir comme exécuteur testamentaire, de faire révoquer une donation pour ingratitude, de réclamer des profits ou revenus qui ont dû cesser à la mort, comme un usufruit, une rente viagère ou des biens donnés à un enfant adoptif. — (*Cod. civ., art.* 419, 1032, 957, 617, 1980 *et* 352).

Au surplus, toutes les fois que l'action à exercer a été transmise soit par succession soit autrement, comme par donation, par transport ou cession, etc., le demandeur doit, avant tout, justifier de la transmission qui lui a été faite à titre universel ou singulier ; dans le cas contraire, il serait déclaré non recevable par *défaut de qualité*. — (*Voy. tom.* 1, *pag.* 465, N.)

75. En vain le demandeur aurait-il *intérêt* et *qualité*, il faut encore, pour qu'il puisse valablement intenter action, qu'il y ait *capacité d'ester en justice* (*stare in judicio*), c'est-à-dire d'y paraître, d'être partie dans un procès, et que celui contre lequel il prétend agir jouisse lui-même de cette faculté.

De l'incapacité de l'une des parties dérive, en effet, soit en faveur de la personne incapable, soit même quelquefois en faveur de l'autre, une exception qui rendrait la demande non recevable, du moins jusqu'à ce que l'incapable fût assisté d'un représentant légal, ou, suivant les circonstances, autorisé, dans les formes prescrites, à poursuivre sa demande ou à présenter sa défense.

Il est donc indispensable que celui qui se propose d'exercer une action soit certain de sa capacité et de celle de sa partie adverse, et pour acquérir cette certitude, il doit consulter les diverses dispositions que nos lois renferment à ce sujet :

1°. Relativement aux *communes et aux établissemens publics*, l'art. 69 du Code de procédure, et les lois et décrets que nous citerons sur l'art. 1032 ;

2°. *Au condamné*, soit à une peine emportant mort civile, soit à une peine afflictive et infamante temporaire, les dispositions des art. 28, 34, 42 et 43 du Code pénal, 465 du Code d'instruction criminelle, 25 et 28 du Code civil ;

3°. *Aux mineurs et aux interdits*, celles des art. 464, 465, 469, 309 et 815 du Code civil, et 954 du Code de procédure ;

4°. *Aux mineurs émancipés*, celles de l'art. 482 du Code civil ;

5°. *Aux personnes* pourvues de *conseil judiciaire*, celles de l'art. 513 du même Code ;

6°. *Aux faillis*, les art. 442, 448, 499, 563, 598 et 600 du Code de commerce ;

7°. Enfin, à la *femme mariée*, les art. 215, 218 du Code civil, et 861 et suivans du Code de procédure.

Parmi les incapacités dérivant des dispositions de ces articles, les unes sont absolues, les autres relatives.

Les incapacités *absolues* sont celles qui tiennent à l'ordre public, sans considération de l'intérêt de la personne, comme l'incapacité du condamné et du failli, ou à l'ordre public, mais d'une manière secondaire, et particulièrement dans l'intérêt de la personne, comme celle des communes et des établissemens publics.

Les incapacités *relatives* sont celles qui ne sont prononcées que dans l'intérêt privé de la personne, comme l'incapacité des mineurs, des interdits, de la femme mariée.

Dans le premier cas, la fin de non-recevoir peut être opposée en tout état de cause, même par la partie qui a procédé volontairement contre l'incapable.

Dans le second, elle peut l'être également en tout état de cause, mais seulement par l'incapable ou ceux qui le représentent, et non par la partie qui aurait volontairement procédé contre lui. — (*Argum. des art.* 225 *et* 1125 *du Code civil*).

76. Le demandeur qui, d'après les observations qui précèdent, a fait tout ce qui dépendait de lui pour s'assurer qu'aucune fin de non-recevoir ne lui sera valablement opposée, doit examiner s'il a des moyens de *justifier au fond* l'objet de sa demande, en prouvant les faits sur lesquels il la fonde, et en démontrant, par les dispositions de la loi, que le droit qu'il réclame lui appartient véritablement.

C'est en effet au demandeur qu'il appartient de prouver, suivant la maxime déjà citée, *actore non probante*, etc.; maxime formellement consacrée par l'article 1315 du Code civil.

Les faits se prouvent, soit par titres, soit par témoins, soit par le concours des présomptions que les lois autorisent à prendre pour base de décision. — (*Code civ.*, *liv.* 3, *tit.* 3, *chap.* 6) (1).

Mais on doit remarquer qu'aucun titre authentique ou privé ne peut être produit en justice s'il n'est timbré. — (*Lois des* 13 *brumaire an* 7, *sur le timbre*; 22 *frimaire même année*, *et* 7 *pluviôse an* 9, *sur l'enregistrement*).

On supplée au défaut de ces différens genres de preuves par celles que peut fournir l'instruction judiciaire, et conséquemment après la demande, au moyen du serment déféré ou référé, de l'aveu de la partie, de l'interrogatoire, de l'expertise, etc. — (*Voy. infrà, tom.* 1, *pag.* 320).

77. Toutes les observations que nous venons de consigner dans cette section, ayant été faites par celui qui se propose d'agir en justice, il n'a plus qu'à s'assurer de la compétence du juge devant lequel il devra se pourvoir. Les lois concernant les attributions des diverses autorités judiciaires ont donc un rapport intime avec l'exercice des actions, et par conséquent les règles générales de la compétence de ces autorités trouvent naturellement leur place dans la section suivante.

---

(1) Voy. *infrà*, tom. 1, pag. 500.

SECTION II.

Des juges devant lesquels l'action doit être portée (1).

78. L'ACTION doit être portée devant les juges auxquels la loi donne *compétence* pour en connaître.

Ce mot *compétence*, dérivé du mot *competere*, appartenir, exprime en général la portion de pouvoir attribuée par la loi à chaque fonctionnaire public en particulier, « *quod cuique competit* ».

Appliqué aux fonctions judiciaires, il désigne le pouvoir que la loi confère à tel tribunal, plutôt qu'à tel autre, de prononcer sur une contestation judiciaire.

Ce pouvoir est réglé, soit à raison de la nature de l'action, soit à raison du territoire dans l'étendue duquel un tribunal exerce sa jurisdiction, c'est-à-dire son droit de juger pris d'une manière absolue.

Il l'est à *raison de la nature de l'action*, quand la loi a exprimé généralement, comme l'art. 4 du tit. 4 de celle du 24 août 1790, et l'art. 59 du Code de procédure, que tels tribunaux connaîtront de telle action.

Il l'est à *raison du territoire*, quand elle déclare, comme le même art. 59, que parmi les tribunaux compétens pour une action, le demandeur devra s'adresser, soit à celui du domicile du défendeur, soit à celui de la situation de l'objet litigieux.

Ainsi deux choses sont à considérer pour savoir si un tribunal est compétent ou incompétent,

1°. L'affaire que l'on entend lui soumettre est-elle du nombre de celles dont la loi lui attribue la connaissance?

2°. En cas d'affirmative, est-ce devant le tribunal du domicile du défendeur ou devant celui de la situation de la chose que l'on doit porter l'action?

Dans le premier cas, on dit que le tribunal est compétent à raison de la matière, *ratione materiæ;* dans le second, qu'il l'est à raison de la personne, *ratione personæ*, ou de la situation de la chose.

De ce que le tribunal devant lequel on porterait une action serait incompétent sous l'un de ces rapports, il en résulterait, en faveur du défendeur, une exception déclinatoire dont l'effet serait de faire prononcer le renvoi de l'affaire devant le tribunal compétent, et de mettre à la charge du demandeur tous les frais qui auraient été faits jusqu'alors (2).

79. Les autorités investies du droit de prononcer sur les contestations judiciaires sont distribuées en plusieurs branches, suivant l'importance et l'objet des affaires et l'étendue de pouvoirs qui leur est donnée, pour statuer *en premier ressort*, c'est-à-dire a charge d'appel; et si l'on veut en premier degré de

---

(1) Ce que cette section renferme sur la compétence des autorités judiciaires, n'est, à vrai dire, que le sommaire des matières qui sont traitées dans toute leur étendue et avec tous les développemens dont elles nous ont paru susceptibles, dans notre ouvrage sur les Lois de l'organisation et de la compétence des tribunaux civils.

(2) Voy. *infrà*, pag. 424 et 435.

juridiction seulement, ou *en dernier ressort*, autrement sans appel, c'est-à-dire en premier et second degré de juridiction tout à la fois.

De là, dans l'organisation judiciaire, une hiérarchie qui établit des tribunaux inférieurs et des tribunaux supérieurs.

80. La Charte constitutionnelle (*art.* 56, 60, 61) ayant maintenu les autorités judiciaires existantes à l'époque de sa promulgation, le pouvoir de juger s'exerce pour les matières civiles,

1°. *Par des juges de paix* chargés de prononcer sur les contestations les moins importantes, et de concilier, s'il est possible, le plus grand nombre des différens que le tribunal supérieur aurait à juger;

2°. *Par des tribunaux de première instance* civils et de commerce;

3°. *Par des Cours royales*, dont la principale fonction consiste à statuer sur les appels de ces tribunaux;

4°. *Par une Cour suprême et régulatrice*, siégeant dans la capitale et instituée sous le titre de *Cour de cassation*, pour assurer la stricte exécution des lois, en cassant les jugemens en dernier ressort et les arrêts qui présentent une contravention aux formes judiciaires prescrites à peine de nullité, un excès de pouvoir ou une fausse application de la loi;

5°. *Par des arbitres*, c'est-à-dire par des personnes choisies par les parties, lorsque la loi les autorise à substituer ces juges volontaires à ceux qu'elle désigne.

81. Parmi ces différentes autorités, on distingue celles qui exercent la *juridiction ordinaire* et celles qui n'ont que la juridiction *extraordinaire* ou d'*exception* (1).

Par juridiction ordinaire on entend celle qui embrasse toutes les matières contentieuses, à la seule exception de celles qui sont spécialement attribuées à certains tribunaux.

La *juridiction extraordinaire* ou d'*exception* est au contraire celle de ces tribunaux spécialement institués pour connaître *exclusivement* de certaines affaires détachées de la juridiction ordinaire.

L'une appartient aux tribunaux civils d'arrondissement et aux Cours royales; l'autre aux juges de paix et aux tribunaux de commerce (2).

Deux principes de la plus haute importance se rattachent à cette distinction :

1°. Le magistrat qui exerce la juridiction ordinaire connaît de toutes les affaires, encore bien que la loi ne les ait pas expressément désignées. Sa compétence n'a de limites qu'une disposition de la loi qui attribuerait nommément à un autre tribunal telle ou telle action, tandis que le juge qui n'exerce que la juridiction d'exception est strictement restreint dans le cercle de ses attributions, et ne peut connaître que des affaires qui lui sont formellement attribuées.

2°. La juridiction ordinaire réunit à la puissance de juger le droit que les romains appelaient *imperium*, et qui consiste à contraindre à l'exécution des jugemens. Les juges d'exception, au contraire, ne connaissent point de l'exé-

(1) Voy., sur cette distinction de la juridiction, le Traité de l'administration de la justice, par Jousse, 1.re part., tit. 1, sect. 4, et celui de l'autorité judiciaire, par M. Henrion de Pansey, chap. 16, pag. 214, nouvelle édition in 4°.

(2) Voy, tom. 1, pag. 2, et l'art. 442, tom. 2, pag. 102.

cution de leurs décisions (1), en sorte que toutes les difficultés qu'elle peut présenter rentrent dans les attributions des juges ordinaires, qui ont cette jurisdiction pleine et entière, *jurisdictionem propriè dictam et imperium.*

C'est toujours sous cette distinction que chaque tribunal exerce le pouvoir de juger dans les matières que nous allons indiquer, et qui forment sa *compétence.*

§ Ier.

Des Justices de paix.

82. Les justices de paix, dont l'institution a été justement considérée comme un bienfait de l'Assemblée nationale constituante, furent, en 1790, substituées aux basses jurisdictions pour juger sommairement, à peu de frais et sans ministère d'avoué, les contestations de peu d'importance et celles sur-tout dont la décision est plus de fait que de droit.

Elles forment le premier degré de la hiérarchie judiciaire. Les attributions des juges qui les exercent sont ou *judiciaires,* ou *extrajudiciaires,* ou *conciliatoires.*

Comme *juge proprement dit,* c'est-à-dire comme fonctionnaire institué pour *prononcer sur une contestation,* le juge de paix connaît seul, dans l'étendue de son canton, des causes *purement personnelles et mobilières* (2), sauf l'appel jusqu'à la valeur de 50f, ou à la charge de l'appel jusqu'à celle de 100f.

Mais la loi lui refuse jurisdiction en toute matière réelle, immobilière et mixte, à la seule exception des actions possessoires, et même en matière personnelle, lorsque la valeur de la demande n'étant pas déterminée, les parties n'ont pas prorogé sa jurisdiction.

Outre les actions purement personnelles et mobilières, d'une valeur déterminée, le même juge connaît également, sans appel, jusqu'à la valeur de 50f, et à la charge d'appel, à quelque somme que la demande puisse monter,

1°. Des actions civiles pour dommages faits, soit par les hommes, soit par les animaux, aux champs, fruits et récoltes;

2°. Des mêmes actions pour déplacement de bornes, usurpation de terres, arbres, haies, fossés et autres clôtures, commises dans l'année, des entreprises sur les cours d'eau servant à l'arrosement des prés, commises également dans l'année, et enfin de toutes actions *possessoires;* (3)

3°. Des réparations locatives des maisons et fermes, c'est-à-dire *de celles-là seulement qui sont de plein droit à la charge des locataires et fermiers, et auxquelles, par conséquent, ils sont assujétis, quoiqu'il n'en soit fait aucune mention dans les baux, mais non des réparations plus considérables que ces baux pourraient mettre à leur charge;*

4°. Des indemnités prétendues par les fermiers ou locataires pour non jouissance, lorsque le droit à l'indemnité n'est pas contesté, *de manière que la dé-*

(1) Voy. tom. 1, pag. 2.
(2) *Ibid.*, pag. 6.
(3) *Ibid.*, pag. 43 et 44.

fense du propriétaire formât une fin de non-recevoir contre la demande du fermier ou locataire; enfin, des dégradations alléguées par le propriétaire;

5°. Du paiement des salaires des gens de travail, *autrement des journaliers, c'est-à-dire de tous ceux dont l'engagement peut commencer et finir dans le même jour;* de celui des gages des domestiques et de l'exécution des engagemens respectifs des maîtres et de ces gens de travail ou domestiques;

6°. Des actions pour injures verbales, rixes et voies de fait, pour lesquelles les parties ne se sont pas pourvues par action criminelle.

Sur tous ces objets, leur compétence s'étend également jusqu'à 50f en dernier ressort, et jusqu'à 100f. et au-dessus, à charge d'appel; mais c'est toujours la quantité de la somme demandée ou déterminée par la citation, et non la quantité de la somme adjugée ou fixée par le juge, qui règle l'étendue de cette compétence. Cette remarque n'est pas particulière à leur jurisdiction; elle est générale et s'applique à tous les tribunaux (1).

Comme conciliateur, le juge entend les parties, les invite à se concilier, tâche de leur en indiquer les moyens; et s'il ne parvient pas à ce but, il leur conseille de soumettre le différent à des arbitres de leur choix : c'est le texte même de l'art. 60 de la loi du 28 frimaire an 8 (2).

Ainsi les arbitres sont les premiers juges, dans le vœu, dans la pensée de la loi; mais pour suivre, dans ce rapide exposé de la compétence, l'ordre suivant lequel le Code de procédure traite des formalités judiciaires, nous ne devons parler de la jurisdiction arbitrale qu'après avoir parlé de celle des tribunaux créés par la loi.

Au surplus, plusieurs dispositions du Code civil et du Code de procédure attribuent aux juges de paix diverses fonctions qui toutes sont *extrajudiciaires* ou de jurisdiction *grâcieuse.* Telles sont celles qui concernent la délivrance des actes de notoriété nécessaires pour la célébration de certains mariages, la rédaction des actes d'adoption et d'émancipation, les procès-verbaux de demande de consentement à la tutelle officieuse, la convocation et la présidence des conseils de famille, l'apposition des scellés après décès, le rapport des testamens dans les lieux où toute communication est interdite, certaines opérations pour l'exécution des jugemens et actes, dans les circonstances prévues par les art. 587 et 594 du Code de procédure.

§ II.

Des Tribunaux civils d'arrondissement.

83. Les tribunaux de première instance, qui seraient mieux appelés tribunaux civils d'arrondissement, puisque la première dénomination semble supposer qu'ils ne pourraient juger en seconde instance, sont établis dans chaque arrondissement communal; ils prononcent en seconde instance sur les appels des jugemens rendus par les justices de paix. — (*Loi du 25 ventôse an 8, art. 6*).

---

(1) *Quotiens de quantitate ad jurisdictionem pertinente quæritur, semper quantùm petatur quærendum est, non quantùm debeatur.* — (*Loi 19, § 1, liv. 2, tit. 1, ff de jurisdictione.*

(2) Voy. tom. 1, pag. 91.

Mais ils jugent en première instance et en dernier ressort, autrement *sans appel*, toutes les affaires *personnelles* et *mobilières* jusqu'à la valeur de 1,000f, et les affaires réelles dont l'objet principal est de 50f ou au-dessous de revenu déterminé, soit en rente, soit en prix de bail; enfin, toutes les affaires *réelles*, *personnelles* ou *mixtes*, à quelque somme ou valeur que l'objet de la contestation puisse monter, si les parties y donnent leur consentement (1).

Ils jugent également en première instance, mais en premier ressort seulement, c'est-à-dire *à charge d'appel*, toutes les autres affaires civiles, soit que la valeur de l'objet ait été fixée au-dessus de 1,000f, soit que cette valeur n'ait pu être déterminée, comme il arrive dans les questions d'état, et quand il s'agit de rente viagère, de pensions alimentaires, etc. — (*Même loi, art.* 7, *et divers arrêts de cassat.; loi du* 24 *août* 1790, *art.* 5 *et* 6).

Dans les arrondissemens où il n'y a point de tribunaux de commerce, ils jugent en outre les affaires commerciales en premier et dernier ressort, suivant les proportions ci-dessus établies (2).

Plusieurs dispositions du Code civil et du Code de procédure exigent, sur différens objets de jurisdiction non contentieuse, l'intervention *du tribunal entier*, et quelquefois celle du *président seul*.

Du *tribunal entier*, lorsqu'il s'agit, par exemple, des autorisations à donner aux femmes sur le refus ou en cas d'absence du mari, de l'homologation des avis de parens, des réponses à certaines requêtes, etc. etc.

Du *président seul*, à l'égard des référés, des demandes en correction formées par les pères ou mères contre les enfans mineurs, de l'ouverture des testamens olographes ou mystiques, des autorisations à donner aux notaires pour la délivrance des expéditions de leurs actes, de la légalisation de leurs signatures, du visa et de la chiffrature de leurs répertoires, etc. etc.

§ III.

Des Tribunaux de commerce.

84. Les tribunaux de commerce jugent toujours en première instance, savoir : en *dernier ressort*, toutes les affaires commerciales de terre et de mer, dont l'objet n'excède pas la valeur de 1,000f.; et en *premier ressort*, celles qui excèdent cette valeur, à moins que les parties n'aient déclaré vouloir être jugées sans appel (3).

Toutes ces affaires sont détaillées dans les art. 631 à 638 *inclus* du Code de commerce.

---

(1) Loi du 24 août 1760, tit. 4, art. 5 et 6.
(2) Même loi, tit. 12, art. 13 et 14, et Code de commerce, art. 640.
(3) Même loi, tit. 12, art. 4 et 14; Code de commerce, art. 639.

§ IV.

Des Cours royales.

85. Les Cours royales, dont l'institution caractérise spécialement la différence qui existe entre l'organisation judiciaire actuelle et celle qui l'a précédée, sont pour la plupart établies dans les villes où siégeaient autrefois des Parlemens ou autres Cours souveraines. Elles prononcent,

1°. Sur les appels des jugemens rendus en premier ressort par les tribunaux civils et par ceux de commerce (1);

2°. Sur ceux des jugemens arbitraux, dans un des cas prévus par les art. 1020 et 1021 du Code de procédure;

3°. Sur ceux des arbitres nommés en matière de société de commerce;

4°. Sur ceux des ordonnances de référés (2).

Elles connaissent en outre, en premier et dernier ressort, 1°. de l'exécution de leurs arrêts, lorsqu'elles infirment le jugement de première instance et déclarent se réserver cette exécution (3);

2°. De la réhabilitation des faillis (4);

3°. Des prises à partie (5);

4°. Enfin, des fautes de discipline des officiers ministériels qui leur sont attachés, lorsqu'elles n'ont été ni commises ni découvertes à l'audience (6).

Hors ces cas, et sauf les modifications portées aux art. 464 et 473 du Code de procédure, la compétence des Cours royales se trouve nécessairement limitée aux seuls points sur lesquels il a été statué en premier degré de juridiction : d'où suit qu'il y aurait excès de pouvoir de leur part, si elles se permettaient de prononcer sur un chef de demande qui n'aurait pas déjà reçu jugement, et de violer ainsi le principe des deux degrés, principe fondamental de l'administration de la justice dans la monarchie française (7).

§ V.

De la Cour de cassation.

86. Le mot *cassation* s'applique à la décision d'une Cour suprême à laquelle la loi a délégué le pouvoir que le Roi exerçait autrefois par lui-même en son conseil, d'annuler un arrêt ou un jugement en dernier ressort.

---

(1) Loi du 27 ventôse an 8, art. 22.
(2) Code de procédure, art. 809; Code de commerce, art. 52.
(3) Code de procédure, art. 472.
(4) Code de commerce, art. 604—614.
(5) Code procédure, art. 509.
(6) Décret du 30 mars 1808, art. 103.
(7) Voy. *suprà*, n.os 83 et 84, et notre Traité d'organisation et de compétence, pag. 93 et suiv.

Cette Cour, instituée par la loi du 1er. décembre 1790, n'est point un troisième degré de jurisdiction.

En effet, ses fonctions diffèrent essentiellement de celles des Cours royales, puisque celles-ci réforment les erreurs des premiers juges, tant sur la forme que sur le fond, tandis que la Cour de cassation ne prononce point, à proprement parler, sur les discussions qui divisent les parties, auxquelles elle ne fait que garantir l'exécution des lois.

C'est pourquoi l'art. 66 de la loi du 22 frimaire an 8 porte, en termes exprès, comme nous l'avons dit n°. 80, que cette Cour ne connaît point du fond des affaires, mais qu'elle casse les jugemens et arrêts rendus sur des procédures dans lesquelles les formes ont été violées ou qui contiennent quelques contraventions à la loi. En ce cas, suivant le même article, la Cour renvoie le fond du procès à l'autorité qui en doit connaître.

La Cour de cassation est divisée en trois sections dont la compétence diffère :

1°. La section des requêtes prononce sur l'admission ou le rejet des demandes en cassation dans les matières civiles; sur l'admission ou le rejet des demandes en prise à partie, formées hors des cas où la connaissance en appartient aux Cours royales; des demandes en réglement de juges, quand le conflit s'élève ou entre deux Cours royales, ou entre deux tribunaux de première instance qui ne ressortissent pas à la même Cour; enfin, des demandes en renvoi pour cause de sûreté publique et de suspicion légitime (1);

2°. La section civile juge définitivement les demandes en cassation qui ont été admises par la section des requêtes; celles qui lui sont déférées d'office, en matière civile, par le procureur général; enfin, les demandes en prise à partie dont la section des requêtes aurait prononcé l'admission.

Nous n'avons pas à nous occuper ici de la compétence de la troisième section, qui connaît spécialement des affaires criminelles.

§ VI.

Des Arbitres.

87. En général, les arbitres sont des personnes qui ont reçu, soit de plusieurs parties, soit en certains cas du juge, mais en vertu d'une disposition de la loi, le pouvoir de statuer sur une contestation civile; de là une distinction entre les arbitres volontaires et les arbitres forcés; mais l'arbitrage forcé n'a lieu que dans un seul cas où il a paru présenter les plus sûrs moyens de régler promptement les droits des parties : ce cas est celui d'une contestation élevée entre associés et à l'occasion d'une société de commerce (2).

Les arbitres que nous appelerons *volontaires*, pour les distinguer des arbitres *nécessaires* ou *forcés* (3), sont ceux que les parties choisissent de leur propre mouvement, dans toutes les affaires à l'égard desquelles la loi n'a pas expressément interdit l'arbitrage.

---

(1) Loi du 27 ventôse an 8, et Code de procédure.
(2) Voy. tom. 3, pag. 388, et les art. 1105 et 1106.
(3) Voy. *ibid.*

La compétence des uns et des autres, quant aux contestations qui leur sont soumises, est déterminée par l'acte qui les institue; mais tout ce qui concerne d'ailleurs leurs pouvoirs, la forme de leur décision, ses effets, son exécution, les manières de se pourvoir contre elle, étant réglées par le Code de procédure, les notions générales que nous aurions à exposer ici, en cette matière, formeront les préliminaires du liv. 3 de la seconde partie du Code, intitulée des *arbitrages* (1).

(1) Voy. tom. 1, pag. 580, et notre Traité des lois d'organisation et de compétence, pag. 7.

LIVRE II.

DE LA PRATIQUE JUDICIAIRE.

88. Toutes les dispositions par lesquelles le législateur a réglé la forme de procéder sont fondées sur des raisons d'équité, et sur des considérations d'ordre public, qui composent ce qu'on appelle la théorie des lois de la procédure.

La connaissance raisonnée de cette théorie, jointe à celles des textes de la loi positive, des décisions judiciaires qui les ont appliquées aux diverses espèces, et qui forment ce qu'on appelle *la jurisprudence*, celle enfin des opinions émises par les jurisconsultes en interprétation de ces mêmes textes, constituent la *science de la procédure*.

89. Parmi ceux qui se livrent à l'étude de cette science, il en est peu, sans doute, pour lesquels elle soit purement *spéculative*. Leur but, en général, est de mettre en pratique, avec justesse et discernement, les principes et les règles dont elle se compose.

Mais pour atteindre ce but, la science de la procédure ne serait pas suffisante : il faut acquérir *l'art de la pratique* (1), qui n'est autre chose que la méthode d'appliquer les principes de la science, l'exercice, suivant cette méthode, en un mot la mise en action de tout ce que prescrivent ces principes pour parvenir à la décision d'un procès et à l'exécution de cette décision.

Ainsi, comme on l'a dit avec raison, *la pratique* est la triture du barreau (*tritura fori*), de même que la science à laquelle elle se rattache. *L'art de la pratique*, qui apprend comment on doit appliquer au barreau les règles et les formalités que prescrivent les lois de la procédure, a lui-même ses règles générales qui doivent servir de guide, particulièrement aux officiers ministériels, dans la poursuite d'un procès.

90. Ce sont ces règles générales que nous nous proposons de réunir et d'expliquer dans ce second livre, comme étant inséparables des principes généraux que nous avons posés dans le premier, sur la procédure considérée comme science, et dont ces règles forment le complément.

Elles se rapportent,

A la rédaction matérielle des actes;

Aux termes et aux délais dans lesquels ils doivent être dressés et notifiés;

Enfin, *aux irrégularités qui pourraient vicier les procédures* (2).

---

(1) Pratique, du grec *praktikê*, exercice du pouvoir d'agir, exercice habituel de certaines choses.

La réunion et l'explication de toutes les dispositions législatives et réglementaires et de tous les usages relatifs aux détails de ce que nous appelons ici *la pratique* se trouveront dans le Traité annoncé en tête du présent ouvrage.

(2) Nous *prenons* ici le mot procédure dans le sens indiqué ci-après, n°. 94.

TITRE I.er

Des Actes de procédure en général, de leur dresse ou rédaction.

91. Dans la langue du droit on entend en général, par le mot *acte*, tout écrit rédigé, soit par des officiers publics, soit par de simples particuliers. C'est l'écrit que l'on appèle en droit romain *instrumentum*, lequel constate ce qui a été fait ou passé.

92. Si les actes sont l'ouvrage des officiers publics, ils sont appelés *actes publics;* s'ils n'émanent que d'un simple particulier, on les nomme *actes privés*. — (*Voy. Cod. civ., art.* 1317).

93. Les actes de procédure sont des actes publics toujours *authentiques*, d'après les dispositions de l'art. 1317 du Code civil, puisqu'ils émanent, en toute circonstance, d'un officier public, et que, dans le cas même où la loi exige la présence ou la signature de la partie, elle est assistée d'un avoué, ou l'acte est rédigé par le greffier. Il est néanmoins à remarquer que si le ministère de l'officier public se borne à notifier un acte privé, la notification seule a le caractère de *l'authenticité* ; d'où suit, conformément à l'art. 1319 du Code civil, qu'un acte judiciaire fait pleine foi de son contenu, c'est-à-dire qu'on le considère comme vrai, tant que la fausseté n'en a pas été prouvée par suite d'une plainte en faux principal, ou d'une inscription en faux incident civil.

94. On appèle proprement *acte de procédure* tout acte qui se fait depuis la demande inclusivement, jusqu'à l'exécution du jugement, et qui, par conséquent, fait partie de cette série d'actes dont l'ensemble est aussi appelée *procédure*. Ainsi, par exemple, quand on dit qu'une procédure est vicieuse, nulle, frustratoire, etc., etc., on désigne une collection d'actes judiciaires, faits pour parvenir à un jugement ou à son exécution.

95. Mais dans l'esprit du Code, manifesté par la disposition de l'art. 1030, on doit considérer comme acte de procédure tous ceux que ce même Code prescrit. Ainsi, tous les actes énoncés dans les dispositions qu'il renferme sous les différens titres de la deuxième partie, intitulée *des procédures diverses*, sont des actes de procédure, quoique pour la plupart ils ne tendent point à l'obtention d'un jugement ou à son exécution.

96. Tous ces actes sont généralement désignés par les auteurs sous la qualification d'actes *judiciaires*, parce qu'il est toujours nécessaire qu'un officier de justice y intervienne.

97. En terme de pratique, on nomme *dresse* (1) la composition et la rédac-

---

(1) M. Berriat Saint Prix se sert aussi de ce mot, qui n'est pas généralement usité, mais qui exprime parfaitement une idée qu'aucun autre terme ne rendrait avec la même exactitude. Il est, au reste, fondé sur une juste analogie du verbe *dresser*, qui, dans notre langue, signifie l'action de mettre un acte par écrit et dans la forme nécessaire; le mot *dresse* est naturellement le substantif de ce verbe.

tion des actes suivant la forme légale et usitée. Les romains, comme nous l'avons dit *suprà*, pag. 6, à la note, avaient des formules d'action qu'ils appelaient *legis actiones*, et qui étaient la manière d'agir en conséquence de la loi; c'était un style dont les termes devaient être suivis si scrupuleusement que, faute de les avoir employés, l'acte était nul, et que l'omission de ceux qui étaient réputés *essentiels* allait même jusqu'à faire perdre irrévocablement la cause à celui qui avait commis cette omission.

98. Dans le très-ancien droit français, et avant l'établissement du gouvernement féodal, on avait également admis des formules pour établir un style universel des actes et des procédures; mais ce gouvernement ayant divisé le royaume pour ainsi dire en autant d'états distincts et séparés qu'il avait été érigé de fiefs, les formules cessèrent d'être observées, et vainement, lorsque les magistrats furent rendus sédentaires et formèrent des compagnies permanentes, essaya-t-on de rétablir un style uniforme : ce style fut aussi diversifié qu'il y avait de tribunaux divers.

99. Ce fut pour remédier à cet inconvénient que Louis XIV, après avoir publié les ordonnances de 1667 et de 1670, qui réglaient la forme de procéder en matière civile et en matière criminelle, crut devoir faire dresser des formules de tous les actes prescrits dans la poursuite des procès (1).

Un édit de 1673 prescrivit la stricte observation de celles qui furent rédigées pour l'exécution de l'ordonnance de 1667, sous peine de nullité des actes qui n'auraient pas été imprimés sur des exemplaires conformes à ces formules, et où l'officier ministériel n'avait à remplir que les blancs laissés pour insérer ce qui était particulier à chaque acte.

Cet édit n'eut point d'exécution par suite du refus d'enregistrement de la déclaration du 30 juin, qui en prescrivait de rechef l'observation; refus motivé sur ce que les formules ne pouvaient servir à tous les divers actes dont la disposition est différente.

100. Aujourd'hui, non seulement la loi ne prescrit aucune formule, mais encore elle n'admet aucune expression *sacramentelle*. Ainsi, dit M. Berriat Saint-Prix, pag. 138, on peut se servir indifféremment, dans les actes de procédure, de toutes espèces de termes, et employer toutes espèces de tournures, pourvu que ces termes et ces tournures expriment les formalités prescrites par les lois. Tel est aussi le sentiment de tous les auteurs.

Quoi qu'il en soit, il convient de se servir des termes mêmes de la loi, ou du moins de termes *équivalens*, dans toutes les circonstances où elle aurait attribué à certaines expressions un sens particulier, autre que celui que leur donne l'usage ordinaire.

Au surplus, on ne peut disconvenir que pour éviter toute méprise et acquérir l'habitude de la rédaction, des formules ne soient d'un grand secours, si on les consulte, en les comparant aux dispositions législatives dont elles ont l'application

---

(1) On ne dressa que les formules nécessaires pour l'exécution de l'ordonnance de 1667; elles furent examinées dans le conseil de réformation, et arrêtées pour servir de règles et de modèles à tous les actes particuliers. Le Recueil de ces formules fut imprimé en un volume in-4°, en 1668; elles nous serviront quelquefois de modèles dans notre Traité de pratique pour les formules des actes prescrits par le Code.

pour objet (1). C'est ce travail que nous faciliterons aux praticiens dans les modèles d'actes que nous nous proposons de rédiger.

101. La date des actes est essentielle, tant pour faire courir les délais qu'ils comportent, que pour constater qu'ils ont été faits à telle époque.

On appèle date la désignation des jour, mois et an auxquels un acte a été dressé et du lieu où il l'a été; mais cette désignation du lieu n'est pas exigée à la rigueur dans les actes de procédure (2).

102. Il en est de même de l'heure, dont l'indication n'est essentielle qu'autant que la loi l'exige, ou qu'un délai se compte par heures; mais en général la loi en prescrit la mention dans toutes les opérations d'instruction auxquelles les parties sont appelées.

En tous cas, il est prudent, dans certains actes sujets à notification, d'indiquer l'heure, afin de se ménager les moyens de donner la préférence à un acte sur un autre, comme dans l'espèce du n°. 1447, ou de défendre à une imputation de faux; par exemple, lorsqu'une partie, prétendant qu'un acte n'a pas été notifié à sa personne, entendrait le prouver par un *alibi*. Dans cette circonstance, l'indication de l'heure de la notification pourrait être utile à la défense de l'officier ministériel.

103. Il est presque superflu d'observer que tout acte doit être signé par le fonctionnaire ou officier public chargé de le dresser. L'omission de cette formalité emporte toujours nullité, parce qu'un acte non signé restant imparfait, il ne peut être envisagé que comme un simple projet.

Il est des actes où la signature du rédacteur ne suffit pas; ce sont tous ceux qui contiennent des dires, des déclarations ou réponses, ou qui constatent des agissemens de la part des parties ou de tierces personnes : ces actes doivent être signés par elles; et si l'on excepte un très-petit nombre de circonstances formellement prévues par la loi, rien ne supplée leur signature, lorsque l'officier instrumentaire n'a pas mentionné ou le refus ou l'impuissance de signer; en un mot, la cause pour laquelle la formalité n'a pas été remplie (3).

Du reste, les signatures mal formées ou illisibles ne pourraient, par ce seul motif, faire annuler un acte, si par ailleurs il ne s'élevait aucune présomption de fraude (4).

---

(1) Ici nous n'avons à exposer que les règles générales et communes de cette rédaction; elles sont relatives à la date des actes, à la signature qui les complète, à la conformité de l'original et de la copie.

(2) Arrêt de Nîmes, du 20 janvier 1810. — (*Denevers, suppl., pag.* 392).

(3) Nous remarquerons à ce sujet qu'aucune disposition de la loi n'impose en général aux huissiers l'obligation rigoureuse de constater les réponses de ceux auxquels ils signifient leurs exploits; néanmoins, comme leur ministère est forcé, et qu'une partie peut avoir intérêt à faire consigner de suite ses réponses et protestations, nous ne pensons pas qu'ils puissent se refuser à en dresser acte, sur-tout si le requérant offre de signer ses dires. Tel est aussi l'avis de Rodier sur l'art. 16, tit. 2 de l'ordonnance.

(4) Il en serait ainsi même dans le cas où la copie d'un acte serait entièrement *illisible*. En ce cas, dit encore Rodier, *ubi suprà*, la partie à laquelle elles auraient été notifiées serait en droit d'en demander de nouvelles; et suivant l'art. 43 du décret du 14 juin 1813, la copie *incorrecte* ou *illisible* pourrait être rejetée de la taxe, et l'huissier condamné à restituer les sommes reçues.

Mais une croix, ou une marque quelconque, n'équivaudrait pas à une signature, si l'officier n'avait pas mentionné que la marque a été apposée par la partie, et qu'elle a déclaré ne savoir signer.

De toutes ces observations nous conclurons que l'écriture non signée est insignifiante ; elle pourrait tout au plus servir, en certains cas, de commencement de preuve par écrit.

Lorsque la loi exige qu'un acte soit signé, elle prescrit *ordinairement* la mention de l'accomplissement de cette formalité; mais l'omission de cette mention n'emporterait pas nullité à l'égard des actes judiciaires, si cette peine n'était pas formellement prononcée (1).

Nous disons *ordinairement*, parce qu'il est quelques dispositions du Code de procédure qui gardent le silence sur cette mention, quoiqu'elles exigent la signature (2).

En tous les cas où l'acte constate des dires, des déclarations (3), on doit y mentionner que les parties et les témoins en ont reçu lecture, formalité indispensable pour qu'on puisse reconnaître et réparer les erreurs et omissions.

104. La signature exigée pour rendre un acte parfait est utile même à l'égard des additions qui seraient faites en marge, afin qu'elles soient considérées comme faisant partie de l'acte, mais on peut se contenter d'un simple paraphe, et nous pensons même, à l'égard des actes judiciaires auxquels on ne peut appliquer à la rigueur les lois du notariat, qu'une approbation à la fin de l'acte et avant la signature serait suffisante, s'il ne s'élevait d'ailleurs aucun indice d'intercallation.

Cette approbation est essentielle à l'égard des mots qui seraient placés en interligne ; mais si ces additions en marge et les interlignes non approuvés sont par là même présumés n'avoir pas existé avant la perfection de l'acte, si, par conséquent, ils sont nuls, cette nullité ne préjudicie point, soit à la validité de l'acte entier, soit à celle d'aucune de ses parties.

105. Quant aux ratures, il importe encore qu'elles soient approuvées pour que les mots raturés soient réputés ne pas faire partie de l'acte. En effet, les ratures non constatées ni approuvées seraient nulles par suite de la présomption qu'elles auraient été faites après que l'acte eût reçu sa perfection : donc les mots qu'elles supprimeraient devraient subsister.

Et s'ils sont illisibles, la partie qui aurait l'acte entre les mains serait facilement présumée auteur de la suppression, et l'on pourrait en argumenter contre elle.

106. Du reste, on réprouve les abréviations dans tous les actes publics, surtout en ce qui concerne les noms propres, les dates et les parties essentielles. — (*Arg. de l'art.* 13 *de la loi du* 25 *ventôse, et nouv. Répert., v°.* abréviation).

107. La copie notifiée d'un exploit tient toujours lieu d'original à la partie. C'est une règle certaine consacrée par la jurisprudence ancienne et nouvelle. — (*Voy. ci-après, pag.* 166).

---

(1) Code de procédure, art. 7, 36, 39, 42, 68, 198, 212, 216, 218, 227, 234, 235, 275, 330, 370, 384, 402, 432, 599, 813, 916, 980, 1016.

(2) Art. 45, 109, 138, 309, 317, 353, 511, 585, 601, 922.

(3) Code de procédure, art. 39, 271 à 273 et 334.

Il en résulte que les vices de forme qui se trouveraient dans la copie annuleraient l'acte, nonobstant la régularité de l'original. Mais si la copie étant régulière, il se trouvait des omissions dans l'original, le défendeur serait sans intérêt pour demander la nullité, et il ne pourrait la faire prononcer, puisqu'il ne manquerait rien dans la copie *qui lui tient lieu d'original*, et que les formalités ne sont prescrites que par rapport à lui (1).

Il est encore à remarquer que cette règle ne s'applique qu'aux formalités des exploits, c'est-à-dire des actes du ministère propre des huissiers, et non pas aux copies d'autres actes dont ils auraient la *notification* pour objet, et dont les originaux, qui ne sont pas du fait de l'huissier, existent, soit entre les mains des parties qui ont fait la notification de la copie, soit dans les dépôts publics. Par exemple, si dans la copie notifiée d'un procès-verbal d'enquête on avait omis l'énonciation des formalités prescrites à peine de nullité, pour la validité de cette enquête, on ne pourrait argumenter de cette omission pour faire annuller l'enquête, si l'on ne prouvait, par une copie certifiée du greffier, que l'original du procès-verbal ne présente pas les omissions faites dans la copie notifiée par l'huissier.

Mais si, dans la copie de l'exploit de notification de ce même procès-verbal l'huissier avait commis une nullité qui ne se rencontrerait pas dans l'original de l'exploit, il y aurait lieu d'appliquer la règle, et la notification serait considérée comme non avenue, malgré la régularité de l'original.

TITRE II.

Des Délais des Procédures.

108. On entend en général par délai le tems que la loi elle-même ou la convention accorde pour faire quelque chose.

En procédure, les délais sont toujours déterminés par la loi; mais quelquefois le juge peut en fixer lui-même, et il ne peut arriver que très-rarement qu'ils le soient par la convention.

Les délais sont plus ou moins rigoureux et se comptent plus ou moins strictement, suivant la nature et l'objet des actes à faire, ou des obligations à remplir; en général leur effet est tel que celui qui n'a pas profité du tems qui lui était accordé pour agir supporte la peine de sa négligence, et elle consiste en ce qu'il n'est plus reçu à faire la chose qui lui eût été utile : c'est ce qu'expriment les mots *déchéance* et *forclusion*. D'autres fois, elle consiste dans l'annulation de l'acte qui est considéré comme non avenu, et si l'annulation n'est pas autorisée par la loi, dans les dommages-intérêts de la partie à laquelle le retard eût porté quelque préjudice.

Il suit de là que tous les momens du délai peuvent être employés utilement à faire la chose pour laquelle il est accordé.

Ainsi, par exemple, celui qui est assigné à comparaître dans huitaine peut,

---

(1) Rodier, sur l'art. 16, tit. 2 de l'ordonnance.

s'il le veut, se présenter dès le second jour de l'assignation ; mais le délai de cette assignation étant établi pour les deux parties, si le défendeur se présentait ainsi, dès le second jour, il n'en faudrait pas moins laisser écouler la huitaine entière pour qu'il pût poursuivre et prendre un défaut contre le demandeur.

109. Toutes les dispositions des lois concernant les délais qu'elles prescrivent se rapportent,

1°. A leurs termes *extrêmes*, c'est-à-dire au jour duquel ils partent, et qu'en termes de pratique on appèle *dies à quo*, et à celui auquel ils échoient, et que l'on nomme *dies ad quem ;*

2°. Aux jours *intermédiaires*, c'est-à-dire à ceux qui courent dans l'intervalle de ces deux termes;

3°. A *l'augmentation*, lorsque la loi, en fixant généralement un délai, y ajoute, àraison de certaines circonstances qu'elle détermine, comme l'a fait le Code de procédure en plusieurs de ses articles, et notamment dans l'art. 1033.

110. Tout délai qui ne commence à courir que du jour de la signification d'un acte ou d'un jugement, ne court effectivement qu'en faveur de la partie à qui cette signification a été faite. — (*Nouv. Répert.*, v°. délai, § 2).

Les délais ne se comptent point d'heure à heure, mais de jour à jour, comme le prouve la distinction que nous avons faite entre le terme *à quo* et le terme *ad quem.*

Le jour qui fait courir, celui duquel part, celui auquel aboutit, celui enfin qui détermine un délai, n'est donc jamais compté dans ce délai, à moins que la loi ne l'y comprenne formellement, ou que cela ne résulte de la nature de la matière, par exemple, quoique la loi ait dit que les vacances auront lieu depuis le 1er. septembre, il n'est pas douteux que ce jour en fait partie.

Or, de ce principe général d'exclusion du terme *à quo*, principe fondé sur la règle *dies termini non computatur in termino*, il s'ensuit que ces expressions, *à compter, à dater de, depuis*, signifient toujours en droit à dater ou à compter de l'expiration du jour du départ.

Mais de ce que ce même jour est exclu du délai, on doit nécessairement conclure que celui de l'échéance (*dies ad quem*) y est compris en entier; car autrement le délai ne serait pas complet : on peut donc, pendant tout le jour, ou user de la faculté accordée sous la condition de remplir l'une, ou n'exercer que dans un délai déterminé.

Toutefois, il existe deux exceptions à ce principe, l'une favorable, l'autre contraire à la partie soumise à l'observation d'un délai.

La première loi donne, en certains cas, le droit d'agir même le lendemain du jour de l'échéance, 1°. *lorsqu'un jour est férié;* 2°. lorsqu'il s'agit d'ajournement, citations ou actes faits à personne ou domicile. L'art. 1033 dispose en effet, que *le jour de la notification et celui de l'échéance ne sont point compris dans le délai général fixé pour faire quelque chose, par suite de ces actes.* C'est ce qu'on appèle *franc délai.*

La seconde exclut du délai le jour de l'échéance, dans tous les cas où la loi veut que l'on agisse *pendant* ou *dans* un certain laps de tems, comme *dans huitaine* ou *pendant quinzaine* (*intrà octo, intrà quindecim dies*) : il est évident que l'on agirait, non pas *dans* le délai, mais *après* le délai, si le jour de l'échéance était compris.

111. Tous les jours compris entre les deux termes sont, pour nous servir des expressions de l'ordonnance de 1667, tit. 3, art. 7, *continus* et *utiles*, c'est-à-dire qu'ils doivent être comptés, en continuant de l'un à l'autre, quand même il se rencontrerait un jour de dimanche, fête ou vacation : ces jours fériés font donc partie du délai.

Le jour bissextil est également compté, mais seulement dans les délais fixés par jour et non par mois. Ainsi, ceux qui sont déterminés de cette dernière manière, se comptant de tel quantième d'un mois au quantième correspondant du mois suivant, le jour bissextil, qui vient au mois de février, est censé ne faire qu'un avec le jour précédent. Il en est de même du trente-unième jour, dans les mois qui l'admettent.

Il nous reste à remarquer, sur les jours *intermédiaires*, qu'ils cessent d'être continus lorsque la loi suspend le cours du délai (1).

112. Nous avons dit, n°. 109, qu'en certains cas la loi augmentait le délai ; nous ajoutons qu'en certains autres, elle autorise le juge, soit à le proroger, c'est-à-dire à l'étendre au-delà du terme qu'elle a fixé, soit à l'abréger, c'est-à-dire à le réduire à un moindre terme.

D'après l'art. 1033, il y a toujours lieu à augmentation du délai général fixé pour les actes faits à personne ou domicile. Mais cette disposition doit être restreinte à ces actes, car elle est exceptionnelle.

Les délais de tous autres actes n'admettraient donc d'augmentation qu'en vertu d'une disposition formelle.

Cette augmentation est, 1°. d'un jour par trois myriamètres de distance du domicile de la partie à qui l'acte est notifié, au lieu dans lequel elle est obligée ou intéressée à se trouver, soit pour y faire quelque chose, soit pour prendre connaissance de ce qu'on y a fait ou de ce qui doit y être fait ;

2°. De deux jours, également par trois myriamètres, s'il y a lieu à *voyage*, *envoi* où *retour*, comme il sera expliqué sur l'art. 1033.

La prorogation d'un délai fixé par la loi ne peut avoir lieu que dans les cas qu'elle a formellement prévus, et par suite d'ordonnance ou de jugement sur une demande des parties, formée avant l'expiration du délai (2).

L'abréviation ne peut également être accordée par le juge qu'autant qu'il y est autorisé par une disposition expresse.

113. Régulièrement, lorsqu'il est ordonné par un jugement, soit contradictoire, soit par défaut, que telle chose sera faite dans tel délai, ce délai ne commence à courir que du jour de la signification du jugement. — (*Nouv. Répert.*, *v°*. délai, *sect.* 3).

Mais la jurisprudence a fait exception à l'égard des délais prescrits par les tribunaux de commerce ; elle décide qu'ils courent du jour de la prononciation. — (*N°s*. 1007 *et* 1853).

Parmi ces délais que les tribunaux peuvent prescrire, il en est un que l'on appèle *délai de grâce*, parce qu'il est fixé en faveur de la partie condamnée, pour qu'elle ait à satisfaire au jugement dont il suspend l'exécution. Ce délai

(1) Voy. pour exemple art. 177, 187, 197, 447, 487 et 1013 du Code de procédure.
(2) Art. 74, 179 et 279.

court du jour de la prononciation, si la condamnation est contradictoire, et du jour de la signification, si elle a été prononcée par défaut. — (*Art.* 122 *et* 123).

Il importe de remarquer que la suspension de délai ne s'applique en ce cas qu'à l'exécution forcée sur les biens ou sur la personne du débiteur : d'où suit que le créancier conserve, pendant le délai, le droit de faire tous les actes conservatoires qu'il juge convenables.

114. Non seulement il est des délais pendant lesquels une partie doit agir ou ne peut valablement procéder, mais il est encore des jours ou espaces de tems durant lesquels toute procédure ou exécution lui est interdite.

Ainsi, la loi ne permet pas, soit de communiquer ou notifier des actes de procédure, soit d'exécuter les jugemens ou tous autres titres exécutoires, pendant la nuit et les *jours de fêtes légales*, si ce n'est, et dans ce dernier cas seulement, avec la permission du juge. — (*Art.* 1037).

TITRE III.

Des Peines qui sont attachées à l'omission des formalités des actes et au défaut d'accomplissement des obligations imposées aux parties ou aux officiers ministériels.

115. Les lois de la procédure ne seraient que de vains formulaires, si le législateur n'avait attaché à l'inobservation des formalités ou au défaut des obligations qu'elles prescrivent, des peines rigoureuses, suivant l'importance de ces formalités ou de ces obligations.

De là les *déchéances*, les *forclusions*, les *nullités*, les *amendes;* enfin, les autres *condamnations pécuniaires* qui peuvent ou qui doivent être prononcées pour contravention à un grand nombre de règles prescrites par le Code de procédure.

116. On appèle *déchéance* l'exclusion ou la privation d'un droit qui nous était acquis, faute d'avoir accompli les conditions imposées par la loi pour l'exercer ou le conserver. Ainsi, la partie qui n'a pas formé opposition au jugement par défaut dans le délai de huitaine, celle qui n'a pas appelé dans le délai de trois mois, sont déchues du droit de se pourvoir de la sorte (1).

La *déchéance* prend le nom de *forclusion* (2), lorsqu'elle est encourue à raison de la négligence qu'une partie aurait mise à produire dans un procès par écrit une distribution de deniers ou un réglement d'ordre; en cette circonstance, elle perd la faculté qu'elle avait de produire, si elle a laissé passer le délai fixé par la loi (3), et elle est jugée sur le vu des pièces produites par les autres.

Mais *nul ne se forclot soi-même* par ses propres diligences; ainsi tout délai qui

---

(1) Voy. art. 157 et 544, et *suprà*, n°. 109.

(2) *Forclorre*, composé de *forum*, barreau, et d'*excludere*, exclure; ainsi, forclusion, *quasi exclusio à foro*. — (*Voy. suprà*, *n°*. 109).

(3) Art. 98, 99, 100, 160, 756.

ne commence à courir que du jour de la signification d'un acte ou d'un jugement, ne courant effectivement qu'en faveur de la partie qui a fait cette signification, il s'ensuit que cette partie ne fait pas courir de délai contre elle, et il en est de même à l'égard de l'appel, etc. (1)

Toutefois, ce principe n'est pas applicable au délai fixé pour commencer une enquête, puisque l'art. 257 dispose, en termes exprès, qu'il court même contre la partie à requête de laquelle a été notifié le jugement qui ordonne la preuve.

117. Le mot *nullité* exprime ou la *qualité* d'un acte que la loi considère comme n'existant pas, ou le *vice* qui empêche cet acte de produire son effet. Dans la première acception, l'on dit qu'un acte est *nul*, pour exprimer qu'il est réputé non avenu; dans la seconde, qu'un acte contient une *nullité*, c'est-à-dire un vice quelconque duquel il résulte que cet acte ne doit être d'aucune considération.

Les nullités ne peuvent être établies que par la loi, et, par conséquent, le juge commettrait un excès de pouvoir s'il déclarait nul un acte que la loi n'aurait pas elle-même déclaré tel, ou s'il étendait d'un cas à un autre la nullité qu'elle aurait prononcée.

Mais faut-il, pour l'application de ce principe, que la loi ait, en termes formels, attaché la peine de nullité à l'omission de ce qu'elle a prescrit, ou à la violation de ce qu'elle ordonne? La nullité n'est-elle pas, au contraire, une suite nécessaire du commandement ou de la défense, et n'y est-elle pas implicitement renfermée?

Cette question, d'une haute importance relativement aux lois qui régissent le fond du droit des parties, a été savamment traitée par M. Toullier (2); mais elle est, pour ainsi dire, sans intérêt, quant à la forme de procéder, puisque l'art. 1030 dispose *qu'aucun acte de procédure ne peut être déclaré nul, si la nullité n'en est pas formellement prononcée par la loi* (3).

Cependant la jurisprudence admet à ce principe une exception notable pour les cas où la contravention vicierait un acte dans sa substance, parce qu'alors, en effet, la formalité omise tenant à la nécessité des choses, la contravention doit entraîner la nullité de l'acte, sans qu'il soit nécessaire que la loi la prononce. C'est une conséquence de la maxime, *actus consistere non potest sine substantiâ.*

118. De là résulte, relativement aux nullités de procédure, une distinction entre les nullités *intrinsèques* ou *substantielles*, et toutes autres nullités que nous appelons *extrinsèques*.

1°. La nullité *substantielle* est celle qui vicie l'acte dans sa substance, parce que la formalité omise est nécessaire à son existence ou indispensable pour

---

(1) Voy. tom. 2, pag. 10, n°. 1553.

(2) Voy. Traité du droit civil, tom. 7, liv. 3, tit. 3, chap. 5, pag. 626 et suiv.

(3) Cette disposition est diamétralement opposée, soit à la loi *sancimus 5, Cod. de leg.*, 1, 14, que discute M. Toullier, soit à l'art. 2 du tit. 1 de l'ordonnance, que les commentateurs entendaient dans le sens de cette loi romaine (*voy. Rodier sur cet article*), soit, enfin, à la loi du 4 germinal an 12, qui attachait la peine de nullité à toute violation des formes prescrites en matière de procédure par les lois nouvelles, encore bien que ces lois n'eussent pas expressément prononcé cette peine.

qu'il remplisse le but que le législateur s'est proposé en la prescrivant (1). Par exemple, si la loi prescrit un *exploit*, et que l'acte ne soit pas l'ouvrage d'un huissier, il y aura nullité *substantielle*, puisque l'exploit est *essentiellement un acte du ministère de cet officier*, etc. (2) Si un exploit de demande ne contient pas *ajournement*, il y aura nullité semblable, parce qu'un exploit de demande ne peut produire ses effets *essentiels*, s'il n'indique pas formellement le *jour* de la comparution.

Dans ces cas et autres semblables, le juge n'en devra pas moins annuler l'acte, dans le cas même où la loi n'aurait pas formellement prononcé la nullité; tandis que, s'il s'agit de ces formalités extrinsèques dont l'omission n'empêche pas, ou que l'acte existe avec le caractère que la loi lui imprime, ou que le but en soit rempli, le juge devra rejeter la nullité, puisque la formalité n'est pas prescrite sous cette peine.

2°. Les nullités *intrinsèques* et *extrinsèques* sont *absolues* ou *relatives*.

Elles sont *absolues*, lorsqu'elles tiennent à l'ordre public; elles sont *relatives*, lorsqu'elles sont prononcées dans l'intérêt personnel des parties.

Les premières peuvent être alléguées par toute personne et en tout état de cause; le juge est même tenu de les suppléer d'office.

Les secondes ne peuvent être opposées que par ceux en faveur desquels elles ont été prononcées; ils ont par conséquent la faculté d'y renoncer, et ils sont réputés avoir fait cette renonciation, s'ils ne se sont pas prévalus de la nullité à des époques déterminées, ou s'ils ont procédé volontairement sans en argumenter : c'est ce qu'on appelle *couvrir la nullité*. La loi présume en ces circonstances une approbation de l'acte sujet à l'annulation. — (*Voy. art.* 173).

Il n'est pas besoin d'insister pour prouver qu'une nullité de procédure ne peut être proposée par celui du fait duquel elle provient (3).

119. Nous disons *sujet à l'annulation*, parce que les actes dont les lois prononcent la *nullité* ne sont pas nuls de plein droit; il faut les faire déclarer tels par le juge : c'est aujourd'hui et sans distinction le sens de l'ancienne maxime *les voies de nullité n'ont point lieu en France*. Ainsi l'acte produit ses effets, à moins que la loi n'ait formellement prononcé le contraire, jusqu'à ce qu'il ne soit attaqué, mais la nullité une fois reconnue et déclarée par le magistrat, tout ce qui s'en est suivi doit être annulé, suivant cette autre maxime, *quod nullum est nullum producit effectum* (4).

120. Au surplus, une règle commune à toutes les espèces de nullités, c'est que les officiers ministériels qui les ont commises en sont responsables sous peine des dépens et dommages-intérêts des parties, et même d'interdiction ou de destitution, suivant la gravité des circonstances (5).

---

(1) Traité du droit civil, tom. 7, pag. 674, n°. 513.

(2) Voy. d'autres exemples au Traité des actions de M. Poncet, n°. 201; dans l'ouvrage de M. Toullier, *ubi suprà*, pag. 650 et suiv.; enfin, *infrà*, tom. 2, pag. 621, n°s. 3399 et 3401.

(3) Cassat., 4 germ., 24 therm. an 8 et 13 pluv. an 11; Questions de droit de M. Merlin, v°. *fait du souverain*.

(4) Voy. la note de M. Berriat Saint-Prix, pag. 130, n°. 10.

(5) Voy. art. 71, 132 et 1031.

131. Mais ce n'est pas seulement pour garantir l'exécution des dispositions prescrites *à peine de nullité*, que le législateur prononce des peines contre les officiers ministériels; il autorise encore le juge à réprimer, par des amendes au profit du trésor public, même l'omission d'une formalité ou la violation d'une règle qui n'emporterait pas la nullité. — (*Art.* 1030).

En ce cas, la condamnation est *facultative;* mais lorsqu'il s'agit des déchéances, des forclusions, des nullités, des amendes expressément prononcées par la loi, le juge est tenu de les prononcer lui-même, puisqu'elle déclare que ces peines ne peuvent être réputées *comminatoires.*

Ainsi, quoiqu'une nullité relative puisse être couverte par une approbation formelle ou seulement tacite de la partie intéressée à l'opposer, néanmoins, s'il n'existe aucun acte qui établisse ou qui fasse présumer cette approbation, le juge ne peut refuser de la prononcer dès qu'elle est proposée en tems utile, et il en est de même des forclusions et des déchances qui, comme les nullités, peuvent se *couvrir* lorsqu'elles ne tiennent pas à l'ordre public.

132. Au nombre des formalités *extrinsèques* des actes de procédure, est celle du timbre et de l'enregistrement; formalité qui exige plusieurs instructions dont il convient de faire un titre séparé où nous parlerons, non seulement de ce qui concerne l'application de cette formalité aux actes de la procédure, mais encore des obligations imposées aux parties, aux officiers ministériels et aux magistrats eux-mêmes, par rapport aux titres et pièces qui sont produits dans les procès (1).

---

(1) On entend par forme des actes la disposition, l'arrangement de certaines clauses, termes, conditions et formalités que la loi exige pour leur régularité et leur validité.

Il arrive souvent de confondre la forme avec les formalités; cependant le mot *forme* a plus d'étendue que le mot formalité; il embrasse tout ce qui sert à constituer l'acte, au lieu que les formalités proprement dites ne sont que les conditions isolées qu'on doit remplir pour sa validité. Par exemple, l'art. 61 du Code de procédure détaille tout ce qu'un exploit d'ajournement doit contenir pour être valable. Chacune des conditions que cet article prescrit est une formalité; mais toutes ces formalités constituent dans leur ensemble la *forme* de l'exploit.

LES LOIS

DE

LA PROCÉDURE CIVILE.

PREMIÈRE PARTIE.

Procédure devant les Tribunaux.

LIVRE I.er

De la Justice de paix.

Lois des 14-18-26 oct. 1790, et 6-27 mars 1791.

Il ne s'agit, en ce livre, que de la procédure des justices de paix dans les matières civiles *contentieuses*, c'est-à-dire dans les affaires ou contestations qui sont portées devant le juge, afin d'obtenir un jugement qui les termine (1).

On y a refondu la plus grande partie des dispositions de la loi du 26 octobre 1790, dont plus de quinze ans d'expérience avaient justifié la sagesse, et à laquelle les auteurs du Code n'ont fait que quelques améliorations, quelques changemens nécessaires. — (*Rapport de M. Faure.*)

(1) Voy., pour l'organisation et la compétence, notre Traité des lois d'organisation et de compétence, liv. 3, tit. 2.

C'est en proposant cette loi, que le jurisconsulte Thouret disait à la tribune de l'Assemblée constituante :

« Il faut mettre les juges de paix en état de terminer les différens qui leur » seront déférés par des formes expéditives, très-peu dispendieuses, et qui » fassent arriver au jugement, sans que l'on se soit aperçu, pour ainsi dire, » qu'on ait fait une procédure. »

Ainsi, le livre de la procédure en justice de paix semble mis en tête du Code pour offrir, comme un abrégé de celle que l'on doit suivre dans les autres tribunaux, et faire distinguer ce qui tient à l'essence de toute procédure *afin de jugement*, de ce qui n'est établi que pour les affaires plus importantes par leur objet et leurs difficultés.

Voici, dans leur ordre naturel, les diverses dispositions de ce livre. Il traite :

1°. De l'*ajournement*, qu'on appèle *citation*, et des précautions prises pour qu'une partie ne soit jamais condamnée sans avoir été entendue ou légalement appelée. — (Art. 1, 3, 4, 7, 19, 20.)

2°. Des *délais* pour comparaître. — (Art. 5, 6.)

3°. Du *choix* du juge devant lequel la citation doit être donnée. — (Articles 2, 3.)

4°. De l'*audience*, de sa *publicité*, et du *respect* dû *à justice*. — (Art. 8, 10, 11, 12.)

5°. De la *comparution*, et par conséquent de la non *comparution* ou du *défaut*. — (Art. 19, 20, 21, 22, 28.)

6°. De *la défense* et de *l'instruction* (art. 9, 13), à quoi se rapporte la manière de procéder *aux enquêtes*, *aux visites des lieux* qui ne sont pas *des descentes sur les lieux*, et *aux appréciations* qui ne sont pas *des rapports d'experts*. — (Voy. liv. 2, tit. 13, art. 14.)

7°. Du *jugement*, et de ses différentes espèces, *contradictoire* ou *par défaut*, *préparatoire*, *interlocutoire* ou *définitif*. — (Art. 13, 15, 18, 28, 29, 30, 31.)

8°. Du *pourvoi* contre le jugement : par *opposition*, s'il est par défaut; par *appel*, s'il est rendu en premier ressort. — (Art. 16, 20, 31.)

9°. Enfin, des cas d'*exécution provisoire*, nonobstant appel ou opposition. — (Art. 12, 17.)

Telle est la marche naturelle de la procédure dans toute affaire, abstraction faite de son objet et des difficultés qui en peuvent résulter. Mais la nature de l'action ou de l'exception peut amener des cas, à l'égard desquels les règles générales ne seraient pas suffisantes.

Ici la loi a prévu ceux qui suivent :

1°. *Les actions possessoires*. — (Art. 23, 27.) Le juge de paix est seul compétent en cette matière : c'était donc au livre de la procédure devant son tribunal, qu'il fallait poser les règles et les formalités de ces actions;

2°. *L'exception dilatoire de garantie*. — (Art. 33, 33.) Elle est trop fréquente pour qu'on ne la soumît pas à une règle uniforme;

3°. *La récusation*. — (Art. 44, 47.)

4°. *La contestation d'écriture*, sur laquelle la loi n'établit qu'une règle de compétence. — (Art. 14.)

5°. *La péremption d'instance*. — (Art. 13, 15.)

On ne trouve aucune disposition sur l'exécution forcée des jugemens, parce qu'elle se fait conformément aux dispositions générales du liv. 4. Il n'y avait pas lieu d'ailleurs à tracer, à ce sujet, des règles particulières pour les juges de paix, puisqu'ils sont juges d'exception, et que, par conséquent, ils ne peuvent connaître de l'exécution de leurs jugemens (1).

Leur procédure a donc pour limite la prononciation de leur décision définitive; ce n'est, comme nous l'avons dit, qu'une procédure *afin de jugement.*

Elle a pour caractères essentiels *la simplicité* et *la spécialité*, et de là les conséquences suivantes :

1°. La peine de nullité n'est pas prononcée une seule fois : elle ne pourrait donc résulter que de cette absence des formes substantielles à tous actes, qui ne permet pas de les considérer comme ayant une existence légale. — (*Infrà*, art. 8 et 1030.)

Mais si la loi ne semble ici qu'un conseil et un guide pour le juge de paix, ce n'est pas qu'on ait entendu l'autoriser à s'écarter de ces formes *arbitrairement et sans nécessité.* Seulement, leur inobservation ne sera qu'un moyen d'appel, et l'équité de la décision devra l'emporter sur le vice de la forme; en un mot, il n'y aura pas nécessité d'annuler. (2)

2°. Relativement aux cas qui ne seraient pas prévus par les dispositions concernant la procédure tracée pour la justice de paix, et qui peuvent s'y présenter, faudra-t-il appliquer les règles de la procédure des autres tribunaux?

Il faut distinguer :

S'agit-il de formes d'instruction, d'actes conservatoires ou préparatoires, qui peuvent rentrer dans ce qui appartient à l'office du juge, ou qui ne sont que des précautions qu'une partie prudente croirait nécessaire de prendre? On ne peut mieux faire que d'appliquer, par analogie, les principes du droit commun; on le doit même, et sur-tout dans le cas où la loi spéciale, relative à la procédure des justices de paix, contiendrait une disposition dont les moyens d'exécution se trouveraient dans la partie du Code qui règle la procédure à suivre devant les autres tribunaux.

Mais s'agit-il d'une disposition pénale quelconque; par exemple, de déchéance, péremption, nullité, exception, etc.? On ne peut, dans le silence de la loi spéciale, appliquer la loi générale, et causer ainsi un dommage auquel la première n'a pas entendu soumettre la partie.

3°. Enfin, nous avons dit que le juge de paix était juge d'exception; mais il peut être délégué par un juge ordinaire; et alors, quelle procédure devra-t-il suivre?

Les avis sont partagés; mais nous pensons qu'il est au moins prudent de suivre les règles auxquelles serait soumis le juge-commissaire, pris dans le sein du tribunal qui aurait délégué. (3)

---

(1) Voy. Traité de compétence de M. Henrion, pag. 46.
(2) Berriat-Saint-Prix, pag. 372.
(3) Voy. nos questions sur l'art. 36.

TITRE Ier

Des Citations.

La citation est l'assignation, l'ajournement, en un mot, l'exploit de demande formé en justice de paix; c'est l'acte *notifié* par lequel un individu est appelé devant un juge de paix, pour qu'il soit prononcé sur la demande exposée dans cet acte (1).

La loi indique ce que la citation doit contenir; comment et par qui s'en fait *la notification;* devant quel juge de paix il faut citer. — (Art. 2, 3.)

Quels *délais* il faut accorder pour comparaître. — (Art. 5, 6.) La citation ne sert qu'à prouver que la personne sommée de comparaître a été avertie et mise à lieu de se défendre : elle devient donc inutile, lorsque toutes les parties se présentent volontairement pour demander jugement. — (Art. 7.)

Ce consentement dispense également de toutes les autres conditions rappelées dans ce titre, sur le choix du juge de paix et sur les délais. — (*Idem.*)

Article 1.er

Toute citation devant les juges de paix contiendra la date des jours, mois et an, les noms, profession et domicile du demandeur, les noms, demeure et immatricule de l'huissier, les noms et demeure du défendeur. Elle énoncera *sommairement* l'objet et les moyens de la demande, et indiquera le juge.

T. art. 7 et 21. — Loi du 26 oct. 1790, art. 1, 2, 5. — C. de P., 4, 61, 65, sur le contenu des ajournemens, — 102, C. C.

I. Cet article prescrit la forme intrinsèque de la citation, et l'on voit qu'elle se compose de sept formalités bien distinctes :

La première est *la date*, dont la mention a pour but, 1°. de constater si cette notification a été faite en tems utile; 2°. d'assurer si le délai pour comparaître a été observé; 3°. de fixer le jour depuis lequel la partie citée est constituée en demeure.

La seconde consiste dans *la désignation du demandeur*, afin que le défendeur n'ait aucun doute sur la personne de celui qui agit, et qu'il soit en état de connaître si le demandeur est bien son créancier, s'il est ou non capable d'ester en jugement, et qu'il puisse lui faire des offres ou propositions, afin de prévenir les suites de l'action.

La troisième est *la désignation de l'huissier*, laquelle est indispensable, non seulement parce que la loi n'ajoute foi à la citation qu'autant qu'elle est faite par le ministère de l'officier public compétent, mais encore parce que la partie doit avoir le moyen de s'adresser à l'huissier, en cas qu'elle ait à lui soumettre

(1) La loi se sert du mot *citation* pour les justices de paix, comme elle se sert, pour les tribunaux civils, au liv. 2, tit. 2, du mot *ajournement*, pour désigner l'exploit de la demande ou l'assignation. Pour ce qui concerne les assignations en général, voy. nos quest. sur ce titre.

quelques propositions, qu'elle ne peut ou qu'elle ne croirait pas devoir faire au demandeur lui-même.

La quatrième est *la désignation du défendeur*, dont l'objet est de prévenir toute équivoque, et de rendre le défendeur certain que c'est bien lui-même qu'on appèle devant le juge.

La cinquième est *l'exposé sommaire*, c'est-à-dire le plus bref, le plus succinct, de l'objet et des moyens de la demande, ou, autrement, de la condamnation qu'on se propose d'obtenir. Le défendeur doit en effet savoir ce qu'on lui demande, et par quel motif. Si donc la citation a pour objet la réclamation d'une somme d'argent, il est indispensable d'en fixer le montant. S'il s'agit d'un déplacement de bornes, d'une usurpation de terre, ou de tout autre trouble de ce genre, on devra désigner la situation et la nature de l'héritage, de manière que le défendeur puisse examiner si vraiment le trouble a été commis, et s'il lui est imputable; et comme il ne peut rester dans l'ignorance des moyens de la réclamation, afin de préparer ceux de sa défense, il est essentiel de lui faire connaître sommairement en vertu de quelle loi, de quelle convention ou de quel fait, la première est formée.

La sixième est *l'indication du juge de paix* que la loi déclare compétent pour statuer sur la demande, et que le défendeur doit connaître, non seulement pour remplir l'obligation que la citation lui impose de se présenter devant lui, mais pour examiner si ce juge est réellement celui que la loi désigne, ou s'il ne serait pas sujet à récusation.

La septième et dernière est *l'indication du jour et de l'heure* de la comparution, à laquelle on ne doit pas suppléer par l'énonciation vague et générale des *délais de la loi*, attendu que les audiences des juges de paix ne sont pas invariablement fixées, et que le défendeur ne doit pas être exposé à des déplacemens inutiles.

Telles sont les formalités que l'on appèle *intrinsèques*, parce qu'elles tiennent à la substance de l'acte. Il en est d'autres que l'on appèle extrinsèques, et qui consistent à dresser l'exploit sur papier timbré, à le faire enregistrer dans les quatre jours de sa date, par le receveur, sur l'original; enregistrement que l'huissier doit mentionner sur la copie, ainsi que le coût de l'acte sur l'un et sur l'autre.

1. *La citation doit-elle énoncer les prénoms du demandeur et du défendeur?*

La loi n'exige pas cette énonciation, mais il convient de la faire en certains cas; par exemple, lorsque plusieurs frères, exerçant la même profession, ne pourraient être distingués les uns des autres que par leurs prénoms. — (*Voy. Man. des just. de paix, par Levasseur, pag.* 46, *n°.* 76, *et les quest. sur l'art.* 61.)

2. *Suffit-il d'indiquer que le demandeur est propriétaire, quoiqu'il ait une profession?*

Jugé affirmativement. — (*Paris*, 17 *août* 1810, *Jour. des av.*, *tom.* 2, *pag.* 219.)

3. *Quand la citation est donnée à comparaître à l'audience ordinaire, est-il indispensable d'indiquer l'heure?*

M. Delaporte, dans son Commentaire, tom. 1, pag. 3, fonde la négative sur ce que l'heure est connue par la fixation que le juge de paix a faite. Ainsi, dit-il, le défaut serait prononcé régulièrement, quoique l'heure n'eût pas été exprimée dans la citation.

Nous opposons les termes de l'article, qui exigent *la mention de l'heure*, sans distinguer entre les audiences ordinaires et les autres.

4. *Doit-on indiquer, dans la citation, la personne à qui la copie est remise?*

Quoique le Code de procédure n'ordonne pas expressément cette indication, elle n'en doit pas moins être faite; car, en cas de non comparution, elle devient nécessaire pour constater que le défendeur a été légalement averti par la copie de l'original représenté. — (*Voy. Levasseur, pag.* 46, *n°.* 76).

5. *Qu'est-ce que le juge de paix peut ordonner, s'il y a omission des formalités prescrites par l'art.* 1er *?*

Comme l'art. 1er. ne prononce pas la nullité, l'omission ne peut avoir d'autre effet que celui d'autoriser le juge de paix à ordonner, *suivant les circonstances*, c'est-à-dire, lorsqu'il est démontré que le défendeur souffrirait préjudice, si la citation irrégulière n'était pas remplacée par une nouvelle, un réassigné, dont l'huissier, auteur de l'irrégularité, supporterait les frais. Ainsi, et à plus forte raison, le juge de paix ne serait pas tenu, comme le pense M. Biret, tom. 1, pag. 83, d'annuler la citation, sous prétexte qu'étant un véritable ajournement par sa nature et sa forme, elle serait sujette aux nullités prononcées par les art. 61, 64 et 66, dont les dispositions ne peuvent être étendues d'un acte à un autre.

Article 2.

En matière *purement personnelle* ou *mobilière*, la citation sera donnée devant le juge du domicile du défendeur; s'il n'a pas de domicile, devant le juge de sa résidence.

C. de P., art. 2, 59, 363. — C. C., art. 102 et suiv. — Loi du 26 oct. 1790, tit. 1, art. 3, et ci-après, art. 50 et 59.

II. Les matières personnelles sont celles dans lesquelles une partie agit contre une autre qui lui est personnellement obligée, soit en vertu d'un contrat ou d'un quasi-contrat, soit par suite d'un délit ou d'un quasi-délit.

Les matières mobilières sont les actions par lesquelles on révendique, soit la propriété, soit la possession des meubles ou des choses mobilières; mais le juge de paix n'en connaît qu'autant que la valeur est déterminée par la demande, au taux de sa compétence, en premier ou dernier ressort. — (*Voy. Henrion de Pansey, pag.* 113.) (1)

Tout autre tribunal n'est compétent que par exception. L'art. 2 fait à ces matières l'application de la maxime générale, *actor sequitur forum rei*; maxime

(1) Voy. les développemens donnés à ces définitions dans notre Traité des lois d'organisation et de compétence, liv. 2, tit. 1er, et liv. 3, tit. 1er.

fondée sur le grand intérêt qu'ont les justiciables d'être, le plus qu'il est possible, rapprochés de leurs juges. Les dispositions qui attribuent les matières réelles à un autre tribunal que celui du domicile (voy. l'article suivant), font à ce principe une exception dont nous ferons connaître les motifs.

On remarquera que par oubli, sans doute, les rédacteurs de la loi de 1790 n'avaient parlé que du *domicile*. Il était indispensable de lever toute difficulté pour le cas où le défendeur n'eût pas de domicile; et il était naturel de suppléer au défaut ou à l'ignorance de ce domicile, en autorisant à donner la citation devant le juge *de la résidence*.

6. *Si la même action, dérivant du même titre, comprend tout à la fois des chefs de la compétence du juge de paix, et des chefs réservés aux tribunaux ordinaires, où doit-on porter l'action?*

On doit la porter devant le tribunal d'arrondissement, qui ne peut scinder la demande, et doit prononcer sur tous les chefs. — (*Paris*, 8 *août* 1807, *Sirey, tom.* 14, *pag.* 109.)

7. *Qu'entend-on par résidence? Peut-on citer valablement devant le juge de paix du lieu de la résidence, lorsqu'on allègue l'ignorance du domicile, et que le défendeur ne prouve pas qu'il a domicile?*

Le domicile étant, d'après l'art. 102 du Code civil, le lieu dans lequel un individu a placé son principal établissement, on ne peut entendre, par ce mot *résidence*, que l'habitation momentanée qu'une personne fait dans un lieu, soit pour son plaisir, soit par nécessité, lorsque, par exemple, elle habite une auberge, une chambre ou un hôtel garni.

« Dans le doute sur le domicile, dit M. Demiau, pag. 15, il y a moins d'in» convénient à assigner devant le juge de la résidence, parce que l'art. 2 per» met de le faire, lorsqu'il n'y a pas de domicile. Or, c'est comme s'il n'y en » avait pas, du moins à l'égard du demandeur, lorsque le domicile du défen» deur lui est inconnu. »

Telle est aussi notre opinion; mais il convient, en ce cas, que le demandeur déclare dans la citation qu'il assigne devant le juge de la *résidence*, parce qu'il ignore quel est le *domicile* de la partie adverse (1).

8. *Peut-on citer devant le juge de paix du domicile élu, conformément à l'art. [illegible] du Code civil?*

L'art. 59 décide expressément qu'on peut assigner devant le juge de paix du domicile élu, conformément à l'art. [illegible] du Code civil. Il est vrai que cette

---

(1) Sans doute le défendeur pourra, sur cette citation, et en prouvant qu'il a un domicile dans un autre lieu que celui de sa résidence, requérir son renvoi devant le juge que la loi indique. Sa demande sera nécessairement accueillie; car ce n'est qu'à défaut de domicile que la loi accorde juridiction au juge de la résidence. Mais la citation ne sera pas annulée, parce que la loi, à la différence de ce qu'elle prescrit pour les ajournemens, n'attache pas la nullité à la circonstance que la copie aurait été remise ailleurs qu'au domicile. La citation produira donc l'effet d'avoir interrompu la prescription, conformément à l'art. 2246 du Code civil, et les frais en seront supportés par le défendeur, de même que ceux du déclinatoire, à moins qu'il ne prouve que l'ignorance du citant était volontaire, et que celui-ci n'eût donné la citation devant le juge de la résidence, qu'afin de le distraire de son juge naturel.

disposition se trouve placée sous le titre des tribunaux inférieurs; mais il faut toujours en revenir à cet art. 3, dont elle est la conséquence; or, il ne distingue pas entre les justices de paix et les autres tribunaux (1).

Article 3.

Elle le sera devant le juge de la situation de l'objet litigieux, lorsqu'il s'agira,

1.° Des actions pour dommages aux champs, fruits et récoltes;

2.° Des déplacemens de bornes, des usurpations de terres, arbres, haies, fossés et autres clôtures, commis dans l'année; des entreprises sur les cours d'eau, commises pareillement dans l'année, et de toutes autres actions possessoires;

3.° Des réparations locatives (*voy. C. C., art.* 1754 *et* 2102);

4.° Des indemnités prétendues par le fermier ou locataire, pour non jouissance, lorsque le droit ne sera pas contesté, et des dégradations alléguées par le propriétaire. (2)

T. art. 21. — Loi du 26 oct., tit. 1.er, art. 4, et *infrà*, art. 23, 50, n.° 1, et 59.

III. Ces diverses dispositions établissent autant d'exceptions à la maxime rappelée sur le précédent article, et, comme lui, elles ont elles-mêmes pour motif l'intérêt des parties.

Les affaires dont il s'agit peuvent en effet exiger, de la part du juge, des connaissances locales, ou qu'il vérifie la situation de l'objet litigieux, afin de décider plus équitablement. Or, les parties seraient évidemment exposées à des frais plus considérables, si la loi leur donnait pour juge celui du domicile de l'une d'elles.

Article 4.

La citation sera notifiée par l'huissier de la justice de paix du domicile du défendeur; en cas d'empêchement, par celui qui sera commis par le juge. Copie en sera laissée à la partie. S'il ne se trouve personne en son domicile, la copie sera laissée

(1) M. Guichard, pag. 30, donnait la même solution à une époque où notre législation ne présentait pas de dispositions aussi précises que celles des articles que nous venons de citer.

(2) Le principe qu'en toutes les matières détaillées en l'art 3, la citation sera donnée devant le juge de la situation de l'objet litigieux, étant posé, on sent qu'il ne peut s'élever sur son application que des questions de compétence. Un grand nombre ont été traitées par Monsieur Henrion de Pansey, dans son Traité de la compétence des juges de paix, chap. 21, 24, 25, 26, 29, 30 et 31. Il convient d'y joindre le Traité des servitudes, de M. Pardessus, n.os 322 et suiv. Voy. aussi notre Traité des lois d'organisation et de compétence, liv. 3, tit. 2, sect. 1, art. 317.

au maire ou adjoint de la commune, qui visera l'original sans frais.

L'huissier de la justice de paix ne pourra instrumenter pour ses parens en ligne directe, ni pour ses frères, sœurs et alliés au même degré.

T. 21. — Loi du 26 oct., tit. 1.er, art. 5. — *Infrà*, art. 52, 66, 68, 72.

IV. L'obligation de faire notifier la citation par l'huissier de la justice de paix du défendeur, ou par un huissier commis, a été substituée, comme un moyen pour ainsi dire infaillible de s'assurer de la réalité de cette notification, à celle que prescrivait la loi de 1790, d'obtenir une *cédule* du juge de paix; et, par la même considération, il a été prescrit de laisser la copie au maire et à l'adjoint, au lieu de l'affiche que la même loi prescrivait d'apposer à la porte du défendeur, lorsque l'huissier ne trouvait personne au domicile de celui-ci. La défense faite à l'huissier d'instrumenter, *pour ses parens*, etc., est encore une précaution nouvelle, prise afin que cet officier ministériel ne puisse être tenté de servir une partie au préjudice de l'autre; mais cette prohibition, fixée par la loi, ne peut recevoir d'extension à un degré plus éloigné (1).

9. *La citation signifiée par un autre huissier que celui qui est attaché à la justice de paix du défendeur, est-elle valable?*

La Cour royale de Rennes a résolu négativement cette question par deux arrêts, l'un du 2 septembre 1808, l'autre du 16 août 1811, attendu qu'il est de principe que l'incompétence d'un officier ministériel emporte toujours la nullité de ses actes; mais un troisième arrêt de la même Cour, rendu le 14 juillet 1813 (*voy. Jour. des arrêts de Rennes, tom. 4, pag.* 122), a décidé d'une manière tout opposée, par la raison que l'art. 1030 interdit au juge d'admettre une nullité que le Code de procédure ne prononce pas. Ainsi pensent les auteurs du Praticien français, tom. 1, pag. 121. Ces trois arrêts ont été rendus au sujet d'une citation en conciliation; mais l'art. 52 étant conçu dans les mêmes termes que l'art. 4, leur décision serait également applicable à la citation donnée en justice de paix afin de jugement.

Nous tenons à celle qui a été donnée par les deux premiers arrêts, parce qu'il nous semble que, soit d'après l'art. 27 de la loi du 19 vendémiaire an 4, soit d'après l'art. 4 lui-même, tout autre huissier que celui de la justice de paix du défendeur, est sans qualité pour notifier une citation (2).

(1) L'art. 736 du Code civil fait suffisamment connaître quels sont les parens en ligne directe; il distingue cette ligne en descendante et ascendante. La première est celle qui lie le chef de famille avec ceux qui descendent de lui; la seconde, celle qui lie une personne avec ceux dont elle descend. Quant à l'*alliance*, c'est l'union que le mariage produit entre l'un des conjoints et les parens de l'autre seulement, et non pas entre les parens des deux conjoints, suivant la maxime, *affinitas non parit affinitatem*.

(2) Telle est aussi l'opinion de M. Merlin, dans ses Questions de droit, au mot *huissier de justice de paix*, 2.e édit., § 2, et dans son nouveau Répertoire, au mot *huissier*, § 8, tom. 1, pag. 766; de MM. Delaporte, dans son Commentaire sur le Code de procédure

10. *La cédule, dans les cas où elle est requise, ne peut-elle pas être signifiée par tout huissier?*

Par suite de l'opinion particulière que nous venons d'émettre sur la précédente question, nous voudrions résoudre celle-ci négativement, si, d'après l'arrêt du 6 juillet 1814, ci-dessous rapporté en note, il n'était pas probable que l'on appliquerait à l'art. 4 le même motif de décision.

11. *Le juge de paix pourrait-il commettre un huissier de première instance d'un autre arrondissement que celui duquel ressortit la justice de paix du défendeur?*

Non, dit M. Demiau, pag. 16; car il n'est pas au pouvoir du juge d'étendre le mandat des huissiers, qui est déterminé par la loi au territoire du tribunal pour lequel ils sont nommés.

12. *Est-ce le juge de paix compétent pour prononcer définitivement sur la contestation, ou celui dans le ressort duquel la citation sera donnée, qui doit commettre un huissier en remplacement de l'huissier empêché?*

C'est ce dernier juge, parce que le premier est censé ne pas connaître les noms et les qualités des huissiers des autres ressorts. Il est d'ailleurs assez naturel de penser qu'il n'y a que lui qui doive conférer le droit d'exploiter dans le ressort de sa justice. — (*Quest. de Lepage, pag.* 68 *et* 69; *Levasseur, pag.* 74, *n°.* 77).

13. *La commission de l'huissier doit-elle être donnée par écrit?*

M. Demiau, pag. 16, dit que si la citation est pour comparaître devant le même juge qui donne la commission, il suffit qu'elle soit verbale, parce qu'il lui est facile de se rappeler qu'il l'a donnée; mais que, s'il faut comparaître dans une autre jurisdiction, il faut que le juge soit assuré, par l'acte même, que l'huissier qui a fait cette notification y a été autorisé: autrement, on pourrait se jouer impunément de la prohibition de la loi. Nous verrions le même inconvénient dans le premier cas prévu par M. Demiau; car il dépendrait du juge de déclarer avoir donné commission, lorsqu'il ne l'aurait pas fait, et conséquemment de priver la partie du droit de contester la compétence de l'huissier. Nous concluons en conséquence qu'il est prudent de donner, en tous les cas, la commission par écrit. La citation signifiée doit en effet porter en elle-même la preuve qu'elle est faite par un officier compétent.

14. *La citation peut-elle être remise à la personne de l'assigné trouvé hors du lieu de son domicile?*

Oui; c'est même le premier vœu de la loi, puisque le défendeur ne peut

---

civile, tom. 1, pag. 16; Thomines Desmazures, dans son Traité de la procédure civile, pag. 35, et Levasseur, dans son Manuel des justices de paix, pag. 21, n.° 36.

Quoi qu'il en soit, un arrêt de la Cour de cassation, du 6 juillet 1814, a implicitement décidé le contraire, en déclarant que l'exploit d'opposition à un jugement par défaut n'était pas nul, quoiqu'il eût été notifié par un autre huissier que celui du juge de paix qui avait rendu le jugement, attendu que l'art. 20 ne prononce pas la nullité. Or, on ne peut contester que la même raison de décider s'appliquerait dans l'espèce de l'art. 4. — (*Voy. Sirey, tom.* 15, 1.re *part., pag.* 41, *et la question suivante*).

être mieux averti de la citation que quand il la reçoit lui-même. — (*Arg. de l'art.* 68; *Quest. de Lepage, pag.* 68; *Levasseur, pag.* 47).

15. *Si l'huissier ne trouve personne au domicile, est-il obligé de présenter la copie à un voisin, avant de la remettre au maire?*

Non, attendu que l'art. 4 ne l'exige pas, comme le fait l'art. 68 à l'égard des ajournemens.

16. *En cas d'absence du maire ou de l'adjoint, ou du refus de leur part de viser l'original, que doit faire l'huissier?*

Nous estimons que, dans le premier cas, il doit remettre la copie au plus ancien membre du conseil municipal, ainsi qu'il a été décidé le 6 juillet 1810, par le Ministre de la justice, sur l'art. 676 du Code de procédure; mais nous pensons que, dans le second cas, l'huissier doit la remettre au procureur du Roi, en constatant le refus du visa de la part du maire ou de l'adjoint, et nous fondons cette décision sur l'art. 1039.

Mais nous ne croyons pas que ces fonctionnaires, en raison d'un tel refus, soient assujétis aux peines prononcées par cet article, qui ne peut s'appliquer, suivant nous, qu'au cas où l'exploit s'adresserait aux personnes publiques chargées, en leur qualité, de représenter une commune ou une administration. — (*Praticien, tom.* 1, *pag.* 122 *et suivantes*).

ARTICLE 5.

Il y aura un jour au moins entre celui de la citation et le jour indiqué pour la *comparution*, si la partie citée est domiciliée dans la distance de *trois myriamètres*.

Si elle est domiciliée au-delà de cette distance, il sera ajouté un jour par trois myriamètres.

Dans le cas où les *délais* n'auront point été observés, si le défendeur ne comparaît pas, le juge ordonnera qu'il sera réassigné, et les frais de la première citation seront à la charge du demandeur.

Loi du 26 oct. 1790, tit 1.er, art. 7. — *Infrà*, art. 19, 72, 1033.

V. Toute personne appelée en justice doit avoir le tems nécessaire non seulement pour comparaître, mais encore pour se mettre en mesure de répondre à la demande.

Ce tems est réglé tout à la fois, et sur la distance de son domicile du lieu où siége le tribunal, et sur l'importance de l'affaire : aussi, les délais varient-ils suivant les différentes espèces de jurisdiction. En justice de paix, où il ne s'agit que d'intérêts modiques qui ne supposent point le besoin de rechercher, d'examiner ou d'interpréter des titres, le législateur n'accorde que le plus bref délai; mais, suivant la règle générale portée en l'art. 1033, ce délai est *franc*, c'est-à-dire que le jour de la notification de la citation et celui de la comparution ne comptent point, et il doit être augmenté d'un jour, à raison de trois myriamètres ou six lieues anciennes de distance.

17. *La citation peut-elle être donnée à un délai plus long que celui qu'a fixé l'art. 5?*

La brièveté de ce délai est tout en faveur du demandeur. Il peut donc, sans permission du juge, citer à un délai plus long. C'est ce qu'expriment ces termes, il y aura un jour AU MOINS, et ce qu'a jugé la Cour de Rennes, par arrêt du 14 juillet 1813. — (*Jour. des arrêts de cette Cour, tom. 4, pag.* 123, *et nos quest. sur l'art.* 61, § 6).

18. *Qu'arrive-t-il si la citation est donnée à un délai trop court?*

La loi dit formellement que si, dans cette circonstance, la partie citée fait défaut, le juge doit ordonner qu'elle sera réassignée : *il ne doit donc prononcer contre elle aucune condamnation.* Alors, ajoute l'article, les frais de la première assignation demeurent à la charge du demandeur, mais bien entendu *sauf le recours de celui-ci contre l'huissier*, s'il y a lieu, aux termes de l'art. 1031.

Remarquons en outre que si le défendeur, quoique cité à des délais trop courts, se présentait aux jour et heure fixés par la citation, dès lors le défaut d'observation du délai serait couvert, et la citation validée, puisqu'il y aurait renonciation tacite à l'exception (*arg. de l'art.* 173), sauf toutefois la remise de la cause, s'il y avait de justes motifs de l'accorder, sur la demande du défendeur.

19. *Lorsque la copie a été remise au défendeur en parlant à sa personne, dans le lieu même où siége le juge de paix, faut-il augmenter le délai ordinaire en raison de l'éloignement de son domicile, conformément à l'art.* 1033?

Oui, parce que l'art. 1033 ne distingue point, et cela est juste; car le défendeur peut être obligé de retourner à sa demeure avant la comparution, ou se trouver dans la nécessité de demander des pièces ou des renseignemens qui lui seraient nécessaires. — (*Voy. Biblioth. du bar.*, 1810, 1re. *part., pag.* 215; *Levasseur, pag.* 49).

20. *La distance dont il s'agit en l'art. 5 est-elle toujours celle qui se trouve entre le domicile du défendeur et le lieu où se tient ordinairement l'audience du juge de paix?*

Elle est toujours celle qui se trouve entre le domicile du défendeur et le lieu de la comparution. Ainsi, dans les occasions où la personne serait citée à comparaître sur le lieu contentieux, la distance serait celle qui se trouverait entre ce lieu et celui de son domicile. — (*Levasseur, pag.* 48, *n°.* 82).

21. *Comment se règle l'augmentation de délai prescrite par l'art. 5, lorsque la distance est de quatre à cinq, ou de dix à onze myriamètres? Aura-t-on égard à la fraction, en sorte que l'on accorderait, pour quatre à cinq myriamètres, deux jours, comme s'il y en avait six; pour dix à onze, quatre jours, comme s'il y en avait douze?*

« Non, disent M. Dumoulin (*Biblioth. du bar.*, 1810, 1re. *part., pag.* 215), » et les auteurs du Praticien (*tom.* 1, *pag.* 130); car il faut qu'il y ait trois » myriamètres de distance pour qu'il se fasse une augmentation d'un jour; de

» sorte qu'il n'y aurait lieu à aucune augmentation, si la distance était moindre » de trois myriamètres. Or, il doit en être de même, lorsqu'à une distance de » trois myriamètres se réunit une fraction plus ou moins forte. Les fractions » excédant trois myriamètres ne seraient ainsi d'aucune considération pour » l'augmentation de délai ».

M. Lepage, dans ses Questions, pag. 50 et 69; M. Pigeau, tom. 2, pag. 55, sont d'un sentiment contraire; et, comme eux, nous pensons que la question doit être résolue pour l'affirmative. En effet, l'intention de la loi est évidemment de donner à la partie à laquelle un acte est signifié, tout le tems nécessaire pour parcourir la distance qui la sépare du lieu où elle doit comparaître. Or, dès que la loi a prononcé qu'il fallait à cette partie un jour pour parcourir trois myriamètres, elle présume, d'un autre côté, que celle-ci ne peut faire dans un jour plus de trois myriamètres, et par conséquent elle a entendu accorder cette augmentation de délai, même pour le cas où la distance n'est pas complète.

C'est en ce sens que M. Pigeau (*tom.* 2, *pag.* 55), a fait l'application de l'art. 1033, en accordant cinq jours pour quatorze myriamètres, comme s'il y en avait quinze.

Nous convenons que l'opinion contraire peut être fondée sur le texte de cet article pris dans la rigueur des termes, et que l'on peut argumenter d'un sénatus-consulte du 13 brumaire an 13 (*Voy. Bulletin des lois*, 4e. *série*, *tom.* 1, *pag.* 110), qui décide implicitement que les fractions de dix à vingt myriamètres, ou de vingt à trente, ne doivent pas être comptées dans la progression du délai à l'expiration duquel les lois sont exécutoires, conformément à l'art. 1er. du Code civil; mais on remarquera que les termes de cet article diffèrent de ceux dans lesquels l'art. 1033 est conçu.

On lit, dans le premier, que le délai sera augmenté d'autant de jours qu'il y a de fois dix myriamètres : d'où l'on peut conclure qu'il faut nécessairement qu'il y ait un nombre complet de dix myriamètres, pour qu'il y ait lieu à l'augmentation.

L'art. 1033 n'est pas aussi positif; il porte seulement que le délai sera augmenté d'un jour *à raison* de trois myriamètres. C'est bien dire que ces trois myriamètres seront la base de l'augmentation; mais ce n'est pas formellement exprimer qu'il faudra nécessairement trois myriamètres pour qu'elle ait lieu. Il suffit donc qu'une distance excède trois myriamètres, pour que l'on accorde un autre jour pour l'excédant.

ARTICLE 6.

Dans les cas urgens, le juge donnera une *cédule*, pour abréger les délais, et pourra permettre de citer, même dans le jour et à l'heure indiqués.

T. 7. — Loi du 26 oct. 1790, tit. 1.er, art 8. — *Infrà*, 63, 72, 795.

VI. En toute affaire, quel que soit le juge auquel la loi en ait attribué la connaissance, il peut arriver que la nécessité d'obtenir une décision soit tellement *pressante*, qu'il fût impossible au demandeur d'attendre l'expiration des délais légaux, sans risquer de perdre ou son droit, ou la sûreté qui lui en assurerait l'exercice. Dans ces cas urgens, le magistrat a toujours été autorisé à donner une abréviation de délai. Ainsi, le juge de paix, sur l'exposé qui lui est fait pour le demandeur, peut accorder une *cédule* (1) à cet effet, et permettre de citer dans le jour et à l'heure indiqués, et sur-le-champ même, lorsqu'il estime que l'urgence ne permet aucun retard (2).

22. *Est-ce le juge de paix compétent pour connaître de la contestation, ou celui dans le ressort duquel la citation est donnée, qui doit délivrer la cédule pour abréger les délais?*

C'est le premier, parce que les motifs de la demande en abréviation de délai dépendent de la nature de la contestation dont il devra connaître. — (*Voy. Quest. de Lepage, pag.* 70; *Biblioth. du bar.*, 1810, 1re. *part., pag.* 216.)

23. *Le juge de paix est-il obligé d'écrire lui-même les cédules en abréviation de délai?*

Aucune loi ne lui impose cette obligation; il n'est astreint qu'à signer, et peu importe qu'une cédule soit écrite par lui, par le greffier, par la partie même, ou d'une main quelconque, pourvu qu'elle remplisse l'objet pour lequel la loi exige qu'elle soit donnée. — (*Guichard, pag.* 156, *n°.* 8.)

24. *La cédule délivrée par le juge de paix, pour appeler à bref délai un individu alors existant, ou dont la survenance du décès n'est pas encore connue, est-elle valablement notifiée à ses héritiers?*

Cette question s'est élevée dans l'espèce d'une cédule délivrée sous l'empire des lois intermédiaires, pour appeler en conciliation.

Elle ne pourrait se présenter aujourd'hui dans le même cas, puisqu'il n'est plus besoin de cédule pour citer devant un juge de paix; mais il ne serait pas impossible qu'il devînt nécessaire de la résoudre dans le cas prévu par l'art. 6, qui exige cédule, quand il y a lieu de citer à bref délai. Nous pensons qu'elle devrait être résolue pour l'affirmative, comme elle le fut par arrêt de la Cour de Paris du 27 août 1807. (*Jur. des Cours souv., tom.* 4, *pag.* 203.) La raison de décider, adoptée par cette Cour, serait la même; c'est *qu'une permission de citer, donnée par un juge compétent, et contre un individu présumé vivant, s'applique de droit à ses héritiers.*

---

(1) Une CÉDULE est un acte délivré par le juge de paix, non seulement dans le cas de l'art. 6, pour appeler une partie *à bref délai*, mais encore pour ordonner l'exécution d'un préparatoire urgent, d'un interlocutoire, ou, enfin, pour faire d'office quelques nominations. Elle doit contenir tout ce que doit renfermer une citation, et principalement les motifs qui y donnent lieu; elle est faite au nom du juge qui, sur l'exposé du requérant, cite les parties, les experts, les témoins (art. 29), et ordonne ce qui convient pour les jours et heures fixés; enfin, cet acte, qui est une sorte d'ordonnance, est notifié aux personnes qu'il concerne par un exploit que dresse au pied, soit l'huissier du juge de paix, soit tout autre par lui commis.

(2) Il peut également, dans les mêmes cas d'urgence, autoriser la notification d'une citation, soit à une heure indue, soit un jour de fête légale. (Art. 1037).

25. *Le jugement à intervenir sur citation à bref délai peut-il être rendu avant l'enregistrement de l'exploit?*

Oui, mais cet exploit doit être soumis à l'enregistrement dans les quatre jours de sa date. — (*Déc. du Min. des fin. du* 13 *juin* 1809).

ARTICLE 7.

Les parties pourront toujours se présenter volontairement devant un juge de paix, auquel cas il jugera leur différent, soit en dernier ressort, si les lois ou les parties l'y autorisent, soit à la charge de l'appel, encore qu'il ne fût le juge naturel des parties, ni à raison du domicile du défendeur, ni à raison de la situation de l'objet litigieux.

La déclaration des parties qui demanderont jugement sera signée par elles, ou mention sera faite si elles ne peuvent signer.

T. 11. — Loi du 26 oct. 1790, tit. 1.er, art. 11.

VII. Si la comparution en justice de paix a presque toujours lieu en exécution d'une citation notifiée, un tel acte n'est pas néanmoins absolument nécessaire pour introduire l'action. Il devient inutile et frustratoire dès lors que les deux parties se présentent simultanément au juge, et lui attestent qu'elles consentent à lui soumettre leurs contestations; mais, en ce cas, il faut que le juge ou son greffier reçoive, sur-le-champ et par écrit, cette déclaration qui remplace en quelque sorte la citation, et dans laquelle, par conséquent, il convient d'insérer la date du jour où elle est reçue, les noms, profession et domicile des deux parties, l'énonciation sommaire de l'objet et des moyens de la demande.

Ainsi constatée, la déclaration, aux termes de l'art. 7, couvre de droit l'incompétence *ratione personæ*, si elle existe; c'est-à-dire qu'elle rend le juge de paix compétent pour juger le différent, encore qu'il ne soit pas leur juge naturel. Bien plus : la disposition de la loi actuelle, plus étendue que ne l'était celle de l'art. 11 de la loi de 1790, qui ne prévoyait point le cas où les parties consentiraient à être jugées *en dernier ressort*, les autorise à *proroger*, (1) sous ce rapport, la juridiction du juge. On a pensé que les affaires de la compétence du juge de paix étant peu considérables, et en général célères, il ne suffisait pas de donner aux parties la faculté de s'adresser au juge de paix, en qui elles auraient plus de confiance, mais qu'il fallait encore, pour prévenir beaucoup d'appels, qu'elles fussent libres de renoncer à se pourvoir de la sorte.

26. *Les parties peuvent-elles soumettre à un juge de paix une action personnelle qui excéderait le taux de sa compétence, même en premier ressort? Quelles sont les conséquences de cette prorogation de juridiction, relativement à l'appel?*

(1) Voy., sur la prorogation conventionnelle de juridiction, notre Traité des lois d'organisation et de compétence, liv. 2, tit. 3, art. 257.

Le juge de paix a principe de juridiction en matière personnelle et mobilière, et par conséquent la juridiction est toujours prorogeable.

Mais il n'en serait pas ainsi d'une action sur laquelle le juge n'aurait, en raison de la matière, aucun principe de juridiction; par exemple, les parties ne pourraient déférer à un juge de paix la connaissance d'une action réelle, autre que l'action possessoire. — (*Cas.*, 10 *janv.* 1809, *Sirey*, *tom.* 9, *pag.* 179; *Traité de l'aut. judic.*, *par M. Henrion*, *pag.* 188, 189, 190; *Berriat Saint-Prix*, *pag.* 37, *not.* 3; *Levasseur*, *pag.* 37; *Dumoulin*, *Bibl. du bar.*, 1re. *part.*, 1810, *pag.* 217; *Delaporte*, *tom.* 1, *pag.* 10; secùs, *Demiau Crouzilhac*, *pag.* 17, 18).

Il est, au reste, formellement admis par la jurisprudence qu'en prorogeant ainsi la juridiction des juges de paix en première instance, les parties prorogent nécessairement celle du tribunal civil pour le cas d'appel : adopter le principe, c'est adopter les conséquences. (*Voy. nouv. Rép.*, *au mot* hypothèque, *pag.* 855.) Par la même raison, l'appel doit être porté devant le tribunal duquel ressortit le juge de paix qui a prononcé. — (*Voy. Prat. franç.*, *tom.* 1, *pag.* 136).

27. *Si les parties comparaissent sur citation, et que l'exception d'incompétence ne soit pas opposée, sont-elles réputées avoir donné un consentement tacite suffisant pour opérer la prorogation?*

Nous ne le pensons pas, par le motif que l'art. 7 veut qu'il y ait une déclaration expresse signée des parties.

On a cru cependant pouvoir tirer une conséquence contraire d'un arrêt de la Cour d'appel de Paris, du 5 août 1809 (*voy. Sirey*, *tom.* 10, *supplément*, *pag.* 190), et l'on a commis une erreur, parce qu'on n'a pas considéré que, dans l'espèce, le jugement du juge de paix constatait un acquiescement signé des parties; circonstance d'après laquelle il a été décidé que ce jugement devait produire tous les effets des jugemens et conférer hypothèque.

On a considéré que cet acquiescement équivalait à une déclaration antérieure de *proroger* la juridiction.

C'est aussi ce que les auteurs du Praticien décident, pag. 140, 142, 143; ils pensent que la déclaration exprimée dans la décision même est suffisante, si le jugement est *souscrit* des parties.

S'il fallait, en effet, envisager le simple défaut d'opposition de l'exception d'incompétence comme un consentement à la prorogation, il serait trop facile de tromper les parties qui comparaissent en personne en justice de paix, et qui souvent ignorent les lois de la compétence.

On a voulu qu'elles consentissent *expressément* avec connaissance de cause (1). Aussi, la Cour de cassation, par arrêt du 22 juin 1808, a-t-elle décidé qu'il n'y a pas prorogation valable, si le consentement n'a pas été *exprès, formel et signé*, comme le veut l'art. 7. Dans ce cas, le juge de paix ne peut excéder

(1) A la vérité, l'on admet en justice de paix, comme dans les tribunaux de première instance, le principe que l'incompétence, à raison du domicile, se couvre par la procédure volontaire des parties; mais autre chose est le cas où il s'agit de proroger une juridiction dont il est présumable qu'une partie peut ignorer les limites; autre chose est celui où une partie comparait devant un juge de paix autre que celui de son domicile, et qu'il est impossible de supposer qu'elle ne reconnaisse pour n'être pas son juge naturel.

les bornes de sa compétence ordinaire, sans qu'il y ait lieu, par cela seul, de casser son jugement, et la partie elle-même, qui a saisi le juge incompétent, est recevable à se plaindre de ce qu'il a rendu sa décision. — (*Sirey, tom.* 8, *pag.* 532.)

28. *Mais lorsqu'il y a eu prorogation de juridiction, le juge peut-il conserver la connaissance de l'affaire, si, avant le jugement, l'une des parties, qui a donné son consentement, oppose l'exception d'incompétence?*

Oui, par la raison qu'il s'est formé entre les parties un contrat judiciaire, dont il n'est pas permis à l'une d'elles d'empêcher les effets. — (*Cassat.*, 3 *frim. an* 9, *Sirey, tom.* 1, *pag.* 641).

29. *Les parties peuvent-elles valablement s'adresser au suppléant de la justice de paix, pour en obtenir la décision de leur contestation, lorsque le juge n'est pas empêché?*

Non, puisque le suppléant n'a de caractère qu'en cas d'empêchement du juge, et que si l'on a des raisons de soustraire à celui-ci la connaissance d'une affaire, on ne peut le faire qu'à l'aide de la récusation. — (*Voy. Biblioth. du bar.*, 1810, 1re. *part.*, *pag.* 218; *Quest. de Lepage*, *pag.* 71).

30. *Des tuteurs, des administrateurs peuvent-ils, sans citation préalable, se présenter devant un juge de paix, et s'ils sont cités, peuvent-ils proroger sa juridiction?*

Nous sommes porté à croire, contre l'opinion émise par M. Dumoulin (*Biblioth. du bar.*, 1re. *part.*, 1810, *pag.* 217), et par M. Levasseur, pag. 39, que ces personnes peuvent comparaître sans citation préalable devant le juge naturel de celui qu'elles représentent, et même devant un autre juge de paix.

Mais nous ne pensons pas qu'elles puissent proroger la juridiction de l'un ou de l'autre; autrement, elles feraient perdre les avantages des lois sur la juridiction à celui pour lequel elles agiraient.

Cette prorogation de juridiction formerait d'ailleurs une espèce de compromis. Or, le compromis est interdit à tous ceux qui administrent pour autrui.

A plus forte raison, le mineur ne pourrait-il, par lui-même, faire ce qui est interdit au tuteur.

31. *Un fondé de pouvoir peut-il signer la déclaration exigée par l'art.* 7?

On ne saurait en douter, d'après le principe *per alium qui agit ipse agere videtur;* celui qui agit par le ministère d'autrui est censé agir par lui-même. Un fondé de pouvoir peut donc signer la déclaration exigée par l'art. 7.

32. *Lorsque les parties conviennent,* à l'audience, *de dispenser le juge d'observer une formalité d'instruction, est-il nécessaire que le procès-verbal soit signé d'elles, comme pour la prorogation de juridiction?*

Non, attendu que cette convention, intervenue à l'audience même, et dont le juge décerne acte, a tous les caractères d'un contrat judiciaire. — (*Cassat.*, 3 *oct.* 1808, *Sirey, tom.* 8, *pag.* 538).

33. *Le juge de paix peut-il refuser de juger les parties qui se présentent volontairement devant lui?*

Non, même dans le cas où il ne serait pas leur juge naturel, parce que la loi qui autorise les parties à se présenter devant lui, dit impérativement *qu'il jugera leur différent.* — (*Prat.*, *tom.* 1, *pag.* 147) (1).

TITRE II.

Des audiences du juge de paix et de la comparution des parties. (2)

La loi du 26 octobre 1790 est la première qui ait établi des règles pour la tenue des audiences, leur police, et les mesures répressives contre les personnes qui les troubleraient. Une loi du 29 février 1791 en ajouta quelques autres, et c'est, sauf certaines modifications, la réunion de toutes ces dispositions qui forme celles du tit. 2.

Outre les objets indiqués dans son intitulé, ce titre contient les règles particulières aux justices de paix sur la péremption (15), l'appel (16), l'exécution provisoire (17) et les minutes des jugemens (18).

Les définitions et les notions générales de doctrine, relatives à ces divers objets, seront exposées au livre suivant.

Ici, l'on se borne à noter les principales différences qui existent entre les dispositions concernant la jurisdiction du tribunal de paix, et celles qui régissent les autres tribunaux.

1°. Les juges de paix sont affranchis des règles ordinaires sur les jours fériés et la solennité du lieu des audiences (8).

2°. Les parties se défendent en personne ou par un fondé de pouvoir, sans avoués ni écritures (9).

3°. Tout incident en vérification d'écriture ou inscription de faux est renvoyé devant le tribunal d'arrondissement (14).

4°. La péremption d'instance, autrement l'extinction de l'instance par discontinuation de poursuites, a un délai beaucoup plus court, et s'acquiert de *plein droit* (15).

5°. Enfin, tout jugement au-dessous de 300f est, *de droit*, exécutoire par provision, et, dans tous les autres cas, le juge *peut* l'ordonner avec caution (17).

Article 8.

Les juges de paix indiqueront au moins deux audiences par

---

(1) Cette solution prouve que l'art. 7 fait une exception au principe général, d'après lequel la jurisdiction n'est conférée sur la personne, par l'acquiescement des parties, qu'autant que les juges y consentent eux-mêmes.

Ainsi, comme aucune loi n'a imposé aux autres juges la même obligation qu'aux juges de paix, cette exception ne peut être étendue à ceux des autres tribunaux, qui, d'après le principe général que nous venons de rappeler, peuvent se déclarer incompétens, à raison de la personne, lorsque les parties qui ne sont pas leurs justiciables ont comparu volontairement, et même plaidé devant eux. — (*Voy. Cassat.*, *11 mars 1807*, *Sirey*, *tom.* 7, 2.e *part.*, *pag.* 73).

(2) Voy. *infrà*, liv. 2, tit. 5, *des audiences, de leur publicité et de leur police*.

semaine. Ils pourront juger tous les jours, même ceux de dimanches et fêtes, le matin et l'après-midi.

Ils pourront donner audience chez eux, en tenant les portes ouvertes.

T. 9, 27. — Loi du 26 oct. 1790, tit. 7, art. 1.er, 2. — *Infrà*, 10, 13, 87.

VIII. La loi de 1790 assujétissait les juges de paix à indiquer trois audiences par semaine; elle n'imposait point cette obligation aux juges de paix des campagnes. L'art. 8 a fait cesser toute distinction.

34. *Le juge de paix peut-il indiquer un jour de dimanche ou de fête pour son audience ordinaire?*

Nous ne le pensons pas; c'est par exception qu'il lui est permis de juger ces jours-là : ce n'est donc que dans les cas d'urgence qu'il doit le faire, et hors ces cas, il se retrouve soumis à la règle générale qui interdit dans ces mêmes jours tous les actes judiciaires. — (*Voy. Delaporte, tom.* 1, *pag.* 10 *et* 11).

35. *De ce que le juge de paix peut juger les dimanches et fêtes, doit-on conclure que les heures du service divin lui soient interdites?*

On pourrait fonder la négative sur ce que l'art. 8 lui donne le pouvoir de juger les dimanches et fêtes, le matin et l'après-midi; en sorte qu'il n'y aurait aucune heure où il ne pût tenir audience. Telle est l'opinion des auteurs du Praticien, tom, 1, pag. 149.

Si la loi d'octobre 1790 faisait une défense formelle de tenir audience durant les heures consacrées au service divin, c'est qu'alors la religion catholique était essentiellement dominante. Aujourd'hui que tous les cultes sont tolérés, on ne pourrait trouver de motifs pour suspendre les fonctions de la justice pendant l'exercice de tel ou tel culte. Cependant, nous pensons que dans les lieux où il n'y a pas de réunion publique et reconnue par le gouvernement, de citoyens professant un autre culte que le culte catholique, les convenances exigent que le juge de paix, toutes les fois qu'il n'y a pas absolument urgence, se conforme à la loi de 1790.

36. *De ce que le Code ne fait aucune distinction entre les fêtes nationales et les fêtes religieuses, doit-on conclure qu'il soit permis aux juges de paix de tenir leurs audiences les jours de fêtes nationales?*

Telle est notre opinion, quoiqu'il paraisse contradictoire d'appeler tous les citoyens à célébrer une fête publique, et de permettre en même tems de les livrer aux débats judiciaires; mais la nécessité de terminer promptement leurs différens paraît devoir l'emporter sur toute autre considération.

37. *Le juge de paix peut-il indiquer sa demeure pour lieu de ses audiences ordinaires, lorsqu'elle n'est pas située au chef-lieu du canton?*

La loi du 29 ventôse an 9, art. 9, obligeait les juges de paix à tenir leurs audiences au chef lieu du canton; ils ne pouvaient juger ailleurs que dans des cas particuliers. L'art. 8 leur accorde, d'une manière générale et sans restriction, la faculté de donner audience chez eux, et par suite, dit M. Levasseur, pag. 14, n°. 21, celle de donner audience hors le chef-lieu, lorsqu'ils n'y demeurent pas.

Nous pensons néanmoins qu'il est de leur devoir de se conformer à la loi précitée, que nous ne considérons pas comme abrogée par le Code de procédure.

Au reste, le serait-elle, il serait du moins du devoir du juge de paix, pour la commodité des justiciables, de se conformer à cette loi, si sa demeure se trouvait aux limites du canton.

En tous cas, enfin, comme il doit résider dans le canton, il ne peut tenir ses audiences dans une commune qui n'en ferait pas partie. — (*Voy. Commailles, tom.* 1, *pag.* 31; *Praticien, tom.* 1, *pag.* 150; *Rouen,* 18 *janvier* 1806; *décision ministérielle du* 11 *avril* 1807).

38. *Lorsque le juge tient ses audiences dans sa maison, est-il rigoureusement obligé de constater, par ses jugemens, que les portes sont demeurées ouvertes?*

Par arrêt du 16 pluviôse an 11, la Cour de Paris a jugé cette question pour la négative. — (*Sirey, tom.* 3, 2e. *part., pag.* 233).

39. *Le juge de paix peut-il procéder chez lui à une enquête, quoiqu'il tienne ordinairement ses séances en un autre lieu?*

C'est une conséquence de ce que la loi l'autorise, sans distinction, à tenir audience chez lui. — (*Paris,* 16 *pluv. an* 11; *Jour. du palais, semest., an* 11, *n°.* 153, *pag.* 118).

40. *Peut-il statuer, sans désemparer, sur le local contentieux où il se serait rendu pour en faire la visite et entendre des témoins?*

Oui, d'après l'art. 4 du tit. 5 de la loi du 26 octobre 1790. — (*Voy. l'inst. du Comité de constitution du* 18 *novembre* 1790, § 8, *et Berriat Saint-Prix, pag.* 310, *not.* 10).

41. *Le juge de paix peut-il donner des audiences secrètes?*

Oui, dans le cas de l'art. 87 du Code de procédure, et de l'art. 64 de la Charte. (*Demiau, pag.* 19). Mais nous pensons qu'il doit l'ordonner par un jugement, et en rendre compte au procureur du Roi, ce magistrat étant chargé, relativement aux justices de paix, de la surveillance que le procureur général exerce à l'égard des tribunaux d'arrondissement.

ARTICLE 9.

Au jour fixé par la citation, ou convenu entre les parties, elles comparaîtront en personne, ou par leurs fondés de pouvoir, sans qu'elles puissent faire signifier aucune défense.

Loi du 26 oct. 1790, tit. 3, art. 1.er — *Infrà*, art. 13.

IX. CETTE disposition est absolument conforme à celle de l'art. 9 de la loi de 1790, parce qu'en effet, nul changement ne pouvait avoir lieu sur cet objet.

42. *De ce que les parties doivent comparaître au jour fixé par la convention,*

s'ensuit-il que le juge de paix puisse donner défaut contre celle qui ne comparaîtrait pas?

Nous pensons qu'il ne le peut qu'autant que les parties se seraient déjà présentées, auraient requis jugement, et seraient convenues, pour s'expliquer, d'un jour auquel l'une d'elles ne comparaîtrait pas.

Cette convention doit être constatée par un jugement préparatoire prononçant le renvoi; mais nous ne croyons pas que le juge de paix puisse autrement donner défaut, dans le cas même où l'une des parties justifierait d'un consentement donné par son adversaire, à comparaître à un jour indiqué. En effet, l'art. 19 ne paraît autoriser le défaut que sur la représentation d'une citation.

43. *La procuration pour comparaître en justice de paix doit-elle être spéciale?*

Nous répondrons, avec les auteurs du Praticien, tom. 1, pag. 152, qu'une procuration générale qui, aux termes de l'art. 1988 du Code civil, renferme le mandataire dans les bornes d'une simple administration, ne serait pas suffisante. Il est des cas où une condamnation du juge de paix peut grièvement compromettre les intérêts d'une partie; par exemple, lorsqu'il s'agit d'actions possessoires : il faut donc que la volonté de cette partie soit clairement manifestée; mais pourvu qu'elle le fût, il importerait peu que ce fût dans une procuration particulière ou générale. (*Voy. Delaporte, tom. 1, pag.* 32). C'est en ce sens que M. Biret, tom. 1, pag. 91, dit que le pouvoir est ou spécial ou *général*, dans les causes ou jugemens.

44. *Quelle forme doit avoir la procuration pour comparaître devant le juge de paix?*

On pense généralement que la loi n'ayant fixé aucune forme particulière, un pouvoir sous seing privé suffit, si l'acte qui le renferme est timbré et enregistré. Cependant, comme un tel acte ne garantit point avec certitude, à la partie adverse, qu'il émane en effet de celui du nom duquel il est souscrit, comme elle peut avoir à craindre le désaveu de la signature, nous pensons qu'elle pourrait, dans l'état, refuser de procéder; et ce serait alors au fondé de procuration à faire vérifier ou légaliser la signature reconnue, ou à se procurer un acte authentique. La partie adverse serait encore en droit d'exiger qu'il certifiât la signature du mandant. Mais en tous cas, lorsque le pouvoir sous seing privé n'est pas récusé, il doit être remis au greffier pour être annexé à la minute du jugement.

Ces observations prouvent que le parti le plus prudent, afin d'éviter tout incident, est de faire dresser la procuration pardevant notaires. — (*Voy. Levasseur, pag.* 50, *n°.* 88; *Quest. de Lepage, pag.* 73 ; *Praticien, tom.* 1, *pag.* 152; *Biblioth. du bar.*, 1810, *pag.* 220, *n°.* 20).

45. *De ce que la loi défend de signifier aucune défense, s'ensuit-il que les parties ne puissent lire une défense écrite?*

Non, sans doute, et il y a même des auteurs qui pensent qu'il ne leur est pas défendu de remettre au juge des mémoires instructifs. L'article n'exprime autre chose, si ce n'est qu'on ne peut notifier aucune défense écrite, sous quelque titre que ce soit.

46. *Mais pourrait-on au moins signifier un acte, soit protestatoire, soit conservatoire?*

Le juge doit considérer quel est l'objet de cet acte, dans quelles circonstances se trouvait la partie qui a été obligée de le faire; il doit en apprécier le mérite. En un mot, la loi voulant prévenir des frais inutiles, l'acte dont il s'agit ne doit être pris en considération qu'autant que son utilité serait bien démontrée. — (*Demiau, pag.* 19).

ARTICLE 10.

Les parties seront tenues de s'expliquer avec modération devant le juge, et de garder en tout le respect qui est dû à la justice. Si elles y manquent, le juge les y rappèlera d'abord par un avertissement; en cas de récidive, elles pourront être condamnées à une amende qui n'excédera pas la somme de 10f, avec affiches du jugement, dont le nombre n'excédera pas celui des communes du canton.

Loi du 18 oct. 1790, tit. 7, art. 3. — *Infrà*, art. 88, 781, n.° 4.

X. Il serait superflu d'exposer les motifs de cette disposition. On sent que tout doit annoncer à l'audience, soit de la part du juge, soit de la part des justiciables, le respect qui est dû à la justice, et qu'il doit appartenir au magistrat de réprimer de suite toute infraction à ce devoir.

47. *De ce que le juge de paix peut ordonner, dans l'espèce de l'art.* 10, *l'affiche de son jugement à un nombre qui n'excède pas celui des communes de son canton, doit-on conclure qu'on doive nécessairement apposer une affiche dans chaque commune?*

Il nous semble qu'il suit seulement des termes de l'article, qu'on ne peut faire placarder plus d'affiches qu'il n'y a de communes dans le canton : il appartient donc au juge de déterminer les lieux ou les endroits où doit se faire cette apposition, et il est bien entendu qu'il doit en être dressé procès-verbal par huissier.

ARTICLE 11.

Dans le cas d'insulte ou irrévérence grave envers le juge, il en dressera procès-verbal, et pourra condamner à un emprisonnement de trois jours au plus.

Loi du 18 oct. 1790, tit. 7, art. 4. — C. d'inst., art. 91, 181, 504, 505.

XI. La loi de 1790 avait également prévu le cas d'insulte ou irrévérence; mais elle voulait que le prévenu fût jugé par le tribunal de district. Il était conforme à la règle générale, qui attribue à tout juge la police de ses audiences, d'accorder au juge de paix la faculté de prononcer lui-même la condamnation. —(*Voy. Sirey, tom.* 2, 1re. *part.*, *pag.* 80).

48. *Si le juge de paix ordonnait l'emprisonnement, dans le cas de l'art.* 11, *sans dresser procès-verbal, pourrait-il être pris à partie?*

Nous pensons qu'il ne pourrait l'être que dans le cas où, d'après les circonstances, l'omission présenterait le caractère du dol; car, autrement, il ne se trouverait dans aucun des cas qui, d'après l'art. 505 du Code de procédure, donnent lieu à de semblables poursuites.

49. *L'art.* 11 *peut-il encore recevoir son application, en ce qui concerne la condamnation à l'emprisonnement de trois jours?*

M. Biret, vº. *audience*, décide pour la négative, par la raison que les peines établies par le Code pénal, postérieur au Code de procédure, contre ceux qui outragent ou insultent les magistrats en fonctions, sont absolument des peines correctionnelles, que les juges de paix ne peuvent prononcer.

Il est vrai que les peines portées au Code pénal, art. 222 et 223, sont des peines correctionnelles, puisqu'elles excèdent cinq jours d'emprisonnement et 15f d'amende; mais il faut remarquer qu'elles sont prononcées pour outrages faits aux juges, par paroles tendant à inculper leur honneur ou leur délicatesse, ou par gestes ou menaces. L'art. 11 parle d'insultes ou irrévérences graves. Mais toute insulte ou irrévérence peut n'avoir pas le caractère d'outrage; et dans ce cas le juge de paix, sans contrevenir aux dispositions du Code pénal, peut, dans notre opinion, appliquer celles qui sont prononcées par l'art. 11.

Nous ne dirons donc pas, comme l'auteur précité, qu'en ce cas, le juge de paix doit se borner à dresser procès-verbal, comme officier de police judiciaire, des injures qui peuvent lui être faites, et *à adresser ce procès-verbal au procureur du Roi*, pour qu'il poursuive correctionnellement les coupables; et qu'ainsi les art. 10 et 11 se trouvent réduits à donner au juge la simple faculté de condamner à l'amende, pour le manque de respect pendant la tenue de l'audience. Ce ne serait donc qu'en cas d'outrage, que le juge de paix aurait à dresser procès-verbal, et à agir comme M. Biret le conseille.

50. *Le juge de paix peut-il condamner aux peines portées par l'art.* 11, *si les faits se passaient ailleurs qu'à l'audience?*

Nous pensons ici comme M. Biret (*ibid.*), que la loi n'investit le juge de paix du droit de réprimer l'indécence et l'insulte, même personnelle, que *pendant la tenue de ses audiences*, et qu'on ne peut conséquemment étendre cette faculté à des faits qui se passeraient ailleurs. Mais alors il dresserait procès-verbal pour constater ces faits, et le remettrait au commissaire de police ou au procureur du Roi, suivant qu'ils constitueraient une contravention ou un délit.

ARTICLE 12.

Les jugemens, dans les cas prévus par les précédens articles, seront *exécutoires par provision.*

Infrà, art. 17. 18.

XII. D'après cette disposition, tout jugement rendu dans les cas prévus est sujet à l'appel, et s'exécute nonobstant le pourvoi du condamné (1).

(1) Mais on se demandera si l'appel n'est pas illusoire, pour le cas où le jugement a

Article 13.

Les parties ou leurs fondés de pouvoirs seront entendus *contradictoirement* (1). La cause sera jugée sur-le-champ, ou à la première audience. Le juge, s'il le croit nécessaire, se fera remettre les pièces.

Loi du 18 oct., tit. 3, art. 6. — Art. 7, 9, 15, 19.

51. *Lorsque toutes les causes ne peuvent être discutées dans la même audience, sont-elles renvoyées de plein droit à la prochaine?*

Nous pensons qu'on doit en prononcer successivement le renvoi, afin de constater la présence des parties, et d'opérer les effets que la loi attache à cette présence. (*Voy. Biblioth. du barr.*, 1810, *pag.* 221, 1re. *part.*)

52. *Le juge de paix devant juger sur-le-champ ou à la première audience, s'ensuit-il qu'il lui soit interdit de prononcer successivement plusieurs remises de la même cause d'une audience à l'autre?*

Non; il peut prononcer ainsi plusieurs remises, pourvu toutefois que la nécessité de ces jugemens préparatoires soit démontrée : autrement, il pourrait être pris à partie pour déni de justice.

En tous cas, il doit avoir soin de ne pas prolonger la cause au-delà de quatre mois après un interlocutoire, puisque l'art. 16 déclare la péremption acquise à l'expiration de ce délai.

---

prononcé l'emprisonnement?.. Nous répondons qu'une condamnation injuste à cette peine peut donner lieu à des dommages-intérêts Ainsi, l'appel serait utile à l'effet de les obtenir, et c'est pour cela que la loi l'autorise. D'un autre côté, lorsque le jugement n'a pas prononcé l'emprisonnement, mais seulement une amende, il n'y a nulle difficulté, et l'on ne peut prétendre que le Code d'instruction ait abrogé l'art. 12, en ce qu'il n'autorise l'appel du jugement de simple police, qu'autant qu'il y a condamnation à emprisonnement ou à réparation excédant 5 fr. (*Voy. art.* 172).

Sous ce rapport, la loi criminelle laisse subsister l'art. 12 du Code de procédure, non seulement parce qu'une disposition portée pour un cas, dans une loi d'un ordre différent, ne peut abroger tacitement les dispositions d'une loi d'un autre ordre, mais encore parce qu'il y a, dans le cas prévu par les art. 10 et 11, une raison particulière pour accorder la voie d'appel, et cette raison est que le juge de paix ne pourrait, sans injustice, être autorisé à juger en dernier ressort sur un fait où il est pour ainsi dire juge et partie.

C'est aussi ce qui résulte d'un arrêt de la Cour de cassation annoté au Dictionnaire des arrêts modernes, v.° *peine*. Il décide en effet que l'amende de 10 fr., prononcée par l'art. 10, est *une peine de police* qui peut être prononcée par les juges de paix, jugeant *en tribunal civil de paix;* mais que l'appel de son jugement doit être porté au tribunal de police correctionnelle de l'arrondissement.

(1) Le mot *contradictoirement* s'explique par la signification légale du mot *contradictoire*, lequel s'entend de tout ce qui se fait en présence des parties intéressées. Ainsi, le législateur exprime ici par ce terme que le demandeur doit être entendu en présence du défendeur, et réciproquement le défendeur en présence du demandeur; c'est ce que l'on nomme *contradictoire défense*. Un jugement n'est *contradictoire* qu'autant qu'il est rendu après semblable défense.

Mais on sent que le juge de paix n'est que bien rarement obligé de prononcer plusieurs remises, et que cela n'arrive que dans les cas où le délai est nécessaire pour des garanties, des enquêtes, accès de lieux, examens de pièces, etc.

53. *Le juge de paix est-il tenu de juger sur-le-champ la cause, lorsque les parties se présentent volontairement, ou que la citation a été donnée pour un jour qui n'est pas celui de l'audience ordinaire?*

Les auteurs des Annales du notariat semblent adopter l'affirmative. (*Com. tom.* 1, *pag.* 43). Ils pensent que la faculté de ne juger *qu'à la première audience* n'est que pour le cas où la citation a été donnée au jour de l'audience ordinaire.

Nous ne croyons pas devoir admettre cette distinction, et nous pensons au contraire que le juge de paix peut, dans tous les cas, remettre le jugement *à la première audience*. L'art. 7, relatif à la comparution volontaire, ne dit rien de contraire, et l'art. 13 donne, sans exception, au juge de paix, la faculté d'ordonner un délibéré.

Or, dans une affaire soumise au juge par le consentement des parties qui comparaissent volontairement, il peut être aussi nécessaire de délibérer que dans une affaire introduite par citation. Imposer au juge l'obligation de décider sur-le-champ la première, ce serait souvent exiger l'impossible.

54. *Lorsque le juge de paix se fait remettre les pièces, ou, ce qui est la même chose, quand il ordonne un délibéré, doit-il se livrer, audience tenante, à leur examen, et peut-il prononcer le jugement hors la présence des parties?*

La loi du 18 octobre prescrivait au juge de paix de faire de suite *l'examen des pièces*; mais cette obligation ne lui étant pas imposée par le Code, nous estimons qu'il est libre, en ordonnant le délibéré, de fixer le jour auquel il rendra son jugement définitif, pour examiner chez lui les pièces dans l'intervalle.

Nous ne voyons, au reste, aucune raison de décider que la présence des parties soit nécessaire lors de la prononciation du jugement. — (*Biret, tom.* 1, *pag.* 91; *Comm. des Ann. du not.*, *tom.* 1, *pag.* 44).

ARTICLE 14.

Lorsqu'une des parties déclarera vouloir *s'inscrire en faux* (1), déniera l'écriture (2), ou déclarera ne pas la reconnaître (3), le juge lui en donnera acte; il paraphera la pièce, et renverra la cause devant les juges qui doivent en connaître.

T. 7. — Déclaration du 15 mai 1703. — Ordonnance de 1670, tit. 1.er, art. 20. — *Infrà*, art. 193, 214, 427.

55. *Lorsque la cause a été renvoyée au tribunal, pour vérification d'écriture*

(1) *S'inscrire en faux*, c'est passer une déclaration judiciaire par laquelle on maintient qu'une pièce est fausse, et l'on contracte l'obligation de la justifier. (*Voy. art.* 218).

(2) *Dénier* l'écriture d'un acte ou d'une signature y apposée, c'est soutenir que l'écriture ou la signature n'est pas le fait de celui dont la partie qui oppose l'acte prétend qu'elle est émanée.

(3) La dénégation d'écriture est toujours affirmative; mais la déclaration de non recon-

ou inscription de faux, ce tribunal est-il, en même tems, saisi de la connaissance du fond ?

Tous les auteurs, à l'exception de M. Lepage, dans ses Questions, pag. 74, et de M. Dumoulin, dans la Bibliothèque du barreau, 1810, pag. 221, pensent que, par suite de ce renvoi, la cause n'est que suspendue devant le juge de paix, qui en est ressaisi après le jugement de première instance sur l'incident.

M. Lepage s'appuie, entre autres raisons, sur ce que l'article porte que *la cause sera renvoyée ;* ce qui suppose, suivant lui, renvoi de tout ce qui la constitue, principal et incident. Aux raisons alléguées par les auteurs qui soutiennent l'opinion contraire, nous en ajouterons une puisée dans ces termes mêmes de l'art. 14 : *il renverra la cause devant les juges qui en doivent connaître ;* il paraît certain, d'après ces expressions, que le législateur n'a entendu parler que du renvoi de l'incident.

En effet, le juge de paix est le seul juge compétent pour connaître du principal : donc en disant, à l'occasion d'une vérification d'écriture ou d'une inscription de faux, que ce juge *renverra la cause* devant les juges qui doivent en connaître, la loi n'a entendu parler que de l'incident.

56. *Si le juge de paix croit que la pièce arguée de faux ou méconnue n'est pas nécessaire à la décision de la cause, doit-il cependant se conformer aux dispositions de l'art. 14 ?*

Il est incontestable que l'inscription de faux n'est admissible qu'autant que le sort de la contestation principale dépend de la vérité ou de la fausseté de l'acte. Il en est de même, à notre avis, de la vérification d'écriture ; il serait évidemment inutile de vérifier une pièce qui ne pourrait avoir aucune influence sur le jugement du fond. — (*Rép.*, v°. inscription de faux, *pag.* 137).

Mais ces décisions n'ont été jusqu'à présent appliquées qu'à des tribunaux de première instance; doivent-elles l'être également aux affaires qui sont de la compétence du juge de paix ?

C'est l'opinion des auteurs des Annales, tom. 1, pag. 45. Si, disent-ils, la pièce arguée de faux ou méconnue n'est pas d'une nécessité absolue pour la décision de la cause, le juge de paix devra, sans s'y arrêter, rendre son jugement, sauf aux parties à faire ce qu'elles jugeront convenable pour faire prononcer sur cette pièce.

On objecte que si le tribunal de première instance peut juger le fond, sans s'arrêter à la demande en vérification ou en inscription de faux, c'est parce qu'il lui appartient de statuer sur cette demande comme sur le fond ; qu'il n'en est pas ainsi du juge de paix, qui doit renvoyer les parties devant le tribunal, dès qu'une pièce est méconnue ou arguée de faux, puisque l'art. 14 ne fait aucune distinction.

Nous trouvons la réponse à cette objection dans la maxime, *frustrà probatur quod probatum non relevat.*

Il serait inutile que le juge de paix renvoyât au tribunal de première instance, pour procéder à une vérification ou à une inscription de faux qui, en définitive, ne devrait avoir aucune influence sur la décision du fond.

---

naître ne l'est pas absolument; elle laisse un doute sur la possibilité que la pièce supposée soit réellement l'ouvrage de celui auquel on l'attribue.

Il pourrait d'ailleurs arriver que le tribunal refusât d'admettre les parties à poursuivre sur de tels incidens, parce qu'il penserait lui-même que cette poursuite serait inutile; et il résulterait de là qu'il prononcerait sur une question qui n'appartient évidemment qu'au juge du fond, c'est-à-dire au juge de paix.

L'art. 14 ne contient rien de contraire à cette décision : le législateur a voulu seulement que le juge de paix, lorsqu'il croirait indispensable qu'il fût préalablement statué sur la contestation d'écriture, ne pût procéder ou statuer lui-même sur cet incident.

L'art. 427 le prouve, puisqu'il autorise évidemment les tribunaux de commerce à prononcer sur le fond, sans avoir égard à la dénégation d'écriture ou à l'inscription de faux, s'ils ne pensent pas que la pièce soit utile pour la décision. — (*Voy. infrà, sur l'art.* 427).

ARTICLE 15.

Dans les cas où un interlocutoire aurait été ordonné, la cause sera jugée définitivement, au plus tard dans le délai de quatre mois du jour du jugement interlocutoire. Après ce délai, l'instance sera périmée de droit; le jugement qui serait rendu sur le fond sera sujet à l'appel, même dans les matières dont le juge de paix connaît en dernier ressort, et sera annulé, sur la réquisition de la partie intéressée.

Si l'instance est périmée par la faute du juge, il sera passible des dommages et intérêts.

Loi du 26 oct., tit. 7, art. 7. — *Infrà*, art. 397, 505.

XIII. LA péremption est une espèce de prescription qui annule les procédures. Celle dont il s'agit dans l'art. 7 diffère des péremptions qui s'acquièrent dans les tribunaux civils d'arrondissement et de commerce, en ce qu'elle existe de droit, c'est-à-dire sans qu'il soit besoin de la demander, et par la seule expiration du délai de quatre mois depuis *un interlocutoire* prononcé.

Il est à remarquer, en outre, une différence notable apportée par le Code à la disposition de la loi de 1790, 1°. en ce que celle-ci faisait courir la péremption du jour de la citation; 2°. en ce qu'elle prononçait l'extinction de *l'action*, c'est-à-dire du droit de se pourvoir désormais en justice pour le même objet, tandis que la procédure seule est réputée non avenue; en sorte que l'action, si elle n'est pas prescrite au fond, peut être formée par nouvelle demande; 3°. en ce que le retard provenant de la faute du juge empêchait la péremption, tandis qu'elle s'acquiert aujourd'hui malgré cette circonstance, sauf le recours en dommages-intérêts (1).

57. *L'art.* 15 *est-il applicable en matière de douanes?*

Si, dans ces matières, le juge de paix ne rend pas son jugement dans les

(1). Voy. la définition légale de *l'interlocutoire*, art. 452, § 2; celle du jugement *définitif* ci-après, *préliminaires du tit. 3*, liv. 1.er, et, pour les notions de doctrine concernant la péremption, *ceux du tit.* 22, liv. 2.

trois jours qui suivent celui que l'on aurait indiqué pour la comparution, la demande de l'administration serait périmée, et même l'action serait prescrite, par application de l'art. 13, tit. 14, de la loi du 9 floréal an 7. — (*Cassat.*, 3 *prair. an* 11, *Sirey*, *tom.* 3, *pag.* 299).

58. *La péremption est-elle acquise à partir du jour de la citation, lorsque le juge n'a pas prononcé d'interlocutoire?*

C'est l'opinion des auteurs du Praticien, tom. 1, pag. 159, parce que, disent-ils, le Code ne prononçant point formellement à cet égard, il y a même raison d'accorder la péremption dans l'un et dans l'autre cas, puisque le motif qui l'a fait introduire se tire de la nécessité de terminer promptement les procès.

Ainsi, suivant ces auteurs, on appliquerait encore l'art. 7, tit. 7, de la loi du 26 octobre 1790.

Quoi qu'il en soit, nous ne dissimulerons pas que tous les auteurs paraissent admettre que la péremption n'est acquise, au bout de quatre mois, que dans le cas où il y a eu interlocutoire; et nous conviendrons que, dans la rigueur, les termes de l'article sont d'autant plus favorables à leur opinion, que la Cour de Grenoble, dans ses observations sur le projet de Code, avait proposé de renouveler, à quelques modifications près, l'article ci-dessus cité de la loi de 1790, et qu'on n'a pas eu égard à cette proposition. — (*Voy. Quest. de Lepage*, *pag.* 75; *Levasseur*, *pag.* 54, *n°.* 97; *Biret*, *v°.* péremption, *tom.* 2, *pag.* 96).

Nous observerons, au reste, que l'art. 19 oblige le juge de paix à juger l'affaire par défaut, sauf la réassignation, dans le cas où les délais n'auraient pas été observés; que, d'un autre côté, l'art. 13 veut qu'il juge sur-le-champ ou à la première audience. De là suit qu'il ne peut guère arriver qu'il y ait lieu à péremption avant un interlocutoire; et c'est sans doute par cette considération que le législateur a modifié la disposition de la loi de 1790. — (*Voy. Répert.*, *v°.* péremption, § 3, *n°.* 2; *Cassat.*, 3 *prair. an* 11, *Sirey*, *tom.* 3, *pag.* 299).

59. *Quel doit être l'objet de l'interlocutoire, pour qu'il fasse courir le délai de la péremption?*

Il faut qu'il ait été rendu relativement à l'instruction du fond du procès, et non sur un incident. — (*Cassat.*, 31 *août* 1813, *Sirey*, *tom.* 14, *pag.* 61).

60. *La péremption peut-elle être acquise, si l'interlocutoire a été prononcé par un juge incompétent?*

Non, car tout acte émané d'un juge incompétent est considéré comme non avenu, et dès lors il ne peut produire l'effet de faire courir la péremption. — (*Cassat.*, 24 *frim. an* 9. *Voy. Biret*, *v°.* péremption, *tom.* 2, *pag.* 97).

61. *Si un jugement préparatoire avait été rendu, ne serait-ce qu'à partir de ce jugement que courrait la péremption?*

Puisque la loi ne s'explique qu'à l'égard de l'interlocutoire, le jugement préparatoire ne serait d'aucune considération. — (*Voy. Quest. de Lepage*, *pag.* 76; *Biblioth. du barr.*, 1re. *part.*, 1810, *pag.* 223).

62. *Mais après le renvoi pour vérification d'écriture ou pour inscription de faux, l'instance tomberait-elle en péremption, s'il n'intervenait pas de jugement définitif après les quatre mois?*

Non, encore bien que nous ayons dit, sur la 55e. question, que le juge de paix n'était pas dessaisi; car la cause étant suspendue jusqu'au jugement de ces incidens, il est dans l'impossibilité de juger. — (*Voy. Levasseur, pag.* 54, *n°.* 96).

Mais le délai de la péremption prendrait son cours à partir du jugement sur l'incident.

Remarquons, au reste, que la loi ne présente aucune disposition sur la question proposée; que son vœu bien prononcé est qu'en général toute instance liée devant un juge de paix soit terminée dans les quatre mois qui suivent un interlocutoire. Or, le jugement de renvoi, pour vérification d'écriture ou inscription de faux, est un jugement interlocutoire : il faut donc que la partie intéressée à faire juger cet incident se pourvoie, avant les quatre mois, devant le tribunal de première instance; il faut aussi qu'elle ressaisisse le juge de paix, avant que le même espace de tems ne se soit écoulé depuis le jugement; autrement, elle courrait risque de voir déclarer que la péremption est acquise contre elle.

63. *Lorsque le juge de paix ordonne successivement plusieurs interlocutoires, les quatre mois ne courent-ils que du jour du dernier de ces jugemens?*

Cela ne peut faire la matière d'une difficulté, dit M. Delaporte, tom. 1, pag. 15. Nous croyons néanmoins que c'est à dater du jour du premier interlocutoire, et non pas du dernier, s'il en intervenait plusieurs, que l'instance est périmée.

En effet, d'après l'art. 15, l'instruction ne peut durer plus de quatre mois, à partir *du jugement interlocutoire* : le Code veut donc un jugement définitif dans ce laps de tems; et de là suit nécessairement qu'un second, un troisième, un quatrième interlocutoire, ne pourraient proroger l'instance.

64. *L'instance étant suspendue par le décès d'une partie, à partir de quelle époque continue le délai de la péremption?*

Il nous semble que la péremption ne continue son cours que par la reprise de l'instance ou après le délai de six mois, à dater du jour du décès. C'est du moins un argument que l'on peut tirer de l'art. 397.

65. *La péremption aurait-elle lieu, s'il n'avait pas dépendu du demandeur d'obtenir jugement dans les quatre mois?*

Non. Ainsi, par exemple, dans le cas de diverses récusations intentées par le défendeur, si l'instruction a été prolongée au-delà du délai, celui-ci ne peut se prévaloir de la péremption. — (*Cassat.*, 4 *fév.* 1807, *Sirey*, 1808, *p.* 40).

66. *Lorsque le délai de quatre mois est expiré, le juge de paix pourrait-il du moins rendre jugement par lequel il se déclarerait incompétent?*

L'affirmative a été jugée sous l'empire de la loi du 26 octobre 1790, par le motif que l'art. 7 de cette loi, en prononçant la peine de la péremption, suppose nécessairement une instance de la nature de celles qui sont de la compétence d'un tribunal de paix.

Cette décision serait évidemment la même sous l'empire du Code, puisque l'art. 15 est conçu, sous le rapport de la question, dans les mêmes termes que l'article de la loi que nous venons de citer. — (*Cassat.*, 24 *frim. an* 9; *Traité de la compétence*, *par M. Montainville*, *pag.* 76).

67. *Mais l'art. 7 de la loi de 1790 prononçait l'extinction de l'action dans le cas où la péremption était acquise; en serait-il de même sous l'empire du Code?*

Non, puisque l'art. 15 ne porte point la même disposition. Ainsi, l'on se conformerait à l'art. 401, et l'on pourrait renouveler l'action, si d'ailleurs elle n'était pas prescrite. — (*Voy. Praticien, tom.* 1, *pag.* 16; *Levasseur, pag.* 54 *et* 55, *n°.* 97; *Demiau Crouzilhac, pag.* 22; *Biret, tom.* 2, *pag.* 96).

68. *Les parties, en procédant postérieurement à la péremption acquise, en font-elles cesser les effets?*

Suivant M. Lepage (*Quest., pag.* 76), et M. Dumoulin (*Biblioth. du bar.*, 1810, 1re. *part., pag.* 224), la péremption, de même que la prescription, étant établie dans l'intérêt des parties, elles peuvent y renoncer; mais M. Lepage estime qu'en ce cas il faut qu'elles fassent une déclaration positive de leur intention, ainsi que le prescrit l'art. 7 pour la comparution volontaire.

M. Dumoulin pense qu'il n'est pas nécessaire de rédiger un acte de soumission volontaire, et qu'il suffit aux deux parties de donner suite à la procédure, parce que, dit-il, si la péremption s'acquiert de plein droit, il en résulte seulement qu'il n'est pas nécessaire de la faire prononcer.

Nous pensons, au contraire, que si la péremption, dans les justices de paix, a lieu de plein droit, c'est parce qu'elle est d'ordre public, ainsi que le dit M. Thomines, pag. 41, en ce sens que le législateur veut que les procédures soient promptement terminées en ces justices : de là suit qu'elle doit être suppléée d'office par le juge de paix, et qu'il ne prononcerait légalement qu'autant que les parties auraient formellement déclaré y renoncer.

Cependant, M. Hautefeuille est d'une opinion contraire. L'instance, dit-il, est périmée de droit, *c'est-à-dire que l'action et la demande n'existent plus.* Mais nous observerons que ces mots, *l'instance est périmée,* ne supposent que la péremption de la demande et des actes qui en ont été la suite, et non la péremption de l'action considérée comme droit d'agir en justice, et que, par conséquent, M. Hautefeuille a confondu ici l'action prise en ce sens avec la demande, qui n'est que l'exercice de l'action.

69. *Les parties pourraient-elles se pourvoir par appel, si le juge de paix avait prononcé en dernier ressort dans le délai de quatre mois, en précipitant outre mesure sa décision, afin d'éviter la péremption?*

Non, la voie de cassation serait seule ouverte. — (*Cassat.*, 6 *avril* 1817; *Biret, tom.* 2, *pag.* 98 *et* 99).

Article 16.

L'appel des jugemens de la justice de paix ne sera pas recevable après les trois mois, à dater du jour de la signification faite par l'huissier de la justice de paix, ou tel autre commis par le juge.

T. 1, 3, 21, 27. — Loi du 24 août 1790, tit. 5, art. 12, 14. — *Infrà,* art. 443, 454, 456.

XIV. L'Appel est l'action de recourir à un tribunal supérieur, pour faire infirmer ou réformer un jugement rendu par un tribunal inférieur (1). Il est

(1) Voy. les préliminaires du livre unique de l'appel.

à remarquer que la disposition qui en fixe ici le délai n'est pas simplement comminatoire; elle est de rigueur, aux termes de l'art. 1029.

70. *L'art. 16 ne prononçant point la nullité, pourrait-on soutenir, d'après l'art. 1030, que le délai d'appel courût également, si la signification du jugement était faite par tout autre huissier que celui qu'indique le premier de ces articles?*

Puisque l'art. 16 ne fait pas courir le délai *du jour de la signification*, mais du jour de la signification faite *par l'huissier de la justice de paix*, ou tel autre commis par le juge, il nous paraît certain qu'il ne courrait pas si le jugement était signifié par un autre huissier que celui que cet article désigne. — (*Voy. Levasseur, pag. 93, n°. 177; Delaporte, tom. 1, pag. 16; Biblioth. du bar., 1810, 1re. part., pag. 226; Demiau Crouzilhac, pag. 23*).

71. *Suit-il de l'art. 16 qu'on ne puisse mettre à exécution un jugement de la justice de paix qui n'aurait pas été signifié par l'huissier de cette justice?*

On pourrait dire, pour la négative, que l'article ne s'exprime qu'à l'égard de l'appel; mais il paraît être dans l'esprit du Code que la signification soit faite par un huissier de la justice de paix.

Cependant, si elle l'était par un autre huissier, nous ne croyons pas que l'on dût en prononcer la nullité; toujours est-il vrai que tout huissier pourrait mettre le jugement à exécution. — (*Voy. Delaporte, tom. 1, pag. 61*)

72. *En disant que le jugement sera signifié par l'huissier de la justice de paix, le Code entend-il indiquer indifféremment ou l'huissier du juge qui a rendu le jugement, ou celui de la justice dans le ressort de laquelle ce jugement doit être signifié?*

Il paraît, dit M. Lepage, dans ses Questions, pag. 77, que le législateur n'a entendu indiquer que l'huissier attaché à la justice de paix de laquelle le jugement est émané.

Mais on demandera comment concilier cette décision avec les lois qui défendent à l'huissier de la justice de paix d'instrumenter hors du canton?

Cette difficulté se présenterait dans tous les cas où la partie à laquelle le jugement doit être signifié, n'aurait pas son domicile dans le ressort du juge qui a prononcé; et certes, il n'a pu entrer dans l'intention du législateur d'obliger l'huissier attaché à ce juge de se transporter au loin pour faire la signification.

M. Lepage et M. Dumoulin disent, par cette raison, que l'on doit confier la signification à l'huissier de la justice de paix du lieu où elle doit être faite. Mais cette opinion n'est-elle pas contraire au texte de l'art. 16, qui veut que la signification soit donnée par l'huissier *du juge, ou par tout autre huissier commis par lui*?

Nous pensons que l'on doit entendre l'article en ce sens, que le législateur n'a désigné l'huissier du juge de paix duquel émane le jugement, que pour le cas où la partie à laquelle il doit être signifié a son domicile dans le canton (ce qui arrive le plus souvent, ainsi que l'observe M. Dumoulin), et qu'il a voulu que le juge commît *tout autre huissier*, dans ceux où cette même partie aurait son domicile hors du canton.

Du reste, le juge de paix se conformerait, en cette dernière circonstance, aux dispositions de l'art. 156; et, en tous cas, il n'y aurait pas nullité de la signification, si l'on ne se conformait pas à la distinction que nous venons de faire. — (*Cassat.*, 6 *juil.* 1814; *Sirey*, *tom.* 15, *pag.* 41. *Voy. infrà*, *art.* 20).

73. *Le jugement rendu par un juge de paix, sur une demande en renvoi, est-il toujours susceptible d'appel, lorsque le juge pouvait prononcer en dernier ressort sur le fond?*

Oui, sans doute, d'après la disposition de l'art. 454, qui est générale, et qui, se trouvant au titre unique de l'appel, s'applique aux appels des jugemens des justices de paix, comme à ceux des tribunaux inférieurs.

Cette opinion n'est contrariée, d'ailleurs, par aucune disposition des divers titres du liv. 1er, qui concerne l'instruction devant les justices de paix. — (*Cassat.*, 22 *avril* 1811; *Sirey*, *tom.* 3, *pag.* 62).

74. *Peut-on se pourvoir par appel contre un jugement rendu en dernier ressort, dans lequel un juge de paix a excédé ses pouvoirs?*

Nous tenons l'affirmative d'après la disposition de l'art. 454, qui n'a point dérogé à l'art. 77 de la loi du 25 ventôse an 8, lequel disposait que les jugemens des justices de paix étaient sujets *à cassation*, pour incompétence ou *excès de pouvoirs*; ce qui excluait la voie d'appel. En effet, l'excès de pouvoir se confond avec l'incompétence proprement dite, et par conséquent l'appel est recevable, puisque l'art. 454 veut que, lorsqu'il s'agit d'incompétence, l'appel soit nul, encore que le jugement ait été qualifié en dernier ressort.

75. *L'acte d'appel doit-il contenir assignation, à peine de nullité?*

Oui, parce que les dispositions du liv. 3, titre unique de l'appel, s'appliquent, comme nous l'avons dit, aux appels de toutes les jurisdictions. Or, l'art. 456 exige, à peine de nullité, que l'exploit d'appel contienne assignation.

Il en était de même avant la publication du Code de procédure, d'après l'art. 12, tit. 5, de la loi du 24 août 1790. — (*Cassat.*, 6 *sept.* 1814, *Sirey*, *tom.* 15, *pag.* 40).

76. *Peut-on se pourvoir en appel contre les jugemens par défaut, rendus en la justice de paix?*

Ils sont, comme tous les autres, susceptibles d'appel après les délais de l'opposition. Le Code de procédure abroge en cela l'art. 4, tit. 5, de la loi du 26 octobre 1790. — (*Cassat.*, 7 *nov.* 1820, *Sirey*, *tom.* 21, *pag.* 82).

77. *Les jugemens des justices de paix sont-ils sujets aux autres pourvois, admis par le Code contre les décisions des autres tribunaux?*

La voie de l'opposition contre les jugemens par défaut et celle de la tierce opposition sont ouvertes contre les jugemens rendus en justice de paix (*art.* 20 *et* 474; *Cassat.*, 23 *juin* 1806); mais non pas *la requête civile*, puisque cette voie extraordinaire n'est accordée qu'à l'égard des jugemens des tribunaux d'arrondissement (1), des arrêts des Cours royales, et des décisions d'arbitres. (*Voy. art.* 480 *et* 1006) (2). Quant au pourvoi en cassation, il n'est pas recevable pour simples contraventions à la loi, mais seulement pour incompétence ou excès de pouvoir. — (*Cassat.*, 5 *fév.* 1810, *Denevers*, 1810, *pag.* 162).

(1) Voy., pour les jugemens des tribunaux de commerce, nos questions sur l'art. 480.
(2) Voy., pour l'appel des jugemens possessoires, nos questions sur l'art. 27, *in fine*.

ARTICLE 17.

Les jugemens des justices de paix, jusqu'à concurrence de 300f, seront exécutoires par provision, nonobstant l'appel, et sans qu'il soit besoin de fournir caution. Les juges de paix pourront, dans les autres cas, ordonner l'exécution provisoire de leurs jugemens, mais à la charge de donner caution.

T. art. 21. — Loi du 24 août 1790, tit 3, art. 9. — *Infrà*, art. 12, 135, 136, 155, 439, 840, 848. — Voy. particulièrement nos questions sur l'art. 155.

XV. SUIVANT la loi de 1790, le juge de paix ne pouvait ordonner l'exécution provisoire de ses jugemens qu'en matière purement personnelle et mobilière, et à la charge de donner caution. Les auteurs du Code n'ont fait aucune distinction tirée de l'objet de la demande; mais pour concilier la faveur due au jugement avec la nécessité de prévenir un tort, peut-être irréparable, que pouvait porter à la partie condamnée l'exécution d'une décision qu'elle parviendrait à faire infirmer, ils ont, quant à l'obligation de fournir caution, sagement distingué entre les causes d'un intérêt léger et celles d'un intérêt plus considérable.

78. *Les jugemens des justices de paix sont-ils exécutoires par provision, nonobstant opposition?*

Puisque l'art. 17 les déclare tels, nonobstant l'appel seulement, il s'ensuit que l'opposition en suspend toujours l'exécution, suivant la règle générale que l'opposition est suspensive pour tous les cas où la loi ne fait pas d'exception.

Or, elle n'en a fait aucune pour les justices de paix, et l'on ne pense pas que l'on puisse y appliquer la disposition de l'art. 155, d'après lequel les juges peuvent, en certains cas, ordonner l'exécution provisoire nonobstant opposition.

La raison en est que la loi spéciale n'ayant statué qu'à l'égard de l'appel, n'a pas entendu modifier, relativement à l'opposition, la règle que nous venons de rappeler.

On sent, d'ailleurs, que les délais pour former et juger l'opposition étant extrêmement abrégés en justice de paix, on n'a pas à craindre que la suspension de l'exécution porte préjudice aux parties.

79. *Quels sont les cas dans lesquels le juge de paix peut ordonner l'exécution provisoire de ses jugemens, lorsqu'ils porteraient une condamnation au-dessous de 300f?*

Ce sont ceux mentionnés aux six premiers paragraphes de l'art. 10 de la loi du 24 août 1790, et ceux dans lesquels la jurisdiction aurait été prorogée.

80. *Un jugement portant condamnation pour une somme de 300f ou au-dessous, doit-il être exécuté par provision, quoique le juge ne l'ait pas ordonné?*

Il suffit, pour résoudre affirmativement cette question, de lire l'art. 17. Il résulte, en effet, des termes dans lesquels sa première disposition est conçue, que la loi attache l'exécution provisoire au jugement, lorsque le montant de la condamnation n'excède pas 300f : la loi ne prescrit ni la réquisition des parties, ni l'ordonnance du juge.

Mais cette remarque devient plus frappante encore, dès qu'on rapproche la seconde disposition de la première; on reconnaît alors que ce n'est que dans le cas de cette seconde disposition que l'ordonnance du juge est nécessaire, et qu'il faut la réquisition de la partie, parce que l'exécution provisoire est tout à la fois un droit auquel on peut renoncer, et une voie rigoureuse qui s'éloigne du droit commun, et qui, conséquemment, doit être restreinte dans ses limites. — (*Voy. Exposé des motifs, par le conseiller d'état Treilhard; Quest. de Lepage, pag.* 78, *et Biblioth. du bar.,* 1re. *part.,* 1810, *pag.* 227).

81. *Un juge de paix délégué par un tribunal de première instance pourrait-il ordonner l'exécution provisoire de ses ordonnances, parce que le tribunal pourrait ordonner l'exécution provisoire de ses jugemens?*

Nous lisons dans la Bibliothèque du barreau, 1810, 2e. part., pag. 283, que cette question, *ainsi posée,* a été résolue affirmativement par arrêt de la Cour d'appel de Pau, du 15 février 1808; mais nous regrettons que les rédacteurs se soient bornés à réduire cette décision en proposition générale, sans faire connaître l'espèce dans laquelle elle a été rendue.

Nous ne voyons, en effet, aucun cas dans lequel le juge de paix délégué par un tribunal de première instance aurait à ordonner l'exécution provisoire de ses ordonnances, par le motif que le tribunal qui l'aurait commis aurait le droit d'ordonner celle de ses jugemens. Nous ne trouvons d'analogie qu'entre les ordonnances que rendrait le juge de paix commis, et celles que le tribunal aurait rendues lui-même, s'il n'avait pas délégué ses pouvoirs; par exemple, nous dirions que le juge de paix pouvant être commis par les juges de première instance, conformément à l'art. 1035, pour procéder à une enquête, l'ordonnance que ce juge rendrait dans le cas exprimé en l'art. 263, contre des témoins défaillans, serait exécutoire comme l'eût été celle qui, dans ce même cas, aurait été rendue par le juge de première instance.

82. *La caution ordonnée par un jugement rendu en justice de paix doit-elle être présentée à son greffe?*

En général, les juges de paix ne peuvent connaître de l'exécution de leurs jugemens; c'est une conséquence de ce qu'ils sont juges d'exception. (*Voy. Lois d'organ. et de compét., art.* 255). Or, la réception de caution est essentiellement exécutoire; aussi le Code en traite-t-il au liv. 5, intitulé *de l'exécution des jugemens.* On pourrait donc croire que la caution devrait être offerte au greffe du tribunal civil, et reçue par ce tribunal. Ce serait une erreur : le principe d'après lequel les juges d'exception ne connaissent point de leurs jugemens, ne s'entend que des seules difficultés qui s'élèveraient à raison des différentes voies d'exécution définitive, par saisies ou contrainte, mais non pas des actes de cette exécution que nous appelons *exécution par suite d'instance (voy. nos préliminaires du liv.* 5*)*, et qui sont des préalables nécessaires pour que le jugement puisse être définitivement exécuté. Ces actes en sont le complément; et comme le juge ne peut être dessaisi qu'autant qu'il a rendu une décision susceptible d'être exécutée par les voies de droit, c'est à lui qu'il appartient de régler tout ce qui est nécessaire pour conduire à ce but. Nous pensons donc, avec M. Berriat Saint-Prix, pag. 491, note 3, que la caution ordonnée pour l'exécution provisoire d'un jugement de justice de paix, doit être présentée au greffe de cette justice, après avoir appelé la partie adverse, au moyen d'une sommation. C'est d'ailleurs ce qui résulte de la combinaison des art. 17 du Code et 25 du tarif.

ARTICLE 18.

Les *minutes* (1) de tout jugement seront portées, par le greffier, sur la feuille d'audience, et signées par le juge qui aura tenu l'audience et par le greffier.

Loi du 26 oct. 1790, tit. 8, art. 1.er, 3, 7. — C. de P., art. 30, 138, 139.

XVI. La loi ne contient aucune disposition spéciale sur la forme et la rédaction des jugemens des justices de paix; mais il est des formalités essentielles à tout jugement, ce sont celles que prescrit l'art. 141 (2).

83. *Si l'audience a été tenue par un suppléant, est-ce le juge de paix, ou ce suppléant, qui doit signer la feuille d'audience?*

C'est le suppléant : si la loi s'est servie du terme de *juge*, c'est parce que le suppléant en a le caractère. — (*Voy. Delaporte, tom.* 1, *pag.* 17).

84. *La minute pourrait-elle être écrite par un commis-greffier assermenté?*

Oui, puisqu'une décision ministérielle, du 24 pluviôse an 12, porte que les greffiers des juges de paix peuvent avoir un commis assermenté qui *les remplace dans leurs fonctions.* — (*Sirey, tom.* 7, *pag.* 993).

85. *Quelle peine encourrait le greffier qui délivrerait une expédition d'une minute qui n'aurait pas été signée par le juge?*

M. Delaporte, tom. 1, pag. 17, estime que le greffier pourrait être poursuivi comme faussaire; et son opinion nous paraît avoir pour appui la disposition de l'art. 139.

TITRE III.

Des Jugemens par défaut, et des Oppositions à ces Jugemens.

Voy. *infrà*, liv. 2, tit. 8, *des jugemens par défaut et oppositions.*

On doit juger *par défaut* la partie qui ne comparaît pas pour présenter ses moyens.

Mais, à cet égard, il faut faire une distinction importante entre le demandeur et le défendeur; distinction prescrite par les anciennes ordonnances, rap-

(1) Les *minutes* sont les originaux des jugemens écrits sur la feuille d'audience (art. 138), d'après laquelle le greffier délivre les *grosses* ou expéditions authentiques et exécutoires.

(2) Voy. aussi, aux art. 146 et 545, celles qu'il est nécessaire d'observer pour que les jugemens soient exécutoires.

pelée par le Code aux art. 150 et 434, et de laquelle résulte une règle générale applicable dans les justices de paix, malgré le silence des lois spéciales qui les régissent :

« Si le demandeur ne comparaît pas, le juge accorde, sans examen, défaut » et congé de la demande (c'est-à-dire qu'il déboute le demandeur, et le condamne aux dépens).

» Si, au contraire, c'est le défendeur qui laisse défaut, le juge ne peut pro- » noncer qu'après vérification de la demande. »

D'où suit qu'il doit suppléer tous les moyens que le défendeur eût pu faire valoir lui-même, s'il s'était présenté.

Nous donnerons les motifs de cette règle dans nos préliminaires sur le tit. 8 du liv. 2, où nous exposerons les définitions et les notions générales qui conviennent à toute espèce de défaut, dans quelque tribunal que ce soit. Ici, nous nous bornerons à faire remarquer ce qui, dans les justices de paix, s'écarte des règles ordinaires.

Premièrement, il ne peut y avoir qu'un seul défaut, celui *faute de comparaître*.

Secondement, l'opposition, c'est-à-dire le pourvoi devant le même juge, doit *toujours* contenir citation (20).

Troisièmement, le délai de ce pourvoi est plus court (20); mais aussi le juge peut suspendre la prononciation du défaut, et ordonner la réassignation (19).

Quatrièmement, il peut même, en adjugeant défaut, fixer un plus long délai pour l'opposition (21).

Cinquièmement, l'opposant en retard peut quelquefois se faire relever de la rigueur du délai légal (21).

En général, on doit regarder comme étant sans application dans les justices de paix, les dispositions légales établies pour les autres tribunaux, lorsqu'elles ne tiennent pas directement à la nature même du défaut. Cette remarque sera principalement développée par les questions que nous allons examiner.

Article 19.

Si, au jour indiqué par la citation, l'une des parties ne comparaît pas, la cause sera jugée par défaut, sauf la réassignation, dans le cas prévu dans le dernier alinéa de l'art. 5 (1).

T. art. 21. — Loi du 26 oct. 1790, tit. 3, art. 2. — C. de P., art. 1.er

86. *Lorsque, de deux parties citées devant le juge de paix, l'une comparaît et l'autre fait défaut, ce juge doit-il appliquer l'art. 153 du Code de procédure?*

M. Lepage, dans ses Questions, pag. 81, et M. Dumoulin, dans la Bibliothèque du barreau, 1810, pag. 92 et 228, 1re. part., maintiennent l'affirmative, qu'ils fondent sur ce que l'article dont il s'agit ayant pour objet de sim-

---

(1) C'est-à-dire si l'assigné n'a pas eu les délais prescrits par cet art. 5.

plifier la procédure, et d'éviter les frais, rien ne s'oppose à ce que ses dispositions soient étendues aux justices de paix.

Ainsi, suivant ces auteurs, il serait donné défaut contre celui qui ne comparaîtrait pas; le défaut serait joint au principal, et après une nouvelle signification, il serait statué sur le tout par un même jugement.

Pour écarter cette opinion, nous nous fondons sur l'arrêt de la Cour de cassation, du 13 septembre 1809, rapporté sur l'art. 20, n°. 92.

87. *Admettant, néanmoins, que l'art.* 153 *soit applicable en justice de paix, le serait-il, dans le cas où un garant assigné ne comparaîtrait pas, en sorte que le défaut donné contre lui dût être joint, comme dans l'espèce de la précédente question?*

Nous ne croyons pas que l'art. 153 puisse être ainsi étendu hors du cas qu'il a prévu, et qui est celui dans lequel il n'y a entre parties qu'une seule affaire principale, qui doit recevoir la même instruction et subir un seul jugement, tandis que, au contraire, l'action en garantie n'est qu'un incident à l'action principale; incident qui souvent peut en être séparé.

Si donc le défendeur en garantie ne comparaît pas, on ne joint point le profit du défaut; on ne le joindrait pas davantage si, de plusieurs défendeurs en garantie, un seul était défaillant. Cette jonction retarderait d'ailleurs le jugement de l'action principale contre l'intérêt du demandeur originaire, et ce motif seul suffirait pour écarter l'application de l'art. 153. — (*Voy. Biblioth. du bar.*, 1810, 1re. *part.*, *pag.* 228).

88. *Si le défendeur, étant présent, refuse de se défendre, ou se borne à dire qu'il n'entend ni avouer ni contester, le jugement doit-il être rendu par défaut?*

Le jugement est contradictoire, parce que celui qui, étant appelé en justice pour répondre à la demande, s'y refuse par entêtement ou mauvaise foi, est censé y adhérer et n'avoir aucune exception à opposer.

Cependant si la partie, en comparaissant, alléguait pour motif d'impuissance de répondre, l'impossibilité dans laquelle elle serait de représenter à l'instant telle ou telle pièce, de se procurer tels ou tels renseignemens nécessaires à sa défense, alors le juge pourrait lui accorder un délai. — (*Voy. Pratic.*, *tom.* 1, *pag.* 165; *Cassat.*, 4 *fév.* 1806, *Den.*, *an* 14—1806, *pag.* 255).

89. *Le juge de paix est-il obligé de donner congé défaut à la première audience à laquelle le demandeur négligerait de comparaître?*

Nous décidons cette question pour l'affirmative; mais si le demandeur avait déjà comparu, et qu'il eût été rendu un jugement préparatoire ou interlocutoire, ou ordonné une remise, et que le demandeur fût en défaut de comparaître ensuite, nous pensons que le juge de paix pourrait continuer la cause à la première audience, s'il avait des motifs de croire que la non comparution fût l'effet de l'erreur ou d'un empêchement légitime : ce ne serait qu'à la seconde audience ainsi fixée qu'il serait tenu de prononcer défaut.

En effet, dans une espèce où nous supposons une première comparution, il est moins présumable que le demandeur ait entendu renoncer à la demande.

Article 20.

La partie condamnée par défaut pourra former opposition, dans les trois jours de la signification faite par l'huissier du juge de paix, ou autre qu'il aura commis.

L'opposition (1) contiendra sommairement les moyens de la partie, et assignation au prochain jour d'audience, en observant toutefois les délais prescrits pour les citations; elle indiquera les jour et heure de la comparution, et sera notifiée ainsi qu'il est dit ci-dessus.

T. 21. — Loi du 26 oct., tit. 3, art. 3. — Ordon. de 1667, tit. 16, art. 4, 6. — C. de P., art. 1.er

90. *Les trois jours donnés pour former opposition sont-ils francs, conformément à l'art. 1033, en sorte, par exemple, qu'une opposition formée le 5 à un jugement signifié le 1er. fût valable, comme ayant été faite en tems utile?*

M. Commaille tient l'affirmative, tom. 1, pag. 49.

M. Levasseur, pag. 77, maintient au contraire que le délai n'est pas franc, et que la signification du jugement étant faite le 1er, l'opposition doit être formée au plus tard le 4. Telle est aussi l'opinion des auteurs du Praticien français, tom. 1, pag. 168.

Nous pensons que l'on doit se conformer à cette dernière opinion.

A la vérité, l'art. 1033 veut que le jour de la signification et celui de l'échéance ne soient point comptés dans le calcul des délais; mais l'art. 20 déroge à cette disposition générale, puisqu'il exige que l'opposition soit faite *dans* les trois jours de la signification. Or, elle ne le serait pas *dans* ce délai, mais *après*, si les trois jours étaient francs. — (*Voy. les quest. sur l'art.* 157).

Mais il ne faut pas oublier que le jour de la signification ne doit pas être compté, puisque la loi dit dans *les trois jours de la signification*. Ainsi, le premier jour du délai est celui qui suit immédiatement le jour où elle a été faite.

Il en est, en effet, du délai de l'opposition comme du délai de l'appel. — (*Voy. les quest. sur l'art.* 443).

C'est donc avec raison que M. Levasseur a dit que la signification d'un jugement par défaut étant faite le premier d'un mois, l'opposition doit être formée au plus tard dans le quatrième. Ainsi, M. Dumoulin (*Biblioth. du bar.*, 1810, 1re. *part.*, *pag.* 229), en admettant comme nous que le délai n'est pas franc, dit qu'une opposition est tardive, lorsqu'elle est faite dans le quatrième jour de la signification.

91. *Mais du moins ce délai de trois jours doit-il, d'après l'art. 1033, être augmenté d'un jour par trois myriamètres de distance entre le domicile du défaillant et celui de l'autre partie?*

C'est l'opinion de tous les auteurs; et en cela rien de contraire à la solu-

---

(1) Voy. les préliminaires du liv. 8, tit. 2.

tion que nous avons donnée sur la question précédente. On observera que si nous n'avons pas appliqué l'art. 1033, en ce qu'il contient de relatif à la franchise du délai, c'est par le motif qu'il nous est démontré que l'art. 20 y déroge, en se servant de cette préposition *dans*, qui a la même signification que la préposition *pendant*, employée dans l'art. 157.

Mais l'art. 20, comme l'art. 157, ne faisant que sous ce rapport exception à la règle générale de la franchise du délai, l'art. 1033 doit recevoir son application en ce qui concerne l'augmentation du délai en raison des distances.

Voici, au reste, comment M. Dumoulin prouve que cette application doit être faite. « L'augmentation d'un jour par trois myriamètres, dit ce jurisconsulte, a été introduite pour donner aux parties le tems de faire les notifications et les comparutions dans un lieu éloigné. Cette augmentation est nécessaire pour l'opposition comme pour toute autre signification. Si on refusait dans l'espèce une prorogation de délai, on rendrait l'opposition impossible, on ôterait à la partie les moyens de se défendre.

» On opposera peut-être l'art. 21; mais il ne parle que du cas où le défaillant n'a pas été *instruit* de la procédure pour *absence* ou pour *maladie*. Or, ce cas n'est pas celui que nous examinons. Il est vrai cependant que, s'il n'existait pas dans le Code de disposition semblable à celle de l'art. 1033, on pourrait, par argumentation, appliquer l'art. 21 à notre hypothèse; mais l'augmentation de délai que nécessitent les distances est fixée trop positivement par l'art. 1033, pour qu'on puisse le faire.

» Il faut, par conséquent, distinguer ces deux articles, et renfermer chacun dans le cas pour lequel il est fait.

» En faisant usage de l'art. 1033, on évitera l'arbitraire du juge, les débats et les justifications nécessaires. Il y aura entre la prorogation et les distances des proportions exactes, même celles qui sont indiquées par la loi. » (1)

92. *Si le dernier jour du délai de l'opposition était un jour de fête légale, l'opposition serait-elle valablement formée le lendemain?*

Nous reconnaissons qu'en général les jours de dimanches et fêtes légales comptent dans le calcul des délais (*arg. de l'ordon. de* 1667, *tit.* 3, *art.* 6); mais comme l'art. 1037 défend de faire aucune signification un jour de fête légale, nous ne croyons pas qu'un tel jour puisse être compté dans le délai de l'opposition.

Ainsi, la signification d'un jugement par défaut ayant été faite un vendredi, l'opposition serait valablement formée le mardi suivant. Nous appuyons, au reste, cette opinion de l'arrêt de la Cour d'appel de Paris, cité sur l'art. 711.

93. *L'art.* 156 *du Code de procédure est-il applicable aux jugemens par défaut rendus par les juges de paix?*

Il a été décidé par arrêt de la Cour de cassation, du 13 septembre 1809, rendu sur les conclusions de M. le procureur général Merlin (*voy. Biblioth. du bar.*, 1810, 2e. *part.*, *pag.* 43), que ces jugemens ne sont soumis qu'aux règles établies dans le tit. 3, liv. 1er. du Code.

(1) On peut ajouter à ces motifs ceux donnés par M. Lepage, dans ses Questions, pag. 79, et les arrêts cités sur l'art. 157.

Les motifs qui ont déterminé la Cour de cassation à prononcer de la sorte, sont autant de conséquences d'une proposition générale que la Cour a consacrée; savoir : que le Code de procédure a séparé les dispositions relatives à la procédure en justice de paix, de celles qui règlent la procédure dans les tribunaux inférieurs. (1)

94. *La partie contre laquelle on a obtenu défaut peut-elle se pourvoir par opposition avant la notification?*

M. Guichard, pag. 137, n°. 14, examine cette question relativement au demandeur qui fait défaut sur sa propre citation, et contre lequel le défendeur a obtenu *congé*. Il répond que tant que le jugement de congé n'est pas notifié, le demandeur est censé l'ignorer, ou du moins est censé présumer que son adversaire n'entend point s'en servir. Il n'est dans le cas de l'attaquer par opposition *qu'après la notification;* mais, s'il veut aller en avant sur la demande, il peut citer de nouveau, en déclarant qu'il est, en tant que besoin, opposant à tout jugement que le défendeur aurait obtenu par défaut contre lui, sauf à réitérer l'opposition après la signification du jugement.

Nous ne croyons pas qu'il soit exact de dire que la partie défaillante ne peut attaquer le jugement par opposition qu'après la notification.

La notification d'un jugement n'a pour but, en général, que de le faire connaître à la partie condamnée, afin de la constituer en demeure d'acquiescer ou de se pourvoir contre, et enfin de mettre la partie qui a obtenu gain de cause à lieu d'exécuter par les voies de droit. — (*Cassat.*, 1er. *août* 1808; *Berriat, pag.* 369, *n°.* 41).

Aussi a-t-il été jugé, relativement à l'appel, qu'on pouvait se pourvoir avant la notification. — (*Cassat.*, 17 *mars* 1806, *Bull. offic.*; 4 *mars* 1812, *Sirey*, 1812, *pag.* 194).

Il serait difficile de trouver des raisons de différence entre l'opposition et l'appel.

Il y a plus : nous regardons comme frustratoire la notification qui serait faite du jugement après l'opposition, puisque l'opposition est toujours suspensive. — (*Suprà, n°.* 78).

Concluons de ces observations que la partie contre laquelle un défaut a été prononcé, peut former opposition avant la notification, en se conformant aux formalités prescrites par l'art. 20.

95. *L'opposition au jugement par défaut d'un juge de paix peut-elle, si elle*

---

(1) C'est de cette séparation qu'elle a conclu que l'on ne pouvait appliquer l'art. 156. Or, n'en sera-t-il pas de même dans toute autre espèce?

L'affirmative nous paraît résulter évidemment de l'arrêt que nous avons rapporté; il y aura dans tous les cas même raison de décider. Ainsi, nous pensons qu'en général il n'est pas permis à un juge de paix de suppléer au silence du livre premier du Code de procédure, par les dispositions que renferme le livre second.

Mais nous ne voudrions pas étendre cette conséquence jusqu'à interdire à ce juge d'interpréter les articles qui règlent la procédure à faire devant lui, par les articles qui règlent celle à suivre dans les tribunaux inférieurs; c'est, au contraire, le meilleur mode d'interprétation qu'il puisse adopter, pourvu qu'il en use avec précaution, et sans contrarier l'esprit de la procédure spéciale de sa justice.

contient citation, être faite sans commission spéciale, par l'huissier du domicile du défendeur, au lieu de l'être par l'huissier du juge de paix qui a rendu le jugement?

M. Biret résout cette question pour la négative, tom. 2, pag. 89, et nous partageons entièrement son avis; mais on a vu, n°. 10, que, par son arrêt du 6 juillet 1814, la Cour suprême l'a tout autrement décidée.

ARTICLE 21.

Si le juge de paix sait par lui-même, ou par les représentations qui lui seraient faites à l'audience, par les proches, voisins ou amis du défendeur, que celui-ci n'a pu être instruit de la procédure, il pourra, *en adjugeant le défaut*, fixer, pour le délai de l'opposition, le tems qui lui paraîtra convenable; et, dans le cas où la prorogation n'aurait été ni accordée d'office, ni demandée, le défaillant pourra être relevé de la rigueur du délai, et admis à opposition, en justifiant qu'à raison d'absence ou de maladie grave, il n'a pu être instruit de la procédure (1).

Loi du 26 oct. 1790, tit. 3, art. 5.

96. *Dans le premier cas de l'art. 21, le juge de paix qui proroge le délai doit-il rendre compte de ses motifs?*

La loi ne lui impose pas cette obligation. Or, on ne peut faire résulter une nullité de l'inobservation d'une forme qui n'est pas prescrite. — (*Voy. Delaporte, tom. 1, pag.* 19).

97. *Les représentations dont il s'agit en l'art. 21 peuvent-elles être faites confidentiellement au juge de paix?*

Elles devaient être faites à *l'audience*, conséquemment à haute voix, dit M. Delaporte, tom. 1, pag. 19. La loi a voulu qu'elles pussent être combattues et discutées par la partie qui requiert le défaut.

Nous pensons que l'article autorisant le juge de paix à proroger les délais sur les renseignemens qu'il *a pu acquérir par lui-même*, on ne peut exiger que les représentations des proches, des voisins ou des amis du défendeur, lui soient faites à haute voix, pour être débattues par la partie adverse. Ceci nous paraîtrait contraire à l'esprit de la loi, qui laisse la prorogation du délai à la discrétion du juge.

98. *Dans les cas où la prorogation n'a été ni accordée d'office ni demandée, la partie condamnée par défaut doit-elle présenter une requête au juge, afin d'être autorisée à s'opposer après le délai?*

M. Delaporte, tom. 1, pag. 20, dit que la partie doit présenter une requête

(1) La loi établit ici une exception de faveur qui ne peut être appliquée qu'aux seuls cas qu'elle exprime.

expositive des motifs et des obstacles qui l'auraient empêchée de se présenter sur l'assignation, et y joindre les preuves qu'elle peut produire.

D'autres pensent que la partie doit *signifier* une opposition motivée, que le juge reçoit ou rejète.

Telle est notre opinion. Vainement opposerait-on que si la partie qui demande à être relevée de la rigueur du délai, présentait une requête sur laquelle le juge admettrait ou rejèterait l'opposition, elle se rendrait opposante avant d'avoir été *relevée* de la rigueur de ce délai. Nous répondrons que le juge de paix, sur cette opposition, n'en conserve pas moins le droit de juger s'il y a lieu de la déclarer valable. En cela, il se conforme à l'usage reçu dans tous les tribunaux, de recevoir préalablement l'opposition dans la forme; il économise les frais, écarte les lenteurs, et suit rigoureusement l'esprit de la procédure tracée pour sa justice.

99. *L'art. 21 n'autorisant le juge de paix à relever de la rigueur du délai qu'en cas d'absence ou de maladie, est-il limitatif ou démonstratif, en sorte qu'un individu qui justifierait avoir été dans l'impossibilité physique de former opposition dans le délai, pourrait jouir du bénéfice de cet article?*

Quoique la règle *contra non valentem agere non currit præscriptio*, ne soit pas en général applicable aux délais de procédure, nous pensons que l'on doit ici consulter l'esprit plutôt que la lettre de la loi; que conséquemment la disposition de l'art. 21 doit être considérée comme *démonstrative*.

Si donc il arrivait que le défaillant eût été dans l'impuissance de former son opposition dans le délai; par exemple, à cause d'une inondation qui lui aurait fermé l'accès du chef-lieu du canton où résidait l'huissier, ou de tout autre accident vraiment grave, nous pensons que le juge de paix pourrait relever de la déchéance; faculté que la loi lui donne comme exerçant une juridiction paternelle, à la nature de laquelle il tient qu'il soit laissé beaucoup à sa discrétion et à sa prudence.

Article 22.

La partie opposante qui se laisserait juger une seconde fois par défaut, ne sera plus reçue à former une nouvelle opposition.

Loi du 26 oct. 1790, tit. 3, art. 4.

100. *Un premier jugement par défaut, contre lequel il n'y a pas eu d'opposition, est-il sujet à l'appel? Un second jugement par défaut le serait-il également?*

C'est l'opinion de tous les auteurs. On applique l'art. 443 du Code de procédure, parce que les dispositions du titre unique, liv. 3, concernent en général tous les appels, de quelque tribunal que soit émané le jugement, du moins en tout ce qui peut se concilier avec la procédure sommaire qu'exigent les appels des décisions des juges de paix.

Il est vrai que la loi du 26 octobre 1790 n'autorisait pas l'appel des jugemens par défaut, rendus par les justices de paix; il dérogeait par là au principe des deux degrés de juridiction; mais le Code n'ayant pas rétabli cette disposition, on ne peut douter qu'il n'ait entendu l'abroger, et ramener en ce point aux principes généraux de la matière. — (*Cass.*, 8 *août* 1815, *Sirey*, *tom.* 15).

TITRE IV.

Des Jugemens sur les actions possessoires.

C'EST par la possession que les choses sont en notre puissance et que nous en usons : la possession établit donc une présomption légale de leur propriété. Le maître étant le seul qui doive posséder, il était naturel de présumer que l'ancien propriétaire ne s'était pas laissé dépouiller de sa possession sans de justes motifs, et, par conséquent, de considérer comme maître le possesseur actuel, au moins jusqu'au moment où un autre viendrait prouver que c'est lui qui est propriétaire. La possession est donc un moyen d'acquérir qui, comme tous les autres, peut fournir matière à des contestations.

Ces contestations, toujours relatives au maintien ou au rétablissement d'une partie dans une possession acquise, sont l'objet des actions que l'on nomme *possessoires*. Ainsi, toutes les réclamations qui peuvent s'élever en justice, à l'occasion d'un simple dommage, d'une voie de fait, d'un enlèvement de fruits ou récoltes, ne sont point des actions possessoires, si d'ailleurs il n'est pas question, entre les parties, du droit de possession.

La possession dont il s'agit ici ne consiste pas dans la simple occupation d'une chose ; elle doit avoir non seulement le caractère de la possession décrite dans l'art. 2229 du Code civil, mais il faut encore qu'elle ait été continuée pendant un an au moins ; c'est ce qu'on appelait autrefois *saisine*. Par conséquent, elle ne peut fonder une action possessoire, si elle a été troublée, contestée, interrompue civilement ; si elle résulte d'un titre précaire, c'est-à-dire si le possesseur n'a joui que comme *usufruitier*, *mandataire*, *sequestre*, etc. (1) Il faut pouvoir maintenir qu'on possède la chose à titre de maître, *non tanquàm alienam, sed animo domini*. (*C. C.*, *art.* 2228 *et* 2229 ; *C. de P.*, *art.* 23). Il faut aussi que la chose possédée soit susceptible d'être acquise par la prescription, c'est-à-dire par la continuation de la possession durant le laps de tems fixé par la loi — (*C. C.*, *art.* 2219 *et* 2229).

En effet, l'action possessoire ayant pour objet de constater une présomption légale de propriété, fondée sur la possession, il serait contradictoire que

(1) Ce n'est pas que l'usufruitier, le fermier ou tout autre possesseur à titre précaire, ne puisse intenter, en son nom personnel, une action pour dommages faits à sa récolte, ou pour tout trouble apporté à sa jouissance. Nous disons seulement qu'ils n'ont point l'action que la loi qualifie *possessoire* (*cassat.*, 7 *sept.* 1808, *Sirey*, *tom.* 8, *pag.* 555), dont l'effet, lorsqu'elle est jugée recevable et fondée, est d'établir une présomption de *propriété* qui ne peut céder qu'à la preuve contraire de ce droit, et qui se convertit en titre légal de ce même droit, à l'expiration du délai fixé pour la prescription. Remarquons toutefois que si l'usufruitier n'a pas cette action, à l'effet d'être ainsi légalement présumé *propriétaire* de la chose qu'il tient en usufruit, il est recevable à la former, lorsqu'il est troublé dans la jouissance des droits attachés à l'usufruit. — (*Voy. notre Traité d'organ. et de compét.*, *liv.* 2, *tit.* 1.er, *art.* 231).

l'on admît cette présomption en faveur du possesseur d'une chose ou d'un droit, dont la propriété ne peut résulter d'un titre exprès.

Les immeubles, et les droits réels qui y sont attachés, sont les seuls biens sujets à cette action, *puisqu'en fait de meubles, la possession vaut titre* (*C. C., art.* 2279). Alors, la propriété se confond presque toujours avec la possession.

Il suit de ces observations, que l'action possessoire est une action compétant à celui qui possède à titre non précaire, et depuis un an, un héritage ou un droit réel s'acquérant par prescription, à l'effet d'être maintenu ou réintégré dans sa possession.

Dans le premier cas, l'action prend le nom de *complainte;*

Dans le second, on l'appèle *réintégrande.*

Mais il est à remarquer que cette distinction, que l'ordonnance de 1667 avait établie en termes formels, n'a point été rappelée par le Code de procédure, sans doute parce qu'elle devenait inutile, puisqu'il ne fait aucune différence entre *la complainte* et *la réintégrande*, soit quant aux règles de la compétence, soit quant aux formalités de la procédure.

Quoi qu'il en soit, l'art. 2060 du Code civil disposant que la partie condamnée sur une instance en *réintégrande*, est sujette à la contrainte par corps, si elle ne délaisse pas l'héritage, il en résulte que la distinction dont il s'agit produit encore quelques effets légaux, et par conséquent on doit la conserver dans la doctrine.

Nous avons dit que la présomption de propriété, attachée à la possession, cède à la preuve du droit de propriété revendiqué contre le possesseur. C'est cette revendication qui constitue l'action *pétitoire*, par laquelle le propriétaire d'un fonds, ou d'un droit réel attaché au fonds, agit contre celui qui possède l'un ou l'autre, à l'effet d'en être déclaré propriétaire.

Toutes les règles de notre législation actuelle sur les actions possessoires, ont été puisées dans l'ordonnance de 1667, dont les dispositions étaient, en grande partie, tirées du droit romain sur les interdits. (*Voy. Inst. de interd., et les titres correspondans du Digeste*). Mais il faut remarquer que des trois interdits possessoires des Romains, *adipiscendæ, retinendæ* et *recuperandæ possessionis*, nos législateurs n'ont admis que les deux derniers (1).

Article 23.

Les actions possessoires ne seront recevables qu'autant qu'elles auront été formées dans l'année du trouble, par ceux qui, de-

(1) Parmi ces règles, il en est une que le Code n'a pas formellement reproduite, mais qui, dans l'esprit du législateur, n'en doit pas moins servir de guide au juge de paix. Cette règle, posée dans la loi 128, *ff de reg. jur.*, établit que la cause du *possesseur est toujours la meilleure*: *Possidentis melior est conditio, etiam in pari causâ.* — (*Voy. loi* 10, *si debitor, ff de pignorib., etc*).

Ainsi, lorsqu'il possède de bonne foi, il gagne les fruits (*C. C., art.* 549), tant qu'il n'est pas attaqué. Soit qu'il possède de bonne foi ou non, c'est à celui qui l'attaque de justifier son droit. S'il y a concours de titres, ce qu'ils offrent de douteux s'explique en faveur du possesseur, et celui-ci reste en possession, tant que le titre contraire n'est pas irrévocablement jugé préférable.

puis une année au moins, étaient en possession paisible, par eux ou *les leurs*, à titre non précaire.

Ordon. de 1667, tit. 18, art. 1.er — C. C., art. 2228, 2243. — C. de P., art. 3, n.° 2.

XVII. D'APRÈS cet article, la possession s'acquiert par un an, et il faut en conclure qu'elle se perd aussi par le même laps de tems, puisqu'il ne faut que ce délai pour qu'un second possesseur soit substitué au premier. Il faut donc de toute nécessité que ceux qui ont ou qui avaient la possession civile, forment, s'ils sont troublés dans cette possession, ou s'ils en sont privés, leur action dans l'année du trouble ou du fait de la dépossession; et, ce délai passé, ils sont non recevables à se prévaloir de la possession qu'ils ont perdue, et il ne leur reste qu'à faire valoir, par action pétitoire, devant le tribunal civil d'arrondissement, leurs titres à la propriété de la chose (1).

101. *Celui qui, après avoir été condamné au pétitoire par jugement passé en force de chose jugée, a continué de posséder pendant an et jour, peut-il former l'action possessoire?*

Non, parce qu'il n'a qu'une possession précaire. Le jugement rendu au pétitoire imprime à la possession le caractère d'un acte de tolérance, auquel l'art. 2232 du Code civil refuse l'effet de produire la prescription, et, par suite, l'action possessoire. — (*Cassat., 12 juin 1809, Sirey, tom. 14, pag. 89*).

102. *Si une action possessoire était formée par un propriétaire contre un prétendu acquéreur qui se mettrait en possession, en vertu d'un acte de vente infecté de nullité apparente et visible, le juge de paix devrait-il accueillir cette action?*

Oui, parce que le juge de paix ne peut ni avoir égard à un pareil acte, ni en prononcer la nullité; il doit l'écarter et prononcer sans y avoir égard, comme aussi sans préjudicier aux droits du soi-disant acquéreur. Ainsi, le propriétaire demandeur au possessoire serait maintenu dans sa possession, avec défense à la partie adverse de l'y troubler, sauf à elle à se pourvoir comme elle l'entendrait pour faire valoir son titre. — (*Toullier, Traité du droit civ. franç., tom. 7, pag. 623*).

103. *Mais si le prétendu acquéreur était entré en possession, et eût continué de posséder pendant plus d'un an, pourrait-il être maintenu, sur la demande en complainte qu'il intenterait contre le propriétaire qui l'aurait troublé?*

Oui, s'il ne fonde son action que sur sa possession, sans représenter son titre; mais s'il en argumente pour fonder sa possession, sa demande serait rejetée, parce que le titre n'ayant pu lui transférer la propriété, sa possession ne peut le faire réputer propriétaire; elle est vicieuse. Ici, le juge ne prononce point encore sur la validité ou l'invalidité du titre; il s'en sert uniquement pour caractériser la possession à laquelle les parties conviennent qu'il sert de fondement. — (*Ibid., pag. 623 et 624*).

(1) Les nombreuses et importantes questions, relatives aux cas dans lesquels l'action possessoire est admissible ou non, et aux personnes qui peuvent l'intenter ou auxquelles elle serait interdite, sont examinées dans notre Traité d'organ. et de compét., liv. 3, tit. 2, chapitre 2, art. 317.

104. *Si, dans l'espèce de la question ci-dessus, le prétendu acquéreur ne représentait pas le titre, et fondait son action possessoire uniquement sur la possession annale, le défendeur ne pourrait-il pas représenter le titre, afin de prouver le vice de la possession?*

Oui, car il est permis de prouver, par tous les genres de preuves, le vice d'une possession. C'est ainsi que dans les cas où un ancien fermier se serait indûment perpétué sur la détention de l'héritage, et prétendrait exercer une action possessoire, le propriétaire le repousserait, en présentant le bail qui prouve que sa possession n'était qu'à titre précaire. — (*Ibid., pag.* 625).

105. *Les trois questions ci-dessus recevraient-elles la même solution, si le titre n'était pas nul de plein droit, mais seulement susceptible de rescision, ou si la nullité n'en était pas apparente?*

Non, parce qu'en ce cas l'acquéreur présente l'apparence d'un titre légal qui doit être exécuté provisoirement, jusqu'au moment où la justice en aura prononcé la nullité : donc la provision lui est due. — (*Ibid., pag.* 627).

106. *Si de deux acquéreurs aucun n'avait la possession annale, y a-t-il lieu à examiner leurs titres pour déterminer auquel des deux appartiendra l'action?*

L'art. 23 accorde l'action possessoire à ceux qui depuis une année étaient en possession par eux ou *les leurs*, c'est-à-dire par *ceux qu'on représente*, ou qui sont en possession pour nous : un acquéreur peut donc joindre à sa possession celle de son vendeur, afin de donner à cette possession le tems nécessaire pour l'exercice de la complainte (*C. C., art.* 2235). Il suit de là que si de deux acquéreurs aucun n'a la possession d'un an, il devient nécessaire que le juge examine les titres, pour savoir lequel des deux a le droit de joindre la possession du vendeur à la sienne, et par là, compléter l'année nécessaire pour que l'action soit recevable. — (*Cassat.*, 16 *janv.* 1821).

107. *Pour former l'action possessoire, faut-il absolument avoir possédé pendant une année, ou bien la possession la plus courte avant le trouble peut-elle suffire?*

« Il faut distinguer, dit Duparc-Poullain, tom. 10, pag. 705, si le trouble » a été fait par un tiers qui n'avait dans la chose ni droit ni possession : le » possesseur qui a été troublé n'est point obligé de prouver sa possession annale » avant le trouble; il lui suffit de justifier qu'il possédait et qu'il a été troublé.

» Mais si c'est le propriétaire ou le précédent possesseur qui est rentré dans » la possession, le demandeur est obligé de prouver la possession annale avant » le trouble, sans quoi son action ne peut pas être reçue, puisque, jusqu'au » moment du trouble dont il se plaint, l'action de réintégrande compétait au » précédent possesseur. »

Cette distinction est admise au nouveau Répertoire (*v°.* voie de fait, *tom.* 13, § 10, *art.* 2). Mais Duparc-Poullain et M. Lanjuinais, auteur de cet article du Répertoire, écrivaient sous l'empire de l'ordonnance de 1667, qui ne portait point, comme l'art. 23 du Code, que l'action possessoire ne serait recevable que de la part de ceux qui, *depuis une année au moins*, auraient été en possession paisible, etc.

L'art. 1er. du tit. 18 de l'ordonnance se bornait à indiquer le délai dans lequel il fallait intenter cette action.

Du texte de l'art. 23 on pourrait donc conclure que le législateur n'a pas entendu conserver la distinction dont il s'agit, et qu'il faut admettre que l'on n'a l'action possessoire contre un tiers, de même que contre le propriétaire ou le précédent possesseur, qu'autant que l'on prouve la possession annale.

Voici cependant une considération qui nous semble devoir faire rejeter cette conséquence; c'est que la possession annale vaut titre, comme le dit Rodier sur l'art. 1er. du tit. 18 de l'ordonnance, jusqu'à ce que le droit du propriétaire soit prouvé. Or, si l'on admettait que le possesseur troublé par un tiers ne peut exercer l'action possessoire qu'en prouvant qu'il a possédé pendant un an, il en résulterait qu'on laisserait dans la possession une personne qui ne l'aurait que depuis quelques jours ou quelques mois, et qu'on lui donnerait ainsi un titre qui ne peut résulter que de la possession annale. Mais, entre deux possesseurs, dont aucun n'a acquis la possession annale, n'est-il pas naturel de prononcer en faveur de celui qui a possédé le premier, et par conséquent depuis un plus long espace de tems?

108. *L'action possessoire peut-elle être formée sinon devant le juge de paix, du moins devant le tribunal de première instance, si le trouble remonte au-delà de l'année dans laquelle on se proposerait de l'intenter?*

« Pour que les actions possessoires, dit M. Hautefeuille, pag. 64, *soient de* » *la compétence* du juge de paix, il faut que l'action soit intentée dans l'année » que le délit ou le dommage a été causé; autrement le juge de paix n'est plus » compétent pour en connaître; elle doit être portée, en ce cas, devant les » juges ordinaires. »

L'auteur fonde son opinion sur la disposition du n°. 2, art. 10, de la loi du 24 août 1790, qui porte que le juge de paix connaîtra des usurpations, etc., *commises dans l'année.*

Mais c'est une erreur évidente sur le sens de cet article; car il est de l'essence de l'action possessoire d'être formée dans l'an, et, par conséquent, elle ne peut l'être après l'année devant les juges ordinaires, puisqu'après ce délai, l'auteur du trouble qui a acquis la possession est le seul auquel l'action dont il s'agit puisse appartenir désormais. (1)

109. *Le délai d'un an pour intenter l'action possessoire court-il du jour même du trouble, et non pas du jour où le trouble a été connu, encore bien qu'il s'agisse d'un trouble de* droit *plutôt que d'un trouble de* fait (2), *et que le trouble ait eu lieu, non contre le propriétaire, mais contre un fermier de qui le propriétaire n'en a pas reçu avis?*

Oui, attendu que l'art. 23 du Code de procédure fait courir le délai du jour du trouble, et que le fermier est d'ailleurs seul responsable de sa négligence, aux termes de l'art. 1768 du Code civil. — (*Cassat.*, 12 *oct.* 1814, *Sirey, tom.* 15, *pag.* 124).

(1) Voy. le numéro précédent.

(2) On a, en effet, le droit d'exercer l'action possessoire, lorsqu'on est troublé dans la possession, soit réellement, soit civilement; *réellement*, par une voie de fait : c'est le *trouble de fait; civilement*, par un simple acte judiciaire : *c'est le trouble de droit.* — (*Voy. Berriat Saint-Prix, pag.* 115, *not.* 30).

Article 24.

Si la possession ou le trouble sont déniés, l'enquête qui sera ordonnée ne pourra porter *sur le fond* du droit.

Ordonn. de 1667, tit. 18, art. 3. — C. de P., art. 34, et *infrà*, sur l'art. 25, *in fine*.

XVIII. L'Action possessoire s'intente et se poursuit dans la forme ordinaire; mais l'art. 24 *oblige* le juge de paix à ordonner une enquête sur la possession annale seulement, sans examiner les titres en ce qui concerne la propriété, sans même rechercher si la possession est juste ou non; en un mot, sans considérer *le fond du droit*, c'est-à-dire les faits ou pièces qui ne seraient utiles que pour la décision du pétitoire. (1)

110. *De ce que l'art. 24 porte que l'enquête sera ordonnée lorsque la possession ou le trouble sera dénié, résulte-t-il que le juge de paix ne puisse appointer à informer, lorsque l'une des parties laisse défaut?*

Jousse, sur l'art. 3, tit. 18 de l'ordonnance, dit que le juge ne doit admettre le demandeur à la preuve que dans le cas où le défendeur comparait et conteste; il décide en conséquence que, si ce dernier fait défaut, le demandeur doit obtenir gain de cause sans être obligé de faire aucune preuve.

On pourrait opposer l'art. 150 du Code de procédure, d'après lequel les conclusions de la partie qui requiert défaut ne doivent être adjugées qu'autant qu'elles se trouvent justes et bien vérifiées. Or, dirait-on, pour vérifier les conclusions du demandeur, il faut nécessairement ordonner l'enquête. C'est d'ailleurs une conséquence du principe que le défaut emporte contestation.

Nous répondrons par les termes formels de l'art. 24 : il exige que les faits soient *déniés*, et suppose conséquemment la comparution du défendeur. Ainsi l'on appliquera, sur la question ci-dessus posée, la décision de Jousse.

111 *Si les preuves sont égales de part et d'autre, le juge de paix doit-il ordonner le séquestre jusqu'à ce que l'affaire soit jugée au pétitoire?*

Cette question suppose le cas où les deux parties demandent réciproquement à être maintenues dans la possession; c'est-à-dire celui où, les deux parties soutenant qu'elles ont une possession annale, il y a une demande réconventionnelle de la part du défendeur, à l'effet d'être lui-même maintenu dans la possession que le demandeur réclame.

Alors, dit Duparc-Poullain, tom. 10, pag. 695, si les enquêtes respectives ne prouvent la possession ni pour le demandeur originaire, ni pour le défendeur, devenu lui-même demandeur par sa demande de réconvention, il paraît que le juge doit ordonner le séquestre et renvoyer les parties procéder au pétitoire.

(1) Supposons, par exemple, que le demandeur ait conclu à ce qu'il fût ordonné au défendeur de clore une fenêtre donnant sur le chemin du preneur; le juge de paix ne peut autoriser le second à prouver que le demandeur n'est pas propriétaire du chemin. Le tribunal ne pourrait aussi lui accorder cette autorisation, parce que l'enquête ne peut porter que sur les faits de possession et de trouble. — (*Cassat*, 18 *juin* 1816).

Telle était aussi l'opinion de Jousse, sur l'art. 3 du tit. 18; de Pothier, dans son Traité de la possession, chap. 6, sect. 2, n.° 105; telle est celle de M. Henrion de Pansey, au nouveau Répertoire, *verbo* complainte, tom. 2, pag. 661, etc.

Les commentateurs du Code actuel professent la même doctrine. (*Voy. Prat. franç., tom. 1, pag.* 185; *Demiau Crouzilhac, pag.* 34). Nous croyons aussi que le juge de paix doit s'y conformer, nonobstant les raisons contraires apportées par Rodier, sur l'art. 5 du titre précité de l'ordonnance; et sans entrer dans la discussion de ces raisons, il suffit, pour nous déterminer, 1.° que les auteurs qui ont dit que le séquestre doit être ordonné, aient cité des décisions judiciaires qui prouvent que telle était la jurisprudence; 2.° que l'art. 1961 du Code civil ait consacré cette jurisprudence, en prononçant que la justice, c'est-à-dire *tout juge*, peut ordonner le séquestre d'un immeuble dont la propriété ou *la possession* est litigieuse entre deux ou plusieurs personnes. — (*Poitiers, 29 janv.* 1813).

Mais on sent qu'il n'y aurait point lieu à ordonner le séquestre dans le cas où, le défendeur déniant la possession ou le trouble, l'enquête qui serait faite à requête du demandeur seulement ne prouverait rien en sa faveur.

En effet, dit Duparc-Poullain, tom. 10, pag. 694, le demandeur doit prouver, et le défendeur n'est assujéti à aucune preuve, suivant la maxime *actore non probante, reus absolvitur.* Ainsi, faute de preuve de la possession déniée, le demandeur doit être débouté, et le jugement ne produit aucun effet sur la possession : il laisse les parties dans l'état où elles étaient avant l'action. Si, au contraire, la possession est reconnue, et si le trouble, étant seulement contesté, n'est pas prouvé, il n'y a lieu qu'au déboutement de la demande en dommages-intérêts. Le juge peut donc ordonner le séquestre, mais il n'y est pas obligé : d'où suit qu'en maintenant, par exemple, deux parties dans la possession respective du terrain contentieux, parce que, d'après les enquêtes, chacune d'elles aurait exercé cumulativement et sans trouble des actes de possession sur ce terrain, on ne violerait point l'art. 1961 du Code civil.

Nous pensons aussi que le juge pourrait accorder, en définitive, la possession à celui des intéressés qui lui paraîtrait le mieux fondé, soit par la nature des actes possessoires, soit par l'ancienneté de la possession, soit même par les titres. Il ne ferait en cela qu'appliquer cette maxime de Dumoulin sur l'art. 441 de la Coutume du Maine : *In conflictu probationum, titulata vel antiquior possessio vincit.*

112 *Les juges peuvent-ils, en prononçant sur le possessoire, avoir quelque égard aux titres de propriété produits par l'une des parties?*

Oui, sans doute; mais ce ne peut être que dans le cas où il serait nécessaire de les consulter pour déterminer la nature de la possession; par exemple, pour s'assurer qu'elle n'est pas à titre précaire. C'est ce qui résulte de deux arrêts de la Cour de cassation, l'un du 12 fructidor an 10, l'autre du 24 juillet 1810. — (*Voy. Questions de droit de M. Merlin, aux mots* complainte *et* servitude).

Cependant M. Demiau Crouzilhac assigne un autre cas où, suivant lui, l'on pourrait consulter les titres : c'est celui d'une possession égale de part et d'autre. Alors, dit-il, il est permis de consulter la propriété, parce qu'on donne la préférence au titre le plus apparent, conformément à l'art. 2234 du Code civil, qui veut que l'ancienneté de possession en décide.

Ce que nous avons dit sur la précédente question, par rapport au cas où il n'y a preuve de possession ni de part ni d'autre, nous paraît également applicable à celui dans lequel raisonne ici le commentateur que nous venons de citer. D'ailleurs, l'art. 2234 ne nous paraît avoir trait qu'aux contestations où il s'agit de prononcer une prescription relativement au droit de propriété, et non pas aux actions possessoires, où l'on n'envisage que la possession annale, sans considération de tems antérieurs. Au reste, lorsqu'il y a égalité de possession, qui pourrait-on qualifier de préférence comme possesseur actuel?

Nous concluons que l'examen des titres n'est permis que dans le premier cas que nous avons posé. (*Voy. aussi suprà* n.os 102, 106).

Mais dans le cas où une partie se bornerait à ne fournir qu'un titre afin de prouver sa possession, le juge ne pourrait admettre l'action possessoire, puisque la cause prendrait en ce cas le caractère pétitoire. — (*Cass.*, 12 *avril* 1813; *Jour. des avoués*, *tom.* 7, *pag.* 336).

Article 25.

Le possessoire et le pétitoire ne seront jamais cumulés.

Ordon. de 1667, tit. 18, art. 5.

XIX. La défense de cumuler le possessoire et le pétitoire est fondée sur l'ancienne maxime, *spoliatus ante omnia restituendus*, et elle a particulièrement pour but de fixer invariablement, par le jugement à rendre sur le possessoire, les qualités de *demandeur* et de *défendeur*, sous lesquelles chacune des parties devra plaider, en cas de pourvoi au possessoire, et d'indiquer ainsi laquelle des deux sera soumise à faire la preuve de ses prétentions à la propriété, suivant la maxime, *actori incumbit onus probandi*.

113. *Les jugemens rendus au possessoire peuvent-ils avoir autorité sur la chose à juger au pétitoire?*

Non, et par conséquent des faits peuvent être déclarés faux par le juge du pétitoire, quoiqu'ils aient été déclarés vrais par le juge du possessoire. — (*Cassat.*, 17 *fév.* 1809, *Sirey*, *tom.* 9, *pag.* 316).

114. *Le juge qui déclare une action possessoire non recevable, cumule-t-il le possessoire et le pétitoire?*

Non, car c'est prononcer uniquement sur la première action, que de la déclarer non recevable, et de renvoyer en conséquence les parties se pourvoir *au pétitoire*. — (*Cassat.*, 23 *avril* 1811, *Sirey*, *tom.* 11, *pag.* 312).

115. *Celui qui est assigné au pétitoire, après avoir obtenu jugement au possessoire, peut-il être obligé de prouver autrement son droit à la propriété?*

Non, parce qu'un jugement passé en force de chose jugée, et qui a déclaré une partie en possession annale de la propriété revendiquée, la dispense de rien prouver, suivant la règle, *melior est causa possidentis*. (*Rennes*, 2e. *ch.*, 22 *avril* 1817). Elle n'a qu'à défendre contre les titres qui lui seraient opposés.

116. *L'art. 25 se borne-t-il à défendre aux juges de joindre le pétitoire et le possessoire?*

Puisque nos lois actuelles ont attribué la connaissance du possessoire et du pétitoire à des juges différens, qui ne pourraient les joindre sans excès de pouvoir (*voy. loi du 24 août 1790, tit. 3, art. 9 et 10, et Code de procédure, art.* 3), il est évident qu'en défendant de cumuler les deux actions, l'article entend exprimer non seulement qu'il est interdit aux juges de prononcer cette jonction d'office, mais encore qu'une partie ne peut ni saisir un juge de paix de l'une et de l'autre, tout à la fois, par une seule assignation, ni les intenter par des assignations séparées, l'une pour le possessoire, devant le juge de paix, l'autre pour le pétitoire, devant le tribunal de première instance; en un mot, l'art. 25 doit être entendu dans le même sens que les anciens auteurs ont expliqué l'art. 5 du tit. 18 de l'ordonnance. — (*Pigeau, tom. 2, pag.* 477).

117. *Le principe qu'on ne peut cumuler le possessoire et le pétitoire admet-il des exceptions en certains cas?*

Nous ne posons cette question qu'afin de faire observer que l'art. 25, en prononçant que la cumulation ne peut *jamais* avoir lieu, écarte les distinctions que certains auteurs avaient faites sur l'art. 5 de l'ordonnance. — (*Voy. Rodier sur cet article, et le Dict. de jurisp. de du Rousseaud de la Combe, v°.* complainte, *pag.* 118, *n°.* 4).

118. *Si le juge de paix s'occupait du pétitoire dans les motifs de son jugement, en ne statuant néanmoins que sur le possessoire, ce cumul ne vicierait-il pas sa décision?*

Par arrêt du 18 mai 1813, la Cour de cassation a décidé cette question pour la négative. (*Sirey, tom.* 13, *pag.* 335). Mais il résulte des considérans de cet arrêt, que cette proposition ne serait fondée qu'autant que le juge ne se serait déterminé que par le fait de la *possession*, et non par la considération tirée du droit de propriété.

119. *Un juge de paix cumule-t-il le possessoire et le pétitoire, en ordonnant, à l'occasion et par suite de la première action, que des bornes seront placées pour déterminer la ligne qui séparera deux héritages?*

Résolu négativement, par arrêt de la Cour de cassation, du 27 avril 1814. — (*Sirey, tom.* 14, *pag.* 294).

120. *Lorsqu'il s'élève une question de propriété, le juge de paix est-il, par cela même, empêché de prononcer au possessoire?*

Non, pourvu qu'il ne s'immisce en rien dans la décision de cette question de propriété. — (*Cassat.*, 23 *fév.* 1814, *Sirey, tom.* 14, *pag.* 199).

121. *Le recours en garantie a-t-il lieu dans les matières possessoires?*

A cet égard, la loi générale est qu'en complainte possessoire, il n'y a point de recours en garantie, parce qu'il ne s'agit point du fond du droit, mais d'un fait dont la garantie ne peut être due même par celui qui serait garant du fond du droit. Mais, dit M. Henrion de Pansey, pag. 401, deux exceptions modifient cette règle : l'une en faveur du fermier, qui non seulement peut, mais doit mettre en cause le propriétaire; l'autre en faveur de l'acquéreur.

Duparc-Poullain, tom. 8, pag. 91, établit aussi deux cas : le premier, lorsque l'acquéreur, formant l'action possessoire, le défendeur oppose le vice de la possession commencée par le vendeur, ou le peu de durée de sa possession. L'acquéreur, ajoute l'auteur, est présumé avoir compté sur la possession de son vendeur, sauf la preuve contraire. Le second, lorsque l'action possessoire est formée contre l'acquéreur, pour le trouble ou la voie de fait du vendeur.

On doit encore aujourd'hui suivre ces décisions, d'après un arrêt de cassation du 11 janvier 1809, qui admet l'action en garantie dans une instance de réintégrande, et qui déclare le juge de paix compétent pour en connaître. — (*Sirey, tom. 9, pag.* 95).

122. *Un tiers qui prétend avoir la possession que se disputent deux parties, peut-il agir contre l'une d'elles par action principale et directe au possessoire?*

Non; il doit intervenir par opposition, et non pas agir par complainte : c'est du moins une conséquence de l'ancienne maxime attestée par Imbert et M. Henrion, *complainte sur complainte ne vaut.* — (*Berriat, pag.* 116, *not.* 4).

123. *Le juge de paix cumule-t-il le possessoire et le pétitoire, lorsqu'il décide, dans un jugement sur une action possessoire, que le demandeur est en possession de tems immémorial?*

M. Paillet, dans son Manuel, pag. 142, cite un arrêt de cassation, du 12 février 1812, qui décide l'affirmative. En effet, déclarer que les demandeurs sont en possession de la chose de tems immémorial, c'est implicitement décider qu'ils sont propriétaires, puisqu'une possession de cette nature opère la prescription de la propriété en leur faveur.

124. *Existe-t-il cumul du possessoire et du pétitoire, dans un jugement possessoire qui fait défense à l'auteur du trouble d'exercer à l'avenir des actes semblables à ceux qui ont donné lieu contre lui à la complainte?*

Nous ne le pensons pas : la défense dont il s'agit est une condamnation essentiellement provisoire; elle est une conséquence immédiate de la décision qui maintient le demandeur en possession; et puisqu'elle ne peut être opposée sur l'action que le défendeur pourrait former ensuite au pétitoire, sur lequel elle ne préjuge rien, on ne peut reprocher au jugement une contravention à la disposition de l'art. 25.

125. *S'il arrivait qu'un propriétaire établît une clôture sur son terrain, et que le voisin l'abattît, prétendant avoir sur ce terrain un droit de servitude discontinue et non apparente, le juge de paix pourrait-il tarder à faire droit sur l'action en complainte du premier, jusqu'à ce que le tribunal compétent eût prononcé sur les prétentions du voisin à l'exercice de la servitude?*

Dans cette espèce, la voie de fait résultant de la destruction de la clôture est évidemment un trouble apporté à la possession du voisin, qui, ayant pour lui une présomption de propriété libre et entière, a été le maître de faire sur son terrain ce qu'il a jugé convenable.

La complainte formée par lui, à l'effet d'être maintenu dans cette libre possession, est donc bien fondée, et le juge de paix, en prononçant sur cette action possessoire, doit ordonner, comme un accessoire nécessaire et naturel, que la voie de fait sera réparée, au moyen du rétablissement des choses dans l'état où elles étaient.

Si, par application de la maxime, *nul n'attente qui use de son droit*, il juge que la voie de fait ne peut être réparée qu'autant qu'il serait déclaré, par le tribunal compétent, que l'auteur du trouble n'a aucun droit à la servitude qu'il se prétend fondé à exercer; si, en conséquence, il renvoie devant ce tribunal afin de prononcer sur ce point, et qu'il tarde ainsi de faire droit sur la complainte jusqu'au jugement à intervenir, il commet évidemment deux erreurs :

La première, en ce qu'il envisage la réparation de la voie de fait comme action unique et principale, tandis qu'elle n'est que l'accessoire de la complainte qu'il doit admettre ou rejeter, pour ordonner, dans le premier cas, le rétablissement des choses dans l'état où elles étaient avant la voie de fait; et, dans le second, leur maintien dans celui où le défendeur les avait placées en abattant les clôtures.

La seconde, en faisant dépendre la décision à rendre sur l'action possessoire qui doit être jugée définitivement avant tout, d'un jugement à intervenir sur le pétitoire.

En effet, aucune question qui puisse avoir trait au pétitoire ou au fond du droit de propriété, ne peut être préjudicielle à la décision d'une question purement possessoire, qui, on le répète, doit être jugée préalablement et indépendamment du pétitoire.

Si la loi défend de cumuler le possessoire et le pétitoire, de joindre l'une et l'autre action, à plus forte raison défend-elle de subordonner une décision à rendre au possessoire à une décision sur le pétitoire.

126. *En matière d'action possessoire, l'enquête pourrait-elle porter sur des faits autres que ceux relatifs à la dépossession ou au trouble?*

Ordonner qu'avant faire droit il sera prouvé, par le défendeur, que le demandeur n'est pas propriétaire, et qu'il n'exerce qu'un droit d'usage, c'est donc tout à la fois violer l'art. 24, qui veut que l'enquête ne puisse porter sur le fond du droit, et cumuler le possessoire et le pétitoire. — (*Cassat.*, 18 *juin* 1816, *Sirey*, 1817, *pag.* 11).

ARTICLE 26.

Le demandeur au pétitoire ne sera plus recevable à agir au possessoire.

XX. ON tient pour principe incontestable que celui qui se pourvoit au pétitoire, est de droit présumé avoir renoncé aux droits qu'il eût pu faire valoir au possessoire, et reconnu la possession de celui contre lequel il revendique la chose qui est l'objet de son action (1). Dès lors, il a fixé les qualités des par-

(1) Ce principe a été consacré par une jurisprudence constante, et ne présente, au reste, qu'une application des lois romaines, comme on peut s'en convaincre, en lisant la loi 24 tit. 32, *ff de rei vindicatione*.

ties, en prenant pour lui-même la moins avantageuse, celle qui lui impose, comme le dit Pothier (*de la propriété, n°.* 307), « la charge de prouver son » droit de propriété dans cette chose, tandis que le possesseur n'a rien à prouver » de son côté, et est toujours présumé et réputé propriétaire, jusqu'à ce que » le demandeur ait pleinement prouvé et établi son droit de propriété. » C'en est assez pour qu'il ne puisse revenir contre la qualité qu'il a prise, et remettre en question ce qu'il a décidé par son propre fait.

Tel est le motif de la disposition de l'art. 26, laquelle suppose évidemment une action pétitoire intentée, mais non jugée, puisqu'il serait absurde qu'une partie voulût disputer sur la possession après jugement sur la question de propriété.

127 *Le demandeur au pétitoire pourrait-il, nonobstant l'art. 26, se désister de sa demande et poursuivre au possessoire, si le défendeur n'avait pas acquiescé à la demande, ou s'il n'était pas intervenu un jugement de condamnation?*

Dans ces deux cas, dit M. Pigeau, tom. 2, pag. 476, comme le contrat judiciaire ne serait pas formé, le demandeur pourrait se désister de sa demande au pétitoire, et revenir à l'action possessoire. C'est, suivant cet auteur, une induction que l'on peut tirer de l'art. 1211 du Code civil.

M. Demiau Crouzilhac, pag. 55, motive une opinion contraire sur ce que l'option du pétitoire opère un effet exclusif du possessoire.

Quant à la possession, elle demeure subordonnée au résultat du jugement qui sera rendu sur le droit de propriété. Il n'est pas possible, ajoute cet auteur, de se méprendre sur les dispositions de la loi à cet égard.

Nous croyons aussi que cette décision résulte du texte même de l'article : *Le demandeur n'est plus recevable.* Donc, une fois la demande formée, le droit de se pourvoir ou possessoire a *cessé* pour lui; c'est au fait seul de sa demande que la loi attache la présomption qu'il a reconnu la possession du défendeur; présomption d'où dérive la défense qu'elle lui fait de former désormais l'action possessoire. Ce texte nous paraît trop formel pour que l'on puisse tirer, dans les deux cas que suppose M. Pigeau, une induction de la dernière disposition de l'art. 1211. Cette disposition, qui ne concerne que la demande formée contre un codébiteur, n'établit point une règle générale qui puisse être appliquée à d'autres cas.

128. *Le défendeur au pétitoire est-il recevable à agir au possessoire?*

Nous avons vu que le demandeur au pétitoire n'est plus recevable à plaider au possessoire, parce qu'en formant cette action il reconnaît la possession du défendeur. On pourrait penser qu'il résulte de là que le défendeur au pétitoire serait aussi, par défaut d'intérêt, non recevable à former l'action possessoire. Cependant Duparc-Poullain, au tom. 10 de ses Principes, pag. 696, n.° 14, dit expressément que si celui qui a troublé la possession, prévenait l'action de *complainte* ou *réintégrande* par une action au pétitoire, cela n'empêcherait pas l'action au possessoire, qui arrêterait nécessairement la poursuite au pétitoire.

Cette opinion a pour appui la maxime *spoliatus ante omnia restituendus*, et l'art. 26 lui-même, qui, en déclarant le demandeur au pétitoire seul non recevable à agir au possessoire, suppose au défendeur le droit de former cette dernière action.

L'objection tirée de ce que cette partie serait sans intérêt, ne nous paraît pas devoir l'emporter sur l'argument que nous tirons de cet article, qui ne garde le silence sur le défendeur que par la faveur spéciale que la loi accorde à l'action possessoire d'être, en tous les cas où il n'y a ni renonciation expresse ni renonciation tacite, jugée avant l'action pétitoire. Au reste, serait-il bien exact de dire que le défendeur au pétitoire fût absolument sans intérêt à se pourvoir au possessoire? N'a-t-il pas au moins ses dommages-intérêts à réclamer, à raison du trouble ou de la dépossession? Et ces dommages-intérêts ne pouvant être accordés que par suite de l'action possessoire qui ne peut être portée que devant le juge de paix, ne serait-il pas injuste qu'il dépendit du demandeur au pétitoire de lui enlever l'exercice de ce droit?

Mais, dira-t-on, si le défendeur au pétitoire peut intenter l'action au possessoire, il y aura cumulation des deux actions. Nous répondons, avec M. Lepage (*Quest., pag.* 82), qu'il n'y aurait de cumulation, ainsi qu'il résulte de ce que nous avons dit sur la 116ᵉ. question, qu'autant que chacune de ces actions serait formée par la même partie. Or ici, ce n'est pas le demandeur, c'est le défendeur au pétitoire qui agirait au possessoire. Au reste, il serait sursis au jugement du pétitoire, parce qu'il est dans l'esprit de la loi que le possessoire soit toujours jugé auparavant, ainsi que le prouve l'art. 27.

ARTICLE 27.

Le défendeur au possessoire ne pourra se pourvoir au pétitoire qu'après que l'instance sur le possessoire aura été terminée; il ne pourra, s'il a succombé, se pourvoir qu'après qu'il aura pleinement satisfait aux condamnations prononcées contre lui.

Si néanmoins la partie qui les a obtenues était en retard de les faire liquider, le juge du pétitoire pourra fixer, pour cette liquidation, un délai après lequel l'action au pétitoire sera reçue.

Ordon. de 1667, tit. 18, art. 4.

XXI. Par une application directe de la maxime déjà citée, *spoliatus ante omnia restituendus*, le défendeur condamné au possessoire, ne peut intenter l'action pétitoire qu'après avoir complétement rétabli le possesseur et payé les dommages et les dépens. C'est une juste peine imposée à l'auteur du trouble, à celui qui a voulu se faire justice à lui-même. Mais d'un autre côté, la loi devait prévenir l'abus que le possesseur pourrait faire de cet avantage, en cherchant, dans le retard qu'il apporterait à faire liquider les condamnations prononcées à son profit, un moyen de prolonger la possession en paralysant l'action pétitoire. Tel est le motif de la faculté donnée au juge de cette action, de liquider ces condamnations dans un délai qu'il détermine, et après lequel l'action au pétitoire est reçue de plein droit.

129. *Le demandeur au possessoire pourrait-il agir au pétitoire avant que l'instance par lui introduite au possessoire fût terminée?*

L'affirmative résulte de l'art. 27, qui n'interdit, dans l'espèce, l'exercice de l'action pétitoire qu'au défendeur au possessoire, à la différence des art. 4 et 5 de l'ordonnance, qui ne faisaient aucune distinction entre les deux parties.

Ainsi, le demandeur au possessoire, soit qu'il abandonne cette action par un désistement, soit qu'après l'avoir suivie il en ait été débouté, est recevable à se pourvoir au pétitoire. Nous disons soit qu'il abandonne son action par un *désistement*, parce qu'autrement il y aurait cumulation des deux actions, le juge de paix n'étant pas dessaisi du possessoire.

Mais lorsqu'il s'est ainsi désisté, ou qu'il a succombé au possessoire, son action au pétitoire ne pourrait, en raison du défaut de paiement des frais ou de celui de l'exécution complète du jugement, être arrêtée, ainsi que le serait celle du défendeur condamné : c'est une autre différence à remarquer entre l'art. 27 de notre Code et les articles précités de l'ordonnance, qui, sous ce rapport, ne faisaient encore aucune distinction entre le demandeur et le défendeur.

La raison de cette différence est que l'obligation de satisfaire au jugement, avant de pouvoir intenter un autre procès, est une exception aux règles générales; exception fondée sur la règle, *spoliatus ante omnia restituendus*, et qui accorde au possesseur un juste privilége contre le défendeur jugé coupable d'usurpation ou de trouble; mais le demandeur n'est pas dans le même cas : il ne résulte point de son déboutement, qu'il ait usurpé ou troublé la possession de personne, et conséquemment nul motif de l'empêcher de se pourvoir au pétitoire, avant d'avoir acquitté les dépens de l'action à laquelle il a succombé, et dont sa partie adverse pourra poursuivre le paiement par les voies légales.

130. *Celui qui aurait défendu au possessoire formé et jugé pendant qu'un ancien procès au pétitoire était resté sans poursuite, peut-il reprendre ce procès sans être tenu de satisfaire préalablement aux condamnations possessoires?*

Oui, par le motif que la défense de se *pourvoir* au pétitoire, n'est pas la défense de reprendre les poursuites d'un procès déjà *pendant* au pétitoire. — (*Riom, 29 juin 1809, Sirey, tom. 15, 2.e part., pag. 147*).

131. *Si le demandeur qui aurait obtenu les condamnations au possessoire négligeait de les faire liquider, le défendeur pourrait-il,* EN FOURNISSANT CAUTION *de les acquitter, former et poursuivre son action au pétitoire, sans faire fixer un délai par le juge?*

L'ordonnance de 1667, tit. 18, art. 4, ne portait point, comme l'art. 27 de notre Code, que le juge du pétitoire pourrait fixer, pour la liquidation des condamnations, un délai après lequel l'action au pétitoire serait reçue; elle se bornait à autoriser la partie condamnée au possessoire à former l'autre action, en donnant caution de les acquitter.

M. Dufour, dans ses Conférences du Code de procédure avec les lois précédentes, pag. 15, observe que l'art. 27, en disant que le juge du pétitoire pourra fixer un délai, semble admettre implicitement la caution, pour le cas où l'on voudrait passer à l'action au pétitoire, et en exempter à défaut de liquidation dans le tems prescrit.

M. Delaporte, tom. 1, pag. 28, dit qu'à la différence de l'ordonnance, le Code de procédure n'exige point la caution. Sans doute, mais en ce sens seulement que le demandeur au possessoire peut suivre l'action au pétitoire après le délai fixé par le juge; en sorte que la question ci-dessus, qui fait l'objet de la remarque de M. Dufour, reste toujours indécise.

Nous pensons, sur cette question, que le défendeur au possessoire n'est autorisé à poursuivre le pétitoire que sous la condition de faire fixer un délai pour la liquidation; que la loi a voulu éviter les formalités et la discussion d'une réception de caution; que si la demande du délai est facultative, c'est en ce sens seulement que la loi donne l'option de former cette demande ou d'attendre la liquidation; mais qu'il résulte au contraire de ce qu'elle accorde cette faculté, dont l'ordonnance ne faisait pas mention, qu'elle n'a pas entendu autoriser la poursuite au pétitoire, même en fournissant caution.

132. *La contrainte par corps peut-elle être prononcée pour assurer l'exécution d'un jugement possessoire?*

Ce ne pourrait être, sans doute, que dans le cas de réintégrande, c'est-à-dire de dépossession par voie de fait ou violence; encore n'est-on pas d'accord sur ce point.

Ceux qui soutiennent l'affirmative se fondent sur le mot *réintégrande*, employé dans l'art. 2060 du Code civil. Or, la *réintégrande* est l'action possessoire par laquelle on demande à être rétabli dans une possession dont on a été dépouillé par force, et qui n'a aucun trait à la propriété.

Ceux, au contraire, qui maintiennent la négative, invoquent le mot *propriétaire*, employé dans le même article : d'où ils concluent qu'il n'y a que celui qui a la propriété qui puisse demander la contrainte par corps.

Cette question, dit M. Delaporte, tom. 1, pag. 27, ne paraît susceptible d'aucune difficulté : le Code civil porte que la contrainte par corps a lieu, en matière de réintégrande : donc il l'admet pour l'action possessoire, que l'on a toujours qualifiée de la sorte; s'il se sert du mot *propriétaire*, c'est une inexactitude peut-être, mais ce n'est pas un motif suffisant pour déclarer que l'art. 2060 n'aurait en vue qu'une condamnation au pétitoire; car, en droit, le possesseur de bonne foi est censé *propriétaire*; il en a tous les droits, toutes les prérogatives, jusqu'à ce qu'il ne perde la possession par suite d'un jugement au pétitoire.

Nous n'hésitons pas à adopter cette opinion de M. Delaporte, conforme à celle de M. Pigeau, tom. 2, pag. 478, n.° 6, et 479, n.° 9; elle est justifiée par le passage suivant du rapport du tribun Gary, sur le titre du Code civil relatif à la contrainte par corps : « La contrainte par corps doit avoir lieu contre celui » qui est condamné à remettre un héritage au *possesseur* ou au propriétaire. » Il y a pourtant cette différence que, lorsque c'est le *possesseur* qui a été troublé » ou dépossédé par une voie de fait, le jugement qui le réintègre, avant même » que la question de propriété soit décidée au fond, doit porter la contrainte » par corps, tant pour le délaissement que pour la restitution des fruits perçus » pendant l'indue possession, et pour le paiement des dommages-intérêts; » tandis que s'il y a un jugement rendu au pétitoire qui condamne à désemparer » le fonds, ce n'est qu'en cas de désobéissance à ce premier jugement, et » après un délai déterminé, que la contrainte par corps peut être prononcée, » et sans qu'il soit question de fruits ni de dommages-intérêts. Les motifs de » cette différence sont sensibles : dans le premier cas il y a eu une voie de fait » qui excite la juste animadversion des lois, et qui appèle une répression plus » sévère et une plus prompte réparation ».(1)

(1) Nous rapportons ce passage en entier, non seulement parce qu'il démontre parfaite-

133. *En général, quand les jugemens possessoires peuvent-ils être rendus en dernier ressort?*

Ces jugemens sont presque toujours sujets à l'appel; ils ne sont en dernier ressort, ainsi qu'il résulte de la jurisprudence de la Cour de cassation, que dans le cas où les dommages-intérêts n'excèdent pas la somme de 50 fr.; alors on considère le montant de ces dommages-intérêts comme l'évaluation de l'action. — (*Voy. entre autres l'arrêt du* 6 *juil.* 1812, *Den.*, 1813, *pag.* 287).

Il est à remarquer, en outre, qu'encore bien que le juge de paix eût entendu ne rendre qu'un jugement en premier ressort, et qu'il eût ainsi qualifié sa décision, il suffit que la demande en dommages-intérêts n'excède pas 50 fr., pour que l'appel ne soit pas recevable. — (*Arg. du C. de P., art.* 453).

134. *Si le demandeur avait conclu à des dommages-intérêts au-dessous de* 50 *fr., le jugement n'en serait-il pas moins susceptible d'appel, à raison de ce qu'au lieu de conclure simplement à la maintenue en possession, le demandeur aurait en outre conclu, soit à la démolition du nouvel œuvre, soit à ce qu'il fût ordonné certains ouvrages pour faire rétablir les choses dans l'état où elles étaient avant le trouble?*

L'appel serait recevable, parce qu'il existe dans l'espèce de cette question deux chefs de demande, dont l'un, celui en démolition du nouvel œuvre, ou en construction d'ouvrages, est indéterminé. (*Cassat.*, 2 *avril* 1811, *Sirey, tom.* 12, *pag.* 149). Ainsi, le principe général est que l'appel est recevable toutes les fois que le juge de paix prononce sur un chef de conclusions dont la valeur n'est pas déterminée.

135. *Le jugement serait-il susceptible d'appel, si le demandeur ayant fixé ses dommages-intérêts à* 50 *fr. seulement, le défendeur avait réconventionnellement conclu, à son profit, au paiement d'une somme quelconque?*

Non, parce que la compétence en dernier ressort une fois fixée par la demande, n'a pu, à raison des conclusions incidentes et réconventionnelles, varier dans une matière que la loi range au nombre des causes qui doivent être jugées en dernier ressort (1). — (*Cassat.*, 15 *nov.* 1811, *Sirey, tom.* 12, *pag.* 148).

136. *Le juge de paix aurait-il pu statuer en dernier ressort, si les parties s'en étant rapportées à sa prudence pour la fixation des dommages-intérêts, il les eût portés à une somme moindre que* 50f?

Oui, parce que les parties n'ayant conclu qu'en des dommages-intérêts à fixer par le juge de paix, qui les évalue à une somme inférieure au taux du

---

ment l'erreur de ceux qui pensent que l'art. 2060 s'applique au rétablissement, *dans la propriété*, de celui qui en aurait été dépouillé par voie de fait ou violence, et l'art. 2061 au rétablissement, *aussi dans la propriété*, de celui qui l'aurait été indépendamment de ces circonstances, mais encore parce qu'il fournit la preuve que la contrainte par corps doit être prononcée par le jugement même qui statue sur la réintégrande, et non dans les délais fixés par l'art. 2061, pour le cas où il s'agit de l'exécution d'un jugement au pétitoire. M. Delaporte lui-même est tombé dans cette erreur, en relevant la première. — (*Voy. tom.* 1, *pag.* 28).

(1) Il s'agissait d'entreprise sur un cours d'eau, que l'art. 10, tit. 3 de la loi du 24 août 1790, déclare nommément devoir être jugée *sans appel*.

premier ressort, il s'ensuit qu'il peut juger souverainement et sans appel. — (*Cassat.*, 6 *oct.* 1807; *Jurisp. des Cours souv. sur la procéd.*, *tom.* 4, *pag.* 209).

A plus forte raison, le jugement serait-il en dernier ressort, si des dommages-intérêts, qui n'avaient pas été originairement déterminés, avaient été fixés dans le cours de l'instance à 50f. — (*Cassat.*, 1er. *juillet* 1812, *Sirey*, *tom.* 12, *pag.* 351). (1)

TITRE V.

Des Jugemens qui ne sont pas définitifs, et de leur exécution (2).

On a dit, pag. 4, que les juges de paix ne connaissaient pas de l'exécution de leurs jugemens. Cette observation générale est confirmée par l'ensemble de ce titre, qui ne traite, en effet, que de l'*exécution des jugemens qui ne sont pas définitifs*, c'est-à-dire des jugemens *préparatoires* et *interlocutoires*, qui, de leur nature, ne peuvent être exécutés que d'autorité du juge même qui les a prononcés.

Ici, le législateur a particulièrement voulu épargner, à l'égard des justices de paix, les lenteurs qu'à raison de l'importance des affaires, il a été obligé d'admettre, pour l'exécution des jugemens rendus par les autres tribunaux, et c'est dans cette vue qu'ont été portées les dispositions des différens articles qui composent ce titre.

ARTICLE 28.

Les jugemens qui ne seront pas définitifs ne seront point expédiés, quand ils auront été rendus contradictoirement et prononcés en présence des parties. Dans le cas où le jugement ordonnerait une opération à laquelle les parties devraient assister, il indiquera le lieu, le jour et l'heure, et la prononciation vaudra citation.

Loi du 26 oct., art. 1.er, tit. 6. — C. de P., art. 31, 34.

XXII. La loi distingue en cet article les jugemens non définitifs, rendus contradictoirement (*voyez ci-dessus*, *pag.* 24, *not.* 1re.), de ceux qui sont rendus *par défaut*, ou prononcés *hors la présence des parties*, quoiqu'après une défense contradictoire. Les premiers ne doivent *point* être expédiés, et, à plus forte raison, signifiés. Il suffit, pour leur exécution, qu'ils aient été prononcés *parties présentes*; ce qui, d'ailleurs, évite la nécessité d'une cita-

---

(1) Voy. les autres questions relatives à l'appel des jugemens possessoires, dans notre Traité de l'organisation et de la compétence.

(2) Sur les jugemens en général et leurs diverses espèces, voy. *infrà* nos préliminaires sur le tit. 7, liv. 2, et les questions sur les art. 451 et 452.

tion, lorsqu'il s'agit d'une opération à laquelle il est nécessaire qu'elles assistent, *ou du moins qu'elles soient appelées à cette fin.*

137. *Le fait que le jugement a été prononcé en présence des parties doit-il être constaté?*

Oui, afin d'éviter toute discussion sur la vérité de ce fait, et toute contestation relativement à l'expédition du jugement ou à la signification qu'une partie se serait crue obligée d'en faire. Ainsi l'on consigne, dans l'énoncé de la décision, qu'elle a été prononcée en *présence des parties*, et c'est alors que l'art. 28 reçoit son application, sans qu'il puisse s'élever ultérieurement aucune difficulté. — (*Voy. Levasseur, pag.* 82; *Prat,*, *tom.* 1, *pag.* 194).

138. *Si l'une des parties se retirait de l'audience avant la prononciation, l'autre partie, qui voudrait exécuter le jugement, devrait-elle le faire expédier* et signifier?

Nous pensons qu'elle y serait obligée, parce que la loi, pour l'en dispenser, n'exige pas seulement que le jugement soit contradictoire; mais elle exprime suffisamment par ces mots, *prononcés en présence des parties*, sa volonté que le jugement soit *connu* d'elles.

139. *Quand la partie doit-elle lever expédition d'un jugement interlocutoire, et que doit-elle faire pour l'obtenir?*

Puisque l'art. 28 défend de délivrer l'expédition d'un pareil jugement, la partie qui veut en appeler doit former son pourvoi avant que l'opération ordonnée soit commencée, et justifier de cet appel au greffier, pour pouvoir obtenir une expédition, conformément à l'art. 31. — (*Ann. not. com.*, *pag.* 65).

Article 29.

Si le jugement ordonne une opération par des gens de l'art, le juge délivrera à la partie requérante cédule de citation pour appeler les experts; elle fera mention du lieu, du jour, de l'heure, et contiendra le fait, les motifs et la disposition du jugement relative à l'opération ordonnée.

Si le jugement ordonne une enquête, la cédule de citation fera mention de la date du jugement, du lieu, du jour et de l'heure.

T. 7, 21, 24, 25. — Ordon., tit. 21, art. 8. — Loi du 26 oct., tit. 6, art. 3, 4. — C. de P., art. 34.

XXIII. La nécessité d'une cédule de citation, pour les gens de l'art appelés à procéder à une opération quelconque, dans les cas où le juge ne pourrait, à l'aide de ses connaissances personnelles, décider un point de fait dont il juge la vérification nécessaire pour résoudre la question de droit, est fondée sur ce que ces gens de l'art n'ont pas assisté à la prononciation du jugement. Il faut au moins leur faire connaître juridiquement la commission dont ils sont investis en semblable circonstance.

ARTICLE 30.

Toutes les fois que le juge de paix se transportera sur le lieu contentieux, soit pour en faire la visite, soit pour entendre les témoins, il sera accompagné du greffier, qui apportera la minute du jugement préparatoire.

T. 12. — Loi du 26 oct., tit. 6, art. 6. — C. de P., art. 41.

XXIV. LES art. 30, 38 et 41 écartent les difficultés qui se présenteraient souvent pour procéder à une opération, si l'on n'avait pas sous les yeux le jugement qui l'ordonne. Il résulte de ces articles que, dans tous les cas, l'opération est faite non seulement sur le vu de la minute de ce jugement, mais encore en présence du juge lui-même, soit sur le lieu contentieux, soit à l'audience.

140. *De ce que l'art. 30 appèle jugement préparatoire la décision qui ordonne une enquête ou une visite des lieux, s'ensuit-il qu'une telle décision n'aurait, en aucun cas, le caractère d'un jugement interlocutoire?*

L'art. 452 donne des jugemens interlocutoires une définition qui convient également aux décisions des juges de paix et à celles des autres jurisdictions, et d'après laquelle il est incontestable qu'un jugement qui ordonne une enquête ou une visite des lieux est interlocutoire, lorsqu'il préjuge le fond. On doit donc considérer comme une erreur dans la rédaction l'emploi de ce mot *préparatoire* en l'art. 30, et n'en rien conclure contre le caractère d'*interlocutoire* qu'un jugement de justice de paix pourrait avoir, d'après l'art. 452. Au reste, le législateur eût-il employé le mot *interlocutoire* au lieu de celui dont il s'est servi, on demanderait, en sens opposé, s'il eût entendu dire qu'en tous les cas, le jugement qui ordonne une enquête ou une visite des lieux ne pourrait être considéré comme *préparatoire;* et d'après ce même art. 452, rapproché de l'art. 451, on serait encore forcé de prononcer la négative. (1)

Concluons de ces observations que l'on doit entendre l'art. 30 comme s'il était conçu dans les mêmes termes que l'art. 6 de la loi du 26 octobre 1790, qui portait *que le greffier apporterait la minute du jugement par lequel la visite ou l'enquête aurait été ordonnée.* — (*Voy. Ann. du not. com., tom.* 1er, *pag.* 65).

ARTICLE 31.

Il n'y aura lieu à l'appel des jugemens préparatoires qu'après le jugement définitif, et conjointement avec l'appel de ce jugement; mais l'exécution des jugemens préparatoires ne portera aucun préjudice aux droits des parties sur l'appel, sans qu'elles

---

(1) Il est en effet des cas où le jugement qui ordonne une semblable preuve ou vérification est considéré, tantôt comme préparatoire, tantôt comme interlocutoire. Nous examinerons ces cas sur les articles précités, en discutant d'autres questions dont la solution s'appliquerait tant en justice de paix que dans les autres tribunaux.

soient obligées de faire, à cet égard, aucune protestation ni réserve.

L'appel des jugemens interlocutoires est permis avant que le jugement définitif ait été rendu.

Dans ce cas, il sera donné expédition du jugement interlocutoire.

Loi du 26 oct., tit. 6, art. 7, 1.re disposit. — Loi du 24 août 1790, tit. 3, art. 12, 16, 443, 451, 452, 454, 456.

XXV. Par cette disposition la loi, toujours dans le but d'accélérer la décision des procès et d'épargner les frais, n'a pas voulu qu'il fût au pouvoir d'une partie de paralyser le cours de l'instruction, en formant appel d'un jugement simplement préparatoire, qui ne préjuge rien sur le fond; mais comme il est de maxime qu'on n'est pas recevable à former appel d'un jugement à l'exécution duquel on s'est librement soumis, elle a déclaré, pour que l'on ne cherchât pas dans l'obéissance même le prétexte d'une difficulté nouvelle, que l'exécution des jugemens préparatoires ne produira aucune fin de non-recevoir contre l'appel.

Quant aux jugemens interlocutoires qui préjugent le fond, en ordonnant une preuve, une vérification, un serment, etc., comme il serait possible que le juge eût commis une erreur en admettant ces genres de preuve ou d'instruction, et que la cause dût se décider par des principes tout différens de ceux dont l'avant faire droit préjuge l'application, le législateur a dû permettre à la partie qui se croit lésée d'interjeter appel avant le jugement définitif; disposition d'autant plus sage, que si le juge d'appel infirme l'avant faire droit, il épargne aux parties les frais et les délais qu'eût entraînés son exécution. (1)

Enfin, par une conséquence nécessaire de la faculté qu'accorde l'article d'interjeter appel d'un interlocutoire, il a dû déroger à la règle générale qui veut qu'un jugement de cette nature ne soit point expédié, puisqu'il est indispensable qu'il soit soumis en entier au magistrat supérieur. — (*Voy. ci-desssus quest.* 139).

141. *L'appel du jugement interlocutoire suspend-il l'instruction?*

Non, car les jugemens définitifs sont exécutoires par provision et même sans caution, au moins jusqu'à concurrence de 300f (art. 17); à plus forte raison, les jugemens interlocutoires doivent-ils être exécutés par provision. — (*Arg. de l'art.* 457).

TITRE VI.

De la Mise en cause des garans.

Les deux articles qui composent ce titre indiquent comment les garans sont mis en cause en justice de paix, et prescrivent de passer outre au juge-

(1) Voy. nos questions sur l'art. 451.

ment de l'action principale, si l'exception de garantie n'est pas formée lors de la première comparution, ou si la citation n'a pas été faite dans le délai fixé.

Mettre un garant en cause, c'est appeler, pour être partie dans une instance, celui qui doit garantie de la chose ou du droit qui fait l'objet du procès.

La garantie est l'obligation légale ou conventionnelle de faire jouir quelqu'un d'une chose ou d'un droit, ou de l'acquitter ou indemniser, soit en cas de trouble dans la jouissance, soit en cas d'éviction, soit en cas de perte de cette chose ou de ce droit, soit enfin en cas de condamnations quelconques, en raison de l'une ou de l'autre.

On distingue deux espèces de garanties : la garantie *formelle*, qui a lieu dans les matières *réelles*, et la garantie *simple*, qui a lieu dans les matières *personnelles*. Mais cette distinction n'est utile qu'à raison de la différence dans la manière de procéder sur l'action en garantie devant les tribunaux d'arrondissement. (Art. 182 et 183). En effet, on ne peut guère prononcer en justices de paix que sur des garanties simples, puisqu'elles ne connaissent d'aucune action réelle, si ce n'est des actions possessoires, dans lesquelles le recours en garantie est rarement admis. (1)

ARTICLE 32.

Si, au jour de la première comparution, le défendeur demande à mettre garant en cause, le juge accordera délai suffisant en raison de la distance du domicile du garant. La citation donnée au garant sera libellée, sans qu'il soit besoin de lui notifier le jugement qui ordonne sa mise en cause.

T. 21. — Loi du 26 oct., tit. 1.er, art. 9. — C. de P., art. 1, 49, n.° 3, 175, 177, 186.

XXVI. Il est de principe qu'en toute matière, le garant doit suivre la juridiction du garanti, encore bien qu'il ait son domicile dans un autre ressort, et quels que soient d'ailleurs la nature et l'objet de l'action originaire. Les art. 32 et 33 appliquent aux justices de paix ce principe formellement consacré par l'art. 181 ; mais l'art. 32 établit une forme particulière empruntée de la loi de 1790, mais qui diffère de celle qu'elle prescrivait, en ce que la cédule que le juge de paix délivrait est remplacée par un jugement, et que le demandeur en garantie fait notifier directement la citation *libellée*, c'est-à-dire motivée, et par conséquent énonçant et les causes de l'action originaire, et celles de l'action récursoire, afin que le garant puisse fournir sa défense ou acquiescer à cette dernière action. Il est à remarquer que la loi, en prescrivant de libeller ainsi la citation, annonce suffisamment qu'il n'y a pas lieu de notifier au garant copie de la demande originaire et des pièces justificatives de l'action en garantie. — (*Voy. Biret, tom.* 1er, *pag.* 244).

142. *Peut-on interjeter appel du jugement qui accorde délai pour citer le garant?*

(1) Voy. *infrà* nos préliminaires sur le tit. 9, et nos questions sur les art. 175, 185.

Il n'y a pas de doute pour l'affirmative, dit M. Delaporte, tom. 1, pag. 32, si le demandeur principal a maintenu qu'il n'y avait pas lieu à accorder ce délai.

Cette décision pourrait être appuyée des dispositions des art. 175 et suivans, en ce qu'elles qualifient d'exception la demande en garantie. Or, dirait-on, tout jugement qui prononce sur une exception est un jugement définitif dont on peut appeler.

Mais n'opposerait-on pas, avec plus de fondement, que la demande en garantie est un incident dans l'instance principale, et qu'il est certain, en jurisprudence, que l'instance principale doit être jugée avant qu'on puisse appeler au sujet des demandes incidentes?

Comment, d'ailleurs, admettre l'appel suspensif du jugement qui aurait accordé délai pour la mise en cause d'un garant, sans contrarier le principe que l'intérêt est la mesure des actions? L'appel ne serait-il pas sans objet, puisque le jugement attaqué *ne préjuge rien* sur la demande principale, tandis que, d'un autre côté, l'appelant irait directement contre ses intérêts, puisqu'il prolongerait, par son appel, le retard d'une décision qu'il reprocherait au juge de paix d'avoir retardée lui-même, en ordonnant préalablement la mise en cause?

C'est sur-tout parce qu'un jugement qui accorde délai pour citer un garant ne préjuge rien sur la demande principale, que nous pensons qu'on ne peut en appeler. Ce jugement n'a point, en effet, le caractère d'un interlocutoire. A vrai dire, il n'est point définitif; c'est plutôt un jugement préparatoire, ainsi que le qualifie avec raison M. Lepage, dans ses Questions, pag. 84; car il n'a d'autre objet que de mettre la cause en état de recevoir un jugement qui se trouve retardé par la demande en garantie formée par le défendeur, à l'époque fixée par l'art. 32.

Au surplus, nous croyons que l'art. 32 impose au juge de paix l'obligation d'accorder délai, nonobstant toute contestation de la part du garant. Ainsi, sous tous les rapports, l'appelant devrait être déclaré non recevable. — (*Voy. Demiau Crouzilhac, pag.* 39).

143. *De ce que l'art.* 32 *porte que le défendeur doit, dès le jour de la première comparution, demander à mettre garant en cause, résulte-t-il qu'il ne puisse citer son garant avant cette comparution?*

Nous ne trouvons aucune raison qui puisse justifier cette conséquence rigoureuse, qui se trouverait en opposition avec l'art. 175 du Code de procédure; nous croyons, au contraire, qu'il est dans l'esprit de la loi de laisser au défendeur originaire la faculté d'appeler son garant dès qu'il est cité lui-même. C'est ce qui nous semble résulter de ce que le juge de paix ne peut lui refuser un délai, lorsqu'il demande, dès sa première comparution, à citer quelqu'un en garantie.

Si donc il déclare, à cette époque, qu'il a appelé un garant à tel délai, et qu'il en justifie, le juge de paix ne prononcerait pas que la citation serait considérée comme non avenue, par le seul motif qu'elle n'aurait pas été précédée d'un jugement; il ne le ferait qu'autant que le délai donné par cette citation lui paraîtrait trop long; alors il fixerait un délai plus rapproché, dans lequel le garant serait appelé par une citation nouvelle.

144. *L'art. 32 s'applique-t-il au garant qui aurait à en appeler un autre en sous-garantie?*

C'est notre opinion, fondée sur une juste analogie tirée de l'art. 176. — (*Voy. Demiau Crouzilhac, sur l'art. 33, pag. 39*).

ARTICLE 33.

Si la mise en cause n'a pas été demandée à la première comparution, ou si la citation n'a pas été faite dans le délai fixé, il sera procédé sans délai au jugement de l'action principale, sauf à statuer séparément sur la demande en garantie.

T. 21. — Loi du 26 oct., tit. 1.er, art. 10. — C. de P., art. 178. — Voy. ci-dessus n.° 143.

145. *Si la demande pour appeler garant n'a pas été formée, ou si elle n'a pas été suivie de citation en tems utile, l'action pourrait-elle être portée devant le juge qui serait encore saisi de la demande originaire, ou qui l'aurait jugée?*

Nous ne le pensons pas. Dès que la mise en cause n'a pas été demandée, lors de la première comparution, ou que la citation n'a pas été donnée dans le délai fixé, l'action en garantie devient elle-même une action principale soumise aux règles générales de la compétence : elle ne peut donc être portée devant le juge qui connaît ou qui aurait connu de la demande originaire, qu'autant qu'il serait le juge naturel du défendeur, et elle serait jugée par lui, séparément, dans le cas même où l'instance sur la demande originaire ne serait pas encore terminée.

Telle est aussi l'opinion des rédacteurs des Annales du notariat. (*Com., tom. 1.er, pag. 68*).

Mais serait-on fondé à opposer qu'il n'y a aucun inconvénient à ce que le juge de paix prononce sur l'action en garantie, quoique tardivement formée, s'il n'avait pas encore été statué sur la demande principale, et si la demande en garantie se trouvait en état? Dire que la demande en garantie sera jugée par le juge de paix, SÉPARÉMENT, *dans le cas même où l'instance sur la demande originaire ne serait pas encore terminée*, n'est-ce pas se rendre plus rigoureux que le législateur n'a voulu l'être dans la rédaction de l'art. 33?

Nous convenons ici qu'il semble que le législateur n'a voulu, par la disposition de l'art. 33, qu'accélérer la mise en cause du garant, pour ne pas retarder le jugement de l'action principale; mais s'il arrive que, par d'autres causes, ce jugement se trouve retardé, il n'y a plus de motifs pour ne pas terminer tout à la fois l'instance principale et l'instance en garantie. C'est d'ailleurs la disposition formelle de la première partie de l'art. 184.

Au reste, nous persistons à croire, contre le sentiment de M. Hautefeuille, pag. 58, que le juge de paix cesse d'être compétent dès que l'instance principale est jugée, puisque l'action en garantie n'est plus accessoire.

146. *Si la citation a été donnée au jour fixé par le jugement, et que le défendeur ne comparaisse pas, y a-t-il lieu à statuer sur l'action originaire, sauf à juger séparément l'action en garantie?*

Dans cette circonstance le juge de paix, après avoir reconnu que la notification de la citation a été faite à tems, prononce par défaut contre le garant, conformément aux conclusions du demandeur, s'il les trouve justes et bien vérifiées. — (*Guichard, tom.* 2, *pag.* 178).

TITRE VII.

Des Enquêtes.

L'ENQUÊTE est l'information par témoins de la vérité d'un fait.

En toute jurisdiction le juge l'ordonne, soit sur la demande des parties, soit d'office, lorsqu'il la croit nécessaire pour la décision de la cause. — (*Infrà, art.* 34.) (1).

En justice de paix, elle diffère essentiellement, quant à la simplicité et à la rapidité de ses formes, de l'enquête qui se fait dans les autres tribunaux, soit en matière ordinaire, soit même en matière sommaire.

Elle n'admet aucune des formalités de la première, pas même celles que l'art. 413 prescrit de suivre dans les matières sommaires auxquelles l'art. 125 assimile les causes commerciales.

Elle n'a de commun avec ces matières que l'audition des témoins à l'audience (36, 407); la dispense d'un procès-verbal dans les causes non sujettes à l'appel (40, 410); l'obligation d'en dresser un, lorsque la cause ne doit être jugée qu'en premier ressort (35, 411, 425).

ARTICLE 34.

Si les parties sont *contraires* en faits de nature à être constatés par témoins, et dont le juge de paix trouve la vérification utile et admissible, il ordonnera la preuve, et en fixera précisément l'objet (2).

T. 21, 24. — Loi du 26 oct., tit. 4, art. 1.er, 2. — C. de P., 28, 252, 253, 254.

XXVII. LA loi de 1790 imposait aux juges de paix, avant de pouvoir ordonner une preuve par témoins, l'obligation d'avertir les parties qu'il y avait lieu de procéder par enquête, de les interpeller de déclarer si elles voulaient faire preuve de leurs faits par témoins; et il fallait aussi que les parties ou l'une d'elles requissent d'être admises à faire cette preuve. Le Code n'exige ni l'avertissement, ni l'interpellation, ni la réquisition. Le juge de paix peut donc ordonner l'enquête toutes les fois qu'il la trouve nécessaire, soit qu'on la lui demande, soit qu'on ne la lui demande pas : son devoir est d'ordonner tout ce qui peut éclairer sa conscience, et les parties sont autorisées à prouver les faits qu'elles ont allégués (*Rapport au Tribunat, et ci-après quest.* 147 *et* 151), et que le juge de paix doit préciser avec soin, afin d'éviter les divagations trop ordi-

(1) Nous exposerons, dans les préliminaires du tit. 12, livre suivant, les notions générales relatives à cette voie d'instruction.

(2) *Et le jour.* (Arg. de l'art. 35, *in principio*).

naires des témoins, sur des faits étrangers à la recherche qui est le but de l'enquête.

147. *Quels sont les cas où la vérification des faits est* UTILE *et* ADMISSIBLE ?

La vérification n'est *utile* qu'autant qu'elle est indispensable pour la décision de la cause; autrement elle ne doit pas être ordonnée, suivant la maxime, *frustrà probatur quod probatum non relevat.*

Elle n'est admissible qu'autant que les faits étant par eux-mêmes susceptibles d'être prouvés par témoins, ce genre de preuve ne se trouverait pas, dans l'espèce de la cause, prohibé par la disposition de l'art. 1341 du Code civil.

148. *La preuve par témoins est-elle toujours admissible en justice de paix ?*

En toute matière de la compétence des juges de paix, la preuve testimoniale est admissible, pourvu toutefois qu'elle ne tende pas à prouver contre et outre le contenu aux actes.

La raison en est que les actions personnelles dont le juge de paix connaît ne peuvent excéder 100f, et que l'art. 1341 du Code civil ne prohibe la preuve par témoins qu'au-dessus de 150f; tandis que, d'un autre côté, l'art. 23 du Code de procédure lui prescrit d'ordonner enquête dans les matières possessoires.

149. *Mais en est-il de même dans le cas où, d'après l'art. 7, le juge de paix serait saisi, par suite du consentement des parties, d'une demande excédant* 150f ?

La prorogation de juridiction n'emporte point, de la part des parties, le droit de renoncer à l'application des dispositions de la loi relative au fond du droit et aux diverses manières de le prouver. Ce n'est point à la nature de la juridiction du juge de paix qu'est attachée la faculté d'ordonner la preuve testimoniale; mais, comme nous l'avons dit, à la circonstance que les affaires qui lui sont attribuées se trouvent dans la classe de celles qui admettent cette preuve. Le juge de paix ne peut donc pas ordonner d'enquête, lors même que les parties sont convenues de s'en rapporter à sa décision dans une affaire personnelle, si la valeur en excède 150f.

150. *Le juge de paix ne peut-il ordonner l'enquête qu'autant que les parties sont contraires en faits?*

On pourrait, en s'attachant rigoureusement aux termes de l'article, croire que le juge de paix n'aurait pas cette faculté, et telle est l'opinion de M. Biret, tom. 1, pag. 204 et 205; mais le contraire semble résulter de la discussion au Conseil d'état, et du rapport fait au Tribunat. — (*Locré, tom.* 1, *pag.* 81).

En effet, il est possible que les parties n'aient pas cru nécessaire de demander l'apurement de certains faits, et que le juge l'estime utile pour la décision. Or, il est de son devoir, pour nous servir de l'expression de l'orateur du Tribunat, d'ordonner tout ce qui peut éclaircir sa conscience; il a nécessairement le droit de prescrire aux parties d'informer par témoins. — (*Voy. ci-dessus le comment. de l'art.* 34, *n°.* XXVII).

151. *Lorsqu'une enquête est ordonnée en justice de paix, le défendeur a-t-il, de plein droit, la faculté de faire contre-enquête?*

Oui, car le principe consacré par l'art. 256, pour les enquêtes qui se font dans les tribunaux d'arrondissement, est évidemment applicable en justice de paix. Il serait, en effet, contraire à la justice qu'une partie contre laquelle on permet la preuve testimoniale d'un fait, n'eût pas le droit de faire également la preuve par témoins des faits contraires.

Si donc les deux parties veulent faire entendre des témoins, le juge de paix doit, aux termes de l'art. 29, délivrer une cédule à chacune d'elles.

Article 35.

Au jour indiqué les témoins, après avoir dit leurs noms, profession, âge et demeure, feront le serment de dire la vérité, et déclareront s'ils sont parens ou alliés des parties, et à quel degré, et s'ils sont leurs serviteurs ou domestiques.

Ordon. de 1667, tit. 22, art 14 — C. de P., art. 26 et suiv.

XXVIII. Par cette disposition, le Code répare une omission dans la loi de 1790, et a pour but de faire bien connaître les témoins, afin de garantir aux parties le droit qu'elles ont de les reprocher, dans les cas déterminés par la loi. — (*Voy. quest.* 160, *et art.* 36 *et* 283).

152. *Les juges de paix et les tribunaux de commerce peuvent-ils accorder un sauf-conduit au témoin appelé devant eux? En quelles circonstances ces derniers tribunaux peuvent-ils en accorder au failli?*

Par un avis du Conseil d'état, du 30 avril 1807, approuvé le 30 mai suivant, il a été décidé que l'art. 782, afin de restreindre un pouvoir trop étendu dont on pouvait craindre l'abus, n'a pas voulu que les juges de paix pussent, à l'avenir, accorder de sauf-conduits, puisqu'ils ne sont pas dénommés dans cet article comme ils l'étaient dans la loi du 15 germinal, et que d'ailleurs ils n'ont point de ministère public; que cette faculté est également interdite aux tribunaux de commerce, et par les mêmes motifs, et qu'enfin les parties ou les témoins en état de contrainte par corps doivent s'adresser au président du tribunal civil de l'arrondissement, qui, sur la présentation du jugement d'enquête, et sur les conclusions du ministère public, délivre, s'il y a lieu, le sauf-conduit nécessaire. — (*Circul. du ministre de la justice, du* 8 *sept.* 1807, *Sirey*, 1808, *suppl.*, *pag.* 30).

Mais il faut remarquer qu'encore bien que les tribunaux de commerce ne puissent en général accorder de sauf-conduits, néanmoins ces tribunaux, et même le juge-commissaire nommé à une faillite, peuvent en accorder, dans les cas prévus par les art. 466 et suivans du Code de commerce.

153. *Les parens, alliés, serviteurs ou domestiques des parties, peuvent-ils être entendus par le juge de paix?*

Les auteurs des Annales du notariat (*Comm.*, *tom.* 1, *pag.* 71), remarquent que l'art. 35 ne dit pas qu'on ne pourra recevoir les dépositions de ceux des témoins qui seraient parens, alliés ou serviteurs des parties. Ils en concluent qu'ils doivent être entendus, sauf à avoir à leurs dépositions tel égard que de raison.

Nous n'entendons point combattre cette opinion; mais nous pensons qu'il n'y a lieu d'entendre ces témoins, qu'autant que l'une des parties ne les a pas reprochés à raison de leur qualité. En effet, la décision sur les reproches doit toujours précéder l'audition. C'est pour cela que l'art. 36 veut qu'ils soient fournis avant la déposition; et nous avons dit que l'on devait admettre, en justice de paix, les causes de reproches mentionnées en l'art. 283, et qu'il était inutile, dans ces justices, d'entendre les témoins reprochés. Il n'y a donc lieu à l'audition qu'autant que les reproches ont été fournis et jugés mal fondés.

154. *Y aurait-il lieu à réformation d'un jugement sujet à l'appel, si le juge de paix avait omis de faire déclarer aux témoins s'ils sont parens ou alliés, et à quel degré, ou s'ils sont serviteurs ou domestiques?*

Oui, puisque la négligence du juge à faire l'interpellation prescrite, aurait empêché la partie d'user de la faculté de reprocher les témoins. — (*Demiau, pag.* 40).

155. *Si, au jour indiqué pour l'enquête, aucune des parties ne se présente, le juge de paix pourra-t-il procéder à l'audition des témoins?*

Si la cause est susceptible d'appel, il n'y a pas de doute qu'on ne doive procéder à l'audition des témoins, parce qu'on rédige alors un procès-verbal d'enquête qui peut être dressé tant en présence qu'en l'absence des parties légalement citées; il y est fait mention de la non comparution, et celles qui sont absentes sont réputées n'avoir pas voulu assister à l'enquête.

La difficulté se présente lorsque la cause n'est pas sujette à l'appel; car, dans ce cas, l'enquête ne peut être constatée que par le jugement : or, comment rendre un jugement, quand ni le demandeur ni le défendeur ne se présentent? Et cependant que deviendront les témoins, leur indemnité?

M. Lepage, pag. 87 de ses Questions, estime néanmoins que le juge doit procéder à l'audition des témoins.

Mais M. Dumoulin, dans la Bibliothèque du Barreau, 1re. part., 1810, pag. 233, estime, au contraire, que dans les causes qui ne sont pas sujettes à l'appel, le juge ne peut entendre les témoins. « Dans ce cas, dit-il, les témoins sont entendus le jour même où les moyens de défense doivent être proposés, et le » jugement doit être prononcé à la même audience (art. 39). Cependant la jus- » tice ne peut être administrée qu'à ceux qui en réclament l'autorité; les par- » ties, en ne comparaissant pas, sont présumées s'être désistées de l'instance : » le juge ne peut alors continuer d'en connaître. »

Dans ce conflit d'opinions, nous croyons devoir suivre celle de M. Lepage. Et voici comment nous estimons que le juge de paix doit agir, soit qu'il s'agisse d'une enquête, soit qu'il s'agisse d'une expertise; car la question peut se présenter dans les deux cas :

Remarquons d'abord que si le juge de paix a ordonné une enquête ou une expertise, ce n'est point à lui d'assigner ni les témoins ni les experts : la partie la plus diligente doit obtenir, dans la forme prescrite par l'art. 29, une cédule pour appeler soit les uns, soit les autres.

Or, il peut se présenter trois cas : ou aucune des parties ne requiert cédule; ou l'une d'elles l'ayant obtenue, n'en fait pas usage; ou l'une d'elles l'obtient, et appèle les témoins ou les experts.

Dans le premier et dans le second cas la procédure sera arrêtée; le juge ne pourra juger. Si les parties s'en tiennent là, si aucune d'elles ne fait d'autres suites pendant quatre mois, à partir de l'interlocutoire, l'instance sera périmée, suivant l'art. 15, sans qu'on puisse dire que ce soit par la faute du juge de paix.

Dans le troisième cas, on ne peut pas dire que les parties aient abandonné l'instance; le juge de paix est mis en état de compléter l'exécution de son jugement interlocutoire; il ne tient qu'à lui de recevoir les dépositions des témoins, de faire opérer les experts.

Il peut et doit faire tout cela tant en présence qu'en l'absence des parties : il sera en faute s'il ne le fait pas, puisque les art. 36, 262 et 307, et l'esprit de l'art. 42, l'y autorisent évidemment, et qu'il doit user des moyens qu'il a désirés et qu'on lui fournit pour l'instruire de la vérité. Si les parties ne se présentent pas pour reprocher les témoins ou récuser les experts, il doit présumer qu'elles n'ont ni moyens de reproches ni moyens de récusation, et qu'elles se réfèrent à sa justice et à leur véracité.

L'enquête étant faite, ou l'expertise ayant eu lieu, la cause est en état d'être jugée; le juge peut statuer définitivement et immédiatement après l'enquête ou l'expertise; il doit statuer, au plus tard, à la première audience, pour se conformer au vœu des art. 13 et 39, et il devra du moins le faire dans le délai de quatre mois du jour de son interlocutoire, pour n'être pas sujet, suivant l'art. 15, aux dommages-intérêts.

S'il juge à la charge d'appel, il se conformera aux art. 39 et 42; si, au contraire, il doit juger en dernier ressort, et qu'il ne puisse pas le faire immédiatement après l'enquête ou l'expertise, la loi ne pouvant entendre dans aucun cas lui prescrire l'impossible, il peut prendre note de ce que les art. 40 et 43 lui ordonnent d'énoncer dans son jugement définitif, relativement aux témoins, et aux experts, aux dépositions des uns et à l'avis des autres.

156. *Si les témoins, au lieu de prêter serment, ont fait une simple promesse de dire la vérité, l'enquête sera-t-elle nulle?*

Non, parce que le Code de procédure n'a pas attaché la peine de nullité à la disposition de l'art. 35. — (*Cassat.*, 19 *avril* 1810, *Sirey, tom.* 10, *pag.* 228).

Article 36.

Ils seront entendus séparément, en présence des parties, si elles comparaissent; elles seront tenues de fournir leurs *reproches* (1) avant la déposition, et de les signer. Si elles ne le savent ou ne le peuvent, il en sera fait mention. Les reproches ne pourront être reçus après la déposition commencée, qu'autant qu'ils seront justifiés par écrit.

T. 24. — Loi du 26 oct., tit. 4, art. 3. — Ordon. de 1667, tit. 17, art. 9, et tit. 12, art. 15, 16 combinés. — C. de P., art. 40, 283.

Pour l'audition des témoins constitués en dignité. — C. d'inst., art. 510. — Décret du 4 mai 1813.

XXIX. Lorsqu'il y avait lieu d'entendre des témoins, la loi de 1790, après

(1) On donne le nom de *reproches* aux moyens que la loi autorise à employer contre les témoins, soit afin d'empêcher, en certains cas, qu'ils ne soient entendus, soit, dans les

avoir ordonné qu'ils s'expliqueraient en présence des parties, laissait à celles-ci la faculté de proposer leurs reproches, soit avant, soit après la déposition. Il a paru plus convenable de se rapprocher de la règle générale, qui veut que les reproches soient formés avant la déposition, et qui n'admet après que les reproches prouvés par écrit. C'était, en effet, le moyen d'éviter une foule de reproches dérisoires, enfantés par l'humeur de celui qui ne trouverait pas dans la déposition des témoins tout ce qu'il en attendait en faveur de sa cause : ces récusations tardives sont justement suspectes. — (*Voy. Exposé des motifs et rapport au Trib.*)

157. *Y aurait-il nullité, si les témoins avaient été entendus les uns en présence des autres?*

Non, d'après ce que nous avons dit *suprà*, n°. 156.

158. *Les reproches proposés contre les témoins, dans une affaire susceptible d'être jugée en dernier ressort, doivent-ils être signés par les parties?*

L'art. 36 ne fait aucune distinction entre les affaires sujettes à l'appel et celles qui doivent être jugées en dernier ressort, et c'est de là que naît la difficulté, attendu que l'art. 40 dispose que, dans les premières, il ne sera point dressé de procès-verbal; or, comment les parties pourront-elles signer les reproches?

M. Lepage, dans ses Questions, pag. 86, et après lui M. Dumoulin, dans la Bibliothèque du Barreau, 1810, 1re. part., pag. 233, répondent que les reproches étant proposés verbalement, et que la loi voulant qu'il ne soit point tenu de procès-verbal d'enquête lorsque la cause doit être jugée en dernier ressort, ils ne peuvent être signés; qu'il suffit conséquemment de faire mention, dans le jugement, de l'allégation qui en a été faite, et d'en énoncer l'admission ou le rejet.

M. Delaporte, dans son Commentaire, tom. 1, pag. 33 et 34, dit au contraire que les reproches doivent être signés, puisque la loi ne distingue point. Dans le cas proposé, ajoute cet auteur, il doit toujours être dressé un procès-verbal des déclarations préliminaires des témoins, sur leur âge, profession, demeure, parenté ou alliance et reproches, lesquels doivent être signés, et ce procès-verbal forme alors le vu du jugement.

On pourrait répondre que la loi n'exige point ce *procès-verbal*, et qu'elle semble au contraire l'interdire. Il faut bien, à la vérité, que le greffier, pour faciliter la rédaction du jugement, tienne note des choses qui feraient la matière du procès-verbal dont parle M. Delaporte; mais comme ces notes ne constituent point un procès-verbal, puisque, n'étant point exigées par la loi, elles n'ont aucun caractère d'authenticité, nous ne pensons pas qu'il soit nécessaire que la partie signe les reproches qui y seraient inscrits, et nous partageons l'opinion de MM. Lepage et Dumoulin.

159. *Faut-il appliquer en justice de paix l'art. 284, qui veut que les témoins reprochés soient entendus?*

---

autres, qu'il ne soit ajouté à leurs dépositions la foi que mériterait celle d'un témoin que le défaut de reproches ferait présumer incapable de partialité.

Quoiqu'un témoin soit reproché, il n'en doit pas moins être entendu, dit M. Commaille, tom. 1, pag. 91, l'art. 284 disposant ainsi : *Le témoin reproché era entendu dans sa déposition.*

On pourrait opposer contre cette assertion l'arrêt de la Cour de cassation rapporté sur l'art. 20 (93e. *question*); mais M. Levasseur, tom. 1, pag. 57, donne pour la détruire des raisons tirées de la différence qui existe entre l'enquête faite en justice de paix et l'enquête faite dans les tribunaux civils (1), et elles nous semblent de nature à faire décider que, dans le cas où le juge de paix trouve que les reproches faits contre un témoin, avant sa déposition, sont fondés, il serait inutile de recevoir une déposition à laquelle on ne doit avoir aucun égard. Au surplus, comme il n'y aurait point de nullité à entendre le témoin et à constater sa déposition, rien n'empêcherait le juge de paix de le faire, dans les circonstances où il présumerait, à raison de la gravité du reproche, que l'on se fît en appel un grief du rejet qu'il aurait prononcé.

Mais on sent que si le juge de paix était commis par un tribunal, à l'effet d'entendre des témoins, il devrait nécessairement faire écrire la déposition de celui qui serait reproché, puisqu'en ce cas il ne serait pas juge du mérite du reproche. — (*Voy. Locré, tom.* 1, *pag.* 86).

160. *Les causes pour lesquelles un témoin peut être reproché en justice de paix, sont-elles les mêmes que celles exprimées dans l'art.* 283?

Puisque le Code de procédure n'a point assigné de causes de reproches particulières aux témoins à entendre en justice de paix, il faut bien suppléer à son silence par les dispositions de l'art. 283, quoique cet article se trouve placé dans un livre relatif aux tribunaux inférieurs; autrement on laisserait au juge de paix à déterminer ces causes, et cette détermination serait arbitraire.

Ici l'on ne peut opposer l'arrêt de la Cour de cassation rapporté sur la 93e. question; car il ne s'agit point de suppléer des formalités de procédure; il ne s'agit que d'interpréter le silence de la loi, qui, au livre de la justice de paix, ne fixe point les causes de reproches, et dit néanmoins, et d'une manière très-expresse, que les témoins peuvent être reprochés. — (*Voy. Questions de Lepage, introduction, pag.* 49; *Locré, tom.* 1, *pag.* 84).

---

(1) « L'enquête devant le tribunal civil, dit ce jurisconsulte, se fait devant un commissaire du tribunal, qui ne peut juger des reproches, mais seulement les constater. Il est nécessaire qu'il entende le témoin reproché, parce qu'il ignore si le reproche sera admis ou rejeté. Mais, en la justice de paix, le juge, qui compose à lui seul le tribunal, peut décider sur-le-champ du mérite du reproche. S'il le trouve fondé, point de raison de recevoir une déposition inutile.

» On soutiendra peut-être qu'il faut entendre le témoin reproché, au moins dans les causes sujettes à l'appel. Si le juge de paix, dira-t-on, ne peut avoir égard à la déposition d'un témoin contre lequel on produit un reproche qui lui paraît fondé, le tribunal civil peut, sur l'appel, avoir égard à la même déposition, s'il estime le reproche mal fondé : il faut donc que la déposition de ce témoin soit reçue et constatée par écrit, afin de mettre le tribunal d'appel à portée de terminer la contestation, dans le cas où il estimerait le reproche mal fondé.

» La réponse est facile : Le juge de paix, quoique jugeant en première instance, doit se conduire d'après ses propres lumières. Ainsi, lorsqu'il trouve le reproche fondé, il doit refuser d'entendre le témoin. Si le tribunal civil, jugeant en appel, après avoir décidé au contraire le reproche mal fondé, estime que la déposition peut être utile au jugement de la cause, il ordonnera que le témoin soit entendu ».

161. *La partie qui ne s'est pas présentée à l'enquête peut-elle proposer des moyens de reproches dans l'intervalle qui s'écoulerait entre cette enquête et le jugement?*

La négative de cette question ne peut souffrir aucune difficulté, dans le cas où l'enquête a été ordonnée contradictoirement et en présence des parties; elles sont réputées savoir le jour auquel il doit être procédé à l'enquête. Si l'une d'elles ne se présente pas, c'est sa faute; l'enquête n'est pas moins censée contradictoire; son absence fait présumer qu'elle n'avait aucun reproche à proposer, ou qu'elle a renonce à cette faculté : dès lors, aux termes de l'article, il ne lui reste plus que la ressource des reproches justifiés par écrit.

Si le jugement, bien que contradictoire, n'a pas été rendu en présence des parties, il doit leur être signifié, puisque l'art. 28 n'exclut la signification des jugemens non définitifs, que pour le cas où ils ont été tout à la fois rendus en contradictoire défense, et *prononcés* en présence des parties. Or, la signification du jugement avertit la partie de se présenter à la confection de l'enquête : on peut donc appliquer à ce cas ce que l'on vient de dire pour celui où le jugement contradictoire aurait été rendu en sa présence.

De même, si le jugement interlocutoire a été rendu par défaut, comme l'opposition suspend l'exécution, ainsi que nous l'avons dit *suprà*, n°s. 78 et 94, il est évident que la partie qui laisse exécuter le jugement sans formaliser son opposition, doit s'imputer la faute de ne pas comparaître, puisque ce jugement devant lui être signifié, aux termes de l'art. 20, elle a été avertie du jour de son exécution. Ainsi, dans ce dernier cas encore, elle ne peut proposer, après la confection de l'enquête, que les seuls moyens de reproches qu'elle justifierait par écrit. Au surplus, nous ne supposerons pas que l'enquête ait eu lieu pendant les délais de l'opposition, parce qu'il est du devoir du juge de paix de ne délivrer cédule pour entendre les témoins, qu'après l'expiration de ce délai. — (*Arg. de l'art.* 55).

162. *Doit-on porter en taxe l'indemnité réclamée par un témoin qui dépose devant le juge de paix?*

M. Dumoulin, Bibliothèque du barreau, 1810, 1re. part., pag. 232, maintient la négative (1).

Cette opinion ne paraît pas fondée, puisque l'art. 24 du décret du 16 février 1807, concernant le tarif des frais et dépens, porte taxe pour les témoins entendus par les juges de paix. Or, tous les frais taxés au tarif sont supportés par la partie qui succombe.

163. *Le juge de paix commis par un tribunal de première instance ou par une Cour, à l'effet d'entendre des témoins, doit-il procéder à l'enquête suivant la forme*

---

(1) « Un témoin, dit-il, ne doit pas être distrait de ses affaires sans indemnité : elle ne » peut donc lui être refusée. La loi d'octobre 1790 ne dit pas si elle passera en taxe; la » partie du Code de procédure qui traite des justices de paix garde le même silence. Cette » omission ne peut avoir été faite sans dessein : on veut par là restreindre la faculté de faire » des enquêtes dans des affaires qui, en général, sont très simples. Une raison contraire a » fait admettre la taxe dans les enquêtes ordonnées par les tribunaux civils ».

établie par le tit. 7 du liv. 1er. du Code, qui règle la procédure à faire devant lui en matière d'enquête, ou suivant celle prescrite par le tit. 12 du liv. 2?

L'arrêt de la Cour de cassation, rapporté sur la 93e. question, ne fournit point encore de raisons suffisantes pour décider que le juge de paix n'est tenu qu'à suivre les formalités que le Code a tracées pour les enquêtes qu'il aurait ordonnées lui-même.

On opposerait que l'espèce est différente, puisque le juge de paix délégué par un tribunal de première instance n'agit plus comme juge de paix, mais comme commissaire du tribunal.

On conclurait de là qu'il doit procéder comme procéderait un commissaire choisi parmi les membres de ce tribunal lui-même, et on appuierait cette conséquence de la considération que l'on priverait arbitrairement les parties des avantages que peuvent leur présenter les formalités des enquêtes faites devant les tribunaux ordinaires, si le juge de paix commissaire n'était tenu qu'à suivre celles des enquêtes qui se font devant lui, dans les affaires qui lui sont soumises en sa qualité de juge de paix.

Cette question s'est présentée à la Cour d'appel de Rennes, dans une espèce où cette Cour ayant commis elle-même un juge de paix pour procéder à une enquête, il s'agissait de savoir si cette enquête était nulle, pour omission de la part de ce juge de plusieurs formalités prescrites par l'ordonnance de 1667.

Par arrêt du 5 avril 1808 (*voy. Journal de la Cour de Rennes, tom. 1, pag. 107*), la Cour rejeta les moyens de nullité (1), par des motifs qui s'appliqueraient également sous l'empire du Code de procédure actuel, puisqu'il prescrit, dans le premier livre de la première partie, une procédure particulière aux justices de paix, ainsi que l'avait fait la loi de 1790, et dispose (art. 592), comme l'ordonnance, que l'enquête déclarée nulle par la faute du juge-commissaire sera recommencée à ses frais (2).

---

(1) « Considérant que les juges de paix ont une forme particulière d'instruction établie » par la loi du 26 octobre 1790; que les formalités d'enquête prescrites aux autres tribu- » naux, par l'ordonnance de 1667, ne leur sont point applicables; que la Cour, au lieu de » commettre le juge de paix, aurait pu commettre le tribunal d'arrondissement; mais » qu'ayant déféré la commission à un juge de paix, elle n'a pu lui attribuer d'autres droits » ni lui imposer d'autres devoirs que ceux qui gouvernent les justices de paix; que la loi de » 1790 est, quant à la forme de procéder, le seul Code de sa juridiction patriarchale affran- » chie des entraves d'une instruction solennelle; qu'on ne peut pas dire que ce ne soit pas » comme juge de paix que le commissaire de la Cour a procédé, ce commissaire n'ayant pas » d'autres titres; qu'en le commettant, il n'a pu être dans l'intention de la Cour de le rendre » responsable de l'omission de formes qui sont censées lui être inconnues, la loi qui le régit » ne les lui ayant pas prescrites; ce qui serait cependant, en dernière analyse, et conformé- » ment même à l'ordonnance de 1667, le résultat de la nullité proposée, dans laquelle il n'y » a rien du fait personnel de la partie ».

(2) La même Cour de Rennes nous paraît avoir préjugé, dans les considérans d'un arrêt du 18 avril 1810, rapporté au tom. 1 du Journal de ses arrêts, pag. 105, la même solution d'une question semblable élevée sous l'empire du Code. Nonobstant ces décisions, le juge de paix agira prudemment, en se conformant aux dispositions du tit. 12 du liv. 2 du Code de procédure. Au reste, nous ne pensons pas que la circonstance que l'enquête se fait devant un juge de paix délégué, dispense les parties des obligations que ce même titre leur impose.

La Cour de Paris, le 26 juin 1809, a décidé la question de la même manière; mais celle

164. *Le tribunal, lorsqu'il ordonne que l'enquête sera faite hors du lieu où il siège, ne pourrait-il en confier la confection qu'à un juge commis par un tribunal qu'il désignerait ?*

Il faut remarquer que l'art. 1035 a étendu la troisième disposition de l'art. 255. Ainsi, le tribunal pourrait, d'après le premier de ces articles, commettre un juge ou même un juge de paix qu'il indiquerait lui-même dans le jugement, ou autoriser un tribunal qu'il désignerait à nommer, soit un de ses membres, soit un juge de paix.

La raison dit que le tribunal commettra toujours un juge de paix, lorsque l'enquête devra se faire dans son ressort, et qu'il conférera au tribunal du domicile des témoins la nomination du commissaire, si l'on doit procéder hors des limites de son territoire.

ARTICLE 37.

Les parties n'*interrompront* point les témoins. Après la déposition, le juge pourra, sur la réquisition des parties, et même d'office, faire aux témoins les *interpellations* convenables (1).

C. de P., art. 273, 276.

XXX. LA première disposition de cet article trouve sa solution dans celles des art. 10, 11 et 12. La seconde est une conséquence de ce que le juge doit pouvoir user de tous les moyens d'éclairer sa conscience. — (*Voyez ci-dessus commentaire de l'art.* 34, *n°.* XXVII).

ARTICLE 38.

Dans tous les cas où la vue du lieu peut être utile pour l'intelligence des dépositions, et spécialement dans les actions pour

---

de Montpellier a jugé le contraire. — (*Voy. le Rec. de la juris. des Cours souv. sur la procéd., par M. Coffinières, doct. en droit, rédact. du Jour. des avoués*).

M. Demiau, pag. 206, partage entièrement notre opinion, en ajoutant que l'enquête faite par un juge de paix est nulle, s'il a procédé suivant les simples formalités prescrites pour sa juridiction.

Aucun arrêt de la Cour de cassation n'ayant encore décidé cette question controversée, nous persisterons dans notre opinion, et sur-tout par cette autre considération vraiment importante, que présente M. Demiau : « Les parties se trouveraient privées des avantages » que peuvent leur offrir les formalités prescrites pour le tribunal devant lequel elles ont » plaidé, si le juge de paix n'était obligé, comme *juge commis*, qu'à suivre celles auxquelles » il serait assujéti dans les affaires qui lui sont soumises en sa qualité de juge de paix ».

Nous observerons, au reste, qu'en attendant que la jurisprudence soit définitivement fixée sur ce point, la prudence exige, afin de prévenir les contestations ultérieures, que les Cours et les tribunaux qui commettent un juge de paix, lui prescrivent de se conformer aux dispositions du tit. 12 du liv. 2 de la première partie du Code.

Tel est l'usage adopté par la Cour royale de Rennes, comme on peut le voir par plusieurs arrêts, et notamment par celui de la seconde chambre, du 19 juillet 1811.

(1) *Interpellation.* C'est la sommation faite au témoin de donner une *explication* quelconque sur les faits dont il dépose, et sur leurs circonstances.

déplacement de bornes, usurpations de terres, arbres, haies, fossés ou autres clôtures, et pour entreprises sur les cours d'eau (1), le juge de paix se transportera, s'il le croit nécessaire, sur le lieu, et ordonnera que les témoins y seront entendus.

T. 8. — Loi du 26 oct., tit. 4, art. 5. — C. de P., art. 28, 30, 41.

XXXI. Dans les affaires de la nature de celles dont il s'agit ici, il serait difficile au juge de bien saisir les dépositions des témoins entendus à l'audience, et non sur les lieux. La loi, en lui enjoignant d'entendre les témoins sur les lieux, lorsqu'il croit nécessaire de les visiter, donne aux parties l'assurance que le juge appréciera d'autant mieux les dépositions et prononcera en toute connaissance de cause.

165. *Quelle est la peine qu'encourrait le témoin qui se refuserait de comparaître ?*

La loi du 26 octobre n'avait point parlé de ce cas, et il en est de même du Code, au titre que nous expliquons. Dans son silence, on doit se guider par les dispositions analogues, et, par conséquent, nous estimons que l'on doit appliquer les dispositions des art. 263 et suivans, parce qu'il y a nécessité de contraindre le témoin à obéir à justice.

Article 39.

Dans les causes sujettes à l'appel, le greffier dressera procès-verbal de l'audition des témoins. Cet acte contiendra leurs noms, âge, profession et demeure, leur serment de dire vérité, leur déclaration s'ils sont parens, alliés, serviteurs ou domestiques des parties, et les reproches qui auraient été fournis contre eux. Lecture de ce procès-verbal sera faite à chaque témoin pour la partie qui le concerne; il signera sa déposition, ou mention sera faite qu'il ne sait ou ne peut signer. Le procès-verbal sera, en outre, signé par le juge et le greffier. Il sera procédé immédiatement au jugement, ou au plus tard à la première audience.

Loi du 26 oct., tit. 4, art. 4. — C. de P., art. 411, 15, 35, 274.

XXXII. Les dispositions qui précèdent sont fondées sur la nécessité de conserver les déclarations des témoins et de constater la nature des reproches, afin que le juge supérieur puisse apprécier, d'après les notions que lui fournit le procès-verbal du greffier, la décision sur le mérite de laquelle il doit statuer souverainement.

(1) Voy. notre Traité des lois d'organ. et de compét., art. 317.

166. *Si la cause est sujette à appel, et qu'il soit interjeté après le jugement, doit-on délivrer le procès-verbal de l'enquête à l'appelant?*

Oui; car il est juste qu'il puisse en faire, devant le juge supérieur, l'usage qu'il croira convenable à ses intérêts. — (*Ann. du not. comm., tom.* 1, *pag.* 73 *et* 74).

167. *La mention qu'un témoin ne sait écrire équivaut-elle à la mention qu'il ne sait signer?*

Cette question très-importante, en ce qu'elle peut se présenter dans une foule de circonstances où la loi exige mention de l'impuissance de signer, et cela souvent à peine de nullité, a été résolue négativement par arrêt de la Cour de cassation, du 14 août 1807. (*Voy. Journ. du Palais, Collect.* 1808, *art.* 27, *pag.* 161).

De ce que quelqu'un ne sait pas écrire, il ne s'ensuit pas en effet qu'il ne sache signer.

Ainsi, lorsqu'un témoin ne peut *signer, faute de savoir écrire*, il faut le mentionner de la sorte, et non pas se borner à exprimer *qu'il ne sait écrire.* Nous ne croyons pas cependant qu'il y aurait nullité de la déposition, si l'on agissait autrement, attendu que l'art. 39, en exigeant que l'on fasse mention que le témoin ne peut signer, ne porte point cette peine.

168. *Faut-il étendre aux causes jugées en dernier ressort la disposition de l'art. 39, qui porte qu'il sera procédé au jugement immédiatement après l'enquête, ou au plus tard à la première audience?*

Le juge n'est pas obligé de juger dans un tems aussi rapproché; mais il convient qu'il le fasse. Pourquoi retarder le jugement, lorsque la cause est instruite? L'art. 4 du tit. 4 de la loi du 26 octobre 1790 ordonnait, sans distinction, de procéder au jugement aussitôt après l'audition des témoins. — (*Voy. Levasseur, pag.* 59, *n°.* 107).

169. *Si l'une des parties ne termine pas son enquête dans le jour fixé, le juge peut-il, sur sa demande, lui accorder une prorogation?*

Comme la procédure est essentiellement sommaire, en justice de paix, et que l'art. 39 dispose que le jugement sera rendu au plus tard à la première audience, on pourrait douter, dit M. Biret, tom. 1, pag. 209, que cette prorogation fût dans le cas d'être accordée. Cependant cet auteur estime que le silence de la loi n'est point prohibitif, et que les tribunaux de première instance étant autorisés à proroger le délai, il est juste de ne pas refuser aux parties, plaidant en justice de paix, ce qui leur serait accordé si elles plaidaient devant ces tribunaux. Nous sommes d'autant moins éloignés d'adopter cette opinion, qu'en justice de paix, la loi ne fixe point de délai fatal pour confectionner l'enquête : d'où suit qu'elle se continue de droit jusqu'à ce qu'elle soit complète (art. 267), et que l'obligation de rendre jugement immédiatement ou à la première audience ne commence qu'à cette époque. Il est donc vrai de dire qu'il n'y a lieu à demander prorogation en justice de paix, que dans le cas où des témoins feraient défaut (265, 266), ou lorsqu'une partie, n'ayant pas complété sa preuve, voudrait faire entendre de nouveaux témoins (art. 279).

170. *Le juge ne peut-il se transporter sur les lieux et y entendre les témoins, qu'autant qu'il en aura été expressément requis par l'une des parties?*

L'affirmative est formellement résolue par l'art. 8 du tarif, lequel ajoute que la mention de cette réquisition doit être inscrite au procès-verbal du juge, et qu'autrement, il ne serait rien alloué pour frais de transport.

ARTICLE 40.

Dans les causes de nature à être jugées en dernier ressort, il ne sera point dressé de procès-verbal; mais le jugement énoncera les noms, âge, profession et demeure des témoins, leur serment, leur déclaration s'ils sont parens, alliés, serviteurs ou domestiques des parties, les reproches et le résultat des dépositions.

Art. 410, 432, 43.

XXXIII. ON sent que dans les causes où le juge de paix prononce souverainement, d'après le résultat de l'enquête, il serait d'autant plus frustratoire de dresser un procès-verbal des déclarations des témoins, que le pourvoi en cassation étant seul admis contre son jugement, et seulement encore pour cause d'incompétence, la Cour suprême n'a, sous aucun rapport, besoin de connaître ces déclarations.

171. *Lorsque la cause est de nature à être jugée en premier ressort, le jugement doit-il contenir le résultat de chacune des dépositions, ou le résultat général de toutes les dépositions?*

M. Delaporte, dans son Commentaire, tom. 1, pag. 35, pense qu'il suit de la disposition de l'art. 40 qu'il ne faut point écrire la déposition du témoin, mais énoncer le fait résultant *de sa déposition*, soit comme constant, soit comme n'existant pas.

C'est aussi l'opinion de M. Lepage, dans ses Questions, pag. 87.

Nous opposons, contre l'opinion de ces deux auteurs, celle de M. Dumoulin, Bibliothèque du barreau, 1re. part., 1810, pag. 234. Ce jurisconsulte observe que l'art. 40 dit que le jugement énoncera *le résultat des dépositions*, et raisonne ainsi :

« Cette expression générale enveloppe toutes les dépositions; elle indique » clairement que c'est après les avoir considérées dans leur ensemble qu'il faut » en présenter le résultat.

» Et en effet, la cause, dans l'espèce, ne doit pas être portée devant des » juges supérieurs : il n'est donc pas nécessaire de constater l'importance de » chacune des dépositions ; ce soin exigerait des détails inutiles.

» Le législateur a voulu trouver, dans la désignation individuelle et précise » des témoins, la garantie de leur audition; mais il ne faut pas induire de là » que l'énonciation du résultat de chaque déposition soit indispensable ; car, » indépendamment de l'obligation de rendre compte des noms, professions des » témoins, de leur prestation de serment, etc., on conçoit encore que le jugement ne doit offrir que le résultat des dépositions des témoins prises en

» masse. » — (*Voy. Ann. du not. comm., tom. 1, pag. 74, et les formules données par Levasseur, pag. 214*).

TITRE VIII.

Des Visites des lieux et des Appréciations.

DANS ce titre se trouvent les dispositions relatives au transport du juge de paix seul, ou accompagné d'experts qu'il s'est adjoints.

Ainsi, la descente sur les lieux et les rapports d'experts, dont les tit. 13 et 14 du livre suivant font, pour les tribunaux ordinaires, deux voies d'instruction absolument distinctes, se trouvent, en justice de paix, confondus dans une seule.

C'est cette présence du juge aux opérations des experts, et la part qu'il prend à leur rapport, dans les cas prévus par la loi, qui distinguent la visite des lieux ordonnée en justice de paix, des descentes et expertises qui se font en exécution d'un jugement émané d'un tribunal civil ordinaire.

En renvoyant, pour les notions générales de doctrine, aux préliminaires des tit. 13 et 14, nous nous bornerons à remarquer ici que le juge de paix doit se contenter d'ordonner son transport, tant qu'il ne s'agit que de constater ou apprécier des dommages aux champs, fruits ou récoltes, des anticipations ou entreprises, des réparations locatives, des non jouissances. Mais s'il s'agit de dégradations ou dommages faits à des ouvrages d'art qui exigent des connaissances particulières, il est de son devoir d'appeler des gens de cet art, pour faire la visite avec lui et lui donner leur avis. — (*Instruct. du* 18 *nov.* 1790).

ARTICLE 41.

Lorsqu'il s'agira, soit de constater l'état des lieux, soit d'apprécier la valeur des indemnités et dédommagemens demandés, le juge de paix ordonnera que le lieu contentieux sera visité par lui, en présence des parties.

Loi du 26 oct., tit. 5, art. 1.er, 38, 295.

XXXIV. L'ART. 41 reçoit particulièrement son application dans les contestations de la nature de celles qu'indiquent les art. 3 et 23. Lorsque les parties ne tombent pas d'accord, soit sur des faits respectivement articulés, ou sur l'état, la situation, la distance ou la mesure du terrain litigieux, soit sur le montant d'une indemnité réclamée, on a vu que le transport du juge ne pouvait être ordonné, pour l'intelligence des dépositions des témoins, qu'autant que les parties en auraient fait la réquisition formelle. Ici la disposition de la loi est formellement *impérative*, le juge *ordonnera* : d'où suit qu'il doit nécessairement rendre un *avant faire droit* qui ordonne la visite, et qui mette chacune des parties à portée de s'y trouver pour veiller à ses intérêts.

172. *Les mots* en présence des parties, *employés dans l'art. 41, supposent-ils qu'elles ne puissent se faire représenter par des fondés de pouvoir?*

On tient pour certain que les parties peuvent toujours se faire représenter par des fondés de pouvoir ; et il est d'usage de les admettre à assister à la visite avec ces procurateurs, qui sont alors conseils, mais dont les salaires ou honoraires n'entrent point en taxe. On va jusqu'à recevoir les dires, observations ou réquisitions qu'ils font pour leurs parties, et on les insère au procès-verbal, s'il en est dressé : alors ils doivent les signer, ou l'on doit faire mention de leur impuissance ou de leur refus. — (*Voy. Delaporte, tom.* 1, *pag.* 36).

Article 42.

Si l'objet de la visite ou de l'appréciation exige des connaissances qui soient étrangères au juge, il ordonnera que les gens de l'art, qu'il nommera par le même jugement, feront la visite avec lui, et donneront leur avis. Il pourra juger sur le lieu même sans désemparer. Dans les causes sujettes à l'appel, le procès-verbal de la visite sera dressé par le greffier, qui constatera le serment prêté par les experts. Le procès-verbal sera signé par le juge, par le greffier et par les experts; et si les experts ne savent ou ne peuvent signer, il en sera fait mention.

T. 21, 25. — Loi du 26 oct., tit 5, art. 2. — C. de P., art. 29, 302, 322.

173. *L'art.* 322 *est-il applicable en justice de paix ?*

Cet article ayant pour objet de donner au juge un moyen d'éclairer sa religion, on ne saurait assigner une raison valable pour interdire au juge de paix la faculté qu'il accorde à ceux des tribunaux civils d'arrondissement.

En effet, d'un côté, le magistrat ne peut être contraint à juger nonobstant l'incertitude où le laisserait le procès-verbal des experts; de l'autre, les parties seraient privées des avantages que leur eût offerts l'expertise, puisqu'un procès-verbal insuffisant est comme non avenu.

174. *L'art.* 42 *portant que le juge de paix* NOMMERA, *par le même jugement qui ordonnera la visite, des gens de l'art qui la feront avec lui, faut-il en conclure que cette nomination doive être nécessairement faite d'office ?*

La loi ne l'exige point ; tout ce qu'il résulte des termes de l'article, c'est que la nomination doit être faite par le même jugement. Si donc les parties s'accordaient à l'instant sur le choix des gens de l'art, le juge nommerait ceux qu'elles auraient indiqués ; mais si les parties n'étaient pas présentes, ou s'il s'élevait des débats sur le choix, la simplicité de la procédure exigerait que le juge nommât d'office les experts par le jugement même qui ordonnerait la visite. — (*Voy. Quest. de Lepage, pag.* 88; *Delaporte, tom.* 1, *pag.* 37; *Biblioth. du barr.*, 1810, 1re. *part., pag.* 234 *et* 235).

175. *Quel doit être le nombre des experts à nommer?*

Les experts, dans les justices de paix, ne rédigent pas à la vérité de procès-verbal; mais dans les causes sujettes à l'appel, le greffier doit tenir un procès-verbal ; et dans les causes non susceptibles d'appel, on doit, aux termes de l'art. 43, insérer au jugement le résultat de l'expertise. On sent qu'en ces deux cas, il doit être présenté un seul avis : il faut donc qu'il ait été nommé un ou trois experts. C'est d'ailleurs l'esprit général du Code (art. 303); il veut éviter le partage d'avis qui pourrait embarrasser le juge dans sa décision, ou rendre nécessaire une nouvelle expertise. — (*Voy. Quest. de Lepage, pag.* 89; *Delaporte, tom.* 1, *pag.* 37; *Biblioth. du barr.*, 1re. *part.*, 1810, *pag.* 235).

176. *Peut-on récuser les experts dans les justices de paix?*

Il n'est pas douteux que des experts convenus entre les parties ne peuvent être récusés par elles ; mais les auteurs conviennent généralement que des experts nommés d'office peuvent être récusés pour causes graves. S'il en était autrement, on aurait trop à craindre l'arbitraire et la partialité.

Cependant, comme la loi n'a établi aucune procédure sur cette récusation d'experts choisis par le juge de paix, pour l'éclairer dans sa visite, et dont il n'est pas tenu de suivre l'avis, nous ne croyons pas qu'il soit obligé d'ordonner une enquête, si les causes de la récusation n'étaient pas pleinement justifiées.

M. Delaporte, tom. 1, p. 38, dit qu'il le peut; mais ne suppléerait-on pas, en usant de cette faculté, une procédure que la loi n'autorise point, et que son esprit semble réprouver, puisque cette instruction retarderait une décision qui doit être donnée dans le moindre délai possible?

Au reste nous dirons, avec M. Lepage, Quest., pag. 89, que le juge de paix est au moins le maître d'avoir ou non égard à la récusation proposée. En effet, dit cet auteur « s'il s'agit d'une affaire au-dessous de 50 fr., on sent assez » combien il serait peu convenable, pour un objet si modique, de ne pas laisser » le juge de paix maître de peser lui-même, selon les circonstances, les motifs » de récusation, et quant aux affaires qui ne sont jugées qu'en premier ressort, » on a la ressource de l'appel pour se plaindre de ce que le juge de paix n'a » pas eu égard à la récusation qui lui a été proposée *verbalement.* »

Mais pour assurer que cet appel sera recevable, on doit dire, en argumentant des art. 39 et 40, que dans les causes qui y sont sujettes, il est nécessaire de faire l'énonciation de la récusation dans le procès-verbal.—(*Voy. Biblioth. du barr.*, 1810, 1re. *part.*, *pag.* 236).

177. *Le juge de paix est-il tenu de suivre l'avis des experts?*

L'avis des experts n'est qu'une opinion, et non pas une décision ; on ne peut conséquemment lui assigner d'autre caractère que celui d'une simple instruction, d'un simple renseignement donné au juge de paix par les experts : il n'est donc point pour lui une règle absolue qu'il doive suivre, et il peut s'en écarter suivant les circonstances et sa propre conviction.

Tel est le principe consacré par l'art. 322, suivant la maxime *dictum expertorum nunquàm transit in rem judicatam.* Ce principe est d'autant plus applicable en justice de paix, que la loi permet au juge d'y remplir, en certains cas, les fonctions d'expert; ce qui est interdit aux juges des tribunaux d'arrondissement.

178. *Le juge de paix pourrait-il refuser l'insertion au procès-verbal de toutes les déclarations ou observations que les parties, ou leurs fondés de pouvoir, pourraient faire sur les opérations des experts?*

Nous pensons, avec les auteurs des Annales du notariat (*Comm. sur le Code de procéd., tom.* 1, *pag.* 75), que la loi ne contenant aucune prohibition à ce sujet, le juge de paix ne pourrait se refuser à insérer les dires et observations dont il s'agit, attendu qu'il peut être utile de les constater, pour l'instruction de la cause, devant le juge d'appel. (*Arg. de l'art.* 317). Mais il devient nécessaire alors que les parties, ou leurs fondés de pouvoir, signent le procès-verbal, ou, s'ils ne savent signer, que le juge mentionne l'interpellation qui leur en a été faite, et leur déclaration d'approuver les dires et observations consignés à leur requête.

179. *La visite du juge et l'avis des experts peuvent-ils être constatés par des actes séparés?*

Ils doivent l'être par un seul et même procès-verbal, rédigé par le greffier. C'est ce qui résulte clairement des termes de la loi : *Ils* (les experts) *feront la visite avec lui* (le juge). *Le procès-verbal sera signé par le juge et par les experts.* Dès lors, comme l'observe M. Biret, tom. 2, pag. 299, ceux qui, par suite d'une ancienne pratique, divisent les opérations du juge et des experts en cahiers séparés, occasionnent des frais frustratoires.

Article 43.

Dans les causes non sujettes à l'appel, il ne sera point dressé de procès-verbal; mais le jugement énoncera les noms des experts, la prestation de leur serment, et le résultat de leur avis.

Loi du 26 oct., tit. 5, art. 4. — C. de P., art. 40.

180. *Si le juge de paix n'entendait pas user de la faculté que lui donne l'article 42, de statuer sur les lieux sans désemparer, devrait-il dresser procès-verbal, quoique l'affaire fût de nature à être jugée en dernier ressort?*

Dans ce cas, dit M. Biret, tom. 2, pag. 299, le juge de paix doit dresser un procès-verbal; autrement, il ne resterait ni traces de son transport, ni constatation des lieux ou appréciation des indemnités, ni dépositions des témoins. C'est ainsi, ajoute-t-il, que l'on doit interpréter l'art. 43, qui dispense de faire procès-verbal d'enquête et de visite dans les causes non sujettes à l'appel. Cette opinion nous semble contraire au texte de l'art. 43, qui ne se borne pas *à dispenser* le juge de dresser procès-verbal, mais qui le lui interdit formellement et sans distinction.

On ne peut dire ici que la lettre de la loi soit en opposition avec son esprit, puisqu'il est incontestable qu'elle est rédigée dans le but d'économiser les frais. Il n'y a donc pas lieu d'interpréter, et nous croyons, en conséquence, que l'on ne doit point rédiger de procès-verbal dans l'espèce de la question qui précède. Le juge qui a vu les lieux, et reçu verbalement l'avis des experts, sera en état de statuer d'après ces notions, qu'il aura conservées dans sa mémoire ou gardées en note.

181. *Qu'est-ce que l'on entend par* RÉSULTAT *de l'avis des experts?*

On entend l'énoncé pur et simple de leur avis, c'est-à-dire *l'apurement* donné par les experts, sans aucune mention des motifs sur lesquels il repose.

182. *Le tribunal saisi de l'appel d'un jugement par lequel le juge de paix a fait une appréciation, peut-il décider si ce juge a ou n'a pas les connaissances nécessaires pour cette appréciation, et ordonner une expertise?*

Nous croyons, avec les rédacteurs des Annales du notariat (*Comm., tom.* 1, *pag.* 76 *et* 77), que la loi s'en est rapportée à la prudence et à la conscience du juge de paix. Cependant, s'il n'avait pas une parfaite conviction qu'il pût seul faire la visite ou estimation, nous serions d'avis qu'il nommât des experts, et nous fondons notre opinion sur un arrêt de la Cour d'appel de Bordeaux, du 15 mars 1809. Il annule un procès-verbal du juge de paix de Pauliac, relatif à l'estimation de dégradations commises par un fermier dans la culture d'une vigne, par le motif que ce juge avait procédé *seul* à cette visite et estimation, et que la Cour ne pensait pas qu'il eût les connaissances suffisantes sur cette matière (1).

183. *Si le tribunal d'appel, réformant le jugement du juge de paix, ordonne une expertise, doit-il être procédé suivant les formalités prescrites par le tit.* 14 *du liv.* 2?

Les appels des juges de paix sont réputés matières sommaires par l'art. 404, et aucune des dispositions du tit. 14, qui règle la procédure à suivre sur ces matières, ne fait exception aux règles prescrites pour les expertises dans le tit. 14.

TITRE IX.

De la récusation des Juges de paix (2).

La récusation est une exception par laquelle une partie refuse d'avoir pour juge d'une contestation celui auquel la loi en attribue la connaissance.

Dans tous les tribunaux, cette exception n'est admise qu'autant qu'elle est fondée sur des causes exprimées par la loi (art. 44 et 378). On a proscrit, comme injurieuses à la magistrature, les récusations non motivées que l'on nommait *péremptoires*.

L'importance des affaires est la mesure des causes qui rendent un juge récusable; aussi le Code de procédure réduit à cinq, pour les justices de paix, le nombre de celles qu'il admet dans les autres tribunaux. (Art. 44 et 378).

Article 44.

Les juges de paix pourront être récusés, 1.° quand ils auront intérêt personnel à la contestation; 2.° quand ils seront parens ou alliés d'une des parties, jusqu'au degré de cousin-germain (3)

---

(1) Nous reviendrons sur cette question, art. 322.

(2) Voy. les préliminaires du tit. 21, liv. 2.

(3) *Cousin*; c'est un terme relatif par lequel on désigne ceux qui sont issus, soit de deux frères, soit de deux sœurs, ou d'un frère et d'une sœur. Ce sont les cousins de ce degré que l'on nomme *germains*; leurs enfans, *cousins*, du second degré sont appelés *cousins issus de germains*. (C. C., art. 738.)

inclusivement; 3.° si, dans l'année qui a précédé la récusation, il y a eu procès criminel entre eux et l'une des parties, ou son conjoint, ou ses parens et alliés en ligne directe; 4.° s'il y a procès civil existant entre eux et l'une des parties, ou son conjoint; 5.° s'ils ont donné un avis écrit dans l'affaire.

Loi du 26 oct., tit. 2, art. 1. — *Infrà*, art. 378, 382.

XXXV. La loi de 1790 n'admettait la récusation du juge de paix que lorsqu'il avait un intérêt personnel à la contestation, ou quand il était parent ou allié des parties, jusqu'au degré de cousin-germain inclusivement. Le Code restreint la récusation, pour cette dernière cause, au degré de cousin-germain inclusivement. « On a craint, a dit l'orateur du Gouvernement, de préparer trop d'en» traves dans les lieux où le commerce est peu actif; où il s'établit peu de fa» milles étrangères; où, par conséquent, les habitans sont presque tous parens » ou alliés, à des degrés plus ou moins éloignés. »

Mais, d'un autre côté, on a considéré que la récusation étant autorisée, afin de donner au plaideur une garantie d'avoir pour juge un magistrat à l'abri de tout soupçon de partialité, les deux cas prévus par la loi de 1790 n'étaient pas suffisans, et tel est le motif pour lequel l'art. 44 ne se borne pas à assigner pour cause de récusation, l'intérêt personnel du juge de paix ou de ses proches à la contestation, et y ajoute la présomption d'inimitié qui peut naître de procès existans, ou qui auraient existé entre le juge de paix, ses parens ou l'une des parties, et la prévention dont il est également présumable qu'il lui serait difficile de se défendre, s'il avait donné un avis dans l'affaire. Dans tous ces cas, disait le rapporteur de la loi, il est impossible de compter sur l'impartialité du juge.

184. *Le juge de paix n'est-il récusable que dans les affaires contentieuses, c'est-à-dire dans celles où il doit prononcer jugement?*

Nous pensons que, dans les actes de jurisdiction non contentieuse, le juge de paix, lorsqu'il n'a qu'à constater des faits, ne peut être récusé. Tel est le cas d'une apposition de scellé, etc. Mais comme le Code civil lui accorde non seulement droit de suffrage, mais voix *prépondérante* dans les assemblées de famille, nous serions porté à croire qu'il peut être récusé dans ces circonstances. On ne peut aujourd'hui dire, comme M. Guichard en 1791, *qu'il ne fait que recevoir la délibération de la famille.*

185. *Un juge de paix, président d'un bureau de bienfaisance, membre d'une fabrique, etc., peut-il être récusé pour ce motif?*

Non, parce qu'il ne s'ensuit pas qu'il soit *personnellement* intéressé au succès d'une cause portée devant lui par ce bureau ou cette fabrique. — *(Cassat., 21 avril* 1812, *Sirey, tom.* 12, *pag.* 341.)

186. *Que doit-on entendre par ces mots*, PROCÈS CRIMINEL, *employés dans le* § 3 *de l'art.* 378?

Nous croyons, contre le sentiment de M. Delaporte, tom. 2, pag. 347, devoir considérer ces mots, *procès criminel*, comme des termes génériques qui comprennent tout procès, soit en police simple ou correctionnelle, soit en justice criminelle, et non pas seulement les derniers. Ici ces termes, *procès criminel*, ne nous semblent employés que par opposition avec ceux-ci, *procès civil*, qui se trouvent dans le § 4, et n'admettent conséquemment aucune distinction. D'ailleurs, de simples discussions dans un tribunal de police suffisent pour exciter des haines entre les familles qui les ont soutenues; mais une simple plainte ou dénonciation qui n'aurait pas eu de suite, ne pourrait fonder une récusation, car elle ne constitue pas ce qu'on appèle *un procès criminel*. — (*Voy. Comm. Ann. not.*, *pag.* 455 *et* 456).

187. *Le juge de paix est-il récusable pour avoir donné un avis verbal?*

Quelle que soit la manière dont un juge de paix ait manifesté son opinion, dit M. Dumoulin (*Biblioth. du barr.*, 1810, 1re *part.*, *pag.* 236), la partie a le droit de lui ôter la connaissance de l'affaire; mais un officier public est digne de foi; de manière qu'en déclarant qu'il n'a pas donné d'avis, il écarte la récusation. Telle était aussi l'opinion de M. Levasseur, dans son Manuel des justices de paix, pag. 66, n°. 121.

Mais il nous paraît que le texte du § 5 de l'art. 44 s'oppose à cette décision, puisqu'il prononce formellement que les juges de paix pourront *être récusés, s'ils ont donné un avis* ÉCRIT *dans l'affaire;* et la raison de cette restriction est l'intention qu'aurait eue le législateur de ne pas placer le juge de paix dans la nécessité de faire une dénégation qui laisserait à sa suite quelque prise à la calomnie, ou de prévenir les abus de la preuve testimoniale, qu'il faudrait autoriser, si cette dénégation n'était pas suffisante.

188. *Mais, par ces mots,* UN AVIS PAR ÉCRIT, *le législateur a-t-il entendu que le juge de paix serait récusable toutes les fois qu'il aurait donné son avis, soit par lettres missives, soit autrement, encore bien qu'il n'eût pas écrit en forme de consultation?*

Nous croyons que les expressions générales de la loi conduisent nécessairement à l'affirmative de cette question. Aussi M. Delaporte, dans son Commentaire, pag. 39, dit-il que le juge de paix est récusable, n'importe *de quelle manière il ait donné son avis par écrit;* et il rapporte un exemple d'une récusation admise contre un juge de paix qui avait énoncé son avis dans une lettre missive.

Cette remarque avertit les juges de paix de prendre garde à se prononcer d'une manière quelconque dans les lettres par lesquelles, suivant un usage très-louable d'ailleurs, ils préviendraient le défendeur des demandes qu'on se propose de former contre lui.

189. *Pourrait-on, pour récuser un juge de paix, prouver par témoins l'existence d'un écrit dans lequel il aurait donné son avis?*

Suivant M. Delaporte, tom. 1, pag 39, il résulterait de ce que la loi n'autorise la récusation qu'autant que le juge de paix aurait donné un avis par écrit, qu'elle a entendu attacher à la représentation de cet écrit l'admission de la récusation; mais bien entendu dans le cas où le juge de paix en contesterait les causes. Nous préférons résoudre la question par les dispositions de l'art. 389, qui porte que si le récusant n'apporte pas preuve par écrit ou commencement de preuve des causes de la récusation, il est laissé à la prudence du tribunal de rejeter la récusation ou la simple déclaration du juge, ou d'ordonner la preuve testimoniale. Il est d'autant plus juste de tenir à cette opinion, qu'il est pour ainsi dire impossible que le récusant ait en main l'avis écrit du juge de paix, avis qui a été donné à sa partie adverse; en sorte qu'il dépendrait du juge récusé d'écarter la récusation par une simple dénégation, qui ne pourrait presque jamais être démentie, si la preuve par témoins n'était pas recevable, au moins suivant les circonstances, comme le veut l'art. 389.

190. *Le juge de paix est-il récusable, s'il est maître de l'une des parties?*

Non, puisque cette cause de récusation, proposée par le Tribunat, fut rejetée, lors de la dernière discussion au Conseil d'état. (*Locré, tom.* 1., *pag.* 96). Au reste, on doit s'en tenir strictement à celles que la loi exprime. — (*Voy. suprà*).

Article 45.

La partie qui voudra récuser un juge de paix, sera tenue de former la récusation et d'en exposer *les motifs* par un acte qu'elle fera signifier par le premier huissier requis, au greffier de la justice de paix, qui visera l'original. L'exploit sera signé, sur l'original et la copie, par la partie ou son fondé de pouvoir spécial. La copie sera déposée au greffe, et communiquée immédiatement au juge par le greffier.

T. 14, 30. — Loi du 26 oct., tit. 2, art. 2. — C. de P., art. 384.

XXXVI. En prescrivant le mode de récusation ci-dessus, le législateur a voulu prévenir le scandale d'une récusation faite à la face du juge, à l'audience, et ce qu'il y aurait d'ailleurs d'inconvenant et de contraire à la dignité de la magistrature, de lui signifier à personne un acte de cette nature; mais en même tems on pourvoit aux intérêts de la partie, d'abord en lui laissant le choix de l'huissier, ce qui la met à l'abri de tout abus qui pourrait résulter de la dépendance de l'huissier de la justice de paix, si elle eût été obligée d'employer son ministère; 2°. en exigeant le visa du greffier sur l'original de l'exploit, qui, restant entre les mains de la partie, fournit la preuve de l'existence de la récusation. D'un autre côté, et dans la vue d'empêcher qu'une tierce personne ne fît notifier, à l'insu de la partie, un acte de récusation, la loi veut que l'intention de ce tiers soit positivement manifestée par sa signature sur l'original et la copie, ou par celle d'un fondé de pouvoir spécial contenant l'autorisation de récuser pour tel ou tel motif.

191. *Pourrait-on conclure de ce que la loi exige* L'EXPOSÉ DES MOTIFS, *qu'il en faille déduire plusieurs?*

Non, sans doute; un seul des motifs exprimés dans l'art. 44 forme une cause légale de récusation. — (*Indicat. judic., par M. Debouis, tom* 1, *pag.* 54).

192. *Le juge de paix qui sait cause de récusation en sa personne, est-il tenu de s'abstenir?*

C'est un devoir que la délicatesse lui impose, comme le disait M. Guichard, dans son Code de la justice de paix, quest. 11.

M. Biret, tom. 2, estime qu'il le doit, non seulement pour les causes prévues par l'art. 44, mais encore pour celles que détaille l'art. 378. Il est certainement conforme au vœu du législateur que le juge de paix s'abstienne, dans les cas posés par le premier de ces articles ; ce vœu est clairement manifesté par l'art. 380. Dans les cas du second, nous ne pensons pas qu'il dût s'abstenir, si l'une des parties s'y opposait (*voy. nos quest. sur l'art.* 380); mais en toute hypothèse, nous dirons, avec M. Guichard, qu'il n'y a point obligation rigoureuse.

193. *Mais du moins, le juge de paix contre lequel une récusation a été formée, ne doit-il pas nécessairement s'abstenir?*

Il est obligé de s'abstenir de statuer, jusqu'à ce que le tribunal de première instance ait prononcé sur le mérite de la récusation. — (*Cassat.*, 15 *fév.* 1811, *Sirey, tom.* 11, *pag.* 253).

194. *Si le greffier de la justice de paix, auquel doit être signifié l'acte de récusation, refusait de donner le* VISA *exigé par l'art.* 45, *à quel fonctionnaire l'huissier devrait-il s'adresser?*

Il nous semble qu'il devrait faire mention du refus du greffier, et présenter l'original au procureur du roi, qui le viserait. — (*Voy. Delaporte, tom.* 1, *pag.* 40).

195. *Si le récusant ne sait ou ne peut signer, comment l'huissier suppléera-t-il à ce défaut? Lui suffira-t-il de mentionner l'ignorance ou l'impuissance du récusant?*

Nous ne croyons pas que la loi ait entendu donner à l'huissier la faculté de recevoir et de constater la déclaration que le récusant lui fait de ne pouvoir ou ne savoir signer; ce serait encore suppléer davantage à sa disposition, que d'admettre que la partie ou son fondé de pouvoir pût se présenter devant le greffier, qui constaterait les causes du défaut de signature. En effet, la loi veut que l'exploit soit signé *par la partie*, ou *par son fondé de pouvoir*; elle ne répète point dans l'art. 45, ainsi qu'elle l'a fait ailleurs, que si l'une ou l'autre ne sait ou ne peut signer, il sera fait mention des causes du refus. Nous concluons de là que le récusant qui ne saurait ou qui ne pourrait signer, doit donner, à l'effet de former la récusation, un pouvoir spécial à une personne qui sache signer : c'est du moins le parti le plus prudent. — (*Voy. Man. de Levasseur, pag.* 67, *n°.* 122; *Biblioth. du barr.*, 1810, 1re. *part.*, *pag.* 237).

196. *Peut-on récuser le juge de paix de toute autre manière que celle qu'indique l'art.* 45?

En prescrivant ce mode, la loi a voulu prévenir le scandale d'une récusation faite à la face du juge, audience tenante. Ainsi, toute récusation ne peut être valablement formée que de la manière prescrite par le Code. — (*Guichard*).

197. *Lorsqu'une partie a une fois comparu devant le juge, et qu'elle a proposé sa défense au fond, est-elle encore recevable à former sa récusation?*

M. Guichard, en 1791, décidait cette question pour la négative; et son opinion est incontestable aujourd'hui, d'après l'art. 382 du Code actuel.

Article 46.

Le juge sera tenu de donner au bas de cet acte, dans le délai de deux jours, sa déclaration par écrit, portant, ou son acquiescement à la récusation, ou son refus de s'abstenir, avec ses réponses aux moyens de récusation.

T. 14. — Loi du 26 oct., tit. 2, art. 3. — C. de P., art. 386.

XXXVII. Le cours de la justice ne saurait être long-tems interrompu, et surtout à l'égard des affaires placées dans les attributions du juge de paix : c'est le motif de la briéveté du délai dans lequel ce juge doit s'expliquer. Ou il *acquiesce* à la récusation, en reconnaissant le fondement des motifs allégués, et alors il ne peut exister de débat ultérieur; ou il *refuse de s'abstenir*, en exposant les raisons de ce refus; ou il *garde le silence*, et dans ces deux derniers cas, il est statué sur la récusation ainsi qu'il est dit sur l'art. 47.

198. *Lorsque le juge de paix a acquiescé à la récusation, peut-il rétracter ensuite cet acquiescement?*

Nous pensons qu'une fois l'acquiescement donné, il n'est pas permis au juge de se rétracter, et qu'il ne serait pas besoin de le constater une seconde fois, quelque laps de tems qui se fût écoulé depuis, à moins que ce laps de tems ou les événemens n'eussent réellement fait cesser le motif.

199. *Dans le cas où le juge de paix acquiesce à la récusation, par qui le renvoi devant le juge qui devra connaître de la contestation doit-il être prononcé?*

Par le juge de paix lui-même, dit M. Lepage dans ses Questions, pag. 91. M. Dumoulin, dans la Bibliothèque du barreau, combat cette opinion.

Mais nous observerons que la question paraît formellement résolue par les articles suivans de la loi du 16 ventôse an 12 :

Article premier. « En cas d'empêchement légitime d'un juge de paix et *de » ses suppléans*, le tribunal de première instance, dans l'arrondissement duquel » est située la justice de paix, renvoie les parties devant le juge de paix du can» ton le plus voisin. »

2. « Le jugement de renvoi est demandé par la partie la plus diligente, sur » simple requête et d'après les conclusions du procureur du roi, parties présentes » ou dûment appelées. »

Vainement dirait-on que cette loi n'est relative qu'au cas d'empêchement légitime qui résulterait de maladie, par exemple, et non à celui de la récusation, dans lequel le juge est présent et peut prononcer le renvoi; nous répondrions qu'une cause légitime de récusation est un empêchement légitime pour le juge qui la reconnaît.

Aussi M. Thomines Desmazures, dans son Traité de procédure, enseigne-t-il que dans le cas où le juge de paix se récuse pour une cause légitime, est malade ou décédé, et qu'il n'a point de suppléant, ou qu'il y a aussi empêchement à l'égard de ce dernier, l'on doit appliquer les deux articles ci-dessus rapportés de la loi du 16 ventôse an 12.

ARTICLE 47.

Dans les trois jours de la réponse du juge qui refuse de s'abstenir, ou faute par lui de répondre, expédition de l'acte de récusation et de la déclaration du juge, s'il y en a, sera envoyée par le greffier, sur la réquisition de la partie la plus diligente, au procureur du Roi près le tribunal de première instance dans le ressort duquel la justice de paix est située. La récusation y sera jugée en dernier ressort dans la huitaine, sur les conclusions du procureur du Roi, sans qu'il soit besoin d'appeler les parties.

T. 14. — Loi du 26 oct., tit. 2, art. 6.

XXXVIII. SUIVANT la loi de 1790, le juge de paix qui n'avait point répondu à l'acte de récusation, était censé avoir consenti à s'abstenir, et ne pouvait rester juge. Le Code, au contraire, loin de regarder ce silence comme acquiescement, veut que le tribunal de première instance prononce; car il est possible que le juge de paix croie devoir ne point répondre, parce qu'il voudra s'en rapporter à ce qui sera décidé par les juges supérieurs. Ainsi, soit que le juge de paix refuse de s'abstenir, soit qu'il ne réponde pas, la récusation doit être jugée, ainsi que nous venons de le dire n°. 199 — (*Voy. Rap. au Corps Légis.*)

200. *L'envoi au tribunal civil de la récusation et de la réponse du juge, doit-il être fait d'office, s'il n'est pas requis dans les trois jours?*

Les parties peuvent se désister de la récusation; d'un autre côté, elles doivent faire l'avance des frais d'expédition et de transport des pièces : le greffier doit donc attendre la réquisition. Le but évident de l'art. 47 est d'imposer au greffier l'obligation de ne pas laisser plus de trois jours sans faire l'envoi demandé; s'il dit que dans les trois jours de la réponse du juge, l'expédition des pièces doit avoir lieu, c'est qu'il suppose que les diligences de la partie ont suivi de près. — (*Voy. Demiau Crouzilhac, pag.* 45).

201. *La partie adverse du récusant pourrait-elle s'opposer à l'acquiescement du juge de paix, et demander, nonobstant son consentement, l'envoi de l'acte de récusation et le jugement définitif?*

M. Delaporte, tom. 1, pag. 41, déclare pencher pour l'affirmative, d'après le principe que les fonctions des juges ne sont pas purement volontaires, et que les magistrats ne sont pas les maîtres de s'en exempter sans causes légitimes; principe dont l'art. 381 n'est qu'une conséquence.

Quoi qu'il en soit, l'art. 47 prescrivant l'envoi de l'acte de récusation dans les trois jours de la réponse du juge qui *refuse de s'abstenir*, nous pensons qu'il s'explique suffisamment pour faire rejeter cette opinion, contre laquelle on pourrait opposer d'ailleurs que la loi a entendu épargner, en ce cas, les lenteurs qu'occasionnerait un jugement sur la récusation.

202. *Les parties peuvent-elles plaider sur la récusation devant le tribunal civil,*

Rien ne paraît s'opposer à ce que le tribunal admette les parties à proposer leurs moyens à son audience; mais il ne doit à ce sujet permettre aucune procédure, ni allouer aucuns frais. Cependant, comme il est autorisé à statuer sur la récusation, sans qu'il soit besoin d'appeler les parties, il pourrait leur refuser l'audience qu'elles demanderaient s'il ne voyait aucune nécessité, et à plus forte raison s'il trouvait quelque inconvénient à les entendre. En tous les cas, la délicatesse fait un devoir au juge de paix de ne pas se présenter. — (*Voy. Quest. de Lepage, pag.* 90; *Bib. du barr.*, 1810, 1re *part.*, *pag.* 238; *Delaporte, tom.* 1, *pag.* 41).

203. *Quelle marche faut-il suivre pour le jugement de récusation et le renvoi des pièces?*

La loi ne l'indique pas dans les dispositions relatives aux justices de paix; mais on trouve des cas analogues dans les art. 394 et 395 : ces articles pourraient donc servir de règles. Ainsi, le procureur du Roi remettrait les pièces au président, qui nommerait un juge sur le rapport duquel, et après les conclusions du ministère public, il serait rendu jugement. Alors la partie la plus diligente ayant requis expédition du jugement, le greffier du tribunal renverrait les pièces au greffier de la justice de paix.

M. Dumoulin dit que le procureur du Roi ferait lui-même ce renvoi; mais nous pensons qu'une fois que les pièces ont été remises au président, et que le jugement est rendu, elles doivent être déposées au greffe comme pièces de procédure, et que conséquemment c'est le greffier qui doit en faire le renvoi. — (*Voy. Quest. de Lepage, pag.* 90; *Biblioth. du barr.*, 1810, 1re. *part.*, *pag.* 238.)

204. *Quel doit être le sort de la procédure faite devant le juge de paix, lorsqu'il y a récusation?*

Il faut distinguer:

1°. La procédure antérieure à la récusation est valable, parce que la récusation n'a pas lieu de plein droit; c'est une exception : il faut statuer à son égard.

2°. La procédure postérieure à la récusation jugée valable est nulle; le juge de paix doit en supporter les frais : il peut même être condamné aux dommages-intérêts envers les parties. — (*Voy. Quest. de Lepage, pag.* 90; *Biblioth. du barr.*, 1re. *part.*, *pag.* 239.)

3°. Si, au contraire, la récusation est rejetée, la procédure postérieure serait également susceptible d'annulation, parce que la récusation a suspendu les pouvoirs du juge jusqu'à la décision définitive du tribunal. C'est ce que prouve évidemment la disposition de l'art. 387; c'est aussi ce qui a été jugé par arrêt de la Cour de cassation, du 15 février 1811. — (*Sirey, tom.* 11, *pag.* 253.)

205. *A quelle époque de la procédure la récusation doit-elle être opposée?*

La loi n'ayant fixé aucun délai, le récusant qui n'a pas encore comparu à l'audience, nous paraît recevable à opposer la récusation en tout tems, même au jour indiqué pour la comparution des parties; mais nous ne croyons pas qu'il le fût après une première comparution; car, comme le remarque M. Levasseur, pag. 69, n°. 126, lorsque le demandeur figure dans la cause, il accepte le juge de paix pour juge; il renonce tacitement aux moyens de récusation qu'il pourrait avoir contre lui.

Mais on sent que cette décision ne peut s'appliquer au cas où les causes qui rendent le juge récusable seraient survenues depuis la comparution. — (*Arg. de l'art.* 481.)

LIVRE II.

DES TRIBUNAUX INFÉRIEURS. (1)

Sous cette expression, *tribunaux inférieurs*, le Code, par opposition aux Cours royales, auxquelles ils sont subordonnés, désigne tous les tribunaux civils, c'est-à-dire les tribunaux de première instance ou d'arrondissement, et les tribunaux de commerce.

Les dispositions qui règlent la procédure à suivre dans ces tribunaux, indiquent les voies et moyens de procéder en toute affaire, depuis et compris l'essai de conciliation jusqu'au jugement inclusivement.

Cette procédure, objet des vingt-cinq titres qui composent le liv. 2, peut être envisagée sous six rapports :

1°. *Procédure préparatoire.* C'est celle de l'essai de conciliation (tit. 1.er)

2°. *Procédure simple ou ordinaire.* C'est celle que l'on suit en toutes affaires, et qui suffit pour l'instruction, depuis l'ajournement jusqu'au jugement, dans un procès dégagé d'exceptions et de toutes espèces d'incidens (tit. 2)

3°. *Procédure incidente.* C'est celle qui, en outre des formalités de la procédure ordinaire, en prescrit de particulières concernant les exceptions (tit. 9), les preuves (tit. 10--15), les demandes incidentes (tit. 16), les reprises d'instance et constitutions de nouvel avoué (tit. 17), le désaveu (tit. 18), les récusations, soit du tribunal entier, soit d'un juge en particulier (tit 19—21.)

4°. *Procédure relative à l'anéantissement de l'instance*, par péremption (tit. 22), et par désistement (tit. 23.)

5°. *Procédure sommaire*, pour certaines matières civiles en faveur desquelles la loi abrège les procédures ordinaires ou incidentes (tit. 24.)

6°. *Procédure commerciale.* C'est la procédure sommaire particulière aux affaires de commerce (tit. 25)

Ces différens points de vue sous lesquels nous envisageons, d'après M. Berriat Saint-Prix, la procédure à suivre dans les tribunaux inférieurs, présentent une division naturelle du liv. 2 en six parties, et facilitent l'intelligence de son plan et de ses différens objets.

---

(1) L'ancienne procédure était réglée, savoir :

MATIÈRES ORDINAIRES. Ordon. de 1667. — Procès-verbal des conférences. — Loi des 3 brum. an 2 et 27 vend. an 8. — Décret du 18 fruct. de la même année.

MATIÈRES SPÉCIALES. Ordon. de 1737 sur le faux.

MATIÈRES COMMERCIALES. Ordon. de 1673.

PREMIÈRE DIVISION.

TITRE I.er DU LIVRE II DU CODE (1).

De la Procédure préparatoire, ou de l'Essai en conciliation. (2).

Le préliminaire de la conciliation est une tentative que fait le juge de paix, à l'effet de concilier, sur un procès près de naître, les parties qui se présentent devant lui volontairement ou en vertu de citation.

La loi du 24 août 1790 créa cette formalité, que le Code a conservée, mais seulement pour les cas où elle peut évidemment être utile, et où les frais et les retards qu'elle occasionne ne doivent pas entraîner des inconvéniens plus certains que les avantages qu'elle fait espérer. — (*Voy. Locré, tom.* 1.er, *pag.* 106 — 113.)

Les dispositions que le Code renferme à ce sujet établissent cette procédure, que nous appelons *préparatoire*, attendu que l'essai de conciliation n'est point un acte *introductif* d'instance, mais un *préliminaire* indispensable pour qu'une instance soit introduite, si toutefois l'action n'est pas formellement exceptée. (Art. 49).

La loi y assujétit toute action *principale* et *introductive* d'instance susceptible de transaction, à raison de son objet et de la qualité des personnes, dirigée contre moins de trois parties, et de nature enfin à devoir être nécessairement portée devant un tribunal de première instance. (Art. 48 et 49).

Mais elle fait en même tems plusieurs exceptions à cette règle générale. Les unes sont détaillées dans l'art. 49 (*voy. les quest. sur cet article*); les autres sont spécialement désignées dans les art. 320, 345, 566, 570, 718, 839, 856, 871, 878, 883.

On remarquera que ces exceptions ne sont pas des prohibitions, mais seulement des *dispenses*; et que, par conséquent, il n'y aurait pas matière à nullité, si l'on avait essayé la conciliation dans une affaire pour laquelle la loi ne l'exige pas (3).

D'un autre côté, trois principes sont aujourd'hui consacrés par la jurisprudence, quoiqu'ils ne soient point textuellement exprimés dans le Code :

Le premier, c'est que le *défaut de citation en conciliation se couvre par la pro-*

---

(1) Nous suivrons, pour le numérotage des titres de chaque division, la série du liv. 2 du Code. Ainsi, le numéro de chacun des titres d'une division est le même que celui qu'il se trouve avoir dans cette série; par exemple, le premier titre de la seconde division ci-après portera le n.° 2, parce que c'est le numéro sous lequel il est placé dans le liv. 2 du Code.

(2) Voy., sur la procédure antérieure, loi du 24 août 1790, tit. 10; — 27 mars 1791; — 21 germ. an 2; — 26 vent. an 4; — Instruction du comité de constitution, du 18 nov. 1790, chap. 1.er

(3) Montpellier, 5 août 1807. — Jurisp. du Code de procédure, tom. 1.er, pag. 143.

cédure de la partie qui néglige de l'opposer : d'où suit que le juge ne pourrait même la suppléer d'office, comme étant une exception d'ordre public (1);

Le second, c'est que, *dans le doute,* il faut décider pour la conciliation; principe fondé sur les dispositions impératives de l'art. 48, et confirmé d'ailleurs par les exceptions portées en l'art. 49 (2);

Le troisième, c'est que le juge de paix n'étant ici que *conciliateur,* et non pas juge, il ne pourrait, sans excès de pouvoir et sous prétexte que l'affaire fût de la compétence de sa justice, rendre un jugement sur l'objet du litige (3).

ARTICLE 48.

Aucune demande principale, introductive d'instance entre parties capables de transiger, et sur des objets qui peuvent être la matière d'une transaction, ne sera reçue dans les tribunaux de première instance, que le défendeur n'ait été préalablement appelé en conciliation devant le juge de paix, ou que les parties n'y aient volontairement comparu (4).

Loi des 16 et 24 août 1790, tit. 10, art. 2. — C. C., art. 2045.

XXXIX. SUIVANT les lois de l'Assemblée constituante, aucune action principale ne pouvait être reçue sans le préliminaire de la conciliation. La loi du 24

---

(1) L'opinion contraire a été fortement soutenue par M. Merlin, Quest. de droit, au mot *appel.* — Pigeau, édit. de 1807, tom. 1.er, pag. 145; mais il faut céder à l'autorité d'une jurisprudence constante. — (*Voy. Berriat Saint-Prix, pag.* 19, *not.* 27).

(2) Berriat Saint-Prix, pag. 186, not. 5.

C'est ainsi que la Cour de Rennes, par arrêt du 30 décembre 1819, a jugé qu'une partie qui s'était, en première instance, désistée de cette exception, ne pouvait la reproduire en cause d'appel. — (*Journ., tom.* 5, *pag.* 343).

(3) Cassat., 21 messid. an 5, Sirey, tom. 20, pag. 474.

(4) JURISPRUDENCE.

1.° Il y a demande principale, et par conséquent sujette au préliminaire de conciliation, lorsque celui qui n'a conclu, en première instance, qu'à la rescision d'un contrat de vente pour lésion, substitue une demande en nullité. — (*Cassat.*, 22 *fév.* 1809, *Sirey, tom.* 9, *pag.* 551).

D'où l'on peut conclure, en général, que si, dans une instance déjà engagée entre deux parties, l'une se désiste de sa demande introductive pour en former une autre qui, bien qu'elle tende au même but que la première, est appuyée sur un motif absolument distinct, cette dernière demande est sujette à l'essai de conciliation. En effet, les deux demandes diffèrent quant à leur objet et leurs motifs, encore bien qu'elles puissent conduire au même but.

2.° Lorsque la Cour de cassation, en annulant un jugement, a renvoyé la cause devant un autre tribunal, le demandeur n'est pas tenu, pour exercer de nouvelles poursuites, de citer préalablement sa partie adverse au bureau de paix. (*Arrêt de cassat. du* 26 *pluv. an* 11, *Quest. de droit*, v.° rente foncière, § 11, *tom.* 4, *pag.* 381, 2.° *édit.*)

3.° Une demande tendant à ce que l'adversaire soit obligé de se désister d'une instance pendante devant d'autres juges, est en soi une demande principale. — (*Cassat.*, 11 *déc.* 1809, *Sirey*, 1810, *pag.* 241).

4.° Une demande formée par plusieurs cohéritiers est recevable, quoique la conciliation

août 1790 exigeait même ce préliminaire avant de procéder en cause d'appel, comme avant d'intenter l'action. Le Code a restreint l'obligation aux demandes tout à la fois *principales et introductives d'instance* (1). On a considéré, avec raison, que toute formalité inutile présentait le double inconvénient de multiplier les frais et de retarder l'expédition des affaires. Or, à quoi bon eût-on exigé la conciliation sur une demande incidente, lorsque déjà les parties ont déclaré ne pas vouloir se concilier sur la demande originaire, et que celle-ci ne peut être décidée, suivant les circonstances, qu'après celle-là ou conjointement avec elle? (Art. 338).

D'un autre côté, la loi ne soumet à cette épreuve que *les parties capables de transiger*, parce qu'aux termes de l'art. 2045 du Code civil, il faut, à cet effet, avoir la capacité de disposer des objets compris dans la transaction, et que le but de la conciliation est d'opérer un arrangement, ou, ce qui est la même chose, une transaction entre les parties (2). Par la même raison, et comme il est des

---

n'ait été tentée que par l'un d'eux. — (*Paris, 2 mars* 1814, *Sirey, tom.* 14, 2.e *part., pag.* 367).

5.° Lorsqu'un tribunal civil annule par incompétence le jugement rendu par un juge de paix, il ne peut ordonner que les parties procéderont devant lui, sans essai préalable de conciliation, si la demande n'est pas d'ailleurs du nombre de celles que la loi dispense de ce préliminaire. — (*Cassat., 6 germ. an* 2; *Jurisp. des Cours souv., tom.* 2, *pag.* 400).

Il est évident que cette décision doit être suivie sous l'empire du Code; autrement, il y aurait violation de l'art. 48.

6.° Lorsque, sur une action possessoire portée au bureau de paix, le juge renvoie les parties à se pourvoir au pétitoire, cette dernière action n'est point dispensée du préliminaire de conciliation, par cela seul que les demandeurs et le défendeur ont déjà comparu en justice de paix. — (*Bruxelles, 27 flor. an* 9, *Sirey, tom.* 4, 2.e *part., pag.* 510).

7.° Lorsqu'après avoir demandé contre un acquéreur la nullité de sa libération, le demandeur conclut à l'annulation pure et simple du contrat de vente, il forme une nouvelle demande principale, qui doit être intentée par un exploit d'ajournement, et précédée d'un essai en conciliation. — (*Riom, 27 mars* 1817, *Sirey, tom.* 18, *pag.* 240).

Il en est de même dans tous les cas que nous avons examinés sur l'art. 464, *et dans lesquels il n'y a pas un simple changement de conclusions de la part de celui qui était demandeur en première instance, ou addition de la part de celui qui était défendeur de chefs de demande formant défenses à l'action principale,* mais véritablement demande nouvelle sujette à l'essai de conciliation.

M. Coffinières émet la même opinion dans sa Jurisprudence des Cours souveraines, tom. 2, *pag.* 423.

8.° Lorsque le mari comparaît pour sa femme et se porte fort pour elle, il n'est pas nécessaire, l'action fût-elle immobilière, qu'il ait mandat spécial pour transiger, si le défendeur se borne à déclarer qu'il ne peut se concilier, et ne requiert ni la présence de la femme, ni l'exhibition du mandat de celle-ci. — (*Cassat., 10 mars* 1814, *Sirey, tom.* 15, *pag.* 16).

9.° La femme qui, après avoir obtenu séparation, poursuit le paiement des sommes que son mari lui doit, n'est pas tenue de le citer à cet effet en bureau de paix, sur-tout si elle a formé sa demande pendant l'instance de séparation. Elle peut la former par acte d'avoué à avoué, parce qu'elle n'est qu'une suite, qu'une exécution du jugement de séparation. — (*Art.* 337; *cassat., 14 août* 1811, *Sirey, tom.* 11, *pag.* 353).

10.° Lorsqu'une partie a été autorisée à citer au civil un fonctionnaire public, à raison de ses fonctions, l'autorisation du Gouvernement ne dispense point le demandeur de l'appeler en bureau de paix, puisque l'action le concerne personnellement, et qu'il peut transiger sur l'affaire qu'elle concerne. — (*Cassat, 27 floréal an* 5, *Bull. offic., tom.* 10, *pag.* 184).

(1) Voy. la quest. 206.

(2) Ainsi, l'on ne peut appeler en conciliation, 1.° le mineur proprement dit en aucun cas; 2.° le mineur émancipé, que sur les seuls objets de pure administration (*C. C., art.* 481);

objets sur lesquels la loi ne permet pas de transiger, et ce sont tous ceux sur lesquels elle défend de compromettre (*C. de P. art.* 8, 84, 1003 *et* 1004), l'essai (1) de conciliation n'est exigé que lorsqu'il s'agit d'objets qui ne se trouvent pas dans cette catégorie.

206. *Qu'est-ce que l'on entend, en général, par demande principale et introductive d'instance?*

Suivant tous les auteurs, une demande principale est celle par laquelle on commence une contestation; c'est la première réclamation judiciaire que fait une partie, et qui constitue ce qu'on nomme le *fond*, ou le principal du procès, par opposition aux demandes que l'on appèle *incidentes*, parce qu'elles ne sont survenues que pendant l'instruction de la première.

L'art. 48 exige, pour que la demande principale soit sujette à l'essai de conciliation, qu'elle soit en même tems *introductive d'instance.*

Mais une demande introductive est aussi celle qui commence le procès. Ainsi, comme le remarque M. Pigeau, « ces deux conditions paraissent, au premier » coup d'œil, se confondre. Cependant, avec un peu d'attention, dit-il, on » sentira aisément qu'elles diffèrent. Toute demande principale n'est pas intro- » ductive d'instance; l'intervention, par exemple, qui est bien demande prin- » cipale, quant à l'intervenant, la garantie, qui l'est aussi quant au garanti, » ne sont pas introductives d'instance, quoique demandes principales : il n'est » donc pas nécessaire qu'elles soient précédées de la tentative de conciliation. »

Cette explication est parfaitement juste, mais elle exige, pour l'intelligence de l'art. 48, une autre définition que celle que les auteurs ont donnée.

Nous dirons, en conséquence, que la demande principale est celle que l'on forme pour la première fois contre une partie, et qui ne se rattache, ni quant à son objet, ni quant à ses motifs, à aucune autre demande déjà formée, soit contre cette partie, soit contre une autre. Ainsi, pour ne pas nous écarter des exemples donnés par M. Pigeau, la garantie est demande principale, parce qu'elle est pour la première fois formée contre le garanti, et ne se rattache à aucune demande déjà dirigée contre lui; mais elle ne sera pas introductive d'instance, si elle est formée sous le cours d'une contestation pendante entre le garanti et un tiers.

De même l'intervention est demande principale, puisque l'intervenant n'a encore formé aucune demande contre les parties litigantes, mais elle ne sera pas introductive d'instance, puisqu'il existe procès entre ces dernières.

Au contraire, la garantie sera demande tout à la fois principale et introduc-

---

3.° la femme mariée, que conjointement avec son mari. — (*Voy. ci-après, et C. C., art.* 215, 1449, 1576).

(1) Rapprochant l'art. 2045 du Code civil de l'art. 1003 du Code de procédure, on voit que tout ce qui ne peut être la matière d'un compromis ne peut être l'objet d'une transaction; si ensuite l'on consulte l'art. 1004, on trouve une disposition générale, qui détermine les objets sur lesquels on ne peut compromettre, et par conséquent transiger; mais cette disposition place parmi ces cas ceux où la contestation serait sujette à communication au ministère public : il faut donc lire encore l'art. 83. A ce moyen, et en consultant encore l'article 49, on connaîtra tous les objets pour lesquels il n'y a pas lieu au préalable de la conciliation, sauf ceux qui sont précisés dans les dispositions spéciales, indiquées pag. 92

tive, si elle n'est pas formée sous le cours d'une instance dans laquelle le garanti se trouverait déjà partie, ou après condamnation prononcée contre le garant, par suite d'une instance où le garanti n'aurait pas été appelé.

207. *Une femme mariée autorisée à ester en justice, peut-elle être citée en bureau de paix, et s'y présenter pour répondre à la tentative de conciliation?*

Oui, sans doute, car l'autorisation d'ester en justice renferme nécessairement celle de faire tous les actes, de remplir toutes les formalités que le procès rend nécessaires. (*Cassat., 3 mai 1808, Denevers, pag.* 236). Mais si la tentative de conciliation avait pour résultat d'opérer une transaction, l'autorisation, valable pour comparaître et pour répondre, ne rendrait pas cette transaction valide, s'il n'y avait eu autorisation spéciale du mari afin de transiger. La raison en est qu'il ne se serait plus agi d'un procès, mais d'un contrat qui, aux termes des art. 217 et 218 du Code civil, ne peut être passé par la femme sans une semblable autorisation.

Ceux qui ont prétendu que la femme mariée ne devait pas être appelée en conciliation, se fondent sur ce que l'art. 48 ne prescrit ces préliminaires qu'*entre personnes capables de transiger.* Or, comme nous venons de le dire, la femme ne peut le faire sans autorisation. M. Denevers, sur l'arrêt précité, fait observer que, parmi les demandes que l'art. 49 dispense, on trouve bien celles qui intéressent *les mineurs, les interdits, les curateurs aux successions vacantes,* mais non pas *les femmes mariées :* d'où l'on peut conclure, dit-il, que la demande principale qu'on veut former contre une femme mariée n'étant pas comprise dans l'exception, doit subir l'épreuve de la conciliation. Telle est aussi notre opinion, fondée sur ce que l'incapacité de la femme n'est point *absolue,* comme celle des mineurs, des interdits, etc. C'est aussi celle que professe M. Berriat, pag. 187, not. 10.

Article 49.

Sont dispensées des préliminaires de la conciliation,

1.° Les demandes qui intéressent *l'état et le domaine,* les communes, les établissemens publics, les mineurs, les interdits, les curateurs aux successions vacantes (1);

2.° Les demandes qui requièrent célérité;

3.° Les demandes en intervention ou garantie;

4.° Les demandes en matière de commerce;

5.° Les demandes de mise en liberté; celles en main-levée de saisie ou opposition, en paiement de loyers, fermages ou arré-

(1) M. Pigeau, tom. 1, pag. 35, ajoute *les héritiers bénéficiaires*, et M. Paillet, pag. 380, atteste que son opinion a été plusieurs fois consacrée sur sa plaidoirie, par les tribunaux d'Orléans. Mais il est à remarquer que si ces héritiers citaient ou étaient cités en conciliation, et y comparaissaient, ce fait ne les rendrait pas *indistinctement* héritiers purs et simples; ils ne le deviendraient, à notre avis, qu'autant qu'ils transigeraient sur la propriété. — (*Voy. Toullier, tom. 4, pag.* 356).

rages de rentes ou pensions; celles des avoués en paiement de frais;

6.° Les demandes formées contre *plus de deux parties, encore qu'elles aient le même intérêt;*

7.° Les demandes en vérification d'écriture, en désaveu, en réglement de juges, en renvoi, en prise à partie; les demandes contre un tiers saisi, et en général sur les saisies, sur les offres réelles, sur la remise des titres, sur leur communication, sur les séparations de biens, sur les tutelles et curatelles, et enfin toutes les causes exceptées par les lois (1).

Loi du 27 mars 1791, art. 18. — Loi du 11 brum., art. 27. — C. de P., art. 69, 72, 193, 315, 326, 345, 400, 404, 566, 570, 718, 795, 839, 856, 871, 883.

XL. LA loi de 1790 avait excepté de la règle générale les affaires qui eussent intéressé la nation, les communes et l'ordre public. L'art. 49 du Code a étendu cette exception, à raison de la qualité des parties ou de la nature de l'affaire, à un grand nombre d'objets dont la plupart avaient été déjà dispensés du préliminaire, soit en vertu des instructions données, en 1790, par le comité de constitution, soit en vertu de la jurisprudence. — (*Avis des* 26 *nov.*, 12 *déc.* 1790, *et* 11 *juin* 1791).

---

(1) JURISPRUDENCE.

D'après la jurisprudence, il y aurait dispense du préliminaire dans les cas suivans :

1.° Demande en main-levée d'opposition à mariage, attendu qu'il y a célérité. — (*Douai*, 22 *avril* 1819, *Sirey*, *tom.* 20, *pag.* 117).

2.° Demande en résiliement de bail pour le même motif. — (*Rennes*, 10 *mars* 1818, *Journal*, *tom.* 5, *pag.* 48).

3.° Demande en séparation de corps, parce que l'épreuve de conciliation devant le président du tribunal, remplace dans cette matière la citation en conciliation au bureau de paix. — (*C. de P.*, *art.* 878; *Cassat.*, 17 *janv.* 1822, *Sirey*, *tom.* 22, *pag.* 196)

4.° Demande réconventionnelle, mais seulement lorsqu'elle peut servir de défense ou d'exception à l'action, alors elle est réputée demande incidente. — (*Cassat.*, 17 *août* 1814, *Denevers*, *tom.* 12, *pag.* 483).

5.° Demande de la femme qui, après avoir obtenu la séparation, poursuit le paiement de sommes que son mari lui doit. — (*Cassat.*, 14 *août* 1814, *Denevers*, *tom.* 9, *pag.* 436).

Mais il en serait autrement si elle n'avait aucun rapport avec la demande principale, et qu'elle ne fût pas, d'ailleurs, dispensée du préliminaire de conciliation. — (*Répert.*, *au mot* réconvention, *n.°* 4).

Il n'y a pas dispense,

1.° Lorsqu'une demande divisible de sa nature serait formée par plusieurs parties, dont l'une se trouverait mineure, attendu que les majeurs ne sauraient profiter d'une dispense établie en faveur du mineur personnellement. Les majeurs n'agissent que dans leur intérêt propre, distinct de celui du mineur, et sur lequel ils peuvent transiger : ils doivent, par conséquent, essayer la conciliation. — (*Cassat.*, *Sirey*, *tom.* 14, *pag.* 201).

2.° Dans le cas d'une demande tendant à ce que l'adversaire soit obligé de se désister d'une instance pendante devant d'autres juges. — (*Cassat.*, 11 *déc.* 1809, *Sirey*, *tom.* 10, *pag.* 241).

3.° Lorsqu'après avoir demandé contre un acquéreur la nullité de sa libération, le deman-

208. *Y a-t-il dispense de citer en conciliation, lorsque le président du tribunal civil a donné, conformément à l'art. 72, permission d'assigner à bref délai devant son tribunal?*

Oui, parce que dès lors la demande a été jugée exiger célérité. Or, l'art. 49 contient, à l'égard de semblables demandes, une exception formelle.

209. *La demande en paiement d'un billet à ordre doit-elle, dans le cas où le signataire n'est point négociant* (C. du C., art. 636), *être précédée de l'essai de conciliation?*

Nous estimons que le porteur peut se pourvoir directement.

En effet, les billets à ordre et leur négociation rentrent dans la classe des matières de commerce; aussi leur forme et les poursuites auxquelles ils donnent lieu sont-elles réglées par le Code de commerce. (Art. 187, 636, 637.)

Les tribunaux de commerce ne sont point *absolument* incompétens pour connaître des demandes en paiement de billets à ordre qui ne seraient pas souscrits par des négocians, ou qui n'auraient pas pour cause des opérations de commerce, puisqu'ils ne sont tenus de renvoyer devant le tribunal civil, qu'autant que le défendeur requiert ce renvoi.

Les billets à ordre sont donc par leur nature des effets de commerce, puisqu'ils sont destinés à être mis en circulation.

Remarquons en outre que l'art. 165 du Code de commerce, rendu applicable aux billets à ordre par l'art. 187, veut que le porteur qui exerce le recours individuellement contre son cédant, lui fasse notifier le protêt, et, à défaut de remboursement, le *cite en jugement* dans les quinze jours qui suivent la date de cet acte: le porteur, dans le cas de négociation d'un billet à ordre, ne paraît donc obligé à autre chose qu'à notifier le protêt, et à citer, non *en conciliation*, mais *en jugement*, dans le délai déterminé par la loi.

Telles sont les raisons qui nous portent à croire que, dans le cas même où l'on poursuit le paiement par voie civile ordinaire, à cause de la qualité des signataires non négocians, on est dispensé du préliminaire de conciliation. (Art. 49, n°. 4). Nous pourrions argumenter encore de ce qu'observe Pigeau, tom. 1, pag. 36, n°. 10, et de ce que la demande requiert *célérité*. (Même article, n°. 2). Quoi qu'il en soit, la question souffre difficulté, et nous ne dissimulons pas que, dans la pratique, on a coutume de citer en bureau de paix, quand il n'y a que deux parties, le souscripteur, par exemple, et un endosseur. Mais nous persistons à croire qu'il n'est pas indispensable de suivre cet usage.

Observons toutefois que si l'on admet l'opinion contraire, les intérêts du billet à ordre n'en doivent pas moins courir *du jour du protêt* (*C. de C.*, 184 — 187), et non pas seulement, comme dans les cas ordinaires, du jour de la

---

deur conclut à l'annulation pure et simple du contrat de vente : c'est alors une demande principale, et non un simple changement de conclusions. — (*Riom*, 27 *mars* 1817, *Sirey*, *tom.* 18, *pag.* 240. *Voy. la note sur l'art.* 54).

4.° Lorsque la demande est intentée contre plusieurs acquéreurs en résolution de leurs contrats d'acquisition, et que chacun d'eux a un contrat particulier et distinct, à raison duquel il peut transiger en ce qui le concerne, sans craindre aucune contradiction des autres parties. — (*Riom*, 27 *mars* 1817, *Sirey*, *tom.* 18, *pag.* 240).

citation en conciliation. — (*C. de P., art.* 57, *et nouv. Répert.*, 4e. *édition*, *v°.* ordre).

210. *Une demande additionnelle doit-elle être soumise à la conciliation, et en est-il de même d'une demande réduite dans le cours de l'instance?*

La demande additionnelle est sujette à la conciliation, parce qu'au fond elle est principale et introductive d'instance, pour le point sur lequel on n'a pas tenté la conciliation.

Mais on n'y est pas tenu pour une demande réduite, puisqu'elle a été implicitement comprise dans la conciliation primitive. — (*Voy. Quest. de droit, v°.* bureau de paix, § 4, *et les autorités citées par Berriat, pag.* 187, *notamment l'arrêt de cassat., du* 8 *messid. an* 11, *Sirey, tom.* 7, 2e. *part., pag.* 847).

211. *Les officiers ministériels autres que les avoués, sont-ils, comme ceux-ci, dispensés du préliminaire de conciliation?*

Oui. — (*Déc. du* 16 *fév.* 1807, *art.* 9).

212. *Pour savoir si l'on a pu se dispenser de l'essai de conciliation, lorsque la demande a été formée contre plus de deux parties, doit-on compter les parties réellement assignées, sans examiner si le demandeur a eu tort ou raison de les comprendre dans l'assignation?*

Par arrêt du 20 février 1810 (*Sirey, tom.* 10, *pag.* 188), la section civile de la Cour de cassation a décidé qu'il n'y avait point lieu, aux termes de l'article 49, § 6, à l'épreuve de la conciliation, toutes les fois que la demande avait été formée contre plus de deux parties. Il suffit donc que plus de deux parties soient assignées, quel que soit le motif du demandeur, pour qu'il y ait dispense du préliminaire de conciliation.

On oppose qu'il dépendra ainsi d'un demandeur de soustraire son action à ce préliminaire, en mettant en cause des personnes qui ne doivent pas être appelées. Mais si le demandeur a fraudé la loi, en donnant des assignations sans objet, la loi ne le punit-elle pas suffisamment par la condamnation aux dépens?... (1)

213. *La dispense du préliminaire de conciliation, lorsqu'il y a plus de deux défendeurs, s'applique-t-elle aux demandes formées contre plusieurs personnes qui ne forment ensemble qu'un seul être moral, comme des associés ou des créanciers unis?*

M. Delaporte se prononce pour la négative, tom. 1, pag. 48, parce qu'en ce cas, dit-il, c'est comme si l'on n'assignait qu'une seule partie. Ce sont moins, ajoute-t-il, des créanciers ou des associés que l'on actionne, que l'union ou la société.

Si cette opinion était suivie, on pourrait l'étendre, par les mêmes motifs, à des héritiers; l'on dirait qu'en assignant plusieurs héritiers, l'on n'actionne que la succession.

Cependant M. Pigeau, tom. 1, pag. 36, rappelant que la dispense a lieu dans le cas même où les parties que l'on actionne ont le même intérêt, cite pour

(2) Voy. ce que nous disons sur l'art. 99.

exemple une demande formée contre plusieurs héritiers d'un même individu, par un créancier de la succession qui leur est échue. La raison de décider qu'apporte M. Pigeau, est la difficulté de parvenir à concilier plusieurs personnes; nous y ajouterons que la loi a aussi voulu éviter des frais et des déplacemens; et par ces considérations, tirées de l'esprit dans lequel a été conçue la disposition du § 6, nous n'admettrions point l'opinion de M. Delaporte.

214. *Mais suffit-il, pour être dispensé de la conciliation, de former la demande contre plusieurs, si dans la réalité on n'assigne qu'une partie?*

Nous ne le pensons pas. Par exemple, on n'assigne qu'un héritier ou qu'un associé pour lui et les autres : dans ce cas il n'y a que l'assigné qui soit tenu de comparaître. Or, n'assignant que cet individu seulement, parce qu'on croit suffisant d'obtenir jugement contre lui, rien n'empêche de le citer en conciliation : le motif de la loi cesse; on n'a point à craindre l'impossibilité de parvenir à un arrangement; il n'y a point lieu au déplacement de plusieurs personnes et aux frais que le législateur a voulu prévenir ; conséquemment l'exception n'est plus applicable. En effet, le mot *consorts* ne rend point ceux-ci parties dans l'instance, et l'on ne cite vraiment qu'une seule personne.

215. *Une femme séparée de biens qui, en réclamant les arrérages de rentes convenancières, demande en même tems que celui qui a acquis de son mari la tenue qui lui appartient, la reconnaisse pour propriétaire, attendu la nullité de cette vente, serait-elle obligée d'essayer la conciliation?*

Non, attendu que la demande principale consiste ici *dans celle des arrérages.* (*Rennes, 3e. chamb., 20 juin 1812, Journ. de la Cour, tom. 3, pag.* 555). On sent qu'il en serait de même de l'action en paiement de revenus ordinaires.

Cet arrêt ne fait que répéter le principe déjà consacré par un autre du 31 juillet 1810, que le § 5 de l'art. 49 s'applique aux arrérages d'une rente convenancière. — (*Journ., tom.* 1, *pag.* 344). (1)

216. *L'action en rejet d'un compte, rendu au mineur pendant* SA MINORITÉ, *est-elle sujette à l'essai de conciliation, lorsqu'elle doit être formée par ce mineur, devenu majeur?*

La circonstance que le compte a été rendu pendant la minorité, place l'action sous l'application de l'exception portée au § 7 de l'art. 49, parce qu'une telle action serait une demande relative à *la tutelle ou curatelle*, si l'on s'en tenait à un arrêt de la Cour de Rennes, du 22 mai 1809; mais nous ne sau-

(1) Nous devons remarquer ici que les rentes convenancières sont le prix d'une concession particulière à la Bretagne, et que l'on appèle bail à domaine congéable ou à convenant. C'est un contrat synallagmatique par lequel le propriétaire d'un héritage, en retenant la propriété du fonds, transporte et aliène les édifices et superfices, moyennant une certaine redevance, avec faculté perpétuelle de congédier le preneur, en lui remboursant ses améliorations.

C'est de cette faculté que vient la qualification de domaine congéable, donnée à la tenue convenancière ou à convenant. Cette espèce de bail est régi par certaines dispositions non abrogées d'usemens locaux, par la loi du 6 août 1791, et les dispositions du droit commun concernant les baux à ferme. — (*Voy. notre Traité des domaines congéables, tit.* 1.er, *pag.* 4 *et suiv.*)

rions croire cette décision bien rendue (1). En effet, le paragraphe dont il s'agit dispense les demandes *sur les tutelles et curatelles;* et il nous paraît certain que l'on ne doit conclure de cet article rien autre chose, si ce n'est que celui qui a été nommé tuteur, et dont le conseil de famille a rejeté les excuses, pourra, sans essayer la conciliation, se pourvoir devant le tribunal de première instance; qu'il en sera de même du tuteur qui, ayant été destitué de la tutelle, voudra se pourvoir contre sa destitution. — (*Voy. art.* 440 *et* 448 *du C. C., et les quest. sur l'art.* 83).

Ainsi encore, les demandes en interdiction et en nomination de tuteur à l'interdit, en décharge, en destitution de la tutelle, et en main-levée d'interdiction, peuvent se porter, sans essai de conciliation, au tribunal civil de première instance. — (*C. C., art.* 492 *et suiv.*)

Mais qu'est-ce qu'une demande en rejet de compte, qu'un mineur *devenu majeur* forme contre son tuteur, qui lui a rendu le compte pendant sa minorité, si ce n'est une demande principale introductive d'instance, et formée par une personne capable de transiger, puisqu'elle est *majeure,* et sur un objet susceptible de transaction?

Le principe général posé par l'art. 48 est donc applicable à cette demande; et, certes, les termes du § 7 de l'art. 49 sont trop vagues, pour qu'on puisse voir évidemment une dérogation à ce principe (2).

217. *Le mineur peut-il être appelé en conciliation, lorsqu'il est émancipé, et que l'objet n'excède pas les bornes de sa capacité?*

La négative pourrait résulter des expressions générales de l'art. 49, *les causes qui intéressent les mineurs.*

M. Delvincourt, tom. 1er, pag. 500, fait néanmoins une distinction, pour ce qui concerne le mineur non émancipé. « Il n'y a pas, dit-il, de difficulté » pour le mineur non émancipé; le tuteur ne peut transiger; le préliminaire » est inutile; mais si le mineur est émancipé, et que l'objet n'excède pas les » bornes de sa capacité; par exemple, s'il s'agit de fermages échus, comme il

---

(1) Un autre motif porta la Cour à déclarer cette demande non sujette à l'essai de conciliation : elle avait été formée sous le cours d'une instance de saisie-arrêt; cette saisie avait occasionné une demande en communication de pièces qui déterminèrent à former celle en rejet du compte.

La Cour, d'après cette circonstance, considéra que cette dernière demande n'était pas introductive d'instance, et conséquemment elle la déclara dispensée de l'essai de conciliation, conformément à l'art. 48.

Si, au contraire, le mineur devenu majeur a reçu son compte de tutelle et transigé sur ce compte, en se conformant aux art. 472 et 2045 du Code civil, ou si le mineur émancipé et assisté de son curateur a reçu son compte en justice, et que ce compte ait été régulièrement apuré, il ne peut être question de rejet ou d'annulation de compte; il ne peut y avoir lieu qu'à une action principale introductive d'instance, en réparation d'erreurs de calculs, omissions ou faux emplois, et nous ne voyons pas comment une pareille action entre majeurs pourrait être dispensée de l'essai de conciliation.

(2) Ainsi, dans notre opinion, le mineur devenu majeur veut-il former action en rejet de compte, parce qu'il aurait traité, soit *en majorité*, sans observer les formalités prescrites par l'art. 472; soit *en minorité,* après son émancipation, sans l'assistance de son curateur, ou même avec cette assistance, mais *sans observer les formes judiciaires*, il doit tenter la conciliation. (*Malleville, sur l'art.* 473, *et l'arrêt précité du 22 mai* 1809).

» peut en disposer, et par conséquent transiger sur le prix qui y est relatif » (art. 2045), je ne vois pas, ajoute cet auteur, pourquoi il serait dispensé » du préliminaire de conciliation. »

Tel est aussi l'avis de M. Pigeau, tom. 1, pag. 35.

218. *Le préliminaire de conciliation est-il nécessaire, quand la demande en validité d'une saisie-arrêt n'est que la conséquence d'une demande principale, dans le cas, par exemple, où l'on demande condamnation pour un billet, et pour en faciliter le paiement, la validité d'une saisie-arrêt?*

La demande en validité n'est, ici, que la suite de celle en condamnation, et ne peut être jugée que comme conséquence, puisque, si la demande en condamnation doit être rejetée, celle en validité le sera nécessairement. Mais l'essai de conciliation n'est point nécessaire dans ce cas-là même, la disposition de l'art. 566 du Code de procédure étant générale : *en aucun cas*, porte cet article, *il ne sera nécessaire de faire précéder la demande en validité par une citation en conciliation.* — (*Voy. Pigeau, tom. 2, pag.* 56).

ARTICLE 50.

Le défendeur sera cité en conciliation;

1.° En matière personnelle et réelle, devant le juge de paix de son domicile; s'il y a deux défendeurs, devant le juge de l'un d'eux, au choix du demandeur;

2.° *En matière de société* (1), autre que celle de commerce; *tant qu'elle existe* (2), devant le juge du lieu où *elle est établie* (3);

3.° En matière de succession, sur les demandes entre *héritiers* (4), jusqu'au partage inclusivement; sur les demandes qui seraient intenteés par les *créanciers* du défunt (5) avant le partage; sur les demandes relatives à l'exécution des *dispositions à*

(1) Il ne s'agit pas ici de société de commerce, parce que, d'après le § 4 de l'article précédent, il n'y a pas lieu, à leur égard, au préliminaire de conciliation, mais seulement des *sociétés* régies par les dispositions du tit. 9, liv. 7, du Code civil.

(2) Une fois la société dissoute, les choses rentrent dans le cours ordinaire, l'exception fait place à la règle générale.

(3) Si les objets compris dans la société sont situés dans différens endroits, s'ils n'ont pas de siége principal, ces mots, *où elle est établie*, s'entendent *du lieu où elle a été contractée.*

(4) *Ou successeurs à titre universel*, car ils représentent les héritiers.

(5) On entend ici par créanciers, non seulement ceux auxquels il serait dû une somme d'argent, mais encore tous ceux qui auraient à réclamer quoi que ce soit de la succession.

cause de mort, (1) jusqu'au jugement définitif, (2) devant le juge de paix du lieu *où la succession est ouverte* (3).

Loi des 26 oct. 1790, tit. 1.er, art. 3, et 26 vent. an 4, art. 1, 2, 3. — C. C., art. 102. — C. de P., art. 2, 5, 9.

XLI. Nous avons vu, pag. 6, qu'en matière personnelle, le demandeur doit suivre la juridiction du domicile du défendeur, tandis qu'en matière réelle, il doit suivre celle dans le ressort de laquelle la chose litigieuse est située. Le législateur, par l'art. 50, déroge à cette règle, et veut qu'en toute matière la citation en conciliation soit donnée devant le juge du domicile. Le motif de cette dérogation est sensible : dans un essai de conciliation, tout dépend de la volonté des parties, et non de l'état des choses ; le juge de paix ne peut faire aucun acte d'instruction ; il n'a point à visiter le lieu contentieux, et d'ailleurs, il est probable que les parties auront plus de confiance dans le magistrat de leur domicile, que dans tout autre qui peut leur être inconnu.

Le Code excepte néanmoins certains cas où il s'agit de succession ou de société ; exceptions fondées, d'une part, sur ce que le juge du lieu se trouve plus à portée de connaître le véritable état des choses, et de l'autre, sur ce que, dans le lieu où la succession s'est ouverte, où la société est établie, il est aussi plus facile aux parties de faire entre elles, aux moindres frais possibles, les recherches qui peuvent être nécessaires. — (*Rapp. au Corps lég.*)

219. *Une action judiciaire est-elle formée par la citation en conciliation, indépendamment de l'action devant le tribunal?*

Cette question, d'autant plus importante qu'elle peut se présenter pour tous les cas où la loi détermine les délais dans lesquels l'action doit être formée, a été résolue pour la négative par arrêt de la Cour de cassation du 20 mai 1806, rapporté par M. Coffinières, dans la Jurisprudence des Cours souveraines, tom. 1, pag. 66.

« Mais, dit cet arrêtiste, il semble qu'on pourrait aujourd'hui motiver une solution contraire sur la combinaison de quelques articles des nouveaux Codes.

» L'art. 2245 du Code civil veut que la citation en conciliation interrompe la prescription du jour de sa date, lorsqu'elle est suivie d'une assignation donnée en justice dans les délais de droit ; et l'article du Code de procédure dispose aussi que la citation en conciliation interrompt la prescription, pourvu que la demande soit formée dans le mois.

» Ainsi, d'après cet article, il suffit que la citation devant le bureau de paix soit donnée avant l'expiration du délai nécessaire pour prescrire, quoi-

---

(1) C'est-à-dire aux dispositions testamentaires et aux donations de biens à venir, qui ne peuvent plus avoir lieu que par contrat de mariage.

(2) Ou, pour mieux dire, *jusqu'au partage définitif*. On a employé le mot jugement dans l'article, parce que le partage doit se faire en justice, du moins dans le plus grand nombre de cas, et il est à remarquer que les demandes entre héritiers, pour rescision, ou en garantie de partage, se portent, même après le partage définitif, devant le tribunal de l'ouverture de la succession, conformément à l'art. 822 du Code civil, auquel l'art. 50 du Code de procédure n'a point dérogé.

(3) Il se détermine par le domicile. — (*C. C., art.* 110).

que l'assignation elle-même soit postérieure à ce délai; et, puisqu'une action judiciaire est nécessaire pour interrompre la prescription, il s'ensuit qu'une telle action est intentée par la seule citation devant le bureau de paix. »

Il est facile de sentir le vice d'un tel raisonnement. Nulle part on ne trouve écrit dans la loi qu'il soit nécessaire de former une action en justice pour interrompre le cours de la prescription; au contraire, un acte même extrajudiciaire suffit pour cela (*art. 2244 du Code civil*); et loin de consacrer en principe que l'action est intentée par la seule citation devant le juge de paix, l'art. 57 du Code de procédure parle de la demande à former postérieurement à cette citation. Or, comme on ne peut concevoir une action judiciaire sans une demande qui en soit l'objet, on ne peut aussi concevoir l'existence d'une action sans assignation devant le tribunal. A ces motifs, on peut ajouter la remarque faite par M. Berriat Saint-Prix, pag. 170, n°. 2; il rapporte les termes de l'art. 48 : « *Aucune demande ne sera reçue que le défendeur n'ait* » *préalablement été appelé en conciliation.* » Ainsi, dit-il, comme la demande est nécessairement le premier acte d'une instance, il paraît clair que la loi ne considère pas la conciliation comme faisant partie d'une instance, et telle paraît être aussi la doctrine de M. Merlin (*Quest. de droit*, v°. domicile, § 4, *et* v°. pignoratif. *Voy. aussi le nouv. Répert.*, v°. déclinatoire, *et suprà.*)

220. *La citation en bureau de paix, donnée par un huissier de première instance qui n'est pas attaché à la justice de paix, est-elle valable, s'il est prouvé que cet huissier est, depuis plusieurs années, dans la possession de signifier les citations données devant cette justice, et les actes émanés d'elle?*

L'art. 52 est conçu, sous le rapport de cette question, dans les mêmes termes que l'art. 4. Nous avons dit, sur cet article, que toute citation signifiée par un huissier, autre que celui de la justice de paix, était nulle pour cause d'incompétence. Il est évident que la même décision doit être donnée relativement à la citation en bureau de paix; mais il pourrait naître quelques difficultés dans l'espèce de la question ci-dessus posée, en ce qu'il serait prouvé que, depuis longues années, l'huissier qui aurait signifié la citation était en possession de faire tous les actes qui tiennent au ministère de l'huissier de la justice de paix.

On invoquerait sur-tout, pour la validité de la citation, le principe *error communis facit jus*, etc.

Néanmoins, par arrêt du 16 août 1811, la seconde chambre de la Cour royale de Rennes a déclaré la citation nulle, encore qu'il fût prouvé, par des certificats délivrés par deux juges de paix qui s'étaient succédé, 1°. que depuis la création de leur justice, aucun huissier n'y avait été attaché; 2°. que depuis plus de douze ans, l'huissier dont on arguait l'acte avait toujours exploité près cette justice; 3°. que le juge actuel lui faisait faire habituellement le service de son audience.

Cet arrêt est fondé sur les motifs que nous avons précédemment exposés et sur ce que, conformément à l'art. 4, l'huissier n'avait pas été commis par le juge; défaut d'où résultait l'incompétence radicale de cet officier.

Mais nous rappelons sur cette question l'arrêt de la Cour de cassation, rapporté pag. 10, et d'après lequel la question pourrait être différemment jugée.

ARTICLE 51.

Le délai de la citation sera de trois jours au moins.

Loi du 26 vent. an 4, art. 6. — C. de P., art. 1, 1033.

XLII. LE délai de la citation en bureau de paix est plus long que celui que l'art. 1er. a fixé pour celle qui serait donnée en justice de paix proprement dite, parce que l'importance des affaires et l'objet de la conciliation exigent plus de réflexions de la part du défendeur. Il est bien entendu, au reste, d'après la disposition générale de l'art. 1033, que si la demeure est éloignée de plus de trois myriamètres du lieu de la comparution, le délai est augmenté d'un jour par trois myriamètres de plus.

ARTICLE 52.

La citation sera donnée par un huissier de la justice de paix du défendeur; elle énoncera sommairement l'objet de la conciliation.

T. 1, 4, 21. — Loi des 21 sept. et 13 nov. 1791.

XLIII. ENCORE bien que la loi ne prescrive aucune forme pour la rédaction de l'exploit, il est sensible qu'il doit contenir tout ce qui est exigé pour la citation donnée en justice de paix : autrement, il pourrait y avoir lieu à ordonner un réassigné. (*Voy. quest.* 5). La seule différence qu'on remarque entre les deux actes, c'est que le demandeur, au lieu de conclure positivement, en bureau de paix, à ce que son adversaire *soit condamné*, se borne à lui faire connaître *l'objet* de la demande qu'il se propose de former ultérieurement, c'est-à-dire les conclusions de cette demande projetée.

221. *Un mari peut-il, comme mandataire présumé de sa femme, la représenter valablement en bureau de paix, sans être porteur de sa procuration?*

L'art. 16 de la loi du 27 mars 1791 portait que *nul ne pourrait être admis à représenter une partie, que lorsqu'il serait revêtu de pouvoirs suffisans pour transiger*, et, sous l'empire de cette loi, la Cour de cassation, par arrêt du 6 prairial an 2 (*Sirey, tom.* 20, *pag.* 450), a décidé que la qualité de chargé de pouvoir résidant essentiellement dans la personne du mari, à l'égard de la femme *qui le laisse agir et ne contredit pas*, celle-ci a été valablement représentée par lui en bureau de paix, quoiqu'il ne fût pas porteur de procuration. Nous admettons bien que la femme étant seule intéressée à se plaindre de ce que son mari a comparu, tant pour lui que pour elle (*arg. de l'art.* 225 *du Code civ.*), la partie adverse ne peut se prévaloir du défaut de procuration. Nous admettons aussi que la femme qui, après la comparution du mari en bureau de paix, procède conjointement avec lui, ne peut ensuite argumenter de ce même défaut de pouvoirs. Cela nous paraît incontestable aujourd'hui, sur-tout, que le défaut du préliminaire même se couvre par la procédure volontaire (*voy. ci-dessus, pag.* 92); mais nous ne pensons pas que le mari soit, en vertu d'une présomption légale, considéré, en tous les cas, comme procureur de droit de sa femme. Cette présomption n'existe que pour les *actions mobilières* et possessoires appartenant à la femme, parce que l'art. 1428 du Code civil dispose qu'il peut les exercer seul. Mais si la citation était donnée en matière immobilière, il nous paraît évident que le mari ne pourrait valablement représenter sa femme en bureau de paix, sans être muni de la procuration impérieusement exigée par l'art. 53.

222. *Une citation qui ne contiendrait pas les moyens de la demande serait-elle nulle?*

Lorsqu'il s'agit de conciliation, *aucune action n'est intentée;* il y a seulement un projet d'action, une déclaration d'entendre former une demande dont on fait connaître l'objet. Il paraît inconvenant d'employer des moyens de droit, avant qu'il soit certain s'il y aura un débat judiciaire.

C'est par ce motif que l'art. 52 n'exige pas l'énonciation des moyens, et il en résulte qu'elle n'est pas nécessaire : lorsque la loi a voulu qu'elle fût faite, elle s'en est expliquée. (Art. 1.er et 61).

Il faut convenir cependant que, dans la pratique, il serait utile que le défendeur n'ignorât pas les moyens de la demande, afin qu'il fût plus en état de se concilier; c'est ainsi que M. Dumoulin raisonne sur la question ci-dessus. — (*Voy. Biblioth. du barr.*, 1810, 1re. *part.*, *pag.* 243). (1)

Article 53.

Les parties comparaîtront en personne; en cas d'empêchement, par un fondé de pouvoir (2).

T. 69. — Loi du 27 mars, art. 16.

XLIV. S'il est dans le vœu de la loi que les parties comparaissent en personne, elle ne l'exige point, et par cela même elle les dispense, *sans même leur prescrire d'alléguer les motifs de* l'empêchement. Elle ne pouvait en effet attribuer

---

(1) M. Demiau, dans son Traité du droit de la pratique, pag. 50, dit formellement que la demande doit être rédigée de la même manière qu'on se propose de la porter devant le tribunal; qu'il faut préciser et motiver avec soin l'objet qu'on veut soumettre à la conciliation. M. Pigeau émet la même opinion, tom. 1, pag. 40. Nous convenons que cet objet doit être précisé avec exactitude; mais enfin la différence qu'on remarque entre l'art. 52 et les art. 1 et 61, nous paraît autoriser l'opinion de ceux qui pensent que, dans la rigueur, une citation non libellée ne peut être annulée. Au reste, l'art. 52 n'a pas même prescrit, à peine de nullité, l'observation de la disposition qu'il contient. Or, la citation est un exploit, et l'article 1030 défend de prononcer la nullité des exploits et actes de procédure, lorsque la loi n'a pas formellement exprimé cette peine.

(2) JURISPRUDENCE.

La Cour de Rennes, par arrêt de la 3.e chambre du 16 août 1817, a jugé, conformément à cet article, que le greffier de la justice de paix avait pu représenter valablement une partie en conciliation, le commis-juré tenant la plume.

Elle a considéré qu'encore bien qu'il paraisse peu convenable qu'un greffier s'abstienne de ses fonctions pour remplir celle de mandataire d'une partie quelconque près du tribunal auquel il est attaché, aucune loi cependant ne prononce la nullité d'un pareil mandat.

Elle a jugé en outre, par le même arrêt, que la qualité du mandataire pour représenter la partie ne peut être contestée, lorsqu'on a procédé volontairement contre lui en bureau de paix.

à un juge qui n'a aucune compétence sur le fond de la demande, mais seulement le pouvoir de concilier, celui de contraindre une des parties à comparaître en personne. Il est donc incontestable que celle qui se fait représenter n'est point tenue de justifier les causes de l'empêchement; bien plus : la loi, par les graves considérations déduites dans l'exposé des motifs, n'apporte aucune limite à la confiance des parties, lorsqu'elles comparaissent par un fondé de pouvoir. Elle n'exclut point, comme l'avait fait la loi de 1791, les personnes attachées à l'ordre judiciaire à quelque titre que ce soit. — (*Voy. art.* 1041, *et Locré, tom.* 1er, *pag.* 128—130).

223. *Mais n'est-il pas des cas où le juge de paix aurait le droit d'ordonner la comparution personnelle d'une partie?*

Nous ne le pensons pas ; et en cela nous partageons l'opinion de M. Demiau, pag. 51, quoique nous ayons vu pratiquer le contraire. Ordonner la comparution personnelle, c'est évidemment priver la partie de la faculté de se faire représenter par un fondé de pouvoirs, conformément à l'art. 53 ; c'est, de la part du juge de paix, s'ériger en juge, lorsqu'il n'est qu'un simple médiateur.

224. *La procuration doit-elle être donnée par acte authentique?*

Nous renvoyons à la solution donnée sur la 44e. question, en observant, avec M. Pigeau, tom. 1, pag. 43, que c'est sur-tout en bureau de paix qu'il peut arriver qu'une partie ait intérêt à rejeter une procuration sous seing privé, et par conséquent, à refuser d'entrer en arrangement avec le porteur.

225. *La procuration doit-elle contenir pouvoir spécial à l'effet de transiger?*

Le décret du 16 mars 1791 (art. 6) l'exigeait expressément ; et comme la nécessité que la procuration contienne pouvoir spécial, à l'effet de transiger, résulte de la nature même de l'objet de la comparution en bureau de paix, et suivant la plupart des auteurs, parmi lesquels nous citerons M. Biret, comme ayant donné le plus de développement à son opinion (*voy. tom.* 1, *pag.* 108), on devrait encore suivre cette disposition, puisque l'essai en conciliation a pour but d'opérer une transaction. Des jurisconsultes sont même allés jusqu'à prétendre que la défense de transiger serait une clause vicieuse qui anéantirait la procuration, et devrait faire considérer le mandant comme non représenté et laissant défaut.

Nous avions adopté cette opinion dans notre Analyse, quest. 127; mais nous sommes porté à croire aujourd'hui, d'après la discussion qui eut lieu au Conseil d'état, que l'on doit décider tout autrement. (1)

---

(1) Nous lisons, en effet, dans l'Esprit du Code de procédure de Locré, tom. 1, pag. 128 :
« La section du Tribunat a dit :
» On a pensé que l'intention des auteurs du projet n'était pas que ce *fût un pouvoir à l'effet* » *de transiger*, mais seulement à l'effet de comparaître. Si la section s'était trompée sur leur » intention, elle déclare que son vœu bien formel est, en effet, que les parties ne soient » pas tenues de donner *des pouvoirs illimités*. Que la loi force les parties à se présenter » devant le juge de paix, à peine d'une amende, cela se peut; mais lorsqu'une partie est » empêchée de comparaître elle-même, vouloir exiger qu'elle remette, entre les mains d'un » tiers, la disposition de sa fortune, c'est ce que la raison et la justice ne peuvent admettre. » Il ne faut pas, d'ailleurs, perdre de vue que ce ne sera plus que dans les affaires de

226. *La comparution en conciliation doit-elle être publique?*

La loi ne l'exige point, et par conséquent il est permis au juge de paix d'entendre les parties à huis-clos. (*Bergier, Manuel des justices de paix, pag.* 39). Les parties doivent avoir toute la liberté nécessaire pour entrer en arrangement; la présence du public les gênerait dans leur explication; l'isolement, suffisamment autorisé par le silence de la loi, ne peut qu'amortir les germes d'obstination et d'amour-propre, toujours plus prompts à se développer devant un certain nombre de témoins.

Article 54.

Lors de la comparution, le demandeur pourra expliquer, même augmenter sa demande, et le défendeur former celles qu'il jugera convenables. Le procès-verbal qui en sera dressé contiendra les conditions de l'arrangement, s'il y en a; dans le cas contraire, il fera sommairement mention que les parties n'ont pu s'accorder. Les conventions des parties, insérées au procès-verbal, ont force d'obligation privée.

T. 10, 20, 58, 65. — Loi du 16 août 1790, tit. 10, art. 2, 5.

XLV. Lorsque les parties ou leurs fondés de pouvoir comparaissent, chacun expose devant le juge les faits et les raisons qu'il croit convenables. Le demandeur peut, soit de lui-même, soit sur les interpellations qui lui sont faites par l'adversaire, expliquer et motiver sa demande; il peut également la modifier, la restreindre, et même *l'augmenter* (1). De son côté, le défendeur, non seulement a la faculté de répondre aux prétentions du demandeur, mais encore de fournir contre lui telle demande qu'il juge convenable, sans qu'il soit besoin, de part ni d'autre, d'une citation nouvelle. Quant aux conven-

---

» grand intérêt que la tentative de conciliation sera prescrite. Au reste, *les parties ne se-» ront pas empêchées de donner des pouvoirs à l'effet de transiger;* mais, du moins, il n'y » aura pas de nullité ».

Puisque telle est la raison pour laquelle on n'a pas répété, dans l'art. 53, la disposition de la loi de 1791, à plus forte raison ne peut-on maintenir que le simple pouvoir de comparaître contienne virtuellement le pouvoir de transiger.

Telle est aussi l'opinion de M. Demiau, pag. 50, et celle qu'adopte M. Berriat, dans sa dernière édition, pag. 189, not. 21.

(1) *Augmenter.* La loi exprime par ce mot que le demandeur pourra réclamer, par exemple, les intérêts d'un capital, l'exécution par voie de contrainte par corps, mais non pas former une demande nouvelle, distincte de celle qui est l'objet de la citation : cela serait évidemment contraire à l'art. 52. Ce n'est qu'au défendeur que la loi permet de former les demandes qu'il jugera convenables, de même que l'art. 464 le lui permet en cause d'appel, parce qu'il ne fait que repousser par là la demande formée contre lui.

Ainsi, la Cour de cassation avait décidé, par arrêt du 11 pluviôse an 4 (*Jurisp. sur la procéd.*, v.° conciliation, *quest.* 2), qu'on ne pouvait, sans appeler une seconde fois le défendeur en bureau de paix, former, devant le tribunal, une autre demande que celle sur laquelle le procès-verbal de non conciliation avait été dressé.

tions arrêtées en bureau de paix, s'il y a conciliation, la loi leur accorde la force d'une obligation sous seing privé. On ne pouvait évidemment leur refuser cet effet, a dit l'orateur du Gouvernement, puisque deux hommes jouissant de leurs droits peuvent terminer entre eux leur différent par un écrit sous seing privé; ils ne doivent pas être moins libres, parce qu'ils sont devant le juge.

227. *Le juge de paix a-t-il le droit d'interroger et d'interpeller les parties qui comparaissent en bureau de paix?*

Il n'a pas ce droit, même dans les matières qui sont de sa compétence comme juge; à plus forte raison ne peut-il l'exercer en bureau de paix : il doit se borner à entendre les dires respectifs des parties. — (*Sirey, tom. 7, 2e. part., pag.* 59; *Demiau, pag.* 53).

228. *Le juge de paix doit-il insérer au procès-verbal les dires respectifs des parties, les interpellations qu'elles se seraient faites, et leurs réponses?*

L'art. 3 du tit. 10 de la loi du 24 août 1790, portait que le juge de paix dresserait procès-verbal sommaire des dires, aveux ou dénégations des parties, sur les points de fait, et comme cette disposition n'a pas été répétée dans l'art. 57, plusieurs jurisconsultes ont pensé que le procès-verbal ne devait contenir que la simple mention de la non conciliation ou du refus de prêter serment. — (*Bibl. du barr.*, 1810, 1re. *part., pag.* 224; *Thomines Desmazures, pag.* 62).

M. Toullier, tom. 8, pag. 120, nous paraît avoir démontré *qu'il a été dans l'esprit du législateur* que l'on doit encore observer la loi de 1790. (1)

---

(1) Néanmoins, pour concilier le vœu de la loi, *s'il était vrai* que les dires, aveux ou dénégations des parties ne dussent pas être insérées dans le procès-verbal avec l'intérêt qu'aurait une partie à les faire consigner, nous avions pensé (*Analyse, quest.* 131), que le juge de paix pouvait constater le réquisitoire qui lui en serait fait, mais qu'il ne devait insérer en son procès-verbal la chose qui en serait l'objet que du consentement de la partie adverse; qu'enfin, dans le cas contraire, il devait se borner à faire mention du refus.

Il a paru à M. Toullier que cette doctrine était inexacte; il se fonde, 1.° sur ce que le Code de procédure n'a pu abroger la loi du 24 août 1790, qui est une loi de compétence; 2.° sur ce que cette disposition et celle du Code expriment équivalemment la même chose; 3.° sur la sagesse de la disposition de la loi de 1790, en ce qu'elle a pour but de recueillir et constater les aveux et dénégations qui peuvent échapper aux parties, dans les premiers momens où la contestation n'étant point engagée, on peut espérer et présumer que leur conscience n'est point endurcie; aveux et dénégations, ajoute notre savant collègue, qui sont acquis à l'autre partie, et qui peuvent éclairer la justice, l'aider ou la guider dans la recherche et dans la découverte de la vérité. Il pose conséquemment en principe que le juge de paix peut, et doit même mentionner sommairement, dans son procès-verbal, les dires, aveux ou dénégations qui peuvent servir, contre ceux qui les ont faits, ou de preuve, ou de commencement de preuve écrite, selon les circonstances. Cette opinion, à laquelle nous nous rangeons, est adoptée par l'auteur de l'Essai sur les tribunaux de paix, pag. 159 et 160. Mais nous ferons observer que plus le procès-verbal que dresse le juge de paix peut avoir d'influence sur le jugement du procès, plus ce magistrat doit être circonspect dans sa rédaction. Il doit sur-tout apporter une attention scrupuleuse à n'y constater que des aveux formels, des dénégations positives, sans se permettre d'en diviser l'ensemble, non plus que de les affaiblir ou de les interpréter en aucune manière. Il ne doit pas, en outre, oublier que sa rédaction doit être sommaire; et s'il était requis par les parties d'insérer leurs dires en entier, il aurait à prendre la précaution de leur faire signer ce réquisitoire.

229. *Quelle sera la force des aveux consignés au procès-verbal, sur le réquisitoire des parties?*

Pour résoudre cette question, il n'est pas besoin de recourir à la distinction de l'aveu judiciaire et extrajudiciaire; il suffit de considérer que l'aveu écrit forme, comme le dit Pothier dans son Traité des obligations, et comme le suppose l'art. 1355 du Code civil, une preuve entière contre celui dont il émane, pour qu'on reconnaisse que l'aveu consigné dans le procès-verbal du juge de paix peut être opposé à la partie qui l'a fait. (*Voy. Maleville, tom. 3, pag. 173 et suivantes*). Mais pour cela, il est nécessaire que l'aveu soit souscrit, soit par la partie, soit par un porteur de procuration spéciale, ou au moins qu'il soit fait mention que l'une ou l'autre ne sait ou n'a pu signer. C'est ce qui était autrefois exigé en général pour une reconnaissance faite en jugement, et ce qui doit etre observé, à plus forte raison, en bureau de paix, où l'aveu ne pourrait, dans notre opinion, être considéré comme aveu judiciaire. — (*Voy. les Princ. du droit franç., de Duparc-Poullain, tom. 9, pag. 277 et 425*).

Cependant la Cour de Turin, par arrêt du 6 décembre 1808, et celle d'Aix, par arrêt du 22 juin 1809 (*Jurisp. Code civ., tom. 13, pag. 436, et tom. 14, pag. 217*), décident que l'aveu fait en bureau de paix était *judiciaire*, et ont conséquemment appliqué l'art. 1356 du Code civil, portant qu'un tel aveu fait pleine foi contre celui qui l'a fait, et ne peut être révoqué, à moins que l'on ne prouve qu'il a été la suite d'une erreur de fait.

Nous n'en persistons pas moins dans l'opinion que nous avons précédemment émise, parce que l'essai de conciliation n'est point un acte d'instance. (*Voy. Pigeau et Berriat Saint-Prix, pag. 190, not. 24, 175, not. 24, n°. 2.*) Il faut donc, pour que l'aveu fait en bureau de paix puisse être opposé à la partie, qu'il soit signé d'elle, ou que mention soit faite qu'elle n'a pu signer.

230. *Lorsque les conditions de l'arrangement dont les parties conviennent au bureau de paix sont telles qu'elles constituent des ventes, des baux à ferme et à loyer, des partages et autres actes qui peuvent être faits sous seing privé, ou par le ministère des notaires, les conventions sont-elles valablement constatées par le juge de de paix, de manière à produire tous les effets d'un acte sous seing privé, ou dressé par un notaire?*

La solution de cette importante question dépend du sens qu'il convient d'attribuer aux dispositions de l'art. 54, d'après lequel le procès-verbal de conciliation doit *contenir les conditions de l'arrangement*, s'il y en a, *et les conventions faites à cet égard avoir force d'obligations privées.*

Or, un acte de vente, un partage, un bail à ferme sous seing privé sont valables, lorsque les parties sont majeures, ou ont droit de faire en privé nom, ou comme administrateurs d'autrui, des actes de cette espèce.

On doit donc admettre que, si les conditions de l'arrangement convenu entre les parties consistent dans une vente, dans un louage, dans un partage, le juge de paix doit les insérer dans son procès-verbal, et que son procès-verbal tient lieu, sous ce rapport, d'un acte sous seing privé.

Tel est le raisonnement d'après lequel des juges de paix se sont crus autorisés à insérer dans leurs procès-verbaux des conventions qui présentent des contrats de vente et de louage, des actes de partage; en un mot, tous les actes qui peuvent être faits sous signatures privées, et qui ne sont pas spécialement et exclusivement placés dans les attributions des notaires.

Il faut convenir que l'art. 54 est conçu de manière à faire penser que la compétence des juges de paix peut s'étendre jusque là. Si, en effet, les conventions des parties insérées au bureau de paix ont force d'obligation privée, tout acte qui peut être fait sous seing privé peut être dressé dans le procès-verbal de conciliation. (1)

231. *Les conventions insérées au procès-verbal de conciliation n'ayant que* FORCE D'OBLIGATIONS PRIVÉES, *s'ensuit-il que ce procès-verbal ne puisse, sous aucun rapport, être considéré comme un acte authentique?*

« On n'aurait pu, dit le conseiller d'état Treilhard, dans l'Exposé des motifs » de la loi, édition de Firmin Didot, pag. 25, attribuer aux conventions des » parties le caractère d'un acte public, sans porter une atteinte grave aux fonc- » tions des notaires établis pour donner l'*authenticité* aux actes. »

De là, disent les auteurs du Praticien, tom. 1, pag. 271, aux notes, on demandera s'il faut s'inscrire en faux, ou simplement dénier la signature des parties qui se sont conciliées? Ces auteurs répondent que les conventions n'ayant que force d'*obligations privées*, on peut en contester la sincérité sans

---

(1) On a cependant induit le contraire d'une note de M. Berriat Saint-Prix, pag. 190, not. 25, dans laquelle il s'exprime ainsi : « Quoique le juge de paix qui préside en bureau de paix y soit un officier public, il n'y a pas caractère pour recevoir des *actes volontaires*, ainsi que le remarque M. Merlin (*voy. nouv. Répert., tom. 5, pag.* 847, *et un arrêt de cassat. du* 22 *décemb.* 1806), et que le donnent à entendre MM. Treilhard et Faure, qui déclarent l'un et l'autre que lorsque la conciliation est opérée, et qu'on passe aux conditions de l'arrangement, la compétence et la juridiction de ce magistrat cessent ».

Il est à observer, 1.° que M. Merlin se borne à dire que le procès-verbal du juge de paix ne peut produire hypothèque, parce qu'il ne peut avoir d'autre effet qu'un acte sous seing privé; 2.° que MM. Treilhard et Faure se bornent également à dire, savoir :

Le premier, « qu'on n'aurait pu attribuer aux conventions des parties le caractère d'un acte » public, sans porter une atteinte grave aux fonctions de notaires, établis pour donner l'au- » thenticité aux actes ».

Le second, « que le procès-verbal ne peut avoir ni le caractère d'un jugement ni celui » d'un acte notarié ».

Mais tous les deux disent, de la manière la plus formelle, que les conventions insérées en ce procès-verbal ont toute la force d'obligations privées. M. Treilhard s'en explique particulièrement en ces termes : « On a pensé que ces conventions devaient avoir force d'obligation » privée : on ne pourrait pas évidemment leur refuser cet effet, puisque deux hommes jouis- » sant de leurs droits, pouvant terminer entre eux leurs différens par un écrit privé, ne » doivent pas être moins libres, parce qu'ils sont devant le juge ».

Il résulte de là que bien loin de contester au juge de paix, comme M. Berriat Saint-Prix semble le faire, compétence pour insérer des conventions de vente, de louage, de partage, avec les conditions qu'elles comportent, les orateurs du Gouvernement et du Tribunat la reconnaissent d'une manière assez positive.

Quoi qu'il en soit, il faut convenir que cette latitude donnée aux juges de paix, comme conciliateurs, peut apporter le plus grand préjudice aux notaires, qui, à raison de leur cautionnement, méritent toute la faveur de la loi. D'un autre côté se présente cet inconvénient majeur, que les parties peuvent être induites en erreur, en pensant que leurs conventions étant contenues dans un acte rédigé par un magistrat, auraient le privilége de l'exécution parée, ou tous autres avantages d'un acte authentique; ce qui n'est pas, ainsi qu'il est dit sur la question suivante. Mais, en attendant que la loi remédie à ces inconvéniens, nous croyons les conventions valables.

s'inscrire en faux; mais qu'il en serait autrement du procès-verbal lui-même, puisqu'il n'y a que la transaction qui soit considérée comme acte privé.

La plupart de ceux qui ont écrit sur le Code rejètent cette distinction entre le procès-verbal et la transaction qu'il contient, et les considèrent comme ne formant qu'un seul et même acte, qu'ils regardent comme *authentique*, conformément à l'art. 1317 du Code civil, et qui ne diffère des autres actes de même nature, qu'en ce sens qu'il n'a pas le privilége de l'exécution parée, puisqu'il ne porte pas le même intitulé que ces actes, n'est pas terminé par un mandement aux officiers de justice (*C. de P., art.* 545), et ne peut conférer hypothèque (*voy. Pigeau, tom.* 1, *pag.* 43; *Levasseur, pag.* 115 *et suiv.*, *et la Biblioth. du bar.*, 1810, 1re. *part.*, *pag.* 245); puisque, d'après les articles 2123 et 2127 du Code civil, l'hypothèque ne peut résulter que des *jugemens* ou des reconnaissances ou vérifications faites en jugement, ou d'un acte passé devant notaire. — (*Voy. Essai sur les trib. de paix, pag.* 162). (1)

Il suivrait de là, 1°. que la cause qui empêche une partie de signer est valablement constatée par le juge de paix, et supplée à la signature sans *laquelle les conventions seraient nulles.* — (*Voy. Levasseur, pag.* 114, *n°.* 217, *et la Biblioth. du barr., ubi suprà*).

2°. Qu'il ne doit être rédigé qu'un seul original, quoiqu'il y ait plusieurs parties;

3°. Que l'exécution de l'acte peut être demandée sans reconnaissance préalable des signatures qui y sont apposées.

232. *La partie au profit de laquelle les conventions insérées dans le procès-verbal auraient été consenties, serait-elle recevable à demander en justice qu'il en fût dressé acte pardevant notaires, avec assignation d'hypothèque?*

M. Lepage se prononce pour l'affirmative dans son nouveau Style, pag. 52, 4e. édit.; mais cette opinion nous paraît victorieusement combattue par M. Levasseur, tom. 1, pag. 118.

« Nous pensons, dit-il, qu'une pareille demande ne peut être formée qu'autant que la convention en contiendrait la clause expresse. Hors ce cas, pareille » demande est une vexation qui doit être écartée; elle ne peut produire au » requérant le bénéfice de l'hypothèque, pour laquelle il faut une stipulation

(1) Notre savant confrère, M. Berriat, estime que le procès-verbal dont il s'agit ne peut être considéré comme *authentique*, attendu qu'il ne suffit pas, pour l'authenticité d'un acte, qu'il soit reçu par un officier public; qu'il faut encore que cet officier soit compétent, et ait capacité pour recevoir cet acte. Or, on a vu, sur la question 230, que, d'après MM. Merlin et Pigeau, M. Berriat pense que le juge de paix n'a pas caractère pour recevoir des actes *volontaires.* Sans doute, le juge de paix ne peut recevoir des actes volontaires, mais c'est en ce sens que la volonté serait indépendante de toute contestation, que ces actes auraient pour objet de prévenir par la conciliation. Dans le cas contraire, le juge de paix est compétent, d'après l'art. 54. L'espèce de contradiction que l'on pourrait croire trouver, en ce que nous attribuons l'authenticité au procès-verbal, sans lui en assigner tous les effets, nous semble disparaître, si, distinguant, avec M. Toullier, tom. 8, pag. 471, *l'acte* des *conventions* qu'il renferme, on considère que l'acte émanant d'un officier public est nécessairement *authentique*, mais que le législateur, par une faveur spéciale pour les notaires, motivée sur le cautionnement qu'ils fournissent, a pu, comme il l'a fait, refuser à ces conventions les avantages de l'acte notarié.

» expresse dans l'acte notarié (*Cassat., 22 déc.* 1806, *Sirey, tom.* 7, *pag.* 109); » elle aurait pour but de donner à la convention la force exécutoire. Mais de » quel droit une partie peut-elle requérir qu'on donne la force exécutoire à » un acte qui, de sa nature, ne doit pas en être revêtu? De quel droit veut- » elle inquiéter son adversaire, tant que celui-ci n'a fait rien de contraire à » la convention arrêtée? »

On convient que, d'après cette opinion, le procès-verbal a moins d'effet que n'en aurait un acte notarié; mais la loi le veut ainsi, et la partie qui s'est contentée de ce simple procès-verbal ne pouvait l'ignorer : elle doit s'imputer la faute de n'avoir pas exigé davantage. — (*Voy. Biblioth. du barr.,* 1810, 1re. *part., pag.* 244).

Nous concluons de ces observations, que l'on ne peut faire procéder à l'exécution forcée des conventions arrêtées en bureau de paix, ou obtenir hypothèque pour la sûreté des droits qui en résultent, qu'en vertu d'un jugement rendu contre la partie qui résiste à les exécuter volontairement. — (*Locré, tom.* 1, *pag.* 131).

233. *Est-il nécessaire de citer de nouveau en conciliation la partie contre laquelle on se propose de former une demande en justice, en vertu des conventions arrêtées en bureau de paix?*

On oppose la disposition générale de l'art. 48; et de ce que l'acte qui contient les conventions dont il s'agit n'est considéré, quant aux effets de ces conventions, que comme tout autre acte privé qui donnerait lieu à une action, on tire la conséquence que l'on doit encore essayer la conciliation. On se fonde sur la possibilité d'un nouvel arrangement, par lequel le demandeur obtiendrait tous les avantages qu'il retirerait d'un jugement, en ce que le débiteur pourrait s'engager à passer acte devant notaires, avec stipulation d'hypothèque.

Mais on répond qu'il y a eu déjà tentative de conciliation sur l'objet de la demande au sujet de laquelle les conventions ont été arrêtées; que la résistance à les exécuter replace le demandeur dans l'état où il se fût trouvé si la conciliation n'avait pas eu lieu; qu'il n'est pas à présumer, d'ailleurs, que l'on obtiendra satisfaction de celui qui refuse d'exécuter une transaction qu'il a souscrite, et que conséquemment le demandeur ne peut être assujéti à une nouvelle tentative de conciliation. Telle est aussi l'opinion de M. Delaporte, tom. 1, pag. 52 (1).

234. *La partie qui a volontairement comparu en conciliation devant un juge de paix qui n'est pas celui de son domicile, peut-elle ensuite, devant le tribunal, demander, pour cause d'incompétence, l'annulation du procès-verbal dressé par ce juge?*

Sous l'empire des lois intermédiaires, cette question a été jugée pour la

(1) M. Sirey, dans une dissertation insérée au tom. 2 de son Recueil, pag. 275, a émis le vœu que le président du tribunal civil fût autorisé à rendre exécutoires, comme les décisions arbitrales, ces transactions volontaires, qui peuvent être la suite de l'essai de conciliation. Mais, en attendant une loi à ce sujet, on devra se conformer à ce que nous venons de dire, en conformité d'une jurisprudence certaine et fondée sur l'état actuel de la législation.

négative par arrêt de la Cour de Turin, du 29 brumaire an 13 (*Sirey*, 1804, 2e. *part.*, *pag.* 616); mais elle peut, comme le remarque M. Coffinières, se reproduire encore aujourd'hui, et sa solution serait la même, les motifs de décision pouvant être pris dans l'art. 7 du Code de procédure, qui répète presque littéralement les dispositions de l'art. 11 de la loi du 26 octobre 1790.

En effet, il est conforme à l'esprit de la loi de considérer la disposition de l'art. 7 comme applicable à la comparution volontaire, pour objet de conciliation, pardevant un juge de paix qui, d'ailleurs, ne serait pas compétent.

Proroger la jurisdiction pour juger, c'est en effet plus faire encore que de s'adresser à un juge de paix afin de conciliation.

Ainsi, de même que l'on ne peut se pourvoir pour incompétence contre la décision d'un juge dont on proroge la jurisdiction, de même, et à plus forte raison, l'essai de conciliation doit-il être considéré comme rempli, lorsque les parties se sont volontairement présentées devant un juge incompétent.

C'est aussi ce que la Cour de Rennes a décidé, par arrêt de la 2e. chambre, du 9 février 1813.

Article 55.

Si l'une des parties défère le serment à l'autre, le juge de paix le recevra ou fera mention du refus de le prêter.

Loi du 27 mars 1791, art. 25. — C. C., art. 1357, 1358.

XLVI. Cette disposition, conforme à celle de l'art. 25 de la loi du 27 mars 1791, est fondée sur la présomption que la contestation se terminera par la prestation du serment déféré, et que les parties transigeront en conséquence.

235. *Le juge de paix peut-il déférer le serment d'office?*

La négative résulte clairement de la réponse à la 225e. question. D'ailleurs, l'art. 55 n'exige la mention du refus ou de la prestation du serment que dans le cas où l'une des parties le défère à l'autre; ce qui annonce suffisamment que le juge ne peut le déférer lui-même : et d'ailleurs, déférer le serment, c'est, tout au moins, prononcer un interlocutoire. Or, le juge de paix, qui n'est compétent que pour la conciliation, ne peut rien ordonner qui se rattache au fond.

236. *Par qui et à qui le serment peut-il être déféré?*

La délation du serment étant une espèce d'aliénation, elle ne peut être faite que par ou à une personne ayant la disposition de la chose ou du droit qui en est l'objet : d'où suit qu'un mandataire ne peut ni déférer le serment, ni le prêter pour son mandant, sans un pouvoir spécial; qu'il en est de même d'un tuteur, à moins qu'il ne s'agisse d'un fait personnel, et dont il doit avoir connaissance. — (*Voy., sur cette question, Droit civil, par M. Toullier, tom.* 10, *pag.* 513 *et suiv., no.* 374—379).

237. *La partie à qui le serment est déféré peut-elle le référer à l'autre?*

Nous ne croyons pas que l'on puisse élever le moindre doute sur cette question, encore bien que la Cour de cassation ait décidé que les dispositions du

Code civil ne sont pas applicables au serment déféré en bureau de paix. En effet, il n'est pas besoin, pour la décider affirmativement, de recourir à l'analogie que présentent les art. 1361 et suiv. de ce Code ; il suffit de considérer que celui qui défère le serment est demandeur en son exception; qu'en cette qualité, il lui incombe de faire preuve. Or, lui référer le serment, ce n'est qu'exiger de lui une preuve qu'il ne peut s'empêcher de fournir, et dont il ne serait pas juste qu'il pût se dispenser, en prévenant son adversaire par le serment qu'il lui déférerait lui-même.

238. *Si le serment est déféré ou référé à une partie qui comparaît par un fondé de pouvoirs, le juge de paix peut-il ordonner qu'elle comparaîtra personnellement pour prêter ou refuser de prêter ce serment?*

M. Lepage, dans ses Questions, pag. 98, dit, pour l'affirmative, que le juge de paix étant chargé par l'art. 55 de recevoir le serment, il a par conséquent l'autorité nécessaire pour ordonner ce qui convient en pareil cas; que, s'il en était autrement, l'intention de la loi ne pourrait jamais être remplie, lorsque la partie à qui le serment est déféré ne serait pas présente en personne (1).

M. Dumoulin (*Bibl. du barr.*, 1810, 1.re *part., pag.* 246) dit aussi que le juge de paix peut ordonner la comparution personnelle de la partie; mais, ajoute-t-il, comme elle n'est point tenue de se concilier, elle peut ne pas se rendre à l'ordonnance; alors le juge de paix doit seulement constater *la non comparution*.

Sans distinguer le cas où il s'agit d'un serment déféré à une partie qui comparaît par un procureur fondé, M. Demiau, pag. 51, considère comme un abus de pouvoir de la part du juge de paix l'ordonnance par laquelle il prescrirait la comparution personnelle. Quand les juges de paix, répète-t-il, remplissent la fonction de conciliateurs, ils ne sont pas juges, mais seulement médiateurs; ils ne peuvent rien ordonner comme juges.

Mais ce n'est pas comme juge, c'est en qualité de commissaire que le juge de paix, dit M. Lepage, ordonnerait la comparution. Nous répondrons, comme nous l'avons fait sur la 227e. quest., que le ministère de ce juge est purement passif; qu'il doit se borner à entendre les parties, et ne peut rien leur ordonner sans commettre un excès de pouvoir.

Si donc le procurateur répond ou que son commettant n'entend pas jurer, ou qu'il prend sur lui de dire qu'il ne le fera pas, ou enfin qu'il ignore quelles sont ses intentions, le juge doit mentionner cette réponse : là se borne son ministère, et nous ne croyons pas même qu'il puisse ordonner d'office un renvoi. La seule chose qui lui serait permise, ce serait de constater que le procurateur fut convenu, avec la partie adverse, d'un jour auquel son commettant comparaîtrait, s'il le jugeait convenable.

239. *Quels sont les effets du serment déféré en bureau de paix?*

---

(1) « En vain dirait-on, ajoute l'auteur, que le serment pourrait être demandé devant » le tribunal; il est quelquefois très-urgent de ne pas différer cette formalité, qui au reste » n'est, en bureau de paix, qu'une préparation pour l'instruction de la cause. Recevoir » le serment n'est pas un acte du juge, mais de simple commissaire. En cette qualité, le » juge de paix peut ordonner tout ce qui sera convenable pour que le serment soit prêté ».

M. Delaporte, tom. 1, pag. 52, s'exprime ainsi sur cette question :

« La comparution devant le juge de paix n'est qu'une opération préparatoire : » le serment déféré et prêté, ou refusé, ne paraît pas pouvoir être d'une autre » nature. La loi elle-même a cet esprit, puisqu'elle n'autorise pas le juge de » paix à condamner ou à absoudre sur-le-champ : donc ce qui s'est passé devant » le juge de paix n'enchaîne point la conscience du tribunal. Si la partie qui a » prêté le serment au bureau de paix ne l'invoque point, et que l'autre ne le » défère plus, l'affaire doit s'instruire et se juger à l'ordinaire; si la prestation » du serment est invoquée, la partie qui l'a déférée au bureau de paix peut » revenir sur ses pas et refuser de la déférer devant le tribunal, parce que, tant » que le serment n'est pas irrévocable, elle peut varier. Il faut décider de même » dans le cas où, sur la délation du serment, la partie l'a refusé : ce refus n'em- » porte point condamnation, si l'adversaire ne le défère pas de nouveau. »

M. Pigeau semble admettre, au contraire, que la délation du serment en bureau de paix a tous les effets que les dispositions du Code civil attachent à la prestation ou au refus du serment *litis decisoire*. En effet, après avoir rapporté les termes de l'art. 55 du Code de procédure, il ajoute pag. 44 : *Quant aux effets du serment* litis decisoire, QUI SONT DÉTERMINÉS PAR LE CODE CIVIL, ART. 1358 ET SUIVANS, *ils ne pourront être prononcés par le juge de paix, parce qu'ici il fait l'office de conciliateur et non celui de juge.*

Nous pensons, comme M. Delaporte, mais par d'autres motifs que celui qui sert de base à son opinion, que le refus de prêter un serment déféré en bureau de paix n'établit point, en faveur de la partie qui a déféré ce serment, une fin de non-recevoir contre la demande ou la défense de celui qui l'a refusé; mais nous croyons, contre l'opinion de cet auteur, et conformément à celle que M. Pigeau paraît avoir adoptée, que la prestation du serment forme entre parties une convention dont le tribunal civil est tenu de prononcer les effets.

Déjà la Cour de cassation, par arrêt du 17 juillet 1810 (*Sirey, tom.* 10, *pag.* 327), a décidé que la disposition de l'art. 1361 du Code civil, n'était pas applicable au refus de serment déféré en bureau de paix, *parce qu'un tel refus n'était seulement qu'un refus de se concilier.* (1)

D'après cette décision, on doit tenir pour certain désormais que celui qui, en bureau de paix, a déféré le serment sur l'objet de la contestation, peut le rétracter devant le tribunal civil, de même qu'il ne peut se prévaloir du refus de sa partie adverse, pour obtenir contr'elle des condamnations qu'entraînerait un semblable refus, s'il avait été fait devant le juge compétent pour prononcer sur le différent. En effet, qu'est-ce que la partie qui défère et celle qui refuse le serment en bureau de paix sont censées s'être dit l'une et l'autre? Rien autre chose, sans doute, si ce n'est qu'elles se réservent toutes deux leurs droits respectifs; que si le serment n'est pas prêté, il y aura inutile essai de conciliation, et qu'elles plaideront devant le tribunal compétent. Ici, aucune convention n'est arrêtée entr'elles; il n'y a pas lieu à l'application de l'art. 54 du Code de procédure, et conséquemment les choses sont entières devant le tribunal civil; en un mot, il n'y a qu'un refus de se concilier, comme l'a décidé la Cour de cassation; et ce n'est que ce refus que le juge de paix constate en mentionnant, ainsi que le prescrit l'art. 55, le refus de prêter serment....

(1) Voy. Droit civ., par M. Toullier, tom. 10, pag. 502, n.° 363.

Mais il n'en est pas ainsi quand le serment a été *prêté :* celui qui l'a déféré, s'il est défendeur, ne peut, suivant nous, regarder ce serment comme non avenu, si son intérêt l'exige; et réciproquement, le demandeur ne peut, à son tour, renouveler devant le tribunal une demande qu'il aurait affirmée n'être pas fondée. Pour prouver cette proposition, il suffit d'observer que celui qui défère offre de s'en tenir au serment de l'adversaire; que la partie qui prête le serment accepte l'offre; qu'une convention s'établit; qu'elle est exécutée par la prestation du serment; que le serment est reçu par le juge, qui ne se borne pas à rapporter procès-verbal de la convention des parties, mais qui atteste, en vertu d'une mission légale (art. 55), l'exécution de cette convention. Et comment alors, si les conventions légalement formées tiennent lieu de loi aux parties (*Code civil, art.* 1134); si l'aveu donné par écrit fait foi; si le serment tient lieu de transaction et de chose jugée (art. 1350 et 1356); si la fausseté d'un serment ne peut être prouvée, soutenir qu'une action éteinte par un serment puisse être formée, sans que l'exception péremptoire, résultant du serment, écarte cette action?

Comment admettre que la loi, en accordant à une partie la faculté de déférer le serment, ait entendu lui conférer l'étrange privilége de rétracter cette délation, et, par là, d'accuser impunément de parjure celui auquel elle venait de donner une preuve de confiance, en l'établissant juge dans sa propre cause?... — (*Voy. Rapp. du trib. Jaubert, édit. de Didot, pag.* 204). (1)

ARTICLE 56.

Celle des parties qui ne comparaîtra pas, sera condamnée à une amende de 10f; et toute audience lui sera refusée, jusqu'à ce qu'elle ait justifié de la quittance.

Loi du 27 mars 1791, art. 22. — Loi du 26 vent. an 4, art. 8, 9. — C. de P., art. 58.

XLVII. LA peine prononcée par cet article prouve l'importance que le législateur attache à la formalité de la tentative de conciliation; mais, dans notre opinion, cette peine n'est applicable que dans le seul cas où ce préliminaire

(1) Il est vrai que dans les considérans de l'arrêt de la Cour de cassation, du 27 juillet, on lit : « L'art. 1361 du Code civil ne peut s'entendre que du serment décisoire, judiciairement déféré ou référé pardevant le juge qui doit prononcer sur le différent des parties, » et que ce n'est que dans ce cas seulement où celui qui refuse de prêter le serment décisoire doit, suivant l'expression de la loi, succomber dans sa demande ou dans son exception ».

Mais on ne saurait conclure de là que la prestation du serment ne doive pas produire les effets que nous y attachons, parce que ces effets seraient ceux-là même qu'opérerait le serment judiciaire, conformément aux art. 1363 et 1364 du Code civil; articles que, par induction, l'on considérerait comme *inapplicables* au serment déféré en bureau de paix, ainsi que l'est l'art. 1361. La réponse à cette objection se trouve dans les motifs ci-dessus exposés. On a vu que sans nous attacher à l'application des art. 1363 et 1364, nous nous sommes déterminé par une considération qui en est indépendante, c'est-à-dire par le fait d'*une convention formée et exécutée en bureau de paix,* et qui, conformément à l'art. 54 du Code de procédure, a toute la force d'une obligation privée.

est prescrit; dans tous autres, on ne peut imputer à faute à la partie de n'avoir pas comparu sur une citation que la loi n'autorisait pas.

240. *Ne résulte-t-il pas de ces expressions*, celle des parties, *que le défaillant en bureau de paix est sujet à l'amende, soit qu'il se rende demandeur, soit qu'il ne soit que défendeur en première instance?*

« Si c'est celui qui n'a pas comparu en bureau de paix, disent les auteurs » du Praticien, tom. 1, pag. 272, qui se trouve défendeur en première ins- » tance, comment lui refuser l'audience? Le demandeur sera-t-il obligé d'ar- » rêter son action et de la suspendre, tant que le défendeur ne se sera pas » acquitté, ou bien aura-t-il action contre lui pour le faire payer?

» Nous ne le pensons pas; nous croyons que l'article ne s'applique qu'au cas » où le défaillant se trouverait demandeur, parce que sa disposition étant une » peine, ce n'est qu'en ce cas qu'il pourrait être puni; et pour se faire refuser » l'audience, le débiteur de mauvaise foi ne paraîtrait jamais en conciliation: » loin de le punir, la loi viendrait le protéger; ce qu'on ne peut admettre. »

Nous croyons qu'il est possible d'appliquer, dans la généralité de ses expressions, la disposition pénale de l'art. 56, sans qu'on ait à craindre l'inconvénient dont parlent les auteurs du Praticien.

En effet, l'action du demandeur ne peut jamais être arrêtée par le défaut de paiement de l'amende de la part du défendeur. *Si toute audience doit être déniée à ce dernier* jusqu'à la représentation de la quittance de ce paiement, ces expressions ne signifient autre chose, si ce n'est qu'il sera considéré comme défaillant en première instance. — (*Voy. Locré, tom. 1, pag.* 233.)

241. *L'amende est-elle encourue de plein droit, et par le fait même de la non comparution, en sorte que le juge de paix doive prononcer la condamnation?*

M. Dumoulin (*Biblioth. du barr.*, 1810, 1re. *part.*, *pag.* 24), estime que c'est le juge de paix qui doit condamner le défaillant à l'amende. « La première » partie de l'art. 56 est ainsi conçue, dit-il: *La partie qui ne comparaîtra pas* » *sera condamnée à l'amende*: par là, deux choses sont exprimées, la non com- » parution devant *le juge de paix* et la condamnation à l'amende. La liaison » et le rapprochement qu'il y a entre l'une et l'autre semblent indiquer que » c'est le juge de paix devant lequel on ne comparaîtra pas qui prononcera la » condamnation, etc. etc. »

Nous convenons qu'en ne considérant que le texte de l'art. 56, les raisons données par M. Dumoulin seraient de nature à justifier sa solution; mais il résulte expressément d'une décision du ministre de la justice, du 31 juillet 1808 (*Sirey, tom.* 8, *pag.* 272), que l'amende n'est pas encourue de plein droit, et qu'elle ne pourrait pas être exigée, si la demande n'était pas portée au tribunal de première instance: c'est donc de cette circonstance que dépend la condamnation. Or, à l'époque où la demande est formée, le juge de paix a épuisé sa compétence, qui, d'après l'art. 58, se borne, en cas de non comparution, à en faire mention sur l'original ou la copie de la citation, et sur le registre: ce sera donc le tribunal saisi de cette demande qui prononcera la condamnation à l'amende.

Ainsi, dans le cas où le demandeur et le défendeur comparaissent, si celui d'entre eux qui n'a pas comparu en bureau de paix ne représente pas au procureur du Roi, chargé de veiller à l'exécution de la loi, la quittance de paiement, ce magistrat requiert d'office que toute audience lui soit refusée, et que la condamnation soit prononcée. Le défendeur qui n'a pas acquitté l'amende est donc jugé comme défaillant; et suivant la décision ci-dessus citée du ministre, le jugement que le demandeur obtient, quoique rendu par défaut, comprend l'amende comme un accessoire de la condamnation principale.

Le demandeur est condamné à l'amende par le même jugement qui lui dénie l'audience, et ses poursuites sont rejetées, si le défendeur qui a comparu se présente.

Si, au contraire, le défendeur ne se présente pas, le tribunal, en condamnant le demandeur à l'amende, ordonne d'appeler une autre cause (1).

242. *Le demandeur qui, sur sa propre citation, n'a pas comparu en bureau de paix, peut-il, en payant l'amende, assigner le défendeur au tribunal de première instance?*

Ce que nous venons de dire sur la précédente question suppose l'affirmative de celle-ci.

A la vérité, M. Delaporte, tom. 1, pag. 55, et M. Levasseur, pag. 114, émettent une opinion contraire. « Si le citant fait défaut, sa citation, dit le » premier, ne peut avoir aucune vertu; il faut qu'on la recommence : il ne » pourrait pas faire assigner valablement sans cela. »

« En effet, ajoute M. Levasseur, le citant peut-il prétendre avoir rempli le » vœu de la loi, lorsque, par son défaut de comparution, il a mis lui-même » obstacle à la conciliation à laquelle il était obligé d'essayer de parvenir? »

M. Lepage, Questions, pag. 99, combat cette opinion, et, entre autres raisons qui nous paraissent victorieuses, il donne celle-ci : « On voit dans » l'art. 56 que celle des parties qui ne comparaît pas est condamnée à une » amende de 10f; il n'est pas parlé plus particulièrement du défendeur que » du demandeur; l'un et l'autre ne sont écoutés au tribunal qu'en rapportant la quittance de l'amende : par conséquent, la non comparution du demandeur étant constatée, et l'amende étant par lui payée, il a suffisamment rempli la formalité de la conciliation. »

243. *Lorsque les parties n'ont point tenté la conciliation, c'est-à-dire lorsqu'il n'y a point eu de citation en bureau de paix, le tribunal de première instance doit-il les renvoyer d'office en ce bureau?*

Fondés sur un arrêt de la Cour de cassation, du 13 thermidor an 8, les auteurs du Praticien, tom. 1, pag. 312, se prononcent pour l'affirmative, parce qu'ils considèrent la formalité de l'essai de conciliation comme étant de droit public.

Il est vrai que cet arrêt, auquel on peut en ajouter un second, du 17 du même mois de thermidor an 8, avait ainsi caractérisé la formalité dont il

(1) De ce que nous disons que le juge de paix n'a pas la faculté de condamner à l'amende la partie qui ne comparaîtrait pas devant lui, il s'ensuit que les juges de première instance dénieraient mal à propos l'audience, sous prétexte que le procès-verbal du juge de paix contiendrait une condamnation à l'amende qui n'eût pas été acquittée; ils doivent, comme nous l'avons dit, prononcer la condamnation, et dénier audience pour plaider sur le fond, jusqu'à l'exécution de ce préparatoire. — (*Rennes, chamb. des vac.*, 2 *sept.* 1808).

s'agit. M. Pigeau l'a considérée sous le même rapport, puisqu'il dit, tom. 1, pag. 145, que l'exception résultant du défaut de conciliation peut être opposée en Cour de cassation, quand bien même elle ne l'aurait pas été en appel.

Mais nous opposons un troisième arrêt de la même Cour, du 22 thermidor an 11, qui décide formellement le contraire. (*Voy. Denevers, an 12, pag. 71, et le Bull. offic., an 11, pag.* 380). C'est pourquoi la Cour d'appel de Nîmes, par arrêt du 26 floréal an 13, et celle d'Orléans, par arrêt du 8 prairial an 12, ont décidé qu'une partie était non recevable à opposer sous l'appel une telle exception, qu'elle n'avait pas produite en première instance. — (*Voy. Collect. formant suppl. au Journ. du Palais, pag.* 65, 1806, *et ce Journ., n°.* 267, *pag.* 222).

Ceci posé, nous ne croyons pas que le juge puisse renvoyer d'office les parties à tenter la conciliation, sans commettre une sorte de déni de justice; car il nous paraît évident qu'une exception qui peut être couverte par la procédure volontaire de la partie intéressée à la proposer ne peut, à plus forte raison, être suppléée par le juge.

Néanmoins nous serions assez porté à croire que, dans le cas où le défendeur laisserait défaut sur une assignation qui n'aurait pas été précédée de citation en bureau de paix, le tribunal serait suffisamment autorisé à prononcer le renvoi : la raison en est que le défaut emporte contestation, et pourrait être attribué à la circonstance même de l'omission du préliminaire. — (*Voy. Cassat.*, 11 *fruct. an* 11; *Quest. de droit*, 2e. *édit., pag.* 326; *Rennes*, 22 *mai* 1809, 8 *janv.* 1812, *et* 22 *avril* 1813).

244. *Dans l'espèce de la question ci-dessus, le tribunal doit-il condamner à l'amende?*

Nous ne le pensons pas, par le motif que l'art. 56 n'attache la peine qu'au défaut de comparution. Or, l'obligation de comparaître suppose un acte antérieur dont elle dérive, une citation qui n'a pas eu lieu.

245. *La partie qui prouve au tribunal de première instance l'impossibilité physique où elle a été de comparaître en bureau de paix, peut-elle obtenir remise de l'amende, et conséquemment des peines qui sont attachées au défaut de paiement?*

Cette question avait été décidée affirmativement par arrêt de la Cour de cassation, du 19 floréal an 12, et le ministre de la justice a rendu à ce sujet, le 15 décembre 1808, une décision ainsi conçue (*voy. Sirey, tom.* 9, 2e. *part., pag.* 54) : « S'il résulte des art. 53 et 56 que celui qui n'a pas comparu en » personne, ou ne s'est pas fait représenter en bureau de paix, ne peut être » entendu devant le tribunal sans produire la quittance de l'amende, néanmoins, lorsque la partie prouve l'impossibilité où elle a été de comparaître, » et que l'excuse est *reconnue véritable* par le tribunal, la *peine cesse*, et rien » n'empêche qu'il ne soit statué, par le même jugement, sur le fond de la » contestation. Dans ce cas, il n'y a pas lieu à diriger des poursuites pour » le paiement de l'amende. »

Cette décision, que nous avons textuellement rapportée, présente une difficulté dans son exécution, en ce que le tribunal prononçant sur le fond par le même jugement qui admet l'excuse, cela suppose que la partie a été admise à plaider ses moyens au fond avant que l'excuse ait été admise, et cette marche serait contraire à l'art. 56. Nous croyons que la décision du ministre doit s'interpréter en ce sens, que le tribunal, après avoir entendu les moyens d'excuse, permet de plaider, et déclare, dans le jugement par lequel il statue au fond, qu'il a admis ces moyens et accordé cette permission.

246. *Les amendes adjugées pour défaut de comparution en bureau de paix ne se prescrivent-elles que par trente ans?*

Oui, car on ne peut étendre à ce cas la prescription de deux ans, établie par l'art. 61 de la loi du 22 frimaire an 7. — (*Cassat.*, 11 *nov.* 1806, *Sirey*, *tom.* 7, 2e. *part.*, *pag.* 1009).

247. *Y a-t-il lieu à prononcer l'amende, si la partie assignée en première instance prouve l'irrégularité de la citation qui lui aurait été donnée pour comparaître en bureau de paix?*

L'irrégularité de la citation ne dispense pas le défendeur de comparaître pour en opposer les vices, et demander, ou qu'elle soit annulée, si ces vices tiennent à la substance de l'acte, ou qu'il y ait réassigné. Nous pensons donc que l'art. 56 doit recevoir son application, même en ce cas.

ARTICLE 57.

La citation en conciliation interrompra la prescription, et fera courir les intérêts, le tout pourvu que la *demande soit formée* (1) dans le mois, à dater du jour de la comparution ou de la non conciliation. (2)

Loi du 24 août 1790, tit. 10, art. 6. — C. C., 1154, 2245, 2274.

XLVIII. PAR cette disposition, le législateur répare une omission faite dans la loi de 1790, et complète la disposition de l'art. 2245 du Code civil, en fixant le délai de droit que cet article n'avait pas déterminé. Il en résulte que si la demande en justice n'est pas formée dans ce délai, la prescription n'est interrompue et les intérêts ne commencent à courir que du jour de sa notification. Ce même délai d'un mois était nécessaire pour donner le tems de retirer le procès-verbal.

---

(1) Ainsi la demande seule suffit, quoiqu'elle n'ait point été suivie de jugement de condamnation. — (*Cassat.*, 17 *nov.* 1807, *Sirey*, *tom.* 8, *pag.* 1).

D'un autre côté, tant qu'il n'y a point de demande (*avec conclusions au paiement des intérêts; voy. infrà quest.* 252), nous estimons que les intérêts moratoires ne courent point, quelque tems qui se soit écoulé depuis l'échéance du terme du paiement. — (*Angers*, 29 *mai* 1807, *Sirey*, *tom.* 7, *pag.* 313).

(2) JURISPRUDENCE.

L'effet que la loi conserve à la citation, d'interrompre la prescription, a lieu,

1.° Dans le cas où le défendeur formerait, en bureau de paix, une demande en compensation. — (*Cassat.*, 30 *frim. an* 11, *Sirey*, *tom.* 3, *pag.* 28).

2.° Dans le cas même où l'action à intenter ne serait pas sujette au préliminaire. — (*Cassat.*, 9 *nov.* 1809, *Sirey*, *tom.* 10, *pag.* 77).

248. *Le délai d'un mois, dans lequel la demande doit être formée, pour que la citation interrompe la prescription, est-il susceptible de l'augmentation d'un jour par trois myriamètres de distance?*

Par arrêt du 4 juillet 1809, la Cour de Paris a décidé négativement, en adoptant les motifs du jugement de première instance. Ces motifs ne sont point rapportés dans le recueil où cet arrêt est inséré; mais il paraît que le principal a été que l'art. 1033, sur lequel on fondait l'affirmative, ne s'appliquait point à l'espèce. — (*Voy. Biblioth. du barr.*, 2e. *part.*, 1810, *tom.* 5, *pag.* 363).

En effet, l'augmentation de délai n'est établie qu'en faveur du défendeur qui doit comparaître. Le délai donné pour former la demande demeure toujours invariable, dès que la loi l'a fixé. — (*Jurisp. des Cours souv.*, *tom.* 2, *pag.* 432; *Trait. des null. de M. Perrin*, *pag.* 255.)

249. *La comparution volontaire en bureau de paix interrompt-elle la prescription?*

Nous ne le pensons pas, par le motif que les termes de l'art. 57 n'attachent l'interruption de la prescription qu'au fait d'une citation donnée en bureau de paix.

D'un autre côté, l'art. 2244 du Code civil porte qu'une citation en justice, un commandement ou une saisie, signifiés à celui qu'on veut empêcher de prescrire, forment l'interruption civile; il annonce par là que le législateur n'a pas eu l'intention d'attacher cet effet à la comparution volontaire : ce serait aller au-delà des termes de la loi. — (*Biblioth. du barr.*, 2e. *part.*, *tom.* 4, *pag.* 65). (1)

250. *Si la demande n'a pas été formée dans le délai prescrit par l'art. 57, peut-on la former postérieurement, sans citer de nouveau en conciliation? Le peut-on même après trois années?* EN UN MOT, *le préliminaire de conciliation tombe-t-il en péremption, soit par le laps d'un mois, soit par le laps de trois ans?*

M. Lepage, dans ses Questions, pag. 99, en remarquant, comme tous les auteurs, que la loi n'a prescrit aucun terme après lequel la formalité de la conciliation doive être recommencée, si elle n'a pas eu de suite, ajoute : « On » ne peut pas tirer argument de l'art. 57, qui donne à la tentative de conci- » liation l'effet d'interrompre la prescription, quand la demande est formée dans » le mois. Une déchéance est une disposition rigoureuse qui ne se supplée point, » et qui ne s'étend pas d'un cas à un autre. »

---

(1) On a opposé, contre cette opinion, 1.° qu'on peut essayer la conciliation sans citation préalable, puisque les parties peuvent comparaître volontairement devant le juge de paix; 2.° que le défaut de citation n'a d'autre inconvénient que de retarder l'interruption, qui eût eu lieu plus tôt, puisque la citation doit précéder la comparution de trois jours au moins; mais qu'il n'est pas possible d'admettre que le défendeur qui comparaît volontairement n'interrompe pas la prescription.

Nous répondrons qu'un arrêt de la Cour de Colmar, du 15 juillet 1809 (*Sirey*, *tom.* 14, 2.e *part.*, *pag.* 89), nous semble avoir tranché la difficulté. Mais en même tems nous convenons que si la partie comparaissant en bureau de paix, y donne une reconnaissance de la dette constatée par procès-verbal, il y aura interruption, non en vertu de l'art. 57, puisqu'il exige *citation*, mais d'après l'art. 2248 du Code civil. C'est ce qui résulte implicitement du même arrêt de Colmar, et ce que nous croyons fondé en principes.

Mais cet auteur pense néanmoins que la tentative de conciliation *est, comme toutes les autres procédures, sujette à la péremption ordinaire* (de trois ans) établie par l'art. 397.

Nous trouvons tous les auteurs qui se sont expliqués sur la question en opposition avec cette opinion. « Une instance tombe en péremption, dit entre » autres M. Pigeau, tom. 1, pag. 46; mais le préliminaire de conciliation n'en » étant point une, puisqu'il est établi pour les prévenir, on ne peut pas dire » qu'il tombe en péremption. D'ailleurs, les lois dures ne s'étendent pas : on » peut donc, plus de trois ans après ce préliminaire, actionner sans le recom- » mencer. »

Même opinion de la part de M. Dumoulin, dans la Bibliothèque du barreau, 1810, 1re. part., pag. 248, et de M. Demiau Crouzilhac, pag. 53.

Concluons que la durée du procès-verbal de non conciliation, ou du certificat de non comparution au bureau de paix, n'étant limitée par aucune disposition particulière, reste soumise aux règles ordinaires; en sorte que l'un et l'autre de ces actes durent trente ans, pendant lesquels on peut assigner; mais une fois l'assignation donnée, ils suivent le sort de l'instance qu'elle a introduite, et s'éteignent avec elle (1).

251. *L'art. 57 est-il applicable à la citation donnée sous l'empire de la loi du 24 août 1790, et qui, depuis la promulgation du Code, n'a pas été suivie d'une assignation dans le mois?*

Par arrêt du 27 avril 1814, la Cour de cassation a résolu cette question pour l'affirmative. (*Sirey, tom.* 17, *pag.* 269). C'est une conséquence du principe que les lois nouvelles qui prescrivent des formalités protectrices d'un droit ont effet sur le passé, en ce sens qu'elles obligent à remplir ces formalités, encore bien que le droit à conserver ait été créé antérieurement à ces mêmes lois. La Cour de Toulouse avait jugé le contraire. — (*Berriat, pag.* 192, *not.* 3).

252. *Les intérêts ne courent-ils qu'autant qu'ils sont spécialement et expressément demandés?*

Notre art. 57 se rapporte à la dernière disposition de l'art. 1153 du Code civil. Or, disent M. Merlin (*nouv. Répert., v°.* intérêt, § 4), et M. Toullier (*tom.* 6, *pag.* 317), ces mots *du jour de la demande*, insérés dans l'art. 1153, ne peuvent s'entendre que du jour où le créancier a conclu aux intérêts; car le législateur ne dit pas *du jour de la demande* PRINCIPALE, il dit simplement *du jour de la demande;* et comme il ne parle que *des intérêts*, ce n'est qu'aux intérêts que l'on peut rapporter ses expressions. Et, en effet, ce même article porte que la demande d'intérêts formée contre l'un des débiteurs solidaires fait courir les intérêts à l'égard de tous : il ne suffit donc pas de demander le capital, il faut conclure formellement à la condamnation aux intérêts. Par ces motifs,

(1) Mais il importe de remarquer que la citation en conciliation ne saurait étendre le délai fixé au-dessous de trente ans, pour former certaines actions.

Par exemple, dans le cas d'une action annale par sa nature, cette action serait prescrite, s'il s'était écoulé un an entre la citation en bureau de paix et l'assignation en justice réglée.

Il en serait de même de l'action en nullité, que l'art. 1304 du Code civil limite à dix ans. — (*Cassat.*, 22 *mess. an* 11, *Sirey, tom.* 13, 2.e *part., pag.* 467).

nous nous croirions fondé à dire que la citation n'opère l'effet de faire courir les intérêts, qu'autant que l'exploit introductif de l'action qui suit le défaut de conciliation contient, à leur égard, des conclusions spéciales et formelles (1).

253. *La citation en conciliation fait-elle courir les fruits civils de même que les intérêts?*

C'est demander, en d'autres termes, ce qu'il faut entendre par le mot *intérêt*, et s'il ne s'applique, dans l'article, qu'aux revenus ou au produit d'un capital.

Nous pensons, avec les auteurs du Praticien, tom. 1, pag. 268, que ce serait trop restreindre cet article; du moins nous ne voyons aucune raison qui exige une autre décision pour les fruits : par induction de l'art. 584 du Code civil, la citation les fait courir comme les intérêts d'une somme d'argent.

ARTICLE 58.

En cas de non comparution de l'une des parties, il en sera fait mention sur le registre du greffe de la justice de paix, et sur l'original ou la copie de la citation, sans qu'il soit besoin de dresser procès-verbal.

T. 13. — C. de P., art. *54*, *65*.

XLIX. Le procès-verbal n'est utile que pour constater les déclarations des parties; il serait frustratoire, lorsque l'une d'elles ne comparaît pas. Le législateur a dû déclarer, par conséquent, qu'il suffisait de faire mention de la présence de l'une et de l'absence de l'autre : il n'y a rien autre chose à constater.

---

(1) L'auteur de l'Essai sur les tribunaux de paix critique cette opinion. « L'art. 1153, » dit-il, n'a pour objet que d'évaluer les dommages-intérêts, quand l'obligation qu'on tarde » d'accomplir consiste dans le paiement d'une somme d'argent, et il en faut revenir à l'ar- » ticle 1146, qui a posé le principe de la matière. D'après cet article, les dommages-in- » térêts sont dus lorsque le débiteur est en demeure de remplir son obligation, et suivant » l'art. 1139, le débiteur peut être constitué en demeure par une sommation ou un acte » équivalent. La condamnation aux intérêts fixés par la loi, n'ayant lieu que pour récom- » penser le créancier du dommage que lui cause la privation d'une somme de deniers qu'il » peut être forcé d'emprunter ailleurs, il nous semble, ajoute l'auteur, que ce dédomma- » gement doit lui être accordé du jour qu'il a constaté le défaut d'accomplissement de » l'obligation par la demande du capital, conformément à l'art. 1139 ». (*V. aussi art.* 1904).
Telle est aussi l'opinion de M. Delvincourt.

Dans le conflit qu'établit le sentiment contraire de M. Merlin et de notre respectable collègue M. Toullier, nous avons adopté leur doctrine, attendu sa conformité avec l'usage le plus généralement suivi dans l'ancienne jurisprudence. En effet, Duparc, dans son Précis des actes de notoriété du Parlement et du barreau de Bretagne, rapporte que, « pour acquérir » les intérêts, il en faut une demande répétée en justice; que la simple comparution du » créancier et du débiteur, avec condamnation d'intérêts, *sans une demande précédente*, n'a » aucun effet ». — Le même auteur, dans ses Principes, tom. 7, pag. 51, n.° 77, applique cette décision même aux intérêts de sommes léguées. Enfin, on peut voir dans les Questions de Bretonnier, v.° *intérêts*, que telle était la jurisprudence du Châtelet de Paris. — (*Voy. suprà, pag.* 121, *not.* 1).

SECONDE DIVISION.

De la Procédure simple ou ordinaire.

Les dispositions comprises dans les tit. 2 et suivans, jusqu'au 8e. inclus, établissent cette procédure simple et rapide qui a nécessairement lieu dans toutes les affaires civiles, et qui suffit à celles d'entre elles qui sont dégagées d'incidens, dont l'instruction et le jugement exigeraient d'autres formalités. — (*Voy. suprà, pag.* 91).

« Le législateur suppose une action à intenter. Devant quel juge sera-t-elle » portée? Quelle en sera la forme, et dans quel délai le défendeur sera-t-il » appelé? » — (*Voy. tit.* 2.)

« Comment constatera-t-il sa comparution? comment proposera-t-il sa dé- » fense? comment sera-t-elle contredite? combien d'écrits pourront être signi- » fiés? » — (*Tit.* 3.)

« Quelles causes exigeront l'intervention du ministère public? — (*Tit.* 4.)

» Lorsque les parties seront présentes à l'audience, quelle conduite devront » elles y tenir, ainsi que les officiers ministériels et le public lui-même? Quels » moyens seront donnés au juge pour les empêcher de s'en écarter? — (*Tit.* 5.)

» Soit que les parties aient été entendues en contradictoire défense, soit que » l'une d'elles eût négligé de comparaître, le juge doit prononcer sur la demande. » Dans les deux cas, si la décision dépend de l'examen réfléchi, ou de l'appli- » cation combinée de titres, ou d'opérations de calcul; si encore l'instruction qui » a précédé la plaidoirie n'est pas complète, comment devra-t-on procéder pour » que le juge délibère avec une entière connaissance de cause et dans le silence » de la chambre du conseil? — (*Tit.* 6.)

» Enfin, comment se formera sa décision? dans quelle forme sera-t-elle ré- » digée? — (*Tit.* 7.)

» Quelles seront les règles particulières à appliquer en cas de défaut? Dans » quel délai et suivant quelle forme pourra-t-on se pourvoir pour faire rétracter » le jugement rendu dans cette circonstance? — (*Tit.* 8.)

» Tels sont les objets de cette procédure simple et rapide, qui, sans entraves, » conduit le plaideur depuis la demande jusqu'au jugement. » (*Observations préliminaires du projet de Code, par la commission nommée en* 1804. — *Voy. suprà, introd. gén.*)

Elle offre, dans un cadre très-rapproché, les moyens et la fin de toute procédure judiciaire. Quelque compliquée que l'on puisse, en effet, supposer une affaire, quelque nombreuses que soient, par conséquent, les formalités qu'elle exige, toutes ces formalités, toutes les règles à suivre en procédant se rapporteront toujours à ces trois points essentiels, la *demande*, l'*instruction* et le *jugement.*

TITRE II.

De l'Ajournement.

Ordon. de 1667, tit. 2.

Nous avons dit pag. 4, aux notes, que l'on appelait *ajournement* l'assignation donnée devant un tribunal civil.

C'est donc l'acte par lequel un huissier dénonce à une ou plusieurs personnes une demande qu'une autre forme contre elles, avec sommation de comparaître à certain délai devant le tribunal compétent.

Pour que l'ajournement remplisse l'objet indiqué par cette définition, la loi l'assujétit à diverses formalités, dont les unes sont *intrinsèques*, les autres *extrinsèques*.

Les formalités *intrinsèques* sont celles qui, comme nous l'avons dit en parlant de la citation, pag. 5, tiennent à la substance de l'acte, parce qu'elles en sont comme les parties intégrantes; de sorte qu'il ne serait plus considéré comme un exploit de demande, comme un *ajournement*, et qu'il serait conséquemment réputé non avenu, si une seule d'entre elles était omise, ou du moins si l'huissier ne l'avait pas remplie d'une manière rigoureusement équivalente.

Les art. 61, 64 et 68 indiquent ces formalités essentielles.

Elles ont pour objet de faire connaître, par l'exploit même, 1°. la partie à la requête de laquelle la demande est formée, celle contre qui elle est dirigée; 2°. quand et par quel huissier elle est notifiée; 3°. quel est l'avoué qui sera chargé de la poursuivre; 4°. pour quel objet elle a lieu et sur quel moyen elle est fondée (61 et 64); 5°. devant quel tribunal et dans quel délai le défendeur devra comparaître (59, 61, 72, 73 et 74); 6°. enfin, à qui et à quel domicile elle a été signifiée. (68, 69 et 70).

Les formalités *extrinsèques* sont, au contraire, celles qui ne font pas partie intégrante de l'acte, parce qu'elles ne sont prescrites qu'accessoirement; telles sont entre autres, 1°. l'enregistrement de l'exploit (*loi du 22 frimaire an 7, art. 24*); 2°. la copie du procès-verbal de non conciliation, ou la mention de la non comparution (65, 1re. disposition); 3°. la copie des titres sur lesquels la demande est fondée (65, 2e. disposition); 4°. la mention du coût de l'exploit (67).

Quoique seulement accessoires, ces formalités n'en sont pas moins quelquefois exigées, à peine de nullité. (65, 1re disposition.) Mais le plus souvent leur omission ne donne lieu qu'à des amendes ou à la perte des frais, qui, en plusieurs cas, tombent à la charge de l'huissier. (71.)

Cette obligation que la loi impose aux huissiers de remplir exactement les formalités qu'elle a prescrites, n'est pas la seule précaution qu'elle ait prise dans l'intérêt des parties, concernant ces officiers ministériels. Elle leur défend, en outre, à peine de nullité, d'instrumenter pour leurs parens et alliés (66), et de signifier les exploits un jour de fête légale (63). Elle déclare enfin que dans le cas de déplacement du lieu de leur résidence, il ne leur sera payé qu'une journée au plus. (Art. 62).

L'ajournement a sept effets principaux :

1°. Il oblige les deux parties à comparaître, sous les peines du défaut. — (*Voy. tit.* 8.)

2°. Il suspend les poursuites du demandeur, jusqu'à l'expiration du délai fixé pour la comparution, et retient les deux parties en instance jusqu'au jugement définitif. — (*Nouv. Réper., au mot* compte, § 2).

3°. Il saisit le juge de la cause, c'est-à-dire qu'il lui impose le devoir de la juger, s'il reconnaît qu'il est compétent à cet effet.

4°. Il détermine la valeur de la demande principale, d'après laquelle le jugement doit être rendu en premier ou dernier ressort, c'est-à-dire à charge d'appel ou sans appel.

5°. Il interrompt la prescription même, lorsqu'il est donné devant un juge incompétent, mais non pas lorsqu'il est nul, périmé ou abandonné. — (*Voy. C. C., art.* 2244, 2250).

6°. Il fait courir les intérêts. — (*Voy. C. C., art.* 1153, 1155, 1207, 1479, 1682, 1904).

7°. Enfin il constitue en mauvaise foi le possesseur de l'objet qui serait revendiqué. — (*Voy. C. C., art.* 549 *et* 550). (1)

ARTICLE 59.

En matière *personnelle* (1), le défendeur sera assigné devant le tribunal de son domicile; s'il n'a pas de domicile, devant le tribunal de *sa résidence* (2).

S'il y a plusieurs défendeurs, devant le tribunal du domicile de l'un d'eux, au choix du demandeur.

En matière réelle (3), devant le tribunal de la situation de l'objet litigieux.

En matière mixte (4), devant le juge de la situation, ou devant le juge du domicile du défendeur.

En matière de société, tant qu'elle existe, devant le juge du lieu où elle est établie.

En matière de succession, 1.° sur les demandes entre héritiers, jusqu'au partage inclusivement; 2.° sur les demandes qui seraient intentées par des créanciers du défunt, avant le partage; 3.° sur les demandes relatives à l'exécution des dispositions à cause de mort, jusqu'au jugement définitif, devant le tribunal du lieu où la succession est ouverte.

En matière de faillite, devant le juge du domicile du failli.

---

(1) *Personnelle.* Voy. ci-dessus le commentaire sur l'art. 2, n.° 11.

(2) *De sa résidence.* Les articles 102 et 103 du Code civil indiquent ce que c'est que le domicile. Si l'on ne connaît pas le domicile actuel, on doit regarder l'ancien comme le véritable; si l'on ne connaît ni l'un ni l'autre, ou si le défendeur n'en a point, on l'assigne au lieu de sa résidence. Il est à remarquer que le demandeur est toujours censé connaître le nouveau domicile du défendeur, s'il a déclaré l'intention de changer à la mairie de l'ancien. — (*C. C., art.* 103).

(3) *Réelle.* Voy. ci-dessous quest. 228.

(4) *Mixte.* Voy. ci-dessous quest. 229.

En matière de garantie, devant le juge où la demande originaire sera pendante.

Enfin, en cas d'élection de domicile pour l'exécution d'un acte, devant le tribunal du domicile élu, ou devant le tribunal du domicile réel du défendeur, conformément à l'art. 111 du Code civil.

T. 27, 68. — C. de P., art. 2, 50.

L. Les lois particulières à la compétence des tribunaux civils d'arrondissement l'ont déterminée, par la nature et l'objet des actions (*loi du 24 août 1790, tit. 4, art. 4.*) (1) Le Code de procédure indique, dans les diverses dispositions de l'art. 59, celui de ces tribunaux également *compétens à raison de la matière,* devant lequel, en considération du domicile du défendeur ou de la situation de la chose litigieuse, telle ou telle action sera portée (2). Et elles consacrent de rechef les deux principes dont nous avons parlé sur les art. 2 et 50, et ont été dictées par les mêmes motifs que celui de l'art. 50, sauf la différence qu'elles présentent relativement aux actions réelles. — (*Voy. suprà, pag.* 6 *et* 103).

PREMIÈRE ET SECONDE DISPOSITIONS.

Actions personnelles.

254. *Si la loi exige que toute demande personnelle soit portée au tribunal du domicile du défendeur, le changement du domicile, pendant l'instance, n'entraînerait-il pas, du moins, le renvoi de la cause devant le juge du nouveau domicile?*

La négative est indubitable. « Quand le tribunal est une fois saisi de la » cause (disent les auteurs du Praticien, tom. 1, pag. 286), il doit statuer » comme si, dans l'intervalle, le défendeur n'avait pas changé de domicile; s'il » en était autrement, il serait impossible d'atteindre un débiteur de mauvaise » foi perpétuellement *ambulant;* jamais il ne subirait de condamnation. ».

Cette opinion a été consacrée par arrêt de la Cour de cassation, du 29 mars 1808. — (*Voy. Sirey, tom.* 8, *pag.* 318; *Cass.,* 14 *août* 1811, *Sirey, tom.* 11, *pag.* 353.)

255. *La deuxième disposition de l'art.* 59 *doit-elle recevoir son application, lorsque les défendeurs ne sont pas obligés d'une manière égale et semblable?*

Nous pensons avec M. Delaporte, tom. 1, pag. 59, que cette disposition ne doit s'appliquer qu'au cas où tous les défendeurs sont obligés d'une manière égale et semblable.

Si donc l'obligation d'une personne est accessoire à l'obligation d'une autre, c'est le domicile du principal obligé qui détermine la compétence du tribunal;

---

(1) Voy. notre Traité des lois d'organ. et de compét., liv. 2, tit. 1er, art. 225 et suiv., et liv. 3, tit. 3, chap. 2, art. 352.

(2) Même Traité, liv. 2, tit. 5, art. 292 et suiv.

le demandeur, en ce cas, n'aura pas le choix. Ainsi, par exemple, une caution simple sera assignée devant le juge du débiteur principal.

Mais s'il y avait plusieurs débiteurs solidaires d'une même chose, ils seraient valablement assignés devant le juge du domicile de celui d'entre eux que le demandeur voudrait choisir.

Il en serait de même à l'égard des débiteurs d'une obligation indivisible.

256. *Mais si plusieurs personnes ont contracté ensemble, sans solidarité, une obligation divisible, comme si elles ont emprunté ensemble une somme d'argent, y a-t-il lieu à la faculté accordée par la deuxième disposition de l'art.* 59 ?

M. Delaporte s'explique ainsi sur cette question :

« On dira, pour la négative, que dans ce cas il y a autant de dettes que » de débiteurs, quoiqu'il n'y ait qu'un seul titre; qu'en conséquence il y a » autant d'actions que de créances : d'où l'on conclura qu'il n'y a pas plusieurs » défendeurs à la même action, mais un seul à chacune des actions; ce qui » est strictement vrai; qu'en conséquence, chacun de ces débiteurs doit être » appelé devant le juge de son domicile.

» On répondra, pour l'affirmative, qu'il n'y a eu réellement qu'un seul prêt : » que ce serait multiplier inutilement les frais, que de forcer le créancier à » diviser son action dans plusieurs tribunaux; que c'est précisément pour éviter » cet inconvénient, que la loi permet de réunir tous les débiteurs dans le même » tribunal.

» Cette opinion ne nous paraît ni plus véritable ni plus exacte dans les termes » du droit; mais elle nous semble la plus conforme à la lettre et à l'esprit de » la loi. »

Nous tenons à cette décision de M. Delaporte. En effet, la loi ne distingue pas le cas où les défendeurs sont solidaires, de celui où ils ne le sont pas; et il est évident que si l'on admettait cette distinction, il en résulterait souvent de très-grands inconvéniens (1).

---

(1) L'exemple suivant fournira la preuve de l'opinion ci-dessus émise :

Je prête à six individus 12,000 fr.; ils me consentent tous obligation par le même acte et sous leurs signatures privées; ils ne se sont pas obligés solidairement, mais ils ont promis conjointement de me rembourser mon capital dans six mois; ils sont domiciliés sous six tribunaux différens.

S'il faut que j'assigne mes six débiteurs devant les juges de leur domicile, j'introduirai six instances; je n'ai qu'un titre, je ne peux le diviser et le produire devant six tribunaux à la fois. Si je le dépose chez un notaire pour en prendre six expéditions, on me dira, d'après l'article 1334 du Code civil, que ces copies ne suffisent pas, et que je dois représenter l'original. On ajoutera, d'après l'art. 1322 du même Code, qu'il est d'autant plus nécessaire que je montre l'original, que l'écriture ou la signature pourrait être contestée, et qu'il faut qu'elle soit reconnue, en connaissance de cause, ou donnée pour reconnue.

Il faudra donc que j'introduise successivement les six instances, afin de produire mon titre successivement devant les six tribunaux.

Ainsi, 1.° quoique je doive être remboursé de mon capital peu après l'échéance du délai de six mois, je n'en serai peut-être pas remboursé dans un an, un an et demi au plus;

2.° Chacun de mes débiteurs supportera les frais d'une instance, au lieu de ne supporter que son sixième des frais d'une instance unique;

3.° Tandis que je plaiderai contre un de mes débiteurs, les autres pourront devenir insolvables, ou prendre leurs mesures pour mettre leurs modiques facultés à l'abri de mes poursuites;

257. *Lorsque le véritable intérêt de la cause est tout entier entre deux individus, le demandeur peut-il se donner plusieurs adversaires pour avoir l'occasion de distraire le défendeur principal de ses juges naturels?*

Encore bien qu'aux termes de l'art. 59, lorsqu'il y a deux défendeurs à une demande, elle puisse être portée devant le juge du domicile de l'un d'eux, au choix du demandeur, ce serait abuser de cette disposition que de se servir d'une action feinte ou secondaire, dans la seule vue de distraire la véritable et principale partie de ses juges naturels. — (*Voy. Cassat., 5 juill.* 1808, *Sirey, tom.* 8, *pag.* 427, *et l'art.* 181). (1)

TROISIÈME DISPOSITION.

Actions réelles.

258. *Qu'entend-on par actions réelles?*

On nomme actions réelles toutes celles par lesquelles on révendique, comme nous appartenant, une chose certaine et déterminée, ou un droit attaché à cette chose. — (*Voy. notre Traité d'org. et de compét., art.* 230).

Cette action naît du droit que quelqu'un a dans la chose; elle la suit conséquemment et s'exerce contre tous ceux qui la possèdent. — (*Voy. sur ces différentes espèces, Pothier, Introd. gén. aux Cout.*, *chap.* 4, § 1, *et Henrion de Pansey*).

QUATRIEME DISPOSITION.

Actions mixtes.

259. *Qu'est-ce que l'action mixte?*

C'est celle qui est tout à la fois réelle et personnelle, parce qu'outre la révendication d'une chose, elle embrasse presque toujours des prestations résultant de l'obligation légale ou conventionnelle de celui contre qui la chose est révendiquée. — (*Voy. Traité d'org. et de comp., art.* 237).

Les Romains qualifiaient ainsi l'action de bornage entre voisins, celle de partage d'une succession entre cohéritiers, ou de quelque autre chose que ce fût.

En droit français, l'on considère comme mixtes toutes les actions qui, étant principalement et par leur nature actions personnelles, tiennent néanmoins à la nature de l'action réelle, par rapport à quelque chose qui leur est accessoire.

Telles sont les actions qu'on appèle personnelles réelles, ou personnelles *in*

4.° Si mon titre porte stipulation d'intérêts, celui de mes débiteurs qui sera le premier assigné, sera le plus favorisé; il paiera moins d'intérêts; celui que j'assignerai le dernier, et qui peut-être sera le moins solvable, pourra me devoir six fois plus d'intérêt qu'il ne m'en aurait dû, s'il m'eût été possible d'assigner mes six débiteurs à la fois devant le tribunal de l'un d'eux, à mon choix.

(1) Le porteur d'un billet de commerce, assignant simultanément l'endosseur et le tireur, a le choix du domicile de l'un d'eux. — (*Rennes*, 29 *mars* 1809).

rem scriptæ, qui naissent d'une obligation personnelle à l'exécution de laquelle la chose qui en fait l'objet est affectée.

On range aussi dans la même classe les actions qui, étant principalement réelles, ont quelquefois des conditions accessoires qui leur sont personnelles. — (*Voy. Pothier, ubi suprà*).

C'est, en général, d'après cette doctrine que l'on a jugé mixtes les différentes actions qui seront énumérées sur l'art. 237 de notre Traité d'organisation et de compétence.

CINQUIÈME DISPOSITION.

Actions en matière de Société (1).

260. *Les demandes en rescision de partage et en garantie des lots entre associés, doivent-elles être soumises au tribunal du lieu où la société a existé?*

Oui, dit M. Pigeau, tom. 1, pag. 101, quoiqu'en thèse générale la compé-

---

(1) JURISPRUDENCE.

1.° Les sociétés en participation ne consistant point dans une série d'affaires, n'ont pas d'assiette et cessent d'exister dès que la négociation particulière pour laquelle elles ont eu lieu est finie : elles ne sont donc pas comprises dans la disposition de l'art. 59, qui, en matière de société, attribue la connaissance des contestations aux juges du lieu où la société est établie. — (*Cassat.*, 14 *mars* 1810, *Sirey, tom.* 10, *pag.* 207).

2.° Lorsque les membres d'une société ont été condamnés au paiement d'une somme comptée pour leur société, et qu'il y a lieu de poursuivre un particulier en déclaration de jugement commun, comme étant associé, il doit être assigné devant les juges du lieu où est établie la société dont le demandeur soutient l'existence. — (*Cassat.*, 14 *mars* 1810, *Sirey, tom.* 10, *pag.* 250).

3.° Les actions relatives à la liquidation d'une société doivent s'intenter devant le tribunal du lieu où la société a été contractée, encore qu'elles soient dirigées contre l'associé gérant, qui a perdu la qualité de Français par sa naturalisation en pays étranger. — (*Paris*, 13 *février* 1808, *Sirey, tom.* 7, 2.° *part.*, *pag.* 1203).

4.° L'individu assigné comme associé par les créanciers d'une société, devant le tribunal où siégeait l'établissement social, ne peut obtenir son renvoi devant le tribunal de son domicile, en alléguant que la société avait été dissoute, à son égard, antérieurement aux titres de créance sur lesquels sont fondées les poursuites dont il est l'objet. Le moyen ne peut être le fondement d'un déclinatoire; il constitue une *exception* contre la demande; et comme le juge de l'action est le juge de l'exception, il s'ensuit que le défendeur est bien assigné devant le tribunal de l'établissement. — (*Cassat.*, 10 *sept.* 1806, *Sirey, tom.* 6, *pag.* 56).

5.° Une contestation entre associés, relativement à une société dissoute, doit être jugée par le tribunal du lieu où la société s'est établie, *si elle n'a pas encore été liquidée*. — (*Cassat.*, 16 *nov.* 1815, *Sirey, tom.* 18, *pag.* 82).

6.° Si, au contraire, elle a été liquidée, la demande doit être portée devant le tribunal du domicile des associés. — (*Rennes*, 20 *janv.* 1814, *Journ.*, *tom* 4, *pag.* 198).

7.° L'action pour l'accomplissement d'un bail à cheptel peut être portée devant le tribunal du lieu où le cheptel est établi, parce qu'un bail à cheptel a tous les caractères d'une association. — (*Paris*, 23 *fév.* 1807, *Biblioth. du barr.*, 1809, *pag.* 216).

8.° Lorsqu'une société a plusieurs maisons de commerce, on doit assigner au lieu où est établi le principal siége du commerce. — (*Cassat.*, 18 *pluv. an* 12, *Sirey, tom.* 4, *pag.* 103; *et Pardessus, Instit. comm.*, *n.*os 1094 *et* 1365).

tence du tribunal du lieu où la société était établie finisse à sa dissolution. Cette exception dérive de ce que l'art. 1872 du Code civil dispose que les règles concernant les obligations qui résultent du partage entre les cohéritiers, s'appliquent aux partages entre associés. Or, l'art. 822 du même Code porte que les demandes en rescision de partage sont soumises au tribunal du lieu de l'ouverture de la succession, et conséquemment, d'après l'art. 1872, au tribunal du lieu où la société a existé.

261. *Si l'on ne connaissait point de lieu où existât l'établissement social, où se porterait l'action?*

On reviendrait au droit commun, et l'on assignerait conséquemment devant le tribunal compétent, en raison de la nature de l'action. — (*Voy. Lepage, Quest., pag.* 106).

SIXIÈME DISPOSITION.

Actions en matière de Succession (1).

262. *S'il y a eu partage d'une partie des biens de la succession, en sorte qu'il soit resté quelques biens indivis, devra-t-on assigner, pour le partage de ces biens, devant le tribunal du lieu de l'ouverture de la succession?*

Non, parce que la seule convention de laisser l'immeuble en commun est considérée comme un partage de l'hérédité; il n'y a pas lieu à l'action *familiæ*

---

(1) JURISPRUDENCE.

1.° Lorsqu'une demande en partage a été portée devant un tribunal autre que celui de l'ouverture de la succession, l'incompétence n'est pas absolue et à raison de la matière. Ainsi, le renvoi doit être demandé, sous peine de déchéance, avant toute exception ou défense au fond. — (*Florence, 9 mai* 1810, *Sirey, tom.* 12, 2.° *part., pag.* 415. — *Infrà, art.* 168 *et* 169).

2.° Il en est de même de toute action relative à une succession, en cas de connexité avec une autre demande pendante devant un autre tribunal que celui de l'ouverture. Le défendeur à la seconde demande n'est pas recevable à contester la légalité de la litispendance, si lui-même ou son ayant-cause avait déjà consenti à plaider devant le tribunal premier saisi. — (*Cassat., 13 avril* 1820, *Sirey, tom.* 21, *pag.* 84).

3.° Bien qu'une succession se soit ouverte en pays étranger, au profit d'héritiers étrangers, c'est devant les tribunaux français que doit être portée l'action en partage des biens de cette succession situés en France. — (*Colmar, 12 août* 1817, *Sirey, tom.* 18, *pag.* 290).

4.° Une décision arbitrale qui se borne à régler les droits de chaque cohéritier, mais sans *allotissement*, ne peut être considérée comme un partage, en ce sens qu'une contestation relative à la succession ne puisse plus être portée devant le tribunal où elle s'est ouverte.

Ainsi, la demande en validité d'une saisie-arrêt, faite en vertu d'une semblable décision, doit être portée devant le tribunal du lieu de l'ouverture de la succession. — (*Rennes, 3.° chambre, 10 janv.* 1812, *Journ., tom.* 3, *pag.* 349. — *Art.* 567).

5.° Le tribunal du lieu de l'ouverture de la succession est le seul qui doive connaître du réglement de tous les frais, comptes et dépenses, qui concernent la liquidation de cette succession; ce principe s'applique également au cas d'une succession vacante : c'est donc dans le même tribunal que doivent se rapporter, être jugés et réglés toutes les demandes, créances, ordres, contributions, frais, dépenses, etc. — (*Rennes, 1.re chambre, 30 nov.* 1812, *Journ., tom.* 3, *pag.* 654).

6.° Cependant, la Cour de cassation, par arrêt du 18 avril 1809 (*voy. Sirey, tom.* 9, *pag.* 226),

erciscundæ, mais seulement à l'action *communi dividundo*, conformément à la loi 20, ff § 4, *fam. ercis.*, dans les principes de laquelle ont été rédigés les art. 822 du Code civil et 59 du Code de procédure, qui ne concernent que les opérations antérieures au partage de l'hérédité.

Ainsi, la demande en partage des portions restées indivises doit être portée et donne action réelle devant le juge de la situation. (*Cassat.*, 11 *mai* 1807, *Sirey, tom.* 7, *pag.* 267.) Mais si l'on ajoutait à cette demande celle de restitution des fruits, elle serait portée comme action mixte, ou devant ce même juge, ou devant celui du domicile du défendeur.

263. *L'action en révendication d'un immeuble doit-elle être portée devant le juge du lieu où la succession est ouverte?*

Les deux circonstances dans lesquelles, suivant l'art. 59, les demandes doivent être formées devant le juge du lieu de l'ouverture de la succession, ne peuvent amener que des actions personnelles ou mixtes. La question ci-dessus posée suppose, au contraire, une action purement réelle. Il faut donc s'en tenir, dans ce cas, au principe général, qui ne permet de porter les demandes en matière réelle que devant le tribunal de la situation de l'immeuble révendiqué. — (*Voy. Quest. de Lepage*, *pag.* 107).

---

a considéré qu'il ne résultait pas de ce principe, d'après lequel les contestations relatives à une succession non partagée doivent être portées devant le tribunal de l'ouverture, que la demande afin d'ordre et contribution des biens vendus de cette succession doive être soumise au même tribunal. Il a été décidé, en conséquence, que cette demande devait être portée, comme action réelle, devant le juge de la situation des biens.

7.° Lorsqu'il n'existe qu'un seul et unique héritier, la demande formée contre lui par un créancier de la succession peut être portée devant un autre juge que celui du lieu où cette succession s'est ouverte; car ce n'est que par exception au principe général, posé dans la première disposition de l'art. 59, que des créanciers ne peuvent citer des héritiers que devant le tribunal de l'ouverture de la succession. Or, cette exception ne peut être appliquée qu'au cas pour lequel le législateur l'a admise; et ce cas n'existe point quand l'héritier est unique, puisqu'il ne peut y avoir partage. — (*Cassat.*, 18 *juin* 1807, *Sirey, tom.* 7, *pag* 425).

NOTA. Dans l'espèce, l'héritier assigné n'avait accepté la succession que sous bénéfice d'inventaire; mais les considérans de l'arrêt ci-dessus paraissent s'étendre à tout héritier unique sans distinction.

8.° Les contestations entre deux créanciers d'une succession vacante, dont l'un est poursuivi en restitution de sommes qu'il a touchées au-delà de ce qui lui était réellement dû, doivent être portées devant le juge de l'ouverture de la succession, plutôt que devant le tribunal du lieu du domicile du défendeur. — (*Paris*, 20 *pluv. an* 11, *Sirey, tom.* 7, *pag.* 1287).

9.° L'action des créanciers d'une succession contre un légataire universel qui n'a point à faire de partage, ne doit pas être portée devant le tribunal du lieu où s'est ouverte la succession. En effet, un simple légataire universel n'ayant à procéder à aucun partage, n'est point dans le cas prévu par la sixième disposition de l'art. 59. — (*Paris*, 26 *fev.* 1810, *Biblioth. du barr.*, 2.e *part.*, 1810, *pag.* 380).

10.° La demande en délivrance d'un legs ne peut être formée contre l'héritier universel, devant un autre tribunal que celui de l'ouverture de la succession, puisque les termes de l'article sont généraux, et qu'il veut que toutes demandes relatives à l'exécution des dispositions à cause de mort, soient portées devant le tribunal du lieu où la succession est ouverte. — (*Turin*, 18 *avril* 1810, *Sirey*, *tom.* 10, *pag.* 330).

SEPTIÈME DISPOSITION.

Actions en matière de Faillite (1).

264. *De ce que la septième disposition de l'art. 59 porte qu'en matière de faillite, on assignera devant le juge du domicile du failli, doit-on conclure que le failli ou les syndics puissent, en demandant, assigner devant le juge du propre domicile du failli?*

Les dispositions de l'art. 59 n'ont évidemment été établies que dans l'intérêt du défendeur. Or, l'intérêt d'un cohéritier est d'être assigné devant le juge du lieu où la succession s'est ouverte, parce qu'il est plus facile au défendeur de fournir à ce juge les instructions nécessaires : il en est de même de l'associé, qui a, sous ce rapport, plus d'avantages à plaider devant le juge du lieu où la société a son établissement; on peut dire la même chose du failli. Mais la partie contre laquelle un héritier, un associé, un failli ou ses syndics forment une demande, a réciproquement plus d'avantages à plaider devant son juge naturel; elle n'a pu être distraite de sa juridiction sans une disposition expresse de la loi;

---

(1) JURISPRUDENCE.

1.° Quand un débiteur meurt en état de faillite, toutes les contestations relatives à sa succession doivent être portées devant les juges de son domicile. — (*Cassat.*, 21 *vendém. an* 12, *Sirey*, *tom.* 4, 2.e *part.*, *pag.* 30).

2.° Lorsqu'un négociant a deux maisons de commerce dans deux villes différentes, et que la faillite a éclaté dans une de ces villes seulement, comme la loi n'a fait aucune distinction, la connaissance de la faillite est dévolue au juge du domicile, encore bien que l'ouverture de cette faillite ait été déclarée en premier lieu par un autre tribunal. C'est ainsi que, suivant l'art. 110 du Code civil, *le lieu où la succession s'ouvrira sera déterminé par le domicile.* — (*Cassat.*, *sect. des req.*, 16 *mars* 1809, *Biblioth. du barr.*, *tom.* 5, 1810, *pag.* 110).

3.° Mais lorsqu'une société a deux maisons de commerce qui existent sous *des raisons distinctes* dans deux villes différentes, et que des associés demeurent dans une de ces villes, tandis que plusieurs demeurent dans l'autre, en ce cas, si la société fait faillite, les actions des créanciers doivent être dirigées contre chacune des maisons devant le tribunal dans le ressort duquel elles se trouvent respectivement. — (*Cassat.*, 16 *mars* 1809, *Sirey*, *tom.* 10, *pag.* 276).

NOTA. On sent la différence qui existe entre cette espèce et la précédente. Dans la première, il y a *unité* d'administration, puisqu'il n'y a qu'un seul négociant failli; dans la seconde, il n'y a pas *unité* de société; chacune des deux sociétés formait un établissement distinct, tant par les individus qui la composaient, que par l'objet et la situation des sociétés dans le ressort de deux tribunaux. La décision ne devait donc pas être la même dans les deux cas.

4.° Lorsque les syndics d'une faillite sont assignés pour des dettes résultant de leur fait personnel, ils ne peuvent se prévaloir de ce qu'ils ont agi en leur qualité de syndics, pour demander leur renvoi devant le tribunal de l'ouverture de la faillite. — (*Bruxelles*, 31 *décemb.* 1807, *Sirey*, *tom.* 7, 2.e *part.*, *pag.* 283).

5.° Les oppositions à une contrainte décernée par le ministre du trésor public, contre un comptable en faillite, ou les difficultés nées de l'exécution de cette contrainte, ne peuvent être portées devant le tribunal de commerce auquel est dévolue la connaissance de la faillite; elles doivent l'être, au contraire, devant le tribunal civil du domicile du failli. — (*Cassat.*, 9 *mars* 1808, *Sirey*, *tom.* 8, *pag.* 266).

NOTA. La raison de cette exception à la septième disposition de l'art. 59, est que le trésor public serait sans défenseur devant le tribunal de commerce, qui, d'ailleurs, ne peut connaître de l'exécution de ses jugemens.

et il suffirait que la décision de la question que nous venons de poser parût douteuse, pour qu'à défaut d'un texte formel, on décidât que les cinquième, sixième et septième dispositions de l'art. 59 ne s'entendent que du cas où l'héritier, l'associé ou le failli sont défendeurs. Cette opinion, que nous avions émise dans notre Traité et Questions de procédure, n°. 309, a été consacrée par un arrêt de la Cour de cassation, du 13 juillet 1818. (*Sirey, tom.* 18, *pag.* 287). Il décide que l'action formée par les syndics d'une faillite, en révendication des sommes payées par le failli, dans les dix jours qui ont précédé la faillite, doit être portée devant le juge du domicile du défendeur, et non devant le juge du domicile du failli.

Quoi qu'il en soit, par arrêt de la Cour de Paris du 8 mai 1811 (*voy. Sirey, tom.* 14, 2ᵉ. *part.*, *pag.* 160), il a été jugé qu'en matière de faillite, la demande en main-levée des scellés, dirigée contre ceux qui les avaient fait apposer, devait être portée devant le juge du lieu, et non devant celui du domicile des assignés.

Mais cette décision n'est point opposée à celle qui précède; elle est fondée sur une raison particulière tirée de l'art. 554 du Code de commerce, qui accorde au juge du lieu, dans les cas qui requièrent célérité, le droit de statuer provisoirement sur tout acte d'exécution fait dans son ressort.

HUITIÈME DISPOSITION.

Actions en garantie (1).

C. de P., art. 181.

265. *N'appartient-il qu'au défendeur originaire de profiter du bénéfice accordé par la huitième disposition de l'art.* 59?

Puisque la loi ne fait aucune distinction entre le demandeur et le défendeur, il paraît certain que la faculté accordée par cette disposition appartient à l'un et à l'autre.

C'est encore ce que disait Rodier, quest. 1re., sur l'art. 1er. du tit. 8 de l'ordonnance, en citant pour exemple du cas où le demandeur peut appeler garant, celui d'un cessionnaire qui agit contre le débiteur délégué. Si, dit-il, celui-ci conteste la dette, le cessionnaire, qui est le demandeur, appèlera le cédant en garantie pour faire valoir la cession ou la dette, ou pour l'indemniser.

266. *Mais le demandeur peut-il mettre en cause le garant du défendeur?*

Nous pensons qu'il faut distinguer : ou le garant est absolument étranger au demandeur, et ne doit garantie qu'au défendeur, en cas de condamnation contre ce dernier; ou le garant est obligé à la garantie envers le demandeur lui-même.

---

(2) Nous rappèlerons ici une remarque faite tom. 1, pag. 90 de notre Analyse, que la huitième disposition de l'art. 59 ne reçoit son application qu'autant que la demande en garantie est formée accessoirement à une demande principale. C'est ce que prouve le texte même de la disposition, et c'est ce que l'on entendait de l'art. 8 du tit. 8 de l'ordonnance. Ainsi, disait Rodier, quest. 1.re, lorsque le principal est déjà jugé, on ne peut assigner le garant que devant son juge naturel.

Dans le premier cas, comme la loi dispose en général qu'*en matière de garantie, le défendeur peut être assigné devant le juge où la demande originaire est pendante*, nous ne doutons pas que le demandeur ne puisse user de cette faculté.

Dans le second cas, le demandeur n'ayant aucun intérêt à mettre en cause un garant qui n'est obligé qu'envers le défendeur, il ne serait pas juste qu'il pût l'assigner et le distraire ainsi de ses juges naturels, malgré le défendeur originaire, qui n'use pas de la faculté que la loi lui donne.

Sur le premier point, nous croyons notre opinion justifiée par l'arrêt dont nous allons rapporter la décision dans le numéro suivant;

Sur le second, nous nous appuyons sur le principe que *l'intérêt est la mesure des actions*. Or, le demandeur originaire n'en a aucun pour assigner une personne contre laquelle il ne pourrait obtenir une condamnation directe.

267. *Une caution solidaire assignée avec le débiteur principal, et devant le juge du domicile de ce dernier, peut-elle se plaindre de ce que celui-ci n'a pas été traduit devant les juges de son propre domicile?*

Non, parce que cette partie est *garant* du débiteur principal envers le demandeur originaire. Tel est du moins le sens dans lequel on doit expliquer un arrêt de cassation, du 26 juillet 1809 (*Sirey, tom.* 10, *pag.* 412), afin de trouver matière à l'application qu'il a faite de l'art. 59.

268. *L'accepteur d'une lettre de change peut-il être traduit afin de condamnation au paiement de cette lettre, devant le tribunal du domicile de l'endosseur, encore que ce ne soit pas celui du sien?*

Cette question a été jugée pour l'affirmative, par un arrêt de la Cour de Paris, du 14 septembre 1808, attendu que l'accepteur et l'endosseur d'une lettre de change étant solidairement obligés, peuvent être assignés indistinctement devant le tribunal de l'un ou de l'autre. — (*Sirey, tom.* 14, *pag.* 177).

L'arrêtiste présente cette décision comme ayant été rendue par application de la huitième disposition de l'art. 59. Mais nous remarquerons que l'arrêt que nous venons de citer ne rappèle point cette disposition; il se fonde uniquement sur la solidarité : d'où semble que, par extension du principe consacré par l'art. 1203 du Code civil, la Cour a pensé que cet article donnant au créancier d'une obligation solidaire la faculté de s'adresser à celui des débiteurs qu'il veut choisir, il pouvait assigner celui-ci devant le juge du domicile de l'un d'eux.

Nous ne saurions admettre ce motif de décider, 1°. parce qu'on ne peut, dans notre opinion, distraire une partie de ses juges naturels, s'il n'existe un texte précis qui fasse exception aux règles du droit commun; 2°. parce que la huitième disposition de l'art. 59 s'oppose à l'induction que l'on tirerait, dans le cas présent, de l'art. 1203 du Code civil, puisque, comme nous l'avons dit *suprà*, pag. 112, cette disposition ne permet d'assigner le garant devant le juge du domicile du garanti, qu'autant qu'une action principale est introduite.

Ainsi, un débiteur solidaire ne nous semble pouvoir être distrait de sa juridiction naturelle, qu'autant qu'un de ses codébiteurs a été assigné avant lui, ou conjointement.

En ce cas, le débiteur solidaire n'a aucune exception à opposer, parce qu'il est légalement traduit, soit d'après la première disposition de l'art. 59, qui donne au demandeur le choix du tribunal du domicile de l'un de plusieurs défendeurs qu'il assigne, soit d'après la huitième disposition, puisque chaque débiteur solidaire est garant l'un de l'autre envers le demandeur, ainsi que nous l'avons dit au numéro précédent.

269. *Si le garant est Français, et que la demande originaire soit pendante dans une jurisdiction étrangère, y aurait-il lieu à l'application de l'art.* 59, et VICE VERSA ?

Le Français ne peut être traduit devant cette jurisdiction étrangère : on doit donc, dit Rodier, tit. 8, art. 8, quest. 1re., se contenter d'exercer contre lui, en France, l'action en garantie, et demander qu'il soit condamné à *relever et indemniser* le défendeur qui aura succombé dans la jurisdiction étrangère.

Papon, liv. 2, tit. 4, n°. 6, rapporte un arrêt qui le juge ainsi.

Il en serait de même, ajoute Rodier, si le garant était étranger, et que la demande principale fût pendante devant un tribunal français.

NEUVIÈME DISPOSITION.

Assignation en cas de domicile élu (1).

Voy. nos quest. sur l'art. 68.

270. *Lorsqu'il résulte de la convention que l'élection de domicile a eu lieu dans l'intérêt même du défendeur qui l'a faite, le demandeur aurait-il néanmoins le choix entre le tribunal du domicile réel et celui du domicile élu?*

Dans ce cas, dit M. Pigeau, tom. 1, pag. 101, le demandeur ne peut s'adresser qu'au tribunal du domicile élu. Cette distinction ne paraît contraire ni à l'esprit ni au texte de la loi; car l'option n'est accordée qu'en faveur du demandeur, d'après les termes des art. 111 du Code civil et 59 du Code de procédure, qui ont pour objet de faciliter ses poursuites; mais dès qu'il est évident, au contraire, que l'élection a été formellement stipulée par le défendeur, et dans son intérêt, la disposition de la loi cesse, et l'élection étant une condition du contrat, impose au demandeur l'obligation de n'assigner que devant le juge du domicile élu.

---

(1) JURISPRUDENCE.

1.° L'art. 111 du Code civil, qui déclare toute élection de domicile attributive de jurisdiction, a effet même relativement aux élections faites antérieurement à la publication de ce Code. — (*Paris*, 27 *juil.* 1809, *Sirey*, *tom.* 14, 2.° *part.*, *pag.* 130).

2.° Le principe qui déclare régulières les poursuites faites au domicile élu, pour l'exécution d'un contrat, ne s'applique pas aux poursuites faites en vertu d'un jugement qui est la suite de ce contrat. — (*Agen*, 6 *fév.* 1810, *Sirey*, *tom.* 14, 2.° *part.*, *pag.* 193).

Lorsqu'il a été stipulé dans un effet NON COMMERCIAL qu'il sera payable en un tel lieu, cette stipulation n'équivaut point à une élection de domicile attributive de jurisdiction. — (*Cassat.*, 29 *oct.* 1810, *Sirey*, *tom.* 10, *pag.* 379).

NOTA. Il résulte en effet des art. 111 du Code civil et 59 du Code de procédure, que ce n'est, en matière civile, que dans le cas *d'élection de domicile* que le Code civil donne au demandeur le pouvoir de poursuivre le défendeur devant les juges du domicile convenu. Or, en appliquant à la simple déclaration de lieu, pour le paiement, ce que la loi n'a permis que pour l'élection de domicile, on appliquerait faussement, l'on violerait aussi les articles précités, et l'on étendrait aux matières civiles l'art. 420, qui se rapporte seulement aux assignations données en matière de commerce.

271. *Si le demandeur avait assigné le défendeur devant le juge du domicile élu, pourrait-il, en se désistant de cette assignation, l'assigner devant le juge du domicile réel, et* VICE VERSA?

Aussi long-tems que le défendeur ne s'est pas présenté et n'a pas constitué d'avoué, il semble que le demandeur doit être libre de varier. Comme les frais de la première assignation qui se trouve révoquée tombent sur le demandeur, le défendeur n'a pas lieu de se plaindre, à moins qu'assigné d'abord devant le tribunal du domicile élu *expressément dans son intérêt*, on ne veuille l'assigner ensuite devant le juge de son domicile réel. En effet, le rédacteur du premier exploit d'ajournement pourrait s'être trompé sur l'intention du demandeur; pourquoi celui-ci ne pourrait-il pas réparer cette erreur à ses frais, *rebus integris*, et donner une nouvelle assignation devant le tribunal qu'il a toujours eu l'intention de choisir? Il pourrait même se trouver dans un cas où il serait forcé de varier pour éviter un procès; c'est celui où, au lieu d'assigner le défendeur devant le juge du *domicile élu dans son intérêt*, il l'aurait assigné devant le juge de son domicile. Cependant les auteurs du Praticien disent, tom. 1, pag. 292, qu'il est de principe qu'on ne peut, en général, revenir contre une option consommée. Ainsi, le demandeur qui aurait saisi le tribunal du domicile réel aurait, suivant eux, épuisé la faculté que lui conférait l'élection de domicile, et conséquemment, il ne serait plus libre de se désister de l'instance pour saisir un autre tribunal : s'il en était autrement, ajoutent ces auteurs, il n'y aurait aucune raison pour qu'il ne pût changer une deuxième fois de détermination, et c'est ce que la loi n'a pu vouloir, puisqu'il est dans son vœu que les procès soient terminés dans le moindre tems possible.

On a remarqué que nous avons répondu d'avance à cette objection, en prouvant que le défendeur n'éprouve aucun préjudice d'une nouvelle assignation, qui, au contraire, concilie les intérêts des deux parties.

272. *Mais du moins les parties pourraient-elles se désister de l'élection de domicile avant d'avoir intenté l'action?*

Bacquet (*Traité des droits de justice, chap. 8, n°. 16*) dit que l'élection de domicile est irrévocable et perpétuelle; mais les auteurs du Praticien, tom. 1, pag. 291, s'expliquent ainsi sur la question :

« Il faut distinguer : si le domicile a été élu par les parties comme condition essentielle de leur convention, aucune d'elles n'a le droit de s'en désister contre le gré de l'autre; cette condition est la loi à laquelle l'une et l'autre se sont soumises.

» Si, au contraire, un seul des contractans a fait élection de domicile pour son propre avantage, il est libre de la révoquer; mais il doit faire cette révocation avant les poursuites judiciaires; car il serait non recevable à demander ensuite son déclinatoire dès que le juge a été légalement saisi. »

Nous pensons aussi que l'élection ne peut être révoquée que du consentement des deux parties, lorsqu'elle est une condition de leur contrat; mais nous observerons qu'il serait fort inutile que le demandeur notifiât le désistement de l'élection avant d'entamer les poursuites judiciaires, si l'élection n'était stipulée que dans son intérêt. En effet, puisqu'il a le choix entre le tribunal du domicile réel et celui du domicile élu, sa révocation ne le conduirait qu'à assigner devant le premier. Or, puisque la loi lui en donne le droit, il n'a point intérêt et n'est point obligé à signifier une révocation.

Il en serait autrement si l'élection avait été faite dans l'intérêt du défendeur; il devrait avertir le demandeur, afin de l'empêcher de l'assigner devant le tribunal du domicile élu; ce que celui-ci croirait devoir faire pour exécuter le contrat, si le défendeur ne lui faisait pas connaître son changement de volonté.

273. *L'élection du domicile produit-elle ses effets contre les héritiers du défendeur?*

M. Commaille, dans le nouveau Traité de la procédure, tom. 1, pag. 127, dit que, dans le cas même où l'auteur de l'acte qui contient l'élection serait mort, ce serait au domicile élu que ses héritiers pourraient être assignés; c'est, ajoute-t-il, pour le porteur de l'acte, le véritable domicile, s'il le préfère: à cet égard, la convention fait la loi des parties.

M. Delaporte dit, au contraire, tom. 1, pag. 63, qu'il faut tenir que l'effet de l'élection de domicile ne peut pas être perpétuel; que des héritiers ou successeurs ne peuvent pas être obligés toujours à entretenir des correspondances au domicile élu; cet effet, ajoute l'auteur, doit cesser au moins par le tems ordinaire de la prescription.

Un motif qui doit sur-tout porter à admettre de préférence l'opinion de M. Commaille, c'est qu'elle a pour appui le sentiment des commentateurs de l'ordonnance. Jousse, dans l'Idée de la ustice civile, placée en tête de son Commentaire, tom. 1, pag. 20, dit formellement, d'après Papon, en ses arrêts (*liv.* 3, *tit.* 7, *n°.* 62), que la partie qui s'est soumise à la juridiction d'un autre juge que le sien, peut, *ainsi que ses héritiers*, être assignée devant le juge auquel elle s'est soumise. L'art. 10 de la Coutume de Bretagne en avait une disposition expresse; et Duparc-Poullain, dans ses Principes de droit, tom. 1, pag. 14, après avoir fait connaître diverses espèces de domicile, ajoute le domicile conventionnel, qui est stipulé et fixé par un contrat pour l'exécution de toutes ses clauses, et qui, dit cet auteur, dure autant que la stipulation, *même après la mort* de la partie qui l'a constitué.

Ce sentiment est fondé en principe: l'élection de domicile est une clause du contrat, qui ne saurait en être séparée sans une disposition expresse de la loi; or, les obligations d'une personne passent à ses héritiers, suivant la maxime *hæres sustinet personam defuncti*. Les effets de l'élection de domicile ne sont donc prescriptibles qu'autant que l'acte est lui-même prescrit. — (*Nouv. Rép.*, *tom.* 2, *pag.* 342, 3e. *édit.*, *et Delvincourt*, *tom.* 1, *pag.* 253, *aux not.*).

274. *Mais* QUID JURIS, *si la personne chez laquelle le domicile est élu meurt ou transporte ailleurs sa demeure?*

« Il faut distinguer, disent les auteurs du Praticien, tom. 1, pag. 292, si les » parties sont déjà en instance devant le juge du domicile élu; alors, soit qu'il » y ait décès ou transport de résidence, il convient de procéder à une élection » dans le même lieu, afin d'y pouvoir conduire le procès à fin. Si cependant » on ne l'a pas fait, et que l'instance ne soit pas entamée, il nous paraît que » l'élection de domicile devient nulle, *à moins qu'elle n'ait été stipulée comme* » *condition de la convention.* »

Bacquet, des droits de justice, pense, sans restriction ni distinction, que, dans tous les cas, l'élection doit avoir ses effets, attendu, dit-il, qu'ici le domicile est plutôt *réel* que *personnel*, c'est-à-dire plutôt attaché au lieu qu'à la personne. Rodier, sur l'art. 3 du tit. 2 de l'ordonnance, 6e. question, ajoute : *Sauf le droit accordé à la partie, d'élire un autre domicile dans le même lieu;* et telle est l'opinion de M. Delvincourt, tom. 1, pag. 254.

Nous pensons comme notre savant confrère, sans distinguer entre le cas d'un procès entamé et celui d'un procès à entreprendre, que l'élection continue d'avoir ses effets, nonobstant, soit le changement de demeure ou le décès de la personne chez laquelle elle eût été faite, soit le défaut de stipulation expresse de cette élection, *comme condition essentielle de la convention.* Il suffit que le domicile ait été élu dans l'acte, pour que la stipulation soit considérée comme faisant partie des conventions respectives des contractans (1).

275. *La demande en rescision de l'acte qui contient l'élection de domicile, peut-elle être portée devant le juge de ce domicile élu?*

D'après plusieurs arrêts cités par Duparc-Poullain, sur l'art. 10 de la Coutume de Bretagne, tom. 1, pag. 61, et motivés sur ce que l'élection de domicile n'ayant lieu que pour l'exécution de l'acte, on serait porté à croire qu'on ne pourrait former que devant le juge du domicile réel l'action en rescision, qui a précisément pour objet d'empêcher cette *exécution.* Mais il faut bien faire attention que l'art. 111 du Code civil, auquel se rattache l'art. 59 de celui de procédure, ne parle pas seulement des significations, demandes ou promesses tendantes à l'*exécution* de l'acte, mais de celles *relatives à cet acte.* Or, l'action en rescision est une demande *relative à l'acte :* on ne peut donc raisonner aujourd'hui comme si l'on se trouvait dans l'hypothèse des arrêts cités par Duparc-Poullain, laquelle suppose que l'élection n'avait d'effet que pour l'exécution.

D'un autre côté, l'arrêt de Colmar, cité au numéro précédent, a décidé que l'élection de domicile profite aux tiers, représentant l'une des parties qui actionne l'autre en *nullité de l'acte;* que, par conséquent, ils peuvent faire au domicile élu les significations nécessaires, et poursuivre cette action en nullité devant le tribunal de ce domicile (2).

---

(1) La solution donnée sur cette question s'appliquerait au cas *où l'élection de domicile eût été faite dans la propre demeure de l'une des parties,* ainsi que l'a décidé la Cour de Colmar, par arrêt du 5 août 1809. (*Journ. des avoués, tom.* 1, *pag.* 195). Mais M. Coffinières fait remarquer que la Cour se détermina par des circonstances particulières, de nature à faire présumer que les parties avaient entendu être toujours réputées présentes, relativement à l'exécution de l'acte, au lieu qu'elles occupaient lors de sa passation.

Nous estimons que toutes les fois que l'élection a été faite en la demeure d'une partie, avec désignation du lieu, et sans distinguer si le domicile a été élu plutôt dans l'intérêt de l'une que dans celui de l'autre, il y a même raison pour décider, comme nous venons de le faire, pour le cas où le domicile a été élu chez un tiers. Mais il en serait autrement, si le lieu de la demeure n'était pas indiqué, parce que ce défaut d'indication annoncerait alors qu'il était dans l'intention de la partie d'élire domicile en tous lieux où elle pourrait habiter, et dans son seul intérêt.

(2) On remarquera que cet arrêt, qui reconnaît aux créanciers le droit de poursuivre devant le tribunal du domicile élu les actions du débiteur relatives à cet acte, est fondé sur l'art. 1166 du Code civil, qui veut que les créanciers puissent exercer tous les droits et

ARTICLE 60.

Les demandes formées pour frais, par les officiers ministériels, seront portées au tribunal où les frais ont été faits (1).

T. 9, 151. — Décret du 29 janv. 1791, sur la suppression des anciens procureurs et l'établissement des avoués. — C. de P., art. 49, n.° 5, 543, 544.

LI. L'ESPÈCE de privilége que la loi, par cet article, accorde aux officiers ministériels, est fondé, 1°. sur ce que le contrat entre eux et le client s'est formé au tribunal auquel ils sont attachés; 2°. sur ce que ce même tribunal est celui qui a sur eux droit de discipline, et qui peut taxer les frais les plus exactement; 3°. sur ce qu'il importe au public que ces officiers, dont le ministère est forcé, ne soient point détournés de leurs fonctions, et qu'il ne serait pas juste, lorsqu'ils ne peuvent le refuser, de les exposer à poursuivre au loin et à grands frais les vacations et avances qui leur seraient dues.

276. *Quels sont les frais qui peuvent être demandés par les officiers ministériels devant le tribunal où ils ont été faits?*

Ce sont, 1°. les frais des greffiers qui ne se seraient pas fait payer d'avance les expéditions;

2°. Ceux que les avoués ont faits pour leur partie;

3°. Ceux enfin des huissiers et des notaires, pour le réglement de leurs avances et vacations, avoués et huissiers, pour les actes de leur ministère dans les affaires en instance à leur tribunal (2).

---

actions de leur débiteur, *excepté ceux qui sont attachés à la personne*. Or, on ne pourrait comprendre, dans cette exception, comme le remarque M. Coffinières, le droit de faire au domicile élu les significations relatives à l'acte qui contient cette élection.

(1) JURISPRUDENCE.

1.° Un agréé près un tribunal de commerce n'est pas un *officier ministériel* dans le sens de l'art. 60 : il ne peut donc porter au tribunal de commerce près lequel il postule, les demandes formées pour frais contre ses cliens; il n'a contre eux qu'une action ordinaire. — (*Cassat.*, 5 *sept.* 1814, *Sirey*, *tom.* 14, *pag.* 266).

2.° Un ex-avoué peut poursuivre le paiement des frais qui lui sont dus devant le tribunal près lequel il postulait, suivant la disposition conforme de l'art. 14 de la loi du 6 mai 1790, qui doit encore être suivie, comme fondée en raison, d'après les motifs qui ont fait attribuer la connaissance des actions pour frais au tribunal où ils ont été faits. — (*Paris*, 3 *oct.* 1810, *Sirey*, *tom.* 14, *pag.* 133, *sup.*).

3.° Un avoué ne peut faire prononcer, suivant l'art. 60, que sur ce qui lui est dû par suite d'emploi de son ministère, et non pour des peines, soins et agissemens, à un autre titre que celui d'avoué, par exemple, à titre de mandataire. Il doit représenter le registre prescrit par l'art. 151 du Tarif, et être renvoyé se pourvoir devant les juges qu'il appartient, pour tout ce qui est étranger aux actes de son ministère d'avoué. — (*Rennes*, 1.re *chambre*, 24 *juillet* 1813).

(2) Nous avions cru, dans notre Analyse, devoir exclure du bénéfice de l'art. 60, les notaires dont les actes ne sont point judiciaires, et les huissiers, en ce qui concernait les frais des actes qui ne tiennent à aucune contestation. Telle est aussi l'opinion de M. Lepage, dans ses Questions, pag. 107.

Les auteurs des Annales du notariat, Comm., tom. 1.er, pag. 90 et 116, ne pensent pas

277. *Les frais faits par un huissier, à l'occasion d'une contestation soumise à un tribunal de commerce, pourraient-ils être réclamés devant ce tribunal?*

Nous avions décidé cette question pour la négative, attendu que la juridiction de ce tribunal ne peut s'étendre à une contestation non commerciale, et qu'il ne connaît point de l'exécution de ses jugemens, à laquelle la demande de l'huissier se rattacherait au moins indirectement. C'est aussi l'avis de M. Lepage, Questions, pag. 10.

On a opposé, contre cette opinion, la généralité des termes de l'art. 60. Nous répondrons qu'il n'est applicable qu'aux officiers ministériels attachés aux tribunaux civils, puisque le tit. 25 du livre 2, qui contient les règles spéciales relatives aux tribunaux de commerce, n'en rappelle point la disposition. Nous trouvons d'ailleurs un appui à notre opinion dans l'arrêt cité à la note pag. 41, n°. 1er., et par lequel la Cour suprême déclare que les tribunaux de commerce étant des tribunaux d'exception, ne peuvent connaître que des objets qui leur sont nommément attribués par les art. 631, 632 et 633 du Code de commerce.

---

que cette exclusion résulte positivement des termes dans lesquels l'art. 60 est conçu. Les motifs sur lesquels ils s'appuient nous paraissent d'un grand poids, et nous sommes porté à croire qu'ils pourraient prévaloir sur l'induction, peut-être trop rigoureuse, que nous avions tirée du texte de la loi.

En effet, si la raison de l'attribution donnée, sur ce point, au tribunal où les frais ont été faits, est qu'il peut les liquider avec plus de justice, de connaissance de cause et de célérité; si le législateur a voulu, d'un autre côté, éviter le déplacement d'un officier ministériel du lieu de l'exercice de ses fonctions; s'il a considéré qu'il était juste que le juge d'une demande de frais fût celui sous la juridiction duquel le contrat s'est passé entre la partie et l'officier ministériel, tout cela peut s'appliquer au *notaire* et à *l'huissier*, comme à l'avoué et au greffier.

Les premiers sont soumis, comme ceux-ci, à la taxe du président du tribunal de leur arrondissement, pour toutes leurs vacations, si les parties le requièrent, en conformité du décret du 16 février 1807.

Il est à remarquer, en outre, que l'art. 9 de ce décret porte que « les demandes des avoués » et *autres officiers ministériels*, en paiement de frais contre les parties pour lesquelles ils » auront occupé ou *instrumenté*, seront portées à l'audience sans qu'il soit besoin de citer en » conciliation, et qu'il sera donné, en tête des assignations, copie ou mémoire des frais réclamés ».

Comment ces assignations pourraient-elles être données devant un autre tribunal que celui dont le président a le pouvoir de liquider ces frais? Comment pourrait-on supposer que le législateur eût voulu restreindre aux avoués seulement le privilége de plaider devant leurs juges, pour les frais qui leur sont dus, et forcer, soit un huissier, soit un notaire, à aller à des distances souvent très-éloignées, poursuivre le paiement de leurs vacations; par exemple, pour une saisie faite en exécution d'un acte authentique, qui, par cela même, ne sera susceptible d'aucune contestation judiciaire devant le tribunal de l'arrondissement?....

Et quant aux notaires, on ne peut contester que, pour procéder au réglement de leurs frais et honoraires, il n'est pas sans exemple que le juge demande la représentation des minutes qui en sont l'objet. Or, prétendra-t-on que le notaire devra porter lui-même ou envoyer les minutes à des distances quelquefois fort éloignées? Les frais et les dangers d'un pareil déplacement sont trop visibles, pour que l'on puisse croire que le législateur ait eu cette intention.

Par toutes ces considérations, nous nous rangeons à l'opinion de ceux qui croient devoir appliquer l'art. 60, sans distinction des frais judiciaires ou extrajudiciaires, à tout officier ministériel.

Or, dans ces articles, il n'est pas question des demandes de frais que formeraient des officiers ministériels.

278. *L'exception portée en l'art.* 60 *ne s'applique-t-elle que dans le seul cas où les frais n'auraient pas encore été réglés ou fixés?*

« Si le réglement des frais a été fait par un titre quelconque, dit M. Delaporte, » tom. 1, pag. 63., l'officier ministériel n'a plus qu'une créance ordinaire, » une simple action personnelle, qui, comme toute autre, doit être portée devant » le juge du domicile du débiteur. Décider autrement, ce serait accorder aux » officiers ministériels un privilége exorbitant, contraire aux principes com» muns de notre droit, et qui n'est certainement point dans l'intention de la » loi ».

Nous croyons que la généralité des termes de l'art. 60 s'oppose à ce que l'on admette une telle distinction, et qu'en donnant, en tous les cas, à l'officier ministériel, le droit de réclamer les frais devant le tribunal où ils ont été faits, on a bien moins accordé un privilége exorbitant, qu'un droit que commandait, soit la nécessité de ne pas distraire un officier ministériel du tribunal où sa présence est exigée, et où, d'ailleurs, le contrat entre lui et son client a été formé, soit sur-tout l'avantage que trouvent toutes les parties à être jugées par un tribunal qui, plus que tout autre, est à portée de juger avec une entière connaissance de cause (1).

279. *L'art.* 60 *étant impératif, une partie serait-elle fondée à décliner le tribunal de son domicile réel, si elle y était assignée en demande de frais faits dans un autre tribunal?*

Oui, 1°. parce que l'article est général et qu'il dispose impérativement dans

---

(1) Il est à observer, au surplus, que la disposition de l'art. 60 n'est pas nouvelle; elle était généralement consacrée dans l'ancienne jurisprudence, ainsi que l'atteste une circulaire du ministre de la justice, du 13 messidor an 9; elle a été confirmée au commencement de la révolution, à l'occasion du changement des tribunaux, par lettres-patentes du 15 avril 1790, enregistrées à la Cour supérieure provisoire alors établie à Rennes; elle a été répétée par l'art. 14 de la loi du 20 mars 1791, décrétée le 19 janvier. Son exécution a été spécialement recommandée aux tribunaux par la circulaire que nous venons de citer.

Nous ne voyons la distinction que fait M. Delaporte, ni dans la circulaire de messidor an 9, ni dans la loi de mars 1791, ni dans les lettres-patentes d'avril 1790; nous ne la trouvons pas dans l'ancienne jurisprudence, et nous la voyons implicitement rejetée par un arrêt du 5 mai 1735, rapporté dans le Journal du Parlement de Bretagne, tom. 1, chapitre 42.

On peut voir, dans ce même chapitre, pag. 314, l'inconvénient qu'il y aurait à admettre la distinction qu'adopte M. Delaporte. Un avoué doit traiter ses cliens avec honnêteté, avec humanité. Si, lorsqu'ils sont hors d'état de le payer en peu de tems, il ne peut recevoir d'eux une obligation par écrit du montant de ses frais, sans perdre le privilége qu'il a de les assigner en paiement devant le tribunal où il a occupé pour eux, il serait forcé de les assigner et de leur faire des frais avant l'échéance des deux ans, afin d'éviter la prescription de sa créance.

Enfin, *ubi lex generaliter loquitur, generaliter est accipienda.* L'art. 60 étend le privilége à toutes les *demandes* formées pour frais par les officiers ministériels. Or, n'est-ce pas toujours *pour frais* que l'avoué agit contre son client, soit qu'il signifie en tête de l'assignation *copie du mémoire des frais réclamés*, conformément à l'art. 9 du décret du 16 février 1807, relatif à la liquidation des dépens, soit qu'il signifie copie de la reconnaissance qu'on lui a donnée de ses frais.

l'intérêt de toutes les parties; 2°. parce que, suivant la circulaire dont nous venons de parler pag. 143, à la note, le tribunal où la contestation a été discutée et jugée peut mieux que tout autre, comme nous l'avons déjà remarqué, statuer sur les frais auxquels elle a donné lieu, et qui n'en sont en quelque sorte que l'accessoire; 3°. parce que, suivant la même circulaire, l'action de l'avoué en paiement de salaire n'est qu'une suite et un accessoire de l'action principale, dans laquelle il a prêté son ministère; 4°. parce que, suivant la même circulaire et l'art. 2 de l'arrêté des Consuls, du 13 frimaire an 9, la chambre des avoués établie près chaque tribunal est chargée du soin de concilier les difficultés qui peuvent s'élever entre les avoués et leurs cliens, à raison de la taxte des frais, et qu'il peut importer au client d'avoir pour médiatrice la chambre du corps auquel appartient son avoué; 5°. parce qu'il ne convient pas qu'un avoué, qui occupe près d'un tribunal supérieur, aille faire régler les frais qu'il a faits devant ce tribunal par un tribunal inférieur. Le tribunal supérieur les réglerait en meilleure connaissance de cause, et sans appel, et le pourvoi au tribunal inférieur donnerait lieu à deux degrés de juridiction.

Article 61.

L'exploit d'ajournement contiendra, 1.° la date des jour, mois et an (*voy.* § 1, *mention de la date*), les noms, profession et *domicile* (1) du demandeur (§ 2, *mention relative au demandeur*), la constitution de l'avoué qui occupera pour lui, et chez lequel l'élection de domicile sera de droit (2), à moins d'une élection contraire par le même exploit (§ 3, *mention de la constitution d'avoué*);

2.° Les noms, demeure et immatricule de l'huissier (3) (§ 4, *mention relative à l'huissier*), les noms et demeure du défendeur (§ 5, *mention relative au défendeur*), et mention de la personne à laquelle copie de l'exploit sera laissée (§ 6, *mention de la remise de la copie*);

3.° L'objet de la demande, l'exposé sommaire des moyens (§ 7, *mention de l'objet et des moyens de la demande*);

4.° L'indication du tribunal qui doit connaître de la demande (§ 8, *mention du tribunal compétent*), et du délai pour comparaître (§ 9, *mention du délai*) : le tout à peine de nullité. (§ 10,

---

(1) *Réel*, et non pas *élu*, afin que le défendeur puisse aller trouver son adversaire, s'il croit expédient de lui faire des offres ou de prendre des arrangemens avec lui.

(2) Remarquons qu'il n'est pas nécessaire d'élire domicile en justice de paix et de commerce, où d'ailleurs on ne constitue pas d'avoué.

(3) Voy., sur les fonctions et devoirs des huissiers, notre Traité d'organ. et de compét., liv. 1er., tit. 3, chap. 4.

Application générale de la disposition de l'art. 61, *relative à la nullité de l'ajournement*) (1).

T. 27, 68. — Ordon. de 1667, tit. 2. — C. de P., art. 1, 68, 1029.

LII. Les formalités exigées par cet article, reposent sur les mêmes motifs que celles qui ont été prescrites par l'art. 1er, pour la citation en justice de paix (*voy ci-dessus pag.* 4 *et* 5). Mais à la différence de ces dernières, la loi attache la peine de nullite à leur inobservation; en sorte que l'exploit est considéré comme s'il n'avait jamais existé. On applique en ce cas, dans toute sa rigueur, la maxime *quod nullum est nullum producit effectum.*

280. *Tout exploit est-il soumis aux formalités prescrites par l'art.* 61 ?

Non, et la preuve s'en tire de l'art. 68, en ce qu'il porte que tous exploits seront faits à personne ou domicile; et, en effet, puisqu'il dispose pour tous les exploits en général, il s'ensuit que les formalités exigées par l'art. 61, ne concernent que les ajournemens; autrement, le législateur se fût exprimé comme dans l'art. 68, et n'eût pas dit : *L'exploit d'*AJOURNEMENT *contiendra*, mais *tous exploits contiendront*, ou *tout exploit contiendra.*

281. *Quelles sont donc les formalités générales de l'exploit?*

Ces formalités sont celles qui sont *essentielles* à tout acte notifié par un huissier, et qui consistent dans les noms, demeure et immatricule de cet officier; dans la date des jour, mois et an; dans la désignation de la personne à la requête de laquelle l'exploit est notifié, de celle qu'il concerne, de celle à qui la copie est remise, du domicile de chacune d'elles, et enfin dans la mention du lieu où l'exploit est fait. — (*Berriat*, *pag.* 79, *note* 48; *Merlin*, *Quest. de droit*, *v°.* triage, § 3).

282. *Mais les actes d'avoué à avoué étant des exploits, s'ensuit-il qu'ils soient soumis à ces formalités?*

L'objection tirée contre l'affirmative de cette question de ce que ces actes sont des *exploits*, paraît sérieuse au premier aspect; mais on sait que les huissiers se sont, de tous les tems, bornés dans ces actes au simple rapport de ce qu'ils ont à notifier. Ils n'y mentionnent point leur immatricule, qui ne peut être réputée inconnue de l'avoué auquel ils font une notification, puisqu'il milite près le tribunal même où ils exercent respectivement leurs fonctions, et que, d'ailleurs, il n'y a que les *huissiers audienciers* qui aient qualité pour signifier ces sortes d'actes...... On ne pourrait même exiger rigoureusement le nom de l'avoué à requête duquel on notifie, puisqu'il signe *pour ordre;* et ne l'eût-il pas fait, les avoués adverses ne peuvent ignorer que la notification est à requête du confrère qui occupe ou qui a occupé contre eux.

(1) Un grand nombre de questions et décisions relatives à l'application de l'art. 61, se trouvent sur l'art. 456, qui exige, pour la validité des exploits ou actes d'appel, les formalités que prescrit le premier.

Au reste, l'art. 61 ne prononçant la nullité que pour les ajournemens, on ne peut l'étendre aux autres exploits. (Art. 1030). (1)

§ 1. — *Mention de la date* (2).

283. *Est-il nécessaire, dans les exploits d'ajournement, d'indiquer l'heure, de même que le jour, le mois et l'an?*

Non, puisque la loi ne l'exige pas, et ce qui se trouve en harmonie avec la disposition de l'art. 2260 du Code civil, suivant lequel la prescription se compte par jours et non par heures, et n'est acquise qu'à l'expiration du dernier jour du terme, soit que l'obligation ait été passée le matin, soit qu'elle l'ait été le soir (3).

284. *L'exploit ne peut-il être déclaré nul que dans le seul cas où l'huissier aurait* COMPLÈTEMENT *omis la date, soit de l'an, soit du mois, soit du jour, en sorte qu'il serait valable si cette date n'était exprimée qu'imparfaitement?*

Nous trouvons la solution de cette question dans les considérans d'un arrêt de la Cour d'appel de Nîmes, du 29 décembre 1810, rapporté dans la Bibliothèque du barreau, 2e. part., tom. 6, pag. 321.

Il résulte de cet arrêt que, s'il est intervenu dans un exploit, non une omission de la date des jour, mois et an, mais une simple erreur qui la laisse imparfaite, on distingue si cette imperfection a rendu incertaine l'époque véritable à laquelle l'exploit a été signifié, ou si, au contraire, celui qui en a reçu la

---

(1) Quoique cette décision soit justifiée, et par l'usage constamment suivi, et par les argumens que fournit le texte même de la loi, elle admet néanmoins, dans notre opinion, une exception pour les circonstances particulières où l'acte d'avoué à avoué tiendrait lieu d'un exploit à personne ou domicile de la partie, et ferait courir un délai.

(2) JURISPRUDENCE.

1.° Un exploit est nul encore que l'original soit régulier, si la copie est mal datée ou si la date est omise. — (*Voy. infrà*, § nullité de l'exploit; *cassat.*, 21 *flor. an* 10; *Bruxelles*, 30 *avril* 1807, *Sirey, tom.* 2, *pag.* 286, *et* 1807, 2.e *part.*, *pag.* 284, *etc.*)

2.° Un exploit qui porte une date antérieure à l'enregistrement du jugement dont il contient la signification est nul, encore bien, comme il est dit ci-dessus, que cette fausse date ne soit que dans la copie. — (*Cassat.*, 8 *fév.* 1809, *Sirey, tom.* 9, *pag.* 160).

3.° Aucun délai fatal ne peut courir contre celui qui reçoit la copie d'un exploit de signification de jugement, si cette copie porte une date antérieure à la prononciation du jugement. — (*Cassat.*, 5 *août* 1807, *Sirey, tom.* 7, 2.e *part.*, *pag.* 127).

(3) Cependant, nous avons été témoin d'une circonstance dans laquelle il eût été utile à l'huissier menacé d'une inscription de faux, fondée sur l'absence (*l'alibi*) de la personne à laquelle il avait déclaré avoir remis l'exploit, que son acte contînt l'indication de l'heure; cette indication l'eût mis à l'abri de tout soupçon sur une accusation qui, au reste, n'était qu'une pure calomnie.

Remarquons encore qu'autrefois la date de l'heure était nécessaire dans les demandes en partage, pour savoir auquel, entre plusieurs demandeurs, la poursuite serait accordée. Ces demandes étant lucratives pour l'officier chargé de la poursuite, chacun cherchait à profiter de l'avantage assuré au plus diligent, et il arrivait souvent que plusieurs demandes étaient formées le même jour. Aujourd'hui, il n'est pas nécessaire que l'huissier indique l'heure dans son exploit, parce que l'art. 967 prescrit au greffier de viser l'original, avec mention du *jour et de l'heure*.

copie y a trouvé la preuve indubitable de cette date; qu'au premier cas, il a été jugé que le vœu de la loi n'a point été rempli, et par suite la nullité a été prononcée; qu'au second, l'exploit a été déclaré valable; qu'enfin, c'est sur cette distinction qu'a été fondée la jurisprudence de la Cour suprême, attestée par les arrêts des 4 brumaire an 10, 8 novembre 1808, et 8 février 1809. — (*Voy. Sirey, tom.* 9, *pag.* 146, 160 *et* 241, *et Cassat., sect. des req.*, *du* 8 *niv. an* 11, *Sirey, tom.* 3, *pag.* 553, *et tom.* 20, *pag.* 492). (1)

§ 2. — *Mention relative au demandeur.*

1.° Noms et prénoms (2).

285. *En exigeant la mention des noms, la loi a-t-elle entendu prescrire non seulement le nom de famille, mais encore les prénoms et surnoms du demandeur?*

Ce qui porterait à le croire, c'est que le mot *nom* est écrit au pluriel; mais l'opinion commune est que l'omission des prénoms et surnoms, ou leur fausse indication, n'entraînerait pas la nullité, d'autant plus que la mention du domicile établit suffisamment la distinction des personnes qui porteraient le même nom. (*Voy. Prat. franç.*, *tom.* 1, *pag.* 144 *et* 295). Quoi qu'il en soit, il est prudent d'indiquer les prénoms et surnoms, sur-tout dans l'espèce de la première question posée sur l'art. 1er. — (*Berriat*, *pag.* 199, *note* 20).

286. *Quand un exploit est signifié à requête d'un préfet, d'un maire, d'un procureur du Roi, est-il nécessaire de relater les noms de ces fonctionnaires?*

---

(1) Nous citerons en outre à l'appui de cette distinction, 1.° arrêt de la Cour de Paris, du 24 août 1818. (*Sirey, tom.* 14, 2.° *part.*, *pag.* 129). Il a jugé qu'il est permis de ne pas s'arrêter à la date de la copie, si les parties n'ont pu méconnaître que cette date était fausse, au moyen des actes signifiés ou des énonciations renfermées dans l'exploit même. Par exemple, d'après cet arrêt, la date d'un exploit d'ajournement, signifié le 29, suivant l'original, et le 19, suivant la copie, doit être fixée au 29, s'il fait mention d'un procès-verbal de non conciliation dressé le 24, et dont il a été laissé copie;

2.° Arrêt de Rennes, 3.° chambre, 29 janvier 1817, qui, d'après les mêmes motifs, déclare valable un exploit où l'on lisait : *Appelant du jugement du*, *signifié le* 9 *novembre présent mois*, sans indication du mois de la notification de cet exploit. La Cour a considéré que les mots *présent mois* suppléaient à cette omission, en faisant connaître que l'exploit avait été notifié *en novembre*.

Il suit de cette jurisprudence que l'on ne doit pas tenir à la décision d'un arrêt de la Cour de Lyon, du 28 décembre 1810 (*voy. Sirey*, 1814, 2.° *part.*, *pag.* 136), qui déclara nul un exploit dont la copie était datée de l'an *dix-huit huit*, au lieu de *dix-huit cent huit*. Décider en thèse générale, comme cet arrêt paraît le faire, que la date d'un exploit doit être tellement claire et précise qu'on n'ait pas besoin, pour la connaître, de recourir à des conjectures, c'est trop accorder à la rigueur des formes, et c'est s'exposer à favoriser la chicane. Le défendeur, dans l'espèce ci-dessus, ne pouvait, avec bonne foi, douter que l'exploit lui avait été notifié en *mil huit* CENT huit.

(2) JURISPRUDENCE.

L'assignation donnée au nom d'une personne après son décès, mais en vertu de son mandat exécuté de bonne foi, est valable, parce que l'art. 2008 du Code civil s'applique aux actes judiciaires comme aux obligations contractuelles. — (*Paris, Sirey, tom.* 7, *DD.*, *pag.* 65. *Voy. ci-après quest.* 291).

Les noms de ces fonctionnaires sont absolument indifférens pour les actions qu'ils intentent en leur qualité; il suffit d'énoncer cette qualité, en exprimant, par exemple, que l'exploit est signifié à requête de M. le préfet de tel département, de M. le maire de telle ville, de M. le procureur général, ou de M. le procureur du Roi près telle cour ou tel tribunal. — (*Voy. Pratic.*, *tom.* 1, *pag.* 296). (1)

287. *Lorsqu'il y a plusieurs demandeurs, l'assignation donnée à requête de l'un d'eux, qui serait seul nommé avec addition de ces expressions*, ET CONSORTS, *serait-elle nulle?*

Oui, puisque la loi exige que l'on mentionne les noms du demandeur; ce qui suppose que, lorsqu'il y a plusieurs demandeurs, tous doivent être nommés. Ainsi l'on a toujours annulé, dans les tribunaux, les exploits conçus sous ces expressions vagues, et *consorts;* expressions qui présentent d'ailleurs une violation du principe qu'en France, *nul autre que le prince ne plaide par procureur.* — (*Voy. Pigeau, pag.* 119, *aux notes, et tous les anciens ouvrages de procédure, pour les assignations à plusieurs défendeurs; voy. infrà sur l'art.* 68).

288. *Mais l'exploit serait-il nul, même à l'égard de la personne qui serait dénommée?*

Jousse, sur l'art. 2 du tit. 2 de l'ordonnance, s'exprime ainsi : « Une assigna-» tion qui serait donnée à la requête d'un tel nommé, en y ajoutant ensuite » les mots *et consorts, serait nulle, du moins à l'égard de ceux qui ne seraient* » *désignés que sous la qualité de consorts.* »

M. Delaporte, pag. 65, maintient que cette opinion ne peut être reçue dans l'usage; on a, dit-il, déclaré toute la procédure inutile.

Quoi qu'il en soit, l'opinion de Jousse est adoptée par M. Merlin (*nouv. Répert.*, au mot *consorts*), et elle a en outre pour appui un arrêt de la Cour de cassation, du 25 thermidor an 12, rapporté au même Répertoire, à l'article *cassation*, § 8, n°. 4. Cet arrêt décide que le jugement qui est intervenu sur une demande formée par une personne désignée nommément et par ses consorts, sans autre désignation, n'a pas l'autorité de la chose jugée contre ceux-ci. La raison en est, dans les deux hypothèses, que des consorts ne peuvent être valablement condamnés qu'autant qu'ils sont nommément désignés, et que chacun a reçu sa copie de l'exploit, parce que l'acquiescement ou la contestation sur la demande ne doit pas dépendre d'un seul, au préjudice des autres qui y sont intéressés. Mais pour que l'exploit soit valable à l'égard de la personne nommée, il faut, suivant nous, supposer que cette personne puisse seule être mise en cause : s'il était impossible, en raison de la nature de l'affaire, qu'elle répondît seule à la demande, nous penserions que l'exploit pourrait être annulé (2).

---

(1) Il y a plus : un arrêt de la Cour de cassation, du 12 septembre 1809 (*Sirey, tom.* 14, *pag.* 99), a décidé que les assignations données au nom d'une commune, à requête *du maire*, étaient valables, lors même que ce fonctionnaire, étant suspendu de ses fonctions, elles étaient exercées par son adjoint. — (*Voy. aussi nouv. Répert., v.*° adjoint, *n.*° 5, *tom.* 1, *pag.* 153).

(2) Ainsi, la Cour de Rennes a jugé, par arrêt du 17 juillet 1816, 3.e ch., qu'un exploit donné par une partie, pour elle et son frère, n'était nul qu'à l'égard de ce dernier.

289. *Le consignataire d'un bâtiment ou de sa cargaison peut-il assigner en son propre nom, dans l'intérêt de ses commettans, et sans faire connaître leurs noms?*

Ce *consignataire* est un véritable *commissionnaire* de commerce, ainsi qu'il résulte de plusieurs dispositions du Code de commerce, et notamment de l'art. 285, où ces deux qualifications sont assimilées et prises dans la même acception.

Or, suivant l'art. 91 du même Code, le commissionnaire de commerce est celui qui agit en *son propre nom* ou sous un *nom social*, pour le compte d'un commettant : d'où suit que non seulement il a le droit d'exercer toutes actions dans l'intérêt et pour la conservation des objets confiés à ses soins, mais encore, *qu'à la différence du mandataire ordinaire*, il peut le faire *en son nom*, et, à plus forte raison, en exprimant seulement sa qualité de consignataire, sans être obligé de faire connaître les noms de ses commettans, parce qu'alors il s'oblige personnellement envers les tierces personnes, sauf recours vers ses commettans, s'il a agi dans les bornes de son mandat.

Ainsi, dans cette espèce, il n'y aurait pas lieu d'appliquer l'ancienne maxime, que *nul en France ne plaide par procureur, si ce n'est le Roi.*

Tels sont les motifs d'après lesquels la Cour de Rennes, par arrêt du 9 juin 1817, 1re. ch., a décidé pour l'affirmative la question ci-dessus posée. Elle a en conséquence réformé un jugement du tribunal de Brest, qui avait annulé l'exploit donné au nom du consignataire, en se fondant sur la maxime *nul en France*, etc. ; moyen de nullité que ce tribunal avait suppléé d'office comme tenant au droit public. On a vu que la Cour ne s'est pas décidée d'après ce moyen; mais on pourrait croire qu'elle l'aurait préjugé fondé, en disant d'abord que le consignataire, à la *différence du mandataire ordinaire*, pouvait assigner en *son nom*, ensuite qu'il n'y avait *pas lieu, dans l'espèce, à l'application de l'ancienne maxime.*

290. *Quoi qu'il en soit de la question ci-dessus, est-il vrai que, d'après l'ancienne maxime,* NUL EN FRANCE, etc., *un exploit serait nul s'il était donné à requête du mandataire, en nom qualifié, c'est-à-dire, comme agissant* POUR SON MANDANT QU'IL NOMME, *et non pas* A REQUÊTE *et au nom du mandant, suites et diligences du mandataire?*

Nous avons résolu cette question pour la négative dans notre Analyse, n°. 190, et dans notre Traité, nos. 353 et 2320. Comme la jurisprudence n'est pas encore fixée sur ce point, nous croyons utile de refondre ici, avec de nouvelles observations, tout ce que nous avions précédemment établi à cet égard.

Et d'abord, nous remarquerons que notre savant collègue M. Berriat Saint-Prix, pag. 196, not. 9, pense comme nous, contre l'opinion de MM. Pigeau, Thomines Desmazures et les décisions de plusieurs Cours (1), que l'on étend outre mesure le sens de la maxime, lorsqu'on en induit qu'il faut absolument que l'*action soit exercée au nom du maître;* comme si quelque loi défendait au mandant, dit cet estimable auteur, d'agir en qualité de mandataire; comme si,

(2) Voy. les arrêts d'Aix, de Nîmes et de Rome, Jurisprud. sur la procéd., tom. 2, pag. 48, et Journ. des avoués, tom. 4, pag. 309; de Rennes, ans 1808 et 1809.

dans ce cas, ce n'était pas au fond le mandant lui-même qui agit par l'entremise du mandataire.

La Cour de Rennes, par un premier arrêt du 17 décembre 1812, par un second du 6 août 1813, et enfin par un troisième du 9 juin 1817, a jugé dans le même sens.

Enfin, M. Merlin partage la même opinion dans ses Questions de droit, (*au mot* prescription, *tom.* 4, *pag.* 96 *et suivantes*), et rapporte, pag. 101, un arrêt de la Cour suprême rendu sur son réquisitoire, et qui déclare valable un appel interjeté dans le nom d'un régisseur des biens d'une personne dénommée dans l'exploit, sur le motif que cette personne *étant nommée*, puisqu'il était à requête de *tel, régisseur des biens de tel*, l'appel était interjeté au nom de ce dernier.

Cependant, les partisans de l'opinion contraire raisonnent ainsi:

La Cour de cassation a commis une erreur, en déclarant dans l'arrêt cité par M. Merlin, que la maxime n'était fondée sur aucun texte de loi.

Et en effet, comme l'ont aussi remarqué MM. Bavoux et Loiseau (*Diction. des arrêts modernes, v°.* procureur), elle n'est pas seulement attestée par l'auteur du grand Coutumier, liv. 3, chap. 6, pag. 336, et Loisel, liv. 3, tit. 2, reg. 4; elle est aussi consacrée par une loi formelle, par la déclaration de Henri II, du 30 novembre 1549.

Or, dit-on, cette maxime établissant une prérogative du Roi, et tenant essentiellement à l'ordre public, ne peut être comprise dans l'abrogation que l'art. 1041 prononce des lois antérieures concernant la procédure civile; car cet article ne se rapporte qu'à des règles de forme, qui ne tiennent qu'aux intérêts privés des plaideurs. Donc l'exploit donné au nom du mandataire, même en nom qualifié, doit être déclaré nul, et même d'office.

Nous répondons que la maxime, même considérée comme principe de droit politique, ne signifie autre chose, si ce n'est que le Roi seul peut agir en justice par son procureur, sans que celui-ci soit tenu à déclarer qu'il procède au nom de Sa Majesté, et sans qu'il ait besoin de justifier d'autres pouvoirs que ceux qu'il tient de son titre même de Procureur du Roi.

La maxime est donc respectée toutes les fois que le procurateur d'un particulier déclare agir pour son mandant, qu'il nomme, et dont il indique la profession et le domicile (1).

---

(1) On oppose, il est vrai, 1.° un arrêt du 16 prairial an 12, rapporté par Sirey, tom. 4, 2.e part., pag. 141, et qui déclare nul un acte d'appel interjeté *au nom d'un procurateur*, en vertu de la procuration de la partie. L'arrêtiste ajoute que la Cour a consacré, par cette décision, l'ancienne maxime *que nul en France ne plaide par procureur;*

2.° Un autre arrêt du 24 brumaire an 9, rapporté par Denevers, an 12, pag. 453.

Nous remarquons que les deux arrêts ci-dessus n'ont point décidé ce que M. Sirey suppose à l'égard du premier, et l'on peut s'en convaincre en lisant, dans le Recueil de Denevers, l'espèce des deux arrêts. On y verra que l'appel ne fut pas déclaré irrégulier, précisément parce qu'il avait été interjeté à requête du mandataire, mais dans la première espèce, parce qu'on ne justifiait pas de l'existence du mandat, et que la ratification donnée par la partie dans l'intérêt de laquelle l'appel avait été relevé, était postérieure au délai de trois mois; dans la seconde espèce, parce qu'on ne justifiait pas davantage d'une procuration formelle donnée au mandataire, et énoncée dans l'acte d'appel.

Ainsi, ces deux décisions, bien loin de déclarer qu'un fondé de pouvoir spécial ne peut

291. *L'assignation serait-elle nulle par cela même que la partie à la requête de laquelle elle a été signifiée, serait décédée le jour même de sa notification?*

Non, attendu qu'il n'est pas impossible, quoique cela soit peu probable, que la signification ait précédé la mort. — (*Rennes*, 17 *février* 1811).

Mais elle est nulle, si elle est notifiée à requête d'une personne décédée antérieurement. (*Rennes*, 20 *mai* 1813, *Journ.*, *tom.* 4, *pag.* 86). C'est ainsi que, par arrêt du 8 mai 1820, la Cour suprême a déclaré nul un pourvoi en cassation formé à requête de la partie décédée, et non pas à celle des héritiers. — (*Sirey*, *tom.* 20, *pag.* 305).

292. *Lorsque la demande est formée par une personne qui n'a pas le libre exercice de ses droits, suffirait-il de désigner celui qui doit agir pour elle?*

Il faut, dit M. Pigeau, tom. 1, pag. 119, aux notes, désigner et l'incapable et son défenseur.

Au surplus, il peut y avoir désignation suffisante des noms, profession et domicile du demandeur (ou du défendeur), s'ils sont désignés par relation à un autre acte connu du défendeur, et en son pouvoir. — (*Cassat.*, *Sirey*, *tom.* 22, *pag.* 139).

2.° Profession (1).

293. *Doit-on mentionner dans l'exploit que le demandeur n'a pas de profession?*

Il nous paraît certain que la disposition de l'art. 61, prescrivant que l'exploit contienne la profession du demandeur, ne doit s'entendre que du cas où il a une profession. Le Code civil, non moins rigoureux sur les formalités des inscriptions hypothécaires, n'exige, dans l'art. 2148, l'indication de la profession du créancier, qu'autant qu'il en a une. Nous pensons donc que l'on ne peut prononcer la nullité d'un exploit d'ajournement qui n'indique pas la profession, qu'autant qu'il serait prouvé que le demandeur en exerçe une quelconque.

---

former appel en son nom dans l'intérêt de son commettant, consacrent au contraire cette faculté comme principe de jurisprudence, puisqu'elles se bornent à exiger, pour son exercice, la double condition qu'il soit justifié d'une procuration, et qu'elle soit énoncée dans l'acte d'appel : elles n'ont donc point appliqué la maxime *nul en France, etc.*, et par conséquent nous nous croyons bien fondé à persister dans notre opinion, et à dire, avec la Cour de Rennes, dans son arrêt du 6 août 1813, que cette maxime dégénérerait *en pure arguție*, s'il était nécessaire, pour la validité d'un exploit, *qu'il fût notifié à la requête du commettant, suites et diligences du procurateur*, et non pas seulement du procurateur pour son commettant.

(1) JURISPRUDENCE.

1.° Quoique le demandeur ait une profession, le vœu de la loi est suffisamment rempli, alors même que l'on ne mentionne que la seule qualité de propriétaire. — (*Paris*, 17 *août* 1810, *Sirey*, *tom.* 14, 2.e *part.*, *pag.* 128).

2.° L'exploit d'ajournement qui ne désigne ni la profession ni le domicile du demandeur est néanmoins valable, s'il est donné, *en tête de cet exploit*, copie d'un procès-verbal de non conciliation qui contient ces énonciations. — (*Nîmes*, 5 *août* 1812, *Sirey*, *tom.* 14, 2.e *part.*, *pag.* 133. *Voy. suprà*, *n.°* 292).

NOTA. Mais il est entendu que si la copie du procès-verbal était donnée par acte séparé, la décision serait contraire.

Toujours est-il prudent, lorsque le demandeur n'a pas de profession, de déclarer qu'il est ou rentier, ou propriétaire, ou sans profession.

294. *L'exploit est-il valable à requête d'*UN TEL *et compagnie, sans l'indication de l'objet du commerce?*

Cette question s'est présentée à la Cour royale de Rennes, au sujet d'un exploit conçu à requête de *tel et compagnie*, et elle a considéré (*voy. arrêt du* 29 *janv.* 1817, 3e. *chambre*), que ces expressions indiquaient à suffire la profession actuelle ou ancienne de banquier ou de négociant, lors de l'origine du procès. Mais nous remarquerons que la considération qui a particulièrement influé sur sa décision, c'est que la mention exigée par l'art. 61, de la profession du demandeur, n'était pas aussi indispensable relativement à la partie qui appèle d'un jugement contradictoire rendu après de longues procédures, qui ne permettent pas à la partie adverse d'ignorer les noms, la qualité ou la profession du demandeur. Néanmoins nous pensons que ces mots, *tel et compagnie*, sont suffisans pour remplir le vœu de l'art. 61, comme l'a décidé la Cour de Rennes, parce qu'il est impossible au défendeur de douter qu'il est assigné par des négocians ou banquiers, et que, par conséquent, il connaît la profession de ceux à la requête desquels il est appelé.

295. *Lorsque la demande est relative au commerce, à la profession ou à l'industrie du demandeur, doit-on, à peine de nullité, ajouter la mention de sa patente?*

La loi du 6 fructidor an 4, art. 18, prononçait formellement la nullité des actes relatifs au commerce, à la profession ou à l'industrie d'un individu, lorsqu'ils ne contenaient pas l'énonciation de la patente. Celle du 1er. brumaire an 7, art. 38, l'exige aussi dans les mêmes cas, mais elle ne prononce pas la nullité; elle dit seulement, à peine d'une amende de 500f : elle a donc, en ce point, dérogé tacitement à la loi du 6 fructidor, et a substitué cette amende à la peine de nullité. — (*Pigeau, tom.* 1, *pag.* 119, *aux not.*)

3.o Domicile (1).

296. *Suffirait-il, pour la validité d'un exploit d'ajournement, que l'on mentionnât l'élection de domicile que ferait le demandeur dans cet exploit?*

On lit dans le nouveau Répertoire, au mot *domicile*, pag. 24, que dans les significations que l'on fait à un domicile élu, on n'est pas dispensé d'exprimer le domicile réel des parties. La Cour de Bruxelles, par arrêt du 14 juillet 1807, a aussi décidé que le mot *domicile* s'entend, en l'art. 61, du domicile réel, et

(1) JURISPRUDENCE.

1.o Lorsque le demandeur a pris la qualité de juge de tel tribunal qu'il désigne, il a fait connaître suffisamment son domicile, puisque tout juge est de droit domicilié dans le lieu où il exerce ses fonctions. — (*Gênes*, 8 *juil.* 1809, *Sirey*, 1812, *pag.* 265).

2.o Dans les assignations qu'une femme ferait donner à son mari, afin de séparation de corps, l'énonciation de sa résidence de fait équivaut à celle du domicile. — (*Paris*, 6 *germ. an* 10, *Sirey*, *tom.* 2, 2.e *part.*, *pag.* 285).

que le domicile conventionnel ne dispense pas de l'indiquer, — (*Voy Pigeau, tom.* 1, *pag.* 119, *aux not.*, *et Sirey*, *suppl. pour* 1808 *et* 1809, *pag.* 508). (1)

297. *Si l'assignation est donnée aux suites et diligences d'un procurateur, suffit-il de mentionner le domicile de celui-ci?*

Il faut nécessairement, et à peine de nullité, mentionner le domicile de la partie, puisque c'est en son nom que l'action est introduite, ainsi que nous l'avons dit ci-dessus : il convient, au surplus, d'indiquer aussi le domicile du procurateur; mais cette indication, qui, suivant nous, n'est pas exigée à peine de nullité, ne saurait remplacer la première.

298. *Le domicile est-il suffisamment désigné par le nom de la ville ou de la commune?*

Le domicile doit être désigné le plus exactement possible : l'on fera donc bien de spécifier la commune, le canton et le département; et si le demandeur a son domicile à la campagne, d'indiquer le village ou le hameau; de même qu'il convient, si le domicile est établi dans une ville, et sur-tout dans une ville populeuse, de spécifier la section de la ville, la rue, le numéro même de la maison. Mais nous ne croyons pas que le défaut de ces indications, que nous ne considérons que comme accessoires, entraîne la nullité de l'exploit, encore bien que l'on puisse conclure d'un arrêt de la Cour de Rennes, rendu par la 2e. chambre, le 25 mai 1808, et de différens passages des Commentaires de l'Ordonnance et du Code, que ces indications soient nécessaires. — (*Voy. Jousse, sur l'art.* 2 *du tit.* 2; *Pothier, Traité de la procéd.*, 1re. *part.*, *chap.* 1er, *et le Nouv. Prat. franç.*, *tom.* 1, *pag.* 297 *et* 301). (2)

3.° Si le demandeur qui indique sa demeure se trompe dans l'indication du numéro de sa maison, l'exploit ne sera pas nul, parce que le numérotage de la maison n'est qu'un acte de police qui ne peut opérer une nullité, puisque l'art. 61 ne le prononce pas. — (*Rennes, première chamb.*, 5 *avril* 1811).

(1) Un arrêt de la Cour de Paris a néanmoins admis une exception en faveur d'un employé aux armées, en décidant que cet employé n'ayant pas de domicile actuel, n'avait pu énoncer qu'un domicile d'élection, et que, par conséquent, l'ajournement dans lequel il avait indiqué son domicile dans la maison d'un tiers où il consentait la validité de tous exploits et significations, était valable. — (*Voy. l'arrêt du* 4 *fév.* 1811, *Biblioth. du barr.*, 2.e *part.*, 1811, *tom.* 6, *pag.* 439).

On a peine à concilier cette décision avec celle de la Cour de Bruxelles, du 27 mars 1807 (*voy. Journ. du palais*, 1807, 2.e *semest.*, *pag.* 288). Cette Cour a jugé qu'un exploit dans lequel l'huissier s'était borné à mentionner qu'un militaire *était aux armées*, était nul, parce qu'une telle mention ne dispensait pas d'énoncer le vrai domicile du militaire, qui, conformément à l'art. 106, est celui qu'il avait avant de faire partie de l'armée. La circonstance d'un service temporaire à l'armée, lit-on dans les considérans de cet arrêt, ne change rien au principe consacré par cet article, et peut d'autant moins valider l'exploit, qu'il est facile à l'officier ministériel d'ajouter à la mention de la présence aux armées, celle que le requérant est domicilié en tel endroit.

(2) Il en serait autrement de celui qui serait donné à requête de *tel*, de *telle commune*, sans exprimer qu'il y est *domicilié*. Ces expressions indiqueraient plutôt le lieu de naissance que celui du domicile. — (*Turin*, 24 *avril* 1810, *Sirey*, 1814, *pag.* 190; *Journ. des avoués*, *tom.* 2, *pag.* 241).

299. *L'exploit est-il valable, s'il est donné à requête de tel vivant, négociant* (ou exerçant toute autre profession) *en telle ville?*

Nous estimons que l'on trouve dans l'énonciation de l'exploit une mention suffisante du domicile. On ne peut, en effet, supposer qu'un individu que l'on dit vivre et exercer sa profession, ait son domicile dans une autre. Le domicile, d'après l'art. 102 du Code civil, est le lieu où la personne a son principal établissement, sa famille; et certes, on a l'un et l'autre, là où on exerce sa profession, son commerce.

300. *La mention de la demeure équivaut-elle à l'indication du domicile?*

Un arrêt de la Cour de Gênes, du 5 août 1808 (*voy. Jurisp. sur la proc., tom. 2, pag.* 369), a jugé la négative, par le motif que, d'après l'art. 102 du Code civil, le domicile diffère de la demeure. Nous estimons que si l'on peut faire une application aussi rigoureuse de l'art. 102, ce ne devrait être du moins qu'autant qu'il serait prouvé que le demandeur n'aurait pas son domicile dans l'endroit où la demeure serait indiquée. Le mot *demeure* exprime, suivant nous, une habitation permanente qui doit faire supposer le domicile, et qui diffère en cela de la résidence, qui n'est qu'une habitation momentanée (1). — (*Voy., sur la deuxième disposit. de cet art.* 61, *la* 308e. *quest.*)

§ 3. — *Mention de la constitution d'avoué* (2).

301. *Un exploit d'ajournement est-il nul, lorsque la constitution d'avoué porte, par erreur, sur un avoué qui aurait cessé de l'être par décès, destitution ou ac-*

---

(1) M. Berriat Saint-Prix, pag. 199, not. 21, n'admet pas ce tempérament à la rigueur des termes de l'art. 61; il pense que l'exploit est nul toutes les fois que l'on mentionne la *demeure* et non le *domicile*. Voici ses raisons : 1.° la demeure n'est point la même chose que le domicile. On peut en avoir plusieurs, et en changer, quand on veut, dans un seul instant, et sans formalités; on n'a, au contraire, qu'un seul domicile, et le changement en est assujéti à des formes, et résulte de diverses circonstances par fois très-compliquées; 2.° il est des actes tels que les offres réelles (*Code civ.*, 1258, § 6), qu'il faut notifier au domicile de la partie, et dont le défendeur serait frustré, ou qu'il serait exposé à faire irrégulièrement, si le demandeur n'indiquait que sa demeure....; 3.° le Code se servant du mot *demeure* pour le défendeur, et du mot *domicile* pour le demandeur, annonce évidemment qu'il n'attache pas le même sens à ces deux mots; 4.° enfin, c'est ce qui a été jugé par plusieurs arrêts, et consacré par la doctrine des auteurs. — (*Voy. la citation qu'en fait M. Berriat*).

Quoi qu'il en soit, nous persistons dans l'opinion que nous avons précédemment émise, et qui, loin d'avoir été contrariée par la jurisprudence postérieure, a été formellement adoptée,

1.° Par la Cour de Rennes, notamment par arrêt du 1.er juin 1811, qui a déclaré valide un exploit d'appel, attendu que *demeure* et *domicile* sont synonymes, même dans le langage de la loi, ainsi qu'il résulte de la série des articles du Code de procédure, au titre des ajournemens, où le législateur se sert indifféremment des mots domicile et demeure;

2.° Par arrêt de la Cour de cassation, du 28 juillet 1818. — (*Sirey, tom.* 18, *pag.* 367).

Il y a plus : par arrêt du 23 décembre 1819 (*Sirey, tom.* 20, *pag.* 163), la même Cour décidé que la mention de l'habitation (*habitant à*) remplissait suffisamment le vœu de la loi, le mot *habitant* exprimant l'idée d'un domicile fixe et d'une demeure habituelle.

(1) JURISPRUDENCE.

1.° Un exploit d'ajournement est nul lorsqu'il ne contient pas la constitution d'avoué, mais seulement une réserve d'en constituer un par acte séparé. En effet, l'art. 61 exige que

ceptation de fonctions incompatibles, si d'ailleurs les parties avaient, par un acte séparé, fait une nouvelle constitution?

Cette question, vraiment importante, s'est présentée devant les Cours de Trèves et de Nîmes, qui l'ont décidée négativement; la première, par arrêt du 4 décembre 1809 (*Sirey, tom.* 10, *suppl., pag.* 63); la seconde, par arrêt du 24 août 1810. — (*Voy. Biblioth. du barr.,* 2ᵉ. *part., tom.* 4, *pag.* 365, *et tom.* 6, *pag.* 166).

Ainsi, nous tenons pour certain que l'exploit d'ajournement dans lequel on constitue un avoué qui a exercé notoirement ce ministère, mais qui l'a cessé pour des causes qui, à raison des distances, ne peuvent être présumées avoir été connues au lieu où l'exploit a été dressé, ne peut être annulé comme ne contenant pas constitution d'avoué, si toutefois, dans un tems rapproché, le demandeur signifie nouvelle constitution, en s'en référant, pour le surplus, à son exploit. Il est évident, en effet, que la partie ayant été dans la bonne foi, ayant annoncé, autant qu'il était en son pouvoir, l'intention de satisfaire à la loi, ce serait porter la rigueur trop loin que d'annuler, dans ce cas, des actes qu'elle a revêtus de toutes les formes prescrites.

M. Thomines Desmazures, professeur en la faculté de Caen, a consigné cette opinion dans ses cahiers.

Mais, disait-il, pour éviter l'inconvénient de nommer des avoués démissionnaires ou décédés, les huissiers feraient sagement, en constituant un avoué dans l'assignation, d'y ajouter la constitution du *plus ancien des avoués*, pour occuper au défaut de celui qu'elles indiquent.

Cette observation conduit à l'examen d'une question qui ne laisse pas de présenter quelque importance, puisqu'il peut arriver qu'une partie ignore, soit les noms des avoués militant près le tribunal où elle assigne, soit l'existence de celui qu'elle constituerait. On sent que, dans cette circonstance, il lui est avantageux de pouvoir instituer un avoué autrement qu'en le désignant par son nom. Cette question est celle-ci :

302. *La constitution d'un avoué désigné seulement par le titre de doyen des avoués, est-elle valable?*

Par suite d'une telle constitution, la nullité d'un exploit a été opposée devant la Cour de Rennes; mais cette Cour n'eut pas besoin de s'y arrêter. — (*Voy. Journ. de la Cour de Rennes, tom.* 1, *pag.* 216).

---

l'exploit contienne la constitution. — (*Paris,* 21 *déc.* 1808, *Journ. du palais,* 2.ᵉ *sem., an* 9, *pag.* 183, *et l'arrêt de la Cour de Pau, cité sur l'art.* 456).

2.° Il y aurait nullité, si l'on constituait un avoué qui n'existerait plus depuis long-tems. — (*Rennes,* 21 *oct.* 1816).

3.° L'indication qu'un *tel,* avocat, occupera pour le demandeur, est valable comme constitution d'avoué, si la personne désignée comme *avocat* remplit en effet les fonctions d'avoué. — (*Limoges,* 30 *déc.* 1812, *Sirey, tom.* 14, *pag.* 126).

4.° L'exploit ne serait pas nul par cela seul qu'il ne contiendrait que la simple déclaration de l'appelant d'instituer un avoué, sans en désigner aucun, si, d'ailleurs, la copie est signée d'un avoué de la Cour. — (*Rennes,* 20 *janv.* 1813, *Journ., tom.* 4, *pag.* 14).

5.° L'élection de domicile chez un avoué militant près le tribunal où l'exploit ajourne le défendeur, ne peut suppléer le défaut de constitution de cet avoué. C'est un point de jurisprudence tellement certain, qu'il est inutile de citer les nombreux arrêts qui l'établissent.

On prétendait que la constitution n'était pas valable, parce que la loi, en exigeant constitution de l'avoué qui occupera pour la partie, exigeait implicitement que cet avoué fût désigné par son nom ; qu'au surplus, ce moyen fût-il rejeté, la constitution n'en devait pas moins être considérée comme non avenue, puisque la loi a laissé dans l'incertitude auquel des avoués d'un tribunal appartenait le titre de doyen. Mais il est évident que le doyen des avoués est *le plus ancien* dans l'ordre de réception, et l'on peut, au reste, prévenir toute difficulté, en faisant la constitution sous ce dernier titre, qui ne laisse subsister aucun doute, puisque le Code s'en sert en plusieurs articles pour désigner l'avoué le plus ancien nommé.

303. *Un exploit serait-il nul, dans le cas où un avoué, étant lui-même demandeur en privé nom, ne ferait pas constitution d'avoué, mais déclarerait s'expédier par lui-même?*

Il est certain qu'autrefois les procureurs *ad lites* pouvaient, devant le tribunal auquel ils étaient attachés, exercer leur ministère pour eux-mêmes, leurs femmes, leurs enfans, leurs parens, à la différence des huissiers et autres officiers de justice. M. Pigeau, dans son Traité de la procédure civile du Châtelet, tom. 1, pag. 145, atteste que tel était l'usage à Paris. Cet usage était suivi en Bretagne, et sans doute dans les autres provinces.

Les attributions des avoués ne sont pas moins étendues que celles des anciens procureurs, qu'ils remplacent. *Les avoués*, dit l'art. 94 de la loi du 27 ventôse an 8, sur l'organisation des tribunaux, *auront exclusivement le droit de postuler et de prendre des conclusions dans le tribunal pour lequel ils seront établis : néanmoins, les parties pourront se défendre elles-mêmes verbalement ou par écrit, ou faire proposer leur défense par qui elles jugeront à propos.* Nous croyons pouvoir conclure de là que les avoués peuvent aujourd'hui *s'expédier par eux-mêmes*, comme les anciens procureurs en avaient la faculté.

304. *Le demandeur qui élirait un autre domicile que celui de l'avoué qu'il constitue, pourrait-il choisir ce domicile hors du lieu où siège le tribunal?*

Non, sans doute ; autrement on tromperait le vœu de la loi, qui est de faciliter les communications entre les parties, de hâter, d'accélérer autant que possible la marche de l'instruction, d'économiser les frais. Cette décision est d'ailleurs conforme à l'analogie : toutes les fois que la loi prescrit une élection de domicile à faire dans le cours d'une instance, elle exige qu'elle soit faite au lieu où siège le tribunal — (*Voy. entre autres les art. 422 et 559*).

§ 4. — *Mention relative à l'huissier* (1).

305. *L'huissier devant indiquer sa demeure, doit-il indiquer en même tems la rue et le numéro de la maison?*

---

(1) Voy., sur la compétence des huissiers, le Code de procéd. annoté par Sirey, art. 6, n.os 27, 28, 29 ; nouv. Répert.; Quest. de droit, v.o *huissier*, et notre Traité des lois d'organ., etc., liv. 1, tit. 3, chap. 4.

JURISPRUDENCE.

1.° Lorsque l'huissier qui a signifié l'ajournement a omis son nom dans le corps de l'ex-

Nous pensons, comme sur la 298e. question, que le défaut de cette indication n'emporterait pas nullité de l'exploit; mais il est prudent que l'huissier évite cette omission.

§ 5. — *Mention relative au défendeur.*

306. *Doit-on indiquer les prénoms et la profession du défendeur?*

La loi ne l'exige pas; mais il convient de le faire lorsqu'il est possible, pour que le défendeur ait bien la certitude que c'est à lui que l'exploit s'adresse. — (*Voy. quest.* 1re).

307. *Le mot* les noms *est-il restreint aux noms propres, ou comprend-il les noms collectifs?*

Il est restreint aux noms propres, et par conséquent une assignation à un établissement public, à une société, sans indication des noms des administrateurs et associés, serait valable. — (*Voy. Berriat, pag.* 200, *not.* 23, *et nos questions sur l'art.* 69).

308. *De ce que l'art.* 61 *exige que l'huissier indique la demeure du défendeur, s'ensuit-il qu'il y aurait nullité de l'exploit qui, au lieu du mot* demeure, *contiendrait le mot* domicile?

---

ploit, mais l'a signé, l'exploit ne doit pas être déclaré nul. *En d'autres termes*, un exploit qui porte en tête ces mots : JE SOUSSIGNÉ HUISSIER, et qui est terminé par la signature de cet huissier, n'est pas nul, parce que le nom ne se trouve pas dans le corps de l'exploit. La raison en est que le nom de l'huissier qui a notifié l'exploit est suffisamment connu, conformément à la disposition de la loi. — (*Rennes, 22 août* 1810, *Journ., tom.* 1, *pag.* 26, *et Pigeau, tom.* 1, *pag.* 119, *aux notes*).

NOTA. Quoi qu'il en soit, il importe beaucoup d'éviter cette omission; car on pourrait, avec succès peut-être, opposer à l'arrêt précité et à l'opinion de M. Pigeau, que le législateur, dans l'art. 61, exige une constitution tout à fait indépendante de la signature de l'officier ministériel, et qu'il suffit qu'il l'exige, à peine de nullité, pour qu'elle soit rigoureusement nécessaire dans l'exploit; que le motif de la loi est que la partie à laquelle l'acte est signifié puisse se convaincre à sa seule inspection, si la notification lui en est faite par un officier ministériel ayant caractère pour instrumenter dans le ressort; qu'elle doit, par conséquent, connaître le *nom* de l'individu qui se qualifie huissier; ce qui serait souvent impossible, à raison que, dans une signature, les caractères ordinaires de l'écriture sont souvent défigurés et méconnaissables; qu'enfin cette considération a pu suffire pour déterminer le législateur à exiger que le nom de l'huissier soit inséré *dans le corps de l'acte*. — (*Voy. Journ. des avoués*, 1811, *pag.* 347, 348).

2.° Il en serait de même si l'huissier se bornait à se dire simplement *audiencier*, sans exprimer qu'il est huissier; car cette qualification d'audiencier suppose nécessairement celle d'huissier.

3.° Un huissier ferait une mention suffisante de son immatricule, en indiquant le tribunal près duquel il exerce, sans dire qu'il y est immatriculé; il suffit qu'il déclare exercer près ce tribunal : l'expression de la loi n'est pas sacramentelle. — (*Cassat.*, 12 *mai* 1813, *Denevers*, 1813, *pag.* 300).

4.° L'huissier n'est pas, à peine de nullité, obligé de mentionner sa patente. — (*Cassat.*, 2 *nivôse an* 9, *Sirey, tom.* 1.er, 2.e *part.*, *pag.* 467).

5.° Il y a plus : l'exploit ne serait pas nul s'il était signifié par un huissier non patenté; il n'y aurait lieu qu'à une amende. — (*Cassat.*, 28 *mars* 1808, *Sirey, tom.* 8, *pag.* 225).

6.° S'il y a de fausses énonciations dans l'immatricule de l'huissier, dès lors il doit être comme s'il n'avait pas été fait mention de l'immatricule, et conséquemment l'exploit doit être déclaré nul. — (*Voy. Journ. des avoués*, 1811, *pag.* 98, 99).

7.° Les énonciations relatives à la qualité et à l'immatricule de l'huissier lui deviennent propres par sa signature, quoiqu'elles ne soient pas entièrement écrites de sa main. — (*Rennes*, 1.re *chamb.*, 13 *mai* 1813, *Journ., tom.* 4, *pag.* 83).

Cette différence dans les expressions de la loi, qui exige l'indication du domicile à l'égard du demandeur, et celle de la demeure à l'égard du défendeur, viendrait à l'appui de la décision portée en l'arrêt de la Cour de Gênes, cité sur la 300e. question.

On dirait, en conséquence, que la loi, en exigeant que l'on indique le domicile du demandeur, et seulement la demeure du défendeur, consacre les distinctions qui résultent de l'art. 102 du Code civil entre le domicile et la demeure; que conséquemment l'exploit qui indique la demeure, et non le domicile du premier, est nul; et par la même raison, on prétendrait que l'exploit qui indiquerait le domicile, au lieu de la demeure du défendeur, serait également nul.

Nous avons vu agiter en conférences cette dispute de mots; déjà nous nous sommes expliqué au sujet du demandeur, en disant qu'au moins nous ne pensions pas que la nullité pût être prononcée, lorsqu'il ne serait pas prouvé qu'il eût son domicile dans un lieu autre que celui où il aurait sa demeure indiquée.

Nous dirions la même chose par rapport au défendeur; il faudrait au moins qu'il fût prouvé qu'il aurait le domicile indiqué dans un autre lieu que celui où il habiterait.

Mais n'est-ce pas déjà trop accorder au rigorisme des formalités? Et si l'on ne trouve aucune raison d'utilité qui ait pu porter le législateur à exiger dans un cas l'indication du *domicile*, dans l'autre celle de la *demeure*, ne doit-on pas conclure, comme l'a décidé la Cour royale de Rennes, qu'il s'est servi de ces expressions dans la signification que leur a donnée l'usage, suivant lequel on les emploie comme synonymes pour indiquer le lieu où la personne se tient habituellement? (*Arrêt du 22 juill. 1814, Journ., tom. 4, pag.* 288). Cette décision est une conséquence de celle que nous avons donnée *suprà*, sur la 300e. quest.

§ 6. — *Mention relative à la remise de la copie* (2).

309. *Si la personne trouvée au domicile de l'assigné refusait de donner à l'huissier les renseignemens qui lui sont nécessaires pour faire la mention des rapports qu'elle*

---

(1) Ici reviennent en partie les solutions données sur la première disposition de l'art. 61, relativement à l'indication des noms et domicile du demandeur.

(2) Nous traiterons, sur l'art. 68, les questions relatives aux personnes à qui la copie peut être remise, et à la manière dont la mention doit en être faite pour qu'elle remplisse le but de l'art. 68. Nous rapportons ici les décisions de la jurisprudence qui se rapportent plus particulièrement à l'art. 61.

JURISPRUDENCE.

1.° L'exploit dont le PARLANT A n'est rempli qu'au crayon est nul, parce que l'écriture au crayon n'ayant point l'indélébilité que lui aurait donnée l'usage de la plume, cette écriture ne pouvant être reconnue, pouvant même être effacée de manière qu'il n'en restât aucun vestige, c'est comme si le *parlant à* de l'huissier se trouvait en blanc; c'est-à-dire, comme s'il avait omis de faire mention de la personne à laquelle il aurait fait la remise de la copie. — (*Colmar, 25 avril* 1807, *Journ. du palais, collect. de* 1807, *art.* 70, *pag.* 351).

2.° Lorsque l'huissier a rempli le *parlant à*, conformément à la loi, on ne peut demander

aurait avec celui-ci, cet officier ministériel pourrait-il suppléer à cette mention par celle de l'interpellation qu'il lui aurait faite, et de sa réponse?

Suivant M. Lepage, Questions, pag. 110, le cas où se trouverait alors l'huissier est le même que celui où il ne rencontrerait au domicile personne qu'il pût charger de l'exploit; il devrait alors le remettre à un voisin; et, s'il n'en trouvait pas qui voulût ou qui pût signer l'original, il faudrait qu'il s'adressât au maire ou à l'adjoint de la commune.

Ainsi cet auteur, par cela même qu'il pense qu'on ne peut laisser la copie de l'exploit à une personne qui refuse de se nommer, estime que la mention de l'interpellation qui lui aurait été faite ne remplirait point le vœu de l'art. 61.

Mais les auteurs du Praticien, tom. 1, pag. 304, disent, au contraire, que si la personne qui se trouve au domicile ne veut décliner ni son nom ni sa qualité, quoique formellement interpellée, l'huissier doit en faire mention.

Alors, ajoutent-ils, pag. 314, on qualifie cette personne par son sexe, et même, s'il est possible, par son état apparent, afin de justifier plus parfaitement la remise de la copie.

On pourrait, sans doute, appuyer cette opinion d'un arrêt de la Cour de cassation, du 24 ventôse an 11, qui décide que l'huissier doit du moins faire mention de *l'interpellation qu'il aurait faite, de la réponse et du refus.*

Mais il faudrait supposer, en ce cas, que l'huissier pût remettre la copie à une personne qui refuserait de lui donner les renseignemens nécessaires pour faire la mention exigée par l'art. 61. Or, nous avons dit que cette mention se rapportait essentiellement à l'exécution de l'art. 68, qui veut que la copie ne soit laissée au domicile qu'autant que l'on y rencontre un *parent* ou un *serviteur*.

Nous demanderons maintenant si l'huissier qui se contenterait de faire mention du refus que ferait la personne trouvée à domicile, de déclarer sa qualité, fournirait l'assurance qu'il se fût conformé à cet article? Non, sans contredit; car il n'aurait reçu lui-même aucune certitude que la personne fût *parente* ou *serviteur*.

Il faut donc, dans cette circonstance, que l'huissier s'adresse au voisin, ou à son défaut au maire; et conséquemment, la mention qu'il ferait d'avoir laissé la copie à un individu qui aurait refusé, soit de se nommer, soit de déclarer la qualité d'où résulteraient ses rapports avec l'assigné, ne serait pas suffisante, et l'exploit serait déclaré nul, parce qu'il n'offrirait pas la preuve que la copie eût été remise à une personne ayant qualité pour la recevoir.

310. *Dans quelle partie de l'exploit doit on mentionner les noms ou qualités de*

---

la nullité de son exploit, en alléguant qu'il a laissé la copie à domicile, sans que la personn à laquelle il dit avoir parlé s'en soit aperçue. — (*Sirey, tom.* 11, *suppl., pag.* 209).

NOTA. Il résulte de cet arrêt que lorsque l'huissier dit avoir laissé la copie de l'exploit à domicile, en parlant à une personne indiquée par la loi, c'est-à-dire à un parent ou serviteur, il dit suffisamment que la copie a été laissée à la personne à laquelle il a parlé; que la manière dont il a remis cette copie, soit en la déposant matériellement dans les mains de cette personne, soit en la plaçant sur une table, mais sous ses yeux, est indifférente, parce que la loi n'exige pas la remise matérielle aux mains de la personne nommée, c'est en effet *laisser la copie* à la personne, toutes les fois qu'on la dépose à sa vue et connaissance, et cela suffit au vœu de la loi.

la personne à qui la copie en est laissée, et devrait-on l'annuler, si cette mention ne se trouvait pas directement à la suite du PARLANT *à?*

Il importe peu de placer le *parlant à* au commencement ou à la fin de l'exploit; l'essentiel est de ne le pas omettre. Mais comme il arrive souvent que l'exploit est remis à l'huissier, soit par la partie, soit par son avoué, écrit de la main de l'un ou de l'autre, à l'exception de l'immatricule; comme l'on y insère ces mots *parlant à*, en laissant un blanc qui reste à remplir par cet officier ministériel, il doit faire attention à écrire directement à la suite de ces mots, et non en toute autre partie de l'acte, les noms ou les qualités de la personne à laquelle il laisse la copie; autrement son exploit serait déclaré nul, ainsi qu'il est arrivé dans une espèce où le nom de la personne qui avait reçu la copie avait été intercalé dans le corps de l'acte, deux lignes plus haut que celles où se trouvaient les mots en *parlant à* (1).

311. *Si l'huissier n'a pas fait mention qu'il a laissé la copie, peut-on être reçu à prouver qu'il l'ait laissée?*

Non, car ce fait doit être prouvé par l'exploit même; d'ailleurs la preuve serait inutile, puisque, d'après l'art. 61, le seul défaut de cette mention rend l'exploit nul. — (*Voy. Rodier, sur l'art. 5 du tit. 2 de l'ordon., 2e. quest.*)

§ 7. — *Mention de l'objet et des moyens de la demande* (2).

312. *Si l'objet de la demande et l'exposé sommaire des moyens se trouvaient dans le procès-verbal de non conciliation, dont copie serait donnée en tête de l'exploit, y aurait-il nullité de cet exploit qui ne répéterait pas cet objet et cet exposé?*

Nous ne le pensons pas. Le procès-verbal formerait alors le libelle. A quoi bon répéter ce qui a été déjà suffisamment exposé? La loi, qui tend à économiser les frais, autorise par son esprit à ne pas faire d'inutiles répétitions.

---

(1) La Cour de Bruxelles déclara, dans cette espèce, par arrêt du 26 juin 1807 (*voy. Sirey, tom. 8, DD., pag. 48*), que la copie de l'exploit ne contenait pas la mention de la personne à qui elle avait été laissée, et l'annula, attendu que les formes exigées par la loi pour ces sortes d'actes sont de rigueur, et qu'il ne pouvait être suppléé à la mention de la personne par l'intercalation de ces mots, *sa servante Catherine Wanloo*, faites deux lignes au-dessus du *parlant à*.

(2) JURISPRUDENCE.

1.° L'exploit par lequel on demande à un colon paiement des arrérages d'une rente convenancière (*voy. pag. 87, aux notes*), assise sur la tenue, est suffisamment libellé par l'énonciation de cette demande et la désignation de la rente. — (*Rennes, 2.e chamb., 27 et 31 juillet* 1810).

2.° Il en est ainsi de l'ajournement donné pour *voir adjuger les fins d'une requête* dont on a donné copie en tête de l'assignation, quoiqu'on n'ait pas autrement mentionné l'objet de la demande et les moyens. — (*Nîmes, 23 avril* 1812, *Jurisp. du Code civ., tom.* 19, *pag.* 261).

3.° L'assignation donnée devant un tribunal, aux fins de plaider sur la compétence, n'est pas suffisamment libellée, si elle ne contient l'exposé sommaire des moyens au fond. — (*Cassat., 27 fruct. an* 11, *Sirey, tom.* 4, 2.e *part., pag.* 53).

§ 8. — *Mention du tribunal compétent* (1).

313. *Un exploit serait-il nul, s'il citait à comparaître devant le tribunal de telle ville, sans indiquer si ce tribunal est un tribunal de première instance ou un tribunal de commerce?*

On a prétendu que l'exploit était nul pour défaut d'indication suffisante du tribunal, attendu qu'il existait, dans la ville indiquée comme lieu du siége de ce tribunal, un tribunal de première instance et un tribunal de commerce. Nous penserions que l'exploit serait valable, parce que les parties ne peuvent ignorer les lois régulatrices de la compétence, et que l'objet de la demande étant indiqué, il en résulterait que le défendeur devait savoir qu'il était appelé devant le tribunal civil, puisque le tribunal de commerce n'eût été compétent ni sous le rapport de la qualité des personnes, ni sous le rapport de l'objet de la demande.

314. *Un exploit qui n'indiquerait pas le local où le tribunal tient ses audiences serait-il nul?*

Nous ne le pensons pas. Dès qu'on a indiqué la ville où siége le tribunal, on a suffisamment rempli le vœu de la quatrième disposition de l'art. 61. L'assigné ne peut être réputé ignorer quel est le lieu où ce tribunal tient ses audiences. Au surplus, la loi n'exige que l'indication du tribunal, et celle de l'édifice où il tient ses audiences est tout à fait indifférente; ce n'est pas cependant qu'il ne convienne de faire cette dernière indication, et tel est l'usage sagement établi.

§ 9. — *Mention du délai* (2).

315. *Si, d'après les arrêts cités en la note ci-dessous, les expressions* DÉLAI DE LA LOI *sont suffisantes pour la validité de l'ajournement, cette décision s'appliquerait-elle dans le cas où l'exploit concernerait un défendeur étranger?*

On a dit, pour la négative, que les motifs des décisions dont il s'agit con-

---

(1) JURISPRUDENCE.

La nullité résultant de ce que l'on n'aurait pas indiqué le tribunal qui doit connaître de la demande est couverte, si le défendeur, assignant le demandeur pour constituer nouvel avoué à la place de celui qu'il aurait nommé dans l'ajournement, et qui serait décédé, gardait le silence sur le défaut de l'indication du tribunal. — (*Rennes*, 3.e *chamb.*, 17 *févr.* 1809).

(2) JURISPRUDENCE.

1.° L'exploit d'ajournement portant assignation à comparaître DANS LE DÉLAI DE LA LOI, sans autre indication, est valable.

NOTA. Cette proposition, controversée dans les premiers tems de la mise en activité du Code, est désormais certaine. Il serait superflu de rappeler les nombreux arrêts sur lesquels elle est fondée, et dont le dernier, au moment où nous arrivons, est celui de la Cour de cassation, du 20 avril 1814. (*Sirey*, 1815, *p.* 401).

2.° Par conséquent, un exploit donné pour comparaître *à terme compétent*, ou dans le délai fixé par le Code de procédure, serait valable. — (*Rennes*, 21 *juin* 1809, *Cassat.*, 17 *avril* 1813, *Sirey*, *tom.* 13, *pag.* 387).

3.° A plus forte raison, celui qui porterait assignation pour comparaître le huitième jour

sistant en ce que nul n'est réputé ignorer la loi qui indique le délai de la comparution, ne peuvent s'appliquer à un étranger.

Nous répondons qu'un étranger ne peut être cité devant les tribunaux français que dans les cas prévus par l'art. 14 du Code civil, c'est-à-dire pour l'exécution des obligations par lui contractées en pays étranger avec des Français. Or, l'étranger qui a contracté avec un Français, et qui par là s'est soumis à la jurisdiction de nos tribunaux, doit être justement présumé avoir connu les dispositions des lois françaises et tous leurs effets, relativement aux actions qui seraient la suite de ses obligations.

316. *Mais du moins un exploit d'ajournement portant assignation à comparaître* APRÈS LE DÉLAI EXPIRÉ, *serait-il nul?*

La Cour de Rennes s'est prononcée pour l'affirmative, par arrêt du 18 janvier 1811, attendu que le Code de procédure veut, à peine de nullité, que l'exploit d'ajournement contienne l'indication du délai pour comparaître, et que le vœu des art. 61 et 456 de ce Code n'est point rempli par ces seuls mots, *à comparaître après les délais expirés.*

Cet arrêt pourrait paraître difficile à concilier avec ceux qui décident que l'acte d'appel portant assignation à comparaître *dans les délais de la loi* est valable, si l'on ne considérait, premièrement, que l'exploit donné à comparaître *après les délais* n'indique point que ces délais soient ceux donnés par la loi; deuxièmement, qu'en fixant la comparution à l'expiration des délais, on n'en indique point l'époque *comme fixée par la loi;* en sorte que le défendeur ou l'intimé est absolument laissé dans l'incertitude sur le jour auquel elle aura lieu.

317. QUID *de l'ajournement donné à comparaître à la première audience utile?*

Nous pensons que l'exploit serait sujet à annulation, par les mêmes motifs sur lesquels nous avons fondé la solution de la précédente question.

318. *Ces expressions,* DÉLAI DE LA LOI, *ne sont-elles suffisantes pour la validité de l'ajournement, que lorsqu'il s'agit d'assigner à comparaître au délai ordinaire de huitaine; en sorte qu'il y aurait nullité de l'exploit, si l'on n'avait pas ajouté à ces expressions génériques celles-ci,* OUTRE UN JOUR PAR TROIS MYRIAMÈTRES, A RAISON DES DISTANCES?

La négative nous paraît une conséquence de ce que l'assignation conçue dans le délai de la loi a été jugée valable, par le motif que le défendeur ne peut ignorer quels sont les délais que la loi lui accorde. En effet, dirait-on, le défendeur sait en même tems, et à quelle distance il se trouve du lieu où siège le tribunal devant lequel il est appelé, et quel est le délai ordinaire que la loi fixe pour sa comparution : donc le vœu de la loi est aussi bien rempli au moyen de ces expressions, *délai de la loi,* soit qu'il y ait, soit qu'il n'y ait pas lieu à l'augmentation à raison des distances; en un mot, il y a dans les deux cas même raison de décider.

---

après la date de l'exploit, avec augmentation d'un jour par trois myriamètres de distance, puisqu'il n'est pas nécessaire d'indiquer littéralement le jour préfixe de l'échéance.—(*Cassat.*, *7 janv.* 1812, *Sirey, tom.* 12, *pag.* 169).

4.° Si la partie assignée à un délai trop bref faisait défaut, le jugement ne serait pas nul, quoiqu'il n'eût été rendu qu'à l'expiration du délai légal. — (*Rennes, 14 avril* 1813, 3.e *ch.*)

319. *Supposons cependant qu'à la place de ces mots*, DÉLAI DE LA LOI, *l'assignation, dans un cas où il y aurait lieu à augmenter le délai à raison des distances, serait donnée à comparaître à huitaine franche, l'exploit serait-il nul par défaut d'indication suffisante du délai ?*

L'espèce de cette question est bien différente de celle de la précédente, où les mots *délai de la loi* présentent des expressions génériques qui comprennent tout le délai donné pour comparaître.

Au contraire, dans celle que nous venons de poser, le délai est indiqué d'une manière précise ; il est limité à huitaine, et l'on ne peut dire que l'exploit contienne véritablement l'indication du délai donné par la loi, puisqu'il y avait lieu à ajouter à cette huitaine. Or, en indiquant un délai trop court, le demandeur ne doit-il pas être considéré comme n'ayant indiqué aucun délai?

Quoi qu'il en soit, nous estimons que l'exploit n'est pas nul, parce qu'un délai quelconque est indiqué ; mais alors il faut appliquer les solutions données sur la 321ᵉ. question.

320. *Lorsque la loi a indiqué un délai particulier pour comparaître, comme, par exemple, dans l'espèce de l'art. 193 du Code, où le délai n'est que de trois jours, et dans une foule d'autres cas où il est aussi plus court que le délai ordinaire, l'assignation donnée dans le délai de la loi remplira-t-elle également le but que le législateur s'est proposé ?*

La même raison, tirée de ce que l'assigné doit connaître la loi qui a déterminé le délai pour comparaître, nous paraît encore militer en faveur de la validité de l'exploit. En effet, dans ces cas particuliers, le libelle et les conclusions apprennent au défendeur pour quel objet il est appelé en justice; or, la loi a déterminé, par rapport à cet objet, un délai particulier : l'exploit, en assignant le défendeur *dans le délai de la loi*, lui indique donc que c'est dans le délai qu'elle a fixé qu'il doit comparaître, et le but est rempli, puisque l'assigné ne peut prétexter cause d'ignorance des dispositions qu'elle renferme (1).

321. *L'exploit est-il nul, si l'assignation indique un délai moins long que celui qui est fixé par la loi ?*

Avant la publication du Code de procédure, les opinions pouvaient être partagées sur ce point, ainsi qu'on peut le voir par les remarques de Rodier, sur les art. 3 et 4 du tit. 3 de l'ordonnance de 1667 ; cependant cet auteur se prononçait en faveur de la validité de l'exploit. Duparc-Poullain (*au tom. 9, pag. 43 de ses Principes*), disait formellement, contre le sentiment de Boutaric, « que l'exploit ne serait pas nul si, après avoir donné un trop court délai, le » demandeur avait attention de ne prendre défaut, et de ne le faire juger que » dans les délais prescrits par l'ordonnance. »

On ne pourrait aujourd'hui, dit M. Merlin, dans son nouveau Répertoire, au mot *délai*, pag. 397, prononcer la nullité; les articles du Code de procé-

(1) Les solutions qui précèdent, concernant les assignations données sous les expressions générales *délais de la loi*, sont des conséquences des décisions de jurisprudence qui consacrent la validité de cette indication. Sans ces décisions, nous ne l'eussions pas crue suffisante, et les huissiers feraient toujours mieux d'indiquer précisément le délai, sur-tout dans les cas particuliers où il serait plus long ou plus court que le délai ordinaire de huitaine.

dure qui déterminent les délais n'y ajoutent pas cette peine, et l'art. 1030 défend de la suppléer.

Quel sera donc l'effet d'une assignation donnée à un délai trop court? « De » deux choses l'une, répond le même auteur, ou le défendeur cité à un délai » trop court comparaît sur l'assignation, ou il ne comparaît pas.

» S'il ne comparaît pas, le juge doit ordonner qu'il sera réassigné, et con- » damner le demandeur aux frais de la première assignation. L'art. 5 du Code » de procédure civile le règle ainsi pour les justices de paix, et il n'y a aucune » raison pour que l'on n'étende pas sa disposition aux autres tribunaux.

» Si le défendeur comparaît, il peut, en excipant de la biéveté du délai » de son assignation, demander à jouir de tout le délai que la loi voulait qu'on » lui accordât; mais c'est une faculté à laquelle il est libre de renoncer. »

Si donc il procédait volontairement, sans exciper de la briéveté du délai, il serait non recevable à opposer ensuite cette exception; car sa procédure volontaire ferait présumer qu'il y eût renoncé; mais, dans le cas contraire, tout acte qui aurait été fait sur l'assignation donnée à délai trop court serait considéré comme non avenu, comme fait sans assignation préalable; et s'il arrivait qu'un jugement fût rendu avant l'expiration du délai légal, ce jugement serait radicalement nul, ainsi que l'a décidé la Cour d'appel de Rennes, par arrêt du 22 septembre 1810. — (*Voy. Journ., tom. 1, pag.* 456). (1)

322. QUID JURIS, *si au contraire l'assignation indiquait un délai plus long que celui prescrit par la loi*?

L'assignation ne serait pas nulle, dit encore M. Merlin. En effet, lit-on dans les considérans d'un arrêt de la Cour de cassation, du 13 prairial an 2, plus le délai est étendu, plus le demandeur a donné d'avantages à l'assigné pour préparer ses défenses, et il est de principe qu'on ne peut se plaindre si l'on n'a été lésé. — (*Voy. la Table des arrêts de la Cour de cas., par M. Bergognié, tom. 1, pag.* 56).

323. *Mais du moins le demandeur ne pourrait-il pas, à l'expiration du délai donné par la loi, et avant l'échéance de celui donné par l'assignation, obtenir défaut contre le défendeur?*

Nous ne le pensons pas, par le motif qu'en donnant un trop long délai, le demandeur s'est fait la loi, ainsi que l'observe Rodier.

Vainement opposerait-on que le défendeur doit connaître le délai que la loi a fixé, et s'apercevoir de l'erreur du demandeur; on répondrait que les dispositions de la loi, relatives aux délais des assignations, ne sont pas d'ordre public; que le demandeur a renoncé à l'avantage du délai fixé par la loi, en assignant à un terme plus éloigné; que le défendeur a dû penser que la partie adverse ne comparaîtrait elle-même qu'à l'époque fixée par son exploit, et que conséquemment il est autorisé à ne se présenter qu'au jour qui lui est indiqué. — (*Cassat., 13 prair. an 2, Table de Bergognié, ibid.*)

---

(1) Au surplus, on trouve au Journal de Sirey (1813, *suprà, pag.* 187 *et suiv.*), les raisons des systèmes opposés que l'on peut former sur cette question, et les décisions qui l'ont résolue en sens contraire. Le plus grand nombre des arrêts cités consacrent la solution ci-dessus.

324. *Le demandeur pourrait-il réassigner le défendeur à comparaître à l'échéance du délai légal, qui commencerait à courir du jour de la première assignation?*

Autrement, *pourrait-il réassigner à comparaître au jour auquel devrait échoir le délai légal qu'il aurait excédé dans sa première assignation?*

Nous ne le pensons pas, par le motif que nous avons énoncé ci-dessus, qu'il s'est fait, par sa première assignation, une loi qui l'oblige à attendre, avant de pouvoir obtenir jugement, l'échéance du délai qu'il a volontairement donné.

Il pourrait arriver d'ailleurs qu'il ne donnât la réassignation que peu de jours avant celui où expirerait le délai légal, calculé depuis la signification de l'exploit introductif; en sorte que le défendeur qui, jusqu'au moment de cette réassignation, aurait compté sur le délai que le premier exploit lui donnait, ne se trouverait pas prêt pour comparaître. Cet exploit n'aurait été ainsi qu'un piége, dont il serait injuste que le demandeur profitât.

325. *Le défendeur qui aurait été assigné à un délai trop long, et qui croirait avoir intérêt à faire prononcer promptement sur l'objet de la demande, pourrait-il* ANTICIPER, *en constituant avoué et poursuivant l'audience à l'échéance du délai légal?*

Cette question a été résolue pour l'affirmative par arrêt de la Cour d'appel de Bruxelles, du 8 août 1809, rapporté au Journal des avoués, tom. 3, pag 49. — (*Voy. aussi Rodier, sur les art. 3 et 4 du tit. 3 de l'ordon., 5e. quest.*).

Objecterait-on l'ancienne maxime que les délais sont communs, et qu'il n'est conséquemment permis, ni au demandeur de les anticiper contre le défendeur, ni à celui-ci de les anticiper contre l'autre? Nous répondrions que cette objection ne serait pas sérieuse, parce que cette maxime ne s'entendait que du cas où l'assignation donnait le délai légal. — (*Voy. Rodier, ibid.*)

Mais nous examinerons, sur l'art. 80, si cette maxime, dont l'application fut souvent contestée sous l'empire même de l'ordonnance de 1667, pourrait encore être invoquée.

326. *Quand l'assignation est donnée à un domicile élu, le délai doit-il être calculé d'après la distance de ce domicile au lieu où siége le tribunal, et non d'après celle du domicile réel?*

La Cour de cassation avait jugé cette question d'une manière affirmative, par arrêt du 25 prairial an 10; elle déclarait, en termes exprès, que l'assignation pouvait être donnée au domicile élu pour comparaître dans le délai qui suffisait, eu égard à ce domicile; mais par arrêt du 4 juin 1806, la même Cour a prononcé que celle de Paris, en décidant au contraire que le délai de la comparution devait être celui fixé à raison du domicile réel, n'avait violé aucune loi. Il faut remarquer entre ces deux arrêts, dit M. Merlin (*nouv. Rép., au mot* consuls, *tom.* 3, *pag.* 20), que le premier prononce en termes formels, et que le second se borne à déclarer que la Cour de Paris n'avait violé aucune loi. En effet, ajoute-t-il, la loi ne s'explique pas positivement sur ce point, et dès là il était impossible de casser l'arrêt de cette Cour. On voit par cette remarque que M. Merlin semble incliner pour la décision donnée par l'arrêt du 25 prairial. — (*Voy. nos quest. sur l'art.* 420).

§ 10. — *Application de la disposition générale de l'art.* 61, *relative à la nullité de l'ajournement* (1).

327. *L'exploit est-il nul, si la copie contient des nullités que ne présenterait pas l'original?*

C'est un principe consacré par la jurisprudence ancienne et par la nouvelle, qu'en matière d'exploit la copie tient lieu d'original à l'assigné, et par suite de ce principe, l'irrégularité de celle-là n'est pas couverte par la régularité de celui-ci. — (*Voy. Quest. de droit*, v°. assignation, *pag.* 180, 2e. *édit.*)

Parmi les nombreux arrêts qui ont consacré ce principe depuis la mise en activité du Code de procédure, nous citerons particulièrement celui rendu par la Cour de cassation, le 8 février 1809. (*Sirey, même année, pag.* 160). On lit, dans les motifs de cet arrêt, que les copies d'exploit laissées aux parties sont leur titre, et leur tiennent lieu d'original, et que les mêmes vices de forme qui auraient pu annuler l'exploit, s'ils avaient été dans l'original, l'annulent incontestablement, quoiqu'ils ne se trouvent que dans la copie.

Mais si l'original contenait des nullités que la copie ne présenterait pas, l'assigné ne pourrait en argumenter pour faire annuler l'exploit; c'est une

---

(1) JURISPRUDENCE.

1.° On ne peut se dispenser de prononcer la nullité d'un exploit, sur le motif que le demandeur a eu l'intention de procéder régulièrement. — (*Cassat.*, 4 *sept.* 1809, *Sirey, tom.* 9, *pag.* 411).

2.° Lorsque l'imperfection d'un acte dérive d'une simple erreur de copiste, cette imperfection n'opère pas nullité de cet acte, encore bien qu'elle présente l'inobservation d'une formalité prescrite sous cette peine. — (*Cassat.*, 2 *niv. an* 9, *Sirey, tom.* 1, 2.e *part.*, *pag.* 476).

3.° Le défaut de représentation d'un exploit ne peut être suppléé par la preuve de l'enregistrement qui en a été fait; et *particulièrement*, l'extrait du registre du receveur de l'enregistrement ne peut suppléer au défaut d'un exploit; car *il ne peut en établir la régularité*, ni même en prouver l'existence légale, qui ne peut l'être même par la mention qui en serait faite dans des jugemens joints à un extrait de ce registre. — (*Cassat.*, 6 *therm. an* 11, *et* 7 *brum. an* 13, *Sirey, tom.* 3, 2.e *part.*, *pag.* 538, *et tom.* 5, *pag.* 31; 1.er *août* 1810, *sect. des req.*, *Biblioth. du barr.*, 2.e *part.*, 1811, *tom.* 6, *pag.* 61; *Rennes*, 22 *avril* 1814, *et* 17 *mai* 1815, *Journ.*, *tom.* 4, *pag.* 238 *et* 420. *Voy. sur l'art.* 44).

NOTA. Cependant la Cour de Riom, par arrêt du 28 décembre 1808, a décidé le contraire. (*Sirey, tom.* 12, *pag.* 201). Mais ce qui nous paraît devoir déterminer en faveur de la jurisprudence de cassation, c'est que l'exploit peut seul prouver si la signification a été *régulière*. -- (*Voy. suprà*, *pag.* 102).

4.° Celui qui, pour éviter la nullité de l'exploit, en signifie un second, n'est pas censé par là avoir révoqué le premier ou renoncé à son bénéfice. — (*Cassat.*, 27 *avril* 1813, *Sirey, tom.* 13, *pag.* 387).

5.° Mais si l'on signifiait un deuxième exploit par suite d'un jugement qui aurait prononcé la nullité du premier, il y aurait acquiescement à ce jugement, et par conséquent on ne pourrait, en aucun cas, se prévaloir de ce premier exploit. — (*Rennes*, 3.e *ch.*, 14 *déc.* 1810).

6.° Si un premier exploit est nul, et que le demandeur en signifie un second, les omissions faites dans ce dernier ne peuvent être suppléées par les énonciations que le premier contiendrait.

7.° En effet, un premier exploit étant nul, ne doit être d'aucune considération; il est réputé non avenu, et par conséquent il ne peut servir à valider un second qui serait également nul. — (*Rennes*, 1.er *avril* 1809).

conséquence nécessaire de ce même principe, que la copie qui lui est remise lui tient lieu d'original. (1)

ARTICLE 62.

Dans le cas du transport d'un huissier, il ne lui sera payé, pour tous frais de déplacement, qu'une journée au plus.

T. 62, 66. — Ordon. de 1667, tit. 11, art. 5. — C. de P., art. 67, 71.

328. *De ce qu'il ne peut être alloué à la partie qui gagnerait sa cause que les frais d'une journée, s'ensuit-il que ce qui excéderait serait à la charge personnelle de cette partie?*

Oui sans doute, et dès lors, si la partie a une signification à faire dans un lieu quelconque, elle doit, à tout événement, avoir soin de n'en charger qu'un huissier de ce lieu, ou d'une résidence voisine; c'est évidemment le but de l'article. — (*Ann. du not. com., tom. 1, pag.* 137).

ARTICLE 63.

Aucun exploit ne sera donné un jour de fête légale, si ce n'est en vertu de permission du président du tribunal.

Ordon. de 1667, tit. 3, art. 7. — *Infrà*, art. 711, 1037. — Décision du minist. des finances, du 13 juin 1809.

LIII. ON trouvera, au titre des dispositions générales, les motifs de cet article, qui n'est qu'une conséquence ou plutôt une répétition, en ce qui concerne les exploits d'ajournement, de celles de l'art. 1037; dispositions empruntées de la loi première, § ult., ff de *feriis et dilationibus: Quamvis enim citatio die feriato fieri non debeat, hæc tamen regula fallit, quoties res urget, aut actionis dies exiturus est, adeò ut res esset dilatione peritura.*

329. *Quel est le juge auquel il faut s'adresser, à l'effet d'obtenir la permission nécessaire pour signifier l'exploit un jour de fête légale?*

Il est incontestable qu'une telle permission ne peut être donnée qu'en cas de célérité. (*Voy. Traité de M. Demiau Crouzilhac, pag.* 60). De là suit évidemment, comme le dit M. Lepage, dans ses Questions, pag. 113, qu'il faut s'adresser au président du tribunal auquel il appartient de connaître de la cause, et non à celui du tribunal du lieu où l'exploit doit être posé; autrement on conviendrait aux lois régulatrices de la compétence. — (*Voy. quest.* 161 *et* 311).

---

(1) Lorsqu'il s'agit, non de la régularité d'un exploit, mais de la foi que peuvent mériter les énonciations qu'il renferme, s'il se trouve des différences entre l'original et la copie, les énonciations contraires se détruisent mutuellement, et les tribunaux ne peuvent donner effet à celles qui se rencontrent dans l'original, sans qu'il y ait lieu, par cela seul, de casser leurs jugemens. — (*Cassat., 7 vend. an 7, Sirey, tom. 1, pag.* 947).

330. *L'exploit signifié un jour de fête légale est-il nul?*

L'art. 67 ne prononçant point la *peine de nullité*, on pourrait croire, d'après la disposition générale de l'art. 1030, que l'exploit pourrait être déclaré valable; mais il est à considérer que l'art. 63 est, comme le dit M. Perrin (*Traité des nullit., pag.* 209), une loi supérieure tenant au culte et à l'ordre public; ce qui suffit pour que l'exploit soit annulé : la question se trouve d'ailleurs implicitement décidée de la sorte par avis du Conseil d'état, du 20 mars 1810.

Article 64.

En matière réelle ou mixte, les exploits énonceront la nature de *l'héritage* (1), la commune, et, autant qu'il est possible, la partie de la commune où il est situé, et deux, au moins, des *tenans et aboutissans* (2). S'il s'agit d'un domaine, corps de ferme ou métairie, il suffira d'en désigner le nom et la situation : le tout à peine de nullité (3).

Ordon. de 1667, tit. 9, art. 3 et 4.

LIV. On sent que les indications prescrites par cet article sont indispensables pour que l'héritage soit désigné d'une manière non équivoque; et il est à remarquer qu'elles doivent être faites, non seulement lorsqu'il s'agit d'une action en révendication de la propriété de cet héritage, mais encore lorsque l'action a pour objet des droits réels, comme servitudes, usufruit : il faut alors désigner, comme l'article le prescrit, l'héritage auquel ces droits sont attachés. C'est ce que supposent ces mots de l'article, *en matière réelle ou mixte.*

331. *Devrait-on prononcer la nullité d'un exploit qui ne contiendrait pas les énonciations prescrites par l'art. 64, si d'ailleurs l'héritage était désigné de manière qu'il ne fût pas présumable que le défendeur pût ignorer de quel héritage il s'agit?*

Quoique ces énonciations soient prescrites à peine de nullité, nous pensons cependant qu'on ne devrait pas prononcer celle d'une assignation où l'on aurait suffisamment désigné l'héritage d'une autre manière. — (*Voy. Pigeau, aux not., tom.* 1, *pag.* 122).

« Ainsi, dit M. Delaporte, tom. 1, pag. 72, si on donne au défendeur copie » d'un acte où l'héritage soit désigné, ou s'il s'agit d'une universalité d'im-

---

(1) Le mot *héritage*, appliqué aux propriétés foncières, indique un immeuble que l'on possède à quelque titre que ce soit.

(2) *Les aboutissans* sont les deux points qui bornent un héritage dans sa longueur; *les tenans* sont les confins latéraux. — (*Voy. nos questions sur l'art.* 675).

(3) JURISPRUDENCE.

La disposition de l'art. 64 ne s'applique pas au cas d'une demande afin de partage d'une succession. — (*Limoges,* 24 *déc.* 1811, *Sirey, tom.* 14, *pag.* 61).

» meubles qu'il possède à titre universel, comme à celui d'héritier (ou de » légataire), l'observation des formalités prescrites par l'art. 64 est inutile. »

C'est d'ailleurs ce qui a été jugé par la Cour de cassation, le 10 décembre 1806. — (*Sirey, tom.* 6, *pag.* 475). (1)

332. *Pourrait-on réparer la nullité de l'exploit qui ne contiendrait pas les énonciations exigées par l'art.* 64, *en les signifiant par un acte postérieur, soit à la partie, soit à son avoué?*

Nous ne le pensons pas, parce que l'exploit doit se suffire à lui-même, et contenir tout ce que la loi exige qu'il renferme, à peine de nullité.

Cependant cette signification a été autorisée par un arrêt du Parlement de Toulouse, du 23 août 1737 (*voy. Rodier, sur les art.* 3, 4 *et* 5 *de l'ordon. de* 1667, *quest. deuxième*); mais il était entendu qu'elle devait être faite aux frais du demandeur.

Si cette décision pouvait encore être appliquée, nous penserions au moins que si la signification n'était pas faite avant l'expiration du délai de l'assignation, et même quelque tems auparavant, la nullité n'en serait pas moins opposée, avec succès, s'il paraissait, d'après les circonstances, que le défendeur, ignorant à raison de quel héritage il a été assigné, n'eût pas eu un tems suffisant pour préparer ses réponses.

ARTICLE 65.

Il sera donné, avec l'exploit, copie du procès-verbal de non conciliation, ou copie de la mention de non comparution (2), à peine de nullité. Sera aussi donnée copie des pièces ou de la partie des pièces sur lesquelles la demande est fondée (3); à

---

(1) En effet, le législateur n'a exigé la désignation expresse que prescrit l'art. 64, qu'afin que le défendeur ne puisse ignorer quel est l'héritage qui fait l'objet de la demande. Or, on a rempli ce but, quand, par une désignation quelconque, cette *connaissance* lui est entièrement donnée. Il ne faut pas croire, en effet, que les formalités des ajournemens soient prescrites avec ce rigorisme que l'on a eu tant de raison de reprocher aux formules des actions de l'ancien droit romain. Nous pensons qu'en général, on ne doit pas prononcer la nullité d'une assignation où les formalités sont suppléées ou corrigées par quelque équivalent, de manière que le vœu de la loi soit parfaitement rempli.

Ainsi la Cour de cassation, par arrêt du 1.er janvier 1816 (*voy. nouv. Répert.*, *v.*° aboutissans), a décidé qu'un exploit en retrait lignager avait été suffisamment libellé, en ce que le contrat d'acquisition y était daté, et le motif de cette décision est que le demandeur n'ayant pu ignorer quel était l'héritage pour lequel la demande était formée, les formalités prescrites devenaient inutiles, puisqu'elles n'avaient été établies qu'afin de faire connaître au défendeur l'héritage dont on veut l'évincer. — (*Voy, cependant, pour les saisies immobilières, nos questions sur l'art.* 673).

(2) Cette mention ne peut être considérée comme sujette, à titre de certificat, à la formalité de l'enregistrement. — (*Déc. du ministre des finances du* 7 *juin* 1808, *Sirey, tom.* 8, 2.e *part.*, *pag.* 229).

(3) Il est bon de rappeler ici que l'art. 23 de la loi du 22 frimaire an 7 défend de faire usage, soit par acte public, soit en justice, de tous actes sous signatures privées qui n'auraient

défaut de ces copies, celles que le demandeur sera tenu de donner dans le cours de l'instance, n'entreront point en taxe (1).

T. 28. — Loi du 24 août 1790, tit. 10, art. 5. — Ordon. de 1667, tit. 2, art. 6.

333. *Est-il indifférent d'insérer la copie du procès-verbal de non conciliation sur la même feuille qui contient l'exploit, de l'y insérer avant ou après, ou enfin de la donner séparément?*

Nous ne pensons pas qu'il soit dans le vœu de la loi que l'on sépare de l'exploit la copie du procès-verbal de non conciliation. La loi de 1790 voulait qu'elle fût donnée *en tête*. Si le Code n'a pas répété cette disposition, on ne peut en conclure autre chose, si ce n'est que l'on est autorisé, comme le disent les auteurs du Praticien, tom. 1, pag. 310, à la placer au commencement ou à la fin, mais non qu'il soit permis de la fournir séparément. Le mot *avec*, dont se sert l'art. 64, nous paraît employé pour exprimer que cette copie sera donnée en même tems et conjointement avec l'exploit.

334. *Mais suffit-il que la copie du procès-verbal de non conciliation ait été donnée avec l'exploit, c'est-à-dire au commencement ou à la fin de cet acte, pour que cet exploit ne puisse être déclaré nul? Ne pourrait-il pas l'être, s'il ne contenait pas la mention que cette copie ait été fournie?*

M. Delaporte, tom. 1, pag. 72, estime que le fait de la délivrance de la copie du procès-verbal ne suffirait pas; c'est-à-dire que l'on n'aurait point satisfait à la loi, en donnant effectivement copie : *il faut*, dit-il, *que l'exploit fasse mention qu'elle a été fournie, autrement la nullité serait inévitable*. En effet, le défendeur ne montrant point sa copie, il n'y aurait pas de preuve que la formalité eût été observée. La prudence exige que l'on suive cette opinion : aussi trouve-t-on cette mention dans toutes les formules d'exploit d'ajournement. — (*Voy. entre autres la formule donnée par M. Pigeau, tom. 1, pag. 122*).

335. *Suffirait-il de donner extrait du procès-verbal du bureau de paix?*

Nous ne le pensons pas, et sur-tout par cette raison qu'en donnent les auteurs du Praticien, tom. 1, pag. 310 : c'est que, dans le même article, la loi ne permet de donner par extrait que les copies des pièces qui seraient trop longues; or, elle en eût dit autant du procès-verbal, si elle avait entendu permettre qu'on en fournît aussi la copie par extrait.

---

pas été préalablement enregistrés; que l'art. 41 défend aux huissiers et autres, sous peine de 50 fr. d'amende, outre le paiement du droit, de délivrer copie ou expédition d'un acte, *ni faire aucun autre acte* en conséquence, avant l'enregistrement, quand même le délai ne serait pas encore expiré.

(1) JURISPRUDENCE.

1.° La nullité résultant du défaut de copie du procès-verbal ne peut être proposée pour la première fois en cause d'appel. — (*Paris*, 29 *pluv. an* 10, *Sirey, tom.* 3, 2.e *part., pag.* 209. *Voy. art.* 464).

2.° Celui qui n'a pas fait notifier avec l'ajournement les titres justificatifs de la demande, ne peut avoir reprise des frais de la notification postérieure qu'il en fait sous l'appel. — (*Rennes*, 17 *fév.* 1814, *Journ., tom.* 4, *pag.* 345).

C'est aussi ce qui avait été décidé par application de la loi de 1790, art. 5 (1).

336. *Comment les extraits abrégés doivent-ils être conçus?*

Il faut commencer par transcrire le préambule de l'acte, mettre la date, le nom et la qualité des parties contractantes; puis on transcrit la clause qui concerne la demande, et enfin on passe à ce qui fait la conclusion de l'acte; c'est-à-dire, la date de l'acte, si elle est à la fin, les noms des témoins et du notaire rapporteur, la relation de la signature des parties, des témoins, des notaires : tout cela, en effet, constitue la forme de l'acte, et la partie assignée doit en avoir connaissance. — (*Voy. Rodier, sur l'art.* 6 *du tit.* 2, *question deuxième*).

337. *Lorsque plusieurs personnes sont assignées sur la même demande, faut-il leur donner copie des pièces? Ne suffirait-il pas de la fournir à une seule, en sommant les autres d'en prendre communication par ses mains?* — (*Voy. nos questions sur l'art.* 68).

Suivant Jousse, sur l'art. 6 de l'ordonnance, on pourrait en agir ainsi à l'égard de plusieurs cohéritiers ou de plusieurs débiteurs solidaires. Rodier atteste que l'opinion de ce commentateur n'était pas généralement suivie; cependant M. Delaporte en fait l'application, tom. 1, pag. 73. Nous pensons, avec Rodier, que tous ceux qui doivent avoir copie de l'exploit, doivent avoir aussi copie des pièces, puisque la loi ne fait aucune distinction.

ARTICLE 66.

L'huissier ne pourra instrumenter pour ses parens et alliés, et ceux de sa femme, en ligne directe à l'infini, ni pour ses parens et alliés collatéraux, jusqu'au degré de cousin issu de germain inclusivement : le tout à peine de nullité (2).

Ordon., tit. 2, art. 2. — C. de P., tit. 22, art. 11, 16; et *suprà*, art. 11.

LV. ON voit que l'art. 66 étend la prohibition faite par l'art. 4, aux huissiers des justices de paix, parce que le motif d'exclusion de ces officiers, lorsqu'ils sont parens aux degrés indiqués, est plus fort à raison de l'importance

---

(1) Mais il n'y aurait pas nullité, si la date du procès-verbal était omise dans la copie. — (*Rennes*, 27 *fév.* 1811).

(2) JURISPRUDENCE.

1.° Un exploit intéressant la chambre de discipline des huissiers établie près un tribunal, peut être valablement signifié par un huissier attaché à ce même tribunal, quoiqu'il soit membre de la corporation que représente la chambre. En cette circonstance, on ne peut dire qu'il exploite dans son propre intérêt. — (*Amiens*, 14 *juil.* 1821, *Sirey*, *tom.* 21, *pag.* 278).

2.° En défendant à l'huissier d'instrumenter pour ses parens, l'art. 66 *contient implicitement* la prohibition d'exploiter pour la personne dont il est le mandataire général et spécial : l'exploit qu'il signifie pour son mandant doit donc être déclaré nul, pour défaut de capacité de l'officier ministériel. Ce n'est pas le cas d'appliquer l'art. 1030. — (*Cassat.*, 24 *nov.* 1817, *Sirey*, *tom.* 18, *pag.* 119).

des affaires soumises aux tribunaux civils d'arrondissement et à ceux de commerce. — (*Rap. au Corps législ.*).

338. *Faut-il appliquer la prohibition portée en l'art.* 66 *aux exploits que les huissiers pourraient être chargés de faire contre leurs parens?*

Nous pensons, avec M. Delaporte, tom. 1, pag. 74, M. Demiau, pag. 1, et les auteurs des Annales du notariat, tom. 1, pag. 145, qu'il répugne aux bonnes mœurs et à l'honnêteté publique qu'un huissier fasse contre ses proches les actes de son ministère : sous ce rapport il serait sans doute répréhensible, et le tribunal pourrait le censurer. Les anciens recueils de jurisprudence fournissent même des exemples de condamnation à l'amende et à l'interdiction contre des huissiers qui s'étaient oubliés à ce point; mais l'art. 66, qui n'a eu d'autre objet que d'empêcher qu'un huissier ne puisse être tenté de servir une partie au préjudice de l'autre, s'est borné à lui défendre d'instrumenter *pour* ses parens et alliés ; et de là l'on doit conclure que la signification qu'il ferait contre ses proches serait valable; autrement on violerait la disposition de l'art. 1030, qui défend de prononcer une nullité que la loi ne prononce pas (1).

339. *La nullité de l'exploit signifié par huissier, pour son parent, peut-elle être opposée par ce parent lui-même, sous prétexte de la parenté?*

Une considération principale nous porte, entre plusieurs autres, à résoudre négativement cette question. Le motif de l'art. 66 a été, comme nous venons de le dire, d'après les orateurs du Gouvernement et du Tribunat, sur l'art. 4, d'empêcher que l'huissier ne fût tenté de servir une partie au préjudice de l'autre; or, cette partie, que l'on pouvait craindre que l'huissier ne servît, est précisément celle qui l'aurait commis pour poser l'exploit : elle ne peut donc être réputée avoir intérêt à en demander la nullité ; il n'y a que le défendeur qui puisse l'opposer.

340. *L'huissier pourrait-il instrumenter pour sa femme divorcée, ou pour les parens et alliés de sa femme décédée?*

Sur cette question, les auteurs du Praticien, tom. 1, pag. 501, s'expliquent ainsi :

« La question nous paraît douteuse ; cependant il nous semble que, quoi-
» qu'il y ait encore quelques rapports d'intérêts entre l'homme et la femme,
» et que ceux-ci restent encore unis au moins par leurs enfans communs,
» lorsqu'il en existe, quoiqu'ils ne puissent se remarier, le divorce dissout ce-
» pendant le lien qui unissait le mari à sa femme et aux parens de celle-ci; alors
» la prohibition n'existe plus. Nous penserions autrement dans le deuxième
» cas : le mariage, dissous par la mort, n'a pas moins existé ; il n'a pas moins
» produit tous ses effets; et l'époux, en mourant, laisse subsister tous les

(1) M. Merlin, au mot *huissier*, semble adopter cette opinion, par le soin qu'il a mis, en rapportant l'art. 66, de faire imprimer le mot *pour* en lettres italiques.

En effet, *les prohibitions*, *les incapacités* légales ne doivent pas être étendues au-delà des termes précis des lois qui les prononcent : *quod non est lege prohibitum, intelligitur esse concessum*. Telle était l'opinion de Rodier; elle a été adoptée par la Cour de Liège, le 6 juillet 1811 (*Sirey*, *tom.* 12, *pag.* 289); c'est aussi celle de M. Demiau, pag. 17, et des auteurs des Annales du notariat, pag. 145.

» liens qui existaient entre ses propres parens et l'autre époux, ou les parens » de celui-ci. »

Cette solution nous paraît convenir sous plusieurs rapports à la question proposée; mais nous la développerons davantage en examinant celle qui suit.

Remarquons auparavant qu'elle est peu interessante relativement à la femme divorcée; elle est de nature à se présenter rarement, soit parce que le divorce n'est plus admis dans notre législation, soit parce qu'il n'est guère présumable qu'une femme, dont tous les liens civils sont rompus avec celui qui fut son époux, s'adresse à lui pour ses affaires. Néanmoins, si le cas se présentait, il suffirait de considérer que ces liens sont rompus, pour reconnaître que la prohibition portée en l'art. 66 ne peut être appliquée (1).

En ce qui touche l'alliance de l'huissier avec les parens de sa femme décédée, la question est de nature à se reproduire plus souvent : il est naturel de s'adresser pour ses affaires à un officier public auquel on est uni par tous les motifs d'affection, dont les auteurs du Praticien ont voulu prévenir l'influence, en décidant qu'après le décès de son épouse, un huissier ne peut instrumenter pour les parens et alliés de celle-ci.

Mais cette solution laisse à décider une autre question, qu'il est d'autant plus intéressant d'examiner, qu'elle peut se présenter en plusieurs cas autres que celui qui nous occupe; par exemple, relativement aux témoins, aux récusations de juges, aux renvois pour cause de parenté ou d'alliance. Cette question est celle-ci :

341. *L'alliance est-elle rompue par le décès d'un des époux sans enfans?*

Plusieurs de nos anciens auteurs posaient l'affirmative comme un principe général. « L'affinité cesse, dit le rédacteur de l'article *affinité*, dans le Dic» tionnaire de Jurisprudence de l'Encyclopédie méthodique, par la mort de » l'un des conjoints, lorsqu'il n'a laissé aucun enfant vivant. » Par conséquent, une partie ne pourrait récuser un juge dont la femme serait morte sans enfans, sous le prétexte de l'alliance qui a existé entre ce juge et sa partie adverse.

Mais ce principe ne paraissait pas certain, puisque, dans le cas même où l'un des conjoints décédait sans enfans, le mariage ne pouvait être contracté sans dispense avec une des personnes que le premier mariage avait alliées avec le survivant.

Cependant, par arrêt du 27 vendémiaire an 10, la Cour de cassation a décidé, sur l'art. 358 du Code pénal de 1791, qu'un témoin *allié* veuf, mais ayant des enfans, ne pouvait être admis en témoignage, quand bien même il eût passé à un deuxième mariage, attendu, lit-on dans les considérans de l'arrêt, que les enfans *perpétuent l'alliance*.

De là la conséquence nécessaire que le décès sans enfans fait cesser l'affi-

(1) Ce n'est pas que l'on ne sente que la femme divorcée qui s'adresse à un huissier auquel elle fut unie par le mariage, malgré tant de motifs qui sembleraient devoir l'éloigner d'avoir avec lui aucuns rapports de confiance, ne paraisse avoir quelque intérêt secret à user de son ministère; mais, quoi qu'il en soit, la prohibition de la loi ne se rapportant qu'au seul cas de parenté ou d'alliance, on ne peut l'étendre à d'autres.

nité, qui, s'il est permis de parler ainsi, est une ombre de parenté qui s'évanouit avec l'objet qui l'a produite.

Cette conséquence trouve un nouvel appui dans le § 2 de l'art. 206 du Code civil, portant que l'obligation imposée aux gendres et belles-filles, de fournir des alimens à leurs beau-père et belle-mère, cesse lorsque celui des époux qui *produisait l'affinité* et les *enfans issus* de son union avec l'autre époux sont décédés.

Voilà sans doute des raisons au moins très-spécieuses en faveur de l'opinion de ceux qui pensent que l'affinité cesse, soit par la non existence d'enfans, soit par leur décès : ainsi, pour ne pas sortir de l'objet de la précédente question, l'huissier veuf, sans enfans, pourrait instrumenter pour les parens de sa femme, puisqu'ils ne seraient plus ses alliés (1).

Dans la plus grande rigueur, et en raisonnant par analogie, on ne peut qu'appliquer à l'huissier, dans le cas de l'art. 66, ce que les art. 283, 310 et 378 du Code de procédure disent des témoins, des experts et des juges, et on en conclura, 1°. que, dans le cas de l'art. 66, l'alliance et ses effets cessent pour l'huissier par le décès de sa femme sans enfans, comme pour les témoins, les experts et les juges, dans le cas des art. 283, 309 et 378; 2°. que l'huissier dont la femme est décédée sans enfans, ne peut instrumenter pour les parens et alliés de sa femme en ligne directe, ses frères, beaux-frères, sœurs et belles-sœurs.

342. *La défense faite à l'huissier d'instrumenter pour les parens et alliés collatéraux, etc., doit-elle s'entendre des parens et alliés de la femme, aussi bien que des parens et alliés de l'huissier lui-même?*

Les auteurs des Annales du notariat (*Comm., tom.* 1, *pag.* 144) décident affirmativement cette question, par argument des art. 283 et 398, qui étendent les prohibitions qu'ils prononcent aux parens ou alliés de la femme en ligne collatérale. Nous pensons que les principes de la législation, en matière de parenté, autorisent à interpréter l'art. 66 dans le sens adopté par ces auteurs, quoique la construction grammaticale de cet article paraisse exprimer le contraire.

343. *L'art.* 66 *ne s'entend-il que de la parenté ou de l'alliance légitime?*

Les enfans naturels n'ont, aux yeux de la loi civile, d'autres parens que leur père ou mère; ils n'ont point d'alliés. Cependant il existe une sorte de parenté ou d'alliance naturelle entre eux et les parens ou alliés des auteurs

---

(1) Il ne faut cependant pas conclure des autorités que nous venons de citer qu'il soit vrai, dans tous les cas, que l'affinité cesse par défaut d'enfans, de manière que l'on puisse ériger cette conséquence en principe général. Il en résulterait, par exemple, que le mariage serait permis entre le beau-frère, veuf sans enfans, et sa belle-sœur, ce qui est contraire à l'art. 162 du Code civil, et à l'opinion générale.

Mais cet article doit être restreint au cas pour lequel il a été porté; il n'a aucune application à la question que nous discutons. Il a pour objet, dit M. de Maleville, de prévenir la corruption des mœurs, qui se glisserait facilement à la suite des communications familières, si le mariage pouvait en effacer la honte. Ce motif est tout à fait étranger à ceux qui peuvent rendre un huissier récusable et suspect dans les fonctions de son office.

de leurs jours. Lorsque ces liens naturels sont constans, nous croirions que la prohibition de l'art. 68 serait applicable, parce qu'il y aurait même raison de suspecter la foi de l'huissier, et qu'en recourant à l'analogie, en matière de témoignage dans les affaires criminelles, la Cour de cassation a décidé que la prohibition contre les témoins, parens ou alliés, s'entend de la ligne naturelle comme de la ligne légitime. — (*Voy. arrêt du* 6 *avril* 1809, *au Journ. de Denevers, et le nouv. Répert., aux mots* témoins judiciaires). (1)

344. *Que doit faire la partie quand un huissier refuse de lui prêter son ministère ?*

L'art. 42 du décret du 14 juin 1813, portant réglement sur l'organisation et le service des huissiers, porte qu'ils sont tenus d'exercer leur ministère toutes les fois qu'ils en sont requis, et sans acception de personnes, sauf les prohibitions pour cause de parenté et alliance portées par les art. 4 et 76 du Code de procédure.

Le même article déclare l'art. 85 du décret du 18 juin 1811 applicable à l'huissier qui, sans cause valable, refuserait d'instrumenter à la requête d'un particulier.

Ainsi, la partie aurait à s'adresser au président du tribunal, afin d'obtenir de lui une ordonnance portant injonction à l'huissier, qui, s'il persistait dans son refus, serait destitué, sans préjudice de tous dommages et intérêts, et des autres peines qu'il pourrait avoir encourues.

ARTICLE 67.

Les huissiers seront tenus de mettre à la fin de l'original et de la copie de l'exploit le coût d'icelui, à peine de cinq francs d'amende payables à l'instant de l'enregistrement.

T. 66. — Ordon. de 1667, tit. 2, art. 5.

LVI. L'OBLIGATION que l'art. 67 impose à l'huissier a pour objet, dans le cas où il exigeât pour le coût de l'exploit plus qu'il ne lui serait dû, que la partie intéressée puisse contester sa marque. L'ordonnance exigeait qu'il mît au bas de l'exploit le reçu même de la somme, à peine de 20f d'amende; mais comme il est possible que l'huissier n'en ait pas été payé de suite, on a dû supprimer cette disposition.

345. *Si l'huissier a excédé la taxe, l'exploit n'en sera-t-il pas moins valable ?*

L'affirmative résulte clairement de l'article, qui ne prononce pas la nullité, et qui, par conséquent, ne suppose que la répétition de l'excédant, sur la demande de la partie à requête de laquelle l'exploit a été notifié.

---

(1) Cette décision s'applique, à plus forte raison, à l'enfant adoptif dont la parenté est légitime; mais comme l'adoption n'établit aucune alliance entre les parens du père et ceux de l'enfant adoptif, la prohibition ne s'applique que de l'un à l'autre.

Article 68.

Tous exploits seront faits à personne ou domicile; mais si l'huissier ne trouve au domicile ni la partie, ni aucun de ses parens ou serviteurs, il remettra de suite la copie à un voisin, qui signera l'original. Si ce voisin ne peut ou ne veut signer, l'huissier remettra la copie au maire ou adjoint de la commune, lequel visera l'original sans frais. L'huissier fera mention du tout, tant sur l'original que sur la copie (1).

Ordon. de 1667, tit. 2, art. 3, 4, 61, § 6.

LVII. La loi présente ici des règles certaines sur le lieu où les exploits doivent être donnés, et sur la personne à qui ils sont remis. Elle s'explique à cet égard avec clarté et précision, et a levé toutes les incertitudes qui existaient à ce sujet dans l'ancienne jurisprudence. On remarque que l'huissier

---

(1) JURISPRUDENCE.

1.° L'huissier ne pourrait valablement remettre la copie à un parent ou serviteur qu'il trouverait hors du domicile. C'est une conséquence immédiate des termes dans lesquels l'article 68 est conçu. Ainsi, par exemple, un exploit remis à la portière de l'assigné est nul, si l'huissier n'avait pas exprimé qu'il l'eût trouvée au domicile de celui-ci. Il résulte en effet de cette omission qu'il n'est pas certain que l'exploit ait été laissé à domicile. — (*Rennes*, 27 *juin* 1810, *Journ.*, *tom.* 1, *pag.* 280; *Montpellier*, 3 *déc.* 1810; *Journ. des avoués*, *tom.* 3, *pag.* 55).

Nota. Ces arrêts sont entièrement conformes aux principes consacrés par l'ancienne jurisprudence. « On » peut, dit Rodier sur l'art. 3, tit. 3 de l'ordonnance de 1667, signifier la copie à la partie assignée, » quelque part qu'on la trouve......; *mais il n'en est pas de même* des gens ou serviteurs de celui contre » qui l'exploit est fait : on ne peut leur signifier ni laisser la copie hors du domicile de la partie ».

Boutaric, sur le même article, dit qu'il a vu juger qu'une assignation dont la copie avait été laissée à un domestique de l'assigné, hors du domicile, était nulle; et Thevenean va jusqu'à dire qu'une assignation au mari serait aussi nulle, si elle était laissée à la femme hors du domicile de celui-ci.

2.° Par une conséquence de ces principes, la Cour de Rennes a encore jugé, par arrêt du 16 avril 1813 (*Journ.*, *tom.* 4, *pag.* 67), que l'exploit notifié à une servante du défendeur, sans mentionner que la copie avait été remise au domicile de celui-ci, était nul, parce qu'en effet il demeurait incertain si la remise avait été faite au domicile ou partout ailleurs.

3.° Toutes ces observations prouvent que l'huissier doit nécessairement mentionner le lieu où il a notifié l'exploit, ce qu'il est tenu de faire non seulement lorsqu'il le remet à un autre qu'au défendeur, comme dans tous les cas ci-dessus, mais alors même qu'il le notifie à sa personne. Autrement, il n'y aurait aucun moyen d'assurer la remise ou de la constater, ou de faire valoir la nullité d'un exploit qui aurait été fait hors le ressort de l'huissier. — (*Berriat*, *pag.* 80, *not.* 53).

4.° Le demandeur ne pourrait prétexter cause d'ignorance, si le défendeur avait *légalement* transporté son domicile d'un lieu à un autre. C'est en effet à celui qui assigne à s'assurer du domicile légal de la personne qu'il cite. — (*Paris*, 10 *juin* 1811, *Sirey*, *tom.* 14, *pag.* 134).

5.° Au reste, la signification d'un changement de domicile, sans indication d'un nouveau, ne suffit pas pour rendre nulles les significations qui seraient faites à l'ancien domicile. — (*Bruxelles*, 29 *juin* 1808, *Sirey*, *tom* 9, *pag.* 153).

6.° Le changement de domicile d'une des parties, pendant une instance, doit être notifié à l'autre partie; autrement, les significations faites à l'ancien domicile sont valables, quand même la partie qui les aurait faites aurait eu connaissance personnelle du changement. — (*Turin*, 19 *mai* 1807, *Sirey*, *tom.* 7, *pag* 650).

n'est censé avoir trouvé personne, lorsqu'il n'a pu remettre l'exploit à un parent ou à un serviteur de la partie. On a pensé qu'il serait dangereux de laisser cette copie à un étranger qui se trouverait par hasard dans la maison. (*Rapp. au Corps législ.*) On verra néanmoins, par les décisions qui seront ci-après énoncées, qu'il ne faut pas prendre à l'extrême rigueur, et dans un sens très-resserré, les trois qualifications employées dans l'art. 59 pour désigner les personnes de *la famille*, autrement *attachées à la maison de l'assigné*, et qui, en cette qualité, peuvent valablement recevoir la copie de l'exploit qui leur est adressé.

346. *Un exploit d'ajournement peut-il être valablement signifié à la personne, en quelque lieu qu'on la trouve?*

Divers arrêts et édits, rapportés par les commentateurs de l'ordonnance, avaient consacré quelques exceptions au principe général que l'on peut signifier la copie de l'ajournement à la personne, quelque part qu'on la trouve. Rodier, en la première question posée sur l'art. 3 du tit. 2, nous fait connaître ces exceptions; il s'exprime ainsi : « Un exploit qui serait donné dans une église, » ou dans une procession, ou dans un auditoire de justice, ne serait pas va-

7.° Le mari qui assigne sa femme en séparation de corps, n'est pas tenu de l'assigner au lieu qu'elle habite réellement; il suffit que l'exploit soit donné au domicile légal. — (*Aix, 7 mars* 1809, *Sirey, tom.* 9, *pag.* 233).

8.° Lorsqu'une personne a pouvoir d'élire domicile pour une autre, toutes assignations au mandant sont valablement données au domicile du mandataire, quoique celui-ci n'ait pas élu domicile chez lui pour le mandant, par un acte dans lequel l'auteur des poursuites eût été partie, ou qui lui eût été signifié. — (*Cassat.*, 24 *juin* 1806, *Sirey, tom.* 14, *pag.* 39).

9.° Le débiteur est valablement poursuivi au domicile qu'il a élu, par un exploit d'offres réelles; il n'est pas nécessaire, par conséquent, d'assigner à personne ou domicile réel. — (*Paris*, 7 *messid. an* 11, *Sirey, tom.* 7, 2.° *part.*, *pag.* 911).

10.° On doit assigner la partie à personne ou domicile, et non pas chez son avoué, quelque générale que fût la procuration qu'elle lui eût donnée, tant pour gérer ses affaires que pour la représenter en justice. Cette procuration n'équivaut point à *l'élection de domicile*, qui ne peut résulter que d'une clause expresse. — (*Turin*, 6 *fruct. an* 13, *Sirey, tom.* 7, 2.° *part, pag.* 912).

11.° Une demande réconventionnelle peut être formée par exploit donné au domicile élu dans la demande principale. — (*Paris*, 21 *fév.* 1810, *Sirey, tom.* 7, 2.° *part.*, *pag.* 922).

12.° Un exploit dans lequel l'huissier mentionnerait avoir remis la copie *aux domestiques de l'assigné*, au nombre pluriel, et non *au domestique*, au nombre singulier, est valable, puisque la loi ne prononce pas la peine de nullité. — (*Cassat.*, 14 *déc.* 1815, *Sirey, tom.* 16, *pag.* 77).

13.° Les époux non séparés peuvent être assignés conjointement par une seule copie. — (*Cassat.*, 1 *avril* 1812, *et* 10 *avril* 1818, *Sirey, tom.* 12, *pag.* 318, *et tom.* 18, *pag.* 356).

NOTA. Il en est autrement, 1.° en cas de séparation de biens (*voy. infrà, sur les art.* 443, 861 *et* 862), même lorsque le mari et la femme auraient acheté *conjointement*, et se seraient obligés *solidairement* au paiement du prix;

2.° Relativement à des coacquéreurs (*ibid.*);

3.° Dans le cas où l'exploit s'adresse au père ou à la mère opposant au mariage de leur fils, car chacun d'eux, en cette circonstance, se trouve avoir un intérêt distinct. — (*Cassat.*, 23 *janv.* 1816, *Sirey, tom.* 17, *pag.* 371).

4.° Lorsque l'exploit concerne des cohéritiers procédant ensemble au nom de l'auteur commun, et qu'il est notifié même à domicile élu, parce que l'unité d'intérêt entre plusieurs ne fait exception que lorsqu'il s'agit d'assignations données à un corps moral. (*Cass.*, 15 *fév.* 1815, *Sirey, tom.* 15, *p.* 204. *Voy. infrà sur l'art.* 447, *et une consultation de M. Sirey, du* 9 *mai* 1821, *insérée en son Recueil, tom.* 21, *pag.* 121).

Ainsi, dans tous les cas, il faut, à peine de nullité, que chaque partie reçoive une copie séparée, dont l'exploit mentionne la remise qui aura été faite individuellement à cette partie. — (*Cassat.*, 14 *août* 1813, *Sirey, tom.* 13, *pag.* 443).

» lable, suivant les arrêts rapportés par Papon, liv. 18, tit. 5, n°. 27; un » exploit qui serait donné à un marchand dans la bourse, loge ou place » d'assemblée, ne serait pas valable, suivant l'édit de création de la juris- » diction consulaire de Paris, du mois de novembre 1563; et, par la même » raison, un exploit signifié à un juge, à un avocat, à un procureur, dans » le lieu où on exerce la justice, ne serait pas valable, à moins que ce ne » fût à l'occasion de leurs fonctions ou de leur ministère. »

Les auteurs du Praticien, tom. 1, pag. 313, et M. Delaporte, tom. 1, pag. 76, ont établi les mêmes exceptions sur la disposition de l'art. 68, qui porte que l'exploit sera donné *à personne* ou à domicile, et ils ont ajouté, pour les justifier, d'autres autorités que celles rappelées par Rodier.

M. Pigeau, tom. 1, pag. 120, aux notes, se borne à dire que l'exploit ne peut être signifié ni dans les édifices consacrés au culte, et pendant les exercices religieux seulement, ni dans le lieu où les autorités constituées tiennent leurs séances, et pendant la tenue de leurs séances seulement. Ces deux exceptions, dit-il, établies pour la saisie-emprisonnement par l'art. 781, §§ 3 et 4, fondées sur le respect dû à la religion et à la justice, doivent être étendues à toutes sortes d'exploits.

Ainsi, d'après M. Pigeau, l'on pourrait signifier un exploit dans une église hors le tems des exercices du culte, et dans le lieu des séances des autorités constituées, si ces séances ne tiennent pas.

Nous examinerons, sur l'art. 781, la question de savoir si ces deux restrictions sont vraiment fondées. (*Voyez, en attendant, Demiau Crouzilhac, pag.* 478). Quant à la question présente, nous ne croyons pas qu'un exploit fût déclaré nul, par cela seulement qu'il aurait été remis à la personne dans un des lieux indiqués par Rodier, ou dans les circonstances qu'il rapporte (1).

347. *Pourrait-on remettre la copie à la personne assignée trouvée au domicile d'un tiers?*

Mais il n'est pas nécessaire de laisser plus d'une copie à une partie assignée sous diverses qualités, si dans l'exploit il est déclaré qu'elle l'est sous les diverses qualités dans lesquelles elle procède. -- (*Cassat.*, 7 *janv.* 1818, *Sirey*, 1818, *pag.* 202).

14.° Le refus d'un voisin de recevoir la copie ne doit pas nécessairement être constaté par sa signature, ou par la mention de sa déclaration de ne pouvoir ou vouloir signer : cette dernière n'est exigée que dans le cas où il reçoit la copie. — (*Montpellier*, 4 *février* 1811, *Sirey*, *tom.* 14, *pag.* 133).

15.° Lorsque l'huissier est obligé de remettre la copie au maire ou à l'adjoint, il n'a pas besoin de désigner l'un ou l'autre de ces fonctionnaires par leur nom. Il suffit qu'il les désigne par la qualité qui les rend aptes à recevoir l'exploit. — (*Même arrêt*).

16.° Il n'est pas non plus obligé, lorsqu'il remet la copie au maire après refus des parens, serviteurs ou voisins, d'énoncer les noms de ces derniers. L'art. 61, comme nous venons de le dire *suprà*, n'exige que la mention de la personne à qui l'exploit est laissé. — (*Cassat.*, 24 *janv.* 1816, *Sirey*, *tom.* 16, *pag.* 198).

17.° La déclaration de l'huissier sur les rapports qui existent entre la partie assignée et la personne à laquelle il remet copie de son acte, fait foi jusqu'à la preuve du contraire. — (*Turin*, 9 *avril* 1811, *Sirey*, *tom.* 14, *pag.* 180. *Voy. suprà*, *n.os* 479, 480).

(1) En effet, cette nullité ne pourrait être motivée sur aucun texte de la loi, et l'art. 1030 dispose qu'aucun exploit ne peut être déclaré nul, si la nullité n'en est pas formellement prononcée par elle. Invoquerait-on les autorités, les arrêts et édits cités par les anciens commentateurs? Mais l'art. 1041 abroge toutes lois, coutumes, usages et réglemens relatifs à la procédure civile. Dira-t-on qu'on doit se décider comme l'a fait M. Pigeau, par l'analogie tirée des dispositions de l'art. 781? Mais ces dispositions ayant un objet particulier,

La loi du 22 frimaire an 8, dite Constitution de l'an 8, porte, art. 76, que la maison de toute personne, habitant le territoire français, est un asyle inviolable; que, pendant le jour, on peut y entrer pour un objet spécial déterminé, ou par une loi, ou par un ordre émané de l'autorité publique. De cette disposition, l'on pourrait conclure négativement la question ci-dessus posée, car aucune loi ne permet expressément d'entrer chez un tiers pour assigner quelqu'un qui se trouve dans sa maison; mais, dirait-on, l'assignation est un objet déterminé par la loi. Nous répondons que la disposition précitée ne doit s'appliquer qu'aux matières de police ou à un objet qui concernerait personnellement le maître de la maison; et nous pensons que celui-ci serait autorisé à en refuser l'entrée à l'huissier, mais s'il n'y mettait aucune opposition, l'exploit serait valablement notifié, conformément au principe général sur la question précédente.

348. *L'exploit serait-il valablement remis par l'huissier, hors du domicile, à un individu qui lui aurait dit ou qu'on lui aurait dit être celui auquel cet acte s'adresse?*

L'huissier ne doit remettre la copie à une personne trouvée hors du domicile, et qui se dirait ou qu'on lui aurait dite être celle à laquelle l'exploit s'adresse, qu'autant qu'il la connaît lui-même, et alors il doit mentionner que cette personne lui est réellement connue pour être celle assignée. Autrement, il courrait risque d'être trompé et de voir annuler son exploit par suite d'une inscription de faux, dont l'instruction apprendrait qu'il n'aurait pas remis la copie à l'assigné en personne. — (*Voy. Demiau Crouzilhac, pag.* 62).

349. *Une demande en lief de comminatoire doit-elle être notifiée à personne ou domicile, à peine de nullité?*

Nous examinerons, sur les art. 451 et 480, si l'action en lief de comminatoire est encore recevable aujourd'hui, et en quel délai elle devrait être formée. Il nous suffit ici de dire que cette action a pour objet de faire juger de nouveau une affaire qui ne l'a été que *dans l'état* où elle se trouvait, et faute d'avoir fourni *telles pièces, telles preuves*, qui, si elles l'avaient été, eussent pu motiver une décision différente. Dans l'hypothèse que cette action soit admise, nous avons à placer ici un arrêt de la Cour royale de Rennes du 22 novembre 1811, 3e. chamb., lequel décide, *dans cette supposition*, que la demande dont il s'agit ne pourrait être considérée que comme principale, et qu'elle ne pourrait être

paraîtraient, au contraire, manifester que le législateur n'eût pas entendu prescrire de les suivre dans tous autres cas; et d'ailleurs il y a, pour l'exercice de la contrainte par corps, pour l'arrestation d'une personne, des raisons qui ne militent pas relativement à la simple remise d'un exploit. On sent que l'arrestation peut entraîner du trouble, du scandale, dans certains lieux consacrés à la vénération publique, etc.

Nous ne croyons donc pas que l'exploit fût nul parce qu'il aurait été remis dans une église, au milieu d'une procession, dans l'auditoire d'un tribunal, à la bourse, dans tout lieu où siège une autorité constituée, même dans ceux où se tiennent les colléges électoraux d'arrondissement et de département.

Il faut remarquer d'ailleurs qu'il n'existe, depuis la publication du Code de procédure, aucune décision judiciaire qui ait annulé un exploit pour semblable cause, et que notre opinion est appuyée de celle de M. Merlin. — (*Voy. nouv. Répert., au mot* ajournement, n.° 22, *pag.* 168).

Voy., pour le mode de signification aux personnes habitant dans les maisons royales, l'ordonnance du 20 août 1817.

signifiée au domicile de l'avoué qui aurait occupé lors du premier jugement. En effet, l'art. 1038 ne peut être appliqué à un pourvoi qui, loin d'avoir pour objet l'exécution du jugement, tend au contraire à l'anéantir.

350. *Est-il des cas où une personne puisse être indifféremment assignée, soit dans un lieu, soit dans un autre, parce qu'elle serait censée avoir deux domiciles?*

On ne trouve point, dans le Code civil, dit M. de Maleville, tom. 1, pag. 126, la décision de la question de savoir si le même individu peut avoir plusieurs domiciles. L'affirmative, ajoute-t-il, était constante dans l'usage et suivant les lois 6 et 27, *ff ad municipalem.*

Rodier, sur l'art. 3, tit. 2 de l'ordonnance, § 3 de la 7e. question, dit : « Si des marchands ou gens d'affaires ont leur commerce ou magasin distri» bués en plusieurs lieux, ils sont censés avoir plusieurs domiciles. »

Le même commentateur rapporte (*au n°.* 13) deux arrêts, l'un de Paris, l'autre de Toulouse, qui ont jugé qu'une personne qui a maison garnie en deux endroits où elle a habité tour-à-tour également, a deux domiciles. Il conclut de ces arrêts qu'on peut assigner cette personne à l'un ou à l'autre; cependant, ajoute-t-il, en chose considérable, le parti le plus sûr serait de signifier à celui des deux domiciles où la partie se trouverait au tems de l'exploit. C'est l'avis de Masuer, titre des ajournemens, n°. 25.

M. de Maleville semble partager l'opinion de Rodier : en effet, dit-il, si un homme était également établi en deux endroits qu'il habitât successivement, sans qu'il eût fait de déclaration pour fixer son domicile exclusivement dans l'un, pourquoi ne pourrait-il pas être assigné valablement dans les deux?

Quoi qu'il en soit, il nous paraît résulter de l'ensemble de la discussion du Code civil, au Conseil d'état, et telle était aussi l'opinion formelle de M. Tronchet, opinion qui, comme l'observe M. de Maleville, mérite les plus grands égards, que le législateur, par l'art. 102 de ce Code, a entendu établir positivement l'unité du domicile. Ce ne fut même que parce qu'il fut reconnu que cet article exprimait formellement cette intention, qu'on retrancha comme inutile la disposition du projet qui portait que *la loi ne reconnaît au citoyen qu'un seul domicile.* — (*Voy. Esprit du Code civil, par M. Locré, tom.* 2, *pag.* 213). (1)

351. *Les militaires doivent-ils être assignés au lieu où serait leur régiment?*

Le domicile de l'officier ou du soldat, dit Rodier, sur l'art. 3 du tit. 2 de l'ordonnance, question 7e., n°. 6, est le lieu où se trouve le régiment dans lequel il sert. Les auteurs du Praticien répètent cette assertion, tom. 1,

---

(1) Il ne serait donc pas prudent, dans les circonstances dont parlent Rodier et M. de Maleville, de poser l'exploit avant de s'être procuré tous les renseignemens possibles, qui seraient de nature à donner l'assurance que le défendeur ne pourra prouver qu'il ait son domicile dans un autre lieu que celui où la signification lui aurait été faite. Ces renseignemens consisteraient, par exemple, dans la connaissance du lieu où le défendeur acquitterait ses contributions personnelles, exercerait ses droits politiques, ferait le service de garde national, remplirait ses devoirs de religion, dans le vu d'actes où il aurait exprimé son domicile, etc. — (*Voy. M. de Maleville, tom.* 1, *pag.* 123).

Si cependant il y avait impossibilité de se procurer de tels renseignemens, il faudrait du moins suivre le conseil donné par Rodier, de signifier au lieu où résiderait la personne au moment de cette signification.

pag. 285; et de là, on pourrait conclure que le militaire dût être assigné là où se trouve le corps.

Duparc-Poullain, dans ses Principes de droit, tom. 2, pag. 6, maintenait le contraire.

On a considéré que le Code de procédure gardant le silence par rapport aux militaires, ceux-ci se trouvaient par là même compris dans la règle générale; que les procureurs du Roi n'ont aucune mission pour leur faire parvenir la copie par l'intermédiaire du Ministre de la guerre, alors même qu'on saurait où ces militaires sont en garnison, et qu'enfin l'art. 69, § 8, ne leur était point applicable, puisqu'ils ne peuvent être réputés absens et ne sont point étrangers.

Il est conséquemment de jurisprudence uniforme et désormais fixée, que la seule marche régulière est d'assigner les militaires à leur véritable domicile, c'est-à-dire à celui qu'ils avaient au moment de leur départ.

352. *Les marins doivent-ils être assignés à bord du vaisseau et au lieu où ils se trouveraient?*

On prononcerait affirmativement d'après les auteurs du Praticien, qui disent, tom. 1, pag. 286, n°. 12, que le domicile des matelots et marins est dans leur vaisseau. Rodier disait aussi, n°. 10 de la 7e. question sur l'art. 3 du tit. 2 de l'ordonnance, que les matelots, les patrons de barque, et autres personnes de cette espèce, qui sont *toujours à naviguer*, n'ont d'autre domicile que leur vaisseau; mais le commentateur prend soin d'avertir que s'ils avaient quelque part, en propriété ou à louage, une maison où ils eussent coutume de s'arrêter ou de séjourner dans l'intervalle de leur course, on doit dire que c'est là leur domicile, sur-tout s'ils y ont leur famille, leur ménage et leur bien (1).

353. *Mais si le marin ou le militaire n'avait aucune demeure autre que son bâtiment, et qu'on ne lui connût aucun domicile ancien, où devrait-on l'assigner?*

A son domicile d'origine; et s'il était inconnu, on se conformerait à la disposition du huitième paragraphe de l'art. 69 (2).

354. *L'assignation donnée à un nouveau domicile serait-elle valable, quelle que fût la briéveté du tems depuis lequel il aurait été établi?*

Rodier, dans la 7e. question, sur l'article déjà cité de l'ordonnance, dit,

(1) Cette restriction de Rodier est parfaitement juste, et s'accorde avec la disposition de l'art. 102 du Code civil. Ainsi, ce serait seulement au lieu dont il parle qu'il faudrait poser l'exploit, encore bien que le vaisseau ne fût pas tellement éloigné, qu'on ne pût notifier à bord. Il en serait de même si le marin était en voyage. Nous appliquerions ici ce que nous avons dit du militaire sur la question précédente. — (*Cassat.*, 20 *fruct. an* 11, *Denevers, an* 13, *pag.* 57, § 3. — *Infrà*, *art.* 419).

(2) En tous cas, l'exploit donné à bord à la personne assignée est valable, conformément à l'art. 1.er du tit. 11 de l'ordonnance de la marine; à l'art. 419 du Code de procédure, et au principe général consacré par l'art. 68, que l'exploit est régulièrement signifié à la personne, en quelque lieu qu'on la trouve.

Mais nous ne croirions pas que l'huissier qui ne rencontrerait pas l'assigné, pût laisser l'exploit à un marin du bord, même en prenant la précaution de lui faire signer l'original comme à un voisin, conformément à l'art. 68. En effet, l'art. 419 n'autorise à remettre l'exploit *à bord* qu'autant qu'on y trouve la personne. — (*Voy. les questions traitées sur l'art.* 419).

n°. 15, que l'assignation donnée à un domicile bien constant serait valable, n'y eût-il qu'un seul jour d'écoulé depuis le changement de domicile. A l'appui de cette décision qu'adopte M. de Maleville, sur l'art. 103 du Code civil, il cite Bouchet, sur la Coutume de Bourgogne, Dumoulin, Brodeau et Ferrières.

On ne saurait contester, sans doute, que dans le cas où le changement de domicile est constant, l'assignation ne soit valable; mais il faut convenir que toutes les fois que l'assigné n'aurait pas fait la déclaration prescrite par l'art. 104 du Code civil, celui-ci, lorsque l'assignation est donnée dans un tems très-rapproché du changement de domicile que le demandeur croit avoir été opéré, peut avoir une foule de prétextes plausibles, pour ne pas dire de raisons, d'opposer qu'il n'a pas entendu effectuer ce changement.

En effet, l'art. 103 du Code civil dispose que le changement de domicile s'opère par le fait d'une habitation réelle dans un autre lieu, joint à l'intention d'y fixer son principal établissement; et d'un autre côté, l'art. 105 porte qu'à défaut de la déclaration prescrite par l'art. 103, la preuve de l'intention dépend des circonstances.

Or, on entrevoit combien il serait difficile de prouver cette intention, lorsque l'assignation serait donnée dans un tems très-rapproché d'un changement de résidence, que le demandeur considérerait comme changement de domicile. Il est fort probable qu'en ce cas l'on manquerait de la plupart des circonstances qui pourraient faire décider, par le juge, que le défendeur n'a pas eu seulement l'intention de changer sa résidence, mais qu'il a voulu changer de domicile. Ce serait aux tribunaux à balancer la bonne foi des deux parties: il n'est guère possible de donner en ce cas des raisons générales de décider; mais dans le doute, et pour éviter toute difficulté sur la validité de l'exploit, la prudence ne conseillerait-elle pas de poser l'assignation au lieu du dernier domicile? Cette question sera résolue au moyen de la solution qui sera donnée sur celle qui suit.

335. *Si le demandeur, ignorant le changement de domicile, fait assigner le défendeur au précédent domicile, l'assignation serait-elle valable?*

Rodier distingue, « ou l'assignation a été laissée à quelqu'un, ou elle a été » affichée à la porte. » Dans le premier cas, cet auteur croit que l'assignation serait annulée, parce que celui auquel elle aurait été donnée ne serait pas du nombre des gens ou domestiques de l'assigné; mais dans le second, il croit qu'elle serait valable, s'il n'y avait pas long-tems que l'assigné eût changé de domicile, parce qu'on a pu ignorer ce changement, qui n'est censé connu qu'après un certain tems.

Mais quel est ce tems? « On pourrait, ajoute Rodier, conclure par argu- » mens de l'art. 173 de la Coutume de Paris, et d'un arrêt rapporté au Journal » du Palais, tom. 1, pag. 106, qu'on doit entendre un an. » Mais il préfère l'induction qui se tire de l'édit de 1697, concernant le domicile nécessaire pour recevoir la bénédiction nuptiale dans une paroisse, lequel édit exige six mois pour ceux qui demeureraient auparavant dans une paroisse du même diocèse, et un an pour ceux qui demeureraient dans un diocèse différent.

« Cette opinion, dit M. de Maleville, paraît bien raisonnable, en substi- » tuant toutefois les départemens aux diocèses, et en fixant un délai uniforme » de six mois, conformément à l'art. 74 du Code civil.

» Cependant, ajoute-t-il, je crois qu'il faut distinguer l'effet que doit avoir

» le changement de domicile relativement à l'individu qui le change, d'avec » celui qu'il peut produire relativement à des tiers : quant à l'individu, le » changement joint à l'intention doit opérer de suite son effet; ainsi il peut, » dès ce moment, être imposé aux charges locales de sa nouvelle habitation; » s'il décède, c'est là que sa succession s'ouvre; mais quant aux tiers auxquels » son intention ne peut de suite être connue, à moins de la déclaration dont » parle l'art. 104, je crois qu'il faut suivre l'opinion de Rodier et des auteurs » qu'il cite. »

Nous ne balançons pas à répondre affirmativement, relativement à la circonstance où celui auquel l'huissier aurait laissé la copie ne se serait pas dit parent ou serviteur de l'assigné; car, dans le cas contraire, nous croirions l'exploit valable, sauf au défendeur à prouver que le demandeur ne pouvait ignorer son changement de domicile. Et en effet, si Rodier déclare nul l'exploit remis à une personne trouvée en l'ancien domicile, ce n'est pas par le motif qu'il aurait été remis ailleurs qu'au domicile de l'assigné, c'est parce qu'il l'aurait été à d'autres individus qu'à un parent ou à un serviteur; de même que l'exploit remis au domicile actuel de l'assigné serait nul, s'il avait été laissé à un étranger (1).

---

(1) Mais supposons, ce qui arriverait le plus souvent, que l'huissier ne trouvât, au lieu de l'ancien domicile qui lui est indiqué comme domicile actuel, personne qui se dît parent ou serviteur de l'assigné, alors appliquera-t-on à l'exploit remis au voisin, ou à défaut au maire, ce que Rodier dit de l'exploit qui aurait été affiché conformément aux dispositions de l'ordonnance; formalités que l'art. 68 du Code de procédure a remplacées par cette remise au voisin ou au maire?

On peut dire, pour l'affirmative, que dans le cas où il y a de justes raisons d'admettre que le demandeur ignorait le changement de domicile, on doit, par rapport à lui, considérer l'ancien domicile comme domicile actuel; en sorte que tout ce qui doit être décidé à l'égard de celui-ci doit l'être à l'égard de l'autre. C'est une conséquence de ce que Rodier, et après lui M. de Maleville, disent, et avec raison, que le changement de domicile ne peut préjudicier aux tiers qui l'ont ignoré.

Néanmoins, on doit remarquer qu'il y a une grande différence entre afficher l'exploit, comme le prescrivait l'ordonnance, et le remettre à un voisin ou au maire, ainsi que le veut l'art. 68 du Code de procédure.

L'ordonnance, en prescrivant que l'huissier afficherait l'exploit lorsqu'il ne trouverait au domicile aucun individu auquel il fût autorisé à le remettre, ne prévoit point de circonstances possibles qui puissent procurer à l'huissier des renseignemens sur le changement de domicile. Il est probable aujourd'hui qu'au lieu d'afficher la copie de l'exploit, il doit la remettre au voisin ou au maire; qu'il pourra apprendre d'eux que l'assigné a changé de domicile; ils lui déclareront ou qu'ils ne savent quel est le lieu de son nouvel établissement, ou que ce lieu est en telle ville ou commune. Il est certain, d'ailleurs, que l'huissier qui trouve la maison qu'habitait l'assigné occupée par d'autres personnes, acquiert déjà une sorte de certitude d'un changement d'habitation, qui entraîne la présomption d'un changement de domicile.

Mais, dès qu'il est possible que l'huissier reçoive de tels renseignemens, nous ne pensons pas que l'exploit puisse être déclaré nul, parce qu'il aurait été remis à un voisin ou au maire, que l'on présume devoir les lui donner. Il est, en effet, également possible qu'ils négligent de les lui fournir.

D'un autre côté, la circonstance que l'huissier trouve la maison de l'assigné occupée par des personnes qui sont étrangères à sa famille ou à son service, n'est pas encore une raison suffisante pour qu'il s'arrête et ne remette pas la copie au voisin ou au maire; il n'a point à juger s'il résulte de là un changement de domicile; il doit remplir sa commission, et celui qui jusque là avait de justes motifs d'ignorer ce changement de domicile, peut, en raison de cette ignorance, maintenir la validité de son exploit, d'autant que le simple changement

356. *Si un exploit était signifié au même domicile qu'un précédent exploit, la partie, qui n'aurait pas opposé la nullité de celui-ci, pourrait-elle conclure à l'annulation du second, par le motif qu'elle n'aurait pas son domicile dans le lieu où l'exploit aurait été signifié?*

L'affirmative de cette question nous paraît résulter de ce que la partie étant libre de présenter ou non les nullités d'un exploit, ne peut être présumée avoir reconnu pour toujours que son domicile est véritablement au lieu où elle est assignée : elle peut donc opposer la nullité du second exploit. Un arrêt de la Cour de Paris du 13 messidor an 12 (*Sirey, tom.* 7, *pag.* 1067), justifie cette opinion, en décidant que le défendeur peut arguer de nullité, comme n'ayant pas été signifié à son domicile, un exploit donné à comparaître devant un tribunal civil, quoique cet exploit eût été signifié au même lieu qu'un précédent, non critiqué et portant assignation, pour la même affaire, devant le juge des référés.

357. *L'exploit portant assignation d'un individu condamné au bannissement, devrait-il être notifié à sa personne ou à son domicile au lieu de son bannissement?*

Rodier, sur l'art. 3 du tit. 2, 7.e quest., n.° 11, s'exprime ainsi sur cette question : « *On pourrait sans doute donner une assignation à un exilé, à sa* » *personne, ou à son domicile au lieu de son exil;* mais on le pourrait aussi au » précédent domicile de cet exilé, sur-tout s'il avait sa maison ouverte, et sa » famille à ce précédent domicile, parce que le lieu où il restait avant son » exil était son domicile de destination et de volonté.

---

d'habitation n'est point une présomption légale du changement de domicile : on peut aller résider dans une autre ville avec l'intention de conserver domicile et dans l'esprit de retour.

Au surplus, nous remarquerons, avec M. Proudhon (*voy. Cours de droit franç.*, *tom.* 1, *pag.* 125), que dans le doute sur le changement de domicile, c'est à celui qui allègue ce changement à en fournir la preuve, parce qu'un domicile, celui d'origine ou autre, étant avéré, on doit lui conserver tous ses effets, tant qu'il n'est pas prouvé qu'ils aient été anéantis par l'acquisition d'un autre domicile également certain. C'est aussi ce qui a été décidé par arrêt de la Cour d'appel de Bruxelles, du 29 juin 1808. — (*Sirey, tom.* 9, *suppl.*, *pag.* 153).

Tout ce que nous venons d'établir est fondé sur l'ignorance où le demandeur se trouve d'un changement de domicile opéré depuis peu de tems par le défendeur; mais enfin, il doit exister une époque où cette ignorance n'est plus présumable, où il est probable, au contraire, pour ne pas dire certain, que le demandeur a acquis la connaissance du changement de domicile. Cette époque n'a point été fixée par le Code civil; c'est pourquoi M. de Maleville pense qu'elle doit l'être, conformément à l'art. 74 du Code civil : c'est aussi notre opinion.

Mais puisqu'on n'invoquerait cet article qu'afin de suppléer, par induction, au silence du Code sur un délai précis, passé lequel il y aurait présomption légale du changement de domicile, nous ne penserions pas qu'il fût toujours rigoureusement applicable.

S'il arrivait, par exemple, que le défendeur n'opposât contre la validité de l'exploit que cette sorte de présomption légale, déduite par induction de l'art. 74, tandis que le demandeur argumenterait de diverses circonstances propres à faire présumer sa bonne foi, nous estimons que l'exploit pourrait, en raison de ces circonstances, être déclaré valable; il faudrait, pour le faire annuler, que le défendeur joignît au moins aux inductions qu'il tirerait de l'art. 74, d'autres considérations qui pussent concourir avec elles, pour prouver qu'il serait juste de prononcer cette nullité.

Concluons, en dernière analyse, que la solution de la question qui vient d'être discutée peut dépendre d'une foule de circonstances diverses, en raison desquelles elle est abandonnée à la conscience du juge.

» C'est ce qui fait dire à Domat, dans son Traité de droit public, liv. 1, » tit. 16, sect. 3, n.° 14, que ceux qui sont relégués en un certain lieu, » par ordre du prince, ne changent point de domicile, et conservent celui » qu'ils avaient avant la relégation; d'où il suit que, si on avait à intenter » une action contre cet exilé, il faudrait l'intenter non devant le juge du lieu » de son exil, où il est toujours regardé comme étranger (quoiqu'on pût » lui signifier l'exploit en ce lieu), mais devant le juge du lieu où il avait » auparavant son domicile. Un changement forcé de demeure ne change rien » à la juridiction de laquelle on relève. » Telle est aussi notre opinion.

358. *Peut-on signifier un exploit à la prison où l'assigné serait détenu?*

Rodier dit encore que l'on pourrait bien signifier l'exploit dans la prison, en parlant à la personne de l'assigné ou au geolier, mais qu'on peut le faire aussi à son précédent domicile, et que le juge de ce domicile doit connaître des actions personnelles intentées contre ce prisonnier. Nous estimons que l'exploit ne peut être remis à la prison qu'en parlant à l'assigné lui-même, mandé entre les deux guichets, et non au geolier. Si la remise au geolier a pu être autorisée autrefois, c'est parce qu'il arrivait souvent qu'il était défendu de faire communiquer les détenus avec qui que ce soit; aujourd'hui, que leur personne doit être représentée à tous ceux qui la réclament, il n'y a aucun motif pour laisser la copie au geolier.

359. *L'exploit laissé à un enfant, parent ou serviteur de l'assigné, serait-il nul?*

La personne qui reçoit la copie doit avoir atteint l'âge de raison : l'exploit laissé à un enfant serait donc nul, disent les auteurs du Praticien, tom. 1, pag. 304, parce que, n'ayant pas de discernement, cet enfant pourrait égarer la copie ou ne la pas remettre à l'ajourné.

Cette opinion est fondée sur celle des commentateurs de l'ordonnance. Pothier, dans son Traité de la procédure civile, disait aussi, ch. 1, art. 4 : Il faut « que la personne à qui la copie est laissée soit en âge de discernement; on » ne doit pas la laisser à un impubère; car Guénois sur Imbert, liv. 1, ch. 5, » prétend que si elle était donnée à un enfant impubère, le défendeur pourrait » demander la nullité de l'exploit et de tout ce qui s'en serait suivi. » (1)

360. *La disposition de l'art. 68, qui veut que l'exploit ne soit laissé au domicile qu'autant qu'on y rencontre un parent ou un serviteur de l'assigné, doit-elle être appliquée avec une telle rigueur qu'on ne puisse admettre aucune exception?*

(1) Mais à quel âge un enfant serait-il réputé pubère? La loi ne s'explique point positivement sur cette question; cependant ne réputer pubère que le mineur qui aurait atteint l'âge auquel on peut contracter mariage, d'après l'art. 144 du Code civil, ne serait-ce pas étendre à un âge trop avancé la présomption du défaut de raison? D'ailleurs, l'âge ne serait pas le même, pour les deux sexes. Ne vaudrait-il pas mieux décider par induction de l'article 285 du Code de procédure, qui, sans aucune distinction, dispose que les individus âgés de moins de quinze ans ne peuvent être entendus en témoignage, que sauf à avoir à leurs dépositions tel égard que de raison? De ce dernier article, nous conclurions qu'il est laissé au juge, d'après les renseignemens qui lui seraient fournis sur le degré de raison et d'intelligence d'un enfant *au-dessous* de l'âge de quinze ans, la faculté de déclarer valable ou non l'exploit qui lui aurait été remis; mais nous pensons qu'*au-dessus* de cet âge la remise serait valable, puisque la loi admet l'individu qui l'a atteint à rendre témoignage en justice. — (*Nouv. Répert.*, *v.°* ajournement, *tom.* 1, *pag.* 153, *n.°* 5).

Il est évident, d'après l'art. 68, que l'huissier ne peut remettre la copie qu'à cinq sortes de personnes, 1°. à la partie au domicile; 2.° à un parent de la partie, s'il n'y trouve pas celle-ci; 3°. à un serviteur de la partie, s'il ne trouve ni celle-ci ni aucun de ses parens; 4°. à un voisin, s'il ne trouve ni la partie, ni un de ses parens ou serviteurs; 5°. au maire, s'il ne trouve aucune des personnes précédemment désignées, ou si le voisin trouvé n'a pu ou n'a voulu signer.

Ainsi, la nullité de l'exploit laissé à toute autre personne qu'à une de celles que la loi a ainsi désignées d'une manière expresse, ne paraîtrait pas douteuse (1).

La Cour de cassation a néanmoins déclaré valable l'exploit remis à domicile, en parlant au serviteur du frère de l'assigné, cohabitant avec lui.

Aux raisons que nous venons de donner, pour justifier cette décision et l'appliquer même au cas où le serviteur serait celui d'une personne étrangère à l'assigné, mais cohabitante avec lui, nous ajouterons ce que dit l'auteur du nouveau Répertoire sur l'arrêt précité, tom. 7, § 5, pag. 547.

« Lorsque le parent de la partie demeure avec elle, le serviteur du parent » est en quelque sorte le serviteur de la partie elle-même; il entre, comme » le serviteur de la partie elle-même, dans la composition de la famille de » celui-ci, car l'esprit de l'art. 68 du Code est uniquement d'exiger que l'ex- » ploit soit remis, suivant l'expression de Guy Pape, quest. 191 et 628, *alicui » ex familiâ* » (2).

---

(1) Quoi qu'il en soit, la Cour de cassation a déclaré valable un exploit remis au domicile de l'assigné, en parlant au serviteur d'un frère qui cohabitait avec lui. (*Arrêt du 15 août* 1807, *Sirey, DD., pag.* 126). La raison de cette décision, disent les éditeurs de la Jurisprudence sur la procédure, tom. 1, pag. 43, c'est qu'en effet, le domestique d'un frère qui habite le même domicile que la partie, est plus digne de confiance qu'un voisin, qui souvent a de l'indifférence, de la rancune ou de la jalousie pour cette partie. Nous ajouterons que la Cour a pu considérer aussi un tel domestique comme rendant également des services au frère de son maître. Or, Rodier dit qu'un exploit remis au domestique commun de deux personnes qui cohabitent, est valable.

Mais cet auteur suppose que les deux personnes qui habitent ensemble sont une femme avec son mari, un fils avec son père ou sa mère.

Que dirait-on de l'exploit remis au domestique de la personne qui habiterait avec l'assigné, mais qui ne serait pas son parent, ou à cette personne elle-même? Nous croirions qu'on devrait, comme dans le premier cas, suivre plutôt l'esprit de la loi que la rigueur du texte. La loi veut assurer que l'exploit sera remis à l'assigné Or, cette certitude n'est-elle pas suffisamment acquise, lorsqu'il est laissé à une personne liée avec l'assigné par tous les rapports d'intérêt, de bienveillance et d'amitié que suppose la cohabitation?

Nous disons la *cohabitation :* ainsi, un exploit ne serait pas valablement remis à un locataire qui ne serait ni parent, ni serviteur, ni allié. On pourrait tout au plus lui laisser la copie comme voisin, moyennant qu'il signât l'original. — (*Arrêt de la Cour de Nîmes, du* 5 *avril* 1808, *Jurisp. sur la procéd., tom.* 2, *pag.* 279; *Rodier, sur l'art.* 3 *du tit.* 2 *de l'ordonnance*, 1.re *quest.*).

Il en serait de même de l'exploit laissé au receveur ou agent d'affaire de l'assigné. — (*Cassat.*, 4 *therm. an* 5, *Sirey, tom.* 20, *pag.* 492).

(2) Le maître d'un hôtel garni est, à l'égard de ses locataires, un serviteur, dans le sens de l'art. 68 : l'exploit notifié au locataire, et parlant au maître ou à la maîtresse de l'hôtel, serait donc valable. — (*Caen*, 4 *mai, et Nancy*, 22 *juin* 1813, *Sirey, tom.* 14, *pag.* 400, *et tom.* 17, *pag.* 95).

Nous le croirions également valable, s'il était remis même à un serviteur de l'hôtel.

361. *Un clerc, un secrétaire, un commis, seront-ils considérés comme des serviteurs, en sorte que l'huissier pourrait leur remettre valablement la copie?*

Ne nous arrêtons point à ce que l'on pourrait attacher d'humiliant à la qualité de *serviteur*, et disons, sans craindre de choquer personne, qu'un clerc, un commis, un secrétaire, sont véritablement au service de l'assigné; que conséquemment l'exploit dont la copie leur est laissée est valable. C'est une vérité attestée par une jurisprudence uniforme et constante.......

362. *Quelles sont, en général, les précautions qu'un huissier doit prendre pour satisfaire complètement à la disposition de l'art.* 61, *qui exige que l'exploit contienne mention de la personne à laquelle la copie a été laissée?*

A ne considérer que cette seule disposition, on ne trouverait aucun embarras dans son application; il suffirait que l'huissier eût indiqué d'une manière quelconque la personne à laquelle il aurait laissé l'exploit, pour que le vœu de la loi fût rempli.

Mais si on rapproche cette disposition de celle de l'art. 68, qui veut que l'huissier, dans le cas où il ne rencontre point la partie à son domicile, ne remette la copie aux personnes qui s'y trouvent, qu'autant qu'elles sont du nombre des parens ou serviteurs de celle-ci, on verra naître plusieurs difficultés par rapport à son application.

En effet, l'exploit doit porter en lui-même la preuve que la copie a été remise à une personne ayant qualité pour la recevoir : la mention exigée par l'art. 61 doit donc être conçue de manière à justifier que l'huissier, dans la remise qu'il en a faite, s'est rigoureusement conformé à l'art. 68.

Or, il s'y est conformé toutes les fois qu'ayant remis la copie à la personne même de l'assigné, il a mentionné qu'il l'a fait *en parlant à sa personne, trouvée soit à son domicile, soit partout ailleurs.*

Il s'y est également conformé toutes les fois que n'ayant point trouvé l'assigné en son domicile, il mentionne qu'il *y a laissé la copie* à une personne qu'il a eu soin de désigner, ou par son nom, qui conduit à faire connaître sa qualité de parente ou de serviteur de l'assigné; ou par sa qualité, si elle exprime ses rappors de parenté ou de domesticité.

Hors ce cas, le locataire ne peut, par cette qualité, être considéré comme étant de la famille du propriétaire de la maison qu'il habite, et il ne peut recevoir copie de l'exploit adressé à ce dernier. — (*Nîmes, 5 avril* 1808, *Sirey, tom.* 14, *pag.* 296).

Réciproquement, le propriétaire ne peut recevoir celui qui serait adressé à son locataire. — (*Rennes*, 3.e *chamb., août* 1817, *Journ., tom.* 4, *pag.* 719).

NOTA. Des décisions ci-dessus, et des solutions données sur les questions qui les précèdent, nous croyons pouvoir conclure en général, en nous appuyant d'ailleurs sur un arrêt de la Cour de Paris, du 30 janvier 1817 (*Sirey, tom.* 18, *pag.* 43), que l'art. 68 ne doit pas être interprété tellement dans la rigueur, qu'il n'y ait précisément que les parens ou serviteurs du défendeur qui puissent valablement recevoir la copie, et qu'elle peut être remise à toute personne qui habite la même maison que l'assigné, et qui, par la nature de ses relations avec lui, doit être réputée son commensal.

Mais remarquons en même tems que ce point de jurisprudence, qui permettrait de remettre une signification à toute personne parente, serviteur ou commensale, trouvée au domicile du défendeur, présuppose que cette personne n'a pas un intérêt notoirement opposé à celui de ce dernier. C'est ainsi, par exemple, que, par arrêt du 25 février 1819 (*Sirey, tom.* 19, *pag.* 275), la Cour de Paris a décidé que la notification faite à la femme, conformément à l'art. 2194 du Code civil, de l'acte de dépôt au greffe du contrat de vente de l'immeuble grevé de l'hypothèque légale, est nulle, si elle est faite au *domicile conjugal* PARLANT AU MARI. Le mari, qui a un intérêt diamétralement opposé à celui de la femme, ne peut, en ce cas, être son mandataire légal pour la remise de l'exploit.

Ainsi, premièrement, tout exploit qui contient mention du nom de la personne à qui la copie a été laissée est valable, conformément à l'art. 61, encore bien qu'il ne soit pas dit que cette personne est parente ou serviteur *de l'assigné*.

Mais, en ce cas, on sent que l'huissier qui se serait ainsi borné à mentionner le nom de la personne, sans indiquer sa qualité, courrait les risques de voir prononcer la nullité de son exploit, si l'assigné prouvait que cette personne n'appartînt pas à sa famille ou ne fût pas à son service.

L'officier ministériel aurait, dans cette circonstance, à s'imputer la faute de ne s'être pas assuré que cette personne avait la qualité nécessaire pour qu'il fût autorisé à lui laisser la copie. — (*Cassat.*, 23 *janv.* 1810, *Sirey, tom.* 10, *pag.* 130).

Deuxièmement, tout exploit qui désigne la personne à qui la copie est laissée sous la qualification de *parent* ou de *serviteur*, ou sous toutes autres dénominations équivalentes, comme *frère, oncle, cousin*, etc., comme *domestique, fille ou garçon de confiance, commis employé, salarié, aide de travail, bonne, femme de chambre, portier*, etc., est valable, lorsque l'huissier a en même tems exprimé que les rapports qui dérivent de ces diverses qualités existent entre l'individu qui se dit les avoir, et celui auquel l'exploit s'adresse.

Si donc la copie a été laissée à un individu qui s'est dit *parent*, il faut mentionner qu'il s'est dit *parent de l'assigné*; s'il s'est dit *père, frère, oncle, cousin*, il faut également mentionner qu'il s'est déclaré *père de l'assigné, frère de l'assigné*, etc.; enfin s'il a répondu être *domestique, portier, serviteur*, etc., il faut encore mentionner qu'il s'est dit *domestique de l'assigné, serviteur de l'assigné, portier de l'assigné*, etc., etc., ou suppléer à ces mots *de l'assigné*, par le pronom *son, sa*.

Un exploit serait donc déclaré nul, s'il mentionnait seulement que la copie a été laissée *à un serviteur, à un domestique, à un salarié*, etc., sans indiquer que ce serviteur, ce domestique ou ce salarié, est au service du défendeur (1).

---

(1) Il est vrai que, par arrêt du 22 janvier 1810, la Cour de cassation avait décidé qu'un exploit donné en parlant à une *servante-domestique* était valable, quoique rien ne fît connaître que cette servante fût celle de l'assigné. (*Sirey, tom.* 10, *pag.* 117). La Cour d'appel de Rennes, par arrêt des 26 avril et 18 août 1810 (*Journ. de cette Cour, tom.* 1, *pag.* 116 *et* 392), a aussi prononcé dans le même sens. Mais désormais la jurisprudence sur ce point de forme nous paraît fixée par les arrêts suivans de la Cour de cassation :

1.° Du 15 février 1810, par lequel la section des requêtes a jugé qu'un exploit notifié au domicile d'un négociant, parlant *à un commis*, était nul, parce qu'il n'était pas dit que ce commis fût celui de *l'assigné*. — (*Sirey, tom.* 10).

2.° Du 28 août suivant, par lequel la même Cour a déclaré nul un exploit signifié en parlant à *une domestique*, par le même motif qu'il n'était pas dit que cette domestique, quoique trouvée au domicile du défendeur, fût à son service;

3.° Du 4 novembre 1811, qui annule un exploit dans lequel un huissier se bornait à mentionner qu'il l'avait remis à *une fille de confiance*. — (*Sirey, tom.* 12, *pag.* 32).

4.° A plus forte raison, l'exploit serait-il nul, si l'on n'indiquait ni le nom, ni la qualité; par exemple, quand l'huissier déclarerait avoir remis la copie à *une femme* (*Cassat.*, 7 *août* 1809, *Sirey, tom.* 9, *pag.* 249), *ou à une personne qui n'a pas dit son nom* (*Cassat.*, 20 *juin* 1808, *Sirey, tom.* 9, *pag.* 81).

Enfin, bien que la qualité soit mentionnée, l'exploit serait nul, s'il était prouvé que cette

Remarquons en outre, à l'égard d'un exploit qui mentionnerait que la copie aurait été remise à un *portier*, sans exprimer que ce fût celui de la maison de l'assigné, que cet exploit pourrait être annulé, parce que ses rapports de serviteur avec lui ne seraient pas suffisamment établis, le portier de toute autre maison pouvant se trouver dans la sienne, comme tout autre domestique que le sien eût pu s'y trouver également.

Mais mentionner la remise faite *au portier de la maison*, sans ajouter que cette maison est celle de l'assigné, ce ne serait pas, à notre avis, commettre une nullité, si toutefois l'huissier avait déclaré s'être rendu au domicile de celui-ci.

Il serait évident, par suite d'une telle déclaration, que le portier serait celui de la maison de l'assigné; or, le portier d'une maison est le serviteur de tous ceux qui l'habitent.

Nous osons croire que ces observations générales, déduites d'une foule d'arrêts, suffisent pour prévenir la plupart des nullités que pourrait entraîner la violation de la disposition de l'art. 61; elles ne sont au reste que des conséquences de ce passage d'un arrêt de la Cour de cassation, du 24 ventôse an 11, rapporté par les auteurs du Praticien, tom. 1, pag. 302 :

« Il faut que la personne à qui l'exploit a été remis soit indiquée ou par » son nom, ou par ses qualités, ou par ses rapports avec la partie assignée, » *ou du moins qu'il soit fait mention de l'interpellation qui lui a été faite,* » *ainsi que de sa réponse ou de son refus.* » — (*Voy. aussi l'arrêt du 5 therm. an 13, rapporté au Journ. du Palais, premier semestre, 1806, art. 11, n°. 348, pag. 38; Cassat., 25 fév. 1810, Sirey, 1806, pag. 206; 23 janv. 1810, Sirey, 1810, pag. 130*).

363. *Mais l'exploit qui mentionnerait la remise à un domestique, ou une* SERVANTE-DOMESTIQUE, *n'énonce-t-il pas implicitement, par l'addition de ce mot* DOMESTIQUE, *que cette servante est celle de l'assigné?*

Nous venons de dire, p. 188, à la note, que la Cour de cassation et celle de Rennes avaient déclaré valable un exploit laissé *à une servante-domestique* trouvée à domicile, quoiqu'il ne fût pas dit que cette servante fût celle de l'assigné. La Cour de Rennes a jugé depuis, le 18 décembre 1811, que l'exploit était valable, même dans le cas où il était exprimé qu'il avait été laissé à *une domestique*, sans ajouter le mot *servante*. Cependant, par arrêt du 28 août 1810, la Cour de cassation avait prononcé la nullité d'un exploit dont le *parlant à* était conçu de la sorte. — (*Voy. Sirey, tom. 10, pag. 384*).

On a cru voir une opposition formelle entre ces différens arrêts, parce qu'on a supposé que ces mots, *servante-domestique*, avaient la même signification.

Nous remarquerons, au contraire, qu'ils sont loin d'être des expressions synonymes, ne signifiant rien de plus l'une que l'autre, et que leur cumulation n'est point une vaine redondance et un pléonasme.

En effet, l'ordonnance de 1667, tit. 22, art. 14, prescrivait de demander

---

qualité n'appartiendrait pas à la personne qui aurait reçu la copie. C'est ainsi que, par arrêt du 29 mai (*Journ. des avoués, tom. 7, pag. 386*), la Cour de Bruxelles a annulé un exploit portant remise au fils de l'assigné, tandis qu'il était prouvé que celui-ci n'avait point de fils.

à un témoin, avant de commencer sa déposition, s'il était *serviteur* ou *domestique*, parent ou allié de l'une des parties; et l'art. 283 du Code de procédure déclare que, lors d'une enquête, on pourra reprocher les *serviteurs* et *domestiques*.

Il faudrait donc aussi déclarer que la loi aurait employé ici des expressions redondantes, et qu'en disant que les *serviteurs* et *domestiques* pourront être reprochés, le législateur a fait un pléonasme.

Jousse observe, au contraire, sur le texte de l'ordonnance, « qu'il ne faut » pas confondre le mot *serviteur* avec celui de *domestique*. Domestiques sont » ceux qui habitent la même maison et mangent à la même table, sans être » serviteurs. »

Les expressions *servante-domestique* sont donc l'équivalent de celles-ci : *Servante de la même maison* (1).

364. *L'huissier qui ne trouve personne au domicile de l'assigné doit-il, à peine de nullité, indiquer dans l'exploit la demeure et le nom du voisin auquel il offre la copie?*

On dit, pour l'affirmative, que si les huissiers n'étaient pas tenus d'énoncer le nom et la demeure du voisin à qui la loi les oblige de remettre la copie, ils pourraient commettre toute espèce de faux impunément, parce qu'on ne pourrait jamais les en convaincre; on ajoute que, n'étant pas juges souverains des rapports qui constituent le voisinage, ils doivent faire connaître les individus qu'ils qualifient de voisins, afin que les tribunaux puissent s'assurer que le vœu de la loi a été rempli.

A l'appui de cette opinion, l'on peut citer un arrêt rendu le 28 juin 1810 par la Cour d'appel de Bruxelles. (*Voy. Sirey, tom.* 10, *pag.* 398). Cet arrêt a déclaré nul un exploit de signification de jugement remis à l'adjoint d'un maire, par le motif que cet acte ne désignait pas la maison du voisin qu'il relatait n'avoir pas voulu décliner son nom, et en même tems parce que l'huissier ne s'était point adressé à l'autre maison voisine, pour présenter son exploit

---

(1) On devrait l'entendre ainsi, lors même qu'il y aurait quelque raison de douter; car, suivant les règles communes, qui ne s'appliquent pas moins aux actes judiciaires qu'à des conventions, il convient d'entendre les expressions qui seraient susceptibles de deux sens, de manière à faire produire effet à l'acte, plutôt qu'à le détruire. — (*C. C., art.* 1157 *et* 1158).

C'est pourquoi la Cour de cassation a déclaré valable un exploit donné à comparaître devant elle, et délivré à une *servante-domestique*, attendu que le vœu de la loi était suffisamment rempli. — (*Arrêt du* 22 *fév.* 1810).

Il serait déraisonnable de supposer que la Cour de cassation se serait écartée de la rigueur des règles, parce qu'il s'agissait d'un exploit donné à comparaître devant elle, et qu'elle jugeait souverainement. La Cour régulatrice ne donne point l'exemple aux tribunaux de juger arbitrairement et de s'affranchir des règles, lorsqu'ils jugent souverainement.

Ce serait aussi mal à propos que l'on prétendrait mettre les arrêts précités en opposition avec ceux qui ont jugé que l'expression isolée de domestique, ou l'expression isolée de commis ne peut suffire. Tous ces arrêts sont parfaitement dans la règle. Il faut que l'exploit qui n'est point remis à la personne même, le soit à son domicile, à l'un de ses serviteurs ou de ses parens : il ne suffit pas de le remettre à un commis, à un domestique, qui peuvent ne pas appartenir à la maison; mais il suffit de le remettre à un domestique de la maison, à une servante de la maison, à une *servante-domestique;* ce qui signifie la même chose que *servante de la maison*.

à signer à l'habitant de cette maison; précautions, dit la Cour, sans lesquelles le but de la loi serait manqué.

Il résulterait de cette décision que l'huissier serait tenu d'énoncer le nom du voisin, ou du moins qu'il serait nécessaire d'indiquer la maison.

Quoi qu'il en soit, l'art. 1030 du Code de procédure portant qu'aucun exploit ne peut être déclaré nul, si la nullité n'en est pas *formellement* prononcée par la loi, et l'art. 68 n'exigeant point expressément l'indication du nom et de la demeure du voisin, nous ne croirions pas que l'on fût bien fondé à déclarer nul un exploit qui ne contiendrait pas cette indication (1).

365. *S'il est douteux qu'un exploit soit nul, parce que le voisin auquel la copie aurait été offerte n'eût pas été désigné par son nom et sa demeure, ne doit-on pas du moins prononcer la nullité de celui dont la copie aurait été remise au maire, s'il ne mentionnait pas que l'huissier n'a trouvé ni la partie, ni des parens ou serviteurs, ni des voisins?*

Il faut remarquer que l'art. 68 n'autorise l'huissier à remettre la copie au maire ou à l'adjoint de la commune, que lorsque le voisin ne peut ou ne veut signer, et que l'huissier doit faire mention du tout, tant sur l'original que sur la copie. Or, l'art. 70 dispose que ce qui est prescrit par l'art. 68 doit être observé, à peine de nullité : si donc un huissier se borne à mentionner qu'il n'a trouvé à domicile ni la partie, ni aucun de ses parens ou serviteurs, sans exprimer qu'il a offert la copie de l'exploit à un voisin de l'assigné, cet exploit est nul.

Il le serait également dans le cas même où l'on maintiendrait, comme un fait constant, que le domicile de l'assigné serait éloigné de toute habitation à une longue distance; car, dans ce cas, l'huissier devrait en faire mention dans l'exploit. — (*Liége, 22 mars 1809; Biblioth. du barr., 2.e part., 1809, pag.* 266).

366. *Quand un exploit est signifié à un domicile élu, la copie doit-elle être remise, en l'absence de la partie, de ses parens ou serviteurs, au voisin ou au maire, ainsi qu'elle le doit être, lorsque l'exploit est fait au domicile réel?*

---

(2) L'objection tirée de ce que l'huissier trouverait en cela un moyen de violer *impunément* la loi, ne nous paraît pas assez sérieuse pour repousser l'application de l'art. 1030; car la copie devant, en dernière analyse, être laissée au maire ou à l'adjoint, il est présumable que l'un ou l'autre de ces fonctionnaires ne manquera pas de s'informer de l'existence de l'assigné, et de lui faire tenir la copie : c'est un devoir sacré envers les administrés.

Si l'on admettait la nullité de l'assignation qui ne contiendrait pas le nom et la demeure du voisin, on devrait du moins décider que la signature de celui-ci, apposée sur l'original, suppléerait, dans le *parlant à*, à la mention du nom et même de la demeure : ce ne serait donc que dans le cas où le voisin aurait refusé de signer l'original et de se charger de la copie, que l'huissier devrait mentionner le nom et la maison de celui-ci, en constatant toutefois qu'il n'y avait pas d'autres voisins auxquels il pût s'adresser.

Mais en cas que le voisin auquel la copie aurait été offerte eût, en refusant de l'accepter et de signer l'original, refusé en outre de décliner son nom, on sent que l'on ne pourrait argumenter du défaut de mention du nom dans l'acte; car aucune loi n'ordonne à l'huissier de s'enquérir du nom de la personne à laquelle il remet la copie autrement que de cette personne elle-même.

Cette question avait été résolue pour la négative, par arrêt de la Cour d'appel de Colmar, du 5 août 1809 (*voy. Biblioth. du barr., 2e. part., 1809, tom. 4, pag.* 368), par le motif « qu'on ne saurait appliquer aux citations et » assignations faites à un domicile élu la rigueur de l'art. 68, qui ne peut con- » cerner que les exploits et actes faits au domicile réel, attendu que l'élection » de domicile est une espèce de mandat aux personnes qui l'occupent, de rece- » voir les actes et significations qui y seraient remis pour le compte de celui » qui y a un domicile élu. »

Cette décision a été cassée par arrêt du 29 mai 1811, attendu que l'art. 68 est général, et prononce sans distinction l'obligation des formalités qu'il prescrit, et que la peine de nullité, pour leur inobservation, est posée textuellement par l'art. 70. — (*Voy. Sirey*, 1811, *pag.* 264, *et Cassat.*, 25 *mars* 1812, *Sirey, tom.* 12, *pag.* 336).

367. *Peut-on laisser la copie à un domestique du voisin?*

Non, d'après un arrêt de la Cour d'appel de Bruxelles, du 19 février 1806, rapporté par Sirey et Denevers, tom. 7, supplément, pag. 47, mais sans énonciation des raisons de décider; omission à laquelle M. Demiau Crouzilhac, pag. 63, a suppléé en ces termes : « On regarde le domestique du voisin comme » absolument étranger à l'assigné, parce que son maître étant étranger à la » chose, et n'ayant lui-même aucun rapport d'intérêt ou d'affection avec la » partie, il n'y a aucun motif qui puisse le porter à remettre cette copie à sa » destination. » (1)

368. *A quelle distance faut-il que deux individus habitent pour qu'ils puissent être considérés comme voisins, de telle sorte que l'on ne puisse contester cette qualité à celui auquel l'huissier aurait remis la copie de l'exploit?*

L'art. 4 du tit. 11 de l'ordonnance de 1667 voulait que la copie fût remise au plus proche voisin; en sorte qu'il ne pouvait s'élever aucune difficulté sur la question de savoir si, à raison du plus ou moins d'éloignement de la demeure de celui auquel cette remise était faite, il pouvait ou non être considéré comme voisin. Le Code, en ne faisant aucune distinction, peut fournir matière à contestation.

---

(1) Nous disons plus : on regarde le domestique du voisin comme n'étant pas voisin de l'assigné, attendu qu'il n'a pas d'établissement propre et fixe dans le voisinage; qu'il n'y habite qu'accidentellement et aussi long-tems que ses services conviennent au maître; qu'il n'a point d'ailleurs avec lui ces relations de bienveillance et d'honnêteté qui lient ordinairement entre eux des chefs de maison, et qui font présumer généralement qu'ils cherchent à s'obliger.

Mais si le domestique n'est point considéré comme voisin, parce qu'il n'est pas chef de maison, on pourra demander, comme MM. Sirey et Denevers, ce qu'il faudra dire du commis, du fils, de la femme du voisin? Nous répondrons, à l'égard du commis, comme nous l'avons fait au sujet du domestique; mais à l'égard du fils et de la femme, la difficulté est moins facile à résoudre, parce que tous les deux ont une habitation fixe, et pour ainsi dire propre dans le voisinage, et peuvent avoir avec l'assigné les mêmes rapports que le chef de leur famille. Cependant il semble que la loi n'a voulu parler que d'un maître de maison, d'un chef de famille, et que toutes les fois que l'huissier ne trouve pas dans le voisinage un individu qu'il puisse ainsi qualifier, il est du moins prudent qu'il s'adresse à un autre voisin, ou, s'il n'en trouve pas, qu'il constate ce fait, et remette la copie au maire ou à l'adjoint.

Réputera-t-on voisin la personne qui habite en face de l'assigné; celle qui demeure dans une maison voisine; celle qui a son domicile dans la même rue, à quelque distance que ce soit, ou qui l'a dans une rue contiguë? Si l assigné occupe une maison isolée dans la campagne, considérera-t-on comme tel l'individu qui demeure à une longue distance, qui cependant serait la plus rapprochée?

Toutes ces questions peuvent se présenter et seraient difficiles à résoudre; car ni la loi, ni les auteurs, ni la jurisprudence, n'établissent de règles générales et applicables à tous les cas, pour fixer la distance à laquelle deux personnes peuvent être considérées en état de voisinage (1).

Nous croyons que l'huissier, pour prévenir toute difficulté, doit remettre la copie au plus proche voisin; s'il ne le rencontre pas, il doit se présenter successivement de proche en proche, jusqu'à ce qu'il ait trouvé quelqu'un à une certaine distance : cette obligation est fondée sur ce que l'art. 68 ne l'autorise à remettre la copie de son exploit au maire, qu'autant *qu'un voisin lui a déclaré ne pouvoir ou ne vouloir signer.*

Ce n'est que dans le cas où il aurait, dans la campagne, à parcourir une longue distance pour trouver un voisin, qu'il serait autorisé, en constatant cette distance, à remettre la copie au maire.

Au surplus, toutes les contestations qui s'élèveraient sur la qualité de voisin, nous paraissent, par le silence de la loi, abandonnées à la prudence du juge, qui, suivant les circonstances, pourrait annuler l'exploit ou le déclarer valable.

Mais nous rappelons que toutes les fois que l'huissier n'a pas trouvé de voisin, il doit en faire mention dans son exploit, ainsi qu'il a été décidé par l'arrêt de la Cour de Liége, cité sur la 365.e question.

Cet arrêt, que nous considérons comme étant rigoureusement conforme au texte de la loi, fournit un fort argument en faveur de notre opinion, relativement à l'obligation où nous venons de dire qu'était l'huissier de ne remettre la copie au maire qu'après avoir cherché un voisin jusqu'à une certaine distance, et constaté cette recherche.

Du moins agira-t-il prudemment en constatant ce fait.

369. *Quelle peine encourt l'huissier qui ne remet pas lui-même, à personne ou domicile, la copie des pièces qu'il aurait été chargé de signifier?*

Il encourt la suspension et l'amende portées dans l'art. 45 du décret du 14 juin 1813, sans préjudice des peines prononcées par l'art. 146 du Code pénal, s'il résulte de l'instruction qu'il a agi frauduleusement.

370. *L'art. 68 déroge-t-il aux lois commerciales sur les formes à observer pour les protêts?*

Non. — (*Avis du Conseil d'état du 25 janvier* 1807).

Ainsi le Code de commerce exigeant seulement (art. 76) que la copie soit *laissée à domicile*, nous pensons qu'elle y peut être remise à toute personne, et que l'huissier ou le notaire sont dispensés de la remettre au voisin, ou à défaut au maire.

---

(1) On peut voir, sur les diverses questions de nature à se présenter en plusieurs circonstances, relativement à la distance à laquelle commence le voisinage, le Traité du voisinage de M. Fournel, pag. 6 et suivantes.

Article 69.

Seront assignés,

1.° L'Etat, lorsqu'il s'agit de domaines et droits domaniaux, en la personne ou au domicile du préfet du département où siège le tribunal devant lequel doit être portée la demande en première instance (1);

2.° Le trésor public, en la personne ou au bureau de l'agent;

3.° Les administrations ou établissemens publics, en leurs bureaux, dans le lieu où réside le siège de l'administration; dans les autres lieux, en la personne et au bureau de leur préposé (2);

4.° Le Roi, pour ses domaines, en la personne du procureur du Roi de l'arrondissement (3);

5.° Les communes, en la personne ou au domicile du maire, et à Paris, en la personne ou au domicile du préfet (4) :

Dans les cas ci-dessus, l'original sera visé de celui à qui copie de l'exploit sera laissée; en cas d'absence ou de refus, le visa sera donné, soit par le juge de paix, soit par le procureur du Roi près le tribunal de première instance, auquel, en ce cas, la copie sera laissée;

6.° Les sociétés de commerce, tant qu'elles existent, en leur maison sociale; et s'il n'y en a pas, en la personne ou *au domicile de l'un des associés;*

7.° Les unions et directions de créanciers, en la personne ou au domicile de l'un des syndics ou directeurs;

---

(1) *L'état.* Ainsi, lorsqu'il s'agit d'un domaine qu'un particulier réclame de l'État, comme propriété *patrimoniale,* et que l'on soutient, au contraire, être une propriété *domaniale,* l'assignation doit être donnée au préfet du département dans lequel est situé ce domaine, et il en serait de même d'une succession qu'un individu se prétendant héritier réclamerait contre l'Etat, qui s'en serait emparé par droit de déshérence. La loi entend ici par *domicile du préfet,* non le domicile personnel qu'il aurait comme particulier, mais celui qu'il a comme préfet au chef-lieu du département.

(2) *De leur préposé.* Par exemple, s'il s'agit de la régie de l'enregistrement, des eaux et forêts, de la régie des domaines, de l'administration des contributions indirectes, etc., on les assignera à Paris, dans les bureaux de leur administration, et en la personne et au bureau de leur préposé, qui, en cette circonstance, est réputé *le domicile* de ces administrations.

(3) *Le Roi,* suivant l'ancienne maxime expliquée n.° 290, étant le seul en France qui soit formellement admis à plaider *par procureur,* il est à remarquer que l'assignation qui le concerne doit être donnée *en parlant* au procureur du Roi : on ne pourrait valablement la laisser au domicile. Il en est de même des assignations concernant le trésor public, et de celles qui seraient notifiées à des préposés d'administration ou établissemens publics.

Nous remarquons ici que, d'après une loi du 8 novembre 1814, les actions judiciaires du Roi sont exercées par ou contre un intendant que commet le ministre de sa maison, et à qui les assignations sont données en la personne du procureur du Roi.

(4) *Le préfet,* parce que la ville de Paris étant divisée en plusieurs mairies, il a fallu réunir les intérêts de chacune d'elles en la personne du chef de l'administration.

8.° Ceux qui n'ont aucun domicile *connu* en France (1), au lieu de leur résidence actuelle : si le lieu n'est pas connu, l'exploit sera affiché à la principale porte de l'auditoire du tribunal où la demande est portée. Une seconde copie sera donnée au procureur du Roi, lequel visera l'original;

9.° Ceux qui habitent le territoire français hors du continent, et ceux qui sont établis chez l'étranger, au domicile du procureur du Roi près le tribunal où sera portée la demande, lequel visera l'original, et enverra la copie, pour les premiers, au ministre de la marine, et pour les seconds, à celui des relations extérieures (2).

T. 27. — Ordonn. de 1667, tit. 2, art. 7, 8, 9. — C. de P., art. 70, 1039. — C. de com., art. 201. — *Suprà*, art. 59.

LVIII. En indiquant, par cet article, les personnes auxquelles l'exploit doit être remis, lorsqu'il s'agit d'assigner les personnes publiques et collectives qu'il désigne, le Roi, et ceux qui n'ont pas de domicile connu en France, ou qui sont établis hors le territoire du royaume, l'art. 69 a fait, à l'égard de ces derniers, une sage innovation aux anciennes dispositions de l'ordonnance, qui n'assujétissait point les procureurs du Roi à envoyer au ministère les copies d'exploits qu'ils avaient reçus, ce qui rendait à peu près inutile la remise qui leur en était faite.

---

(1) En général, on répute n'avoir pas de domicile connu, les vagabonds, en certains cas, es colporteurs, bateleurs, comédiens ambulans, etc. Nous ajouterons à l'autorité de Rodier, citée sur cette proposition, un arrêt de Nîmes, qui déclare que les comédiens ambulans n'ont pas de domicile fixe, et qu'en conséquence ils peuvent être traduits, en matière personnelle, pardevant le juge du lieu où ils ont contracté. — (*Sirey, 4 pluv. an 9, tom. 4, 2.° part., pag.* 528).

(2) JURISPRUDENCE.

1.° Il n'est pas nécessaire que les assignations notifiées aux sociétés de commerce en la maison sociale, soient données à l'un des associés nominativement. Il suffit d'assigner à cette maison les associés collectivement. — (*Cassat.*, 21 *nov.* 1808, *Sirey, tom.* 9, *pag.* 40).

2.° A plus forte raison, lorsque les membres d'une société commerciale ont été nommés *individuellement* au procès, sans indication du corps moral dont ils sont membres, toute signification est régulièrement faite à leur domicile individuel. Il est inutile qu'elle soit faite au domicile de la maison sociale. — (*Cassat.*, 27 *fév.* 1815, *Sirey, tom.* 15, *pag.* 188).

3.° L'exploit adressé à un maire *en sa qualité*, doit être visé, en cas d'absence de ce fonctionnaire, non par son ajoint, mais par le juge de paix. — (*Cassat.*, 10 *juin* 1812, 22 *nov.* 1813 *et* 10 *fév* 1817, *Sirey, tom.* 13, 14 *et* 18, *pag.* 36, 104 *et* 39).

4.° Un exploit peut être donné à un étranger, au lieu où il a indiqué sa résidence actuelle en France, attendu que, suivant le § 8 de l'art. 69, ceux qui n'ont pas de domicile connu en France doivent être assignés à leur résidence actuelle. Si donc l'assigné s'est dit avoir une résidence en France, dans une ville qu'il indique, l'exploit lui est valablement remis en ce lieu, et il ne peut l'arguer de nullité, par le motif qu'il ne l'aurait pas été à sa personne ou à son domicile, mais dans une ville où il maintiendrait n'avoir eu qu'une résidence momentanée. — (*Cassat.*, 27 *juin* 1809, *Sirey, tom.* 9, *pag.* 413).

NOTA. L'étranger peut également être assigné au domicile d'un mandataire, s'il lui avait donné pouvoir spécial pour répondre à l'action; autrement, il faudrait se conformer au § 9 de l'art. 69.

371. *Si un huissier ne trouve pas la demeure d'une personne au lieu où elle s'est donné domicile, doit-il, à peine de nullité, afficher une copie de l'exploit à la principale porte de l'auditoire du tribunal où la demande est portée, et en donner une seconde au procureur du Roi?*

Un arrêt de la Cour de cassation, du 8 mai 1807, rapporté par les éditeurs de la Jurisprudence sur la procédure, a décidé que l'art. 9 du tit. 2 de l'ordonnance de 1667, qui renfermait une disposition analogue à celle du § 8 de l'art. 69 du Code de procédure, n'était relatif qu'aux personnes qui n'avaient pas de *domicile connu;*

Qu'ainsi, dans l'espèce de la question ci-dessus posée, où l'assigné s'était donné un domicile, l'huissier, dont les recherches par toute la commune avaient été infructueuses, n'avait pu mieux faire, dans le silence de la loi sur la marche à suivre en pareil cas, que de remettre son exploit au maire; mesure dont l'événement justifiait d'ailleurs l'efficacité, puisque l'exploit était parvenu à l'assigné.

Il suffit de comparer les termes de l'article de l'ordonnance avec ceux du § 8 de l'art. 69, pour reconnaître que la même décision devrait être rendue sous l'empire du Code de procédure (1).

372. *En est-il, relativement aux étrangers qui sont hors de France, des significations de jugemens et autres actes judiciaires, comme des exploits d'ajournement? Doit-on les notifier au domicile du procureur du Roi?*

Cette question a été résolue pour l'affirmative sous l'empire de l'ordonnance, par une foule d'arrêts rapportés dans les Questions de droit de M. Merlin, aux mots *signification de jugement.*

Il est évident, par l'analogie qui existe entre l'art. 69 du Code de procédure, et l'art. 7 du tit. 2 de l'ordonnance, que l'on doit se conformer aujourd'hui à cette ancienne jurisprudence.

5.° Il peut l'être également au lieu de sa dernière résidence en France, encore qu'il n'eût pas été autorisé par le gouvernement à y établir son domicile. — (*Cassat.*, 20 *août* 1811, *Sirey, tom.* 11, *pag.* 362).

6.° S'il s'agit d'un acte d'appel à signifier conformément au § 9 de l'art. 69, c'est au procureur général que la signification doit en être faite, même lorsque l'exploit s'adresse à un étranger. Il y a ici même raison de décider que dans l'espèce de la question 372 ci-dessus. — (*Arrêts divers des Cours royales, et Cassat.*, 3 *août* 1818, *Sirey*, *tom.* 9, *pag.* 74).

7.° L'assignation ne serait pas nulle, si le procureur du Roi ou le procureur général négligeait de faire l'envoi que prescrit le § 9 de l'art. 69. — (*Cassat.*, 11 *mars* 1817, *Sirey, tom.* 18, *pag.* 70).

NOTA. On ne peut, en effet, rendre la partie responsable de la négligence du magistrat que la loi charge de l'accomplissement de la forme.

(1) Dans ce cas, et dans tous ceux où le domicile n'est pas connu, si l'exploit est un acte d'appel, l'huissier doit afficher, non pas à la porte du tribunal du lieu de la signification, mais à la principale porte de l'auditoire de la Cour qui doit connaître de l'appel, et remettre la copie au procureur général. — (*Rennes*, 2 *déc.* 1812, *et la note ci-dessus*, 6.°)

Remarquons, en outre, que la remise de l'exploit doit être faite, comme nous venons de le dire, sans que l'huissier soit tenu de dresser préalablement un procès-verbal constatant l'inutilité de ses recherches; ce serait une formalité frustratoire, puisqu'elle ne peut produire aucun effet. — (*Rennes*, 2.e *chamb.*, 16 *janv.* 1818).

373. *Mais cette décision serait-elle applicable aux Français habitant hors du continent ou établis chez l'étranger?*

M. Merlin fait observer que « les significations ne peuvent, comme les cita- » tions, être faites au domicile du procureur du Roi, hors le cas où concourent » les deux conditions requises par l'art. 7 du tit. 2 de l'ordonnance de 1667; » c'est-à-dire, hors le cas où il s'agit d'étrangers, et où ces étrangers ne sont » pas en France. »

Nous répondons que l'art. 7 du tit. 2 de l'ordonnance était, sous ce rapport, autrement conçu que l'art. 69 du Code; il portait: *Les* ÉTRANGERS *qui seront* HORS LE ROYAUME, *seront ajournés ès hôtels de nos procureurs généraux.* Mais la généralité des termes de notre article ne permet pas de faire l'exception que l'ordonnance semblait autoriser (1).

374. *Doit-on appliquer les dispositions des §§ 8 et 9 de l'art. 69, en ce qui concerne la remise au procureur du Roi, lorsque l'affaire est portée devant un juge de paix ou un tribunal de commerce?*

Nous pensons qu'on n'en doit pas moins remettre la copie au procureur du Roi du tribunal civil dans le ressort duquel se trouve le juge de paix ou le tribunal de commerce qui doit connaître de la contestation. — (*Voy. Locré, Esprit du Code de com., tom. 9, pag. 77*).

ARTICLE 70.

Ce qui est prescrit par les deux articles précédens sera observé à peine de nullité.

T. 78. — Ordonn. de 1667, tit. 2, art. 3, 4.

LIX. LA nullité prononcée par cette disposition est fondée sur ce que le législateur a considéré les formalités prescrites par les deux articles précédens, comme tellement essentielles, qu'il devait résulter de leur inobservation une présomption légale que l'acte n'a pas été connu des parties intéressées.

375. *La peine de nullité, et les réparations accessoires qu'y attache l'art. 71, sont-elles les seules peines qui seraient encourues, dans le cas où l'huissier eût fait porter, par un clerc ou par un commissionnaire, un exploit dans lequel il n'en eût pas moins énoncé l'avoir signifié lui-même?*

L'huissier encourt la peine du faux; car, on ne saurait trop le répéter, il se rend coupable d'un crime prévu par l'art. 146 du Code pénal. La circonstance que les huissiers d'un même arrondissement fussent dans l'usage d'agir

---

(1) Il y a plus: Rodier cite, quest. 4, un arrêt du Conseil d'état du 25 août 1662, et un arrêt du Parlement de Rouen, qui, sur ce point, assimilèrent le Français à l'étranger, et il ajoute *qu'il faut s'en tenir à cette façon de procéder, jusqu'à ce que le Roi s'en soit autrement expliqué.*

Il suffit de lire l'art. 69 pour reconnaître qu'elle a été consacrée de la manière la plus formelle par la généralité de ces termes de l'art. 69, *ceux qui,* ils comprennent évidemment toute personne *française* ou *étrangère, habitant le territoire du royaume, hors du continent, ou établie chez l'étranger.*

de la sorte, la certitude qu'il n'y aurait pas de mauvaise intention, pourraient, à la vérité, modifier la *criminalité* du faux, et être prises en considération dans les débats relatifs à l'arrêt sur le fond, mais elles ne sauraient empêcher l'action de la justice.

Au reste, un usage aussi abusif doit cesser; et après les nombreux arrêts qui ont décidé de la sorte, il ne resterait plus d'excuse aux huissiers, avertis qu'ils commettent un crime en ne posant pas eux-mêmes leurs exploits. — (*Voy. entre autres l'arrêt de la Cour de cassat., du* 21 *juil.* 1810, *Sirey*, 1811, *pag.* 69).

Article 71.

Si un exploit est déclaré nul par le fait de l'huissier, il pourra être condamné aux frais de l'exploit et de la procédure annulée, sans préjudice des dommages et intérêts de la partie, suivant les circonstances.

T. 78. — *Infrà*, art. 181, 242, 609, 788, 826, 1031.

LX. La disposition de l'art. 71 est fondée sur le préjudice que l'huissier peut faire à la partie, en n'observant pas les formes que la loi prescrit. Par exemple, le Code civil dit que la citation en justice interrompt la prescription, et il ajoute que si l'assignation est nulle par défaut de forme, l'interruption est réputée non avenue. Si donc, avant que l'exploit pût être recommencé, la prescription se trouvait encourue, le mal serait sans remède. Tel serait aussi le résultat d'un exploit d'appel qui serait déclaré nul, si les délais pour interjeter un nouveau pourvoi étaient expirés, etc.

376. *Le défendeur qui aurait à réclamer des dommages-intérêts, à raison de l'exploit notifié à requête du demandeur, a-t-il action contre ce dernier?*

Il a sans doute une action directe contre l'huissier. C'est une conséquence de l'art. 1182 du Code civil; mais d'après la maxime, *factum procuratoris, factum partis*, il a également action contre le demandeur, sauf le recours de celui-ci vers l'huissier dont il doit s'imputer d'avoir employé le ministère. — (*Berriat, pag.* 81, *not.* 58).

377. *De ce que l'art.* 71 *porte que l'huissier* POURRA *être condamné aux frais de l'exploit nul par son fait, en résulte-t-il que le juge ne soit pas dans l'obligation rigoureuse de prononcer contre lui cette condamnation?*

L'art. 1031, rapproché de l'art. 71, nous semble prouver que, dans cette hypothèse, le juge est tenu de prononcer la condamnation. Cet article s'explique en effet en termes positifs; il renferme une disposition générale, d'après laquelle celle de l'art. 71 doit être interprétée. Mais ne perdons pas de vue qu'il faut que la nullité provienne du *fait personnel* de l'huissier. Ainsi, par exemple, s'il avait, sur l'indication du demandeur, indiqué un domicile qui ne serait pas celui de cette partie, l'exploit sera nul à la vérité, mais l'huissier ne serait pas condamné aux frais, puisque cette indication erronée ne saurait lui être personnellement imputée.

ARTICLE 72.

Le délai ordinaire des ajournemens, pour ceux qui sont domiciliés en France, sera de huitaine (1).

Dans les cas qui requerront célérité, le président pourra, par ordonnance rendue sur requête, permettre d'assigner à bref délai (2).

T. 77. — Ordonn. de 1667, tit. 3, art. 1, 2. — C. de P., art. 349, 1033. — *Infrà*, sur l'art. 457.

LXI. L'ART. 72 fixe le délai ordinaire, autrement le délai *général* dans lequel le défendeur doit comparaître sur l'ajournement qui lui a été notifié. Toutes les fois donc que la loi n'a pas, en termes formels, indiqué un délai plus bref ou plus long, c'est celui de *huitaine* qui doit être observé; mais il est à remarquer, 1°. que par une disposition commune à toute espèce de citation en justice, l'art. 1033 déclare ce délai franc, et l'augmente d'un jour à raison de trois myriamètres (six lieues anciennes) de distance; dispositions que contenait aussi l'ordonnance de 1667. Ce même délai général s'applique à tous les habitans de la France continentale, tant français qu'étrangers, mais dans les cas qui requièrent *célérité*, et parmi lesquels se placent nécessairement les cas ou matières provisoires, l'article laisse à l'arbitrage absolu du président la faculté de l'abréger (*voy. aussi l'art.* 808); et il devient nécessaire alors qu'en assignant le défendeur à bref délai, le demandeur lui fasse signifier, avec l'exploit, copie de la requête et de l'ordonnance. Le premier aura nécessairement ensuite, lorsqu'il se présentera sur cette assignation, la faculté de demander une prorogation, si le délai avait été fixé à un terme trop rapproché.

378. *L'ordonnance du président, portant permission d'assigner à bref délai, peut-elle être annulée par la Cour ou le tribunal?*

Oui, si l'on s'en rapporte à un arrêt de la Cour de Rome, du 2 mai 1811. — (*Sirey, tom.* 11, *pag.* 298).

Mais nous ne pensons pas que l'on doive suivre la décision de cet arrêt, puisque l'art. 72 n'accorde pas, même implicitement, au tribunal, la faculté de réformer, en ce cas, l'ordonnance du président; réformation qui, suivant l'arrêt, entraînerait celle de l'assignation qui s'en est suivie. Si la partie défenderesse justifie au tribunal qu'il n'y avait pas lieu à l'assigner à bref délai, elle peut demander et obtenir que les frais de la requête ne passeront pas en taxe; si elle prouve qu'elle avait besoin du délai légal pour réunir ses pièces

---

(1) Voy. notre Introduction, au titre des délais des procédures.

(2) JURISPRUDENCE.

Lorsqu'un tribunal a permis d'assigner extraordinairement à jour fixe, à la charge de faire donner l'assignation dix jours au moins avant celui qu'il aurait indiqué, il ne peut valider cette assignation, si elle est notifiée à un délai moindre de dix jours. — (*Cassat.*, 3 *prair. an* 12, *Sirey, tom.* 4, 2.ᵉ *part.*, *pag.* 706).

et proposer ses défenses, elle peut obtenir un renvoi ; mais nous ne saurions trouver aucune raison fondée en droit, pour annuler l'assignation elle-même, et obliger le défendeur à citer de nouveau. — (*Voy. Denevers*, 1817, 2e. *part.*, *pag.* 145).

ARTICLE 73.

Si celui qui est assigné demeure hors de la France continentale, le délai sera,

1.° Pour ceux demeurant en Corse, dans l'île d'Elbe ou de Capraja, en Angleterre et dans les Etats limitrophes de la France, de deux mois;

2.° Pour ceux demeurant dans les autres Etats de l'Europe, de quatre mois;

3.° Pour ceux demeurant hors d'Europe, en-deçà du cap de Bonne-Espérance, de six mois;

Et pour ceux demeurant au-delà, d'un an.

Ordonn. de 1667, tit. 11, art. 1.er — Loi du 28 germ. an 11. — C. de P., art. 445, 446, 486, 639. — C. de com., art. 511.

LXII. Les délais que la loi, par les dispositions générales que renferme l'art. 73, détermine pour toutes les parties domiciliées ailleurs que sur le continent français, ont leurs motifs dans la nécessité de prévenir les difficultés qui pourraient s'élever, soit sur l'étendue des distances, soit sur la lenteur ou la rapidité des communications entre les lieux situés hors du territoire continental du royaume ou en pays étranger, et ceux où siègent les tribunaux français, devant lesquels le défendeur serait appelé.

Ces délais ne sont pas susceptibles de l'augmentation à raison des distances, déterminée par l'art. 1033. — (*Colmar*, 1er. *août* 1812, *Sirey*, *tom.* 14, *pag.* 132).

ARTICLE 74.

Lorsqu'une assignation à une partie domiciliée hors de la France sera donnée à sa personne en France, elle n'emportera que les délais ordinaires, sauf au tribunal à les prolonger s'il y a lieu.

LXIII. La modification qu'apporte ici l'art. 74 aux dispositions générales de l'art. 73, est une heureuse innovation; il fallait auparavant, quoique l'assignation eût été donnée en France à la personne du défendeur, observer les mêmes délais que si l'exploit avait été notifié à son domicile hors de France, ce qui pouvait souvent devenir très-préjudiciable au demandeur. — (*Exposé des motifs*).

L'on voit qu'aujourd'hui, lorsque l'exploit est remis au défendeur qui se trouve passagèrement en France, l'ajournement n'emporte dès lors que les délais ordinaires de huitaine, et d'un jour par trois myriamètres de distance entre le lieu où la copie lui est remise, et la ville où siége le tribunal.

Mais il peut arriver quelquefois que la personne citée ait besoin, pour sa défense, de faire venir des pièces et des instructions; cela dépend beaucoup de la nature de l'affaire; il eût été par conséquent dangereux d'établir une règle absolue, et qui dût recevoir son exécution dans tous les cas. Aussi, à l'exemple de la loi du 28 germinal an 11, l'art. 74 contient une disposition pour autoriser le tribunal à prolonger le délai, *s'il y a lieu*, et par cette sage modification, aucun intérêt particulier ne peut être compromis. — (*Exposé des motifs*).

Au reste, cette disposition ne peut s'appliquer aux étrangers domiciliés en France. On est toujours censé avoir, dans son domicile, tous ses titres et papiers.

379. *Pourrait-on tirer de l'art. 74 une conséquence contraire à la solution donnée sur la 99e. question?*

Non, puisque cet article ne concerne que les personnes domiciliées hors France, et prévient d'ailleurs l'inconvénient qui motive la solution que nous avons donnée, en permettant au tribunal de prolonger le délai s'il y a lieu; ce que la loi ne lui accorde point, dans le cas où la personne domiciliée en France reçoit l'exploit ailleurs qu'à son domicile.

380. *A quelle époque le défendeur peut-il obtenir la prolongation du délai?*

Il ne peut l'obtenir avant d'avoir lié l'instance par la constitution d'avoué.

TITRE III.

Constitution d'avoué et défenses.

Les avoués ont exclusivement le droit de postuler, d'instruire et de prendre des conclusions devant le tribunal près le lequel ils sont établis. — (*Loi du 27 vent. an 8, et décret du 19 juil.* 1810). (1)

Leur ministère est donc indispensable pour les parties, soit qu'elles veuillent user du droit que leur donne l'art. 85 du Code de procédure, de se défendre elles-mêmes, soit qu'elles confient leur défense à un avocat.

Pour qu'un avoué puisse valablement représenter une partie, il faut qu'il ait été constitué par elle.

On sait déjà (*voy. suprà sur l'art.* 61), que cette constitution n'est légalement faite pour le demandeur, que par l'exploit même d'ajournement : nulle autre formalité n'est à remplir.

Le défendeur doit à son tour constituer son avoué dans le délai que l'ajournement fixe pour la comparution.

---

(1) Voy., sur les fonctions et devoirs des avoués, notre Traité des lois d'organisation et de compétence, liv. 1.er, tit. 3, chap. 3.

Il satisfait à cette obligation par un simple acte, que l'avoué dont il a fait choix notifie à celui du demandeur.

On appèle cet acte, *acte d'occuper*, parce que l'avoué du défendeur y déclare qu'il est chargé *d'occuper* et *qu'il occupera* pour cette partie.

Mais, si l'assignation est donnée à bref délai, la loi permet à l'avoué d'obtenir acte à l'audience de sa constitution, sauf à la réitérer par exploit. (76).

Faute au défendeur d'avoir constitué avoué dans le délai de l'ajournement, le demandeur peut prendre défaut. (149).

Les avoués ainsi constitués, l'instruction du procès commence.

On appèle *instruction* l'emploi des divers moyens que la loi donne soit aux parties, pour instruire le juge de la vérité des faits et des raisons de droit sur lesquelles elles fondent leurs prétentions, soit au juge, pour s'éclairer par lui-même, lorsque les parties ne lui semblent pas fournir les renseignemens suffisans.

Nous rappelons ici ce que nous avons dit *suprà*, pag. 91 et 125, que le Code, dans les huit premiers titres du présent livre, n'a tracé de règles que pour l'instruction des affaires simples, c'est-à-dire, des causes qui ne présentent aucun incident, et qui n'exigent aucune procédure particulière.

Lorsqu'une affaire de cette nature ne requiert pas célérité, ou lorsque la matière de la demande n'est pas sommaire (art. 405), cette affaire s'instruit par deux écrits, que l'on appèle, l'un *écrit de défense*, l'autre *écrit de réponse* : (1) nulle autre écriture ne passe en taxe. (81).

L'écrit de défense contient les moyens de fait et de droit que le défendeur oppose contre le *libelle* (2) et les conclusions de la demande. (77).

L'écrit de réponse contient les réponses du demandeur au premier. (78).

Les deux parties sont libres de signifier ou non ces deux écrits.

Ainsi le défendeur qui n'entend pas fournir d'écrit de défense, ou le demandeur qui n'entend pas répondre à cet écrit, peut poursuivre l'audience par un simple acte, que l'on nomme *avenir*, de même que le plus diligent d'entre eux le peut faire quand les écrits ont été respectivement notifiés. (79, 80).

Sur cet *avenir*, que l'on nomme aussi *sommation d'audience*, et qui est le seul que l'on admette en taxe pour chaque partie (art. 82), la cause est plaidée, après communication au ministère public, si elle est du nombre des affaires qui exigent son intervention, et l'observation de certaines formalités prescrites par le réglement du 30 mars 1808.

ARTICLE 75.

Le défendeur sera tenu, dans *les délais de l'ajournement* (3), de constituer avoué; ce qui se fera par acte signifié d'avoué à

---

(1) Sur la rédaction de ces écrits, voy. Berriat Saint-Prix, pag. 217, not. 14 et 15.

(2) On nomme *libelle* l'exposé sommaire des moyens que l'ajournement doit contenir, conformément au § 3 de l'art. 61.

(3) Supposons, par exemple, que l'exploit ait été donné le 1.er novembre. Il faut compter huit jours francs : le jour de l'échéance aura lieu le 10, et le demandeur ne pourra obtenir défaut que le 11.

avoué (1). Le défendeur ni le demandeur ne pourront révoquer leur avoué, sans en constituer un autre. Les procédures faites et jugemens obtenus contre l'avoué révoqué, et non remplacé, seront valables (2).

T. 68, 70. — Ordonn. de 1667, art. 1.er, tit. 5, et art. 2, tit. 11. — C. de P., art. 61, 148, 149, 342, 352, 529, 1038.

LXIV. PAR cet article, le législateur a abrogé l'usage des présentations qui, aux termes de l'ordonnance, se faisaient au greffe du tribunal, et dont l'omission après les délais entraînait un jugement, que l'on appelait défaut aux ordonnances. La disposition de l'art. 75 a donc eu pour motif de rendre en ce point la procédure plus simple et moins dispendieuse.

381. *En quelles circonstances et en faveur de quelles parties la loi dispense-t-elle de la constitution d'avoué?*

Il y a exception à la disposition générale de l'art. 75,

1°. En faveur de l'Etat, plaidant par le ministère des préfets. — (*Cassat.*, 16 *messid. et* 29 *therm. an* 10, *Sirey, tom.* 20, *pag.* 502, *et tom.* 2, *pag.* 383).

2°. De la régie des douanes. — (*Cassat.*, 1er. *germ. an* 10, *Sirey, tom.* 7, *pag.* 801).

3°. De celle de l'enregistrement, non seulement dans les affaires où il s'agit des droits d'enregistrement, mais encore relativement à celles touchant la perception des revenus du domaine (*cassat.*, 20 *niv. an* 11, *Sirey, tom.* 5, *pag.* 116), ou les recouvremens de frais dus à l'Etat en matière criminelle. — (*Cassat.*, 28 *juill.* 1812, *Sirey, tom.* 13, *pag.* 87). (3)

382. *L'avoué constitué tient-il de la simple remise des pièces un mandat suffisant pour faire tous les actes pour lesquels la loi n'exige pas un pouvoir spécial?*

Autrement : *Est-il nécessaire que l'avoué soit muni d'un pouvoir par écrit?*

L'art. 68 du Tarif comprend, dans le droit de consultation alloué à l'avoué, les frais *de la procuration sous signature privée ou pardevant notaire*. De là, M. Demiau Crouzilhac, pag. 71, conclut que la simple remise des pièces ne tient pas lieu de pouvoir à l'avoué; il cite plusieurs cas dans lesquels il estime qu'il y aurait lieu à de grands abus, s'il en était autrement; « car, dit-il,

(1) La signification se fait par un huissier audiencier.

(2) Quoiqu'on puisse agir valablement contre l'avoué révoqué et non remplacé, il ne pourrait agir valablement lui-même ni faire aucune signification.

(3) Dans tous les cas, le ministère public, en vertu des différentes lois dont les arrêts ci-dessus présentent l'application, est chargé non seulement de la direction et de la surveillance de la procédure, mais encore de la défense. Mais il est à remarquer que cette procédure spéciale, sans ministère d'avoués, autorisée dans les contestations entre la régie de l'enregistrement et ses redevables, ne peut être employée dans les contestations d'entre cette régie et un débiteur du redevable, entre les mains duquel elle eût fait une saisie-arrêt. En effet, le tiers débiteur, qui a droit au ministère d'un avoué en plaidant avec son créancier, ne peut être dépouillé de ce droit, parce que la régie se trouverait mise à la place de ce créancier. — (*Cassat.*, 29 *avril* 1818, *Sirey, tom.* 20, *pag.* 376).

» n'arrive-t-il pas souvent qu'on remet des pièces à un avoué uniquement pour » le consulter? N'arrive-t-il pas aussi qu'on élit domicile chez lui, soit pour » l'exécution d'un acte, soit pour une inscription hypothécaire? Si donc on » signifie à ce domicile une impétration contre cet acte, une demande en radiation de l'inscription avec assignation, l'avoué nanti de cette pièce pourra » se constituer, plaider et exposer son client aux risques d'un procès que » celui-ci n'aurait pas soutenu. Ne serait-ce pas un abus monstrueux? Cependant le cas peut se présenter; l'avoué aura-t-il agi impunément? Pourra-t-il » même se débarrasser du désaveu, sur le fondement qu'étant nanti de pièces, » il avait évidemment un mandat? »

Nous ferons observer, contre cette opinion, qu'autrefois, comme aujourd'hui, les frais de procuration étaient alloués; et cependant tous les auteurs s'accordaient à dire que la remise des pièces suffisait à l'avoué pour l'autoriser à faire tous les actes de son ministère, autres que ceux pour lesquels la loi ou la jurisprudence avait établi qu'il était nécessaire qu'il eût un pouvoir spécial. Cette opinion était reçue si généralement, que nous sommes dispensé de citer des autorités; et comme nous ne trouvons aucune disposition, aucune décision contraire dans la jurisprudence nouvelle, nous estimons que l'on doit continuer de la suivre (1).

---

(1) Loin que le Code de procédure renferme quelques dispositions sur lesquelles on puisse appuyer le sentiment de M. Demiau Crouzilhac, l'art. 352, au contraire, fournit un argument contre lui, puisqu'il en résulte que les dispositions du Code, au titre du *désaveu*, ne sont applicables qu'au cas où l'avoué aurait fait des offres, un aveu, ou donné un consentement sans pouvoir spécial : d'où suit assez naturellement qu'il n'aurait pas besoin de pouvoir écrit pour suivre une procédure, au moins sous peine de désaveu.

Le mandat, dit l'art. 1985 du Code civil, peut être donné *verbalement*. Or, la remise de l'original de l'exploit, faite par le demandeur à un avoué, original qui contient d'ailleurs sa constitution, celle de la copie par le défendeur, ne prouvent-elles pas, dans le premier cas, que le mandat lui a été donné par écrit, dans le second, qu'il a été donné verbalement, à l'effet de représenter la partie aux suites du procès?

Que l'art. 68 du Tarif accorde les frais du pouvoir authentique ou sous seing privé, est-ce un motif de décider que le législateur ait entendu formellement obliger l'avoué à se munir d'un pouvoir écrit, lorsque l'art. 1985 du Code civil autorise le mandat verbal?

Quant aux abus contre lesquels s'élève M. Demiau Crouzilhac, nous rendrons justice au zèle de cet estimable auteur, aujourd'hui professeur à la faculté de Paris, et à la juste haine qu'il manifeste, dans le cours de son ouvrage, contre la chicane et ses vexations; mais nous ferons observer qu'ici ces abus ne sont pas autant à craindre qu'il le pense. D'un côté, l'on doit présumer qu'un avoué ne se portera point à intenter un procès, ou à y défendre, si les pièces ne lui ont été remises que pour avoir son avis, et que lorsqu'une assignation lui est laissée par suite d'une élection de domicile en son étude, il en référera à la partie; de l'autre, s'il oubliait les devoirs de son état au point d'agir, en ces différens cas, sans le consentement de celle-ci, nous ne doutons pas qu'elle n'eût contre lui une action en dommages-intérêts, si elle pouvait prouver le dol ou la fraude.

M. Pigeau, tom. 1, pag. 126, ne fait aucun doute que la remise des pièces a tous les effets d'un pouvoir écrit, pour le cas où il ne s'agit point de faire des offres, aveux, etc. Et, en partageant cette opinion, M. Berriat Saint-Prix, pag. 70, not. 16, estime que l'avoué doit en être cru sur son affirmation, lorsque la partie prétend que les pièces lui ont été confiées pour tout autre objet qu'une *constitution*.

Cependant, pour éviter toute mauvaise contestation de la part d'un client de mauvaise foi, les avoués sentiront qu'il est toujours prudent d'exiger un pouvoir, soit par écrit sous seing privé, soit par acte authentique. — (*Voy. les questions sur l'art. 352*).

383. *Si le défendeur se proposait de décliner la jurisdiction devant laquelle il est assigné, ou d'opposer la nullité de l'exploit d'ajournement, la constitution d'avoué devrait-elle en contenir la déclaration expresse?*

Non, puisque le silence gardé à ce sujet dans la constitution d'avoué ne couvre ni le déclinatoire, ni les nullités, ainsi qu'il sera prouvé sur les art. 169 et 173.

384. *Le défendeur peut-il constituer avoué après le délai fixé par l'ajournement?*

La loi n'a fixé le délai pour la constitution d'avoué que pour marquer le tems après lequel, faute de constitution, le demandeur peut prendre défaut: ainsi, le défendeur peut faire cette constitution aussi long-tems que le jugement par défaut n'a pas été obtenu. — (*Voy. Rodier, sur l'art.* 2, *tit.* 4 *de l'ordonn., quest.* 4).

385. *Comment se fait la révocation de l'avoué?*

Elle se fait par un acte dans lequel l'avoué que la partie charge de son affaire, à la place de celui qu'elle avait constitué d'abord, déclare que cette dernière révoque celui-ci, et qu'il se constitue à sa place.

Cet acte doit être signifié tant à l'avoué révoqué qu'à ceux avec lesquels la partie se trouve en instance. — (*Voy. Pothier, Contrat de mand., chap.* 5, *art.* 1er, § 6, *n°.* 14).

386. *Peut-on prouver par témoins la révocation de l'avoué?*

Il est certain, dit Duparc-Poullain, tom. 9, pag. 297, que, sans commencement de preuve par écrit, la preuve de la constitution de l'avoué ni de sa révocation ne peut être admise.

387. *Les procédures faites contre un avoué qui eût cessé d'occuper autrement que par révocation, par exemple, pour cause de décès, de démission, interdiction ou destitution, seraient-elles valablement faites contre lui, jusqu'à son remplacement, comme dans le cas de la révocation?*

L'art. 76, conforme à l'opinion de Rodier, sur l'art. 26 de l'ordonnance, est conçu en termes limitatifs, et nous estimons, en conséquence, qu'en tous les cas ci-dessus posés, les procédures seraient arrêtées, et qu'il faudrait, avant tout, assigner en constitution de nouvel avoué pour les continuer avec celui qui serait institué. C'est d'ailleurs ce qui résulte des dispositions de l'art. 344.

ARTICLE 76.

Si la demande a été formée à bref délai, le défendeur pourra, au jour de l'échéance, faire présenter à l'audience un avoué, auquel il sera donné acte de sa constitution. Ce jugement ne ne sera point levé; l'avoué sera tenu de réitérer, dans le jour, sa constitution par acte; faute par lui de le faire, le jugement sera levé à ses frais (1).

T. 30, 80. — Ordonn. de 1667, tit. 14, art. 5, 6. — C. de P., art. 72.

LXV. La disposition de cet article est de droit nouveau, et se fonde sur ce qu'en cette circonstance, où la demande est formée à bref délai, le défendeur n'a pas un moment à perdre pour se mettre en règle. — (*Rapp. au Corps législ.*)

388. *L'avoué du demandeur est-il obligé de faire les poursuites contradictoirement avec celui qui a été présenté à l'audience, et auquel il a été donné acte de sa constitution, encore bien qu'elle n'ait pas été réitérée dans le jour?*

Dès que le tribunal a décerné acte de la constitution à l'avoué présenté à l'audience, cet acte produit tout l'effet de la dénonciation de la constitution ordinaire. L'avoué qui a fait la déclaration de se constituer est obligé de suivre la procédure, de même que l'avoué adverse est tenu de communiquer avec lui. C'est ce qui résulte des termes même de l'art. 76, qui n'exige de réitérer la constitution par acte qu'afin de la constater dans les pièces du procès, et pour éviter les frais plus considérables du lief du jugement qui en décerne acte. — (*Voy. Demiau Crouzilhac, pag.* 73).

389. *Est-on autorisé à présenter avoué à l'audience, conformément à l'art. 76, lorsque l'assignation n'est pas donnée à bref délai?*

Il est évident, comme l'observe M. Demiau Crouzilhac, pag. 73, que la faveur de l'art. 76, pour les déclarations de constitution de l'avoué à l'audience, ne s'applique qu'aux assignations à bref délai. Le tribunal n'est donc pas autorisé à décerner acte de la constitution dans les autres cas; il doit donner défaut, et ne peut, qu'autant qu'il y a consentement de l'avoué adverse au nom de sa partie, se relâcher de cette juste sévérité, qui tend d'ailleurs à prévenir les abus signalés par l'auteur que nous venons de citer.

390. *L'acte qui doit être décerné de la constitution de l'avoué à l'audience, est-il l'objet d'un jugement préalable et distinct de celui que le tribunal, à cette audience même, pourrait rendre préparatoirement ou définitivement sur la demande?*

Il nous semble que le texte de l'art. 76 suffit pour la décision de cette question; le jugement dont il parle, et qu'il déclare ne devoir être levé qu'autant que l'avoué ne réitérerait pas sa constitution par acte dans le jour, est évidemment un jugement préparatoire et de pure forme, qui décerne acte de la constitution à l'audience.

Ainsi, on a prévenu un abus qui résulterait de ce que l'acte serait décerné

---

(1) JURISPRUDENCE.

L'art. 76 ne peut être étendu à des cas autres que celui d'une assignation à bref délai. Ainsi, par exemple, la partie saisie ne peut constituer avoué à l'audience au moment de l'adjudication provisoire, et demander la communication de toute la procédure. — (*Rennes, 26 juin 1813, Journ., tom. 4, pag.* 343).

par le jugement même qui prononcerait sur la demande. Cet abus consisterait en ce que l'avoué qui négligerait de renouveler sa constitution par acte, serait obligé de lever à ses frais un jugement dont le retrait serait souvent très-dispendieux, et se trouverait ainsi trop sévèrement puni de sa négligence.

391. *Mais est-il besoin que l'avoué réitère sa constitution, dans le cas où le jugement qui intervient de suite est définitif?*

On peut dire qu'il devient inutile, et par conséquent frustratoire, d'exiger la notification d'un acte d'occuper, dans une instance terminée par jugement définitif. Mais nous répondons qu'il faut bien justifier de la constitution d'un avoué pour la rédaction des qualités et les suites à faire concernant l'exécution. Si l'avoué ne réitérait pas la constitution, il faudrait bien lever le jugement qui lui en décerne acte : autant vaut donc qu'il la réitère.

ARTICLE 77.

Dans la quinzaine du jour de la constitution, le défendeur fera signifier ses défenses, signées de son avoué; elles contiendront offre de communiquer les pièces à l'appui, ou à l'amiable, d'avoué à avoué, ou par la voie du greffe (1).

T. 72, 91. — Ordonn. de 1667, tit. 5, art. 1.er, 3, tit. 11, art. 2. — C. de P., art. 81, 104, 405. — Réglement du 30 mars 1808, art. 70.

LXVI. PAR cet article, dont l'objet est de donner au défendeur le tems convenable pour examiner la demande, le Code ne fait aucune distinction entre les matières sommaires et les matières ordinaires. Mais il n'est pas douteux, d'après l'art. 405, que la faculté de fournir défense est interdite dans les premières, comme elle l'était sous l'empire de l'ordonnance; d'un autre côté, l'ordonnance exigeait, pour les matières ordinaires, que les défenses fussent signifiées avant l'audience, afin d'éviter toute surprise, et si elles ne l'avaient pas été, on refusait audience au défendeur, et l'on obtenait un défaut que l'on appelait *défaut faute de fournir défense*. Les auteurs du Code ont considéré qu'il était inutile d'imposer une semblable obligation, attendu que le défendeur ne faisait souvent signifier qu'une partie de ses moyens, et, par ce motif, ils ont converti l'obligation dans une pure faculté.

392. *Si l'avoué du défendeur, croyant inutile de signifier un écrit de défenses, avait donné avenir pour plaider à l'audience immédiatement après la constitution, et qu'ensuite il signifiât cet écrit,* l'avenir *deviendrait-il nul et sans effet?*

Nous croirions que le demandeur ne serait pas obligé de se présenter à l'audience au jour indiqué par l'avenir. Pourquoi ne jouirait-il pas alors du délai que l'art. 78 lui donne pour faire signifier sa réponse? Serait-il juste qu'il

(1) *Par la voie du greffe* : le défendeur est libre de faire déclarer de suite qu'il a déposé les pièces au greffe, pour le demandeur en prendre communication; c'est ce qui se pratique fréquemment.

dépendît ainsi du défendeur de l'en priver? Mais s'il jugeait à propos de ne pas répondre, nous estimons qu'il pourrait se présenter à l'audience au jour indiqué par l'avenir, y plaider et y conclure. Mais le pourrait-il, dans le cas même où le défendeur, en signifiant son écrit, aurait déclaré se désister de la sommation d'audience précédemment signifiée? C'est l'opinion de quelques jurisconsultes, fondée sur ce que le défendeur ne peut rendre sans effet, malgré sa partie adverse, une diligence dont celle-ci peut profiter; cependant nous croyons que toute partie est libre de rétracter un exploit ou autre acte de procédure qu'elle croit nul ou contraire à ses intérêts, pour suivre une autre marche, lorsque les choses sont entières, comme dans l'espèce de la question posée.

Article 78.

Dans la huitaine suivante, le demandeur fera signifier sa réponse aux défenses.

Ordonn. de 1667, tit. 14, art. 2. — C. de P., art. 81.

LXVII. La brièveté de ce délai est fondée sur ce que le demandeur doit avoir réuni ses pièces et ses moyens dans les délais dont il a déjà joui.

393. *De quel jour court la huitaine accordée par l'art. 78?*

Elle ne court qu'à dater de l'expiration de la quinzaine donnée par l'art. 77, encore bien que les défenses aient été fournies auparavant.

Article 79.

Si le défendeur n'a point fourni ses défenses dans le délai de quinzaine, le demandeur poursuivra l'audience sur un simple acte d'avoué à avoué.

T. 70. — C. de P., art. 80, 405.

394. *Le défendeur qui n'a pas signifié ses défenses dans le délai de quinzaine que la loi lui accorde, peut-il réparer cette négligence après ce délai, si le demandeur n'a pas obtenu jugement?*

Nous croyons qu'il le peut, même après une sommation d'audience de la part du demandeur; mais la signification de l'écrit ferait courir, en faveur du demandeur qui voudrait en profiter, le délai de huitaine que la loi lui accorde pour signifier ses réponses. En ce cas, les frais de l'avenir nous paraîtraient devoir être à la charge du défendeur, si le demandeur fournissait son écrit de réponses. — (*Voy. Delaporte, tom.* 1, *pag.* 93).

395. *Mais le défendeur pourrait-il, après le défaut prononcé, mais avant la signification du jugement, faire signifier ses défenses?*

C'est l'opinion de M. Delaporte, tom. 1, pag. 93, fondée sur ce qu'il est de principe que le défaut non signifié est censé ne pas exister. « Le défendeur, » ajoute cet auteur, devrait seulement alors se déclarer opposant à tout juge-

» ment qui aurait pu être obtenu par défaut. Dans ce cas, le demandeur ne » devrait ni lever, ni faire signifier le défaut...; cette signification n'entrerait » point en taxe. »

Nous ne trouvons dans le Code aucune disposition qui puisse contrarier cette décision. Si les art. 157 et 158 ne font courir le délai de l'opposition que du jour de la signification, ce n'est pas un motif pour que l'on ne puisse s'opposer avant cette signification. On ne pourrait argumenter des dispositions de l'art. 161 sur la forme de l'opposition; car l'écrit de défenses n'est autre chose qu'une requête motivée, qui est telle que l'exige cet article, si elle contient déclaration de s'opposer à un jugement rendu par défaut. L'article 161 démontre la vérité de cette assertion, puisqu'il dispense de motiver la requête d'opposition, lorsqu'un écrit de défenses ayant été fourni, l'opposant déclare employer les moyens qu'il y a consignés comme moyens d'opposition.

De cette décision il résulte, comme le dit M. Delaporte, que l'écrit de défenses étant ainsi notifié, avec déclaration du défendeur de se porter opposant, le jugement par défaut ne doit être ni levé, ni signifié par celui qui l'aurait obtenu; cependant nous ajouterons que le lief et la signification de ce jugement ne pourraient être justement considérés comme frustratoires, qu'autant qu'il fût démontré qu'ils auraient eu lieu, lorsque la partie eût eu connaissance de la signification de l'écrit de défenses contenant opposition (1).

ARTICLE 80.

Après l'expiration du délai accordé au demandeur pour faire signifier sa réponse, la partie la plus diligente pourra poursuivre l'audience sur un simple acte d'avoué à avoué; pourra même, le demandeur, poursuivre l'audience après la signification des défenses, et sans y répondre.

C. de P., art. 154. — Régl. du 30 mars 1808, art. 28, 29, 33, 69.

LXVIII. CETTE disposition concourt avec celle de l'art. 79 à l'abrogation de la 2e. partie de l'art. 3, tit. 5 de l'ordonnance.

---

(1) Une autre difficulté pourrait se présenter à l'occasion de la question que nous venons d'examiner; c'est celle-ci : la partie qui a obtenu le jugement par défaut, et qui l'a signifié, pourrait-elle, si, sur cette signification, le défaillant ne renouvelait pas l'opposition déclarée dans son écrit de défenses, le faire débouter de cette opposition, soit parce qu'il eût dû la renouveler, soit parce qu'il n'aurait pas désigné par la date, dans son écrit, le jugement auquel il se serait opposé?

Nous ne le pensons pas. Puisque l'opposition déclarée dans l'écrit de défenses est légalement formée, rien n'oblige le défaillant à la renouveler après la signification du jugement; et si, dans cette opposition, il n'a pas désigné par sa date le jugement qu'il attaque, il suffit, pour que l'opposition soit valable, que celui qui a obtenu défaut ne puisse prouver qu'il soit intervenu entre lui et le défaillant un autre jugement par défaut, auquel puissent s'appliquer, ce qui serait impossible, les moyens de défenses consignés dans l'écrit.

Mais il faut convenir qu'il vaudrait bien mieux s'opposer suivant les formes prescrites par la loi. — (*Voy. les questions analogues traitées, par rapport à l'appel, sur l'art.* 456).

396. *L'ancienne maxime que les délais sont établis en faveur des deux parties, est-elle applicable depuis la publication du Code de procédure, en sorte qu'aucune des parties ne puisse les anticiper en sommant d'audience?*

C'est une maxime générale, dit Duparc-Poullain, tom. 9 de ses Principes, pag. 43, que les délais sont en faveur du demandeur comme du défendeur; lequel, par cette raison, n'a pas droit d'obliger le demandeur d'anticiper les délais. Il serait à souhaiter, ajoute-t-il, que cette maxime absurde fût abrogée, parce qu'elle n'a aucun motif d'équité. Rodier, sur l'art. 4 du tit. 3 de l'ordonnance, 5e. question, appliquait cette maxime, comme fondée sur les derniers termes de l'art. 5 de ce titre de l'ordonnance. Il suffit, suivant nous, de lire les art. 75 et suivans du Code, pour reconnaître qu'il substitue à l'ancienne maxime dont il s'agit, cette autre, plus juste dans ses conséquences, que les délais étant établis en faveur des parties, chacune d'elles a la faculté d'anticiper ceux *qui lui sont accordés*. Ainsi, l'on ne peut plus dire que le défendeur puisse forcer le demandeur à anticiper les délais établis en sa faveur, ni que celui-ci puisse forcer l'autre à anticiper ceux que la loi lui accorde dans son intérêt propre; mais chacun peut anticiper les délais qui ne sont fixés que pour son avantage, suivant la règle de droit *unicuique licet juri in favorem suum introducto renuntiare.*

Ainsi, par exemple, le défendeur qui a constitué avoué avant l'expiration des délais d'ajournement peut, de suite, sommer d'audience, parce que le délai pour comparaître n'est accordé que dans son intérêt, et non dans celui du demandeur, qui doit toujours être prêt. (*Voy. Delaporte, tom. 1, pag. 94*). Par le même motif, il peut également dénoncer l'audience avant l'expiration du délai, pour fournir défenses; comme le demandeur le pourrait, à son tour, avant l'échéance de celui que la loi lui accorde pour signifier ses réponses : c'est ce qu'expriment au surplus, pour les deux derniers cas, les art. 79 et 80 du Code de procédure.

Article 81.

Aucunes autres écritures ni significations n'entreront en taxe.

Ordonn. de 1667, tit. 14, art. 3. — C. de P., art. 82, 105, 1031.

LXIX. La conséquence nécessaire de cette disposition, c'est que toutes écritures et significations autres que les deux écrits de défenses et de réponse, restent *comme frustratoires*, au compte des officiers qui les auraient faites, à moins qu'ils n'y aient été formellement autorisés par leur partie, auquel cas ils ont recours contre elle. (Art. 1033). L'orateur du Gouvernement faisait, avec raison, remarquer qu'on n'eût pu, sans compromettre l'intérêt de l'une ou de l'autre des parties, exiger moins que les deux écrits que la loi autorise.

397. *Les parties qui auraient omis quelques moyens dans leurs écrits, pourraient-elles remettre aux juges des précis, observations ou mémoires particuliers qui n'entreraient point en taxe?*

M. Commaille, tom. 1, pag. 149, estime qu'elles ont cette faculté; mais M. Demiau Crouzilhac, pag. 76, signale les abus qui en résulteraient, et pense, avec raison, que le juge manquerait à ses devoirs s'il recevait des écrits additionnels qui lui présentassent des moyens dont la partie adverse n'aurait pas été instruite, et qui, d'ailleurs, mettraient à la charge de la partie au nom de laquelle ils seraient produits des frais qu'il n'était peut-être pas en son intention de faire.

Les raisons données par M. Demiau nous paraissent bien fondées; mais nous y ajouterions que l'art. 111 du Code de procédure, et l'art. 86 du réglement de 1808, viennent appuyer son opinion. En effet, en ne permettant de remettre directement un écrit au juge que dans le cas d'un rapport fait après une instruction par écrit, ou lorsque le ministère public a été entendu, et en bornant cet écrit à de simples *notes* énonciatives des faits sur lesquels les parties prétendraient que le rapport du juge, ou le réquisitoire du ministère public serait incomplet ou inexact, ces articles annoncent qu'il n'est pas dans la volonté du législateur que les parties remettent directement au juge aucun écrit, à quelque titre que ce soit, même de simples notes.

398. *Peut-on, dans le cours d'une instance, obtenir le rejet d'un écrit, sous le prétexte qu'il traite d'objets étrangers à la cause?*

Une partie peut, dans le cours d'une instance, fournir par les voies légales les écrits et mémoires qu'elle juge utiles à l'éclaircissement ou au développement de ses moyens. Ce n'est qu'en rendant jugement que l'on peut reconnaître si l'écrit concerne les véritables points de la discussion, ou s'il y est étranger, sauf l'application des réglemens sur la taxe des dépens à cet égard. — (*Rennes, 3e. chamb., 16 juill.* 1817).

ARTICLE 82.

Dans tous les cas où l'audience peut être poursuivie sur un acte d'avoué à avoué, il n'en sera admis en taxe qu'un seul pour chaque partie.

T. 70. — C. de P., art. 154, 1031.

399. *La partie qui, après avoir appelé à l'audience pour plaider sur le principal, voudrait la poursuivre pour élever un incident, pourrait-elle à ce sujet donner un second avenir qui passerait en taxe?*

Si l'art. 82 ne permet qu'un seul avenir, c'est pour le cas où la cause est remise, soit pour continuation de plaidoiries, soit pour la prononciation du jugement après délibéré. Alors les avoués sont censés instruits, par les jugemens préparatoires qui ordonnent la remise ou le délibéré, des jours auxquels ils doivent revenir à l'audience; mais si, dans l'intervalle, il devenait nécessaire de faire prononcer sur un incident, nous ne croirions pas que l'on pût rejeter de la taxe l'avenir donné à cet effet, l'urgence étant toutefois reconnue (1). — (*Delaporte, tom.* 1, *pag.* 95).

(1) Au surplus, le rapporteur de la loi au Corps législatif a fait observer que la procédure n'était restreinte, comme elle l'est par les dispositions qui précèdent, que pour les causes qui ne présentent ni complication, ni incident, ni interlocutoire, et qui sont susceptibles, par cette raison, d'être jugées, soit sur plaidoiries, soit sur délibéré.

TITRE IV.

De la Communication au Ministère public.

Par ces expressions, *ministère public*, on entend les fonctions d'une magistrature particulière, placée près de l'autorité judiciaire pour requérir et maintenir, au nom du Roi, l'exécution des lois, veiller à tout ce qui intéresse l'ordre public, les droits du Monarque et les personnes incapables de se défendre par elles-mêmes.

Elle est exercée, dans les tribunaux civils d'arrondissement, par les procureurs du Roi, et dans les Cours royales, par les procureurs généraux.

Sa Majesté n'a point de procureur près des justices de paix et des tribunaux de commerce.

On se sert souvent de ces mêmes expressions, *ministère public*, pour désigner les personnes qui l'exercent. C'est ainsi que l'on dit, comme dans la rubrique de ce titre, *communication au ministère public*, comme dans l'art. 184 du Code civil, LE MINISTÈRE PUBLIC *est chargé de veiller aux intérêts des personnes présumées absentes; il sera entendu, etc.*; enfin, comme dans l'art. 249 du Code de procédure, *aucune transaction sur la poursuite du faux incident ne pourra être exécutée, si elle n'a été homologuée après avoir été communiquée au* MINISTÈRE PUBLIC.

En matière civile, le ministère public agit, dans certaines affaires, *par voie d'action* ou *comme partie principale*, et dans le plus grand nombre, *par voie de réquisition* ou *comme partie jointe.*

Il agit par voie d'*action* lorsqu'il est, par exception à la disposition générale de l'art. 2, tit. 8, de la loi du 20 août 1790, autorisé à porter et à poursuivre lui-même une action devant les tribunaux.

Il agit par voie de *réquisition*, lorsque la loi exige qu'il soit entendu dans une instance introduite par une partie.

C'est dans ce cas que l'on dit qu'une affaire est *communicable*, parce qu'il est nécessaire, pour que le ministère public soit entendu, qu'on lui communique les pièces, les titres et les écrits des parties.

Cette communication doit, dans tous les cas, lui être faite avant l'audience, et même trois jours auparavant, si la cause est contradictoire. — (*Régl. du* 30 *mars* 1808, *art.* 13).

Le tit. 4 du liv. 2, 1re. part. du Code de procédure civile détermine, *en général*, quelles sont les causes sujettes à communication; il déclare telles toutes les affaires qui intéressent des établissemens publics, l'état des personnes, les individus qui ne peuvent par eux-mêmes pourvoir à leurs intérêts. (Art. 83),

Cependant il est plusieurs circonstances dans lesquelles la loi exige l'intervention ou l'audition du ministère public, encore bien qu'elles ne soient pas mentionnées dans l'art. 83, soit qu'elles se rattachent d'une manière quelconque, soit qu'elles n'aient aucun rapport, ou qu'un rapport indirect, aux cas prévus en cet article.

On peut voir à ce sujet :

Code civil, art. 53, 99, 114, 184, 200, 360, 491, 515.

Code de procédure, art. 47, 227, 249, 251, 311, 359, 372, 385, 394, 498, 668, 762, 782, 795, 805, 856, 858, 863, 879, 885, 886, 891, 892, 900, 1039.

Le ministère public peut, au surplus, requérir la communication de toute cause dans laquelle il croit son ministère intéressé, et le tribunal peut même ordonner cette communication d'office. (Art. 83).

S'agit-il de la cause d'un indigent, des intérêts d'un militaire en activité de service, de ceux d'une veuve? Craint-on quelques influences, quelque collusion? Existe-t-il des imputations de dol ou de fraude? Telles sont entre autres les circonstances dans lesquelles il est du devoir du ministère public d'user de la faculté dont nous venons de parler.

Le ministère public ne peut, en cas d'absence ou d'empêchement, être remplacé que par l'un des juges ou suppléans du tribunal. (Art. 84). — (*Voy. nos questions sur cet article*).

La sanction de toutes les dispositions par lesquelles la loi déclare une affaire communicable, se trouve dans l'art. 480, dont le § 8 donne ouverture à requête civile, si le ministère public n'a pas été entendu (1).

ARTICLE 83.

Seront communiquées au procureur du Roi les causes suivantes:

1.° Celles qui concernent l'ordre public, l'état, le domaine, les communes, les établissemens publics, les dons et legs au profit des pauvres;

2.° Celles qui concernent l'état des personnes et les tutelles;

3.° Les déclinatoires sur incompétence;

4.° Les réglemens de juges, les récusations et renvois pour parenté et alliance;

5.° Les prises à partie;

6.° Les causes des femmes non autorisées par leurs maris, ou même autorisées, lorsqu'il s'agit de leur dot et qu'elles sont mariées sous le régime dotal; les causes des mineurs, et généralement toutes celles où l'une des parties est défendue par un curateur;

7.° Les causes concernant ou intéressant les personnes présumées absentes:

Le procureur du Roi pourra néanmoins prendre communi-

(1) Voyez, sur les attributions, les droits et les devoirs du ministère public en général, et de chacun de ses officiers, notre Traité d'organisation et de compétence, liv. 1, tit. 2.

cation de toutes les autres causes dans lesquelles il croira son ministère nécessaire ; le tribunal pourra même l'ordonner d'office.

T. 90. — Loi du 24 août 1790, tit. 8, art. 3. — C. de P., art. 480, § 10, et nos questions sur les art. 130, 141, 150, 480, 515.

LXX. Le défaut de communication, dans les causes où cet article et toutes autres dispositions prescrivent la communication au ministère public, entraîne quelquefois de graves inconvéniens. Par exemple, le jugement rendu en dernier ressort, contre celui par qui la communication est ordonnée, pourrait, si elle n'avait pas eu lieu, être rétracté sur sa requête ainsi qu'il est réglé au titre de la requête civile. Les anciennes lois, et particulièrement l'ordonnance de 1667, avaient également une disposition formelle à ce sujet. — (*Rapport au Corps lég.*)

PREMIÈRE DISPOSITION.

400. *Lorsque les causes qui intéressent l'État, le domaine, les communes, les établissemens publics, ou qui ont pour objet des dons et legs au profit des pauvres, ne concernent que l'administration et les revenus, et non la propriété du fonds, sont-elles également sujettes à communication?*

Oui, puisqu'à la différence de l'ancienne jurisprudence, la loi ne fait aucune distinction. — (*Voy. Pigeau, tom. 1, pag.* 224). (1)

SECONDE DISPOSITION.

401. *Quelles sont les causes qui concernent l'état des personnes et les tutelles?*

Ce sont, par exemple, celles relatives aux excuses qui auraient été proposées par le tuteur, et rejetées par le conseil de famille (*voy. Code civil, art.* 440); aux destitutions et exclusions de la tutelle (art. 448); les demandes en interdiction ou afin de nomination d'un conseil judiciaire; les contestations qui s'élèveraient sur l'émancipation ou la non émancipation des mineurs. — (*Voy. Pigeau, tom. 1, pag.* 224; *C. C., art.* 440, 448).

TROISIÈME DISPOSITION.

402. *La cause n'est-elle rigoureusement communicable que dans le cas où il s'agit d'incompétence* RATIONE MATERIÆ?

M. Pigeau, tom. 1, pag. 224, dit, d'une manière absolue, que la différence notable qui existe entre l'incompétence en raison de la matière, et l'incompétence en raison de la personne, autorise à décider que la première *seule* exige la communication au ministère public, parce qu'elle est d'ordre public.

---

(1) Toute cause qui concerne un interdit est également communicable, puisque la loi l'assimile au mineur.

Les auteurs du Praticien français, tom. 1, pag. 344, se fondant également sur la différence que les art. 169 et 170 établissent entre les deux sortes d'incompétence, se bornent à en conclure qu'il faut entendre la disposition du § 3 de l'art. 83 en ce sens : *Que le ministère public doit être entendu dans tous les déclinatoires sur incompétence* RATIONE MATERIÆ ; *mais que, dans ceux qui ne proviennent que des personnes, il ne devrait, à la rigueur, porter la parole que lorsque la partie propose l'exception.*

Nous remarquerons que, nonobstant les différences qui dérivent des art. 169 et 170 entre l'incompétence en raison de la personne, et l'incompétence en raison de la matière, l'art. 83 n'a fait aucune distinction; que la preuve qu'il n'a voulu en établir aucune résulte de ce que l'art. 75 du projet de Code portait, § 3, que la communication aurait lieu pour *les déclinatoires sur l'incompétence en raison de la matière;* restriction qui n'a point été répétée par le Code : d'où suit qu'il n'est pas douteux que tout déclinatoire doit être communiqué (1). — (*Arrêt de Rennes, du* 12 *mai* 1813, *Journ., tom.* 4, *pag.* 82).

QUATRIÈME DISPOSITION.

403. *Ne doit-on communiquer, en fait de récusation, que lorsqu'il s'agit de récusation de juges?*

La loi porte que l'on doit communiquer les *récusations;* M. Pigeau, tom. 1, pag. 225, dit *les récusations de juges;* le projet du Code de procédure, article 75, § 4, portait aussi *les récusations de juges* et évocations pour parenté et alliance; nous ajouterons, d'après l'art. 381, *les récusations du ministère public lui-même* (2).

CINQUIEME DISPOSITION.

Voy. nos questions sur l'art. 505.

---

(1) La seule conséquence que nous voudrions tirer des art. 169 et 170, c'est que ces articles considérant l'incompétence en raison de la personne comme ne tenant qu'à l'intérêt privé, disposant qu'elle doit être proposée *in limine litis,* et conséquemment qu'elle est couverte par la procédure volontaire des parties, le ministère public ne peut requérir communication à l'effet de la *suppléer d'office :* ce qu'il doit faire lorsqu'il s'agit d'une incompétence, en raison de la matière, qui intéresse l'ordre public, qui peut être proposée en tout état de cause, et que le tribunal lui-même devrait suppléer, si les parties gardaient le silence.

Mais dès que le déclinatoire en raison de la personne est opposé, nous croyons que les termes généraux de l'art. 83 imposent au ministère public l'obligation rigoureuse de porter la parole.

Néanmoins, s'il s'agissait d'un déclinatoire fondé sur la litispendance ou la connexité, quoique l'incompétence ne fût pas en raison de la matière, nous dirions, avec les auteurs du Praticien, tom. 1, pag. 335, et c'est aussi l'opinion de plusieurs jurisconsultes, que l'exception intéressant le bon ordre de la justice, parce qu'il convient d'éviter la pluralité et la contrariété des jugemens, peut être suppléée par le ministère public, comme l'incompétence en raison de la matière.

(2) Sur le point de savoir comment et à qui les causes sont communiquées, lorsque les officiers du ministère public sont eux-mêmes récusés, voy. nos questions sur l'art. 84.

SIXIÈME DISPOSITION (1).

404. *La cause est-elle communicable, lorsque la femme mariée sous le régime dotal, et autorisée par son mari, plaide pour ses biens paraphernaux?*

La négative résulte directement des termes de la loi, qui ne rendent la cause communicable qu'autant qu'il s'agit de la dot, et de ce que cette disposition est fondée sur l'inutilité de l'intervention du ministère public, dans les cas où la femme peut aliéner avec l'autorisation de son mari. Ainsi, dès que la femme, dit le tribun Faure, peut aliéner avec l'autorisation de son mari, elle doit ester en justice avec la même autorisation, sans qu'il soit besoin de la présence du ministère public. Or, d'après l'art. 1576 du Code civil, les biens paraphernaux sont aliénables, et la femme peut, à leur sujet, paraître en jugement avec cette autorisation (2).

---

(1) JURISPRUDENCE.

1.° Les femmes mariées peuvent se pourvoir en nullité des jugemens rendus en préjudice de leurs droits, si le ministère public n'a pas été entendu. — (*Paris, 9 floréal an 13, Sirey, tom. 5, 2.e part., pag.* 560).

2.° Lorsqu'une femme mariée ou un mineur ont obtenu gain de cause, sans que le ministère public ait été entendu, nul n'est recevable à se plaindre de la contravention à la loi. — (*Cassat., 29 mars* 1815, *Sirey*, 1815, *pag.* 269; *Perrin, Traité des nullités, pag.* 57; *loi du 4 germin. an 2, art.* 5).

3.° Un jugement rendu dans une cause où figurait une femme non autorisée par son mari est nul, par cela seul que le ministère public n'a pas été entendu, et cette nullité peut être prononcée sous l'appel, d'après la demande du procureur général, encore bien que les parties ne l'aient pas proposée. La raison en est que les dispositions de l'art. 83 sont d'ordre public. — (*Rennes,* 15 *avril* 1811, 3.e *chamb.*)

Nota. Nous remarquerons que cette décision nous semble opposée à deux arrêts de cassation, rapportés aux Questions de droit de M. Merlin, v.° *conclusions*, § 2, lesquels déclarent que le défaut de conclusions du ministère public en première instance est couvert, s'il n'est pas opposé par les parties en cause d'appel, et qu'ainsi la Cour ne doit pas prononcer la nullité du jugement. Il nous paraît suivre de ces arrêts que le ministère public ne peut, dans cette circonstance, prendre la parole que sur le fond, et non pas conclure à l'annulation du jugement.

4.° Mais il y a évidemment lieu à prononcer la nullité du jugement, si la partie le réclame. — (*Rennes,* 3.e *chamb.,* 17 *avril* 1812).

5.° Le ministère public doit être entendu lors même qu'il s'agit des biens d'un mineur saisis réellement. — (*Cassat.,* 30 *oct.* 1811, *Sirey, tom.* 12, *pag.* 93).

6.° Lorsque, dans une instance en nullité de testament, il n'y a de parties que l'héritier *ab intestat*, et le légataire universel, tous deux majeurs, les conclusions du ministère public ne sont pas nécessaires, y eût-il parmi les légataires particuliers des mineurs, des communes ou des établissemens publics. La raison en est que les jugemens rendus contre le légataire universel ne pourraient compromettre les légataires particuliers. — (*Cassat.,* 28 *brum. an* 14, *Sirey, tom.* 7, 2.e *part., pag.* 1060).

(2) Par suites de conséquences, si l'aliénabilité de l'immeuble dotal a été stipulée dans le contrat de mariage, comme le permet l'art. 1557 du Code civil, on serait porté à croire que le motif de la loi cessant, la communication n'est plus nécessaire; mais puisque l'art. 83 veut, sans distinction, que toute cause soit communicable, quand il s'agit de la dot de la femme mariée sous le régime dotal, nous pensons qu'elle l'est dans le cas même où le contrat autoriserait l'aliénation. Il y a cette différence pour les biens paraphernaux, que ces biens ne sont pas dotaux, et c'est par ce motif que nous avons donné à leur égard une solution différente. — (*Voy. Delaporte, tom.* 1, *pag.* 97; *Pigeau, tom.* 1, *pag.* 225).

Mais il n'en serait pas de même si le contrat de mariage autorisait l'aliénation de l'immeuble dotal.

405. *La cause est-elle communicable, lorsqu'elle intéresse un individu pourvu de conseil judiciaire?*

La loi exige la communication *généralement pour toutes les causes où l'une des parties est défendue par un curateur;* ainsi elle l'exige, lorsqu'un curateur a été nommé à un enfant conçu, à un condamné à une peine afflictive ou infamante, même à un mort civilement, etc. (*voy. Pigeau, tom.* 1, *pag.* 225); mais elle ne s'explique point sur la personne pourvue d'un conseil judiciaire, en vertu des art. 499 et 513 du Code civil. Les auteurs du Praticien croient qu'en ce cas, il n'y a pas les mêmes raisons pour faire intervenir le ministère public. On pourrait cependant opposer que la personne pourvue du conseil judiciaire, est placée dans un état d'interdiction relative, par rapport aux actes qu'elle ne peut faire sans assistance de ce conseil; que, sous ce rapport, le conseil devrait être assimilé au curateur; mais nous ne dissimulons pas que cela pourrait souffrir quelques difficultés; car l'inobservation de la 6e. disposition de l'art. 83 donnant ouverture à requête civile (art. 480), et la requête civile étant une voie *extraordinaire* ouverte dans les seuls cas exprimés par la loi, on dirait qu'il faut s'attacher aux termes de l'art. 83, qui parle de curateur et non de conseil (1).

SEPTIÈME DISPOSITION.

406. *De ce que le § 7 de l'art. 83 prescrit de communiquer les causes concernant ou intéressant les personnes présumées absentes, s'ensuit-il qu'on ne puisse procéder valablement contre l'absent, et obtenir un jugement par défaut, si son absence n'a pas été dénoncée à la justice?*

M. Delaporte, tom. 1, pag. 97, s'exprime ainsi : « A l'égard de l'absent que » la loi met sous la protection du ministère public, c'est celui dont on n'a » point de nouvelles, dont on ignore la résidence, et seulement après que » son absence a été dénoncée à la justice. Jusque là, on peut procéder à » l'ordinaire contre l'absent, et obtenir jugement régulier sans l'intervention » du ministère public, sauf l'opposition lors de l'exécution de ce jugement. »

Telle est aussi notre opinion. Comment, à moins de supposer que le ministère public puisse deviner l'absence, ou que la loi veuille que l'on considère *tout défaillant* comme absent, dirait-on que, hors le cas de *notoriété*, la voie de requête civile pût être ouverte?

407. *Est-il nécessaire que le ministère public soit entendu dans les causes des militaires majeurs qui sont en activité de service?*

Non, à moins qu'ils n'aient pas donné de leurs nouvelles. — (*Nouv. Rép.*, v°. ministère public. *C. C. art.* 114).

408. *La communication au ministère public est-elle nécessaire pour faire déclarer exécutoire une sentence arbitrale?*

Cette question a été résolue négativement par le ministre de la justice, le

(1) Cette incertitude sur la solution de la question proposée, doit porter le ministère public à user, dans les causes concernant les individus pourvus de conseil judiciaire, de la faculté que lui donne la dernière disposition de l'art. 84; il préviendrait ainsi le pourvoi par requête civile, et les discussions qu'il pourrait amener.

19 germinal an 10 (*voy. Journ. du Palais, prem. sem., an 11, pag.* 336), et cette solution serait la même sous l'empire du Code de procédure, dont aucune disposition ne prescrit, en ce cas, la communication, par le motif que l'art. 1004 défend de compromettre sur les contestations sujettes à être communiquées; mais il est évident que sur l'opposition formée à l'ordonnance d'*exequatur*, conformément à l'art. 1028, il devrait être entendu.

La seule circonstance que dans un procès une des parties réclame l'autorité de la chose jugée, et s'en fait une exception péremptoire, ne suffit pas pour nécessiter les conclusions du ministère public. — (*Nouv. Répert.*, *v°.* ministère public).

409. *Doit-on communiquer au ministère public, dans les cas prévus par l'art.* 83, *encore bien que l'affaire soit sommaire?*

On pourrait en douter, d'après les raisons données par M. Pigeau, tom. 1, pag. 219, et sur-tout parce que le tit. 24, qui traite de la procédure pour les matières sommaires, n'exige pas la communication, et contient dans l'art. 405 une disposition expresse, portant que ces matières seront jugées sans autres procédures ni formalités que celles prescrites par ce titre.

Néanmoins nous pensons, comme M. Pigeau, qu'il doit y avoir communication, *parce qu'il y a même motif*, celui de soumettre à la vigilance du ministère public tout ce qui intéresse l'ordre public et les personnes qui, par leur faiblesse, sont plus particulièrement sous la protection de la justice.

410. *Les causes sont-elles communicables, lorsque le tribunal civil est saisi d'une affaire commerciale?*

Lorsqu'un tribunal civil connaît d'une affaire commerciale, parce qu'il n'y a pas de tribunal de commerce dans son arrondissement, il ne doit se considérer que comme tribunal de commerce; *il doit juger dans la même forme que les juges de commerce;* sa compétence est la même que celle des tribunaux de commerce (*lois des* 16 *et* 24 *août* 1790); il n'est plus qu'une réunion *d'arbitres et d'espèces de jurés.* (*Avis du Conseil d'état, du* 29 *prairial an* 8). Ainsi, les affaires commerciales qui sont portées devant lui, ne doivent pas plus être communiquées au ministère public, que celles qui sont portées devant les tribunaux de commerce, ou soumises à des arbitres. S'il reconnait que l'affaire n'est pas de la compétence des juges de commerce, et qu'elle a été portée mal à propos devant lui, comme affaire commerciale, il doit renvoyer les parties à se pourvoir devant les juges compétens. Si, l'affaire étant vraiment commerciale, il se présente dans la décision un incident qu'il ne puisse pas juger, comme tribunal de commerce, il prononce le même renvoi pour l'incident seulement; et si la nature de l'incident l'exige, le tribunal compétent entend le ministère public. L'incident jugé, on reprend l'affaire principale devant le tribunal civil, constitué en tribunal de commerce, et elle y est jugée sans communication au ministère public (1).

---

(1) Cette opinion a été consacrée par arrêt de la Cour de Rennes, du 23 décembre 1816. (*Infrà, sur l'art.* 141). Mais M. Collinières, dans son Journal des avoués, 1811, pag 118, exprime une opinion contraire. Nous apporterons d'autres raisons en faveur de la nôtre,

411. *Si l'une des parties néglige de communiquer au ministère public dans les délais fixés par l'art. 83 du règlement du 30 mars 1808, la partie adverse devrait-elle lui faire sommation de remplir cette formalité, ou bien le procureur du Roi serait-il autorisé à porter la parole sur les pièces de la partie qui aurait communiqué ?*

M. Lepage, dans ses Questions, pag. 124, se fondant sur le principe que ce qui n'est pas défendu est permis, estime non seulement que cette sommation peut être faite, mais qu'elle doit l'être, et que le magistrat chargé du ministère public ne porterait pas la parole sans avoir vu les pièces de toutes les parties, ou sans qu'il lui ait été justifié d'une sommation faite à celle qui est en retard de communiquer; mais cet auteur excepte le cas où la communication aurait été ordonnée contradictoirement par un jugement préparatoire : alors, dit-il, les parties sont averties suffisamment.

Il faut convenir que le cas qui pourrait donner lieu à cette sommation, est de nature à se présenter rarement; car quel intérêt une partie qui ne contesterait pas que la cause fût communicable, aurait-elle à ne pas remettre les pièces au ministère public? Si la communication n'a pas lieu, quoiqu'elle n'ait pas été contestée, nous ne voyons pas la nécessité de faire une sommation que la loi ne prescrit point, et que le Tarif n'a point taxée. Le ministère public requiert en ce cas, soit d'office, soit sur la demande de la partie adverse, que la communication lui soit faite; un jugement préparatoire intervient, qui emporte sommation; et comme la communication se fait après le délai fixé par l'art. 83 du règlement, elle ne passe point en taxe conformément à cet article.

Si, au contraire, la partie conteste que la cause soit communicable, c'est un incident sur lequel le tribunal prononce également, par un jugement préparatoire qui produit les mêmes effets, si la communication est ordonnée.

HUITIEME DISPOSITION.

412. *Le ministère public peut-il refuser de prendre communication, lorsque le tribunal l'ordonne d'office?*

Nous ne le pensons pas, à moins qu'il ne s'agisse du cas particulier prévu par les auteurs du Praticien, tom. 1, pag. 338, où, sur un conflit élevé par le préfet, le tribunal, malgré le réquisitoire du procureur du Roi, déclarerait retenir la cause. En ce cas, ce magistrat ne pourrait obtempérer au jugement qui ordonnerait la communication, à l'effet qu'il portât la parole sur le fond. Dans tous autres cas il doit prendre communication, sauf à s'en référer à la prudence du tribunal, s'il ne croit pas nécessaire de motiver des conclusions.

---

en examinant, sur l'art. 414, si, lorsque les tribunaux civils remplissent les fonctions de juges de commerce, il est nécessaire de constituer avoué.

Quoi qu'il en soit, le ministère public *peut* conclure sur les appels de jugemens des tribunaux de commerce, et y est rigoureusement tenu, dans les cas où la compétence de ces tribunaux est contestée. — (*Cassat.*, 15 *janv.* 1812, *Jurisp. du Code civil, tom.* 17).

413. *Lorsque la cause n'est pas communicable, d'après les dispositions de la loi, le ministère public, sous prétexte du droit qu'il a d'exiger la communication en toute affaire, et le tribunal, sous prétexte de la faculté qu'il a d'ordonner cette communication, pourraient-ils différer les plaidoiries?*

« Ce serait un abus, dit M. Demiau Crouzilhac, pag. 82; mais après les » plaidoiries faites, le magistrat qui exerce le ministère public peut exiger » que les pièces lui soient remises, pour prendre la parole à l'audience sui- » vante, s'il n'est pas suffisamment instruit par les plaidoiries (*voy. art.* 84 » *du règl. de* 1808); de même, après les plaidoiries, les tribunaux peuvent » demander l'avis et les conclusions de ce magistrat, qui plaide de suite ou » demande le renvoi, ou qui, s'il croit n'y avoir aucun intérêt, déclare qu'il » s'en remet à la justice du tribunal.

» Mais si, par la disposition expresse de la loi, la cause est susceptible de » communication, il peut exiger qu'elle soit faite avant les plaidoiries, ou » bien les juges peuvent l'ordonner. Il ne faut jamais confondre ces deux » cas, afin de ne pas retarder en vain la distribution de la justice, à laquelle » chacun a droit à son tour, suivant le numéro du rôle. »

Nous partageons entièrement cette opinion : ce n'est en effet qu'après les plaidoiries que le ministère public et le tribunal peuvent apprécier la nécessité d'une communication; la requérir ou l'ordonner auparavant, ce serait courir risque d'arrêter sans raison l'administration de la justice, puisqu'il pourrait résulter de l'examen des pièces que le procureur du Roi ne crût pas son ministère intéressé, et ne portât pas la parole.

414. *Le magistrat qui exerce le ministère public, peut-il prendre de son chef des conclusions que les parties n'auraient pas prises elles-mêmes?*

La négative de cette question résulte de la disposition de l'art. 2, tit. 8, de la loi non abrogée du 24 août 1790; cette disposition est ainsi conçue :

« Au civil, les commissaires du Roi (*aujourd'hui les procureurs généraux,* » *les avocats généraux, les procureurs du Roi et leurs substituts*) exerceront » leur ministère, *non par voie d'action*, mais seulement par celle de réquisi- » tion, dans les procès dont les juges auront été saisis. »

Or, c'est procéder par voie d'action, que de prendre des conclusions que les parties qui ont saisi le tribunal n'auraient pas prises elles-mêmes (1).

---

(1) Voy. les arrêts de la Cour de cassation des 3 fruct. an 4 et 17 therm. an 6; Table de Bergognié, tom. 1, pag. 100 et 101, et du 27 frim. an 13; Traité de compét. de M. Montainville, pag. 9, n.° 6.

Et remarquez,

1.° Que, nonobstant la solution de la question ci-dessus, le ministère public peut, à l'occasion d'une affaire civile, requérir d'office ce qu'il juge convenable à l'ordre public. —, (*Nouv. Répert.*, *v.°* chambre des avoués, *et Cassat.*, 3 *nov.* 1806, *Sirey*, 1806, 2.° *part.*, *pag.* 914).

2.° Qu'il pourrait même, dans le seul intérêt des parties, requérir en termes formels ce à quoi l'une des parties n'aurait conclu qu'implicitement, — (*Nouv. Répert.*, *v.°* convent. matrim., § 2, *tom.* 3, *pag.* 209).

3.° Qu'il est censé avoir été entendu suivant le vœu de la loi, lorsqu'il a déclaré s'en rapporter à la prudence du tribunal. — (*Nouv. Répert.*, *v.°* ministère public).

4.° Que s'il est exprimé dans un jugement que les conclusions du ministère public ont été

ARTICLE 84.

En cas d'absence ou empêchement des procureurs du Roi et de leurs substituts, ils seront remplacés par l'un des juges ou suppléans.

Lois des 27 ventôse an 8 et 22 ventôse an 12.

415. *Un avocat, ou, à défaut, un avoué, peut-il remplacer les procureurs du Roi ou leurs substituts?*

« Si, dans le tribunal, dit M. Commaille, tom. 1, pag. 153, il ne se trou- » vait pas suffisamment de juges (*ou de suppléans*) pour pouvoir remplacer le » ministère public, comme cela peut arriver, et comme nous l'avons vu arri- » ver, sur-tout pendant le tems des vacations, nous pensons que le tribunal » pourrait nommer sur-le-champ un avocat présent au barreau, pour rem- » plir les fonctions du ministère public, comme nous l'avons vu également » arriver. Il serait possible qu'en ce cas le tribunal indiquât un de ses juges » pour remplacer le procureur du Roi ou ses substituts, et qu'il fît monter sur » le siége un avocat ou un gradué pour remplacer le juge. »

Si les procureurs du Roi, dit M. Pigeau, tom. 1, pag. 226, sont absens ou empêchés de donner leurs conclusions, soit parce qu'ils seraient récusés ou autrement, ils sont remplacés par un des juges ou suppléans.

Ainsi, M. Pigeau semblerait admettre, en ne considérant que le texte de l'art. 84, que l'on doit, de préférence aux avocats ou avoués, appeler un juge ou un suppléant à remplacer le ministère public. C'est aussi l'opinion des auteurs du Praticien, tom. 1, pag. 337, aux notes; mais M. Demiau Crouzilhac s'explique d'une manière plus absolue : « Les juges, dit-il, peuvent » être remplacés momentanément, au défaut de suppléans, par des avocats » ou par des avoués; mais il n'en est pas de même du ministère public : cette » magistrature ne peut être remplie que par un membre de la justice, autre- » ment l'intérêt public pourrait souvent en souffrir. » Cet auteur penserait donc que les avocats ou les avoués ne pourraient jamais remplacer les procureurs du Roi.

Nous remarquerons que cette opinion aurait pour appui le texte de l'art. 84, et qu'en conséquence toutes les fois qu'on ne pourrait, hors le nombre de juges ou de suppléans nécessaire pour compléter le tribunal, remplacer le

---

lues, il y a présomption légale qu'elles l'ont été par lui-même et à l'audience. — (*Nouv. Répert.*, v.° substitution fidéi comm., *sect.* 7, § 3, *art.* 4, *pag.* 326).

5.° Que les conclusions prises en première instance par le ministère public, partie poursuivante, conservent leur effet en cause d'appel. Ainsi, la Cour est obligée d'y faire droit, quoiqu'elles ne soient pas renouvelées devant elle. — (*Nouv. Répert.*, v.° ministère public).

6.° Que l'énonciation consignée dans un jugement que l'officier du ministère public était présent, ne fait pas preuve qu'il ait été entendu avant l'arrêt ou le jugement. — (*Ibid.*)

7.° Qu'au surplus, la preuve que le ministère public a été entendu dans une affaire où ses conclusions étaient requises, ne peut résulter que du jugement même. — (*Ibid.*, v.° enregistrement, § 54; *tom.* 4, *pag.* 679 *et suiv.*)

ministère public par les personnes ayant l'une ou l'autre de ces qualités, il est indispensable d'appeler l'une d'elles à ce remplacement, en la faisant remplacer elle-même par un avocat, ou, à défaut, par un avoué; mais si le tribunal avait été complété par un avocat ou un avoué, il est certain qu'en ce cas, où il serait impossible d'appeler un juge ou un suppléant pour remplacer le ministère public, on pourrait substituer un avocat ou un avoué, puisque l'art. 30 de la loi du 22 ventôse an 12 porte que les avocats, selon l'ordre du tableau, et après eux les avoués, selon la date de leur réception, seront appelés, en l'absence des suppléans, à suppléer les juges, *les commissaires du Gouvernement et leurs substituts;* disposition qui se trouve répétée en l'art. 35 du décret du 14 décembre 1810 (1).

416. *Le jugement est-il nul, lorsqu'un avocat, ayant, dans les audiences précédentes, plaidé pour l'une des parties, est appelé à remplacer le ministère public à l'audience de prononciation du jugement?*

Il est certain que cet avocat devrait être remplacé durant la prononciation du jugement qui intervient sur sa plaidoirie; néanmoins s'il ne l'avait pas été, comme la loi ne déclare point nuls les jugemens prononcés en pareille circonstance, les juges supérieurs ne pourraient en prononcer la nullité.

417. *Les magistrats qui exercent le ministère public pourraient-ils remplacer un juge, et participer à un jugement?*

Non, parce qu'ils sont chargés de l'exécution des jugemens, et que leurs fonctions sont circonscrites et déterminées par les principes sur la sépara-

---

(1) A l'appui de la solution ci-dessus, nous ajouterons que les avocats ont toujours eu le droit de remplacer les gens du Roi. (*Voy. Jousse, Justice civile, tom. 2, pag. 472; nouv. Dénis., v.° avocat, art. 6*). Il est même à remarquer qu'autrefois il était de principe qu'en l'absence de tous les gens du Roi, leurs fonctions étaient dévolues de droit aux plus anciens avocats, à l'exclusion du juge du siége. — (*Ibid.*)

Les lois intermédiaires qui ont précédé la publication du Code de procédure, n'ont rien changé à cette prérogative des avocats inscrits au tableau, si ce n'est qu'ils ne peuvent plus être appelés à remplacer le ministère public qu'après les juges, les auditeurs et les suppléans, comme nous l'avons dit dans l'Analyse. — (*Loi du 27 vent. an 8, art. 27*).

L'art. 10 de la loi du 22 ventôse an 12 porte en termes exprès que les avocats, selon l'ordre du tableau, seront appelés, en l'absence des suppléans, à remplacer les juges, *les commissaires du Gouvernement et leurs substituts*; seulement l'art. 84 du Code de procédure est plus précis sur ce point que l'art. 30 de cette loi, duquel il paraissait résulter que la seule absence ou autre empêchement des suppléans autorisait à appeler des avocats, au lieu que le Code ne le permet que dans les cas d'empêchement simultané des suppléans et des juges.

Nous rappèlerons enfin que le décret sur l'ordre des avocats du 14 décembre 1810, postérieur au Code de procédure, tranche évidemment toute difficulté, et prouve qu'il n'a pas été dans l'intention du législateur de déroger à la loi de ventôse an 12. L'art. 35 de ce décret porte : « Ils (les avocats) seront appelés, dans *les cas déterminés par la loi*, à suppléer les juges et officiers du *ministère public* ». Le même article leur en a fait même une *obligation*, à moins de justes motifs d'excuse. Or, parlant des cas *déterminés par la loi*, ce décret se réfère évidemment tant à la loi du 22 ventôse an 12 qu'à l'art. 84 du Code de procédure : d'où il résulte que les avocats ne peuvent remplacer ces officiers, etc., que dans les cas d'absence ou de maladie, etc., des juges et des suppléans.

tion du pouvoir exécutif du Roi, d'avec l'exercice du pouvoir judiciaire qu'il a délégué, et enfin par l'art. 1er. du tit. 8 de la loi du 24 août 1790 (1).

TITRE V.

Des audiences, de leur publicité et de leur police (2).

On sait qu'en termes de palais, ce mot *audience* signifie la séance dans laquelle les juges *écoutent* les demandes et les plaidoiries des parties.

L'*auditoire* est le lieu où se tient l'audience. (Art. 88, 684, § 5, 867, etc.)

Ce n'est pas, disait M. Darreau (*au Rép.*, v°. audience), une chose indifférente pour le bien de la justice, que le lieu, le tems et la manière de tenir les audiences.

Aussi le législateur, en se confiant sur plusieurs points relatifs à cet objet au zèle des juges, à leur respect pour l'opinion publique, à la surveillance des procureurs du Roi, a-t-il cru en devoir régler les plus importans par des dispositions précises.

D'après ces dispositions, et celles des réglemens postérieurs à la publication du Code, les parties, au jour indiqué par l'avenir, comparaissent par l'intermédiaire de leurs avoués, qui peuvent non seulement prendre des conclusions pour elles, mais encore plaider la cause, s'ils ont les qualités prescrites ou s'ils se trouvent dans les cas prévus par les art. 2 et 3 du décret du 2 juillet 1812, et par l'ordonnance du Roi, du 27 février 1822.

Chaque partie assistée de son avoué, n'en conserve pas moins le droit naturel de se défendre par elle-même.

Ce n'est donc que dans les cas où elle n'entend pas user de ce droit, ou lorsque son avoué n'a pas les qualités requises, qu'elle est rigoureusement tenue de choisir un avocat. (Art. 86).

Les plaidoiries ont lieu *publiquement* après l'*appel*, ou comme on dit en Bretagne, mais par abus du mot (3), après *évocation* de la cause par l'huissier de service.

A ce principe de la publicité des audiences, qui est tout à la fois, et pour ceux qui y assistent, un moyen d'instruction, et pour les plaideurs une garantie contre la négligence, l'arbitraire et la prévarication, la loi fait une juste exception dans les affaires qui ne pourraient être plaidées publiquement, sans un grand scandale et sans un grand inconvénient. (Art. 87).

Les juges, dans leurs fonctions, sont les mandataires du Souverain, et les organes de la justice. A ce double titre, ils ont droit à la vénération des ci-

---

(1) Voy. les quatre arrêts de la Cour de cassation, cités dans la Table de Bergognié, tom 1, pag. 103, n.° 9, et différentes questions que nous traiterons sur les art. 141 et 480, § 8.

(2) Voy. le même titre, au livre des justices de paix, *suprà*, pag. 17; Code d'instruction criminelle, chap. 4, liv. 4, tit. 2; Code pénal, § 2, sect. 4, chap. 3, tit. 1er, liv. 3. *Infrà*, les questions sur l'art. 1042; le Réglement du 30 mars 1808, art. 10, 15, 553.

(3) En effet, ce mot *évocation* n'exprime, en droit, que la faculté qu'ont les juges d'appel de connaître du fond dans le cas prévu par l'art. 473.

toyens; et les troubler dans l'exercice de leur auguste ministère, c'est attenter à la majesté du prince et à celle de la loi.

De là, les moyens de discipline et de répression donnés aux magistrats par les art. 88 et 92 inclus, à l'effet de maintenir l'ordre dans l'auditoire, et de punir ceux qui s'en écartent.

Mais nous remarquerons, avec M. Locré, dans son Esprit du Code de procédure, tom. 1, pag. 220, que l'on n'aurait pas une idée exacte du dernier état de la législation sur les points que règlent les articles de ce Code, si l'on n'en rapprochait les dispositions du chap. 4, tit. 4, liv. 2 du Code d'instruction criminelle, et celles du § 2, sect. 4, chap. 3, tit. 1er, liv. 3 du Code pénal, qui changent ces articles dans quelques parties, et les modifient, étendent ou complètent dans d'autres.

Nous ferons connaître sur chacun d'eux ce qui, d'après les dispositions de ces deux Codes, est encore susceptible d'application. — (*Voy. ci-après nos questions sur les art.* 89, 90, 91 *et* 92).

Article 85.

Pourront les parties, assistées de leurs avoués, se défendre elles-mêmes : le tribunal cependant aura la faculté de leur interdire ce droit, s'il reconnaît que la passion, ou l'inexpérience, les empêche de discuter leur cause avec la décence convenable ou la clarté nécessaire pour l'instruction des juges.

Art. 14, tit. 11. — Loi du 24 août 1790. — C. de P., art. 470. — Régl. du 30 mars 1808, art. 33.

LXXI. La loi reconnaît et consacre, par cet article, un droit sacré, dont elle prévient en même tems l'abus, autant dans l'intérêt même de la partie qui veut être son propre défenseur, que dans celui de son adversaire. C'est ainsi que le tribunal peut interdire la plaidoirie à celui qui, au lieu d'éclaircir les faits de sa cause, au lieu d'y répandre la lumière, en épaissirait les ténèbres; qui, au lieu de parler de sang-froid, se laisserait égarer par la passion. Mais le législateur n'a pas douté que le magistrat n'userait de cette faculté qu'avec scrupule, et autant seulement que l'exigeraient le maintien de l'ordre et l'intérêt bien entendu des parties. D'un autre côté, il a voulu qu'elles ne pussent plaider elles-mêmes leurs causes qu'assistées de leurs avoués. C'est aux avoués, en effet, qu'il appartient de diriger les conclusions, et il est possible que, dans le cours de la plaidoirie, il y ait lieu de modifier celles qui auraient été prises par l'une d'elles, ou de demander acte d'aveux échappés à son adversaire. — (*Exposé des motifs et rap. au Corps lég.*)

418. *Une femme serait-elle admise à plaider sa cause?*

Les femmes, comme les hommes, jouissent de cette faculté, puisque la loi ne distingue point. On a vu, dans l'ancien régime, la marquise de Créqui obtenir du Parlement de Paris la permission de plaider elle-même, et il n'y a que peu d'années que la demoiselle Gracieux-Delacoste plaida devant la Cour de cassation. — (*Voy. Sirey, tom.* 7, *pag.* 68).

419. *Un tribunal de commerce peut-il interdire aux parties la faculté de plaider elles-mêmes leurs causes?*

Oui, puisque l'art. 85 ne distingue point. — (*Locré, Esprit du Code de com., tom. 7, p.* 132).

420. *Une partie pourrait-elle charger de sa défense une autre personne qu'un avocat, ou, à son défaut, un avoué?*

M. Lepage, dans l'introduction à ses Questions, pag. 32, dit que les parties peuvent confier leur défense à des personnes qui ne seraient pas sur la liste des avocats; mais qu'alors le tribunal peut exiger la représentation des pouvoirs donnés à ces personnes, et que, s'il les jugeait trop peu instruites, il était autorisé à leur refuser la parole. M. Commaille, tom. 1, pag. 155, paraît partager cette opinion, que M. Delaporte, tom. 1, pag. 99, combat, en se fondant sur les dispositions de la loi du 22 ventôse, portant rétablissement des écoles de droit et de l'ordre des avocats. Aujourd'hui, il n'est pas permis de douter qu'un tribunal serait dans l'obligation d'interdire la défense à un individu qui n'aurait ni le titre d'avocat, ni la qualité d'avoué. La loi du 22 ventôse an 12, et le décret du 14 décembre 1810 accordent *exclusivement* aux avocats, ou aux avoués, à leur défaut, le droit de plaider et d'écrire; il n'y a d'exception qu'en matière criminelle, lorsque le président, conformément à l'art. 214 du Code d'instruction, accorde à l'accusé la permission de prendre pour conseil un de ses parens ou amis.

421. *Si une partie ne trouvait pas d'avocat qui voulût défendre sa cause, et qu'elle justifiât du refus, ne pourrait-elle pas, du moins dans cette circonstance particulière, confier sa défense à qui bon lui semblerait?*

Non; le juge aurait alors à lui désigner d'office un avocat, conformément à l'art. 41 du décret du 14 décembre 1810.

ARTICLE 86.

Les parties ne pourront charger de leur défense, soit verbale, soit par écrit, même à titre de consultation, les juges en activité de service, procureurs généraux, procureurs du Roi, leurs substituts, même dans les tribunaux autres que ceux près desquels ils exercent leurs fonctions : pourront néanmoins les juges, procureurs généraux, avocats généraux, procureurs du Roi et substituts des procureurs généraux et du Roi, plaider, dans tous les tribunaux, leurs causes personnelles, et celles de leurs femmes, parens ou alliés en ligne directe, et de leurs pupilles.

C. de P., art. 378, n.° 8, 470, 1040.

LXXII. L'INDÉPENDANCE que la magistrature doit toujours conserver, l'attention qu'elle doit avoir de ne rien faire qui l'expose au soupçon de partialité, ou à la nécessité de s'abstenir, tout commande aux juges en activité de service, et aux officiers du ministère public, de ne se charger d'aucune défense verbale ou par écrit, même à titre de consultation. Telles sont les considérations qui ont déterminé la prohibition portée dans l'art. 86, et la disposition du décret du 14 décembre 1810 (article 18), qui déclare toute fonction de l'ordre judiciaire incompatible avec celle d'avocat; mais on sent que cette prohibition ne pouvait s'appliquer aux causes personnelles des juges, ou à celles de leurs femmes, parens ou alliés en ligne directe, ou de leurs pupilles : dans ces circonstances la défense est un devoir. — (*Exposé des motifs et rapp. au Corps lég.*)

422. *Un juge ou un officier du ministère public pourrait-il plaider dans une cause qui ne lui serait pas personnelle, ou qui n'intéresserait pas ses proches, sous prétexte que, pendant le tems des vacances, il ne serait pas* EN ACTIVITÉ DE SERVICE?

Ces mots, *en activité de service*, n'ont été insérés dans l'art. 86 qu'afin de distinguer les juges en titre, qui sont toujours en activité de service, des suppléans, qui ont le caractère de juges, mais qui n'en exercent qu'accidentellement les fonctions, et qui conséquemment peuvent remplir celles d'avocat, ainsi que l'a décidé le décret du 14 décembre 1810, art. 18. — (*Voy. Delaporte, tom.* 1, *pag.* 101). (1)

Il suit de là qu'il y aurait une violation manifeste de la disposition de ce décret, et du principe que les incompatibilités ne peuvent se suppléer, si l'on étendait aux juges suppléans la prohibition de notre article; mais elle est nécessairement applicable *aux juges auditeurs*.

ARTICLE 87.

Les plaidoiries seront publiques, excepté dans les cas où la loi ordonne qu'elles seront secrètes (2). Pourra cependant le tribunal ordonner qu'elles se feront à huis-clos, si la discussion publique devait entraîner ou scandale ou des inconvéniens graves; mais, dans ce cas, le tribunal sera tenu d'en délibérer, et de rendre compte de sa délibération au procureur général

---

(1) Mais il n'y aurait pas nullité du jugement rendu sur plaidoirie d'un juge en activité de service, même dans un cas où le droit de plaider lui serait interdit, attendu que l'art. 86 ne prononce pas la peine de nullité. — (*Art.* 1030, *et Rennes*, 31 *août* 1810, *Journ., tom.* 1, *pag.* 442).

(2) D'après la loi, les plaidoiries ne doivent être secrètes que dans le cas où la femme plaide contre son mari qui a refusé de l'autoriser. (*C. C., art.* 219). Elles devaient l'être également en cas de divorce pour cause déterminée. (*Ibid., art.* 241, 242). Doit-on, par analogie, dire la même chose en matière de séparation de corps, demandée pour les mêmes causes? C'est notre opinion, nonobstant la disposition générale de l'art. 879 : *eadem ratio, idem jus.*

Au reste si l'on pensait, d'après cet article, que l'audience ne dût pas être secrète de *plein droit*, il serait du devoir de l'ordonner, en conformité de l'art. 87.

près la cour royale; et si la cause est pendante dans une cour royale, au ministre de la justice (1).

T. 83. — Loi du 20 avril 1810. — C. C., art. 219, 241, 242. — C. de P., art. 111, 141 879. — C. d'inst., art. 153, 171, 190, 210. — Régl. du 30 mars 1808, art. 34.

LXXIII. La publicité des audiences a toujours été considérée comme doublement avantageuse, en ce qu'elle offre aux citoyens des leçons de morale civile, dans l'application des règles du juste et de l'injuste; et qu'en outre elle assure aux plaideurs une garantie contre la négligence, l'arbitraire et la prévarication.

Mais il est des affaires où cette publicité, loin de produire aucun bien, serait une véritable calamité. S'il s'agit de contestations entre parens, et que l'affaire entraîne des détails domestiques, dont la révélation ne serait pour le public qu'un objet de scandale, et, pour les parties intéressées, qu'un sujet d'aigreur et de haine, la décence, les bonnes mœurs, le repos des familles, demandent que de telles affaires soient plaidées *devant les juges seuls* (1). Dans ces cas, heureusement rares, l'art 87, à l'exemple de l'ancienne jurisprudence, autorise le tribunal à l'ordonner; mais il prend des précautions contre l'abus de cette exception salutaire, en lui prescrivant de délibérer avant tout sur cet objet, et de rendre compte des motifs de la délibération aux fonctionnaires qu'il indique. — (*Exposé des motifs et rapp. au Corps lég.*)

423. *Dans le cas où les juges ordonnent que les plaidoiries se feront à huis-clos, sont-ils obligés d'attendre le consentement du procureur général ou du ministre?*

La loi ne l'exige pas; elle n'impose aux juges que l'obligation de *rendre compte* de leur délibération, afin qu'ils soient retenus par la surveillance des autorités supérieures, et qu'ils n'ordonnent que les plaidoiries seront secrètes

(1) JURISPRUDENCE.

1.° La durée des plaidoiries est abandonnée au pouvoir discrétionnaire des magistrats, et par conséquent il n'y a pas lieu au pourvoi en cassation, sous le prétexte que, dans des affaires graves et compliquées, les juges n'auraient pas permis d'étendre les plaidoiries au-delà de certaines bornes. — (*Cassat.*, 30 *avril* 1807, *Sirey*, 1807, 2.° *part.*, *pag.* 880).

2.° Le jugement doit faire mention de la publicité de l'audience. Ainsi, le jugement qui aurait été rendu en la chambre du conseil serait nul, s'il ne constatait pas que les portes étaient ouvertes au public. — (*Cassat.*, 19 *mai* 1813, *Sirey*, *tom.* 14, *pag.* 112).

3.° La distribution de billets, pour entrer de préférence à l'audience, n'est pas réellement une contravention à l'art. 87, qui ordonne la publicité, et, par conséquent, cette circonstance ne donnerait pas ouverture à cassation. — (*Cassat.*, 6 *fév.* 1812, *Sirey*, *tom.* 12, *pag.* 108).

NOTA. A ce sujet, nous observerons, avec MM. Bavoux et Loiseau (*Dictionn. des arrêts mod.*), qu'il vaut mieux que cette distribution de billets n'ait jamais lieu, ou du moins soit restreinte de manière à ne pas dégénérer en privilège exclusif.

(1) *Devant les juges seuls;* c'est ce qu'expriment ces mots de l'art. 87, à *huis-clos*. Si, à proprement parler, cette ancienne locution ne signifie autre chose que *portes fermées*, dans l'intention du législateur, leur acception est étendue en ce sens, que nul autre que les juges, l'officier du ministère public, le greffier et l'huissier de service, ne peut être admis dans l'auditoire.

que dans les cas d'une nécessité absolue. — (*Voy. le rapp. du tribun Faure, édit. de Didot, tom. 2, pag. 164; Delaporte, tom. 1, pag. 101*).

424. *La faculté accordée aux juges d'ordonner que les plaidoiries se feront à huis-clos, suppose-t-elle que le jugement ne sera pas prononcé en présence du public?*

Les juges étant obligés, par l'art. 141, à motiver leurs décisions, on pourrait croire qu'il y aurait quelques raisons d'étendre à la prononciation d'un jugement qui aurait à relater des faits scandaleux, les dispositions de l'art. 87, qui ne parle que des plaidoiries; mais si l'on considère que cette disposition n'est qu'une exception à la règle générale de la publicité des audiences, et qu'un jugement est un acte solennel qui ne peut être soustrait à la connaissance du public, on reconnaîtra que l'exception ne peut être étendue au-delà du cas pour lequel elle est établie; que la raison de cette exception n'existe point pour la prononciation du jugement, dont l'énoncé ne comporte point les détails d'une plaidoirie, et dont la rédaction peut être faite en des termes plus décens que ceux qui peuvent échapper dans le cours d'un débat. Ainsi, nous pensons, comme M. Dufour (*Conférences, pag.* 53), que, dans les causes discutées à huis-clos, il ne doit y avoir que les plaidoiries de secrètes, mais que les jugemens doivent être prononcés en audience publique, même avec tous leurs motifs.

425. *Les tribunaux de commerce peuvent-ils appliquer l'art. 87?*

La première disposition de cet article, dit M. Locré (*Esprit du Code de com., tom. 7, pag.* 87), est évidemment applicable aux tribunaux de commerce.

Mais, après avoir rapporté la discussion qui eut lieu sur la seconde au Conseil d'état, il se borne à faire observer, pag. 130, qu'il est assez difficile qu'il se présente devant un tribunal de commerce des causes qui soient de nature à être plaidées à huis-clos.

Quoi qu'il en soit, comme cela n'est pas absolument impossible, nous pensons que les tribunaux de commerce doivent se conformer, le cas arrivant, aux dispositions de l'art. 87.

426. *Est-il quelques exceptions au principe de la prononciation publique de tout jugement?*

Nous en reconnaissons quatre relatives,

1°. Aux jugemens d'adoption rendus en premier degré de juridiction. — (*C. C., art.* 355, 358).

2°. A ceux de subrogation à une poursuite d'ordre. — (*C. de P., art.* 779; *T., art.* 138, 139).

3°. Aux fautes de discipline des officiers ministériels. — (*Cassat.,* 3 *nov.* 1806; *nouv. Répert., v°.* chambre des avoués, *tom.* 2, *pag.* 171).

4°. Aux autorisations des femmes mariées par les raisons qui seront déduites sur l'art. 862.

Article 88.

Ceux qui assisteront aux audiences se tiendront découverts, dans le respect et le silence; tout ce que le président ordonnera pour le maintien de l'ordre, sera exécuté ponctuellement et à l'instant.

La même disposition sera observée dans les lieux où, soit les juges, soit les procureurs du Roi, exerceront des fonctions de leur état (1).

C. de P., art. 10, 276, 1036. — C. d'inst., art. 34, 181, 267, 504 et suiv. — Décret du 14 déc. 1810, 2.° disposit.

LXXIV. Il suffit de lire les dispositions de l'article ci-dessus et de ceux qui le suivent, et en forment le complément, pour être convaincu de leur sagesse. Il n'est pas besoin de prouver que les magistrats ne doivent jamais être troublés dans l'exercice de leurs fonctions ; que celui qui manque de respect au tribunal ou à l'un de ses membres, commet un véritable délit..... Il s'agit ici de venger moins encore la personne du magistrat que la justice outragée. Le jugement doit être prompt; le moindre retard ferait perdre le fruit de l'exemple, et il faut que le public apprenne que l'offense envers la justice est punie aussitôt qu'elle est commise. — (*Rap. au Corps légis.*)

Malheur au juge qui, n'étant pas pénétré de la dignité de ses fonctions, oubliant qu'il a l'honneur de rendre la justice au nom du Roi, aurait la coupable faiblesse de souffrir des murmures et des mouvemens irrespectueux ! (*Exposé des motifs*). Mais malheur aussi au magistrat qui, abusant du pouvoir que la loi met entre ses mains, se permettraît d'entraver le droit naturel et sacré *d'une défense légitime* (2)! Il doit également compte au prince de l'emploi qu'il aurait fait de ce pouvoir, et de l'emploi qu'il en aurait dû faire.

ARTICLE 89.

Si un ou plusieurs individus, quels qu'ils soient, interrompent le silence, donnent des signes d'approbation ou d'improbation, soit à la défense des parties, soit aux discours des juges ou du ministère public, soit aux interpellations, avertissemens ou ordres du président, juge-commissaire ou procureur du Roi, soit aux jugemens ou ordonnances, causent ou excitent du tumulte de quelque manière que ce soit, et si, après l'avertissement des huissiers, ils ne rentrent pas dans l'ordre sur-le-

(1) Voy. art. 296, 297, 1040.

(2) Ce qu'a dit notre estimable et savant confrère, M. *Dupin* aîné, en parlant de la libre défense des accusés, dans la lettre qu'il a ajoutée à celles du célèbre Camus, trouve, en grande partie, une juste application aux matières civiles. Nous rappellerons toutefois,

1.° Que le président peut faire cesser les plaidoiries, lorsque les juges trouvent la cause suffisamment instruite. — (*Régl. du* 30 *mars* 1808, *art.* 34).

2.° Que la décision du juge, sur l'étendue de la défense, n'est pas susceptible de cassation, à moins qu'il n'ait refusé la parole à l'avocat. — (*Nouv. Répert., aux mots* défense *et* chose jugée, *et suprà, pag.* 227, *not.* 1.re, *n.*° 1).

champ, il leur sera enjoint de se retirer, et les résistans seront saisis et déposés à l'instant dans la maison d'arrêt pour vingt-quatre heures : ils y seront reçus sur l'exhibition de l'ordre du président, qui sera mentionné au procès-verbal de l'audience (1).

C. de P., art. 10 et suiv., 781, n.° 4. — C. d'inst., art. 34, 267, 504 et suiv. — Comm. de l'art. 88.

427. *Si le fait qui donne lieu au dépôt d'un individu dans la maison d'arrêt, s'est passé dans un lieu où la police appartenait à un juge-commissaire ou au procureur du Roi, serait-ce néanmoins le président du tribunal qui donnerait l'ordre?*

Quoique l'article contienne ces expressions, *seront reçus sur l'exhibition de l'ordre du* PRÉSIDENT, il est néanmoins certain, d'après les termes des art. 88 et 91, et les autres expressions de l'art. 89, que ce serait ou le juge-commissaire, ou le procureur du Roi ayant la police du lieu où il exercerait ses fonctions, qui décernerait l'ordre de dépôt. — (*Voy. Delaporte, tom.* 1, *pag.* 103; *Pigeau, tom.* 1, *pag.* 352).

428. *L'art.* 504 *du Code d'instruction a-t-il dérogé à l'art.* 89 *du Code de procédure civile?*

Oui, en ce que l'art. 89 ordonne un avertissement préalable, même dans le cas de tumulte, tandis que l'art. 504 autorise de suite l'expulsion ; reste le cas d'une simple interruption de silence *sans tumulte*, prévu par le même art. 89, et sur lequel l'art. 504 garde le silence. Dans ce cas, la disposition du Code de procédure doit encore recevoir son application, et l'avertissement est nécessaire. — (*Voy. Legraverend, Législ. crim., tom.* 1, *pag.* 506, *aux notes*).

ARTICLE 90.

Si le trouble est causé par un individu remplissant une fonction près le tribunal (2), il pourra, outre la peine ci-dessus, être suspendu de ses fonctions : la suspension, pour la première fois, ne pourra excéder le terme de trois mois. Le jugement sera exécutoire par provision, ainsi que dans le cas de l'article précédent.

C. de P., art. 10 et suiv., 1036. — C. d'inst. crim., art. 267, 405, 504 et suiv. — C. pén., art. 377. — Régl. du 30 mars 1808, art. 103 et suiv. — Comm. de l'art. 88.

429. *Les dispositions de l'art.* 90 *s'étendent-elles jusqu'aux avocats?*

C'est notre opinion, fondée sur ce que la disposition de l'art. 90 comprend

(1) JURISPRUDENCE.

Le juge, dans le cas prévu par l'art. 89, n'est pas autorisé à prononcer une amende, et il ne peut infliger la peine de la prison, qu'après injonction au délinquant de se retirer. — (*Cassat.*, 24 *brum. an* 14, *Sirey, tom.* 7, 2.*e part.*, *pag.* 1014).

(2) Par exemple, un greffier, un avoué, un huissier.

évidemment sous ces expressions générales, *individu remplissant une fonction près le tribunal*, les avocats, qui, bien que leurs fonctions diffèrent de celles des officiers ministériels, n'en exercent pas moins une près le tribunal. — (*Voy. Prat., tom. 1, pag.* 346, *et le déc. du* 14 *déc.* 1810, *sur la discipline des avocats, art.* 38 *et* 39).

ARTICLE 91.

Ceux qui outrageraient ou menaceraient les juges ou les officiers de justice dans l'exercice de leurs fonctions, seront, de l'ordonnance du président, du juge-commissaire ou du procureur du Roi, chacun dans le lieu dont la police lui appartient, saisis et déposés à l'instant dans la maison d'arrêt, interrogés dans les vingt-quatre heures, et condamnés par le tribunal, sur le vu du procès-verbal qui constatera le délit, à une détention qui ne pourra excéder le mois, et à une amende qui ne pourra être moindre de vingt-cinq francs, ni excéder trois cents francs.

Si le délinquant ne peut être saisi à l'instant, le tribunal prononcera contre lui, dans les vingt-quatre heures, les peines ci-dessus, sauf l'opposition que le condamné pourra former dans les dix jours du jugement, en se mettant en état de détention (1).

C. de P., art. 11. — C. d'inst. crim., art. 505, 508. — C. pén., art. 222 et suiv.

430. *L'art.* 91 *est-il applicable aux outrages ou menaces faites à un avocat pendant l'audience?*

Quoique cet article ne parle que des juges *et des officiers de justice*, il n'en est pas moins applicable aux avocats, puisqu'ils exercent des fonctions qui tiennent essentiellement à l'administration de la justice. La loi ne nous semble point avoir entendu employer cette dénomination, *officiers de justice*, dans le sens attaché à celle *d'officiers ministériels* (2).

---

(1) JURISPRUDENCE.

1.° Le même article est également applicable à des injures proférées contre l'une des parties. — (*Cassat.*, 3 *brum. an* 10, *Sirey, tom.* 2, *pag.* 79).

2.° Il ne l'est pas dans le cas où une partie plaide, en prouvant que le jugement qu'elle attaque en appel contient des faits faux, des erreurs manifestes, des marques d'injustice et de prévention. En effet, il n'y a pas d'injures dans un exposé de griefs, dont la vérité est démontrée. — (*Rennes*, 7 *janvier* 1811, *Sirey, tom.* 11, 2.° *part., pag.* 462).

3.° Les jugemens rendus dans les cas prévus par les art. 90 et 91, ne peuvent être considérés comme jugemens correctionnels, et en conséquence l'appel ne peut être porté que devant la Cour royale jugeant en matière civile. — (*Cassat.*, 23 *oct.* 1806, *Sirey, tom.* 6, 2.° *part., pag.* 687; *Nouv. Répert., v.°* injures).

(2) Au reste, quand on entendrait autrement les expressions dont elle se sert, il suffit, pour se convaincre que l'art. 91 est applicable à l'espèce de la question ci-dessus posée, de

431. *Si un officier ministériel est injurié dans l'exercice de ses fonctions, mais hors de l'audience, l'art. 91 pourrait-il recevoir son application?*

Non : l'officier ministériel devrait, en cette circonstance, se conformer à l'art. 565, qui autorise l'officier insulté dans ses fonctions à dresser procès-verbal, sur lequel on poursuit selon les règles établies par les lois criminelles (1).

432. *Des injures proférées à l'audience contre un avocat, peuvent-elles faire la matière d'une action principale devant un tribunal de simple police ou de police correctionnelle, lorsque l'avocat injurié a négligé de se plaindre audience tenante?*

La négative de cette question résulte de l'arrêt de la Cour de cassation cité sur la quest. 430, not. 2. On lit, dans ses considérans : Que la plainte de l'avocat injurié doit être formée *à l'instant* devant le tribunal qui a été témoin des injures, et qui est à même d'en apprécier la gravité, d'après les circonstances de leur cause et de leur caractère ; *sinon, la partie est présumée n'en avoir pas été offensée, n'y avoir pas vu la base d'une action, ou du moins en avoir fait la remise :* d'où suit qu'elle n'est pas recevable à reproduire cette action devant un tribunal de police, qui, s'il admettait sa plainte, ferait revivre un *délit éteint*, et par là, commettrait un excès de pouvoir. — (*Voy. Prat. franç., tom. 1, pag.* 346, *et les questions examinées sur l'art.* 1036).

433. *A quelle époque un autre individu injurié dans les plaidoiries peut-il demander qu'il lui soit décerné acte des injures proférées?*

Il doit former cette demande avant que l'instruction à l'audience ne soit terminée, et le ministère public entendu.

« En effet, lorsque les plaidoiries et répliques ont eu lieu, et que le ministère public a conclu, une partie ne peut prendre de nouvelles conclusions ; à plus forte raison, si la personne était étrangère à l'instance, ne pourrait-elle demander qu'il lui fût donné acte d'injures proférées contre elle. »

Tels sont les motifs d'après lesquels la Cour de Rennes, par arrêt de la 1re. chambre, du 31 août 1808, a décidé qu'un témoin ne pouvait. à l'audience fixée pour la prononciation de l'arrêt à rendre sur l'instance dans laquelle il avait déposé, demander acte d'injures proférées contre lui lors des plaidoiries prononcées aux audiences précédentes. On voit que cet arrêt de la Cour de Rennes se trouve en harmonie avec l'arrêt ci-dessus cité (2).

---

considérer, premièrement, que l'art. 37 du décret du 14 décembre 1810, défend aux avocats de se livrer à des injures et à des personnalités offensantes envers les parties ou *leurs défenseurs;* deuxièmement, qu'il a été décidé, par arrêt de la Cour de cassation, du 16 avril 1806 (section criminelle), que des injures proférées à l'audience contre un avocat, pendant sa plaidoirie, et dans ses fonctions, sont, pour le tribunal devant lequel elles sont prononcées, *une offense* dont la répression appartient à la police de l'audience. — (*Voy. Sirey,* 1807, *DD., pag.* 71).

(1) La proposition ci-dessus s'applique au cas d'injures proférées devant un tribunal de commerce. — (*Cassat.,* 14 *messid. an* 12, *Sirey, tom.* 4, 2.e *part., pag.* 337).

(2) Cette proposition se trouve encore confirmée par un arrêt de cassation, du 24 brumaire an 14 (*Sirey, tom.* 7, 2.e *part., pag.* 114), lequel décide que la punition des injures verbales appartient aux tribunaux de police et non aux juges civils, si elles ont été

434. *Est-il certain qu'en tous les cas, les jugemens rendus en vertu des dispositions des art.* 90 *et* 92 *soient sujets à l'appel?*

M. Locré (*Esprit du Code de procéd., tom.* 1, *pag.* 217), nous apprend que la section du Tribunat dit, sur la disposition finale de l'art. 90, portant *que les jugemens seraient exécutoires par provision*, qu'il était dans la pensée des auteurs du projet que, dans le cas de ces articles, les jugemens ne fussent pas susceptibles de l'appel : néanmoins, elle proposa de le dire expressément.

Quoi qu'il en soit, on a cru devoir se réduire à accorder l'exécution provisoire; ce qui suppose un appel, comme nous l'avons dit au commentaire sur l'art. 12, au livre des justices de paix.

Nous remarquerons que le vœu émis par la section du Tribunat se concilie parfaitement aujourd'hui avec le texte de l'art. 90.

En effet, l'art. 505 du Code d'instruction dispose : Lorsque la peine prononcée par un tribunal civil n'est que de simple police, le jugement est sans appel; que si, au contraire, cette peine est de police correctionnelle, il y aura lieu à l'appel : ce ne sera donc qu'en cette dernière circonstance qu'il y aura lieu à l'exécution provisoire, conformément à l'art. 90 du Code de procédure civile.

435. *L'art.* 91 *du Code de procédure a-t-il été modifié par le Code pénal?*

Il a été modifié et développé dans sa disposition pénale, par les art. 222 à 233 inclus de ce Code, au point qu'il ne subsiste plus de cet article que les dispositions concernant l'arrestation, le dépôt et l'interrogatoire du délinquant. — (*Voyez, pour les questions résultant de ces articles du Code pénal, le Traité de la législation criminelle en France, par M. Legraverend, tom.* 1, *pag.* 506 *et suiv.*)

ARTICLE 92.

Si les délits commis méritaient peine afflictive ou infamante, le prévenu sera envoyé en état de mandat de dépôt devant le tribunal compétent, pour être poursuivi et puni suivant les règles établies par le Code criminel.

C. d'inst. crim., art. 506, 507. — C. pén., art. 222 à 233, n.° 5. — Quest. sur l'art. 474. — Comm. de l'art. 88.

436. *L'art.* 92 *n'a-t-il pas été modifié par les art.* 506, 507 *et* 508 *du Code d'instruction criminelle?*

Il a été remplacé par l'art. 506, relativement au crime commis à l'audience d'un juge seul, ou d'un tribunal sujet à l'appel, qui doit, en ce cas, après avoir fait arrêter le délinquant et dressé procès-verbal des faits, envoyer les pièces et le prévenu devant le tribunal compétent.

proférées non contre ces juges eux-mêmes, mais contre de simples particuliers non partie au procès : d'où suit que les juges civils ne peuvent qu'enjoindre aux délinquans de se retirer et en cas de refus, les faire saisir et déposer dans une maison d'arrêt.

Il est devenu sans objet pour les Cours royales, par les art. 507 et 508, qui leur donnent le droit d'instruire et de procéder au jugement de suite, et sans désemparer.

TITRE VI.

Des délibérés et instructions par écrit.

Lorsque la cause a été plaidée, c'est-à-dire, lorsque les conclusions des parties ont été prises, leurs moyens discutés et le ministère public entendu, si l'affaire est communicable, le tribunal doit prononcer jugement, soit *audience tenante*, soit du moins à l'une des plus prochaines. (Art. 116).

Mais ceci suppose qu'il s'estime suffisamment instruit par les plaidoiries. Dans le cas contraire, il ordonne un *délibéré* ou une *instruction par écrit.*

Le délibéré est l'examen de l'affaire, fait par les juges en la chambre du conseil, sur le vu des titres et pièces des parties, après rapport de l'un d'eux. De là le nom de *vu de bureau*, sous lequel on désigne quelquefois le délibéré.

Le jugement qui l'ordonne est purement *préparatoire*, (*voy. quest.* 439); il n'est ni levé ni signifié : son exécution consiste dans la simple remise des pièces entre les mains, soit du greffier, soit du rapporteur lui-même, sans aucun inventaire, acte de dépôt et récépissé. (93—94).

Il peut arriver qu'une affaire soit tellement compliquée par la variété des faits, le nombre des pièces, la difficulté des points de droit à résoudre, que des développemens écrits peuvent seuls les éclaircir. Le simple délibéré ne suffirait pas alors pour que le juge prononçât avec une entière connaissance de cause; c'est le cas d'ordonner *l'instruction par écrit.*

Cette instruction diffère du délibéré en ce que l'examen de l'affaire, par les juges, ne se fait pas seulement sur le vu des pièces, mais de plus sur des écrits respectivement fournis par les parties.

Elle remplace les deux modes d'instruction par écrit, que l'ordonnance de 1667 distinguait sous la dénomination d'appointement à mettre et d'appointement en droit.

L'appointement à mettre n'était, sous plusieurs rapports, que le délibéré autorisé par l'art. 93 de notre Code actuel, à la différence essentielle que les pièces étaient remises au rapporteur avec *inventaire de production* et *dans des délais déterminés.*

L'appointement *en droit* différait de l'autre en ce que la production des pièces était accompagnée d'écrits, où les questions que la cause présentait à résoudre, en fait et en droit, étaient discutées par un avocat.

C'est ce dernier mode que le Code reproduit dans l'instruction par écrit; mais en prenant des précautions pour qu'il ne soit employé que lorsqu'il est vraiment utile (95); qu'il ne soit fourni que les écrits indispensables prescrits par la loi, et que l'instruction soit terminée dans les délais précis qu'elle détermine.

Au reste, on dit encore qu'une affaire est *appointée*, pour exprimer qu'elle s'instruit par écrit, et pour la distinguer des affaires qui s'instruisent par les plaidoiries seulement, ou sur vu de *bureau*, et que, par opposition, on appèle *causes verbales.*

L'instruction par écrit se compose, 1°. d'une requête à la suite de laquelle la partie dresse un état des pièces qu'elle produit au soutien (art. 96); 2°. de la réponse du défendeur, terminée par un état semblable (97).

La loi ne passe en taxe que ces deux écrits, à moins que l'une des parties n'use de la faculté de produire de nouvelles pièces par un simple acte, cas auquel la loi autorise l'adversaire à contredire, mais très-sommairement, cette production.

On distingue, dans la procédure sur instruction par écrit, des règles qui lui sont particulières, et d'autres qui sont également applicables aux délibérés. Les règles communes au délibéré et à l'instruction sont celles qui prescrivent que le rapport sera fait à l'audience; qui interdisent la parole aux avocats; qui, enfin, dans le cas où l'une des parties néglige de remettre ses pièces, autorisent le tribunal à prononcer sur celles de l'autre (94, 98, 99); que le jugement ainsi rendu par *forclusion* (1), est réputé contradictoire, et que, par conséquent, il n'est pas sujet à l'opposition. (113).

Les règles particulières à l'instruction par écrit, fixent les délais dans lesquels on doit signifier les écrits, faire les productions, en notifier les actes, prendre communication des pièces et les rétablir (97, 98, 115).

Elles autorisent à procéder au jugement à l'expiration de ces délais (art. 98, 99 et 100); et, faute au demandeur de produire, elles permettent au défendeur de mettre sa production au greffe, pour l'instruction être continuée. Le demandeur prend ainsi la place du défendeur, pour jouir des mêmes délais donnés à celui-ci, afin d'écrire et de produire. (101).

Elles prescrivent le mode suivant lequel les communications seront prises (art. 106), et indiquent des moyens prompts et faciles pour contraindre les avoués à la remise de ces communications. (107).

Elles règlent la forme du registre des productions qui doit être tenu au greffe (108); comment les pièces seront remises au rapporteur, et comment il lui en sera donné décharge après le jugement (109 et 114); comment le greffier en sera déchargé lui-même. (115).

Elles indiquent enfin comment le rapporteur sera remplacé, en cas de décès, de démission, etc. (110), et disposent que, si la cause est communicable, le ministère public sera entendu à *l'audience*. (112).

---

(1) Ce mot *forclusion*, dérivé du mot latin *forum claudere*, fermer le barreau, exprime en général une déchéance de certains avantages, de certaines facultés, dont une partie perd le droit d'user par suite d'un fait prévu par la loi. Nous l'employons ici pour indiquer *l'exclusion d'écrire ou produire*, après l'expiration des délais.

Article 93.

Le tribunal pourra ordonner que les pièces seront mises sur le bureau, pour en être délibéré au rapport d'un juge nommé par le jugement, avec indication du jour auquel le rapport sera fait (1).

T. 84. — Loi du 3 brum. an 11, art. 10. — *Infrà*, art. 111, 116, 405.

LXXV. Par les art. 93 et 94, la loi trace les règles des délibérés, mais en rapprochant leurs dispositions de celles des art. 95 et 116. On voit que la décision préparatoire qui les ordonne ne peut être rendue qu'à l'audience, et à la pluralité des voix, après avoir entendu les plaidoiries des défenseurs.

Cette précaution, dit le rapporteur au Corps législatif, a été prise pour qu'il fût constant que le tribunal s'est déterminé en parfaite connaissance de cause, et d'après la nécessité reconnue par le plus grand nombre de ses membres. Il suffit de lire les dispositions des articles ci-dessus indiqués, pour demeurer convaincu que le mode qu'elles ont prescrit est extrêmement simple, et d'une évidente utilité.

437. *Un tribunal peut-il ordonner un délibéré sans nommer un rapporteur?*

Cette faculté lui est accordée par l'art. 116. Ainsi, dit M. Merlin (*nouveau Répertoire, au mot* délibéré, *pag.* 413), aujourd'hui comme sous l'empire de l'ordonnance de 1667, il y a des délibérés sans nomination et des délibérés avec nomination de rapporteur. Les premiers consistent simplement à ordonner que les juges se retireront dans la chambre du conseil, pour y discuter l'affaire et recueillir les avis; les seconds sont ceux qui sont ordonnés en exécution de l'art. 93 (2).

---

(1) JURISPRUDENCE.

Aucune disposition du Code de procédure ne prononçant la peine de nullité pour l'inobservation des art. 93 et 116, le jugement qui serait rendu, ou *sans renvoi à jour fixe*, ou sans mention du rapport qui l'a précédé, ne serait pas sujet à être réformé pour l'un de ces motifs. — (*Rennes*, 31 *juil.* 1809, 1.re *chamb.*; *Cassat.*, 24 *juin* 1818, *Sirey*, 1819, *pag.* 236).

(2) Il est à remarquer qu'il n'est pas nécessaire que les délibérés sans rappôrt soient vidés le même jour où ils ont été ordonnés; en sorte que, dans le cas même où le tribunal aurait ordonné un délibéré pour prononcer le jugement sur-le-champ, il pourrait remettre cette prononciation à un autre jour; mais il semble qu'il doit alors, pour se conformer à l'art. 116, revenir à l'audience, après avoir délibéré à la chambre du conseil, et déclarer qu'il continue la cause à l'audience de tel jour, fixé pour prononcer le jugement. Nous ne disons pas qu'à défaut de cette précaution le jugement doive être nul : l'art. 116 ne prononce pas, en ce cas, la peine de nullité. Cependant, son vœu est que les parties et leurs défenseurs soient instruits du jour où le jugement sera prononcé, comme l'art. 93 veut qu'ils soient instruits du jour du rapport. — (*Pigeau, tom.* 1, *pag.* 361, *et l'art.* 116).

Remarquons que le tribunal est obligé de nommer un rapporteur, s'il ordonne que le délibéré sans rapport aura lieu *sur vu de bureau*. — (*Arrêt de la Cour de Rennes, du* 17 *mai* 1811, *cité sur l'art.* 111).

438. *Quels sont les cas dans lesquels le Code exige un rapport, quoiqu'il n'y ait pas délibéré ?*

Ce sont ceux qui ont été prévus par les art. 199, 202, 222, 280, 371, 385, 394, 539, 542, 562, 568, 668, 762, 779, 856, 859, 863, 885, 891, 981, 987; mais il est à remarquer qu'on ne peut nommer de rapporteur dans les matières sommaires. — (*Voy. infrà, art.* 95 *et* 405).

439. *Le jugement qui ordonne un délibéré est-il préparatoire ?*

Oui, de même que le jugement qui ordonnerait une instruction par écrit; car un tel jugement ne préjuge rien, ni pour les incidens, ni pour le fond; ce n'est qu'un réglement de simple instruction. — (*Voy. Demiau Crouzilhac, pag.* 89*; Quest. de Lepage, pag.* 127*, et les art.* 451 *et* 452 *; voyez aussi nos questions sur l'art.* 111).

ARTICLE 94.

Les parties et leurs défenseurs seront tenus d'exécuter le jugement qui ordonnera le délibéré, sans qu'il soit besoin de le lever ni signifier, et sans sommation. Si l'une des parties ne remet point ses pièces, la cause sera jugée sur les pièces de l'autre.

T. 90. — Comm. sur l'art. précéd. — Nos quest. sur l'art. 95.

440. *La défense de lever et signifier le jugement, et de faire sommation, n'est-elle faite que pour le cas où tous les avoués de la cause ont pris part à ce jugement ?*

C'est l'opinion de M. Demiau Crouzilhac, pag. 89. « Si, dit-il, le jugement » qui ordonne le délibéré a été rendu en défaut de quelque avoué, et que l'on » désirât mettre celui-ci dans le cas de fournir sa défense, pour éviter une » opposition au jugement à intervenir, rien n'empêche qu'on ne lui dénonce » le jugement de délibéré, *sans cependant le lever,* en lui indiquant le nom du » rapporteur et le jour auquel le rapport sera fait, avec sommation de remettre » son dossier, si bon lui semble. »

Ce tempérament nous paraît fondé sur l'esprit dans lequel a été rédigé l'art. 94 (1).

---

(1) Le jugement qui ordonne le délibéré, disait le tribun Faure, dans son rapport du 14 avril 1806, n'est suivi d'aucunes formes; on ne le lève point, on ne le signifie point, on ne fait aucune sommation, *parce que ce jugement ne peut être ignoré* ni des parties ni de leurs défenseurs. Or, lorsque la partie ou son avoué laisse défaut, le motif de la loi cesse; et comme il est possible que, sur la connaissance de ce jugement, la partie constitue un avoué pour la défendre ou remettre ses pièces au rapporteur, et que l'avoué déjà constitué fournisse cette défense ou fasse cette remise, il est juste d'autoriser au moins le dénoncé dont parle M. Demiau Crouzilhac, mais sans signification du jugement; car cette signification ne pouvant apprendre autre chose que ce que le dénoncé fait suffisamment connaître, les frais seraient frustratoires. — (*Art.* 1031).

Il n'est pas besoin de dire que dans le cas où, sur cette sommation, la partie ou son

441. *Un jugement qui ordonne un délibéré, soit sans rapport, soit sur rapport, termine-t-il l'instruction ?*

Un arrêt de la Cour de cassation, du 7 thermidor an 11, rapporté au Journal du Palais, an 11, 2e. sem., pag. 451, a jugé qu'après un jugement prononcé, les juges ne doivent pas se dessaisir du jugement d'une affaire, encore que, dans l'intervalle qui s'est écoulé entre le jugement qui prononce et celui qui vide le délibéré, la connaissance de l'affaire ait été attribuée à d'autres juges (1).

442. *La constitution d'avoué, faite par la partie défaillante après le jugement*

---

avoué n'agirait pas, elle n'a point l'effet de rendre contradictoire le jugement qui intervient après délibéré : en d'autres termes, cette sommation a pour objet de prévenir autant que possible l'opposition; mais elle ne peut produire contre elle une fin de non-recevoir.

(1) M. Montainville, en rapportant à son tour cet arrêt au tom. 3 de son Dictionnaire de la jurisprudence de la Cour de cassation, dit qu'il semble résulter de cette décision que le jugement qui ordonne un délibéré a terminé toute instruction; question d'autant plus importante, ajoute-t-il, que de bons esprits sont partagés sur la force et l'effet des jugemens qui mettent les causes en délibéré.

Il s'agissait, dans l'espèce, d'une contestation entre des pêcheurs, relativement à des dommages-intérêts; la cause avait été portée au tribunal de commerce de Perpignan, qui, à son audience du 5 brumaire an 10, mit la cause en délibéré.

Le 2 frimaire an 10, des prud'hommes-pêcheurs sont spécialement nommés pour connaître de toutes contestations sur la pêche.

Néanmoins, le tribunal de commerce vidant le délibéré le 5 frimaire, prononce entre parties.

Pourvoi en cassation. On soutient que les prud'hommes étant rétablis et mis en activité lors du jugement du 5 frimaire, ils dessaisissaient nécessairement, et par le fait, les tribunaux de commerce.

Mais la Cour de cassation rejette ce pourvoi pour incompétence, attendu que l'affaire était déjà en délibéré lors du rétablissement des prud'hommes-pêcheurs, et qu'ils n'étaient pas même en activité lors du jugement qui avait vidé ce délibéré.

Nous remarquerons que le délibéré dont il s'agit était un délibéré *sans rapport*, un délibéré de la nature de celui qu'autorise aujourd'hui l'art. 116 du Code de procédure. Or, un tel délibéré termine absolument l'instruction, puisque tous les moyens ont été épuisés devant le juge, qui n'a plus qu'à prononcer sa décision; mais il n'en est pas ainsi du délibéré sur rapport : le rapport est lui-même un moyen d'instruction; la cause est continuée jusqu'à ce qu'il ait été fait; et il est si vrai que le jugement de délibéré ne la termine pas, qu'après le rapport qui se fait à l'audience, conformément à l'art. 111, le tribunal, comme l'observe M. Pigeau, tom. 1, pag. 363, peut, s'il regarde le délibéré comme insuffisant pour pouvoir prononcer définitivement, *ordonner une voie d'instruction quelconque, et même une instruction par écrit, suivant qu'il le croit convenable.*

On ne peut donc tirer de l'arrêt de la Cour de cassation la conséquence que le délibéré dont il s'agit dans l'art. 93 du Code de procédure, c'est-à-dire le délibéré sur rapport, termine l'instruction; et telle nous paraît être l'opinion de M. Merlin, de M. Pigeau et de M. Demiau Crouzilhac, à en juger par les solutions qu'ils ont données sur les questions qui vont être examinées.

Mais on cite encore un arrêt de cassation du 27 fructidor an 8, qui a décidé qu'une affaire doit être jugée en l'état où elle se trouvait lorsqu'on a ordonné le délibéré; en sorte qu'on ne peut, depuis cet instant, prendre de nouvelles conclusions et produire de nouvelles pièces. Nous ne dissimulerons pas que telle était l'ancienne pratique (*nouv. Répert.*, v.° délibéré). Quoi qu'il en soit, par les motifs ci-dessus exprimés, nous persisterons à penser que l'instruction n'est terminée que par le délibéré sans rapport. — (*Infrà, nos quest. sur l'art.* 116, *et la note* 2, *pag.* 236).

qui ordonne le délibéré, a-t-elle l'effet de faire rétracter ce jugement, sans qu'il soit besoin de se pourvoir par opposition?

Nous pensons, avec M. Demiau Crouzilhac, pag. 89, qu'il n'est pas nécessaire de former opposition à ce jugement, qui n'a rien statué au fond, et qui n'est, comme nous l'avons déjà dit, qu'un réglement d'instruction.

Ainsi, la constitution d'avoué aura l'effet de faire rétracter le jugement sur délibéré; c'est à la partie la plus diligente, qui vraisemblablement sera le défaillant, comme le plus intéressé, à remettre *placet*, pour faire ordonner que la procédure prendra son cours, suivant que la cause sera, par sa nature, ordinaire ou sommaire (1).

443. *Les parties peuvent-elles, après le jugement qui ordonne le délibéré, former des demandes incidentes?*

Oui; mais une demande de cette nature doit être portée à l'audience (*arg. de l'art.* 358), et il intervient jugement, qui prononce au préalable sur l'incident, si le juge n'estime pas nécessaire de le joindre au principal, ou qui, dans le cas contraire, ordonne un délibéré *qu'il joint* au premier. — (*Voy. nouv. Répert. de M. Merlin, au mot* délibéré, *pag.* 413, *et Pigeau, tom.* 1, *pag.* 392). (2)

444. *Un tiers peut-il intervenir sous le cours d'un délibéré?*

Oui; mais deux choses sont à remarquer : premièrement, si les parties principales consentent à l'intervenant la faculté d'intervenir, l'intervention est jugée sur le délibéré avec l'instance principale, sans qu'il soit besoin de jugement de jonction; car le consentement des parties autorise suffisamment le rapporteur à comprendre l'intervention dans son rapport, et le juge à y statuer dans son jugement, en énonçant ce consentement. Ici, un jugement de jonction serait en pure perte, puisqu'il n'est ni nécessaire ni utile. Deuxièmement, si au contraire la faculté d'intervenir est contestée, l'incident est porté à l'audience (*arg. de l'art.* 338); l'intervenant y est jugé recevable ou non recevable. Dans le premier cas, on joint le fond de l'intervention à l'instance

---

(1) On sent que cette solution, dont on peut voir le développement dans le Traité de M. Demiau, ne serait pas rigoureusement fondée en droit, si le jugement de délibéré terminait l'instruction; et cependant elle est conforme à la raison et à la justice : elle est conforme à la raison, car il y aurait contradiction en ce que le juge prononçât sur le délibéré contre une partie qui serait réputée défaillante, et qui cependant aurait cessé de l'être; elle est conforme à la justice, car elle tend à éviter un nouveau procès sur l'opposition que le prétendu défaillant ne manquerait pas de former contre le jugement définitif.

(2) « Mais, ajoute M. Pigeau, il faut, pour cette jonction, distinguer entre le délibéré » sans rapporteur et le délibéré avec rapporteur. Dans le délibéré sans rapporteur, la cause » sur l'incident est continuée au jour indiqué pour la cause principale, pour être statué sur » le tout par un même jugement ». C'est-à-dire qu'en ce cas il y a toujours lieu à la jonction, encore bien que l'incident pût être jugé séparément; tandis que, dans le délibéré avec rapporteur, il devient nécessaire de prononcer définitivement, dès qu'il est possible, afin de ne pas charger inutilement le rapport d'un incident qui peut être vidé de suite.

On voit, par ce qui précède, que M. Pigeau est bien loin de considérer un délibéré comme terminant l'instruction, puisqu'il admet les demandes incidentes, même sous le cours d'un délibéré sans rapport. Pour nous, nous persistons à croire que le délibéré sans rapporteur la termine, et qu'une partie serait fondée à s'opposer à la jonction.

principale, pour être statué ensemble sur le tout; dans le second, l'intervenant est écarté de la cause, et le délibéré est jugé entre les parties principales seulement.

Mais il faut observer que l'art. 340 porte que l'intervention ne pourra retarder le jugement de l'action principale, quand elle sera en état. Or, d'après l'art. 343, l'instance est nécessairement en état, quand elle est mise en délibéré : si donc le jugement de l'intervention au fond nécessitait quelques instructions, il n'y aurait pas lieu à la joindre au délibéré. — (*Voy. Pigeau, tom.* 1, *pag.* 397 *et* 398, *et nos questions sur l'art.* 343).

445. *Si, immédiatement après le jugement qui ordonne un délibéré, une partie ne remet pas ses pièces, cette négligence opère-t-elle forclusion?*

Tant que le rapport n'est point fait, ou que le jugement n'est pas prononcé, dit M. Delaporte, tom. 1, pag. 106, la partie en retard peut remettre ses pièces au rapporteur; mais on sent que cette remise, faite dans l'intervalle du rapport au jugement, n'oblige point le rapporteur à faire un nouveau rapport; elle ne peut être utile que pour l'instruction du tribunal, que l'on met à portée d'examiner les pièces en délibérant.

Article 95.

Si une affaire ne paraît pas susceptible d'être jugée sur plaidoirie ou délibéré, le tribunal ordonnera qu'elle sera *instruite par écrit* (1), pour en être fait *rapport* (2) par l'un des juges nommé par le jugement.

Aucune cause ne peut être mise en rapport qu'à l'audience et à la pluralité des voix.

T. 84. — Ordon. de 1667, tit. 11, art. 9.

LXXVI. L'Art. 95, et ceux qui le suivent jusqu'à la fin du présent titre, prescrivent les règles et les formalités de l'instruction par écrit, qui, comme nous l'avons dit pag. 234, peuvent être ordonnées dans les affaires tellement compliquées, que des développemens écrits peuvent seuls les éclaircir. En vain voudrait-on se contenter de la plaidoirie des défenseurs : en pareil cas, les explications verbales, loin d'apporter la lumière, augmenteraient l'obscurité, et la loi ne pouvait prendre trop de précautions pour s'assurer que chacun des juges sera parfaitement instruit de la contestation qui lui est soumise. Au milieu d'un tel labyrinthe, l'instruction par écrit était indispensable : c'est contre l'abus qu'il fallait se mettre en garde, et le législateur n'a rien négligé pour que ce mode fût toujours utile et jamais abusif. Il n'est point à craindre

---

(1) *Instruire*. Voy., pag. 202, ce qu'on entend par instruction en général, et pag. 234, ce qu'on entend par ces mots *instruire par écrit*.

(2) *Rapport*. C'est un résumé que le juge commis fait à ses collègues des pièces, faits et moyens du procès, sans toutefois ouvrir son avis. Seulement, le rapporteur opine le premier, lors de la délibération. — (*Régl. du* 30 *mars* 1808, *art.* 35).

qu'il soit ordonné sans un juste motif (*voy. l'art.* 95, *et le com. sur l'art.* 93), et l'on a réglé avec soin et abrégé, autant qu'il était possible, les délais d'attaque et de défense; on a pris garde de fixer des délais trop courts ; ils eussent produit le même effet que s'il n'en eût point été prescrit; car il eût été nécessaire d'aller au-delà, et une fois qu'ils eussent été franchis, il eût été impossible de prévoir où l'on se fût arrêté. — (*Rapp. au Corps lég.; voyez la note sur l'art.* 105).

446. *En quoi et par quel motif l'art.* 95 *est-il applicable aux délibérés?*

Cet article est applicable aux délibérés sur rapport, en ce qu'ils doivent être ordonnés à l'audience et à la pluralité des voix, parce qu'il prescrit qu'aucune cause ne peut être mise autrement en rapport. Or, par le délibéré dont il s'agit en l'art. 93, on met la cause en rapport.

447. *Si le jugement qui ordonne le délibéré ou l'instruction par écrit n'avait pas été rendu à l'audience, ce jugement serait-il nul?*

L'art. 9 du tit. 11 de l'ordonnance de 1667 prononçait formellement la nullité. Le Code de procédure garde le silence à cet égard, et l'art. 1030 défend aux juges de suppléer les nullités des exploits ou *actes de procédure*.

Quoi qu'il en soit, nous pensons, avec M. Delaporte, tom. 1, pag. 110, et les auteurs du Praticien, tom. 1, pag. 359, aux notes, que la loi défendant de rendre jugement autrement qu'à l'audience, la nullité devrait être prononcée (1).

448. *Est-il des causes qui ne puissent être instruites par écrit?*

L'art. 10 du tit. 17 de l'ordonnance de 1667 défendait d'ordonner l'instruction par écrit dans les matières sommaires. Notre Code ne contient pas expressément la même défense. Cependant l'art. 405, semblable à l'art. 35 du titre précité de l'ordonnance, porte que ces matières seront jugées à l'audience, après les délais de la citation échus, sur un simple acte, sans autres procédures ni formalités. De là M. Delaporte, tom. 1, pag. 106, M. Pigeau, tom. 1, pag. 364, et les auteurs du Praticien, tom. 1, pag. 358, concluent qu'elles ne peuvent être instruites par écrit, et qu'il en est de même dans les cas où le Code veut que l'on juge sommairement; par exemple, dans l'espèce des art. 172, 521, 587 et 382. La règle générale, disait Jousse, sur l'art. 7 du tit. 14 de l'ordonnance, c'est que tout ce qui peut être jugé à l'audience doit y être jugé. Or, les affaires sommaires, qui ne sont réputées telles qu'en raison de leur simplicité, et qui souvent exigent de la célérité, n'ont pas besoin et s'accommoderaient mal des longueurs et des formalités d'une instruction par écrit : elle ne peut convenir que dans les affaires obscures et difficiles (2).

---

(1) Nous donnerons, sur l'art. 1030, des explications qui tendent à justifier cette opinion.

(2) Jousse, sur le même article, citait encore les défauts comme ne pouvant être l'objet d'une instruction par écrit; mais, suivant les auteurs du Praticien, pag. 358, aux notes, on pourrait ordonner un appointement à mettre, conformément à l'art. 150.

Nous remarquerons que ces auteurs semblent appeler appointement à mettre le jugement qui ordonne un délibéré sur rapport. Or, l'art. 150 ne parle point, suivant nous, d'un tel délibéré; il dit seulement que les juges pourront faire mettre les pièces sur le bureau, pour

449. *Le tribunal, au lieu d'ordonner que la cause sera instruite par écrit, sur le rapport d'un juge nommé à cet effet, pourrait-il prononcer un renvoi devant des arbitres ou des jurisconsultes, pour avoir leur avis?*

Dans certains cas, disent les auteurs du Praticien, tom. 1, pag. 359, aux notes, le tribunal renvoie devant des arbitres ou des jurisconsultes, pour avoir leur avis; mais la loi autorise-t-elle ce renvoi? Nous avons eu occasion d'examiner cette question dans le Journal des arrêts de la Cour de Rennes, tom. 1, pag. 486, aux notes, et nous nous sommes expliqué comme suit :

« Nous rappèlerons que l'usage avait introduit, sous l'empire de l'ordonnance, le renvoi devant des arbitres qui pouvaient être choisis par le tribunal, soit parmi des avocats, soit parmi d'autres personnes, qui examinaient l'affaire et donnaient un avis sur lequel le tribunal prononçait ensuite ce qu'il croyait devoir appartenir.

» Cet usage est attesté par M. Pigeau, qui, dans son ancien Traité de la procédure (*voy. tom. 1, pag.* 247), établit les règles et indique les effets de ces renvois.

» On convient que cet usage pouvait présenter des avantages; mais le Code ne l'ayant point consacré, il nous semble abrogé par son silence même, et par l'art. 1041. Le juge ne peut d'ailleurs, sans occasionner des frais frustratoires, suppléer un mode d'instruction que la loi ne prononce point. D'un autre côté, l'on peut dire que les parties qui sont en présence des juges que la loi leur a donnés, ont droit d'exiger qu'ils prononcent sur leur contestation, sans influence de qui que ce soit. Aussi M. Pigeau, qui, dans son nouveau Traité, a conservé tout ce qui, dans son ancien, pouvait s'accommoder au Code actuel, a-t-il supprimé tout ce qu'il avait dit relativement à de tels renvois, que la loi n'autorise qu'en matière de commerce, et dans les cas qu'elle exprime. — (*C. de P., art.* 429; *C. de com., art.* 51).

ARTICLE 96.

Dans la quinzaine de la signification du jugement le demandeur fera signifier une *requête* (1) contenant ses moyens; elle sera terminée par un état des pièces produites au soutien.

Le demandeur sera tenu, dans les vingt-quatre heures qui

---

prononcer le jugement à l'audience suivante; et de là nous concluons que non seulement les défauts ne peuvent être instruits par écrit, mais encore que la loi n'autorise qu'un simple délibéré sans rapport, un délibéré de la nature de celui dont parle M. Pigeau, tom. 1, pag. 361, art. 2.

Cette observation nous conduit à examiner si les matières sommaires, à l'égard desquelles nous venons de dire que l'instruction par écrit ne peut avoir lieu, admettent du moins le délibéré sur rapport. M. Delaporte tire une induction pour la négative de l'art. 405. Nous pensons que cet article et les motifs qui excluent l'instruction par écrit, militent également contre le délibéré sur rapport.

(1) *Requête*. C'est une demande motivée adressée à la justice; elle diffère de tous les actes par lesquels on prend des conclusions devant elle, en ce qu'elle est nommément faite au juge.

suivront cette signification, de *produire* (1) au greffe et de faire signifier *l'acte de produit* (2).

T. 70, 73, 78, 91. — *Infrà*, art. 104.

450. *La signification du jugement qui ordonne l'instruction par écrit appartient-elle exclusivement au demandeur ?*

La loi ne le dit point ; elle dispose seulement que le délai qu'elle accorde au demandeur, pour instruire et produire, court du jour de la signification du jugement. Il paraît résulter de là que la partie la plus diligente a le droit de faire cette signification. — (*Voy. Demiau Crouzilhac, pag.* 90 *et* 92).

451. *La signification du jugement se fait-elle d'avoué à avoué?*

Oui ; mais s'il y a des défaillans qui n'ont pas constitué avoué, elle doit leur être faite à personne ou domicile. — (*Voy. le même auteur, pag.* 90).

452. *S'il y a des parties défaillantes, est-il nécessaire de leur faire séparément la signification de la requête contenant les moyens, et celle de l'acte de produit?*

Il n'est pas douteux que cette double signification doit être faite aux défaillans ; car ils ont le droit de constituer avoué et de contredire aussi long-tems que les délais ne sont pas expirés : il faut donc les constituer en demeure de toute défense (3).

453. *Si, dans le cours de l'instruction par écrit, une partie défaillante constitue avoué, faut-il obtenir un jugement qui déclare que cette instruction sera continuée avec cet avoué ?*

M. Demiau Crouzilhac pense qu'il est nécessaire d'obtenir un pareil jugement, qu'il appèle de *pure forme*, et par lequel le tribunal déclare que l'instruction sera continuée avec l'avoué *nouvellement constitué, en ce qui reste à faire avec lui, le* DÉFAUT *lié;* c'est-à-dire qu'on statuerait, en jugeant le fond, sur les dépens du défaut, pour savoir qui devra les supporter, et quelquefois sur le mérite du jugement de jonction du défaut, s'il était anticipé ; ce qui n'a aucune influence sur la procédure en totalité, mais sur cette partie seulement, qui n'est qu'une branche indépendante du corps entier.

Nous ne croyons pas cette opinion fondée.

En effet, le Code ne nous paraît point admettre ce jugement de *pure forme*

---

(1) *Produire*, c'est *déposer* au greffe, pour mettre entre les mains du juge.

(2) *Acte de produit ou de production;* c'est l'acte par lequel on déclare à la partie adverse que l'on a mis sa production au greffe avec sommation à cette partie d'y mettre la sienne, et même de fournir ses contredits.

(3) Mais seraient-ils fondés à faire considérer comme nulle la signification qui leur aurait été faite simultanément de la requête et de l'acte de produit? On dit, pour l'affirmative, que l'art. 96 exige, sans distinction, deux significations et un délai de 24 heures entre elles. Cependant, M. Demiau Crouzilhac, pag. 91, dit formellement *que s'il y a des parties défaillantes, on n'a pas besoin de leur faire ces significations en détail, sur-tout si leur domicile est éloigné; mais qu'on leur signifie en même tems les requête et état des pièces, copie de l'acte de signification qui en a été faite aux avoués, et copie de la sommation de produire, afin qu'elles n'en ignorent.* Le texte de la loi nous semble évidemment en opposition avec cette opinion.

qu'exige M. Demiau; et nous croyons, au contraire, d'après la solution donnée au numéro précédent, que le jugement qui ordonne l'instruction par écrit devant être signifié aux défaillans, ils se trouvent suffisamment avertis de se défendre et de produire.

Si donc ils constituent avoué sur cette signification, rien n'empêche que l'avoué du défendeur ne procède de suite contradictoirement avec l'autre, sans qu'il soit besoin que le tribunal l'ordonne, et sauf à lui à statuer sur les frais du défaut en jugeant le fond. Un jugement de *pure forme* est frustratoire, puisqu'il est inutile.

454. *Est-on obligé de coter les pièces, c'est-à-dire de les numéroter alphabétiquement, tant dans l'état que sur le dos des pièces qu'il indique?*

Ce mode avait été prescrit par plusieurs ordonnances; mais le Code ne l'indique pas : il convient néanmoins de le suivre, comme offrant un moyen plus facile de retrouver les pièces. — (*Voy. Jousse, sur l'art.* 33 *du tit.* 11 *de l'ordon. de* 1667).

455. *Doit-on nécessairement renfermer tous les moyens dans une seule requête, en sorte qu'on ne puisse en présenter une seconde par forme de supplément?*

Il serait beaucoup plus régulier, disent les auteurs du Praticien, tom. 1, pag. 362, de renfermer tous les moyens dans une seule requête; mais ce n'est pas, suivant eux, une obligation rigoureuse; et conséquemment ils estiment qu'on peut présenter une requête supplétive, pourvu toutefois que la quinzaine ne soit pas expirée. Nous partageons cette opinion, parce que le Code ne défend pas ce supplément; mais nous pensons, d'après l'art. 105, que les frais de ces moyens supplétifs et de leur signification ne devraient pas passer en taxe.

ARTICLE 97.

Dans la quinzaine de la *production* (1) du demandeur au greffe, le défendeur en prendra communication, et fera signifier sa réponse avec état au bas des pièces au soutien; dans les vingt-quatre heures de cette signification, *il rétablira* (2) au greffe la production par lui prise en communication, fera la sienne et en signifiera l'acte.

Dans le cas où il y aurait plusieurs défendeurs, s'ils ont tout à la fois des avoués et des *intérêts différens*, ils auront chacun les délais ci-dessus fixés pour prendre communication, répondre

(1) *Production.* C'est l'ensemble des titres, pièces et écritures produits dans le procès, par écrit.

(2) *Rétablira.* Il peut donc prendre les pièces au greffe et les avoir à sa disposition. — (*Art.* 106, 108, 115).

et produire : la communication leur sera donnée successivement, à commencer par *le plus diligent* (1).

T. 70, 73, 91. — *Infrà*, art. 100, 189, 524.

456. *De ce que l'art.* 97 *dispose que le défendeur* PRENDRA COMMUNICATION, *doit-on conclure qu'il y soit rigoureusement obligé?*

Le défendeur est évidemment le maître de prendre ou non communication des pièces produites par le demandeur, puisque cette communication n'est prescrite que dans son intérêt. Il pourra conséquemment produire, dans le délai que la loi lui accorde, encore bien qu'il n'ait point usé de la faculté de prendre communication. Si la loi est conçue en termes impératifs, c'est pour exprimer que le défendeur n'est reçu à prendre la communication et à produire ensuite, qu'autant qu'il se trouve dans le délai fixé par l'art. 97. — (*Voy. Demiau Crouzilhac, pag.* 92).

457. *Comment et à qui donne-t-on la communication, lorsqu'il y a plusieurs défendeurs ayant des avoués différens?*

L'article résout positivement cette question pour le cas où les défendeurs ont des intérêts différens; mais il garde le silence relativement à celui où les défendeurs n'ayant qu'un même intérêt, ont cependant constitué des avoués différens. Dans ce cas, il résulte évidemment de l'art. 97, qu'il n'y a lieu qu'à une seule communication et à un seul délai; et de là dérive la question ci-dessus posée. Comment et à qui cette communication sera-t-elle donnée? La solution de cette question se trouve dans les art. 526 et 529, qui s'expliquent sur un cas analogue; ils disposent que les oyans-compte ayant même intérêt doivent nommer un seul avoué, et que, s'ils en ont constitué plusieurs, la copie du compte et la communication des pièces justificatives doivent être données à l'*avoué le plus ancien* SEULEMENT, s'ils ont le même intérêt. — (*Voy. Pigeau, tom.* 1, *pag.* 384; *Delaporte, tom.* 1, *pag.* 112).

458. *Comment se calculent les délais pour produire, lorsque le demandeur ne remet pas ses pièces au greffe, et qu'il y a plusieurs défendeurs ayant des avoués et des intérêts différens?*

Par une conséquence de l'art. 98, chaque défendeur remettrait sa production au greffe, à l'expiration du délai qui était accordé au demandeur.

459. *Lorsqu'un des défendeurs a fait sa production, chacun des autres défendeurs peut-il en prendre communication?*

Oui, si les intérêts des divers défendeurs sont différens; car, en ce cas, ce sont autant d'adversaires qui ont besoin de prendre communication respective des pièces qu'ils ont produites. — (*Voy., sur les deux questions précédentes, les Questions de Lepage, pag.* 129 *et* 130).

460. *Le tribunal pourrait-il proroger, pour motifs légitimes, le délai fixé pour produire?*

---

(1) *Le plus diligent.* On nomme ainsi une des parties qui agit la première pour une procédure quelconque que chacune d'elles a le droit de faire.

Rodier, sur l'art. 12 du tit. 11 de l'ordonnance de 1667, s'exprime ainsi : « L'ordonnance n'a fixé qu'un délai de huit jours pour produire, et un autre » pareil délai pour contredire, parce qu'elle a présumé que ce délai serait » communément suffisant; mais lorsqu'il y a des affaires trop considérables » et trop chargées pour pouvoir fournir les instructions et réponses dans les » huit jours, ou parce que les avocats ne peuvent y vaquer tout d'abord, on » obtient facilement, ou du rapporteur ou de la chambre, une prorogation » de délai, *ou l'on use de quelque chicane pour se la procurer.* »

C'est, suivant nous, pour prévenir de telles chicanes, et empêcher les avoués de couvrir leur négligence de prétextes quels qu'ils soient, que le Code a étendu le délai; et conséquemment nous ne pensons pas qu'il soit dans son esprit d'accorder au juge la faculté de proroger : ainsi, le défaut de produire, sur quelque motif qu'on le fonde, nous paraît entraîner la *forclusion*. — (*Voy. Praticien, tom.* 1, *pag.* 363).

461. *La forclusion, en matière d'instruction par écrit, est-elle une exclusion de produire aussi absolue que la forclusion en matière d'enquête?*

« La forclusion en matière d'appointement, dit Duparc-Poullain, tom. 9, » pag. 145, n°. 8, n'est pas l'exclusion absolue de produire; c'est seulement » l'expiration du délai après lequel le juge peut juger sur ce qui est produit; » mais jusqu'au jugement on peut produire, quoique le délai soit expiré; au » lieu que la forclusion en matière d'enquête exclut de faire la preuve, et rend » nulle l'enquête qui serait faite après la forclusion acquise. » — (*C. de P., art.* 257).

Nous partageons cette opinion, par la raison que notre savant auteur breton donne de cette différence, pag. 353, et qui consiste en ce que les délais pour la forclusion d'informer ont été établis principalement afin de prévenir les manœuvres qu'on n'emploie que trop souvent pour séduire les témoins; au lieu que la forclusion de produire n'a pour objet que d'arrêter les longueurs des procès par écrit; la loi n'a point eu pour objet d'empêcher la partie de produire ses moyens de défense et les titres qui fournissent des preuves littérales en sa faveur (1).

ARTICLE 98.

Si le demandeur n'avait pas produit dans le délai ci-dessus fixé, le défendeur mettra sa production au greffe, ainsi qu'il a été dit ci-dessus; le demandeur n'aura que huitaine pour en prendre communication et contredire; ce délai passé, il sera procédé au jugement, sur la production du défendeur.

Ordon. de 1667, tit. 11, art. 17. — C. de P., art. 96, 524.

LXXVII. Les motifs des art. 98, 99, 100 et 101, concernant l'observation

---

(1) Jousse, sur l'art. 20 du tit. 11 de l'ordonnance; Pothier, dans son Traité de la procédure civile, chap. 3, s'expliquent de la sorte; et depuis la publication du Code, M. Delaporte, tom. 1, pag. 114, et M. Demiau Crouzilhac, pag. 92, disent aussi que les délais ne sont que *comminatoires*, en ce sens qu'on est toujours à tems de produire jusqu'au jugement. — Ce que nous disons ici s'applique également aux délais donnés aux défendeurs.

des délais de l'instruction, sont que chaque partie étant intéressée à réclamer l'exécution des lois, peut demander jugement aussitôt que les délais sont expirés; mais si aucune ne le demande, on ne doit s'en prendre ni à la loi ni aux juges : quand les parties sont d'accord pour ne pas être jugées, elles n'ont pas le droit de se plaindre, et lorsque le retard provient du fait de l'avoué, elles peuvent le révoquer et en nommer un autre. (*Rapp. au Corps législ.*) Il suit de là que, dans tous les cas prévus par les articles ci-dessus indiqués, le jugement ne peut jamais être rendu d'office, à raison de l'expiration des délais.

462. *Le défendeur, au lieu de produire à l'expiration du délai donné au demandeur, ne serait-il pas fondé à appeler le demandeur à l'audience, pour voir rejeter sa demande, faute d'en avoir justifié en ne produisant pas?*

Il est de principe que le défendeur doit être renvoyé de la demande, et sans que le juge soit obligé de la vérifier, toutes les fois que le demandeur ne se présente pas pour fournir ses moyens. — (*Voyez nos questions sur l'art.* 150).

C'est sans doute par cette raison que M. Demiau Crouzilhac, pag. 93, après avoir examiné et résolu affirmativement la question de savoir si le défendeur peut répliquer à l'écrit de produit que le demandeur fournirait dans la huitaine qui suivrait la production de celui-ci, s'exprime ainsi : « Il ne faut pas » cependant que ce soit abusif; les circonstances seules peuvent autoriser cette » tolérance : il vaudrait encore mieux, si l'on n'a aucune demande reconventionnelle à former, le délai de produire étant expiré sans que le demandeur » ait signifié sa requête, faire une sommation libellée, pour faire venir l'avoué » du demandeur à la prochaine audience, à l'effet de voir rejeter sa demande, » faute par lui d'en avoir justifié. Par ce moyen, il faut qu'il produise ou que » sa demande soit rejetée; ce qui ne présente aucun inconvénient, pourvu que » le tribunal déclare, pour la régularité de la forme, *qu'il vide le préparatoire* » *prononcé par le jugement du....., etc.* »

Nous ne croyons pas devoir admettre cette opinion : le principe que le défendeur doit être renvoyé de la demande, lorsque celui qui l'a formée ne se présente pas pour la justifier, ne nous paraît pas applicable dans une instance liée par la contestation en cause, et qui fait courir, pour l'instruction, différens délais établis en faveur de chacune des parties.

Or, la loi ayant accordé un délai de huitaine en faveur du demandeur, pour produire après le défendeur, il est évident qu'elle a entendu obliger celui-ci à faire lui-même sa production à l'expiration du délai ordinaire de quinzaine, qu'elle donnait d'abord au demandeur; s'il en était autrement, il arriverait toujours que le défendeur poursuivrait le jugement par défaut, faute de produire, dont parle M. Demiau Crouzilhac, et forcerait ainsi le demandeur à faire cette production; en sorte que la loi aurait très-inutilement accordé un délai de huitaine à ce dernier, à compter du jour de la production du défendeur (1).

(1) Objecterait-on qu'elle n'accorde ce délai que pour le cas où le défendeur aurait bien voulu faire sa production? Nous répondons que l'art. 98, auquel renvoie l'art. 101, est conçu en termes impératifs; d'ailleurs, ces articles ont accordé au demandeur le délai dont il s'agit, par la considération qu'il peut arriver que, sans négligence de sa part, il ne produise pas dans le délai de quinzaine; par exemple, lorsque sa demande *étant simple, est de telle na-*

463. *Le défendeur peut-il répliquer à l'écrit de production que le demandeur fait dans le délai de huitaine ?*

Nous avons déjà dit, sur la question précédente, que M. Demiau Crouzilhac résout affirmativement cette question; et, en effet, l'équité semble exiger cette solution; car il serait possible, comme cet auteur le remarque, que le demandeur abusât de la faculté que la loi lui donne de ne pas produire dans la quinzaine, pour, dans une requête préparée après connaissance de celle du défendeur, avancer des faits faux, invoquer de nouveaux actes qui n'auraient pas encore été employés, et produire sans crainte d'être démenti ; ce qui serait injuste. On doit donc admettre le défendeur à la réplique; mais comme le juge ne peut ni donner d'autres délais que ceux que la loi accorde, ni proroger ceux-ci (*voy. ci-dessus quest.* 460); comme, d'un autre côté, l'art. 104 dispose qu'il ne sera passé en taxe que les écritures et significations énoncées au titre de l'instruction par écrit, la réplique ne serait autorisée que sous la condition qu'elle n'entraînât aucun nouveau délai, qu'elle fût faite aux frais du défendeur, et signifiée à la partie adverse : alors elle ferait partie de la procédure, et le rapporteur et les juges auraient égard aux moyens qui y seraient déduits.

Article 99.

Si c'est le défendeur qui ne produit pas dans le délai qui lui est accordé, il sera procédé au jugement, sur la production du demandeur.

Même article de l'ordon. — Le Comm. sur l'art. 98.

Article 100.

Si l'un des délais fixés expire sans qu'aucun des défendeurs ait pris communication, il sera procédé au jugement sur ce qui aura été produit (1).

Comme sur les art. 98, 99. — C. de P., art. 97, 2.e part., art. 113. — Le Comm. sur l'art. 98.

Article 101.

Faute par le demandeur de produire, le défendeur le plus

---

ture qu'il ait besoin d'attendre et de connaître les moyens et les objections du défendeur pour la soutenir : voilà, dit M. Pigeau, tom. 1, pag. 384, aux notes, le cas que la loi a prévu, en donnant ce second délai de huitaine.

Cette remarque nous paraît écarter absolument l'observation de M. Demiau Crouzilhac; car il est facile de voir que le vœu de la loi serait trompé, s'il dépendait du défendeur de poursuivre un jugement par défaut, que le demandeur ne pourrait éviter qu'en produisant. Le défendeur le contraindrait à faire cette production malgré la loi, qui a entendu l'en dispenser par une considération qui lui est toute personnelle.

(1) En effet, comme la partie la plus diligente doit prendre communication, si aucune ne

diligent mettra sa production au greffe, et l'instruction sera continuée ainsi qu'il est dit ci-dessus.

Ibid., tit. 11, art. 19. — C. de P., art. 96, 97, 1.re part. — Le Comm. sur l'art. 98.

464. *A partir de quelle époque court le délai de huitaine accordé au demandeur pour prendre communication et contredire, lorsque, n'ayant pas produit dans le délai qui lui était prescrit, plusieurs défendeurs auraient mis leur production, conformément à l'art.* 101 ?

L'art. 98 décide, pour le cas où il n'y a qu'un seul défendeur, que le délai de huitaine commence à partir de la mise au greffe de la production du défendeur ; mais l'art. 101, qui prévoit le cas où il en existerait plusieurs, n'a rien statué sur la question ; il se borne à exprimer que le défendeur mettra sa production au greffe, et que l'instruction sera continuée comme il est dit dans les articles précédens. Ainsi, dans cette circonstance, le demandeur doit jouir d'un délai de huitaine, comme dans l'espèce de l'art. 98 : reste donc à savoir à partir de quelle époque courra ce délai?

Nous répondons qu'on doit rattacher l'art. 101 aux art. 97, 98 et 100. Il faudra conséquemment distinguer encore : si les défendeurs ont différens avoués, mais un même intérêt, le délai courra comme s'il n'y avait qu'un seul défendeur, c'est-à-dire que l'on se réglera par la disposition de l'art. 98. parce qu'en ce cas l'art. 97 n'accorde qu'un seul délai ; si, au contraire, les défendeurs avaient tout à la fois et des intérêts séparés et des avoués différens, le délai ne commencera à courir, conformément au même art. 97, combiné avec les art. 98 et 100, qu'après la production du dernier d'entre eux qui aura pris communication, ou à l'expiration de la quinzaine qui se serait écoulée sans qu'on eût fait aucune production. — (*Voy. Demiau Crouzilhac, pag.* 93 ; *Pigeau, pag.* 384, *et la* 457e. *quest.*)

ARTICLE 102.

Si l'une des parties veut produire de nouvelles pièces, elle le fera au greffe, avec acte de produit contenant état desdites pièces, lequel sera signifié à avoué, sans requête de production nouvelle ni écritures, à peine de rejet de la taxe, lors même que l'état des pièces contiendrait de nouvelles conclusions.

T. 71, 90.

465. *Le produisant pourrait-il, dans l'acte de produit, énoncer succinctement les inductions qu'il entend tirer des pièces nouvelles?*

C'est l'opinion de M. Delaporte, tom. 1, pag. 115, fondée sur ce qu'il faut bien que le produisant indique au juge à quelles fins il produit ces nouvelles

---

l'a prise dans le délai fixé, elles sont toutes en faute, et il n'est pas juste que le demandeur en souffre.

pièces, et qu'il le fasse connaître à la partie adverse elle-même, afin de la mettre à portée de répondre, ainsi qu'elle en a le droit. — (*Voy. l'art.* 103).

Rien n'empêche d'admettre cette opinion, puisque l'art. 71 du tarif n'accorde qu'une taxe fixe pour l'acte de produit. Ainsi, nul intérêt à y comprendre autre chose que ce qu'exige l'art. 102; et, d'un autre côté, si le produisant énonce dans cet acte les inductions qu'il tire des nouvelles pièces, son adversaire n'a point à craindre de supporter les frais de rôle qu'exigeraient ces énonciations. Au reste, on a coutume de les insérer dans les conclusions nouvelles que la loi autorise de prendre, soit pour ajouter aux premières, soit pour les expliquer ou les modifier. — (*Voy. Pigeau, tom.* 1, *pag* 385; *Demiau Crouzilhac, pag.* 93 *et* 94, *et le Comm. du Code de procéd. inséré aux Ann. du not., tom.* 1, *pag.* 213).

ARTICLE 103.

L'autre partie aura huitaine pour prendre communication, et fournir sa réponse, qui ne pourra excéder six *rôles* (1)

T. 73, 90.

466. *Si la réponse à l'acte de produit des nouvelles pièces excédait six rôles, cette réponse serait-elle rejetée comme nulle?*

On peut dépasser le nombre de rôles fixé par la loi, sans commettre une nullité; car il est des circonstances où la partie pourrait être obligée d'entrer dans des détails qu'elle ne pourrait renfermer dans un aussi court espace: l'infraction n'entraîne donc d'autre peine que celle de ne pouvoir faire entrer en taxe l'excédant des six rôles. — (*Voy. Prat., tom.* 1, *pag.* 366; *Demiau Crouzilhac, pag.* 94).

ARTICLE 104.

Les avoués déclareront, au bas des originaux et des copies de toutes leurs requêtes et écritures, le nombre des rôles, qui sera aussi énoncé dans l'acte de produit, à peine de rejet lors de la taxe.

T. 70, 94.

LXXVIII. CETTE disposition, qui est entièrement de droit nouveau, a pour but de mettre les avoués à l'abri du soupçon d'avoir augmenté après coup le nombre des rôles de leurs requêtes et écritures. — (*Rapp. au Corps législ.*)

467. *L'obligation imposée par l'art.* 104 *s'applique-t-elle seulement à l'instruction par écrit, ou s'étend-elle aux requêtes et écrits de toutes les espèces de procédures?*

Ce qui donne lieu de douter, dit M. Lepage dans ses Questions, pag. 130,

---

(1) *Rôles.* On appèle ainsi un feuillet ou deux pages d'écriture de vingt-cinq lignes à la page, et de douze syllabes à la ligne. — (*T.* 72).

c'est que l'art. 104, qui prescrit cette formalité, est contenu dans le titre qui établit les règles de l'instruction par écrit. Mais remarquons, avec cet auteur, que ce même article est conçu en termes généraux, et que, puisqu'il se sert de ces expressions, *toutes les requêtes et écritures*, il paraît certain que le législateur a entendu comprendre non seulement celles qui seraient faites dans les procès par écrit, mais encore celles qui auraient lieu en toute autre procédure. D'ailleurs, l'abus que l'on a voulu prévenir existait autrefois, et pourrait se reproduire aujourd'hui dans les affaires d'audience, aussi bien qu'en celles qui s'instruisent par écrit.

ARTICLE 105.

Il ne sera passé en taxe que les écritures et significations énoncées au présent titre (1).

Art. 103.

ARTICLE 106.

Les communications (2) seront prises au greffe sur les récépissés des avoués, qui en contiendront la date.

Contraire à l'art. 10, tit. 14, de l'ordonnance, qui ne s'exécutait pas.

468. *Lorsque les pièces ont été remises au rapporteur, à l'expiration des délais, un avoué qui n'aurait pas produit pourrait-il exiger communication?*

Non, encore bien que le rapport n'eût pas été commencé, parce que la loi exige que la communication soit prise au greffe. On ne pourrait donc l'obtenir, dit M. Delaporte, tom. 1, pag. 118, que de la bonne volonté et de la confiance du rapporteur; mais nous ne pensons pas qu'il soit ainsi le maître de se dessaisir des pièces qui lui sont remises comme un dépôt sacré, sans qu'on lui justifiât du consentement des parties adverses.

469. *Un avoué serait-il recevable à demander une seconde communication, sous prétexte qu'il n'aurait pas été suffisamment instruit par la première?*

Nous ne pensons pas que la loi ait entendu autoriser une semblable de-

(1) C'est ici le lieu de remarquer combien la marche de la procédure réglée par les articles ci-dessus l'emporte, par sa simplicité, sur celle que prescrivaient l'ordonnance de 1667 et les lois postérieures. Chaque partie formait d'abord sa demande, l'autre sa réponse, par une pièce nommée *avertissement*; chaque partie faisait ensuite une réplique appelée *contredit*, et enfin chaque partie pouvait encore fournir une troisième pièce nommée *salvation*. La loi du 24 mars 1791 permit au demandeur et au défendeur de fournir chacun sa requête, et chacun aussi pouvait ensuite répondre à son adversaire. D'après le Code, on a vu que le demandeur produit sa requête (96); que le défendeur fournit la sienne (97); que s'ils ont besoin de fournir de nouvelles pièces, ils les font signifier, mais sans requête de production ni écriture (102); en sorte que l'ordonnance autorisait trois écrits; la loi de 1791 deux, et notre Code actuel un seulement de chaque côté.

(2) *Communication*; c'est l'exhibition d'une ou plusieurs pièces, faite par celui qui en est dépositaire à la partie qui a droit de les examiner.

mande : c'est donc aux avoués à examiner avec attention la communication qui leur est faite, et à prendre copie des pièces, s'ils jugent avoir besoin d'un examen réfléchi, afin de préparer la défense de leur partie. — (*Voy. Prat., tom.* 1, *pag.* 368).

470. *Une partie pourrait-elle, avant la communication, retirer de sa production une ou plusieurs pièces, afin de les soustraire à cette communication?*

« En général, dit Duparc-Poullain, tom. 9, pag. 143, toutes les pièces » produites deviennent de plein droit communes à toutes les parties ; en sorte » qu'on ne peut les retirer du procès sans leur consentement, soit avant, soit » après la communication. Dès qu'une pièce est produite, chaque partie, en » effet, a acquis le droit d'en tirer les inductions nécessaires à sa défense. »

Ces principes sont tellement certains, qu'il est inutile de les appuyer d'autres autorités.

Article 107.

Si les avoués ne rétablissent, dans les délais ci-dessus fixés, les productions par eux prises en communication, il sera, sur le certificat du greffier, et sur un simple acte pour venir plaider, rendu jugement à l'audience, qui les condamnera *personnellement* (1), et sans appel, à ladite remise, aux frais du jugement, sans répétition, et en dix francs au moins de dommages-intérêts par chaque jour de retard.

Si les avoués ne rétablissent les productions dans la huitaine de la signification dudit jugement, le tribunal pourra prononcer, *sans appel* (2), de plus forts dommages-intérêts, même condamner l'avoué *par corps*, et *l'interdire pour tel tems qu'il estimera convenable.*

Lesdites condamnations pourront être prononcées sur la demande des parties, sans qu'elles aient besoin d'avoués, et sur un simple mémoire qu'elles remettront ou au président, ou au rapporteur, ou au procureur du Roi.

T. 90. — C. de P., art. 191, 536. — Jousse, Comm. sur l'art. 10, tit. 14, ordon. de 1667.

471. *La troisième disposition de l'art.* 107 *s'applique-t-elle aux deux cas prévus par les deux premières dispositions du même article, ou seulement à celui dont il s'agit en la seconde?*

M. Delaporte, tom. 1, pag. 120, dit que cette troisième disposition ne peut

---

(1) *Personnellement.* Il n'a conséquemment aucune action contre son client, pour la répétition des dommages-intérêts, parce que la négligence qu'il a mise à rétablir les pièces ne peut être imputée qu'à lui seul.

(2) *Sans appel*; alors même que, par l'accumulation des journées de retard, l'amende surpasserait 1,000 fr.; autrement, il dépendrait de lui de se ménager la voie de l'appel, en attendant

être appliquée *que quand il aura été rendu un jugement de condamnation auquel il n'aura point été satisfait dans la huitaine de la signification.* Elle ne se rapporterait conséquemment qu'à la disposition qui la précède immédiatement, et qui est la seconde de l'article. Nous ne saurions suppléer au silence que garde l'auteur que nous venons de citer sur les motifs de cette solution. Tous les autres commentateurs ne paraissent pas douter que la disposition dont il s'agit ne soit commune aux deux cas prévus par l'article. — (*Voy. Quest. de Lepage, pag.* 128; *le Prat., tom.* 1, *pag.* 369; *Traité de M. Thomines, pag.* 89 *et* 90; *Demiau Crouzilhac, pag.* 95).

Comme eux nous ne faisons aucun doute à cet égard, et en voici la raison : l'art. 107 a eu pour objet d'empêcher que le rétablissement des productions ne fût arrêté par les égards que pourrait avoir un avoué pour son confrère ; or, ce motif subsiste pour les deux dispositions de l'art. 107, et l'on ne trouve dans le texte nulle expression qui semble limiter à la seconde disposition le droit accordé à la partie de poursuivre, par elle-même et directement, l'avoué qui ne rétablirait pas les pièces dans les délais fixés.

472. *Quand, sur la poursuite de l'avoué contre son confrère, celui-ci n'a pas remis les pièces, et qu'il devient nécessaire de provoquer l'application de la seconde disposition de l'art.* 107, *faut-il représenter un nouveau certificat du greffier, et donner un nouvel avenir à l'audience ?*

L'art. 107 ne parle du certificat du greffier et de l'avenir que dans sa première disposition ; mais, lorsqu'il s'agit de poursuivre pour l'application de la seconde disposition, il est nécessaire, comme pour l'application de la première, de justifier que les productions n'ont pas été rétablies : il faut donc un second certificat qui le constate ; il faut aussi un second acte pour venir plaider ; car les condamnations qui sont l'objet de la seconde disposition ne peuvent être prononcées que par un jugement, et un jugement sur une nouvelle demande ne peut être obtenu sans cette sommation d'audience, qui équivaut à une citation pour l'avoué défendeur. — (*Voy. Demiau Crouzilhac, pag.* 95).

473. *Les jugemens obtenus contre un avoué, conformément à l'art.* 107, *sont-ils susceptibles d'opposition, si cet avoué a laissé défaut ?*

L'art. 107 ne s'explique qu'à l'égard de l'appel, et interdit à l'avoué condamné la faculté d'user de cette voie pour faire réformer le jugement obtenu contre lui. Il nous paraît certain que le législateur n'a point entendu accorder la voie d'opposition ; autrement, il aurait fourni à l'avoué qui trouverait quelqu'intérêt à retenir les pièces au-delà des délais fixés, un moyen de prolonger,

---

plus de cent jours pour la remise des pièces : il pourrait donc être condamné à une somme bien supérieure au taux ordinaire du premier ressort, sans pouvoir néanmoins interjeter appel de cette condamnation ; mais remarquons bien ces mots de l'article, *pourra prononcer sans appel de plus fortes dommages-intérêts*, MÊME CONDAMNER, *etc.* Les mots *sans appel* ne se rapportent, ce semble, qu'à la condamnation aux dommages-intérêts, et non pas à *la contrainte par corps* et à l'interdiction, qui forment un membre de phrase séparé. Mais nous devons dire que M. Berriat Saint-Prix, pag. 245, not. 18, se sert d'expressions générales qui supposent le rejet de cette distinction.

au préjudice de la partie adverse, le retard qu'il aurait déjà mis à les rétablir (1).

ARTICLE 108.

Il sera tenu au greffe un registre sur lequel seront portées toutes les productions, suivant leur ordre de dates; ce registre, divisé en colonnes, contiendra la date de la production, les noms des parties, de leurs avoués et du rapporteur; il sera laissé une colonne en blanc.

Arrêt du Parl. de Paris du 3 sept. 1667. — Quest. sur l'art. suiv.

ARTICLE 109.

Lorsque toutes les parties auront produit, ou après l'expiration des délais ci-dessus fixés, le greffier, sur la réquisition de la partie la plus diligente, remettra les pièces au rapporteur, qui s'en chargera, en signant sur la colonne laissée en blanc au registre des productions.

T. 90. — C. de P., art. 114.

474. *La réquisition que la partie la plus diligente doit faire au greffier de remettre les pièces au rapporteur, doit-elle être constatée par un acte?*

On ne voit pas, dit M. Delaporte, tom. 1, pag. 121, quelle serait l'utilité de cet acte; la réquisition verbale doit suffire, car le greffier n'a pas d'intérêt à la refuser.

Le tribun Faure s'expliquait ainsi, dans son rapport sur le présent titre : « A l'égard de l'observation des délais de l'instruction, chaque partie est intéressée à réclamer l'exécution des lois, *et à demander jugement, aussitôt que les délais sont expirés : si aucune ne le demande, on ne doit s'en prendre ni à la loi ni aux juges.* » Le législateur a donc entendu laisser aux parties le soin de hâter la fin de l'instruction, et la prononciation du jugement : s'il exige une réquisition de la partie la plus diligente, pour la remise des pièces au rapporteur, il s'ensuit qu'il n'a point entendu autoriser le greffier à effectuer cette remise de lui-même. Il faut donc qu'il soit constaté qu'une réquisition lui a été faite. Par ces motifs, nous adoptons l'opinion de M. Demiau Crouzilhac, qui dit, pag. 96, que cette réquisition se fait sur le registre des produits, à la colonne laissée en blanc.

---

(1) Mais ce que nous disons ici ne nous paraît devoir s'appliquer qu'au cas où l'avoué a été condamné sur sommation de venir plaider, conformément aux deux premières dispositions de l'art. 107, et non à celui où le jugement aurait été obtenu sur mémoire de la partie, d'après la troisième disposition du même article. La raison en est qu'ayant été sommé à l'effet de faire valoir ses moyens, l'avoué doit s'imputer la faute de ne pas s'être présenté; dans l'autre cas, au contraire, où l'avoué n'a pas été appelé, il ne semble pas juste de lui refuser la voie d'opposition. — (*Demiau Crouzilhac, pag.* 95).

ARTICLE 110.

Si le rapporteur décède, se démet, ou ne peut faire le rapport, il en sera commis un autre, sur requête, par ordonnance du président, signifiée à partie ou à son avoué, trois jours au moins avant le rapport.

T. 70, 76. — *Infrà* sur l'art. 668.

LXXIX. LE motif de la signification à partie prescrite par cette disposition, est fondé sur ce qu'il est nécessaire qu'elle connaisse d'avance le rapporteur, soit pour pouvoir le récuser, en cas qu'elle croie en avoir le droit, soit, si elle ne l'a pas, pour communiquer avec lui au sujet de la cause.

ARTICLE 111.

Tous rapports, même sur délibérés, seront faits à l'audience; le rapporteur résumera le fait et les moyens sans ouvrir son avis: les défenseurs n'auront, sous aucun prétexte, la parole après le rapport; ils pourront seulement remettre sur le champ au président de simples notes énonciatives des faits sur lesquels ils prétendraient que le rapport a été incomplet ou inexact (1).

Art. 93, 95. — *Infrà*, art. 141; et sur les art. 666, 668, 762, 763.

LXXX. LE législateur, par cette disposition, a fait disparaître pour jamais l'abus qui existait autrefois, dans la possibilité qu'avaient les parties de recommencer à plaider, lorsqu'il ne s'agissait plus que de juger. — (*Rapp. au Corps législ.*)

475. *Le jugement qui interviendrait sur rapport serait-il nul, si ce rapport n'avait pas été fait à l'audience?*

Avant la publication du Code de procédure, dit M. Merlin, dans son nouveau Répertoire, au mot *délibéré*, tom. 3, pag. 413, et depuis que la loi du 24 août 1790 avait mis en principe qu'en toute matière les rapports devaient être publics, on jugeait constamment que la contravention à cette règle emportait nullité. L'auteur cite en effet, à l'appui de cette assertion, plusieurs arrêts, l'un dans le Répertoire, les autres dans son Recueil des Questions de droit. — (*Voy. ce Recueil, au mot* rapport, *tom.* 4, *pag.* 264).

Ces mots, *avant la publication du Code de procédure*, donnent à croire que

---

(1) JURISPRUDENCE.

Lorsque le rapport d'une cause a été fixé à tel jour auquel les parties emportent assignation, le jugement rendu un autre jour est nul, parce que les parties se trouvent avoir été privées de la faculté que la loi leur donnait d'assister au rapport et de proposer leurs observations. — (*Cassat.*, 3 *janv.* 1817; *Sirey*, *tom.* 17, *pag.* 379.)

M. Merlin, appliquant à l'art. 111 les dispositions de l'art. 1030, estime que la jurisprudence antérieure de la Cour de cassation ne doit plus être suivie, attendu que l'art. 111 ne porte point la peine de nullité.

Mais le contraire nous paraît devoir résulter du motif de l'art. 111, qui est de mettre les défenseurs en état de remettre des notes au président, si le rapport ne leur paraît pas exact. L'instruction est tronquée et illégale, si le jugement est précipité, si l'on prive les défenseurs de cette faculté, et du droit de surveiller le rapport. — (*Voy. les questions sur l'art.* 1030).

Au reste, c'est aux juges à prévenir toute contestation sur la question ci-dessus posée, en se conformant rigoureusement à la loi, et en mentionnant dans le jugement qu'ils l'ont effectivement observée (1).

476. *Faut-il donner avenir à l'audience où le rapport doit se faire?*

Il faut répondre que non, dit M. Delaporte, tom. 1, pag. 122; les parties et les défenseurs ont le droit d'y assister, mais leur présence n'est pas nécessaire : il est donc inutile de les appeler. Nul doute que cette opinion doit être suivie pour les rapports sur délibéré, l'art. 93 portant que le jugement indiquera le jour auquel le rapport sera fait. Or, l'art. 70 du Tarif porte que les avoués seront tenus de se présenter au *jour indiqué* par les jugemens préparatoires ou de remise, sans qu'il soit besoin d'aucune sommation. Mais l'art. 95 ne porte point que le jugement préparatoire, qui ordonne l'instruction par écrit, indiquera le jour du rapport; et de ce silence on pourrait conclure qu'une sommation serait autorisée de la part de l'avoué le plus diligent. Cependant les raisons données par M. Delaporte nous paraissent devoir l'emporter sur cette considération. Aucune des parties n'a intérêt à ce que l'autre soit présente au rapport; aucune ne peut tirer avantage du défaut de présence de son adversaire, puisque la loi interdit toute plaidoirie sur ce rapport, et conséquemment nulle sommation n'est utile pour constituer l'une d'elles en demeure d'y assister. C'est à chacune à demander au rapporteur, ou à s'informer au greffe quel sera le jour où il fera son rapport, et à s'y trouver, si bon lui semble, afin de profiter, s'il y a lieu, de la faculté que la loi lui donne de remettre des notes sommaires.

477. *Est-il des affaires dans lesquelles les dispositions de l'art.* 111 *ne doivent pas être appliquées?*

Oui, et ce sont celles qui ont pour objet les droits d'enregistrement, parce qu'aux termes de l'art. 65 de la loi du 22 frimaire an 7, et de l'art. 17 de la loi du 27 ventôse an 9, toute contestation de cette nature doit être jugée sur simple mémoire, à la chambre du conseil. Le Conseil d'état a décidé d'ailleurs, par un avis du 1er. juin 1807, que le Code de procédure n'était pas applicable aux affaires de la régie, ni à toutes autres pour lesquelles il aurait été fait, par une loi spéciale, exception aux lois générales.

---

(1) Nous appuierons ici notre opinion, 1.° d'un arrêt de la Cour de Rennes, du 17 mai 1811, 2.e chambre, qui a déclaré irrégulier et nul un jugement par lequel il avait été ordonné aux parties de déposer leurs pièces sur le bureau, *sans nommer un rapporteur qui eût fait son rapport en audience publique*; condition essentielle pour la validité de ce jugement; 2.° d'un arrêt de la Cour de cassation, du 25 avril 1808, rapporté sur la quest. 477.

Il en est de même des matières domaniales; elles doivent être jugées contradictoirement avec le procureur du Roi, et sur plaidoirie (1). — (*Cassat.*, 16 *juin* 1807, *Sirey*, *tom.* 7, *DD.*, *pag.* 108).

478. *L'art.* 111 *doit-il recevoir son application dans l'espèce de l'art.* 668?

En d'autres termes : *Les parties peuvent-elles plaider, ou n'ont-elles que la faculté de remettre de simples notes, après le rapport du juge commis à une distribution par contribution?*

La Cour d'appel de Rennes, par arrêt du 5 décembre 1810, a décidé qu'on ne pouvait interdire la plaidoirie après un tel rapport, parce que l'art. 111 n'était applicable qu'aux matières ordinaires, dans lesquelles les parties ont eu, avant le rapport du juge, la faculté d'épuiser, tant par écrit qu'à l'audience, tous les moyens d'éclairer le tribunal.

Cette décision est conforme à la justice et à la loi.

En matière de saisie mobilière, le Code a posé des règles qui tracent une forme particulière. Or, dans les art. 666 et 668, le législateur, en renvoyant les parties à l'audience, pour leur être fait droit sur le rapport du juge-commissaire, n'a pas exprimé la volonté de les priver du droit de se faire entendre dans des discussions importantes par leur nature; et dès qu'il n'existe pas, dans l'espèce, de disposition précise et positive, qui leur interdise le droit naturel de défense dans toute sa latitude, il ne peut appartenir aux tribunaux de le modifier ou de le restreindre.

479. *Si un juge n'a pas assisté aux audiences qui ont précédé le rapport, et que les plaidoiries n'aient pas été recommencées, l'arrêt est-il nul?*

L'arrêt est nul, d'après les art. 7 et 10 de la loi du 20 avril 1810. — (*Cassat.*, 24 *avril* 1816, *Sirey*, *tom.* 16, *pag.* 431).

Mais il est à remarquer que cette décision a été rendue dans une espèce où les plaidoiries avaient eu lieu avant le rapport, et n'avaient pas été recommencées. Si, au contraire, elles l'eussent été devant le juge qui n'eût pas assisté d'abord, l'arrêt eût été valable. — (*Cassat.*, 25 *janv.* 1815, 2 *janv. et* 14 *mars* 1816, *Sirey*, *tom.* 17, *pag.* 137 *et* 191, *et tom.* 16, *pag.* 432). (2)

(1) Par arrêts des 25 avril 1808 et 1.er juin 1814 (*Sirey*, *tom.* 15, *pag.* 237), la Cour de cassation a décidé qu'il était nécessaire, à peine de nullité, que les jugemens rendus en matière d'enregistrement énonçassent qu'ils ont été précédés du rapport du juge. On ne peut suppléer cette formalité, porte le premier de ces arrêts, par des attestations extrajudiciaires du président du tribunal. Cette décision vient évidemment, par une juste analogie, à l'appui de la solution donnée sur la quest. 475. — (*Voy. la note, et infrà, sur l'art.* 138).

(2) Ces décisions sont évidemment applicables aux jugemens rendus par les tribunaux de première instance; car, dit le premier arrêt, c'est un principe sacré et reconnu par toutes les législations, qu'un juge vicie le jugement à la formation duquel il prend part sans avoir entendu toute la défense des parties.

ARTICLE 112.

Si la cause est susceptible de communication, le procureur du Roi sera entendu en ses conclusions à l'audience.

C. de P., art. 83. — Régl. du 30 mars 1808, art. 84, 85, 87.

LXXXI. Sous l'ancien droit, quand le ministère public était intéressé dans une affaire appointée, il donnait ses conclusions par écrit, parce que le rapport de l'appointement se faisait à la chambre du conseil; aujourd'hui, dans toutes les causes qui s'entament et se terminent à l'audience, il doit prendre des conclusions orales (1).

480. *Par qui se fait au ministère public la communication des productions?*

Il importe peu, dit M. de Delaporte, tom. 1, pag. 122, que ce soit par la voie du greffe ou par les mains du rapporteur; il est néanmoins plus régulier que ce soit par le greffier; cela est même plus sûr pour la conservation des pièces. Mais puisque, d'après l'art. 114, le rapporteur ne remet les pièces au greffe qu'après le jugement, il semble naturel que ce soit lui qui communique au ministère public. Au surplus, les deux voies de communication sont également autorisées, ainsi qu'il résulte des art. 85 et 86 du réglement du 30 mars 1898.

ARTICLE 113.

Les jugemens rendus sur les pièces de l'une des parties, faute par l'autre d'avoir produit, ne seront point susceptibles d'opposition (2).

T. 85. — Ordon., tit. 11, art. 19, et tit. 35, art. 3. — *Infrà*, C. de P., art. 1016.

481. *La disposition de cet article s'étend-elle au jugement rendu contre une partie, sur défaut de laquelle l'instruction par écrit aurait été ordonnée?*

M. Delaporte, tom. 1, pag. 123, estime que l'application de l'art. 113 doit avoir lieu à l'égard de toutes les parties, même de celles qui n'auraient pas comparu et n'auraient point constitué avoué.

Nous croyons, au contraire, que l'on ne peut étendre cet article au-delà du cas qu'il exprime, et qui est celui où le jugement est rendu sur les pièces de l'une des parties, faute par l'autre *d'avoir produit.* On pensera plutôt que sa disposition suppose que l'instruction par écrit a été ordonnée contradictoire-

---

(1) Même lorsqu'il s'agit de causes qui intéresseraient la régie de l'enregistrement. — (*Cassat.*, 14 *mars* 1821, *Sirey*, *tom.* 21, *pag.* 233, *et tom.* 22, *pag.* 12).

(2) JURISPRUDENCE.

L'art. 113 ne s'applique pas aux matières d'enregistrement. Ainsi, la partie qui n'a pas produit ses pièces peut attaquer, par la voie de l'opposition, le jugement rendu sur le fond, encore qu'elle se soit défendue sur plusieurs incidens. — (*Cassat.*, 17 *juillet* 1811, *Sirey*, *tom.* 11, *pag.* 363).

ment; et c'est par ce motif que l'opposition au jugement qui intervient sur la production d'une seule des parties, n'est pas admise. En effet, comme le remarque M. Lepage, dans ses Questions, tom. 1, pag. 129, l'opposition n'a lieu que contre les jugemens par défaut; or, une partie avec laquelle l'instruction par écrit a été ordonnée contradictoirement n'est pas défaillante : si elle ne produit pas, c'est qu'elle consent à être jugée sur la production de son adversaire.

Mais ce consentement ne peut être présumé de la part de celui qui n'a point comparu, et le jugement rendu contre lui ne peut être considéré que comme un jugement par défaut, contre lequel l'opposition est ouverte, suivant les art. 156 et suivans, qui forment le droit commun, et qu'on ne pourrait se dispenser d'appliquer, qu'autant qu'il existerait une disposition expresse et formelle qui y eût dérogé. Tel est aussi le sentiment de M. Merlin, fondé sur plusieurs arrêts. — (*Voy. nouv. Rép., aux mots* opposition à un jugement, § 3, *art.* 1er, *tom.* 8, *pag.* 704).

482. *Mais si l'opposition est recevable de la part des défaillans qui n'ont point comparu lors du jugement qui a ordonné l'instruction par écrit, l'est-elle également dans le cas où, de plusieurs défendeurs, les uns auraient comparu, et les autres auraient laissé défaut?*

Pour résoudre cette question, il faut remarquer que l'art. 153 prévoyant le cas où il y a plusieurs défendeurs, dont les uns comparaissent et les autres laissent défaut, dit expressément qu'un premier jugement donnera seulement défaut contre le non comparant, et joindra le profit au fond; c'est-à-dire, ne prononcera sur le défaut qu'en jugeant le fond qui est remis à un autre jour; que, pendant l'intervalle, ce jugement est signifié au défaillant, avec nouvelle assignation, et qu'enfin, s'il ne comparaît pas au jour indiqué, ce qui est jugé postérieurement est un second défaut, qui n'est pas susceptible d'opposition.

Que doit donc faire un tribunal, lorsque le cas prévu par l'art. 153 se présente, et qu'il y a lieu d'ordonner une instruction par écrit? Nous pensons qu'il doit commencer par donner défaut contre les non comparans, prononcer en même tems la jonction du profit au fond, de manière que ce ne soit qu'après la signification de ce défaut, et l'assignation à comparaître au jour indiqué, qu'il ordonne l'instruction par écrit. Son jugement, à cet égard, ne sera pas susceptible d'opposition, conformément à l'art. 153, et à plus forte raison, le jugement ultérieur qui prononcerait sur la seule production du comparant; car ce jugement serait un second défaut. — (*Voy. Quest. de Lepage, tom. 1, pag.* 129).

ARTICLE 114.

Après le jugement, le rapporteur remettra les pièces au greffe; et il en sera déchargé par la seule radiation de sa signature sur le registre des productions.

C. de P., art. 108, 109. — Nos quest. sur l'art. 126.

483. *Combien de tems dure la responsabilité du rapporteur, s'il a omis de rayer sa signature sur le registre des productions, ou négligé de remettre les pièces?*

Le Code de procédure ne s'explique point à ce sujet. Un arrêt du Parlement de Paris, cité par M. Delaporte, tom. 1, pag. 123, portait que les conseillers chargés des sacs auraient décharge, ainsi que leurs veuves et héritiers, après trois années, mais en affirmant par serment qu'ils ne les avaient pas, et ne savaient où ils étaient. « Il paraît, ajoute M. Delaporte, que cet arrêt était » tombé en désuétude, le dernier état de la jurisprudence étant de faire durer » la responsabilité pendant cinq ans pour les pièces des procès jugés, et pen- » dant dix ans pour celles des procès non jugés. » Dans le silence de la loi, M. Delaporte conseille de se conformer à l'usage, qui, dit-il, n'est point abrogé. Nous observerons que cet usage a été consacré en partie par l'art. 2276 du Code civil, portant que les juges et avoués sont déchargés des pièces cinq ans après le jugement des procès.

Mais cet article n'ayant rien décidé pour les procès indécis, l'action de la partie contre le juge rapporteur naissant de la signature apposée par lui sur le registre, durera, dit M. de Maleville, tom. 4, pag. 404, trente ans, conformément à l'art. 2262 du même Code. La raison en est que l'art. 7 de la loi du 30 ventôse an 12, a abrogé les anciennes dispositions sur les matières qui sont l'objet de ce Code. D'autres pensent que la loi prononçant la décharge du rapporteur, après cinq ans depuis le jugement, on doit considérer la péremption de l'instance comme équivalant à une décision du juge, puisqu'elle éteint la procédure et l'action même, s'il s'agit d'une instance d'appel; qu'en conséquence, le rapporteur est déchargé après les cinq ans qui suivent le délai fixé pour la péremption.

Nous croyons l'opinion de M. de Maleville plus sûre : en matière de prescription, il convient moins qu'en toute autre de raisonner par induction. Cette opinion de M. de Maleville est aussi celle des auteurs du Commentaire inséré aux Annales du notariat. — (*Voy. le tom. 1 de ce Commentaire, pag.* 228).

Article 115.

Les avoués, en retirant leurs pièces, émargeront le registre; cet émargement servira de décharge au greffier.

T. 70, 73, 74, 90, 91. — C. de P., art. 103 à 108, 114, 115.

484. *Quel est l'avoué qui doit sommer ses confrères de se présenter pour retirer les pièces ?*

C'est l'avoué le plus diligent. Une seule sommation est autorisée; en sorte que toutes celles qui seraient postérieures à cette première, seraient rejetées de la taxe, conformément à l'art. 1031. — (*Voy. Tarif, art.* 70, § 7, *et Demiau Crouzilhac, pag.* 99).

TITRE VII.

Des Jugemens.

On entend en général par le mot *jugement* toute décision émanée d'une autorité judiciaire; c'est, sous ce rapport, un terme générique, qui comprend toutes les espèces de décisions qui se donnent dans les procès.

Autrefois on appelait particulièrement *sentences* celles des juges inférieurs qui étaient sujettes à l'appel : les décisions en dernier ressort retenaient le nom de *jugemens;* celles des Cours souveraines étaient nommées *arrêts.*

Dans l'usage actuel, les décisions des juges inférieurs portent toujours le nom de *jugement,* soit qu'elles aient été rendues à charge d'appel, soit qu'elles l'aient été en dernier ressort. Celles des Cours souveraines ont conservé leur ancienne qualification d'*arrêts,* tirée, suivant quelques auteurs, de ce que l'autorité des Cours *arrête,* finit et détermine les différens qui s'élèvent entre les citoyens.

On appèle *ordonnance* la décision ou l'ordre que donne un juge seul, soit au bas d'une requête, soit à la suite d'un procès-verbal, soit dans tout autre cas déterminé par la loi. (Art. 199, 221, 297, 259, 260, 263, 264, 327, 530, 558, 659, 752, 808, 809, 819, 822, 826, 969, 976, 1020).

Les jugemens, en prenant le mot dans son acception générale, reçoivent différentes qualifications, selon leur objet et les circonstances dans lesquelles ils sont rendus (1).

Sur ces différentes espèces de jugemens, le Code de procédure contient, au tit. 7, des règles communes aux décisions à rendre tant par les tribunaux inférieurs que par les Cours royales. — (*Voy. infrà, art.* 470).

Du rapprochement de toutes les dispositions de ce titre, rangées dans leur ordre naturel, résulte l'analyse suivante, à laquelle nous joignons les explications de doctrine propres à faciliter l'intelligence de plusieurs d'entre elles.

Les jugemens sont arrêtés, soit à l'audience, soit à la chambre du conseil, à la pluralité des voix. (Art. 116).

S'il se forme parmi les juges plus de deux opinions, ils sont tenus de se

---

(1) Sous ce rapport, on les distingue en jugemens *préparatoires, interlocutoires, provisoires, définitifs, d'expédient, d'homologation, sur requête, contradictoires, par défaut, par forclusion, en premier ou dernier ressort.* Nous les définirons comme suit :

1.° *Le jugement préparatoire* est celui qui, sans rien préjuger au fond, a pour objet de mettre la cause en état de recevoir une décision définitive. — (*Infrà sur l'art.* 452, 1.re *disposition*).

2.° *Le jugement interlocutoire* est également un jugement préparatoire, mais qui diffère du premier en ce qu'il ordonne une preuve, une vérification, une instruction qui préjuge le fond. — (*Infrà sur le même art.*, 2.e *disp.*)

3.° *Le jugement provisoire* prononce *par provision*, et avant le jugement définitif, sur un point qui exige célérité. — (*Infrà sur les art.* 134, 451).

4.° *Le jugement définitif* statue sur toute la cause et la termine. (*Voy. suprà pag.* 57, *et infrà art.* 451). Mais il est à remarquer que certains jugemens, sans terminer la contestation, peuvent néanmoins être considérés comme définitifs par rapport à leur objet; tels sont ceux qui prononcent séparément sur un incident, sur une exception, une fin de non recevoir, etc.

5.° *Le jugement d'expédient* intervient sur le consentement donné par les parties pour *l'expédition* de l'affaire. C'est un accord volontaire signé par leurs avoués, en vertu de pouvoir spécial des parties, et dont le tribunal décerne acte dans la forme d'un jugement.

Le Code de procédure ne contenant aucune disposition sur cette espèce particulière de jugemens, on doit se conformer, à leur égard, aux principes de l'ancienne jurisprudence, d'après lesquels l'expédient ne peut avoir autorité de chose jugée qu'entre parties capables de transiger, et sur un objet susceptible de transaction. — (*Nouv. Répert.*, v.° jugement, § 1.er *Voy. nos quest. sur l'art.* 455).

réunir à l'une des deux opinions qui ont été émises par le plus grand nombre des votans. (Art. 117).

Mais si ces deux opinions sont énoncées par un nombre égal, il y a partage.

Le partage est vidé, dans les tribunaux inférieurs, par l'adjonction d'un juge ou d'un suppléant, d'un avocat ou d'un avoué, à défaut les uns des autres. (Art. 118).

L'affaire est ensuite plaidée ou rapportée de nouveau.

Soit que le jugement ait été délibéré et arrêté audience tenante, soit qu'il l'ait été à la chambre du conseil, c'est toujours à l'audience, et publiquement, qu'il doit être prononcé.

Le *prononcé* consiste dans la proclamation de la décision, précédée de l'énoncé des raisons de droit ou de fait sur lesquelles elle est fondée, et dont elle doit être la conséquence.

Le greffier porte ce prononcé sur une feuille que l'on appèle *feuille d'audience*, et où il inscrit les noms des juges, du procureur du Roi ou de son substitut.

Cette feuille est vérifiée et signée par le juge qui a présidé, ou, à son défaut, par le plus ancien de ceux qui ont concouru au jugement; ellè l'est aussi par le greffier. — (*Voy. nos questions sur l'art.* 138).

Mais ce qui est ainsi porté sur la feuille d'audience ne constitue pas le jugement dans son intégrité;

Il doit contenir en outre les noms, profession, demeure des parties, les noms des avoués, les conclusions et l'exposition sommaire des points de fait et de droit (art. 141) : c'est ce que l'on appèle *les qualités*.

Les points de fait sont puisés dans la demande et dans la défense; les points de droit sont les questions que le juge doit résoudre en appliquant la loi. — (*T.* 87).

6.° *Le jugement d'homologation* est celui qui, sur une requête présentée au tribunal, ordonne l'exécution de quelque acte à l'égard duquel la loi exige son approbation. (*Infrà, art.* 885, 889, 955, 981; *C. C., art.* 448, 458, 467, 1314; *C. de com., art.* 524, 525, 526, 635). Ces jugemens sont aujourd'hui sujets à l'appel. — (*Infrà, art.* 889).

7.° *Les jugemens sur requête* interviennent sur la simple demande d'une partie qui n'en a mis aucune en cause; par exemple, dans l'espèce de l'art. 99 du Code civil. — (*Infrà sur l'art.* 157).

8.° *Le jugement contradictoire* est celui que le tribunal rend après avoir entendu les parties en instance. — (*Voy. pag.* 24, *not.* 1).

9.° Par opposition, on nomme *jugement par défaut* la décision rendue après avoir entendu une seule partie, l'autre n'ayant pas constitué avoué ou négligeant de se présenter pour plaider. — (*Voy. le tit. suiv.*)

10.° *Le jugement par forclusion* est rendu contre une partie qui a négligé de produire dans un procès par écrit. — (*Suprà sur les art.* 99, 100).

11.° *Le jugement en premier ressort* est la décision sujette à l'appel, et, réciproquement, *le jugement en dernier ressort* est celle qui n'est pas susceptible de cette espèce de recours.

12.° Enfin l'on distinguait, en Bretagne, une douzième espèce de jugemens que l'on appelait jugemens *comminatoires*; c'étaient ceux qui étaient rendus *dans l'état*, faute, par exemple, d'avoir produit un titre, et qui paraissaient supposer la possibilité d'une autre décision, si ce titre était produit. Nous examinerons, sur l'art, 480, § 10, si cette distinction est fondée, et si elle peut avoir encore les résultats qu'admettait l'ancienne jurisprudence bretonne. — (*Voy., sur ces définitions, le Traité des jugemens de notre estimable confrère M. Poncet*).

Cette rédaction appartient aux avoués. Celui auquel on la signifie peut y former opposition (1), et le président prononce ; c'est ce que l'on exprime par ces mots *régler les qualités*. Après la décision du président, ou, s'il n'existe pas d'opposition, à l'expiration du délai fixé, les qualités sont déposées au greffe ; et sur la demande de l'une ou de l'autre des parties, le jugement est expédié, dans son entier, par le greffier, qui le compose des qualités déposées, et de ce qu'il a écrit sur la feuille d'audience. (Art. 142, 143, 144, 145).

Tout jugement définitif condamne la partie qui succombe aux *dépens*, c'est-à-dire au paiement des frais faits par elle-même et par la partie adverse. (130).

Quelquefois les dépens sont compensés. (131, 132).

Compenser les dépens, c'est ordonner que chaque partie supportera elle-même, soit la totalité, soit une portion seulement de ses frais, l'autre partie devant, dans le premier cas, payer également la totalité des siens, et, dans le second, la portion de ceux de son adversaire que celui-ci n'est pas condamné d'acquitter.

Sur l'affirmation de l'avoué d'avoir fait la plus grande partie des avances, la distraction des dépens est ordonnée à son profit. (133).

Ordonner *la distraction*, c'est distraire ou séparer la condamnation aux dépens des autres condamnations prononcées en faveur de la partie, en sorte que son avoué acquière la faculté de poursuivre lui-même, à son profit, l'exécution de la première.

Outre les règles communes à tous les jugemens, notre titre en contient de particulières relatives à certaines dispositions accessoires qu'un jugement pourrait renfermer,

1°. Sur les dommages-intérêts (128) ;
2°. Sur les restitutions de fruits (129) ;
3°. Sur la comparution des parties en personne (119) ;
4°. Sur les prestations de serment (120, 121) ;
5°. Sur les délais pour l'exécution des condamnations (120, 122, 124, 125) ;
6°. Sur la contrainte par corps. (126, 127).

D'autres règles ont pour objet l'exécution des jugemens. L'exécution est provisoire ou définitive : elle est *provisoire*, lorsque, nonobstant l'appel ou l'opposition, qui sont ordinairement suspensifs (*voy. suprà, n°. 77, et infrà, art.* 155 *et* 457), la loi veut ou autorise seulement le juge à ordonner que la décision sera exécutée avec ou sans caution.

Elle est *définitive*, lorsqu'aucune voie n'est ouverte pour se pourvoir afin de faire réformer, annuler ou casser le jugement. (134).

Jamais l'exécution provisoire n'a lieu pour les dépens (137) ; et, en tous les cas, si les juges ont omis de la prononcer dans le jugement même, elle ne peut l'être que sur l'appel. (Art. 136, 458, 459). *Provisoire* ou *définitive*, on ne peut y procéder qu'autant que l'expédition est intitulée au nom du Roi, et revêtue du mandement de Sa Majesté, qui constitue la *formule exécutoire* (146), et que le jugement a été signifié à l'avoué et à la partie. (147 et 148).

---

(1) Il est à remarquer que l'on ne signifie les qualités que pour les jugemens contradictoires seulement. — (*T.* 88).

Enfin, la loi défend aux greffiers de délivrer aucuns jugemens avant qu'ils n'aient été signés par le juge qui a présidé. (139).

Mais pour que les parties n'aient rien à craindre d'une négligence de ce magistrat, le procureur du Roi est chargé de vérifier chaque mois l'état des minutes. (140).

Le Code de procédure ne renferme aucune disposition sur les effets des jugemens; mais on peut, en général, réduire aux propositions suivantes les principes de législation et de jurisprudence concernant cet objet :

1°. Le jugement est considéré comme la vérité, tant que cette présomption légale n'est pas détruite par les voies de droit, c'est-à-dire tant qu'il n'est pas intervenu une décision contraire rendue sur opposition, appel, tierce opposition, requête civile, etc. — (*Voy. infrà, titre suivant, et les titres intitulés des voies ordinaires et extraordinaires pour attaquer les jugemens,* mais sur-tout *nos préliminaires sur l'appel*).

2°. Il produit hypothèque. (*C. C., art.* 2123).

3°. S'il est définitif, il termine la contestation, qui, par conséquent, ne peut être reproduite, à moins toutefois que la condamnation n'ait pas été déterminée : car, si elle était vague et incertaine; si, par exemple, le jugement condamnait une partie à *payer à l'autre tout ce qu'elle doit, avec les intérêts,* un tel jugement ne passerait pas en force de chose jugée, et n'empêcherait pas la partie contre laquelle il aurait été rendu, de faire prononcer de nouveau sur la contestation. — (*Nouv. Rép., v°.* jugement, § 1, *pag.* 555).

4°. Il fait considérer comme non avenue l'interruption de la prescription opérée par la demande. — (*C. C., art.* 2247).

5°. Il produit l'action que l'on nomme dans le droit romain *actio judicati,* et qui a pour objet l'exécution des dispositions qu'il renferme. Cette action dure trente ans, encore bien que l'action primitive, autrement le droit sur lequel le jugement a été rendu, fût de nature à se prescrire par un moindre laps de tems. Elle est *personnelle,* lors même que l'action jugée fût *réelle,* parce que la contestation forme entre les parties un contrat judiciaire tacite qui produit novation. — (*Voy. nouv. Rép., au mot* réunion).

Article 116.

Les jugemens seront rendus à la pluralité des voix, et prononcés sur-le-champ. Néanmoins, les juges pourront se retirer dans la chambre du conseil, pour y recueillir les avis; ils pourront aussi continuer la cause à une des prochaines audiences pour prononcer le jugement (1).

T. 86. — Loi du 20 avril 1810, art. 7. — Régl. du 30 mars 1808, art. 35. — *Suprà* sur l'art. 93.

LXXXII. Cette disposition reproduit et applique sans distinction une règle

(1) JURISPRUDENCE.

1.° Un jugement serait nul, si un des juges qui y ont concouru n'avait pas assisté à toutes les plaidoiries, soit qu'il eût été rendu sur délibéré et d'après un rapport, soit que la plai-

qui, en général, n'était admise autrefois que dans les tribunaux jugeant à charge d'appel. Dans les Cours souveraines, d'après un édit de 1549, les arrêts ne pouvaient être rendus qu'à une majorité de deux voix.

On remarque que le législateur énonce, en ce même article, le vœu que les jugemens soient prononcés sur-le-champ, après que la cause a été plaidée ou rapportée, et que le ministère public a été entendu, si la cause est communicable. Mais si elle est telle que les juges ne puissent donner leur avis sans se livrer à des discussions importantes; si le jugement exige une rédaction particulièrement soignée, le tribunal peut suspendre l'audience, se retirer à la chambre du conseil, même s'y faire apporter les pièces, et reprendre ensuite l'audience à l'effet de prononcer. Bien plus : s'il prévoit que la discussion peut être longue, au point de consommer une trop grande partie du tems ordinairement consacré à l'audience, il peut, par un jugement essentiellement préparatoire, déclarer que la cause est *continuée* à tel jour qu'il indique, puis les juges conviennent entre eux d'une réunion particulière pour discuter leur avis : c'est le cas du délibéré sans rapport, dont nous avons parlé n°. 437.

485. *Lorsque le tribunal se retire à la chambre du conseil, pour prononcer sur-le-champ, ou continue la cause pour prononcer à une des prochaines audiences, doit-il rendre un jugement qui déclare ce renvoi?*

Il suffit, lorsque les juges se retirent pour prononcer le jugement à l'audience, que le président déclare que le tribunal se retire pour prononcer de suite, ou se borne à énoncer, dans le prononcé du jugement, que les avis seront recueillis en la chambre du conseil; mais si le jugement ne doit être prononcé qu'à l'une des prochaines audiences, il faut qu'il soit, comme nous venons de le dire dans le commentaire ci-dessus, précédé d'un jugement de renvoi à jour fixe, et d'autant de jugemens semblables que de remises successives que le tribunal pourrait ordonner : ce qu'il ne doit faire qu'en cas de nécessité absolue et avec grande circonspection.

486. *Mais le jugement qui serait rendu sans renvoi à jour fixe, serait-il nul?*

La négative a été jugée par arrêt de la Cour d'appel de Rennes, du 31 juillet 1809, 1re. chambre, attendu qu'aucune disposition du Code de procédure ne porte la peine de nullité pour l'inobservation de l'art. 116; mais cette décision ne doit pas empêcher les juges de prononcer le renvoi, ainsi que nous l'avons dit sur la précédente question. — (*Voy. en outre un autre arrêt de Rennes, du* 31 *août* 1810, 3e. *chamb.*)

---

doirie que ce juge n'aurait pas entendue fût celle de la partie qui aurait obtenu gain de cause, soit enfin que la voix de ce même juge eût été inutile pour former la majorité. — (*Cassat.*, 2 *vent. an* 12 *et* 30 *mars* 1812, *Sirey, tom.* 4, 2.e *part.*, *pag.* 98, *et* 1812, *pag.* 190).

2.° Mais il n'est pas nécessaire que les juges qui concourent à un jugement définitif rendu par suite d'un interlocutoire, soient les mêmes que ceux qui ont assisté à ce dernier jugement. Les plaidoiries qui ont précédé l'interlocutoire ne se confondent point, en effet, avec les plaidoiries qui ont lieu sur le jugement définitif. — (*Cassat.*, 18 *avril* 1810, *Sirey, tom.* 10, *pag.* 243).

3.° Il y a mention suffisante qu'un jugement a été rendu publiquement, s'il est dit *fait et jugé à....., en la salle d'AUDIENCE, audience civile tenante.* — (*Cassat.*, 27 *mai* 1818, *Sirey, tom.* 18, *pag.* 393).

487. *Le jugement qui serait prononcé à l'audience serait-il nul, si d'autres juges que ceux qui l'auraient délibéré à la chambre du conseil assistaient à sa prononciation ?*

La Cour de cassation avait affirmativement résolu cette question, attendu qu'un jugement n'a d'existence légale que du jour où il a été prononcé, et que, par conséquent, le jugement, bien qu'arrêté antérieurement en la chambre du conseil, ne doit être considéré que comme ayant été rendu le jour de sa prononciation, et par suite, par des juges qui n'avaient pas entendu les parties. — (*Voy. arrêt de la Cour de cassat., du 26 vendém. an 8, Sirey, tom. 4, 2e. part., pag.* 98).

Il faut remarquer ici que M. Merlin, dans son nouveau Répertoire, au mot *délibéré*, pag. 413, s'exprime en ces termes : « Un jugement rendu sur délibéré » ne serait pas nul, s'il portait qu'il a été arrêté dans la chambre du conseil, » à un jour différent de celui où il a été prononcé à l'audience, parce que » l'art. 116 ne porte pas la peine de nullité, et que, suivant l'art. 1030, cette » peine ne peut jamais être suppléée par les juges; mais il l'eût été sous l'em» pire de la loi du 3 brumaire an 2. »

Nous pensons aussi, et par les mêmes motifs que M. Merlin, que le jugement qui ne porterait que la date du jour où il aurait été délibéré ne serait pas nul; mais nous serions porté à décider autrement, dans l'espèce où ce jugement aurait été prononcé devant d'autres juges que ceux qui auraient concouru à la délibération, ou par un président qui n'y aurait pas pris part. C'est à la présence de ceux-ci qu'est attachée la garantie que le jugement sera prononcé ainsi qu'il a été arrêté dans la chambre du conseil : tous autres juges sont incompétens pour proclamer cette décision. — (*Cassat., 7 therm. an 11; Sirey, tom. 3, pag.* 381).

488. *Lorsque le tribunal a continué la cause pour le jugement être prononcé à une prochaine audience, l'instruction est-elle terminée ?*

Oui, l'instruction est achevée, les opinions sont censées ouvertes, et les parties ne peuvent plus signifier aucunes requêtes ou écritures. — (*Voy. Delaporte, tom.* 1, *pag.* 125). Il en est ici autrement que du cas où un délibéré sur rapport aurait été prononcé. — (*Voy. les quest.* 442, 443, 444).

ARTICLE 117.

S'il se forme plus de deux opinions, les juges plus faibles en nombre seront tenus de se réunir à l'une des deux opinions qui auront été émises par le plus grand nombre. Toutefois, ils ne seront tenus de s'y réunir qu'après que les voix auront été recueillies une seconde fois.

Ordon. de François 1.er, du mois d'oct. 1523, art. 86. — C. de P., art. 467.

LXXXIII. On voit, par cet article, que s'il existe plus de deux opinions, il faut les réduire à deux, et que conséquemment il n'y a partage qu'autant que les opinions, réduites à deux, ont chacune un nombre égal de voix. C'est alors le cas d'appliquer la disposition de l'art. 118.

489. *Dans quel rang les juges doivent-ils opiner?*

Le décret du 30 mars 1808, art. 55, portant réglement pour les tribunaux, contient, à cet égard, une règle générale d'après laquelle les juges opinent à leur tour, en commençant par le dernier reçu; mais cette règle souffre exception dans les affaires sur rapport, où le rapporteur opine le premier, parce qu'ayant pris une connaissance plus particulière de l'affaire, le développement de son avis peut contribuer beaucoup à l'instruction de ses collègues.

490. *Comment la pluralité peut-elle se réunir en faveur d'une opinion?*

Nous remarquerons d'abord que d'après l'art. 116, si le tribunal émet deux opinions, la plus forte en nombre l'emporte; mais il faut que la majorité soit absolue, c'est-à-dire que l'opinion la plus forte ait pour elle la moitié des juges du tribunal, plus un au moins.

S'il y a égalité de voix, il y a partage, et l'on applique l'art. 118; s'il se forme plus de deux opinions, et qu'il faille conséquemment se conformer à la disposition de l'art. 117, il est nécessaire de distinguer.

Ainsi, lorsqu'une des opinions a la majorité absolue, elle l'emporte. Par exemple, le tribunal étant composé de cinq juges, trois embrassent une opinion, les deux autres chacun une; les trois l'emportent.

Si, au contraire, l'une des opinions n'a pas la majorité absolue; par exemple si, de cinq juges, deux opinent de la même manière, deux autres d'une manière différente, et que le cinquième ait une autre opinion qui lui soit particulière, il n'y a point de partage; car il n'en peut exister qu'entre des avis qui réunissent un nombre égal de voix. Il n'y a pas non plus de pluralité, puisque chacune des deux opinions principales réunit un même nombre de suffrages. Mais en ce cas, elle sera formée conformément à l'art. 117, par la réunion du cinquième juge à l'une des deux opinions émises par le plus grand nombre, et il y aura jugement.

Supposons maintenant huit juges au lieu de quatre. Il se forme trois opinions : l'une est adoptée par quatre juges, une autre par trois, la dernière par un seul; en ce cas encore, il n'y a ni partage, ni pluralité. Il n'y a pas de partage, car chaque opinion n'a pas un égal nombre de voix; il n'y a pas de pluralité, car, sur huit juges, l'opinion principale n'en réunit que quatre. Il faut donc que le juge qui est seul de son avis se réunisse aux quatre qui sont de la première opinion, et alors il y aura jugement, ou aux trois qui se sont prononcés pour la seconde, et il y aura partage, parce qu'il se trouvera un nombre égal de juges pour l'une et pour l'autre. — (*Voy. Pigeau, tom.* 1, *pag.* 466; *Delaporte, tom.* 1, *pag.* 125). (1)

---

(1) Une autre hypothèse est établie par les auteurs du Praticien français, tom. 1, pag. 383 : « Lorsqu'il y a quatre juges, disent-ils, que deux sont d'un avis, que chacun des deux » autres a le sien particulier, si, après un nouveau tour de scrutin, chaque juge persiste » dans son opinion, comme alors le tribunal n'est pas d'accord, et qu'il n'y a aucun moyen » indiqué pour sortir de cette discordance, nous estimons qu'il y a lieu de procéder comme » s'il y avait partage ».

Le motif que ces auteurs donnent de leur opinion, est qu'il n'y a aucune raison pour

491. *Y aurait-il nullité du jugement qui ne mentionnerait pas qu'il s'est élevé plus de deux opinions, et que les voix ont été recueillies de nouveau?*

La loi n'exige pas plus cette mention que celle du nombre des juges sui-

---

que deux juges fassent le sacrifice de leur opinion à celle d'autres juges égaux en nombre. Nous partageons ce sentiment.

Il y a évidemment lieu, dans cette hypothèse, à procéder comme s'il y avait partage, puisqu'il ne se trouve qu'une seule opinion qui ait pour elle le plus grand nombre de juges. Or, l'art. 117 veut que les juges plus faibles en nombre se réunissent à l'une *des deux opinions* qui auraient été émises par le plus grand.

Mais devons-nous dire, comme les mêmes auteurs, pag. 382, que dans le cas où, sur cinq juges, deux veulent prononcer 1,500 fr. de dommages-intérêts, deux autres 1,000 fr., et le cinquième seulement 500 fr., celui-ci doit se désister de son opinion, et se réunir à l'un ou à l'autre parti adopté par deux autres juges?

Devons-nous, ce qui est la même chose, dire comme M. Pigeau, tom. 1, pag. 466, que si, de cinq juges, deux opinent pour condamner par corps, deux autres pour la condamnation par les voies ordinaires, un cinquième pour la libération et la décharge, ce dernier sera tenu de se réunir à l'une des deux autres opinions, après que les voix auront été recueillies une seconde fois?

Ces décisions peuvent souffrir difficulté; on connaît la loi 27, § 3, au digeste *de receptis qui arbitrium*, liv. 4, tit. 8.

Cette loi est rendue dans une espèce où il faut obtenir l'unanimité des suffrages; et l'on y fait cette question : « Si, de trois arbitres, l'un condamne à payer une somme de quinze, » l'autre une de dix, le troisième une de cinq, quel jugement doit-on suivre?

Le jurisconsulte Julien répond qu'il faut se tenir au dernier, parce que tous les arbitres ont été de cet avis, *quia in hanc summam omnes consenserunt.*

En se fondant sur cette loi, que l'on trouve rappelée dans le nouveau Répertoire, au mot *partage d'opinions* (*voy. tom.* 9, *pag.* 61), on pourrait penser que toutes les fois que l'avis du plus petit nombre de juges se trouve implicitement renfermé dans l'une des deux opinions émises par le plus grand nombre, il n'y a point lieu à appliquer l'art. 117, et qu'il y a jugement, parce qu'il y a pluralité.

Ainsi, dans l'espèce posée par les auteurs du Praticien, et appliquant à la pluralité ce que la loi 27, *de receptis qui arbitrium*, décide à l'égard de l'unanimité, on dirait qu'on devrait adjuger 1,000 fr.; *quia in hanc summam plures consenserunt.* En effet, il n'y a, dans cette espèce, qu'une voix pour accorder moins de 1,000 fr.; car, qui veut 1,500 fr. en veut au moins 1,000; ce qui comprend le plus comprend le moins.

De même, dans cette autre espèce, où, sur cinq juges, l'un penserait qu'il ne serait pas dû de dommages-intérêts, le second qu'il serait dû 300 fr., le troisième 600 fr., le quatrième 1,000 fr., le cinquième 2,000 fr., on répondrait d'abord que l'opinion de la pluralité est pour adjuger les intérêts; ensuite que trois juges se réunissent pour adjuger au moins 600 fr. : de là, jugement qui fixerait les intérêts à cette somme.

Ainsi encore, dans l'espèce proposée par M. Pigeau, on déciderait d'abord qu'il y a pluralité pour la condamnation, puisque quatre juges sont d'avis de condamner, et ne diffèrent que sur la voie de contrainte; et ensuite pluralité pour condamner sans contrainte par corps, parce que le cinquième juge qui veut absoudre ne veut pas, à plus forte raison, prononcer cette voie rigoureuse d'exécution.

Quoi qu'il en soit, nous ne croyons pas que l'on puisse admettre de telles opinions sans contrevenir à l'art. 117. Cet article décide, sans aucune distinction, que s'il se forme plus de deux opinions, les juges les plus faibles en nombre ne sont tenus de se réunir à l'une de celles émises par la plus grande partie, qu'après que les voix auront été recueillies une seconde fois. Or, il importe peu que l'opinion qui réunit le moins de voix soit simplicitement renfermée dans celle qui en compte le plus. Il reste toujours vrai qu'il y a plus de deux opinions émises, et cela suffit, à notre avis, pour que les voix soient recueillies de nouveau.

vant l'avis desquels le jugement est rendu. La décision du tribunal appartient à tous ses membres ; elle est censée émaner de tous et de chacun d'eux : si la loi impose de ne rendre jugement qu'à la pluralité, et de retourner aux voix, quand elle n'est pas formée dès le premier tour d'opinions, c'est une obligation dont elle confie l'accomplissement à la conscience des juges, sans leur imposer celle de constater qu'ils s'en sont acquittés. On sent d'ailleurs que les décisions de la justice perdraient quelque chose de leur autorité morale, si les tribunaux étaient obligés à rendre de semblables comptes au public. Il n'y a que le partage que le tribunal doit déclarer, afin d'exécuter les dispositions de l'art. 118.

492. *L'art. 117 est-il applicable dans les Cours d'appel, en ce qu'il exige un second tour d'opinions?*

Le doute naîtrait de ce que l'art. 467 répète les termes de l'art. 117, à l'exception de la disposition qui exige un second tour d'opinions. Mais, dit M. Merlin (*nouv. Rép., au mot* opinion, *tom.* 8, *pag.* 701), cette disposition est dans l'esprit de l'art. 467 ; et l'art. 35 du décret du 30 mars 1808, la rend expressément commune aux Cours d'appel.

ARTICLE 118.

En cas de *partage* (1), on appellera, pour le *vider* (2), un juge ; à défaut du juge, un suppléant (3) ; à son défaut, un avocat attaché au barreau ; et, à son défaut, un avoué ; tous appelés selon l'ordre du tableau. L'affaire sera de nouveau plaidée (4).

Ordon. de Louis XII, mars 1498. — Édit de Henri II, fév. 1549. — Loi du 14 prair. an 6. — C. de P., art. 468. — Le Régl. du 30 mars 1808, art. 49. — Loi du 20 avril 1810.

LXXXIV. IL n'y avait rien de fixe autrefois, sur la manière de vider les partages. Dans certains ressorts, l'on appelait un gradué pour departiteur ; en d'autres, on appointait l'affaire, ou l'on renvoyait à une autre chambre, et

---

(1) *Partage.* Voy. le commentaire sur l'article précédent et la 490.ᵉ quest.

(2) *Vider.* En termes de jurisprudence, *vider* c'est terminer une opération. *Vider* un partage c'est le faire cesser, au moyen de l'avis prépondérant du départiteur.

(3) Ou un auditeur, pourvu qu'il ait voix délibérative.

(4) JURISPRUDENCE.

1.° Le tribunal qui, composé de quatre juges, a déclaré un partage d'opinion et appelé un cinquième juge, ne peut, si l'un des premiers opinans ne se trouvait pas à l'audience fixée pour vider le partage, prononcer en son absence, sous prétexte que les trois juges présens peuvent former à eux seuls la majorité voulue par la loi. — (*Paris*, 30 *juill.* 1811, *Sirey, tom.* 14, *pag.* 192).

2.° Dans tous les cas d'adjonction d'hommes de loi, comme ils sont assermentés à raison de leurs fonctions, il n'est pas besoin qu'ils prêtent le serment que la loi exige des juges titulaires. — (*Cassat.*, 8 *déc.* 1813, *Sirey, tom.* 14, *pag.* 121).

souvent, comme dans les présidiaux, à un autre tribunal. Une loi du 14 prairial an 6 ordonna l'adjonction de trois juges; mais cette mesure devint incompatible avec l'organisation judiciaire, établie par la loi du 27 vendémiaire an 8. De là un avis du Conseil d'état, qui autorisa à appeler un *homme de loi*, et c'est sur cet avis qu'est calqué l'art. 118; en disposant aussi contrairement que la cause serait de *nouveau plaidée*, ce qui doit être observé, à la différence de l'ancien usage, dans le cas même où celui qui serait appelé au partage, aurait assisté à toutes les précédentes audiences. En effet, comme il n'y a pas assisté comme juge, il n'est pas présumé avoir donné aux plaidoiries toute l'attention nécessaire. — (*Rapp. au Corps législ.*)

493. *Quand peut-on dire qu'il y a partage?*

C'est, d'après ce qui a été établi sur la 490e. question, toutes les fois qu'il y a égalité de voix pour un avis; et cela peut arriver lorsque les juges sont en nombre impair, comme dans le cas où ils se trouveraient en nombre pair. Cependant, M. Commaille dit, tom. 1, pag. 177, « qu'on sent qu'il ne peut y » avoir partage que quand les juges sont en nombre pair, et qu'il est impos- » sible qu'il y en ait quand ils sont en nombre impair. » Les auteurs du Commentaire du Code de procédure inséré dans les Annales du notariat, disent la même chose, tom. 1, pag. 233. Il est vrai que cette pensée se présente naturellement à l'esprit, quand on ne s'attache qu'au sens ordinaire du mot *partage;* mais si on réfléchit que, sur trois juges, chacun peut avoir une opinion différente; que l'un, par exemple, peut vouloir donner gain de cause à une partie; l'autre la condamner; le troisième ordonner un interlocutoire; aucune opinion ne réunissant la pluralité, et deux opinions n'étant pas émises par un plus grand nombre de juges, il y a nécessairement partage dans le sens de la loi, puisqu'il y a égalité de voix pour un avis. Il peut arriver la même chose dans un tribunal jugeant en nombre pair : chaque juge pourrait avoir une opinion particulière, comme la moitié des juges pourraient émettre un avis opposé à l'avis de l'autre moitié. Dans tous ces cas, il faut appliquer l'art. 118. — (*Voy. Demiau Crouzilhac, pag.* 101).

494. *Si l'on ne suivait pas l'ordre prescrit par l'art.* 118, *pour appeler un juge, à son défaut un suppléant, etc., le jugement qui interviendrait serait-il nul?*

Il résulte évidemment des termes de l'art. 118, que tant qu'il est possible d'appeler un juge, on ne peut pas recourir à un suppléant, et qu'il en est de même de l'avocat à l'avoué. Il nous semble que l'on doit conclure de là que si l'on ne suivait pas cet ordre, ou qu'en appelant soit un avocat, soit un

---

3.° Un jugement n'est pas nul par cela seul qu'au nombre des membres qui l'ont rendu se trouverait un avocat appelé en remplacement d'un juge, sans que l'empêchement des autres juges ou des suppléans ait été constaté par le jugement même. — (*Cassat.*, 12 *pluv. an* 9, *Sirey*, *tom.* 1, 2.° *part.*, *pag.* 291).

4.° L'adjonction des avocats doit être faite de manière qu'ils ne soient pas en nombre supérieur à celui des juges; ils doivent *compléter*, mais non *constituer* le tribunal. — (*Cassat.*, 17 *janv.* 1806, *Sirey*, 1806, 2.° *part.*, *pag.* 98).

5.° Dans ce cas d'adjonction d'un avocat, il n'est pas nécessaire qu'il prête le serment que la loi exige des juges titulaires. — (*Cassat.*, 8 *déc*, 1813, *Sirey*, *tom.* 14, *pag.* 121).

avoué, l'on n'eût pas eu égard à leur rang d'ancienneté, il y aurait nullité, parce que le jugement serait rendu par un juge sans caractère. — (*Voy. Delaporte, pag.* 126, *et le Comm. inséré aux Ann. du not., tom.* 1, *pag.* 234).

495. *Comment, à défaut de suppléans, viderait-on un partage dans un tribunal de commerce?*

Cette question se trouve résolue par l'art. 4 du décret du 6 août 1809, qui organise les tribunaux de commerce. Cet article est ainsi conçu : « Lorsque, » par des récusations ou des empêchemens, il ne reste pas dans les tribunaux » de commerce un nombre suffisant de juges ou de suppléans, ces tribunaux » sont complétés par des négocians pris sur la liste formée en vertu de l'art. 619 » du Code de commerce, et suivant l'ordre dans lequel ils y sont portés, s'ils » ont d'ailleurs les qualités requises par l'art. 620. »

496. *Les juges partagés doivent-ils voter avec le juge départiteur, en sorte qu'ils puissent respectivement abandonner les opinions qu'ils auraient émises lors du partage, et rendre avec ce juge une décision fondée, soit sur l'une de ces opinions, soit sur une nouvelle?*

M. Pigeau, tom. 1, pag. 467, et M. Lepage, dans ses Questions, pag. 132, s'étaient prononcés pour l'affirmative. Cependant cette opinion était encore controversée, et un usage contraire s'était établi dans quelques tribunaux. Cet usage a été définitivement proscrit par arrêt de la Cour de cassation, du 12 avril 1810. — (*Voy. Sirey, tom.* 10, *pag.* 234). (1)

497. *Dans le cas où, soit par décès, soit par maladie ou autre empêchement, un des juges qui auraient concouru au partage d'opinions ne pourrait assister à la seconde plaidoirie* (*ou au second rapport*, voyez la 499e. question), *comment procédera-t-on?*

On devra le faire remplacer par un nouveau juge, et l'on ne pourra avoir égard à l'opinion qu'il aurait pu émettre. Dans ce cas, deux juges nouveaux se trouveront appelés à concourir au jugement, savoir : celui qui remplacera le juge décédé ou empêché, et celui qui sera appelé pour vider le partage d'opinions. — (*Voy. arrêt du* 12 *avril* 1810, *cité sur la précédente question*).

---

(1) Au surplus, le ministre de la justice, consulté sur cette question par un de messieurs les conseillers de la Cour royale de Rennes, lui a répondu comme suit le 28 mai 1810 :

« Je crois que l'opinion du juge n'est invariablement fixée que par le jugement; tant » qu'il n'est pas rendu, il doit lui être permis de reconnaître son erreur. La même disposition » qui porte qu'en cas de partage il sera appelé pour le vider un ou plusieurs juges, et tou» jours en nombre impair, dit en même tems que l'affaire *sera plaidée de nouveau*, et *jugée* » *à la pluralité des voix*. Tous les juges qui assistent à la nouvelle plaidoirie ont donc in» contestablement le droit de concourir au jugement, et par suite celui de donner l'opinion » qui leur paraît la plus convenable. Ce ne sont pas les départiteurs seuls qui jugent, mais » bien le tribunal entier, y compris les départiteurs, qui ne sont appelés que pour empê» cher un nouveau partage, et déterminer le jugement. C'est ainsi que la Cour de cassation, » dans les partages qui ont eu lieu, l'a constamment pratiqué; elle vient d'ailleurs de juger » la question par un arrêt que l'on trouve dans le journal de ses audiences ». — (*Voy. Journ. des arrêts de la Cour de Rennes, pag.* 148; *la loi du* 14 *prair. an* 6; *l'avis du Conseil d'état, approuvé le* 17 *germ. an* 9, *et le nouv. Répert., au mot* partage d'opinions, *tom.* 9, *pag.* 62).

498. *Le juge départiteur ne peut-il connaître que de la seule question sur laquelle il y a eu partage ?*

Le juge, ou l'homme de loi, appelé afin de départager le tribunal, doit concourir, non seulement au jugement de la question sur laquelle le partage s'est élevé, mais encore de tous les incidens qui surviendraient par suite de cette question, et même de toutes les autres questions qui y seraient connexes, et qu'on ne pourrait séparer de la première qu'en s'exposant à des partages ultérieurs, à raison de l'influence que pourrait avoir, sur leur décision, l'opinion des juges partagés sur le point principal.

C'est d'ailleurs ce qui a été décidé par plusieurs arrêts de la Cour de cassation, rapportés par M. Merlin, dans son Recueil des Questions de droit, aux mots *tribunal d'appel*, § 5. — (*Voyez, entre autres, l'arrêt du* 15 *messidor an* 11, *Sirey, tom.* 4, 2e. *part., pag.* 40).

499. *Si l'affaire a été instruite par écrit, comment appliquera-t-on l'art.* 118?

On l'appliquera en recommençant le rapport. — (*Arg. de l'art.* 468).

500. *En cas de partage, les juges seraient-ils autorisés, pour éviter une seconde plaidoirie, à soumettre, ainsi qu'il était autrefois usité en certains ressorts, la question à un autre juge ou au tribunal assemblé?*

M. Demiau Crouzilhac, après avoir dit que lorsque trois juges ont chacun un avis différent, c'est comme s'il y avait partage, et que l'art. 118 indique la manière de le vider, ajoute qu'en ce cas les juges s'accordent pour soumettre la question à un autre juge ou au tribunal assemblé ; ce qui, dit-il, est très-bien imaginé. Mais comme les juges ne peuvent laisser les parties dans l'incertitude, s'il n'est pas possible de faire ainsi vider le partage de suite, l'auteur estime que l'on doit rendre jugement de renvoi au conseil, et indiquer la première audience pour entendre prononcer le jugement définitif. La feuille d'audience serait chargée de cette décision purement préparatoire.

Nous convenons que ce parti présente l'avantage d'économiser les frais, et d'éviter les retards d'une seconde plaidoirie; mais nous ne croyons pas que la loi autorise les juges à le prendre; les parties elles-mêmes pourraient en souffrir préjudice, en ce que le juge auquel ses collègues soumettraient la question qui les divise, ne pourrait la décider avec une entière connaissance de cause; et si nous avons dit, au commentaire, pag. 270, qu'on ne pourrait appeler à vider le partage, sans recommencer la plaidoirie, une personne qui aurait assisté à toutes les audiences précédentes, à plus forte raison doit-on proscrire l'usage où seraient des tribunaux de suivre la marche indiquée par M. Demiau. On donne un nouveau juge aux parties ; la loi a indiqué quel sera ce juge, et comment il procédera au jugement ; elle a donné aux parties le droit de s'expliquer devant lui ; il ne dépend point des autres juges de les en priver. Au reste, si les nouvelles plaidoiries ont pour inconvénient d'augmenter les frais et de retarder les décisions, cet inconvénient, comme le dit M. Thomines, pag. 99, est souvent utile pour attirer plus d'attention sur la cause, ou sur des points de droit douteux. Or, peut-il appartenir aux juges partagés de décider que les parties doivent placer cet avantage des plaidoiries nouvelles au-dessous des frais et des lenteurs qu'elles entraînent?...... Nous croyons, par ces motifs, que dans tous les cas où il y a partage, ou division équivalente à partage, l'art. 118 doit être exécuté dans toute son étendue (1).

ARTICLE 119.

Si le jugement ordonne la comparution des parties, il indiquera le jour de la comparution.

Voy. ci-après le titre de l'interrogatoire sur faits et articles, art. 324 et suiv.

LXXXV. L'ANCIENNE législation n'autorisait les juges à ordonner la comparution des parties en personne que dans les matières commerciales. Cependant cette mesure, dont l'objet est de procurer au magistrat des renseignemens souvent indispensables dans les affaires qui gissent en faits, se pratiquait en matière purement civile, d'après un usage fondé sur la raison, qui veut que le juge puisse disposer de tous les moyens possibles de découvrir la vérité, et sur ce principe général tiré des lois romaines, *cui jurisdictio data est, ea quoque censentur concessa, sine quibus jus dicere non potest. — (L. 2, tit. 1er, ff de jurisdictione).*

Aujourd'hui le Code autorise tous les tribunaux à ordonner la comparution, lorsqu'ils le jugent convenable, et ils le peuvent, soit d'office, soit sur la demande des parties. Ainsi, quoiqu'elles soient obligées d'employer le ministère des avoués, qui les représentent, elles ne peuvent refuser à justice de s'expliquer personnellement sur un fait, afin d'éclaircir un doute qui peut suspendre la décision.

501. *Le jugement qui ordonne la comparution des parties en personne, est-il dans la classe des jugemens préparatoires?*

Oui, parce qu'il ne préjuge rien, même sur des exceptions relatives, comme serait celle d'incompétence en raison du domicile contesté ; car les réponses des parties, lors de la comparution, peuvent fournir des instructions sur ce fait même. — (*Voy. Demiau Crouzilhac, pag.* 102 ; *Pigeau, Introd. à la proc., pag.* 21).

502. *Le jugement qui ordonne la comparution doit-il être levé et signifié?*

« Ce jugement, dit M. Pigeau, tom. 1, pag. 240, doit indiquer le jour de » la comparution des parties, au moyen de quoi il n'est pas nécessaire que » celui qui veut poursuivre le lève, le signifie, et fasse sommation à l'autre de » se présenter : celui-ci est suffisamment averti par cette indication prononcée

(1) On pourrait cependant tenter d'appuyer l'opinion contraire d'un arrêt de la Cour de cassation du 16 ventôse an 12, lequel a décidé qu'une chambre d'une Cour qui a déclaré partage, eût pu, dans la circonstance où, depuis cette déclaration, un des membres qui a concouru est appelé à d'autres fonctions, renvoyer l'affaire à une autre chambre. (*Sirey, tom.* 3, 2.e *part., pag.* 109). Mais évidemment on ne peut suivre cette forme de procéder sous l'empire du Code actuel, qui, en matière de partage, prescrit, art. 118 et 468, une tout autre forme de procéder.

» en sa présence. Si la comparution était ordonnée par défaut, il faudrait
» signifier le jugement. »

M. Lepage, dans ses Questions, pag. 134, ne fait aucun doute sur la nécessité de signifier le jugement; mais il demande si, dans le cas où la comparution est ordonnée contradictoirement entre les avoués, l'on devra signifier à personne ou à domicile?

« Le doute vient, répond-il, de ce que les jugemens interlocutoires, par
» exemple, ceux qui ordonnent une enquête, une expertise, ne sont signifiés
» que d'avoué à avoué; mais ce qui décide est que la comparution ordonnée
» ne dépend en rien des avoués; elle est du fait personnel de la partie : il
» est donc nécessaire de la mettre en demeure personnellement de satisfaire
» au jugement. »

Nous sommes porté à adopter cette opinion, encore bien que les jugemens interlocutoires se signifient d'avoué à avoué seulement, et que l'art. 70 du Tarif porte que les avoués seront tenus de se présenter au jour indiqué par les jugemens *préparatoires* ou de remises, sans qu'il soit besoin d'aucune sommation. Tout ce qui résulte de cet article, c'est que l'on ne doit pas sommer l'avoué de se trouver à l'audience, pour assister lors de la comparution; il en est averti par le jugement préparatoire qui l'ordonne. Mais rien ne dispense de signifier le jugement à la partie, avec sommation d'y obéir. Au surplus, quand la loi a voulu que la partie fût assignée au domicile de son avoué seulement, elle l'a dit (*voy. art.* 261); et puisqu'elle garde le silence à l'égard de la comparution, on doit en conclure que la signification doit se faire à personne ou domicile. — (*Voy. nos questions sur l'article suiv.*)

Les parties sont interrogées à l'audience par le président, soit en présence l'une de l'autre, soit séparément; et si le jugement qui intervient est fondé sur quelque éclaircissement fourni par leurs réponses, il en est fait mention dans les motifs.

Si l'une des parties ne comparaît pas, son défaut doit la faire assimiler à celui qui ne veut pas subir interrogatoire sur faits et articles (1).

ARTICLE 120.

Tout jugement qui ordonnera un serment, énoncera les faits sur lesquels il sera reçu (2).

Suprà, les quest. sur l'art. 55. — C. C., art. 1357 et suiv.

LXXXVI. LORSQUE les juges croient devoir ordonner, soit un serment déci-

---

(1) Voy. Pigeau, tom. 1, pag. 241; et comme il faut appliquer aux effets de la comparution plusieurs des règles des interrogatoires sur faits et articles, *voy. aussi les questions, très-importantes pour la plupart, que nous avons traitées sur le tit.* 15, *relativement à l'appréciation des réponses et contradictions de l'interrogé; et M. Toullier, tom.* 10, *n.os* 279 *et suiv.*

(2) JURISPRUDENCE.

Si celui à qui le serment a été référé refuse de le prêter sur les faits exactement tels qu'ils ont été posés, le juge peut le déférer à l'adversaire. — (*Douai*, 29 *juil.* 1816, *Journ. des avoués, tom.* 13, *pag.* 272).

soire, soit le serment déféré d'office, dont parle l'art. 1357 du Code civil, la loi a voulu que le jugement énonçât les faits sur lesquels il doit être reçu, parce que, sans cette précaution, la partie qui doit le prêter, pourrait dire ce qu'on ne lui demande pas, ou ne pas dire tout ce qu'on lui demande. — (*Rapp. au Corps législ.*) (1)

503. *L'omission, dans un jugement, des faits sur lesquels le serment doit être prêté, entraîne-t-elle la nullité de ce jugement?*

Par un arrêt du 20 février 1808, la Cour d'appel de Turin, s'attachant rigoureusement à la disposition de l'art. 1030 du Code de procédure, a décidé qu'on ne pouvait admettre la nullité d'un jugement qui présenterait une semblable omission. — (*Voy. Jurisp. sur la procédure, tom. 2, pag. 10*).

Déjà nous avons remarqué sur plusieurs questions que jusqu'ici l'on a peut-être donné une interprétation trop étendue à l'art. 1030. Nous avons renvoyé aux questions qui seront examinées sur cet article, et à l'occasion desquelles nous l'avons combiné avec toutes les dispositions particulières qui exigent telle ou telle formalité, et qui cependant n'ont rien statué sur la peine en cas de contravention. Nous renvoyons encore à ces questions, pour le développement des motifs qui nous portent à croire que le jugement serait nul. Ici nous nous bornons à observer que si le législateur a regardé comme nécessaire que tout jugement qui ordonne un serment énonçât les faits sur lesquels il doit être reçu, il est difficile de croire qu'il n'ait pas entendu attacher la nullité à l'omission de cette énonciation. Cette omission nous semble vicier le jugement dans sa substance, puisqu'elle aurait pour effet d'empêcher que le magistrat ou la partie obtînt du serment les résultats que le législateur a attendus de la précaution qu'il a commandé de prendre.

504. *Mais du moins, si ces faits se trouvent relatés dans la question de fait, le vœu de la loi ne serait-il pas rempli, encore bien que ces faits ne fussent pas répétés dans le dispositif?*

L'affirmative ne saurait faire la matière d'une contestation sérieuse, car la question de fait est censée faire partie du jugement, et son dispositif se rapportant à cette question, aucun doute ne peut s'élever sur l'identité des faits qui doivent être l'objet du serment, seul but que la loi se soit proposé, en ordonnant l'énonciation de ces faits dans le jugement.

C'est aussi ce qui a été décidé par l'arrêt de la Cour de Turin, cité sur la question précédente.

505. *Pourrait-on, en ordonnant le serment, statuer conditionnellement sur la contestation?*

Oui, en insérant dans le jugement qu'en cas d'affirmation de la partie à laquelle il est ordonné de prêter serment, l'autre est déboutée de sa demande et condamnée aux dépens. Alors le jugement qui intervient après que la partie a outré ou refusé le serment, décerne acte de la prestation ou du refus; dans le premier cas, il ordonne que le précédent jugement sortira son plein et

(1) Voy., sur les doctrines du serment, M. Toullier, tom. 10, pag. 505, 613.

entier effet; dans le second, il prononcera les condamnations qui seraient la suite nécessaire du refus. — (*Voy. Pigeau, tom.* 1, *pag.* 244).

506. *Le jugement qui défère le serment à l'une des parties, doit-il être signifié à personne ou domicile?*

M. Lepage, dans ses Questions, pag. 134, donne la même solution que sur le jugement qui ordonne la comparution de la partie en personne : nous avons fait connaître ses motifs en traitant la 502e. question.

Mais il résulte des formules données par M. Pigeau, tom. 1, pag. 245, et de ce qu'il établit pag. 249, que cet auteur estime que la signification doit être faite d'avoué à avoué, avec assignation de la partie au domicile de l'avoué, et que ce ne serait que dans le cas où le jugement ne serait pas contradictoire, qu'il y aurait lieu de signifier à personne ou à domicile.

D'autres pensent que le jugement doit être signifié tout à la fois à la partie et à l'avoué, et c'est ce qui se pratique au tribunal de première instance de Rennes.

On doit, suivant nous, signifier à la partie, parce que le jugement contient les faits sur lesquels le serment lui est déféré, et qu'il est nécessaire qu'elle réfléchisse sur ces faits, qu'elle les examine scrupuleusement avant de contracter un engagement aussi sacré que celui qui résulte du serment. Or, si on se bornait à signifier à avoué, rien n'assurerait que le jugement aurait été transmis à la partie, ou l'aurait été à une époque assez éloignée du jour de la comparution, pour qu'elle se livrât à l'examen des faits avec toute l'attention convenable. D'ailleurs, l'assignation qui accompagne le jugement étant donnée à jour fixe, l'avoué pourrait n'avoir pas le tems nécessaire pour prévenir la partie; il ne pourrait souvent justifier de ses diligences.

On doit le signifier également à l'avoué, avec avenir, parce qu'en général l'avoué ne doit être étranger à aucune des significations faites à la partie, et que d'ailleurs le jugement n'indique point, comme dans le cas de la comparution, le jour auquel il devra recevoir son exécution (1).

507. *Est-ce exclusivement à celui qui a déféré le serment qu'il appartient de faire la signification du jugement qui l'ordonne?*

Suivant M. Pigeau, tom. 1, pag. 244 et 245, la signification de ce jugement peut se faire par l'une ou l'autre des parties. « Ainsi, dit-il, lorsque » c'est celui qui a déféré le serment qui signifie le jugement qui l'ordonne, » la signification contient en même tems sommation à l'adversaire de se trou- » ver à jour fixe pour prêter le serment, avec déclaration que, faute par lui de

(1) Ici encore on pourra nous opposer que le jugement est interlocutoire, et que tout jugement de cette nature se signifie à avoué, sans distinction; mais en supposant ce caractère, que nous n'accordons pas à tous les jugemens qui ordonnent un serment (*voy. les questions traitées sur l'art.* 452), nous répondrons : La raison de décider que le jugement doit en outre être signifié à personne ou domicile, se tire de son objet particulier, qui est un fait personnel de la partie, et cette seule considération suffit pour faire exception. M. Demiau Crouzilhac pense, comme nous, que le jugement doit être signifié à la partie avec sommation. (*Voy. pag.* 106). Il résulte de ces observations qu'un tribunal ne pourrait ordonner à une partie de prêter serment à l'instant même, ce qui a été fait à notre connaissance par l'un des tribunaux civils du ressort de la Cour de Rennes.

» s'y trouver, il sera débouté de sa demande ou exception. Si, au contraire, » c'est celui auquel le serment a été déféré qui signifie le jugement, la signi- » fication contient en même tems déclaration qu'il se présentera à l'audience, » tel jour, pour y prêter le serment prescrit, le sommant de s'y trouver. »

« Il faut considérer, dit M. Demiau Crouzilhac, pag. 108, que la partie » à laquelle le serment est déféré, soit par l'autre partie, soit d'office par » le juge, n'est pas obligée de le faire *suâ sponte*; c'est à la partie adverse à » la constituer en demeure par une sommation *ad hoc*; car, si elle venait à » décéder sans avoir reçu de sommation et fait le serment, il serait censé » fait. Il faut donc, pour la constituer en demeure, que le jugement soit » signifié avec commandement de faire le serment dans la huitaine, à défaut » de quoi on en poursuivra la déchéance. »

Nous examinerons bientôt (*voy. quest.* 511) s'il est certain qu'en cas de décès de la partie qui n'aurait pas été constituée en demeure, le serment serait censé fait. Ici, nous ne rappelons ce passage de M. Demiau Crouzilhac, qu'afin de faire remarquer qu'il estime que c'est à la partie adverse de celle à qui le serment est déféré, qu'il appartient de faire la signification, et de sommer d'audience. Il y a à se déterminer entre cette opinion, celle de M. Pigeau et une troisième, qui consiste à dire que c'est toujours le demandeur qui doit faire la signification, soit que ce fût à lui-même, soit que ce fût à son adversaire que le serment eût été déféré.

Nous disons que les deux parties sont également intéressées à l'exécution du jugement, puisque c'est d'elle que dépendra la décision définitive; que sans doute il arrivera, pour l'ordinaire, que ce sera la partie adverse de celui auquel le serment est déféré, qui lui signifiera le jugement; mais qu'aucune disposition de la loi ne s'oppose à ce que la partie la plus diligente fasse cette signification et somme l'autre de se trouver à l'audience, soit pour prêter, soit pour voir prêter le serment. Ainsi, nous adoptons l'opinion de M. Pigeau, en observant que, dans le cas où c'est la partie à laquelle le serment est déféré qui signifie le jugement, et qui indique à sa partie adverse l'audience à laquelle elle doit se présenter, elle n'est pas pour cela dispensée d'appeler, par acte d'avoué à avoué, celui de son adversaire, conformément à la dernière disposition de l'art. 121.

Si, au contraire, c'est la partie adverse de celle à qui le serment est déféré qui lui fait la signification du jugement, et qui la somme d'audience, nous ne voyons pas que celle-ci soit obligée de faire à l'avoué adverse la sommation exigée par le même art. 121.

En tout cas, nous observerons que l'on doit donner à la partie le délai ordinaire des ajournemens, puisque nous avons dit que la sommation doit être faite à personne ou domicile : le jour doit donc être indiqué à l'expiration de ce délai, à moins toutefois qu'on n'ait obtenu du juge la permission d'assigner à bref délai. — (*Voy. Bibl. du barr.*, 2e. *part.*, *tom.* 1, 1808, *pag.* 194, *et ci-après la quest.* 520).

508. *Après avoir rétracté la délation de serment, une partie peut-elle le déférer de nouveau?*

Tant que celui à qui le serment a été déféré n'a pas déclaré qu'il est prêt à le faire, l'autre partie, dit l'art. 1364 du Code civil, peut rétracter sa délation.

Si elle le fait en se persuadant qu'elle a de nouveaux moyens suffisans pour prouver sa demande, nous ne pensons pas qu'elle puisse de rechef abandonner ces moyens pour déférer une seconde fois le serment : la loi 11, au code *de rebus creditis*, le décide ainsi. En effet, la première rétractation emporte une renonciation absolue au droit d'exiger ce serment : une seconde variation ne serait pas tolérable, parce qu'on ne doit pas se faire un jeu du serment et de la bonne foi des parties. — (*Extrait des cahiers dictés en la faculté de Caen, par M. Thomines*).

509. *Auquel du demandeur ou du défendeur appartient l'expédition et la signification du jugement qui ordonne le serment?*

Cette question, dit M. Demiau Crouzilhac, pag. 108, a souvent été agitée entre avoués. Dans plusieurs endroits, ajoute-t-il, la chambre des avoués a décidé que l'expédition et la copie du jugement appartiennent à celui qui a gagné la cause, parce que c'est son titre, soit pour l'exécution, soit pour établir la libération.

Mais cet auteur pense que, dans l'espèce particulière d'un jugement qui ordonne un serment, c'est au demandeur, attendu que le gain de la cause est subordonné à la prestation ou au refus du serment, qu'appartient l'expédition et le droit de copie, sauf à lui à remettre l'original au défendeur, lorsque celui-ci aura rempli la condition. « En cela, dit-il, il n'est fait aucun tort à » la partie qui a succombé conditionnellement, parce qu'en général les frais » d'un tel jugement sont à sa charge; ainsi, qu'elle les avance ou qu'elle les » rembourse, lorsque la condition est remplie, c'est pour elle le même résultat. » S'ils étaient adjugés *æqualiter*, elle devrait toujours en rembourser une moi- » tié : il n'y a donc aucune raison pour intervertir le principe général, qui » veut que les jugemens appartiennent au poursuivant, tant qu'ils sont pour » lui des titres dont il peut se prévaloir pour le succès de sa demande, c'est- » à-dire tant que sa défaite est incertaine. »

Nous pensons, sur cette question, que le jugement qui ordonne un serment pouvant être levé et signifié par la partie la plus diligente, c'est à elle que le jugement appartient. Si, en effet, ce jugement doit être considéré comme étant un titre dont le demandeur peut se prévaloir pour hâter la fin du procès, il n'en est pas moins vrai qu'il constitue un titre de même nature pour le défendeur auquel le serment est déféré. Que, par les résultats de la prestation ou du refus du serment, ce soit le demandeur ou le défendeur qui obtienne gain de cause en définitive, le jugement qui décerne acte de la prestation ou du refus, établit un titre suffisant pour la partie qui réussit; et si elle a besoin de celui qui ordonne le serment, la copie qui lui en a été signifiée par sa partie adverse, qui a été la plus diligente, n'équivaut-elle pas pour elle à l'original? Sous tous les rapports, la partie, quelle qu'elle soit, demanderesse ou défenderesse, se trouve donc munie suffisamment des jugemens qui sont ses titres, et il n'y a point lieu à faire, après le jugement définitif, la remise de l'original du jugement qui ordonne le serment, ainsi que le dit M. Demiau Crouzilhac. Quant aux frais de retrait et de signification, c'est, comme il le dit encore, celui qui succombe en définitive qui les acquitte, et ainsi tous les intérêts sont ménagés : c'est de la sorte que l'on pratique au tribunal civil de Rennes.

510. *Un avoué peut-il déférer le serment, ou déclarer accepter la délation pour sa partie?*

Voyez les questions traitées sur l'art. 352.

511. *Le serment déféré est-il censé prêté, si la partie décède ou devient incapable avant le jour indiqué pour sa comparution?*

« Les choses rentrent dans le même état, disent les auteurs du Praticien, » aux notes, tom. 1, pag. 388, et le jugement est censé non avenu, attendu » que tout ici étant personnel, l'héritier ne peut représenter le défunt. »

Lapeyrère, lettre *S*, décide que, lorsqu'il n'a pas tenu à la partie qu'elle n'ait fait le serment, il est réputé avoir été prêté; et pour décider le contraire, dit M. Demiau Crouzilhac, pag. 106, il faudrait que la partie eût été sommée à jour fixe pour le faire, et qu'elle eût différé par sa faute d'obéir à cette sommation. Mais Lapeyrère et M. Demiau présupposent que la délation du serment a été acceptée; distinction que ne font pas les auteurs du Praticien, et qui est essentielle.

La question dont il s'agit est importante, et, à notre connaissance, elle n'a été traitée que par Lapeyrère; mais la solution qu'il en donne ne serait fondée que sur ce qu'il y aurait contrat judiciaire, formé entre les deux parties, par le seul fait que celle à qui le serment serait déféré aurait déclaré qu'elle est prête à le faire.

On pourrait croire appuyer cette raison de décider sur la disposition de l'art. 1364 du Code civil, portant « que la partie qui a déféré ou référé le » serment ne peut plus se rétracter, lorsque l'adversaire a déclaré qu'il est » prêt à faire ce serment. »

Cependant on objecterait et avec succès, selon nous, que cette disposition n'a d'autre motif qu'un engagement judiciaire, que la loi suppose formé entre les deux parties, sur une *condition* de laquelle elles conviennent de faire dépendre l'issue du procès. (*Voy. les disc. des Orat. du Gouvern. et du Trib, édit. de F. Didot, tom.* 5, *pag.* 100 *et* 204). Mais enfin les résultats sont, en définitive, attachés à l'accomplissement de cette *condition*; et si, par l'événement du décès ou de l'incapacité de la partie à qui le serment était déféré, elle ne peut être remplie, par quel motif le serment serait-il censé prêté? N'est-il pas dans l'ordre des choses possibles que celui qui aurait déclaré être prêt à jurer, soit retenu par le cri de la conscience au moment de consommer un crime, en prêtant un faux serment? Cette possibilité ne vient-elle pas se réunir aux principes généraux du droit, d'après lesquels un contrat ne produit ses effets que par l'accomplissement de la condition sous laquelle il est formé; et, par cette considération, ne doit-on pas décider contre le sentiment de Lapeyrère, en faveur de celui des auteurs du Praticien? — (*Voy. Code civil, art.* 1168, 1175 *et suivans*) (1).

(1) On remarquera que cet ouvrage n'a que le Code de procédure pour objet, et que ce serait s'en écarter que de traiter des questions qui n'auraient de rapports directs qu'avec le Code civil. Ainsi, nous renvoyons, sur plusieurs difficultés que présentent les dispositions de ce Code, aux ouvrages de MM. Toullier et Delvincourt. Nous conseillons encore

ARTICLE 121.

Le serment sera fait par la partie en personne, et à l'audience. Dans le cas d'un empêchement légitime et dûment constaté, le serment pourra être prêté devant le juge que le tribunal aura commis, et qui se transportera chez la partie, assisté du greffier.

Si la partie à laquelle le serment est déféré est trop éloignée, le tribunal pourra ordonner qu'elle prêtera le serment devant le tribunal du lieu de sa résidence.

Dans tous les cas, le serment sera fait en présence de l'autre partie, ou elle dûment appelée par acte d'avoué à avoué; et, s'il n'y a pas d'avoué constitué, par exploit contenant l'indication du jour de la prestation (1).

T. 29, 70. — C. C., sect. 5, chap. 6, tit. 3, liv. 3. — C. de P., art. 534, 1038. — Régl. du 30 mars 1808, art. 65.

512. *Le serment peut-il être prêté par un fondé de pouvoirs?*

Cette faculté était autrefois accordée dans le ressort de quelques Parlemens. (*Voy. l'Essai sur la nature des preuves, par M. Gabriel, pag.* 182). En Bretagne, on admettait l'opposition à ce qu'un serment fût outré par procureur sur une procuration spéciale. « Il faudrait, disait Duparc-Poullain, tom. 9, » pag. 452, n°. 30, des motifs indispensables pour autoriser le juge à ne point » avoir égard à cette opposition, dans tous les cas où il n'est pas question » d'un serment de pure formalité. »

Aujourd'hui, d'après ces termes de l'art. 121, *le serment sera fait par la partie* EN PERSONNE *et à l'audience*, il n'est pas douteux qu'il ne peut être prêté par un procurateur ou *dans une maison privée*, si ce n'est dans les cas d'exception prévus par le même article. Le motif de cette disposition de l'art. 121 se retrouve dans cette observation de Henrys, tom. 1, liv. 4, chap. 6, 21°. quest.:

---

de lire le Traité de M. Crouzilhac, pag. 102 et 107, et celui de M. Pigeau, tom. 1, pag. 241 et suivantes, qui, à l'occasion du Code de procédure, ont traité d'intéressantes questions sur les dispositions de l'autre.

(1) JURISPRUDENCE.

1.° Si l'avoué de la partie assignée pour être présente au serment déclarait, en l'absence de celle-ci, qu'il n'entend pas s'opposer à la prestation, il n'en résulterait pas un acquiescement de la part de cette partie; car une telle déclaration n'a point le caractère d'un consentement formel donné par l'avoué au nom de sa partie. Or, il n'y aurait qu'un consentement formel à pouvoir, sauf l'action en désaveu, former un acquiescement. — (*Rennes, 2 avril* 1810).

2.° Immédiatement après la prestation du serment, et sans qu'il soit besoin de faire signifier des réponses, le même jugement qui a décerné acte de la prestation peut statuer sur le fond. — (*Turin, 31 déc.* 1810, *Sirey, tom.* 11, 2.° *part., pag.* 182).

Que le serment se faisant en *l'audience et publiquement, la présence du juge et le respect du lieu impriment quelque terreur, et que tel qui ne ferait point de scrupule de se parjurer en maison privée, n'a pas l'assurance de le faire dans un auditoire*. On sent que cette observation s'applique à plus forte raison au serment qui serait prêté par un procurateur. — (*Voy. arrêt de Poitiers, 24 prair. an 4, Sirey, tom. 3, 2e. part., pag.* 478) (1).

Cependant Henrys exceptait les personnes *constituées en dignité*, et cette exception conduit à la question suivante.

513. *Existe-t-il, pour certaines personnes, une exception à la règle générale que le serment doit être fait par la partie en personne et à l'audience?*

Bretonnier, sur Henrys (*ibidem*), dit que, suivant l'usage qui se pratiquait de son tems, l'on ne dispensait personne de cette obligation. Il faut dire que cet usage n'était pas général autrefois; mais aujourd'hui, que l'on a considéré qu'il n'y a véritablement aucun motif de dépouiller le serment de tout appareil, qu'il y en a de très-solides pour le rendre toujours solennel et public, il n'existe aucune disposition législative qui dispense qui que ce soit d'affirmer en personne et à l'audience; et conséquemment les règles du droit commun doivent être appliquées sans exception. — (*Voy. Demiau Crouzilhac, pag.* 107 et 108).

514. *Faut-il encore se conformer à l'ancien usage, suivant lequel les corps et communautés étaient autorisés à prêter serment par un fondé de pouvoirs pris parmi leurs membres?*

Remarquons d'abord que le serment décisoire doit être considéré tout à la fois comme une transaction et comme une aliénation; comme une transaction, puisque la décision de la cause est subordonnée à la prestation ou au refus; comme une aliénation, puisqu'il peut constituer une dette ou une libération. Il suit de là, et nous l'avons déjà dit quest. 236, qu'il n'y a que ceux qui ont la disposition de leurs droits qui puissent déférer ce serment, et auxquels il puisse être déféré.

Ainsi, la femme autorisée purement et simplement pour plaider ne peut déférer, référer ni accepter le serment, sans une autorisation expresse (*C. C., art.* 1108 *et* 1124); un tuteur ne le peut pas non plus, sans avoir rempli certaines formalités (*ibidem, art.* 464, 467 *et* 2045); il en est ainsi des agens, syndics et administrateurs des établissemens publics, des maires, etc.: il faut qu'ils soient expressément autorisés par leurs supérieurs dans la hiérarchie administrative. — (*Voy. Pothier, Traité des oblig., n°.* 821; *Pigeau, tom.* 1, *pag.* 242; *Demiau Crouzilhac, pag.* 104 *et* 105).

Ce n'est donc que dans le cas où des administrateurs d'établissemens publics auraient été autorisés à déférer un serment et à le prêter, en cas qu'il leur fût référé, que la question ci-dessus posée pourrait se présenter. Mais nous pensons qu'elle serait résolue négativement, par la raison que l'art. 121 n'établit point, en faveur des administrations, d'exception à l'obligation qu'elle impose en termes généraux, à la partie, de comparaître personnellement à l'audience

(1) Il n'est qu'un cas où l'affirmation judiciaire peut être faite par procurateur; c'est celui de l'art. 534.

Si cette exception avait été dans le vœu du législateur, il l'eût établie formellement, ainsi qu'il l'a fait pour les interrogatoires dans l'art. 336.

Aussi M. Pigeau n'a-t-il point répété, dans son nouveau Traité de procédure, ce qu'il avait dit dans son ancien, tom. 1, pag. 262, sur cette faculté accordée à des administrateurs, de prêter serment par l'intermédiaire de l'un d'entre eux. On retrouve bien mention de cette faculté dans le nouveau Répertoire, au mot *affirmation*, tom. 1, pag. 137; mais le passage appartient à l'ancienne édition, et M. Merlin n'ajoute rien qui puisse faire présumer qu'elle doive encore être accordée.

Au reste, cette faculté ne serait donnée, comme le disait M. Pigeau, qu'à raison de la difficulté, et souvent de l'impossibilité de faire prêter le serment à tous les membres d'une administration; mais l'art. 1035 autorisant le tribunal à commettre un tribunal voisin, un juge, même *un juge de paix*, pour recevoir le serment, toute difficulté s'évanouit, puisque la prestation devant ce juge ne présente pas plus d'obstacles que celle que chacun des administrateurs devait faire, suivant M. Pigeau et le Répertoire, aux mains du notaire rapporteur de la procuration qu'ils donnaient à un de leurs collègues, pour répéter ce serment en justice.

515. *Le tuteur peut-il déférer, référer ou accepter le serment, sans remplir préalablement les formalités prescrites par les art. 464, 467 et 2045 du Code civil?*

Nous avons dit, sans distinction, qu'il devait remplir ces formalités. Telle paraît être l'opinion de M. Toullier, tom. 2, pag. 456 et 468. Mais M. Delvincourt observe que si le tuteur ne peut déférer le serment, ce ne peut être, d'après l'art. 464, que dans le cas où l'action serait immobilière. En effet, si l'action est purement mobilière, comme le serment est plutôt un acquiescement qu'une transaction, et que le même art. 464 lui permet d'acquiescer, il semble qu'il peut déférer le serment et le prêter.

516. *Que doit faire la partie à laquelle le serment est déféré, si elle ne peut se transporter à l'audience?*

Elle doit présenter une requête, dans laquelle elle expose les causes de l'empêchement, et y joindre les pièces justificatives. Cette requête doit être signifiée à avoué, avec avenir à l'audience. C'est, disent les auteurs du Commentaire inséré aux Annales du notariat, ce qui résulte des termes du § 1er. de l'art. 121. Il dit, en effet, qu'en cas d'empêchement légitime et dûment *constaté*, le serment pourra être prêté devant le juge que le tribunal aura commis. Il faut donc, et que le tribunal constate la légitimité de l'empêchement, et qu'après avoir reconnu cette légitimité, il commette un juge pour recevoir ce serment. Or, tout cela ne peut se faire qu'à l'audience, et après avoir entendu les observations de la partie adverse.

Si l'on ne s'arrêtait qu'à ce mot *constaté*, peut-être n'y trouverait-on pas une raison suffisante pour décider que la légitimité de l'empêchement doit être jugée à l'audience et contradictoirement. On dirait que ce mot *constaté* ne s'entend que des pièces que l'on doit produire pour justifier l'empêchement; mais la principale raison qui nous porte à croire que la marche indiquée par les auteurs que nous venons de citer est dans le vœu de la loi, c'est que la partie adverse peut avoir intérêt à contester les causes de l'empêchement, afin d'obliger l'autre à comparaître, dans l'espoir que la solennité de l'audience, l'appareil du tribunal, la présence des juges et celle du public, produiront sur elle l'impression et les effets que le législateur a attendus de la comparution personnelle, et l'empêcheront de faire fausse déclaration. — (*Voy. Comm. ci-dessus cité, tom. 1, pag.* 236).

517. *Un tribunal peut-il révoquer la commission qu'il aurait donnée à un autre, à l'effet de recevoir le serment d'une partie?*

Nous tenons pour certain que les tribunaux ont toujours la faculté de révoquer les commissions qu'ils ont décernées pour des actes d'instruction, pourvu toutefois qu'elles n'aient pas commencé à recevoir leur exécution.

« Suivant ce principe, un tribunal peut donc recevoir un serment qu'il a » ordonné, encore bien qu'il en eût confié la réception à un autre tribunal, » devant lequel il n'aurait été fait aucune suite pour l'exécution de cette com» mission. » — (*Voy. arrêt de la Cour d'appel de Rennes, du 2 avril* 1810, *Journ. des arrêts de cette Cour, tom.* 1, *pag.* 57).

518. *La loi a-t-elle prescrit pour le serment judiciaire une forme à laquelle tout Français soit assujéti, quel que soit son culte?*

Un arrêt de la Cour de cassation, du 28 mars 1810 (*voy. Sirey, tom.* 10, *pag.* 226), décide que l'affirmation prêtée par un quaker, en la forme que prescrit sa religion, est un véritable serment, attendu que les dispositions du Code civil n'ont point prescrit de formes particulières pour cet acte de religion, et que la liberté des cultes est garantie par les lois de l'État, à tous ceux qui habitent son territoire.

Mais il résulte aussi de cette décision que la personne à laquelle le serment a été déféré doit être notoirement reconnue pour professer le *quakérisme.*

Les motifs qui ont porté la Cour de cassation à résoudre de la sorte la question dont il s'agit, nous paraissent s'appliquer au sectateur de toute religion dont le culte ne serait pas proscrit par les lois de l'Etat, et qui prescrirait une forme particulière de serment. Cela du moins ne peut faire la matière d'un doute, relativement aux juifs, puisque leur culte est toléré.

Mais les auteurs (*voy. entre autres le nouv. Rép., au mot* serment, § 3, *pag.* 11) regardent comme nul un serment fait par un anabaptiste, suivant le rite admis dans sa secte, parce que l'exercice de son culte n'est point, comme celui des juifs, autorisé par les lois de l'Etat. Ils se fondent sur le § 3 de la loi 5, au ff *de jurejurando*, laquelle, après avoir décidé que l'on doit se rapporter au serment prêté par quelqu'un, sur une chose qu'il regarde comme respectable, par une façon de penser qui lui est propre, considère néanmoins comme nul le serment qui aurait été prêté selon les rites d'une religion dont le culte est *prohibé par les lois de l'Etat.*

Nous croyons que cette restriction de la loi romaine pourrait être prise en considération dans le cas dont elle parle, si ce cas se présentait. Mais si *l'anabaptisme* n'est point reconnu par les lois françaises, il n'est point prohibé par elles; et tout ce que l'on peut dire en faveur du quaker, pour l'admettre à affirmer selon sa religion, peut être maintenu en faveur de l'anabaptiste, la religion de l'un n'étant pas plus reconnue par nos lois que celle de l'autre (1).

(1) Il y a d'ailleurs une raison décisive en faveur de cette opinion; c'est que les lois

519. *Peut-on exiger de celui qui professe notoirement une religion qui admet une forme particulière de serment, qu'il le prête en cette forme, et non pas selon les formes ordinaires?*

Cette question a été résolue d'une manière opposée par les Cours de Nanci et de Turin. (*Voy. Sirey, tom.* 9, *DD., pag.* 237 *et* 328). M. Merlin, dans son nouveau Répertoire, au mot *serment*, § 5, pag. 12 et suivantes, rapporte les arrêts de ces Cours; mais il est à regretter que ce savant auteur n'ait pas résolu la question qu'elles ont diversement décidée.

On peut voir dans les remarques de M. Sirey, sur l'arrêt de la Cour de cassation rapporté sur la précédente question, et sur un arrêt de la même Cour, du 12 juillet 1810, que nous ferons connaître sur l'art. 262 (*voy. Sirey, tom.* 10, *pag.* 329), quelles sont les raisons que l'on peut opposer contre l'arrêt par lequel la Cour de Nanci a décidé pour l'affirmative la question que nous venons de poser.

Nous nous bornerons à remarquer que cette question n'est pas de nature à se présenter souvent; car il est difficile de penser qu'un homme qui professe notoirement une religion qui prescrit une forme particulière de serment, se détermine, par le besoin de sa cause, à faire une sorte d'abjuration tacite, à s'exposer ainsi au mépris de ses co-religionnaires, en insistant pour ne pas jurer suivant cette forme; il est encore assez difficile de supposer qu'il se trouve des hommes assez ignorans pour modifier la religion au gré de leurs intérêts, au point de croire qu'en ne jurant pas suivant la forme que prescrit celle qu'ils professent, ils ne seront pas liés suivant la conscience.

Aussi voyons-nous, dans l'espèce de l'arrêt rendu par la Cour de Turin, le 22 février 1809, que le juif dont on exigeait le serment suivant le rit judaïque, se bornait à soumettre à cette Cour la question de savoir s'il ne devait pas le prêter dans la forme ordinaire, et offrait au surplus de l'outrer selon son culte.

Il est vrai que, dans l'espèce de l'arrêt de Nanci, la partie à laquelle le serment était déféré insistait pour être dispensée de le prêter suivant les formes voulues par le rit de la religion à laquelle la partie adverse soutenait qu'elle était attachée.

Sans chercher à approfondir cette question délicate, nous nous bornerons à dire que la loi n'ayant pas prescrit une forme de serment à laquelle elle ait entendu soumettre tous les Français, quel que fût le culte de chacun, a voulu laisser aux tribunaux le soin de concilier le respect dû à la liberté des consciences, avec ce qu'exigent les intérêts privés des parties. Ainsi, nous pensons, 1°. que toutes les fois qu'il est notoire qu'un individu, au moment où il se propose de prêter un serment, est resté attaché à un culte qui prescrit

---

civiles ne peuvent être entendues que dans un sens concordant avec la liberté des cultes. Or, ce serait évidemment porter atteinte à cette liberté, que de faire dépendre le sort des contestations judiciaires d'un acte religieux qu'il ne serait pas permis de faire dans la forme prescrite par la religion de celui auquel cet acte serait imposé, et qu'il devrait, au contraire, faire dans une forme que sa religion rejeterait, soit par un précepte formel, soit par cela seulement qu'elle en prescrirait un autre. — (*Cassat.*, 12 *juil.* 1810, *Sirey, tom.* 10, *pag.* 329, *et dissertation de cet arrêtiste, même année, pag.* 228).

une forme particulière, les juges peuvent lui ordonner d'affirmer suivant cette forme; 2°. qu'ils peuvent aussi l'en dispenser, suivant qu'ils ont lieu de croire qu'il n'est pas certain qu'il reste attaché à cette religion qu'il aurait professée, ou que ce soit par mauvaise foi qu'il refuse de jurer selon la forme qu'elle prescrit. Les circonstances, la moralité de l'individu, sont, en ce cas, les seules raisons de décider; et comme la loi ne prescrit ni formes ni formule, comme le jugement ne reposerait que sur des considérations de fait, il est incontestable qu'il ne serait pas sujet à cassation.

520. *Pour que la partie adverse de celui auquel le serment est déféré se présente à l'audience, à l'effet d'assister à la prestation, suffit-il de lui accorder les délais requis pour les actes d'avoué à avoué?*

La Cour d'appel de Trèves, par arrêt du 4 mars 1808, rapporté dans la Bibliothèque du barreau, 2°. part., 1808, tom. 1, pag. 194, a décidé qu'il fallait au contraire qu'il y eût un délai assez long entre la signification et le jour fixé pour le serment, pour que l'avoué pût prévenir la partie, et que celle-ci pût se présenter devant le tribunal.

Mais cette Cour n'a déterminé aucun délai; elle a seulement déclaré la partie à laquelle le serment était déféré non recevable à le prêter pour le moment. Il paraît, disent les arrêtistes, que le délai doit être de huit jours francs, plus un jour par trois myriamètres de distance, à moins toutefois qu'on n'ait obtenu du juge la permission d'assigner à bref délai.

Nous opposons un arrêt de la Cour de cassation, du 22 novembre 1810 (*voy. Sirey*, 1811, *pag.* 54), par lequel il a été décidé que la prorogation de délai, à raison d'un jour par trois myriamètres de distance, voulue par l'article 1033, pour les actes faits à personne ou à domicile, ne doit pas être accordée dans le cas d'une assignation à donner au domicile de l'avoué à la partie, afin qu'elle soit présente à l'enquête. (Art. 261).

Or, nous trouvons même motif de décider à l'égard de l'assignation qui doit être également donnée à la partie, au domicile de son avoué, afin qu'elle soit présente au serment. Ce motif est que l'art. 121, comme l'art. 261, ne prescrit point la prorogation de délai, que l'art. 1033 n'accorde que pour les actes faits à personne ou à domicile.

Il est cependant des jurisconsultes qui pensent que s'il était prouvé que le simple délai de huitaine ne saurait suffire à l'avoué pour avertir son client, le tribunal ne pourrait, sans injustice, refuser un délai suffisant. Nous partageons cette opinion; et ainsi, nous nous bornons à dire que le délai, à raison des distances, n'est pas rigoureusement obligatoire.

521. *Mais en sera-t-il de même, si la partie assignée pour être présente au serment laisse défaut?*

« Le serment judiciaire que le juge défère d'office ne peut pas, dit Duparc-
» Poullain, dans ses Principes de droit, tom. 9, pag. 435, avoir le caractère
» de transaction que les lois donnent au serment décisoire. Si une partie laisse
» outrer, sans protestation, le serment déféré d'office, il peut résulter un ac-
» quiescement à la sentence; mais si elle *laisse défaut*, et, à plus forte raison,
» si elle interjette appel de la sentence qui l'ordonne, on ne peut tirer aucune
» fin de non-recevoir de la prestation du serment; *les droits des parties sont*
» *entiers*, comme ils l'étaient aaant le jugement; et, dans le tribunal supérieur,

» on peut prononcer comme si le serment n'eût pas été outré; on peut même » le déférer à l'autre partie. »

Cette opinion a été consacrée par deux arrêts de la Cour d'appel de Rennes, l'un du 10 août 1808, l'autre du 21 avril 1810 (*voy. Journ. des arrêts de cette Cour, tom.* 1, *pag.* 57); et nous la croyons incontestable, en vertu du principe que le défaut emporte contestation (1).

ARTICLE 122.

Dans les cas où les tribunaux *peuvent* accorder des délais (2) pour l'exécution de leurs jugemens, ils le feront par le jugement même qui statuera sur la contestation, et qui énoncera les motifs du délai (3).

C. C., art. 1180, 1184, 1188, 1244. — *Infrà*, sur les art. 124, 125, 442, 530.

LXXXVII. L'ART. 1244 du Code civil, auquel se rattache l'art. 122, qui en a l'exécution pour objet, n'a mis aucune restriction à la faculté qu'il accorde aux juges d'accorder des *délais modérés, en considération de la position du débiteur;* il s'est borné à leur recommander de n'user de ce pouvoir qu'avec la plus grande réserve. Ainsi, le juge doit agir ici comme ferait un créancier qui aurait assez d'humanité et de raison pour faire, à l'égard d'un débiteur malheureux, tout ce qui peut être avantageux à celui-ci, sans toutefois compromettre évidemment la sûreté de la créance qu'il porte sur lui.

Il n'est donc pas douteux que les tribunaux peuvent accorder des délais dans tous les cas où la loi ne l'aurait pas défendu, soit par des dispositions expresses, soit par une conséquence nécessaire de son esprit ou de ses dispositions. Nous examinerons ces cas d'exception sur l'art. 124.

Mais il importe de remarquer que les délais doivent être accordés *par le jugement même qui statue sur la contestation*, c'est-à-dire par un seul et même jugement; ce serait, disait l'orateur du Gouvernement, *ouvrir la porte à des procédures frustratoires*, que d'autoriser des demandes *tardives* afin d'obtenir un délai.

522. *Les art.* 1244 *du Code civil, et* 122 *du Code de procédure, sont-ils applicables en matière commerciale?*

La négative résulte de ce passage du discours du tribun Favard, sur le tit. 3 du liv. 3 du Code civil (*édit. de Didot, tom.* 5, *pag.* 139) : « Nous ne parlons

---

(1) Quoi qu'il en soit, un arrêt de la Cour de Paris, du 24 août 1810, a jugé le contraire; mais nous n'en persistons pas moins dans notre opinion, conforme, d'ailleurs, à l'ancienne jurisprudence.

(2) C'est ce que l'on appèle *délais de grâce*. Le juge n'est pas forcé de les accorder. — (*Cassat.*, 26 *mars* 1817).

(3) JURISPRUDENCE.

Lorsqu'un tribunal a accordé un délai, sans déclarer qu'il sera de rigueur, et que la partie qui ne s'y serait pas conformée serait *forclose*, cette partie peut exécuter le jugement, même après le délai. — (*Turin*, 12 *mars* 1808, *Sirey, tom.* 9, 2.e *part.*, *pag.* 110).

» pas ici des obligations de commerce, qui doivent avoir leurs règles particu-» lières, selon la nature de l'engagement. »

Or, le Code de commerce n'a point renouvelé les dispositions de l'art. 1er, tit. 6 de l'ordonnance de 1669, qui donnaient aux juges, lorsqu'ils condamnaient au paiement de quelque somme, le droit d'accorder une surséance de trois mois. L'art. 2 de la loi du 15 septembre 1807 abroge au contraire cette ordonnance (1).

Nous ajouterons qu'il résulte clairement des art. 157 et 187 du Code de commerce, que les juges ne peuvent accorder de délais pour le paiement des lettres de change et des billets à ordre.

Mais ces deux articles ne statuant que sur ces deux espèces d'obligations commerciales, on pourrait en conclure qu'il y a lieu, dans les autres cas, à appliquer l'art. 122 du Code de procédure, et l'art. 1244 du Code civil, et nous sommes d'autant plus porté à le croire, que ces articles renferment une disposition générale, puisqu'ils parlent des *tribunaux indistinctement* : *Dans les cas*, dit l'art. 122, *où les tribunaux peuvent accorder des délais, etc. Les juges*, dit l'art. 1244, *peuvent néanmoins, etc.* (2)

523. *Lorsqu'en vertu de l'art. 122, les tribunaux accordent des délais pour l'exécution de leurs jugemens, ces délais sont-ils de rigueur en tous les cas, en sorte qu'ils ne puissent pas être prolongés ?*

Deux arrêts, l'un de la Cour de Nîmes, du 14 thermidor an 12, l'autre de la Cour de cassation, du 1er. avril 1812 (*voy. Sirey, tom. 7, 2e. part., pag. 826, et tom. 14, pag. 110*), décident cette question pour l'affirmative. Mais il est à remarquer que ces deux arrêts ont été rendus dans des espèces où les juges, en accordant le délai, avaient déclaré qu'il serait de *rigueur* : d'où résultait qu'en accordant un nouveau délai, on aurait porté atteinte à l'autorité de la chose jugée.

Si, au contraire, aucune distinction pareille n'existait dans un jugement, il semblerait qu'un tribunal ne serait pas rigoureusement empêché d'accorder un nouveau délai. On invoquerait ici la maxime *favores ampliandi*. Cependant M. Perrin, dans son Traité des nullités, pag. 230, paraît être d'un sentiment contraire; mais il se fonde sur l'arrêt du 1er. avril 1812, et nous avons vu qu'il a été rendu sur le motif que le juge avait déclaré le délai de rigueur.

524. *Les mêmes articles sont-ils applicables, lorsqu'il s'agit d'une obligation exécutoire ?*

Cette question pouvait souffrir difficulté relativement à l'application isolée de l'art. 1244 du Code civil; mais l'art. 122 du Code de procédure nous semble ne laisser aucun doute sur la négative, puisqu'il suppose que les tribunaux

---

(1) Voy. ici les deux arrêts de la Cour d'appel de Colmar, des 24 janvier 1806 et 12 frimaire an 14, rapportés dans la Jurisprudence du Code civil, par MM. Bavoux et Loiseau, tom. 5, pag. 377, et tom. 6, pag. 237.

(2) On voit que ces deux dispositions comprennent les juges des tribunaux ordinaires, comme ceux de commerce. Mais on remarquera que cette addition ne contrarie point l'opinion émise sur la question ci-dessus, puisque nous n'avons parlé que des *obligations* que l'on appèle *effets de commerce*.

statuent sur une contestation. Or, *il n'y a pas lieu à statuer sur un titre exécutoire, puisqu'il a la même force qu'un jugement : on ne peut donc accorder de délai que dans le cas où le titre ne serait pas exécutoire.*

Nous ajouterons une autre raison indépendante de l'art. 122 ; c'est qu'un acte notarié recevant sa vertu exécutive de la seule disposition de la loi, il n'est pas au pouvoir du juge d'en arrêter l'exécution, et de se mettre ainsi au-dessus du pouvoir législatif. L'art. 1244 du Code civil n'a pu conséquemment avoir en vue le cas où la créance résulterait d'un acte public et authentique, mais bien celui où le juge doit conférer au titre le privilége de l'exécution, comme, par exemple, lorsqu'il prononce une condamnation sur le fondement d'un acte privé; c'est alors qu'il est certain qu'il peut suspendre l'effet de son jugement, puisque cet acte n'émane que de lui seul. — (*Voy. arrêts de la Cour d'appel de Pau, du 26 nov.* 1807, *Sirey, tom.* 12, *pag.* 280, *et tom.* 13, *pag.* 232; *Colmar,* 14 *janv.* 1815, *Journ. des avoués, tom.* 12, *pag.* 117, *et de Bruxelles, du* 18 *juin* 1812).

Ainsi, sur une opposition à une saisie faite en vertu d'un acte notarié, un tribunal ne pourrait pas plus accorder de délais et surseoir à l'exécution, qu'il ne le pourrait si la saisie avait été faite en vertu d'un jugement. — (*Voy. Pigeau, tom.* 1, *pag.* 514; *autre arrêt de la Cour d'appel de Colmar, du* 30 *août* 1809, *Bibliot. du barr.*, 2e. *part.*, 1810, *pag.* 237). (1)

525. *La disposition de l'art.* 122 *est-elle si rigoureusement impérative, que les juges ne puissent accorder de délais par un jugement postérieur à celui qui aurait statué sur la contestation?*

Cette question semble encore controversée. Un arrêt de la Cour de Dijon, du 18 janvier 1817, l'a décidée pour la négative, et M. Sirey, en rapportant cette décision, tom. 18, pag. 61, cite un arrêt contraire de la Cour de Paris, du 10 avril 1810. Mais l'indication du tome et de la page où il se trouverait est fautive; il n'est pas rapporté tom. 14, pag. 216, et nous en avons vainement fait la recherche. Cet arrêt se trouve au Journal des avoués, tom. 1, pag. 324, et est conforme à celui de Colmar, du 30 août 1809, rapporté au même Journal, pag. 199. Nous estimons la décision de Dijon contraire non seulement au texte, mais à l'esprit de la loi; elle est contraire au texte, puisqu'il porte formellement que le délai sera accordé par le jugement même; elle est contraire à l'esprit, parce qu'on ne peut pas supposer qu'il soit entré dans l'intention du législateur d'autoriser le juge, absolument dessaisi par le jugement, à en modifier les dispositions, *ut semel sententiam dixit, desinit esse judex.* Vainement opposerait-on que le tribunal connaît de l'exécution de ses jugemens; sans doute, mais ce principe ne s'applique qu'aux difficultés qui surviennent à cet égard, et ne peut s'étendre jusqu'à faire supposer la faculté d'enlever à la partie qui a obtenu gain de cause le droit acquis par le jugement rendu à son profit (2).

---

(1) Nous ne devons pas laisser ignorer qu'il existe deux arrêts contraires; l'un de la Cour de Bordeaux, du 28 février 1814, l'autre de la Cour d'Aix, du 17 décembre 1813. — (*Sirey,* 1814, *pag.* 373 *et* 157).

(2) Nous croyons, au reste, que le passage de l'exposé des motifs résout ainsi la question. — (*Voy. le comm. ci-dessus, n.*o LXXXVII).

ARTICLE 123.

Le délai courra du jour du jugement, s'il est contradictoire, et de celui de la signification, s'il est par défaut (1).

526. *De ce que l'art.* 123 *porte que le délai courra du jour de la signification, si le jugement qui l'accorde est rendu* par défaut, *doit-on conclure qu'un tribunal puisse accorder des délais d'office, et sans qu'ils soient demandés?*

Non, dit M. Pigeau, tom. 1, pag. 515, parce que le délai est dans l'intérêt des parties. Si donc l'article parle des jugemens *par défaut*, c'est qu'il peut arriver qu'une partie qui a comparu et requis délai par ses défenses, peut ensuite laisser prendre défaut faute de plaider. En ce cas, le juge pourrait accorder les délais, et ils ne commenceraient à courir que du jour de la signification du jugement; mais si le défaut est rendu faute de comparaître, nous pensons, comme M. Pigeau, que le tribunal ne pourrait accorder d'office un délai dont l'adversaire du défaillant n'aurait pu contester les motifs, puisque la demande n'en aurait pas été formée (2).

527. *Quand le tribunal, en accordant un délai pour le paiement, l'a divisé en plusieurs termes, peut-on exécuter, pour le tout, les biens du débiteur qui n'aurait pas acquitté le premier terme?*

La loi n'a pas de disposition à cet égard; mais il est conforme à la raison et à l'équité que le créancier, qui a constitué le débiteur en demeure de payer le premier terme échu, puisse saisir-exécuter pour le tout (3).

ARTICLE 124.

Le débiteur ne pourra obtenir un délai, ni jouir du délai qui lui aura été accordé, si ses biens sont vendus à la requête

---

(1) JURISPRUDENCE.

Lorsque, dans une instance pour cause de lésion, la résiliation de la vente a été prononcée avec faculté à l'acquéreur de suppléer le juste prix dans un délai donné, cet acquéreur, qui laisse passer le délai sans consommer son option, n'est pas déchu, alors même que le jugement serait confirmé sur l'appel; ce délai ne court que du jour où le jugement a acquis l'autorité de la chose jugée. — (*Cassat.*, 12 *juin* 1810, *Sirey, tom.* 10, *pag.* 317, *et infrà sur l'art.* 457).

(2) De même le débiteur condamné sans avoir demandé de délai, ne peut en obtenir un ni par la voie d'opposition aux poursuites (*Colmar*, 30 *août* 1809, *Sirey, tom.* 14, 2.e *part.*, *pag.* 249), ni par voie de référé. — (*Paris*, 11 *avril* 1810, *ibid.*, *pag.* 116).

(3) Mais le débiteur pourrait-il arrêter la suite de la saisie, en payant ou en consignant les termes échus? C'est l'avis de M. Delaporte, adopté par nous sur la 409.e question de notre Analyse. Mais M. Toullier, en adoptant la première partie de l'opinion que nous y avons énoncée, et que nous reproduisons ci-dessus, estime, et nous croyons son motif fondé, que le jugement qui, contre la loi du contrat, divise le paiement en plusieurs termes, renferme essentiellement la condition explicite, *si le débiteur paie à chaque terme.* — (*Voy. tom.* 6, *pag.* 63).

d'autres créanciers, s'il est en état de faillite, de contumace, ou s'il est constitué prisonnier, ni enfin lorsque, par son fait, il aura diminué les sûretés qu'il avait données par le contrat à son créancier (1).

LXXXVIII. Cette disposition est le complément de l'art. 1188 du Code civil. Un débiteur ne peut obtenir de délais que lorsque sa bonne foi n'est point suspecte, et qu'il est possible d'espérer que cette faveur lui facilitera le moyen de remplir son obligation. — (*Rapp. au Corps législ.*).

528. *N'est-ce que dans les seuls cas mentionnés en l'art. 124, qu'il est interdit aux juges d'accorder des délais?*

Nous avons dit (*art.* 122, *comment.*) qu'il n'y avait d'autres limites à la faculté accordée par l'art. 1244 du Code civil, que celles qui seraient expressément déterminées par la loi, ou qui résulteraient nécessairement de son texte ou de son esprit. Or, il est, outre les dispositions formelles de l'art. 124 du Code de procédure, qui n'est au reste que le développement de l'art. 1188 du Code civil, plusieurs articles de ce Code qui défendent formellement ou ou implicitement d'accorder ces délais. Ainsi, premièrement, le juge ne peut en accorder pour prêt de consommation, quand on est convenu du terme (art. 1899, 1900 combinés); mais l'art. 1901 l'autorise, suivant les circonstances, à fixer un terme de paiement, s'il avait été seulement convenu que l'emprunteur paierait quand il le pourrait, ou quand il en aurait les moyens;

Secondement, en matière de vente, le juge ne peut surseoir à prononcer la résolution, ni accorder un délai pour payer le prix, si le vendeur est en danger de perdre la chose et le prix (art. 1655); s'il s'agit de ventes de denrées et effets mobiliers (art. 1657); s'il s'agit de ventes d'immeubles, et qu'il ait été stipulé que, faute du paiement du prix dans un terme convenu, la vente serait résolue de plein droit, pourvu toutefois que l'acheteur ait été mis en demeure de payer (art. 1656); mais si la résolution n'a pas été stipulée, et que le vendeur ne soit pas en danger de perdre la chose et le prix, le juge peut, conformément à l'art. 1655, accorder un délai à l'expiration duquel la résolution doit être prononcée.

Enfin, l'art. 1661 défend de proroger le délai de réméré.

529. *Si, dans l'obligation qui ferait l'objet de la demande, il avait été stipulé, comme condition essentielle, que le débiteur ne pourrait obtenir de délais, le juge pourrait-il néanmoins en accorder?*

Il faut remarquer, d'un côté, que ce cas ne se trouve point au nombre des exceptions portées en l'art. 124, et de l'autre, que les dispositions des art. 1244 et 1188 du Code civil, ainsi que celles des art. 122 et 124 du Code de procédure, ont entendu concilier ce qu'exige l'humanité en faveur d'un dé-

---

(1) JURISPRUDENCE.

Toute autre personne que le créancier demandeur ne pourrait être admise à se plaindre de ce que le juge aurait accordé délai à un individu, qui se trouverait dans le cas de la prohibition portée en l'art. 124. — (*Cassat.*, 20 *fév.* 1809, *Sirey*, *tom.* 9, *pag.* 127).

biteur malheureux, avec ce qu'exige aussi l'intérêt bien entendu du créancier. Il est dans l'esprit de ces Codes qu'il ne soit point accordé de délais toutes les fois que le créancier serait exposé à perdre ; or, le juge ne doit-il pas présumer que le créancier éprouve une perte, en ce sens qu'il a compté sur la rentrée de ses fonds à une époque déterminée, lorsqu'il a expressément stipulé qu'ils lui seraient comptés à cette époque?

Quelque juste que soit cette remarque, rigoureusement parlant, nous ne croyons pas néanmoins qu'il ait été dans la pensée du législateur d'admettre, en ce cas, une exception à la faculté donnée aux juges par l'art. 1244 du Code civil. On sent, en effet, que la stipulation deviendrait pour ainsi dire de formule en toute obligation, et qu'elle rendrait bientôt illusoire l'article dont il s'agit, si l'on était assuré de pouvoir le rendre sans effet au moyen de cette stipulation, qui nous paraît diamétralement opposée au vœu du législateur, puisqu'il a voulu venir au secours du débiteur malheureux (1).

---

1) Dans son Traité du droit civil français, notre respectable et savant collègue M. Toullier, a manifesté une opinion absolument contraire à cette proposition. « Le créancier, » dit-il, peut empêcher qu'on n'accorde des délais à son débiteur par une stipulation insérée » dans l'acte, comme l'observe fort bien M. de Maleville ». En effet, on lit dans l'Analyse de la discussion au Conseil d'état par cet auteur, et dans le procès-verbal de cette discussion, qu'il fut demandé si l'article en projet, correspondant au 1244.e du Code, autoriserait le juge à user de la faculté que lui donnait cet article, même lorsqu'il y aurait une *stipulation contraire;* et il fut répondu qu'il n'était pas dans l'intention de la section de donner cette étendue à la disposition. Or, dit M. Toullier, « quels seraient les juges qui » oseraient s'arroger un pouvoir que le Code ne leur accorde point, que les rédacteurs du » Code ni le Conseil d'état n'ont point eu l'intention de leur conférer?... Il faut une loi » expresse pour autoriser les juges à s'écarter de la loi du contrat ».

Nous sentons combien est imposante cette opinion d'un auteur qui a fixé tant d'incertitudes sur les questions les plus épineuses du droit civil, et quel poids y ajoute l'explication donnée au Conseil d'état, sur la question dont il s'agit.

Mais quoi qu'il en soit, nous soumettrons aux lumières des jurisconsultes et des magistrats les réflexions suivantes, que nous croyons de nature à fournir un nouvel appui à notre sentiment :

Nous ferons observer, d'abord, que l'on ne doit point, pour l'application de l'art. 1244, considérer s'il convenait que le législateur se fût montré moins favorable au débiteur malheureux. Il a voulu que les tribunaux pussent, en prenant sa position en considération, lui accorder des délais pour le paiement. Or, d'un côté, cette loi d'humanité peut, au gré de tout créancier, devenir absolument inutile, si les tribunaux étaient liés par une renonciation que l'on ne manquerait jamais d'exiger; de l'autre, il n'est pas juste qu'une stipulation consentie au moment du contrat, et dans un tems où le débiteur n'a aucune raison de redouter la position malheureuse à laquelle la loi a voulu avoir égard, pût être invoquée à la rigueur contre lui, si des circonstances imprévues l'y font tomber.

Enfin, ce n'est pas seulement le débiteur que l'humanité de la loi a eu en vue; elle a considéré sa famille, l'intérêt du commerce, celui même des tiers qui auraient contracté avec lui. Ne peut-il pas arriver, en effet, qu'un seul créancier, invoquant une renonciation insérée au contrat, et mettant ainsi le juge dans l'impuissance d'accorder un délai à un débiteur qui justifie de moyens possibles de se libérer à l'avenir, ne contraigne ce débiteur à tomber en état de faillite ou de déconfiture, et ne lui ôte ainsi la faculté de faire un jour honneur à ses engagemens?

Sous ce rapport, nous serions porté à considérer comme d'ordre public la disposition de l'art. 1244, et, par conséquent, comme non avenue toute stipulation prohibitive de la faculté qu'elle accorde aux juges. L'explication donnée au Conseil d'état, lors de la discussion de la loi, ne nous paraît pas une raison absolument tranchante. La pensée d'une

Article 125.

Les actes conservatoires seront valables, nonobstant le délai accordé.

LXXXIX. Les délais de grâce que le juge peut accorder n'empêchent point les mesures conservatoires, parce que le créancier, ainsi que nous l'avons dit sur la précédente question, ne doit pas être exposé à perdre : il ne faut pas que pour l'avantage de l'un, on porte préjudice à l'autre.

Mais, d'un autre côté, quand la justice a accordé un délai, les poursuites des créanciers doivent être suspendues; celles qui, bien qu'elles fussent qualifiées mesures conservatoires, ne seraient autre chose dans leurs effets que des moyens de procurer la sûreté du paiement, sont donc proscrites (1).

---

section du Conseil d'état, discutant un projet de loi, n'est point pour nous celle du législateur, qui a pu entendre plus favorablement la disposition qu'il adoptait.

Au reste, nous n'ajoutons ces réflexions qu'avec la juste défiance que nous inspire la supériorité des lumières de notre savant collègue.

(1) En partant de cette remarque, on doit reconnaître que les actes réputés *conservatoires* sont tous ceux qui ont pour objet d'assurer le paiement de la créance, sans changer, pendant les délais qui ont été accordés au débiteur, la position où il était, et sans nuire à la jouissance qu'il avait au moment du jugement.

Ainsi, le créancier pourrait prendre une inscription aux hypothèques; il pourrait former opposition à la levée des scellés apposés sur les effets d'une succession échue au débiteur; il pourrait s'opposer à ce qu'il fût procédé à aucun partage hors sa présence; il pourrait enfin former opposition au remboursement d'une rente.

Mais pourrait-il de même former opposition au paiement d'une créance qui serait due à son débiteur par un tiers? En d'autres termes, peut-il former une saisie-arrêt ou opposition?

Les auteurs sont divisés sur cette question.

Le créancier d'un débiteur auquel le juge a accordé des délais ne pourrait, disent les auteurs du Commentaire inséré aux Annales du notariat, tom. 1, pag. 241, former des saisies-arrêts, ni faire aucune poursuite ni contrainte qui auraient trait à une exécution forcée.

La disposition de l'art. 125, dit. M. Delaporte, tom. 1, pag. 131, ne s'applique pas à la saisie-arrêt; ce n'est pas un simple acte conservatoire; c'est une sorte d'exécution.

Il est bien certain que tout acte qui aurait pour objet de changer la position du débiteur, en ce sens qu'il serait porté atteinte à la jouissance de celui-ci, est interdit par l'art. 125 : conséquemment une saisie-exécution, une saisie immobilière, tout acte, en un mot, qui tend à le dépouiller pendant les délais qui lui ont été accordés, soit de la totalité, soit d'une partie de ce qu'il possède, ne pourrait être déclaré valable. Mais ne nous attachons point à la circonstance que la saisie-arrêt est placée, dans le Code de procédure, parmi les voies d'exécution forcée des jugemens; considérons que, dans son principe, cette saisie est véritablement un acte conservatoire, puisqu'elle a pour but d'empêcher que le débiteur de notre débiteur ne se dessaisisse, à notre préjudice, entre les mains de celui-ci; remarquons ensuite que les délais ne lui ayant été accordés que parce qu'il était dans l'impossibilité de payer, le motif cesse dès que la rentrée des fonds qui lui sont dus le place dans une autre position.

Ces considérations nous paraissent très-fortes pour faire décider que la saisie-arrêt ou opposition est autorisée. Aussi M. Pigeau, tom. 1, pag. 515, dit-il que l'on peut former opposition au paiement de créances exigibles, et M. Demiau Crouzilhac ne fait-il aucun

ARTICLE 126.

La contrainte par corps ne sera prononcée que dans les cas prévus par la loi. Il est néanmoins laissé à *la prudence* des juges de la prononcer (1),

1.° Pour dommages et intérêts, en matière civile, au-dessus de la somme de 300f (2);

2.° Pour reliquats de compte de tutelle, curatelle, d'administration de corps et communauté, établissemens publics ou de toute administration confiée par justice (3), et pour toutes restitutions à faire par suite desdits comptes (4).

Ordon. de 1667, tit. 34, art. 2, 3, tit. 29, art. 8, art. 3. — Loi du 15 germin. an 6. — C. C., tit. de la contrainte par corps, et art. 474, 1146 et suiv. — C. de P., tit. de l'emprisonnement, et art. 130, 524, 712, 714, 744.

XC. LA contrainte par corps *doit* être prononcée toutes les fois que la loi l'ordonne; mais il est des cas où il a paru convenable et utile, non de l'ordonner, mais de la permettre. Ces cas ont été déterminés avec précision en l'article ci-dessus; on a pris un sage milieu entre les anciennes lois qui prononçaient la contrainte par corps, et les dernières qui la refusaient. Il peut en effet y avoir tant de variété dans les circonstances, que la contrainte, nécessaire et juste dans une espèce, pourrait être trop rigoureuse dans l'autre. — (*Exp. des motifs*).

530. *Les juges de paix peuvent-ils prononcer la contrainte par corps dans les matières qui seraient de leur compétence?*

---

doute que les saisies dont il s'agit sont permises; il les cite même pour exemple d'actes conservatoires.

M. Toullier adopte pleinement cette opinion, tom. 6, pag. 703 et 704; mais il ajoute avec raison que le créancier pourrait faire déclarer le débiteur déchu du délai, s'il faisait des ventes ou dispositions frauduleuses de ses meubles ou de ses immeubles. — (*Voy. Droit civ. franc., tom. 6, n.° 674, et à la suite plusieurs questions relatives au fond du droit, dont l'examen n'entre pas dans le plan de notre travail*).

(1) Cela dépend des circonstances, et les lois se sont toujours reposées à cet égard sur la prudence des juges.

(2) Parce que la condamnation est une peine qui provient de quasi-délits; mais la loi n'a pas permis de prononcer la contrainte en matière de dépens, dans la crainte que l'usage ne s'en établît trop facilement, d'après les demandes fréquentes qui en seraient faites.

(3) Ce sera souvent un frein nécessaire pour empêcher qu'un tuteur ou autre administrateur ne trompe celui qu'il doit défendre, et dont la justice lui a confié les intérêts.

(4) JURISPRUDENCE.

La contrainte par corps peut être prononcée contre un huissier, pour restitution de deniers par lui perçus pour ses cliens, par suite de ses fonctions, et pour le paiement des dommages-intérêts auxquels il eût donné lieu par sa faute, encore qu'il s'agisse de moins de 300 fr. — (*C. C., art.* 2060, 2065; *Cassat.*, 4 *fév.* 1819, *Sirey*, 1819, *pag.* 379).

Aucune loi ne nous semble leur interdire, ni expressément ni implicitement, ce pouvoir. Mais nous ferons observer que la contrainte par corps ne pouvant être prononcée pour une somme moindre de 300f, et cette valeur étant, pour toute action personnelle, au-dessus du pouvoir du juge de paix, il ne reste guère de cas où il ait lieu de prononcer la contrainte, si sa jurisdiction n'a pas été volontairement prorogée, ou s'il ne s'agit pas des affaires commerciales, dont quelques-uns pensent qu'il peut connaître, lorsqu'elles sont d'une valeur au-dessous de 100f. — (*Voy. notre Traité d'organ. et de compét.*).

531 *La contrainte par corps peut-elle être prononcée contre toute personne, dans les cas exprimés par l'art.* 126 ?

L'art. 126 ne peut être appliqué qu'à l'égard des personnes qui ne sont pas comprises dans les exceptions portées aux art. 2064 et 2066 du Code civil. Ainsi, les distinctions que faisait Rodier, sur les art. 2 et 3 du tit. 34 de l'ordonnance de 1667, ne sont plus d'aucune considération (1).

532. *La contrainte doit-elle être prononcée, dans les cas prévus par l'art.* 126, *par le même jugement qui porte les condamnations principales?*

L'opinion la plus généralement adoptée est qu'il faut distinguer deux cas: 1°. celui où la partie ayant conclu à la contrainte, le juge n'aurait pas eu égard à ses conclusions en prononçant les condamnations principales; 2°. celui où la partie n'ayant pas pris de semblables conclusions, aurait obtenu des condamnations qu'elle n'eût pu parvenir à faire exécuter.

Dans le premier cas, on pense qu'on ne pourrait former postérieurement au jugement rendu sur le principal, la demande de la contrainte par corps devant le même tribunal; dans le second, on estime qu'il n'existe pas de motifs qui s'opposent à ce que cette demande soit accueillie. — (*Voy. tom.* 1 *du Comm. inséré aux Ann. du not., pag.* 252, *et Delaporte, tom.* 1, *pag.* 132).

Nous n'adoptons cette opinion que pour le premier cas seulement, mais en remarquant que si l'on ne peut former la demande devant le tribunal qui a prononcé sur le principal, la voie d'appel reste ouverte pour obtenir la contrainte, si le jugement a été rendu en premier ressort. Ce ne serait donc qu'autant que la matière eût été disposée à recevoir jugement en dernier ressort, ou que le jugement sujet à l'appel eût passé en force de chose jugée, qu'il n'y aurait aucune ressource pour obtenir la contrainte. — (*Voy. arrêt de la Cour de Bruxelles, du* 24 *mars* 1809, *Sirey, tom.* 9, *DD., pag.* 399).

Mais nous pensons que, dans le second cas, la partie aurait à s'imputer la faute de n'avoir pas conclu à ce que le jugement fût déclaré exécutoire par voie

---

(1) Cette opinion a été formellement consacrée par arrêt de la Cour de cassation, du 20 mai 1818 (*Sirey*, 1818, *pag.* 33), lequel décide que si l'art. 126 laisse aux tribunaux le pouvoir de prononcer la contrainte par corps, dans le cas d'adjudication de dommages et intérêts, il ne fait qu'ajouter ce cas à ceux où elle peut avoir lieu à raison de *la matière*, contre les individus sujets à la contrainte à raison de la personne. Il n'a pas pour objet de déterminer quelles sont les personnes contre lesquelles elle peut ou ne peut être prononcée à raison de leur qualité.

Ainsi a été cassé un jugement de Saint-Malo, qui, contre la disposition de l'art. 2066 du Code civil, avait condamné par corps une femme en 700 fr. de dommages-intérêts sur une demande en réintégrande.

de contrainte ; elle aurait annoncé par son silence qu'elle se contentait des voies ordinaires d'exécution. D'ailleurs, il nous paraîtrait trop rigoureux, il serait contraire aux principes de l'autoriser à faire un second procès sur un chef de demande qu'elle pouvait obtenir dans l'instance sur le principal ; instance terminée par un jugement qui a dessaisi le juge. Cette opinion nous paraît, au reste, fondée sur l'art. 127, qui, en disposant que le sursis à l'exécution de la contrainte ne peut être accordé que par le jugement qui prononce sur la contestation, suppose nécessairement que la contrainte elle-même ne sera prononcée que par ce jugement. C'est pourquoi le tribun Faure dit formellement, dans son rapport (*voy. édit. de F. Didot, pag.* 70), que l'art. 127 *veut que, dans tous les cas où la contrainte peut être prononcée, elle le soit par le même jugement qui statue sur la contestation.*

533. *Ces mots,* EN MATIÈRE CIVILE, *employés au* § 1er. *de l'art.* 126, *supposent-ils que les juges civils, saisis d'une action en dommages-intérêts résultant d'un délit, puissent se dispenser de prononcer la contrainte ?*

Il faut, dans notre opinion, distinguer trois cas : le premier est celui où l'action civile est formée devant les juges civils, suivant la faculté que l'art. 3 du Code d'instruction en donne à la partie qui a souffert du délit ; le second est celui où le demandeur serait un tiers qui n'aurait pas été partie au procès criminel, ou un accusé acquitté qui n'aurait connu son dénonciateur qu'après la session de la Cour d'assises ou de la Cour spéciale ; enfin, le troisième est celui où l'action en dommages-intérêts est intentée contre les héritiers de l'auteur du délit.

Dans le premier cas, les opinions sont partagées ; les uns pensent que les juges civils sont tenus de prononcer la contrainte par corps. Ils en donnent pour motif que toutes les fois qu'une demande fondée sur un délit est portée devant un tribunal civil, il doit être sursis ou statué sur cette demande, jusqu'à ce qu'il ait été prononcé sur l'action publique intentée, soit avant, soit après l'introduction de l'instance. (*Code d'instr., art.* 3). Or, disent-ils, le jugement qui intervient sur l'action publique lie le tribunal civil, de manière qu'il doit ou rejeter la demande en dommages-intérêts, si le prévenu ou l'accusé a été acquitté, ou les adjuger, s'il a été condamné. Dans cette dernière hypothèse, le tribunal civil doit faire ce que les juges criminels auraient fait s'ils avaient été saisis de la demande à fins civiles ; il leur est pour ainsi dire substitué ; il ne connaît qu'accessoirement d'une matière qui n'est civile qu'en ce sens qu'il en connaît comme tribunal *civil*, mais qui participe essentiellement de la nature des matières criminelles. Les juges civils doivent donc, conformément aux art. 52 et 469 du Code pénal, prononcer la contrainte par corps ; il ne dépend pas d'eux de la refuser ; en un mot, l'art. 126 n'est pas applicable, parce que *la matière* n'est pas purement civile. D'autres estiment, et nous partageons cette opinion, que la partie lésée qui forme sa demande devant un tribunal civil annonce, par l'option qu'elle a consommée entre la voie civile et la voie criminelle, qu'elle renonce à tous les avantages des lois criminelles : ce sont les lois civiles seulement qui doivent régir son action sous tous les rapports ; elle ne poursuit plus un délit ; sa demande ne repose que sur le principe de droit civil consigné en l'art. 1382 du Code civil : *Tout fait quelconque de l'homme qui a causé à autrui un dommage, oblige celui par la faute duquel il est arrivé à le réparer.* Mais ces motifs recevront-ils encore leur application dans le second cas que nous avons posé ci-dessus? Nous ne le pensons pas. Le tiers ou l'accusé acquitté n'est obligé, par les art. 329 et 585 du Code d'instruction criminelle, de se pourvoir en justice civile, que parce qu'il n'est plus possible qu'il fasse juger sa demande en dommages-intérêts par les juges criminels, qui demeurent dessaisis du fond aussitôt qu'ils ont prononcé la condamnation ou l'absolution de la personne inculpée. Les juges civils ne connaissent conséquemment de la demande dont il s'agit que subsidiairement aux juges criminels; et comme l'accessoire suit toujours la nature du principal, c'est véritablement sur une matière qui de sa nature n'est pas purement civile, qu'ils ont à prononcer, et par cette raison, l'art. 126 nous paraît sans application (1).

Quant au troisième cas, nous estimons que l'on ne peut appliquer ni l'art. 52 du Code pénal, ni l'art. 126 du Code de procédure civile. On ne doit pas appliquer l'art. 52, parce que l'action publique s'éteignant par la mort du coupable, suivant l'art. 2 du Code d'instruction, l'action civile qui a pour objet les dommages-intérêts est purement civile, puisque, sous aucuns rapports, elle ne peut être accessoire à l'action publique. On ne doit pas davantage appliquer l'art. 126, parce que la contrainte par corps est une sorte de peine prononcée par cet article contre l'individu qui, par sa faute, a porté préjudice à une partie. Or, les héritiers n'ont commis aucune faute, et s'ils sont civilement responsables, c'est par suite du principe de droit civil, qui veut que les héritiers acquittent les dettes de celui dont ils recueillent la succession; en un mot, nous disons, dans cette dernière hypothèse, ce que plusieurs jurisconsultes affirment de l'héritier du dépositaire, qui, suivant eux, n'est contraignable par corps à la représentation du dépôt, qu'autant qu'on le retrouve en nature dans la succession. C'est qu'alors il fait, en ne le rendant pas, la même faute que le dépositaire; il se met véritablement à sa place : c'est comme dépositaire et non comme héritier qu'il devient contraignable.

534. *L'art. 126 est-il applicable en matière commerciale, en sorte que les juges de commerce ne seraient pas tenus, mais n'auraient que la faculté de prononcer la contrainte par corps pour dommages-intérêts ?*

Avant la mise en activité du Code de procédure, la Cour de cassation, par arrêt du 24 brumaire an 12, rapporté par M. Denevers, an 12, pag. 165, rejeta un pourvoi formé contre un arrêt de la Cour d'appel de Bordeaux, qui avait prononcé la contrainte pour dommages-intérêts dans une affaire entre négocians associés.

Cette décision fut motivée sur ce que cette contrainte étant autorisée pour le capital, par la loi du 15 germinal an 6, l'était à plus forte raison pour les dommages-intérêts, qui, outre leur qualité d'accessoire qui les soumet,

---

(1) Un arrêt de Potiers, du 18 janvier 1814, a jugé de la même manière, pour le cas d'administration particulière d'une faillite.

Telle n'est pas l'opinion de M. Demiau Crouzilhac, pag. 113; il pense que, dans cette seconde hypothèse, les poursuites sont purement civiles, et qu'il y a lieu par conséquent à l'application de l'art. 126. Nos lecteurs jugeront si les motifs que nous venons de développer suffisent pour accorder la préférence à notre opinion sur le sentiment contraire.

par conséquent, au même mode d'exécution que le capital, supposent encore une injustice à réparer, et sont conséquemment considérés comme une peine judiciaire infligée aux téméraires plaideurs.

Remarquons que le titre premier de la loi du 15 germinal an 6, relatif à la contrainte par corps *en matière civile*, a été remplacé par les dispositions du tit. 16 du liv. 3 du Code civil, qui détermine les cas où cette contrainte peut encore avoir lieu, sans y comprendre les dommages-intérêts. Il a fallu, pour que les juges aient pu la prononcer, que l'art. 126 du Code de procédure vînt les y autoriser.

Mais le titre second de la même loi du 15 germinal est resté en vigueur pour les affaires commerciales, nonobstant la publication du nouveau Code de commerce. Or, l'art. 1er. de ce dernier titre porte expressément que la contrainte par corps a lieu de *marchand à marchand, pour fait de marchandises dont ils se mêlent réciproquement* (1).

Il est bien certain que les juges ne pourraient, d'après cette disposition, se refuser, dans le cas qu'elle détermine, à prononcer la contrainte par corps pour le capital; et puisque la Cour de cassation a jugé, en appliquant cette loi du 15 germinal, que la contrainte devait être ordonnée pour les dommages-intérêts, ne devra-t-on pas décider que l'art. 126 n'est point applicable en matière commerciale, et que, par conséquent, les juges ne peuvent, sous prétexte de la faculté accordée par cet article, refuser de prononcer la contrainte?

Ainsi, les expressions de l'art. 126, *en matière civile*, ne s'entendraient que des matières autres que les matières criminelles et commerciales; elles ne s'entendraient que dans le même sens où elles se trouvent employées dans l'art. 2059 du Code civil, où elles n'ont aucun trait aux matières commerciales, puisque l'art. 2070 du même Code exclut formellement des dispositions qu'il renferme les *matières de commerce* régies par des lois particulières.

En un mot, l'art. 126 ne présenterait qu'une disposition additionnelle à celles que le Code civil contient sur la contrainte par corps en *matière purement civile*, et non pas une disposition dérogatoire à celles de la loi du 15 germinal, sur la même contrainte en *matière commerciale* (2).

Nous devons observer maintenant que, dans une espèce où il s'agissait aussi de dommages-intérêts entre associés, la Cour de cassation, section des requêtes, a décidé, le 12 août 1807 (*voy. Sirey*, 1807, *pag.* 433), qu'en prononçant la contrainte par corps pour l'exécution d'un jugement qui portait condamnation aux dommages-intérêts, les juges avaient fait une juste application de l'art. 126 du Code de procédure.

D'un autre côté, un arrêt de la Cour d'appel de Colmar, du 17 mars 1810 (*voy. Sirey, tom.* 10, *DD.*, *pag.* 202), motive le refus de prononcer la contrainte pour dommages-intérêts en matière de commerce, sur ce que le même art. 126 laisse à la prudence du juge de l'ordonner ou non. Ainsi, après avoir

(1) Voy. aussi l'art. 637 du Code de commerce.

(2) Nous examinerons, sur l'art. 804, l'importante question de savoir si le débiteur d'une dette commerciale qui a obtenu son élargissement faute de consignation d'alimens, peut être incarcéré de nouveau pour la même dette aux termes de cet article, ou si, au contraire, cette faculté n'est accordée qu'en matière civile; question qui se rattache à la discussion ci-dessus.

posé la question qu'il considère comme décidée, l'arrêtiste dit *qu'en matière de dommages-intérêts, les juges de commerce ont la faculté, mais ne sont pas tenus de prononcer la contrainte par corps.*

Pour concilier ces décisions avec l'arrêt du 24 brumaire an 12, on dirait qu'à l'époque où cet arrêt a été rendu, il n'existait point de loi qui donnât aux juges, comme l'a fait l'art. 126 du Code de procédure, la faculté de prononcer ou de refuser la contrainte par corps pour dommages-intérêts; qu'ainsi, l'on pouvait étendre la disposition de la loi du 15 germinal aux dommages-intérêts; mais qu'aujourd'hui l'art. 126 ne permet plus cette interprétation extensive, parce qu'il comprend sous ces expressions, *en matière civile*, qui n'excluent que les matières criminelles, les matières commerciales, qui sont aussi, par opposition à ces dernières, des matières civiles.

Nous ne partageons point cette opinion, quelques inductions que l'on puisse tirer en sa faveur des deux arrêts que nous venons de citer, et nous nous fondons sur ce qu'il serait contradictoire que le législateur qui, en matière civile ordinaire, ne permet point la contrainte par corps pour le principal, mais seulement pour les dommages-intérêts, parce qu'ils résultent d'une faute dont il veut assurer la prompte réparation, eût laissé au juge la faculté de la refuser dans une matière où il la prononce formellement pour le capital. — (*Voy. Sallé, sur l'art. 1er, tit. 4 de l'ordonn. de* 1667).

535. *La condamnation à la contrainte, prononcée par l'art.* 690 *du Code de procédure, contre le saisi qui aurait coupé des bois ou commis des dégradations, est-elle facultative?*

Non, parce que l'art. 690 est impératif et fait exception à l'art. 126; mais elle ne peut être prononcée, si les dommages-intérêts s'élèvent à une somme moindre de 300f, conformément à cet article et à l'art. 2065 du Code civil. — (*Voy. Pigeau, tom.* 2, *pag.* 213).

536. *De ce que le* § 2 *de l'art.* 126 *ne porte pas, comme le premier, que la faculté de prononcer la contrainte par corps n'est accordée aux juges qu'autant que le montant de la condamnation s'élèverait au-dessus de la somme de* 300f, *s'ensuit-il que cette faculté leur soit accordée au-dessous de cette somme, pour les objets mentionnés en ce* § 2?

Nous ne le pensons pas, par le motif que l'art. 2065 du Code civil présente une disposition générale portant, sans distinction, que la contrainte par corps ne peut être prononcée pour une somme moindre de 300f. Il est vrai que l'on peut opposer que, d'après cet art. 2065, il était inutile d'exprimer, dans le § 1er. de l'art. 126, que la contrainte pourrait être prononcée pour dommages-intérêts au-dessus de 300f, et que le législateur, en prenant soin de s'expliquer à ce sujet, annonce qu'il a eu l'intention de l'autoriser au-dessous de cette somme, dans les cas mentionnés au § 2.....

Mais déjà l'on peut remarquer que ce n'est qu'après avoir précisé, dans l'art. 2060 du Code civil, les cas où la contrainte par corps a lieu (et parmi eux se trouvent, comme dans l'art. 126 du Code de procédure, les restitutions à faire par des personnes publiques), que l'art. 2065 défend de la prononcer pour une somme moindre de 300f. Or, ce n'est pas par une simple induction que l'on doit raisonner en matière de contrainte; il faudrait une dérogation expresse dans le Code de procédure, pour que l'on ne pût appliquer cet art. 2065, et nulle disposition ne prononce cette dérogation. D'ailleurs, admettrait-on que la solution de la question ci-dessus posée fût vraiment douteuse, la faveur de la liberté doit porter à la décider négativement.

C'est par ces motifs, sans doute, que M. Pigeau, tom. 1, pag. 511, après avoir parlé des cas mentionnés en l'art. 126, répète que, dans tous ceux où la loi autorise la contrainte, elle ne peut être prononcée pour une somme moindre de 300f, conformément à l'art. 2065 précité. C'est encore par ces motifs qu'il dit, tom. 2, pag. 95, que le gardien d'objets saisis n'est contraignable par corps qu'autant que ses obligations montent au-dessus de 300f (1).

537. *L'héritier bénéficiaire étant administrateur, peut-il être contraint par corps, conformément au § 2 de l'art. 126?*

Non, parce qu'il n'a pas une *administration confiée par justice.* — (*Voy. Pigeau, tom. 1, pag.* 510).

538. *Est-il des cas autres que ceux mentionnés en l'art.* 126, *dans lesquels le juge ne soit pas tenu, mais n'ait que la faculté de prononcer la contrainte?*

Oui; tels sont ceux prévus par les art. 2061 et 2062 du Code civil, et par les art. 213 et 534 du Code de procédure; mais les juges sont tenus de la prononcer dans les cas prévus par les art. 2059 et 2060 du premier de ces deux Codes, et 191, 264, 690, 712, 744 et 839 du second. — (*Voy. les questions résolues sur les articles du Code de procédure ci-dessus cités*). (2)

539. *Les dépens peuvent-ils entraîner la contrainte par corps, soit en matière civile, soit en matière commerciale?*

D'après l'art. 2, tit. 34 de l'ordonnance de 1667, la contrainte pouvait être ordonnée *après les quatre mois*, pour dépens adjugés, quand ils s'élèveraient à 200l et au-dessus; hors ce cas, elle n'avait pas lieu même dans les juridictions consulaires, et c'est à tort que Rogues, tom. 1, pag. 196, enseigne le contraire. Aussi Duparc-Poullain, tom. 10, pag. 538, n°. 3, dit-il, sans faire aucune distinction pour les condamnations en matière de commerce, que la contrainte par corps s'étend bien aux intérêts comme au principal, mais non au-dessous de 200l.

La loi du 15 germinal an 6, qui rétablit la contrainte par corps, abolie par la loi du 9 mars 1793, ne l'établit point pour les dépens, comme l'avait fait l'ordonnance de 1667. On ne peut donc la prononcer, sur-tout d'après l'art. 19 du tit. 3, qui abrogea *tous réglemens*, lois et ordonnances rendus en matière de contrainte par corps. Ainsi la contrainte par corps cessa de pouvoir être ordonnée pour dépens en toute matière. Telle est du moins la

---

(1) Au surplus, comme l'observe M. Thomines, dans ses cahiers dictés en la faculté de Caen, le Code de procédure n'a point dérogé à l'art. 2065 du Code civil, en permettant de prononcer la contrainte par corps pour reliquat de compte de tutelle ou restitution à faire par suite d'administration confiée par justice. L'art. 126 n'a eu pour but que de déclarer que, si la contrainte par corps a lieu dans les cas qu'il exprime, ce n'est pas toujours pour les juges une nécessité, mais que la loi s'en rapporte à leur prudence.

(2) Nous ajouterons celui d'un vendeur qui demande la nullité de la vente et dissipe le prix qu'il en a reçu. — (*Paris, 27 janv.* 1810, *Sirey, tom.* 7, 2.e *part., pag.* 917).

conséquence qui paraît résulter clairement de la loi du 15 germinal an 6 : or, cette loi fait encore règle pour les affaires de commerce.

Quant aux affaires civiles, le Code civil, art. 2059 et suivans, ne dit rien des dépens; et l'art. 126 du Code de procédure, qui laisse aux juges la faculté de prononcer la contrainte dans certains cas, ne comprend pas non plus les dépens. Nous sommes donc fondé à conclure que, dans aucun cas, notre législation actuelle n'autorise cette voie rigoureuse pour les condamnations aux dépens. — (*Voy. d'ailleurs le comm. de l'article*).

540. *Les juges peuvent-ils prononcer la contrainte par corps, si la partie n'y a pas expressément conclu?*

En aucun cas, les juges ne peuvent prononcer d'office la contrainte par corps, car il dépend du demandeur d'y renoncer, et cette renonciation est présumée lorsqu'il néglige de conclure. — (*Voy. Jousse sur l'art. 4, tit. 34 de l'ordonn. de 1667, not. 1; et Rodier sur le même article, quest. 1re,* in fine).

ARTICLE 127.

Pourront les juges, *dans les cas énoncés* en l'article précédent (1), ordonner qu'il sera sursis à l'exécution de la contrainte par corps, pendant le tems qu'ils fixeront, après lequel elle sera exercée sans nouveau jugement. Ce sursis ne pourra être accordé que par le jugement qui statuera sur la contestation, et qui énoncera les motifs de délai.

C. C., art. 1244. — C. de com., art. 570.

XCI. On voit que cette disposition, en même tems qu'elle évite un nouveau procès et un nouveau jugement, donne aux juges la facilité d'accorder des délais plus ou moins longs, selon la situation des débiteurs et la nature de l'affaire. — (*Rapp. au Corps législ.*).

541. *Les juges peuvent-ils accorder d'office le sursis dont il s'agit en l'art. 127, lorsque la partie condamnée ne le demande pas?*

Nous fondons l'affirmative de cette question sur ce que l'art. 126 investit les juges du pouvoir de prononcer ou de refuser la contrainte par corps dans les cas qu'il exprime. Or, il nous paraît résulter clairement de cette faculté, que le législateur a entendu leur donner celle d'accorder d'office, et même par un jugement par défaut, un sursis à cette contrainte. — (*Voy. le tom. 1, pag. 244 du Com. inséré aux Ann. du not., et Delaporte, tom. 1, pag. 133*).

542. *Les juges peuvent-ils, hors les cas mentionnés en l'art. 126, surseoir à l'exécution de la contrainte par corps?*

Non, puisque l'art. 127 se rattache expressément à l'art. 126.

Cependant, l'art. 900 du Code de procédure présente une exception, en ce qu'il porte que la demande en cession de biens ne suspendra l'effet d'au-

(1) *Dans les cas énoncés*, et non pas dans ceux où la contrainte reposerait sur une disposition du Code civil.

cunes poursuites, sauf aux juges à ordonner, parties appelées, qu'il sera sursis provisoirement.

Mais cette disposition est-elle applicable en matière de commerce? Cette question sera traitée sur l'art. 900.

543. *Pourrait-on, sous l'appel, obtenir sursis à l'exécution de la contrainte par corps?*

Voy. les questions traitées sur l'art. 459.

544. *Peut-on exécuter la contrainte par corps dans les cas exprimés par l'art. 126, lorsque les juges ont accordé des délais en vertu de l'art. 122?*

Non; car on ne saurait appliquer à cette hypothèse l'exception portée par l'art. 124. — (*Voy. Demiau Crouzilhac, pag.* 114).

ARTICLE 128.

Tous jugemens qui condamneront en des dommages et intérêts, en contiendront la liquidation (1), ou ordonneront qu'ils seront donnés (2) par état (3).

Ordon. de 1667, tit. 26, art. 6. — C. C., art. 1146 et suivans. — C. de P., art. 185, 523, 524, 525.

ARTICLE 129.

Les jugemens qui condamneront à une restitution de fruits, ordonneront qu'elle sera faite en nature pour la dernière année, et pour les années précédentes, suivant les mercuriales du marché le plus voisin, eu égard aux saisons et aux prix communs de l'année; sinon à dire d'experts, à défaut de mercuriales. Si la restitution en nature pour la dernière année est impossible, elle se fera comme pour les années précédentes (4).

Ordon. de 1667, art. 1.er, tit. 30. — Ordon. de 1539, art. 94, et Ordon. de Henri III, de 1585. — *Infrà*, art. 526.

545. *Lorsque les fruits consistent en objets qui ne se portent pas aux marchés*

---

(1) Si elle peut être faite sur-le-champ.

(2) Si le tribunal n'est pas suffisamment instruit pour faire cette liquidation *sans retard*, c'est-à-dire sans quelques vérifications ou débats ultérieurs.

(3) JURISPRUDENCE.

1.° Quoiqu'un jugement ne prononce pas de condamnations précises de dommages-intérêts, il a préjugé qu'il en est dû, s'il a permis à une partie d'en fournir la déclaration, et, par conséquent, les juges peuvent faire droit sur la demande en dommages-intérêts formée par la partie intéressée. — (*Rennes*, 22 *avril* 1812, 3.e *chamb.*)

2.° Il n'est pas nécessairement dans l'esprit de la loi ou du jugement qui a ordonné de fournir déclaration des dommages intérêts, d'en faire dépendre le réglement d'une preuve testimoniale : les juges peuvent donc rejeter cette preuve, et régler les dommages-intérêts d'après les données que fournit l'espèce de la cause. — (*Même arrêt*).

(4) JURISPRUDENCE.

La Cour qui adjuge des dommages-intérêts pour des faits postérieurs au jugement de

publics, et dont la valeur n'a pas été fixée par les mercuriales, faut-il toujours recourir à la voie de l'expertise?

Cela n'est pas nécessaire, dit M. Demiau Crouzilhac, pag. 116, lorsqu'il s'agit de laine, de lin, de chanvre, de vin, etc., parce que le prix commun peut en être constaté par les courtiers et agens de change qui, aux termes des art. 73 et 77 du Code de commerce, sont préposés pour constater concurremment le cours des marchandises. — (*Voy. les questions traitées sur l'art.* 526).

546. *Si le jugement ordonnait une estimation de fruits qui ne seraient pas encore parvenus à maturité, quelles seraient les bases de cette estimation?*

Il faut sur ce point suivre l'usage local. En Bretagne, d'après l'art. 252 de la Coutume, les grains qui sont ensemencés et en herbe jusqu'au premier jour du mois de mai, sont prisés comme semences et labourages; passé le jour qu'ils commencent à être en tuyeau, ils sont prisés pour ce qu'ils peuvent apporter de grains et de pailles en août, selon ce qu'ils peuvent rendre par *journal* (48 perches 68 mètres 39 centimètres), déduction faite des frais de semence et labourage.

Article 130.

Toute partie qui succombera sera condamnée aux dépens (1).

Ordon. de 1667, tit. 31, art. 1.er, sur la contrainte par corps, en matière de dépens. — C. d'inst. crim., art. 162, 171, 194, 368. — C. de P., art. art. 137, 185, 192, 193, 336, 401, 403, 525, 543 et suivans, 662, 716.

XCII. Il est juste que la partie dont le bon droit a été reconnu, ne souffre aucun préjudice des mauvaises contestations de son adversaire. La règle consacrée par l'art. 130 est donc autant un principe d'équité qu'une disposition pénale. *Omnis litigator victus debet impensas.* (*Ex lege* 1, *Code de fructibus et litium expensis*).

---

première instance, doit les liquider elle-même, et non pas renvoyer à cet effet devant les premiers juges. — (*Cassat.*, 15 *nivôse an* 9, *Sirey*, *tom.* 1, 2.e *part.*, *pag.* 286).

(1) JURISPRUDENCE.

1.° Un arrêt qui décharge une partie de toutes les condamnations prononcées contre elle, comprend nécessairement les dépens. — (*Rennes*, 1.er *avril* 1814, *Sirey*, *tom.* 4, *pag.* 231).

2.° Il y a lieu à condamner l'appelant aux dépens, lorsque son appel, bien que motivé sur un moyen de forme fondé en soi, est cependant resté sans effet quant au fond. — (*Nîmes*, 3 *janv.* 1820, *Sirey*, *tom.* 20, *pag.* 98).

3.° Un juge qui n'a pas été pris à partie ne peut être condamné aux dépens sur l'appel du jugement qu'il a rendu ou concouru à rendre. — (*Cassat.*, 7 *juin* 1810, *Sirey*, *tom.* 10, *pag.* 270).

4.° Cette condamnation ne peut être prononcée personnellement contre un maire qui plaide en sa qualité pour les intérêts de sa commune. — (*Cassat.*, 6 *vent. an* 11 *et* 21 *janv.* 1808, *Sirey*, *tom.* 3, 2.e *part.*, *pag.* 413, *et* 1809, *pag.* 163).

5.° Il en serait autrement, encore bien qu'il apparût que le procès intéressât la commune, si le maire avait succombé en plaidant sans autorisation. — (*Cassat.*, 21 *août* 1809, *Sirey*, *tom.* 10, *pag.* 285).

547. *Les dépens peuvent-ils être prononcés contre d'autres personnes que la partie qui est aux qualités du procès et qui succombe?*

Ils peuvent être prononcés contre les officiers ministériels, dans les cas prévus par les art. 71, 132, 293 et 1031; mais nous examinerons, sur ce dernier article, si de telles condamnations peuvent avoir lieu sans que l'officier ministériel ait été appelé. Dans aucun autre cas, on ne peut condamner aux dépens un individu qui n'a pas été *partie* au procès, c'est-à-dire, qui n'y aurait pas été appelé pour défendre ses intérêts personnels. Par exemple, si un juge récusé ne se déportait pas, et qu'il laissât juger la récusation, il ne devrait pas pour cela être regardé comme partie au procès, et ne pourrait être condamné aux dépens, dans le cas même où la récusation serait admise. Un arrêt de la Cour de cassation, du 13 novembre 1809, a consacré ce principe. — (*Sirey, tom.* 10, *pag.* 80).

Nous remarquerons qu'il résulte des considérans de cet arrêt, que si un juge était pris à partie, et qu'il succombât sur cette action, il devrait en supporter les dépens. Cette conséquence a été également établie en principe par un autre arrêt du 7 juin 1810, rendu sur le réquisitoire de M. Merlin. — (*Sirey, tom.* 10, *pag.* 270, *et le tom.* 1 *du Comm. inséré aux Ann. du not., pag.* 251 *et* 252).

548. *A ce principe, que l'on ne peut condamner aux dépens un individu qui n'est pas partie, y a-t-il, en certains cas, exception contre le mari, dans les procès qui intéressent sa femme?*

Autrement : *En quel cas un mari peut-il être condamné aux dépens d'un tel procès?*

M. Pigeau, tom. 1, pag. 518, dit, mais sans faire connaître les motifs de son opinion, que si le mari a plaidé pour les intérêts de sa femme, soit seul, soit conjointement avec elle, ou l'a autorisée à plaider, et que la prétention de la femme soit rejetée, tous les deux doivent être condamnés aux dépens.

Nous ne doutons pas aussi que le mari qui plaide seul dans l'intérêt de sa femme, ou qui plaide avec elle au fonds, ne doive être condamné aux dépens de même que son épouse : tous les deux se trouvent aux qualités, et la condamnation aux dépens est une suite nécessaire de l'art. 130.

6.° Un père ayant le droit de former opposition au mariage de ses enfans, sans être tenu d'en déduire les motifs, ne doit pas être condamné aux dépens du procès, encore que l'opposition soit déclarée mal fondée. — (*Amiens*, 15 *fév.* 1806, *Sirey*, *tom.* 6, *pag.* 411).

7.° Dans les affaires qui intéressent le Gouvernement, et dans lesquelles le ministère d'avoué n'est pas nécessaire, les parties ne peuvent, quand l'administration succombe, se faire allouer les frais tarifés au profit des avoués. — (*Déc. du min. de la just., du* 26 *nov.* 1808, *Sirey*, *tom.* 9, 2° *part.*, *pag.* 6).

8.° Le juge, autorisé à prononcer la contrainte par corps pour le principal, ne l'est pas à la prononcer pour les dépens. — (*Cassat.*, 14 *nov.* 1809, *Sirey*, *tom.* 10, *pag.* 64. *Voy. ci-dessus l'art.* 126).

9.° La condamnation aux dépens donne lieu à l'appel du jugement, de même que son omission. — (*Cassat.*, 8 *août* 1808, *Sirey*, *tom.* 8, *pag.* 505).

10.° Le tiers auquel il aurait été fait transport des dépens prononcés par la condamnation, est soumis à la taxe. — (*Paris*, 23 *mai* 1808, *Sirey*, *tom.* 8, *pag.* 267).

Mais si le mari n'a été appelé au procès que pour autoriser sa femme; s'il se borne à y assister à cet effet seulement, sans plaider au fond, sans prendre de conclusions directes dans l'intérêt de celle-ci; si enfin il s'est borné, sans comparaître lui-même, à l'autoriser à ester en justice, la question nous paraît moins facile à résoudre.

Nous l'examinons dans ces différens cas :

Supposons donc que le mari n'ait été appelé que pour autoriser sa femme, et n'assiste au procès qu'à cet effet, sans plaider pour elle au fond.

Un arrêt de la Cour de cassation, du 24 vendémiaire an 7, section civile, (*Sirey, tom. 1, pag. 170*), a décidé, par application de l'art. 1er du tit. 31 de l'ordonnance de 1667, qui renfermait une disposition semblable à celle de l'art. 130 du Code de procédure, « que cette disposition, qui assujétissait » aux dépens toute partie qui succombe, ne pouvait être appliquée qu'aux » personnes qui sont véritablement parties, et nullement à un mari unique- » ment appelé pour autoriser sa femme. »

Il faut remarquer que la Cour ajoute ces mots : *Sur-tout lorsque, comme dans l'espèce, il s'agit de biens paraphernaux, à l'égard desquels la femme est indépendante du mari.* — (*Voy. Sirey, tom. 2, pag. 170*).

Faut-il conclure de cet arrêt que la Cour de cassation ait entendu prononcer généralement et sans distinction de l'objet de l'action, que le mari ne doit point être considéré comme partie, ni conséquemment subir une condamnation aux dépens, lorsqu'il n'est aux qualités que pour autoriser sa femme?

Nous pensons qu'on ne peut se refuser à admettre cette conséquence. Ainsi, le mari ne serait condamnable aux dépens qu'autant qu'il aurait été mis en cause, ou qu'il s'y serait mis lui-même, non seulement pour autoriser sa femme, mais encore pour y plaider comme accessoirement intéressé; par exemple, s'il s'agissait non d'un bien paraphernal, mais d'un bien dotal, dont les levées et les revenus tombent dans la communauté. — (*Voy. Prat., tom. 1, pag. 402*).

Supposons maintenant que le mari se soit borné à autoriser sa femme à ester en justice, et qu'il ne comparaisse point lui-même, on peut encore moins dire qu'il soit partie au procès.

Donc, d'après l'art. 130, on ne doit pas prononcer contre lui une condamnation aux dépens (1).

---

(1) Vainement, selon nous, opposerait-on l'art. 1426 du Code civil, qui porte que les actes faits par la femme n'engagent point la communauté, et en conclurait-on, *à contrario*, que la demande ou la défense de la femme, dont les conclusions sont rejetées, étant un acte fait du consentement du mari, celui-ci peut être condamné aux dépens.

Nous répondons que la communauté ne peut être engagée pour des actes faits par la femme, du consentement du mari, qu'autant qu'ils auraient un objet dont la communauté pourrait profiter d'une manière quelconque; qu'au surplus, en supposant que *tous actes* faits par la femme, du consentement du mari, obligeassent la communauté, il n'en résulterait pas que le mari, qui n'a pas été partie au procès, pût être condamné aux dépens, contre la disposition de l'art. 130. On pourrait en conclure seulement, comme M. Proudon, dans son Cours de droit, tom. 1, pag. 273, et M. Toullier, dans son Traité du droit civil, tom. 2, pag. 31, n.° 658, que les condamnations prononcées contre la femme pourraient être exécutées sur les biens de la communauté.

Mais comment admettre que l'on puisse exécuter sur ces biens des condamnations qui n'ont pas été portées contre le mari même?

549. *Le légataire universel qui succombe en soutenant la validité du testament, doit-il être condamné aux dépens ?*

La Cour d'appel de Nanci a jugé négativement cette question, attendu qu'il est plus juste que ce soit la succession du testateur qui supporte les dépens, puisque c'est la rédaction vicieuse des dernières volontés de celui-ci qui a donné lieu à la contestation. (*Voy. arrêt du* 15 *fruct. an* 13, *Jurisp. du Cod. civ.*, *tom.* 5, *pag.* 129). Nous ne pensons pas que ce motif soit suffisant pour faire exception à la disposition de l'art. 130. Le légataire universel devait,

---

Nous préviendrons une autre objection ; c'est celle-ci : *Le mari autorisera sa femme à plaider, soit en demandant, soit en défendant ; il n'assistera point au procès, et se soustraira aux dépens par cet artifice.*

La réponse nous paraît facile.

Distinguons, avant tout, entre l'objet de la demande ou de la défense :

S'agit-il d'un bien paraphernal de la femme ? L'autorisation du mari n'est qu'une formalité que la loi exige comme un hommage à la puissance maritale ; elle est autre chose si l'on veut : c'est une approbation donnée par celui sous la dépendance et la direction duquel la loi place la femme mariée.

Sous le premier rapport, nulle raison pour condamner le mari aux dépens.

Sous le second, il doit être assimilé, soit au conseil de famille, qui bien certainement n'est point responsable des dépens pour avoir autorisé le tuteur à plaider, soit au curateur du mineur émancipé, qui n'en répond pas davantage pour avoir assisté celui-ci dans un procès.

L'action aurait-elle, au contraire, un droit mobilier pour objet, ou un bien dotal dont les revenus tombent dans la communauté ? Ou la femme, en vertu de son autorisation, procédera en privé nom et comme procuratrice de son mari, et alors il sera partie au procès, et par conséquent sujet à être condamné aux dépens conjointement avec elle ; ou elle ne procédera qu'en privé nom, et en ce cas le mari ne pourra subir cette condamnation. La partie adverse aura à s'imputer la faute de n'avoir pas fait déclarer la femme non recevable dans une action sur laquelle elle ne peut procéder seule, puisqu'elle n'est pas seule intéressée, ou de n'avoir pas mis son mari en cause.

C'est en partie sur ces principes que repose l'arrêt du 10 floréal an 13, par lequel la Cour de Montpellier a décidé que lorsqu'une femme *autorisée* perd son procès, le mari ne peut être condamné aux dépens. Elle a considéré sur-tout que l'autorisation du mari ne l'oblige point envers les tiers ; et de cette remarque que fit Tronchet, lors de la discussion des art. 218 et 219 du Code civil, et qui détermina à les adopter, elle a conclu avec raison que, dans l'esprit du législateur, l'autorisation du mari ne le rendait point responsable, *même pour les dépens*, des condamnations prononcées contre la femme qu'il aurait autorisée.

La Cour d'appel de Besançon a cependant jugé, par arrêt du 28 avril 1806 (*voy. Jurisp. du Code civil*, *tom.* 7, *pag.* 31), que le mari est non seulement responsable des dépens, lorsqu'il a autorisé sa femme à plaider, mais même lorsqu'il a refusé son autorisation sans en déduire les motifs.

On regrette, d'un côté, que les arrêtistes n'aient pu faire connaître les détails de l'espèce ; et de l'autre, que cette Cour se soit bornée, dans ses considérans, à énoncer comme un principe ce qui était en question. Ne nous arrêtons point à cet arrêt, mais examinons une autre question qu'il fait naître, celle de savoir s'il est possible de déclarer responsable des dépens le mari qui a refusé d'autoriser sa femme, en sorte qu'elle procède sous autorité de justice.

Les éditeurs de la Jurisprudence du Code civil se prononcent affirmativement, après avoir cité un passage de l'ouvrage de M. Proudhon, qu'ils disent, par erreur, se trouver à la pag. 283 du premier volume, mais que nous y avons inutilement cherché.

M. Proudhon se serait exprimé ainsi sur notre question : « Lorsque le procès a pour objet » les propriétés dotales de la femme, et qu'en connaissance de cause elle a été autorisée d'of» fice par le juge, on doit décider que les condamnations aux dépens et dommages qui peuvent

avant de se déterminer à soutenir la validité du testament, en peser les termes et acquiescer à la demande en nullité, si véritablement la rédaction vicieuse de l'acte présentait une contravention à la loi. C'est son erreur sur ses prétentions qui occasionne les frais qui sont faits par lui et par les héritiers. Il est jugé que ceux-ci sont fondés en leur demande; il succombe : il doit donc payer les dépens, qui sont la peine du plaideur téméraire.

550. *La partie qui déclare s'en référer à justice, peut-elle être condamnée aux dépens, si la partie adverse obtient gain de cause?*

» intervenir sont des dettes de la communauté, parce que le mari est obligé de protéger les » droits de son épouse; qu'il ne peut arbitrairement lui refuser son autorisation; que les juges » qui suppléent à son refus ne font que remplir son devoir en l'associant au procès; qu'enfin, » le mari ayant le domaine civil sur les biens de cette nature, c'est en partie pour lui que la » contestation est agitée, et qu'il est par conséquent juste qu'il participe à la charge des dé- » pens faits pour la défense de ses droits ».

C'est cette doctrine, fondée en principe et en équité, disent les éditeurs de la Jurisprudence du Code civil, qui a été sanctionnée par la Cour de Montpellier.

Mais examinons ce qui se pratiquait le plus généralement avant la publication de nos nouveaux Codes :

On lit au nouveau Répertoire, au mot *dépens*, tom. 3, pag. 538, mais ce passage est tiré de l'ancienne édition, « que les condamnations aux dépens, obtenues contre une femme en puissance de mari, soit pour son délit personnel, soit en *matière civile*, relativement à une contestation qu'elle a soutenue comme autorisée par justice au refus de son mari, ne peuvent être prises, du vivant du mari, sur les biens de la communauté, ni même sur les propres de la femme, attendu que le mari a droit d'en jouir pour soutenir les charges du ménage ».

Ici M. Merlin renvoie aux mots *autorisation maritale* et *communauté*. Au mot *communauté*, on trouve cette proposition prouvée pour les matières criminelles (*tom.* 2, *pag.* 568, *n.*° 7); au mot *autorisation maritale*, on lit (*tom.* 1, *pag.* 471, *in fine*), « que si le mari a autorisé » sa femme à procéder, il est responsable des suites de la condamnation intervenue contre » elle; il faut qu'il prenne sur lui ou sur la communauté les objets de cette condamnation, » parce qu'au moyen de son autorisation, il est censé avoir approuvé sa femme dans le fait qui » a donné lieu à la condamnation. Cependant, ajoute-t-on, dans les pays où il n'y a point » de communauté, la partie qui a obtenu la condamnation ne peut l'exercer contre le mari » que pour les dépens, sauf, après le mariage, à l'exercer sur les biens dotaux.

» Mais lorsque le mari n'a point autorisé sa femme, l'autorisation qu'elle a pu obtenir de » la justice ne saurait lui nuire (au mari). Telle est du moins l'opinion commune ».

Ici l'on observe que Loiseau combat cette opinion quant aux dépens, et que son avis avait été adopté en Normandie (*voy. Basnage, sur l'art. 544 de la Coutume*), par le motif que le mari jouissant des biens de sa femme, et à cause de sa puissance maritale en étant le seigneur, il est nécessaire qu'il paie les dettes des biens auxquels sa femme succède, et dont il perçoit les fruits.

Remarquons maintenant que M. Merlin, à la suite de cet exposé des opinions différentes auxquelles la question proposée avait donné naissance, se borne à placer, 1.° la disposition de l'art. 1426 déjà cité du Code civil, qui porte que les actes faits par la femme, sans le consentement du mari, et même *avec l'autorisation de justice*, n'engagent point les biens de la communauté; 2.° celle de l'art. 1427, qui en excepte les engagemens que la femme a contractés avec l'autorisation de la justice, *soit pour tirer son mari de prison, soit pour l'établissement de ses enfans*, en cas d'absence du mari. Il nous paraît résulter de là que M. Merlin pense que la communauté ne peut être assujétie aux dépens, quand le mari a refusé son autorisation, et à plus forte raison doit-on le décider ainsi, lorsqu'on rapproche la disposition de l'art. 1426 du Code civil, de celle de l'art. 130 du Code de procédure.

En Bretagne, nous suivions des règles de jurisprudence qui, en partie, nous paraissent s'accommoder parfaitement avec les dispositions de nos lois actuelles. Il serait trop long de

Oui. Lorsqu'une personne assignée s'en rapporte à justice, dit Jousse sur l'art. 1er. du tit. 31 de l'ordonnance, elle n'en doit pas moins les dépens, si l'action procède contre elle; car elle doit, si elle est débitrice, faire des offres sur la demande qui lui est formée.

Cette opinion a été formellement consacrée par arrêt de la Cour de cassation, du 18 juillet 1810. — (*Voy. Comm. inséré aux Ann. du not., tom.* 1, *pag.* 250).

551. *La partie qui gagne son procès au moyen d'un serment supplétif qui lui est déféré, peut-elle obtenir ses frais de son adversaire?*

Rodier, sur l'article ci-dessus cité de l'ordonnance, rapporte le sentiment de Rebuffe sur cette question. Cet auteur, dit-il, tient que celui qui gagne ainsi son procès ne doit pas avoir de dépens.

Cette solution semble inconciliable avec les termes de l'art. 130; aussi n'est-elle pas suivie dans l'usage.

552. *Le ministère public peut-il être condamné aux dépens, lorsqu'il succombe en matière civile comme partie principale? Et s'il ne peut subir une telle condamnation, cette faveur n'est-elle pas réciproque dans l'intérêt de la partie sur laquelle il obtient gain de cause?*

C'est un principe certain que le ministère public, lorsqu'il est partie principale, soit dans un procès criminel, soit dans un procès civil, ne peut être condamné aux dépens. Ainsi, lorsqu'il succombe, la partie qu'il poursuivait paie les frais qu'il a faits, et le trésor public acquitte ceux qui l'ont été à requête du ministère public. — (*Déc. du* 18 *juin* 1811, *art.* 117, 118, 119, 120, 121 *et* 122). (1)

---

rapporter toutes les raisons sur lesquelles ces règles étaient fondées; elles sont développées au tom. 5 des Principes de Duparc, n.° 146, pag. 108.

Nous nous bornerons à dire que d'après ces règles, combinées avec les dispositions des articles ci-dessus cités du Code civil et du Code de procédure, le mari ne peut être assujéti aux dépens, qu'autant qu'il a été mis en cause tant en privé nom que pour autoriser sa femme, et qu'il a refusé cette autorisation relativement à une prétention mobilière qui tombe dans la communauté.

Remarquons, en finissant, que la femme doit être condamnée seule, et sur ses biens paraphernaux, au paiement des frais faits dans une instance en séparation de corps, lorsqu'elle a succombé; c'est la juste décision rendue par la Cour de cassation, le 8 mai 1821. — (*Voy. Sirey, tom.* 22, *pag.* 263).

(1) Quelques auteurs ont pensé qu'il y avait réciprocité dans l'intérêt de la partie qui succombait sur les poursuites du ministère public. Ainsi Rebuffe, cité par Rodier sur l'art. 1.er du tit. 31 de l'ordonnance, disait que les procureurs du Roi, lorsqu'ils étaient seuls parties, ne devaient pas obtenir de dépens. Bornier était du même avis, « et la raison de la réciprocité semble l'autoriser, disait Rodier C'est sur ce motif, ajoutait-il, qu'était fondé un arrêt » du 29 novembre 1659, rapporté au tom. 2 du Journal des audiences, liv. 21, chap. 44; » mais peut-on dire que les choses soient bien égales » ?

Nous répondons que le ministère agissant en matière civile dans l'intérêt de la loi et pour son exécution, les mêmes motifs d'après lesquels un prévenu acquitté ne peut obtenir ses dépens contre le magistrat qui l'a poursuivi, s'appliquent aux actions civiles qu'il intente, et tel est aussi l'usage, mais il faut que le ministère public n'agisse véritablement qu'en comme partie principale et pour l'exécution de la loi. Tels sont les cas indiqués aux articles ci-dessus cités du décret du 18 juin 1811, auxquels nous ajoutons ceux des art. 114 et [illegible]4 du Code civil.

553. *Les condamnations aux dépens peuvent-elles être prononcées solidairement contre plusieurs parties qui succombent? Pourraient-elles au moins être exécutées subsidiairement contre l'une d'elles, en cas d'insolvabilité des autres?*

On retrouve par-tout le principe général que les dépens sont personnels en matière civile, et, par suite de ce principe, la Cour de cassation a décidé, le 21 vendémiaire an 12 (*Sirey, tom.* 1, *pag.* 87), que les parties ne peuvent être condamnées à les payer solidairement que dans les cas où la loi le permet.

Même décision de la Cour de Paris, du 13 thermidor an 13. — (*Sirey, tom.* 5, *pag.* 207).

La division entre les parties qui sont ainsi condamnées personnellement, se fait par têtes, *pro numero succumbentium*, et non pas à proportion de l'intérêt que chacune avait de contester. (*Nouv. Répert.*, *pag.* 537). Par exemple, la partie fondée pour un tiers dans le procès, n'en devra pas moins la moitié vis-à-vis de l'intéressé pour les deux autres tiers, lequel ne paiera néanmoins que l'autre moitié à la partie qui obtient gain de cause.

Mais une exception à ce principe de la non solidarité des dépens avait été prononcée, depuis la publication du Code de procédure, par un arrêt de la Cour de Rouen, du 17 mars 1808. — (*Sirey, tom.* 8, *pag.* 337).

Cette Cour avait jugé que toutes les fois que des héritiers succombaient, après avoir formé collectivement une demande, ou défendu aussi collectivement à une action intentée contre eux, il y avait, par la nature même de la chose, solidarité entre eux pour le paiement des dépens.

La Cour de Rouen considérait, en outre, que la procédure ayant été cons-

---

Ainsi, une condamnation *personnelle* aux dépens ne peut être prononcée contre le ministère public que dans le cas de prise à partie jugée par le tribunal compétent, comme nous l'avons dit à l'égard des juges, *suprà*, pag. 302, à la note 3.°

Mais en sera-t-il de même, lorsque le ministère public procédera sur une demande formée par un préfet pour raison des domaines de l'Etat, ou directement pour raison des domaines particuliers du Prince, en exécution de l'art. 69 du Code de procédure, §§ 1.er et 4?

En ces deux cas, disent les auteurs du Commentaire inséré aux Annales du notariat (*voy. tom.* 1, *pag.* 255, *et M. Delaporte, tom.* 1, *pag.* 13), il ne doit pas y avoir de dépens; car ces magistrats ne pouvant y être condamnés s'ils succombent, il serait injuste d'y condamner leurs parties adverses.

Nous ne croyons pas cette décision à l'abri de toute controverse. En ce cas, dirait-on, le ministère public n'agit pas directement pour l'exécution de la loi; l'Etat et le Prince pourraient être considérés comme des personnes privées, qui, lorsqu'elles succombent, doivent subir les condamnations voulues par la loi. Cependant le contraire était admis dans l'ancienne jurisprudence. — (*Voy. Jousse, sur l'art.* 1.er *du tit.* 31, *tom.* 2, *pag.* 223).

Mais nous lisons au nouveau Répertoire, au mot *dépens*, tom. 3, pag. 536, que les préfets, qui sont aujourd'hui chargés de la poursuite des actions relatives à la propriété des domaines de l'Etat, peuvent être, en leur qualité, condamnés aux dépens comme le seraient de simples particuliers; à plus forte raison, en serait-il de même à l'égard des procureurs du Roi, agissant pour les domaines particuliers de Sa Majesté.

Il importe de remarquer ici que si l'art. 69 du Code de procédure porte que le Roi est assigné pour ses domaines en la personne de ses procureurs, néanmoins l'art. 14 de la loi du 8 novembre 1814, portant que le ministre de la maison du Roi, ou l'intendant par lui commis, exerce les actions judiciaires du Roi, et que c'est contre lui que toutes les actions à la charge de Sa Majesté sont dirigées, il semble en résulter qu'il peut y avoir des condamna-

tamment commune, indivise et collective, les dépens n'avaient pas été plus considérables que s'il n'y eût eu qu'un seul héritier; que d'ailleurs la solidarité engendre moins de frais qu'il n'y en aurait, s'il fallait multiplier les taxes contre chacun des héritiers séparément, et signifier à chacun d'eux, à domicile, le jugement et l'exécutoire des dépens, qui, dans l'espèce, forment une dette commune.

Du Rousseaud de Lacombe, dans son Recueil de jurisprudence, v°. *dépens*, pag. 157, disait aussi qu'ils étaient dus quand ceux qui étaient condamnés étaient, *ab initio*, obligés solidairement; ou tenus *de re individuâ*, comme le sont des associés, l'action *pro socio* étant solidaire.

Nous observons, sur ces décisions, que par arrêt du 15 mai 1811 (*Sirey, tom.* 11, *pag.* 257), la Cour de cassation a rejeté le système d'après lequel elles ont été rendues.

En effet, nous avons dit que les dépens étaient personnels; d'un autre côté, l'art. 1202 du Code civil décide formellement qu'il n'y a de solidarité que dans les cas où elle est exprimée par la loi. — (*Prat.*, *tom.* 1, *pag.* 400).

Or, aucune loi ne porte que des héritiers ou des associés soient solidairement condamnables aux dépens, et ne fait par conséquent exception au principe qu'ils sont personnels.

Si les dépens ne peuvent être prononcés solidairement, il nous semble qu'ils ne peuvent être exigés subsidiairement d'aucun des individus personnellement condamnés, puisque ce serait, en dernier résultat, suppléer une sorte de solidarité. — (*Cassat.*, 20 *juill.* 1815, *Sirey, tom.* 15, *pag.* 249; *Rennes*, 12 *juill.* 1813). (1)

554. *Un jugement interlocutoire, ou tout autre jugement qui statuerait sur une exception ou sur un incident, doit-il prononcer la condamnation aux dépens?*

Suivant la plupart des auteurs, et tel est aussi l'usage généralement suivi,

---

tions aux dépens contre le ministre ou intendant, puisque ce serait lui et non le ministère public qui serait en nom au procès.

Quant aux receveurs, ou régisseurs, ou administrateurs, soit de la régie des droits réunis, soit des douanes, soit enfin d'une autre partie quelconque des revenus de l'Etat, il n'est pas douteux qu'on ne doive suivre à leur égard la règle tracée par l'art. 130; mais les administrateurs de l'enregistrement et des domaines ne peuvent, lors même qu'ils succombent après une instruction contradictoire, être condamnés qu'aux frais du papier timbré, des significations et des droits d'enregistrement des jugemens. — (*Voy. nouv. Répert.*, *ibidem*).

(1) A la question ci-dessus traitée se rattachent, 1.° un arrêt de Metz, du 29 mai 1818. (*Sirey, tom.* 19, *pag.* 110). Il décide que le saisi et le tiers saisi ayant été assignés en validité, et nulle contestation ne s'étant élevée que de la part du tiers saisi sur la déclaration, celui-ci, s'il succombe, ne doit pas néanmoins supporter tous les frais de l'instance, mais seulement ceux relatifs à la contestation qu'il a élevée.

En effet, le tiers saisi doit sortir *indemne* de l'instance, et ne peut, en aucun cas, être condamné à des frais autres que ceux auxquels donnerait lieu toute mauvaise contestation qu'il élèverait personnellement;

2.° Un autre arrêt de la même Cour, du 13 août 1819 (*Sirey, tom.* 20, *pag.* 93). Il décide que l'appelé en garantie, qui a conclu principalement à être mis hors de cause, sur la demande en garantie, et qui subsidiairement a conclu au fond, comme le garanti, peut, si le garanti succombe au fond, être condamné aux dépens pour sa part, bien que lui, appelé en garantie, ait été renvoyé de la demande en garantie.

lorsque le jugement n'est qu'interlocutoire, quelque préjugé qu'il puisse établir en faveur d'une des parties, on doit réserver les dépens jusqu'à la décision du fond, quand même une des parties aurait résisté à cet interlocutoire. Le motif qu'en donne M. Lepage, dans ses Questions, pag. 137, c'est que les dépens ne sont dus, d'après l'art. 130, que par la partie qui succombe. Or, un jugement interlocutoire n'a rien décidé sur le sort des parties. — (*Voy. aussi Demiau Crouzilhac, pag.* 115). (1)

555. *Si les parties avaient omis de conclure à la condamnation aux dépens, le juge devrait-il néanmoins la prononcer ?*

L'art. 1er. du tit. 31 de l'ordonnance portait que le juge condamnerait aux dépens *en vertu de la présente ordonnance;* et, d'après ces expressions, les commentateurs estimaient que la condamnation en devait être prononcée par la

---

(1) Il paraît plus convenable, dit M. Pigeau, tom. 1, pag. 516, que celui qui a résisté à un interlocutoire soit condamné aux dépens occasionnés par sa contestation. Il n'est pas juste, en effet, si l'autre partie succombe en définitive, qu'elle supporte les frais qu'elle a faits légitimement, ni ceux qui ont été faits mal à propos contre elle.

Quoi qu'il en soit, comme il est de principe qu'un interlocutoire ne lie pas les juges, comme il n'est rendu d'ailleurs que pour l'instruction de la cause, nous pensons qu'ils sont autorisés à réserver les dépens d'un interlocutoire, pour statuer à leur égard en prononçant le jugement définitif. — (*Voy. Dictionn. de Ferrière, au mot* dépens, *tom.* 1, *pag.* 516, 1.re *col.*)

Mais tous les commentateurs conviennent que, s'il est interjeté appel de l'interlocutoire, les juges supérieurs doivent prononcer sur les dépens faits devant eux, parce que le sort de celui qui succombe sur un pareil appel est décidé par rapport à cet objet particulier. — (*Voy. les Quest. de Lepage,* ubi suprà; *le Pratic., tom.* 1, *pag.* 398, *et le tom.* 1, *pag.* 251 *du Comm. des Ann. du not.*)

On pense aussi généralement qu'il conviendrait de ne pas réserver les dépens, ni de les joindre au fond, quand le jugement statue sur une exception, ou bien sur un incident qui n'aurait pas pour objet l'instruction de la cause; et cela paraît juste, car ce jugement termine une contestation particulière; il fait succomber l'une ou l'autre partie relativement à cet objet : donc il doit prononcer sur les dépens qui le concernent; l'art. 3 du tit. 31 de l'ordonnance en avait une disposition formelle. Cependant il arrive souvent que le juge, conformément à un usage établi contre la prohibition de l'ordonnance, renvoie à les adjuger en statuant sur le fond. En ce cas, du moins, il doit prononcer sur l'exception ou sur l'incident. — (*Voy. Rodier, sur l'art.* 3 *du tit.* 31 *de l'ordonn.*)

Mais s'il y a quelques raisons qui puissent autoriser les juges à réserver ainsi les dépens d'un interlocutoire, d'une exception ou d'un incident, nous ne croyons pas au moins qu'il soit permis de joindre au fond ceux d'une demande en renvoi ou déclinatoire, parce que ces sortes d'incidens sont absolument et essentiellement indépendans du fond. — (*Voy. Quest. de Lepage, pag.* 138).

Cependant, dit M. Demiau Crouzilhac, pag. 117, on peut, dans des cas favorables, renvoyer les parties devant tel juge, avec connaissance des dépens. Cela est même très-juste, ajoute cet auteur, en matière de renvoi pour cause de parenté ou de connexité, parce que la partie qui a assigné n'est pas tenue de prévoir un pareil empêchement.

Nous croyons que cette exception à l'application rigoureuse de l'art. 130 est fondée, s'il est vraiment démontré que le demandeur ignorait les causes de l'empêchement au moment où il a notifié son assignation.

Quant aux jugemens de provision, il est évident que l'on doit se borner à y réserver de statuer sur les dépens par le jugement définitif. — (*Voy. Jousse, sur l'art.* 1.er *du tit.* 31 *de l'ordonn., et les art.* 135, § 7, *et* 451).

seule force de la loi, sans qu'il fût nécessaire que les parties eussent pris, à ce sujet, des conclusions formelles.

Il doit en être de même aujourd'hui. Si l'art. 130 ne contient pas les mêmes expressions que l'ordonnance, il suffit, pour se convaincre qu'il doit être appliqué de la même manière, de considérer que les dépens sont une peine que la loi prononce contre celui qui a soutenu d'injustes prétentions ; que l'ordre public est conséquemment intéressé à ce que cette peine soit prononcée, et qu'il ne peut résulter de l'oubli des parties que la disposition impérative de la loi ne soit pas exécutée dans toute sa rigueur. — (*Confér. de Bornier, tom.* 1, *pag.* 267; *Quest. de Lepage, pag.* 139; *le Prat. franç., tom.* 1, *pag.* 396; *Delaporte, tom.* 1, *pag.* 145 ; *Demiau Crouzilhac, pag.* 117, *etc.*).

556. *Mais si le jugement avait omis de prononcer sur les dépens, la partie qui a gagné sa cause pourrait-elle contraindre son adversaire à les payer ?*

M. Demiau Crouzilhac résout affirmativement cette question, par le motif que les dépens sont dus *ipso jure*, en vertu de l'art. 130. C'est ainsi, dit-il, qu'on l'a constamment décidé sous l'empire de l'ordonnance de 1667.

En effet, le texte même de l'art. 1er. du tit. 31 conduisait à décider ainsi, puisqu'il imposait au juge l'obligation de taxer les dépens, encore qu'ils n'eussent pas été adjugés.

Il faut bien remarquer que cet article défendait de compenser les dépens, tandis que notre Code en donne la faculté au juge. (Art. 131). Cette différence nous paraît exiger une autre solution que celle de M. Demiau Crouzilhac.

Ainsi nous pensons comme M. Lepage, dans ses Questions, pag. 139, et les auteurs du Praticien, tom. 1, pag. 396, que l'art. 131 autorisant les juges à compenser les dépens en totalité ou en partie, la condamnation, prononcée par la loi en termes généraux, ne peut être exécutée de plein droit. Mais, pour obtenir cette exécution, c'est-à-dire pour faire réparer l'omission commise dans le jugement, il faut, dit le premier, l'attaquer, ou par l'une des voies ordinaires, ou par la requête civile, comme n'ayant pas prononcé sur l'une des choses demandées.

Point de difficulté au sujet de l'appel, si le jugement a été rendu en premier ressort seulement; mais, s'il n'est pas sujet à l'appel, et que la partie n'ait pas conclu aux dépens, est-il bien sûr que l'on puisse se pourvoir par la voie extraordinaire de la requête civile? Nous ne le pensons pas, puisque le § 5 de l'art. 480 ne met au nombre des causes d'ouverture à cette voie que l'omission de prononcer sur un chef de demande. Or, la partie qui aurait obtenu gain de cause n'ayant pas conclu à la condamnation aux dépens, le § dont il s'agit ne serait pas applicable.

Il n'y aurait donc tout au plus qu'ouverture au pourvoi en cassation, fondé sur la contravention à une disposition qui, comme nous l'avons dit sur la question précédente, oblige le juge à prononcer la condamnation, encore bien qu'elle n'eût pas été demandée.

Article 131.

Pourront néanmoins les dépens être compensés en tout ou partie, entre conjoints, ascendans, descendans, frères et sœurs, ou alliés au même degré. Les juges *pourront* (1) aussi compenser les dépens en tout ou en partie, si les parties succombent respectivement sur quelques chefs (2).

Dispositions conformes à la jurisprudence, et contraires à celles de l'art. 1.er de l'ordonn.

XCIII. L'ordonnance de 1667 n'admettait aucune exception contre la règle reproduite dans l'art. 130 du Code actuel. Mais souvent le magistrat se rendait moins rigoureux. Il est maintenant renfermé, par un texte précis, dans une faculté auparavant incertaine, et qu'il s'était attribuée lui-même, et la loi lui accorde la faculté de faire exception à la règle générale, dans les deux cas prévus par l'art. 131.

D'un côté, la justice eût marché dans un sens contraire au but de son institution, si, par une sévérité trop inflexible, elle eût pu contribuer à jeter des germes de division et d'aigreur parmi les membres d'une même famille, au lieu de les rapprocher par une décision équitable et conciliatrice, autant que la rigueur du droit peut le souffrir. C'est dans cet esprit que la loi laisse au juge la faculté de compenser les dépens, lorsqu'il s'agit de terminer un différent entre parens et alliés.

D'un autre côté, la raison indique que celui qui, en maintenant de justes prétentions, en élève qui soient mal fondées, doit supporter le surcroît de frais auxquels ces dernières ont donné lieu, et veut qu'il y ait compensation, lorsque cette faute est respective : de là, la seconde exception portée dans notre article.

557. *Qu'entend-on par compenser les dépens ?*

On n'entend point que chaque partie paiera, soit une moitié, soit telle autre quotité, tant des frais qu'elle a faits que de ceux de son adversaire mis en masse, mais que chaque partie paiera les siens, en totalité ou en partie.

Il y a compensation simple et compensation proportionnelle.

---

(1) *Pourront.* Ainsi, lorsque les parties succombent respectivement sur quelques chefs, il est laissé à la prudence du juge de décider s'il y a lieu à compenser les dépens. — (*Cassat., 14 août 1817, Sirey, tom. 19, pag. 29*).

(2) JURISPRUDENCE.

1.° La compensation des dépens ne peut être prononcée hors des cas prévus par l'art. 131. — (*Rennes, 14 juil. 1813, Journ., tom. 4, pag. 121*).

2.° Le juge peut condamner à la totalité des dépens l'appelant qui succombe sur tous les points, quoiqu'il soit proche parent des intimés. — (*Idem, pag. 733*).

3.° Un tribunal peut ou non user de la faculté de compenser les dépens entre la mère et le fils, sans donner matière à la réformation de son jugement sur ce chef. — (*Rennes, chambre des vacations, 10 sept. 1813*).

La compensation simple a lieu quand chacune des parties doit payer les frais qu'elle a faits ou avancés.

La compensation proportionnelle a lieu quand une partie est condamnée à payer une portion quelconque des frais de son adversaire.

Il résulte de ces explications que la compensation simple n'est pas, à vrai dire, une condamnation de dépens, puisqu'ils ne sont adjugés ni pour l'une ni pour l'autre des parties. Les dépens ne sont, en effet, que les frais qui ont été faits dans la poursuite d'un procès, et que la partie qui a succombé doit payer à celle qui a obtenu gain de cause.

558. *Peut-on compenser les dépens entre parties non parentes, quand une demande n'a qu'un seul chef?*

La négative semblerait résulter de ce qu'il est dit, en l'art. 131, que les juges pourront *compenser les dépens en tout ou en partie, si les parties succombent respectivement sur quelques chefs.*

Cependant, avec un peu de réflexion, disent les auteurs du Commentaire inséré aux Annales du notariat, il n'est pas difficile de voir que, dans le cas même où une contestation ne serait relative qu'à un seul objet, il peut y avoir, de la part du demandeur et du défendeur, des prétentions respectives qui seraient également contraires à l'équité, et qui, par là même, motiveraient la compensation des dépens.

Tel pourrait être, suivant ces auteurs, le cas où une partie formant une demande exagérée, la partie adverse lui ferait des offres inférieures à ce qu'elle devrait réellement. Et en effet, un arrêt rendu par la Cour de cassation, le 18 mai 1808 (*Sirey, tom.* 8, *pag.* 313), a décidé qu'en cette espèce, ce n'était pas violer l'art. 130 du Code de procédure, ni faire une fausse application de l'art. 131, que de prononcer la compensation, encore bien que la demande n'eût qu'un seul chef (1).

559. *Doit-on compenser les dépens, lorsque celui qui succombe en définitive a été jugé fondé sur une contestation relative à un interlocutoire, à une exception, ou à un incident, dont les dépens ont été réservés?*

---

(1) Mais dans le cas où l'on adjugerait à une partie moins qu'elle n'a demandé, si l'autre n'a pas fait d'offres inférieures à cette demande, et a contesté sur la totalité, il n'y a lieu à aucune compensation; il en est de même lorsque, sur des conclusions principales et subsidiaires, la partie adverse conteste les unes et les autres : il n'y aura pas lieu à compenser, si, les premières étant rejetées, les secondes sont accueillies. L'adversaire, dans les deux cas, a eu tort de donner lieu à des contestations qu'il eût terminées par un acquiescement, pour ne laisser en litige qu'une partie de la demande. Ce sont là deux conséquences de l'ancien adage, *la pluspétition n'est pas admise en France;* ce qui signifie que l'on n'est pas *de plein droit* exposé à une condamnation de dépens pour avoir *demandé* plus qu'il n'est alloué par le jugement définitif.

Mais, en tous ces cas, on demandera si l'erreur dans la quotité des dépens compensés serait un moyen de cassation? Nous répondrons, avec l'arrêt du 18 mai ci-dessus cité, que ce n'est qu'un mal jugé qui ne peut donner ouverture au pourvoi : on ne peut donc employer en ce cas que la voie d'appel, si le jugement est en premier ressort, de même qu'on peut en user contre le mal jugé qu'on prétendrait résulter de ce que la condamnation aux dépens ou leur compensation aurait été prononcée. — (*Voy. Prat., tom.* 1, *pag.* 397 *et* 399, *et l'arrêt de cassat., du* 8 *août* 1818, *Sirey, pag.* 505).

L'affirmative résulte de ce que nous avons dit sur la quest. 554e., qu'il convenait de prononcer de suite la condamnation aux dépens contre celui qui succombait en pareil cas. Si les juges n'y sont pas rigoureusement tenus, à plus forte raison doivent-ils, en rendant le jugement définitif, avoir égard au cas où l'une des parties aurait succombé sur une contestation relative à un interlocutoire, à une exception ou à un incident. — (*Voy. Rodier, sur l'art.* 3 *du tit.* 31 *de l'ordon.*)

560. *Lorsque les dépens ont été compensés, en quelle proportion la partie qui a fait les avances d'une expertise, d'un procès-verbal de descente sur les lieux, qui, en un mot, a payé d'autres frais semblables, qui ne sont pas plus les siens que ceux de son adversaire, doit-elle être remboursée de ces frais?*

S'il y a compensation simple, dit M. Lepage, dans ses Questions, pag. 140, la partie qui a payé de semblables frais ne peut en répéter la moindre partie, même sous prétexte qu'ils sont communs, parce qu'en ce cas personne, comme nous l'avons dit sur la 557e. quest., ne subit de condamnation aux dépens.

Si, au contraire, la compensation n'est que proportionnelle, comme une des parties se trouve condamnée à une portion plus ou moins forte de dépens, la partie adverse a le droit de répéter ses avances au *prorata* de la condamnation prononcée à son profit.

On lit aussi dans le Commentaire de Jousse, tom. 2, pag. 227, et au nouveau Répertoire, au mot *dépens*, pag. 637, que si les dépens sont compensés, la partie qui a fait les avances dont il s'agit n'en peut rien répéter contre l'autre partie, *si cela n'est pas expressément porté dans le jugement.* Nous ne trouvons rien, dans nos nouvelles lois, qui ait abrogé ces principes de l'ancienne jurisprudence. — (*Voy. Pratic., tom.* 1, *pag.* 399; *Pigeau, tom.* 1, *pag.* 521).

561. *Quand les dépens sont compensés, quelle est la partie qui doit le coût du jugement?*

Jousse répond que c'est la partie qui est condamnée à payer une portion des dépens. — (*Voy. tom.* 2, *pag.* 227).

Mais si la compensation n'est pas proportionnelle, le coût du jugement, qui ne consiste aujourd'hui que dans le *lief* et la *signification*, nous paraît être à la charge de celui qui le retire et le signifie, à moins que le juge n'en ait autrement ordonné.

Au reste, les juges préviennent ordinairement toute discussion à ce sujet, en ordonnant que le coût sera supporté par l'une des parties. — (*Voy. Delaporte, tom.* 1, *pag.* 241). (1)

---

(1) Voyez, pour la liquidation des dépens, l'art. 544; pour les cas où les garans sont condamnés, l'art. 185; pour les dépens des défauts, l'art. 160; enfin, pour les dépens en cas de désistement, l'art. 403.

ARTICLE 132.

Les avoués et huissiers qui auront excédé les bornes de leur ministère, les tuteurs, curateurs, héritiers bénéficiaires ou autres administrateurs qui auront compromis les intérêts de leur administration, pourront être condamnés aux dépens, en leur nom et sans répétition, même aux dommages-intérêts, s'il y a lieu, sans préjudice de l'interdiction contre les avoués et huissiers, et de la destitution contre les tuteurs et autres, suivant la gravité des circonstances.

C. de P., art. 1031. — Régl. du 30 mars 1808, art. 102.

XCIV. LA sagesse de cet article est de toute évidence, et, par ses dispositions, il supplée à une grave omission commise dans l'ordonnance de 1667, qui gardait à cet égard un silence absolu.

562. *En quel cas les personnes désignées en l'art.* 132 *peuvent-elles être personnellement condamnées aux dépens?*

L'article décide cette question en termes généraux, et de là la nécessité de quelques explications.

Nous remarquerons que ses dispositions, en ce qui concerne les avoués et les huissiers, se rattachent en quelque chose à l'art. 1031.

Mais cet article porte que les procédures et actes frustratoires qui auront donné lieu à une condamnation à l'amende, seront à la charge des officiers ministériels qui les auront faits : les officiers ministériels ne sont donc pas nécessairement condamnables aux frais d'un acte irrégulier, si le juge, usant de la faculté qui lui est donnée de prononcer ou non l'amende, soit pour omission, soit pour contravention, n'a pas cru devoir infliger cette peine.

Il suit de là que l'art. 132 n'est applicable qu'au cas où ces officiers ont excédé les bornes de leur ministère. Ainsi, par exemple, les avoués seront sujets aux dépens, s'ils ont fait des offres ou donné des aveux et consentemens sans pouvoir spécial; mais pour prononcer une telle condamnation, il faudra, conformément à l'art. 352, qu'il y ait *désaveu* jugé valable. — (*Voy. Delaporte, tom.* 1, *pag.* 142, *et les explications que nous donnerons sur l'article* 352).

En tous autres cas non prévus par cet art. 352, le juge, suivant les circonstances, pourra les condamner aux dépens, pour tout acte, quel qu'il soit, qui, dépendant de la partie, aurait été fait sans son consentement, et lui eût porté préjudice.

L'art. 102 du réglement du 30 mars 1808 va plus loin : il autorise le juge à prononcer, suivant la gravité des circonstances, une condamnation en nom personnel aux dépens, contre tout officier ministériel qui contreviendrait aux lois et aux réglemens. Ici, tout est laissé à la conscience et à l'arbitrage des juges.

Quant aux huissiers, outre ceux des cas ci-dessus mentionnés, qui leur sont communs avec les avoués, nous citerons les contraventions aux art. 4,

66, 71, 556, 622, 1031, 1037 et suivans du Code. — (*Voy. les questions examinées sur l'art.* 1031).

On a demandé si l'huissier pouvait être condamné aux dépens d'une instance introduite par suite d'un ajournement qu'il aurait signifié, sans que la partie prétendue requérante eût signé l'original pour approbation.

Nous répondons qu'il faudrait, pour prononcer la condamnation, que l'huissier eût succombé sous le coup d'une action en désaveu ; qu'alors même il serait nécessaire qu'il fût prouvé que la partie n'eût pas eu connaissance que l'avoué constitué dans l'exploit eût poursuivi aux fins de cet acte.

En effet, suivant nos anciens auteurs, la nullité d'un exploit donné sans le consentement du demandeur, ne pouvait être prononcée que par suite d'une instance en désaveu. Rodier, sur l'art. 2 du tit. 16 de l'ordonnance, allait jusqu'à dire que le demandeur devait prendre la voie d'inscription de faux. Un arrêt de la Cour de Rennes, du 14 décembre 1810, a décidé que l'action en désaveu suffisait. Nous en concluons qu'en pareille espèce l'art. 132 n'est applicable à l'huissier, qu'autant que cette action a été formée et jugée contre lui.

Revenons aux tuteurs, aux curateurs et autres administrateurs (1).

L'art. 132 prouve que la condamnation aux dépens prononcée contre eux, ne vaut que dans la qualité sous laquelle ils ont plaidé, toutes les fois que le jugement ne déclare pas que cette condamnation leur est *personnelle.*

M. Pigeau, tom. 1, pag. 117, remarque qu'il n'est pas besoin d'énoncer dans le jugement que les administrateurs ne pourront employer les dépens dans leur compte d'administration : les mots *condamné personnellement* indiquent suffisamment que ce sont eux et non l'administré qui doivent les supporter; de même que cette défense d'en faire reprise en compte l'indique assez, sans qu'il soit besoin de ces mêmes termes.

Mais il faut employer l'une de ces deux expressions, *condamné personnellement*, ou, *sans qu'il puisse répéter.*

Nous ajoutons qu'il convient que le jugement réfère dans ses considérans les motifs de cette condamnation personnelle.

563. *Pour prononcer une condamnation aux dépens contre les personnes dont il s'agit, faut-il nécessairement qu'il ait été pris des conclusions à ce sujet?*

Rien, sans doute, ne s'oppose à ce que la partie adverse prenne des conclusions tendantes à ce que l'administrateur soit personnellement condamné aux dépens; mais si elle ne prenait pas de semblables conclusions, il nous paraît résulter de l'art. 132 que le tribunal peut agir d'office, en vertu d'une faculté qui lui est conférée par la loi. — (*Voy. Comm. inséré aux Ann. du not., tom.* 1, *pag.* 262, *et les questions sur l'art.* 293).

---

(1) Les syndics d'une faillite qui succombent dans une instance par eux introduite en cette qualité peuvent, suivant les circonstances, être condamnés aux dépens en leur nom personnel. — (*Cassat.*, 27 *juin* 1821, *Sirey, tom.* 22, *pag.* 8).

ARTICLE 133.

Les avoués pourront demander la distraction des dépens à leur profit, en affirmant, lors de la prononciation du jugement, qu'ils ont fait la plus grande partie des avances. La distraction des dépens ne pourra être prononcée que par le jugement qui en portera la condamnation. Dans ce cas, la taxe sera poursuivie et l'exécutoire délivré au nom de l'avoué, sans préjudice de l'action contre sa partie (1).

XCV. ON doit aux officiers qui exercent l'honorable profession d'avoué cette justice, que, confians dans la bonté de la cause, il leur arrive fréquemment de se charger d'un procès sans exiger l'avance des fonds nécessaires pour subvenir aux frais de la procédure. Ils fondent principalement sur le gain du procès l'espérance de recouvrer leurs déboursés et le montant de leurs vacations. C'est pour entretenir un zèle aussi louable que l'art. 133 leur accorde un privilége qu'ils ne tenaient autrefois que de la jurisprudence, et qui consiste à faire *distraire*, c'est-à-dire *séparer* à leur profit, la condamnation des dépens des autres condamnations à prononcer en faveur de la partie.

564. *Comment et en quel tems l'avoué doit-il demander la distraction?*

L'avoué du demandeur, dit M. Pigeau, tom. 1, pag. 518, doit demander la distraction par l'exploit de demande, ou depuis, par des écritures, ou à l'audience, si l'affaire n'est pas sommaire, et à l'audience, si elle l'est.

L'avoué du défendeur ou de l'intervenant la demande par les écritures ou à l'audience, suivant les mêmes distinctions.

Ainsi, dans tous les cas, l'avoué peut former cette demande verbalement. — (*Voy. Quest. de Lepage, pag.* 137).

---

(1) JURISPRUDENCE.

1.° Quand il ne s'agit que du *coût* du jugement ou de l'arrêt, il n'est pas indispensable de prononcer la distraction par le jugement ou l'arrêt même; ainsi, l'avoué qui a fait l'avance des frais du retrait peut ultérieurement en former, par requête, sa demande en distraction. — (*Paris*, 14 *juill.* 1812, *Sirey, tom.* 14, *pag.* 100).

2.° Les avoués n'ont pour les dépens dont ils obtiennent distraction, d'autres droits que ceux de leurs clients; l'appel qui sursoit à l'exécution du jugement dans sa disposition principale, opère en conséquence le même sursis dans la disposition relative aux dépens dont la distraction a été ordonnée. — (*Cassat.*, 12 *avril* 1820, *Sirey, tom.* 20, *pag.* 378).

3.° L'avoué qui a obtenu la distraction n'est pas tenu de rendre les sommes qu'il aurait touchées, si le jugement qui prononçait la condamnation est réformé ou cassé. — (*Sirey, tom.* 7, *pag.* 147).

NOTA. Ainsi, l'action en restitution n'est ouverte que contre le client.

4.° Mais si l'avoué a droit de poursuivre, contre la partie condamnée, le paiement des dépens dont la distraction a été ordonnée à son profit, cela n'empêche pas le client d'être débiteur de son avoué, et créancier de celui contre lequel il a obtenu gain de cause : d'où il suit que ce dernier ne peut exciper de la distraction pour se soustraire aux poursuites dirigées contre lui par le premier, à moins que l'avoué ne lui ait notifié la distraction, ou n'ait arrêté entre ses mains. — (*Cassat.*, 25 *mai* 1807, *Sirey, tom.* 7, 2.e *part.*, *pag.* 747).

Mais faut-il qu'il la fasse avant ou après le jugement?

L'art. 133 veut qu'elle soit formée *lors de la prononciation.*

M. Pigeau, tom. 1, pag. 318 et 319, dit que, d'après l'art. 133, cette demande doit être formée avant le jugement, et telle est notre opinion. Il est cependant des tribunaux où l'on est dans l'habitude de recevoir l'avoué à demander la distraction immédiatement après le jugement. Cet usage est évidemment contraire à la loi, puisqu'elle exige que l'affirmation qu'elle prescrit à l'avoué soit faite lors de la prononciation du jugement.

Il n'y aurait tout au plus que cette affirmation qui pût être tolérée après le jugement, pour ne pas en interrompre le prononcé; encore ne pensons-nous pas que l'on doive en agir ainsi, de manière à décerner acte de l'affirmation par jugement séparé : il faut que le même jugement contienne la disposition relative à la distraction, et, conséquemment, qu'il décerne acte de l'affirmation.

Ainsi donc, immédiatement après le prononcé des condamnations principales, et de la condamnation aux dépens contre la partie, le tribunal reçoit l'affirmation et termine la prononciation du jugement, en octroyant la demande, moyennant l'acte qu'il donne de ce que l'avoué a affirmé conformément à la loi. — (*Voy. la formule donnée par M. Pigeau, tom.* 1, *pag.* 519).

565. *La disposition du jugement qui ordonne la distraction serait-elle nulle, si le jugement n'établissait pas, d'une manière positive, que l'avoué a fait l'affirmation prescrite?*

Cette question a été résolue pour l'affirmative, par arrêt de la section civile de la Cour de cassation, du 30 avril 1811.

« Attendu, est-il dit dans les considérans, que rien ne justifiait que l'avoué » au profit duquel la distraction avait été ordonnée, eût rempli la formalité » préalable de l'affirmation voulue par l'art. 133 : d'où suivait que cette dis» traction avait été irrégulièrement accordée. » — (*Voy. Sirey, tom.* 11, *pag.* 181 *et suiv.*)

566. *L'affirmation exigée par l'art.* 133 *doit-elle être faite sous serment?*

Non, disent M. Delaporte, tom. 1, pag. 142, et après lui les auteurs du Commentaire inséré aux Annales du notariat, tom. 1, pag. 264. Le législateur, par ce mot *affirmation*, n'a entendu qu'une simple déclaration verbale faite par l'avoué devant le tribunal, à l'instant où le jugement est rendu.

Mais la Cour d'appel de Rome a décidé le contraire par arrêt du 22 janvier 1811. — (*Sirey, DD., pag.* 361).

M. Coffinières, dans son Journal des avoués, 1811, pag. 362, combat cette décision, dont les motifs, suivant la Cour de Rome, reposeraient, 1°. sur l'autorité de tous les dictionnaires de la langue française; 2°. sur celle de tous les dictionnaires de droit, qui définissent l'affirmation l'acte d'assurer avec serment la vérité d'un fait, et qui traitent sous ce mot toutes les questions relatives au serment. — (*Voy. entre autres le nouv. Répert., au mot* affirmation).

Une autre considération en faveur de la décision dont il s'agit, c'est que la sect. 5 du tit. 2, liv. 3 du projet du Code civil, renfermait, sous ce titre de l'affirmation judiciaire, toutes les dispositions relatives au *serment*, et employait partout, à la place de ce mot, celui d'affirmation. Or, l'autre expression n'a été substituée que parce qu'il fut observé qu'elle présentait une idée plus imposante, et non par le motif que l'affirmation ne fût pas la même chose que le serment.

Quoi qu'il en soit, l'opinion consacrée par la Cour de Rome a été combattue par l'auteur du Journal des avoués (*voy.* 1811, *pag.* 361), et n'est point suivie dans l'usage. On pense qu'en général, lorsque la loi ne prescrit pas que l'affirmation sera donnée par serment, elle ne doit consister que dans une assurance pure et simple ; et c'est par la considération que la loi se sert quelquefois, par exemple en l'art. 189 du Code de commerce, de ces expressions *affirmer sous serment*, que nous inclinons à rejeter la décision de la Cour de Rome. Si, en effet, le législateur avait toujours considéré l'affirmation comme devant être faite sous serment, il n'eût pas ajouté qu'elle serait faite ainsi.

Au reste, il est toujours à craindre de multiplier les cas où le serment devrait être prêté : il suffit donc qu'il y ait du doute sur l'obligation d'affirmer ainsi, pour qu'on se contente d'une déclaration pure et simple (1).

567. *L'affirmation de l'avoué suffit-elle pour qu'on lui adjuge la distraction des dépens, en sorte qu'on ne puisse l'obliger à produire le registre qu'il tient, conformément à l'art.* 151 *du Tarif?*

Non. L'avoué doit, aux termes de l'article précité, représenter ce registre toutes les fois qu'il en est requis. Ainsi, son client peut exiger cette représentation, de même que la partie adverse qui serait condamnée aux dépens. Ce registre peut, en effet, justifier la vérité ou l'inexactitude de sa déclaration ; et cette considération que la partie intéressée peut requérir qu'il soit représenté par l'avoué, est un motif de plus pour ne pas exiger qu'il affirme par serment. — (*Voy. Pigeau, tom.* 1, *pag.* 519, *et le tom.* 1, *pag.* 362 *du Comm. inséré aux Ann. du not.*)

568. *Lorsque les parties succombent sur différens chefs et sont réciproquement condamnées aux dépens, ces diverses condamnations se compensent-elles de plein droit à due concurrence, nonobstant la distraction?*

Nous observerons que de telles condamnations, prononcées de part et d'autre, ne peuvent guère avoir lieu qu'autant qu'un chef de demande aurait occasionné des frais particuliers, ou que le juge aurait réservé ceux d'un interlocutoire, d'un incident ou d'une exception.

On ne saurait concevoir, en effet, qu'un tribunal statuant sur différens chefs qui n'auraient donné lieu qu'à une masse de frais qui ne seraient particuliers à aucun d'eux, condamnât, par exemple, l'une des parties à un tiers de dépens, l'autre à un quart; il serait tout naturel de diminuer la condamnation de la première.

Si cependant ce cas arrivait, nous ne doutons pas que la compensation,

(1) Remarquons en outre que si, par arrêt du 19 avril 1810 (*voy. Sirey*, 1810, *pag.* 228), la section des requêtes de la Cour de cassation a décidé qu'il n'y avait pas nullité d'une enquête faite en justice de paix, parce que les témoins n'avaient pas fait, sous serment, la promesse exigée par l'art. 35 du Code de procédure, à plus forte raison doit-on croire qu'il n'y aurait pas nullité d'une affirmation faite sans la formalité du serment. — (*Voy. les art.* 535 *et* 571).

comme dans les autres cas ci-dessus indiqués, ne dût s'opérer jusqu'à due concurrence, en conformité des art. 1289, 1290 et 1291 du Code civil. — (*Voy. Ferrières, au mot* dépens, *pag.* 517, *et Demiau Crouzilhac, pag.* 117).

Mais nous supposons ici que la distraction n'ait pas été prononcée au profit de l'avoué; autrement nous penserions, contre l'opinion de M. Crouzilhac (*ibidem*), que la compensation n'aurait pas lieu. Tel était le sentiment de Ferrières, tom. 1, pag. 541; tel est celui de M. Pigeau, tom. 1, pag. 519, et de M. Merlin. — (*Voy. nouv. Rép., au mot* distraction de dépens, *tom.* 3, *pag.* 707). (1)

569. *L'avoué qui, ayant obtenu la distraction à son profit, néglige de faire ses diligences contre la partie condamnée, peut-il, en cas que celle-ci soit devenue insolvable, exercer contre son client l'action directe que lui donne l'art.* 133?

Quoique cet article réserve à l'avoué une action directe contre son client, et qu'il le fasse sans aucune distinction, nous pensons néanmoins que, suivant les circonstances, il pourrait être déclaré non recevable à exercer ce recours, s'il ne justifiait pas de poursuites faites infructueusement contre le condamné. Il est juste que, dans le cas où l'insolvabilité de celui-ci ne serait notoirement survenue qu'à une époque postérieure à celle où l'avoué pouvait *utilement* exercer ses droits, lui seul supporte une perte qui ne proviendrait que de sa propre négligence, et que son client eût pu prévenir, si l'avoué n'avait pas obtenu la distraction. Mais il faudrait prouver qu'il y eût une faute vraiment imputable à la négligence de l'avoué.

570. *L'avoué qui n'a pas demandé la distraction aurait-il, en formant opposition entre les mains du condamné avant la compensation ou le transport qui se serait fait de la part de son client, un privilége sur les dépens contre les autres créanciers de celui-ci?*

L'affirmative nous paraît résulter de l'art. 2102, § 3, du Code civil, qui déclare privilégiés tous les frais faits pour la *conservation* de la chose. — (*Voy. Pigeau, tom.* 1, *pag.* 519).

---

(1) Vainement opposerait-on, comme l'a fait M. Demiau Crouzilhac, que l'avoué n'a pas plus de droit que sa partie, et que celle-ci ne saurait être fondée à exiger des frais de son adversaire, auquel elle en devrait elle-même.

« Nous répondons, avec Ferrières, que les frais dont l'avoué demande la distraction sont » son travail et ses avances, qui n'appartiennent et ne peuvent jamais appartenir à la partie » à qui les dépens sont adjugés; ils appartiennent à l'avoué seul, et il s'ensuit que la partie » adverse ne peut pas demander compensation de ce qui lui est dû par la partie de l'avoué, » avec ce qui n'est dû qu'à celui-ci ».

Ainsi l'avoué devient, par l'effet de la distraction prononcée à son profit, cessionnaire des dépens et porteur contre la partie adverse d'une créance qui lui est personnelle, et qui est tellement étrangère à son client, que la taxe est poursuivie à sa requête, que l'exécutoire est donné en son nom, que sa partie ne peut céder à un tiers les dépens qu'elle a obtenus, de même que le condamné ne peut valablement les payer à celle-ci; enfin, que l'avoué peut user contre le condamné de toutes les voies d'exécution autorisées par la loi, et prendre même inscription hypothécaire sur ses biens, en vertu du jugement et de l'exécutoire qui en est la suite. — (*Voy. Demiau Crouzilhac*, *pag.* 120).

Mais nous raisonnons dans l'hypothèse où le condamné ne se serait point opposé à la taxe; autrement l'avoué ne pourrait agir qu'après le jugement qui aurait statué sur cette opposition, conformément à l'art. 6 du décret du 16 juillet 1807.

ARTICLE 134.

S'il a été formé une demande provisoire, et que la cause soit en état sur le provisoire et sur le fond, les juges seront tenus de prononcer sur le tout par un seul jugement.

Ordonn. de 1667, tit. 17, art. 17, 1.re dispos. — C. de P., art. 172, 288, 338.

XCVI. POUR l'intelligence de cet article, il est d'autant plus nécessaire de bien déterminer ce qu'on doit entendre par demande provisoire, que le Code de procédure ne l'a point définie, et n'a point précisé les cas où une demande aurait ce caractère.

Les commentateurs de l'ordonnance de 1667 ont presque toujours confondu les demandes provisoires avec les matières célères. Ainsi, Jousse, sur le tit. 17, disait que ces demandes étaient toutes celles qui requéraient célérité, et où il y aurait péril en la demeure.

Telle n'est pas, selon nous, la définition qu'il convient de donner sous l'empire de notre Code de procédure.

Il nous paraît évident, d'après les art. 134, 451, 404 et 806, que le législateur n'entend qualifier de demandes *provisoires* que celles-là seulement dont l'objet est d'obtenir, avant la décision d'un procès né ou à naître, la jouissance ou la détention, en totalité ou en partie, de la chose contestée, ou de faire ordonner, pour en prévenir la perte ou le divertissement, des mesures plus ou moins urgentes, suivant les circonstances (1).

---

(1) Toute demande provisoire est sommaire de sa nature, en ce sens qu'elle est soumise à une procédure plus simple; mais toute demande sommaire n'est pas provisoire. — (*Voy. art.* 404 *et* 405).

En général, les demandes provisoires ne peuvent être portées que devant le juge compétent pour prononcer sur le principal ou le fond, auquel elles se rattachent. Il est cependant des cas où, en considération de l'urgence, elles peuvent être décidées par le président seul, sans assistance de juges; mais c'est par exception.

Nous parlerons de ces cas sur l'art. 806.

On pourrait demander maintenant dans quelle classe on placera les autres matières que l'on était autrefois dans l'usage d'appeler provisoires. Nous répondons que toutes ces matières sont classées parmi les matières *sommaires*, en vertu de l'art. 404.

En effet, cet article répute telles les demandes provisoires *ou qui requièrent célérité.* C'est une preuve que l'on ne doit plus considérer comme *provisoires* les demandes *célères*, puisque la loi les en sépare par une disjonctive, et qu'ainsi toute demande que l'on appelait *provisoire* rentre dans la classe générale des demandes *célères*.

Mais il ne faut pas perdre de vue que, par une conséquence directe de l'art. 134, une demande, bien qu'elle soit *provisoire* de sa nature, ne doit être jugée avant le fond qu'autant qu'elle requiert elle-même *célérité;* ce que la loi laisse à décider au juge, puisqu'elle n'a point précisé les cas d'urgence. — (*Voy. au reste nos questions sur l'art.* 404).

Il faut remarquer encore que si, d'après les observations précédentes, il est permis de dire que les jugemens provisoires sont en général de nature à requérir l'exécution provisoire, néanmoins cette exécution n'a pas lieu de plein droit; qu'elle doit être ordonnée par le juge, qui peut, en certains cas, l'accorder ou la refuser, comme on le verra sur l'article suivant: c'est en quoi l'exécution provisoire doit être distinguée des jugemens provisoires.

L'art. 134 veut, comme l'ordonnance de 1667, que le provisoire et le fond, c'est-à-dire le surplus des conclusions, soient jugés ensemble, s'ils sont tous *deux en état;* autrement, si l'affaire est suffisamment instruite et sur le provisoire et sur le définitif, il serait superflu de s'arrêter à prouver qu'il serait frustratoire de statuer séparément.

571. *A quelle époque et comment les demandes provisoires doivent-elles être formées?*

Elles peuvent être formées,

1°. *Avant la demande principale*, et alors, suivant les circonstances, on appèle en référé ou l'on cite à l'audience;

2°. *En même tems que la demande principale*; et pour cela l'on donne dans l'exploit, et en vertu de permission accordée par le juge sur requête préalable expédiée par le président, assignation à comparaître, à bref délai fixé par l'ordonnance, pour voir statuer sur le provisoire, et à délai ordinaire, pour entendre juger sur le fond;

3°. *Après la demande principale;* mais s'il s'agit d'une affaire sommaire, la demande provisoire étant incidente, est formée conformément à l'art. 406. Dans le cas contraire, si c'est le défendeur au principal qui se rend demandeur au provisoire, il établit sa demande par ses défenses au fond; si c'est le demandeur, il l'établit dans ses répliques.

Mais en tous les cas, cette demande peut être formée immédiatement avant le jugement du fond, et postérieurement aux défenses et réponses; alors elle devient une demande incidente qui s'établit, et à laquelle on défend, suivant l'art. 337, c'est-à-dire par un simple acte. — (*Voy. Pigeau, tom.* 1, *pag.* 478 *et* 479).

572. *En quelles affaires y a-t-il particulièrement lieu à l'application de l'article* 134?

Cet article, dans la vue d'économiser les frais, veut que les juges prononcent sur le provisoire et sur le fond, quand la cause est en état sur l'un et sur l'autre.

Mais cette disposition ne peut guère recevoir son application que dans le cas où le principal est lui-même matière sommaire (1).

573. *Les juges peuvent-ils statuer d'office sur un provisoire qui n'a pas été demandé?*

« Pour obtenir le provisoire, dit M. Pigeau, tom. 1, pag. 478, il faut le » demander : le juge ne peut l'ordonner d'office; cette règle a toujours lieu » quand il ne s'agit que de l'intérêt privé : c'est en effet à celui qui est lésé » à réclamer. »

Mais le même auteur, expliquant cette proposition, pag. 480, dit que celui

---

(1) Dans ces matières, en effet, le provisoire et le fond sont presque toujours en état en même tems, parce que la loi n'admet en ces matières aucunes écritures, et qu'elles doivent être jugées à l'expiration des délais sur la citation. Si cependant il y avait lieu à ordonner une enquête, ou s'il s'élevait quelques incidens de nature à éloigner le jugement du fond, il faudrait commencer par prononcer sur le provisoire. — (*Voy. Demiau Crouzilhac, pag.* 120, *et Rodier, sur le tit.* 17, *art.* 17 *de l'ordonn. de* 1667).

Dans les affaires ordinaires, il y a presque toujours lieu à statuer séparément et préalablement sur le provisoire, à moins que la demande qui en serait formée ne l'ait été dans le cours de l'instance, et à une époque où l'instruction serait complète sur le fond.

qui demande l'objet de la contestation ou du fond est toujours censé demander le provisoire, parce que celui qui demande le plus est censé demander le moins.

Cette raison ne nous paraît pas suffisante pour concilier la solution de l'auteur avec le principe que le juge ne peut suppléer un provisoire d'office; quoi qu'il en soit, nous reconnaîtrons qu'il est certains chefs qui pourraient être l'objet d'une demande provisoire, suivant la définition donnée ci-dessus, et sur lesquels le juge pourrait statuer d'office; mais il le ferait moins par le motif que la demande en aurait été implicitement formée, que par la considération de leur urgence et de l'intérêt des deux parties. Tel est le cas du séquestre rapporté par Pigeau lui-même, et d'autres mesures conservatoires : c'est aussi ce qui se pratique généralement.

574. *Un tribunal peut-il, en se déclarant incompétent pour le fond, statuer sur le provisoire?*

Non; la conséquence directe de l'incompétence d'un tribunal sur le principal, est qu'il est également incompétent sur le provisoire. — (*Voy. nouv. Rép., au mot* provision, *tom.* 10, *pag.* 228; *Demiau Crouzilhac*, *pag.* 120).

575. *Peut-on adjuger un provisoire sur l'appel? Le peut-on même sur l'appel d'un jugement de renvoi avant d'y statuer?*

Oui, parce qu'il est de principe qu'en tout état de cause, il peut et doit être statué sur les demandes en provision, *lorsque l'urgence en est reconnue*, comme nous l'avons dit, pag. 321, à la note. — (*Voy. nouv. Rép.*, ibidem; *voy. aussi les questions sur l'art.* 464).

ARTICLE 135.

L'exécution provisoire sans caution sera ordonnée, s'il y a titre *authentique* (1), promesse *reconnue* (2), ou condamnation précédente *par jugement dont il n'y ait point d'appel* (3);

L'exécution provisoire pourra être ordonnée, avec ou sans caution, lorsqu'il s'agira,

1.° *D'apposition et levée de scellés* (4), ou confection *d'inventaire* (5);

---

(1) *Authentique.* Voy. C. C., art. 1317 et 1319.

(2) *Reconnue.* Voy. C. C., art. 1322; C. de P., art. 193.

(3) On peut être d'abord embarrassé pour concevoir comment il se fait qu'un jugement dont il n'y a point eu d'appel puisse ensuite donner lieu à un autre jugement; c'est ce qui arrive, par exemple, lorsqu'il s'est élevé des difficultés sur l'exécution du premier jugement. Ainsi, *Titius* a été condamné sans appel à payer à *Mævius* une somme quelconque; comme *Titius* ne la paie pas, *Mævius* fait saisir ses meubles; mais le saisi prétend que la saisie est nulle; le saisissant se pourvoit pour la faire déclarer valable; un second jugement la déclare telle, et prononce qu'elle aura tous ses effets : en conformité de notre article, il ordonnera l'exécution provisoire, nonobstant l'appel, parce que le second jugement est fondé sur le premier, et ne statue que sur son exécution.

(4) *Apposition et levée de scellé.* Voy. C. de P., art. 921 et 930.

(5) *D'inventaire.* V. C. C., art. 941 et 942.

2.° *De réparations urgentes* (1);

3.° *D'expulsion des lieux* (2), lorsqu'il n'y a pas de bail ou que le bail est expiré;

4.° De séquestres, commissaires et gardiens (3);

5.° *De réception de cautions et certificateurs* (4);

6.° De nomination de *tuteurs, curateurs et autres administrateurs, et de reddition de compte* (5);

7.° *De pensions* (6) *ou autres provisions alimentaires* (7).

Ordonn. de 1667, tit. 17, art. 15. — C. de P., art. 17, 137, 155, 439, 457, 809, 1024.

XCVII. On voit par cet article qu'il est des cas dans lesquels les juges doivent, et d'autres où ils peuvent ordonner l'exécution provisoire d'une condamnation.

Dans ceux où ils sont tenus aujourd'hui de prononcer l'exécution provisoire, l'ordonnance de 1667, tit. 15, art. 17, voulait qu'elle n'eût lieu qu'en donnant caution. Le Code décide le contraire, par application de la maxime que

---

(1) *Réparations* Voy. C. C., art. 1734 et 1756.
(2) *Expulsion des lieux*. Voy. nos questions sur l'art. 819, et C. C., art. 1743 et 2060.
(3) *Séquestre, etc* Voy. C. C., art. 1955 et suiv.
(4) *Cautions*. Voy. C. C., art. 517 et suiv.; C. de P., art. 439, 440.
(5) *Tuteurs, etc*. Voy. le titre des avis de parens et celui des redditions de compte.
(6) *Pensions, etc*. Voy. le titre des séparations de corps, et l'art. 459.

(7) JURISPRUDENCE.

1.° L'art. 135, qui accorde l'exécution provisoire aux condamnations fondées sur un titre authentique ou reconnu, peut s'appliquer au cas où un individu tient de la loi un droit certain attaché à une qualité qui ne lui est pas contestée. Cette qualité lui tient lieu de titre; ainsi un cohéritier a contre son aîné, détenteur des biens de la succession, un véritable titre qui peut donner lieu à l'exécution provisoire du jugement qu'il obtient. — (*Cassat.*, 1.er *fév.* 1815, *Sirey, tom.* 15, *pag.* 266).

2.° Le même article, en ce qui touche l'exécution provisoire sans caution, s'il y a titre authentique, s'applique au jugement qui ordonne l'exécution d'un testament olographe, parce que cet acte, légalement reconnu, équivaut à un titre authentique, dans le sens de cet article. — (*Nîmes*, 25 *mars* 1819, *Sirey, tom.* 20, *pag.* 32).

Nota. On sait combien est controversée cette question du fond, si le testament olographe peut être assimilé à un acte authentique Il n'entre pas dans notre plan de la traiter; mais on peut voir, pour l'affirmative, M. Toullier, tom. 4, pag. 234; Chabot, sur l'art. 747, n.° 20. et l'arrêt de cassat., du 17 déc. 1812 (*Sirey, tom.* 13, *pag.* 409); et pour la négative, Loiseau, pag. 464 et 465, et Delvincourt, tom. 1, pag. 591).

3.° Les juges peuvent ordonner l'exécution provisoire de la décision qui condamne le caissier d'une faillite à rendre aux syndics les deniers par lui perçus, attendu que le jugement qui les nomme est un titre authentique. — (*Cassat.*, 16 *juil.* 1817, *Sirey*, 1819, *pag.* 15).

4.° Le jugement qui ordonne un paiement d'arrérages de rente dont le titre est authentique et reconnu, admet l'application de l'art. 135. — (*Rennes*, 21 *janv.* 1813, *Journ., tom.* 4, *pag.* 20).

5.° Un jugement rendu en exécution d'un autre jugement antérieur et d'un arrêt qui l'a confirmé, doit ordonner l'exécution provisoire de ses dispositions, lorsqu'elle est demandée par les parties, attendu que ce jugement est rendu sur des *titres authentiques*, qui sont le jugement antérieur et l'arrêt confirmatif. — (*Rennes*, 5 *déc.* 1810, *Journ., tom.* 1, *pag.* 490).

Semblable décision a été rendue par arrêt de la même Cour, du 21 janvier 1813. — (*Journ., tom.* 4, *pag.* 20).

la provision est due au titre : d'où suit la conséquence nécessaire que tant qu'il n'est pas argué de faux, la confiance qu'il mérite ne permet pas de soumettre celui qui en est muni aux difficultés de trouver une caution : il est évident que la condamnation est juste et bien appliquée.

Dans les autres cas, où l'exécution provisoire n'est que facultative, le législateur a dû s'en rapporter à la conscience des juges, ainsi qu'à leur expérience. Ce sont des matières qui toutes requièrent célérité ; et, par ce motif, l'exécution d'un jugement peut alors être ordonnée avec ou sans caution, suivant les circonstances. Il ne faut pas, en effet, que celui qui se trouve hors d'état de donner une caution, soit privé du bienfait de l'exécution provisoire, quand elle est reconnue nécessaire. — (*Exp. des motifs et Rapp. au Corps législ.*).

576. *Les dispositions de l'art.* 135 *ne sont-elles applicables que dans les tribunaux de première instance?*

Oui, 1°. parce que l'art. 17 porte que les jugemens des juges de paix, jusqu'à concurrence de 300f, seront exécutoires par provision, et sans qu'il soit besoin de fournir caution, et que, dans tous autres cas, ces juges peuvent ordonner l'exécution sous cautionnement. — (*Voy. la* 78e. *question*).

2°. Parce que l'art. 439 renferme des règles particulières sur l'exécution provisoire des jugemens des tribunaux de commerce. — (*Voy. les questions sur cet article*).

3°. Parce que les arrêts des Cours royales n'étant sujets qu'au pourvoi en cassation, il n'y a point lieu à ordonner l'exécution provisoire, ce pourvoi n'étant point suspensif en matière civile.

577. *Peut-on ordonner l'exécution provisoire pour titre authentique, lorsque la partie adverse oppose de son côté un titre pareillement authentique, et qu'il s'agit de juger la préférence que l'un doit avoir sur l'autre?*

Nous ne le pensons pas, attendu que la première disposition de l'art. 135 n'a été portée qu'en faveur d'un titre non contesté, ni quant à sa forme, ni quant aux effets qu'il doit produire comme acte authentique. Or, si l'on oppose à un titre authentique un titre de même nature, et que l'un et l'autre se détruisent réciproquement, il y a contestation sur ce titre, et, par conséquent, on ne peut prononcer l'exécution provisoire sans caution. Tel est aussi l'avis de M. Thomines, dans ses cahiers dictés en la Faculté de Caen.

Si le titre authentique qui résulte d'un arrêt est modifié dans son contenu par une transaction qui le remplace, cette transaction est le seul titre actuel au moins apparent. Si donc il est attaqué, comme la provision lui est due durant la *litispendance*, sur sa validité, le jugement qui interviendrait sur l'exécution de l'arrêt ne peut être déclaré exécutoire sans caution.

Ainsi, aux termes de l'art. 459, la Cour pourrait suspendre cette exécution. (*Rennes*, 23 *septembre* 1815.) Par exemple, on poursuit l'exécution d'un arrêt devant un tribunal civil ; la partie oppose une transaction intervenue sur cet arrêt, et prétend que cette transaction est désormais le seul titre qu'on puisse lui opposer ; cependant le tribunal, sans égard à la transaction, statue sur la demande et ordonne l'exécution sans caution, parce qu'il y a *titre authentique*. Il n'est pas fondé à prononcer de la sorte, puisque la transaction est le seul titre apparent, jusqu'à ce qu'elle soit annulée (1).

(1) Cette opinion a été consacrée par arrêt de la Cour de Rennes, le 15 septembre 1815. — (*Journ., tom.* 4, *pag.* 556).

578. *Qu'est-ce qu'expriment, dans la première disposition de l'art. 135, les mots* PROMESSE RECONNUE?

D'après un arrêt de la Cour de Rennes, du 14 octobre 1815, ce mot *promesse* n'exprime qu'une promesse écrite, antérieure à l'instance, et non pas une promesse verbale, ou que l'on ferait résulter d'un acquiescement tacite également antérieur.

Nous croyons très-exacte cette explication du mot promesse; mais quand la promesse écrite sera-t-elle reconnue? Ce sera lorsqu'elle n'aura pas été méconnue, c'est-à-dire, déniée pendant l'instance; car la reconnaissance tacite de la partie qui ne conteste pas lorsqu'elle est en instance, autorise à en ordonner l'exécution sans caution. — (*Voy. le numéro suivant*).

579. *Si une partie fait défaut, y a-t-il lieu à déclarer que la promesse sera tenue pour reconnue, et, par conséquent, à ordonner l'exécution provisoire?*

Pour qu'une promesse soit reconnue, il faut, ou que la reconnaissance ait été donnée avec l'instance, ou qu'elle ait lieu pendant l'instance; mais comme il est de principe que le défaut emporte contestation, on ne peut, s'il n'existe pas une reconnaissance formelle antérieure à l'instance, en supposer une de la part de la partie: donc on ne peut, dans ce cas, ordonner l'exécution provisoire. Telle paraît être l'opinion de M. Hautefeuille: il faut, dit-il, promesse *reconnue par la partie* (ce qui n'a pas lieu en cas de défaut), ou reconnaissance prononcée par jugement non attaqué (ce qui suppose reconnaissance antérieure à l'instance).

A la vérité, M. Pigeau, tom. 1, pag. 498, dit bien « que la promesse est » reconnue, en cas de silence de la partie, par un jugement qui tient l'acte pour » reconnu. Si, ajoute-t-il, la partie ne réclame pas, c'est une reconnaissance » tacite qui équivaut à l'expresse, et sur laquelle, par conséquent, l'exécution » sans caution doit également avoir lieu, comme sur la reconnaissance ex- » presse. »

Mais il est évident que M. Pigeau suppose ici la comparution de la partie.

Contre cette opinion, que le défaut ne peut autoriser à tenir la promesse pour reconnue, on a opposé l'art. 194, au titre de la vérification des écritures: il porte que si le défendeur ne comparaît pas, il sera donné défaut, et l'écrit sera tenu pour reconnu.

Mais cette disposition n'est qu'une exception aux règles générales pour le cas particulier d'une demande en reconnaissance formée d'après l'art. 193; elle laisse subsister, pour tout autre cas, le principe que *le défaut emporte contestation.*

Nous pensons donc que l'on ne peut, lorsque la partie laisse défaut sur une demande fondée sur un acte sous seing privé, et qui n'a pas pour objet principal la reconnaissance suivant l'art. 193, ordonner l'exécution provisoire, tenant la preuve pour reconnue.

580. *Pourrait-on ordonner l'exécution sans caution, si la créance qui est l'objet de la condamnation a été reconnue en bureau de paix?*

Un arrêt de la Cour de Paris, du 28 septembre 1809 (*voy. Journ. des Cours souv., tom. 3, pag.* 421), décide affirmativement cette question; mais M. Coffinières remarque que cette Cour n'a pas entendu la disposition de l'art. 135 dans un sens assez rigoureux. Ces mots, dit-il, *promesse reconnue,* supposent une promesse antérieure à l'instance, et une reconnaissance faite dans le cours de cette même instance; d'un autre côté, on ne peut, d'après l'art. 1317 du Code civil, donner la qualification de *titre authentique* à une reconnaissance faite en justice de paix, et dès lors, les expressions *promesse reconnue*, ni celles *titre authentique*, ne peuvent caractériser cette simple reconnaissance devant le juge de paix, laquelle ne constitue pas même un aveu judiciaire proprement dit (1).

581. *Est-il des cas où l'exécution provisoire aurait lieu de plein droit, et sans qu'elle ait été ordonnée?*

L'exécution provisoire est de droit, quand la loi prononce sans prescrire qu'elle sera ordonnée par le juge.

Ainsi, nul doute qu'elle n'a pas besoin d'être accordée par le jugement dans les espèces de l'art. 17, cité sur la précédente question, et des art. 263, 276, 840 et 848 du Code de procédure. La disposition de la loi suffit ici pour rendre l'ordonnance ou le jugement exécutoire par provision.

582. *Mais en est-il de même pour les cas mentionnés en la première disposition de l'art. 135, en sorte que le jugement serait exécutoire par provision, en vertu de cette disposition?*

Cette question sera résolue par suite de l'examen que nous allons faire de celle qui suit.

583. *L'exécution provisoire ne peut-elle être ordonnée qu'autant qu'elle a été demandée?*

Remarquons d'abord que la première disposition de l'art. 13 est impérative : d'où suit que le juge est obligé d'ordonner l'exécution provisoire dans le cas qu'elle détermine, et de l'ordonner sans caution.

M. Delaporte, tom. 1, pag. 145, les auteurs du Commentaire inséré aux Annales du notariat, pag. 270, estiment qu'il n'est pas nécessaire que l'exécution soit *demandée* par la partie intéressée; et ceux-ci vont même jusqu'à dire qu'il en est ainsi dans les cas où la seconde disposition du même article laisse aux juges la faculté d'ordonner cette exécution.

M. Pigeau dit, au contraire, tom. 1, pag. 501, que l'exécution provisoire, *avec ou sans caution*, étant dans l'intérêt des parties, doit être demandée; elle ne peut, selon lui, être prononcée d'office comme on le fait souvent: autrement ce serait juger *ultra petita*

La Cour de Rennes, par arrêt du 9 juillet 1810 (*voy. Journ. des arrêts de cette Cour, tom. 1, pag.* 290), a décidé conformément au sentiment de M. Pigeau.

Nous pensons aussi que, même dans le cas prévu par la première disposition de l'art. 135, la partie intéressée doit former la demande à l'effet d'obtenir l'exécution provisoire; nous en donnons pour motifs que l'art. 135 veut que l'exécution provisoire soit ordonnée par *le juge* : d'où suit qu'elle doit être

(1) D'après ce que nous avons dit *suprà*, quest. 229, nous n'admettons cette opinion que pour le cas où la reconnaissance faite par la partie n'aurait pas été signée par elle, et pour celui où, sur son défaut de signer, il est fait mention qu'elle n'a su ou n'a pu signer. Dans le cas contraire, nous pensons qu'il y a *promesse reconnue* avant l'instance, et par conséquent lieu d'ordonner l'exécution sans caution.

demandée; car autrement le législateur l'aurait lui-même *ordonnée* pour avoir lieu de *plein droit*, comme il l'a fait aux articles cités sur la 581e. question (1).

584. *Est-il des exceptions à l'obligation où sont les juges, d'après la disposition de l'art.* 135, *d'ordonner l'exécution provisoire?*

Oui; par exemple, dans les cas prévus par l'art. 1319 du Code civil, relativement à l'acte authentique, et par l'art. 478 du Code de procédure, s'il y a tierce opposition contre un jugement autre que celui qui porterait condamnation à délaisser la possession d'un héritage (2).

585. *La seconde disposition de l'art.* 135 *est-elle limitative, en sorte qu'on ne puisse l'appliquer à d'autres cas que ceux qu'elle exprime?*

Elle est *limitative*, ainsi qu'il a été jugé par deux arrêts de la Cour de Paris, l'un du 9 janvier 1808, l'autre du 14 septembre suivant, et par un autre arrêt de la Cour d'appel de Rennes, du 24 novembre 1807. — (*Voy. Sirey, tom.* 8, *suppl., pag.* 283, *et suppl. pour* 1808 *et* 1809, *pag.* 508).

Cependant, tous les auteurs conviennent que si l'art. 135 ne place pas au nombre des sept cas déterminés en sa seconde disposition les *provisoires*, autres que ceux qui ont des *alimens* pour objet, tout jugement qui statue par provision est par sa nature même provisoirement exécutoire. Telle est aussi notre opinion, fondée d'ailleurs sur l'ancienne jurisprudence. Il faut remarquer seulement que les juges ont aujourd'hui la faculté d'ordonner cette exécution, avec ou sans caution, tandis qu'autrefois on prescrivait toujours le cautionnement pour sûreté de la restitution de la somme ou de la chose. — (*Voy. Rodier, sur l'art.* 5 *du tit.* 27 *de l'ordonn., et le nouv. Rep., au mot* exécution provisoire, *tom.* 4, *pag.* 827).

586. *Dans le cas où, conformément à cette disposition, le juge peut ordonner l'exécution provisoire, est-il tenu de ne l'accorder qu'avec caution?*

---

(1) Si l'on opposait cependant que cette solution ne pourrait pas du moins s'appliquer à la première disposition de l'article, qui veut que l'exécution *soit ordonnée*, nous répondrions que la Cour d'appel de Rennes a jugé, dans l'espèce même de cette disposition, qui, suivant nous, ne doit s'entendre qu'en ce sens seulement, que le juge, lorsque l'exécution provisoire est demandée, ne peut se dispenser de l'accorder.

Revient maintenant la question de savoir si, dans le cas où l'exécution n'a pas été ordonnée dans le cas prévu par cette première disposition, le jugement n'en est pas moins exécutoire par provision.

M. Delaporte, pag. 145, et les auteurs du Commentaire inséré aux Annales du notariat, pag. 269, maintiennent la négative, parce que, disent-ils, le Code de procédure ne dit pas, comme l'ordonnance de 1667, que le jugement sera *exécutoire*, mais que l'exécution provisoire *sera ordonnée* : d'où suit que, pour exécuter le jugement, il est nécessaire qu'il contienne lui-même autorisation à cet effet.

On sent que nous ne pouvons qu'adopter cette opinion, qui, par ailleurs, n'est qu'une conséquence de celle que nous avons émise sur la question de savoir si l'exécution devait être demandée. — (*Voy. les questions traitées sur l'art.* 439).

(2) C'est ici le lieu de remarquer qu'il a été décidé, par arrêt de la Cour de Nîmes, du 18 novembre 1807 (*voy. Jurisp. sur la procéd., tom.* 1, *pag.* 286), qu'il n'y a pas lieu d'ordonner l'exécution provisoire *sans caution*, lorsqu'on reproche à un acte authentique des vices qui auraient pour effet de lui enlever son caractère d'authenticité. Alors l'exécution serait bien ordonnée, conformément à l'art. 135, mais avec caution.

Nous ne poscrions pas cette question, si un des commentateurs du Code n'avait pas dit et répété que, dans les cas dont il s'agit, le juge ne peut ordonner l'exécution provisoire que *sous la condition impérieuse et indispensable d'un cautionnement à fournir par la partie qui l'obtiendra.*

Il est bien évident, au contraire, et nul des autres commentateurs n'en a douté, que les juges, lorsqu'ils croient devoir ordonner l'exécution provisoire dans l'un des sept cas mentionnés à la seconde disposition de l'art. 135, ont la faculté de prescrire qu'il sera donné caution pour répondre des suites de cette exécution, ou d'en dispenser (1).

587. *Un tribunal qui a ordonné l'exécution provisoire, peut-il la suspendre par un second jugement?*

La Cour de Rennes s'est prononcée pour la négative, par arrêt du 6 octobre 1810, attendu qu'un tribunal ne peut se réformer. — (*Voy. Journ. des arrêts de cette Cour, tom. 1, pag.* 464).

588. *L'exécution provisoire peut-elle être ordonnée nonobstant opposition ou appel, ou seulement nonobstant l'appel?*

Si l'on considère que l'art. 155 contient une disposition relative à l'exécution provisoire des jugemens par défaut, on reconnaîtra que l'art. 135 ne se rapporte qu'à l'exécution, nonobstant appel. On ne pourra donc, en conformité de cet article, ordonner l'exécution provisoire des jugemens par défaut nonobstant opposition, à moins que l'on ne se trouve dans un cas où l'art. 155 permette de recourir à l'art. 135 (2). — (*Voy.* infrà *sur les art.* 155 *et* 439).

ARTICLE 136.

Si les juges ont omis de prononcer l'exécution provisoire, ils ne pourront l'ordonner par un second jugement (3), sauf aux parties à la demander sur l'appel (4).

C. de P., art. 122, 439, 135, § 2, et sur-tout 458.

---

(1) Mais observons que le magistrat ne doit user de cette faculté qu'avec prudence; la justice veut qu'il ordonne la caution toutes les fois qu'il y aurait à craindre que les effets de l'exécution fussent irréparables en définitive.

(2) La raison de cette différence entre les jugemens contradictoires et les jugemens par défaut, c'est, comme le dit M. Thomines dans ses cahiers, que l'opposition ne peut être de longue durée, et qu'il n'y a pas motif suffisant pour passer outre à l'exécution, s'il n'y a urgence. L'opposition affaiblit la présomption qui existait en faveur de la chose jugée, et elle remet les parties au même état qu'elles étaient avant le jugement.

(3) Sous l'empire de l'ordonnance, on pensait assez généralement que si la partie avait omis de demander l'exécution provisoire, elle le pouvait faire par une demande incidente après la sentence rendue. — (*Voy. Jousse, sur l'art.* 17 *du tit.* 27, *la disposition contraire de l'article ci-dessus*).

(4) JURISPRUDENCE.

1.° Les juges ne peuvent ordonner l'exécution provisoire, même par le jugement qui déboute la partie condamnée de son opposition au premier jugement. (*Bruxelles*, 13 *déc.* 1810, *Sirey, tom.* 11, *pag.* 331).

2.° Dans les cas d'urgence, les tribunaux peuvent ordonner l'exécution de leurs jugemens sur la minute. — (*Cassat.*, 10 *janv.* 1814, *Sirey, tom.* 14, *pag.* 64).

Article 137.

L'exécution provisoire ne pourra être ordonnée pour les dépens (1), quand même ils seraient adjugés pour tenir lieu de dommages-intérêts (2).

C. de P., art. 130 et suiv., 503 et 459.

XCVIII. La raison de cette disposition est que les dépens, quoique faisant partie de la condamnation prononcée par le jugement, ne tiennent point à l'objet principal de cette condamnation, et ne peuvent conséquemment avoir le même privilége.

Article 138.

Le président et le greffier signeront la *minute* (3) de chaque jugement aussitôt qu'ils seront rendus. Il sera fait mention, en marge de la feuille d'audience, des juges et du procureur du Roi qui y auront assisté. Cette mention sera également signée par le président et le greffier (4).

Ordonn. de 1667, art. 5, tit. 26. — C. de P., art. 139 et suiv. — Décret du 30 mars 1808, art. 36, 73 et 74.

XCIX. Les précautions prescrites par cet article, ont pour motif d'empêcher qu'il ne soit rien changé au jugement, et de constater qu'il a été rendu par le nombre de juges que la loi exige.

---

(1) Remarquez, d'après l'art. 403, qu'il en est autrement lorsqu'il y a eu désistement.

(2) JURISPRUDENCE.

Lorsque les juges terminent leur jugement en ordonnant qu'il sera exécuté par provision, *suivant la loi*, on ne peut leur supposer l'intention d'avoir voulu étendre l'exécution provisoire aux dépens que la loi excepte formellement de cette mesure. — (*Rennes*, 2.e *chamb.*, 16 *juin* 1808).

(3) *Minute.* C'est tout *original* d'un acte. On l'appèle *minute*, du latin *minuta* (*scriptura*), parce qu'il est écrit en plus petits caractères que l'expédition. (*Voy. art.* 139, *note* 1). La minute est rédigée, comme nous l'avons dit pag. 262, sur une feuille volante appelée *feuille d'audience*; toutes ces feuilles se réunissent, à la fin de l'année, en un cahier ou registre, qui prend le nom de *registre d'audience*, autrement de *plumitif*, c'est-à-dire registre de celui qui tient la plume à l'audience. (*Voy. le Traité des jugemens de M. Poncet, tom.* 1, *pag.* 195). La feuille d'audience contient conséquemment les motifs et le dispositif du jugement. — (*Décis. minist. du* 26 *sept.* 1808).

(4) JURISPRUDENCE.

1.° Lorsque la minute d'un jugement définitif n'est pas conforme au *plumitif*, on doit s'en rapporter à la minute. Le tribunal qui a rendu le jugement ne peut ordonner qu'il sera ajouté ou retranché à la minute, ce en quoi elle diffère du plumitif : ce serait réformer lui-même son propre jugement. — (*Metz*, 12 *fév.* 1817, *Sirey, tom.* 18, *pag.* 345).

2.° Le jugement nul pour défaut des signatures requises sur l'expédition, ne peut être

589. *Comment s'applique l'art.* 138 ?

Cet article a été expliqué par une lettre du ministre de la justice, en date du 26 septembre 1808. — (*Voy. Sirey, tom.* 8, *suppl., pag.* 298).

Il résulte de cette lettre qu'il faut bien distinguer le prononcé d'un jugement d'avec la rédaction complète de ce jugement. Cette rédaction se fait sur les qualités signifiées entre parties, conformément à l'art. 142 ; mais le prononcé du jugement s'écrit sur la feuille d'audience, et c'est cet écrit qui forme ce que l'article appèle *minute du jugement.*

Il ne suffirait donc pas que la feuille d'audience contînt une note succincte du prononcé, sauf à y donner les développemens nécessaires lors de la rédaction complète qu'on ferait par la suite sur les qualités. En effet, cette feuille d'audience est, comme nous venons de le dire, la véritable minute du jugement, et l'on ne peut rien y changer lors de la délivrance des expéditions. Il faut conséquemment qu'elle présente, après l'indication des noms des parties, *les motifs* et la disposition du jugement d'une manière à ne rien laisser à désirer sur tous ces objets, et à rendre toute altération impossible. — (*Voy. Comm. inséré aux Annales du not., tom.* 1, *pag.* 272).

Il est seulement à remarquer que si l'art. 138 exige que la minute dont il s'agit soit signée par le président et par le greffier aussitôt que le jugement est rendu, néanmoins, l'art. 36 du réglement du 30 mars 1818 accorde à cet effet un délai de vingt-quatre heures. — (*Voy. encore, sur l'art.* 138, *les art.* 37, 38 *et* 74 *de ce régl.*).

590. *Est-ce toujours le greffier en chef qui doit signer la minute des jugemens ?*

C'est ou le greffier en chef, s'il a tenu l'audience, ou le commis assermenté qui l'aurait tenue à sa place. — (*Arg. de l'art.* 91 *du réglement du* 30 *mars; voy. Pigeau, tom.* 1, *pag.* 523).

591. *Le jugement serait-il nul si la minute était signée par un greffier qui serait partie aux qualités ?*

On eût pu soutenir autrefois l'affirmative de cette question, en se fondant sur ce que les greffiers pouvaient être récusés dans les causes de leurs parens et alliés, et devaient se récuser dans celles où ils avaient intérêt. — (*Jousse, traité de l'admin. de la justice civile, tom.* 2, *pag.* 281).

L'auteur du nouveau Répertoire, au mot *greffier*, tom. 5, pag. 587, se borne à remarquer que les lois nouvelles sont absolument muettes sur cette matière. Or, l'art. 1041 du Code de procédure abroge toutes lois, usages, coutumes et réglemens relatifs à la procédure civile. Puisqu'il n'autorise pas la récusation du greffier, et ne lui prescrit pas de s'abstenir; puisque, d'un autre côté, il n'interdit pas, à peine de nullité, à cet officier, de tenir la plume à

attaqué que par la voie d'appel, dans les délais prescrits par la loi. — (*Bruxelles, 7 janv.* 1808, *Sirey, tom.* 10, 2.e *part., pag.* 502).

3.° Le vœu de l'art. 138 est suffisamment rempli, lorsque l'expédition d'un arrêt contient l'énonciation que la signature du président et du greffier ont été apposées sur la minute. Il n'est pas nécessaire que les signatures soient *textuellement* relatées dans l'expédition. — (*Cassat.*, 24 *mai* 1821, *Sirey, tom.* 21, *pag.* 333).

l'audience, dans le cas où il serait partie; puisqu'enfin un greffier est étranger à la délibération et à la décision des juges; que son ministère est borné à être témoin du jugement, à l'écrire suivant la marque du président, ou tel que celui-ci l'a dicté; que conséquemment il ne peut influer en rien sur l'acte du tribunal, et que tout intérêt de le récuser disparaît, la nullité du jugement manque de base, et ne peut être accueillie. — (*Rennes*, 2e. *chamb.*, 3 *janvier* 1818).

592. *L'art.* 138 *doit-il être appliqué dans les tribunaux de commerce?*

Cet article est obligatoire dans tous les tribunaux. — (*Voy. lettre du ministre de la justice, du* 31 *octobre* 1809, *Sirey*, 1810, *suppl.*, *pag.* 12).

593. *Peut-on, par la feuille d'audience et sans avoir besoin de s'inscrire en faux, prouver qu'un juge, dont le nom se trouve employé dans l'expédition du jugement, n'y a pas concouru?*

L'affirmative est la conséquence nécessaire d'un arrêt rendu par la Cour de cassation, le 13 juillet. (*Voy. Denevers, suppl.*, 1808, *pag.* 177). Nous concluons encore de cet arrêt, que l'on peut, sans avoir besoin de s'inscrire en faux, prouver par la feuille d'audience l'existence ou la non existence de tout fait qui serait relaté dans l'expédition d'un jugement, et que cette feuille doit constater; mais il est entendu que le tribunal n'en serait pas moins autorisé, suivant les circonstances, à permettre l'inscription (1).

Article 139.

Les greffiers qui délivreront *expédition* (2) d'un jugement avant qu'il ait été signé, seront poursuivis comme faussaires (3).

Disposition approximative de celle de l'art. 6, ordonn. de Charles VII, juillet 1493. — C. d'inst. crim., art. 196, 448 et suiv. — C. de P., art. 140, 1029.

C. On voit que cette disposition a pour but d'empêcher que l'on n'élude celle de l'article précédent.

---

(1) Remarquons ici que, par arrêt du 16 mai 1821 (*Sirey*, *tom.* 21, *pag.* 221), la Cour de cassation a décidé, par application de l'art. 138 ci-dessus, et de l'art. 7 de la loi du 20 avril 1810, que dans le cas où il est constaté par le jugement que la cause a été appelée à son tour de plaidoirie, à telle ou telle audience, à l'une desquelles il est reconnu qu'un des juges nommés au jugement n'a pas assisté, ce jugement est nul. On voit que cet arrêt confirme la solution donnée sur la question ci-dessus, puisqu'afin de faire déclarer cette nullité, il n'y a pas eu besoin d'une inscription de faux.

Au surplus, lorsque l'expédition du jugement est dans la forme voulue par la loi, foi doit être ajoutée à tout son contenu : des extraits de plumitif qui ne contiendraient que des notes imparfaites, ou qui ne référeraient aucunes signatures du président ou du greffier, ne peuvent y porter atteinte. — (*Rennes*, 19 *juil.* 1808, *et* 4 *mars* 1820).

Nota. De même, lorsque l'expédition d'un arrêt énonce un fait duquel résulterait la nullité de cet arrêt; par exemple, s'il est dit qu'il a été rendu par six juges, la preuve contraire ne peut être faite par un certificat du greffier, portant que c'est par erreur que la présence du septième juge n'a pas été mentionnée. -- (*Cassat.*, 26 *mai* 1819, *Sirey*, *tom.* 20, *pag.* 21).

Cette décision est contraire à un arrêt de la Cour de Paris, du 5 avril 1808, qui a décidé que si l'expédition porte les noms d'un juge qui n'a pas concouru au jugement, ce jugement n'est pas nul, s'il est prouvé que ce n'est qu'une erreur de copiste. -- (*Sirey*, *tom.* 8, *pag.* 155; *voy. suprà*, *pag.* 257, *not.* 1).

(2) *Expédition*; c'est la copie de la minute. Cette copie est ainsi appelée du latin *expedire*, délivrer.

(3) *Faussaires*. Devant la Cour d'assises, et non pas devant un tribunal correctionnel. — (*Cassat.*, 22 *août* 1817).

ARTICLE 140.

Les procureurs du Roi et généraux se feront représenter tous les mois les minutes des jugemens, et vérifieront s'il a été satisfait aux dispositions ci-dessus. En cas de contravention, ils en dresseront procès-verbal, pour être procédé ainsi qu'il appartiendra.

CI. L'OBLIGATION imposée par cet article aux procureurs du Roi, tend à prévenir sans retour des négligences coupables, qui malheureusement n'ont pas été sans exemple, et qui ont troublé le repos d'un grand nombre de familles. Comment a-t-il pu se faire que des jugemens rendus depuis plusieurs mois, n'aient pas été signés, et comment suppléer à la signature du président et du greffier, morts dans l'intervalle? Comment s'assurer, après un laps de tems considérable, et lorsque plusieurs membres d'un tribunal n'existeraient peut-être plus, de la véritable teneur d'un jugement? Cet abus n'existera plus : les procureurs du Roi sont l'œil du Gouvernement, et l'on ne doit pas craindre qu'une surveillance placée dans leurs mains restera sans effet. — (*Exp. des motifs*).

ARTICLE 141.

La rédaction des jugemens contiendra les noms des juges, du procureur du Roi, s'il a été entendu, ainsi que des avoués; les noms, professions et demeures des parties, leurs *conclusions* (1), l'exposition sommaire des *points de fait et de droit* (2), les motifs et le *dispositif* (3) des jugemens (4).

Art. 15, tit. 5, loi du 24 août 1790, et loi du 20 avril 1810, art. 7. — C. d'instr. crim., art. 196. — C. de P., art. 83, 111, 433.

CII. LA loi indique en cet article quelle est la forme de la rédaction des jugemens; quels noms et quelles signatures ils doivent contenir : rien n'est plus important qu'une rédaction claire, qui constate l'observation de tout ce

---

(1) *Conclusions*, de *conclusio*, formé de *concludo*, fermer avec. En général, c'est la fin d'un discours, d'une affaire. En termes de pratique, les *conclusions* sont les demandes et prétentions qu'un plaideur forme contre sa partie adverse, et qu'il maintient devoir lui être adjugées; ce sont *les fins* qu'il se propose.

(2) *Point de fait*, c'est l'objet du procès; *point de droit*, ce sont les questions que les faits présentent à résoudre pour l'application de la loi à ces faits.

(3) *Dispositif*, de *dispono*, disposer, ordonner; c'est ce qu'*ordonne* le jugement.

(4) JURISPRUDENCE.

1.° Il n'y aurait pas nullité d'un jugement qui établirait les points de fait dans tel ordre plutôt que dans tel autre; la loi n'ayant indiqué aucun mode particulier, il suffit que les faits soient énoncés, et qu'ils le soient d'une manière intelligible. — (*Rennes*, 3.e *chamb.*, 20 *déc.* 1815).

qui est nécessaire pour qu'un jugement soit légal, et qui ne laisse aucune prise à la mauvaise foi; « car, disait d'Aguesseau (*Mercuriale sur l'attention*), » la chicane vaincue a encore ses ressources. A peine se voit-elle accablée » sous le poids de l'équité, qu'elle pense déjà à réparer ses pertes et à relever » les débris de son injustice : il n'est rien que sa subtilité ne tente pour dé- » rober au vainqueur tout le fruit de sa victoire; et qui sait si elle n'osera » pas porter ses vues sacrilèges jusque sur l'oracle même, pour y glisser, s'il » était possible, des termes obscurs, des expressions équivoques, dont elle » puisse se servir un jour pour en combattre la foi ou pour l'éluder?.... Efforts » impuissans, artifices inutiles contre un magistrat attentif! Il pèse toutes les » paroles de son jugement, avec autant de religion qu'il a pesé son juge- » ment même; et par cette dernière attention, il imprime pour ainsi dire le » sceau de l'éternité sur les ouvrages de sa justice. » — (*Rapp. au Corps lég.*).

594. *Les formalités prescrites par l'art.* 141 *doivent-elles être observées à peine de nullité?*

Nous remarquerons qu'à quelques modifications près, cet article reproduit les dispositions de l'art. 15 du tit. 5 de la loi du 24 août 1790. et que, d'après l'art 2 de la loi du 4 germinal an 2, on a constamment jugé que toute contravention à ces dispositions emportait la peine de nullité.

Mais l'art. 141 ne prononce point cette peine, et, d'un autre côté, l'art. 1030 défend de suppléer des nullités que le Code ne prononce pas d'une manière formelle.

Sur ce motif, M. Merlin, dans son nouveau Répertoire, au mot *jugement*, M. Toullier, tom. 10, pag. 201, n°s. 155 et suivans, établissent, et la Cour de Rennes, conformément à un arrêt de celle de cassation, du 8 août 1808, section des requêtes, a décidé que la peine de nullité n'était point attachée

---

2.° Il en serait de même, si l'exposé des faits n'était pas séparé des conclusions. — (*Rennes*, 23 *déc.* 1814, *Journ.*, *tom.* 4, *pag.* 335).

3.° Les questions de droit sont, suivant les circonstances, suffisamment posées, dans un arrêt, par ces seules expressions : *Y a-t-il lieu de confirmer le jugement dont est appel?* — (*Cassat.*, 5 *brum. an* 11 *et* 30 *juil.* 1816, *Sirey, tom.* 3, 2.e *part.*, *pag.* 526, *et tom.* 17, *pag.* 68).

4.° Il n'y a pas nullité, quand un jugement définitif contient les noms d'autres juges que ceux qui ont concouru à un jugement interlocutoire; car aucune loi n'ordonne que les jugemens qui interviennent dans une même affaire soient rendus par les mêmes juges. — (*Rennes*, 10 *nov.* 1807, *et suprà*, *pag.* 265, *note* 2).

NOTA. A cette décision se rattache naturellement l'arrêt de la Cour de cassation, du 27 février 1821 (*Sirey, tom.* 21, *pag.* 336), lequel décide qu'un jugement n'est pas nul, parce qu'un des juges qui y ont concouru n'a pas assisté à l'audience dans laquelle l'affaire a été mise en délibéré, si, à cette audience, les avoués des parties n'ont fait que prendre leurs conclusions, et si ces conclusions ont été réitérées à une autre audience où tous les juges étaient présens.

6.° Il est à remarquer que le ministère public ne doit pas être entendu dans les matières commerciales jugées par un tribunal civil, dans les lieux où il n'y a pas de tribunal de commerce. (*Voy. suprà sur l'art.* 83, *n.°* 410). Ainsi le défaut de mention, dans le jugement dont est appel, de la présence du procureur du Roi, ne vicie pas le jugement. — (*Rennes*, 1.re *chamb.*, 23 *déc.* 1816).

NOTA. Nous ajouterons que l'arrêt de la Cour de Rennes, du 8 septembre 1815, cité *suprà*, confirme, en termes exprès, la première partie de cette proposition, en déclarant que la loi ne fait, relativement à la forme substantielle prescrite par l'art. 141, aucune différence entre les jugemens de commerce et ceux qui sont émanés des tribunaux ordinaires.

à la violation des formalités prescrites par cet art. 141. — (*Voy. Sirey*, 1808, *pag.* 505, *et le Journ. des arrêts de la Cour de Rennes*, *tom.* 1, *pag.* 234, *et tom.* 5, *pag.* 8).

Mais la section civile de la Cour de cassation (*Sirey*, *tom.* 11, *pag.* 268), a cassé, le 11 juin 1811, un arrêt de la Cour d'appel de Metz, qui ne contenait pas dans sa rédaction quelques-unes des formalités exigées par l'article précité. Elle a considéré que cet arrêt manquait des formes *essentielles* et *constitutives des jugemens*, prescrites, soit par l'art. 141, soit par l'art. 15 du tit. 5 de la loi du 24 août 1790.

Nous ne pensons pas, comme M. Sirey paraîtrait le croire dans une note qu'il a ajoutée à cet arrêt, que l'on puisse limiter cette décision aux arrêts des Cours et aux jugemens rendus en dernier ressort (1).

Sans nous arrêter à la considération qu'elle a été prise relativement à un arrêt rendu antérieurement à la publication de la loi du 20 avril 1808, d'où suit que cette loi n'a pu influer sur elle; sans insister pour prouver que l'art. 7 de cette même loi, qui prononce la nullité des arrêts qui ne présenteraient pas l'observation des formalités qu'il exige, et dont partie se retrouve dans l'art. 141, ne peut faire supposer que ce dernier ne serait pas obligatoire sous cette peine, soit pour les jugemens des tribunaux inférieurs, soit pour les arrêts qui auraient omis celles des formalités qu'il prescrit, mais que la loi du 20 avril ne reproduit pas, nous nous bornerons aux observations suivantes:

1°. On ne saurait douter que l'art. 141 s'applique aux arrêts des Cours, conformément à l'art. 470 : donc, si l'art. 141 emporte nullité, les arrêts dans lesquels on aurait omis quelques-unes de ces formalités seront nuls, encore bien que ces formalités omises ne seraient pas exigées par la loi du 20 avril;

2°. L'art. 141 ne fait aucune distinction entre les jugemens rendus en dernier ressort et ceux qui ne l'auraient été qu'à charge d'appel : donc la nullité des premiers serait prononcée par la Cour de cassation, chargée, comme elle le dit dans le second considérant de l'arrêt du 11 juin 1811, d'annuler les actes irréguliers émanés des Cours et des tribunaux jugeant en dernier ressort; donc les Cours d'appel annuleront dans la forme, et sauf à rendre au fond jugement nouveau, conforme ou contraire, tout jugement en premier ressort qui présenterait de semblables irrégularités. — (*Paris*, 27 *mai* 1807, *Journ. du Palais*, 1807, *art.* 80).

Puisque l'art. 141 est obligatoire sous peine de nullité, il est présumable que l'on annulerait tout jugement qui ne présenterait que d'une manière incomplète, ou non équivalente, l'observation des formalités que cet article exige. — (*Voy. Berriat Saint-Prix, pag.* 252, *not.* 36; *Poncet*, *tom.* 1, *pag.* 196 *et suiv.*, *et la not.* 6 *sur la question suivante*).

Ainsi, suivant la jurisprudence de la Cour de cassation, antérieure à la publication du Code, on annulerait un jugement ou un arrêt, si, par exemple, plusieurs personnes étant en cause, quelques-unes seulement étaient dénom-

---

(1) La Cour de Rennes a jugé le contraire, par arrêt du 4 mars 1820 (*voy. Journ.*, *tom.* 5, *pag.* 446), en annulant, par application de l'art. 7 de la loi du 20 avril 1810, un jugement du tribunal de première instance de Rennes. Elle a encore appliqué le même article à un jugement, par arrêt du 6 juillet 1818, ci-dessous cité à la note.

mées même avec cette addition, *et autres demandeurs ou défendeurs*; si, dans les cas où le procureur du Roi doit être *entendu*, on mentionnait seulement sa présence à l'audience, etc., etc.

Ces questions et plusieurs autres, que nous ne croyons pas nécessaire de rappeler, parce qu'il est à présumer qu'elles se présenteront rarement, ont été résolues de la sorte par suite du principe que l'art. 15 du tit. 5 de la loi du 24 août 1790 emportait la nullité. — (*Voy., au surplus, le nouv. Rép., tom.* 6, *pag.* 556, *et les Tables de M. Bergognié, au mot* jugement). (1)

Mais il en est quelques-unes qui méritent un examen particulier; ce sont les suivantes :

595. *Comment s'applique la disposition de l'art.* 141, *en ce qui concerne l'énonciation des motifs d'un jugement ou d'un arrêt?*

Une première remarque à faire sur cette question, c'est que la nécessité de motiver le jugement est une règle universelle pour tous les tribunaux, même pour les conseils de préfecture, ainsi que l'a décidé une ordonnance du Roi, du 12 décembre 1818 (1).

Si donc l'on n'admettait pas que l'art. 141 du Code de procédure est obligatoire, sous peine de nullité, dans toutes ses parties, on ne peut du moins contester qu'il ne le soit en ce qui concerne l'énonciation des motifs. Mais en quels cas cette énonciation sera-t-elle suffisante? En quel cas ne remplirait-elle pas le vœu de la loi?

---

(1) Pour appuyer de plus en plus cette opinion, nous ajouterons celle que professe M. Perrin, dans son Traité des nullités, pag. 221. « Le titre de jugement, dit-il, et la puissance qui » distingue un acte de ce genre, ne sont accordés qu'à un ensemble de formalités qui ne » peut être scindé ni rester incomplet sans faire évanouir le tout. Il n'est donc pas nécessaire » que la loi attache expressément la peine de nullité à une pièce informe, que des magis- » trats inattentifs auraient qualifiée de jugement ».

Cette proposition reçoit encore un nouvel appui des décisions suivantes de la Cour de Rennes :

1.° Un jugement est nul lorsqu'il y a omission, soit des points de fait ou de droit, soit des conclusions des parties, parce que ces objets font parties intégrantes du jugement, qui est incomplet, dès qu'il ne les renferme pas. En effet, l'art. 1030 n'étant applicable qu'aux exploits et actes de procédure, il s'ensuit qu'un jugement privé d'une de ses parties constitutives n'est pas un jugement légal, et doit par conséquent être annulé. — (*Rennes*, 2 *oct.* 1813, 2 *août et* 8 *sept.* 1815, *et* 21 *juin* 1816, *Journ., tom.* 4, *pag.* 347 *et* 533).

2.° Un jugement est également nul, si les qualités ne sont pas en harmonie avec le dispositif; car ces qualités doivent être considérées comme étrangères au jugement, et, par suite, comme si elles n'existaient pas. — (*Rennes,* 20 *janv.* 1812; *voy. aussi cassat.,* 4 *prair. an* 9, *Sirey, tom.* 1, 1.re *part., pag.* 449).

Il est vrai que toutes ces décisions ont été rappelées devant la 2.e chambre de la même Cour, et qu'elle a néanmoins jugé, par arrêt du 6 janvier 1818, qu'un jugement qui énonçait les noms d'une partie seulement, en ajoutant et *autres*, qu'il ne dénommait pas, présentait bien une contravention aux art. 141 et 142, mais n'était pas nul, *attendu que ces articles ne prononcent point nullité des jugemens qui ne sont pas conformes à leurs dispositions.*

M. Perrin, dans le passage ci-dessus cité, répond au motif donné par la Cour de Rennes, de cette décision, qui n'est d'ailleurs appuyée d'aucun autre que nous ne croyions avoir prévu et réfuté.

(1) Les arrêtés des conseils de préfecture ayant les mêmes caractères et les mêmes effets que les jugemens, il est d'ordre public que ces arrêtés soient motivés, et que l'absence de ces motifs soit un moyen de nullité. — (*Sirey, tom.* 20, 2.e *part., pag.* 235).

Nous ne pouvons, pour résoudre les incertitudes qui peuvent s'élever à cet égard, qu'analyser, rapprocher et expliquer les décisions, souvent contradictoires, que nous fournit la jurisprudence.

Considérons d'abord, comme un principe certain, que tout jugement dont les motifs seraient erronés ou vicieux, n'est pas néanmoins susceptible d'annulation, si, par d'autres motifs, le dispositif est régulier et conforme à la loi. — (*Rennes*, 6 *déc.* 1808). (1)

Secondement, les motifs n'ont pas besoin d'être appuyés sur le texte précis d'une loi, à moins qu'il ne s'agisse d'un arrêt de la Cour de cassation. — (*Loi du* 22 *frim. an* 8, *dite Constitution de l'an* 8; *Cassat.*, 5 *fructid. an* 8; *Rép., aux mots* jugement, § 2, *et* testament, *sect.* 3).

Troisièmement, il faut des motifs pour toutes les décisions, même pour rejeter une exception; et leur omission fournit alors un moyen d'appel ou de cassation, et non de requête civile (2).

---

(1) Mais si, en thèse générale, le jugement réside ainsi dans le dispositif, il est des cas où il ne doit pas être séparé des motifs qui lui servent de base; par exemple, si les premiers juges n'ont débouté d'une demande de convertissement d'un constitut en obligation pure et simple, fondée sur des aliénations de bois, que par la considération que cette preuve n'étant pas faite, la demande se trouvait mal fondée, il n'en est pas moins vrai qu'encore bien qu'ils n'aient pas inséré dans le dispositif les mots *dans l'état*, c'est, d'après les motifs, le défaut de preuves qui a fait rejeter la demande. Il s'ensuivrait, si l'on pouvait, contre l'opinion que nous professons sur l'art. 480, touchant la doctrine des comminatoires, maintenir qu'un jugement rendu *dans l'état* ne peut acquérir l'autorité de la chose jugée, que cette exception ne pourrait être opposée. — (*Rennes*, 26 *fév.* 1816; *voy. Berriat Saint-Prix*, *pag.* 252, *note* 35).

(2) Par exemple, si l'appelant propose une exception qu'il n'a point présentée en première instance, l'arrêt est nul, si la Cour, adoptant purement et simplement les motifs des premiers juges, confirme leur décision sans motiver le rejet de l'exception. (*Cassat.*, 22 *mai* 1812, 9 *juin*, 23 *nov.* 1818, *et* 12 *juil.* 1819, *Sirey, tom.* 16, *pag.* 312, *tom.* 18, *pag.* 364, *et tom.* 19, *pag.* 169 *et* 397). Mais, par autre arrêt du 12 juin 1820 (*Sirey, tom.* 21, *pag.* 139), la même Cour a décidé que lorsqu'un moyen nouveau, décisif de sa nature, est présenté en appel, l'arrêt n'est pas nul, quoique les juges d'appel n'aient pas statué sur son mérite, ou que leur décision ne contienne pas des motifs formels pour l'écarter, si les motifs des premiers juges, adoptés par la Cour, offrent suffisamment une raison de décider à l'égard du moyen nouveau. On voit que ce dernier arrêt modifie la décision rendue par ceux qui précèdent. Mais il y a plus : la même Cour a encore décidé, par arrêt du 25 juin 1817 (*Sirey, tom.* 18, *pag.* 365), que dans le cas où, sur l'appel, *un moyen* qui n'avait pas été employé en première instance est présenté par l'appelant, et que l'arrêt, adoptant les motifs des premiers juges, confirme purement et simplement leur jugement, cet arrêt ne peut être attaqué que par requête civile, comme ayant omis de prononcer sur un chef de demande, et non pas par voie de cassation, comme n'ayant pas été suffisamment motivé. Sur cette dernière décision, M. Sirey fait cette question : *Est-ce qu'il n'y a pas une différence essentielle entre l'omission de prononcer sur un moyen et l'omission de prononcer sur un chef de demande?* Sans doute, il existe une différence essentielle, comme on le verra dans les questions traitées sur l'art. 464, et bien certainement le juge n'est pas obligé d'énoncer en détail des motifs sur chaque moyen. (*Rennes*, 16 *juil.* 1812) Mais, en faisant bien attention à l'espèce de l'arrêt, on remarque qu'il résultait du moyen nouvellement présenté un *chef de demande nouvelle*. Or, si l'omission d'un chef de demande ne donne ouverture qu'à requête civile, l'omision des motifs, sur ce chef, ne peut être une cause d'annulation, comme l'a décidé la Cour de cassation.

Au reste, il est sans difficulté que l'absence des motifs, sur quelques chefs *d'un jugement*,

Quatrièmement, un arrêt est suffisamment motivé dans le sens de l'article 141 et de la loi du 20 avril 1810, lorsqu'il déclare adopter les motifs des premiers juges, pourvu que le jugement soit lui-même motivé. — (*Cassat.*, 18 *oct.* 1814, *Sirey*, *tom.* 15, *pag.* 78. *Voy. ci-dessous la note sur la proposition précédente*). (1)

Cinquièmement, lorsqu'un jugement ou arrêt annule un acte ou une procédure, attendu que l'un ou l'autre n'aurait pas été en forme légale, la décision serait nulle par défaut de motifs, en ce qu'elle n'énoncerait pas en quoi la forme légale n'aurait pas été observée (2).

Sixièmement, les motifs des simples jugemens préparatoires résultent, pour l'ordinaire, du dispositif, si évidemment qu'il devient inutile de les exprimer. — (*Lepage*, *Quest.*, *pag.* 144; *Cassat.*, 6 *fruct. an* 11; *Prat.*, *tom.* 1, *pag.* 412). (3)

---

n'entraîne pas la nullité, lorsque ces chefs ne sont que des corrollaires des autres chefs motivés. — (*Cassat.*, 19 *nov.* 1818, *Sirey*, *tom.* 19, *pag.* 264).

De même, l'arrêt qui statue sur l'appel joint de deux jugemens, dont l'un n'a pour objet que l'exécution de l'autre, est suffisamment motivé, alors même que les motifs qu'il énonce ne se rapportent explicitement qu'à celui des deux jugemens qui a prononcé sur le fond du droit : on ne peut dire qu'il y ait absence de motifs, quant à l'autre jugement. — (*Cassat.*, 10 *mai* 1820, *tom.* 20, *pag.* 438).

Mais un arrêt serait nul, aux termes de la loi du 20 avril, si les motifs qu'il énoncerait ne se rapportaient pas aux questions du procès posées dans cet arrêt lui-même (*cassat.*, 17 *avril* 1821, *Sirey*, *tom.* 22, *pag.* 78); et il en serait de même, à la rigueur, d'un jugement qui n'aurait pas de motifs sur une disposition qui constituerait une décision indépendante des autres. — (*Rennes*, 6 *juil.* 1818, *Journ.*, *tom.* 5, *pag.* 123).

De même encore un arrêt serait nul, lorsque, sur une exception de prescription opposée par le défendeur, le demandeur oppose à son tour que la prescription n'a pas été accomplie, et déduit dans des conclusions expresses les causes qui l'ont suspendue. L'arrêt n'est pas suffisamment motivé, si, en admettant la prescription, il n'explique pas les motifs qui ont fait décider qu'elle n'avait pas été suspendue. — (*Cassat.*, 22 *janv.* 1821, *Sirey*, *tom.* 21, *pag.* 347).

(1) Mais la transcription du jugement de première instance, avec ses motifs dans la partie de la décision d'appel où les points de fait sont fixés, ne saurait tenir lieu de l'expression des motifs de l'arrêt lui-même, quand cet arrêt n'exprime pas d'ailleurs que ces motifs ont été adoptés. — (*Cassat.*, 27 *déc.* 1819, *Sirey*, *tom.* 20, *pag.* 155).

(2) C'est ainsi que, par arrêt du 28 juin 1819 (*Sirey*, *tom.* 20, *pag.* 72), la Cour suprême a cassé un arrêt qui avait rejeté une demande en révendication d'objets saisis, sur ce qu'elle n'avait été formée ni *dans la forme légale*, ni contre toutes les parties intéressées, sans dire en quoi consistait le vice de forme, et contre quelles personnes on devait diriger la demande.

(3) Avant le Code de procédure, c'est-à-dire à une époque où l'on confondait sous le nom d'*interlocutoire* les jugemens qu'il distingue sous cette même qualification, et sous celle de *préparatoire*, la Cour de cassation avait décidé que les jugemens interlocutoires n'étaient pas nuls, lorsqu'ils ne renfermaient pas les quatre parties exigées par la loi du 24 août. (*Voy. Table de Bergognié*, *tom.* 1, *pag.* 306). Nous pensons néanmoins que, quelle que soit l'espèce du jugement, il doit présenter l'observation des formalités prescrites par l'art. 141, sinon d'une manière rigoureusement positive, *du moins équivalemment*, comme nous l'avons dit sur la précédente question. Sous ce dernier rapport, nous pensons que les simples préparatoires qui prononcent une remise, un délibéré, une instruction par écrit, une communication de pièces, contiennent implicitement leurs motifs en eux-mêmes. Néanmoins, nous ferons observer que toutes les fois qu'un jugement préparatoire a été précédé d'un débat qui le fasse présumer susceptible d'être levé, afin d'être attaqué par appel avec le jugement

Septièmement, on ne peut annuler, pour défaut de motifs, un interlocutoire qui ordonne une instruction *avant faire droit, et en réservant les droits et moyens des parties au fond*. Ces expressions font assez connaître que les motifs du jugement sont que le juge cherche des lumières pour plus ample instruction. — (*Cassat., 4 janv.* 1820, *Sirey, tom.* 20, *pag.* 160). (1)

Huitièmement, les jugemens par défaut sont sujets, comme tous autres, à l'application de l'art. 141, et, par conséquent, ils doivent être motivés. — (*Colmar, 6 flor. an* 11, *Sirey, tom.* 3, 2ᵉ. *part.*, *pag.* 597).

596. *L'art.* 141 *doit-il être observé, à peine de nullité, dans les justices de paix et dans les tribunaux de commerce?*

L'art. 433 ne laisse aucun doute pour l'affirmative, relativement aux tribunaux de commerce. C'est aussi ce qui a été jugé par la Cour de Rennes, le 8 septembre 1815. — (*Journ., tom.* 4, *pag.* 449).

Quant aux jugemens des justices de paix, après avoir décidé, le 9 ventôse an 5, que la disposition de la loi du 24 août leur était étrangère et ne pouvait être invoquée contre eux, pour fonder un moyen d'irrégularité et de nullité, la Cour de cassation décida le contraire. — (*Voy. Tables de Bergognié, tom.* 1, *pag.* 322 *et* 323).

Nous croyons que l'arrêt de la même Cour, que nous avons rapporté sur la 10ᵉ. quest., pag. 10, préjuge la solution de la question, et qu'en ajoutant aux motifs qu'il renferme la considération qu'aucun article du liv. 1ᵉʳ. du Code ne contient, pour les justices de paix, une disposition semblable à celle de l'art. 133, relativement aux tribunaux de commerce, on ne pourrait annuler un jugement de ces justices de paix pour contravention à l'art. 141.

---

définitif, on doit se conformer à l'art. 141, ou tout au moins rédiger le dispositif de manière à ce qu'il renferme *virtuellement* (*) les motifs sur lesquels il serait rendu.

(1) On peut dire, en effet, comme la Cour suprême, que les tribunaux n'ordonnent une enquête, une expertise, ou toute autre mesure interlocutoire, que parce qu'ils ne sont pas en état de juger le fond avec connaissance de cause, et qu'ils expriment assez ce motif en déclarant qu'ils prescrivent cette mesure avant dire droit. Mais il faut remarquer que, dans l'espèce de l'arrêt cité *suprà*, la mesure avait été ordonnée, sans contestation préalable, sur le point de savoir si elle devait l'être; en d'autres termes, elle l'avait été *d'office*. Si, au contraire, les parties eussent débattu sur son admissibilité ou sur son utilité, nous penserions que la nullité du jugement eût été prononcée, comme dans les cas où il s'agirait d'une nullité, d'une exception ou d'une fin de non-recevoir. Le juge doit alors rendre compte des motifs qui le déterminent à rejeter les moyens d'opposition à la mesure. — (*Voy. ci-dessus et ci-après*).

Remarquons néanmoins qu'un arrêt qui déclarerait un appel non recevable comme *tardif*, serait suffisamment motivé par la déclaration qu'il a été interjeté après le délai de la loi, encore bien que l'on n'indiquât aucunement ni l'espace de tems qui se serait écoulé, ni la durée légale du délai. C'est à la partie à prouver que son appel a été interjeté dans le délai légal. — (*Cassat.*, 26 *fév.* 1818, *Sirey, tom.* 19, *pag.* 142).

(*) *Virtuellement*, de *virtus*, force, puissance. Ce mot est opposé à *formellement* et *textuellement*, pour exprimer, en droit, la force qu'un acte doit avoir par sa propre force, indépendamment de ce que les expressions qu'il renferme n'établiraient pas *formellement* et *textuellement* la formalité, la clause ou condition exigée par la loi, pour qu'il ait force et puissance.

C'est ainsi qu'un jugement qui ne contiendrait pas *formellement* ses motifs, n'en sera pas moins valable, si son dispositif les fait *nécessairement* supposer; et cependant on dit alors que le jugement les renferme *virtuellement*, c'est-à-dire par la force, la puissance de ce qu'il déclare ou décide.

Mais ce n'est pas une raison pour que les juges de paix s'écartent de l'usage où ils sont de s'y conformer en tout ce qui est compatible avec la procédure qui leur est tracée. — (*Voy. les Questions de Lepage*, *pag.* 143).

ARTICLE 142.

La rédaction sera faite sur les *qualités* (1) signifiées entre les parties; en conséquence, celle qui voudra *lever* (2) un jugement contradictoire, sera tenue de signifier à l'avoué de son adversaire les qualités, contenant les noms, professions et demeures des parties, les conclusions (3), et les points de fait (4) et de droit (5).

T., 87, 88. — *Suprà*, art. 141.

CIII. Sous l'empire de l'ordonnance de 1667, les jugemens étaient rédigés par le greffier, si ce n'est que, dans les matières appointées, il devait se conformer à ce que l'on appelait le *dictum du juge*, qui contenait *la qualité*, c'est-à-dire les noms et qualités des parties, et leurs demeures respectives; *le vu*, c'est-à-dire, pour les jugemens d'audience, la comparution et les noms des avocats, des procureurs et des gens du Roi, et pour les jugemens en cause appointée, l'énumération des actes et écrits produits de part et d'autre; enfin *le dispositif*, autrement, ce que le juge avait prononcé ou ordonné. Le président était spécialement chargé, dans les affaires d'audience, de revoir et corriger la rédaction. — (*Voy. ordon.*, *tit.* 26, *art.* 5, *et tit.* 11, *art.* 15; *Rodier et Jousse*, *sur ces articles*).

La loi du 24 août 1790 et les lois postérieures, avaient gardé un silence absolu sur la personne à laquelle appartiendrait la rédaction du jugement. En certains tribunaux, on suivait l'ancien usage, et le greffier en restait chargé. Dans quelques-uns, elle se faisait par le défenseur de la partie qui avait obtenu gain de cause; usage vraiment abusif, et dont les inconvéniens n'étaient pas toujours prévenus par la révision du président. Un nouveau système a été introduit par l'art. 142. Il appartient au plaideur de rédiger la partie du jugement que cet article appèle *qualités*, et au président, celle qui forme le

---

(1) *Qualités*. Voy. *suprà*, pag. 262.

(2) *Lever*. Avoir expédition.

(3) *Conclusions*. Ce sont les dernières qui ont été prises, celles qui ont fixé définitivement l'état de la cause, et qui ont été remises au greffier de service à l'audience. — (*Rennes*, 14 *août* 1815, *et réglem. du* 30 *mars* 1808, *art.* 35).

(4) *Points de fait et de droit*. Voy. pag. 333.

L'art. 87 du tarif défend d'insérer dans les qualités les motifs des conclusions, et dans les *points de fait et de droit*, les moyens qui ont été produits par les parties.

(5) JURISPRUDENCE.

Si l'art. 142 porte que la rédaction des jugemens sera faite sur les qualités signifiées, aucune loi n'ordonne néanmoins de faire mention dans le jugement de la signification de ces qualités : cette omission ne peut donc être opposée comme opérant une nullité substantielle du jugement. — (*Cassat.*, 12 *fév.* 1817, *Sirey*, *tom.* 17, *pag.* 264).

prononcé ou *dispositif*. C'est avec grande raison que notre savant collègue, M. Toullier, fait la critique de ce système, et des vœux pour qu'à l'exemple des législateurs génevois, les qualités soient fixées et déposées avant les plaidoiries. Éclaircir et simplifier la cause, épargner aux parties les frais d'opposition, mais sur-tout conserver l'exposé des faits, que, dans un tems reculé, il pourrait devenir impossible d'établir, voilà les avantages qui résulteraient du système adopté à Genève, tandis qu'aucun motif raisonnable ne saurait justifier celui que notre Code a consacré par les art. 142 à 145. — (*Voy. M. Toullier, tom.* 1, *pag.* 211).

597. *Quels sont les tribunaux, les affaires et les jugemens où la signification des qualités n'est pas exigée?*

Il n'est pas douteux qu'il n'y a pas lieu à signifier les qualités dans les justices de paix et dans les tribunaux de commerce, puisque cette signification n'a lieu qu'entre avoués, et que les avoués ne peuvent représenter les parties *en cette qualité* que devant les tribunaux de première instance. Ainsi, dans ces jurisdictions extraordinaires, les qualités se rédigent sur la feuille d'audience. — (*Voy. les Quest. de Lepage, tom.* 1, *pag.* 144).

Il est aussi des affaires dans lesquelles la signification ne peut avoir lieu, parce qu'il n'y a pas d'avoués constitués : telles sont, par exemple, celles où l'administration de l'enregistrement et des domaines procède par simples mémoires signifiés de part et d'autre, comme lorsqu'il s'agit de perceptions ou de revenus des domaines ; alors les qualités sont rédigées d'après ces mémoires.

Mais on doit se conformer à l'art. 142, lorsque cette même administration est obligée de se servir du ministère d'avoués, comme dans les saisies immobilières, ouvertures d'ordres, et généralement dans les questions de propriété. — (*Instr. du min. des fin., donnée de concert avec celui de la just., insérée en la Jurisp. du Code de proc., tom.* 2, *pag.* 86).

Il est enfin des jugemens où, par le même motif, c'est-à-dire à raison d'absence des avoués, la signification des qualités ne peut avoir lieu ; ce sont les jugemens par défaut, d'après les termes de l'art. 142, qui n'est applicable qu'aux jugemens contradictoires. C'est donc à l'avoué de la partie qui a obtenu ce défaut, à fournir au greffier les qualités sans lesquelles il ne pourrait expédier le jugement. — (*Voy. Quest. de Lepage, pag.* 144; *Pigeau, tom.* 1, *pag.* 530).

M. Delaporte, tom. 1, pag. 149, dit cependant que si le défaut est donné faute de défendre ou de plaider, il semblerait, comme il y a avoué constitué, qu'il y aurait lieu à la signification des qualités. Mais, sans reproduire les raisons sur lesquelles M. Lepage appuie l'opinion contraire, nous nous contenterons de citer l'art. 88 du Tarif, qui, en accordant un droit de copie des qualités, rappèle l'art. 142, et s'exprime ainsi : « Pour chaque copie qui » ne pourra être signifiée que dans le cas où le jugement serait contradic- » toire. »

598. *S'il arrivait que chacune des parties signifiât des qualités, quelles seraient celles sur lesquelles le greffier devrait faire la rédaction du jugement?*

Les art. 7 et 8 du décret du 16 février 1807 disposent que si la partie qui a obtenu l'arrêt ou le jugement néglige de le lever, l'autre partie lui fera sommation de le lever dans les trois jours, et que, faute à la première de satisfaire à cette sommation, la partie qui aura succombé pourra lever une expédition du jugement.

Il suit de là que si la partie qui a obtenu gain de cause signifie des qualités, ce sera sur ces qualités que l'on devra rédiger le jugement, à l'expiration du délai pour l'opposition ; que si, au contraire, la partie qui a succombé en signifie, le greffier n'y aura égard qu'autant qu'elle justifiera qu'elle a constitué l'autre partie en demeure de lever le jugement, et que celle-ci n'aura pas signifié de qualités.

Si les deux parties ont obtenu de part et d'autre gain de cause sur certains chefs, il faudra rédiger sur les qualités de celle qui aura intérêt principal. S'il y a égalité d'intérêt, et que la partie à laquelle les qualités auront été notifiées n'y ait pas fait opposition, nulle difficulté pour rédiger sur ces mêmes qualités ; dans le cas contraire, on rédigera d'après les changemens ordonnés par suite de l'opposition, ou sur les qualités que l'opposant aurait notifiées, si le président leur accordait la préférence.

Nous renvoyons, sur l'art. 146, l'examen de la question de savoir si *toute expédition* d'un jugement doit être revêtue de la forme exécutoire.

Article 143.

L'original de cette signification restera pendant vingt-quatre heures entre les mains des huissiers-audienciers.

CIV. Le délai de vingt-quatre heures dont parle l'art. 142, est accordé pour donner le tems à l'avoué auquel les qualités sont signifiées de former à leur rédaction l'opposition dont il s'agit dans l'article suivant.

Article 144.

L'avoué qui voudra s'opposer soit aux qualités, soit à l'exposé des points de fait et de droit, l'exposera à l'huissier, qui sera tenu d'en faire mention (1).

T., 90.

CV. On a vu, par l'art. 142, que l'on appelait qualités non seulement la partie du jugement qui indique les qualités proprement dites des parties, comme leur nom, profession, domicile, et le titre sous lequel elles agissent en privé nom ou en nom qualifié, c'est-à-dire comme mari, père, tuteur, administrateur, etc., mais encore les points de fait et de droit. Dans l'ar-

---

(1) JURISPRUDENCE.

L'expédition d'un jugement, délivrée au préjudice de l'opposition formée aux qualités et avant qu'il y ait été statué, est nulle et ne peut servir de fondement à un appel et à une procédure sur appel. — (*Colmar, 27 nov. 1810, Sirey, tom. 14, 2.e part., pag. 175*).

ticle 144, le législateur prend le mot *qualités* dans ce dernier sens. Ainsi, l'avoué ne s'oppose qu'aux qualités; par exemple, dans le cas où l'on aurait omis de donner à sa partie la qualité d'héritier bénéficiaire, ou de renonçant à une succession, l'opposition aura pour objet, afin d'empêcher de considérer cette partie comme héritier pur et simple, de faire rétablir cette qualité, et, réciproquement, de la faire rayer, si elle a été donnée mal à propos. Au contraire, l'opposition se rapportera aux points de fait ou de droit, si l'avoué prétend qu'on n'a pas exactement rendu les conclusions, si l'on a omis des faits essentiels, si l'on en a posé d'inexacts, si les questions à résoudre en droit ne sont pas réellement celles que la cause présente, si elles sont incomplètes, etc. En ces cas, il y aura lieu à retrancher, ajouter ou réformer, dans le projet qui forme les qualités.

599. *Si un avoué laisse passer le délai de vingt-quatre heures sans déclarer à l'huissier qu'il entend former opposition, cette opposition sera-t-elle non recevable par la suite?*

M. Delaporte, tom. 1, pag. 150, et les auteurs du Commentaire inséré aux Annales du notariat, tom. 1, pag. 280, décident affirmativement cette question.

Nous ne partageons pas cette opinion, et nous nous fondons sur ce qu'aucun article du Code ne dispose que, faute d'avoir fait à l'huissier la déclaration, l'avoué sera déchu de se pourvoir par acte d'avoué à avoué devant le président, pour faire rectifier des qualités et réparer des omissions; aucun article n'interdit aussi au président la faculté de faire droit sur l'opposition.

La Cour de Rennes, par arrêt du 19 juillet 1808, 3e. chamb., a décidé la question en ce sens.

Nous ajouterons une considération tirée de l'art. 1029 du Code de procédure; c'est que, cet article disposant qu'aucune des déchéances *prononcées* dans le Code n'est *comminatoire*, suppose qu'en général l'on doit considérer comme telle toute déchéance qui n'est pas expressément portée dans une de ses dispositions.

A plus forte raison, si l'avoué qui se présenterait dans les vingt-quatre heures, pour former son opposition aux qualités, n'en trouvait pas l'original entre les mains de l'huissier, serait-il fondé à signifier son opposition à l'avoué adverse, et même au greffier, afin d'empêcher que l'on ne fît usage de cet original.

600. *De ce que l'art. 144 dit que l'huissier fera mention de l'opposition sur l'original, résulte-t-il que l'avoué adverse ne puisse écrire lui-même et signer son opposition?*

Nous ne pensons pas que la loi ait entendu lui interdire de prendre cette précaution, qui le met à l'abri de toute omission de la part de l'huissier.

Cependant, comme l'opposition est un acte du ministère de cet officier public; comme la loi exige qu'il en fasse mention sur l'original, en sorte que cette mention équivaut à une signification qu'il ferait à l'avoué adverse en lui remettant cet original, nous estimons que l'huissier doit, à la suite de la déclaration que l'avoué aurait écrite lui-même, mentionner qu'elle l'a été en sa présence, pour servir et valoir comme opposition. — (*Voy. Comm. inséré aux Ann. du not., tom. 1, pag.* 280).

601. *Lorsqu'il n'y a point eu d'opposition aux qualités, et que conséquemment l'avoué a laissé lever le jugement, sa partie est-elle non recevable à nier les faits qui s'y trouveraient consignés?*

Cette question a été résolue pour l'affirmative par arrêt de la 2e. chambre de la Cour de Rennes, du 13 mars 1810. — (*Voy. Journ. des arrêts de cette Cour, tom.* 1, *pag.* 69).

Ainsi, par un autre arrêt du 3 avril de la même année (*ibid.*, *pag.* 68), la même chambre a décidé d'une manière implicite que, sous l'appel, une partie ne pouvait contester la vérité d'une déclaration de son avoué, consignée dans les points de fait. Et en effet, les qualités étant signifiées et le jugement levé, les faits qui s'y trouvent référés doivent demeurer constans, jusqu'à désaveu de l'avoué qui aurait donné une déclaration que sa partie conteste.

ARTICLE 145.

Sur un simple acte d'avoué à avoué, les parties seront réglées sur cette opposition par le juge qui aura présidé; en cas d'empêchement, par le plus ancien, suivant l'ordre du tableau.

T., 70, 90.

CVI. AINSI, pour faire statuer sur l'opposition, l'avoué le plus diligent doit, par un simple *avenir*, citer l'avoué adverse devant le juge. Celui-ci les entend dans leurs moyens respectifs, et *les règle*, ou, en d'autres termes, prononce sur la contestation, soit en rectifiant la rédaction des qualités, soit en la maintenant telle qu'elle a été dressée.

Après ce réglement, ou lorsqu'il n'y a pas eu d'opposition dans les vingt-quatre heures, aux termes de l'art. 143, l'avoué remet au greffe l'original rectifié ou non attaqué, et c'est alors que le greffier, le réunissant à la minute écrite sur la feuille d'audience, trouve dans la réunion de ces deux pièces toutes les parties qui doivent constituer la rédaction du jugement. — (*Voy. ci-dessus pag.* 262 *et* 263).

602. *La décision qui intervient sur l'opposition aux qualités, doit-elle être mise à la suite de l'original de la signification, ou doit-elle être écrite sur une feuille à part?*

Suivant les auteurs du Commentaire inséré aux Annales du notariat, tom. 1, pag. 281, la décision dont il s'agit doit former un acte séparé de celui de la signification.

La raison qu'en donnent ces auteurs, c'est que cette décision a beaucoup plus d'analogie avec une ordonnance sur référé qu'avec les ordonnances sur requête, qui se portent sur la même feuille.

« En effet, disent-ils, une ordonnance sur requête est un simple acte pré-
» paratoire, et la décision du juge sur l'opposition aux qualités est un véri-
» table jugement rendu sur plaidoirie, et qui est destiné à recevoir immédia-
» tement son exécution. Il est donc indispensable qu'il en reste une minute
» au greffe, et, par conséquent, que cette décision ne soit pas écrite au bas

» de l'acte de signification des qualités, lequel doit être rendu à la partie qui » veut faire lever le jugement.

» D'ailleurs, ajoute-t-on, la partie qui succomberait dans cet incident peut » avoir des motifs de se faire délivrer copie de cette décision. Or, comment » pourrait-elle se faire délivrer cette copie, si la décision n'était pas portée » sur une minute séparée? »

M. Pigeau, tom. 1, pag. 530, dit au contraire que, si le magistrat qui doit statuer sur l'opposition approuve les qualités, il met au bas : *Bon à expédier sur les présentes qualités*, et signe; qu'il en fait autant lorsqu'il se borne à les réformer, après avoir fait, *sur les qualités*, les changemens qu'il croit convenables et qu'il doit approuver; que, s'il les rejette, il met : *Ne pas expédier sur les présentes qualités.*

On sent que ce dernier cas suppose qu'il a été signifié, par la partie adverse, d'autres qualités que le juge approuve; car on ne peut supposer une opposition telle, qu'elle pût faire rejeter en entier des qualités, si l'opposant n'avait eu le droit d'en signifier, et n'en eût pas effectivement signifié d'autres.

Nous remarquerons que l'usage est conforme à l'opinion de M. Pigeau, et nous le croyons fondé sur ce que le législateur exige que l'opposition soit écrite sur l'original, et qu'il ne s'est pas autrement exprimé à l'égard de la décision du juge.

Il est assez naturel, il est plus convenable, en effet, puisque c'est sur cet original que la rédaction du jugement doit être faite, sauf les changemens indiqués par le juge, que la même feuille qui la contient, ainsi que l'opposition, présente ces changemens.

Au reste, nous sommes peu touché de l'analogie de la décision donnée sur l'opposition avec l'ordonnance de référé; et en supposant, ce que nous ne croyons pas, qu'il puisse y avoir lieu à l'appel de cette décision; en supposant encore que, sur l'appel du fond, on ait besoin de justifier de l'opposition, nous remarquons que, dans ces cas, on pourrait aussi bien obtenir une expédition de la décision écrite sur l'original des qualités, que si elle l'avait été sur une feuille séparée. Si, au contraire, il ne peut y avoir lieu à l'appel de la décision, ou si le jugement n'est pas susceptible d'appel au fond, nous ne voyons pas l'intérêt qu'aurait une partie à lever expédition.

603. *Mais peut-on se pourvoir par appel contre la décision rendue sur l'opposition aux qualités?*

Le Code ne renferme aucune disposition qui autorise l'appel, et il nous semble que si le législateur avait eu l'intention d'ouvrir cette voie aux parties, il s'en fût expliqué, comme il l'a fait à l'égard des ordonnances sur référé. — (*Voy. art.* 809).

Ainsi, nous nous bornons à remarquer que, quelle que soit la décision qui intervienne sur l'opposition aux qualités, et conséquemment la rédaction du jugement, celle des parties qui aurait à se plaindre que le juge aurait ordonné des additions ou des changemens quelconques aux qualités, ne doit en éprouver aucun préjudice sous l'appel du jugement qu'elle interjetterait au fond; et en effet, cette partie serait toujours à portée de justifier, en plaidant sous l'appel, que ces additions ou changemens ont été faits malgré elle. — (*Voy. le tom. 1, pag. 282, du Com. inséré aux Annales du notariat*).

604. *Le jugement une fois prononcé à l'audience est-il acquis aux parties, de manière qu'il ne soit permis au juge d'y rien changer?*

L'affirmative de cette question est sans difficulté; mais il ne faut pas en conclure que le juge ne puisse, lors de la rédaction faite par lui ou par le greffier, réparer l'omission qui lui serait échappée en prononçant le jugement, s'il ne s'agissait que d'ajouter une disposition explicative, et qui ne serait que la conséquence nécessaire de ce qui aurait été ordonné.

Il peut (dit Rodier sur l'art. 5, tit. 26 de l'ordonnance), augmenter et étendre en ce qui est une suite nécessaire du prononcé.

Si, en ordonnant une expertise, le juge a oublié de nommer le commissaire devant lequel les experts prêteraient serment; si, en prononçant un jugement par défaut, il a omis de commettre un huissier pour le notifier; dans ces cas et autres pareils, ajouter au jugement ce qui y manque n'est pas le changer ou l'altérer, mais suppléer des dispositions qui sont la suite nécessaire de ce qui a été prononcé entre parties.

« *Post pronunciationem ejus (sententiæ) judex etiam supplere potest...... reli-*
» *qua omnia quæ ad consequentiam quidem jam statutorum pertinent, sed priori*
» *sententiæ desunt.* » — (Voët, ad titulum de *re jud.*, n°. 27).

A plus forte raison aujourd'hui que les jugemens doivent être motivés, est-il permis au juge de rectifier ceux qu'il aurait énoncés à l'audience, d'y ajouter ou retrancher, ces motifs ne constituant pas, à proprement parler, le jugement, qui est dans le *dispositif*.

C'est ainsi qu'il a été jugé par la Cour de cassation, le 25 avril 1812, que la défense faite aux tribunaux de modifier et de changer leurs jugemens n'empêche pas qu'ils ne puissent rectifier les erreurs commises, soit dans les qualités, soit dans la date des actes du procès. — (*Sirey, tom.* 13, *pag.* 230).

Toutefois, les additions ou rectifications dont on vient de parler doivent être faites avant la signature de la minute; la minute une fois signée par le président et le greffier, il n'est plus permis d'y toucher sous prétexte de la rectifier.

« Après que le *dictum* a été *dressé* et *signé*, dit Rodier, sur l'art. 8, tit. 26
» de l'ordonnance, quest. 2e., on ne peut y rien changer ni corriger, quand
» ce ne serait que par erreur qu'il s'y serait glissé quelque faute ou quelque
» incongruité. »

Les plus graves abus pourraient résulter de la violation de ce principe.

Les changemens ou additions permis après le prononcé du jugement, mais avant la rédaction définitivement arrêtée sur la feuille d'audience, sont donc ceux qui ne portent aucune atteinte au fond de la décision, et qui n'ajoutent ni ne retranchent rien aux droits que les parties ont acquis par le prononcé (1). — (*Voy. M. Toullier, tom.* 10, *pag.* 189, *n°.* 128; *voy. aussi Jousse et Rodier, dans leurs observations, sur les art.* 5 *et* 8 *du tit.* 26 *de l'ordonnance. Plusieurs de ces observations peuvent encore servir de commentaire à l'art.* 138 *du Code de procédure*).

(1) Mais il est bon de signaler une erreur grave dans laquelle Rodier nous paraît être tombé, sur l'art. 5, 2.e quest. Après avoir observé que le juge peut corriger la rédaction du greffier, retrancher ce qui serait inutile ou ambigu, augmenter et étendre en

605. *Mais résultera-t-il de la décision ci-dessus que le juge ne puisse interpréter son jugement?*

Nous lisons, dans deux arrêts de la Cour de Rennes, des 29 janvier et 16 juillet 1814, que si les tribunaux ne peuvent changer les dispositions de leurs jugemens, ils ont du moins la faculté de les interpréter en déclarant et expliquant le véritable sens qu'ils ont voulu y attacher; qu'ils peuvent, par exemple, indiquer par qui des frais d'enregistrement devaient être supportés.

Déjà un arrêt de la Cour de cassation, du 12 mars 1810, rapporté au Journal des avoués, tom. 1, pag. 80, avait décidé que de simples corrections d'omissions de forme ou d'erreurs de fait, reconnues par les parties, étaient autorisées *lorsqu'elles ne changeaient rien au dispositif* (1), et qu'en cette circons-

---

ce qui est *une suite nécessaire du prononcé*, ce qui est vrai aujourd'hui comme sous l'empire de l'ordonnance (*voy. l'art.* 36 *du réglem. du* 30 *mars* 1808), où il est dit : Celui qui aura présidé vérifiera la feuille d'audience, etc., il ajoute : « Et, ce qui est bien plus, *il peut totalement changer le prononcé*, s'il reconnaît qu'il s'était trompé, pourvu qu'il le fasse le même jour et avant de signer le plumitif; jusqu'à cette signature, *on ne peut pas dire qu'il y ait de jugement* ». A la vérité, il ne donne cette faculté qu'au juge qui a tenu seul l'audience; mais son principe, qu'il n'y a de jugement *qu'après la signature*, est faux dans tous les cas.

Le jugement existe dès qu'il a été prononcé; la rédaction et la signature qui ont lieu ensuite ont seulement pour objet de prouver quand et comment il a été rendu.

C'est la prononciation du juge qui est le jugement; il a sa perfection aussitôt qu'il a été prononcé contradictoirement; le juge ne peut plus le réformer après que l'audience est levée. — (*Voy. Pothier, Procéd. civ., chap.* 5, *art.* 2; *anc. Répert.*, v.° jugement, § 14).

Donner le droit à un juge, sous prétexte d'une erreur découverte après coup, de *changer totalement* le prononcé de son jugement, c'est oublier les règles les plus certaines.

Rodier met pour condition à cette singulière faculté qu'elle soit exercée *le même jour*; ce qu'il paraît avoir tiré par argument de la loi 42 au ff *de re judicatâ*. Mais il a mal saisi le sens de cette loi, qui n'accorde au juge le pouvoir de suppléer le même jour, *eodem die*, que les choses *quæ ad consequentiam quidem jam statutorum pertinent, priori tamen sententiæ desunt;* loi qui d'ailleurs n'est pas précisément applicable au cas dont il s'agit.

Il faut dire, avec Voët (*loc. cit.*), que l'effet d'une sentence rendue dans les formes prescrites par la loi, est que le juge qui l'a prononcée ne peut la révoquer ni la changer, *même dans le jour*, parce qu'il a cessé d'être juge. « *Sententiæ..... latæ effectus est quod » per judicem qui eam tulit, revocari vel mutari non possit, ac ne eodem quidem die, « quia judex esse desiit* ». — (*Voy. leg.* 55, *ff de re jud.*).

« *Cùm quærebat judex, si* perperam judicasset, *an posset* eodem die iterùm judicare, » *respondit* non posse ». — (*Voy. leg.* 62, *ff ibid.*)

L'opinion de Rodier tendrait à permettre au juge de rendre un autre jugement dans la même affaire, *iterùm judicare;* ce qui est contraire à tous les principes.

Il est bien clair, au reste, que les textes qu'on vient de citer ne s'opposent pas à la distinction qu'on a faite ci-dessus, relativement aux additions ou changemens qui n'altèrent en rien *la substance* du jugement.

C'est ce que fait entendre la loi 55 (*titre cité du dig.*), qui, après avoir posé le principe *judex posteà quàm sententiam dixit, etc.*, s'explique de la manière suivante, et en détermine le véritable sens et l'application : « *Et hoc jam utimur ut judex qui semel vel pluris » vel minoris condemnavit, ampliùs corrigere sententiam suam non possit; semel enim malè » seu benè officio functus est* ».

La ressource est l'appel quand le jugement en est susceptible. — (*Voy. art.* 32, *tit.* 11, *de l'ordonn. de* 1667, *et art.* 14, *tit.* 32, *de l'ordonn. de* 1669, *avec le Comm. de Gallon, sur ces mots dudit article :* Ou les modérer ou changer après le jugement).

(1) Remarquons cette condition de *ne rien changer au dispositif;* car autrement les ju-

tance, le jugement de rectification était considéré comme ne faisant qu'un seul jugement avec celui qu'il rectifie.

ARTICLE 146.

Les expéditions des jugemens seront intitulées (1) et terminées au nom du Roi, conformément à l'art. 57 de la Charte constitutionnelle (2).

C. C., art. 1317 et suiv. — C. de P., art. 183, 433, 545 et suiv.

CVII. DANS tous les tems, le pouvoir judiciaire s'est exercé au nom du Roi, les jugemens ont été intitulés de son nom, les mandemens de justice exécutés en son nom. Ainsi, l'art. 57 de la Charte constitutionnelle, et la disposition ci-dessus, n'ont fait que consacrer un principe de l'ancienne monarchie française, d'ailleurs conforme aux saines doctrines du droit politique. Le prince a la plénitude du *pouvoir exécutif* : la justice doit donc se rendre en son nom, puisque les décisions judiciaires ne sont que *l'exécution de la loi*. D'où suit encore que ce n'est qu'au nom du Roi, dont la puissance est la garantie de la sûreté des personnes et des propriétés, que l'on peut user, contre le condamné, des voies de contrainte qui ont pour objet l'exécution de ces jugemens. (*Voy. notre Traité d'organ. et de compét., liv.* 1er, *tit.* 1er.) Voilà pourquoi tous les actes qui sont de nature à emporter exécution forcée, tels que les jugemens et les obligations consenties devant notaires, doivent être mis en forme exécutoire, c'est-à-dire insérés dans une formule qui donne à connaître que c'est le Roi lui-même qui promulgue le titre et en ordonne l'exécution (1).

---

gemens définitifs ne peuvent être réformés ni régularisés sous forme d'interprétation. (*Paris*, 13 *fév.*, *et cassat.*, 24 *avril* 1807, *et* 30 *messid. an* 11, *Sirey, tom.* 7, 2.e *part.*, *pag.* 690 *et* 240 ; *tom.* 3, 2.e *part.*, *pag.* 347). Les juges ne pourraient pas même, sous cette forme, déclarer qu'il a été jugé *quant à présent* ce qui aurait été décidé sans restriction. (*Cassat.*, 28 *brum. an* 8, *Sirey*, *tom.* 1, *pag.* 264). C'est ainsi que s'entend la grande maxime, *le juge ne peut se réformer lui-même*. Mais nous verrons, sur l'art. 452, que cette maxime n'est pas généralement et sans distinction applicable aux jugemens interlocutoires, suivant cet autre adage, *l'interlocutoire ne lie pas le juge*.

(1) A peine de nullité. — (*Cassat.*, 16 *juin* 1811).

(2) JURISPRUDENCE.

La copie d'un jugement signifiée à avoué est valable, quoiqu'elle ne réfère pas en entier l'intitulé et la formule exécutoire, et n'en relate que les premiers mots, suivis d'un *et cœtera*. La raison en est que l'exécution du jugement n'étant pas poursuivie contre l'avoué, il suffit d'indiquer que l'expédition est revêtue de toutes les formes voulues ; ce que l'on peut faire par ces mots : *Louis*, *etc.*; *mandons*, *etc.* — (*Rennes*, 12 *déc.* 1817, *Journ.*, *pag.* 739).

(1) Cette formule, conformément à l'ordonnance du Roi du 30 août 1815, s'applique comme suit aux décisions judiciaires.

Intitulé : LOUIS, par la grâce de Dieu, Roi de France et de Navarre, à tous présens et à venir, salut.

Le tribunal civil séant à...... (ou notre Cour royale séant à......), a rendu le jugement (ou l'arrêt) suivant.

606. TOUTE EXPÉDITION *d'un jugement doit-elle être intitulée et terminée comme l'exige l'art.* 146?

M. Pigeau observe, tom. 1, pag. 527, qu'il faut distinguer entre l'expédition d'un jugement revêtue de la formule exécutoire prescrite, et les expéditions, simples copies et extraits de jugemens que le greffier pourrait délivrer, en conformité de l'art. 853 du Code de procédure, sans intitulé ni mandement au nom du Roi.

Les premières, dit cet auteur, forment la *grosse* du jugement, et ne peuvent être délivrées qu'à la partie qui a obtenu gain de cause, parce qu'elle seule ayant intérêt à faire exécuter le jugement, c'est à elle seule qu'est acquis le droit de lever la grosse.

Ici, M. Pigeau donne des règles suivant lesquelles on pourrait distinguer à qui la grosse devra être délivrée, dans les cas où il paraîtrait incertain, d'après le dispositif du jugement, à laquelle des parties appartiendrait ce droit de lever la grosse.

M. Demiau Crouzilhac, tom. 1, pag. 125, paraît penser comme M. Pigeau.

Nous croyons aussi que, d'après les art. 853 et 854 du Code de procédure, l'on doit faire une distinction entre les grosses ou expéditions revêtues de la formule exécutoire, et qui ne peuvent être délivrées plus d'une fois par le greffier à la même partie, sans ordonnance du président, (art. 854), et les expéditions simples qu'il est tenu de délivrer à tout requérant — (*Voy. article* 853).

Vainement, dans notre opinion, dirait-on que l'art. 853 ne doit s'entendre que des registres dont un greffier serait dépositaire, par exemple, des registres de l'état civil (*voy. Code civ., art.* 45), et non des expéditions des jugemens dont la minute n'est point inscrite sur des registres; qu'ainsi l'on doit s'en tenir aux expressions de l'art. 146, qui ne fait aucune distinction entre les grosses et les expéditions simples; vainement en conclurait-on que toute expédition de jugement ne peut être délivrée que sous la formule exécutoire, et que nul autre qu'une partie intéressée ne peut s'en procurer, soit une expédition revêtue de cette formule, soit une expédition simple; vainement encore voudrait-on s'appuyer, pour soutenir cette opinion, des dispositions de la loi du 25 ventôse an 11, sur les grosses et expéditions des actes notariés.

Nous répondrons que l'art. 853 du Code de procédure, quel que puisse être d'ailleurs le vice de sa rédaction, n'a fait que consacrer un usage généralement suivi avant et depuis la publication de ce Code; usage attesté par Jousse, dans son Traité de l'administration de la justice civile. — (*Voy. tom.* 2, *pag.* 292, *n°.* 4).

Ici l'insertion du jugement.

Mandement qui termine la formule : MANDONS et ORDONNONS à tous huissiers, sur ce requis, de mettre le présent jugement (ou arrêt) à exécution; à nos procureurs généraux et à nos procureurs près les tribunaux de première instance d'y tenir la main; à tous commandans et officiers de la force publique, de prêter main-forte lorsqu'ils en seront légalement requis.

En foi de quoi ledit jugement (ou arrêt) a été signé par le président du tribunal (ou de la Cour) et par le greffier.

NOTA. Il est peut-être superflu de faire observer que l'expédition d'un jugement ne fait foi qu'autant qu'elle est signée d'un greffier ou d'un commis-greffier assermenté.

« Toutes personnes, dit ce savant jurisconsulte, peuvent lever des expé-
» ditions de sentences, tant de celles rendues à l'audience, que de celles en
» procès par écrit, et il n'est pas nécessaire pour cela d'être intéressé dans
» la sentence rendue, parce que les sentences sont des actes publics; à la
» différence des actes reçus par notaires, qui, étant secrets, ne peuvent être
» levés que par les parties intéressées. »

Voilà, selon nous, ce que le législateur a exprimé dans l'art. 853. Ce sont les expéditions qu'il prescrit au greffier de délivrer à tous requérans, qui sont appelées expéditions simples, parce qu'elles ne sont pas revêtues de la formule exécutoire, comme le sont les *expéditions* que lèverait une partie intéressée, et que l'art. 854 appèle *expéditions exécutoires*, pour les distinguer des premières.

Mais, en admettant cette distinction, nous ne supposerons pas, comme M. Pigeau, que l'on ne doive délivrer qu'une seule grosse, ou ce qui est la même chose, une seule *expédition exécutoire*, et ne la délivrer qu'à la partie qui a obtenu gain de cause; que conséquemment, dans les cas où il s'élèverait quelque doute sur le point de savoir à quelle partie, d'après cette considération du gain du procès, la grosse devrait appartenir, le greffier ne devra la remettre qu'à celle qui a intérêt principal, etc., etc. Nous n'admettrons point encore que celui qui aura levé la grosse, parce qu'il aura été jugé avoir le plus d'intérêt à l'exécution, sera tenu de la remettre ensuite à celui qui aurait un moindre intérêt à cette exécution.

Nous croyons, au contraire, mais nous soumettons cette opinion à nos lecteurs avec la défiance que nous inspire celle d'un jurisconsulte justement estimé, nous croyons que toute personne qui a été partie au procès a droit d'en lever une grosse.

On opposera peut-être que les art. 7 et 8 du décret du 16 février 1807 n'accordent du moins ce droit à la partie qui a succombé, qu'autant qu'elle justifie avoir sommé son adversaire de lever lui-même la grosse. Mais ces deux articles ne nous paraissent avoir d'autre objet que le réglement des qualités (*voy.* 598e. *question*) et la taxation des frais, et supposer même que le perdant, lorsque les qualités sont réglées ou les frais taxés, peut lever une grosse comme partie intéressée.

ARTICLE 147.

S'il y a avoué en cause, le jugement ne pourra être exécuté qu'après avoir été signifié à avoué, à peine de nullité : les jugemens provisoires et définitifs qui prononceront des condamnations, seront en outre signifiés à la partie, à personne ou domicile, et il sera fait mention de la signification à l'avoué (1).

T., 29. — Ordonn. de 1667, tit. 27, art. 2 et 9. — Régl. du cons., du 28 juin 1738. — C. de P., art. 155, 157, 443, 548, 763, 1029.

CVIII. POUR être autorisé à poursuivre l'exécution d'un jugement, ce n'est pas assez d'en avoir levé une expédition en forme; il faut encore faire préalablement signifier cette expédition, à peine de nullité des poursuites. Cette règle est générale et n'admet que les exceptions littéralement posées par la loi : telle est celle qu'on trouve en l'art. 94.

Mais pour savoir à qui doivent être signifiés les jugemens qu'on veut exécuter, il faut distinguer ceux qui n'ordonnent qu'un moyen d'instruction, soit préparatoire, soit même interlocutoire, de ceux qui prononcent une condamnation provisoire ou définitive.

Il suffit, *en général*, pour l'exécution des premiers, qu'ils soient signifiés d'avoué à avoué. Quant aux autres, la signification doit en être faite d'abord à l'avoué de la partie condamnée, ensuite à cette partie elle-même. Le motif de cette double signification est facile à saisir : on a voulu prévenir les surprises, et mettre l'avoué de la partie condamnée dans le cas de l'instruire à tems de ce qui se prépare, et de la conduite qu'elle doit tenir à l'égard du poursuivant.

---

(1) JURISPRUDENCE.

1.° Un exécutoire de dépens doit être, à peine de nullité, signifié à l'avoué avant l'exécution. — (*Bruxelles*, 13 *août* 1811, *Sirey*, *tom.* 12, *pag.* 149).

2.° Un arrêt qui déclare purement et simplement un appel non recevable, n'est point une décision qu'il soit nécessaire de signifier, conformément à l'art. 147, au domicile de la partie, avant de passer à l'exécution de l'arrêt par défaut; il suffit d'une signification à avoué. — (*Turin*, 1.er *fév.* 1811, *Sirey*, *tom.* 11, 2.e *part.*, *pag.* 280).

3.° Les jugemens obtenus contre deux époux doivent être signifiés à la femme séparée de biens, par exploit séparé. — (*Paris*, 13 *juin* 1807, *Sirey*, *tom.* 7, 2.e *part.*, *pag.* 670).

4.° Lorsque plusieurs personnes ont procédé individuellement, le jugement doit leur être signifié séparément et à domicile. — (*Paris*, 29 *juin* 1813, *Sirey*, *tom.* 14, *pag.* 216).

5.° La signification d'un jugement par extrait est nulle, et par suite, la signification a pu faire courir les délais. — (*Orléans*, 14 *fév.* 1815, *Sirey*, *tom.* 16, 2.e *part.*, *pag.* 204).

NOTA. La loi, dit la Cour d'Orléans, qui veut que tous les jugemens soient signifiés avant d'être mis à exécution, veut aussi qu'il en soit donné copie entière à la partie condamnée, afin qu'elle puisse connaître les condamnations à l'exécution desquelles on peut la contraindre. Il est sensible que ce motif s'applique également aux matières civiles, puisque l'art. 147 du Code de procédure civile dispose expressément qu'un jugement ne peut être exécuté s'il n'a été signifié : il y a nullité substantielle à ne signifier que par extrait. — (*Voy. infrà sur l'art.* 443).

607. *Est-il des cas où un jugement préparatoire ou interlocutoire devrait être signifié non seulement à l'avoué, mais encore à la partie?*

Il résulte évidemment des termes de l'art. 147, que toutes les fois qu'un jugement contradictoire n'a pas prononcé sur un provisoire, ou définitivement sur le fond de la contestation, ce jugement ne doit être signifié qu'à avoué.

Ainsi, les jugemens préparatoires ou interlocutoires ne doivent être signifiés à partie qu'autant qu'il n'y a pas d'avoués en cause.

Cependant, M. Pigeau fait, à l'égard des jugemens interlocutoires, une distinction d'après laquelle on devrait signifier à la partie ceux de ces jugemens dont l'exécution la regarderait directement, en ce qu'ils ordonneraient quelque chose qui exigerait un fait personnel de sa part; par exemple, une comparution.

Nous étendrons cette distinction aux jugemens préparatoires qui contiendraient de pareilles dispositions.

Ainsi, nous dirons que tout jugement, soit qu'on le considère comme préparatoire, soit qu'on l'envisage comme interlocutoire, qui ordonnerait par exemple une comparution à l'audience, une prestation de serment, une enquête, doit être signifié à la partie, soit à son domicile réel, soit, si la loi l'ordonne, comme elle l'a fait en l'art. 261, au domicile de son avoué (1).

608. *Lorsque le jugement est provisoire et définitif, et qu'il y a lieu, par conséquent, de le signifier à partie, cette signification peut-elle être valablement faite à domicile élu?*

Cette question est d'autant plus difficile à décider, disent les auteurs du Commentaire inséré aux Annales du notariat, qu'il existe trois arrêts qui ont jugé que la signification d'un jugement à un domicile élu ne remplissait pas le vœu de la loi, et que l'opinion contraire a été consacrée par un autre arrêt.

Les arrêts qui ont jugé que la signification d'un jugement, faite au domicile élu, n'est pas valable, ont été rendus par la Cour de Turin, le 29 novembre 1809; par celle d'Agen, le 6 février 1810, et enfin par celle de Trèves, le 26 du même mois.

Ces trois arrêts ont tous jugé la question dans l'espèce d'un domicile élu par le tireur ou l'accepteur d'une lettre de change.

L'arrêt qui a déclaré valable la signification faite au domicile élu, a été rendu dans la même espèce, et aussi par la 1re. chambre de la Cour de Turin, le 8 janvier 1810.

Après avoir exposé les motifs de ces quatre arrêts, les auteurs du Commentaire inséré aux Annales du notariat, estiment que quand il y a eu une élection de domicile dans un effet de commerce, et que le jugement a été obtenu, on doit le signifier au domicile réel de la partie contre laquelle il a été rendu.

Nous appuierons cette opinion, et en la généralisant, de celle du ministre

---

(1) Nous avons donné les raisons de cette opinion sur les quest. 502 et 506, pag. 273 et 276, et nous examinerons, sur l'art. 452, quels sont ceux des jugemens dont nous venons de parler qui doivent être réputés interlocutoires ou seulement préparatoires.

de la justice, dans une décision rendue de concert avec celui des finances, les 21 juin et 5 juillet 1810.

Il s'exprime ainsi, sur la question de savoir si c'est au domicile *réel* et non au domicile *élu* des créanciers inscrits, qu'il faut signifier les jugemens qui ordonnent la radiation des hypothèques :

« Il semble que toutes les fois qu'il s'agit de l'exécution d'un jugement dé- » finitif, la signification doit être faite au domicile de la partie condamnée.

» L'art. 147 du Code de procédure le dit en termes exprès. Cet article porte » que le jugement ne pourra être exécuté qu'après avoir été signifié à avoué, » à peine de nullité, et que les jugemens provisoires et définitifs qui pro- » nonceront des condamnations, seront, en outre, signifiés à la partie, *à* » *personne ou domicile.*

» Voilà bien le domicile de la partie clairement distingué du domicile *élu* » chez son avoué, et la nécessité de signifier à ce domicile *réel*, lorsqu'il » s'agit d'exécuter des jugemens, établie d'une manière incontestable. »

Appliquant cette remarque à la question qu'il se proposait de décider, le ministre de la justice, considérant d'ailleurs que l'art. 147 dispose en *termes généraux pour tous les jugemens portant condamnation*, décide que c'est au domicile réel que le jugement qui ordonne la radiation des hypothèques doit être signifié. — (*Voy. nos questions sur l'art.* 548).

Il ajoute ensuite : « Cette opinion me paraît d'ailleurs d'autant plus sus- » ceptible d'être adoptée, que si elle peut avoir quelques inconvéniens, ce » que je ne vois pas, ils ne sont pas comparables à ceux qui résulteraient » d'une signification faite d'un jugement définitif à un domicile dont le choix » est presque toujours forcé, et où l'on n'est pas toujours sûr de trouver le » zèle et l'attention nécessaires pour instruire à tems la partie intéressée du » jugement rendu contre elle, et qui pourrait acquérir la force de la chose » jugée, sans qu'elle en ait eu connaissance. » — (*Voy. Sirey, suppl. à* 1808 *et* 1809, *pag.* 499).

Nous concluons de cette décision et des trois arrêts ci-dessus rappelés, *qu'en général* l'élection de domicile, d'après les art. 111 du Code civil et 59 du Code de procédure, n'est que dévolutive de compétence au tribunal du domicile élu, et attributive de la faculté d'assigner à ce domicile ; qu'ainsi la disposition de l'art. 111 du Code civil, portant que les *significations*, demandes et poursuites relatives à un acte qui contient l'élection de domicile, pourront être faites à ce domicile convenu, ne peut être étendue aux jugemens emportant condamnation, et faire conséquemment exception à la disposition de l'art. 147 du Code de procédure (1).

609. *Si l'exécution d'un jugement ne devait avoir lieu que d'une manière indirecte contre la partie qui aurait succombé, devrait-on le lui signifier préalablement?*

Par un arrêt rendu le 13 octobre 1807, la Cour de cassation a décidé que

(1) Nous examinerons, sur l'art. 584, s'il résulte de ses expressions que l'on ne doive pas appliquer la décision du ministre au cas particulier auquel cet article se rapporte.

cette signification était nécessaire à peine de nullité de l'exécution de ce jugement.

Nous rappèlerons l'espèce de cet arrêt, pour aider à l'intelligence de la question que nous venons de poser, et que l'on pourrait considérer comme étant conçue en termes trop généraux.

Il s'agissait de l'exécution d'un jugement rendu par le tribunal de Coignac, le 25 prairial an 12 ; ce jugement avait prononcé l'interdiction d'un sieur Dasnières, fils, pour cause de démence.

Dès le lendemain 26, et, par conséquent, avant que le jugement fût levé et signifié, l'épouse de l'interdit obtint une ordonnance qui l'autorisa à convoquer la famille devant le juge de paix, à l'effet de faire nommer un tuteur et un subrogé tuteur; et le jour suivant, elle demanda au juge de paix une cédule pour citer les parens qui devaient former le conseil de famille ; et ce conseil ainsi convoqué procéda aux nominations dont il s'agit.

Cette procédure a été jugée vicieuse et nulle par l'arrêt que nous venons de citer, attendu que le jugement d'interdiction n'avait pu être valablement exécuté avant qu'il eût été signifié à l'interdit. — (*Voy. le tom.* 1, *pag.* 285 *et* 286 *du Comm. inséré aux Ann. du notariat*).

610. *La signification préalable d'un jugement à l'avoué de la partie qui a succombé, est-elle nécessaire, lorsqu'il n'est question que de faire courir le délai d'appel, et non de faire exécuter le jugement?*

La négative a été jugée par arrêt de la Cour d'appel de Liège, du 22 décembre 1808. Cet arrêt a décidé que l'art. 147 n'est applicable qu'à l'exécution des jugemens, et qu'il n'est point relatif aux délais de l'appel.

C'est par suite de ce principe, d'après lequel l'art. 147 ne serait applicable qu'au cas où il est question d'exécuter le jugement, que la Cour de Bourges, par arrêt du 27 décembre 1808, a décidé que la disposition du même article, portant qu'on doit mentionner dans l'acte de signification du jugement à la personne ou au domicile de la partie, la signification préalable faite à l'avoué, n'était point un obstacle à ce que la signification faite à personne ou domicile, sans cette mention, fît courir les délais fixés par l'art. 443 pour interjeter appel (1).

611. *Lorsqu'un jugement prononce la nullité de* CERTAINES POURSUITES, *et qu'il ordonne simplement de les recommencer, son exécution peut-elle avoir lieu sans qu'il soit nécessaire de le signifier à la partie en faveur de laquelle il a été rendu, et qui, par conséquent, a gagné sa cause?*

Il suffit que cette signification ait été faite à l'avoué de cette partie, ainsi que la Cour d'appel de Paris, par arrêt du 1er. mars 1810, l'a décidé dans l'espèce suivante :

Un jugement du tribunal civil d'Avalon, du 22 décembre 1810, avait prononcé la nullité de poursuites d'expropriation des biens du sieur Truchot, depuis et compris le cahier des charges.

---

(1) Nous reviendrons sur ces deux arrêts dans nos questions sur l'art. 443. — (*Voy. tom.* 1 *du Comm. précité, pag.* 287).

Le poursuivant leva ce jugement et l'exécuta, après l'avoir seulement *signifié à l'avoué du saisi.*

Celui-ci demanda la nullité de ce qui avait été fait en vertu de ce jugement, et fonda sa prétention sur les dispositions de l'art. 147; mais, comme nous venons de le dire, la Cour prononça que l'exécution du jugement pouvait avoir eu lieu sans signification préable au saisi, au profit duquel il avait été rendu.

Il nous paraît, en effet, que la disposition de l'art. 147 n'est applicable qu'au cas où il s'agit d'exécuter le jugement contre la personne qui a été condamnée. — (*Voy. le même Comm. précité, tom.* 1, *pag.* 288).

612. *Quelle est la forme de la signification d'un jugement à avoué?*

Nous avons implicitement résolu cette question n°. 282, en disant qu'en général les actes d'avoués à avoués ne sont point rigoureusement assujétis aux formalités ordinaires des exploits, si ce n'est dans les cas où ils tiendraient lieu d'un exploit à domicile, et feraient courir un délai contre la partie.

Nous avons à remarquer ici que la signification à avoué ne fait point courir le délai de l'appel, et par conséquent nous pensons qu'elle n'exige pas à la rigueur l'observation des formalités des exploits en général (1).

ARTICLE 148.

Si l'avoué est décédé, ou a cessé de postuler, la signification à partie suffira; mais il y sera fait mention du décès ou de la cessation des fonctions de l'avoué.

Réglem. du cons., du 28 juin 1738, art. 9. — C. de P., art. 75, 162, 342, 1038.

613. *La mention prescrite par l'art.* 148 *est-elle exigée à peine de nullité, soit du jugement, soit de l'acte de signification, soit seulement de l'exécution?*

M. Delaporte, tom. 1, pag. 153, fait remarquer que si cette mention avait été omise dans la signification du jugement, il faudrait la recommencer. La peine de nullité, prononcée par l'art. 147, s'appliquerait au cas de l'art. 148.

---

(1) Cette opinion se trouve justifiée par les arrêts suivans :

1.° *De Limoges*, 15 *nov.* 1811. Il décide que ces significations ne peuvent être annulées pour défaut de forme, et notamment parce qu'on n'y aurait pas suivi les formes prescrites en matière de signification à personne ou domicile. — (*Sirey, tom.* 14, *pag.* 83).

2.° *De Turin*, 5 *août* 1811, qui déclare valide la signification d'un jugement, quoiqu'il y eût erreur dans l'énonciation des prénoms de l'une des parties. — (*Sirey, tom.* 12, *pag.* 252).

3.° *De Bordeaux*, 25 *août* 1810, qui déclare également la signification valable, même en matière de demande en distraction d'immeubles saisis, quoique l'huissier eût omis le *parlant à.* — (*Sirey, tom.* 11, *pag.* 185).

Il est vrai qu'un arrêt de la même Cour, rendu le 13 janvier suivant, a prononcé la nullité pour omission, 1.° du nom de l'avoué à la requête duquel la signification devait être faite; 2.° de la personne à laquelle la copie avait été remise; 3.° de la qualité de la personne qui eût conféré au signataire de cette signification le droit de la faire. — (*Sirey, tom.* 11, *pag.* 160).

On doit croire, disent aussi les auteurs du Commentaire inséré aux Annales du notariat, tom. 1, pag. 291, que l'observation de la formalité prescrite par l'art. 148 est exigée à peine de nullité : s'il en était autrement, les dispositions de cet article seraient absolument sans objet; d'où résulte que, si la mention du décès ou de la cessation des fonctions avait été omise, il faudrait recommencer cette signification.

Nous remarquerons d'abord que, si l'opinion des auteurs que nous venons de citer était fondée, il faudrait admettre aussi que la peine de nullité est attachée à l'inobservation de la disposition de l'art. 147, qui exige que la signification faite à partie, lorsqu'il y a avoué, contienne mention de celle qui aurait été préalablement faite à cet avoué.

M. Delaporte semble le croire, puisqu'il dit que la nullité prononcée par l'art. 147 s'appliquerait au cas de l'art. 148.

Or, nous contestons que ce mot *nullité*, employé dans l'art. 147, ait trait à la mention que prescrit ensuite l'art. 148; et s'il ne se rapporte pas à cette mention, à plus forte raison ne peut-on l'appliquer à celle dont il s'agit dans ce dernier article.

Et en effet, l'art. 147 renferme deux dispositions : la première, en tout semblable à celle de l'art. 2 du tit. 27 de l'ordonnance de 1667; la seconde, qui est de droit nouveau.

Il est bien évident que la peine de nullité n'est attachée qu'à l'inobservation de la première, et encore faut-il remarquer que, parmi les anciens commentateurs de l'ordonnance, les uns, comme Rodier, 1re. quest. sur l'art. 2, estimaient que la disposition semblable de l'ordonnance entraînait nullité, sinon du jugement, du moins de la signification, tandis que les autres, en se fondant sur l'art. 9 du tit. 13, 2e. part. du réglement du 28 juin 1738, maintenaient qu'il y avait seulement nullité de l'exécution et des poursuites faites pour y parvenir, et non du jugement et de la signification même qui en aurait été faite à partie avant de l'être à l'avoué.

Cette dernière opinion a été appliquée à notre art. 147, par M. Delaporte lui-même et par les auteurs du Commentaire déjà cité; elle a été consacrée par les arrêts de Liège et de Bourges, rapportés sur la 610e. quest.; et, en effet, elle nous paraît rigoureusement fondée sur les expressions de l'art. 147.

Nous demanderons maintenant comment il serait possible d'attacher à l'inobservation de la seconde disposition du même article, et, à plus forte raison, à l'inobservation de celle de l'art. 148, la peine de nullité de l'acte de signification lui-même?

N'impliquerait-il pas qu'une signification faite à partie, sans l'avoir été à avoué, fût valable en elle-même, et n'entraînât que la nullité de l'exécution, tandis qu'elle serait nulle pour ne pas renfermer une simple mention que la signification à avoué aurait été faite, ou que l'avoué serait décédé ou aurait cessé ses fonctions?

Ce serait évidemment placer l'accessoire au-dessus du principal.

Nous ferons connaître, sur l'art. 763, les raisons d'après lesquelles on peut maintenir le bien jugé de cet arrêt dans l'espèce où il a été rendu, sans pour cela que l'on doive, dans les autres cas, décider de la même manière.

Aussi voyons-nous que la Cour de Bourges a décidé que la signification faite à personne ou à domicile faisait courir les délais de l'appel, nonobstant le défaut de la mention exigée par l'art. 147.

Aussi le même arrêt va-t-il plus loin, et décide-t-il que l'omission de cette mention n'entraînait pas même la nullité des poursuites qui seraient exercées en vertu du jugement signifié à partie, et cela parce que l'art. 147 ne prononce point une pareille nullité.

On ne peut dire ici que l'acte, sous ce rapport, soit vicié dans sa substance; car l'omission de la mention que prescrit l'art. 147 n'empêche pas qu'il ne soit véritablement un acte de signification d'un jugement.

C'est donc évidemment le cas d'appliquer l'art. 1030, qui veut que l'on ne puisse suppléer, dans les exploits et actes de procédure, des nullités que le Code n'aurait pas prononcées. Or, la signification d'un jugement est-elle autre chose qu'un exploit?

Nous conclurons donc, tant à l'égard de la mention exigée par l'art. 147, qu'à l'égard de la mention exigée par l'art. 148, que le défaut de l'une ou de l'autre n'entraîne ni la nullité du jugement, ni, à plus forte raison, la nullité de l'acte de signification, ni même celle de l'exécution.

Ce défaut peut seulement donner lieu à une condamnation contre l'huissier, conformément à la seconde disposition de l'art. 1030 et à l'art. 1031; il peut, si l'on veut, donner à la partie le droit de s'opposer à l'exécution, et de faire annuler tous actes faits nonobstant cette opposition. Mais sous tous autres rapports, la signification, selon nous, doit produire tous ses effets, et, comme l'a décidé la Cour de Bourges, elle fera courir les délais de l'appel; ce qui ne serait pas, si la peine de nullité était attachée à l'omission des mentions exigées par les art. 147 et 148 (1).

---

(1) Nous observerons néanmoins qu'en reconnaissant comme nous que l'omission des énonciations prescrites n'entraîne pas nullité, on a pensé que la signification étant incomplète, elle n'aurait pas toujours les effets d'une signification régulière : d'où l'on a conclu, contre ce que nous avons établi ci-dessus, qu'elle serait incapable de faire courir les délais rigoureux de l'appel, et d'autoriser à faire prononcer une déchéance, dans le cas où l'appel n'aurait pas été interjeté dans le tems prescrit.

Il en serait, dit-on, comme d'une assignation en tête de laquelle on n'aurait pas signifié les titres de la demande, et qui autoriserait, parce qu'elle serait incomplète, le défendeur à proroger le délai de donner des défenses, et à demander préalablement la communication du titre; il en serait enfin comme de la signification d'un jugement par simple extrait : elle ne serait pas nulle; mais, parce qu'elle serait incomplète, elle ne pourrait faire courir les délais ni de l'appel, ni de la requête civile, ni du pourvoi.

Nous persistons à croire qu'en décidant de la sorte, on attacherait à l'omission tous les effets d'une nullité, et d'ailleurs nous ne pensons pas que les raisons fondées sur l'analogie qui existerait entre l'espèce de notre question et celle d'une assignation qui ne serait pas précédée du titre de la demande, ou d'une signification par extrait, soient absolument concluantes. Si l'assignation, dans le cas posé, peut opérer une prorogation de délai pour fournir des défenses, c'est parce que cela résulte implicitement de la disposition finale de l'art. 65; et quant à la signification d'un jugement par extrait, on ne peut guère en tirer un argument; car une telle signification serait nulle, si l'on s'en tenait à l'arrêt de la Cour d'Orléans, du 14 février 1815, cité pag. 351, not. 5.°

TITRE VIII.

Des jugemens par défaut et oppositions (1).

En imposant au défendeur l'obligation de comparaître pour faire valoir ses exceptions et moyens de défense, le demandeur, par son exploit introductif, contracte celle de se présenter lui-même, pour établir le fondement de son action.

Il serait injuste que la désobéissance du premier pût arrêter les poursuites du second; il le serait également que la négligence de celui-ci pût laisser le défendeur sous le coup d'une action par laquelle ses droits sont contestés.

La peine de ce défaut de comparaître est, pour l'un et pour l'autre, d'être jugés sans avoir été entendus.

On nomme *jugement par défaut* celui qui est ainsi rendu sur la comparution et l'audition d'une partie seulement, l'autre étant en défaut de se présenter ou de plaider ses moyens.

Lorsqu'un jugement de cette nature est rendu sur le défaut du demandeur, on l'appèle *congé défaut*, parce que le défendeur est renvoyé, est *congédié* de sa demande. Si, au contraire, le jugement est rendu sur le défaut du défendeur, ce qui arrive le plus souvent, il est appelé simplement *défaut.*

Le jugement par défaut est l'opposé du jugement *contradictoire*, ainsi appelé du latin *contradicere*, contredire, contester, parce que les deux parties se sont présentées et ont été entendues *contradictoirement* dans leurs moyens. — (*Voy. suprà, pag.* 24).

Il y a cette différence entre le simple défaut et le congé défaut, que le juge, lorsque le défendeur ne comparaît pas, est obligé de vérifier les conclusions du demandeur, et ne peut les adjuger qu'autant qu'il les trouve justes; tandis que, dans le cas du congé, il est, comme nous venons de le dire, tenu de renvoyer le défendeur hors d'assignation. — (*Voy. suprà, pag.* 36, *et infrà nos questions sur les art.* 150 *et* 434).

La raison de cette différence est sensible : le demandeur a dû tout préparer pour soutenir sa demande; s'il ne se présente pas, il est juste de supposer qu'il l'abandonne.

Le défendeur, au contraire, se trouve en possession du droit qu'on lui conteste ou qu'on réclame de lui; il ne peut éprouver de changement dans sa position que par la persévérance du demandeur, et sur la preuve du fondement de la demande. Il est possible, d'ailleurs, que son absence soit excusable ou forcée, ou qu'il ait entendu s'en rapporter à la prudence des juges : il est donc juste qu'il ne soit condamné, sur son propre défaut, qu'après vérification de la demande; en d'autres termes, le défendeur défaillant est censé *contester* la demande, qui ne peut être adjugée, par conséquent, qu'autant qu'elle est vérifiée et trouvée juste.

---

(1) Voy. *suprà*, liv. 1.er, tit. 3, et *infrà*, nos questions sur les art. 169, 434, 438.

Le dispositif d'un jugement par défaut renferme deux parties : l'une qui décerne acte de la non comparution ; c'est ce que l'on entend par ces mots *donner défaut;* l'autre qui prononce sur la demande ; c'est ce que l'on nomme *profit du défaut*, parce que le demandeur ou le défendeur qui comparaît seul, *profite* de l'absence du défaillant en obtenant jugement, sans que celui-ci soit entendu.

Nous avons déjà dit, pag. 36, qu'il n'y avait lieu, en justice de paix, qu'à un seul défaut, celui faute de comparaître ou de se présenter à l'audience, pour y plaider les moyens de la demande ou de la défense (1).

Mais dans les tribunaux de première instance, où chacune des parties est tenue de constituer avoué, le défendeur est réputé défaillant, s'il n'a pas fait cette constitution. — (*Voy. suprà, pag.* 35 *et* 36, *et nos questions sur l'art.* 75, *pag.* 202).

D'un autre côté, le demandeur qui a dû constituer son avoué dans l'exploit d'ajournement, et le défendeur qui a constitué le sien, se rendent également défaillans, si, au jour indiqué pour l'audience, leur avoué ne se présente pas pour plaider ou conclure (149).

De là deux espèces de jugemens par défaut dans les tribunaux de première instance :

1°. *Le défaut faute de constitution d'avoué*, que l'on appèle aussi *défaut faute de comparoir*, attendu que la constitution d'avoué équivaut, par fiction, à une comparution de la partie ; et défaut *contre partie*, attendu qu'il est donné directement contre elle, puisqu'elle ne s'est point fait représenter par l'officier que lui indiquait la loi ;

2°. *Défaut faute de conclure*, que l'on appèle également *défaut faute de plaider*, parce que la plaidoirie suppose nécessairement des conclusions, et *défaut contre avoué*, parce qu'il est prononcé contre la partie dans la personne de son avoué, qui ne se présente pas pour conclure.

Ces deux espèces de défaut sont les mêmes que ceux qu'admettait l'ordonnance sous la dénomination de *défaut faute de se présenter*, et *défaut faute de plaider*, sauf cette différence qu'ils s'obtiennent tous les deux à l'audience, tandis que le premier se levait au greffe. — (*Déclarat. du* 12 *juillet* 1695).

Le Code a supprimé le défaut *faute de fournir défenses*, qui se levait également au greffe, formalité qui n'avait pour but que de faire courir un nouveau délai, dont il fallait attendre l'expiration pour obtenir l'adjudication du profit, qui n'est aujourd'hui retardé par aucun délai nécessaire (1).

Un jugement, quoique rendu par défaut, n'en est pas moins un véritable jugement, et, par conséquent, il a tous les effets d'une décision contradictoire, si ce n'est que la loi accorde au défaillant la faculté d'en prévenir l'exécution par la voie *d'opposition*.

---

(1) Voy., pour les tribunaux de commerce, nos questions sur l'art. 434.

(1) Il est vrai que le Code ne prescrit positivement de donner défaut que dans les circonstances ci-dessus indiquées ; mais il est à remarquer néanmoins que l'on peut distinguer quatre espèces de défaut, savoir : 1.° faute de constituer avoué ; 2.° de faire présenter l'avoué constitué afin de conclure ; 3.° de produire dans une instruction par écrit. (*C. de P., art.* 113) ; 4.° de conclure ou de plaider, bien que l'avoué se présente. — (*Voy. Berriat Saint-Prix, pag.* 255, *note* 7).

On peut définir *l'opposition* un acte par lequel une partie condamnée sur défaut se pourvoit devant le même juge, à l'effet de lui faire rapporter le jugement qu'il a rendu, et d'en obtenir un nouveau.

Ainsi, ce genre de pourvoi produit deux effets :

1°. Il remet en question et oblige de juger contradictoirement ce que le tribunal avait jugé par défaut;

2°. Il suspend par conséquent l'exécution du jugement, à moins toutefois qu'il ne soit susceptible de l'exécution provisoire, soit de plein droit, soit d'après la décision du juge. — (Art. 135).

Dans les tribunaux de première instance, l'opposition est soumise, quant aux délais et quant aux formes, à des règles différentes, suivant que le jugement par défaut contre lequel elle est dirigée, est rendu contre partie ou seulement contre avoué. — (*Voy. les art.* 157 *à* 164 *inclus*).

ARTICLE 149.

Si le défendeur ne constitue pas avoué, ou si l'avoué constitué ne se présente pas au jour indiqué pour l'audience (1); il sera donné défaut (2).

T., 29 et 82. — Ordonn de 1667, tit. 5, art. 3, 1.re part. — C. de P., art. 19, 75, 154, 342, 343. — C. de comm., art. 434 et suiv. — Réglem. du 4 mars 1808, art. 21, 28, 66, 68, 69.

CIX. Il résulte des termes de l'article ci-dessus qu'il ne peut être donné défaut que dans ces deux cas, celui où le défendeur n'a pas constitué avoué,

---

(1) Le défaut se donne à l'audience, mais sauf la remise des pièces sur le bureau, si le tribunal le juge nécessaire pour vérifier les conclusions du demandeur, aux termes de l'article 150. — (*Voy. art.* 116).

(2) JURISPRUDENCE.

1.° On considère comme rendu par défaut, faute de plaider, le jugement définitif qui, sur le refus d'une partie de plaider et conclure, intervient sur le fond de l'affaire dans une instance où il y a eu déjà des conclusions et plaidoiries respectives suivies d'un jugement préparatoire. — (*Cassat.*, 12 *mars* 1816, *Sirey*, *tom.* 16, *pag.* 167).

2.° Un jugement ne perd pas son caractère de jugement par défaut contre partie ayant avoué, lorsque le tribunal a commis un huissier pour le notifier. Cette commission ne peut changer la nature du jugement, ni nuire à celui en faveur duquel il a été rendu. — (*Même arrêt*).

3.° La partie qui a obtenu un semblable jugement, et qui, après l'avoir fait notifier à l'avoué adverse, le fait aussi notifier à partie par l'huissier commis, n'est pas censée avoir reconnu qu'il est rendu faute de constitution d'avoué; loin de là, le contraire résulte de la signification faite à l'avoué avant celle signifiée à la partie. — (*Même arrêt*).

4.° Les jugemens rendus contre la régie de l'enregistrement, sans que cette administration ait fait signifier des défenses, ne cessent pas d'être des jugemens par défaut susceptibles d'opposition, et ne deviennent pas contradictoires par cela seul qu'ils ont été précédés des conclusions du ministère public. — (*Cassat.*, 11 *mars* 1812, *Sirey, tom.* 12, *pag.* 255; *voy. infrà sur l'art.* 156).

5.° Mais ils le deviennent dès qu'il y a eu des mémoires respectivement signifiés, et encore bien que la cause ait été jugée peu après la production d'un mémoire auquel l'adversaire aurait eu intérêt de répondre. — (*Cassat.*, 13 *fév.* 1815, *Sirey, tom.* 15, *pag.* 283).

ainsi que le veut l'art. 75, et celui où, après avoir constitué avoué, il ne se présente pas au jour indiqué pour l'audience (1).

614. *Dans quel cas un jugement serait-il réputé par défaut, quoique l'avoué se présentât à l'audience?*

La solution de cette question se trouve dans les trois arrêts de la Cour de cassation, dont nous allons rappeler sommairement les décisions :

1°. Un avoué déclare à l'audience n'avoir plus de pouvoir pour représenter sa partie; le jugement qui intervient est rendu par défaut; mais il faut remarquer qu'il est des cas où l'avoué ne pourrait exciper du défaut de pouvoir : par exemple, lorsqu'il s'agit de l'exécution des jugemens rendus dans une cause où il aurait occupé (2). (*Arrêt du 22 niv. an 7. Voy. art.* 1038).

2°. Si l'avoué, en proposant une fin de non-recevoir, déclare n'avoir pas pouvoir de plaider sur le fond, ou ne vouloir plaider, le jugement rendu sur le fond serait encore par défaut. — (1er. *niv. an* 8).

Cependant un autre arrêt de la Cour de cassation, du 1er. germinal an 10, a décidé qu'un jugement rendu sur le fond, en présence de la partie (de son avoué), est réputé jugement contradictoire; mais on reconnaîtra qu'il n'existe point d'opposition entre ces deux arrêts, si l'on considère que le dernier a été rendu dans une espèce où le défendeur avait fait consister et avait réduit sa défense, au fond, dans l'opposition de ses moyens de forme.

(1) Pour obtenir défaut *faute de constitution d'avoué*, il faut que les délais de l'assignation soient expirés. Nulle formalité préalable n'est exigée, si ce n'est celle que prescrit l'art. 153, pour les cas où il y a plusieurs parties assignées, dont quelques-unes n'auraient pas constitué avoué.

Il n'en est pas de même à l'égard du défaut faute de plaider : un avenir à l'avoué constitué est nécessaire; et, pour que le jugement définitif soit valablement obtenu par défaut sur le fond, il faut que toute instruction qui aurait été ordonnée, ait été faite, que tout incident qui exigerait une décision préalable, ait reçu cette décision. — (*Voy. Pigeau, tom* 1, *pag.* 469; *Delaporte, tom.* 1, *pag.* 154; *Demiau Crouzilhac, pag.* 127).

Il est essentiel de rapprocher l'art. 149 de l'art. 151, et conséquemment l'on admettra que le défendeur qui a constitué avoué peut également prendre défaut contre le demandeur qui ne *comparaîtrait pas pour plaider* : c'est ce défaut qu'on appèle *congé*. — (*Voy. pag.* 358).

Un défaut, faute de constitution d'avoué, ne peut en effet être obtenu contre le demandeur, puisque l'art. 61 l'oblige à constituer un avoué dans son exploit d'ajournement.

M. Delaporte, tom. 1, pag. 154, admet encore le défaut faute de défendre; mais il nous paraît évident que cette troisième espèce de défaut n'existe plus aujourd'hui. — (*Voy. ci-dessus pag.* 359).

On la connaissait autrefois, parce que, dans toutes les causes non sommaires, le défendeur était *obligé*, avant de plaider sa cause, de signifier un écrit de défenses. Or, cette obligation a été supprimée par le Code de procédure.

Si l'art. 77 donne au défendeur un délai pour signifier ses défenses, l'usage de cette faculté est abandonné à sa volonté, comme le prouve l'art. 154, en permettant au défendeur de suivre l'audience d'après une simple constitution d'avoué.

Ainsi, le demandeur n'obtient véritablement qu'un défaut faute de plaider, et non un défaut faute de défendre, puisque l'écrit de défenses n'est que facultatif.

De nouvelles preuves de cette proposition se trouvent, au reste, dans l'examen que nous avons fait de la quest. 396. — (*Voy. pag.* 210).

(2) Sur la question de savoir si l'avoué est tenu d'occuper sur l'instance de requête civile et de lief de comminatoire, voyez nos questions sur les art. 480 et 188.

3°. Il y a lieu de prononcer par défaut, lorsque le tribunal ayant préalablement ordonné que l'une des parties justifiera de suite d'un fait dont l'approfondissement est nécessaire à l'instruction de la cause, l'avoué déclare ne pouvoir exécuter ce jugement, en alléguant l'absence de son client. — (11 *therm. an* 2).

615. *Dans quel cas un jugement est-il réputé contradictoire, quoique l'avoué n'ait pas pris de conclusions?*

Déjà nous avons rapporté, sur la 88e. quest., un arrêt de la Cour de cassation, du 4 février 1806, qui décide que le jugement est contradictoire lorsque le défendeur se borne à déclarer qu'il n'entend ni avouer ni contester. Cette décision s'applique évidemment au cas où l'avoué ferait une semblable déclaration au nom de sa partie.

Nous ferons connaître ici quelques décisions rendues dans d'autres cas, et qui pourront concourir, avec celles rapportées sur la précédente question, à résoudre les doutes qui peuvent s'élever quelquefois, sur le point de savoir quand un jugement est réputé contradictoire ou par défaut.

Nous remarquerons d'abord que toutes les fois que l'avoué présent, auquel le tribunal vient de refuser un sursis, ou, si l'on veut, une remise de la cause, déclare ne pas entendre plaider au fond ou n'y plaide pas, le jugement serait contradictoire, si l'on devait suivre la décision de deux arrêts cités au nouveau Répertoire de jurisprudence, au mot *opposition*, tom. 8, pag. 708, § 11.

Les auteurs du Praticien, tom. 1, pag. 434, rapportent ces deux arrêts, qu'ils considèrent comme rigoureux; mais ils paraissent penser que la décision qu'ils renferment serait la même sous l'empire du Code de procédure.

Dans notre opinion, nous croirions qu'en ce cas le jugement ne serait contradictoire qu'autant que l'avoué qui demande la remise aurait néanmoins pris des conclusions au fond. Cette opinion est fondée sur un arrêt formel de la Cour de cassation, du 17 vendémiaire an 13, rapporté au Journal du palais, 1er. sem., an 13, pag. 385.

Cet arrêt nous paraît devoir fixer invariablement les idées sur la question qui nous occupe, et nous dirons conséquemment que, toutes les fois que *la cause ayant été conclue*, l'un des avoués refusant de plaider, *sous quelque prétexte que ce soit*, par exemple, sur le fondement que la partie aurait retiré les pièces d'entre ses mains, ce refus donne lieu à un jugement contradictoire. — (*Aix*, 31 *mai* 1808, *Sirey*, *DD.*, *pag.* 280).

La raison de décider ainsi se tire des dispositions des art. 342 et 343, d'après lesquelles le jugement de la cause qui est en état ne doit point être différé. Or, l'affaire est en état lorsque la plaidoirie est commencée, et elle l'est dès que les conclusions ont été *contradictoirement* prises à l'audience : on sent qu'il impliquerait que, des conclusions contradictoires ayant eu lieu, le jugement fût rendu par défaut (1).

---

(1) L'opinion que nous émettons ici en définitive n'est point, suivant nous, en opposition avec un arrêt de la Cour de cassation, du 4 mai 1812 (*Sirey*, *tom.* 12, *pag.* 348), lequel décide qu'un avoué *ayant été constitué*, l'opposition n'est recevable que pendant la

616. *Mais, dans le cas où la cause n'a point été conclue, le jugement par défaut qui intervient est-il rendu faute de constitution d'avoué, ou faute de plaider?*

Cette question est importante, puisque les art. 157 et 158 établissent une différence dans les délais pour l'opposition au jugement par défaut, rendu faute de constitution d'avoué, ou, si l'on veut, faute de *comparoir*, et pour celle au jugement rendu faute de plaider.

Nous distinguerons, sur cette question, le cas où l'avoué qui refuse de plaider, pour quelque motif que ce soit, a accepté le mandat, soit expressément, soit tacitement, en faisant acte de son ministère, par exemple, en concourant au placement de la cause au rôle, à une fixation, etc.

Dans ces deux cas, le jugement est rendu faute de plaider; mais si l'avoué constitué dans l'exploit d'ajournement ne se présente pas à l'audience, ou s'il se présente pour déclarer que le demandeur ne lui a pas donné avis de cette constitution, et ne lui a fait passer aucune pièce, ou qu'il n'entend pas occuper, la constitution doit être regardée comme si elle n'existait pas, et conséquemment le jugement est rendu contre partie faute de constitution d'avoué.

On sent qu'il n'y a jamais lieu à la question que nous avons posée relativement au défendeur, puisqu'il signifie lui-même l'acte de sa constitution (1). — (*Voy. arrêts de la Cour de Nîmes, du* 18 *nov.* 1808, *Sirey, tom.* 9, *DD., pag.* 156; *de celle de Colmar, du* 31 *déc., et enfin de celle de Limoges, du* 9 *nov. de la même année; Jurisp. sur la procéd., tom.* 3, *pag.* 128 *et* 367).

ARTICLE 150.

Le défaut sera prononcé à l'audience, sur l'appel de la cause; et les conclusions de la partie qui le requiert seront adjugées, si elles se trouvent *justes* (2) et bien *vérifiées* (3) : pourront néan-

---

huitaine, quoique l'avoué ne se fût présenté que pour déclarer qu'il n'avait *ni ordre, ni avis* d'occuper : le jugement est rendu par défaut faute de plaider. La Cour de Rennes a rendu la même décision le 9 mai 1812; mais il faut bien remarquer que, dans les espèces ainsi résolues, il n'y avait pas eu de conclusions contradictoires; circonstance sur laquelle nous fondons l'opinion ci-dessus émise.

(1) Il convient de remarquer ici un arrêt de la Cour de Trèves, du 12 décembre 1812 (*Jurisp. du C. C., tom.* 20, *pag.* 440), qui décide qu'un jugement intervenu sur ces conclusions contradictoires, n'est pas rendu par défaut contre partie n'ayant pas d'avoué, dans le cas où l'avoué, au moment des plaidoiries, a déclaré se désister de sa constitution.

NOTA. Les motifs de cette décision sont, 1.° qu'il résulte de l'art. 75 que ni le demandeur ni le défendeur ne peuvent révoquer leur avoué sans en constituer un autre (*voy. suprà, n.os* 385, 386, 387), et que les procédures faites et les jugemens obtenus contre l'avoué révoqué et non remplacé sont valables; 2.° qu'il s'infère également des art. 342 et 343, que l'affaire est en état quand les conclusions ont été contradictoirement prises à l'audience, et que le jugement de l'affaire qui est en état ne doit pas être différé par les démissions ou destitutions des avoués : d'où suit que le jugement doit être considéré comme rendu contre une partie ayant avoué. — (*Voy. la précédente question*).

(2) *Justes*, c'est-à-dire si elles sont fondées sur le droit; par exemple, si les conclusions tendaient au paiement d'intérêts usuraires, ou d'une somme prêtée au jeu, etc., on débouterait de la demande, parce qu'elle ne serait pas juste.

(3) *Vérifiées*; car de ce qu'une demande est juste au fond, il ne s'ensuit pas qu'elle soit

moins les juges faire mettre les pièces sur le bureau, pour prononcer le jugement à l'audience suivante (1).

Ordonn. de 1667, 2.e part., art. 3, 8; tit. 5, art. 4; tit. 14, art. 4, *in fine*. — C. de P., art. 19, et nos questions sur l'art. 173. — Réglem. du 30 mai 1808, art. 21.

CX. Avant l'ordonnance de 1539, tout défendeur qui ne se présentait pas sur l'assignation qu'on lui avait donnée, était censé reconnaître la légitimité de la demande, et il était toujours condamné sans vérification.

On reconnut alors que cet usage était une source d'injustices. Il est possible que le défendeur n'ait pas reçu l'assignation; on ne doit pas non plus lui interdire la faculté de s'en rapporter à la prudence des juges, et les magistrats ne doivent rendre aucun jugement qui ne soit fondé sur la conviction qu'ils n'ont rien prononcé que de juste à l'égard de chacune des parties. Aussi, depuis 1539, toutes les lois relatives à la procédure ont-elles consacré les mêmes dispositions sur ce point. (*Rapp. au Corps légis.*) Mais il faut dire que, dans la pratique, elles ne furent jamais suffisamment observées, sur-tout dans les affaires qui n'intéressaient ni l'ordre public ni des tiers, et que toujours on a trop facilement prononcé des condamnations sollicitées contre une partie non comparante. Cependant un arrêt de la Cour de cassation, du 23 messidor an 9, avait rappelé les tribunaux à leurs obligations, en frappant de nullité un jugement qui avait été rendu sur des conclusions non vérifiées. On a, et avec raison, attendu du zèle et de l'impartialité des magistrats, qu'il ne sera pas, sous l'empire de notre Code, donné de nouveaux exemples de l'oubli des devoirs que l'art. 150 leur prescrit.

617. *En quel sens doivent s'entendre ces expressions de l'art.* 150, si les conclusions de la partie qui requiert défaut se trouvent *justes* et *bien vérifiées*?

A ce sujet, l'art. 4 du tit. 14 de l'ordonnance de 1667 disposait que le juge-

---

vérifiée; par exemple, *Mævius* soutient que *Titius* lui doit une somme qu'il lui a prêtée; la demande est *juste*, elle est fondée en droit; mais il reste à *vérifier* si le prêt est justifié par un titre.

(1) JURISPRUDENCE.

1.° Si le défendeur condamné ne présente point de griefs, en cause d'appel, et fait défaut, les conclusions de l'intimé, vérifiées par le jugement de première instance, peuvent lui être adjugées en appel sans nouvelle vérification. — (*Cassat.*, 4 *févr.* 1819, *Sirey, tom.* 19, *pag.* 389).

Nota. Cet arrêt présente l'application de l'ancienne maxime, *les griefs ne se suppléent point;* maxime fondée sur la présomption de bien jugé, justement attachée à une décision que l'on ne critique pas, après s'être pourvu contre elle; ce qui est la même chose que si le pourvoi n'avait pas eu lieu. En effet, ne pas critiquer, c'est tacitement acquiescer, et alors la décision acquiert force de chose jugée. Il doit en être ainsi, lorsque celui qui a interjeté appel ne se présente pas pour faire valoir ses moyens en annulation ou réformation.

2.° Le jugement par défaut doit fournir par lui-même la preuve qu'il y a eu vérification. Il ne suffirait donc pas que le tribunal eût posé les questions qui résultaient du procès pour qu'on réputât valable le jugement qu'il aurait rendu; il faut que ce jugement contienne quelque énonciation qui annonce qu'il les a examinées, et par exemple, des motifs. Si le tribunal se borne à considérer que la partie n'a pas comparu ou plaidé, le jugement est aussi contraire à l'équité naturelle qu'aux lois civiles, et par conséquent il est nul. — (*Cassat.*, 4 *déc.* 1816, *Sirey, tom.* 17, *pag.* 45).

ment à obtenir contre le demandeur défaillant, renverrait le défendeur absous, et que, s'il devait être prononcé contre le défendeur, les conclusions du demandeur ne lui seraient adjugées qu'autant qu'elles seraient trouvées *justes et bien vérifiées.*

Remarquons que l'art. 150 ne distingue point entre le demandeur et le défendeur; il dispose que *les conclusions de* CELUI *qui requiert le défaut seront adjugées, si elles se trouvent justes et bien vérifiées.*

Ainsi, dira-t-on, cette disposition s'applique non seulement en faveur du défendeur, mais encore en faveur du demandeur qui ne comparaîtrait pas, puisqu'on peut requérir défaut contre lui, d'après l'art. 154. Si donc c'est le défendeur qui requiert défaut contre le demandeur, ses conclusions à être congédié de la demande ne devront lui être adjugées qu'autant qu'elles se trouveront justes et bien vérifiées : d'où suit que, si la demande est elle-même trouvée juste, parce qu'elle serait fondée, par exemple, sur un titre non contesté, les conclusions du défendeur ne seraient pas adjugées, parce qu'elles ne se trouveraient pas *justes.* — (*Voy. Demiau Crouzilhac, pag.* 128).

La jurisprudence a rejeté cette interprétation de l'art. 150, suivant un usage généralement suivi, et qui, d'ailleurs, était conforme au texte même de l'ordonnance, et à ces principes du droit romain, si souvent invoqués au barreau : *Actore non probante, reus absolvitur,* ETIAMSI NIHIL IPSE PRÆSTET.

En quoi consisterait en effet la vérification que l'on ferait de conclusions du défendeur qui ne consisteraient en autre chose que dans la simple réquisition du défaut? Et si l'art. 150 ne devait pas s'entendre dans le même sens que l'ordonnance, nous demanderions comment on pourrait vérifier la *demande* d'une partie qui, n'étant pas présente, n'offrirait pas aux juges les pièces et les moyens nécessaires pour cette *vérification* (1).

---

(1) Opposerait-on l'art. 434 du Code, et dirait-on : « Cet article, qui ne concerne que » les tribunaux de commerce, est conçu dans les mêmes termes que l'art. 4 du tit. 14 de » l'ordonnance, qui concernait les tribunaux ordinaires, puisque l'art. 5 du tit. 16 de la » même ordonnance avait statué pour les jurisdictions consulaires? Or, le Code se fût servi » des mêmes expressions dans l'art. 150, s'il avait entendu n'établir aucune différence ».

Cette objection serait spécieuse, mais elle ne pourrait détruire l'opinion que nous avons que le législateur n'a point entendu que le juge vérifiât la demande pour ne l'accorder que s'il y avait lieu, contre le défendeur qui requerrait défaut. Tout ce que l'on pourrait conclure de ce rapprochement des art. 150 et 434, c'est que ces expressions, *LA PARTIE qui requiert*, ont été employées à la place du mot *demandeur,* pour le cas où le défendeur se serait rendu demandeur en *réconvention.* En ce cas, en effet, où le demandeur devient défendeur sur la demande *réconventionnelle*, il paraît juste que la loi lui accorde la faveur de la disposition générale, qui veut que les conclusions du demandeur ne lui soient adjugées, contre le défendeur, qu'autant qu'elles seraient trouvées justes et bien vérifiées. Voilà le motif pour lequel le législateur aurait employé des expressions qui indiquent les deux parties.

De là se tirerait la raison de la différence qui se trouve dans la rédaction des art. 150 et 434; le dernier ne pouvait être conçu dans des termes aussi généraux, parce qu'il n'arrive que très-rarement que les tribunaux de commerce aient à prononcer sur des demandes réconventionnelles, qui ne peuvent être formées contre une partie, dès qu'il est reconnu qu'elle laisse défaut. Or, dans les tribunaux de commerce, où les délais de comparution sont plus courts, où l'audience n'est point précédée d'écrits de défenses et de réponses, les demandes réconventionnelles ne seraient guère formées qu'à l'audience; et comment le seraient-elles, lorsque la partie n'y est pas présente?

Au reste, si, par le motif qu'il peut y avoir des cas où des demandes réconventionnelles

618. *La décision donnée sur la précédente question, s'appliquerait-elle au cas où un tuteur, demandeur pour son mineur, laisserait défaut, même sur une action en désaveu de ce dernier?*

C'est notre opinion, fondée sur une juste analogie de l'espèce présente avec celle d'un arrêt rendu en audience solennelle de la Cour royale de Rennes, le 9 juin 1814. Il s'agissait d'un appel interjeté par un tuteur *ad hoc* nommé à un enfant désavoué, et qui laissait défaut sur son appel. *La Cour, attendu que les moyens d'appel ne se suppléent pas, déclara les appelans sans grief.*

Or, de même que, *sans distinction des cas où un tuteur laisse défaut sur son appel*, la Cour a appliqué le principe que les griefs ne se suppléent pas, de même nous pensons que l'on doit appliquer au demandeur, également sans distinction, le principe qu'en première instance tout demandeur qui fait défaut est censé avoir renoncé à sa demande. Il y a même raison de décider sur ces deux principes, qui sont parfaitement identiques, et qui, par suite, doivent avoir les mêmes conséquences.

619. *En disant que les conclusions de la partie qui requiert défaut doivent être adjugées si elles sont trouvées justes et bien* VÉRIFIÉES, *quelles sont les obligations que le Code entend imposer aux juges pour leur instruction?*

On a dû s'apercevoir que nous n'insérons dans cet ouvrage les passages des ouvrages publiés sur le Code de procédure, et sur-tout ceux des ouvrages les plus répandus, que dans les cas où nous avons quelques observations à soumettre à nos lecteurs, ou quelques rapprochemens à faire des opinions de leurs auteurs. Sur la question que nous venons de poser, nous n'aurions qu'à reproduire les remarques de M. Pigeau; ainsi, nous renvoyons à son Traité, tom. 1, pag. 473, en observant toutefois que le ministère public, dans les causes communicables, doit sur-tout, lorsque le défendeur est défaillant, discuter la cause avec tout le soin possible, et que le juge, lorsque la demande n'est pas fondée sur un titre qui fournit une juste présomption, une présomption pour ainsi dire légale de fondement, ne doit négliger aucun des moyens d'instruction que la loi lui offre. C'est pour que les juges apportent à la vérification des conclusions de la partie qui requiert le défaut toute l'attention qu'exige la justice, que l'art. 150 les autorise à ordonner un délibéré. (1) — (*Cassat., 23 mess. an 9, Sirey, tom. 1, pag. 465; Demiau Crouzilhac, pag. 128*).

---

soient formées, et par exemple, après un renvoi d'une audience, où le demandeur aurait comparu, à une audience où il ferait défaut, on croyait ne pas devoir admettre la raison que nous apportons de la différence de rédaction des deux articles, du moins pensons-nous que l'on ne peut entendre l'art. 150 que dans le sens que nous croyons devoir y attacher. Nous en trouvons la preuve dans un arrêt de la Cour de cassation, du 7 février 1811, que nous rapporterons sur l'art. 434. — (*Voy. Sirey, tom. 11, pag. 213*).

(1) Nous ajouterons que M. Pigeau, en développant son avis conforme à cette solution, dit que, si la demande ne porte pas en elle-même des preuves d'injustice, le défaut laissé par le défendeur est un aveu tacite de l'obligation qu'on lui attribue, lequel autorise le juge à le condamner.

Mais toujours faut-il, suivant nous, que la demande soit justifiée par un titre, par une preuve qui soit suffisante, pour, dans le silence du défendeur, la faire prononcer fondée. C'est par cette considération qu'un arrêt de la Cour de Rennes, du 20 juillet 1816, a dé-

620. *Une partie peut-elle, sur le défaut de l'autre, prendre contre celle-ci des conclusions nouvelles, et le tribunal adjuger ces conclusions?*

Rodier, sur l'art. 4 du tit. 5 de l'ordonnance, observe qu'on ne peut prononcer par défaut que sur les demandes contenues dans l'exploit d'ajournement, et telles qu'elles y seront libellées. « Ainsi, dit-il, si, depuis l'exploit » d'assignation, le demandeur a quelque nouvelle demande à faire, s'il veut » corriger celles qu'il a faites, ou si, d'autres parties assignées comparaissant, » il a quelques nouvelles conclusions à prendre contre elles, qui puissent in- » téresser le défaillant, il doit le faire par requête ou autre exploit qu'il lui » fera signifier à personne ou à domicile; et en rapportant cette signification, » on lui adjugera par défaut les conclusions de ce nouvel exploit comme celles » du premier, si elles ne sont pas corrigées. »

Mais dans les bonnes règles, ajoute cet auteur, il faudrait une nouvelle assignation, ou du moins après la signification, attendre à prendre le défaut à l'expiration du même délai donné sur la première, parce qu'il peut se faire que le défaillant se serait présenté, si l'on eût formé d'abord contre lui les demandes telles qu'elles sont dans le second libelle (1).

621. *Résulte-t-il du silence du Code de procédure, que la partie défaillante ne puisse rabattre le défaut?*

Rabattre un défaut, c'est lever, supprimer un défaut qui a été prononcé à l'audience.

L'art. 5 du tit. 14 de l'ordonnance de 1667, permettait de rabattre les défauts à la même audience où ils avaient été prononcés.

Ainsi, quand le défaillant ou son défenseur se présentait avant que l'audience fût levée, il pouvait demander aux juges de rabattre le défaut, et on prononçait en ces termes : *le défaut rabattu.* Mais s'il y avait affectation de la part du défaillant; s'il laissait toujours prendre un défaut, et venait ensuite à la fin de l'audience seulement pour le faire rabattre; si, par ce moyen, il

---

claré précipitamment jugé, dans une espèce où, sur le défaut d'un fermier, les premiers juges avaient prononcé le résiliment du bail, sur le maintien des demandeurs que la ferme n'était pas garnie de bestiaux ni d'ustensiles. La Cour, en réformant le jugement motivé sur ce que le défaut était aveu, ordonna une enquête pour prononcer d'après ses résultats.

(1) Personne ne doutera que c'est cette dernière marche que le défendeur doit suivre. Au reste, nous remarquerons que, par arrêt du 22 septembre 1810, la Cour de Rennes a décidé, suivant le sentiment de Rodier, qu'un tribunal ne pouvait adjuger des conclusions nouvelles prises à l'audience contre le défendeur défaillant. Elle s'est fondée sur ce que l'art. 61 exige que l'exploit d'ajournement contienne l'objet de la demande, à peine de nullité. — (*Voy. Journ. de cette Cour, tom. 1, pag. 456*).

Mais ce que nous venons de dire à l'égard des demandes nouvelles que ferait le demandeur, s'appliquerait-il aux demandes réconventionnelles que le défendeur formerait contre lui par un simple acte, conformément à l'art. 337?

On peut opposer qu'au moment où cet acte est signifié, le défendeur ignore que le demandeur laissera défaut, et qu'en faisant cette signification à l'avoué constitué, il a fait tout ce que la loi exigeait de lui.

Quoi qu'il en soit, nous pensons que la justice veut que l'on adjuge le congé de la demande seulement, et non les demandes réconventionnelles, du moins dans le cas où le congé est assimilé à un défaut faute de constitution d'avoué, ainsi que nous l'avons dit sur la quest. 616.

tâchait d'éluder de plaider contradictoirement, il était laissé à la prudence du juge de ne point rabattre le défaut, et d'ordonner qu'il tiendrait, ou, s'il en était encore tems, que les parties plaideraient.

Pour éviter toute difficulté, plusieurs tribunaux étaient dans l'usage de n'accorder les défauts qu'à la fin de l'audience.

Le Code de procédure n'a point répété la disposition de l'article précité de l'ordonnance, et de là naît la question de savoir s'il ne dépend plus du juge de déclarer le défaut rabattu. Elle a été résolue négativement par M. Demiau Crouzilhac, pag. 132.

Nous ne pensons pas que le législateur, qui a conservé au défaillant la voie de l'opposition, ait eu l'intention de ne pas accorder aux juges une faculté dont l'usage tend à hâter la décision contradictoire, et à prévenir les frais d'opposition (1).

Article 151.

Lorsque plusieurs parties auront été citées pour le même objet à différens délais, il ne sera pris défaut contre aucune d'elles qu'après l'échéance du plus long délai.

T., 168. — Réglem. du cons. du 28 juin 1738, 2.e part., tit. 2, art. 2. — Voy. Jousse, en son Comm. sur l'art. 3, tit. 5, de l'ordonn. de 1667. — C. de P., art. 72, 73, 179, 184, 1033.

CXI. La disposition de cet article est fondée sur ce qu'on ne peut, lorsque plusieurs défendeurs sont assignés pour le même objet, lier la contestation en cause, qu'après l'expiration du plus long délai, qui serait accordé à l'une d'elles; mais si, au contraire, l'objet de la demande se divisait en plusieurs faits indépendans, de telle manière que chacune des parties assignées eût à répondre séparément au chef qui la concerne, on pourrait obtenir des condamnations successives contre chaque défaillant à l'expiration de chaque délai.

Article 152.

Toutes les parties appelées et défaillantes seront comprises

(1) Nous ne voyons, au reste, et M. Demiau Crouzilhac en convient lui-même, aucun inconvénient à déclarer un défaut rabattu, soit lorsque la partie justifie à la même audience qu'elle a constitué avoué, soit lorsque l'avoué constitué se présente pour plaider. Tout ce qui nous semble résulter du silence du Code, c'est, comme le disent les auteurs du Praticien, tom. 1, pag. 446, que le législateur n'a pas cru devoir consacrer, par une disposition législative, l'exercice d'une faculté que la justice semble commander, et qu'il a laissé à chaque tribunal le soin de régler ce point comme objet de discipline intérieure.

Cette opinion a été consacrée par un arrêt de la Cour de Metz, du 13 octobre 1815 (*Sirey, tom.* 19, *pag.* 75). Mais il convient d'observer qu'un tribunal ne peut user de cette faculté qu'avec ménagemens; par exemple, en rabattant le défaut, il ne souffrira pas que la cause s'engage sur le fond, si l'autre partie, comptant sur le jugement par défaut qu'elle aurait obtenu, n'est plus à l'audience. En ce cas, le juge pourrait bien déclarer le défaut rabattu, mais il remettrait la cause à un jour indiqué, à charge à la partie qui aurait obtenu la rétractation du défaut d'appeler l'autre à l'audience par un simple acte.

dans le même défaut; et s'il en est pris contre chacune d'elles séparément, les frais desdits défauts n'entreront point en taxe, et resteront à la charge de l'avoué, sans qu'il puisse les répéter contre la partie.

T., 168. — Réglem. du cons. du 28 juin 1738, tit. 2, art. 3. — Voy. Jousse, en son Comm. sur l'art. 3, tit. 5, de l'ordonn. de 1667. — C. de P., art 1031.

CXII. On voit, par cet article, que la loi, toujours soigneuse afin d'empêcher qu'on ne multiplie les frais, sanctionne la disposition du précédent, en faisant au cas particulier qu'il exprime l'application de l'art. 1033.

ARTICLE 153.

Si de deux ou de plusieurs parties assignées, l'une fait défaut et l'autre comparaît, le profit du défaut sera joint, et le jugement de jonction sera signifié à la partie défaillante par un huissier commis. La signification contiendra assignation au jour auquel la cause sera appelée; il sera statué par un seul jugement qui ne sera pas susceptible d'opposition (1).

T., art. 29, 168. — Réglem. du cons. du 28 juin 1738, art. 3. — C. de P., art. 156, 173, 184 et 734.

CXIII. De ce que l'art. 150 veut que les juges ne prononcent jamais une condamnation par défaut, sans avoir vérifié le fondement de la demande, il suit naturellement que si, de deux ou plusieurs parties assignées, *pour le même*

---

(1) JURISPRUDENCE.

1.° *Dans toute affaire* où les défendeurs sont les uns *comparans*, les autres *non comparans*, les juges doivent nécessairement prononcer selon la règle posée par l'art. 153; ils ne peuvent, à peine de nullité, rendre un jugement par défaut et un jugement contradictoire; ils doivent *d'office* rendre *jugement de jonction*, pour que la cause soit ultérieurement jugée entre parties par un seul et même jugement non susceptible d'opposition : nulle distinction n'est à faire à cet égard entre les causes sommaires, les causes non sommaires (*cassat.*, 15 *janv.* 1821, *Sirey, tom.* 21, *pag.* 98), et les affaires portées devant les tribunaux de commerce. — (*Cassat.*, 29 *janv.* 1819, *Sirey, tom.* 20, *pag.* 55).

NOTA. Cette dernière décision est conforme à l'opinion générale des auteurs, et avait été consacrée par arrêt de la Cour de Paris, du 15 février 1810. -- (*Journ. des avoués, tom.* 1, *pag.* 100).

2.° Mais l'art. 153 ne serait pas applicable dans les procédures en expropriation forcée. — (*Agen, Comm. inséré aux Ann. du not., tom.* 1, *pag.* 301).

NOTA. Cet arrêt a pour motifs que ces sortes de procédures ont des formes qui leur sont particulières; qu'elles exigent la plus grande célérité; que la jonction des défauts entraînerait des longueurs qui nuiraient à cette célérité, sur-tout dans les expropriations, où il y a un grand nombre de parties intervenantes, dont les domiciles sont souvent fort éloignés du tribunal devant lequel la poursuite est portée; enfin, que les lois particulières qui règlent ces sortes de procédures, ne prescrivent pas les formalités de la jonction des défauts.

Au surplus, d'après la maxime, *causæ continentia dividi non potest*, on doit admettre comme règle générale qu'on doit faire la jonction de toutes les causes ou parties de causes qui ont un objet commun, qui peuvent être instruites et jugées en même tems. -- (*Berriat Saint-Prix, pag.* 263, *note* 10).

3.° L'art. 153 n'est pas même applicable aux appels des jugemens rendus sur les incidens des

objet, l'une fait défaut, tandis que l'autre comparaît, le tribunal, qui n'aura complétement vérifié la demande qu'après que le défendeur *comparant* aura déduit ses moyens, et que le débat contradictoire sera terminé, ne peut jusqu'alors prononcer contre le défaillant en parfaite connaissance de cause : on courrait le risque de rendre sur le même point deux jugemens opposés. C'est dans la vue de prévenir un inconvénient aussi grave que l'art. 153 veut que, dès la première audience à laquelle une partie assignée fait défaut, le tribunal, après avoir décerné acte de la non comparution du défaillant, ordonne que le *profit* du défaut (1) sera joint, pour être statué entre toutes les parties par un seul et même jugement. Cette jonction, dont l'effet est de suspendre la décision du procès pendant un certain tems, est signifiée à la partie défaillante, avec assignation à comparaître au jour où la cause doit être appelée de nouveau. Pour que nul doute ne s'élève sur l'exactitude et la régularité de cette signification, le tribunal commet l'huissier qui doit la faire; au jour fixé par la nouvelle assignation, la cause est appelée, les parties comparaissent, plaident, et l'affaire est décidée, tant en présence qu'en absence de l'une ou de l'autre des parties, par un seul et même jugement, qui reçoit, à l'égard des défaillans, quels qu'ils soient, toute la force d'un jugement contradictoire, et qui, par conséquent, n'est en aucun cas susceptible d'être attaqué par voie d'opposition.

622. *Un jugement serait-il nul, si le tribunal, dans le cas prévu par l'art.* 153, *n'avait pas ordonné la jonction du profit?*

La première chambre de la Cour d'appel de Rennes a prononcé la négative, dans un arrêt du 31 août 1810. — (*Voy. Journ. de ses arrêts*, 1810, *pag.* 436).

Elle a considéré que si, en donnant défaut faute de comparaître contre un des défendeurs, le premier tribunal devait, aux termes de l'art. 153, ordonner la jonction du profit du défaut à l'instance principale, et commettre un huissier pour la signification de ce jugement, néanmoins, en ne le faisant pas, il n'avait commis qu'une irrégularité dans l'énoncé de ce jugement; que cette irrégularité n'était pas frappée de nullité, et qu'il n'appartenait aux tribunaux de prononcer cette peine, que lorsqu'elle était formellement exprimée par la loi.

---

saisies immobilières, ces arrêts n'étant pas susceptibles d'opposition; en ce cas, il n'y a pas lieu, en effet, à ordonner la jonction du profit de défaut. — (*Turin*, 19 *avril* 1811, *Sirey, tom.* 12, *pag.* 190).

4.° Le jugement définitif rendu contradictoirement entre quelques parties est nul dans la forme, quoiqu'il ne présente pas de griefs au fond, si le juge n'a pas statué dans le dispositif sur le profit du défaut joint par un premier jugement. — (*Montpellier*, 2 *janv.* 1811, *Journ. des avoués*, *tom.* 3, *pag.* 240).

5.° L'art. 153 n'est pas applicable au cas où un garant mis en cause ne comparaît pas. Cet article n'a en vue que les défendeurs originaires; car la morosité d'un garant ne peut retarder la décision sur la demande principale : c'est au défendeur à exercer son recours contre lui par action séparée. — (*Rennes*, 1.re *chamb.*, 16 *juil.* 1812, *et infrà*, *art.* 184).

(1) *Profit du défaut.* On appèle ainsi l'adjudication des conclusions prises contre le défaillant par la partie qui comparaît, et qui, au moyen de cette adjudication, *profite*, c'est-à-dire *tire avantage* de la non comparution de son adversaire. On voit, par les explications ci-dessus, que ce *profit*, dans le cas de l'art. 153, est *joint*, autrement réuni à la cause ou discussion qui existe entre les parties comparaissantes, pour n'être adjugé que dans le cas d'un second défaut laissé sur l'assignation qui ordonne le jugement de jonction.

On pourrait opposer contre cette décision qu'elle présente, comme beaucoup d'autres que nous avons eu soin de noter, une application trop étendue de l'art. 1030 du Code. Un jugement n'est point un exploit; ce n'est point un acte de procédure, et ce n'est, nous le répétons encore, qu'aux exploits et actes de procédure que s'applique généralement la disposition de cet article.

Or, dirait-on, quel est le motif qui a porté le législateur à imposer au juge, *en termes impératifs*, l'obligation de prononcer la jonction du défaut? Il a voulu prévenir toute surprise et fermer la porte aux inconvéniens et aux chicanes que favorisait la voie de l'opposition; il s'est proposé d'économiser les frais; il a sur-tout entendu prévenir la pluralité et la contrariété des jugemens.

De telles considérations paraissent tenir à l'ordre de l'administration de la justice; il ne peut être permis à un tribunal de les rendre sans effet, en négligeant d'appliquer la disposition qu'elles ont dictée, de changer ainsi l'ordre de procéder établi par la loi, enfin, de juger avant l'époque à laquelle elle veut qu'il juge, et sans avoir rempli un préliminaire qu'elle lui prescrit en termes aussi formellement impératifs que le sont ceux de l'art. 153.

623. *L'avoué qui a conclu sur le jugement de jonction devient-il non recevable à proposer, lorsqu'il comparaît de nouveau au jour indiqué par ce jugement, soit un déclinatoire, soit un moyen de nullité, soit enfin toute autre exception qui doit être proposée* IN LIMINE LITIS, *ou qui se couvrirait par la procédure volontaire de la partie?*

Cette question a été souvent agitée, et elle a été généralement décidée pour la négative. En effet, et cette remarque vient à l'appui de la solution donnée sur la précédente question, on doit considérer le jugement de jonction comme un acte *indispensable* pour mettre la cause en état de recevoir un jugement quelconque, même sur les déclinatoires, les nullités et toutes autres exceptions préalables à la défense principale.

Ce jugement n'est donc qu'une formalité absolument indépendante de toute exception, et ne peut préjudicier à aucune, puisqu'en concluant sur cette formalité, l'avoué n'entame, en aucune manière, la plaidoirie sur le fond. — (*Voy. Demiau Crouzilhac, pag.* 130). (1)

624. *Si l'un des défendeurs comparaissant présentait des moyens tels qu'il fallût, avant de faire droit, ordonner un interlocutoire, par exemple une enquête, une expertise, l'opération pourrait-elle être ordonnée par le jugement qui donnerait défaut contre les défendeurs, et qui en joindrait le profit au fond?*

Nous ne le pensons pas, par le motif que le jugement de jonction n'est qu'une opération préparatoire.

Ce n'est donc qu'après l'assignation donnée en vertu de ce jugement, que le tribunal peut ordonner les actes d'instruction qu'il croit nécessaire de mettre en usage pour parvenir au jugement définitif sur le fond. Il impliquerait qu'on

---

(1) Quoi qu'il en soit, la Cour de Rennes, par arrêt du 24 juillet 1810, a jugé que la nullité proposée contre un acte d'appel était couverte par une demande en jonction de profit de défaut, attendu que les avoués réunis ayant demandé cette jonction, avaient validé par cet acte les procédures antérieures, en conformité de l'art. 173. Nous n'en persistons pas moins dans l'opinion ci-dessus énoncée.

rendît une décision qui, comme un interlocutoire, préjuge le fond, dans une mesure préparatoire qui n'a pour objet que de mettre toutes les parties à portée de fournir des défenses principales, sur lesquelles le tribunal ne doit prononcer qu'après la notification de cet acte. — (*Voy. Questions de Lepage, pag.* 147).

625. *Peut-on commettre l'huissier par jugement séparé de celui qui a ordonné la jonction ?*

Nous n'en doutons pas, puisque l'article ne prescrit point que l'huissier soit commis par le même jugement. C'est aussi l'opinion des auteurs des Annales du notariat, tom. 1, pag. 309, et ce que la Cour de Rennes pratique constamment, lorsqu'il y a eu omission de commettre dans le jugement de jonction.

626. *Comment le tribunal commet-il un huissier, quand la signification du jugement de jonction doit être faite dans un lieu qui n'est pas situé sous son ressort ?*

Ce tribunal ne peut commettre directement un huissier exploitant hors de son arrondissement. — (*Voy. quest.* 12, *pag.* 10).

Il faut donc, en ce cas, que le jugement soit notifié par un huissier commis soit par le tribunal, soit par le juge de paix du domicile du défaillant, qu'indiquerait le tribunal qui aurait rendu ce jugement. — (*Argum. des art.* 156 *et* 1035 ; *voy. Demiau Crouzilhac, pag.* 130, *et Pigeau, tom.* 1, *pag.* 470).

Remarquons ici qu'il y a lieu à commettre un autre huissier que celui que le jugement de jonction avait désigné, si ce dernier déclare que la partie à laquelle la signification doit être faite a transporté son domicile dans un lieu qui ne se trouve pas de l'arrondissement de cet huissier. — (*Rennes*, 5 *oct.* 1810).

627. *Peut-on opposer au demandeur les nullités de la signification faite par l'huissier commis ?*

L'affirmative a été implicitement décidée par arrêt de la Cour d'appel de Paris, du 19 août 1807, cité par les auteurs du Commentaire inséré aux Annales du notariat, tom. 1, pag. 301, et rapporté au Journal du Palais, 2e. semestre 1807, pag. 454.

Au simple énoncé de cette décision, on serait assez porté à la considérer comme injuste : comment, dirait-on, une partie peut-elle souffrir des nullités commises par un huissier qu'elle n'a pas choisi, que, peut-être, elle aurait eu elle-même de justes motifs d'écarter ?

A cette objection, les rédacteurs du Journal du Palais répliquent, premièrement, qu'il est bien certain que le plaideur trouve, sous le rapport de la délicatesse et de l'instruction, plus de garantie dans un officier ministériel choisi par un tribunal, que dans un huissier pris au hasard et sans discernement; secondement, que la partie qui aurait, contre l'huissier commis, des motifs de suspicion légitime, peut les proposer, et qu'il n'est pas un tribunal qui, en pareil cas, ne s'empressât de faire droit à la réclamation ; troisièmement, enfin, quant à la malversation et à l'impéritie de l'huissier, que la partie trouve sa garantie dans l'art. 71, qui rend cet officier garant des nullités procédant de son fait; que d'ailleurs rien ne s'oppose à ce que, de son côté, la partie qui a obtenu le jugement par défaut ne le fasse, pour sa sûreté, signifier elle-même à ses frais.

Au surplus, s'il pouvait se trouver quelques inconvéniens dans l'exécution des dispositions du Code qui ordonnent de commettre un huissier, ils sont bien compensés par les avantages qu'a démontrés M. le conseiller d'état Treilhard, dans l'exposé des motifs de ces dispositions. — (*Voy. édit. de F. Didot, pag.* 32).

628. *Si, par l'exploit introductif, l'assignation avait été donnée à bref délai, celle à donner en vertu du jugement de jonction devrait-elle être donnée à comparaître dans les délais ordinaires?*

Cette question a été résolue pour la négative par arrêt de la Cour d'appel de Nîmes, du 15 mai 1807, attendu que le président ayant reconnu par son ordonnance, donnée lors de la première assignation, qu'il y avait urgence et que le cas requérait célérité, il y a même motif pour abréger le délai de la nouvelle assignation à donner aux défaillans. — (*Voy. Jurisp. sur la procéd., tom.* 1, *pag.* 284).

Il faut remarquer que les défaillans étaient domiciliés au chef-lieu du siége de la Cour, qui a pris cette circonstance en considération, en décidant que les parties avaient eu un délai moral suffisant dans un jour franc, à dater de la nouvelle assignation.

Nous pensons néanmoins, sans avoir égard à cette circonstance, que l'on peut justement présumer que la faculté accordée par le président, d'assigner à bref délai, peut être la cause du défaut laissé par quelques-uns des défendeurs; qu'il s'agit d'une nouvelle assignation indépendante de la première; qu'il paraît, par conséquent, que le tribunal doit, par le jugement de jonction, autoriser l'assignation à bref délai, et que son silence à ce sujet replace les parties sous l'application des règles ordinaires.

629. *Un jugement de jonction peut-il avoir lieu après constitution d'avoué de la part de tous les défendeurs, lorsque les avoués de quelques-uns ne se présentent pas à l'audience?*

M. Lepage, dans ses Questions, décide affirmativement cette question, par le motif que l'art. 153 ne fait aucune distinction; et, par suite de cette décision, il estime que la signification du jugement de jonction doit, ainsi que la nouvelle assignation, être faite à avoué, conformément à l'art. 157.

Nous croyons, au contraire, qu'il n'y a lieu au jugement de jonction dont parle l'art. 153, que dans le seul cas où l'un ou quelques-uns des défendeurs n'auraient pas constitué avoué, et nous nous fondons,

1°. Sur ce que cet article contient ces expressions : *Si de deux ou plusieurs parties assignées, l'une fait défaut et l'autre comparaît.* Or, on sait que le défaut *faute de comparoir* n'est autre chose que le défaut *faute de constituer avoué;*

2°. Sur ce que le même article dit expressément que le jugement de jonction sera signifié *à la partie défaillante* par un huissier commis. Or, l'art. 156 ne veut que le jugement rendu par défaut contre une partie seule assignée, soit signifié à sa personne ou à son domicile, que par la raison que le défaillant n'avait pas constitué d'avoué : donc ce n'est que dans le cas où il n'y a pas eu d'avoué constitué, que l'art. 153 exige un jugement de jonction,

Si cet article avait entendu prescrire la formalité préalable de ce jugement, lorsque des avoués constitués laisseraient défaut *faute de plaider*, il n'eût point prescrit la signification à partie, et par un huissier commis; il eût pour ce cas ordonné, comme il le fait en l'art. 157, que le jugement serait signifié à l'avoué constitué; il eût fait, en un mot, la juste distinction que présentent ces deux art. 156 et 157.

Appliquer, comme le veut M. Lepage, l'art. 157, c'est prescrire par analogie une forme de signification que repousse l'art. 153.

Dira-t-on que l'art. 150 reconnaît deux espèces de défauts? que l'art. 153 ne distingue point entre elles, et que, s'il exige que le jugement de jonction soit signifié à partie, ainsi que l'assignation qui en est la suite, on peut du moins se conformer à cette disposition, qui ne présenterait au surplus qu'une exception au principe établi par l'art. 157, que le défaut pris contre une partie qui aurait un avoué serait signifié à celui-ci?

Mais nous demanderons quelle serait l'utilité de cette signification à partie, lorsqu'elle a un avoué en cause? Qu'aurait-elle à faire sur cette nouvelle assignation, qu'elle n'eût pas déjà fait, en constituant avoué sur la première?

Insistera-t-on pour soutenir que le jugement de jonction doit avoir lieu sur un défaut *faute de plaider* comme sur un défaut *faute de comparoir*, en disant que les motifs qui ont décidé l'art. 153 (*voy. ci-dessus le comm., et la* 622e. *quest.*) sont les mêmes? que c'est d'ailleurs dans l'intérêt du demandeur que cet article a trouvé sa place dans le Code?

C'est là sans doute l'objection la plus difficile à combattre, et celle qui pourrait laisser quelque doute sur la question que nous examinons.

On ne peut contester, en effet, que le législateur ayant eu pour objet, en portant la disposition de l'art. 153, de prévenir la pluralité et la contrariété des jugemens, n'a pas entendu limiter l'application de cette disposition aux défauts faute de comparaître, puisque le même inconvénient se reproduit dans le cas d'un défaut faute de plaider. On ne saurait contester encore que l'article est particulièrement posé dans l'intérêt du demandeur, qui trouve un grand avantage à obtenir, par l'effet du jugement de jonction, une décision contradictoire ou qui sera réputée telle, nonobstant le défaut des défendeurs sur la nouvelle assignation.

Mais si l'on fait attention que l'art. 158 déclare, pour le cas d'un défaut faute de constituer avoué, que la voie d'opposition reste ouverte jusqu'à l'exécution du jugement, tandis que l'art. 157 n'accorde que huitaine, à compter du jour de la signification à avoué, lorsque le défendeur en a constitué un, on s'apercevra facilement que le motif de hâter une décision que retarderait nécessairement la durée du délai de l'opposition à un jugement faute de comparoir, l'a déterminé à limiter à cette seule espèce de défaut la disposition de l'art. 153.

Au surplus, le texte de l'article nous paraît suffire pour justifier notre opinion, qui ne se trouve contredite par aucun autre auteur que celui que nous avons cité, et que M. Pigeau paraît avoir adoptée, si l'on en juge par la formule qu'il donne d'un jugement de jonction au tom. 1 de son ouvrage, pag. 471.

630. *La partie défaillante, lors du jugement de jonction, peut-elle y former opposition?*

Non, sans doute, puisqu'elle n'aurait aucun intérêt dans cette opposition, le jugement de jonction ne prononçant rien sur le fond, et la nouvelle assignation qui lui est donnée lui offrant l'occasion de faire valoir tous ses moyens de défense. — (*Voy. Biblioth du barr., 1re. part., tom. 3, pag. 90*).

631. *Si, avant ou après la signification du jugement de jonction, le défaillant constituait avoué, les plaidoiries n'en devraient-elles pas moins avoir lieu au jour fixé par la nouvelle assignation?*

Il n'est pas douteux, selon nous, que, dans le cas où l'affaire ne serait pas sommaire, le défendeur devrait jouir, à partir de l'époque de la constitution d'avoué, conformément à l'art. 77, du délai de quinzaine que cet article accorde à tout défendeur pour fournir ses défenses.

Au jour indiqué par la nouvelle assignation, la cause devrait donc être renvoyée, sur les conclusions de ce défendeur, à un autre jour qui fût hors de ce délai.

En effet, le jugement de jonction ne nous paraît pas devoir rendre la position du défendeur plus défavorable qu'elle ne l'était à l'époque de l'exploit introductif.

Ici nous appliquons ce que nous avons dit sur la quest. 442°. — (*Voy. aussi le Commentaire inséré aux Annales du notariat, tom. 1, pag. 301, et Delaporte, tom. 1, pag. 159*).

632. *Le jugement rendu après jonction n'est-il contradictoire qu'à l'égard de la partie qui n'a pas comparu lors du premier jugement qui a ordonné cette jonction?*

M. Lepage, dans ses Questions, pag. 146, et les auteurs du Praticien, tom. 1, pag. 440, estiment que celui avec qui le jugement de jonction a été rendu contradictoirement, est tellement lié par ce jugement au sort des autres défendeurs qui n'avaient pas comparu, que le défaut qu'il laisserait prendre contre lui, à l'audience fixée par la nouvelle assignation, aurait le même effet qu'un *débouté* d'opposition.

M. Pigeau, tom. 1, pag. 472, dit, au contraire, que ce même défendeur peut former opposition au jugement, qui, par rapport à lui, n'est qu'un premier jugement par défaut. Or, l'art. 157 permet de se pourvoir par voie d'opposition contre un pareil jugement.

Ce qui paraîtrait appuyer la première opinion, ce sont ces expressions générales de l'art. 153 : *Il sera statué par un seul jugement qui ne sera pas susceptible d'opposition.*

Nous avions pensé, dans notre Analyse, quest. 512, que l'on devait adopter l'opinion de M. Pigeau, parce que la disposition de l'art. 153 ne nous paraissait avoir été portée que par la considération que les défaillans ayant été deux fois constitués en demeure de se présenter, le second jugement doit être envisagé, relativement à eux, comme celui qui aurait prononcé un second défaut, en sorte que cette disposition n'eût été qu'une conséquence de l'art. 165, qui répute contradictoire tout jugement rendu sur opposition.

Or, disions-nous, ce motif ne peut s'appliquer à la partie qui aurait comparu sur le jugement de jonction : il est évident que lorsqu'elle ne comparaît pas après le réassigné, le jugement qui intervient contre elle n'est qu'un premier défaut. — (*Voy. quest. 482, pag. 259*).

On opposait que le jugement rendu contre les autres défendeurs qui n'auraient comparu que sur la nouvelle assignation, pourra se trouver contraire à celui qui sera prononcé sur l'opposition de la partie qui n'aura fait défaut que sur cette assignation seulement.

Nous répondions, avec M. Pigeau, que la contrariété des jugemens rendus contre des parties différentes n'est pas un motif de réformer l'un de ces jugemens (*arg. de l'art.* 480, § 6); et par conséquent, cette objection ne nous semblait d'aucune considération relativement à la solution de la difficulté. Néanmoins, notre opinion, conforme à celle de M. Pigeau, a été rejetée par deux arrêts, l'un de la Cour de Rennes, 2e. chamb., du 29 mai, l'autre de la Cour de Riom, du 21 juillet 1812. — (*Sirey*, 1815, *pag.* 104, *et* 1814, *pag.* 210).

Ces Cours ont adopté en partie les moyens que nous combattions comme objection contre notre avis. Elles ont considéré, celle de Riom, que l'art. 153 porte une exception formelle à la disposition générale de la loi, en matière d'opposition aux jugemens et arrêts par défaut; celle de Rennes, que ce serait aller contre le vœu bien prononcé de cet article, que d'admettre plusieurs parties qui laisseraient défaut tour à tour, à revenir par opposition contre le jugement qui aurait statué d'après celui de jonction du défaut; qu'il en résulterait cet inconvénient majeur de voir intervenir, dans un même tribunal, entre diverses parties, et sur des matières *non divisibles*, plusieurs jugemens qui présenteraient des dispositions contraires.

Nous devons avouer franchement que cette dernière considération, que nous n'avions pas assez mûrie, nous paraît d'un grand poids contre l'opinion que nous avions précédemment émise.

Article 154.

Le défendeur qui aura constitué avoué, pourra, sans avoir fourni de défenses, suivre l'audience par un seul acte, et prendre défaut contre le demandeur qui ne comparaît pas.

T., 168. — C. de P., art. 80, 82, 434.

CXIV. Il est possible que le défendeur regarde la signification des défenses comme superflues, et qu'il lui paraisse suffisant d'attendre la vérification que fera le tribunal. Il est d'autant plus juste de donner au défendeur cette faculté de suivre l'audience sans défenses, qu'il ne doit jamais dépendre de celui qui a fait donner l'assignation d'éloigner, suivant son intérêt ou son caprice, le jugement de l'affaire. — (*Rap. au Corps lég.*)

633. *S'il y a plusieurs défendeurs en cause, l'un d'eux peut-il obtenir défaut contre le demandeur, sans appeler à l'audience les autres défendeurs?*

L'art. 154 se bornant à dire que l'avoué du défendeur peut suivre l'audience et prendre défaut, on peut en conclure qu'il n'a point à s'embarrasser du nombre des autres défendeurs, ni à s'informer s'ils ont ou non constitué avoué.

Il n'est donc obligé ni de les sommer d'audience, ni d'obtenir un jugement de jonction contre ceux d'entre eux qui n'auraient pas constitué d'avoué, ni enfin de les réajourner; il n'a de partie que le demandeur, et si celui-ci ne conclut pas à la jonction, il obtiendra défaut contre lui et *congé* de la demande, comme nous l'avons dit sur la 617e. quest.

Mais nous supposons que le défendeur dont il s'agit n'aurait eu aucune connaissance que les autres défendeurs eussent constitué avoué; car, autrement, il devrait les sommer d'audience comme parties dans la cause.

Par suite de conséquences, si le demandeur, après avoir obtenu un jugement de jonction, négligeait de réassigner ceux des défendeurs qui auraient laissé défaut, le défendeur comparant pourrait également donner avenir à ceux qui auraient comparu au jugement de jonction, sans être obligé de réajourner lui-même les défaillans (1).

634. *Lorsqu'il y a plusieurs demandeurs, le défaut peut-il être obtenu contre chacun d'eux en particulier?*

L'art. 153 ne prescrit la jonction du défaut qu'à l'égard de diverses parties assignées, et pour le cas seulement où quelques-unes d'entre elles n'auraient pas constitué d'avoué (*voy. la* 629e. *quest.*). Or, s'il y a plusieurs demandeurs, non seulement ils ont constitué avoué dans l'exploit d'ajournement, mais ils n'ont dû constituer que le même avoué : on n'obtiendra donc congé que contre eux tous, et sans qu'il soit besoin de jonction préalable.

635. *Le demandeur contre lequel il aurait été obtenu un congé, pourrait-il en interjeter appel après les délais de l'opposition, conformément aux art.* 443 *et* 455?

Le contraire a été décidé par un arrêt de la Cour d'appel de Turin, du 23 août 1809 (*voy. Sirey, tom.* 10, *DD., pag.* 64), sur le motif que les premiers juges ayant simplement accordé *congé défaut*, et renvoyé le défendeur absous, n'avaient pas prononcé au fond; qu'il s'ensuivait qu'en interjetant appel, le demandeur franchissait le premier degré de juridiction.

Ainsi, la Cour de Turin a considéré l'appel du demandeur comme irrégulier, et l'a renvoyé à former opposition au jugement de congé, à l'effet de faire rendre par le tribunal de première instance un jugement définitif sur le fond de la cause.

Nous opposons contre cette décision, que tout jugement d'un tribunal de première instance est susceptible d'appel, s'il n'est pas rendu en dernier ressort; que les jugemens par défaut y sont sujets comme les jugemens contradictoires, si ce n'est qu'à l'égard des premiers l'on doit observer la règle de ne pas en interjeter appel pendant la durée du délai pour l'opposition.

ARTICLE 155.

Les jugemens par défaut ne seront pas exécutés avant l'échéance de la huitaine de la signification à avoué, s'il y a eu

---

(1) On objectera que toutes ces facultés que nous accordons à un défendeur peuvent produire un inconvénient, en ce que plusieurs défendeurs qui auront constitué différens avoués, pourront obtenir chacun un jugement par défaut contre le demandeur.

Nous répondons que c'est à celui-ci à éviter cet inconvénient et cette *aggravation* de frais qui tombent à sa charge.

Remarquons néanmoins que l'art. 154 n'est pas *impératif;* il se sert de cette expression, *pourra :* d'où il suit que c'est une faculté pour le défendeur d'obtenir défaut contre le demandeur.

Nous concluons de cette observation, que si le défendeur croyait avoir intérêt à n'être jugé qu'en présence des autres défendeurs, ou qu'il eût lui-même quelques conclusions à prendre contre eux, il pourrait de son chef sommer le demandeur de déclarer les constitutions d'avoué qui lui auraient été signifiées, provoquer lui-même la jonction des défauts, réajourner les défaillans, ou, de son chef, demander leur mise en cause.

constitution d'avoué, et de la signification à personne ou domicile, s'il n'y a pas eu constitution d'avoué; à moins qu'en cas d'urgence l'exécution n'en ait été ordonnée avant l'expiration de ce délai, dans les cas prévus par l'art. 135.

Pourront aussi les juges, dans le cas seulement où il y aurait péril en la demeure, ordonner l'exécution nonobstant l'opposition, avec ou sans caution; ce qui ne pourra se faire que par le même jugement (1).

Ordonn. de 1667, tit. 35, art. 3. — C. de P., art. 17, 135, 147, 435, 439.

CXV. Un jugement par défaut ne saurait avoir, en sa faveur, la même présomption de bien jugé que celle que l'on peut accorder à une décision contradictoire. Aussi n'est-ce qu'après qu'un semblable jugement a été pour ainsi dire confirmé par le silence de la partie mise en demeure de former l'opposition, qu'il était raisonnable de le considérer comme exécutoire contre elle. Cette mise en demeure est opérée, suivant l'art. 155, par la signification du jugement à l'avoué de la partie défaillante, si elle en a constitué un, sinon à elle-même, et ensuite un délai de huitaine lui est donné, non seulement pour qu'elle ait le tems d'examiner si elle doit former son opposition, mais aussi pour qu'elle puisse se mettre en état de satisfaire au jugement, sans subir la rigueur des voies d'exécution autorisées par les lois. Néanmoins, notre article s'entend sauf les exceptions prononcées par l'art. 135, et celle qu'il établit lui-même dans sa seconde disposition, pour le cas où il y aurait *péril dans la demeure*, c'est-à-dire, lorsque le créancier qui sollicite le jugement par défaut aurait de justes motifs de craindre de voir s'évanouir le gage de sa créance.

636. *Le délai de huitaine, pendant lequel on ne peut exécuter les jugemens par défaut, est-il franc, en sorte qu'on ne puisse procéder à cette exécution que le dixième jour, à partir inclusivement de la signification?*

Oui, disent M. Delaporte, tom. 1, pag. 85, et les auteurs du Commentaire inséré aux Annales du notariat, tom. 1, pag. 305.

Nous en donnerons pour raison les termes mêmes de l'article, qui expriment que les jugemens par défaut ne seront pas exécutés *avant l'échéance de la huitaine de la signification.*

Or, cette huitaine, qui ne commence à courir qu'à compter du jour de la signification, n'est pas échue au huitième jour qui la suit immédiatement; elle ne l'est que le neuvième : c'est donc ce neuvième jour, qui est le dixième,

---

(1) JURISPRUDENCE.

On peut valablement prendre une inscription hypothécaire en vertu d'un jugement par défaut, encore qu'il ne soit signifié ni à partie, ni même à avoué, et qu'il ne soit ni enregistré ni expédié. — (*Rouen*, 7 *déc.* 1812; *Riom*, 6 *mai* 1809; *cassat.*, 19 *déc.* 1820, *Sirey, tom.* 13, *pag.* 367; *tom.* 10, *pag.* 39; *tom.* 21, *pag.* 369).

Nota. Il en était autrement sous la législation antérieure au Code civil. -- (*Cassat.*, 15 *fév.* 1809, *Sirey, tom.* 9, *pag.* 134).

si l'on compte celui de la signification, qui est le premier des jours utiles pour procéder à l'exécution.

637 *Mais ce délai doit-il être augmenté, conformément à l'art. 1033, à raison de la distance qui sépare le domicile de la partie défaillante du lieu où siège le tribunal où l'opposition devrait être portée?*

On sent que cette question ne peut être faite que dans l'hypothèse où le jugement ayant été rendu faute de constitution d'avoué, doit être signifié à personne ou à domicile.

Dans cette circonstance, disent les auteurs du Commentaire précité (*ubi suprà*), on doit ajouter un jour par trois myriamètres de distance entre le domicile du défendeur et la ville où siégerait le tribunal : c'est le vœu de l'article 1033.

Nous remarquerons, au contraire, que ce laps de huitaine, durant lequel le jugement ne peut être mis à exécution, n'est accordé, en faveur du condamné, qu'afin de lui donner, comme nous l'avons dit au commentaire ci-dessus, le tems de réfléchir s'il doit y former opposition, de recueillir ses moyens à ce sujet, de s'assurer s'il ne doit pas plutôt, en laissant écouler le délai de l'opposition, interjeter appel, ou enfin de se mettre en état de satisfaire au jugement sans subir la rigueur des voies d'exécution forcée. — (*Voy. Pigeau, tom.* 1, *pag.* 472, *et le discours du tribun Faure, édit. de F. Didot, pag.* 74).

Ce délai ne doit donc pas être confondu avec celui que la loi donne pour l'opposition dans les art. 157 et 158; c'est un délai tout autre, et qui a un objet particulier pour lequel le législateur l'a cru suffisant.

Quelle serait d'ailleurs la nécessité de l'augmenter d'un jour par trois myriamètres pour la partie qui n'aurait pas constitué d'avoué, puisqu'elle n'a point à craindre que le jugement soit exécuté au préjudice de son opposition, l'art. 162 lui accordant le droit de prévenir ou de suspendre l'exécution, en formant opposition, soit par acte judiciaire, soit par déclarations sur les commandemens, etc? (1)

---

(1) Nous croyons néanmoins que l'on devrait ajouter l'augmentation dans les cas suivans:

Premièrement, s'il s'agissait d'un jugement qui ne serait pas exécutoire directement contre le condamné, par exemple, d'un jugement qui ordonnerait la radiation d'une inscription hypothécaire;

Secondement, s'il fallait exécuter, à l'égard d'un tiers, le jugement obtenu contre lui, mais qui ne serait pas d'ailleurs susceptible de voies d'exécution qui ne frapperaient que sur lui-même.

En effet, cette exécution, d'après les art. 164 et 548 du Code de procédure, ne peut avoir lieu qu'en justifiant qu'il n'existe ni appel, ni opposition. Or, il deviendrait impossible de fournir jamais cette preuve, si, dans ces cas particuliers, le délai donné par l'art. 155 n'était pas en même tems celui qui ferait courir contre le condamné le délai de l'opposition.

Et comme, en ces circonstances, il n'a que la ressource d'un acte extrajudiciaire qu'il doit renouveler par requête d'avoué dans la huitaine qui suit cet acte, ou celle de cette requête, qu'il peut signifier de suite à l'avoué adverse, à l'expiration de la huitaine accordée par l'art. 155, il est juste qu'il ait le tems d'en faire l'envoi au domicile de cet avoué, afin que celui qu'il constitue sur son opposition l'inscrive au greffe, conformément à l'art. 164,

638. *De ce que l'art.* 155 *porte que les jugemens ne peuvent être exécutés avant l'échéance de la huitaine de la signification à avoué, s'il y a eu constitution, s'ensuit-il que l'on puisse exécuter sans signifier à partie?*

L'art. 147 s'y oppose; il faut signifier le jugement à partie. Tout ce qui résulte de l'art. 155, c'est que la huitaine court du jour de la signification à avoué, en sorte que, n'eût-on signifié à partie que vingt-quatre heures avant l'exécution, l'exécution serait valable, pourvu qu'une huitaine se fût écoulée depuis la signification faite à avoué. — (*Voy. Demiau Crouzilhac, pag.* 131).

639. *L'exécution provisoire peut-elle être ordonnée pour avoir lieu avant l'échéance du délai ou après, nonobstant opposition, même hors des cas mentionnés en l'art.* 135?

Oui, parce que la dernière disposition de l'art. 155 serait inutile s'il en était autrement.

On doit donc entendre l'article en ce sens, qu'il exprime, dans la première disposition, que l'exécution provisoire, nonobstant opposition, ne peut jamais être ordonnée s'il n'y a urgence, même dans les cas déterminés par l'art. 135, et qu'il autorise les juges, par la seconde disposition, à l'ordonner hors ces cas, si l'urgence est telle qu'il y ait péril en la demeure, c'est-à-dire, que les choses soient irréparables en définitive, si le jugement n'était pas exécuté avant la huitaine.

640. *De ce que l'art.* 155 *exige que l'exécution provisoire soit ordonnée par le même jugement, résulte-t-il qu'on ne pourrait se pourvoir en référé pour faire ordonner l'exécution provisoire, si le péril naissait et n'avait pu être connu que depuis le jugement?*

Les auteurs du Praticien estiment qu'en cette circonstance on pourrait, en attendant l'échéance du délai, faire ainsi statuer en référé sur l'exécution provisoire; mais nous croyons que les termes de l'art. 155 s'opposent à ce qu'une semblable demande soit accueillie par le juge des référés.

Au reste, le délai pendant lequel la loi défend d'exécuter les jugemens par défaut n'est pas assez étendu, pour qu'il puisse résulter de grands inconvéniens de la nécessité de l'observer.

ARTICLE 156.

Tous jugemens par défaut contre une partie qui n'a pas constitué d'avoué, seront signifiés par un huissier commis, soit par le tribunal, soit par le juge du domicile du défaillant que le

---

et prévienne ainsi l'exécution du jugement. Il doit donc avoir, après l'échéance de la huitaine, l'augmentation d'un jour par trois myriamètres.

Au surplus, les cas dont il s'agit ici sont des cas d'exception qui confirment ce que nous avons établi pour tous les autres, où l'on ne pourrait appliquer les mêmes raisons de décider.

tribunal aura désigné; ils seront exécutés dans les six mois de leur obtention, sinon seront réputés non avenus (1).

T., 29, 76, 89. — C. de P., art. 153, 159, 370, 435, 548, 1029.

CXVI. En thèse générale on peut, et on doit même avoir confiance dans les énonciations que renferment les exploits sur la remise de la copie. Mais le législateur n'a pu se dissimuler qu'il n'était que trop souvent arrivé que les copies des significations ne fussent pas parvenues aux parties, par la fraude d'un huissier prévaricateur; c'est en langue vulgaire ce qu'on appèle *souffler une copie*. Dans ce cas, celui qu'on a dû citer ne peut se montrer sur une interpellation qu'il ignore; on pourrait prendre contre lui un jugement par défaut; si la prévarication se prolonge, on pourrait lui soustraire encore la copie de la signification du jugement; et lorsque les délais pour se pourvoir seraient écoulés, il pourrait être écrasé par une procédure dont il n'a pas même soupçonné l'existence. C'est pour prévenir autant que possible un semblable malheur, que la loi veut que le jugement par défaut faute de constitution d'avoué soit signifié par un huissier *commis*, et qui, par suite de ce choix, aura en sa faveur une plus forte présomption de fidélité. La loi veut aussi que le jugement soit exécuté dans les six mois, sinon *réputé non avenu*; disposition dont le motif est que, s'il était permis à la partie qui l'a obtenu de garder ce jugement pendant près de trente ans, terme fixé pour la prescription, elle pourrait le faire mettre à exécution dans un moment où la partie adverse aurait perdu les pièces ou les moyens à l'aide desquels elle eût pu le faire réformer.

641. *L'art.* 156 *ne doit-il recevoir son application que dans les seuls cas où il n'y a pas eu constitution d'avoué?*

Nous pensons, d'après les arrêts cités sur la 616.e quest., que cet article est applicable dans les cas où l'avoué du demandeur n'a point accepté le mandat. Les mêmes raisons qui ont porté les Cours de Nîmes, de Colmar et de Limoges à décider qu'en cette circonstance, il fallait appliquer les art. 158 et 159 au défaut prononcé ou à prononcer, nous paraissent militer en faveur de l'application de l'art. 156. — (*Voy. le Comm. inséré aux Ann. du notariat, tom.* 1, *pag.* 307).

642. *L'art.* 156 *est-il applicable aux jugemens rendus par quelque tribunal que ce soit?*

---

(1) JURISPRUDENCE.

1.° Puisque l'art. 156 ne parle que des *jugemens rendus contre* une partie défaillante, il n'y a pas lieu à commettre un huissier pour notifier un arrêt à des défaillans qui, quoique tels, n'étaient pas appelans, et contre lesquels il n'a été prononcé aucune condamnation. — (*Rennes*, 1.re *chamb.*, 19 *juil.* 1809).

2.° La partie condamnée par un jugement sur défaut qui ne contient pas désignation d'un huissier, est non recevable à se faire de cette omission un moyen de nullité, s'il est établi par son aveu qu'elle en a reçu copie. — (*Cassat.*, 7 *déc.* 1813, *Sirey*, *tom.* 14, *pag.* 137).

Nous avons rapporté, sur la 93e. quest., pag. 39, l'arrêt de la Cour de cassation qui a décidé que cet article n'était pas applicable aux jugemens rendus par un juge de paix.

Il n'est pas douteux qu'il s'applique aux arrêts des Cours et aux jugemens des tribunaux de commerce, conformément aux art. 470 du Code de procédure et 643 du Code de commerce (1).

' 643. *Le tribunal qui a rendu le jugement par défaut peut-il indiquer, pour commettre l'huissier, le tribunal du domicile du défaillant?*

Autrement, *ce tribunal est-il obligé de désigner, pour commettre l'huissier, un des juges du tribunal du domicile, au lieu du tribunal lui-même?*

Cette question naît de ces termes de l'art. 156, soit par *le juge du domicile du défaillant que le tribunal aura désigné.* La plupart des auteurs estiment qu'il résulte de ces expressions que le tribunal qui rend le jugement par défaut, ne peut désigner l'autre tribunal pour commettre l'huissier; mais qu'il doit indiquer de suite, soit un des juges du tribunal du domicile, soit un juge de paix. Ainsi, dit M. Lepage (*nouveau Style, pag.* 121), la nomination de l'huissier peut être attribuée ou au président du tribunal, ou au juge de paix du domicile; mais *il faut que le jugement désigne précisément le juge auquel il donne commission.* Même remarque de la part de M. Pigeau, tom. 1, pag. 470. M. Hautefeuille, pag. 116, dit au contraire que le jugement doit être signifié par un huissier commis, soit par le tribunal saisi de la cause, soit par *celui* du domicile du défaillant que le tribunal doit désigner. Cet auteur prend conséquemment le mot *juge* pour synonyme de *tribunal.* On peut dire, pour justifier cette interprétation, qu'en effet la loi emploie souvent les deux mots dans la même acception, notamment au § 4 de l'art. 59, portant qu'en matière mixte, l'ajournement sera donné *devant le juge de la situation, ou devant le juge du domicile* du défendeur. Ici, sans contredit, la loi entend parler du tribunal.

Mais, dira-t-on, l'on ne peut rien induire de là en faveur du sentiment de M. Hautefeuille, parce que l'art. 156 porte, le *juge du domicile que le tribunal aura désigné.* Si, en effet, le législateur avait entendu indiquer le tribunal du domicile, il n'était pas besoin qu'il prescrivît la désignation par le tribunal qui rend le jugement.

Nous croyons concilier ces opinions diverses, en disant que le mot *juge* a été employé pour exprimer que l'on peut indiquer non seulement le tribunal du domicile, ou un juge de ce tribunal, mais même un juge de paix; ce qui s'accorde avec la disposition de l'art. 1035. Si l'on objecte que la loi s'étant servie du mot *juge,* on ne peut désigner un tribunal entier, nous répondrons que l'art. 156 doit s'expliquer par cet art. 1035, portant que, lorsqu'il s'agira de faire une opération quelconque en vertu de jugement, les juges pourront commettre *un tribunal voisin, un juge ou même un juge de paix;* que si l'ar-

(1) Il faut toutefois distinguer le cas où la partie a comparu devant le tribunal de commerce, par un fondé de pouvoir. Dans ce cas, celui-ci ne se fût-il présenté que pour demander seulement la remise de la cause, le jugement ne peut être réputé rendu par défaut faute de comparoir, et par conséquent, il n'y a pas lieu à l'application de l'art. 156. — (*Cassat.*, 18 *janv.* 1820 *et* 26 *déc.* 1821, *Sirey, tom.* 20, *pag.* 195, *et tom.* 22, *pag.* 174).

ticle 156 emploie le mot *juge*, c'est pour ne pas exclure cette faculté de nommer ou un juge du tribunal ou un juge de paix; exclusion qui fût résultée du mot *tribunal*.

644. *La signification du jugement par défaut, rendu faute de constitution d'avoué, est-elle nulle, si elle n'a pas été faite par l'huissier qui aurait été commis?*

M. Lepage, dans ses Questions, pag. 48, se fondant sur ce que la loi ne prononce point, sous peine de nullité, l'obligation de se servir de l'huissier commis, estime que la loi a laissé à la prudence du juge à prononcer la nullité ou la validité de la signification, suivant que le défaillant alléguerait n'avoir pas reçu la copie ou conviendrait l'avoir reçue. Dans le premier cas, dit M. Lepage, la nullité serait prononcée, parce que le juge, suivant la présomption de la loi, prendrait pour constante l'assertion du défaillant; dans le second cas, le but de la loi, qui, en ordonnant de commettre un huissier, a voulu s'assurer de la remise de la copie, ayant été rempli, il n'y aurait aucun motif raisonnable pour rendre la signification sans effet.

Cette distinction nous paraît conforme à l'équité; mais peut-être pensera-t-on qu'elle n'est pas exactement fondée en droit.

Déjà nous avons dit, sur la 415.e quest., que nous pensions que l'inobservation des dispositions de l'art. 153 emportait nullité, quoique cette peine ne fût pas formellement prononcée. Or, les observations que nous avons faites à cet égard doivent s'appliquer également à l'art. 156.

Aussi la Cour d'appel d'Agen, par arrêt du 6 février 1810 (*voy. le Comm. inséré aux Ann. du notariat, tom. 1, pag.* 508), a-t-elle décidé que l'inobservation de la formalité prescrite par ce même art. 155 entraînait la nullité de la signification du jugement, et par suite celle de toutes les poursuites ultérieures.

C'est qu'en effet, tout exploit fait par un huissier incompétent est nécessairement nul, et que tout autre huissier qu'un huissier commis est incompétent, d'après l'article précité, pour signifier un jugement par défaut rendu contre une partie faute d'avoir constitué avoué.

Pourquoi, dans la rigueur du droit, ne déciderait-on pas, dans cette espèce, comme l'a fait la Cour d'appel de Rennes, par l'arrêt que nous avons cité sur la quest. 9? (1)

645. *Suffit-il que le jugement par défaut, portant condamnation* SOLIDAIRE *contre plusieurs défendeurs, ait été exécuté contre l'un d'eux, pour qu'il ne puisse être réputé non avenu contre les autres, à l'expiration des six mois?*

Pour soutenir que les poursuites faites en vertu d'un semblable jugement, contre une seule des parties condamnées *solidairement*, conservent à ce ju-

(1) Remarquons néanmoins que l'huissier, une fois commis pour signifier un jugement, peut, *sans une commission nouvelle*, en faire une seconde signification, si la partie dans l'intérêt de laquelle il a fait la première la croyait nulle.

Le motif de cette décision est que, dans le cas où un officier ministériel a reçu de la loi, du juge ou de la partie, le pouvoir nécessaire à la confection d'un acte, un tel pouvoir n'est épuisé qu'autant que cet acte est valablement et régulièrement fait. — (*Cassat.*, 26 *nov.* 1810, *Journ. des avoués*, 1811, *pag.* 14).

gement sa force contre les autres parties, on pourrait dire que la péremption dont il s'agit en l'art. 156 doit être envisagée comme une espèce de prescription, et, par conséquent, qu'elle est régie par la législation relative à cette matière.

Or, l'art. 1206 du Code civil porte que *les poursuites faites contre l'un des débiteurs solidaires, interrompent la prescription à l'égard de tous.*

On serait donc porté à conclure, par analogie, que l'exécution poursuivie contre l'un des condamnés solidairement doit aussi interrompre la péremption du jugement à l'égard des autres.

« Mais ce raisonnement ne serait pas juste, disent les auteurs du Commentaire inséré aux Annales du notariat, tom. 1, pag. 312; car, s'il est de l'essence de la solidarité que le droit du créancier existe en entier contre chacun de ses codébiteurs solidaires, il n'en est pas de même de l'action judiciaire à l'exercice de laquelle ce droit donne lieu.

» Cette action est le mode autorisé par la loi pour parvenir à se faire payer de la créance elle-même. Cela est si vrai, que si le jugement qui prononcerait la condamnation d'une créance fondée en titre était déclaré nul, le titre, et par conséquent la créance, n'en seraient pas annulés pour cela; seulement, le créancier serait tenu de recommencer son action.

» D'ailleurs, une action, lors même qu'elle a pour objet une créance solidaire, ne subsiste qu'à l'égard de celui des codébiteurs contre lequel elle est dirigée, et il serait absurde de prétendre que le jugement que j'aurais obtenu contre un seul de mes codébiteurs solidaires, pût être exécuté contre les autres. Sans doute ce jugement interromprait la prescription contre eux tous; mais il ne m'autoriserait pas à poursuivre ceux contre lesquels il ne prononcerait pas de condamnation. »

Telle est aussi l'opinion de M. Coffinières. — (*Voy. Journal des avoués, tom.* 2, *pag.* 180, *et les arrêts qu'il cite, ibid., pag.* 354).

« Il en doit être de même d'un jugement par défaut rendu contre plusieurs codébiteurs solidaires, et qui, dans les six mois de sa date, n'aurait été exécuté que contre quelques-uns d'entre eux : ce jugement aurait conservé toute sa force envers ceux contre lesquels l'exécution aurait été poursuivie; mais à l'égard des autres, il serait périmé, c'est-à-dire que ces derniers ne seraient pas moins tenus solidairement au paiement de la dette, mais qu'on devrait recommencer l'action judiciaire, pour obtenir contre eux une nouvelle condamnation. »

Mais on fait, contre cette opinion, l'objection suivante : c'est que le jugement une fois rendu a reconnu ou établi une créance solidaire; que ce jugement devient un titre de cette créance, et que, par conséquent, son exécution rentre nécessairement dans la classe des poursuites qui, suivant l'article 1206 du Code civil, interrompent la prescription : donc, pourrait-on dire, en assimilant la péremption du jugement à la prescription, l'exécution contre un seul des codébiteurs solidaires conserve le jugement à l'égard des autres.

On répond que le jugement n'est un titre que sous la condition qu'il sera exécuté dans les six mois de son obtention. Si cette condition n'est pas remplie, le titre s'évanouit; si elle n'est remplie qu'à l'égard de l'un des condamnés, le jugement ne peut plus être un titre envers les autres, puisque la condition n'est pas remplie en ce qui les concerne. Or, s'il est incontestable qu'une demande formée isolément contre un des codébiteurs solidaires n'a d'effet que contre lui, quant aux condamnations qui en sont la suite, pourquoi n'en serait-il pas de même du jugement obtenu contre tous, mais qui ne serait exécuté que contre l'un d'entre eux?

D'ailleurs, les raisons qui ont dicté la disposition de l'art. 156 répugnent à une décision contraire. Pourquoi, disait M. le conseiller d'état Treilhard (*édition de F. Didot, pag.* 33), s'empresse-t-on d'obtenir un jugement, si l'on ne veut pas s'en servir? Il suit de là, dira-t-on, que l'on doit considérer celui qui n'exécute pas le jugement dans les six mois, comme s'il n'avait pas intenté d'action : donc cette inexécution du jugement obtenu contre plusieurs personnes condamnées solidairement, place celles contre lesquelles elle n'a pas eu lieu dans le même cas où elles se seraient trouvées, si aucune demande n'avait été formée contre elles.

Quoi qu'il en soit de tous ces raisonnemens, et quelque fondés qu'ils paraissent être, nous nous sommes prononcé, dans notre Analyse, quest. 524, contre l'opinion des auteurs du Commentaire inséré aux Annales du notariat; et voici les raisons que nous soumettions à nos lecteurs sur cette question vraiment difficile :

Sans doute le jugement obtenu contre un seul des débiteurs solidaires ne peut, quoiqu'il interrompe la prescription à l'égard de tous, être un titre exécutoire contre ceux qui n'y ont pas été parties.

En effet, le titre que l'on veut mettre à exécution judiciaire contre quelqu'un, doit être directement dirigé contre lui, ou du moins contre les héritiers qui le représentent.

Mais il ne peut s'ensuivre que le jugement par défaut obtenu contre tous les débiteurs solidaires, et qui doit, à peine d'être réputé non avenu, être exécuté dans les six mois de son obtention, doive être réputé tel à l'égard de ceux contre lesquels il n'aurait pas été exécuté.

L'art. 156 ne distingue point; et dès que le caractère de la solidarité, et le principal avantage qui en dérive pour le créancier, sont de faire considérer ce qui est fait avec ou contre l'un des débiteurs, comme censé fait avec ou contre tous ses coobligés, il nous semble que l'on doit en conclure que le jugement exécuté contre un d'eux est censé l'être contre tous.

Et pourquoi n'en serait-il pas ainsi? Y a-t-il plus d'inconvéniens dans cette espèce, que dans le cas où la simple reconnaissance d'un codébiteur perpétue l'obligation des autres?

Ne serait-il pas étrange que la caution condamnée par défaut avec le débiteur principal, se fît un grief de ce que le jugement exécuté contre celui-ci, dans les six mois, ne l'eût pas été en même tems contre elle, au préjudice de son bénéfice de discussion? Et, à plus forte raison, n'en doit-on pas dire autant du codébiteur solidaire?

Supposons même, et c'est une question controversée que nous examinerons sur l'art. 443, que l'appel relevé contre un codébiteur solidaire ne conserve pas le droit d'interjeter appel après les trois mois contre les autres; quelque justes en apparence que fussent les conséquences de cette décision, il y aurait, dans l'espèce de la question qui nous occupe, des raisons de différence qui les écarteraient, et les voici :

Pour exécuter il faut un titre exécutoire. Or, le jugement de première instance n'en est plus un, dès qu'il est entrepris par appel; il faut, pour qu'il recouvre ce caractère, qu'il soit confirmé par l'arrêt à intervenir sur l'appel; il faut conséquemment *intimer* dans l'instance, dont le résultat sera de rendre ce caractère au jugement attaqué, toutes les parties contre lesquelles il aurait prononcé des condamnations.

Mais ces raisons ne se présentent point dans le cas où il s'agit d'exécuter un jugement et non de l'attaquer. Cette exécution n'est pas autre chose, suivant nous, que des poursuites faites pour parvenir au paiement d'une créance que le jugement à exécuter confirme. Or, si des poursuites faites contre un des codébiteurs solidaires interrompent la prescription contre tous les autres, quel motif reste-t-il pour prononcer la péremption du jugement, en faveur de ceux contre lesquels il n'aurait pas été mis directement à exécution?.....

Quoi qu'il en soit, la Cour de Limoges, par arrêt du 14 avril 1822 (*Sirey, tom.* 22, *pag.* 169), a décidé que l'exécution d'un jugement par défaut contre un des codébiteurs solidaires, est sans effet à l'égard des autres codébiteurs, en ce qui touche la péremption de six mois établie par l'art. 156; en d'autres termes, que la péremption était acquise à leur profit après six mois, nonobstant l'exécution faite dans les six mois contre leur codébiteur (1).

646. *La disposition de l'art.* 156 *s'applique-t-elle à l'étranger?*

Cette question a été jugée affirmativement par arrêt de Rouen du 3 février 1813 (*Jur. C. C., tom.* 20, *art.* 450), en faveur d'un étranger qui avait des propriétés en France, et contre lequel par conséquent le jugement pouvait être exécuté, suivant la disposition de l'art. 159. Nous pensons qu'il en serait de même si l'étranger n'avait aucunes propriétés en France, parce qu'il suffirait de faire dresser procès-verbal de carence au lieu de sa demeure. Mais s'il ne résidait pas en France, il ne paraît pas qu'il pût invoquer la faveur de cet article.

647. *Faut-il, pour que la péremption du jugement soit acquise, que l'exécution ait été achevée dans les six mois, ou suffit-il qu'elle ait été commencée pendant ce délai?*

Il n'est pas douteux, dit M. Lepage, dans ses Questions, pag. 150, qu'un commencement d'exécution dans le délai de six mois suffit pour satisfaire à la loi. On en sera convaincu, ajoute-t-il, lorsqu'on réfléchira qu'il n'était pas possible d'exiger que l'exécution fût achevée dans les six mois. En effet, lorsqu'on fait une saisie mobilière, on n'est pas le maître de la terminer dans un délai fixé; à plus forte raison ne peut-on prévoir la fin d'une saisie immobilière, etc.

Mais ne doit-on pas plutôt rapprocher la disposition de l'art. 156 de celle de l'art. 159, et interpréter celle-là par celle-ci? Cet art. 159 n'a-t-il pas été porté pour expliquer toutes celles dans lesquelles le législateur attache quelque effet à l'exécution?

---

(1) La péremption établie par l'art. 156, n'est pas interrompue par l'opposition de la partie condamnée, si cette opposition est irrégulière. — (*Lyon*, 4 *sept.* 1810, *Sirey*, 1814, *pag.* 211).

Un jugement par défaut est périmé contre la régie des domaines, comme contre toute autre partie, faute d'exécution dans les six mois. — (*Rennes* 1.re *chamb.*, 29 *août* 1816).

C'est notre opinion. M. le conseiller d'état Treilhard, en annonçant la disposition de l'art. 158, qui veut que l'opposition soit recevable jusqu'à l'exécution, disait (*voy. édit. de F. Didot, pag.* 33) *: Pour couper court à toute espèce de subtilité, on a dû définir ce qu'on entend par exécuter un jugement.*

Or, nous demanderons maintenant si, dans toute disposition qui n'a point distingué entre *exécuter* et *commencer d'exécuter*, mais qui a exigé *l'exécution*, la loi n'a pas voulu que tous les actes, au moyen desquels elle répute un jugement exécuté, aient été faits? Nous tenons pour l'affirmative, et nous disons en conséquence qu'un jugement par défaut, rendu faute de constitution d'avoué, peut être réputé non avenu, si celui qui l'a obtenu ne peut prouver qu'il a fait les actes prescrits par l'art. 159, ou que le condamné a eu connaisance de ces actes. — (*Voy., au surplus, les questions examinées sur l'art.* 159).

648. *Quand le jugement est non avenu par l'expiration du délai sans exécution, la procédure qui l'a précédée est-elle également réputée non avenue, en sorte qu'il faille citer de nouveau en conciliation, et recommencer les suites en première instance?*

Nous pensons que l'art. 156 n'annule que le jugement obtenu, et remet conséquemment les parties en même et pareil état où elles se trouvaient avant le jugement (1).

649. *A-t-on besoin de faire déclarer en justice la péremption prononcée par l'art.* 156*?*

Nous pensons, comme M. Perrin (*Traité des nullités, pag.* 136), qu'après les six mois le jugement tombe lui-même, puisque l'article porte que, *s'il n'est pas exécuté dans les six mois de son obtention, il sera réputé non avenu.*

---

(1) Soutenir le contraire, ce serait contrevenir à la disposition de l'art. 1030, portant qu'aucun exploit, aucun acte de procédure ne peut être déclaré nul, si la nullité n'en est pas formellement prononcée par la loi; ce serait violer le principe d'après lequel les tribunaux ne peuvent suppléer des déchéances.

Le législateur a eu pour motif, dans l'art. 156, d'obliger celui qui obtient un jugement par défaut à l'exécuter dans un délai déterminé, afin, comme le dit M. Pigeau, tom. 1, pag. 470, que le condamné ne soit pas surpris par l'exécution inopinée qu'on viendrait faire après un long intervalle. C'est là, en effet, tout ce que la loi a voulu prévenir dans l'intérêt du condamné; elle ne frappe que le jugement, et rien ne porte à croire qu'elle ait entendu considérer aussi comme non avenus les actes qui l'ont précédé : de puissantes considérations s'opposent, au contraire, à ce que l'on donne cette extension à l'art. 156.

Premièrement, la disposition qu'il renferme est rigoureuse : elle doit donc être restreinte aux termes dans lesquels elle est conçue; c'est ce que commandent les principes les plus certains de la jurisprudence; c'est ce qui dérive expressément de l'art. 1030;

Secondement, si le législateur eût entendu que l'on envisageât comme non avenus les actes antérieurs au jugement, il s'en fût expliqué comme il l'a fait dans l'art. 401 du Code de procédure, où il déclare que la péremption d'instance emporte extinction de la procédure; disposition qui vient à l'appui du principe que les nullités et les déchéances ne se présument point. Aussi la Cour de Nîmes, par arrêt du 5 juillet 1809 (*Sirey, tom.* 12, *pag.* 432), a-t-elle consacré cette opinion en considérant que l'art. 156 ne prononçant rien sur les instances qui ont servi de base au jugement périmé, rien ne s'opposait à ce qu'un nouveau jugement fût obtenu sur l'exploit introductif Mais on sent qu'à cet effet, le défaillant doit être sommé de comparaître par exploit notifié à personne ou domicile.

Il ne serait donc pas besoin, soit de se pourvoir pour en faire prononcer l'annulation, soit d'en appeler pour le faire réformer; seulement on aurait à opposer la péremption, par voie d'exception, à la partie qui entendrait s'en prévaloir de quelque manière que ce fût.

650. *Les créanciers du défunt peuvent-ils opposer la péremption du jugement, nonobstant une déclaration que celui-ci eût donnée sous seing privé, soit de reconnaître le jugement et de renoncer à l'attaquer, soit de le tenir pour exécuté?*

Cette question a été traitée au n°. 913 de notre Traité; nous l'avions résolue pour l'affirmative par les motifs énoncés dans un arrêt de la Cour de Caen, du 26 avril 1814 (*Sirey, tom. 14, pag. 401*). Mais, le 19 novembre 1817 (*Sirey, tom. 18, pag. 121*), la Cour de cassation a rejeté le pourvoi formé contre un arrêt d'Agen, qui avait jugé dans un autre sens; décision qu'adopte M. Toullier, tom. 8, 2e. édit., pag. 383, n°. 252, et qui sera sans doute opposée avec avantage contre l'opinion que nous avions émise, mais dont nous rappèlerons les motifs dans la note ci-dessous, parce que nous persistons à les croire fondés sur l'esprit de la loi (1).

651. *Si l'on admettait le système contraire à celui qu'établissent les autorités citées sur la précédente question, et que l'on admît par conséquent la doctrine que nous professons dans la note ci-dessous, cette doctrine s'appliquerait-elle même au*

---

(1) Nous disions, avec les auteurs des Annales du notariat, tom. 15, pag. 200, que la question dont il s'agit devait être résolue pour l'affirmative; et c'est en effet ce qui paraît résulter des dispositions des art. 158 et 159, des discours des orateurs du Gouvernement au Corps législatif, en présentant le tit. 8, liv. 2, et des principes reçus en matière de prescription.

En effet, le motif qui a dicté l'art. 156 est facile à concevoir : on n'a pas voulu laisser dans les liens d'un jugement qu'il pourrait ignorer, ni exposer à la surprise d'une exécution inopinée, un débiteur que sa situation malheureuse recommandait. Or, si c'est là le véritable et l'unique motif de la loi, il importe peu que l'acte par lequel ce débiteur déclare avoir connaissance de la condamnation, soit authentique ou sous seing privé, ait une date certaine ou n'en ait point, pour qu'il le lie envers des tiers et détermine pour lui le bénéfice de l'art. 156. Ce qui est réglé pour la partie condamnée, doit l'être également pour les tiers qui prétendraient se mettre en son lieu et place........

En vain ceux-ci invoqueraient-ils le bénéfice de l'art. 1328 du Code civil, d'après lequel les actes sous seing privé n'ont de date contre les tiers que du jour où ils ont été enregistrés, du jour de la mort de celui ou de l'un de ceux qui les ont souscrits, ou du jour où leur substance est constatée dans des actes dressés par des officiers publics.

Cette disposition n'a point été portée pour le cas où les tiers qui veulent rejeter l'acte sous seing privé, n'ont d'autre droit que celui de l'individu même dont cet acte est émané.

Or, on le répète, la nullité dont parle l'art. 156 étant personnelle au débiteur, des créanciers qui, non moins que ses héritiers, sont tenus de respecter ce qu'il a fait, toutes les fois qu'il n'a point agi *en fraude de leurs droits*, ne peuvent pas l'invoquer davantage.

Non seulement la péremption introduite par l'art. 156 n'est pas, comme les prescriptions ordinaires, fondée sur une présomption de libération; mais, le serait-elle, la prétention des créanciers ne serait pas mieux fondée; car il est de jurisprudence constante que la renonciation, même sous seing privé, que le débiteur a faite à la prescription, lie ses créanciers comme lui-même, parce qu'il est toujours permis de renoncer à un droit personnel.

Les créanciers ne sont pas d'ailleurs des *tiers* dans le sens de l'art. 1328 du Code civil; ils ne font qu'une seule et même personne avec le débiteur, et par conséquent, ils ne peuvent être admis à se prévaloir d'une exception que leur débiteur s'est rendu non recevable à opposer.

cas où le débiteur qui n'entend pas se prévaloir de la péremption, en ferait la déclaration postérieurement à la contestation dans le cours de laquelle son créancier aurait opposé l'exception?

On trouve, au tom. 20 de la Jurisprudence du Code civil, pag. 297, un arrêt de la Cour de Paris, du 7 juin 1812, que nous avons vainement cherché dans les autres recueils, et qui décide que des créanciers peuvent faire rejeter de l'ordre celui qui n'a pour titre qu'un jugement par défaut non exécuté dans les six mois, attendu que ce jugement étant comme non avenu faute d'exécution dans ce délai, aux termes de l'art. 156, il n'y avait ni titre ni hypothèque, et que le défaut d'hypothèque pouvait être proposé par les autres créanciers.

Il importe de remarquer, sur cette question, que le créancier dont on contestait la collocation, produisait une déclaration du débiteur de reconnaître pour exécuté le jugement rendu contre lui, et soutenait, en conséquence, qu'au moyen de cette déclaration, le vœu de l'art. 156 se trouvait rempli.

Si donc on s'arrêtait à ce simple énoncé de l'arrêt et de cette circonstance dans laquelle il a été rendu, on serait porté à le considérer comme absolument opposé à celui de la Cour de Caen, cité sur la précédente question.

Mais on ne doit pas perdre de vue que la déclaration sur laquelle le créancier contesté s'appuyait, n'avait été donnée qu'après la naissance de la contestation des autres créanciers parties dans l'ordre.

Tel fut, sans doute, le motif pour lequel la Cour de Paris n'eut aucun égard à cette pièce, et déclara qu'elle était suspecte, et ne pouvait mériter aucune confiance.

Cette circonstance nous semble justifier sa décision, sans néanmoins contredire la doctrine que nous venons de professer (*voy. la note ci-contre*), et qui, comme l'arrêt de Caen, suppose une déclaration antérieure à la contestation. En effet, lorsqu'un débiteur, après une contestation élevée par ses créanciers, intervient, pour ainsi dire, afin de détruire l'effet de l'exception qu'ils proposent, à une époque où lui-même eût été en droit de l'opposer dans son intérêt personnel, il est plus que probable que ce débiteur agit en fraude de ces créanciers. Il serait, d'ailleurs, injuste qu'il dépendît ainsi de lui de les empêcher de profiter d'un moyen qu'ils ont déjà présenté, et aux résultats duquel ils ont un droit acquis.

Vainement, pour faire prévaloir l'arrêt de Paris sur notre opinion et la décision de Caen, tenterait-on d'argumenter de la disposition de l'art. 1328 du Code civil, puisque cet article ne serait nullement applicable, comme nous l'avons établi dans la note qui précède, au cas où des créanciers exercent les droits de leur débiteur.

Ainsi donc la déclaration du débiteur de tenir le jugement pour exécuté ne liera point les créanciers, lorsqu'elle sera donnée postérieurement à la contestation sous le cours de laquelle on l'opposerait, à moins toutefois qu'il n'existât des preuves de connivence, de dol et de fraude; circonstances dans lesquelles la rigueur des principes doit toujours fléchir.

Article 157.

Si le jugement est rendu contre une partie ayant un avoué, l'opposition ne sera recevable que pendant huitaine, à compter du jour de la signification à avoué (1).

T., 89. — Ordonn. de 1667, tit. 35, art. 3. — C. de P., art. 113, 155, 159, 165, 436, 440, 443, 809. — C. de com., art. 643

CXVII. La loi accorde pour le délai de l'opposition un délai de huitaine, à compter du *jour de la signification du jugement à l'avoué*, parce que la partie défaillante ayant constitué avoué, il y a présomption légale que l'assignation lui a été remise. Ce délai expiré sans que cette partie ait formé opposition, elle peut se pourvoir par appel, si le jugement a été rendu en premier ressort; mais s'il a été rendu en dernier ressort ou en second degré de jurisdiction, il ne reste contre le jugement que la voie de la requête civile, ou le pourvoi en cassation. C'est une conséquence nécessaire des art. 137 et 443 (2) combinés.

652. *Le délai de huitaine, accordé par l'art.* 157, *est-il franc et sujet à l'augmentation à raison des distances ?*

M. Delaporte, tom. 1, pag. 163, et les auteurs du Commentaire inséré aux Annales du notariat, pag. 313, estiment que ce délai doit être franc, c'est-

---

(1) JURISPRUDENCE.

1.° La faculté de former opposition à tous jugemens ou ordonnances par défaut, est de droit, si elle n'est formellement prohibée; par exemple, le saisi est recevable à se pourvoir par opposition contre l'ordonnance du juge qui a permis de faire la saisie-arrêt à son préjudice. — (*Bordeaux*, 16 *août* 1817, *Sirey, tom.* 18, *pag.* 58).

2.° La circonstance que le dernier jour de la huitaine serait un jour férié, ne pourrait être prise en considération pour relever l'opposant de la déchéance, par le motif que les art. 63 et 1037 permettent de notifier un jour férié, avec l'autorisation du magistrat. — (*Rennes, arrêt du* 18 *juin* 1817 *ci-dessus*).

Cet arrêt, quoique diamétralement opposé à un autre arrêt de la Cour de Nancy, du 23 juillet 1812, rapporté par Sirey, tom. 14, pag. 197, est conforme à la jurisprudence de la Cour de cassation. — (*Arrêt du 6 juil.* 1812, *Sirey*, *tom.* 12, *pag.* 366).

3.° L'art. 157 ne s'applique qu'au cas où l'avoué qui reçoit la signification a été constitué avant le jugement, et non pas lorsqu'il ne l'aurait été qu'après le jugement, mais avant la signification. — (*Caen*, 3 *mai* 1813, *Sirey, tom.* 14, *pag.* 436).

4.° Si le jugement est contradictoire à l'égard de quelques-unes des parties, et rendu par défaut à l'égard des autres, ces dernières seulement peuvent se pourvoir par opposition. En *d'autres termes*, l'opposition des consorts défaillans ne peut profiter à ceux qui ont comparu. — (*Cassat.*, 2 *juin* 1806, *Sirey, tom.* 7, 2.e *part.*, *pag.* 1074; *voy. nos questions sur l'art.* 443).

5.° Le décret du 2 février 1811, qui n'admet pas la voie d'opposition en matière de *saisie immobilière*, n'est pas applicable au cas où l'opposition est fondée sur des moyens qui attaquent le titre et la substance même de la saisie. Ainsi, l'opposition ne doit être rejetée qu'autant qu'elle repose sur des moyens de forme. — (*Bruxelles*, 30 *janvier* 1813, *Sirey*, *tom.* 14, *pag.* 17).

(2) Voyez arrêt de Montpellier, du 28 février 1810, et Comm. inséré aux Ann. du not., tom. 1, pag. 316.

à-dire qu'il ne doit comprendre ni le jour de la signification, ni celui de l'échéance.

M. Pigeau dit, au contraire, tom. 1, pag. 544, que l'article se servant de ces mots, *pendant huitaine*, le jour de l'échéance est compté. Il adopte ainsi les motifs d'après lesquels nous avons décidé, sur la 90e. question, pag. 38, que le troisième jour, à partir de la signification, était le dernier jour utile pour former opposition à un jugement rendu en opposition à un jugement rendu en justice de paix.

Mais M. Pigeau ajoute une autre raison, pour écarter l'application de l'article 1033; c'est que cet article, en disposant que le jour de la signification ni celui de l'échéance, ne seront jamais comptés, ajoute, *pour le délai général fixé pour les ajournemens, les citations, sommations et autres actes faits à personne ou domicile*. Or, l'opposition dont il s'agit n'est point signifiée à la partie, à sa personne ou à son domicile, mais à l'avoué constitué par sa partie adverse.

Ces observations suffiraient pour convaincre que c'est l'opinion de M. Pigeau que l'on doit suivre; néanmoins, il faut remarquer que cet auteur ne comprend point, dans le délai de huitaine, le jour de la signification; il n'y fait entrer que celui de l'échéance. Le jugement, dit-il, est signifié le dernier de janvier; l'opposition doit être formée le 8 février au plus tard.

Cependant la Cour de cassation avait décidé, par application de l'art. 3 du tit. 35 de l'ordonnance, qui portait que la requête serait donnée *dans la huitaine du jour de la signification*, que ce jour même devait être compris dans le délai. — (*Voy. arrêt du 21 niv. an 9, sect. civile, Sirey, vol. ant., pag.* 390).

Mais cette décision n'a point été suivie depuis la publication du Code, ainsi que le prouvent plusieurs arrêts qui seront rapportés sur l'art. 344, et qui ont consacré le principe que toutes les fois que la loi, comme dans l'art. 157, se sert de l'expression *à compter du, à dater du, depuis* ou *à courir du*, le jour du départ n'est pas compris. Nous ne faisons donc aucun doute que l'opinion de M. Pigeau est à l'abri de toute critique (1).

653. *La fin de non-recevoir résultant de ce qu'une opposition aurait été formée après le délai, se couvre-t-elle par la procédure volontaire de la partie qui aurait eu intérêt à l'opposer?*

Il est évident que cette fin de non-recevoir ne tient point à l'ordre public. Si donc une partie néglige de conclure à ce qu'une opposition formée après les délais soit déclarée non recevable, elle ne peut la produire pour la première fois sous l'appel, ou s'en faire un moyen de cassation. — (*Arg. d'un arrêt de la Cour de cassation, sect. civile, du* 14 *mess. an* 13, *Denevers, an* 13, *suppl., pag.* 166).

---

(1) Par une conséquence nécessaire de ce que l'art. 1033 ne s'applique point aux actes signifiés à avoués, on doit décider, contre l'opinion des auteurs du Commentaire précité, tom. 1, pag. 305, que le délai fixé par l'art. 157 n'est point susceptible de l'augmentation d'un jour par trois myriamètres, entre le lieu du domicile de la partie à laquelle le jugement est signifié, et celui où siége le tribunal où son opposition doit être portée.

Au surplus, un arrêt de la Cour de cassation, du 5 février 1811, a consacré, et l'opinion de M. Pigeau, relative à la franchise du délai (*voy. Sirey, tom.* 11, *pag.* 134), et la conséquence que nous tirons ici de cette opinion, par rapport à l'augmentation à raison des distances.

654. *La signification du jugement par défaut rendu contre une partie ayant avoué, ne doit-elle être faite que par les huissiers audienciers du tribunal qui a rendu ce jugement, et où conséquemment l'opposition doit être portée?*

Non; cette signification n'est point un acte d'avoué à avoué : elle peut se faire à la requête de la partie qui a obtenu le jugement, et dès lors l'exploit peut être fait par tout autre huissier qu'un huissier audiencier, ou un huissier ordinaire attaché au tribunal qui a rendu le jugement.

Ainsi, par exemple, un huissier de première instance pourrait signifier, conformément à la seconde partie de l'art. 8 de l'arrêté du 22 thermidor an 8, l'arrêt par défaut rendu par une Cour d'appel, et cette signification ferait valablement courir le délai prescrit par l'art. 157. — (*Voy. arrêt de la Cour de Bruxelles, du 1er. août 1810, Sirey, tom. 11, DD., pag.* 86).

655. *Si deux parties avaient en même tems obtenu contre un tiers un jugement faute de plaider, qui eût été signifié à l'avoué de celui-ci, à la requête seulement de l'avoué de l'une de ces deux parties, le délai de l'opposition courrait-il également au profit de toutes deux?*

En d'autres termes : *L'opposition du tiers sera-t-elle encore recevable, à l'égard de celle de deux parties qui n'aurait pas fait signifier le jugement, après la huitaine de la signification* faite par l'une *de ces deux parties?*

Le doute vient de ce qu'on peut dire que chaque partie n'agit que pour son intérêt, et que celle qui n'a point fait signifier le jugement ne doit pas profiter de la signification faite par l'autre partie, et qui est *res inter alios acta.*

Il est cependant des jurisconsultes qui pensent qu'il suffit que la signification ait été faite par l'une des parties, pour que le délai de l'opposition doive courir au profit de toutes celles qui seraient comprises dans le même jugement.

Ces jurisconsultes se fondent :

1°. Sur ce que l'opposition doit remettre les choses au même état où elles étaient avant le jugement; ce qui deviendrait souvent impossible, si l'opposition était tardive à l'égard de l'une des parties;

2°. Sur ce que ce serait occasionner inutilement une aggravation de frais, que d'obliger chaque partie à signifier le jugement de son chef;

3°. Enfin, sur ce que l'art. 157, en accordant la faculté de l'opposition, en fait courir le délai, sans distinction du jour de la signification faite à l'avoué.

Quoi qu'il en soit, nous ne croyons pas que cette opinion doive être suivie, du moins lorsque la matière jugée n'est pas indivisible : c'est aux parties intéressées à faire exécuter le jugement, à le signifier dans leur intérêt. Jusque-là, elles sont présumées avoir renoncé momentanément au bénéfice du jugement, et entendu accorder au condamné des délais pour l'exécution.

Au surplus, nous examinerons, sur l'art. 443, une question tout à fait analogue, relativement au délai d'appel, et nous ferons, à cette occasion, plusieurs observations qui répandront un nouveau jour sur la solution que nous venons de donner, et qui décideront la question de savoir si l'opposition formée en tems utile, par l'une des parties condamnées, profite aux autres. — (*Voy. Journ. des Avoués, 1810, pag.* 270)

656. *L'opposition formée par un garant condamné empêcherait-elle le jugement d'avoir la force de chose jugée, entre le garanti et le demandeur principal?*

On avait maintenu qu'un jugement ne pouvait avoir cette autorité à l'égard du demandeur originaire contre le garanti, qu'autant qu'il n'était attaqué ni par la voie de l'opposition, ni par celle de l'appel; mais un tribunal qui prononcerait ainsi n'excéderait-il pas ses pouvoirs, en rétractant un jugement contradictoire? Toute question entre le demandeur principal et le garanti ne lui devient-elle pas étrangère, dès qu'il a été prononcé contradictoirement entre eux? L'opposition ne frappe-t-elle pas uniquement sur la disposition du jugement relative à la demande formée par le garanti contre le garant?

C'est aussi ce que la Cour de Paris a décidé, d'une manière affirmative, par arrêt du 20 novembre 1809. — (*Voy. Biblioth. du barr., 2e. part., 1810, pag.* 336).

Mais nous ajouterons, à l'appui de cette décision, que la demande en garantie peut être formée par action principale; ce qui prouve qu'elle est, dans son essence, indépendante de la demande originaire; en sorte que, dans le cas où le tribunal en est incidemment saisi, il prononce véritablement sur deux demandes, et son jugement est nécessairement divisible.

657. *Si la copie de l'exploit contenant la requête d'opposition ne portait point de date, l'opposition pourrait-elle être présumée avoir été faite après le délai, quoique l'original fût daté et enregistré dans ce délai?*

Cette question avait été décidée pour l'affirmative sous l'empire de l'ordonnance, par un arrêt de la Cour de cassation, du 21 floréal an 10, et depuis la publication du Code de procédure, la Cour d'appel de Bruxelles l'a résolue de la même manière, par arrêt du 30 avril 1807. — (*Voy. Jurisp. sur la procédure, tom.* 1, *pag.* 54).

Les motifs de cette décision sont que l'art. 157 déclarant que l'opposition ne sera recevable que pendant la huitaine, à partir de la signification du jugement, il est de l'essence de l'acte d'opposition qu'il y soit fait mention du jour où il a été signifié.

Il importe peu que l'original ait été daté et enregistré dans ce délai, puisque la copie tient lieu d'original à la partie à laquelle elle est signifiée, et conséquemment la régularité de l'original ne peut empêcher que l'opposition ne soit rejetée par défaut de preuve qu'elle ait été notifiée dans le délai légal. — (*Voy. la* 327e. *quest., pag.* 166).

658. *Est-il des cas où le délai de l'opposition puisse être suspendu?*

Oui; et ces divers cas ont été examinés par M. Pigeau, tom. 1, pag. 545 et 546. Nous renvoyons au traité de ce savant professeur ceux qui voudront connaître les raisons particulières qu'il apporte afin de prouver, sur chacun de ces cas, que le délai de l'opposition peut ou doit être suspendu, et nous nous contenterons de résoudre la question en termes généraux :

Nous dirons donc que l'art. 162 déclare, dans sa seconde disposition, que, si l'avoué qui a obtenu le jugement par défaut ne pouvait plus postuler, le délai pour réitérer l'opposition ne courrait que du jour où il y aurait une nouvelle constitution d'avoué signifiée à l'opposant.

Or, par une juste analogie, il nous semble que l'on doit affirmer la même chose du cas où l'avoué qui aurait signifié le jugement par défaut dans l'espèce de l'art. 157, serait mort ou suspendu, ou démissionnaire avant la huitaine donnée pour l'opposition.

Il nous semble également que le délai de l'opposition est suspendu par la mort de l'une des parties, ou par décès, démission, interdiction et destitution de l'un des avoués.

Ces décisions résultent, suivant nous, des dispositions des art. 342 et suivans.

659. *Est-il des jugemens par défaut qui ne soient pas susceptibles d'opposition?*

Si, en général, tout jugement par défaut, soit préparatoire, soit interlocutoire, soit définitif, est sujet à opposition, la loi a cependant prévu, et la jurisprudence a indiqué des cas d'exception.

Nous avons déjà vu, sur les art. 113 et 153, que les jugemens en quelque sorte contradictoires, qui sont rendus sur rapport ou après défaut joint et réassignation, ne peuvent être attaqués par opposition.

Il en est de même, d'après l'art. 165, d'un jugement qui aurait débouté d'une opposition à un premier défaut, ou qui l'aurait déclarée nulle ou non recevable, et d'après l'art. 1016, du jugement rendu par défaut par des arbitres (1).

660. *Admet-on encore l'opposition aux jugemens rendus sur requête ou demande d'une seule partie, sans qu'une autre ait été appelée?*

L'ordonnance de 1667, tit. 35, art. 2, permettrait *de se pourvoir par simple requête afin d'opposition contre les arrêts et jugemens en dernier ressort....... donnés sur requête.*

Cette disposition ne se retrouve point dans le Code de procédure civile; mais, dit M. Merlin (*nouveau Répertoire, tom.* 8, *pag.* 703), elle y est nécessairement sous-entendue. L'opposition aux jugemens rendus sur la demande d'une seule partie étant de droit naturel, il n'est pas au pouvoir de la loi d'y déroger, dit ce savant magistrat, et, à plus forte raison, la loi n'est-elle pas censée y déroger par son silence.

Aussi le Code civil, art. 100, et l'art. 40 du décret du 22 juillet 1806, contenant réglement sur les affaires contentieuses du Conseil d'état, supposent-ils bien clairement la faculté d'attaquer par cette voie les jugemens dont il s'agit.

M. Pigeau pense que cette opposition n'est plus admissible, attendu l'abrogation de l'ordonnance par l'art. 1041 du Code; mais il estime que la partie lésée peut faire valoir ses droits par une simple demande et sans attaquer le jugement, lequel serait regardé à son égard comme non avenu.

C'est bien en venir aux mêmes résultats que produirait une opposition, et

---

(1) Les décisions des Cours souveraines ont fait connaître d'autres exceptions; par exemple, la Cour d'appel de Paris, par arrêt du 21 juillet 1809 (*Sirey, tom.* 10, *DD.*, *pag.* 61), avait déclaré non susceptibles d'opposition les jugemens par défaut qui autoriseraient le conjoint demandeur en divorce à faire preuve des faits par lui articulés. Elle considérait que la procédure en matière de divorce était réglée par le Code civil, dont les art. 249 et 250 ne permettaient pas la voie d'opposition contre de pareils jugemens.

Cette décision est aujourd'hui sans objet; mais nous citerons sur l'art. 723, d'autres arrêts qui ont rejeté l'opposition en matière de saisie immobilière, et que nous ne croyons pas devoir rapporter ici, parce qu'ils donnent lieu à quelques observations qu'il conviendra mieux de placer sous les articles auxquels ils se rapportent.

l'opinion de M. Pigeau ne différerait ainsi de celle de M. Merlin, qu'au sujet du nom que l'on donnerait à la demande de la partie qui se pourvoirait.

Reste à savoir si, comme il se pratiquait sous l'empire de l'ordonnance, cette opposition, que nous appellions en Bretagne *demande en rapport de jugement* ou d'*arrêt*, peut être formée en tout tems, et non pas seulement dans la huitaine. — (*Voy. Jousse, sur l'article précité de l'ordonnance, tom.* 2, *pag.* 369).

C'est notre opinion, fondée non seulement sur ce que le jugement par défaut, obtenu contre une partie qui n'a point constitué d'avoué, est *attaquable* par opposition jusqu'à l'exécution, mais encore sur le principe que tout jugement que l'on oppose à une personne qui n'a pas été appelée, peut être, jusque là, et pendant trente ans, entrepris par voie de tierce opposition. — (*Voy. les questions résolues sur l'art.* 474).

Il conviendrait encore de suivre, à l'égard de la signification du jugement rendu sur requête, et comme fondé en équité, un arrêt de réglement du Parlement de Bretagne, du 2 mars 1728, qui obligeait la partie qui faisait faire cette signification à signifier en même tems la requête. Mais par induction de l'art. 1030 du Code de procédure, on ne prononcerait pas, pour omission, la nullité de la signification, ainsi que le prescrivait cet arrêt. — (*Voy. Recueil des arrêts du Parlement de Bretagne sur la procédure, pag.* 278).

661. *L'opposition a-t-elle l'effet de* NEUTRALISER *tellement le jugement, qu'il ne puisse plus être exécuté que par nouvelle décision du juge?*

Non; l'opposition n'est qu'un obstacle à l'exécution du jugement par défaut: si donc l'opposition est rejetée par suite d'une fin de non-recevoir, l'obstacle est levé, et le jugement attaqué reprend tout son effet par sa propre vertu. C'est parce qu'un jugement qui déboute ainsi d'une fin de non recevoir rend, par le fait, toute sa force au jugement par défaut, que l'on peut appeler de ce dernier, sans être obligé d'appeler en même tems de l'autre. — (*Voy. arrêt de la Cour de cassat., sect. des req., du* 25 *juin* 1811, *Sirey, tom.* 11, *pag.* 241, *et les quest. examinées sur l'art.* 397).

ARTICLE 158.

S'il est rendu contre une partie qui n'a pas d'avoué, l'opposition sera recevable jusqu'à l'exécution du jugement (1).

T., 89. — Voy. aussi C. de comm., art. 643. — C. de P., art. 113, 159, 162, 165 436, 443, 445.

CXVIII. LA raison de la différence que l'art. 158 établit ici entre le défaillant qui s'est laissé condamner, après avoir constitué avoué, et celui pour lequel nul avoué n'a comparu, vient de ce que le défaut faute de plaider est

---

(1) JURISPRUDENCE.

1.° Un jugement rendu par défaut contre une partie qui n'a pas d'avoué, ne peut être entrepris par voie d'opposition que dans le cas où il n'a pas été exécuté. — (*Rennes*, 27 *septembre* 1810).

2.° Ainsi, lorsqu'il est maintenu et reconnu que ce jugement n'a pas reçu d'exécution.

toujours volontaire, et ordinairement calculé par le besoin de reculer une condamnation, tandis qu'il est possible que, par l'effet d'une procédure frauduleuse et clandestine, le second ignore et le jugement qu'on a fait prononcer, et la signification qu'on prétend lui en avoir été faite : il était donc juste de ne lui fermer la voie d'opposition qu'après un acte d'exécution du jugement. Mais quels actes seront réputés actes d'exécution, et rendront par conséquent l'opposition non recevable? Le législateur a résolu cette question par l'art. 159.

662. *De ce que l'art.* 158 *porte que l'opposition sera recevable jusqu'à l'exécution du jugement, s'ensuit-il que la déclaration d'opposition ne puisse être faite utilement au jour qui suit immédiatement les actes auxquels l'art.* 159 *attache la présomption que le jugement est exécuté?*

Cette question naît d'un arrêt rendu par la Cour de Paris, le 14 mai 1808 (*voy. Sirey*, 1808, *DD., pag.* 228). On lit, en effet, dans un de ses considérans, qu'*aux termes de l'art.* 158, *l'opposition étant recevable jusqu'à* L'EXÉCUTION DU JUGEMENT, *il s'ensuit que le délai ne commence à courir, dans ce cas, que du jour de cette exécution.*

L'on serait porté à tirer de ces expressions, prises isolément, la conséquence que le délai de huitaine, prescrit par l'art. 162, ne commencerait à courir que le lendemain du jour où les actes d'après lesquels l'art. 159 répute le jugement exécuté, auraient eu lieu.

Ainsi, par exemple, cet article ne réputant, entre autres circonstances, le jugement exécuté qu'autant que les meubles saisis auraient été vendus, l'opposition serait valablement formée le jour qui suivrait la vente, et ce serait ce jour seulement que commencerait à courir, d'après l'art. 162, le délai de huitaine pour renouveler l'opposition.

Nous ne croyons pas que telle ait été l'intention du législateur; au contraire, l'art. 158 voulant que l'opposition soit recevable *jusqu'à l'exécution,* il paraît évident que la déclaration de s'opposer doit être faite par la partie avant que l'exécution soit consommée par les actes mentionnés en l'art. 159.

C'est ce que prouve d'ailleurs l'art. 162, qui permet de faire la déclaration sur les actes d'exécution. Nous concluons donc qu'encore bien que le jugement ne soit réputé exécuté qu'après la vente des meubles, l'opposition ne serait plus recevable si cette vente avait été faite, puisqu'en ce cas le jugement aurait reçu son exécution (1).

---

l'appel n'est pas recevable, puisque l'appelant ne peut se pourvoir que par opposition. — (*Rennes*, 2.e *chamb.*, 16 *juil.* 1808).

3.° L'art. 643 du Code de commerce, qui a rendu la disposition de l'art. 158 du Code de procédure applicable aux jugemens des tribunaux de commerce, et dérogé ainsi à l'art. 436 de ce dernier Code, ne dispose que pour l'avenir; il ne peut conséquemment s'appliquer aux jugemens de commerce rendus avant sa publication.—(*Cassat.*, 2 *août* 1815, *Sirey*, 1816, *pag.* 107).

4.° Le délai pour l'opposition ne court contre l'étranger qu'autant qu'il y a eu exécution dans le sens de l'art. 159, après observation des longs délais prescrits par l'art. 73. Il y a lieu à opposition contre une liquidation de course de corsaire, faite par un tribunal de commerce, puisqu'elle doit être considérée comme jugement par défaut, faute de constitution d'avoué. — (*Rennes*, 18 *sept.* 1813).

(1) Aussi, par arrêt du 13 juillet 1809, 1re chamb., la Cour de Rennes a-t-elle décidé que le délai pour interjeter appel court à partir de l'époque où l'exécution a été *consommée*, lorsque la partie condamnée ne s'est pas rendue opposante avant cette époque.

ARTICLE 159.

Le jugement est réputé exécuté, lorsque les meubles saisis ont été vendus, ou que le condamné a été emprisonné ou recommandé, ou que la saisie d'un ou de plusieurs de ses immeubles lui a été notifiée, ou que les frais ont été payés, ou enfin lorsqu'il y a quelque acte duquel il résulte nécessairement que l'exécution du jugement a été connue de la partie défaillante : l'opposition formée dans les délais ci-dessus et dans les formes ci-après prescrites, suspend l'exécution, si elle n'a pas été ordonnée nonobstant opposition.

C. de P., art. 155.

CXIX. On a vu, par l'article précédent, que si la partie condamnée par défaut n'a point eu d'avoué constitué, son opposition est recevable non seulement dans les huit jours de la signification, mais jusqu'à l'exécution du jugement; nous avons donné dans notre commentaire sur cet article, pag. 395, la raison de cette différence. L'art 159 indique les actes par lesquels un jugement sera tenu pour exécuté, et qui conséquemment rendront l'opposition non recevable. Le législateur, par cette indication, a entendu, disait l'orateur du Gouvernement, couper court à toute difficulté, et néanmoins cet art. 159 a été une source de controverses et de décisions incohérentes et contradictoires, que nous examinerons sous la question suivante, dans la vue d'établir une doctrine générale, qui puisse faciliter l'intelligence et l'application de ce même article, suivant son texte et d'après son esprit.

663. *L'art. 159 est-il limitatif ou seulement démonstratif?*

Ou, PLUS PARTICULIÈREMENT, *peut-on, soit pour empêcher la péremption prononcée par l'art. 156, soit pour faire courir le délai d'opposition, suppléer par d'autres actes à ceux auxquels l'art. 159 attache spécifiquement l'effet de faire réputer le jugement exécuté, lorsqu'on emploie les voies d'exécution que ces derniers actes supposent? 2°. Quels sont ceux qui seraient susceptibles d'établir la même présomption, s'il était impossible d'employer ces voies, ou si l'on était obligé de recourir à d'autres?*

Nous nous proposons de traiter, sous cette question générale, la plupart des difficultés que nous avons examinées séparément dans nos précédens ouvrages, à l'occasion de l'article ci-dessus.

Mais d'abord l'énoncé de cette question préjuge une solution affirmative, sur le point de savoir si les mêmes actes qui sont nécessaires pour empêcher l'opposition contre un jugement par défaut, rendu faute de constitution d'avoué, le sont également pour empêcher la péremption de ce jugement. C'est en effet notre opinion, contraire à celle qui a été émise au tom. 16, 2ᵉ. part., pag. 381, du Recueil de M. Sirey; mais conforme à un arrêt de Limoges, du 20 juillet 1821, que cet arrêtiste rapporte tom. 22, 2ᵉ. part., pag. 1, et fondée d'ailleurs sur les raisons qui ont été déduites dans le plaidoyer de M. Thoumas, substitut du procureur général à la même Cour, et sur lequel est intervenu un autre arrêt du 14 février 1822. — (*Voy. ibid*, 2e. *part.*, *pag.* 169).

Il serait superflu d'entrer ici dans une discussion où l'on ne pourrait que reproduire les moyens que ce magistrat a fait valoir.

Revenant à la question ci-dessus posée, il nous paraît évident que l'art. 159 est limitatif, pour les cas où celui qui a obtenu jugement, se propose de l'exécuter par l'une des espèces de saisies *mobilières* qui entraînent une vente (1). Ainsi, procède-t-il par voie de saisie-exécution ou de saisie-brandon, il n'y aura d'exécution qu'au moyen de la vente des meubles ou des fruits; aucun des actes antérieurs de poursuites ne pourra empêcher la péremption, ou rendre l'opposition non recevable, puisque la loi n'attache la présomption de connaissance de l'exécution de la part du débiteur, qu'à l'acte qui constate la consommation de la vente (2).

Procède-t-il par voie de contrainte par corps, il y a même raison de décider; tous les actes antérieurs à l'emprisonnement seront insignifians (3).

Il en sera de même, s'il agit par voie d'expropriation forcée. Tous les actes de saisie immobilière qui précèdent la notification de la saisie, c'est-à-dire, la dénonciation faite en conformité de l'art. 681, ne seront d'aucune considération (4).

Ce sont là autant de conséquences nécessaires du texte et de l'esprit de l'article 159. Mais toutes les fois que le porteur du jugement entend l'exécuter de toute autre manière que celles que nous venons d'indiquer, par exemple, par voie de saisie-arrêt, ou lorsqu'il lui est impossible, soit d'employer l'une de ces manières, soit de faire les actes qu'elles supposent pour parvenir à l'exécution, la difficulté consiste à savoir quelles seront les espèces d'actes auxquels il sera permis d'attacher la présomption de la connaissance de l'exécution du jugement.

---

(1) Nous exceptons la saisie des rentes, quoiqu'elle soit dans son essence une saisie *mobilière ;* mais on verra ci-après qu'elle admet la plupart des formalités de la saisie immobilière, et par conséquent, nous estimons que le jugement sera exécuté en saisie de rente, lorsque cette saisie aura été notifiée, conformément à l'art. 641. Notre opinion, à cet égard, est fondée sur une juste analogie tirée de l'art. 159 lui-même, en ce qui concerne l'exécution par voie de saisie immobilière.

(2) C'est ainsi qu'il a été décidé qu'une saisie de meubles non suivie de vente n'est point un acte d'exécution, dans le sens de l'art. 159. (*Trèves*, 13 *févr.* 1811 *; cassat.*, 18 *avril* 1811, *Sirey, tom.* 14, *pag.* 453, 2.e *part.*, *et pag.* 232, 1.re *part.*) *Idem* d'un simple commandement. — (*Paris*, 14 *janv.* 1815, *Sirey, tom.* 18, *pag.* 101).

Mais la Cour de Paris avait jugé le contraire, par arrêt du 31 décembre 1811, et celle d'Agen avait statué dans le même sens le 6 février 1810. (*Sirey, tom.* 12, *pag.* 65, *et tom.* 14, *pag.* 193). Evidemment, dans notre opinion, un commandement peut bien annoncer l'intention d'exécuter, mais ne constitue pas l'exécution.

(3) Ainsi, par arrêt du 10 décembre 1812, la Cour de Colmar a jugé qu'un procès-verbal de capture n'était pas acte d'exécution, et elle en a donné le motif énoncé dans la note qui précède, savoir : qu'un tel acte fait bien connaître l'intention *d'exécuter,* mais ne constitue pas l'exécution, qui ne peut être consommée que par l'emprisonnement, comme, en saisie de meubles, par la vente. — (*Voy. Jurisp. C. C.*, *tom.* 20, *pag.* 454).

Il est à remarquer que cette décision a été rendue dans une espèce où l'emprisonnement n'avait pu être effectué à raison de l'évasion du débiteur; circonstance qui prouve combien on a tenu à la rigueur du texte, et considéré la disposition comme étroitement limitative.

(4) Voyez ci-dessus la note 1.re

Afin de résoudre cette difficulté, il est indispensable de fixer le sens que l'on doit attribuer au mot exécution dans l'art. 159. Suppose-t-il l'exécution complète du jugement? ou bien suffirait-il qu'un acte tendant à parvenir à cette exécution eût été connu du condamné ?

On dit, pour l'affirmative, que l'art. 159 n'exige point *que l'exécution soit consommée;* et l'on ajoute que l'exécution se compose de tous les actes qui conduisent à son complément : donc tous actes connus du débiteur, et qui ont pour objet de parvenir à ce but, sont des actes d'exécution suffisans dans le vœu de la loi, pour que l'opposition ne soit plus recevable (1).

Nous ne saurions adopter cette doctrine, que repousse évidemment le texte même de l'art. 159, qui exige une exécution aussi complète *que possible*, puisqu'autrement, le législateur eût déclaré la saisie suffisante, sans exiger en outre la vente des meubles, de même qu'il n'eût pas exigé l'*emprisonnement*, qui n'est effectué que par l'écrou, aux termes de l'art. 789, et se fût contenté du procès-verbal prescrit par l'art. 583, lequel est nécessairement connu du débiteur (2). Nous nous en référons, au reste, aux développemens qu'offre, à l'appui de cette opinion, l'excellent plaidoyer de M. Thoumas, déjà cité, pag. 397.

Cela posé, et pour en revenir à la question de savoir quand il y a exécution en cas de saisie-arrêt de deniers, on pourrait se croire fondé à maintenir qu'il n'y a exécution complète du jugement par défaut qui lui sert de base, qu'autant qu'ayant été déclarée valable, le créancier a été payé en tout ou partie, par le dessaisissement du tiers saisi entre ses mains, ou par voie de distribution, conformément à l'art. 579.

Mais, par arrêt du 30 juin 1812 (*Sirey, tom.* 12, *pag.* 361), la Cour suprême a décidé, au contraire, que des saisies-arrêts, contenant l'énonciation expresse d'un jugement par défaut qui leur a servi de base, signifiées au débiteur saisi, avec assignation en validité, et suivies de constitution d'avoué de sa part sur cette assignation, sont preuves d'exécution du jugement par défaut et de connaissance de cette exécution; qu'en ce cas, le délai d'opposition a couru du jour de la constitution d'avoué (3).

Cette décision ne nous semble pas contraire à ce que nous avons cru pouvoir maintenir, que la loi exige *autant que possible une exécution complète.* En effet, la saisie-arrêt est un mode d'exécution, et l'art. 159 n'a déterminé aucuns actes qui établissent la présomption légale de cette exécution, comme il l'a fait pour les saisies mobilières, qui entraînent une vente des choses qui en sont l'objet, pour les saisies immobilières et pour l'exercice de la contrainte par corps. Or, lorsqu'il y a eu constitution d'avoué sur une demande en validité de la saisie-arrêt, demande qui, aux termes de l'art. 563, *est dénoncée au saisi*, on ne saurait raisonnablement prétendre que le jugement

(1) C'est particulièrement sur ce motif que les arrêts cités dans la note 2, pag. 398, ont décidé qu'un commandement notifié afin de saisie, et même une simple signification de jugement avec commandement à cette même fin, étaient des actes d'exécution dans le sens de l'art. 159. — (*Voy. notamment l'arrêt d'Agen*).

(2) Voy. note 3, pag. 398.

(3) Cet arrêt décide en outre que la décision contraire n'est pas un simple mal jugé, mais qu'elle est un moyen de cassation.

par défaut qui sert de base à cette saisie n'est *pas exécuté;* si la loi exige une procédure ultérieure, cette procédure ne tend qu'à faire juger *l'exécution régulière*, et à déterminer, d'après la déclaration du tiers saisi, donnée conformément à l'art. 571, la somme que le saisissant devra recevoir. Ce n'est là qu'une suite de l'exécution déjà opérée et connue du débiteur (1).

Remarquons maintenant que, suivant plusieurs auteurs, l'on pourrait concevoir un grand nombre de jugemens qui ne seraient point susceptibles d'être mis à exécution par les voies indiquées dans la loi; tels seraient tous ceux qui ne prononceraient pas ou qui n'ordonneraient point une condamnation pécuniaire, ou la contrainte par corps. En ces circonstances, les rédacteurs des Annales du notariat (*Comm., tom.* 1, *pag.* 328), estiment, parce qu'*à l'impossible nul n'est tenu*, qu'il suffit, soit pour empêcher la péremption du jugement par défaut, soit pour faire courir le délai de l'opposition, de justifier qu'un acte quelconque tendant à exécution a été notifié au condamné.

Mais on n'a pas fait attention que tout jugement qui condamne au principal, contient, aux termes de l'art. 1030, condamnation aux dépens, et que par suite, il ne peut guère exister de jugemens qu'il soit impossible d'exécuter de l'une des manières prescrites par la loi, et particulièrement par la voie de saisie-exécution, à moins toutefois que le condamné n'eût pas de meubles (2). Alors, bien certainement, un procès-verbal de carence, *dressé en présence de celui-ci ou à lui notifié*, opérerait l'exécution conformément à l'opinion des auteurs ci-dessus cités. Cet acte est en effet le seul qu'il soit possible de faire (3).

Nous venons de dire que tout jugement par défaut est presque toujours sus-

---

(1) Mais *quid juris*, à l'égard d'un jugement qui, sur le défaut du saisi, a déclaré la saisie valable? quel sera l'acte postérieur à ce jugement qui établira la présomption de son exécution? La Cour de Turin, par arrêt du 17 janvier 1811 (*Bibliot. du bar.*, 2.e *part.*, 1810, *pag.* 404), a jugé que la déclaration faite par le tiers saisi, après ce jugement de validité, ne pouvait établir cette présomption, qui doit résulter de la connaissance que le débiteur a eue de l'exécution. Telle est aussi notre opinion; car aucune disposition du Code de procédure ne suppose que la déclaration du tiers saisi puisse être *légalement* connue du saisi, qui a fait défaut sur l'assignation en validité; aucune, en effet, ne prescrit de lui notifier cette déclaration. Nous croyons donc qu'en cette circonstance, le jugement de validité n'est périmé, ou l'opposition non recevable qu'après la notification au saisi du jugement qui aurait ordonné, soit de payer directement au saisissant, s'il n'y a pas lieu à distribution, soit cette distribution, s'il y a lieu, d'après ce que nous dirons sur les art. 575 et 579.

Mais remarquons bien que si la saisie-arrêt ne porte pas sur une somme de deniers, mais sur un objet corporel, sur un meuble, la présomption légale de l'exécution, soit du jugement par défaut qui sert de base à la saisie, soit du jugement également rendu par défaut sur la validité de cette même saisie, ne sera acquise que par la vente de cet objet mobilier. C'est, à notre avis, la conséquence nécessaire de l'art. 159, en ce qu'il est *limitatif*, comme nous l'avons dit pag. 398, lorsque tel est l'objet d'une saisie, qu'elle conduise à une vente.

(2) Aussi a-t-il été jugé, par arrêt de la Cour de Metz, du 21 avril 1818 (*Sirey, tom.* 19, *pag.* 111), qu'un jugement de reconnaissance d'écritures non exécuté dans les six mois serait périmé, conformément à l'art. 156, s'il prononçait en même tems une condamnation de dépens dont l'exécution eût pu être poursuivie dans la forme indiquée par l'art. 159.

(3) On est parfaitement d'accord sur le point que le procès-verbal de carence suffit pour opérer exécution; mais il y a contrariété d'opinions sur celui de savoir s'il doit produire cet effet quand il est resté inconnu du condamné, dont la présence à sa confection ne serait

ceptible d'être exécuté par les voies que la loi indique, attendu qu'il renferme ordinairement une condamnation aux dépens; mais il ne faudrait pas conclure de là que s'il était libre à la partie qui a obtenu ce jugement de l'exécuter, soit d'une manière, soit de l'autre, par exemple, d'opter entre la saisie-exécution ou la saisie immobilière, etc., un procès-verbal de carence connu du défaillant n'opérerait pas les effets que nous lui attribuons. Vainement dirait-on que puisqu'il était impossible à cette partie de saisir et de vendre les meubles, qui n'existent pas ou qui sont insaisissables, elle ne pouvait exécuter le jugement qu'en saisissant les immeubles appartenant au débiteur. Nul ne peut être obligé à prendre une voie d'exécution plutôt qu'une autre; il suffit que la loi en ait ouvert plusieurs pour que la partie soit libre de recourir à l'une de préférence à l'autre, et s'il est constaté que celle qu'elle choisit ne peut être poursuivie jusqu'à ses derniers résultats, le jugement sera exécuté par l'acte qui établira cette preuve et qui sera connu du débiteur.

Faisons une autre hypothèse : si le jugement par défaut contenait une condamnation non susceptible d'une exécution actuelle, sur les biens ou sur la personne, on pourrait demander si des actes constatant des mesures purement conservatoires, prises en vertu du jugement par défaut, suffiraient pour le faire réputer exécuté?

Déjà nous nous sommes expliqué à l'égard de la saisie-arrêt (*voy. ci-dessus, pag.* 399).

Mais, *quid juris* d'une inscription hypothécaire?

Les auteurs des Annales du notariat (*Comm., tom.* 1, *pag.* 322), estiment qu'elle ne saurait établir la présomption légale, que le défaillant ait été nécessairement instruit de l'exécution donnée au jugement, puisqu'elle n'est censée publique qu'en ce sens, que chacun a droit de vérifier les registres, et que, dans la vérité, elle peut souvent rester inconnue à celui même sur les biens duquel elle frappe. Telle est aussi notre opinion (1), que nous ne donnons

---

pas constatée, et auquel il n'aurait pas été notifié. La Cour de Nancy, par arrêt du 9 mars 1818, a jugé la négative (*Sirey, tom.* 18, *pag.* 274), attendu que le délai d'opposition ne commence à courir que du jour où le défaillant a nécessairement connu l'exécution, et que l'acte de carence ne peut être connu de lui qu'autant qu'il lui a été notifié. M. Sirey cite, tom. 22, pag. 1, à l'appui, deux autres arrêts; mais on doit remarquer que le premier ne se rapporte qu'à un commandement; le second, à la constitution d'avoué sur une demande en validité de saisies-arrêts. Il existe un autre arrêt, celui de la Cour de Limoges, déjà cité pag. 597, qui décide bien que le procès-verbal de carence suffit pour l'exécution; mais il faut remarquer qu'il est cependant reconnu, dans les considérans de l'arrêt, que cet acte avait été notifié au défaillant dans la personne de son épouse. Cette dernière décision n'est donc en aucune manière opposée à celle de la Cour de Nancy, dont nous adoptons les motifs.

Il est vrai que M. Pigeau, tom. 1, pag. 470, se sert d'expressions générales d'où l'on pourrait chercher à induire que l'acte dont il s'agit suffirait par lui-même pour empêcher la péremption du jugement, indépendamment de toute connaissance de sa confection; mais ce savant auteur savait trop bien interpréter notre Code de procédure, pour qu'il soit possible de lui prêter cette opinion.

(1) On opposera un arrêt de la Cour de cassation, du 19 décembre 1820 (*Sirey, tom.* 21, *pag.* 369), lequel a décidé qu'une inscription hypothécaire était une exécution suffisante pour empêcher la péremption prononcée par l'art. 156. Mais nous remarquerons qu'il s'agissait d'un jugement rendu sur reconnaissance d'écriture privée; que ce jugement ne prononçait aucune condamnation, mais seulement la reconnaissance du titre de la partie; que,

toutefois que dans l'hypothèse où le jugement ne renfermerait pas une condamnation de dépens, car alors il y aurait, comme nous l'avons dit ci-dessus, possibilité d'exécution par l'une des voies indiquées dans l'art. 159.

En terminant sur cette question générale, nous ne devons pas dissimuler que plusieurs de nos solutions nous semblent à nous-même susceptible de difficultés sérieuses. Nous devions donner notre opinion, et nous l'avons fait sans prétention, en tâchant de concilier le texte de la loi et son esprit, et les décisions incohérentes et souvent contradictoires que nous avons eu à examiner. Puissent les observations qu'elles nous ont suggérées contribuer en quelque chose à ramener à plus d'uniformité la jurisprudence existante sur l'art. 159!

664. *Un acquiescement quelconque, donné par le condamné au jugement par défaut, peut-il équivaloir soit à l'exécution, soit à un acte qui prouve qu'il aurait eu connaissance de l'exécution?*

L'affirmative de cette question a été préjugée par la solution de la 650e. (*voy. pag.* 388). Si, en effet, l'acquiescement est la plus puissante fin de non-recevoir que l'on puisse proposer contre un appel, pourquoi n'aurait-il pas le même effet contre l'opposition? Ainsi, le condamné qui demande un délai ou qui paie un à-compte, ou enfin qui fait tout autre acte d'où résulte la preuve que le jugement lui est connu et qu'il entend s'y soumettre, devient non-recevable dans l'opposition, comme si le jugement avait été exécuté contre lui par les voies de droit : son acquiescement est une exécution volontaire qui, à plus forte raison, produit les mêmes effets que l'exécution forcée (1).

---

par conséquent, la seule exécution qu'il pouvait recevoir, comme l'avaient déclaré et les premiers juges et ceux d'appel (*voy. Sirey, ubi suprà*), était l'inscription hypothécaire, qui n'avait pour objet que la conservation de la créance établie par le titre reconnu ou vérifié: l'inscription était donc tout à la fois *mesure d'exécution*, puisque tout autre moyen d'exécuter était impossible, et *moyen de conservation*, comme l'a déclaré la Cour suprême. Or, il impliquerait contradiction avec la loi, qui permet de prendre inscription en vertu d'un jugement par défaut, faute de constitution d'avoué, de considérer l'inscription comme non avenue, par le motif que l'exécution n'eût pas été connue du débiteur.

Voilà comme il est permis de concilier l'arrêt précité avec le principe consacré par l'art. 159, relativement à la connaissance que le condamné doit avoir eue de l'exécution. Aussi, M. le substitut de la Cour de Limoges, dans ses conclusions déjà citées pag. 397, n'a-t-il pas hésité à envisager cet arrêt comme bien rendu dans son espèce, mais comme ne fournissant pas de raisons suffisantes pour décider qu'une inscription hypothécaire ne constitue pas l'exécution exigée par les art. 156 et 159. — (*Voy. Sirey, tom.* 22, *pag.* 173).

Au surplus, pour éviter toute nouvelle controverse sur ce point, la prudence conseillerait à toute partie qui, dans l'impossibilité d'exécuter autrement un jugement, ne peut que l'inscrire sur les registres des hypothèques, de signifier le bordereau à la partie défaillante, qui ne pourrait désormais prétexter d'ignorance de ce genre d'exécution.

Mais *quid juris*, si, en vertu d'un jugement par défaut, une inscription hypothécaire avait été rayée sans que le défaillant eût été appelé pour être présent à la radiation, ou du moins sans qu'il eût été averti du jour auquel on y procéderait, ou enfin sans que l'on pût présenter un acte constatant qu'il eût eu connaissance de cette radiation? Par une conséquence des doctrines que nous professons ici, nous répondrons qu'on ne pourrait déclarer le jugement périmé, ni rejeter l'opposition qui serait formée par le défaillant aussitôt que sa radiation parviendrait à sa connaissance. — (*Trèves*, 10 *août* 1810, *Sirey, tom.* 11, *pag.* 224).

(1) Tel est aussi le sentiment de M. Coffinières (*Journ. des avoués, tom.* 7, *pag.* 60); et d'ailleurs il a été jugé que l'opposition n'était plus recevable, lorsque le condamné avait

Il est entendu que si l'acquiescement était le résultat d'une erreur de fait, l'opposition resterait ouverte, à la charge de prouver cette erreur : c'est ce qui résulte évidemment des dispositions de l'art. 1110 du Code civil, qui prononce la nullité des conventions qui seraient la suite d'un erreur tombant sur la substance même de la chose qui en serait l'objet (1).

D'un autre côté, comme la preuve par témoins de l'acquiescement serait souvent non recevable, la prudence exige que celui qui a obtenu le jugement se procure un acte par écrit constatant cet acquiescement, et qu'on le fasse enregistrer pour en assurer la date.

665. *Supposons qu'une partie condamnée par défaut vienne, après l'expiration des six mois fixés pour la péremption du jugement, se pourvoir par opposition, renonçant ainsi tacitement, ou même renonçant expressément et par délicatesse, à se prévaloir de la péremption, le juge pourrait-il suppléer d'office l'exception résultant de la péremption?*

Il est certain que les motifs d'après lesquels l'art. 156 a été porté (*voy. comm. de cet article, pag.* 381, *et les notes pag.* 387 *et* 388), ne se rapportent qu'à l'intérêt privé du condamné, et nullement à l'ordre public : dès lors il est permis à celui-ci de renoncer à un droit qui n'a été introduit qu'en sa faveur. On connaît la maxime fondamentale en matière de renonciation : *Unicuique licet juri in favorem suum introducto renuntiare.*

Il s'agit, d'ailleurs, d'une espèce de prescription. Or, suivant l'art. 220 du Code civil, on peut renoncer *à la prescription acquise*, et le motif qui a dicté cet article est de nature à s'appliquer aussi bien aux péremptions qu'aux prescriptions; les unes et les autres sont des exceptions rigoureuses dont beaucoup de personnes pourraient ne pas entendre se prévaloir : il est donc raisonnable que le magistrat ne soit autorisé à en faire l'application qu'autant que le débiteur les invoque; et si, loin de là, il renonce à en faire usage, la déchéance ne peut plus avoir lieu, à moins que cette renonciation n'ait été faite en fraude des tiers, comme nous l'avons dit sur la quest. 651. (*Voy. C. C., art.* 2225). S'il en était autrement, on ferait violence à la conscience du débiteur, et certes, il n'est pas permis de présumer que le législateur ait entendu autoriser, *en matière de péremption*, ce qu'il a expressément interdit *à l'égard des prescriptions.* (*C. C., art.* 2223). Nous tenons donc pour incontestable qu'en aucun

---

reconnu par des lettres l'existence du jugement, avec obligation de s'y soumettre, ou avait lui-même constitué gardien sur la saisie de ses meubles, ou demandé suspension des poursuites. — (*Paris,* 25 *juin* 1810, *et* 29 *août* 1814, *Sirey, tom.* 14, *pag.* 241, *et Rennes,* 14 *août* 1813).

Ajoutons néanmoins que si l'on veut faire résulter l'acquiescement de paiemens faits après le jugement, il devient nécessaire de prouver qu'ils ont été effectués en exécution du jugement lui-même, et non pas seulement en vertu du titre, sans nulle considération de ce jugement. — (*Cassat.,* 20 *juin* 1820, *Sirey, tom.* 21, *pag.* 170).

(1) Il n'en serait pas de même dans le cas où les frais auraient été payés, mais *avec protestation et réserves.* Le jugement n'en serait pas moins réputé exécuté, parce qu'aux termes de l'art. 137, un jugement n'étant jamais exécutoire par provision pour les dépens, rien ne saurait obliger le condamné à les payer : c'est à lui à empêcher l'exécution, en formant opposition. Ainsi, toutes protestations et réserves étant ici sans objet, il est réputé avoir acquiescé au jugement dont il a eu connaissance. — (*Voy. Pigeau, tom.* 1, *pag.* 544, *et ci-après quest.* 664).

cas le juge ne peut suppléer d'office la péremption du jugement prononcée par l'art. 156, et qu'en conséquence, l'opposition est recevable, nonobstant la péremption acquise (1), lorsque la fin de non-recevoir qui en résulte n'est pas opposée.

666. *L'exécution du jugement, faite sans que le condamné ait déclaré forme l'opposition, peut-elle être opposée sous l'appel comme un acquiescement au jugement?*

Non, puisque le jugement rendu par défaut contre une partie qui n'a pas d'avoué, ne peut être entrepris par voie d'opposition que lorsqu'il n'a pas été exécuté, et que, lorsque l'opposition n'est plus recevable, l'art. 443 autorise à se pourvoir par appel, en déterminant le délai pour le relever du jour où l'opposition ne sera plus recevable.

Il est donc évident que le défaut d'opposition ne peut avoir l'effet d'un acquiescement. — (*Voy. arrêt de la Cour de Rennes, du* 22 *sept.* 1810, *Journ. de ses arrêts, tom.* 1, *pag.* 456).

667. *Si l'exécution n'a pas eu lieu, par suite d'un empêchement occasionné par le propre fait du défaillant, en sera-t-il de cette circonstance comme de l'acquiescement?*

Le même motif qui a fait décider (*voy. ci-dessus quest.* 65) que la péremption d'un jugement rendu par une justice de paix, ne peut être acquise si le juge a été empêché de statuer, par le fait propre de la partie qui entendrait

(1) C'est par ces motifs que nous considérons comme mal rendu un jugement de la Cour de Metz, du 26 mai 1819 (*voy. Sirey, tom.* 19, *pag.* 324), lequel a déclaré qu'aucun acte conventionnel, aucun acquiescement, ne sauraient rendre à un jugement par défaut prononcé faute de constitution d'avoué, et resté sans exécution pendant six mois, le caractère et les effets de la chose jugée, qu'il avait perdus de plein droit, conformément à l'art. 156.

Cette décision supposerait en effet que la péremption dont il s'agit serait d'*ordre public*; que le juge serait *tenu* de forcer le débiteur à en profiter, malgré la déclaration formelle que ferait celui-ci de ne pas entendre user d'un semblable moyen. Le simple bon sens suffit, à notre avis, pour repousser de telles assertions, si elles n'étaient pas proscrites par l'art. 2223 du Code civil.

Au reste, le cas prévu dans la précédente question, celui d'un acquiescement au jugement par défaut, se réalise tous les jours, et le plus souvent, le jugement n'est pas exécuté dans les six mois de son obtention. Il faudrait donc, pour être conséquent dans la doctrine consacrée par la Cour de Metz, regarder cet acquiescement comme nul. Il n'est pas douteux cependant que ce même acquiescement confère au jugement la même force que s'il était contradictoire: nous avons vu, not. 1.re, pag. 402, que la jurisprudence est positive sur ce point. Et pourquoi l'est-elle? Parce que les conventions tiennent lieu de loi à ceux qui les ont faites (*C. C., art.* 1134), et que, dans une matière qui n'intéresse point l'ordre public, rien ne peut empêcher l'effet des renonciations ou acquiescemens qui sont l'objet de ces conventions.

Concluons donc que le débiteur qui a renoncé, à quelque époque que ce soit, à la faculté de se prévaloir de l'art. 156, ne peut argumenter de cet article pour prétendre empêcher des suites qu'il a d'avance approuvées, en acquiesçant au jugement, et que s'il renonce au contraire au bénéfice de ce même article, en formant opposition au jugement, le tribunal ne peut suppléer cette péremption qu'il ne veut pas invoquer, et doit recevoir son opposition, comme nous le disons sur la question ci-dessus.

A l'instant où nous corrigeons l'épreuve de cette feuille, nous apprenons que la Cour de Rennes, par arrêt de ce jour 2 janvier 1823, vient de consacrer formellement la doctrine opposée à celle de la Cour de Metz.

se prévaloir de cette péremption, nous paraît militer pour l'affirmative de la question que nous venons de poser (1).

ARTICLE 160.

Lorsque le jugement aura été rendu contre une partie ayant un avoué, l'opposition ne sera recevable qu'autant qu'elle aura été formée par requête d'avoué à avoué.

Ordonn. de 1667, tit. 35, art. 3. — C. de P., art. 157, 161, 165.

CXX. AVANT la publication du Code de procédure, les formes de l'opposition aux jugemens par défaut variaient suivant les différens usages admis par les tribunaux; mais on était généralement d'accord sur ce principe, que tout opposant doit être prêt à déduire ses moyens, et que, par conséquent, tout ce qui tendrait à traîner la procédure en longueur lui est interdit. La loi nouvelle a tout à la fois consacré ce principe et déterminé les formes de l'opposition. Ces formes, dont l'observation est de rigueur, ont deux marches particulières, l'une pour le défaillant qui a constitué avoué, l'autre pour celui qui n'en a point constitué.

Dans le premier cas, l'opposition n'est recevable, d'après l'article ci-dessus, qu'autant qu'elle a été formée par requête d'avoué à avoué : d'où suit évidemment qu'elle serait rejetée, si elle avait été faite par exploit dans la forme ordinaire. (*Voy. ci-après, quest.* 670). Le second cas est réglé par l'art. 162.

668. *La requête exigée par l'art.* 160 *doit-elle être présentée au président du tribunal?*

On dit, pour l'affirmative, qu'une requête n'est autre chose qu'un écrit, un placet présenté au président ou au juge qui en fait les fonctions; que l'art. 160 exigeant une requête, veut, en conséquence, que l'on fasse une demande en permission de venir à l'audience plaider sur l'opposition, afin qu'il en soit décerné acte. On appuie cette opinion de l'usage de plusieurs Parlemens.

---

(1) Ainsi, une résistance quelconque de la part du condamné à l'exécution du jugement dont il connaît l'existence, ainsi que celle des actes de poursuites afin d'exécution, fonderait une juste fin de non-recevoir contre son opposition. (*Montpellier, 20 août* 1810, *Sirey, tom.* 13, *pag.* 283). Ainsi encore, si, dans les espèces des arrêts cités not. 1.re de la question 664, pag. 402, il n'y avait pas acquiescement, nous dirions que la fin de non-recevoir resterait du moins fondée sur le motif que ce débiteur eût, par son fait, empêché l'exécution.

Au surplus, on doit tenir pour certain qu'il n'est pas dans l'esprit de la loi de réputer non avenu un jugement par défaut, ou de recevoir l'opposition qui serait formée contre lui, lorsqu'il serait prouvé que le condamné se serait *insidieusement* soustrait à son exécution. En ce cas, comme dans beaucoup de ceux qui ne sont pas énoncés dans l'art. 159, les circonstances pourraient décider de l'effet que devraient produire les différens actes dont on argumenterait, pour fournir la preuve de la connaissance de l'exécution, et l'appréciation de ces circonstances est abandonnée à la prudence des juges. — (*Rennes, 26 mars* 1817, *Journ., tom.* 4, *pag.* 640).

Mais la Cour de Dijon, devant laquelle on argumentait sur-tout de l'usage de l'ancien Parlement qu'elle remplace, ne s'est attachée qu'au texte de l'article 160; et considérant que l'opposition doit être formée par acte d'avoué à avoué, sans que cet article exige d'autres formalités, elle a rejeté la fin de non-recevoir que l'on opposait. — (*Voy. arrêt du* 18 *août* 1810, *Biblioth. du barr.*, 1811, 2e. *part.*, *pag.* 353)

669. *L'opposition est-elle nulle, si elle n'est pas signée d'un avoué?*

La Cour d'appel de Toulouse, par arrêt du 2 novembre 1808 (*voy. Denevers*, 1809, *suppl.*, *pag.* 86), s'est prononcée pour l'affirmative, attendu qu'aux termes des art. 160 et 162 du Code de procédure civile, l'opposition doit être formée par requête d'*avoué à avoué*. Or, une requête d'opposition qui n'est signée par aucun avoué, n'est point un acte d'avoué à avoué; et de là suit qu'aux termes des articles précités, l'opposition doit être rejetée, ainsi que toute suite ultérieure.

L'on soutiendrait donc en vain que la requête en opposition ne devrait pas être signée par l'avoué, à peine de nullité; qu'il suffirait qu'elle contînt constitution d'avoué, et qu'elle eût été signifiée à l'avoué de la partie adverse. On répondrait que cette requête est viciée dans *sa substance*, puisqu'elle ne présenterait point le caractère d'une requête d'avoué à avoué.

670. *Les exploits de signification d'une requête contenant opposition à un jugement par défaut, sont-ils soumis aux formalités ordinaires des ajournemens?*

En indiquant les formes auxquelles sont soumises les requêtes afin d'opposition, l'art. 160 n'exige point qu'elles contiennent d'assignation; il prescrit seulement qu'elles seront notifiées par simple acte d'avoué à avoué.

De là suit que les formalités voulues par l'art. 61, qui traite *expressément* des exploits d'ajournement, ne sont pas applicables à ces requêtes.

Ainsi, la Cour d'appel de Bruxelles, par arrêt du 22 août 1807, rapporté au tom. 1 de la Jurisprudence sur la procédure, pag. 278, a rejeté une fin de non-recevoir, tirée de ce que l'exploit de signification de la requête exigeait toutes les formalités prescrites par l'art. 61, et notamment *assignation*.

Nous croyons cette décision fondée en droit, et nous en concluons que la requête, comme *acte d'avoué à avoué*, ne doit contenir qu'une simple mention de remise de la copie à l'avoué auquel elle est signifiée, avec la date de la signification par l'huissier audiencier qui l'a faite.

C'est à la partie qui veut faire prononcer promptement sur l'opposition à suivre l'audience par suite de la requête sur un simple acte, c'est-à-dire par un *avenir*.

On remarquera que cette décision n'est point en contradiction avec celle donnée sur la 657e. question : si nous avons dit, sur cette question, que le défaut de date devait faire considérer l'opposition comme non avenue, ce n'a pas été par des raisons tirées de l'art. 61, mais par le motif que rien ne constatait qu'elle eût été formée dans le délai légal.

671. *L'opposant peut-il être reçu à plaider les moyens d'opposition, s'il n'a pas* REFONDU, *c'est-à-dire payé les dépens auxquels il a été condamné par le jugement par défaut?*

Sous l'empire de l'ordonnance de 1767, et par induction de l'art. 6 du tit. 11, la jurisprudence avait invariablement fixé l'affirmative de cette question, du moins à l'égard des condamnations prononcées par un jugement rendu faute de constitution d'avoué. Mais il n'en était pas ainsi au sujet des défauts faute de plaider. — (*Voy. Jousse, sur l'art.* 3 *du tit.* 35 *de l'ordonn., et les Questions de droit de M. Merlin, nouv. édit., tom.* 2, *pag.* 605, § 2).

« Aujourd'hui, dit M. Merlin en son nouveau Répertoire, tom. 8, pag. 705, » la réfusion des dépens du défaut ne saurait être exigée en aucun cas; cela » résulte et du silence que garde là-dessus le Code de procédure civile, et » de l'abrogation que l'art. 1041 de ce Code prononce de toutes les dispositions des anciennes lois sur la procédure qu'il ne maintient pas. »

Nous croyons, comme ce savant auteur, que la réfusion des dépens ne peut plus être exigée, et nous ne croyons pas en cela qu'on puisse nous opposer ce que nous avons dit sur la 621ᵉ. quest., relativement à la faculté de rabattre les défauts.

Si, dans l'espèce de cette question, nous avons dit que l'on ne pouvait invoquer l'abrogation prononcée par l'art. 1041, l'on se rappèle que ce n'a été que par le motif que le *rabattement* du défaut paraît être dans l'esprit de la loi, et ne peut causer aucun préjudice aux parties.

Mais il n'en serait pas de même de la réfusion des dépens, qui était une sorte de peine prononcée contre le défaillant; et puisque le Code n'établit point cette peine, il est bien certain que le juge ne peut l'infliger (1).

---

(1) C'est aussi ce qui a été jugé par deux arrêts, l'un de la Cour de Rome, du 17 janvier 1811 (*Sirey, tom.* 14, *pag.* 200), l'autre de la Cour de Limoges, du 19 février 1812 (*Journ. des avoués, tom.* 5, *pag.* 237).

Remarquons maintenant que, par suite de l'usage où l'on était autrefois de n'admettre l'opposant à plaider ses moyens d'opposition qu'autant qu'il avait préalablement acquitté les frais du défaut, il ne pouvait les recouvrer par l'effet du jugement qui lui aurait accordé gain de cause; par une autre conséquence du même usage, le paiement de ces frais, volontairement effectué avant l'opposition, n'était point considéré comme un acquiescement qui dût la rendre non recevable; et, en effet, le défaillant ne faisait en cela que s'acquitter par avance d'une obligation qui lui était imposée comme une condition de laquelle dépendait l'exercice du droit de s'opposer au jugement.

On demandera s'il n'est pas rigoureusement vrai que ces deux conséquences ont cessé de pouvoir être appliquées, dès que le principe dont elles dérivent n'a pas été maintenu?

Mais on oppose qu'indépendamment du principe abrogé de la réfusion des dépens, l'on doit décider que les frais d'un défaut doivent encore rester à la charge de l'opposant, dans le cas où il obtiendrait gain de cause sur son opposition.

On convient cependant qu'il ne serait pas obligé de les avoir payés pour être admis à plaider; mais l'on dit que s'il s'était présenté sur l'assignation pour faire valoir les moyens qui lui ont valu gain de cause par suite de son opposition, le tribunal ne l'aurait pas condamné par défaut; que ce jugement n'a eu lieu que par suite de sa négligence, et qu'il est juste que le jugement qui intervient sur l'opposition, répète contre lui la condamnation aux dépens du défaut.

Enfin, l'on appuie cette opinion d'un arrêt de la Cour de Nimes, du 15 novembre 1810 (*voy. Bibliot. du barr.*, 1811, 2.ᵉ *part.*, *pag.* 471), qui, ayant à statuer sur la question de savoir si l'opposition du défaillant à la taxe des dépens du défaut, devait opérer une fin de non-recevoir contre l'opposition au jugement lui-même, donne entre autres, pour raison de la négative, que l'on ne peut considérer cette opposition à la taxe comme acquiescement au jugement, *parce que les opposans, devant* TOUJOURS *rester soumis au paiement*.

ARTICLE 161.

La requête contiendra les *moyens* d'opposition (1), à moins que des moyens de défense n'aient été signifiés avant le jugement, auquel cas il suffira de déclarer qu'on les emploie comme moyens d'opposition : l'opposition qui ne sera pas signifiée dans cette forme n'arrêtera pas l'exécution; elle sera rejetée sur un simple acte, et sans qu'il soit besoin d'aucune autre instruction (2).

T., 75. — C. de P., art. 157, 160, 437, 1029. — Réglem. du 30 mars 1808, art. 30.

CXXI. On voit que les dispositions de cet article sont autant de conséquences du principe ci-dessus énoncé dans le commentaire de l'article précédent (*voy. pag.* 405). Toute opposition qui pécherait contre les règles qu'elles établissent serait essentiellement vicieuse ; mais la nullité n'aurait pas lieu de plein droit; il

---

des dépens auxquels leur défaut avait donné lieu, pouvaient toujours avoir intérêt à s'opposer à la taxe qui en avait été faite.

C'est bien préjuger, sans doute, que l'opposant ne peut être dispensé de payer les frais du défaut.

Mais nous répondons que, dans aucune de ses dispositions, le Code de procédure n'a fait une obligation au juge de condamner aux dépens du défaut l'opposant qui obtiendrait gain de cause sur son opposition ; qu'il suit de là que le législateur a abandonné cette condamnation à la discrétion du juge, parce qu'il a supposé que le défaillant avait pu, par de justes causes, être empêché de comparaître ; que, par conséquent, d'après les circonstances, et, par exemple, lorsque le défaut aurait occasionné des frais qui lui seraient particuliers, comme dans le cas où il y aurait eu jonction et réassignation, etc., le tribunal peut les mettre à la charge du défaillant, par compensation ou autrement; mais il nous paraît certain qu'il n'y est pas obligé.

Quant au paiement des dépens du défaut fait avant l'opposition, nous avons déjà dit, quest. 664, qu'il doit être considéré comme acquiescement au jugement; en sorte qu'il opérerait une fin de non-recevoir contre l'opposant : c'est en effet ce qui nous semble résulter de la disposition de l'art. 159, qui ne répute le jugement *exécuté* par suite du paiement des frais, que parce qu'elle attache à ce paiement une présomption d'acquiescement.

Néanmoins, l'opposition à la taxe nous semblerait, comme à la Cour de Nîmes (*voy. l'arrêt précité*), ne devoir pas être envisagé comme acquiescement ; mais, d'après ce que nous venons de dire, nous n'en donnerons pas pour motif que les frais du défaut sont toujours à la charge du défaillant ; nous nous fonderons seulement sur cette considération, qui a également concouru à déterminer cette Cour, que le défaillant, dans l'incertitude de réussir sur son opposition, a un intérêt éventuel à s'opposer à une taxe suivant laquelle il serait obligé de payer, si le jugement à intervenir lui était contraire.

(1) *Moyens*, c'est-à-dire les nullités, exceptions, fins de non-recevoir et moyens du fond, par lesquels l'opposant se propose de combattre les conclusions de son adversaire.

(2) JURISPRUDENCE.

1.° L'opposant qui aurait signifié une requête irrégulière pourrait la renouveler, s'il se trouvait encore dans le délai fixé par l'art. 157 ; mais si ce délai était expiré, il n'aurait plus cette faculté; et, sur un simple avenir signifié de la part de celui qui aurait obtenu le jugement par défaut, le tribunal, conformément à l'art. 161, déclarerait l'opposition nulle,

faudrait la faire prononcer par le juge, à la différence du cas prévu par l'article 162.

672. *L'obligation d'énoncer les moyens dans la requête est-elle si rigoureuse, qu'on ne puisse y suppléer en se référant à d'autres actes qui les contiendraient?*

La requête, dit l'art. 161, contiendra les moyens d'opposition, à moins que des moyens de défense n'aient été signifiés avant le jugement, auquel cas il suffira de déclarer qu'on les emploie *comme moyens d'opposition*.

Ainsi, le législateur, en prescrivant l'insertion des moyens d'opposition dans la requête, a supposé que le défaillant n'avait d'abord fourni aucuns moyens qui eussent pu donner connaissance à la partie adverse de ceux qu'il entendait opposer à la demande formée par celle-ci.

Mais il importe peu que ces moyens aient été fournis dans un écrit de défenses ou de toute autre manière; l'essentiel, suivant l'esprit du législateur, c'est que la partie qui a obtenu le jugement ait eu connaissance de ces moyens par un acte ou par un fait quelconque, auquel le défaillant s'en réfère dans la requête d'opposition.

Par cette considération, plusieurs oppositions ont été reçues, quoique la requête ne contînt pas les moyens, et que le défaillant s'en fût référé à d'autres actes qu'à un écrit de défenses.

Ainsi, la Cour d'appel de Bruxelles, par arrêt du 7 janvier 1808 (*voy. Sirey, suppl. à* 1808 *et* 1809, *pag.* 502), a jugé que l'opposition à un arrêt par défaut était suffisamment motivée, lorsqu'elle se référait à un acte d'appel dans lequel les griefs étaient énoncés.

A plus forte raison, lorsqu'un arrêt aurait été rendu par défaut, mais après la signification d'une réponse à griefs, l'opposition qui se référerait à cet écrit serait-elle bien motivée, d'après le texte même de l'art, 161.

Nous ne citons ces espèces que pour servir d'exemple de l'application que l'on peut faire de ce principe consacré par la jurisprudence des arrêts, qu'il n'est pas toujours rigoureusement nécessaire que la requête d'opposition contienne les moyens.

Mais il faut se garder d'étendre les conséquences de ce principe; il a été décidé, par exemple, que le vœu de la loi n'avait pas été rempli dans une re-

---

sans qu'il fût besoin de plaider les moyens du fond. — (*Limoges*, 20 *fév.* 1810, *Ann. du not., Comm., tom.* 1, *pag.* 327).

NOTA. Il est entendu que les frais de la première opposition seraient à la charge de l'opposant.

2.° Si, au lieu de demander le rejet de l'opposition, pour vice de forme, en ce qu'elle ne contiendrait pas les moyens, on se bornait à conclure au déboutement de l'opposition, en répétant les conclusions de l'exploit introductif, l'irrégularité de l'opposition serait couverte, aux termes de l'art. 173. — (*Rennes*, 28 *avril* 1814, *Journ., tom.* 4, *pag.* 240).

3.° L'obligation de mentionner dans l'opposition les moyens sur lesquels elle est fondée, n'est pas si rigoureuse que l'opposant ne puisse faire valoir un moyen qu'il n'y aurait pas développé avec toutes ses circonstances. — (*Rennes*, 4 *octob.* 1811).

NOTA. Nous pensons même que l'on peut faire valoir à l'audience un moyen qui n'aurait pas été énoncé dans la requête, parce que ce n'est que dans le cas d'une requête civile, et quelques autres spécialement désignés par le Code, que l'on peut être admis à proposer à l'audience des moyens que l'on aurait négligés d'abord. (*Voy. art.* 499). Mais, en ces cas, la signification faite postérieurement à la requête n'entrerait point en taxe, fût elle même ordonnée par le tribunal. — (*Voy. Exposé des motifs, édit. de Didot, pag.* 34).

quête où l'on avait indiqué pour moyens la violation de tel article du Code civil. — (*Bruxelles*, 5 *fév.* 1811, *Sirey*, *tom.* 11, *pag.* 427).

Et en effet, une telle indication, qui ne faisait point connaître les inductions que l'opposant entendait tirer de cet article en faveur de sa cause, ne pouvait équivaloir à celle des moyens qui eussent consisté dans ces inductions mêmes.

Donner pour moyens les conclusions que le ministère public aurait prises, ne nous paraîtrait pas encore une chose suffisante pour remplir le vœu de la loi; il faudrait au moins que les raisons de ces conclusions eussent été consignées dans le jugement. Cependant on pourrait, jusqu'à un certain point, conclure le contraire d'un arrêt rendu par la seconde chambre de la Cour de Rennes, du 29 juin 1809.

Résumons, en disant que l'on doit s'en tenir à la considération générale que nous avons posée en commençant, savoir : que l'on ne peut se dispenser d'énoncer les moyens dans la requête, qu'autant qu'elle se réfèrerait à un acte ou à un fait qui porterait en lui-même la preuve irréfragable que ces moyens ont été connus d'avance de la partie qui a obtenu le jugement par défaut. — (*Rennes*, 2e. *chamb.*, 5 *juillet* 1811).

673. *Si la requête d'opposition était dirigée contre un jugement par défaut, rendu en matière sommaire, devrait-elle contenir les moyens?*

Non, dit M. Pigeau, tom. 1, pag. 549, parce que l'art. 405 porte que les affaires sommaires seront jugées à l'audience *sur un simple acte*, sans autres procédures ni *formalités*.

En effet, ajoute cet estimable auteur, si le défendeur ne pouvait pas fournir des moyens par écrit avant le jugement, il ne doit pas avoir cette faculté après le jugement......

On pourrait opposer que l'art. 161 ne distingue point entre les matières ordinaires et les matières sommaires.

Mais on répond que cette distinction est dans l'esprit de la loi, manifesté par la différence des procédures qu'elle a réglées; que l'art. 161 n'exige l'insertion des moyens d'opposition que pour suppléer aux écrits de défenses, et hâter par ce moyen la décision de la cause; que la preuve en est dans l'article même, qui dispense de l'énonciation des moyens, lorsque des défenses ont été signifiées. Or, dirait-on, l'on n'admet aucune écriture dans les matières sommaires (art. 405), et ce serait les autoriser, que d'exiger l'insertion des moyens dans la requête.

Quoi qu'il en soit, nous ne croyons pas devoir adopter l'opinion de M. Pigeau, qui n'est fondée que sur ce que la procédure sommaire n'admet point d'écritures.

En effet, les art. 20 et 430 exigent que l'opposition à un jugement rendu par défaut, dans une justice de paix ou dans un tribunal de commerce, soit motivée, et cependant la procédure, dans ces jurisdictions, est essentiellement sommaire. Il faut donc en revenir à ce que l'art. 161 ne distingue point, et dire que toute opposition doit contenir ses motifs.

674. *Quand la requête d'opposition a été formée d'une manière irrégulière, arrête-t-elle néanmoins l'exécution du jugement?*

Il faut rappeler les termes de l'art. 161; il porte que *l'opposition qui ne sera pas signifiée dans la forme qu'il prescrit, n'arrêtera pas l'exécution; que cette opposition sera rejetée sur un simple acte, et sans qu'il soit besoin d'aucune autre instruction.*

De ces dernières expressions, M. Delaporte, tom. 1, pag. 166 et 167, conclut qu'il est évident que l'on ne peut continuer l'exécution, quoique l'opposition ait été irrégulièrement formée. La raison de cette conséquence est, suivant lui, que la loi prescrit de faire rejeter l'opposition sur un simple acte.

Cette opinion pourrait, en outre, trouver un appui dans la disposition de l'art. 162, portant que *l'exécution sera continuée sans qu'il soit besoin de le faire ordonner*, si le défaillant a laissé passer le délai prescrit pour réitérer l'opposition à un jugement rendu faute de constitution d'avoué.

Or, dirait-on, la disposition de l'art. 161 n'est pas la même; le législateur exige que le juge prononce le rejet de l'opposition : on doit donc, jusque-là, considérer l'opposition dans le cas de cet article, quelque irrégulière qu'elle soit, comme un obstacle à l'exécution du jugement.

Nous ne saurions partager cette opinion. La loi est formelle; elle dit que l'opposition qui ne sera pas faite dans la forme qu'elle indique n'arrêtera pas l'exécution; et, par ces termes, elle exprime que l'exécution continuée nonobstant l'opposition, ne pourra être annulée, si le tribunal juge que l'opposition était effectivement irrégulière.

Si, ensuite, le législateur dispose que l'opposition irrégulièrement formée sera rejetée par un simple acte, c'est par le motif que le défendeur à cette opposition ne peut néanmoins être constitué juge de cette irrégularité; c'est parce qu'il est possible que l'opposant la conteste; mais enfin, si sa partie adverse réussit à prouver l'irrégularité, l'exécution sera confirmée, parce que la loi le dit formellement. — (*Voy., dans le Traité de M. Pigeau, tom. 1, pag.* 551, *les autres raisons que l'on peut donner en faveur de cette opinion*).

675. *Si l'opposition avait été signifiée avant la notification du jugement, l'avoué n'en serait-il pas moins autorisé à le retirer, pour en faire la signification?*

Puisqu'en général l'opposition doit arrêter l'exécution du jugement, et opère ainsi de plein droit *le rabattement* du défaut, il est difficile d'apercevoir l'intérêt qu'aurait la partie à faire la signification du jugement. Les frais de retrait et de signification nous semblent donc devoir être considérés comme *frustratoires*, et, suivant les circonstances, être mis à la charge, soit de la partie qui les a faits, soit de son avoué. — (*Voy. Demiau-Crouzilhac, pag.* 132).

ARTICLE 162.

Lorsque le jugement aura été rendu contre une partie n'ayant pas d'avoué, l'opposition pourra être formée, soit par acte extrajudiciaire (1), soit par déclaration, sur les commandemens, procès verbaux de saisie ou d'emprisonnement, ou tout autre acte d'exécution, à la charge par l'opposant de la réitérer avec constitution d'avoué, par requête, dans la huitaine; passé lequel

(1) *Acte extrajudiciaire.* Tous actes ou significations qui ne concernent point un procès actuellement *pendant en justice.*

tems elle ne sera plus recevable, et l'exécution sera continuée, sans qu'il soit besoin de le faire ordonner.

Si l'avoué de la partie qui a obtenu le jugement est décédé, ou ne peut plus postuler, elle fera notifier une nouvelle constitution d'avoué au défaillant, lequel sera tenu, dans les délais ci-dessus, à compter de la signification, de réitérer son opposition par requête, avec constitution d'avoué.

Dans aucun cas les moyens d'opposition fournis postérieurement à la requête n'entreront en taxe (1).

T., 29. — C. de P., art. 148, 158, 165, 342, 438, 1038.

CXXII. La loi devait nécessairement fournir à la partie qui n'a pas d'avoué, des moyens de former son opposition, et elle lui a permis de le faire par acte *extrajudiciaire*, et déclaration sur tout acte de poursuites, en exécution du jugement par défaut obtenu contre elle ; mais comme il faut que le tribunal qui a rendu ce jugement soit saisi de l'opposition, l'article prescrit de la réitérer dans la forme ordinaire, et accorde à cet effet un délai qui était sur-tout nécessaire pour les cas fréquens dans lesquels l'opposition doit être portée dans un tribunal éloigné du lieu où l'exécution aurait été entamée.

Faute d'avoir rempli cette obligation dans le délai prescrit, la partie se rend non recevable dans son opposition, et sans avoir besoin d'aucune décision du juge, celle qui a obtenu le jugement peut continuer l'exécution; différence notable entre le cas de notre article et celui de l'article qui précède.

676. *Si un huissier se refusait à insérer l'opposition sur un commandement, sur un procès-verbal de saisie, enfin sur tout acte d'exécution qu'il serait chargé de faire, quel moyen resterait au défaillant, soit pour constater son opposition, soit pour empêcher cet huissier de continuer l'exécution ?*

Dans cette circonstance, il nous semble que le défaillant doit s'empresser de faire notifier à celui qui a obtenu le jugement, un acte *extrajudiciaire* contenant son opposition.

Mais, pour arrêter l'exécution, il devrait se pourvoir en référé devant le président du tribunal de première instance, auquel il répéterait sa déclaration de se rendre opposant. Ce magistrat ne pourrait se dispenser d'ordonner le sursis. — (*Voy. Demiau Crouzilhac, pag.* 134).

Si l'opposant ne se trouvait pas à portée de se pourvoir ainsi, il ne lui resterait, selon nous, d'autre moyen de justifier de son opposition et de se pourvoir ensuite contre l'exécution indûment faite, que celui d'une déclaration qu'il

---

(1) JURISPRUDENCE.

1.° La requête en opposition doit, à peine de nullité, être signée par un avoué, puisque les art. 160 et 162 veulent qu'elle soit formée par requête d'avoué à avoué. — (*Toulouse, 2 nov.* 1808, *Sirey, tom.* 14, *pag.* 407).

2.° Une opposition formée par de simples conclusions prises sur le barreau, n'est pas admissible. — (*Rennes,* 10 *avril* 1810, 2.e *chamb.*)

ferait de suite chez un notaire; il pourrait même s'inscrire en faux, suivant les circonstances.

677. *L'opposition sur les actes d'exécution peut-elle être faite par d'autres personnes que par la partie elle-même ?*

C'est l'opinion de M. Demiau Crouzilhac, pag. 134. Suivant lui, la déclaration peut être donnée par *les gens* ou *agens* du défaillant; il insiste même jusqu'à dire que l'huissier pourrait être pris à partie (c'est-à-dire poursuivi en dommages-intérêts), s'il se refusait de consigner une telle déclaration, sous le prétexte qu'on ne lui exhiberait ni ordre, ni mandat écrit de la part de la partie.

Nous partageons cette opinion, mais en restreignant son application à la femme ou à de proches parens de la partie. Elle nous semble, sous cette restriction, conforme à l'équité, parce qu'il pourrait arriver trop souvent que l'on saisît le moment de l'absence du défaillant pour consommer des actes d'exécution dont l'effet, conformément à l'art. 159, serait de lui fermer la voie de l'opposition.

Ce sera à la partie à donner suite à la déclaration faite en son nom, en la réitérant dans le délai fixé par l'art. 162. (1)

Mais sur une telle déclaration, faite par un tiers, l'huissier suspendra-t-il l'exécution ?

Oui, dit M. Demiau Crouzilhac, parce qu'il n'a aucune qualité pour examiner si le tiers a un pouvoir ou un mandat à l'effet de former cette opposition; le tribunal seul peut statuer sur ce point. Au reste, pour se mettre à l'abri de tout reproche, l'huissier pourrait se pourvoir en référé, puisqu'il éprouverait un obstacle à l'exécution qu'il serait chargé de faire.

678. *Le délai pour réitérer l'opposition est-il franc ?*

Oui, dit M. Pigeau, tom. 1, pag. 546, parce que l'art. 1033 porte que le jour de la signification ni celui de l'échéance ne sont jamais comptés pour les actes faits à personne ou à domicile. C'est aussi notre opinion, fondée sur ce que l'acte extrajudiciaire, ou la déclaration faite sur un acte d'exécution, est en effet un acte de cette nature (2).

679. *Mais ce délai ne devra-t-il pas du moins être augmenté à raison de la distance, si l'opposant ne demeure pas dans le lieu où siège le tribunal qui doit connaître de l'opposition ?*

---

(1) On opposera que la partie pourra désavouer cette déclaration, pour faire une opposition hors du délai, qui commence à courir du jour de la déclaration inscrite sur les actes d'exécution et après l'exécution même.

Nous répondons que cette objection est sans objet, puisque l'exécution d'un jugement peut avoir lieu en présence comme en l'absence de la partie, en sorte que celle-ci ne pourrait profiter de son désaveu.

(2) Mais si l'on considère que l'opposition doit être réitérée *dans la huitaine* de l'acte extrajudiciaire ou de la déclaration dont nous venons de parler, l'on pensera, sans doute, qu'il faut appliquer au délai de l'opposition les motifs de la solution donnée sur la quest. 636, et que conséquemment le jour de l'échéance ne sera pas compris dans ce délai.

C'est aussi ce qui a été décidé par la Cour de cassation, le 18 avril 1811 (*voy. Sirey, tom. 11, pag. 232*), et par la Cour de Rennes, le 17 juin 1812, 3.e chamb.

Il est bien certain que l'art. 1033 est applicable, sous ce rapport, au délai pour réitérer l'opposition. Si, comme nous venons de le dire sur la précédente question, note 2, l'on ne doit pas faire la même application à la huitaine, c'est par exception et parce que l'art. 162 veut que l'opposition soit réitérée dans ce délai. Quant à l'augmentation à raison des distances, il n'y a point d'exception. Ainsi, nous dirons ici, comme M. Pigeau (*ibidem*), que le délai de huitaine reçoit cette augmentation. — (*Rennes*, 16 *mars* 1809, *Sirey*, *pag.* 220; *Nismes*, 9 *août* 1810, *Biblioth. du barr.*, 1810, 2e. *part.*, *pag.* 436).

680. *La requête par laquelle l'opposition doit être réitérée pourrait-elle être signifiée à personne ou à domicile?*

Cette question a été résolue pour l'affirmative par un arrêt de la Cour d'appel de Trèves, du 10 août 1810. — (*Voy. Sirey*, *tom.* 11, *DD.*, *pag.* 224).

Les motifs de cette décision ont été que la signification de la requête par acte d'avoué à avoué, n'était prescrite que pour les cas où le jugement par défaut était rendu contre une partie ayant un avoué (*voy. art.* 160) : d'où il résulte que, dans le cas contraire, cette signification peut être faite à partie ou à domicile.

Mais il y a plus : l'art. 162 exige seulement une requête d'opposition avec constitution d'avoué, sans rien disposer sur la signification de cette requête; ce qui annonce assez que le législateur n'a pas entendu la soumettre absolument à la forme prescrite par l'art. 160; en sorte que ce serait ajouter à la loi et créer une nullité qu'elle ne prononce pas, que d'annuler une requête d'opposition signifiée à personne ou à domicile (1).

681. *Si, lors d'un itératif commandement pour procéder à une saisie-exécution, la partie ayant déclaré à l'huissier qu'elle s'opposait à l'exécution, ce dernier se retire sans avoir saisi, cette partie est-elle recevable à former opposition au jugement par défaut, jusqu'à l'exécution?*

Le délai de huitaine est pour l'huissier, qui peut, nonobstant l'opposition qui lui est déclarée, saisir-exécuter, quand elle n'a pas été réitérée dans la forme (*Rennes*, 3e. *chamb.*, 10 *janv.* 1816), sans qu'il soit besoin de recourir à justice pour y être autorisé. — (*Perrin*, *Traité des nullités*, *pag.* 135).

682. *L'opposition formée par acte extrajudiciaire et non réitérée par requête dans la huitaine, peut-elle être renouvelée, si, d'ailleurs, le jugement par défaut ne peut encore être réputé exécuté?*

Cette question avait été jugée négativement par deux arrêts de la Cour d'appel de Trèves, l'un du 19 avril 1809 (*voy. Sirey*, *tom.* 11, *DD.*, *pag.* 216), l'autre du 19 novembre 1810 (*voy. le Journ. des avoués*, *même année*, *tom.* 1, *pag.* 349).

Mais un arrêt de la Cour de cassation, du 18 avril 1811 (*voy. Denevers*, 1811, *pag.* 265, *et Sirey*, *même année*, *pag.* 232), a décidé le contraire dans l'espèce où le défaillant avait formé, par acte extrajudiciaire, une opposition devenue sans effet, parce qu'il ne l'avait pas réitérée dans le délai de huitaine.

---

(1) Mais on sent que si la nullité d'une requête signifiée à partie ne peut être opposée, il en serait de même, à plus forte raison, à l'égard de celle qui aurait été formée par acte d'avoué à avoué.

La Cour a considéré que l'opposant se trouvait encore dans un délai utile, en renouvelant son opposition sur un procès-verbal de saisie, qui était le premier acte d'exécution du jugement (1).

683. *Si l'opposition était formée peu de jours avant l'expiration du délai, par acte extrajudiciaire, mais n'était pas renouvelée dans la huitaine, conformément à l'art. 162, interromprait-elle le cours de la péremption?*

Il suit de ce que nous avons dit sur la quest. 663 et sur la précédente, que l'opposition ne peut avoir aucun effet sur le cours du délai, puisqu'elle prouve uniquement la connaissance du jugement, et non pas de celle de son exécution.

Cependant, dans ce cas, où l'opposition doit être réitérée dans la huitaine, il y a suspension nécessaire de l'exécution ; et si le dernier jour de la huitaine se trouve être aussi le dernier des six mois, il ne semble pas juste que le créancier souffre de cette impuissance, où il se trouve par le fait du débiteur, de continuer ses poursuites.

Quoi qu'il en soit, nous pensons que le créancier obligé par la loi d'exécuter dans les six mois, sous la peine qu'elle prononce, a à s'imputer la faute de n'avoir pas été plus diligent. Cette décision nous semblerait avoir été complètement résolue par un arrêt de la Cour de Lyon, du 4 septembre 1805 (*voy. Denevers*, 1811, *suppl.*, *pag.* 74), si, dans son espèce, le débiteur n'avait pas laissé écouler huit mois depuis l'opposition, sans reprendre ses poursuites. Mais, indépendamment de cette circonstance, il est facile de reconnaître que les motifs de cet arrêt peuvent être invoqués à l'appui de l'opinion que nous venons d'émettre.

684. *Si l'opposition à un jugement par défaut était faite dans la forme ordinaire des ajournemens, devrait-elle être réitérée en forme de requête?*

Trois arrêts de la Cour d'appel de Nîmes, rapportés en la Bibliothèque

---

(1) On objectait que, lors de la première opposition, le jugement avait été signifié avec commandement; que l'opposant avait eu conséquemment connaissance de l'exécution du jugement, et que, par suite, sa seconde opposition devait être considérée comme non avenue.

Ce moyen a été rejeté, par le motif que, pour priver un défaillant du droit de former opposition, il ne suffit pas qu'il ait eu connaissance du jugement, il faut encore qu'il y ait eu exécution, de la manière expliquée dans les art. 158 et 159; circonstance qui ne se trouvait pas dans l'espèce.

Nous ne dissimulerons pas que le rédacteur du Journal des avoués, tom. 2, pag. 111, a fait plusieurs objections contre cet arrêt, dont la décision a été suivie par la Cour de Colmar (10 janvier 1816), et par celle de Metz (12 février 1819). (*Voy. Sirey, tom.* 16, *pag.* 367, *et tom.* 19, *pag.* 137). Enfin, la Cour de Rennes, par arrêt du 10 janvier 1816 (*voy. Journ., tom.* 4, *pag.* 488), a aussi décidé que l'art. 162 suppose le cas où, après la huitaine, ou avant que l'assignation ait été donnée, l'huissier reprend la continuation de l'exécution; mais que cet article n'empêche pas qu'on ne puisse valablement réitérer cette opposition jusqu'à l'exécution du jugement; que s'il en était autrement, il serait en contradiction avec la règle générale établie par l'art. 158; et appliquant ces motifs à la disposition de l'art. 438, relatif à l'opposition au jugement par défaut du tribunal de commerce, cette Cour a déclaré valable une opposition qui n'avait pas été réitérée avec assignation, dans le délai de trois jours dont parle cet article.

du barreau (2e. *part.*, 1810, *pag.* 429), ont décidé cette question pour la négative, attendu que l'art. 162 ne soumet à réitérer l'opposition par requête portant constitution d'avoué, que lorsqu'elle l'a été par acte extrajudiciaire ou déclaration sur un acte d'exécution.

En effet, le législateur n'a pas voulu qu'une simple opposition, ainsi formée *sans y donner suite*, pût arrêter l'exécution des jugemens (1).

685. *La requête par laquelle l'opposition à un jugement rendu par les tribunaux ordinaires est réitérée, doit-elle nécessairement contenir assignation ou avenir pour plaider?*

Nous croyons qu'il a été dans l'intention du législateur que la requête fût terminée, soit par assignation, si elle est signifiée à partie, soit par avenir, si elle l'est à l'avoué.

Cependant, comme la loi n'exige point, *à peine de nullité*, que cette assignation soit donnée en même tems que la requête, nous ne penserions pas, comme M. Delaporte, tom. 1, pag. 167, que l'omission dût emporter le rejet. D'ailleurs, cette requête porte constitution d'avoué; ainsi, de part et d'autre, la cause est confiée aux officiers ministériels, dont le concours est nécessaire pour qu'elle puisse être portée à l'audience. Or, quel préjudice l'adversaire de l'opposant éprouverait-il du défaut d'assignation ou d'avenir, puisque lui-même peut sommer d'audience à l'effet de faire statuer sur l'opposition?

686. *L'avoué qui a postulé pour la partie qui a obtenu le jugement par défaut, est-il tenu d'occuper pour elle sur l'opposition?*

L'affirmative a été jugée par la Cour de cassation, section des requêtes, le 1er. août 1810. — (*Voy. Biblioth. du barr.*, 2e. *part.*, 1811, *pag.* 61).

Mais il faut remarquer qu'en décidant que le tribunal peut enjoindre à l'avoué qui a postulé au jugement par défaut d'occuper sur l'opposition, la Cour a déclaré que, dans ce cas, il n'était pas sujet à désaveu. — (*Voy. l'art.* 352).

687. *Si, depuis la signification du jugement, l'avoué de celui qui a obtenu le jugement par défaut était décédé ou avait cessé d'exercer ses fonctions, comment se ferait la constitution de nouvel avoué ordonnée par l'art.* 162?

Il faut distinguer si l'opposition a été signifiée à partie ou à avoué avant la cessation des fonctions de celui-ci, ou si elle ne l'a pas encore été.

Dans le premier cas, la constitution de nouvel avoué doit être signifiée à l'avoué constitué dans la requête d'opposition; dans le second cas, elle doit l'être à la personne ou au domicile de la partie.

---

(1) Mais lorsque l'exploit qui la contient n'est point un simple acte extrajudiciaire, et présente une assignation accompagnée de constitution d'avoué et de toutes les autres formalités d'un ajournement propre à saisir le tribunal, qui a prononcé le défaut, de la décision à rendre sur l'opposition, il n'y a plus de raisons pour exiger qu'elle soit réitérée. Le double but du législateur est rempli, puisqu'un tel acte présente l'exercice de la faculté donnée au défaillant de s'opposer au jugement par défaut, et d'en arrêter l'exécution, en même tems qu'il ouvre à celui qui avait obtenu le jugement le moyen de poursuivre, sur l'ajournement, une décision qui soit inattaquable.

Mais nous supposons que cet exploit contient les moyens. — (*Voy. quest.* 672).

688. *La requête dont il s'agit en l'art.* 162 *doit-elle être libellée comme celle que prescrit l'art.* 161?

De ce que la dernière disposition de l'art. 162 porte que, *dans aucun cas, les moyens d'opposition fournis postérieurement à la requête n'entreront en taxe,* M. Delaporte conclut, tom. 1, pag. 167, que, si cette requête ne contenait pas les moyens d'opposition, elle ne serait pas nulle pour cela; que, seulement, l'acte qui les contiendrait n'entrerait point en taxe.

M. Demiau Crouzilhac pense aussi (*voy. pag.* 135) que l'art. 162 n'exige point impérativement et à peine de nullité que la requête soit libellée, comme l'exige l'art. 161. Ainsi, dit-il, le défaut des moyens dans la requête n'en opérerait pas le rejet.

Les auteurs du Commentaire inséré aux Annales du notariat, tom. 1, pag. 330, et M. Pigeau, tom. 1, pag. 549, disent, au contraire, que la requête dont il s'agit doit contenir les moyens; mais ils ne s'expliquent point positivement sur la question de savoir si c'est à peine de nullité.

Notre opinion est absolument conforme à celle de ces auteurs, relativement à l'obligation d'insérer les moyens. Nous ne voyons, en effet, aucun motif qui eût pu déterminer le législateur à dispenser l'opposant à un jugement par défaut faute de constituer avoué, d'une obligation qu'il a imposée à celui contre lequel le jugement aurait été rendu faute de plaider. Nous trouvons, au contraire, dans les dispositions des art. 20 et 437, la preuve que cette dispense a été bien loin de sa pensée, puisqu'il exige, dans ces deux articles, que l'exploit d'opposition à un jugement rendu par un juge de paix, ou par un tribunal de commerce, contienne les moyens.

Or, le cas est bien le même, puisque tout jugement rendu par un juge de paix, ou par un tribunal de commerce, l'est nécessairement contre partie, le ministère des avoués ne pouvant être employé dans ces jurisdictions extraordinaires.

Si donc on ne trouve point, dans l'art. 162, une disposition semblable à l'art. 161, c'est que le législateur s'en est référé, pour la forme de la requête, à celle qui est prescrite par cet article. Qu'est-ce, en effet, qu'une *requête* qui ne contiendrait pas les moyens justificatifs de la demande qu'elle contient? — (*Voy. nouv. Rép., au mot* requête, *n°.* 1).

Ces observations nous conduisent à penser que la requête qui, dans l'espèce de la question ci-dessus posée, ne contiendrait pas les moyens, devrait être rejetée.

Et loin que la troisième disposition de l'art. 162 puisse fournir un argument contre cette opinion, nous croyons, au contraire, qu'elle concourt à l'établir; car elle comprend évidemment et la requête d'opposition contre un jugement rendu faute de plaider, et celle qui serait notifiée contre un jugement rendu faute de constitution d'avoué. *Dans aucun cas,* dit l'article, *les moyens d'opposition fournis postérieurement à la requête n'entreront en taxe* : donc la loi suppose qu'en tous les cas, soit qu'il s'agisse d'un défaut faute de comparoir ou de plaider, soit que ce défaut ait été prononcé en matière ordinaire ou sommaire, la requête doit contenir les moyens (1).

(1) Mais remarquons ici que si la requête d'opposition contre un défaut prononcé en matière sommaire doit contenir les moyens, ainsi que nous l'avons dit sur la quest. 673,

689. *Si le défaillant avait à opposer, contre la demande, des nullités ou des exceptions qui fussent de nature à se couvrir par la défense au fond, pourrait-il les présenter en plaidant, s'il ne les avait pas déduites dans la requête?*

Non; il les aurait couvertes. Ainsi, l'on doit, dans la requête, faire connaître toutes les exceptions et déduire les moyens au fond subsidiairement, et avec réserve expresse de ces exceptions. — (*Voy. le Traité de M. Demiau., pag.* 135).

690. *Si la troisième disposition de l'art.* 162 *porte que les moyens fournis postérieurement à la requête n'entreront point en taxe, s'ensuit-il que l'opposant ne serait pas admis à les faire valoir en plaidant?*

Nous croyons que cette question doit être décidée pour la négative, d'après les motifs énoncés et les arrêts cités sur l'art. 161, not. 2.°, 3.°, pag. 409.

Article 163.

Il sera tenu au greffe un registre sur lequel l'avoué de l'opposant fera mention sommaire de l'opposition, en énonçant les noms des parties et de leurs avoués, les dates du jugement et de l'opposition; il ne sera dû de droit d'enregistrement que dans le cas où il en serait délivré expédition.

T., 90. — C. de P., art. 164, 548.

Article 164.

Aucun jugement par défaut ne sera exécuté à l'égard d'*un tiers* (1), que sur un certificat du greffier, constatant qu'il n'y a aucune opposition portée sur le registre.

T., 90.

CXXIII. Depuis long-tems avant la publication de notre Code, on sentait la

---

ce n'est pas un motif pour que le demandeur au principal, défendeur à l'opposition, puisse répondre à ces moyens par un écrit; ce serait contrevenir aux règles de la procédure en cette matière. Il en est ici comme de l'opposition aux jugemens rendus par les justices de paix, ou par les tribunaux de commerce; l'opposition n'y est considérée que comme un exploit libellé.

Au contraire, dans les matières ordinaires qui sont de la compétence des tribunaux d'arrondissement, la requête d'opposition est considérée, en outre, comme un écrit de défenses auquel le demandeur au principal peut répondre, s'il le juge convenable.

(1) *Tiers*, dans la langue du droit, *tertia persona*, par opposition *à ceux* entre qui se traite conventionnellement ou judiciairement une affaire quelconque, et qu'on désigne par cette expression, *reus de cujus re disceptatur,* est tout individu autre que ceux dont nous venons de parler, c'est-à-dire une troisième personne, relativement aux deux autres, *de quorum re agitur:* d'où la conséquence que les contrats ou jugemens intervenus entre ces deux personnes restent absolument étrangers au tiers, *ipsi nec prosunt nec nocent.* En un mot, ce mot *tiers* signifie en général une troisième personne, différente de celles qui ont

nécessité de constater authentiquement, à l'égard des *tiers*, l'existence des oppositions formées contre les jugemens par défaut. Les art. 163 et 164 ont prescrit à cet égard des mesures efficaces, pour prévenir les surprises que l'on avait auparavant tant de raisons de craindre (1).

691. *Y aurait-il nullité de l'exécution faite contre un tiers, sans qu'on lui eût préalablement justifié, par certificat du greffier, qu'il n'existe pas d'opposition ?*

Les termes de l'art. 164 sont tellement impératifs, qu'il n'est pas douteux que l'on ne prononçât la nullité de toute exécution forcée qui aurait été faite sans représentation du certificat dont il s'agit, si toutefois le jugement venait à être réformé sur une opposition. — (*Voy. Demiau Crouzilhac, pag.* 136).

Mais si le jugement avait été exécuté volontairement de la part du tiers, ce serait, relativement à l'opposant, *res inter alios acta*, et le tiers ne pourrait lui opposer cette exécution volontaire.

692. *Si l'avoué que la loi charge du soin de faire inscrire les oppositions sur le registre avait négligé de le faire, et que conséquemment le greffier délivrât un certificat négatif, l'exécution serait-elle annulée, parce qu'il serait prouvé qu'une opposition aurait été faite ?*

Nous pensons qu'en ce cas l'exécution ne serait pas annulée, parce que, sur la représentation du certificat, le tiers avait dû s'y soumettre; ce serait à l'opposant à s'imputer la faute d'avoir employé le ministère d'un avoué négligent, contre lequel il lui resterait seulement une action de garantie à exercer. — (*Voy. les quest. sur l'art.* 548).

ARTICLE 165.

L'opposition ne pourra jamais être reçue contre un jugement qui aurait débouté d'une première opposition (2).

Déclar. du 17 fév. 1688, art. 10. — Jousse, comm. sur l'art. 3, tit. 35, ordonn. de 1667. — C. de P., art. 113, 157, 351.

CXXIV. C'EST une règle depuis long-tems admise qu'*un second défaut est fatal*, ou qu'*opposition sur opposition ne vaut*. On sent qu'il faut un terme après lequel

---

affaire ensemble. Ce terme, au reste, se joint très-ordinairement avec un autre qui détermine un sens particulier, comme *tiers acquéreur, tiers détenteur, etc.*

(1) Le rapporteur de la loi a parfaitement développé l'utilité de ces mesures. « Un créancier, dit-il, a fait une saisie-arrêt entre les mains d'un tiers qui doit une somme à son » débiteur; il obtient contre ce dernier un jugement par défaut, portant que le tiers re» mettra entre les mains de la partie qui a obtenu le jugement, la somme qu'il doit à la partie » condamnée; ce tiers ignore si la partie condamnée n'a pas formé opposition au jugement » par défaut, il lui importe de le savoir, car l'opposition suspendrait l'exécution. Il est in» différent pour lui de payer à son créancier ou à un autre, pourvu que ce paiement opère » sa libération, et il ne l'opérerait pas, s'il n'était pas valable. Ce tiers sera sans inquiétude, » lorsqu'on lui représentera (*conformément à l'art.* 164) un certificat du greffier, consta» tant qu'aucune opposition n'est portée sur le registre (*tenu conformément à l'art.* 163) ».

(2) JURISPRUDENCE.

1.° Lorsqu'un jugement a été rendu par défaut contre le défendeur, et que celui-ci s'op-

on puisse enfin trouver, dans un jugement prononcé par défaut, un titre exécutoire et certain. Si, en effet, celui qui s'est rendu opposant à un pareil jugement, n'était pas contraint de se présenter sur l'opposition, « le débiteur de » mauvaise foi se laisserait sans cesse condamner par défaut, et au moyen des » oppositions successives qu'il formerait, il retarderait sa condamnation le » plus qu'il lui serait possible, et se jouerait ainsi de la justice et de ses créan- » ciers. » — (*Rapp. au Corps législ.*).

693. *Lorsque l'opposant met lui-même en cause une nouvelle partie et laisse défaut, peut-il se pourvoir encore par opposition contre cette nouvelle partie?*

Cette question s'est présentée sous l'empire de l'ordonnance de 1667, et la Cour de cassation, par arrêt du 25 frimaire an 3 (*voy. Tables de Bergnognié, tom.* 1, *au mot* défaut, *pag.* 144), l'a décidée affirmativement, par le motif que le second jugement par défaut est le premier qui soit intervenu entre la partie opposante et l'individu qu'elle a mis en cause.

Mais on sent que l'opposition ne peut alors concerner que les intérêts de ces deux parties, et ne peut plus remettre en question ce qui a été jugé sur la première opposition, entre l'opposant et la partie qui aurait obtenu le premier et le second jugement.

Nous ne trouvons, dans notre nouveau Code, aucune disposition sur laquelle on puisse fonder une décision contraire. Nous observerons seulement qu'il nous semble qu'il n'y aurait pas lieu à cette opposition au second jugement contre la partie nouvellement mise en cause, si la matière jugée dans l'intérêt de celle-ci était indivisible de celle jugée dans l'intérêt de celui qui aurait obtenu le premier jugement par défaut, confirmé par le second.

694. *S'il arrivait que, sur l'opposition à un premier jugement par défaut, il intervînt jugement contradictoire qui prononçât un avant faire droit; que cet avant faire droit ne fût pas rempli, et qu'à raison de cette négligence, il fût rendu jugement par défaut, au principal, contre la partie qui avait laissé défaut la première fois, y aurait-il lieu à l'application de l'art.* 165?

En d'autres termes : *Y a-t-il lieu, dans le cas posé, à déclarer non recevable l'opposition formée contre un dernier jugement par défaut?*

Il suffit de lire l'art. 165 pour se convaincre que l'on ne pourrait résoudre affirmativement cette question, sans faire une fausse application de cet article.

En effet, trois choses sont nécessaires pour son exécution; 1°. un jugement par défaut; 2°. une opposition à ce jugement; 3°. autre jugement par défaut qui déboute de cette opposition.

---

pose, le jugement sur cette opposition doit être réputé contradictoire contre le demandeur qui n'a point comparu. — (*Gênes*, 12 *déc.* 1811, *Sirey, tom.* 13, *pag.* 12).

Nota. C'est qu'en ce cas, le demandeur ayant pris des conclusions pour obtenir le jugement par défaut, et le défendeur en ayant pris à son tour pour faire statuer sur l'opposition, il s'ensuit que les deux parties ont été respectivement entendues.

2.° Un jugement qui déboute d'une opposition, ne fût-ce que par fin de non-recevoir, se confond avec le jugement par défaut auquel la partie s'est opposée, de manière qu'après ce jugement contradictoire, qui déboute de l'opposition, on peut appeler du jugement par défaut, sans être tenu d'appeler du second. — (*Cassat.*, 25 *juin* 1811, *Sirey, tom.* 11, *pag.* 241).

Alors tout est consommé, et la partie qui a laissé défaut une seconde fois n'a plus droit de se pourvoir, par la voie d'opposition, contre le second jugement qui intervient. C'est dans ce sens que l'on a toujours entendu l'adage de forme, *opposition sur opposition ne vaut.*

Ainsi, lorsqu'une partie n'a point été déboutée d'une première opposition, et qu'au contraire cette première opposition a été admise par un jugement contradictoire, le jugement par défaut qui intervient ensuite est toujours susceptible d'opposition, puisqu'il ne contient que la prononciation d'un premier défaut.

Si, d'ailleurs, on combine l'art. 22 du Code de procédure avec notre art. 165, on trouve un nouveau motif pour décider de la sorte.

« La partie opposante, porte cet art. 22, qui se laisserait juger une seconde » fois par défaut, ne sera plus reçue à former opposition. »

Rien de plus clair.

Une partie est condamnée par défaut; elle forme opposition au jugement : cette opposition doit être admise, si elle est régulière et formée en tems utile. Mais, au lieu de plaider sur son opposition, la partie se laisse une seconde fois condamner par défaut; alors elle n'est plus recevable à former opposition à ce second défaut.

Il est évident que ce ne peut être que de cette manière qu'on doit entendre l'art. 22; or, l'art. 165 n'est qu'une répétition du même principe.

C'est donc une erreur palpable, malheureusement accréditée, que d'interpréter l'art. 165 en ce sens qu'une partie ne puisse être reçue *à se pourvoir deux fois par opposition dans la même instance;* c'est faire dire à la loi ce qu'elle ne dit pas; c'est lui donner une extension qui aurait pour résultat que, dans une instance prolongée, il ne pourrait jamais intervenir qu'un jugement par défaut.

Au reste, notre opinion a été consacrée par un arrêt de la Cour de Rennes, du 12 juin 1817.

695. *Mais quid* JURIS *si, dans le cas où il n'eût pas été rendu contradictoirement entre les deux défauts, un jugement intermédiaire, et qui vidât l'opposition au premier défaut, le second défaut était rendu sur d'autres motifs que le premier, et contenait une décision différente ?*

Ou plus généralement : *Faut-il absolument, pour que l'art.* 165 *soit applicable, que le second jugement par défaut ait maintenu le premier, faute à l'opposant de n'avoir pas plaidé sur son opposition afin de le faire rétracter ?*

On dit, pour l'affirmative, que si le second jugement par défaut est basé sur un motif autre que celui qui a déterminé le premier jugement, ce motif n'aurait pu être détruit par la première opposition; que, par conséquent, la seconde opposition est recevable, attendu que, dans l'esprit des art. 22 et 165, il faut que les deux jugemens par défaut aient prononcé *une même décision basée sur les mêmes motifs;* ou plutôt, qu'il faut que le second jugement ait maintenu le premier, faute à l'opposant, comme nous venons de le dire dans l'énoncé de la question, de n'avoir pas plaidé sur son opposition (1).

(1) Contre cette opinion, on oppose un arrêt de cassation, du 9 janvier 1812 (*Sirey, tom.* 12, *pag.* 150); mais il est facile de se convaincre qu'il n'est ici d'aucune considération, puisqu'il est motivé sur une règle d'exception posée dans l'art. 457 du Code de commerce, et que, d'un autre côté, il confirme l'interprétation que nous venons de donner à l'art. 165.

TROISIÈME DIVISION.

De la Procédure incidente.

Le mot *incident* (1), pris dans son acception la plus étendue, signifie toute exception ou contestation accessoire, tout événement, en un mot, qui, s'élevant pendant le cours d'une instance, en interrompt la marche ordinaire, parce qu'il devient nécessaire de suivre des règles particulières, soit d'instruction, soit même de jugement.

Ainsi, les exceptions de toute espèce, les divers modes de vérifier et de prouver la vérité des actes ou des faits, les récusations d'experts ou de juges, les demandes en reprises d'instance et les constitutions de nouvel avoué, les demandes incidentes, etc.; enfin, tous les objets qui font la matière des tit. 9 à 21 inclusivement, sont des *incidens*.

Les règles et les formalités particulières qui les concernent, constituent cette procédure, que nous avons appelée *incidente* (2) pour la distinguer, par une qualification tirée des objets même qu'elle concerne, de la procédure simple et ordinaire dont nous venons de nous occuper. Nous la diviserons en six parties : 1°. procédure incidente relative aux exceptions; 2°. procédure relative aux preuves; 3°. procédure concernant les demandes nouvelles formées, soit par le défendeur, soit par des tiers ou contre eux, dans le cours d'une instance; 4°. procédure relative à l'interruption de l'instance, par changement de personnes ou d'état dans les parties ou leurs avoués; 5°. procédure en désaveu; 6°. procédure relative aux récusations, soit d'un tribunal entier, soit de juges en particulier (3).

---

(1) Du latin *incidere*, interrompre.

(2) *Suprà*, pag. 92, not. 1.re

(3) Pour donner une idée des différens objets sur lesquels la loi a établi les règles et les formalités de cette procédure que nous appelons *incidente*, il convient d'en tracer une analyse sommaire : celle qui suit a été en grande partie donnée par les rédacteurs du projet de Code.

« Souvent, avant d'engager sérieusement le combat judiciaire, le défendeur a droit d'opposer un genre de défense qu'il tire de sa position particulière, ou de la forme et de la nature de l'action formée contre lui. Il demandera, par exemple, qu'un étranger demandeur fournisse caution, et proposera l'exception d'incompétence; il opposera des nullités d'exploit; il réclamera un délai pour faire inventaire et délibérer; il demandera à mettre un garant en cause; il pourra requérir une communication de pièces. Voilà autant d'incidens qui constituent les espèces de défenses que l'on nomme exceptions, et qui sont préalables à la défense principale, qu'elles peuvent rendre surabondante. Le législateur, pour qu'elles ne vinssent pas entraver la marche de la procédure, a fixé l'époque où elles doivent être proposées, et l'ordre dans lequel elles le seront. » — (*Voy. tit.* 9).

Aux règles sur cette matière succèdent naturellement celles qui concernent l'instruction :

« C'est la nature particulière de la défense qui nécessite telle ou telle voie pour éclairer le juge sur la vérité des actes produits ou des faits maintenus dans la contestation, et par

PREMIÈRE SUBDIVISION.

Procédure incidente concernant les exceptions.

TITRE IX.

Des Exceptions.

On entend, en général, dans le langage du droit, par *exception* (1), tous

conséquent, l'objet de chacune de ces voies est presque toujours d'éclaircir un fait douteux ou contesté.

» Ainsi, le demandeur assigne en vertu d'un acte sous seing privé dont l'écriture n'est pas reconnue; on ne peut empêcher de procéder à la vérification. — (*Voy. tit.* 10).

» Mais le défendeur soutient que l'acte qu'on lui oppose est faux ou falsifié. La loi lui accorde le droit de *s'inscrire en faux*, c'est-à-dire de prouver, dans les formes qu'elle prescrit, la fausseté ou la falsification. — (*Voy. tit.* 11).

» Les parties articulent des faits qu'elles démentent respectivement; c'est le cas d'une *enquête* : on entend les témoins de ces faits. — (*Voy. tit.* 11).

» La vue des lieux peut être nécessaire pour fixer l'opinion du juge; il ordonne un transport, que l'on appèle *descente* sur les lieux. — (*Voy. tit.* 13).

» Les parties sont en discord sur l'état des lieux; alors le juge ordonne qu'ils seront *visités par experts*. Elles contestent également sur la valeur des choses qui font l'objet du procès; il faut fixer cette valeur; c'est encore l'objet d'une *expertise*. — (*Voy. tit.* 14).

» Enfin, l'on veut tirer la vérité de la bouche même d'une partie; sa partie adverse peut, en tout état de cause, la faire interroger sur faits et articles ». — (*Voy. tit.* 15).

Telles sont les voies d'instruction que le Code établit; mais la nécessité d'y recourir n'est pas la seule cause qui concoure à compliquer une affaire par des incidens. La marche ordinaire d'un procès peut être arrêtée par d'autres circonstances que la loi a prévues et réglées :

« De nouvelles réclamations peuvent être formées; un tiers peut intervenir dans l'instance: il a donc fallu déterminer la forme de ces *demandes incidentes* et de cette *intervention*. — (*Voy. tit.* 16).

» Une partie décède; son héritier peut reprendre volontairement l'instance, et s'il ne le fait pas, on peut l'y contraindre : ce n'est pas la partie, c'est son avoué qui est décédé; cet événement entraine une demande en *constitution de nouvel avoué*, si on ne l'a pas prévenue par cette constitution. — (*Voy. tit.* 17).

» Un avoué a outrepassé ses pouvoirs; il faut préciser les cas et déterminer les formes dans lesquelles on pourra *le désavouer*. — (*Voy. tit.* 18).

» La demande a été portée devant plusieurs tribunaux; *un réglement de juges* est nécessaire. — (*Voy. tit.* 19).

» Une partie voit avec inquiétude des parens ou alliés de son adversaire assis sur le tribunal devant lequel elle est appelée; on ne peut lui refuser de *demander son renvoi devant un autre tribunal*. (*Voy. tit.* 20).

» Certains faits que la loi a prévus comme pouvant inspirer à une partie des doutes fondés sur l'impartialité d'un de ses juges, donnent à cette partie le droit de le récuser ». — (*Voy. tit.* 21).

Tels sont les incidens ou événemens majeurs sur lesquels la loi contient des dispositions particulières, tant pour les parties que pour les officiers ministériels et les magistrats; dispositions qui, dans leur ensemble, forment la procédure qui va nous occuper.

(1) Du latin *excipere*, exclure.

les moyens par lesquels le défendeur, sans entrer dans la discussion de la demande, établit que le demandeur ne doit pas être admis à la poursuivre.

On distingue ainsi ces défenses des défenses au fond, qui sont les moyens par lesquels on tend à prouver que la demande n'est pas fondée en droit ou en fait (1).

Toutes les exceptions sont ou *déclinatoires*, ou *dilatoires*, ou *péremptoires*.

Les exceptions *déclinatoires* sont ainsi appelées du latin *declinare*, *éviter*, parce que celui qui les oppose tend à *éviter* de plaider devant le tribunal où il a été appelé, et qu'il soutient incompétent.

Toute défense fondée sur l'incompétence du juge, soit à raison du domicile ou de la matière, soit à raison de la litispendance ou de la connexité, est donc une exception *déclinatoire*. — (*Voy. tit.* 9, § 2).

Les exceptions *dilatoires* tirent leur dénomination du latin *diferre*, *dilatum*, parce qu'elles tendent à différer l'instruction, et par suite le jugement.

Ainsi, tous moyens de défenses qui se tirent de l'incapacité momentanée d'une des parties, produisent une exception *dilatoire* (2).

Enfin, l'on appèle *exceptions péremptoires*, de *perimere*, *peremptum*, *détruire*,

---

(1) Le mot *défenses*, comme le dit notre estimable confrère M. Duranton, dans sa thèse pour la chaire vacante à Paris par le décès de M. Pigeau, est générique; il embrasse tous les moyens quelconques que le défendeur fait valoir pour obtenir congé de la demande; on l'a même étendu dans l'usage, aux moyens que fait valoir le demandeur pour triompher dans sa prétention, et de là cette formule des jugemens, *après avoir entendu les parties dans leurs défenses respectives*. Le mot *exception*, au contraire, n'indique qu'une classe des moyens que l'on peut faire valoir pour la défense.

(2) Nous avions, dans notre Traité et Questions, attribué le caractère d'exceptions dilatoires à la demande de la caution, *judicatum solvi*, à celle en communication de pièces, parce que, disions-nous, elles tendent à différer l'instruction jusqu'à ce que la caution ait été fournie, ou jusqu'à ce que les pièces aient été communiquées. M. Duranton (*ubi suprà*) nous paraît avoir remarqué avec fondement que cette confusion, également faite par plusieurs auteurs, était erronée. Il s'exprime ainsi : « C'est à tort, selon nous, qu'on s'est » habitué à comprendre indistinctement dans la classe des exceptions dilatoires, et celles qui » n'ont pas pour objet direct et avoué de procurer *un délai* à celui qui les invoque, et celles » qui n'ont pas d'autre but. Les premiers apportent bien, il est vrai, un retard plus ou » moins considérable dans la marche d'une affaire; mais ce n'est pas là leur *objet :* ce n'est » point *à cette fin qu'elles ont été introduites*, tandis que les secondes n'ont pas *d'autre* » *but* que de fournir un délai à la partie qui en fait usage. On a donc mal à propos con- » fondu l'objet avoué des exceptions dilatoires proprement dites, comme celle qui résulte » du terme de paiement (nous ajouterons de la garantie, et du délai pour faire inventaire » et délibérer), avec les effets nécessaires, il est vrai, mais indirects, de certaines excep- » tions, en les rangeant toutes dans la classe *des dilatoires*. En effet, celui, par exemple, » qui demande caution à l'étranger, demande-t-il un délai, comme celui qui prétend que » son obligation n'est pas échue? Celui qui propose un déclinatoire ose-t-il dire que c'est » pour obtenir un délai, bien que très-souvent ce ne soit pas à d'autres fins?

» Ainsi, conclut M. Duranton (et nous adoptons cette conclusion), nous ne pouvons re- » garder comme *exceptions dilatoires*, à proprement parler, que celles qui ont non seule- » ment pour effet indirect, mais encore pour objet avoué, de procurer au défendeur un » délai pour défendre à l'assignation, parce qu'il *ne peut y répondre pour le moment*, ou » parce qu'il a le droit de jouir d'un terme ». — (§ 9, *Instit. de exceptionibus*).

Cette doctrine a été suivie par le Code de procédure, qui, en effet, ne place dans la classe des exceptions dilatoires que les exceptions de délai pour appeler garant ou pour faire inventaire et délibérer.

éteindre, toute exception qui tend à *éteindre*, à *anéantir*, soit l'instance introduite par l'exploit de demande, soit l'action elle-même.

On distingue donc deux espèces d'*exceptions péremptoires* : les exceptions péremptoires de *l'instance*, et les exceptions péremptoires *du fond*.

Les exceptions péremptoires d'*instance* sont celles par lesquelles le défendeur requiert que la demande soit rejetée, pour n'avoir pas été dirigée régulièrement, sauf au demandeur à la former de nouveau.

On ne compte que deux exceptions de ce genre; l'une qui résulte de ce que la demande n'aurait pas été précédée de l'essai de conciliation, l'autre de ce que l'ajournement serait nul par vice de forme.

Les exceptions *péremptoires de fond* sont celles qui ont pour but de faire juger définitivement, et sans examiner si elle est bien ou mal fondée, une action qui a pu exister, mais qui n'existe plus, parce qu'elle est éteinte ou détruite à raison de plusieurs circonstances dont le détail n'appartient pas à l'objet de cet ouvrage. Il suffit de dire, en général, que l'on place parmi ces exceptions les fins de non-recevoir résultant du défaut de qualité, de l'autorité de la chose jugée, de la compensation, du paiement et de la prescription, etc.

On dit *les fins de non-recevoir*, parce que toute exception provenant d'une cause qui produit l'extinction de l'action, rend le demandeur *non recevable* à poursuivre la demande qu'il a formée (1).

On a appelé *exceptions de procédure* toutes celles qui sont *nommément indiquées* dans le Code, et à l'égard desquelles il renferme des dispositions afin de régler l'ordre dans lequel on doit les présenter, et de déclarer quand elles cesseront d'être PROPOSABLES. Par opposition, on a appelé *exceptions* DE DROIT celles à l'égard desquelles ce même Code ne contient aucune disposition semblable, et qui, par conséquent, ne sont point, comme *la plupart des autres*, susceptibles d'être *couvertes* (2) par la procédure antérieure volontairement faite

---

(1) « Ces dernières exceptions, observe encore M. Duranton, sont *pour l'ordinaire* d'un » effet *perpétuel*, c'est-à-dire qu'elles rendent l'action *à jamais* non recevable, comme *l'au- » torité de la chose jugée*, *la prescription*, *etc.*; et c'est avec raison, ajoute-t-il, que nous » disons *ordinairement*; car il est des cas où la fin de non-recevoir ne produit que des » effets temporaires. Les lois 2 et 9, *princip.*, *ff de except. rei judic.*; 25, *ff de obligat. » et actionibus*, nous en offrent des exemples, et l'art. 135 du Code civil nous en fournit » un autre, en décidant que « quiconque réclamera un droit échu à un individu dont l'exis- » tence ne sera pas reconnue, devra prouver que cet individu existait quand le droit a été » ouvert, et que, *jusqu'à cette preuve*, il sera déclaré non recevable dans sa demande ». La » même chose est établie pour le cas de succession dans l'article suivant. Il est clair que » la fin de non-recevoir n'est que *quant à présent*, c'est-à-dire qu'elle ne produira ses effets » que jusqu'à la preuve voulue par ces textes, et que le jugement qui donnera congé de la » demande n'aura pas, comme dans les cas ordinaires, la force de la chose jugée ». —

(2) Dans le langage du barreau, ce terme a plusieurs significations : 1.° *couvrir une enchère*, c'est enchérir au dessus de quelqu'un (*C. de P.*, *art.* 707—709); *couvrir la prescription*, c'est interrompre, soit par un acte de possession, soit par quelque procédure, la prescription qui commencerait à courir (*C. C.*, *art.* 2242—2250); *couvrir la péremption*, c'est aussi l'interrompre par un acte valable signifié avant qu'elle ait été demandée (*C. de P.*, *art.* 399); *couvrir une nullité*, c'est l'écarter par une fin de non-recevoir, de façon qu'on ne puisse plus s'en prévaloir (*C. de P.*, *art.* 173); enfin, *couvrir une exception*, *une fin de non-recevoir*, c'est encore l'écarter de manière qu'elle ne puisse plus être opposée. (*C. de P.*, *art.* 166, 169, 186; *C. C.*, *art.* 2221).

par la partie sans les avoir opposées : ces exceptions peuvent être produites en tout état de cause, quelquefois même en appel, par cela seul que la loi n'a point exigé qu'elles le fussent en tel ordre ou à telle époque de la procédure (1).

On a encore distingué les exceptions dites *de procédure* en *relatives*, *absolues* ou *mixtes*, et suivant cette distinction, l'exception serait *relative*, lorsqu'elle ne tiendrait qu'à l'intérêt privé de celui qui la propose, comme les nullités d'exploit, la demande de caution, l'incompétence à raison du domicile ou à raison de la situation de l'objet litigieux, le délai pour délibérer, etc. etc. (2)

Une exception serait *absolue* lorsqu'elle tiendrait à l'ordre public, comme l'incompétence à raison de la matière (3).

Enfin, une exception serait *mixte* lorsqu'elle se rattacherait tout à la fois à l'intérêt privé et à l'ordre public, comme *la litispendance* et *la connexité* (4).

L'ordre dans lequel on doit opposer ces exceptions est établi suivant la nature des effets qu'elles produisent.

Ainsi, la demande de la caution *judicatum solvi* est une des premières à opposer ; car si l'étranger ne fournissait pas cette caution, on examinerait en vain le mérite de sa demande. — (*Voy. art.* 166).

Il en est de même des exceptions déclinatoires que le Code appèle *demandes en renvoi* (5), puisqu'avant d'instruire la cause, il faut s'assurer que le tribunal sera compétent pour la juger. — (*Voy. art.* 168, 172, *et infrà nos questions sur l'art.* 166).

Il faut remarquer ici qu'une demande en renvoi ne peut être *jointe au principal*, c'est-à-dire qu'on doit toujours en séparer la décision de celle qui est à rendre sur le fond ; mais cette règle n'est point applicable dans les Cours sou-

---

(1) Il faut bien faire attention que cette distinction entre *les exceptions de procédure* et *les exceptions de droit*, ne suppose point que les premières auraient exclusivement leur fondement dans les dispositions du Code de procédure ; les autres, dans celles du Code civil. Les premières, au contraire, ont, ainsi que les secondes, leur fondement, ou dans les principes consacrés par ce dernier Code, ou dans les règles posées par les lois relatives à la compétence, et nous ne pouvons trop le répéter, si nous les qualifions, comme la plupart des auteurs de nos jours, *exceptions de procédure*, c'est en ce sens seulement que les lois de procédure ont réglé l'ordre et les époques où elles doivent être proposées.

(2) Toutes ces exceptions *se couvrent* par la procédure volontaire des parties. En d'autres termes, la partie qui néglige de les opposer dans le tems fixé, et suivant l'ordre établi par la loi, se rend non recevable à s'en prévaloir par la suite.

(3) Une telle exception peut être opposée en tout état de cause. — (*Art.* 170).

(4) Dans notre opinion, du moins, les juges, quoique ces exceptions n'aient pas été opposées dès le principe de l'instance, *in limine litis*, doivent y avoir égard, parce qu'il importe à l'ordre public d'éviter la pluralité et la contrariété des jugemens. — (*Voy. infrà sur l'art.* 172).

(5) Nous croyons cette qualification *peu exacte ;* car *toute exception déclinatoire*, comme le pose M. Duranton, quest. 7 de la thèse ci-dessus citée, *n'est point nécessairement une demande afin de renvoi*. En effet, le défendeur n'a pas besoin de conclure à ce que le demandeur se pourvoie devant le juge qu'il prétend seul compétent, et le tribunal n'a point à prononcer le renvoi du fond devant lui. L'exception d'incompétence admise, la demande est censée non avenue, sous tous autres rapports que l'interruption de la prescription, conformément à l'art. 2246 du Code civil. Appeler une exception déclinatoire une demande en renvoi, c'est en quelque sorte supposer que la demande subsiste pour être portée devant le juge compétent ; c'est supposer ce qui ne peut être et ce qui n'est pas, puisque le demandeur est libre de saisir ou non le tribunal de la même demande par un exploit absolument nouveau.

veraines ; on peut y cumuler le déclinatoire et le principal, suivant la maxime, *en Cour souveraine, on plaide à toutes fins.* — (*Voy. nos questions sur l'art.* 172).

La raison de cette maxime, c'est que les décisions de ces Cours ne sont point sujettes à l'appel.

Après les demandes en renvoi, on doit proposer les nullités d'exploit ; car il impliquerait que l'on pût proposer la nullité d'un acte après avoir annoncé qu'on le reconnaissait valable, en procédant volontairement d'après lui. — (*Arg. sur les art.* 173 *et* 174).

Enfin, toutes les exceptions dilatoires mentionnées aux art. 174 et 187 inclusivement, doivent être opposées *conjointement*, et avant toute défense au fond, parce qu'elles ont le même but, et que s'il était permis d'en proposer une d'abord pour revenir ensuite à une autre, on retarderait arbitrairement la marche de la justice.

Cependant l'héritier peut réclamer séparément, et avant de mettre un garant en cause (*art.* 187), le délai pour faire inventaire et délibérer.

Quant à l'exception de communication de pièces, on sent qu'une partie doit être admise à l'opposer dès qu'on se sert contre elle d'une pièce quelconque ; mais la loi a fixé un délai après lequel cette exception n'est plus recevable. — (*Art.* 188, 192).

De ce que nous venons de dire sur l'ordre dans lequel les exceptions de procédure doivent être opposées, il suit qu'elles ont pour objet d'écarter la demande de manière que le tribunal n'ait à prononcer, soit actuellement, soit par la suite, *dans la même instance*, ni sur les fins de non-recevoir ou exceptions de droit, ni sur les moyens du fond ou défenses proprement dites, et de là naissent deux conséquences :

La première, c'est qu'on peut se borner à ne présenter que les exceptions de procédure, en réservant toutefois de plaider au fond au cas qu'elles fussent rejetées ; et alors c'est au défendeur à plaider le premier, parce qu'il est demandeur en exception : *Reus excipiendo fit actor.*

La seconde, c'est que les exceptions de procédure doivent nécessairement être opposées avant les exceptions de droit, qui, elles-mêmes, doivent être présentées avant les moyens du fond, puisqu'elles ont pour objet d'en éviter la discussion.

Néanmoins, comme les exceptions de droit peuvent être opposées en tout état de cause, à moins qu'on n'ait renoncé à celles qui ne tiennent qu'à l'intérêt privé (1), on n'aurait point à craindre qu'elles fussent rejetées pour n'avoir pas été opposées avant les défenses proprement dites.

(1) Voy., pour la prescription, l'art. 2224 du Code civil.

§ Ier.

De la caution à fournir par les étrangers.

ARTICLE 166.

Tous étrangers, *demandeurs principaux ou intervenans* (1), seront tenus, si le défendeur le requiert, avant toute exception, de fournir caution de payer les frais et dommages-intérêts auxquels ils pourraient être condamnés

T., 75 et 90. — C. de comm., art. 423. — C. C., art. 16, 2040, 2041. — C. de P., art. 517 et suiv.

CXXV. En chaque État, les tribunaux sont spécialement institués pour rendre la justice à ses membres. Mais un étranger peut avoir des demandes à former contre l'un d'eux; la raison et l'équité ne permettent pas de lui refuser l'appui de l'autorité judiciaire. Ce principe du droit des gens est formellement consacré par l'art. 15 du Code civil. Cependant, il était juste de subordonner l'exercice de la faculté que cet article donne à l'étranger de citer un Français devant les tribunaux du royaume, à une condition préalable, sans laquelle celui-ci serait exposé à perdre les frais de procédure qu'il eût faits contre une personne dont il lui serait difficile de discuter les biens, ou qui pourrait ne présenter aucune solvabilité. Cette condition est celle de la caution que l'étranger doit fournir, aux termes de l'article ci-dessus, et en exécution de l'art. 16 du Code civil, pour le paiement des frais et dommages-intérêts résultant du procès (2); garantie qui a été exigée dans tous les tems et chez la plupart des nations; et quoiqu'aucune loi avant le Code civil ne contînt à cet égard de disposition formelle, la caution était ordonnée d'après une jurisprudence constante, qui admettait néanmoins certaines exceptions. Nos lois actuelles les ont réduites à une seule pour les affaires commerciales. Elle est fondée sur la célérité que ces affaires exigent, et sur ce qu'il importe à l'Etat de ménager, à l'égard des négocians étrangers, la confiance et le crédit, qui sont les bases essentielles du commerce.

696. *Les sujets d'un Etat où un Français peut plaider, même en demandant, sans fournir caution, sont-ils tenus à en donner une pour plaider sur une demande qu'ils formeraient devant un tribunal du royaume?*

---

(1) *Demandeur principal,* celui qui forme la demande qui donne naissance au procès. Par opposition, on appèle *demandeur incident,* le défendeur qui forme une demande contre le demandeur principal, et *demandeur intervenant,* celui qui intervient dans une instance pendante entre deux parties, afin d'y prendre des conclusions dans l'intérêt de l'une d'elles ou dans le sien propre. — (*Voy. ci-après tit.* 16).

(2) On nomme cette espèce de caution *judicatum solvi;* ce qui signifie PAYER LE JUGÉ.

Il faut distinguer : si le Français n'est admis à plaider chez l'étranger, sans donner caution, que par la loi de l'étranger, cette considération est insuffisante pour accorder à l'étranger la même faveur en France.

En effet, lors de la discussion du Code civil au Conseil d'état, on retrancha de l'art. 11 le mot *lois*, afin que la législation française ne dépendît point, à l'égard des étrangers, de la législation particulière des étrangers à l'égard des Français. — (*Voy. l'Esprit du Code civil, par M. Locré, tom.* 1, *pag.* 310).

Mais si les traités entre la France et une puissance étrangère portaient exemption, pour les Français, de l'obligation de fournir caution, cette clause devrait être exécutée en France à l'égard des sujets de cette puissance, conformément au principe de réciprocité consacré par l'art. 11.

Telle était l'opinion des auteurs du Praticien français, tom. 1, pag. 18. Quelques jurisconsultes pensaient, au contraire, que le principe de réciprocité ne devait s'appliquer qu'à l'exercice des droits civils, et non à une faveur telle que la caution *judicatum solvi*, à un privilége qui n'est accordé qu'aux Français.

Mais la Cour de cassation, par arrêt du 9 avril 1817, rapporté par M. Sirey, tom. 7, pag. 302, a consacré l'opinion des auteurs du Praticien, en donnant, entre autres motifs de la décision qu'elle avait à prononcer, et dont nous allons rendre compte sur la question suivante, qu'*aux termes des capitulations et par réciprocité, les Suisses n'étaient point assujétis à la caution* JUDICATUM SOLVI.

697. *Si le procès avait pour objet une demande en dommages-intérêts, peut-on dire que la caution doive être fournie même pour ces dommages-intérêts, quoiqu'ils ne soient point les accessoires d'une condamnation principale, mais l'objet de la condamnation principale elle-même ?*

Cette difficulté naît de ce que l'art. 16 du Code civil porte dommages-intérêts *résultant* du procès, et l'art. 166 du Code de procédure, *dommages et intérêts auxquels ils* (les étrangers) *pourraient être condamnés.*

Les expressions de ces deux articles du Code de procédure ont donné lieu à M. Pigeau, tom. 1, pag. 154, de dire que les dommages-intérêts pour lesquels le défendeur peut requérir caution, ne sont pas ceux *résultant du principal de la contestation*, mais seulement les dommages-intérêts résultant du procès ; ainsi, ajoute-t-il, il ne faut pas confondre ces deux sortes de dommages-intérêts. Les seconds sont une suite de la contestation ; les premiers sont nés avant elle. Si le défendeur réclame ceux-ci, il se constitue demandeur ; l'étranger, demandeur principal, mais défendeur à cet égard, ne peut être assujéti à la caution.

M. Delvincourt, dans ses Institutes, tom. 1, pag. 299, paraît expliquer autrement ces mots de l'art. 16 du Code civil, *résultant du procès*. « Si donc, dit-» il, le jugement prononçait contre l'étranger une condamnation en dommages-» intérêts, mais résultant d'une autre cause que celle qui a donné lieu à la » demande, la caution n'en serait pas tenue. »

Ainsi, cet auteur ne fait point la distinction de M. Pigeau entre les dommages dont la cause serait antérieure ou postérieure au procès, et l'on pourrait, jusqu'à un certain point, trouver un appui à cette opinion dans l'art. 166 du Code de procédure, qui ne répète point le mot *résultant*, employé dans l'art. 16 du Code civil, et qui, par la généralité de ses termes, paraîtrait décider qu'il y a lieu à fournir caution toutes les fois qu'il peut survenir condamnation en dommages-intérêts.

C'est peut-être ce qui a porté M. Proudhon, tom. 1, pag. 80, à dire que l'étranger doit consigner une somme suffisante pour répondre de *tous frais et dommages-intérêts*.

Nous nous rangeons sans restriction à l'avis de M. Pigeau, 1°. parce que la loi, soit dans l'art. 16 du Code civil, soit dans l'art. 166 du Code de procédure, aurait exprimé que la caution serait fournie pour le montant des condamnations à intervenir en principal, intérêts et frais, s'il avait été dans l'intention du législateur d'assujétir l'étranger à la fournir pour des causes de condamnations antérieures au procès; 2°. parce qu'il n'y avait aucune raison pour que l'on eût assujéti l'étranger demandeur à cautionner pour des dommages-intérêts, dont la cause remonterait à une époque antérieure au procès engagé (1).

698. *Peut-on exiger cette caution d'un étranger qui poursuivrait contre un Français l'exécution d'un titre paré et exécutoire?*

L'arrêt cité sur la précédente question a prononcé négativement sur celle-ci; il a même jugé que la poursuite d'expropriation, faite en vertu de titre exécutoire, ne formait pas une demande judiciaire de la nature de celles prévues par l'art. 166, et que, par conséquent, elle n'était point soumise à la caution.

699. *Les jugemens rendus au profit des étrangers, dans une matière pour laquelle il y aurait un recours ouvert au Conseil d'état, peuvent-ils être exécutés, si cet étranger n'a pas fourni caution?*

L'art. 3 du décret du 22 juillet 1806 porte que, dans les matières contentieuses où le recours des parties au Conseil d'état est autorisé, ce recours n'est pas suspensif, s'il n'en est autrement ordonné. Il était à craindre que des étrangers qui auraient obtenu, contre des Français, des condamnations en semblables matières, n'eussent rendu ce recours illusoire, en s'empressant de les faire exécuter.

C'est pour obvier à cet inconvénient qu'un second décret, du 7 février 1809, a ordonné « que les jugemens rendus au profit des étrangers qui auraient obtenu des adjudications dans les matières pour lesquelles il y a recours au » Conseil d'état, ne pourraient être exécutés, pendant le délai accordé pour » le recours, qu'autant que l'étranger aurait préalablement fourni en France » une caution bonne et suffisante. » (2)

---

(1) En effet, la disposition de la loi n'a d'autre objet (*voy. Exposé des motifs*) que d'empêcher un étranger, mal fondé au principal, de vexer un Français par une mauvaise contestation, qui l'obligerait à des avances et à des frais qui pourraient être en pure perte pour lui; de même aussi on a voulu procurer au Français une garantie contre tout préjudice qui pourrait être porté à ses intérêts par l'étranger, dans le cours du procès auquel la demande de cet étranger donnerait lieu.

Au reste, dans l'absence d'un texte formel, on ne peut présumer que l'art. 166 du Code de procédure ait ajouté à la disposition du Code civil; et cet article, en parlant des *frais et dommages-intérêts* auxquels l'étranger *pourrait être condamné*, suppose nécessairement des dommages-intérêts qui ne seraient pas l'objet de la contestation principale.

(2) Il convient de remarquer,

Premièrement, que cette caution n'est point de la nature de celle dont parle l'art. 166, et qui n'a pour objet que le paiement des frais et des dommages-intérêts; c'est une caution

700. *Un étranger qui a plaidé en cause principale comme défendeur, et qui le fait en cause d'appel comme appelant, doit-il, en cette dernière qualité, être considéré comme demandeur, et conséquemment être tenu à donner la caution* JUDICATUM SOLVI?

Brillon, au mot *caution*, n°. 225, rapporte un arrêt de la grand'chambre du Parlement de Paris, du 16 janvier 1710, qui a jugé pour la négative.

Un arrêt postérieur, du 4 mai 1736, que l'on trouve au nouveau Dénisart, v°. *caution jud. sol.*, tom. 4, pag. 328, a prononcé de la même manière. En effet, observent les éditeurs, lorsque l'étranger défendeur est condamné, et se pourvoit par appel, requête civile ou cassation, on ne peut lui demander caution; car, quoique devenu demandeur, comme sa demande n'a toujours pour objet que la défense contre l'action dirigée contre lui, elle n'est pas, à proprement parler, une demande; il n'agit plus de son plein gré contre celui qui entame un procès : il est forcé d'agir.

Par la raison contraire, dit M. Merlin (*voy. nouv. Répert.*, *tom.* 2, *pag.* 103), un intimé, qui est demandeur originaire, conserve cette qualité en cause d'appel; et si sa partie adverse n'a point perdu, *en contestant au fond* en première instance, le droit de lui demander la caution *judicatum solvi*, il sera tenu de la lui donner, ainsi qu'il a été décidé par un arrêt du Parlement de Flandre, du 12 janvier 1784.

Tel est aussi l'avis de M. Lepage, dans ses Questions de procédure, pag. 157, et nous ne voyons, comme lui, aucune raison pour ne pas se conformer, sous l'empire du nouveau Code, à ce qui se pratiquait sous l'ancienne jurisprudence. (1)

701. *Y a-t-il, soit à raison de la matière, soit à raison de la qualité des personnes, exception au principe que tout étranger demandeur est assujéti à fournir caution, si le défendeur le requiert?*

Comme nous l'avons dit au commentaire de l'article, pag. 428, il n'y a d'autre exception, quant à la matière, que celle portée, pour les affaires commerciales, dans l'art. 16 du Code civil. La disposition de cet article est formelle à cet

---

semblable à celle que les juges doivent ou peuvent ordonner dans les cas où le jugement peut être exécuté provisoirement, d'après l'art. 135, et qui conséquemment a pour objet d'assurer, en cas de réformation par le Conseil d'état, le remboursement des condamnations que l'étranger mettrait à l'exécution;

Secondement, qu'à la différence du cas de pourvoi au Conseil d'état, on ne peut, en aucun cas, ordonner en faveur du Français qui s'est pourvu en cassation contre un jugement rendu au profit d'un étranger, que son adversaire, avant de l'exécuter, fournirait caution. — (*Cassat.*, 4 *prair. an* 7, *Sirey, tom.* 7, 2.ᵉ *part.*, *pag.* 943).

(1) Ce que nous disons ici ne s'entend que d'une caution à fournir pour les frais de l'instance d'appel; car de deux choses l'une : ou la caution a été ordonnée et fournie en première instance, ou elle n'a pas été demandée, ni conséquemment ordonnée et fournie. Dans le premier cas, la caution n'a pu s'étendre qu'aux frais et dommages intérêts adjugés au premier tribunal, et non à ceux qui auraient lieu dans la jurisdiction d'appel; dans le second cas, la caution ne peut, pour ces mêmes objets, être demandée en cause d'appel, puisque cette demande a dû être proposée *in limine litis* (*art.* 166, *et arrêt de Toulouse, du* 27 *déc.* 1819, *Sirey, tom.* 20, *pag.* 312) : donc, en tous les cas, la caution *judicatum solvi* ne peut être demandée en second degré de jurisdiction que pour les frais de l'instance d'appel.

égard : *en toutes matières*, y est-il dit, autres que celles de commerce, l'étranger sera tenu de donner caution. — (*Voy. aussi art.* 423 *du C. de P.*)

Nous ne croyons pas même, quoique l'art. 166 se trouve au titre de la procédure devant les tribunaux d'arrondissement, que l'étranger demandeur en justice de paix soit dispensé de la caution. Cette considération ne peut être ici d'aucune influence, parce que l'art. 16 du Code civil établit en principe général l'obligation de donner cette caution. — (*Voy. les Questions de Lepage, pag.* 156).

Quant aux personnes, nulle exception n'est prononcée ; il suffit que le demandeur soit étranger, quelle que fût sa dignité, fût-il même ambassadeur d'une cour étrangère près celle de France, pour qu'il donne la caution dont il s'agit. La preuve s'en trouve dans ces expressions générales de l'art. 166 : *Tous étrangers, etc.* (1)

702. *Mais si le demandeur et le défendeur étaient étrangers, ce dernier pourrait-il exiger la caution ?*

L'affirmative a été prononcée par arrêt du Parlement de Paris, du 23 août 1771. On peut voir, soit au nouveau Répertoire, tom. 2, pag. 104, soit dans les Questions de M. Lepage, pag. 157, les raisons d'après lesquelles la même décision devrait être portée sous l'empire de nos lois actuelles.

703. *Le juge peut-il suppléer l'exception* JUDICATUM SOLVI ?

Non, sans doute, puisque, d'un côté, l'art. 166 porte que l'étranger sera tenu de fournir caution, si le défendeur *le requiert*, et que, de l'autre, la demande de caution doit être formée avant toute autre exception : d'où suit qu'elle est couverte par une exception qui aurait été opposée avant elle; à plus forte raison, par la contestation sur le fond, et que, par suite de conséquences, le juge ne peut d'office ordonner que la caution sera fournie, lorsque le défendeur n'en fait pas la demande. — (*Voy. quest.* 700).

704. *Comment concilier la disposition de l'art.* 166, *qui veut que l'exception de caution soit proposée avant toute autre exception, avec l'art.* 169, *qui prescrit la même obligation relativement à l'exception déclinatoire ?*

---

(1) A la vérité, l'on trouverait dans les monumens de l'ancienne jurisprudence des exemples de Françaises mariées en pays étranger, avec un étranger, qui ont été dispensées de fournir la caution, du moins pour la poursuite de leurs droits immobiliers. Mais, comme l'observe M. Merlin (*voy. nouv. Répert., ibid., pag.* 105), on ne pourrait plus juger de même aujourd'hui, puisque l'art. 19 du Code civil déclare étrangère, et soumet, par conséquent, aux dispositions de l'art. 16 de ce même Code, et à celles de l'art. 166 de celui de procédure, toute Française qui épouse un étranger.

De même, ceux qui ont perdu la qualité de Français par une des causes mentionnées en l'art. 17 du Code civil, sont assujétis à la caution.

Mais on observera que, dans les cas où un étranger se constitue incidemment demandeur, on ne peut exiger de lui la caution pour raison de cette demande incidente, si elle n'est qu'une défense contre l'action principale. — (*Voy. le nouv. Dénisart, en l'endroit cité sur la quest.* 700).

Les termes de l'art. 166 justifient cette opinion, puisqu'ils n'assujétissent à fournir la caution que l'étranger demandeur *principal* ou *intervenant*.

Autrement : *Quelle est, des deux exceptions dont il s'agit, celle que l'on doit proposer la première?*

Ce sera l'exception de caution, dit M. Commaille, tom. 1, pag. 212; car, d'un côté, le jugement à intervenir sur le déclinatoire peut donner lieu à des frais pour le recouvrement desquels la caution doit être fournie; de l'autre, l'art. 167 veut que le tribunal évalue la somme : or, comment le ferait-il, si le déclinatoire était opposé le premier?

M. Lepage, dans ses Questions, pag. 157, après avoir exposé les raisons d'après lesquelles il lui semblerait que l'on dût, au contraire, donner la priorité au déclinatoire, termine néanmoins en disant que, si l'on se déterminait à demander d'abord la caution, il ne lui semblerait pas qu'on fût ensuite non recevable à proposer le renvoi pour incompétence relative ou pour litispendance. « La loi, dit-il, a mis ces deux exceptions au même rang, puisqu'elle » a prononcé sur l'une absolument comme sur l'autre : il résulte de là que » le défendeur ne serait pas condamnable de présenter à son choix l'une avant » l'autre. »

On peut voir, dans la Bibliothèque du barreau, 1re. part., tom. 3, pag. 283, une notice sur les exceptions, dans laquelle la question qui nous occupe est traitée avec plus de développement que par les auteurs que nous venons de citer. Le rédacteur de cette notice accorde la priorité à l'exception de caution, et entre autres raisons de décider, il donne celle-ci, sur laquelle il insiste particulièrement : c'est que l'art. 166 se trouve dans le § 1er. du titre des exceptions, tandis que l'art. 169 ne se trouve que dans le § 2 du même titre. Or, dit-il, l'ordre de ces paragraphes, relatifs, le premier à la caution *judicatum solvi*, et le second à la demande en renvoi, indiquent nécessairement l'ordre dans lequel le législateur a voulu que ces deux exceptions fussent proposées.

Mais restera toujours l'inconvénient aperçu par M. Commaille : c'est qu'en isolant l'exception *judicatum solvi* de l'exception déclinatoire, et en présentant la première avant celle-ci, le tribunal ne prendra pas en considération, dans la fixation qu'il fera de la valeur du cautionnement, les frais auxquels pourra donner lieu cette exception d'incompétence, et qui peuvent être d'autant plus considérables, qu'elle est sujette à parcourir les deux degrés de juridiction.

Pour tout concilier, nous dirons que les art. 166 et 169 plaçant sur la même ligne les deux exceptions dont il s'agit, on ne peut raisonnablement supposer que le législateur ait entendu que la partie qui donnerait la priorité à l'une d'elles se rendît non recevable à opposer l'autre. Il faut donc résoudre la contradiction qui se trouve entre les deux articles par ce principe général d'interprétation, que toutes les fois qu'il y a contrariété entre deux dispositions législatives, on doit interpréter de manière à ce que chacune d'elles produise son effet suivant les vues du législateur. — (*Voy. l'introd. générale, tit. 4*).

Or, l'exception de caution n'est établie qu'en faveur du défendeur, auquel la loi ne veut pas qu'il arrive le moindre préjudice d'une demande qui serait injustement formée contre lui par un étranger. Il faut donc qu'il ait sûreté du remboursement, non seulement des frais de la contestation au fond, mais encore de ceux du déclinatoire; il faut donc qu'en proposant d'abord l'exception de caution, il annonce de suite opposer un déclinatoire et qu'il le réserve, en concluant à ce qu'il plaise au tribunal le prendre en considération dans la fixation du montant de la caution : cette fixation faite, il plaiderait ses moyens d'incompétence (1).

705. *La caution ne doit-elle être fournie que dans les cas où la demande est portée devant un tribunal civil?*

Non, elle doit être fournie même dans le cas où un étranger se rend *partie civile* dans un procès de la compétence des tribunaux criminels de tout genre, parce que l'art. 16 du Code civil embrasse dans sa généralité toutes les matières, à la seule exception de celles de commerce. (*Cassat.*, 3 *fév.* 1814; *Sirey, tom.* 14, *pag.* 117). Telle était aussi l'ancienne jurisprudence attestée par tous les auteurs.

706. *Comment se forme la demande de la caution? Dans quel délai et comment cette caution est-elle fournie?*

La demande se forme par requête d'avoué à avoué, à laquelle il est répondu de la même manière (*Art.* 75 *du Tarif*). Il nous semble, d'après l'art. 517, que le tribunal doit fixer le délai dans lequel la caution sera fournie, et qu'elle doit l'être conformément à l'art. 519, qui trace une marche générale pour les réceptions de caution. — (*Voy. Prat. franç., tom.* 2, *pag.* 17).

Article 167.

Le jugement qui ordonnera la caution, fixera la somme jusqu'à concurrence de laquelle elle sera fournie. Le demandeur qui consignera cette somme, ou qui justifiera que ses immeubles situés en France sont suffisans pour en répondre, sera dispensé de fournir caution.

T., 75. — C. C., art. 16 et 2041.

CXXVI. La disposition de cet article est toute entière en faveur de l'étranger. L'obligation qui lui est imposée serait en effet superflue, et dégénérerait en vexation, si le tribunal ne fixait pas la somme jusqu'à concurrence de laquelle la caution sera fournie, et si, conformément au principe *plus est cautionis in re quàm*

(1) Telle est notre opinion particulière; mais M. Delvincourt, tom. 1, pag. 298, accorde la priorité au déclinatoire, par la raison que, d'après l'art. 167, c'est au tribunal à fixer la somme jusqu'à concurrence de laquelle la caution doit être fournie, et qu'il faut, par conséquent, qu'il entre au moins légèrement en connaissance de cause : la caution, ajoute-t-il, ne doit donc être raisonnablement demandée que devant le tribunal qui doit rester saisi de l'affaire, le déclinatoire doit donc être proposé avant que la caution puisse être demandée.

Même opinion de M. Berriat Saint-Prix, pag. 228, not. 45. « En combinant les art. 169 » et 173, on voit, dit-il, que la première exception à proposer est le déclinatoire; la se» conde, la nullité ou exception péremptoire de forme......; de sorte que l'exception de la » caution de jugé ne doit passer qu'avant les exceptions autres que ces deux-là; et il paraît » que le Tribunat avait demandé qu'on le décidât formellement ». Et, en effet, M. Locré, tom. 1, pag. 350, assure que ces mots de l'art. 166, *avant toute exception*, furent ajoutés sur la proposition de la section du Tribunat qui s'expliqua sur le déclinatoire et la nullité, en disant *qu'il n'y avait que l'exception de renvoi ou de nullité qui pût être proposée auparavant, sans que pour cela le défendeur pût se nuire.*

in personâ, le demandeur n'en était pas dispensé, au moyen de la consignation de cette somme, ou lorsqu'il prouve qu'il possède en France des immeubles suffisans pour en répondre (1).

707. *Un étranger peut-il être dispensé de fournir caution ou de remplir les autres obligations équivalentes prescrites par les lois, s'il prouvait que le défendeur eût en mains une somme suffisante qu'il lui devrait?*

Oui, si le défendeur convenait de la dette et n'opposait d'ailleurs aucune compensation. — (*Voy. nouv. Rép., tom. 2, pag.* 106).

708. *Si le jugement ne fixait pas une somme suffisante pour assurer les frais du procès, le défendeur pourrait-il demander, sous le cours de l'intance, un cautionnement pour le surplus?*

Oui, en prouvant qu'il est obligé de faire, pour les frais de procédure, des avances qui excèdent le montant du cautionnement fixé d'abord par le tribunal. On peut voir les raisons de cette solution dans le réquisitoire de M. l'avocat général Giraud, sur un arrêt de la Cour de cassation, du 12 nivôse an 12, rapporté par M. Sirey, tom. 12, 2ᵉ. part., pag. 49.

§ II.

Des renvois (2).

ARTICLE 168.

La partie qui aura été appelée devant un tribunal autre que celui qui doit connaître de la contestation, pourra demander son renvoi devant les juges compétens.

T., 75. — Ordonn., tit. 6, art. 1. — C. de P., art. 59, 181, 424.

CXXVII. LES demandes que le Code qualifie demandes en renvois, ne sont autres, comme nous l'avons dit pag. 426, note 5, que les exceptions déclinatoires fondées sur l'incompétence du juge, le défendeur soutenant que le tribunal devant lequel il est assigné ne doit pas connaître de la cause (3).

709. *Lorsqu'un défendeur sur une action réelle soutient que l'objet litigieux*

(1) Ou enfin, si, comme le permet l'art. 2041 du Code civil pour toutes espèces de cautions, il ne lui était permis de donner un gage ou nantissement de valeur équivalente à cette même somme fixée par le tribunal.

(2) Voy. *infrà*, tit. 20, du renvoi à un autre tribunal, pour cause de parenté ou alliance.

(3) En ce cas, le défendeur doit proposer son exception devant ce tribunal, et non pas s'adresser directement à celui qui lui paraît devoir connaître de la demande. (*Voy. quest.* 711, *et, en outre, sur les différens cas où il y a lieu à opposer l'exception déclinatoire, soit pour cause d'incompétence, soit pour cause de litispendance ou de connexité, nos questions sur les art.* 170 *et* 171, *et sur-tout le commentaire sur le premier de ces articles*).

n'est pas compris dans les limites du territoire sur lequel s'étend la juridiction du tribunal où il a été assigné, ce tribunal peut-il, pour statuer sur le déclinatoire, ordonner une enquête en vérification de fait?

La décision de ce cas nous semble excéder la compétence des tribunaux et rentrer dans les attributions de l'autorité administrative, lorsque le juge n'a pas, pour la résoudre, d'autres moyens que l'enquête. C'est ce qui résulte d'un arrêt rendu par la Cour de cassation, dans une espèce analogue, le 16 brumaire an 12. — (*Voy. Sirey, an* 12, *pag.* 216 *et* 217, *et la loi du* 29 *avril* 1790).

ARTICLE 169.

Elle sera tenue de former cette demande préalablement à toutes autres exceptions et défenses (1).

Ordonn., tit. 5, art. 5. — C. de P., art. 171, 172, 173, 186, 424.

710. *La partie qui a proposé d'abord des exceptions autres que l'exception déclinatoire, ou qui a fourni des défenses au fond, est-elle déchue du droit d'opposer désormais cette exception?*

C'est la conséquence nécessaire des art. 168 et 169, sauf deux exceptions, dont l'une a été établie sur la 704e. question, et l'autre est prononcée par l'article 170. — (*Voy. les questions sur ce dernier article*). (2)

Mais on doit remarquer que les dispositions des art. 168 et 169 précités doivent être conférées avec celles de l'art. 59, qui établit les bases de la compétence d'un tribunal relativement à un autre, en indiquant celui où le défendeur doit être assigné à raison de la nature de la demande qui serait formée contre lui.

---

(1) JURISPRUDENCE.

1.° L'exception d'incompétence *ratione personæ* ne peut être proposée après l'exception de nullité d'exploit, quoique cette dernière ne soit aussi qu'une exception proposable *in limine litis*. — (*Cassat.*, 14 *oct.* 1806, *Sirey, tom.* 6, *pag.* 650).

2.° La demande d'un délai pour plaider ne rend pas non recevable à opposer un déclinatoire; car l'art. 169 voulant que le déclinatoire soit opposé avant toutes autres exceptions ou défenses, on ne peut dire qu'une partie qui s'est bornée à demander un renvoi ait proposé, soit une exception, soit un moyen de défense. — (*Bruxelles*, 25 *mars* 1808; *voy. Biblioth. du barr.*, 2.e *part.*, *tom.* 2, *pag.* 101).

3.° L'incompétence des tribunaux français pour juger des questions d'état entre des étrangers, est relative à la personne et non à la matière; et, par conséquent, elle peut être couverte par le consentement des parties. — (*Cassat.*, 4 *sept.* 1811, *Sirey, tom.* 12, *pag.* 157).

4.° Les étrangers qui ont défendu au fond, devant les tribunaux français, ne sont plus admis, en cause d'appel, à proposer leur déclinatoire. — (*Cassat.*, 5 *frim. an* 14, *Sirey, tom.* 6, 2.e *part.*, *pag.* 783).

5.° Il en est de même du Français défendeur. — (*Toulouse*, 27 *déc.* 1820, *tom.* 20, *pag.* 312).

(2) Ainsi jugé par arrêt de Paris, du 17 mai 1813, Journal des avoués, tom. 7, pag. 226. Cet arrêt décide, en effet, que, lorsqu'on a défendu au fond sans aucune protestation ni réserve, on ne peut, en cause d'appel, exciper de l'incompétence du tribunal.

711. *Le défendeur qui aurait un déclinatoire à opposer pourrait-il s'adresser au tribunal auquel il prétend que la connaissance de l'affaire appartient, afin que ce tribunal en fît l'évocation?*

C'est un principe certain que le juge devant lequel le défendeur est traduit, est compétent pour décider s'il y a lieu à accorder ou à refuser le renvoi, qui fait l'objet du déclinatoire.

Mais il y a plus : ce tribunal est le seul qui soit compétent pour prononcer à ce sujet, et vainement on opposerait qu'il devient, en quelque façon, juge dans sa propre cause. En cela nul inconvénient, puisque le défendeur, d'après l'art. 454, a la voie d'appel *comme déni de renvoi.* — (*Voy. nouv. Rép., tom.* 3, *pag.* 348).

Ainsi, le défendeur ne pourrait, au lieu de comparaître devant le tribunal où il est assigné, et de lui demander son renvoi devant celui qu'il prétendrait devoir connaître de la contestation, s'adresser directement à ce dernier tribunal pour la faire évoquer. — (*Voy. pag.* 435, *note* 3).

712. *Un défaillant qui aurait formé son opposition en tems utile, ou qui, après avoir laissé passer le délai de l'opposition, se pourvoirait par appel, pourrait-il, sur l'opposition ou sur l'appel, opposer une exception déclinatoire?*

Les motifs de la solution donnée sur la 689e. question, relativement aux nullités, s'appliquent à celle que nous posons ici. L'opposition doit contenir les moyens. Présenter à un tribunal, dans la vue de faire rétracter un jugement par défaut, des moyens au fond, c'est véritablement couvrir une nullité, aux termes de l'art. 153 : pourquoi n'en serait-il pas de même du déclinatoire, conformément à l'art. 169?

Mais distinguons le cas de l'opposition et celui de l'appel.

Dans le premier, nul doute, selon nous, que le déclinatoire est couvert comme le serait une nullité d'exploit; dans le second, au contraire, l'acte d'appel ne devant pas nécessairement être *libellé*, comme nous le prouverons sur l'art. 456, l'appelant se trouve dans un état qui précède toute proposition d'exceptions ou de défenses, en sorte que la demande en renvoi se trouve opposée *in limine litis* (1).

713. *Mais supposons que le défaut ait été rendu faute de plaider, après un écrit de défenses fourni par le défaillant; celui-ci sera-t-il encore recevable à proposer, sur son opposition, une demande en renvoi?*

Nous ne le croyons pas, par le motif que l'opposition n'est point le principe d'une nouvelle instance, mais une continuation de celle qui a précédé le jugement par défaut. Or, un écrit de défenses, signifié par le défendeur sans proposition du déclinatoire, porte en lui-même la preuve qu'il a déjà reconnu la compétence du tribunal. Par quel motif la circonstance de son défaut de

(1). Il est entendu que la première partie de cette proposition suppose le cas où la requête d'opposition serait motivée au fond; autrement, le déclinatoire serait proposable.

Du reste, le déclinatoire *ratione personæ* ne peut d'ordinaire être, pour la première fois, proposé en cause d'appel. — (*Cassat.*, 4 *fév.* 1806, *Sirey, tom.* 6, 2.e *part.*, *pag.* 956; *voy. questions sur l'art.* 464).

plaider lui donnerait-elle la prérogative de demander son renvoi sur l'opposition?... (1)

714. *Le défendeur qui a comparu en bureau de paix, où il était cité comme ayant son domicile dans l'arrondissement de ce bureau, et qui n'a point opposé son déclinatoire, est-il recevable à décliner le tribunal dans le ressort duquel ce même bureau se trouve?*

On ne balancera pas à résoudre affirmativement cette question, si l'on considère quel est le but de l'institution des bureaux de paix. Chargés uniquement de concilier les parties, ils ne connaissent ni les formalités judiciaires, ni les subtilités de la pratique. On ne comparaît devant eux qu'avec le désir, présumé par la loi, de parvenir à une conciliation : c'est donc à la conciliation seule que doit se restreindre l'effet de la comparution, quand elle a lieu sans opposition de la partie. — (*Voy. nouv. Rép., tom.* 3, *pag.* 336). (2)

715. *Le défendeur peut-il décliner un tribunal comme n'étant pas celui de son domicile, s'il s'est dit, en bureau de paix et dans plusieurs actes antérieurs à l'assignation, et signifiés à sa partie adverse, domiciliée dans le ressort de ce tribunal?*

Non, parce que la partie adverse, avertie par le défendeur lui-même que son domicile est au lieu indiqué dans les actes qu'il a signifiés, est dispensée

---

(1) Nous devons cependant dire que la Cour de Bruxelles, par arrêt du 23 décembre 1809 (*voy. Sirey, tom.* 10, *DD., pag.* 261), a décidé qu'un opposant avait pu demander à l'audience son renvoi devant un tribunal civil, attendu, est-il dit dans les considérans de cet arrêt, qu'aux termes de l'art. 636 du Code de commerce, l'exception devait être proposée à la première audience, et qu'au cas de la cause, la première audience était celle donnée sur l'opposition.

Ces considérans nous paraîtraient à l'abri de toute critique, si l'art. 437 du Code de procédure ne portait pas que l'opposition aux jugemens par défaut des tribunaux de commerce contiendra les moyens, et si l'art. 424 n'exigeait pas que tout déclinatoire, autre que celui fondé sur l'incompétence à raison de la matière, soit proposé préalablement à toute défense. Il est incontestable, en effet, que, s'il n'y avait point encore de défenses fournies, l'opposant, en comparaissant à la première audience donnée sur l'opposition, est recevable à demander son renvoi.

Mais les art. 437 et 424 combinés nous semblent exiger, dans les tribunaux de commerce, la même solution que nous avons donnée sur la précédente question, relativement aux tribunaux ordinaires.

L'arrêt de la Cour de Bruxelles n'en a pas moins été bien rendu, puisqu'il s'agissait d'une demande en renvoi du tribunal de commerce au tribunal civil; demande qui se trouvait fondée sur une incompétence à raison de la matière, et qui, sous ce rapport, pouvait être opposée en tout état de cause, nonobstant le libelle de la requête d'opposition. — (*Voy. art.* 170).

(2) Ainsi, dit M. Merlin, de ce que, pour me concilier, j'ai comparu volontairement devant un juge de paix qui n'était pas le mien, il s'ensuit bien que je l'ai adopté pour mon conciliateur, mais non pas qu'à défaut de conciliation, j'aie renoncé à mes juges naturels, et c'est ici le cas de la maxime *actus ultrà intentionem agentium operari non debent.* C'est aussi ce que la Cour de cassation a décidé par arrêts des 30 ventôse et 18 fructidor an 12, et la Cour de Rennes, par celui du 9 février 1813, en ajoutant qu'en supposant la négative, l'exception d'incompétence du juge de paix ne pourrait plus être proposée devant le tribunal de première instance, lorsque la partie aurait d'abord plaidé et pris des conclusions sur le fond.

de prendre d'autres informations sur ce point. — (*Même renvoi au nouv. Rép que sur la précéd. question*).

716. *Le déclinatoire serait-il couvert par la constitution d'avoué, sans protestation ni réserves?*

Non ; car la constitution d'avoué n'est point une défense, c'est un acte préalable à toute procédure, et qui est nécessaire à l'effet même de pouvoir proposer, soit un déclinatoire, soit la nullité de l'ajournement, ou toute autre exception (1).

717. *Un tribunal peut-il, avant de statuer sur un déclinatoire, prononcer sur une demande en provision?*

La Cour de cassation, par arrêt du 20 avril 1808 (*voy. Sirey*, 1808, *pag.* 321), a décidé cette question pour l'affirmative.

Cette Cour a considéré que les tribunaux compétens pour le jugement du fond, le sont pour celui de la provision; qu'il est d'ailleurs de principe qu'en tout état de cause, il peut et doit être statué sur les demandes en provision, lorsque l'urgence en est reconnue, et elle a décidé que, par ces motifs, la Cour de Riom, en prononçant sur une demande en provision avant de statuer sur le déclinatoire, n'avait pas commis une contravention à la disposition de l'art. 172.

Quoi qu'il en soit, cette décision nous paraît en opposition, soit avec l'art. 169, qui veut que le déclinatoire soit jugé préalablement à toutes autres exceptions ou défenses, soit avec l'arrêt de cassation cité *suprà* pag. 436, note 1°., qui jugea, sous l'empire des lois antérieures, que l'exception d'incompétence à raison de la personne n'était plus admissible après une exception de nullité. Or, il est à remarquer, dans l'espèce de l'arrêt du 20 avril, qu'il s'agissait d'un déclinatoire à raison du domicile (2).

718. *Le déclinatoire serait-il couvert par une demande en communication de pièces?*

Nul doute que toute demande en communication de pièces qui auraient été employées ou signifiées, rend la partie qui la forme non recevable à opposer ensuite un déclinatoire. En effet, le Code de procédure (*art.* 188 *et suiv.*) place une telle demande au nombre des exceptions; et, d'un autre côté, l'article 169 veut que le déclinatoire soit opposé avant toute autre exception.

Mais comme ni l'art. 188, ni les autres articles qui traitent de la communication des pièces, ne parlent de celles qui n'auraient pas été employées, on a douté que la demande en communication dût être considérée, dans cette circonstance, comme une exception qui emportât la déchéance d'un déclinatoire.

(1) Voy. Principes du droit, par Duparc-Poullain, tom. 9, pag. 47, n.° 3; un arrêt de la Cour de cassation, du 26 juillet 1808, Sirey, 1808, pag. 426, et de la Cour de Bruxelles, du 4 décembre 1807, Jurisprudence sur la procédure, tom. 3, pag. 312.

(2) Au surplus, les mêmes raisons qui ont porté les auteurs cités sur la question traitée *suprà*, n.° 704, à penser que le déclinatoire devait précéder l'exception de *la caution du jugé*, se présentent dans l'espèce actuelle, où le tribunal ne peut adjuger la provision qu'en prenant connaissance du fond.

Telle a cependant été l'opinion de M. l'avocat général Daniels, dans un réquisitoire sur lequel est intervenu un arrêt de la Cour de cassation, section des requêtes, du 30 janvier 1810 (*voy. Sirey, tom.* 10, *pag.* 132). « La demande » d'une copie de pièces justificatives est une véritable exception, disait-il, puis- » qu'elle tend à empêcher ou suspendre la condamnation. »

Il s'agissait, dans l'espèce, d'une nullité d'exploit que le demandeur prétendait avoir été couverte par la demande en communication, et dans laquelle la Cour l'a déclaré non recevable, « attendu, lit-on dans les motifs de l'arrêt, » qu'avant d'exciper de la nullité de l'exploit d'assignation, il avait conclu à » la justification de titres et d'actes *tendant au fond de la demande.* »

On sent que la même raison de décider s'applique au déclinatoire, puisqu'il doit être opposé avant toute autre exception (1).

719. *Le défendeur qui a appelé garant, ou qui a demandé au tribunal, pour quelque raison que ce soit, qu'un tiers fût mis en cause, ne s'est-il pas rendu non recevable à décliner ce tribunal?*

M. Merlin a eu occasion de prouver, dans son nouveau Répertoire, tom. 3, pag. 334 et suiv., que demander la mise en cause d'un tiers, c'est reconnaître la compétence du tribunal; il se sert même d'expressions plus générales : « Toutes conclusions, dit-il, qui tendent à faire intervenir une partie de plus, » emportent évidemment reconnaissance de la jurisdiction. »

Nous sommes bien éloigné de contredire cette opinion dans la cause jugée conformément aux conclusions de ce savant magistrat. Demander à mettre en cause un tiers, pour que *les conclusions du demandeur soient discutées avec lui*, ou prendre, comme dans l'espèce dont il s'agissait, des conclusions qui tendraient à cette fin, c'est évidemment s'occuper du fond, c'est abandonner le déclinatoire, puisque c'est conclure sur le fond. Or, l'esprit de la loi est que les premières conclusions prises contre le demandeur tendent au renvoi, afin qu'il puisse y acquiescer, et éviter l'augmentation de frais qui aurait lieu, si l'on pouvait opposer l'exception en tout état de cause.

Mais nous voyons plus de difficultés à induire la renonciation à l'exception déclinatoire, d'une demande en garantie formée dans le délai prescrit par l'art. 175. Nous nous croyons fondé dans l'opinion qu'une telle demande ne couvre point le déclinatoire (2).

---

(1) Mais nous observerons que, si la demande en communication n'était formée que dans l'intention exprimée par le défendeur d'opposer un déclinatoire, et de ne demander la communication qu'afin de s'éclairer sur la nature de l'action, et conséquemment sur le mérite de l'exception d'incompétence, on ne pourrait dire que cette exception eût été couverte, puisque la demande n'aurait eu aucun trait au fond. — (*Voy. nos quest. sur l'art.* 173).

(2) Cette opinion, conforme à celle de M. Demiau-Crouzilhac, pag. 146, se trouve en opposition avec deux arrêts de la Cour de Rennes, des 26 janvier 1809 et 8 janvier 1812, lesquels ont décidé que la mise en cause d'un garant doit être considérée comme une défense au fond qui rend non recevable à opposer une nullité d'exploit. C'est un motif de plus pour donner ici les raisons sur lesquelles nous fondons notre sentiment. Nous espérons qu'on excusera la longueur des développemens, en considération de ce qu'il s'agit d'une question de nature à se présenter souvent.

La demande en garantie peut être considérée comme une exception, en ce sens que, lors-

720. *Quand un déclinatoire est admis, peut-on, en vertu du jugement de renvoi, procéder devant le nouveau tribunal, sans signifier un nouvel ajournement ?*

Le jugement qui prononce le renvoi anéantit l'instance introduite devant le tribunal qui l'a rendu. Or, ce jugement ne fixe point le jour auquel le défendeur devra comparaître devant le juge compétent ; il n'indique pas même quel sera ce juge ; en un mot, l'action est considérée comme si elle n'avait jamais été formée : il faut donc une nouvelle assignation introductive d'instance devant ce juge. — (*Voy. Quest. de Lepage, pag.* 154, *et infrà, quest.* 723).

721. *Dans les cas où les parties consentent expressément ou tacitement à être jugées par un tribunal qui pourrait être décliné pour incompétence autre que celle à raison de la matière, ce tribunal est-il tenu de juger ?*

Nous avons déjà cité, pag. 18, not. 1, un arrêt de la Cour de cassation, qui a prononcé la négative relativement aux tribunaux autres que ceux des justices de paix.

Mais on objecte que cet arrêt se trouve en opposition avec un principe qui

---

qu'elle est formée, elle peut produire l'effet de retarder la décision : c'est pour cela que le Code la met au nombre des exceptions dilatoires. — (*Voy. art.* 178 *et* 179).

Il faut même dire que, s'il s'agit d'une garantie formelle, cette demande constitue, dans la force du mot, une véritable exception que le défendeur oppose à l'action dirigée contre lui, puisqu'il peut être mis hors de cause, d'après l'art. 182.

Mais serait-il bien exact de s'exprimer de la sorte, quand il s'agit de garantie simple? En ce cas, la mise en cause du garant ne peut retarder tout au plus que la contestation en cause, (*Voy. art.* 179 *et* 184). Le demandeur originaire n'a jamais pour adversaire que le garanti (*voy. art.* 183) : pourquoi argumenterait-il d'un fait qui lui est absolument étranger ?

Il faudrait, pour cela, que la demande en garantie impliquât avec celle en renvoi ; et c'est ce que nous ne pouvons croire.

Qu'il soit vrai que le garant, en exerçant son droit, suppose qu'il puisse être condamné par le tribunal devant lequel il est appelé, cette reconnaissance, de sa part, d'une possibilité qu'il ne peut empêcher d'exister, ne nous semble point une raison suffisante pour faire présumer qu'il a fait l'abandon de ses exceptions et moyens de défenses, quels qu'ils soient ; autrement, on pourrait dire aussi qu'il renoncerait à se défendre au fond.

D'ailleurs, il ne dépend point du garanti de lier le garant à une demande formée devant un tribunal incompétent. (*Cassat.*, 4 *oct.* 1808, *rapporté sur l'art.* 181, *Sirey*, 1809, *pag.* 28). En effet, le garant peut avoir quelquefois plus d'intérêt que le garanti lui même à opposer un déclinatoire. Or, si l'on convient qu'appeler garant pour rendre commun avec lui le jugement, quel qu'il soit, qui prononcera sur le déclinatoire qu'on entend proposer, ce n'est pas renoncer à une demande en renvoi, c'est convenir que cette demande et celle en garantie n'impliquent pas.

Maintenant, exigera-t-on que la demande en renvoi soit expressément réservée dans celle en garantie? Nous demanderons quel en serait le motif, puisqu'il n'est pas de la nature de celle-ci qu'elle soit signifiée au demandeur, et qu'on n'y prend aucunes conclusions contre lui. (*Art.* 179). C'est à la nouvelle partie appelée subsidiairement, à raison d'un événement qu'on ne peut juger d'avance, à opposer par elle-même le déclinatoire à celui qui l'assigne, ou bien à adhérer au déclinatoire qu'il opposerait : ce n'est donc pas au garanti à *réserver* ce déclinatoire, en assignant le garant ; il ne peut raisonnablement en parler qu'au demandeur originaire, à qui, encore une fois, toute cette procédure est étrangère.

Il suffit donc que l'exercice de la garantie n'implique pas plus avec l'exception déclinatoire, que celle-ci n'implique avec toutes les autres exceptions ou moyens de défenses, pour que le demandeur ne puisse en argumenter.

S'attachera-t-on rigoureusement à l'art. 169, c'est-à-dire à la date des demandes, pour

paraît résulter évidemment des art. 169 et 170 combinés, savoir : qu'un tribunal ne doit pas suppléer d'office une exception qui ne serait pas fondée sur l'incompétence à raison de la matière (1).

Nous ne contestons point l'existence du principe dont il s'agit; mais nous ne considérons point l'arrêt de la Cour de cassation précité comme étant en opposition. Un tribunal ne doit pas, à la vérité, suppléer d'office une exception qui peut être couverte par la procédure volontaire des parties; mais c'est en ce sens seulement, qu'il n'y est pas *obligé* rigoureusement, comme il l'est à l'égard de l'incompétence à raison de la matière. Voilà tout ce que l'arrêt exprime.

ARTICLE 170.

Si néanmoins le tribunal était incompétent à raison de la matière, le renvoi pourra être demandé en tout état de cause;

---

décider, par exemple, que l'exception en renvoi ne serait recevable qu'autant qu'elle aurait été signifiée au demandeur avant que l'assignation eût été donnée au garanti? Il nous semblerait qu'on s'arrêterait à une distinction sans fondement et sans utilité réelle.

Pourquoi entendrait-on par les exceptions et défenses mentionnées en l'art. 169, ce qui n'est évidemment ni exception, ni défense, relativement au garant, et ce qui ne l'est pas davantage relativement au demandeur originaire, contre lequel on ne conclut rien en mettant un garant en cause, et auquel on n'a pas besoin de signifier une telle assignation?

En un mot, dans le cas de la garantie, il existe véritablement deux instances (*arg. de l'art.* 184), et il ne serait nullement raisonnable d'argumenter de l'une à l'autre sans nécessité; ce qui le prouve, c'est que, s'il en était autrement, on serait conduit à commettre contre la loi des contraventions beaucoup plus formelles que celles qu'on voudrait éviter.

Et en effet, les délais pour appeler garant (*art.* 175) sont beaucoup plus courts que ceux qui sont accordés pour demander le renvoi. (*Art.* 177). Si donc il fallait conclure au déclinatoire avant d'appeler garant, ce serait ou abréger les délais des art. 175 et 177, ou priver une partie du privilége légal d'obtenir jugement contre son garant, en même tems et au même tribunal où elle serait condamnée, et la forcer ainsi d'avoir deux procès au lieu d'un, contre le vœu des art. 178 et 181.

Jusqu'ici nous n'avons principalement considéré que la garantie simple; mais les mêmes raisonnemens, sauf quelques modifications, s'appliqueraient à la garantie formelle, et les conséquences à tirer de ces modifications mêmes, nous paraîtraient uniquement en faveur de l'opinion que nous avons prise.

Assigner purement et simplement en garantie formelle, n'est pas renoncer davantage à opposer le déclinatoire. Il en résulte seulement qu'il faut l'opposer au demandeur originaire, avant de conclure contre lui à être mis hors de cause (*art.* 182); autrement, si l'on succombait sur ces conclusions, on ne pourrait plus que défendre au fond.

Mais ce qui nous paraît mettre hors de doute que la simple assignation du garant ne peut donner lieu à des fins de non-recevoir, c'est que, d'une part, le garanti ne prétend alors autre chose, si ce n'est que ce n'est pas à lui à défendre, et que, par conséquent, ce sera au garant à opposer le déclinatoire, si bon lui semble; de l'autre, qu'on ne peut priver ce dernier de cette défense, et que, prenant le fait et la cause du garanti, on ne voit pas pourquoi il ne pourrait l'opposer lui-même au demandeur originaire.

(1) La Cour de Rennes, par arrêt du 17 mai 1815, a fait l'application de ce principe au cas où un tribunal avait été volontairement saisi, par les deux parties, d'une contestation à l'égard de laquelle il n'était incompétent qu'à raison de la personne.

et si le renvoi n'était pas demandé, le tribunal sera tenu de renvoyer d'office devant qui de droit (1).

C. de P., art. 229, 424 et 425.

CXXVIII. En rapprochant les art. 59, 168, 169, 170 et 171, on peut tirer de leurs dispositions cette conséquence générale, que la loi autorise la demande en renvoi pour trois causes d'incompétence.

Premièrement, lorsqu'un tribunal ne peut connaître de l'action, soit parce que cette action étant *personnelle*, le défendeur n'aurait pas son domicile dans le ressort de ce tribunal; soit parce qu'étant *réelle*, l'objet litigieux ne serait pas situé dans ce ressort; soit enfin parce qu'étant *mixte*, le défendeur n'y serait pas domicilié, ou la chose n'y serait pas située. C'est au déclinatoire fondé sur l'une de ces trois causes que s'applique l'art. 169, en tant que l'exception doit être proposée *in limine litis*, c'est-à-dire avant toutes autres exceptions ou défenses.

Secondement, lorsqu'un tribunal ne peut connaître de l'action, soit parce qu'elle aurait été déjà portée, soit parce qu'elle serait connexe à une autre action également portée devant un autre tribunal: le déclinatoire, fondé sur l'une de ces circonstances, peut être demandé et ordonné de la manière et aux époques que nous ferons connaître dans les questions qui seront traitées sur l'art. 171.

Troisièmement, enfin, lorsqu'un tribunal ne peut connaître de la contestation, parce que la loi ne l'aurait pas placée dans ses attributions, mais dans celles d'un tribunal d'un autre ordre, ou d'une autorité administrative (2). De là l'incompétence à raison de la matière dont il s'agit en l'art. 170.

Cette incompétence est *absolue*, en ce sens que l'on peut la proposer en tout état de cause, même sous l'appel (*voy. Questions de Lepage, pag.* 152, *et un arrêt de la Cour d'appel de Turin, du* 18 *janvier* 1808, *Jurisprudence sur la procédure, tom.* 3, *pag.* 413), et que le tribunal est tenu de prononcer le renvoi dès qu'il est demandé, et que l'on justifie que l'incompétenc existe.

Mais l'incompétence en raison de la matière est quelquefois *relative*, en ce sens du moins que, nonobstant les expressions générales de l'art. 170, un tribunal ne serait pas tenu de prononcer le renvoi d'office (3).

---

(1) JURISPRUDENCE.

La demande dirigée contre un héritier, pour qu'il ait à accepter ou à répudier la succession, doit se porter au tribunal du lieu de l'ouverture: à cet égard, l'incompétence du juge du domicile est absolument à raison de la matière. — (*Bruxelles*, 25 *mars* 1808, *Sirey, tom.* 12, *pag.* 205; *voy. infrà sur l'art.* 174, § 1.er).

(2) Ainsi, par exemple, lorsqu'une affaire serait soumise à un tribunal civil, et que le défendeur opposerait qu'il n'appartient qu'à un tribunal de commerce d'en connaître, celui de première instance serait obligé de prononcer ce renvoi; de même un tribunal de commerce serait tenu de déférer à la demande en renvoi devant un tribunal civil.

(3) Ainsi, la Cour d'appel de Paris a jugé, par arrêt du 21 avril 1809, qu'un tribunal civil avait pu connaître des contestations élevées relativement à des effets de commerce, si les parties avaient procédé volontairement devant lui, bien qu'il y eût un tribunal de commerce dans la même ville. Elle a considéré qu'un tribunal civil n'est pas dans une impuissance *absolue* de connaître des matières de commerce, puisque ces sortes d'affaires sont portées devant lui quand il n'y a pas de tribunal de commerce dans la ville où il siège.

En pareille espèce, l'incompétence n'est pas *radicale*, parce qu'en effet, comme l'a par-

722. *Le demandeur pourrait-il lui-même former la demande en renvoi pour cause d'incompétence* ABSOLUE ?

C'est notre opinion, fondée sur une juste analogie d'un arrêt de la Cour de cassation du 23 juillet 1807 (*Sirey, tom.* 7, 2e. *part., pag.* 257), lequel décide que le jugement rendu par un tribunal incompétent *à raison de la matière*, peut être attaqué par la partie même sur les poursuites de laquelle il a été rendu (1).

723. *Quand un tribunal prononce un renvoi, doit-il indiquer celui auquel les parties doivent s'adresser, comme étant le seul compétent pour connaître de leurs contestations* ?

Il suffit, disent les auteurs des Annales du notariat (*Comm., tom.* 1, *pag.* 345 *et* 346), que le tribunal déclare qu'il ne peut connaître de la cause, et qu'il la renvoie devant les juges compétens, sans les désigner particulièrement. C'est aux parties à examiner quels doivent être ces juges.

Cette solution se trouve parfaitement en harmonie avec ce que nous avons

---

faitement démontré M. Henrion de Pansey, dans son excellent Traité de l'ordre judiciaire, les tribunaux civils ont la plénitude de la jurisdiction, et ne sont qu'accidentellement, et par exception, incompétens pour juger les causes qui auraient été placées dans les attributions de tribunaux extraordinaires, qui n'ont *été créés* que pour l'intérêt des parties, afin qu'elles fussent jugées plus promptement et avec moins de frais, et non par des raisons d'ordre public qui puissent interdire à celles-ci de renoncer à cet avantage.

Au contraire, lorsqu'une affaire de la compétence des tribunaux civils serait portée devant les tribunaux de commerce, les juges, dans le cas même où le défendeur ne le requerrait pas, doivent s'abstenir de prononcer, et renvoyer devant le tribunal compétent. C'est pourquoi la Cour d'appel de Bruxelles, par arrêt du 28 mai 1808 (*voy. Biblioth. du barr.*, 1809, *tom.* 1, *pag.* 179), a décidé que la jurisdiction d'un tribunal de commerce ne pouvait être prorogée par l'acquiescement résultant de ce que les parties avaient plaidé au fond, dans une espèce où il s'agissait d'une contestation élevée à l'occasion d'un prêt sur gage.

Cette décision a pour motifs que les tribunaux de commerce étant établis pour connaître de certaines affaires et par exception, leur pouvoir ne peut s'étendre au-delà des limites posées par la loi de leur institution.

Ici l'on se retrouve sous l'empire du droit commun. (*Voy. Controverses de Belordeau, lettre J, n.°* 69). Le tribunal de commerce ne pourrait juger même avec le consentement formel des deux parties.

Mais si l'affaire appartient à l'autorité administrative, l'incompétence des tribunaux est rigoureusement radicale, parce qu'elle est établie par des raisons politiques et par des lois de droit public auxquelles on ne peut déroger.

Au reste, nous nous bornons ici à poser les notions les plus générales sur *la compétence;* autrement, celles qui nous ont paru indispensables pour l'intelligence des dispositions du Code de procédure. Les questions aussi difficiles que nombreuses que présente cette matière sont examinées dans notre Traité des lois d'organisation et de compétence. — (*Voy. liv.* 2, *et notamment les tit.* 1.er *et* 5).

(1) La Cour de Rennes a rendu une décision semblable le 14 décembre 1810; mais elle compensa les dépens, par la considération que les deux parties avaient concouru à induire le tribunal en erreur sur sa compétence, et commis une faute commune, le demandeur, en portant l'action devant lui, et le défendeur, en consentant à ce qu'il la jugeât. On sent que, si le demandeur requiert son renvoi devant les premiers juges, comme dans l'espèce de notre question, il doit être assujéti à tous les dépens, si le défendeur n'avait pas formellement consenti à la prorogation.

établi pag. 426 et 441, que les exceptions déclinatoires n'étaient pas nécessairement des demandes en renvoi. — (*Voy. aussi quest.* 720).

724. *L'incompétence des tribunaux de commerce, relativement aux contestations entre associés, pour cause de commerce, n'est-elle que relative, en sorte qu'elle doive être proposée* in limine litis, *et qu'elle puisse se couvrir par la procédure volontaire des parties ?*

Cette question a été décidée pour l'affirmative par un arrêt de la Cour de cassation, du 14 juin 1815 (*Sirey, tom.* 15, *pag.* 209), mais dans l'espèce d'une société *non écrite*, et par application de l'art. 9 du tit. 4 de l'ordonnance de 1673, et de l'art. 20 de la loi du 16 nivôse an 6. Or, l'ordonnance ne renvoyait devant les arbitres que les contestations entre associés dont l'acte d'association avait été rédigé par écrit, et ni cette loi, ni celle du 16 nivôse, n'exigaient pas même que ces contestations fussent toujours et nécessairement portées devant arbitres; la dernière disposait, au contraire, d'une manière formelle, que le renvoi aurait lieu sur la réquisition de l'une des parties. Ainsi, le déclinatoire ne pouvait alors être considéré que comme une exception purement relative, de nature à être proposée avant toutes défenses, et à se couvrir par la procédure volontaire.

Mais sous l'empire du Code de commerce, il nous semble que l'on doit donner une solution absolument opposée, et considérer l'exception comme absolue. Cela résulte de ces termes généraux de l'art. 52 du Code : *Toute contestation entre associés, et pour raison de la société, sera jugée par des arbitres;* expressions qui comprennent les quatre sortes de sociétés commerciales que la loi distingue, même celle en participation, ainsi qu'il a été jugé par arrêt de la Cour de cassation du 28 mars 1815. — (*Sirey, tom.* 15, *pag.* 154).

Ainsi, dit M. Pardessus, quand la loi veut aussi expressément que la contestation soit jugée par des arbitres, le tribunal de commerce ne peut, même du consentement des parties, en conserver la connaissance. (*Cours de droit comm., tom.* 4, *n°.* 1370, *pag.* 56). Concluons donc que l'incompétence des tribunaux est absolue en ce point; qu'elle peut être opposée en tout état de cause; qu'elle ne peut se couvrir; et qu'enfin les juges, lors même que la partie assignée garde le silence ou fait défaut, sont obligés de prononcer d'office le renvoi devant arbitres. C'est aussi ce que la Cour de Rennes a jugé par deux arrêts, l'un du 26 décembre 1812, 3e. chambre, et l'autre du 11 juillet 1818. — (*Bullet. offic., pag.* 5; *voy. nos quest. sur l'art.* 424).

725. *Dans ce cas, ou autres semblables, où la partie intéressée à opposer une exception absolue garde le silence ou fait défaut, doit-elle les dépens ?*

Le même arrêt du 26 décembre le décide formellement, et telle est notre opinion, fondée sur les motifs que, si cette partie avait opposé l'exception, la procédure eût été arrêtée dès son principe. — (*Voy. pag.* 444, *not.* 1).

ARTICLE 171.

S'il a été formé précédemment, en un autre tribunal, une demande pour le même objet, ou si la contestation est connexe à une cause déjà pendante à un autre tribunal, le renvoi pourra être demandé et ordonné (1).

Ordonn., tit. 6, art. 3. — C. de P., art. 303, 363 et 750.

CXXIX. Un même objet, une même contestation, ne peuvent recevoir à la fois deux procédures et deux jugemens. De cette maxime incontestable au barreau, et qui se lie tout à la fois et à l'ordre des juridictions et à l'intérêt des particuliers, dérive la disposition de l'article ci-dessus, dont le but est d'épargner des frais et des embarras inutiles, et sur-tout d'empêcher que deux jugemens opposés n'interviennent sur une même contestation.

726. *Devant quel tribunal doit-on proposer l'exception de renvoi pour cause de litispendance ou de connexité* (2)?

C'est devant le tribunal qui a été saisi par la dernière assignation.

Ainsi, l'effet de l'exception de litispendance ou de connexité est de faire renvoyer devant le tribunal qui a été saisi le premier, quoique d'ailleurs celui devant lequel, soit la même cause, soit la cause connexe, aurait été récemment portée, fût compétent pour en connaître. — (*Cassat.*, 7 *juin* 1810, *Sirey, tom.* 10, *pag.* 270).

727. *Est-il nécessaire, pour que l'on puisse demander un renvoi fondé sur la litispendance, que la cause ait été contestée devant le tribunal qui aurait été saisi le premier?*

Il suffit que ce tribunal ait été saisi par un ajournement.

728. *Si, dans le cas de litispendance, le renvoi demandé était refusé, quelle ressource resterait aux parties?*

La partie qui a formé la demande en renvoi doit se pourvoir en réglement de juges; elle pourrait cependant interjeter, purement et simplement, appel du déni de renvoi. Mais on remarquera qu'il ne peut arriver que très-rarement

---

(1) JURISPRUDENCE.

1.° La demande en renvoi, autorisée par l'art. 171, n'est admissible qu'autant que celle qui aurait été précédemment formée devant un autre tribunal l'eût été entre les mêmes parties. — (*Rennes*, 18 *nov.* 1814, *Journal*, *tom.* 4, *pag.* 331).

2.° L'étranger qui a contracté une obligation, dans son pays, envers un Français, peut être traduit devant les tribunaux du royaume, même lorsqu'il y a litispendance dans un tribunal étranger, et conséquemment il ne peut demander son renvoi devant ce dernier tribunal. — (*Trèves*, 18 *mars* 1807; *cassat.*, 7 *sept.* 1808 (*voy. Jurisp. du Code civ.*, *tom.* 9, *pag.* 114, *et Sirey*, *tom.* 8, *pag.* 453).

3.° L'interpellation pour se concilier sur une demande projetée, n'est point une demande judiciaire d'où puisse résulter l'exception de litispendance, et il en est de même de l'interpellation reconventionnelle faite par le défendeur en conciliation. — (*Paris*, 7 *niv. an* 12, *Sirey*, *tom.* 4, 2.e *part.*, *pag.* 716).

(2) *Litispendance*, de *lis*, *procès*, et de *pendere*, *être en suspens*; c'est le terme pendant lequel un procès est pendant en justice. *Connexité*, de *connexio*, *liaison*; c'est le rapport ou *la liaison* qui se trouve entre plusieurs affaires.

(3) Mais si des deux demandes connexes portées en des tribunaux différens, l'une était principale, l'autre accessoire, cette dernière, bien que formée la première, doit néanmoins être reportée devant le tribunal où la demande principale est pendante. — *Cassat.*, 21 *juin* 1820, *Sirey*, *tom.* 20, *pag.* 418).

que l'exception de litispendance soit rejetée, puisqu'elle repose toujours sur un fait qu'il est facile de prouver, par la représentation de l'assignation par laquelle un autre tribunal que celui devant lequel l'exception serait opposée aurait été saisi.

Mais il n'en est pas de même de la connexité : on ne peut pas toujours, avec une égale facilité, justifier du rapport qu'il y a entre la demande nouvellement formée et celle qui serait déjà pendante devant un autre tribunal. L'appel aura donc souvent lieu ; mais jamais on ne prendra la voie du réglement de juges, si on ne réussit pas à faire prononcer le renvoi : tout est terminé relativement à l'exception, par l'arrêt intervenu sur l'appel.

729. *Résulte-t-il de l'art. 171 qu'une demande* PUREMENT PERSONNELLE *puisse être formée à un tribunal autre que celui du domicile du défendeur, lorsqu'elle est connexe avec une autre demande déjà formée à ce tribunal ?*

En ne considérant que d'une manière superficielle les dispositions de l'art. 171, il semblerait que le défendeur seul eût, en cas de connexité, le droit de requérir le renvoi, s'il le jugeait à propos, et que le demandeur n'aurait pas le pouvoir d'user de cette faculté. De là on croirait pouvoir tirer la conséquence que le demandeur n'aurait pas le droit d'assigner devant le tribunal où il aurait porté une première demande, à l'effet d'en poursuivre une seconde qui serait connexe à celle-ci.

Mais, si l'on considère qu'il est de l'intérêt du demandeur, autant que de celui du défendeur, de ne pas plaider devant deux tribunaux différens, pour raison d'une contestation qui serait *connexe* à une autre déjà engagée devant un tribunal, on se convaincra facilement que le demandeur a également le droit de porter directement devant le tribunal déjà saisi d'une contestation, la demande nouvelle qu'il voudrait former (1).

730. *Mais la même décision serait-elle rendue, dans le cas où la loi aurait attribué à certains tribunaux une juridiction spéciale, relativement à l'objet de la contestation ?*

On doit résoudre cette question pour la négative, d'après un arrêt de la Cour de cassation, du 20 mars 1810. (*Voy. Sirey, tom.* 10, *pag.* 191). Cet arrêt a décidé que l'art. 13 du tit. 3 de la loi du 15 germinal an 6, d'accord en cela avec l'art. 794 du Code de procédure, attribuant *formellement au tribunal du lieu où se fait l'arrestation d'un débiteur contraignable par corps, la connaissance* des contestations relatives à la régularité de cette arrestation, on ne pouvait invoquer la connexité pour porter ces contestations devant un autre tribunal.

731. *Dans le cas où une demande connexe à une autre demande formée antérieurement, est portée au même tribunal que celle-ci, que peuvent demander les parties ?*

Elles peuvent demander la jonction des deux causes, ou, si chacune se trou-

(1) C'est aussi ce qui a été décidé par arrêt de la Cour de cassation, section des requêtes, du 8 avril 1807 (*voy. Sirey, tom.* 7, *pag.* 361), attendu, est-il dit dans les considérans de cet arrêt, que si, en thèse générale, la demande *purement personnelle* doit être portée devant le juge du domicile du défendeur, il y a exception pour le cas de connexité.

vait soumise à une section différente, demander le renvoi de la cause la plus récente à la section saisie de la première (1).

732. *Les demandes en renvoi pour cause de litispendance et de connexité, pourraient-elles être couvertes par la procédure volontaire de la partie ?*

M. Merlin résout cette question comme suit (*voy. nouv. Répert.*, *au mot* compte, *tom.* 2, *pag.* 684) :

« Sans doute, en thèse générale, la connexité de deux affaires est un motif » déterminant pour renvoyer la plus récente au tribunal qui, avant qu'elle fût » commencée, se trouvait saisi de la première.

« Mais cette règle perd toute sa force dans le cas où le consentement de » la partie qui conclut à ce renvoi, a fixé l'affaire la plus récente dans le tri» bunal où elle a été portée originairement. *La partie* qui a une fois consenti » de plaider devant le tribunal où a été originairement portée l'affaire la plus » récente, ne peut pas se jouer ainsi de son consentement; son consentement » est pour elle une loi qui, dans ce cas particulier, doit l'emporter sur la règle » générale.

» Et vainement dira-t-elle que, par l'effet de ce consentement, elle se trouve » exposée à deux procès pour le même objet; vainement dira-t-elle que de » là il pourra résulter, sur un même objet, deux jugemens contraires l'un à » l'autre.

» On lui répondra qu'un tel inconvénient ne peut jamais faire fléchir un » principe, et que, d'ailleurs, il y a deux manières de parer à l'inconvénient » dont elle se plaint; que, d'une part, elle peut demander à l'un des tribu» naux qu'il surseoie à prononcer jusqu'à ce que l'autre ait statué définitive» ment; que, de l'autre, elle peut aussi conclure devant le tribunal saisi de » la première affaire, à ce qu'il en fasse le renvoi au tribunal saisi de l'affaire » la plus récente. »

M. Delaporte, tom. 1, pag. 175, dit aussi que l'exception de litispendance ou de connexité doit être proposée comme les autres, avant de défendre au fond, parce qu'elle tend plutôt à faire cesser l'instance qu'à éteindre l'action.

---

(1) Mais cette remarque nous fournit l'occasion de rapporter un arrêt de la Cour de Paris, du 31 août 1808 (*voy. Journal du Palais*, 1.er *sem.*, 1809, *pag.* 26), par lequel il a été décidé que, dans le cas où plusieurs demandes sont formées par plusieurs individus ayant des intérêts distincts, mais contre la même personne, devant le même tribunal et sur la même question, le défendeur ne serait pas fondé à requérir la jonction des causes.

C'est, en effet, un principe de droit public, que chaque cause doit se juger séparément; et si ce principe reçoit des exceptions dans les cas de litispendance et de connexité, il ne peut recevoir son application dans le cas où les intérêts de plusieurs demandeurs sont distincts.

Les jonctions, disent les rédacteurs du Journal du Palais, sont ou facultatives, ou commandées par la loi (*voy. art.* 719); elles sont des exceptions à une règle de droit public: on ne doit donc pas inconsidérément joindre toutes celles qui ont quelques rapports entre elles; car on priverait quelquefois les parties de leurs plus puissans moyens de défense, tels que les exceptions d'incompétence, et d'autres avantages que le législateur n'a pas voulu leur enlever.

Ainsi, l'arrêt de la Cour de Paris que nous venons de rappeler, a eu pour motif que les causes dont on demandait la jonction n'avaient aucune *connexité*; puisqu'elles existaient entre des parties différentes, dont les intérêts n'étaient pas les mêmes. De là nous concluons

D'autres, au contraire, regardent une telle exception comme mixte, attendu qu'elle intéresse tout à la fois celui qui la propose, et, sous quelque rapport, le bon ordre de la justice (*voy. le Traité de M. Thomines, pag.* 110), et en concluent qu'elle peut être proposée même après les défenses, et que le juge doit y avoir égard, soit afin d'éviter la pluralité et la contrariété des jugemens, soit afin de rendre la procédure plus régulière. Un acquiescement présumé, disent-ils, ne peut nuire à ce qui a été réglé pour l'administration de la justice.

Nous sommes porté à adopter cette opinion, en ajoutant aux considérations ci-dessus que la loi ne dit point, en l'art. 171, que l'on soit obligé de former *in limine litis* la demande en renvoi pour cause de litispendance ou de connexité, ainsi qu'elle s'en est expliquée en l'art. 169, au sujet des déclinatoires fondés sur l'incompétence à raison du domicile ou à raison de la situation de la chose litigieuse (1).

ARTICLE 172.

Toute demande en renvoi sera jugée sommairement, sans qu'elle puisse être réservée ni jointe au principal.

C. de P., art. 424, 425 et 473, et *suprà* sur l'art. 169.

CXXX. LES demandes en renvoi, ou pour mieux dire les exceptions déclinatoires, n'offrent qu'un simple incident toujours facile à vérifier, et qui n'avance en rien la décision du procès : c'est la raison pour laquelle la loi veut, dans l'intérêt des parties, que ces exceptions soient jugées *sommairement* (2). Elles ne présentent, en effet, pour seule question, que celle de savoir si le tribunal peut connaître de la demande, et il serait conséquemment déraisonnable qu'avant de statuer sur l'existence d'un droit, on commençât par l'exercer: voilà le motif de la défense que le législateur a faite dans l'art. 172, de réserver en définitive, ou de joindre au principal, une exception de cette nature.

733. *De ce que l'art. 172 dit que la demande en renvoi sera jugée sommairement, s'ensuit-il qu'elle doive être considérée comme étant en elle-même une affaire sommaire?*

Il résulte d'un arrêt de la Cour d'appel de Paris, du 25 mai 1808 (*Sirey, tom.* 8, *DD., pag.* 262), que l'on ne doit conclure rien autre chose des termes de l'art. 172, si ce n'est que la demande en renvoi doit être jugée avec célérité, sans rapport, et sur l'instruction restreinte par le tarif des frais et dépens

---

qu'il est nécessaire, pour que l'on puisse joindre régulièrement, que les causes soient entre les mêmes parties ayant les mêmes intérêts.

(1) Mais nous observerons, avec M. Demiau Crouzilhac, pag. 142, que si la demande en renvoi n'était pas formée *in limine litis*, le tribunal devrait, par rapport aux dépens, prendre en considération l'époque à laquelle elle aurait lieu, afin de les faire supporter par la partie qui, pouvant prévenir une procédure, et ne le faisant pas, a véritablement à s'imputer d'être la cause des frais que cette procédure occasionne.

(2) *Sommairement*, de *summarium, abrégé*, c'est-à-dire en abrégeant la procédure ordinaire. — (*Voyez ci-dessus la* 733e. *quest.*)

qui a suivi la mise en activité du Code, mais non qu'elle soit en elle-même une affaire sommaire qui doive être instruite et jugée comme telle. C'est aussi l'opinion de M. Pigeau, tom. 1, pag. 141 (1).

734. *L'art. 172 voulant que la demande en renvoi soit jugée* SOMMAIREMENT, *s'ensuit-il que le tribunal doive nécessairement la décider sur-le-champ et à la même audience ?*

On doit toujours juger sur-le-champ les déclinatoires ou renvois, quand les parties sont d'accord sur la jurisdiction où la chose contentieuse est située, ou bien dans laquelle la partie assignée est demeurante.

Mais si cette situation ou si le domicile du défendeur est contesté, alors le juge, avant de faire droit sur le renvoi requis, peut ordonner la preuve, même par témoins, si la matière y est disposée. — (*Voy. Jousse, sur l'art. 3, tit. 6, de l'ordonnance*).

735. *Un tribunal peut-il statuer sur le fond par le même jugement qui rejette un déclinatoire ?*

Nous devons rappeler, avant tout, que l'art. 172 du Code de procédure est textuellement conforme à l'art. 3 du tit. 6 de l'ordonnance de 1667.

Or, sur cet article de l'ordonnance, tous les commentateurs attestaient que le déclinatoire et le fond devaient être jugés séparément, parce qu'autrement on eût joint le déclinatoire au fond; ce que l'ordonnance défendait expressément. — (*Voy. Rodier et Serpillon, sur l'article précité, 1re. quest.*)

Nous croyons que l'on devrait encore procéder ainsi, puisque l'art. 172 défend de joindre au principal la demande en renvoi. En effet, prononcer sur un déclinatoire et sur le fond par un seul et même jugement, c'est évidemment joindre l'un et l'autre.

Nous trouvons, d'ailleurs, dans la disposition de l'art. 425, une raison qui nous paraît être de la plus grande force en faveur de cette opinion; c'est qu'il résulte évidemment de ce que cet article dispose que les tribunaux de commerce pourront statuer, en même tems, sur le déclinatoire et sur le fond, mais par deux dispositions distinctes, que le législateur a véritablement entendu exprimer, dans l'art. 172, que les tribunaux ordinaires ne pourront prononcer sur l'un et l'autre que par jugement séparé.

En effet, l'art. 425 présente en cela une exception à la règle générale que nous faisons sortir des expressions de l'art. 172; car quel motif aurait eu le législateur pour assujétir les tribunaux de commerce à prononcer par un seul jugement, sauf à statuer par deux dispositions distinctes, lorsque les tribu-

---

(1) On peut remarquer, en effet, que la nomenclature des affaires sommaires proprement dites est énoncée dans l'art. 404, et que les art. 311, 320, 405, 669, 809, 847 et 973, veulent que ces causes soient jugées ou *sur un simple acte*, ou *sans instruction*, ou *comme en matière sommaire*, ou *sans procédure*, ou *sans aucune procédure*, ou *sans aucune requête*.

On voit même, dans le tarif du 6 février 1807, que la requête, pour proposer un déclinatoire ou renvoi, est taxée, non au chap. 1.er, qui est relatif aux matières sommaires, mais au chap. 2, qui concerne les matières ordinaires, et que l'art. 75 de ce tarif dispose que ces requêtes n'excèderont point six rôles.

C'est par ces motifs que la Cour de Paris a prononcé, par l'arrêt précité, que les dépens sur une demande en renvoi, lorsque la cause principale n'est pas elle-même dans la classe des affaires sommaires, doivent être taxés comme dépens de matière ordinaire.

naux ordinaires auraient été autorisés à prononcer sur l'exception et sur le fond par un seul et même jugement?

Au moins le législateur eût-il imposé la même obligation aux tribunaux ordinaires.

Pourquoi, lorsque l'art. 425 exige deux dispositions distinctes, l'une sur la compétence, l'autre sur le fond, par le motif que l'appel de la première de ces dispositions est toujours ouvert aux parties, un tribunal ordinaire prononcerait-il, par un seul et même jugement, sur la demande en renvoi et sur le fond?

L'art. 454 autorise, comme l'art. 425, l'appel de toute décision rendue sur la compétence. N'est-ce pas ici le cas d'appliquer l'axiôme *eadem ratio, idem jus?*

Ce que nous disons trouve, au reste, un appui dans l'explication que le tribun Perrin donne de l'art. 425 (*voy. édit. de F. Didot, pag.* 124) : « *Si, dit-il,* » *le Code autorise les tribunaux de commerce à prononcer par un seul jugement,* » il leur impose l'obligation de deux dispositions distinctes, l'une sur la com- » pétence et l'autre sur le fond; et, dans tous les cas, il autorise l'appel de » la première. Cette sage disposition préviendra tous les abus, puisque, dans » tous les cas, *l'appel d'incompétence est autorisé.* »

Il est clair que ce passage suppose une exception faite par l'art. 425 à la règle générale, que nous croyons exprimée en l'art. 172, et qui doit être observée par les tribunaux ordinaires; exception fondée sur la célérité qu'exige l'expédition des affaires commerciales, et que le législateur a tracée de manière à s'accommoder autant que possible avec la règle générale, en ce qu'il exige, par l'art. 425, deux dispositions distinctes, tandis que l'art. 172 prescrit, suivant nous, deux jugemens, par cela même qu'il défend la jonction de la demande en renvoi au principal.

Et qu'on ne dise pas que cette prohibition serait sans objet. Elle nous paraît, au contraire, fondée en raison, 1°. parce que, si le déclinatoire est accueilli, toute discussion devant le même tribunal devient inutile. (*Voy. Pigeau, tom.* 1, *pag.* 141). Or, il ne doit se faire rien d'inutile en jugement;

2°. Parce que le déclinatoire, comme nous l'avons dit, est toujours sujet à l'appel, d'après l'art. 454, quand même le fond devrait être jugé en dernier ressort. Or, il importe d'éviter toute confusion et de rendre sur le déclinatoire, lors même qu'il est écarté, un jugement distinct et séparé (1).

---

(1) Quoi qu'il en soit, on peut opposer contre notre opinion les expressions générales d'un arrêt de la Cour de cassation, rendu par la section des requêtes, le 5 juillet 1809 (*voy. Denevers*, 1809, *pag.* 281); mais dans une espèce où c'était une Cour d'appel et non un tribunal de première instance qui avait statué par un seul jugement.

On lit dans le second considérant de cet arrêt, « qu'on ne trouve, dans les art. 168, » 169 et 172 du Code de procédure, aucune disposition qui défende aux tribunaux de statuer » *sur le fond* par le même jugement qui a *préalablement* rejeté une exception tendant au » renvoi de la cause *devant un autre tribunal* ».

On a vu que nous avons trouvé cette défense comprise dans celle de joindre la demande en renvoi au principal. C'est au lecteur à peser les raisons par lesquelles nous avons tâché de justifier cette opinion, qui n'eût pas trouvé de contradicteurs sous l'empire de l'ordonnance, et qui sera justifiée de plus en plus par plusieurs observations que nous ferons sur les questions suivantes.

Il nous reste à observer que si, d'après l'arrêt précité, cet article ne doit pas être con-

736. *Si l'on admet qu'il ne soit pas rigoureusement interdit aux tribunaux ordinaires de prononcer par un seul et même jugement sur la demande en renvoi et sur le fond, s'ensuit-il que la partie qui oppose le déclinatoire et qui plaide* SUBSIDIAIREMENT *sur le fond, n'aurait pas couvert son exception?*

Cette supposition que les tribunaux ordinaires pourraient statuer, par un seul et même jugement, sur la demande en renvoi et sur le fond, conduit à décider qu'une partie qui, après la plaidoirie du demandeur sur le fond, opposerait un déclinatoire et se défendrait ensuite au principal *subsidiairement*, ne couvrirait pas son exception.

Cependant la Cour d'appel de Bruxelles, par arrêt du 23 mai 1807, a formellement décidé le contraire. — (*Voy. Jurisp. sur la procéd., tom.* 1, *pag.* 336).

Tous les motifs de cet arrêt se réduisent au raisonnement suivant :

La demande en renvoi, qui n'est pas fondée sur l'incompétence en raison de la matière, doit précéder toutes autres exceptions ou défenses; cette demande ne peut être réservée ni jointe au principal : ainsi, la partie intéressée à opposer une exception d'incompétence qui ne se rapporte pas à la matière, peut y renoncer; et, dans le fait, elle y renonce, en concluant tout à la fois sur l'exception et sur le fond, puisqu'elle discute, devant le juge qu'elle prétend incompétent, le mérite de la question au principal, sans attendre qu'il ait *préalablement* statué sur sa compétence.

On sent que ces motifs reposent sur la reconnaissance de la règle générale dont nous avons parlé, en traitant la précédente question, savoir : que les tribunaux doivent statuer par deux jugemens séparés, en sorte que le déclinatoire et le fond constitueraient véritablement deux causes distinctes.

En effet, par quel motif déclarerait-on le déclinatoire couvert par la plaidoirie faite subsidiairement au fond, si les deux objets sur lesquels les parties sont en contestation ne devaient pas être séparés?

Nous adoptons l'opinion consacrée par la Cour de Bruxelles, quelque rigoureuse qu'elle soit (1).

737. *Lorsque le demandeur a plaidé au fond, et que le défendeur s'est borné à opposer son déclinatoire, le tribunal* (en supposant qu'il puisse statuer, par un même jugement, sur l'exception et sur le fond) *ne doit-il pas du moins ne statuer*

---

tendu dans le sens que nous lui donnons, la défense qu'il contient de joindre la demande en renvoi au principal ne signifierait plus autre chose, si ce n'est que le juge, lorsqu'une pareille demande est formée isolément, et sans que le défendeur discute le fond, ne peut ordonner d'y plaider en réservant de statuer en même tems sur le déclinatoire.

A l'appui de cette opinion, dont nous avons cru devoir présenter les motifs avec toute l'étendue qu'exigeait une question extrêmement controversée, on peut ajouter,

1.° Arrêt de la Cour de cassation, du 12 germinal an 9 (*Sirey, tom.* 1, 2.e *part., pag.* 304);

2.° Arrêt de la Cour de Toulouse, du 7 juillet 1809 (*Jurispr. des Cours souv., tom.* 3, *pag.* 166). Cet arrêt consacre notre opinion de la manière la plus formelle et la mieux motivée.

(1) Mais on sentira, si l'on donne la préférence à l'opinion contraire, à raison des conséquences que fournit l'arrêt de la Cour de cassation cité sur la précédente question, que la prudence exige au moins que le défendeur qui entend former une demande en renvoi, offre de la plaider avant que son adversaire soit entendu dans l'exposé des moyens de sa demande; alors il n'aura point à craindre de voir déclarer son exception couverte.

au principal qu'après avoir préalablement rejeté le déclinatoire, et ORDONNÉ AU DÉFENDEUR DE PLAIDER AU FOND?

On ne saurait contester que le défendeur ne peut être obligé de plaider au fond devant un tribunal dont il dénie la compétence.

Par une conséquence nécessaire, toutes les fois que le défendeur s'est borné à opposer le déclinatoire, le tribunal, encore bien que l'on admette qu'il puisse prononcer sur l'exception et sur le fond par un seul et même jugement, ne peut, sur la plaidoirie du demandeur, statuer sur cette dernière partie, sans priver le défendeur du premier degré de juridiction, si l'affaire est susceptible d'être jugée en premier ressort, ou sans violer le principe que nul ne peut être condamné sans avoir été entendu, s'il n'a pas été constitué en demeure de fournir sa défense.

On objectera sans doute que c'est au défendeur à s'imputer la faute d'avoir opposé un déclinatoire sans fondement, au lieu de défendre au fond, et qu'il a été suffisamment constitué, par l'exploit d'ajournement, en demeure de produire cette défense.

Nous répondons que si l'on reconnaît, et l'on ne peut s'y refuser, que le déclinatoire peut être opposé séparément de la défense au fond, on ne peut imputer à faute au défendeur de n'avoir pas fait valoir cette défense; que, conséquemment, si l'on prononçait sur le fond sans entendre le défendeur dans ses moyens, ou du moins sans le constituer en demeure de les plaider, l'on suppléerait une déchéance que non seulement la loi n'a pas prononcée, mais qui répugne à son esprit et au texte des art. 169 et 172.

Ainsi le tribunal, après avoir entendu le demandeur dans les moyens justificatifs de son action, et le défendeur dans les moyens sur lesquels il fondait son exception, doit nécessairement lui ordonner de plaider au fond.

Alors il arrivera de deux choses l'une : ou que le défendeur plaidera au fond, ou qu'il refusera de le faire, parce qu'il persistera à considérer le tribunal comme incompétent.

Dans le premier cas, le jugement devra contenir la preuve de l'ordre qui aura été donné de plaider au fond; autrement, il sera nul comme contraire, soit au principe des deux degrés de juridiction, soit à celui que nul ne peut être condamné sans avoir été entendu, etc.

Dans le second cas, les dispositions du jugement, quant au fond, seront rendues par défaut faute de plaider.

Ainsi, l'on voit qu'en ce dernier cas l'on en viendra, par la seule force des choses, et même en admettant qu'un tribunal civil puisse comprendre dans un même jugement la décision rendue sur un déclinatoire, et la décision rendue sur le fond, à une séparation nécessaire de ces deux chefs de contestation (1).

---

(1) C'est encore là une raison de plus en faveur de la solution que nous avons donnée sur la quest. 735.

Nous demanderons, en effet, s'il n'est pas bizarre qu'un jugement soit tout à la fois contradictoire dans une de ses parties, et rendu par défaut dans l'autre? Cela existe pour les tribunaux de commerce. D'accord, la loi l'a voulu; mais puisqu'elle ne dit pas qu'il en sera de la sorte pour les tribunaux ordinaires, il faut convenir qu'elle exige deux jugemens séparés.

738. *Si, au lieu d'admettre qu'un tribunal ordinaire puisse prononcer par un seul et même jugement sur le déclinatoire et sur le fond, l'on reconnaît, au contraire, qu'il doit statuer sur l'un et sur l'autre par jugement séparé, pourrait-il prononcer le jugement sur le fond à la même audience où il aurait statué sur le déclinatoire?*

Il faut encore rappeler, à l'occasion de cette question, que l'art. 3 du tit. 6 de l'ordonnance de 1667 avait une disposition, à peu de chose près, semblable à celle de l'art. 172.

Or, voici comment Rodier s'exprimait sur cet article, en examinant la question ci-dessus :

« Les Cours souveraines, disait-il (première question), peuvent juger, en la même audience, les fins de non procéder (c'est-à-dire les demandes en renvoi) et le fond de la cause. *Elles le font ordinairement par deux arrêts séparés, pour ne pas cumuler l'un avec l'autre.* Il n'en est pas de même des juges inférieurs : ceux-ci, s'ils déboutent des fins de non procéder, doivent renvoyer au premier jour pour plaider le fond

» Cette différence est fondée sur ce que, dans les jurisdictions inférieures, il faut donner le tems à la partie d'appeler, si bon lui semble, du jugement qui l'a déboutée des fins de non procéder, et qu'il ne serait pas séant d'obliger les parties à déclarer cet appel à la face du juge (1), au lieu qu'on n'a pas besoin de ce délai dans les Cours souveraines, parce qu'on ne peut appeler. »

Même opinion de la part de Serpillon, sur le même article de l'ordonnance (2).

Il serait difficile de croire que les règles attestées par ces auteurs ne dussent pas être suivies sous l'empire du Code de procédure, qui, d'un côté, ne contient aucune disposition qui en écarte l'application, et qui répète, de l'autre, la même disposition de l'art. 3 du tit. 6 de l'ordonnance, en même tems qu'il permet l'appel de tout jugement rendu sur la compétence.

Mais il y a plus quant à la question présente : c'est que l'art. 450 veut que l'exécution des jugemens définitifs sujets à l'appel, et, sans contredit, les jugemens sur la compétence sont de cette espèce, soit suspendue pendant la huitaine, à dater du jour du jugement. Or, c'est évidemment exécuter le jugement que de prononcer sur le fond, puisque le juge n'acquiert le droit de prononcer à ce sujet, qu'en vertu du jugement par lequel il a rejeté le déclinatoire.

---

(1) Voilà précisément une inconvenance qui résulterait de ce que l'on prononcerait, par un seul et même jugement, sur le déclinatoire et sur le fond ; on ordonne alors de plaider au fond ; si le défendeur s'y refuse, il annonce par là, et en face du juge, qu'il entend appeler de sa décision.

(2) « *On ne peut*, dit-il, *juger un déclinatoire et le fond du procès par un même juge-» ment*, SIMUL *et* SEMEL, *excepté dans les jurisdictions consulaires* : il faut que les juges prononcent préalablement sur leur compétence ; ils doivent renvoyer à l'audience suivante pour prononcer sur le fond, et pour donner aux parties le tems d'appeler ou d'acquiescer sur le jugement du déclinatoire ; en un mot, un juge appelable ne peut cumuler le déclinatoire et le fond, à la différence des Cours, qui peuvent juger, en même tems et à la mêm audience, les fins de non procéder et le fond de la contestation ».

Ainsi, dit M. Demiau Crouzilhac, pag. 140, le jugement, quel qu'il soit, qui est rendu sur une demande en renvoi étant toujours sujet à l'appel, il n'est pas permis au tribunal décliné de passer outre au jugement du fond, avant qu'il se soit écoulé huitaine depuis le jugement par lequel il a retenu la cause (1).

Nous partageons cette opinion, que nous trouvons d'ailleurs consacrée par un arrêt de la Cour d'appel de Colmar, du 26 mars 1808. (*Voy. Jurisp. sur la procéd., tom. 2, pag.* 411). On lit dans les considérans de cet arrêt, que le jugement dont était appel était nul, en ce que les premiers juges n'avaient pu s'occuper le même jour et de l'exception et du fond, puisque le jugement sur les exceptions était appelable, et que la faculté de l'appel ne pouvait être exercée qu'après la huitaine.

On sent combien cette décision est inconciliable avec l'arrêt de la Cour de cassation; et, si on la juge aussi fondée que nous le pensons, on ne balancera pas à adopter l'opinion que nous avons émise sur la 735e. quest., et l'on entendra conséquemment l'art. 172 ainsi que l'on entendait l'art. 3 du tit. 6 de l'ordonnance.

Alors il deviendra inutile de s'arrêter aux 736e. et 737e. quest., que nous n'avons traitées que dans l'hypothèse où nos lecteurs ne partageraient pas notre opinion, contraire à l'arrêt que nous avons rapporté pag. 451, not. 1re.

739. *Lorsqu'un tribunal, en se déclarant compétent, a,* PAR LE MÊME JUGEMENT, *prononcé sur le fond de la contestation; que le défendeur appèle de ce jugement, et qu'au fond l'objet de la contestation n'est pas sujet à l'appel, la Cour, en confirmant le jugement sous le rapport de la compétence, peut-elle l'annuler dans la forme, en ce qui concerne le fond?*

Non. La question de savoir si le tribunal a dû séparer et renvoyer après la huitaine la connaissance du fond, regarde uniquement la forme.

Or, dès que la Cour reconnaît le bien jugé sous le rapport de la compétence, et que le jugement n'est pas sujet à l'appel, quant au fond, elle ne peut, sous ce rapport, connaître des formes plus que du fond lui-même.

Ainsi, bien ou mal jugé, le seul juge compétent pour le fond est aussi compétent pour la forme : son jugement ne peut donc être attaqué que par la voie de la cassation (2).

---

(1) « En effet, ajoute cet auteur, le défendeur est inhibé de relever appel avant cette » huitaine; la huitaine expirée, le fond peut être jugé, nonobstant le délai de trois mois » accordé par la loi pour relever cet appel, parce que ce délai est étranger à l'exécution, » et n'est nullement suspensif. C'est à la partie à relever cet appel, pour arrêter les pour» suites : il en est de ce jugement comme de celui qui, quoique rendu en premier ressort, » n'en est pas moins ramené à exécution après la huitaine de la prononciation, jusqu'à ce » que la partie condamnée relève son appel ».

(2) C'est d'après ce raisonnement qu'a été rendu un arrêt de la Cour d'appel de Trèves, du 14 mars 1808, qui, après avoir prononcé que les premiers juges étaient compétens, et considéré qu'au fond l'objet n'était pas sujet à l'appel, a déclaré qu'il n'y avait pas lieu à entrer dans l'examen de la question de savoir si le jugement était nul en ce qui concernait le fond, attendu qu'il avait été rendu avant la huitaine. — (*Voy. Jurisp. sur la procéd., tom. 3, pag.* 272).

§ III.

Des Nullités (1).

Article 173.

Toute nullité d'exploit ou d'acte de procédure est couverte, si elle n'est proposée avant toute défense ou exception autre que les exceptions d'incompétence (2).

T., 75. — Ordonn., tit. 5, art. 5. — Voy. *suprà* sur les art. 75, 161, 153, et *infrà* sur les art. 174 et 1030.

CXXXI. On doit ranger dans la classe des nullités que nous avons appelées *relatives* (*voy. notre introd.*, 2e. *part.*, *tit.* 3), les nullités d'exploit et d'actes de procédure. Elles n'ont en effet été introduites que pour l'intérêt particulier des plaideurs, et c'est pour cela qu'elles se couvrent par le silence de celui

---

(1) Voyez, sur ce paragraphe, le Traité des nullités de M. Perrin, notamment pag. 118 et 105.

(2) JURISPRUDENCE.

1.° Une partie, en proposant des moyens au fond, couvre *toutes* les nullités de forme. — (*Rennes*, 1.er *août* 1814).

2.° Les nullités de forme d'une requête en péremption d'instance, par exemple, celle résultant de ce que le *parlant à* ne serait pas conforme à l'art. 68 du Code de procédure, doivent être proposées avant toute défense au fond, aux termes de l'art. 173. — (*Nîmes*, 16 *août* 1819, *Sirey, tom.* 20, *pag.* 363).

Nota. Peu importe que cette nullité de la demande soit péremptoire de l'instance, puisqu'il ne s'agit que de prononcer sur une nullité de forme.

3.° S'il a été rendu un jugement en jonction de profit de défaut contradictoirement avec les avoués des parties présentes, les nullités sont couvertes de la part de ces parties. — (*Rennes*, 22 *avril* 1813).

Nota. Voy. les motifs de l'opinion contraire, quest. 623.

4.° La partie qui ne se borne pas à demander la nullité d'une opposition pour vice de forme, mais qui conclut formellement à ce que l'opposant soit débouté au fond, couvre la nullité. — (*Rennes*, 28 *avril* 1814).

5.° L'intimé peut proposer, après la plaidoirie de l'appelant, des fins de non-recevoir contre l'appel, si l'on ne peut induire d'aucun acte qu'il eût renoncé à les faire valoir. — (*Rennes*, 3 *août* 1815).

6.° Il le peut même, dans le cas où il se serait borné à soutenir l'appel non recevable, mais sans plaider sur le fond. — (*Turin*, 29 *mai* 1806, *Sirey, tom.* 7, 2.e *part.*, *pag.* 763).

7.° Il le peut enfin, lorsqu'il s'est borné à demander, sous toutes réserves, communication de l'original de l'exploit d'appel. Ce n'est pas, en effet, annoncer que l'on entend plaider au fond, mais montrer, au contraire, l'intention d'attaquer l'exploit, à la différence de la demande en communication des titres et pièces qui, comme nous l'avons dit sur la quest. 718, suppose nécessairement l'intention de défendre au fond. — (*Agen*, 4 *avril* 1810; *Sirey, tom.* 14, *pag.* 281; *cass.*, 7 *mai* 1818, *Sirey, tom.* 19, *pag.* 123).

qui, en conformité de l'article ci-dessus, ne les propose pas avant toute défense ou exception, autres que les exceptions d'*incompétence* (1).

740. *Qu'elles sont, en général, les précautions que l'on doit prendre pour éviter de couvrir des nullités d'exploit ou d'actes de procédure?*

En posant cette question, nous sommes bien éloigné de vouloir offrir des moyens de succès à la chicane; nous pensons, comme M. Demiau Crouzilhac, pag. 142, qui, dans son utile ouvrage, ne laisse échapper aucune occasion de signaler les abus que l'on peut faire des formalités de la procédure, et de vouer au mépris ceux qui s'en rendent coupables, nous pensons, comme lui, qu'il est du devoir des avocats de ne faire usage des exceptions dont il s'agit dans l'art. 173, qu'autant que la nullité pourrait avoir, dans une cause qui ne fût pas sans mérite au fond, une influence préjudiciable, ou lorsqu'ayant des moyens pour faire réformer une décision injuste, l'on eût négligé de se pourvoir, etc. (2)

8.° Mais s'il met cette cause au rôle des grandes audiences en robes rouges, il se rend non recevable à opposer les nullités de l'acte d'appel; car il annonce l'intention de ne plaider que sur les questions importantes que présente le fond, et qui seules exigent la discussion à l'audience solennelle. — (*Aix*, 12 *déc.* 1811, *Sirey*, *tom.* 13, *pag.* 205).

9.° Si l'on supposait que l'intimé, lors d'une plaidoirie afin de jonction de deux instances, eût opposé une nullité, et vînt à en présenter une autre à une audience postérieure, il serait encore non recevable dans cette seconde exception. — (*Rennes*, 10 *août* 1808).

10.° Il en est de l'intimé comme du défendeur en première instance; en sorte que, s'il n'a pas établi, dans ses réponses à un écrit de griefs, la nullité de l'acte d'appel, il doit être débouté de celle qu'il oppose à l'audience. — (*Rennes*, 2 *juin* 1808, *et* 31 *juil.* 1810, *voy. Journ. des arrêts de cette Cour*, *tom.* 1, *pag.* 343).

NOTA. En effet, l'analogie entre l'intimé et le défendeur est parfaite, et l'on doit appliquer contre lui la règle générale posée sur la quest. 740.

11.° L'intimé qui a obtenu défaut peut, sur l'opposition, proposer la nullité de l'acte d'appel. Puisque de simples conclusions au fond, prises par l'intimé, le rendent non recevable à exciper des nullités d'exploit, a dit M. Coffinières, il doit en être ainsi lorsqu'un arrêt a accueilli ses conclusions. — (*Colmar*, 22 *févr.* 1812; *Journ. des avoués*, *tom.* 6, *pag.* 57, *Sirey*, *tom.* 14, 2.° *part.*, *pag.* 306).

12.° On pourrait opposer à une commune ou autre établissement public qui proposerait une nullité, la fin de non-recevoir résultant de ce qu'elle aurait été couverte. — (*Cassat.*, 10 *janv.* 1810.

13.° Les tribunaux ne peuvent avoir égard à un moyen de nullité provenant du fait de celui qui le propose. — (*Cassat.*, 4 *germ. an* 8, *Sirey*, *tom.* 1, 2.° *part.*, *pag.* 243).

NOTA. C'est une conséquence du principe qui résulte d'un grand nombre de textes, *qu'on ne peut jamais plaider contre son propre fait.*

(1) D'après l'ordonnance de 1667, tit. 5, art. 5, les nullités d'exploit devaient être employées dans les défenses, pour y être préalablement fait droit, et en conséquence, les tribunaux étaient dans l'usage de juger séparément les moyens de nullité avant les moyens de fond. Mais cette disposition de l'ordonnance, toute sage qu'elle était d'ailleurs, portait en elle-même le germe d'un abus, en ce qu'elle autorisait la confusion, dans les écrits de défenses, des moyens du fond avec les nullités; ce qui constituait les parties en des frais inutiles, lorsque les nullités étaient accueillies. Notre Code a été plus conséquent, en réglant que toute nullité sera couverte, si elle n'est proposée *avant toute défense* ou autre exception. Il interdit par là de signifier les moyens de nullité dans l'écrit que l'on appèle *défense*: d'où suit qu'on peut les proposer verbalement à la première audience, et que s'ils sont accueillis, il n'y a pas d'autre instruction à faire, et que ce n'est qu'autant qu'ils sont écartés, qu'il y a lieu à signifier les défenses; dans le cas contraire, l'écrit serait rejeté de la taxe comme acte frustratoire.

(2) C'est par ces considérations que la Cour de Colmar, par arrêt du 23 janvier 1818

C'est en supposant qu'une partie n'opposera des moyens de nullités qu'en semblable circonstance, que nous allons réunir les décisions d'où l'on pourra déduire, ainsi que de celles qui précèdent, pag. 156 et 157, à la note, les précautions qui sont l'objet de la présente question; décisions desquelles nous croyons pouvoir induire comme règle générale, que les actes par lesquels on couvre une nullité d'exploit ou d'actes de procédure, sont tous ceux par lesquels on opposerait une autre exception, ou qui auraient directement ou indirectement trait à une défense au fond, encore bien que l'on eût indéfiniment réservé, en termes vagues et généraux, *toutes nullités d'exploit, etc.*

Cette règle est en effet prouvée par les arrêts suivans :

1°. *De Cassation*, du 26 juillet 1808 (*Sirey, tom.* 8, *pag.* 500), qui déclare que des nullités consignées dans une acte de conclusions ne sont pas couvertes par de simples actes d'instruction, qui n'ont été précédés d'aucun écrit auquel la qualification de défenses pût convenir, et qui d'ailleurs sont, comme une présentation (ou constitution d'avoué), nécessaires pour régulariser la procédure.

2°. *De Paris*, du 19 août 1808 (1re. *et* 2e. *chamb. réun.*, *Sirey, tom.* 9, *pag.* 11). Il décide que toutes les nullités d'exploit ou d'actes de procédure étant couvertes, si elles ne sont proposées avant toutes défenses ou exceptions, et en général avant toute procédure ultérieure, on ne peut faire valoir en tout état de cause les nullités relatives, indéfiniment réservées à la fin d'un acte de défenses ou de tout autre équivalent. En effet, une simple réserve conçue en termes vagues et généraux, n'équivaut point à une proposition formelle exigée par la loi.

3°. *De Rennes*, des 31 juillet 1810 (*Journ., tom.* 1, *pag.* 343), et 8 janvier 1812. Ils ont déclaré qu'en concluant vaguement à la nullité d'un exploit, sans en préciser ni articuler l'objet et les moyens, et en défendant ensuite au fond, le défendeur avait couvert toute nullité de cet acte.

4°. *De Cassation*, du 10 janvier 1810 (*Sirey, tom.* 10, *pag.* 122). Il a prononcé qu'en concluant, purement et simplement, à la confirmation du jugement dont est appel, l'intimé n'a pas virtuellement conclu à la nullité de l'acte d'appel, et devient conséquemment non recevable à proposer ultérieurement cette nullité, encore bien que l'exception soit péremptoire, en ce sens que l'appelant ne serait plus dans les délais pour émettre un autre appel.

(*Sirey, tom.* 20, *pag.* 180), a jugé que les nullités d'exploit résultant de l'omission du nom de la demeure et de l'immatricule de l'huissier, ne doivent pas être prononcées avec rigueur, lorsque le vice n'est que sur la copie, lorsqu'il n'a porté aucun préjudice à l'assigné, lorsque celui-ci a affecté de ne dénoncer l'irrégularité qu'après le tems où elle aurait pu être réparée par suite. L'arrêt décide que si l'assigné n'a excipé de l'irrégularité qu'après avoir donné un avenir pour plaider, il y a lieu de lui opposer qu'il a plaidé au fond, et de le déclarer non recevable à exciper de la nullité de l'exploit. Ce que nous avons dit ci-dessus n'est qu'un conseil adressé à la délicatesse des parties et de leurs conseils; mais nous croyons l'arrêt de Colmar par trop indulgent : la maxime *malitiis non indulgendum* n'autorise point le juge à rejeter une nullité que la loi prononce, et certes, celui qui donne avenir *pour plaider* n'a pas encore plaidé au fond, et ne peut avoir couvert une nullité. — (*Voy. suprà pag.* 439, *not.* 1.°).

5°. *De Cassation*, du 30 janvier 1810 et *de Rennes*, 19 août 1807. Ils ont prononcé que les nullités d'exploit sont couvertes par une simple demande en communication de titres ; et *de Rennes* encore, 23 septembre 1815, qui applique cette décision au cas même où la communication n'a pas eu lieu sur la demande qui en a été faite.

6°. *De Bruxelles*, du 4 décembre 1807. Il décide que la demande d'introduire appel par urgence ne se couvre point. — (*Sirey*, *tom.* 7, 2°. *part.*, *pag.* 763).

7°. *De Cassation*, du 14 janvier 1807. Il prononce que la nullité serait couverte si, dans l'exploit d'anticipation d'appel, l'intimé s'était, au contraire, borné à conclure au fond. — (*Sirey*, *tom.* 7, 2°. *part.*, *pag.* 61).

8°. *Même Cour*, 23 mai 1808. Il déclare que la simple sommation d'audience n'opère pas une reconnaissance tacite que l'appel soit recevable. — (*Sirey*, *tom.* 8, *pag.* 294).

9°. *Même Cour*, 6 novembre 1811. Il statue que, dans le cas où une nullité d'exploit a été proposée avant toute défense et exception, les tribunaux ne peuvent la déclarer couverte, sous le prétexte qu'elle n'a pas été indiquée formellement par un acte spécial d'avoué à avoué. — (*Sirey*, 1812, *pag.* 226).

10°. En matière d'enregistrement, les irrégularités de la signification d'une contrainte, sont couvertes par l'opposition uniquement motivée sur des moyens tirés du fond. — (*Cassat.*, 7 *août* 1807, *Sirey*, *tom.* 7, 2°. *part.*, *pag.* 750). (1)

741. *Un avocat qui plaiderait au fond, au lieu de plaider dans la forme, sur une nullité proposée par requête, rendrait-il sa partie non recevable à se prévaloir de cette nullité?*

La négative a été jugée par arrêt de la Cour de cassation, section civile, du 30 mai 1810. (*Voy. Sirey*, *tom.* 10, *pag.* 281). On a considéré que, l'intimé ayant pris des conclusions par requête dûment signifiée, à l'effet de demander la nullité de l'acte d'appel, c'était sous la foi de ces conclusions que les parties avaient plaidé à l'audience ; que rien ne justifiait que l'intimé eût renoncé à des fins aussi importantes pour lui ; enfin, qu'on ne pouvait l'induire de ce qu'il aurait répondu au fond, puisque, dans l'espèce, le fond avait été l'objet de la plaidoirie de l'appelant, qui avait parlé le premier.

On peut, à plus forte raison, conclure de cet arrêt que l'intimé qui, en cause d'appel, n'oppose la nullité de l'exploit qu'après les plaidoiries de l'appelant, ne l'a pas couverte; question que nous avons entendu agiter en consultation, mais que les jurisconsultes appelés à donner leur avis résolurent de la manière qu'indique la décision que nous venons de rapporter.

---

(1) Telles sont les décisions à l'aide desquelles il nous semble qu'on peut prévenir la déchéance d'une nullité d'exploit ou d'acte de procédure.

NOTA. Mais nous rappelerons ce que nous avons dit sur la quest. 716, que constituer simplement un avoué sur une demande, ou signifier un avenir pour plaider la cause, n'est pas fournir des défenses, ni, par conséquent, perdre le droit d'opposer valablement à l'audience les moyens de nullité contre l'assignation. Outre les autorités que nous avons rapportées à ce sujet, pag. 439, à la note, on peut lire les observations des rédacteurs du Journal du Palais, sur l'arrêt de la Cour de Paris, du 19 août 1808, ci-dessus rapporté, n.° 740, pag. 458. — (*Sirey*, *tom.* 9, *pag.* 11).

742. *Si l'on oppose une nullité d'exploit avant une exception déclinatoire, a-t-on couvert cette exception?*

C'est ce qui résulte évidemment de la combinaison des art. 169 et 173. Tout défendeur se soumet à la jurisdiction du tribunal devant lequel il est indûment assigné, lorsqu'au lieu de proposer d'abord son exception déclinatoire, il se retranche dans une nullité d'exploit. — (*Voy., au nouv. Répert., au mot* compte, *tom. 2, pag.* 683, *le réquisit. de M. Merlin, sur un arrêt du* 14 *octobre* 1806).

743. *Mais si la partie, au lieu de proposer ses moyens de nullité contre l'appel, se bornait à coter un déclinatoire, aurait-elle couvert cette nullité?*

Sur cette question, une Cour s'est prononcée pour l'affirmative, attendu, lit-on dans les considérans de son arrêt, qu'il résulte de l'opposition du déclinatoire, que la partie avait couvert volontairement la nullité dont elle argumentait, et qu'elle eût dû proposer *in limine litis.*

Nous croyons que le texte même de l'art. 173 rejette cette décision, puisqu'il porte que toute nullité d'exploit n'est couverte qu'autant qu'elle n'est pas proposée avant toutes défenses ou exceptions *autres que les exceptions d'incompétence :* donc le déclinatoire doit être opposé le premier, et ne peut rendre une partie non recevable dans la nullité d'exploit qu'elle ferait valoir après le rejet de son déclinatoire. Cette conséquence est évidente par elle-même; elle ne serait pas aussi frappante, qu'elle le deviendrait par l'arrêt cité sur la précédente question. Et d'ailleurs, n'impliquerait-il pas qu'avant d'avoir présenté l'exception d'incompétence, l'on soumît au tribunal une décision à rendre sur une nullité d'exploit?

744. *Une nullité qui résulterait de ce que l'exploit d'ajournement ne contiendrait pas institution d'avoué, mais seulement élection de domicile chez un des avoués du tribunal devant lequel le défendeur est ajourné, serait-elle couverte par la notification qui aurait été faite à cet avoué de la constitution de celui du défendeur?*

Nous avons dit pag. 155, à la note 5e., que l'élection de domicile chez un avoué militant près le tribunal où l'exploit ajourne le défendeur, ne peut suppléer au défaut de constitution. La Cour de Rennes, 1.re chamb., par arrêt du 26 avril 1810, a décidé, relativement à un acte d'appel, que la nullité résultant de ce défaut avait été couverte par la notification de l'acte de constitution de l'avoué de l'intimé à l'avoué chez lequel le domicile était élu.

Mais il faut remarquer que l'intimé, dans la notification de cet acte, avait donné à l'avoué la qualification d'avoué de l'appelant : d'où résultait qu'il lui reconnaissait cette qualité, ce qui couvrait évidemment la nullité.

On croirait peut-être pouvoir objecter, contre cet arrêt, que la constitution d'avoué, ainsi que nous l'avons dit sur les 716e. et 740e. quest., ne saurait couvrir les nullités; mais nous répondons que ce principe, vrai en lui-même, est de nature à recevoir exception dans tous les cas particuliers où l'acte de constitution ôterait par lui-même tout fondement à la nullité. Tel était, par exemple, celui sur lequel la Cour de Rennes avait à prononcer. Il est évident qu'en cette espèce, la constitution de l'avoué de l'intimé faisait tomber la nullité résultant du défaut de celle de l'appelant dans l'acte d'appel, puisque le premier, dans la notification de la sienne à l'avoué chez lequel le second s'était borné à faire élection de domicile, désignait celui-ci comme avoué de l'appelant, et conséquemment lui reconnaissait cette qualité. D'ailleurs, l'acte était conçu comme d'avoué à avoué, et cela seul suffisait, dans notre opinion, pour couvrir la nullité dont il s'agissait dans l'espèce. — (*Voy. Journal des arrêts de la Cour de Rennes, tom.* 1, *pag.* 114).

745. *Lorsqu'une exception péremptoire en la forme est soumise à un tribunal, doit-il prononcer à son sujet par une décision préalable à celle à rendre sur le fond?*

Nous pourrions citer des exemples récens de jonctions de nullités au fond; mais un arrêt de la Cour de cassation, section civile, du 5 mars 1810 (*Sirey, tom.* 10, *pag.* 222), avertit les juges qu'ils ne peuvent prononcer une telle jonction, lorsque la nullité est péremptoire *en la forme.*

En effet, une demande en nullité d'un acte de procédure présente une question de forme; or, le fond est toujours subordonné à la forme : donc, quand il existe une demande de cette espèce, le tribunal doit y faire droit préalablement. Ainsi, dans le cas où il admettrait la nullité, il doit y borner les dispositions de son jugement, et ne point s'occuper du fond de la cause; de même que, s'il rejetait cette nullité, il devrait, s'il prononçait sur le tout, déclarer d'abord la nullité mal fondée, et ensuite prononcer au principal.

Dans ce dernier cas, il serait prudent qu'après avoir rejeté la nullité, le tribunal ordonnât à la partie qui l'aurait opposée de plaider au fond, si elle ne l'avait pas fait. (*Voy.* 737e. *quest.*) Nous dirions plus : il conviendrait qu'il prononçât par jugement séparé et sur le fond, après huitaine, comme nous l'avons déjà dit à l'égard des déclinatoires, si l'affaire était sujette à l'appel au fond.

On remarquera que, si nous disons qu'il conviendrait de procéder de la sorte, et non pas que cela soit rigoureusement nécessaire, c'est que nous ne trouvons pas dans le Code de dispositions sur les nullités qui paraissent imposer cette obligation, comme l'art. 172 nous a paru l'avoir fait, à l'égard des jugemens rendus sur la compétence.

746. *Comment s'applique la disposition de l'art.* 173, *aux nullités d'actes de procédures autres que celles des exploits d'ajournement?*

Nous posons cette question, parce qu'il est possible que des personnes peu versées dans la pratique, ne conçoivent pas d'abord qu'il arrive un cas où la nullité d'un acte de procédure, autre qu'un exploit d'ajournement, puisse être proposée *avant toutes défenses et exceptions.*

Mais nous observerons que l'art. 173 peut recevoir son application relativement à un acte de procédure postérieur à l'ajournement, toutes les fois que, sur cet acte, une partie agit de manière à faire supposer nécessairement qu'elle le regarde comme valable.

C'est ainsi, par exemple, que la Cour de Rennes a décidé, le 12 janvier 1810 (*voyez Journal des arrêts de cette Cour, tom.* 1, *pag.* 9), qu'une nullité d'enquête fondée sur ce que le délai donné au défendeur, pour être présent à l'audition des témoins, n'avait pas été augmenté à raison de la distance du domicile de celui-ci, était couverte, aux termes de l'art. 173, par la plaidoirie *au fond*, c'est-à-dire par la plaidoirie sur les faits qui faisaient l'objet de l'enquête.

En ce cas et autres semblables, qu'il serait oiseux de rapporter, le fond est tout ce qu'il serait inutile d'examiner, si l'acte de procédure qui renferme une nullité n'existait pas. Or, prendre des conclusions, plaider sur ce qui suit cet acte sans en avoir préalablement opposé la nullité, c'est avoir couvert celle-ci.

Mais ce que nous disons ici ne doit toutefois s'entendre que des nullités relatives, et non de celles que l'on peut appeler *nullités absolues*, et qui sont de véritables moyens de droit. Nous croirions, par exemple, que l'on ne serait pas privé, en tout état de cause, et même sous l'appel, du droit d'opposer la nullité de la déposition d'un homme mort civilement, d'un époux contre son époux, etc. (1) — (*Voy. Art.* 268).

747. *Le juge peut-il prononcer d'office les nullités d'exploit ou d'actes de procédure?*

En général, la nullité d'un exploit ou d'un acte de procédure est relative, c'est-à-dire établie dans l'intérêt de la partie à qui l'acte qui contient cette nullité est signifié. Si donc cette partie ne demande point de suite la nullité de l'acte; si, au contraire, elle produit des moyens au fond, ou agit de la même manière que si l'acte était régulier, la nullité est couverte; voilà ce qui résulte évidemment de la disposition de l'art. 173.

De là suit évidemment qu'un tribunal ne peut, dans le silence de la partie intéressée, prononcer d'office la nullité des exploits ou actes de procédure (2).

748. *Mais, si l'on suppose que la partie intéressée à opposer une nullité ne comparaisse pas, et qu'il y ait lieu conséquemment à rendre jugement par défaut, le juge ne devra-t-il pas suppléer la nullité?*

Pour l'affirmative de cette question, on dirait que le défaut emporte contestation; que la loi veut (*art.* 150) que le défendeur ne soit condamné qu'autant que la demande est trouvée juste et bien vérifiée; que, par conséquent, le juge, en l'absence de la partie, doit suppléer, tant sur la forme que sur

---

(1) Il convient de rappeler que les nullités d'exploit ou d'actes de procédure, comme nous l'avons dit pag. 424 et 425, ne sont péremptoires que de la forme et non du fond : leur effet, lorsqu'elles sont admises, est donc simplement d'anéantir l'action ou la procédure, et si nulle prescription ne s'est accomplie depuis la demande, rien n'empêche qu'on n'en forme une seconde.

Par la même raison, toute partie qui s'aperçoit de quelque nullité dans la procédure, peut, *s'il en est encore tems*, faire signifier un nouvel acte à la place de celui qu'elle croit nul, avec déclaration qu'elle se désiste du premier, dont les frais resteront à sa charge. Cette précaution, dont le but ordinaire est d'économiser le tems et les frais, devient particulièrement nécessaire, lorsqu'on est menacé d'une prescription prochaine. — (*Voy. nos questions sur les art.* 402 *et* 403).

(2) Il ne faudrait pas conclure de cette solution que les juges ne peuvent suppléer les moyens de droit que les parties n'auraient pas fait valoir; non seulement ils le peuvent, mais ils le doivent, d'après les faits articulés et constans dans la cause, à la différence des moyens relatifs à un point de fait. La Cour suprême l'a ainsi décidé, par arrêt du 6 juillet

le fond, tous les moyens qu'il aperçoit, et dont il peut raisonnablement présumer que la partie se prévaudrait, si elle était présente.

Mais nous répondons que ce principe que le défaut emporte contestation, ne s'applique qu'au principal; qu'il est défendu au juge de suppléer les nullités d'exploit et d'actes de procédure, ainsi que toutes autres exceptions qui ne sont établies que dans l'intérêt privé; que ces propositions se prouvent,

Premièrement, par l'art. 173, puisqu'il dispose que les nullités d'exploit ou d'actes de procédure se couvrent par le silence de la partie intéressée à les opposer.

Secondement, par le principe que les nullités ne sont point favorables; principe qui résiste évidemment à ce que l'on suppose que le défaillant les eût fait valoir, s'il se fût présenté, et qui exige, au contraire, que l'on présume qu'il ne l'eût pas fait.

Nous croirions néanmoins que le juge pourrait suppléer la nullité d'un exploit qui ne porterait pas la preuve qu'il eût été notifié à la partie, parce que l'on pourrait imputer son absence à ce défaut de notification.

Ces raisons, quoiqu'elles ne soient appuyées de l'opinion d'aucun auteur, de l'autorité d'aucun arrêt, nous semblent déterminantes pour la négative de la question que nous nous sommes proposée.

Au reste, le défaillant ne pourrait jamais éprouver préjudice de ce que les nullités dont parle l'art. 173 n'eussent pas été suppléées par le juge; son défaut ne les couvre point, et nous avons dit qu'il pouvait les produire sur l'opposition, en les indiquant dans sa requête. — (*Voy. les* 567ᵉ., 586ᵉ. *et* 587ᵉ. *quest.*) (1)

749. *Mais du moins le tribunal pourrait-il, sans annuler précisément l'exploit, se refuser à donner défaut, et ordonner un réassigné, par le motif que, la partie n'ayant pas été citée à son domicile, elle n'aurait pas eu le tems de comparaître?*

1818, rapporté par M. Sirey, tom. 18, pag. 334. (*Voy. aussi Berriat Saint-Prix, pag.* 251). Mais il n'en est pas de même des exceptions, en tant qu'elles ne tiennent qu'à l'intérêt privé; la raison en est qu'elles sont autant de dérogations faites aux règles du droit commun pour des cas particuliers, et sous la condition que les parties intéressées devront nécessairement les proposer.

Il est néanmoins des cas où le juge peut prononcer d'office des nullités d'exploit; c'est lorsque cette nullité n'est qu'une conséquence nécessaire d'une incompétence matérielle du juge devant lequel, par exemple, une assignation aurait été donnée. C'est ainsi que, par arrêt du 29 avril 1818, la Cour de cassation a décidé que l'on pouvait suppléer la nullité d'une assignation donnée en référé, dans un cas où le tribunal entier devait connaître de la contestation. Et, en effet, la nullité d'une semblable assignation intéresse l'ordre public et la compétence des tribunaux, et il s'ensuit qu'elle peut être relevée en tout état de cause et même d'office, suivant les propres termes de l'art. 173. — (*Sirey, tom.* 20, *pag.* 376).

(1) Rodier a dit néanmoins, dans sa seconde observation sur l'art. 16 du tit. 2 de l'ordonnance : *On doit comprendre que le demandeur ne pourrait obtenir valablement défaut sur un original défectueux.* D'un autre côté, un arrêt de la Cour de cassation, du 23 messidor an 9 (*Sirey, tom.* 1, *pag.* 465), a décidé, sur l'art. 3 du tit. 6 de l'ordonnance, *qu'il ne suffisait pas que la partie fît défaut pour qu'il fût permis au juge de prononcer une nullité sans vérification* : c'est bien admettre qu'après vérification les juges peuvent prononcer une nullité. Or, aujourd'hui, d'après l'art. 150, les tribunaux sont tenus de *vérifier*, comme ils l'étaient sous l'empire de l'ordonnance.

Nous remarquerons qu'il ne s'agit point ici, comme dans la question suivante, de sup-

Nous ne le pensons pas, attendu que le tribunal jugerait, en ce cas, une question de fait qu'il ne peut suppléer. (*Voy. Pigeau, tom.* 1, *pag.* 475). D'ailleurs, d'après l'art. 149, il doit donner défaut si la partie ne comparaît pas au jour fixé par l'assignation. C'est au jour auquel expire le délai de cette assignation, d'après la distance du domicile qu'elle indique, que le défaut doit être donné, et non pas à tel autre jour qu'emporterait un tout autre domicile, que le tribunal, sans y être provoqué, déclarerait être celui du défendeur (1).

750. *Une partie peut-elle d'elle-même, et sans qu'il intervienne jugement, remédier aux nullités d'un exploit, ou à celles d'un acte de procédure?*

Oui, sans doute; et c'est aussi ce qu'attestent tous les auteurs.

Ainsi, pour prévenir les frais d'actes ultérieurs, dont la nullité serait infailliblement prononcée à raison de celle de l'acte auquel ils se rattacheraient, une partie qui découvre, ou qui, sur l'exception que son adversaire oppose, reconnaît la nullité de l'exploit ou de l'acte de procédure signifié à sa requête, peut et doit en notifier un autre; elle ne perd que les frais du premier, et s'épargne ainsi ceux de la procédure qui en serait la suite. — (*Voy. les quest. suiv., et celles traitées sur l'art.* 156). (2)

751. *Quelles sont les règles à suivre relativement aux* EXCEPTIONS PÉREMPTOIRES DU FOND, *ou, en d'autres termes,* AUX FINS DE NON-RECEVOIR?

Nous avons dit, pag. 425, en quoi consistaient ces sortes d'exceptions, qui,

---

pléer un fait, mais un moyen de droit, puisque toutes les exceptions de procédure ne peuvent être fondées que sur un texte de la loi. (*Art.* 1030). Or, les juges sont obligés de vérifier la demande : ils sont donc autorisés nécessairement à vérifier l'acte qui l'introduit. Voilà, sans déguisement, les raisons également très-fortes que l'on peut opposer contre la solution ci-dessus donnée, et dans laquelle nous croyons néanmoins devoir persister, par les motifs que nous avons exposés.

(1) Si nous avons dit, sur la quest. 225 de l'Analyse, rappelée *suprà* n.° 321, que le tribunal pouvait ordonner un réassigné quand les délais n'ont pas été observés, nous n'avons entendu parler que pour les cas où les délais qu'exige le domicile indiqué par l'exploit n'ont pas été observés, et non pas de celui où il y aurait à prononcer sur *le fait* du domicile.

(2) Mais on remarquera que ce serait bien inutilement qu'on renouvèlerait de la sorte un exploit d'appel, si les délais fixés par l'art. 443 étaient expirés.

En cette circonstance, l'exception, bien que de sa nature elle ne soit que péremptoire en la forme, prend, par les effets qu'elle doit produire, le caractère d'une exception péremptoire, non seulement de l'instance, mais de l'action même, à la seule différence que, si l'intimé plaidait au fond sans l'opposer, il deviendrait non recevable à le faire ultérieurement.

Nous devons faire remarquer ici qu'il a été décidé, par arrêts de la Cour de cassation, des 20 avril 1807 et 17 novembre 1813 (*Sirey, tom.* 7, 2.e *part., pag.* 243, *et tom.* 14, *pag.* 25), que l'inobservation de certaines formalités prescrites à peine de déchéance de l'action, ne peut être couverte, et peut être proposée en tout état de cause. Mais, d'un côté, ces décisions ont été rendues en matière de droits réunis, et par application des lois spéciales qui régissent cette matière, et par conséquent, on ne doit pas en tirer rigoureusement une conséquence pour le cas ordinaire; d'un autre côté, en admettant le principe sans distinction, les décisions ci-dessus rapportées ne peuvent être opposées contre la restriction qui termine la solution de la question ci-dessus, dont l'inobservation emporte la déchéance, si l'appel n'est pas l'effet de la nullité de l'acte, mais de l'expiration des délais, qui ne permet plus de renouveler l'acte d'appel.

toujours fondées sur des moyens de droit et non de forme, sont, sous ce rapport, des moyens du fond ou de véritables défenses, et peuvent conséquemment être proposées en tout état de cause, à moins qu'on n'eût renoncé à celles d'entre elles qui ne tiendraient qu'à l'intérêt privé. — (*Voy. Duparc-Poullain, tom. 9, pag. 85; le Traité de M. Thomines, pag. 11; le nouv. Rép., tom. 4, pag. 803*).

C'est d'après cette distinction que la Cour de cassation, par arrêt du 4 avril 1810 (*voy. Sirey, tom. 10, pag. 218*), a jugé, par exemple, que l'exception tirée du défaut d'intérêt était proposable en tout état de cause, et qu'on ne pouvait se prévaloir, pour la faire rejeter, de la disposition de l'art. 173, qui n'est relative qu'à des exceptions de procédure.

M. Merlin dit la même chose du *défaut de qualité* (1), et maintient de plus que cette exception pourrait être suppléée d'office par le juge. Ainsi, tout le préjudice que pourrait éprouver la partie qui l'opposerait tardivement, serait de supporter les frais occasionnés par son silence. — (*Voy. les Quest. de droit de cet auteur, tom. 1, pag. 274, et tom. 5, pag. 562, et Pigeau, tom. 1, pag. 163*). (2)

---

(1) *Défaut de qualité.* Par exemple, premièrement, les mineurs, les femmes, les interdits, peuvent être non recevables, soit à demander, soit à défendre, tant que leur incapacité n'est pas couverte par l'assistance des tuteurs ou l'autorisation des maris, et non seulement on peut opposer contre eux cette fin de non-recevoir, mais eux-mêmes peuvent l'invoquer en leur faveur; secondement, lorsque le demandeur agit comme héritier, comme fondé de pouvoir, comme administrateur ou propriétaire d'un domaine, etc., on peut, en tout état de cause, lui opposer que cette qualité ne lui appartient pas, et réciproquement, le défendeur assigné sous telle ou telle qualité peut également opposer que c'est à tort qu'on la lui donne, et demander son renvoi hors d'assignation.

(2) Nous citerons en outre un arrêt de la Cour de Rennes, 2.e chamb., du 31 juillet 1816, dont il convient de faire connaître l'espèce.

Allard assigne d'Havelosse et Sarrebourse en paiement dû à la société de commerce qui existait au Cap, sous la raison *Allard* et *Sulouse;* le demandeur agissait en qualité de seul et unique héritier de l'associé Allard; la société à qui avait appartenu la créance en litige était dissoute depuis plusieurs années; les défendeurs sont condamnés à payer la totalité de la dette. Appel; et alors, entre autres moyens contre le jugement, ils observent que l'intimé, héritier seulement de l'un des associés, ne peut, dans tous les cas, et en supposant la somme légitimement due, prétendre qu'au paiement de la moitié qui incombait à celui qu'il représente, et qu'à moins d'avoir un pouvoir des ayant-cause des autres associés, ou de justifier autrement de son droit pour toucher la créance entière, les appelans ne sauraient se libérer valablement entre ses mains que pour ladite moitié. — (*C. C., art. 1239 et 1220; Pothier, du contrat de société, n.° 172*).

L'intimé oppose que l'exception n'a pas été proposée en première instance; qu'il offre d'ailleurs une garantie suffisante; que ce moyen tardif doit être rejeté.

Par l'arrêt ci-dessus, la Cour a ordonné que le sieur Allard justifierait du droit qu'il prétendait avoir de toucher la somme entière, ou qu'il fournirait caution, et conséquemment elle a fait droit dans l'exception, qui, pour la première fois, était opposée en appel.

Mais cette remarque exige que nous fassions connaître un arrêt de la Cour de cassation, du 15 mars 1808, rapporté par M. Denevers, 1808, pag. 217, qui paraîtrait en opposition avec ce que dit M. Merlin sur l'exception tirée du défaut de qualité, si toutefois il avait été rendu sous l'empire du Code.

En effet, cet arrêt a décidé qu'une Cour d'appel, loin d'être contrevenue à l'art. 5 du tit. 5 de l'ordonnance, en avait fait, au contraire, l'application la plus juste, en déboutant

Outre le défaut d'intérêt et de qualité dont nous venons de parler, on place parmi les exceptions dont il s'agit,

Premièrement, le défaut de titres, lorsque la demande ne peut être autrement prouvée. — (*Voy. C. C., art.* 1341).

Secondement, tout moyen de défense à l'action fondé sur les dispositions relatives aux conditions essentielles pour la validité d'une convention, et aux diverses manières dont s'éteignent les obligations. — (*Voy. C. C., liv.* 3, *tit.* 3, *chap.* 2 *et* 5).

Troisièmement, la prescription, *pourvu qu'on n'y ait pas renoncé.* Ainsi, par exemple, la partie qui n'aurait pas proposé l'exception qui en résulte *in limine litis*, mais qui aurait consenti à un renvoi devant arbitres, sans exiger que préalablement le tribunal prononçât sur la fin de non-recevoir, ne serait plus recevable à l'opposer, en appelant du jugement arbitral qui interviendrait. — (*Voy. C. C., art.* 2224; *arrêt de la Cour de Rennes*, 3e. *chamb., du* 19 *mai* 1808).

Ainsi encore, conclure à ce que des mineurs devenus majeurs ratifient un acte de vente passé en minorité, ou, en événement que l'acte fût annulé, demander une indemnité pour améliorations faites à la propriété, c'est prendre des conclusions qui font présumer que l'on a renoncé à la prescription, et qui rendent non recevable à l'opposer ensuite. — (*Voy. arrêt de la même Cour, même chamb., du* 7 *avril* 1810, *Journ. des arrêts de cette Cour, pag.* 83; *Duparc-Poullain, tom.* 9, *pag.* 85).

Quatrièmement, le serment déféré par une partie et outré par l'autre; car il en résulte, d'après l'art. 1363 du Code civil, une exception péremptoire, puisque cet article s'oppose à ce qu'on soit reçu à faire revivre l'action en prouvant le parjure, quoique l'art. 366 du Code pénal autorise la partie publique à poursuivre criminellement celui qui s'en est rendu coupable.

Cinquièmement, l'autorité de la chose jugée; mais il faut observer que, par arrêt de la Cour de cassation, du 26 décembre 1808 (*voy. Denevers*, 1809, *suppl., pag.* 41), il a été décidé que cette exception ne pouvait pas être suppléée d'office par le juge, ni proposée pour la première fois devant la Cour de cassation (1).

---

d'une fin de non-recevoir fondée sur un défaut de qualité, laquelle avait été *opposée* tardivement et après tous les moyens de défense sur le fond du procès.

Il n'en est pas moins certain, selon nous, que l'exception tirée du défaut de qualité peut être opposée en tout état de cause. Tout ce qui pourrait résulter de ce dernier arrêt, c'est qu'il est des circonstances dans lesquelles une partie serait censée avoir pris qualité par la défense au fond, et renoncé à l'exception; ce que nous ne croyons pas que l'on puisse admettre.

Mais si l'on considère que l'art. 5 du tit. 5 de l'ordonnance portait, sans distinction, que l'on emploierait, dans *LES DÉFENSES, les fins de non-recevoir et autres exceptions péremptoires*, ce qui s'entendait et des exceptions de procédure et des exceptions de droit, on reconnaîtra que la Cour de cassation a pu, dans l'espèce qui lui était présentée, décider comme elle l'a fait, ce qu'elle ne pourrait plus sous l'empire du Code actuel, qui n'a rien statué sur les exceptions péremptoires : il faut donc s'arrêter à l'opinion de M. Merlin, et tenir pour certain que nulle défense ne peut donner une qualité que l'on n'a pas et que l'on n'a jamais eue.

(1) Telles sont les principales et les plus favorables exceptions péremptoires qui peuvent être proposées contre une action, et qui peuvent l'être en tout état de cause, même sous

Sixièmement, l'*acquiescement* ou *la transaction* (1) ; ainsi, par exemple, la voie d'appel est interdite à la partie jugée suivant ses offres ou de son consentement, et au condamné qui, volontairement et sans réserve, a déjà fait ou payé quelque chose en exécution du jugement. — (*Voy. la quest. suiv.*)

Ainsi encore, le demandeur qui réclame des droits compris parmi ceux dont il a fait le sacrifice par une précédente transaction, ne peut être entendu, quoiqu'on ne conteste ni le fondement de sa demande, ni la régularité de sa procédure.

752. *L'acquiescement donné par exploit signifié au nom de l'appelant, au jugement dont il appèle, opère-t-il contre cet appel une fin de non-recevoir qui ne puisse se couvrir, de la part de l'intimé, par la signification d'un écrit de réponse à grief dans lequel cet acquiescement n'est pas opposé ?*

Il existe sur cette question deux arrêts contraires de la Cour royale de Rennes, l'un du 27 juillet 1810, qui l'a jugée pour l'affirmative, l'autre du 14 décembre de la même année, qui l'a décidée dans le sens opposé.

Ces deux arrêts ne présentent point de développemens dans leurs motifs. Dans le premier, la Cour se borne à déclarer *que les fins de non-recevoir doivent s'opposer avant toutes défenses au fond; qu'autrement elles se couvrent par la procédure volontaire des parties......* Les motifs du second consistent seulement en ce que *l'exception fondée sur l'acquiescement au jugement dont est appel est* PÉREMPTOIRE, *et peut être proposée en tout état de cause.*

On pourrait peut-être, pour appuyer le jugement du 27 juillet, dire de l'acquiescement ce que l'art. 2224 du Code civil établit, par rapport à la prescription, qui peut être opposée en tout état de cause, à moins que la partie qui n'aurait pas fait usage de ce moyen ne doive, par les circonstances, être présumée y avoir renoncé. Or, ajouterait-on, de même que, par plusieurs arrêts, il a été décidé que l'on pouvait opposer une renonciation tacite à la partie qui, pour la première fois, oppose la prescription sur l'appel, l'on

l'appel, sauf les restrictions que nous venons d'indiquer. On a vu que l'on devait se garder de s'en prévaloir avant les exceptions de procédure, puisque ces dernières, à moins qu'il ne s'agisse d'incompétence à raison de la matière, sont couvertes par des défenses au fond.

Au reste, l'ordonnance de 1667 voulait qu'on fît préalablement droit sur les fins de non-recevoir avant de passer au jugement du fond; mais cette disposition, qui n'était pas très-exactement observée, ne préjudiciait en rien à la faculté de les proposer en tout état de cause. On était seulement dans l'usage de faire, en certains cas, supporter à la partie qui proposait tardivement une fin de non-recevoir, les frais qui n'eussent pas eu lieu, si plus franche dans l'exposé de ses moyens elle eût d'abord fait connaître la fin de non-recevoir. Il était, d'ailleurs, un grand nombre de cas dans lesquels, nonobstant l'ordonnance, on était obligé, pour la plus prompte expédition de la cause, de joindre au principal l'incident que présentait une fin de non-recevoir : ici tout était donc réglé par les circonstances plutôt que par la loi. C'est sans doute par ce motif, et parce qu'on a voulu s'en rapporter à la prudence des juges, que notre Code ne contient aucune règle sur la manière dont les fins de non-recevoir doivent être présentées, instruites et jugées, et qu'il ne défend point, comme pour les exceptions déclinatoires, de les joindre au principal. — (*Voy. ci-dessus pag.* 449).

(1) Sur *l'acquiescement*, voy. nos questions sur l'art. 443...... *La transaction* est l'acte par lequel les parties terminent, par un arrangement, une contestation née, ou préviennent une contestation à naître. (*C. C., art.* 2044). Les transactions ont entre les parties l'autorité de la chose jugée en dernier ressort. — (*Art.* 2052).

pourrait aussi prononcer, relativement à l'acquiescement, que l'omission d'en avoir fait état dans un écrit était une renonciation tacite....

Mais nous ne pensons pas que cet argument réussît.

En effet, d'un côté, l'art. 173 du Code de procédure ne parle que des nullités d'exploit et autres actes de procédure; de l'autre, l'art. 186, en ordonnant que les exceptions *dilatoires* seraient proposées avant toute défense au fond, garde le silence sur les exceptions péremptoires : donc les exceptions de cette nature peuvent être proposées en tout état de cause, comme défense à l'action.

Il ne s'agit donc plus que d'examiner si l'exception résultant d'un acquiescement est une exception *péremptoire.*

Nous ne balancerons pas à adopter l'affirmative, car l'acquiescement ayant pour effet de donner au jugement l'autorité de la chose jugée, il en résulte évidemment une fin de non-recevoir contre un appel qu'il empêcherait d'interjeter.

Et s'il a été décidé que l'on pouvait proposer, en tout état de cause, la déchéance d'un appel tardif, parce qu'elle n'est substantiellement qu'une exception d'incompétence, fondée sur l'ordre public (*voy. arrêt de Turin, du* 6 *juillet* 1807, *Denevers,* 1809, *supp., pag.* 38) (1), ce même motif ne s'applique-t-il pas à la fin de non-recevoir résultant d'un acquiescement? Soutenir le contraire, ne serait-ce pas affirmer qu'une Cour d'appel pourrait réformer un jugement acquiescé, et une telle assertion ne répugne-t-elle pas à la nature de sa compétence? Aussi M. Merlin, dans ses Questions de droit, au mot *appel,* pag. 130, estime-t-il que la fin de non-recevoir résultant de l'acquiescement à un jugement est *absolue* entre personnes majeures, et qu'elle ne peut jamais être écartée.

Nous nous croyons donc bien fondé à résoudre négativement la question ci-dessus posée.

753. *Une nullité qui tient à la substance d'un acte, se couvre-t-elle par la comparution et la procédure volontaire de la partie intéressée à la faire valoir?*

Par arrêt du 24 décembre 1811, rapporté au Bulletin officiel, 1811, pag. 352

---

(1) Remarquons que la Cour de Colmar a jugé le contraire, par arrêt du 18 novembre 1815 (*Sirey, tom.* 16, *pag.* 374), en décidant que l'exception fondée sur l'inobservation des délais en matière d'appel doit être proposée avant toute défense au fond; que, par conséquent, l'intimé qui, sur l'appel, a obtenu un arrêt par défaut, confirmatif du jugement attaqué, sans avoir préalablement proposé son exception, ne peut plus être admis à en exciper sur l'opposition. Nous ne saurions considérer cette décision comme fondée : une exception de cette nature ne repose point sur une nullité d'exploit ou d'acte de procédure; c'est une fin de non-recevoir dans toute la force du terme. — (*Voy. Dissertation de M. Sirey, tom.* 22, 2.e *part., pag.* 13).

C'est par les mêmes considérations que la Cour de Riom, par arrêt du 26 mai 1810 (*Sirey, tom.* 20, *pag.* 6), a décidé, en général, que l'inobservation de certaine formalité, laquelle emporterait une déchéance qui éteint l'action, est une nullité absolue qui, ne pouvant être couverte, peut être opposée en tout état de cause. Ainsi, cette Cour a jugé que la nullité d'une surenchère sur vente volontaire, résultant de la notification tardive, ou encore du défaut de qualités nécessaires à la caution, peut être proposée en tout état de cause, même en appel. C'est qu'en effet, ce n'est pas là encore une nullité de forme, seul objet de l'art. 173.

et 353, la Cour de cassation avait décidé cette question pour la négative, en considérant qu'une formalité intrinsèque et essentielle doit être constatée par l'acte même, et ne peut être suppléée par aucun témoignage et aucun aveu.

Dans l'espèce, la nullité portait sur un exploit d'assignation dans lequel la formalité de *parlant à* avait été omise. On opposait à l'assigné qu'il était non recevable à se prévaloir de la nullité, puisqu'il avait fait lui-même assigner la partie adverse, afin d'être présente à sa contre-enquête. Nous reviendrons sur cet arrêt dans nos questions sur l'art. 261.

Ici nous observerons que l'on ne doit pas tirer de cette décision la conséquence générale que l'on puisse, en tout état de cause, opposer une de ces nullités que l'on appèle *substantielles*, et que les tribunaux peuvent admettre, nonobstant la disposition de l'art. 1030; c'est-à-dire, quoique la loi ne les ait pas prononcées. En effet, l'art. 173 est général; il ne distingue point entre les nullités substantielles et les autres; et il sera prouvé sur l'art. 361 que si la Cour de cassation, dans l'espèce particulière de l'arrêt ci-dessus, a décidé que l'assignation en contre-enquête n'avait pas couvert la nullité de l'assignation en enquête directe, c'est principalement parce que la contre-enquête n'est point une défense au fond, dans le sens de l'art. 173, qui veut, pour qu'elle couvre la nullité, qu'elle soit la suite nécessaire de l'acte nul.

D'après cette décision, on doit rejeter celle d'un arrêt de Paris, du 19 août 1818, en ce qu'il a, au contraire, déclaré non recevables des nullités d'enquête directe, opposées par la partie qui avait fait sa contre-enquête en les réservant. — (*Sirey, tom. 9, pag. 11*).

§ IV.

Des Exceptions dilatoires.

ARTICLE 174.

L'héritier, la veuve, la femme divorcée ou séparée de biens, assignée comme commune, auront trois mois, du jour de l'ouverture de la succession, ou dissolution de la communauté (1), pour faire inventaire, et quarante jours pour délibérer. Si l'in-

---

(1) Premièrement, *pour la femme séparée*, du jour du jugement de séparation, et non de celui de la demande, quoique l'art. 1445 du Code civil fasse remonter à cette époque les effets de la séparation : c'est que la rétroactivité que cet article prononce ne s'applique qu'aux opérations faites par le mari;

Secondement, pour la femme divorcée, du jour où le divorce a été prononcé par l'officier de l'état civil, puisque le jugement rendu en cette occasion ne fait que déclarer le divorce que cet officier doit prononcer ensuite, conformément à l'art. 294 du Code civil; observation qui n'est utile que pour le passé, puisque le divorce est aboli;

Troisièmement, pour la femme d'un individu mort civilement, du jour de l'exécution, soit réelle, soit par effigie, du jugement de condamnation, puisque la succession du mari n'est ouverte qu'*à compter* de ce jour, conformément à l'art. 26 du même Code.

Mais on demandera si c'est bien le jour même de l'exécution ainsi opérée, que la suc-

ventaire a été fait avant les trois mois, le délai de quarante jours commencera du jour qu'il aura été parachevé.

S'ils justifient que l'inventaire n'a pu être fait dans les trois mois, il leur sera accordé un délai convenable pour le faire, et quarante jours pour délibérer; ce qui sera réglé sommairement.

L'héritier conserve néanmoins, après l'expiration des délais ci-dessus accordés, la faculté de faire encore inventaire et de se porter héritier bénéficiaire, s'il n'a pas fait d'ailleurs acte d'héritier, ou s'il n'existe pas contre lui de jugement passé en force de chose jugée, qui le condamne en qualité d'héritier pur et simple (1).

T., 75. — Ordonn., tit. 7, art. 1, 2, 3, 4, 5. — C. C., art. 795, 797, 798, 800, 1456, 1458 et 1459. — C. de P., art. 170, 177, 186, 1033. — Réglem. du 30 mars 1808, art. 66.

CXXXII. Les dispositions de cet article sont les mêmes que celles contenues au tit. 7 de l'ordonnance de 1667, et aux art. 795—798, 800, 1456, 1457 et 1458 du Code civil. Elles établissent, en faveur de l'héritier et de la femme commune en biens, la prérogative de suspendre leur acceptation ou renonciation à la succession et à la communauté, et de ne pouvoir être actionnés pendant les deux délais qu'elles déterminent. De là l'exception dilatoire dont il s'agit dans cet article, et le droit de ne proposer qu'après elle toute autre exception également dilatoire.

754. *La femme d'un condamné à une peine emportant la mort civile, jouit-elle des mêmes délais qui sont accordés, par l'art. 174, à la femme séparée ou divorcée?*

Oui, sans doute, puisque l'art. 25 du Code civil dispose, d'un côté, que,

---

cession est ouverte, et non le lendemain, l'article que nous venons de citer se servant de ces mots, *à compter du......?*

On pourrait induire le contraire de ce que nous avons dit sur la quest. 652.e; mais il ne s'agit pas ici d'un délai de procédure, et il y a d'ailleurs des raisons particulières d'après lesquelles il n'est pas permis de douter que la succession du mari s'ouvre le jour même de l'exécution. Nous ne pourrions les développer ici sans nous écarter de l'objet et du plan de notre ouvrage. Nos lecteurs les trouveront dans le savant Traité de notre respectable collègue M. Toullier.

(1) JURISPRUDENCE.

Celui qui, sans être héritier, est assigné comme tel, peut, s'il a lié la contestation en cause, être *retenu dans l'instance*, quoiqu'il excipe ensuite de son défaut de qualité, si d'ailleurs il a une autre qualité en laquelle il eût pu être valablement assigné. — (*Cassat.*, 15 *mars* 1808, *Sirey*, *tom.* 8, *pag.* 353).

NOTA. Nous observerons qu'il importe de restreindre cet arrêt au cas dans lequel il a été rendu, c'est-à-dire à la retenue en cause du défendeur qui n'a pas de suite opposé l'exception résultant du défaut de qualité : il ne faudrait pas en conclure qu'il se fût rendu non recevable à faire valoir dans la suite cette exception, comme fin de non-recevoir ou exception péremptoire du fond. -- (*Voy. suprà*, n.o 751).

par l'effet de la mort civile, la succession du condamné est ouverte, et de l'autre, que son mariage est dissous.

755. *Les légataires universels ou à titre universel pourraient-ils réclamer le délai pour faire inventaire et délibérer?*

M. Pigeau, tom. 1, pag. 160, résout négativement cette question, parce qu'à la différence de l'héritier, ces personnes n'étant tenues des dettes, selon lui, que jusqu'à concurrence de l'émolument, ne courent aucun risque d'accepter, et n'ont, par conséquent, besoin d'aucun délai pour faire inventaire et délibérer.

M. Merlin, dans son nouveau Répertoire, au mot *légataire*, pag. 733, n°. 17, maintient, au contraire, d'après les art. 1009 et 1012 du Code civil, que le légataire universel est tenu de toutes les dettes, s'il absorbe la succession entière; qu'il en est tenu *personnellement* pour sa part et portion, et hypothécairement pour le tout, lorsqu'il concourt avec des légitimaires; qu'il en est de même, enfin, du légataire à titre universel.

Ainsi, la raison sur laquelle M. Pigeau fonde son opinion ne serait d'aucune considération pour la solution de notre question.

Examinant ensuite si les légataires dont nous parlons peuvent jouir du bénéfice d'inventaire, M. Merlin rappèle que, sous l'empire de la Coutume de Normandie, ils étaient assujétis à toutes les dettes, et ne pouvaient néanmoins accepter sous bénéfice d'inventaire, parce que cette Coutume n'accordait cette faveur qu'à l'héritier.

Or, aujourd'hui que le Code civil soumet également les légataires au paiement des dettes du testateur, aujourd'hui que ce Code et celui de procédure n'accordent expressément qu'à l'héritier le bénéfice d'inventaire, ne devra-t-on pas conclure qu'ils ne peuvent en jouir, et, par une conséquence nécessaire, qu'ils ne peuvent se prévaloir des délais accordés par l'art. 174?

Mais, dit M. Merlin, cette opinion, que les légataires ne peuvent revendiquer le bénéfice d'inventaire, paraît bien difficile à concilier avec la maxime *hi qui in universum jus defuncti succedunt, hæredis loco habentur;* maxime qui s'applique aujourd'hui, dans toute son intensité, au légataire universel, puisqu'il n'est tenu *personnellement* aux dettes du défunt que parce qu'il succède *in universum jus defuncti*, et qu'il n'est plus, comme dans l'ancienne jurisprudence (*voy. au même Rép. les numéros qui précéd. le 17e.*), un simple successeur aux biens.

Aussi M. Chabot, qui, en qualité de tribun, a pris une très-grande part à la discussion du projet du Code civil, ne fait-il aucune difficulté, dans son Commentaire sur le titre des successions (*art.* 875, *n°.* 21), de regarder le légataire universel comme habile à exercer le bénéfice d'inventaire.

Nous tenons à cette opinion, parce qu'il nous paraît démontré que le Code civil assimile les légataires aux héritiers. En effet, l'art. 873, qui concerne ceux-ci, est conçu dans les mêmes termes que les art. 1009 et 1012; ce qui faisait dire à M. Chabot (*voy. son rapp. au Tribunat, édit. de F. Didot, pag.* 252), que le légataire était une espèce de cohéritier; d'un autre côté, l'art. 1006 lui accorde une saisine légale, s'il n'y a point de légitimaires. Or, ne suit-il pas de là qu'il représente activement et passivement le défunt; qu'il est en tout assimilé à l'héritier, et que, par suite de conséquences, il a le droit d'accepter, sous bénéfice d'inventaire, la succession qui lui est déférée par le testament, et d'opposer, s'il est assigné comme tenu des dettes de cette succession, l'exception dilatoire résultant des délais donnés par le Code civil et par l'art. 174 du Code de procédure? (1)

756. *Pourrait-on valablement assigner une partie désignée dans les précédentes questions, avant l'expiration des délais, pour faire inventaire et délibérer?*

Vainement opposerait-on que l'on violerait, en décidant affirmativement cette question, l'art. 797 du Code civil, qui porte que l'héritier ne peut être contraint à prendre qualité pendant les délais dont il s'agit. Cet article n'empêche pas que les tiers ne puissent actionner l'héritier, tant qu'il n'a pas accepté; aucune loi ne le défend : donc l'article empêche seulement qu'on le contraigne à prendre qualité, et que l'on obtienne des condamnations contre lui. C'est pour cela que la loi lui accorde le droit d'opposer une exception qui suspend les poursuites, mais qui ne détruit pas l'action, et qui ne peut faire annuler les actes par lesquels on l'exercerait (2).

---

(1) C'est aussi ce qu'a décidé la Cour d'appel de Bordeaux, par arrêt que l'on trouve dans la Jurisprudence du Code civil, tom. 9, pag. 43. Il est vrai que cet arrêt a été cassé; mais on remarquera, dans la note suivante, que ce n'est point par le motif qu'un légataire n'eût pas eu, généralement parlant, le droit d'opposer l'exception dont il s'agit.

De ce que nous disons que les légataires universels, ou à titre universel, sont en tout assimilés aux héritiers légitimes; qu'ils sont héritiers dans une succession qui, quant à son essence, ne diffère de la succession légitime qu'en cela seulement que celle-ci est déférée par la loi seule, celle-là par la volonté de l'homme (*voy. Institutes de M. Delvincourt, tom. 2, pag.* 21 *et* 22), il suit que l'objection tirée de ce que l'art. 174 n'accorde qu'à l'héritier la faculté d'opposer l'exception dilatoire qui dérive de cet article, n'est pas aussi sérieuse qu'on l'imaginerait; la raison en est que le légataire est nécessairement compris sous ce mot *héritier*, qui doit être pris ici comme une dénomination générique.

Au reste, si l'on n'adoptait pas cette conséquence, on conviendrait du moins que le silence de l'art. 174, au sujet du légataire, ne saurait être un motif suffisant pour qu'on lui refusât un avantage qu'il est présumable que le législateur a entendu lui accorder, puisqu'il pourrait invoquer, pour l'obtenir, les mêmes raisons qui l'ont fait établir pour les héritiers légitimes.

(2) C'est aussi ce qui a été jugé par arrêt de la Cour de cassation, du 10 juin 1807. — (*Voy. Jurispr. du Code civil, ubi suprà, et le nouv. Répert., aux mots* protêt, § 6, *et* héritier, *sect.* 2, § 1).

On remarquera que cet arrêt a été rendu dans une espèce où il s'agissait *d'un donataire à titre universel*, auquel la Cour d'appel de Bordeaux, comme nous l'avons dit sur la précédente question, avait reconnu le droit d'opposer l'exception résultant de l'art. 174.

Mais ce n'est pas pour cette raison que l'arrêt de cette Cour a été cassé; elle avait rejeté la demande, par le motif que la partie adverse, en la formant, avait non seulement contraint le défendeur à prendre qualité, mais la lui avait déjà assignée, en le caractérisant de *successeur à titre universel.*

C'est sous ce rapport seulement que la Cour suprême a considéré que celle de Bordeaux avait fait une fausse application de l'art. 797 du Code civil, et commis un excès de pouvoir, en créant une nullité qu'aucune loi ne prononce.

Et en effet, le demandeur, en donnant au défendeur la qualité de *successeur à titre universel,* ne l'avait point contraint à la prendre : d'ailleurs, il avait formé une action en reconnaissance d'écritures, et n'avait demandé aucune condamnation.

Ainsi, loin d'être en opposition avec la solution donnée sur la précédente question, l'arrêt que nous venons de rappeler tend à la justifier, puisque les motifs de celui de la Cour de

757. *Les personnes ci-devant désignées peuvent-elles opposer l'exception, lorsqu'elles sont assignées sur des demandes purement conservatoires?*

La négative résulte de ce qu'elles peuvent, sans prendre qualité, former de semblables demandes dans le cours des délais pour faire inventaire et délibérer (*voy. C. C., art.* 779 *et* 1454). Ainsi, les créanciers doivent avoir le droit de les assigner en pareil cas. — (*Voy. Pigeau, tom.* 1, *pag.* 162, *et l'arrêt du* 10 *juin* 1807, *rapporté à la note sur la précéd. quest. n°* 2).

758. *L'exception de délai doit-elle être proposée avant les défenses au fond?*

Oui, puisque c'est une exception dilatoire, à laquelle (*art.* 186 *et* 187) la partie qui ne s'oppose pas est censée renoncer; mais nous ne dirons pas, comme M. Lepage, que cette renonciation puisse être considérée comme opérant un acte d'héritier ou de commune, si la partie ne laisse pas juger qu'elle a cette qualité. — (*Voy. Quest. de Lepage, tom.* 1, *pag.* 159, *et celles que nous traiterons sur la* 3ᵉ. *disposit. de l'art.* 174, *et sur les art.* 186 *et* 187).

759. *Comment appliquer la disposition de l'art.* 174, *lorsqu'il n'y a pas de meubles?*

Un procès-verbal de carence supplée à l'inventaire, et ce sera à compter de la confection de ce procès-verbal que courra le délai pour délibérer. — (*Voy. Arg. tiré de ce que dit Rodier sur l'art.* 4 *du tit.* 7 *de l'ordonn., quest.* 2ᵉ.)

760. *Comment doit être opposée l'exception de délai?*

Cette exception étant purement facultative, ne peut produire son effet qu'autant qu'elle est proposée dans la forme prescrite par l'art. 75 du tarif, c'est-à-dire par requête grossoyée, signifiée d'avoué à avoué, et limitée pour la taxe à six rôles. La réponse à cette requête et l'avenir pour plaider, voilà toute la procédure qu'exige cet incident, soit qu'il s'agisse d'obtenir la suspension de l'instance pendant le délai, soit qu'il s'agisse de demander la prorogation de ce délai, en vertu de la deuxième disposition de l'art. 174.

761. *Quelles sont les circonstances dans lesquelles la prorogation de délai peut être accordée, parce que la partie aurait justifié que l'inventaire n'a pu être fait dans les trois mois?*

Nous ne posons cette question qu'afin d'avertir que le Code n'a déterminé aucune de ces circonstances comme l'avait fait l'art. 4 du tit. 7 de l'ordonnance, en laissant néanmoins à la prudence du juge d'accorder en tout autre cas la prérogative dont il s'agit.

Ainsi, sous l'empire du Code comme sous l'empire de l'ordonnance, tout, en cette matière, est laissé à l'arbitrage des tribunaux. Nous ne citerons donc que comme exemples les cas que l'ordonnance avait prévus. Ce sont ceux

---

Bordeaux, qui se rapportent à cette question, n'ont point été impugnés devant la Cour de cassation.

Concluons donc, pour la solution de celle que nous avons posée en commençant, que l'assignation donnée, dans le cours des délais pour faire inventaire et délibérer, à une personne habile à recueillir, soit une communauté, soit une succession légitime ou testamentaire, est valable, sauf à celle-ci à opposer, en vertu de l'art. 174, l'exception dilatoire qui ajourne l'effet de cette assignation.

d'ignorance du décès du défunt, d'opposition et de contestation, auxquels nous ajoutons celui où, parmi des héritiers, se trouveraient des militaires en activité de service, et dans l'intérêt desquels la loi du 11 ventôse an 2 prescrit des formalités qui nécessitent des retards.

Il faut remarquer que la prorogation de délai ne doit être accordée que pour faire inventaire et non pour délibérer, lorsque l'inventaire est fait; mais aussi cette prorogation accordée pour faire inventaire ne nuit jamais au délai pour délibérer, qui ne commence à courir que du jour où le délai prorogé est expiré. — (*Voy. Rodier, sur l'art. 4 du tit. 7, quest. 1re*).

762. *La veuve et la femme séparée ou divorcée conservent-elles le droit de renoncer après les délais, de même que l'héritier conserve celui de prendre la qualité d'héritier bénéficiaire?*

A la différence de l'ancien droit coutumier de Bretagne, les délais accordés à la veuve, pour user de la faculté de renoncer, ne sont plus *péremptoires*, puisque la veuve qui a fait inventaire dans les trois mois du décès peut renoncer ensuite dans quelque tems que ce soit, pourvu qu'elle ne se soit pas immiscée dans les biens de la communauté. — (*Voy. C. C., art.* 1453).

Mais l'inventaire doit toujours être fait dans les trois mois, sauf la prorogation judiciaire accordée sur la demande de la femme, en vertu de la deuxième disposition de l'art. 174. Ainsi, la femme qui n'a pas demandé et obtenu cette prorogation, et qui n'a pas fait inventaire dans le délai ci-dessus, est déchue du droit de renoncer.

La preuve de cette proposition résulte des art. 1456 et 1459 du Code civil, combinés avec l'art. 174; car il eût été superflu que ces articles eussent autorisé la prorogation judiciaire, s'il n'avait pas été dans l'esprit du législateur de prescrire pour l'inventaire un délai fatal.

La troisième disposition de l'art. 174 consacre cette conséquence rigoureuse à l'égard de toute femme ayant droit au partage d'une communauté, puisque la faveur de la disposition est limitée à l'héritier dans les termes les plus formels. — (*Voy. arrêt de la Cour d'appel de Rennes, du* 18 *mai* 1811, 5e. *chamb.*).

763. *L'héritier est-il réputé héritier pur et simple non seulement à l'égard du créancier qui aurait obtenu contre lui, en cette qualité, le jugement passé en force de chose jugée, mais à l'égard de tous autres?*

Sans entrer dans la discussion à laquelle peut donner lieu la contradiction qui existe entre les termes des art. 174 du Code de procédure, 800 du Code civil et ceux de l'art. 1351 de ce dernier Code, nous résoudrons la question ci-dessus posée pour l'affirmative, d'après l'opinion de M. de Malevillle, tom. 2, pag. 261, et de M. Chabot sur l'art. 800; mais contre celle de M. Pigeau, tom. 1, pag. 161 (1).

---

(1) Une raison très-forte à l'appui de l'opinion que nous adoptons, se puise dans la circonstance que l'art. 174 du Code de procédure a répété les termes de l'art. 800 du Code

ARTICLE 175.

Celui qui prétendra avoir droit d'appeler en garantie, sera tenu de le faire dans la huitaine du jour de la demande originaire, outre un jour pour trois myriamètres. S'il y a plusieurs garans intéressés en la même garantie, il n'y aura qu'un seul délai pour tous, qui sera réglé selon la distance du lieu de la demeure du garant le plus éloigné. (1)

Ordonn., tit. 8, art. 2 et 15. — C. C., art. 16, 26. — C. de P., art. 32 et suiv., 49, 177, 178, 181, 188, 337.

CXXXIII. Nous rappellerons, sur cet article, les définitions que nous avons données ci-dessus, pag. 63, de la garantie en général, et la distinction qu'il convient de faire entre la garantie formelle et la garantie simple. Soit qu'il s'agisse du garant formel que trouve dans son vendeur tout acquéreur troublé par une action hypothécaire, ou par une demande en revendication (*C. C., art.* 1626), soit qu'il s'agisse du garant simple qu'aurait à appeler tout défendeur qui se serait mis dans le cas d'être poursuivi pour la dette d'un autre, la partie à laquelle est due la garantie, peut d'elle-même, et sans avoir besoin que le juge l'ordonne, assigner son garant devant le tribunal saisi de la demande principale (2). Si, de suite, elle ne prend pas ce parti, la loi lui accorde, pour former sa demande contre ce tiers, un délai qu'elle a *limité* à huit jours, afin qu'elle ne trouvât pas, dans l'exercice de ce droit, un moyen de paralyser par de trop longs retards l'action du *demandeur originaire* (3).

---

civil, sans faire la distinction qu'aurait exigée l'art. 1351, si l'art. 800 n'avait pas dû être entendu dans le sens que présentent ses expressions générales. En effet, les rédacteurs du Code de procédure n'auraient pas manqué de saisir l'occasion qui se présentait de faire cesser toute incertitude sur une question d'autant plus controversée, qu'elle dérivait d'une antinomie. Il faut donc considérer les art. 800 et 174 comme faisant exception à l'art. 1351, en ce qu'ils mettent sur la même ligne l'acte d'héritier et le jugement rendu contre un successible en qualité d'héritier pur et simple. C'est qu'en effet, comme nous l'avons dit sur la quest. 756, c'est faire acte d'héritier que de laisser passer en force de chose jugée une condamnation prononcée en cette qualité.

(1) JURISPRUDENCE.

Celle des parties principales qui croit avoir des motifs suffisans d'avisager et mettre en cause une tierce personne, n'a point à demander la permission de l'assigner : l'événement de l'action qu'elle a la faculté de diriger est à ses risques. — (*Rennes*, 29 *mai* 1809).

(2) Quoique ce soit ordinairement au défendeur à former la demande en garantie, l'on peut néanmoins rencontrer des cas où le garant peut être appelé par le demandeur. Supposons, par exemple, que *Titius* eût cédé une créance à *Mævius*, *Mævius*, cessionnaire, agit contre *Sempronius*, pour le paiement de la dette, celui-ci la conteste; c'est à *Sempronius*, demandeur, à appeler en garantie son cédant *Mævius*.

(3) Lorsqu'il y a mise en cause d'un garant, la partie qui a introduit l'instance sous laquelle l'action récursoire a été exercée, est qualifiée demandeur originaire; le garanti est appelé *défendeur originaire*, *demandeur* en garantie, et le garant *défendeur en garantie*.

Ce délai, qui commence à partir de la signification de l'exploit introductif donné par celui-ci, est augmenté du tems nécessaire pour faire parvenir l'assignation au garant, et pour en faire revenir l'original au garanti, c'est-à-dire d'un jour par trois myriamètres de distance du domicile du garanti à celui du garant, et de pareil délai pour le retour. — (*Voy. nos quest. sur l'art* 1033).

Pendant le cours de ce délai l'action de ce dernier est suspendue, et c'est pour cela que la demande afin de mise en cause d'un garant est une *exception dilatoire*.

764. *Le garant qui n'a pas été appelé en cause dans le délai de huitaine de la demande originaire, peut-il en exciper pour demander son renvoi?*

Non, parce que les délais dans lesquels la demande en garantie doit être formée, sont établis dans l'intérêt du demandeur originaire, et dans la vue de ne pas fournir au défendeur un prétexte de retarder l'effet de l'action principale, en le laissant le maître de prolonger le terme des poursuites en garantie. — (*Voy. arrêt de la Cour de Bruxelles, du* 10 *juillet* 1809, *Sirey, tom.* 10, *DD., pag.* 53, *et Rodier sur l'art.* 2 *du tit.* 8 *de l'ordonn.*, 1re. *quest.*)

765. *Le même délai courrait-il, si la demande originaire ne contenait pas les faits qui peuvent donner lieu à la garantie?*

Lorsque l'art. 175 prescrit que la demande en garantie sera formée dans le délai de huitaine, à compter du jour de l'assignation, c'est évidemment parce qu'il suppose que, dans le libelle de l'exploit, le défendeur aura trouvé des motifs d'appeler un garant.

Si donc ces motifs ne résultaient que d'une demande incidente ou de moyens explicatifs fournis par le demandeur dans le cours de l'instruction, il est juste que le délai ne coure qu'à compter du jour de la signification de l'acte contenant cette demande ou ces moyens. — (*Voy. arrêt de la Cour de Bruxelles, du* 31 *mai* 1809, *Sirey, ubi suprà*).

ARTICLE 176.

Si le garant prétend avoir droit d'en appeler un autre en sous-garantie, il sera tenu de le faire dans le délai ci-dessus, à compter du jour de la demande en garantie formée contre lui; ce qui sera successivement observé à l'égard du sous-garant ultérieur.

CXXXIV. On voit que, dans le cas prévu par le présent article, et que certains praticiens indiquent sous le mot *contre-sommation*, les règles et les délais prescrits pour le premier garant sont observés par celui-ci à l'égard du second, et ainsi de suite; c'est que tout garant est considéré comme défendeur, par rapport à celui qui le met en cause, et comme demandeur à l'égard de celui qu'à son tour il assigne en garantie.

ARTICLE 177.

Si néanmoins le défendeur originaire est assigné dans les délais pour faire inventaire et délibérer, le délai pour appeler garant ne commencera que du jour où ceux pour faire inventaire et délibérer seront expirés.

Ordonn., tit. 8, 1.re part. de l'art. 3.

CXXXV. IL est sensible que si le délai pour appeler garant courait à partir de la signification de l'exploit introductif, comme dans le cas de l'art. 175, celui qui aurait à opposer l'exception également dilatoire du délai pour faire inventaire et délibérer, serait tenu de procéder avant l'expiration de ce délai. Le législateur, par la disposition qui précède, garantit au défendeur originaire les avantages des deux exceptions.

766. *Doit-on conclure des art.* 176 *et* 177 *qu'on ne puisse appeler des garans après les délais qu'ils prescrivent?*

Non, sans doute: on ne peut conclure de ces articles rien autre chose, si ce n'est que, sur les conclusions du demandeur originaire, la demande en garantie formée après les délais ne peut plus arrêter la poursuite de la demande principale, encore bien qu'elle lui ait été notifiée : le tribunal peut donc et doit même refuser de joindre la demande en garantie à l'instance. — (*Voy. Rodier sur les art.* 2 *et* 5 *de l'ordonn.*).

767. *La disposition de l'art.* 177 *s'applique-t-elle au garant qui aurait à mettre un sous-garant en cause, comme au défendeur originaire qu'elle désigne exclusivement?*

On remarque que cet article est conçu dans les mêmes termes que l'art. 3 du tit. 8 de l'ordonnance. Or, sur cet article, Rodier résout affirmativement la question que nous posons, et il étend cette solution aux sous-garans ultérieurs : en sorte, dit-il, que le demandeur originaire est obligé d'attendre l'échéance de tous les délais qu'amènent les assignations en sous-garanties, avant de pouvoir poursuivre contre le défendeur originaire.

Même opinion de la part des auteurs du Praticien, tom. 2, pag. 36, et de M. Pigeau, tom. 1, pag. 167.

Nous croyons que l'on doit suivre cette opinion, et nous en donnons pour motifs la disposition de l'art. 176, qui nous paraît prouver qu'il est entré dans l'esprit du législateur de donner au défendeur originaire le droit de se prévaloir de tout retard forcé qu'occasionne la mise en cause de son garant et des garans ultérieurs.

ARTICLE 178.

Il n'y aura pas d'autre délai pour appeler garant, en quelque matière que ce soit, sous prétexte de minorité ou *autre cause privilégiée* (1), sauf à poursuivre les garans, mais sans que le jugement de la demande principale en soit retardé.

Ordonn., tit. 8, art. 7. — C. de P., art. 33, 181.

CXXXVI. L'ORDONNANCE de 1667, après avoir, comme le fait le Code dans les articles précédens, réglé les délais pour appeler garant, disposait aussi qu'il n'y aurait point d'autres délais *en quelque matière que ce fût, sous prétexte de minorité ou autre cause privilégiée,* sauf, ajoutait-elle, APRÈS LE JUGEMENT de la demande principale, à poursuivre le garant. On voit que l'art. 178 n'oblige pas d'attendre que la demande principale soit jugée : il porte, *sauf à poursuivre le garant,* mais sans que le jugement de la demande principale soit retardé. En effet, disait le rapporteur de la loi au Corps législatif, « pourvu qu'on » n'apporte aucun retard à la décision de la cause qui est en état d'être jugée, » chacun doit avoir le droit de poursuivre le garant quand il le veut; souvent » une poursuite trop tardive deviendrait inutile. »

768. *Les causes des mineurs, ou autres causes privilégiées, admettraient-elles une exception à la rigueur de l'art.* 178 ?

Le texte de la loi s'exprime si formellement pour la négative, qu'il semble que la question ci-dessus ne peut en faire une, et cependant on a argumenté, pour l'affirmative, de l'art. 398, au titre de la péremption, en disant que le législateur ayant cru devoir expliquer son intention de faire courir la péremption contre l'État, les établissemens publics et toutes personnes même mineures, on devait en conclure qu'il n'avait pas entendu que les autres dispositions de rigueur fussent applicables à ces causes privilégiées.

Nous répondons que l'on irait souvent contre l'intention de la loi, si l'on argumentait ainsi d'un cas particulier à d'autres cas; que, d'un autre côté, le principe d'après lequel on ne doit point distinguer, quand la loi ne distingue point, est absolu; et enfin, que l'argument tiré de l'art. 398 procède d'autant moins, que la disposition de cet article n'a été insérée dans le Code qu'afin d'amener la déclaration que l'État, les établissemens publics et les mineurs auraient leur recours vers leurs administrateurs et tuteurs.

ARTICLE 179.

Si les délais des assignations en garantie ne sont échus en même tems que celui de la demande originaire, il ne sera pris aucun défaut contre le défendeur originaire, lorsqu'avant l'expiration du délai il aura déclaré, par acte d'avoué à avoué, qu'il a formé sa demande en garantie; sauf, si le défendeur, après

(1) *Ou autre cause privilégiée.* Telles sont les causes qui concernent les hospices, les établissemens publics. Il résulte de l'art. 178 qu'ils ne peuvent faire valoir la faveur due à la cause, s'ils n'ont pas appelé en garantie dans les délais, sauf le recours contre les administrateurs coupables de négligence.

l'échéance du délai pour appeler le garant, ne justifie pas de la demande en garantie, à faire droit sur la demande originaire, même à le condamner à des dommages-intérêts, si la demande en garantie par lui alléguée se trouve n'avoir pas été formée.

T., 70. — Ordonn., tit. 5, art. 8. — C. de P., art. 5, 337.

CXXXVII. L'ORDONNANCE de 1667 voulait que le défendeur originaire donnât au demandeur copie de l'exploit de demande en garantie et des pièces justificatives. On voit que l'art. 179 se contente d'une simple déclaration, parce qu'il pourrait arriver souvent que ce défendeur n'eût pas le tems nécessaire pour justifier de la demande; mais il est tenu d'en représenter la copie à l'expiration des délais fixés par la loi, et si son allégation n'est pas justifiée, il pourrait être condamné aux dommages-intérêts, pour en avoir imposé à la justice et retardé les poursuites du demandeur.

769. *Comment faut il procéder, lorsqu'un garant mis en cause dans les délais ne comparaît pas?*

On n'appliquera point l'art. 153, qui n'est relatif qu'aux défendeurs appelés par le demandeur qui a introduit l'instance. Le demandeur originaire poursuivra donc sur la demande, et le défendeur principal obtiendra défaut contre son garant. L'art. 184 prouve que cette marche de procéder est la seule que l'on doive suivre, puisqu'il ordonne de disjoindre, même dans le cas de jonction, la demande principale et la demande en garantie, si celle-ci causait du retard au demandeur originaire. — (*Voy. Quest. de Lepage, pag.* 165).

770. *La demande en garantie ne pouvant être jointe à la demande principale quand le garant n'a pas été assigné dans les délais, en résulte-t-il que le demandeur pourrait faire rejeter l'intervention volontaire du garant dans l'instance?*

Non, si cette intervention n'était pas de nature à retarder le jugement de la cause principale. — (*Voy. Quest. de Lepage, pag.* 166, *et l'art.* 340).

ARTICLE 180.

Si le demandeur originaire soutient qu'il n'y a lieu au délai pour appeler garant, l'incident sera jugé sommairement.

T., 75. — Ordonn., tit. 8, art. 5 et 6. — C. de P., art. 404.

CXXXVIII. L'ART. 180 n'indique point, comme l'avait fait l'ordonnance, les cas dans lesquels le demandeur originaire peut être fondé à contester qu'il n'y a pas lieu à joindre la demande en garantie à la contestation principale; c'est sans doute parce que l'on a craint qu'une semblable indication parût *limitative*, tandis qu'il eût été dans le vœu de la loi que le demandeur primitif fût admis à contester l'exception de garantie, dans tous les cas où il se croirait fondé à prétendre qu'elle n'est opposée que pour éloigner le jugement du principal (1).

771. *Comment se forme l'incident dont il s'agit en l'art.* 180 ?

Par une requête *motivée*, signifiée d'avoué à avoué, conformément à l'art. 75 du Tarif; mais le même article admettant une requête en réponse, le demandeur originaire ne peut, qu'après huitaine, sommer d'audience pour plaider sur cet incident, qui est jugé sommairement, c'est-à-dire sur simple plaidoirie et sans rapport, et qui emporte condamnation aux dépens contre celui qui succombe.

ARTICLE 181.

Ceux qui seront assignés en garantie, seront tenus de procéder devant le tribunal où la demande originaire sera pendante, encore qu'ils *dénient* (2) être garans; mais s'il paraît par écrit, ou par l'évidence du fait, que la demande originaire n'a été formée que pour les traduire hors de leur tribunal, ils y seront renvoyés (3).

Ordonn., tit. 8, art. 8. — C. de comm., art. 631. — C. de P., art. 59, 168.

CXXXIX. L'OBLIGATION que la loi impose ici au garant de procéder devant le tribunal qu'il trouve saisi de la demande originaire, est fondée sur la con-

---

(1) Voici, au reste, quels étaient les cas que l'ordonnance avait prévus, et qui peuvent encore servir comme exemples sous l'empire du Code actuel :

1.° Si le garant n'avait pas été appelé dans le délai de la loi;

2.° Quand le défendeur originaire avait répondu à la demande sans avoir appelé son garant;

3.° Quand la personne appelée en garantie n'en doit aucune au défendeur originaire.

(2) Les cas où la garantie est ordinairement déniée sont les suivans :

1.° Quand celui que l'on appèle en garantie n'est pas la personne qui a vendu au défendeur originaire;

2.° Quand il n'est pas, comme le prétendrait celui-ci, héritier de celui qui a vendu, soit qu'il ne l'ait jamais été, soit qu'il ait renoncé à la succession;

3.° Quand il a fait à celui qui veut l'appeler donation du fonds pour lequel ce dernier est inquiété; car, dans cette circonstance, il n'a reçu aucune indemnité; il a donné au défendeur originaire ce qu'il possédait, et tous les droits qu'il pouvait avoir sur la chose. Il y a cependant trois exceptions à ce sujet : d'abord, s'il y a stipulation de garantie dans la donation; ensuite lorsque le donateur a été de mauvaise foi; par exemple, s'il n'a donné l'immeuble que pour s'épargner les embarras de la garantie en cas d'une demande en éviction dont il eût été menacé; enfin, s'il a garanti *les faits et promesses;*

4.° Quand il a reçu le fonds par legs (*C. C., art.* 1021);

5.° Quand il a vendu avec stipulation de non garantie : car il n'est alors obligé qu'à celle de ses faits personnels (*C. C., art.* 1628);

6.° Enfin, si le défendeur originaire s'est laissé condamner, comme il est dit en l'art. 1640 du Code civil.

(3) JURISPRUDENCE.

1.° Lorsqu'une lettre de change est tirée sur quelqu'un qui doit, et qui a promis par lettre d'acquitter toute traite; qu'il arrive néanmoins que cette lettre de change ne soit pas ac-

nexité des deux demandes, sur la nécessité d'éviter autant que possible la contrariété des jugemens qui pourraient intervenir devant deux tribunaux différens; enfin, sur l'utilité que présente l'exercice de la garantie pendant l'instance primitive, en ce qu'elle tend à empêcher qu'un garant ne déclinât la compétence du tribunal, ou ne déniât être garant, à dessein de se ménager un prétexte pour soutenir, dans une instance séparée, que la condamnation du défendeur originaire a été le résultat d'une défense ou mal connue, ou incomplète. Mais, d'un autre côté, il était juste d'accorder au garant le droit de requérir son renvoi, lorsque l'action en garantie ne serait évidemment formée que pour le priver de sa jurisdiction naturelle (1).

772. *L'art. 181 autorise-t-il à appeler le garant devant un tribunal auquel la loi n'aurait pas attribué la connaissance de la matière à laquelle se rapporterait l'action en garantie?*

D'après la discussion dans laquelle nous étions entré, sur la 646ᵉ. quest. de notre Analyse des opinions et des arrêts, nous établissions, dans notre Traité et Questions, nº. 1007, les propositions suivantes :

« L'article 181 n'autorise pas à appeler, devant un tribunal de commerce, » un garant qui ne serait pas justiciable de ce tribunal, *ratione materiæ*. L'ex- » ception portée en cet article, au principe que nul ne peut être distrait des » juges compétens pour connaître d'une demande principale, ne s'applique » qu'aux cas où la compétence n'est établie qu'à raison du domicile de l'as- » signé, ou de la situation de l'objet litigieux; mais il ne faut pas appliquer » cette décision au cas inverse où un individu justiciable *ratione materiæ* d'un » tribunal de commerce, serait appelé en garantie devant un tribunal ordinaire.

---

ceptée, et que par suite il y ait recours contre le tireur, le tiré peut être appelé en garantie devant le même tribunal. — (*Cassat.*, 12 *juill.* 1814, *Sirey*, *tom.* 14, *pag.* 172).

2.° Mais le tiré appelé en garantie, à raison du défaut d'expression de valeur dans une lettre de change et de l'endossement en blanc, pourrait demander son renvoi devant ses juges naturels, parce qu'en ce cas l'endossement n'est qu'un simple mandat, et que rien n'annonce d'ailleurs que, dans le fait, le demandeur originaire eût reçu des porteurs des valeurs réelles : d'où s'infère l'application directe de l'art. 181; c'est-à-dire que la demande originaire n'a été formée que pour traduire le tiré hors de son tribunal. — (*Rennes*, 1.ᵉʳ *mai* 1812, *voy. n.°* 772).

3.° Celui qui est appelé en garantie en vertu d'un jugement portant condamnation contre le garanti, mais en même tems autorisation à celui-ci de mettre le garant en cause devant le tribunal, ne peut demander son renvoi devant ses juges naturels, sans attaquer par les voies légales le jugement qui a ordonné la mise en cause. — (*Rennes*, 27 *févr.* 1812).

NOTA. Cette décision qui, au premier coup-d'œil, peut paraître en opposition avec l'art. 178 et ce que nous avons dit précédemment, nous paraît néanmoins bien fondée, en ce que le tribunal qui avait ordonné la mise en cause devant lui, s'étant déclaré compétent, n'eût pu, sans se réformer, admettre dans l'état le déclinatoire du garanti.

4.° L'appréciation des cas dans lesquels il paraîtrait que la demande originaire n'a été formée que pour distraire le garanti de sa jurisdiction naturelle, ne donne point lieu au pourvoi en cassation, l'erreur, sur ce point, ne pouvant offrir tout au plus qu'un mal jugé. — (*Cassat.*, 12 *juill.* 1814, *Sirey*, *tom.* 14, *pag.* 172).

(1) Par exemple, 1.° lorsque, sous prétexte qu'un particulier doit le montant d'une lettre de change, on l'a appelé en garantie, quoiqu'il ne l'ait ni tirée, ni acceptée, ni endossée. (*Cassat.*, 12 *fév.* 1811, *Denevers*, 1811, *pag.* 303, *et* 17 *juin* 1817, *Bullet. offic.*) Mais la caution solidaire et garante peut être assignée devant le tribunal du défendeur, et conjointement avec lui, pour être condamnée solidairement. — (*Quest. de droit*, *v.°* connexité).

» L'incompétence des tribunaux ordinaires n'est que relative, et non radicale, » dans les affaires privilégiées. »

Toutes ces propositions, résultant des raisons que nous avions développées dans notre Analyse, et conformes à l'opinion de Rodier sur l'art. 8 du tit. 5 de l'ordonnance, ont été consacrées par la jurisprudence de la Cour de cassation, ce qui nous dispense de reproduire ici la discussion que contenait notre Analyse (1).

773. *Peut-on, sous le cours d'une instance d'appel, mettre pour la première fois un garant en cause?*

Non, parce que la demande en garantie est principale dans ses rapports entre le garant et le garanti, et on le priverait ainsi du premier degré de juridiction, s'il était permis de porter la demande pour la première fois devant le juge d'appel (2).

774. *Dans les cas où il paraîtrait par écrit, ou par l'évidence du fait, que la demande originaire n'eût été formée que pour distraire les garans de leurs juges naturels, le tribunal devant lequel ils sont traduits doit-il prononcer leur renvoi d'office?*

M. Delaporte, tom. 1, pag. 185, et les auteurs du Commentaire inséré aux Annales du notariat, tom. 1, pag. 370, disent que les expressions de l'art. 181 donnent lieu de croire que le tribunal pourrait ordonner ce renvoi, sans attendre que les garans le demandassent.

Ces auteurs ont fait ainsi à l'art. 181 de notre Code l'application de l'opinion de Jousse, dans sa 5e. note sur l'art. 8 du tit. 8 de l'ordonnance; mais cette opinion de Jousse était contraire à celle de Rodier, qui dit formellement que ce renvoi ne devait pas être ordonné d'office.

---

(1) 1.° *Arrêt du* 30 *novembre* 1813. Il décide que l'action en garantie du porteur d'un effet de commerce dont le protêt a été déclaré nul par la faute de l'huissier, ne peut être portée devant les juges de commerce, incidemment à la demande récursoire contre l'endosseur. — (*Sirey, tom.* 14, *pag.* 16).

2.° *Arrêt du* 16 *mai* 1816. Même décision à l'égard du notaire. — (*Sirey, tom.* 16, *pag.* 341).

7.° *Arrêt du* 8 *novembre* 1820. Il décide que le demandeur en cassation, menacé de déchéance par suite de la nullité de la signification de l'arrêt d'admission, ne peut porter, devant la Cour de cassation, une action en recours contre l'huissier qui a fait la signification. — (*Sirey, tom.* 21, *pag.* 339).

Nota. On voit que ce dernier arrêt autorise à décider pour l'affirmative la question que nous avons ci-dessus posée en termes plus généraux que n'était celle de notre Analyse.

Par une conséquence de cette solution, il est évident que si le garanti avait bien voulu se soumettre à une juridiction qu'il eût pu décliner, le garant serait fondé à la décliner lui-même, nonobstant cette prorogation de juridiction de la part du garanti. -- (*Cassat.*, 4 *oct.* 1808, *Sirey, tom.* 9, *pag.* 28).

(2) Cette proposition est tellement incontestable aujourd'hui, que nous sommes encore dispensé de citer les nombreux arrêts, tant de cassation que d'appel, sur lesquels elle est établie; mais il y aurait exception en cas d'intervention du garant (*voy. infrà sur les art.* 183 *et* 340), et d'après un arrêt de la Cour de cassation, du 4 ventôse an 11, lorsque la cause de la garantie serait postérieure au jugement de première instance. Cet arrêt, que rapporte M. Bourguignon, dans sa Conférence des cinq Codes, pourrait bien n'être pas suivi sous l'empire du Code de procédure, qui n'autorise (*art.* 464) à former des demandes nouvelles en appel, que lorsqu'elles sont une défense à l'action principale opposée contre une partie qui était en cause devant les premiers juges.

Jousse, à l'appui de son opinion, renvoie au procès-verbal de l'ordonnance, mais ce procès-verbal ne fait que prouver en faveur de Rodier. En effet, on trouve, dans le projet de l'article que nous venons de citer, une disposition qui enjoignait aux juges de prononcer le renvoi, *en cas qu'ils n'en fussent pas requis.*

On sent que ces termes les auraient obligés à renvoyer d'office sans en être requis; mais, dit Serpillon, le changement fait dans l'article prouve qu'il faut que le renvoi soit demandé.

Il nous paraît également certain que les termes impératifs de l'art. 181 n'expriment autre chose si ce n'est que le tribunal est obligé, toutes les fois que la partie a pris des conclusions à cet effet, de la renvoyer devant le juge naturel, et qu'il ne peut conséquemment retenir l'affaire.

Ceci résulte sur-tout de ce qu'il est permis aux parties de proroger la juridiction d'un tribunal incompétent à raison du domicile. Ce ne serait donc que dans le cas d'incompétence à raison de la matière (*voy. l'art.* 170 *et la précédente question*), que le juge *devrait* renvoyer d'office; mais il le *pourrait*, alors même que l'incompétence ne serait qu'à raison du domicile, suivant la distinction faite aux 33ᵉ. et 711ᵉ. quest., pag. 17 et 437. — (*Voy. Prat. franç., tom.* 2, *pag.* 39).

ARTICLE 182.

En garantie formelle, pour les matières réelles ou hypothécaires, le garant pourra toujours prendre le fait et cause du garanti, qui sera mis hors de cause, s'il le requiert avant le premier jugement.

Cependant le garanti, quoique mis hors de cause, pourra y assister pour la conservation de ses droits, et le demandeur originaire pourra demander qu'il y reste pour la conservation des siens.

Ordonn., tit. 8, art. 9 et 10.

CXL. LE Code reproduit dans cet article une disposition de l'ordonnance, à laquelle il n'a été fait aucune modification, si ce n'est que la *mise hors de cause* du garanti doit être demandée avant le premier jugement, et non pas, comme le portait l'ordonnance, avant *la contestation en cause.* Ces expressions avaient donné lieu à beaucoup de controverses, sur la question de savoir quel était l'acte qui engageait cette contestation. Le Code ramène à l'uniformité les diverses jurisprudences établies à cet égard. Il est clair, d'après la nouvelle loi,

---

(1) JURISPRUDENCE.

Le garant ayant la faculté de défendre à la demande principale, il doit, par suite, avoir celle de se pourvoir par appel contre le jugement qui, en adjugeant et cette demande et celle en garantie, fait tomber sur lui tout le poids de la première.

Par une conséquence, le défaut d'appel de la part du garanti ne peut être opposé et nuire au garant. — (*Rennes*, 2 *juin* 1808).

que dès qu'un premier jugement, de quelque nature qu'il soit, a été rendu sans que le garanti ait demandé sa mise hors de cause, il ne peut plus l'obtenir, par la raison qu'une fois l'instance liée entre toutes les parties, nulle d'entre elles ne peut en sortir que par un jugement définitif (1).

775. *Le garanti ne peut-il être mis hors d'instance, qu'autant que le garant formel a préalablement déclaré qu'il entend prendre son fait et sa cause?*

M. Pigeau, tom. 1, pag. 170, donne une formule de requête, par laquelle le garanti demande acte de la déclaration qu'aurait faite le garant de prendre son fait et sa cause, et requiert, en conséquence, à être mis lui-même hors de cause.

Mais il ne faut pas induire de là que M. Pigeau ait entendu décider négativement la question que nous venons de poser. M. Berriat Saint-Prix, pag. 238, not. 57, la résout pour l'affirmative, conformément au sentiment de Rodier (2).

Nous croyons que cette opinion doit s'appliquer avec d'autant plus de raison à l'art. 182, qu'elle a été consacrée relativement à la garantie qui fait l'objet de l'art. 1727 du Code civil.

D'ailleurs, le verbe *peut*, employé dans la première disposition de l'art. 182, ne nous paraît pas l'avoir été pour signifier que le garant soit libre de prendre ou de ne pas prendre fait et cause pour le garanti, lorsqu'il en est requis par lui, et qu'il ne conteste pas la garantie. Nous croyons que le législateur ne s'en est servi qu'afin d'indiquer que le demandeur originaire ne peut pas refuser de défendre contre le garant, sur l'action qu'il a intentée contre le garanti. — (*Berriat, not.* 58).

776. *Si le demandeur originaire soutenait que le garant formel fût insolvable,*

(1) Nous ferons remarquer qu'il ne suffit pas toujours, pour que le garanti soit mis hors de cause, qu'il en ait formé la demande avant qu'il ait été lié par un jugement, si le demandeur fait valoir de justes motifs pour qu'il y reste; par exemple, s'il s'agit de liquider des frais perçus ou de constater des malversations faites par ce garanti lui-même, le tribunal refuserait la mise hors de cause. Ajoutons que le garanti, quoique mis hors de cause, peut néanmoins y assister pour la conservation de ses droits; car tout l'effet de cette mise hors de cause est de faire porter sur le garant le poids de la défense (*C. C., art.* 1626), mais non d'enlever au garanti le droit de présenter verbalement ou par écrit tels moyens et conclusions que son intérêt lui suggère.

Au surplus, tout garant formel qui n'a pas été appelé, et qui, dans la crainte que le garanti ne se défende pas d'une manière satisfaisante, voudrait prendre son *fait et cause*, a toujours la faculté d'intervenir, pourvu qu'il ne retarde point le jugement définitif, si la cause est en état.

(2) Ce commentateur s'exprime ainsi (1.re *quest. sur l'art.* 9 *du tit.* 8 *de l'ordonn.*): « Quand le garant formel assigné, ou intervenant, n'offrirait pas de prendre fait et cause pour le garanti, on croit pouvoir soutenir que celui-ci pourrait demander, avant la contestation (aujourd'hui avant le premier jugement), d'être mis hors d'instance, si le garant ne conteste pas la garantie : la raison en est que tel est l'effet de la garantie formelle, qu'elle met le garant à la place du garanti. Il dépend de ce dernier de laisser au garant le soin de combattre la demande principale, dont il doit supporter tout l'événement: le défendeur serait donc inutilement en cause, et, par conséquent, il peut demander d'en être renvoyé ».

pourrait-il s'opposer à la mise hors de cause du garanti, afin d'obtenir contre lui ses dépens, dommages et intérêts?

Rodier fondait la négative de cette question sur ce que l'art. 11 du tit. 8 de l'ordonnance portait que les jugemens, quant aux dépens et dommages-intérêts, ne seraient exécutoires que contre les garans seulement : ainsi, disait-il, l'insolvabilité du garant ne pourrait être un prétexte pour retenir le défendeur en cause.

Mais ne pourrait-on pas, sous l'empire du Code, maintenir le contraire, attendu, 1°. qu'à la différence de l'art. 10 du titre précité de l'ordonnance, qui se bornait à permettre au garanti mis hors de cause d'y assister pour la conservation de ses droits, l'art. 182 autorise le demandeur originaire à requérir qu'il y reste pour la conservation des siens; 2°. que la troisième disposition de l'art. 185 porte qu'en cas d'insolvabilité du garant, le garanti sera *passible* des dépens, *à moins qu'il n'ait été mis hors de cause*?

Nous ne pensons pas que l'on puisse tirer de ces changemens et additions à l'ordonnance une conséquence contraire à l'opinion de Rodier. Comment, en effet, le demandeur serait-il recevable à s'opposer à la mise hors de cause pour raison des dépens, puisqu'il ne peut, même pour la conservation de ses droits, que requérir l'assistance du garanti? N'est-il pas évident que si l'art. 185 assujettit ce dernier aux dépens, et, s'il y a lieu, aux dommages-intérêts, en cas d'insolvabilité du garant, c'est par le motif qu'étant demeuré en cause, il a défendu lui-même à l'action du demandeur originaire; il a fait cause commune avec le garant?

Au surplus, nulle injustice en cela par rapport au demandeur, puisqu'il eût été obligé de défendre également contre ce garant insolvable seul, si celui-ci n'avait pas vendu ou transporté à un autre la chose qui fait l'objet de l'action principale.

777. *Quel est l'objet et quels sont les effets de l'assistance du garanti qui a été mis hors de cause?*

Ils consistent :

En premier lieu, en faveur du garanti qui assiste volontairement, en ce que, devenu tout à fait étranger, relativement au demandeur, à la discussion qui existe entre celui-ci et le garant, il conserve, 1°. le droit de veiller à ce que ce dernier emploie une légitime défense, et ne collude pas avec le demandeur, pour donner lieu à l'éviction ou à la déclaration d'hypothèque; 2°. celui de reprendre, sans être obligé d'intervenir ni de faire recevoir son intervention, une part active dans la cause de laquelle il avait été renvoyé, s'il le croit utile pour prévenir les effets d'une telle collusion. Il évite enfin la condamnation aux dépens, ainsi que nous l'avons dit sur la précédente question.

En second lieu, en faveur du demandeur originaire qui a demandé et obtenu que le garanti assistât dans la cause, en ce qu'il peut lui faire des interpellations nécessaires à l'instruction de l'affaire, ou former contre lui, *personnellement*, quelques demandes dont les garans ne sont pas responsables, telles que celles d'une restitution de fruits, de dommages-intérêts pour dégradations, etc. — (*Voy. Rodier, sur l'art. 10 du tit. 8, quest. 1re., et Pigeau, tom. 1, pag. 171*). (1)

(1) M. Demiau Crouzilhac, pag. 149, va plus loin : il estime que, dans ces cas, où le

778. *Lorsque le garanti mis hors de cause y assiste, soit volontairement, soit forcément, peut-on lui faire quelques significations, peut-il en faire lui-même contre les parties liées dans l'instance?*

Assister en cause, dit Jousse sur l'art. 10 de l'ordonnance, c'est y rester seulement pour la forme et sans qu'on puisse rien signifier au garanti, sauf aux autres parties à répondre à ce qui leur serait signifié de sa part.

M. Delaporte, tom. 1, pag. 186, répète ces termes de Jousse, que Rodier considérait comme exprimant une erreur. (*Voy. sur le même article,* 1re. *quest.*) L'auteur se trompe, dit-il, quand il dit qu'on ne peut rien signifier au garanti; car, puisque son objet, en assistant en cause, est, selon l'ordonnance, de veiller à la conservation de ses droits, il faut bien qu'il ait connaissance de tous les libelles et instructions qu'on fournira dans le procès, afin de savoir s'il n'y a rien de contraire à ses intérêts; et si le demandeur principal se contente de les faire signifier au garant qui a pris fait et cause, celui-ci doit signifier au garanti tout ce que le demandeur dira et tout ce qu'il y répondra.

Nous croyons que cette opinion devrait obtenir la préférence; mais, lorsque le garanti est forcé d'assister, d'après la demande du demandeur originaire, il a annoncé suffisamment qu'il s'en référait entièrement à la défense de son garant, et ni celui-ci, ni le demandeur originaire, ne nous paraîtraient obligés à lui faire des significations qui tomberaient sans nécessité à la charge du garant, comme un accessoire de la garantie qu'il doit.

ARTICLE 183.

En garantie simple, le garant pourra seulement intervenir, sans prendre le fait et cause du garanti.

Ordonn., tit. 8, art. 12. — C. de P., art. 339, 340. — C. C., 2011.

CXLI. EN garantie simple, le garant peut être appelé, aux termes de l'article ci-dessus, ou intervenir pour proposer des moyens contre la demande originaire, mais secondairement et conjointement avec le défendeur originaire, dont le même article lui interdit de prendre le fait et cause. La raison de cette différence entre lui et le garant formel, c'est qu'en garantie simple, le défendeur originaire est obligé personnellement envers le demandeur, et il doit, par conséquent, répondre personnellement à l'action : on eût donc, ainsi que l'observe M. Berriat Saint-Prix, pag. 231, à la not. 64, privé le demandeur principal d'une partie de l'effet de cette action, s'il avait été per-

---

demandeur originaire aurait à former contre le garanti des demandes personnelles, il serait fondé à s'opposer à sa mise hors de cause.

Rodier et Duparc-Poullain disaient bien la même chose sur l'art. 9; mais il faut remarquer qu'il n'existait point alors de dispositions qui, comme celles de l'art. 182, autorisassent le demandeur originaire à obtenir que le garanti mis hors de cause y *assistât* néanmoins. Aujourd'hui l'on ne pourrait guère assigner d'autres motifs à la nouvelle disposition de l'article précité, si ce n'est la possibilité de ces demandes, qui seraient formées contre le garanti personnellement.

mis au garant de prendre le fait et cause du garanti. Au contraire, la garantie formelle met le garant à la place du défendeur originaire, parce que, sur toute action réelle, ce n'est qu'à cause de la qualité de détenteur que le défendeur est actionné, et non point, dit encore le même auteur, not. 57 et 61, parce qu'il a des droits à discuter avec le demandeur; c'est au contraire le garant seul, (sauf le cas où il eût commis des dégradations qui ouvriraient contre lui une action directe et personnelle), qui en a à discuter. Ainsi, par exemple, Joseph assigne Paul en revendication du domaine A, qu'il a acheté de Pierre, et dont Joseph se prétend propriétaire; c'est Pierre seul qui doit discuter avec Joseph la question de propriété; l'entremise de Paul (*défendeur et garanti*), dont Pierre est *garant*, est inutile à cette discussion.

ARTICLE 184.

Si les demandes originaire et en garantie sont en état d'être jugées en même tems, il y sera fait droit conjointement; sinon le demandeur originaire pourra faire juger sa demande séparément. Le même jugement prononcera sur la *disjonction* (1), si les deux instances ont été jointes; sauf, après le jugement du principal, à faire droit sur la garantie, s'il y échet (2).

Ordonn., tit. 8, art. 13. — Voy. *suprà* sur l'art. 153, n.° 881.

CXLII. L'ART. 184 fait assez connaître qu'aussitôt qu'une demande en garantie est incidemment formée, le tribunal doit rendre jugement, qui la joint à l'action principale, pour être procédé sur les deux par un seul et même jugement, et c'est ce qui se pratique, à moins que le demandeur originaire n'ait eu de justes motifs pour s'y opposer, mais cette jonction n'eût-elle pas eu lieu, on voit encore, par notre article, qu'il suffit que le tribunal soit saisi d'une demande principale et d'une demande en garantie, qui se trouvent en même tems en état d'être jugées, pour qu'il doive y faire droit conjointement;

Si, au contraire, par l'effet de contestations particulières entre le défendeur

---

(1) *Disjonction*, c'est-à-dire sur la séparation des deux instances, savoir : celles qui existent, 1.° entre le demandeur et le défendeur originaire; 2.° entre ce dernier et son garant.

(2) JURISPRUDENCE.

1.° La demande originaire et la demande en garantie doivent être disjointes, lorsque la première est reconnue, et se trouve en état de recevoir jugement, tandis, au contraire, que la seconde est contestée et liée à un compte à débattre. — (*Rennes, 4 janv.* 1811).

2.° Mais si la demande principale n'est pas en état, la demande en garantie peut être jugée préalablement, *si les parties y consentent.* — (*Rennes*, 25 *mai* 1814).

3.° Lorsque la demande principale et la demande en garantie ont été jugées conjointement, le garant est recevable à appeler du jugement, lorsque le garanti n'en appèle pas lui-même, même lorsqu'il ne s'agit que d'une garantie simple.

NOTA. En effet, le garant a le droit de défendre à la demande principale : il peut donc avoir, par conséquent, la faculté de se pourvoir par appel contre le jugement qui, en adjugeant tout à la fois cette demande et celle en garantie, fait tomber sur lui tout le poids de la première. Par suite de conséquences, le défaut d'appel, de la part du garanti, ne peut lui être opposé ni lui nuire. — (*Rennes*, 2 *juin* 1808).

originaire et le garant, la demande en garantie n'était pas en état, tandis que la demande originaire le fût, le tribunal, sur les conclusions du demandeur originaire, statue sur la demande principale seulement (1), en prononçant au commencement de son jugement la *disjonction* des deux instances, si précédemment elles ont été jointes; sauf à statuer ultérieurement sur la demande en garantie, s'il y échet (2).

779. *Un tribunal peut-il appliquer d'office la disposition de l'art.* 184 *?*

L'art. 184 est conçu dans les mêmes termes que l'art. 13 du tit. 8 de l'ordonnance, à l'exception qu'il n'exige pas que le demandeur originaire signifie que sa demande est en état. Or, sur ce dernier article, Rodier, 3e. quest., dit que les juges pouvaient d'office disjoindre les deux instances, lorsque la demande en garantie leur paraissait avoir besoin de plus grands éclaircissemens. M. Berriat Saint-Prix adopte cette opinion, pag. 232, not. 66.

Nous adoptons l'opinion contraire, en nous fondant sur ces termes de l'article 184, que l'ordonnance employait également, *le demandeur originaire pourra faire juger sa demande séparément.* Il nous paraît résulter de ces expressions que la disjonction n'ayant lieu que dans l'intérêt du demandeur, la loi lui a laissé la faculté de la provoquer ou de consentir à ce que les deux instances demeurent jointes. Nous ne voyons, d'ailleurs, aucune raison d'ordre public qui exige que le juge supplée d'office à la réquisition du demandeur originaire; il nous paraît, au contraire, que l'avantage que le législateur a trouvé à permettre la jonction subsiste toujours. Or, le juge, lorsque la loi ne lui en fait pas un devoir ou ne lui en donne pas expressément la faculté, doit se garder d'agir d'office, et sur-tout dans les matières qui ne tiennent qu'à l'intérêt privé.

780. *Le décès du garant, celui de son avoué, ou la destitution, interdiction ou démission de celui-ci, sont-ils un motif suffisant pour autoriser le demandeur originaire à faire prononcer séparément sur sa demande?*

Rodier, sur l'art. 13 du tit. 8 de l'ordonnance, examine encore cette question; mais il suppose que la demande principale et celle en garantie ayant été jointes *et conclues*, c'est à la veille du jugement du procès que le garant ou son procureur vient à décéder, ou que celui-ci vient à être dépossédé de son office.

« En ces cas, dit cet auteur, la demande en garantie ne sera pas en état

---

(1) Lorsque la demande principale est jugée séparément de celle en garantie, si le demandeur obtient gain de cause, comme il n'a, par le jugement, d'autre adversaire et d'autre débiteur que le défendeur originaire, c'est uniquement contre celui-ci qu'il doit poursuivre l'exécution du jugement, tant pour le principal que pour les frais, sauf son recours dans l'instance en garantie. Si, au contraire, le demandeur obtient gain de cause par jugement qui prononce conjointement sur les deux instances, il faut, comme nous le dirons sur l'article suivant, distinguer, relativement aux poursuites en exécution, entre la garantie simple et la garantie formelle.

(2) *S'il y échet.* Il échet de statuer sur la demande en garantie, lorsque le défendeur originaire succombe, et qu'il y a eu contestation liée entre lui et le garant avant la disjonction; car autrement, le tribunal ne pourrait connaître de l'action en garantie, s'il n'était pas le juge naturel du garant.

d'être jugée, quoique la demande principale semble l'être; cependant le demandeur originaire ne pourra pas faire juger séparément la demande principale, par la raison qu'on ne saurait prononcer sur la disjonction, c'est-à-dire rétracter le précédent jugement qui a joint, que contradictoirement avec toutes les parties. Or, comment le faire sans une nouvelle assignation, lorsque le procès est hors de droit par le décès d'une partie ou d'un procureur, ou par l'abdication de l'office du procureur? »

Il suffira de lire les art. 342 et 343 du Code de procédure, pour reconnaître que cette solution de Rodier ne peut plus être suivie (1).

ARTICLE 185.

Les jugemens rendus contre les garans formels seront exécutoires contre les garantis.

Il suffira de signifier le jugement aux garantis, soit qu'ils aient été mis hors de cause ou qu'ils y aient assisté, sans qu'il soit besoin d'autre demande ni procédure. A l'égard des dépens, dommages et intérêts, la liquidation et l'exécution ne pourront en être faites que contre les garans. Néanmoins, en cas d'insolvabilité du garant, le garanti sera passible des dépens, à moins qu'il n'ait été mis hors de cause; il le sera aussi des dommages et intérêts, si le tribunal juge qu'il y a lieu.

Ordonn., tit. 8, art. 11. — C. de P., art. 128, 130, 523, 543.

CXLIII. De ce qu'en garantie simple le défendeur originaire est personnellement obligé envers le demandeur, ainsi que nous l'avons dit au commentaire de l'art. 183, il suit qu'il est tenu personnellement envers ce dernier de l'exécution du jugement, sauf à lui, s'il a obtenu une condamnation récursoire contre le garant, à poursuivre ce dernier après, ou même avant l'exécution du jugement de condamnation au principal.

Mais, par la même raison déduite en ce commentaire, qu'en garantie formelle, le défendeur originaire n'est point obligé personnellement, et directement, mais seulement à raison de la chose qu'il détient, la loi, par l'art. 185, règle que les jugemens rendus contre les garans formels, seront exécutoires contre les garantis, mais seulement en ce qui concerne le principal de la condamnation, c'est-à-dire la restitution de la chose ou la tolérance du droit

(1) Mais supposons que l'affaire n'ait pas été *conclue*, il n'y aura pas lieu à l'application des articles que nous venons de citer; faudra-t-il alors surseoir à prononcer sur la demande principale, jusqu'à reprise d'instance par les héritiers de la partie décédée, ou jusqu'à constitution de nouvel avoué? Nous ne le pensons pas, par le motif que la jonction de l'action en garantie n'étant autorisée que pour l'avantage du défendeur originaire, le demandeur ne doit point souffrir des retards que des événemens même involontaires pourraient apporter au jugement de cette action.

Nous pourrions au surplus appuyer cette opinion d'un arrêt de la Cour de cassation, section civile, du 27 juin 1810. — (*Voy. Sirey, pag.* 380).

réel qui eût été l'objet de l'action (1), et veut que la liquidation et l'exécution des dépens et dommages et intérêts ne puissent être faites que contre le garant (2).

Néanmoins, en cas d'insolvabilité du garant, la loi veut que le garanti supporte les dépens; pour cela elle a considéré quel rôle il a joué durant le procès. S'il a été mis hors de cause, il n'a pu occasionner aucuns frais de procédure : il n'eût donc pas été juste de mettre à sa charge les dépens de contestations auxquelles il a été parfaitement étranger; mais s'il est resté en cause, il s'est pour ainsi dire rendu complice de la mauvaise foi du garant. L'un et l'autre ont défendu conjointement et succombent conjointement : l'un doit donc, à défaut de l'autre, payer les dépens du procès (3).

781. *Les dispositions de l'art.* 185 *ne s'appliquent-elles, dans toutes leurs parties, qu'au garanti formel?*

Oui : lorsqu'il s'agit de garantie simple, les jugemens sont exécutoires contre le garanti, tant pour le principal que pour les dommages-intérêts, sauf son recours contre le garant simple. La raison en est que le garanti reste toujours en cause.

Mais s'il y a plusieurs garans simples, chacun d'eux n'est tenu d'indemniser le garanti que pour sa part et portion seulement, parce que les garans simples ne sont pas plus débiteurs que celui qui les appèle en garantie, et qu'ils sont tous obligés également, comme il arrive entre coobligés solidairement et entre cohéritiers, dont l'un, ayant été assigné, aurait donné une demande en recours contre les autres. — (*Voy. Jousse et Rodier, sur l'art.* 11 *de l'ordonn.*)

Mais on sent que, si le garanti avait été appelé comme caution ou cessionnaire, le garant devrait l'indemniser de tous les dépens. — (*Voy. Code civil, art.* 2028 *et* 2032; *Berriat Saint-Prix, pag.* 232, *not.* 69).

On sent également que les garans simples, qui ont contesté mal à propos la garantie, doivent supporter en entier les dépens de leur mauvaise contestation; dans le cas contraire, les dépens doivent être compensés entre eux, sauf ceux de l'exploit en garantie et de la demande originaire, qui doivent être supportés par chacun *pro virili parte.* — (*Voy. Jousse, ubi suprà*).

782. *Sous quels rapports les jugemens sont-ils exécutoires contre les garantis formels?*

---

(1) Par la raison que le garanti étant en possession de l'objet réclamé, c'est à lui de le rendre au réclamant, si la restitution est ordonnée. — (*Rapp. au Corps législ.*)

(2) Parce que son titre faisant présumer la bonne foi de sa possession, du moins jusqu'à la preuve contraire, on n'a rien à lui demander après qu'il a fait le délaissement : d'où il suit que le paiement des frais et dommages-intérêts devait, comme le veut la loi, être poursuivi directement contre le garant, qui seul a eu tort d'usurper et de vendre un bien qui ne lui appartenait pas, ou de le vendre exempt de charges et de droits réels, quand il était grevé d'hypothèques ou de servitudes, etc.

(3) Quant aux dommages-intérêts prononcés contre le garant, la loi se montre moins rigoureuse envers le garanti. Elle veut que la responsabilité dépende de circonstances qu'elle n'a pu déterminer, qu'elle abandonne à la prudence du juge, mais qui, dans notre opinion, doivent être telles qu'elles établissent des présomptions graves de collusion et de fraude entre le garant et le garanti, pour dépouiller le demandeur.

Ils le sont sous le rapport que s'il s'agit, par exemple, d'un délaissement de fonds ou d'une déclaration d'hypothèque, le défendeur garanti sera contraint d'abandonner l'un ou de souffrir l'autre, et il suffira à cet effet de lui signifier le jugement sans autre formalité ni procédure. — (*Voy. Rodier sur l'art.* 11 *de l'ordonn.*, 1re. *quest.*)

Remarquons qu'il résulte de la première disposition de l'art. 185, que le garanti se trouve compris dans la disposition de l'art. 2061 du Code civil, qui autorise les tribunaux à prononcer la contrainte personnelle contre celui qui résiste à exécuter une condamnation en délaissement. — (*Voy. Demiau Crouzilhac, pag.* 151).

783. *Y a-t-il des exceptions à la seconde disposition de l'art.* 185, *qui veut que les dépens, dommages et intérêts ne soient exécutés et liquidés que contre les garans ?*

Rodier, sur l'art. 11 de l'ordonnance, quest. 1re, en admettait deux; la première, si le garanti avait contesté et donné occasion à des dépens avant d'avoir appelé son garant; la seconde, si le défendeur, ayant assisté dans la cause, avait donné lieu, par quelques contestations, à le condamner, ainsi que le garant, aux dépens ou à des dommages-intérêts, sans qu'on lui eût accordé de garantie, attendu qu'il devait supporter personnellement ces dépens pour ne s'être pas conduit *merè passivè*.

Nous croyons que ces exceptions doivent encore être appliquées comme fondées en justice. Par la même raison, nous pensons que l'on ne doit pas, les frais de la demande originaire exceptés, liquider et exécuter contre le garant la portion de condamnations aux dépens qui auraient précédé la mise en cause. L'art. 14 de l'ordonnance le voulait ainsi, et l'on est encore dans l'usage de suivre sa disposition malgré le silence du Code. En effet, il y aurait injustice à ne pas faire supporter directement par le garanti des frais que le garant, s'il avait été mis en cause avant qu'ils eussent été faits, eût pu prévenir, soit par ses défenses, soit en passant condamnation. — (*Voy. Rodier et Jousse, sur l'art.* 14 *de l'ordonn.*, *et Delaporte, sur l'art.* 185 *du Code, tom.* 1, *pag.* 190 *et* 191).

784. *En quel sens doit s'appliquer la troisième disposition de l'art.* 185, *qui prononce qu'en cas d'insolvabilité du garant, le garanti est passible des dommages-intérêts, si le tribunal juge* QU'IL Y A LIEU ?

Nous avons dit, sur la 776e. quest., pag. 484, que le défendeur garanti ne pouvait être passible, soit des dépens, soit des dommages-intérêts, qu'autant qu'il n'avait pas été mis hors de cause; mais qu'il pouvait être prononcé contre lui personnellement une condamnation aux dommages-intérêts résultant de son propre fait, lorsque le demandeur le retenait en cause pour assister seulement. C'est à cette distinction que la troisième disposition nous paraît se rapporter. Le législateur a laissé à la prudence du tribunal de faire supporter au garanti les dommages-intérêts *s'il y a lieu*, c'est-à-dire s'il résulte de quelques circonstances qu'il a participé à la cause qui donne lieu à ces dommages-intérêts; par exemple, s'il paraît aux juges qu'il a agi de mauvaise foi, à raison de dégradations du fonds, de perceptions de fruits, etc. En ce cas, il est juste qu'il réponde de l'insolvabilité du garant, puisqu'il aurait contribué au préjudice à réparer. — (*Voy. Berriat Saint-Prix, pag.* 233, *not.* 72).

ARTICLE 186.

Les exceptions dilatoires seront proposées conjointement, et avant toutes défenses au fond.

Ordonn., tit. 9, art. 1. — C. de P., art. 169, 338.

CXLIV. Si le défendeur était libre de proposer les unes après les autres les différentes exceptions dilatoires qu'il se croirait fondé à opposer, on sent qu'il lui serait trop facile d'éloigner le jugement de la cause. La loi prévient un tel abus en prescrivant, par l'article ci-dessus, de les proposer toutes ensemble et avant de défendre au fond; autrement, on ne serait plus recevable à les faire valoir (1).

785. *La disposition de l'art.* 186 *s'applique-t-elle à d'autres exceptions que celles que le Code de procédure qualifie* DILATOIRES?

Oui, et c'est ce qui résulte implicitement des expressions de l'art. 187, qui permet à l'héritier, à la veuve et à la femme séparée, de ne proposer *leurs exceptions* dilatoires qu'après l'échéance des délais pour faire inventaire et délibérer. Or, après l'échéance des délais, il ne resterait à opposer que l'exception de garantie, si l'art. 186 ne devait s'entendre que des exceptions qualifiées dilatoires par le Code, et cependant l'art. 187 réserve à l'héritier et à la femme *leurs exceptions :* donc il y a d'autres exceptions dilatoires auxquelles doit s'appliquer l'art. 186. — (*Rennes,* 11 *sept.* 1813).

Ces exceptions sont, comme nous l'avons dit pag. 424, not. 2, toutes celles qui ont pour objet avoué de procurer au défendeur un délai pour défendre à l'assignation, parce qu'il ne *peut y répondre pour le moment,* ou parce qu'il a le droit de jouir d'un terme (2).

786. *La règle posée en l'art.* 186 *est-elle si absolue, que le défendeur ne puisse*

---

(1) Cet article s'exécute, ainsi que le prescrivait l'ordonnance de 1667, tit. 9, art. 1, par la réunion de toutes les exceptions dilatoires dans un même acte, qui, comme nous venons de le dire, doit être signifié avant toutes défenses au fond, c'est-à-dire avant les fins de non-recevoir ou exceptions péremptoires du fond, s'il y en a, ou, dans le cas contraire, avant les moyens de défenses proprement dites, mais après les exceptions de caution *judicatum solvi*, ou de renvoi, ou de nullité d'exploit. — (*Voy. art.* 166, 169 *et* 173, *et la Biblioth. du barr.*, 1.re *part.*, *tom.* 3, *pag.* 283).

(2) Ainsi l'on appliquerait l'art. 186, premièrement, à l'exception de discussion et de division résultant des art. 2170, 2022 et 2027 du Code civil, cette exception étant véritablement dilatoire. C'est ce qui fait dire à M. Pigeau, tom. 1, pag. 179, que l'exception de garantie et celle-ci étant toutes deux dilatoires, il n'est pas exigé que la première soit opposée avant la seconde; qu'il faut, au contraire, d'après l'art. 186, les proposer conjointement;

Secondement, à toute action fondée sur une obligation à terme, parce qu'encore bien que le terme ne suspende point l'existence de la dette, néanmoins le débiteur qui n'en est point déchu, et qui est assigné avant l'échéance, ne peut être actuellement condamné au paiement, soit que le terme ait été stipulé par le contrat, soit qu'il ait été accordé ou prolongé depuis, par convention, concordat ou jugement antérieur à la demande.

pas opposer successivement des exceptions dilatoires dont il n'aurait connu la cause qu'après en avoir proposé d'autres ?

Quelque généraux que soient les termes de cet article, et quoiqu'il n'admette de dispense que dans le cas de l'art. 187, la règle qu'il pose nous semble devoir cesser d'être appliquée dans sa rigueur, lorsqu'une partie n'a connu les exceptions dont elle entendrait se prévaloir que successivement et par suite d'événemens indépendans de son propre fait : elle pourra donc les employer l'une après l'autre. Cette opinion, qui est aussi celle de M. Berriat Saint-Prix, pag. 227, not. 42, s'appuie d'ailleurs d'une juste analogie tirée de l'art. 338, relatif aux demandes incidentes.

ARTICLE 187.

L'héritier, la veuve et la femme divorcée ou séparée, pourront ne proposer leurs exceptions dilatoires, qu'après l'échéance des délais pour faire inventaire et délibérer.

Ordonn., tit. 9, art. 2. — C. C., art. 1441. — C. de P., art. 174.

CXLV. CET article est une conséquence du droit que l'art. 174 accorde aux héritiers, veuves et femmes séparées de biens, d'opposer l'exception dilatoire de délais pour faire inventaire et délibérer. Il était naturel, puisque cette exception a pour effet de suspendre toutes poursuites jusqu'à l'expiration de ces délais, d'autoriser les parties à ne proposer leurs autres exceptions dilatoires qu'à cette époque, où les poursuites peuvent être utilement reprises contre elles.

787. *La disposition de l'art. 187 s'applique-t-elle indistinctement à tout héritier et à toute femme veuve, divorcée ou séparée ?*

Elle s'applique à tous les présomptifs héritiers sans distinction ; mais il n'en est pas de même de toutes les femmes veuves, divorcées (1) ou séparées : celles-ci ne sont fondées à user de la faveur de cette disposition, qui se rattache à celle de l'art. 174, que dans le cas seulement où elles auraient été communes en biens avec leurs maris.

(1) *Divorcée.* On sait que le divorce a été aboli.

§ V.

De la communication des pièces (1).

ARTICLE 188.

Les parties pourront respectivement demander, par un simple acte, communication des pièces employées contre elles, dans les trois jours où lesdites pièces auront été signifiées ou employées (2).

T., 70.

CXLVI. ON a vu, art. 77, que le défendeur doit, dans la quinzaine de la constitution d'avoué, signifier ses défenses, avec offre de communiquer les pièces à l'amiable ou par la voie du greffe; quant au demandeur (*art.* 65), qu'il doit fournir copie des pièces ou au moins de la partie des pièces sur lesquelles il fonde sa demande; mais il arrive souvent que la partie adverse croit avoir intérêt de prendre en communication les originaux mêmes, soit pour s'assurer de la sincérité des écritures, soit pour vérifier quelques passages qu'elle pourrait supposer tronqués ou mal copiés : il est donc juste que les deux parties puissent respectivement se demander la communication des pièces; mais comme cette demande suspend la décision du procès jusqu'après l'examen, la loi veut qu'elle soit formée dans un court délai, autrement le juge *pourrait* non pas, à la vérité, déclarer la partie non recevable, attendu l'expiration du

---

(1) Nous avons fait connaître, pag. 244 et suiv., les règles suivant lesquelles doit avoir lieu la communication des pièces, dans les affaires dont l'instruction par écrit aurait été ordonnée. Il s'agit, dans ce paragraphe, de celles qui concernent cette même communication dans les affaires d'audience ou causes *orales*, c'est-à-dire dans celles qui se jugent sur simple plaidoirie.

(2) JURISPRUDENCE.

1.° Le délai de trois jours, dans lequel doit être demandée la communication des pièces produites, n'est point prescrit à peine de déchéance. Ainsi, les juges ne peuvent refuser d'ordonner la communication, par cela seul qu'elle a été requise plus de trois jours après la production. — (*Cassat.*, 14 *mai* 1821, *Sirey, tom.* 21, *pag.* 265).

2.° On peut demander en cause d'appel la communication d'une pièce qui aurait été communiquée en première instance; car ce serait en quelque sorte mettre la partie dans l'impuissance de faire dresser, soit l'écrit de griefs, soit l'écrit de réponse qu'autorise l'art. 462, que d'autoriser le refus d'une pièce qui peut être essentielle à l'instruction; mais comme cette communication n'est point taxée au tarif, il est juste qu'elle ne se fasse qu'aux frais de celui qui la requiert. — (*Rouen*, 9 *déc.* 1807, *Sirey, tom.* 7, *pag.* 8).

3.° Une demande de communication de pièces qui n'est pas utile pour opposer une nullité, couvre cette nullité. — (*Rennes*, 25 *sept.* 1815).

4.° On ne peut inférer d'une demande de communication de pièces, faite valablement d'avocat à avocat, que l'intimé ait renoncé à une fin de non-recevoir résultant d'une nullité de l'acte d'appel. — (*Rennes*, 7 *fév.* 1815).

délai (*voy. la note ci-dessous*), du moins la rejeter suivant les circonstances, et sur-tout lorsqu'on aurait attendu pour la faire, que la cause fût en état de recevoir jugement.

788. *Résulte-t-il de l'art.* 188 *que l'on ne puisse demander communication d'autres pièces que de celles qui ont été signifiées ou employées?*

Nous avons déjà dit, quest. 716e., pag. 439, que l'on pouvait demander communication de toutes pièces dont le demandeur entendrait se servir, encore bien qu'elles n'eussent été ni *employées*, c'est-à-dire *citées*, ni *signifiées*, c'est-à-dire *fournies par copie*.

On peut également demander communication de toutes pièces qui seraient communes aux parties; par exemple, d'un partage fait entre elles ou leurs auteurs, ou d'autres actes réciproquement obligatoires, dont une des parties aurait égaré le double. — (*Voy. nouv. Rép., au mot* compulsoire, § 2, *tom.* 2, *pag.* 688). (1)

Enfin, lorsqu'une des parties maintient qu'il existe, en quelque lieu que ce soit, des pièces dont l'examen est utile à l'instruction du procès, elle est fondée à en demander l'apport; mais il faut remarquer que, dans le cas où elle prend de semblables conclusions, et où l'autre soutient qu'une grande partie de ces pièces est inutile à l'instruction, c'est à la première à désigner *spécifiquement* chacune de celles dont elle maintient que l'appoit au greffe est nécessaire pour l'instruction du procès.

Alors elle est autorisée à faire, à cet égard, toutes les perquisitions qu'elle croit convenables, parties présentes ou dûment appelées, et en présence du dépositaire. — (*Rennes, 7 avril* 1808, *et les questions traitées sur le tit.* 5 *de la seconde partie du Code*). (2)

789. *De quelle époque court le délai pour demander communication des pièces, lorsque la copie en a été donnée avec l'exploit d'assignation, d'après l'art.* 65?

---

(1) Il est si vrai que, dans ces circonstances, la communication ne peut être refusée, que la requête civile serait ouverte en faveur de celui qui aurait été condamné pour défaut de représentation de la pièce, s'il était constant qu'elle eût été cachée ou retenue par l'autre partie. — (*Voy. art.* 480, § 10).

(2) Hors ces cas et ceux qui sont spécialement déterminés par l'art. 188, on tient au principe du droit romain, *nemo tenetur edere contra se* (*voy. Code, loi* 4.e *de* EDENDO, *et loi* 7.e *de* TESTIBUS); principe fondé sur ce que celui qui fait une demande doit fournir ses preuves.

Mais on ne doit pas oublier que ce même principe a encore d'autres limites que celles que nous venons d'assigner; qu'il est subordonné aux devoirs que la délicatesse et la probité prescrivent aux parties et sur-tout à leurs défenseurs, qui ne doivent soutenir que des causes qu'ils croient justes dans leur âme et conscience. — (*Voy. décret du* 14 *déc.* 1810, *art.* 14).

Que l'on puisse se dispenser de produire une pièce dans la vue d'écarter des procédures injustes, des exceptions trop rigoureuses, en un mot, de prévenir des chicanes, cela peut être permis sans doute, *non videbitur dolo fecisse qui fraudem expulserit;* mais c'est là que doit se borner, dans le for intérieur, l'application de ce principe que l'on n'est pas tenu de produire contre soi : en étendre l'application jusqu'à refuser la communication d'une pièce essentielle à la vérité, c'est, de la part des parties, commettre une injustice; le conseiller, c'est, de la part de leurs défenseurs, se rendre complices de cette mauvaise foi, et violer leur serment.

Il nous paraît certain que ce délai ne doit courir qu'à compter de la constitution d'avoué de la part du défendeur. — (*Voy. Comm. des Ann. du notariat, tom.* 1, *pag.* 382).

790. *Qu'est-ce qui résulterait du refus de communiquer une pièce, sur le fondement qu'elle serait égarée?*

Les juges auraient à mettre à la charge de la partie qui refuserait la communication, la perte de cette pièce, et d'après cette preuve, comme dans le cas où elle ne serait pas faite, ils prononceraient d'après les circonstances, sur l'influence que pourrait avoir dans la cause le défaut de communication (1).

---

(1) Cette question s'est présentée devant la Cour de Rennes, dans une espèce où les premiers juges avaient prononcé sur le vu de la pièce que l'on prétendait, en appel, avoir été égarée depuis le jugement. Il est bon de rappeler succinctement les faits de cette affaire, pour que la décision qui intervint puisse être de quelque utilité dans les cas semblables ou analogues.

La demoiselle Amiot était appelante d'un jugement rendu par le tribunal civil de Morlaix, le 9 mai 1815, qui avait annulé une obligation sous seing privé d'une rente viagère de 200 fr., souscrite à son profit par le sieur Lemierre.

Sous l'appel, l'intimé avait demandé la communication du billet; il lui fut répondu par l'appelante qu'il se trouvait égaré, et qu'on était dans l'impossibilité de le représenter. Lemierre conclut à ce que, faute de communication du billet, dont la perte n'était qu'alléguée et non prouvée, l'appelante fût déboutée de son appel et le jugement confirmé. Ses motifs étaient qu'il n'était pas probable que la pièce fût adirée; que c'était la seule qui manquât au sac de l'adversaire; que, sans doute, la raison qu'on donnait pour éviter la communication avait été ménagée, dans la crainte que l'examen de la pièce sous l'appel ne fît découvrir quelque irrégularité importante, ou quelque trace de la violence qu'on avait exercée contre l'intimé au moment de la souscription du billet; qu'il était possible, par exemple, que le billet ne portât que la signature Lemierre, sans qu'on eût pensé à y apposer la somme en toutes lettres; que dispenser l'appelante de la communication au moyen d'une allégation non justifiée, et d'ailleurs invraisemblable, c'était nuire à la défense de l'intimé; que la communication qui avait eu lieu en première instance n'était pas un motif pour s'y refuser sous l'appel; qu'une pièce communiquée devient commune aux deux parties, et qu'on a le droit d'en exiger la représentation *en tout état de cause;* qu'il y avait d'autant plus lieu à ne point s'arrêter à la réponse ou au refus de l'appelante, qu'elle était demanderesse, et que le fondement de sa demande consistait dans le billet qu'elle disait égaré; que c'était là son titre, qu'elle devait produire à l'appui de ses conclusions.

On répondait, pour l'appelante, que l'existence du billet était certaine; que la procédure et le jugement prouvaient qu'il avait été communiqué à Lemierre en première instance; que son avoué et son conseil judiciaire (car on lui en avait nommé un quelque tems avant le procès, et ce conseil était en cause), n'auraient pas manqué de remarquer une nullité aussi facile à découvrir que celle résultant de l'absence de *l'approuvé d'un bon,* si une pareille nullité ou toute autre avait existé; que la preuve qu'ils n'avaient vu aucun vice de forme dans l'obligation, et qu'elle était régulière, se tirait des moyens qu'on avait cru devoir employer pour la faire déclarer nulle; qu'en effet, on s'était borné à alléguer que le billet était *sans cause*, ou que la cause était *illicite;* qu'il avait été arraché à la faiblesse de Lemierre par le dol et même la violence; que, d'après toutes ces considérations, la non représentation du billet sous l'appel devenait assez indifférente, et qu'on ne pouvait pas s'en prévaloir pour rejeter la demande de l'appelante, et refuser de faire droit sur les griefs au fond. Le ministère public adopta la défense de la demoiselle Amiot, et l'exception fut rejetée par arrêt de la Cour de Rennes, du 24 août 1816; mais, au fond, le jugement fut réformé.

ARTICLE 189.

La communication sera faite entre avoués, sur récépissé, ou par dépôt au greffe : les pièces ne pourront être déplacées, si ce n'est qu'il y en ait minute, ou que la partie y consente.

T., 91, et *suprà*, 97.

CXLVII. SUIVANT cet article, la demande en communication doit en général être formée par simple acte ou sommation d'avoué à avoué; mais s'il arrivait qu'une pièce décisive fût employée pour la première fois à l'audience dans la plaidoirie, ce serait de suite et verbalement que l'on aurait à former cette demande, et le tribunal, en y faisant droit, ordonnerait la remise de la cause.

Au reste, toute communication est faite avec ou sans déplacement, à l'amiable, ou par la voie du greffe.

Elle est faite *sans déplacement*, lorsque l'avoué qui la reçoit n'a pas obtenu la faculté d'emporter les pièces, mais seulement celle de les examiner entre les mains du greffier, et sous les yeux de l'avoué qui communique; ce qui a lieu lorsqu'il s'agit de pièces dont il n'existe pas de minute.

Elle est faite *avec déplacement*, lorsqu'au contraire celui auquel les pièces sont communiquées les emporte.

Si elle a lieu à l'amiable, c'est-à-dire d'avoué à voué, sans intermédiaire, l'avoué qui fournit la communication, dresse un bordereau ou état en double des pièces qu'il doit remettre; celui qui les reçoit appose son récépissé au bas de l'un de ces doubles, et s'oblige de les rendre dans un délai convenu.

Si elle a lieu par la voie du greffe, l'avoué fait également un inventaire des pièces qu'il y dépose, avec mention qu'il consent ou qu'il s'oppose au déplacement; le greffier dresse de ce dépôt un procès-verbal constatant qu'il l'a reçu, et qui est signifié à l'avoué demandeur en communication.

791. *Une pièce communiquée devient-elle commune aux deux parties?*

Les motifs de la solution affirmative donnée sur la 470e. quest., relativement aux pièces produites dans une instruction par écrit, s'appliquent évidemment à celle-ci; mais nous ajouterons que l'art. 409 du Code pénal prononce une amende de 25 à 300f, que le tribunal saisi de la contestation doit appliquer à toute personne qui, après avoir produit dans un procès quelque titre, pièce ou mémoire, l'aurait soustrait d'une manière quelconque (1).

792. *L'art.* 189 *s'applique-t-il à tous les cas où il y a lieu à dépôt de pièces au greffe, notamment dans l'espèce de l'art.* 97?

Oui, car la disposition de cet article est générale, et régit toutes les espèces

(1) A l'appui de cette proposition, nous citerons un arrêt de la Cour de Paris, du 14 thermidor an 10 (*Sirey*, 1807, 2.e *part.*, *pag.* 1104), lequel décide que lorsqu'une pièce a été communiquée à des arbitres, elle devient alors commune à toutes les parties, et qu'ainsi elle ne peut être retirée à volonté par celui qui l'a produite, mais rester au procès pour y être invoquée à charge ou à décharge.

que le Code embrasse. Or, il n'y a rien, par exemple, dans l'art. 97, qui puisse faire supposer l'intention de déroger à cette disposition. — (*Locré, Esprit du Code de procéd., tom. 1, pag.* 257 *et* 258).

Article 190.

Le délai de la communication sera fixé, ou par le récépissé de l'avoué, ou par le jugement qui l'aura ordonné; s'il n'était pas fixé, il sera de trois jours.

CXLVIII. Lorsque la communication est offerte *sans déplacement* ou par la voie du greffe, elle doit être prise dans le délai fixé par le juge, ou si ce délai n'a pas été réglé dans *les trois jours*, à partir de la déclaration du dépôt au greffe, ou de la sommation de venir prendre communication sans déplacer, ce délai passé, l'avoué qui a déposé les pièces au greffe peut les retirer et poursuivre l'audience.

Quant au laps de tems pendant lequel on peut retirer les pièces communiquées *avec déplacement*, l'art. 190 veut qu'il soit fixé par le récépissé de l'avoué qui a reçu la communication, ou par le jugement qui l'a ordonné, sinon la loi le borne également à trois jours.

793. *Peut-on obtenir la prorogation, soit du délai convenu, soit de celui qui serait fixé par le jugement ou par la loi?*

Nous ne trouvons dans le Code aucune disposition qui interdise aux juges d'accorder, en connaissance de cause, soit un délai plus long, lorsque l'avoué prévoit *tout d'abord* que le délai de trois jours ne sera pas suffisant, soit ensuite avec prorogation de ce délai; par exemple, si l'avoué prouvait qu'il est nécessaire que les pièces soient examinées par son client, qui peut être domicilié à une distance éloignée, ou que l'avocat fût légitimement empêché de les examiner lui-même, etc. Ordinairement, l'avoué adverse a égard à ces circonstances, et la prorogation s'accorde à l'amiable : ce n'est donc que dans le cas de refus que l'avoué qui a reçu communication doit s'adresser au juge pour obtenir une prorogation, et prévenir ainsi l'application de l'art. 191. — (*Comm. des Ann. du not., tom.* 1, *pag.* 385).

Article 191.

Si, après l'expiration du délai, l'avoué n'a pas rétabli les pièces, il sera, sur simple requête, et même sur simple mémoire de la partie, rendu ordonnance portant qu'il sera contraint à ladite remise incontinent et par corps; même à payer trois francs de dommages-intérêts à l'autre partie par chaque jour de retard, du jour de la signification de ladite ordonnance, outre les frais desdites requête et ordonnance, qu'il ne pourra répéter contre son constituant.

T., 70 et 76. — C. P., art. 107, et la note sur l'art. 192, pag. 499.

CXLIX. A l'expiration du délai convenu ou fixé, l'avoué à qui les pièces ont été confiées doit les rétablir par la même voie qu'il les a reçues, c'est-à-dire qu'il doit les remettre à son confrère, si la communication s'est faite à l'amiable, et au greffier, si elle a eu lieu par la voie du greffe. En rétablissant ainsi les pièces, il doit avoir la précaution de faire rayer sa signature au bas du récépissé qu'il a donné, et cette radiation suffit pour sa décharge.

Si, à l'expiration du délai, l'avoué détenteur des pièces communiquées est en retard de les rétablir, la loi permet à la partie (1) de se pourvoir contre lui par *simple requête*, c'est-à-dire par un acte adressé au président, et contenant une simple exposition du fait. Sur le vu de cette requête, à laquelle on doit joindre le jugement ou le récépissé qui constate le retard, le président rend une ordonnance portant les condamnations prononcées par l'art. 191.

794 *Est-ce au tribunal entier ou au président seul qu'il faut adresser requête ou mémoire, afin d'obtenir l'ordonnance de contrainte afin de remise des pièces?*

De tous les auteurs qui ont écrit sur le Code de procédure, M. Pigeau, tom. 1, pag. 170, et les auteurs du Praticien, tom. 2, pag. 47, sont les seuls qui décident que c'est au tribunal qu'il appartient de rendre l'ordonnance dont il s'agit. Les motifs sur lesquels ils appuient leur opinion, c'est que, toutes les fois que le Code a voulu que la requête fût présentée au président, il l'a dit, tandis qu'il garde le silence dans l'espèce de l'art. 191; que, d'ailleurs, l'ordonnance porte condamnation à des dommages-intérêts et à la contrainte par corps. Or, dit M. Pigeau, le président ne doit prononcer de condamnations seul que dans le cas où la loi lui délègue spécialement ce pouvoir.

M. Lepage répond, dans ses Questions, pag. 170, que jamais le Code ne confond le mot *ordonnance* et le mot *jugement*; que l'une est la décision prononcée par le président, l'autre celle rendue par le tribunal. Il ajoute, après d'autres raisons tirées de la différence des espèces des art. 91 et 107, que l'art. 107 prononce que le jugement rendu conformément à ses dispositions est sans appel, tandis que l'ordonnance dont il s'agit est sujette à opposition : d'où suit, dit-il, que l'ordonnance ne peut être rendue par le tribunal, puisqu'on a recours à lui pour la faire réformer.

C'est cette opinion, adoptée par tous les auteurs, que l'on suit dans l'usage, et que nous adoptons, par le motif sur-tout que, si le législateur avait entendu que le tribunal prononçât la contrainte, il n'eût pas prescrit une requête, mais un simple avenir, comme il l'a fait en l'art. 107.

Au reste, nous croyons que l'usage est contraire à l'opinion de M. Pigeau, et il en était ainsi sous l'empire de l'ordonnance.

ARTICLE 192.

En cas d'opposition, l'incident sera réglé sommairement. Si l'avoué succombe, il sera condamné personnellement aux dé-

---

(1) *A la partie*, attendu que les relations journalières qu'ont entre eux les avoués d'un même tribunal tendent naturellement à les unir par des égards et des procédés réciproques, et qu'il serait à craindre qu'un avoué craignît de manquer aux convenances, en provoquant personnellement contre un confrère une condamnation rigoureuse.

pens de l'incident, même en tels autres dommages-intérêts et peines qu'il appartiendra, suivant la nature des circonstances.

T., 75. — C. P., art. 405 et 407.

CL. Les condamnations dont il s'agit dans l'article précédent étant prononcées à requête de la partie, le sont conséquemment hors la présence de l'avoué qui en est l'objet, car nulle signification, nulle intervention préalable ne sont prescrites (1). Il suit de là que ces condamnations ne doivent pas avoir plus de privilége qu'une condamnation par défaut, et c'est pourquoi l'art. 191 permet de les attaquer par la voie de l'opposition, qui comme toute autre doit être signifiée en forme de requête (2) et contenir les moyens, et est portée sur un simple avenir *devant le tribunal*, qui la juge sommairement, et prononce comme il est dit en l'article précédent.

795. *Quelles sont, outre la contrainte et les dommages-intérêts, les peines que le tribunal peut prononcer ?*

C'est, par exemple, la suspension ou l'interdiction de l'avoué.

DEUXIÈME SUBDIVISION.

De la procédure incidente relative aux preuves (3).

La demande, les exceptions, les défenses proprement dites, en un mot, toutes les prétentions, tous les moyens des parties se vérifient, soit par les divers genres de preuves que le Code civil autorise, soit par celles qui résultent de certaines voies d'instruction particulièrement prescrites par le Code

---

(1) On n'est pas en effet obligé de signifier la requête à l'avoué, puisque l'article se sert de ces mots *simple requête*, et qu'il ajoute, d'ailleurs, que la remise des pièces peut être ordonnée sur *simple mémoire* de la partie; or, ce mémoire n'est pas signifié. A la vérité, comme le remarque M. Pigeau, l'art. 70 du tarif parle de signification; mais il dit *signification de la requête et de l'ordonnance ;* ce qui annonce qu'on a voulu qu'elles fussent signifiées ensemble, et non l'une avant l'autre.

Ainsi le tarif prescrit, pour ce cas, une marche que nous avons conseillé de suivre toutes les fois qu'il intervient une décision sur simple requête, en faveur d'une partie qui n'a pas appelé son adversaire. — (*Voy. quest.* 000, *in fine*, *pag.* 000 *et* 000).

C'est parce que la requête n'a pas besoin d'être signifiée avant l'ordonnance, que l'on ne doit trouver aucune contradiction entre l'art. 192, qui permet de former opposition à cette ordonnance, que nous avons dit devoir être rendue par le président, et l'art. 809, qui décide que les décisions de ce même magistrat ne sont pas sujettes à ce genre de pourvoi. En effet, le défendeur ayant été nécessairement appelé dans ce dernier cas, tandis qu'il ne l'a pas été dans le premier, la disposition ne pouvait être la même. — (*Voy. Questions de Lepage, pag.* 171).

(2) Cette requête ne peut excéder six rôles, et celui qui a obtenu l'ordonnance peut y répondre de la même manière.

(3) Code civil, liv. 3, tit. 3, chap. 6, art. 315—1369; Code de commerce. art. 11, 39, 40, 129, 195, 311, 547, 550; Code de procédure, 1.re part., liv. 1, tit. 7 et 8, et liv. 2, tit. 10—15.

de procédure civile, qui, en outre, détermine la forme suivant laquelle quelques-unes de ces preuves doivent être ou fournies ou constatées.

Ainsi, le Code civil autorise, 1°. *la preuve littérale*, qui se fait par la production des titres qui la constituent; mais, comme ces titres peuvent n'être pas certains ou n'être pas vrais, le Code de procédure offre, dans les tit. 10 et 11, les moyens de les vérifier.

2°. *La preuve orale*, qui résulte du témoignage des hommes; elle est fournie par les enquêtes dont le Code de procédure établit les règles et les formes au tit. 7 de la première partie, et au tit. 12 de la seconde.

3°. *Les présomptions*, qui sont des conséquences que la loi tire elle-même ou autorise le magistrat à tirer d'un fait connu à un fait inconnu.

4°. *L'aveu de la partie*, c'est-à-dire, sa déclaration judiciaire ou extrajudiciaire sur la vérité d'un fait positif ou négatif. Le but de l'interrogatoire sur faits et articles, autorisé par le tit. 15, est de l'obtenir en justice d'une partie contre laquelle on n'a point d'autres preuves à opposer.

5°. Enfin, *le serment* ou l'affirmation de la vérité d'un fait également positif ou négatif, donné en justice, sous peine d'encourir la vengeance divine, en cas d'imposture. Les règles que le Code de procédure renferme à cet égard se trouvent dans les articles 55, 120 et 121.

Le Code de procédure ajoute : 1°. *La comparution des parties* en personne, afin d'obtenir d'elles-mêmes des éclaircissemens qui souvent peuvent fournir une preuve ou corroborer celle qui serait déjà acquise. — (*Voy. suprà art.* 119, *et nos quest. sur l'art.* 428).

2°. *Les visites des lieux et l'expertise*. — (*Voy. les tit.* 8 *du liv.* 1, *et* 13 *et* 14 *du liv.* 2)

3°. *L'interrogatoire sur faits et articles*. — (*Infrà, tit.* 15).

Constater la vérité ou la fausseté, soit des actes produits, soit des faits allégués dans une instance, tel est en définitive l'objet de toutes les dispositions du Code de procédure sur ces divers genres de preuves.

De là une distinction entre la procédure incidente afin de reconnaissance de la vérité ou de la fausseté des actes, et celle afin de reconnaissance de la vérité ou de la fausseté des faits.

DISTINCTION PREMIÈRE.

De la procédure en reconnaissance de la vérité ou de la fausseté des actes.

S'il arrive que l'écriture d'une pièce ne soit pas reconnue par la partie à laquelle on l'oppose, que cette partie la dénie, ou qu'elle maintienne que la pièce est fausse ou falsifiée, le juge doit se procurer la certitude que l'écriture est ou n'est pas du fait de celui auquel on l'attribue, ou que la pièce est fausse ou véritable.

A cet effet, le Code prescrit les deux voies de l'instruction en *vérification d'écriture* et de l'instruction sur *inscription de faux*.

La vérification d'écritures est l'examen que l'on fait en justice d'un acte sous seing privé, afin de reconnaître par quelle main il a été écrit ou signé.

L'inscription de faux est une déclaration judiciaire par laquelle une partie maintient qu'une pièce est fausse ou falsifiée, soit dans son contenu, soit dans la signature qui la complète : déclaration sur laquelle intervient une instruction en vérification de ce maintien.

On ne peut vérifier un acte authentique qu'en s'inscrivant en faux, puisqu'il fait foi jusque là, conformément aux art. 1319 du Code civil, et 19 de la loi du 25 ventôse an 11, sur l'organisation du notariat. Mais l'inscription de faux peut avoir lieu contre un acte sous seing privé, parce que l'art. 214 du Code de procédure l'admet indistinctement *contre toute pièce*.

TITRE X.

De la vérification des écritures (1).

La vérification d'écriture n'est ordonnée que dans le cas où la partie à laquelle un acte est opposé refuse de reconnaître qu'il est de son écriture, soit en totalité ou en partie, qu'il est signé par elle, ou enfin qu'il soit du fait d'un tiers auquel on l'attribue.

Ainsi, une demande en reconnaissance d'écriture précède nécessairement, soit d'une manière expresse ou seulement implicite, toute procédure en vérification.

Nous disons *d'une manière expresse*, lorsqu'une partie, pour attribuer à un acte sous seing privé les effets que la loi lui attache, lorsqu'il est reconnu en justice (*voy. C. C., art.* 1322, 1323, 1324 *et* 2123, *et la loi du* 3 *sept.* 1807), assigne en reconnaissance la partie que cet acte oblige.

Tel est l'objet de la procédure, aussi simple que rapide, que prescrivent les art. 193 et 194, en réglant le mode et le délai de l'assignation, en mettant les frais à la charge du demandeur, si la pièce n'est pas déniée, et en déterminant les effets du défaut de comparution et ceux de la reconnaissance par le défendeur.

Nous disons *d'une manière implicite*. Si, en effet, l'acte sous seing privé est produit dans le cours d'une instance, cette production équivaut par elle-même à une demande incidente en reconnaissance, puisqu'elle impose à celui contre lequel elle est faite les mêmes obligations, et opère les mêmes résultats qu'une demande expresse, formée par action principale, et, comme elle, conduit à la vérification, s'il y a refus de reconnaître ou désaveu formel.

La procédure en vérification s'instruit sous la direction d'un juge-commissaire, à requête du porteur de la pièce, qui devient demandeur dans cet incident.

Elle se fait tant par titres que par comparaison d'écriture, et par témoins, trois genres de preuves dont aucun n'exclut les autres, mais dont chacun aussi peut suffire si les autres manquent.

---

(1) Voy. ordonnance de 1737, sur la reconnaissance des écritures et signatures privées en matière criminelle; édit de 1684; ordonnance de 1667, tit. 12, *des compulsoires*, art. 5—9, et le Code de procédure art. 14 et 427.

Ses résultats sont de faire rejeter la pièce du procès, si le juge reconnaît qu'elle n'émane pas de celui auquel on l'attribue, et, dans le cas contraire, de la faire déclarer pour reconnue, et de la maintenir pour faire preuve au procès, ainsi que de droit.

ARTICLE 193.

Lorsqu'il s'agira de reconnaissance et vérification d'écritures privées, le demandeur pourra, sans permission du juge, faire assigner à trois jours, pour avoir acte de la reconnaissance ou pour faire tenir l'écrit pour reconnu.

Si le défendeur ne dénie pas la signature, tous les frais relatifs à la reconnaissance ou à la vérification, même ceux de l'enregistrement de l'écrit, seront à la charge du demandeur.

Ordonn. de 1737, tit. 11, art. 3, et tit. 12, art. 5. — Loi du 3 sept. 1807. — C. de P., art. 14, 49, n.os 3, 7 et 9, 130, 194, 1033.

CLI. AUCUNE écriture privée ne fait foi par elle-même, ni de ce qu'elle contient, ni de la main qui en a tracé les caractères, si elle n'est pas *reconnue*, ou si elle n'est pas aidée et soutenue par d'autres preuves; en un mot, si elle n'est pas *vérifiée*: jusque là elle ne forme qu'une apparence de preuve. (*Voy. Traité du droit civil, par M. Toullier, tom.* 8, *pag.* 290). De là, comme nous l'avons dit pag. 502, l'action en reconnaissance d'écriture ou de signature, qui, en cas de dénégation de celui auquel l'une ou l'autre est attribuée, rend nécessaire la vérification de l'écrit; de là aussi le droit accordé à toute partie qui, dans le cours de l'instance, se prévaut d'un acte sous seing privé, de faire également procéder à la vérification, lorsque celui auquel elle l'oppose dénie la signature ou l'écriture de cet acte, s'il lui est attribué ou lorsqu'il déclare ne pas reconnaître l'une ou l'autre, si l'acte est du fait d'un tiers dont il est héritier ou ayant-cause (1).

796. *L'art.* 193 *s'applique-t-il tant à l'écriture de l'acte qu'à la signature, ou aux approbations qui tiendraient lieu de l'écriture?*

Oui (*voy. art.* 1322 *du Code civil*); par exemple, dans le cas déterminé par l'art. 1326 de ce Code, il ne suffirait pas que la signature apposée à une obligation souscrite par un autre individu qu'un marchand, artisan, laboureur, etc., fût reconnue; il faudrait, de plus, que cette reconnaissance portât également ou sur l'écriture de l'acte, ou sur *le bon* qui précéderait la signature.

797. *Est-il certains actes privés dont la reconnaissance ne soit pas exigée?*

---

(1) Nous examinerons bientôt la question de savoir dans laquelle de ces hypothèses les frais de la vérification sont à la charge, soit du demandeur, soit du défendeur. Mais nous rappèlerons ici que les demandes en reconnaissance d'écriture sont dispensées, par l'art. 49, § 7, de l'essai en conciliation, et, à plus forte raison, celles en vérification, qui sont la suite nécessaire des premières ou de toutes autres actions sous le cours desquelles on oppose un acte privé dénié ou reconnu.

Un édit du mois de décembre 1684 portait, art. 2, une disposition analogue à celles de l'art. 193 du Code de procédure, et des art. 1322, 1323 et 1324 du Code civil.

Mais, par une déclaration du 15 mai 1703, il fut prononcé que l'édit ne s'appliquait qu'aux actes privés ordinaires, et non pas à des promesses, billets ou autres actes de commerce, à l'égard desquels il était dit « que les porteurs » pourraient obtenir condamnation sur de simples assignations, en la manière » ordinaire, *sans qu'au préalable il fût besoin de procéder en reconnaissance, sinon* » *en cas que le défendeur déniât la vérité desdits actes.* »

Il faut remarquer que ces dernières expressions *sinon*, etc., ne signifiaient autre chose, si ce n'est que l'on procéderait à la vérification (1).

798. *Peut-on, en vertu d'un jugement en reconnaissance ou vérification, prendre inscription avant l'exigibilité de la dette?*

On peut obtenir un semblable jugement avant l'échéance ou l'exigibilité de l'obligation, mais on ne peut prendre aucune inscription en vertu de ce jugement, qu'à défaut de paiement après l'échéance ou exigibilité de cette obligation, à moins qu'il n'y ait eu stipulation contraire.

Il faut remarquer en même tems que les frais relatifs à ce jugement ne peuvent être répétés contre le débiteur que dans le cas où *il aurait dénié sa signature;* mais les frais de l'enregistrement sont à sa charge, tant dans ce cas que lorsqu'il aurait refusé de se libérer aux époques ci-dessus indiquées.

---

(1) M. Boucher, dans son Traité de la procédure des tribunaux de commerce, pag. 120, rapportant cette déclaration à l'art. 193 du Code de procédure, estime qu'en matière de commerce l'on ne peut appliquer les dispositions de ce Code relatives à la reconnaissance des écritures; qu'ainsi l'acte y est censé reconnu, lorsque le demandeur ne réclame pas, et que celui-ci peut obtenir de suite condamnation; *ce qui n'est pas dans les autres tribunaux*, ajoute cet auteur.

Nous sommes de l'avis de M. Boucher, en ce qu'il dit qu'on n'a pas besoin, en formant, dans les tribunaux de commerce, une demande au principal, de conclure préalablement à la reconnaissance de l'acte sur lequel cette demande serait fondée.

Mais nous allons plus loin; nous disons que toutes les fois qu'une pièce est produite comme preuve des conclusions du demandeur à l'exécution de l'obligation qu'elle renferme, il n'est pas besoin de demander la reconnaissance de cette pièce; il suffit qu'on la produise. C'est à la partie adverse, en répondant à la demande, à déclarer qu'elle dénie ou qu'elle ne reconnaît pas; et alors il y aura lieu à vérification d'écriture, conformément à l'art. 195 : dans le cas contraire, son silence équivaut à reconnaissance. — (*Voy. Quest. de Lepage, pag.* 172 *et* 173; *Delaporte, tom.* 1, *pag.* 195 *et* 196).

Ainsi, dans les tribunaux ordinaires, on procède aujourd'hui comme on procédait autrefois dans les jurisdictions commerciales, parce que le Code de procédure ne porte point, comme l'édit de 1684, auquel la déclaration de 1703 faisait exception en matière de commerce, que l'on doive statuer préalablement sur la reconnaissance, et renvoyer ensuite à procéder au principal.

Au contraire, il est évident, soit d'après les art. 1322, 1323 et 1324 du Code civil, soit d'après les art. 193, 194 et 195 du Code de procédure, que ce Code a eu particulièrement en vue le cas où les parties, indépendamment de toute demande sur l'exécution de l'obligation consignée dans l'acte, agissent pour lui donner le caractère d'acte authentique, conformément à l'art. 1322 du Code civil, ou pour se ménager la faveur de l'art. 2123 du même Code, qui fait résulter l'hypothèque judiciaire *des reconnaissances ou vérifications, faites en jugement, des signatures apposées à un acte obligatoire sous seing privé.*

Telles sont les dispositions par lesquelles une loi du 3 septembre 1807 a modifié celles du Code civil, interprété l'art. 2123, et résolu plusieurs questions qui étaient controversées. — (*Voy. Pigeau, tom. 1, pag.* 114 *et* 115).

779. *La vérification de l'écriture d'un testament olographe est-elle mise à la charge de l'héritier légitime ou à la charge du légataire?*

Par arrêt du 12 juillet 1807, rapporté au Recueil de Sirey, 1813, pag. 337, la Cour de Colmar a décidé que c'était aux légataires à faire procéder à la vérification, et par conséquent à fournir les pièces de comparaison, attendu que, de défendeurs à l'action principale des héritiers, ils devenaient, en opposant la pièce, demandeurs en incident de vérification.

Mais la Cour de Caen a décidé le contraire (1).

Nous pensons que la décision de la Cour de Colmar est la seule que l'on doive suivre, par la raison que la loi ne fait aucune distinction entre les différens actes privés, et qu'il n'existe aucune disposition qui fasse sortir le testament olographe de cette classe, même lorsque le dépôt en a été ordonné par le président. Le président, en effet, n'ajoute aucun caractère d'authenticité à l'acte; il ne fait que constater l'existence de cet acte, en assurer la conservation, la garantie, les effets, en cas que l'acte soit véritablement émané de celui dont il porte la signature; question sur laquelle il ne statue et ne préjuge rien.

La loi ne reconnaît aucun acte intermédiaire entre les actes privés et les actes authentiques, et par conséquent, c'est contrevenir à ses dispositions que d'accorder au porteur d'un testament olographe une faveur que la loi refuse au porteur de tout autre écrit sous seing privé.

Or, tous les auteurs décident avec raison que, sous l'empire du Code, comme autrefois, c'est à celui qui oppose la pièce à poursuivre sur l'incident de vérification; et la loi, comme le dit M. Locré (*Esprit du Code de procéd., tom.* 1, *pag.* 382), d'après la section du Tribunat, a entendu embrasser *toutes écritures privées, généralement quelconques* (2).

---

(1) Elle a considéré,

1.° Que la loi attache au testament olographe un caractère particulier, et la même force d'exécution qu'à tout autre acte authentique, puisqu'elle donne de plein droit aux légataires la saisine, lorsqu'il n'y a point d'héritiers à réserve;

2.° Que cet acte doit en conséquence être distingué des autres actes sous seing privé, en vertu desquels on fait une demande;

3.° Que les légataires universels, saisis en vertu de la disposition de la loi, et envoyés en possession par ordonnance du juge, ne peuvent être dépossédés qu'en anéantissant le titre, et que c'est à ceux qui attaquent ce titre à en prouver le vice;

4.° Enfin, qu'il serait contre les règles d'obliger celui qui a un titre, pour lequel la présomption existe, de l'obliger de prouver que son titre est vrai. — (*Caen, 4 avril* 1812, *Sirey, tom.* 12, *pag.* 337).

(2) Les décisions suivantes fourniront, au reste, à l'opinion que nous maintenons, un appui qui nous dispensera de développer plus amplement la réfutation de la décision de la Cour de Caen.

1.° *Arrêt de Turin, du* 18 *août* 1810 (*Sirey, tom.* 11, *pag.* 49). Il déclare qu'un testament olographe n'étant qu'*un acte sous seing privé*, sujet à vérification comme *tous les actes de cette nature*, la déclaration de ne pas reconnaître l'écriture en arrête l'effet;

2.° *De Bruxelles*, 21 *juin* 1810 (*Sirey, tom.* 10, *pag.* 139). Il décide plus positivement

800. ***Les frais de la demande en reconnaissance et ceux de la vérification, ne sont-ils à la charge du demandeur qu'autant que le défendeur a dénié son écriture ou sa signature?***

En d'autres termes, *quand le défendeur, héritier ou ayant-cause, déclare ne pas reconnaître l'écriture ou la signature de son auteur, les frais d'enregistrement ou de vérification demeurent-ils à la charge du demandeur?*

Les controverses qui se sont élevées sur cet article, et qui ont été la matière du n°. 1135 de notre Traité et Questions, ont été terminées par un arrêt de la Cour de cassation, du 6 juillet 1822, rapporté au Journal des audiences, 1822, pag. 345. Cet arrêt, qui consacre l'opinion que nous avions émise, décide, en termes exprès, que l'héritier qui se borne à méconnaître la signature ou l'écriture de son auteur, suivant le droit que lui confère à cet égard l'art. 1323 du Code civil, doit supporter les dépens qu'a occasionnés la vérification de l'écriture, si cette écriture est déclarée appartenir à celui à qui elle était attribuée.

Les motifs de cette décision sont qu'il ne résulte autre chose de l'art. 1323, si ce n'est que l'héritier ou ayant-cause auquel on oppose un acte privé de son auteur, a la faculté de déclarer qu'il ne connaît pas sa signature ; ce qui oblige à en ordonner la vérification; mais qu'il ne s'ensuit aucunement que les frais de vérification, si l'écriture est reconnue, doivent être à la charge du créancier; qu'il n'y a également aucune conséquence à tirer de ce que l'art. 213 du Code de procédure prononce une amende avec dépens contre celui qui dénie mal à propos sa signature, pour ne pas assujétir aux frais l'héritier dont la méconnaissance de l'écriture de son auteur a entraîné une vérification qui aura prouvé, en résultat, la réalité de l'engagement; qu'il est vrai que l'art. 193 déclare que si le défendeur ne dénie pas la signature, les frais seront à la charge du demandeur; mais que cette disposition a été modifiée par la loi du 3 septembre 1807, dont il résulte que si la reconnaissance n'a été provoquée qu'après l'échéance, les frais sont à la charge du débiteur, soit qu'il dénie, soit qu'il avoue son écriture; que, par conséquent, l'héritier, succombant dans l'instance par suite du résultat de la vérification, doit supporter les dépens, en conformité de l'art. 130, qui domine la matière (1).

---

encore que le testament olographe est *essentiellement* un écrit sous seing privé, et comme tout écrit de cette nature doit, d'après l'art. 1324 du Code civil, être vérifié, lorsque la partie à laquelle on l'oppose déclare le méconnaître, il s'ensuit que le testament olographe ne fait pas foi jusqu'à inscription de faux, et que la seule dénégation d'écriture en arrête l'exécution.

NOTA. Il importe de remarquer que cet arrêt déclare formellement, contre la décision de la Cour de Caen, qu'il importe peu à cet égard, soit qu'il y ait eu un procès-verbal dressé par le président de la présentation de l'ouverture et de l'état de ce testament, soit qu'il y ait eu par suite dépôt chez un notaire, ces formalités attestent seulement que l'acte a été remis comme testament olographe, mais ne peuvent assurer que cet acte soit écrit, daté et signé par le prétendu testateur.

(1) Contre cette opinion, que nous maintenions au n.° 1135 de notre Traité, nous avons vu opposer devant le tribunal civil de Rennes l'autorité de M. Pigeau; on invoquait aussi la solution que nous avions nous-même donnée sur la quest. 679 de notre Analyse. Mais en voyant l'ouvrage de ce savant professeur, tom. 1, pag. 110, 111 et 112, et en remarquant surtout l'observation qu'il fait pag. 318, *in fine*, on pourra se convaincre qu'il ne dit rien de

ARTICLE 194.

Si le défendeur ne comparaît pas, il sera donné défaut, et l'écrit sera tenu pour reconnu; si le défendeur reconnaît l'écrit, le jugement en donnera acte au demandeur (1).

Ordonn., tit. 12, art. 7. — Edit de 1684, art. 6 et 7. — C. de P., art. 214.

CLII. L'ART. 194 suppose le cas d'une demande en reconnaissance d'écriture; car s'il s'agissait de toute autre demande principale fondée sur un acte

---

contraire à l'opinion que nous avions établie, et à la doctrine aujourd'hui consacrée par la Cour de cassation. Relativement à ce que nous établissions sur la 679.ᵉ quest., on peut aussi, en faisant attention aux observations finales de la 675.ᵉ, se convaincre que la solution de la première ne s'appliquait qu'au cas d'une demande principale en reconnaissance, et non pas à celui de la vérification d'un acte sous seing privé ordonnée après l'échéance. Dans le premier cas, qui est celui que prévoit la loi de 1807, il est juste que les frais soient à la charge du créancier qui veut se procurer des sûretés qu'il ne trouvait pas dans la forme de son titre; dans le second, comme il suffit au créancier d'avoir un acte sous seing privé pour agir en justice, et comme la présomption est toujours en faveur du titre, si, pour sa défense, le débiteur croit pouvoir déclarer qu'il ne reconnaît pas l'écriture qu'on lui oppose, c'est sans doute une faculté que la loi lui accorde, mais dont il use à ses risques et périls; et certes il serait difficile, dans ce dernier cas, de trouver des raisons valables pour distinguer la procédure en vérification des autres exceptions et apuremens, dont les frais doivent toujours être supportés par la partie qui succombe en définitive.

Au moyen de ces observations, les questions qui ont été l'objet des n.ᵒˢ 679 de l'Analyse, et 1136 du Traité, se trouvent refondues sous la question plus générale ci-dessus posée.

(1) JURISPRUDENCE.

1.° Lorsqu'une pièce est opposée aux héritiers du signataire, et que le juge leur a ordonné de déclarer s'ils en reconnaissent l'écriture ou la signature, leur défaut de s'expliquer équivaut à une reconnaissance, et dispense de la vérification prescrite par les art. 1324 du Code civil, et 195 du Code de procédure. — (*Cassat.*, 17 *mai* 1808, *Sirey, tom.* 8, *pag.* 435).

2.° Cette proposition s'appliquerait au cas où l'héritier ne se bornerait pas à garder le silence, mais déclarerait ne pas reconnaître. — (*Rennes*, 29 *janv.* 1816).

NOTA. Nous ne pensons pas qu'il fût prudent de suivre cette décision, d'après un arrêt de la Cour de cassation, du 10 juillet 1816. (*Sirey*, 1816, *pag.* 334). Cet arrêt décide, en effet, qu'il résulte expressément des art. 1323 et 1324 du Code civil, que si *l'héritier déclare ne pas connaître la signature de son auteur, la vérification est ordonnée en justice;* que ces expressions sont *impératives*, et annoncent que la vérification doit être ordonnée *d'office*, alors même qu'il n'y a pas de conclusions prises à ce sujet.

3.° Les juges ne sont pas obligés d'ordonner la vérification d'une signature déniée; ils peuvent la tenir pour vérifiée, s'ils ont la conviction qu'elle est vraie. — (*Cassat.*, 25 *août* 1813, *Sirey, tom.* 15, *pag.* 131).

4.° Une partie ne peut saisir-arrêter une pièce, par exemple, une lettre missive, sous pretexte qu'elle est fausse ou falsifiée; elle doit se borner à dénier l'écriture, pour ensuite procéder à la vérification suivant les formes prescrites par le Code. — (*Rennes*, 9 *janv.* 1811).

5.° Lorsque, pour fixer le droit d'enregistrement, la régie argumente d'actes sous seing privé, un tribunal ne pourrait, sur le défaut du défendeur, adjuger la demande. L'art. 150 s'y oppose, puisqu'il veut qu'au cas du défaut, les conclusions soient trouvées *justes* et *bien vérifiées*. Or, dit M. Toullier, tom. 8, pag. 339, on ne peut considérer comme telles des conclusions fondées sur une écriture privée dont la signature n'est ni reconnue ni bien vérifiée; d'un autre côté, le tribunal ne peut ordonner la vérification d'office, à moins que le demandeur n'eût, par son assignation, conclu à ce que l'écriture fût donnée pour reconnue : l'art. 194 ne peut donc, en cas de défaut, s'appliquer, comme nous venons de le dire, que sur une demande en reconnaissance, formée soit par action principale, soit *accessoirement* à une autre demande (1).

801. *Si, de plusieurs défendeurs assignés en reconnaissance d'écriture, l'un comparaît et l'autre fait défaut, le tribunal doit-il appliquer la disposition de l'art.* 153?

Nous distinguerons deux cas :

Premièrement, celui où deux débiteurs auraient souscrit la même obligation;

Secondement, celui où plusieurs héritiers seraient assignés en reconnaissance de l'écriture de leur auteur.

Dans le premier cas, nous pensons que le tribunal, sans appliquer l'art. 153, peut tenir pour reconnue la signature attribuée au défaillant, et décerner acte de la reconnaissance que le comparant donnerait de la sienne. Si l'art. 153 exige la jonction du profit du défaut et la réassignation des défaillans, c'est parce qu'il suppose que la cause est commune à tous les défendeurs. Or, on ne peut admettre cette hypothèse dans notre espèce, où la cause de l'un ne peut être celle de l'autre, puisque celui-ci peut n'avoir pas signé l'écrit auquel celui-là reconnaît avoir apposé sa signature.

Dans le second cas, on ne pourrait dire que la cause de chaque défendeur pût être séparée de la sorte de celle des autres; car ce n'est pas la signature de chacun d'eux en particulier qu'on leur présente, c'est celle d'un seul individu, aux droits duquel ils sont également. Ici la cause est commune; il faut, en conséquence, appliquer l'art. 153. — (*Voy. Questions de Lepage, pag.* 175 *et* 176).

802. *Le jugement par défaut qui tient l'écriture pour reconnue, est-il sujet à l'opposition?*

---

privé, elle est, en cas de dénégation, tenue, comme toute autre partie, à les faire vérifier. — (*Cassat.*, 30 *juin* 1806, *Sirey, tom.* 7, 2.e *part.*, *pag.* 1249).

6.° On ne peut se dispenser d'ordonner la vérification d'écriture dans tous les cas où la signature d'un titre privé n'est pas reconnue, encore qu'il s'agisse, non d'un titre de créance produit par le demandeur, mais d'une quittance dont excipe le défendeur. — (*Cassat.*, 19 *frim. an* 14, *Sirey, tom.* 6, *pag.* 183; *Esprit du Code, tom.* 1.er, *pag.* 382).

7.° On ne peut faire procéder à la vérification d'un acte qui a acquis le caractère d'acte authentique par un jugement qui en a ordonné l'exécution. — (*Rennes*, 14 *juin* 1813).

(1) La disposition de cet article, relative au défaut, ne distingue point, comme les art. 6 et 7 de l'édit de 1684, entre le cas où la demande en reconnaissance est provoquée contre le défendeur auquel on attribue l'écriture, et celui où il est appelé pour reconnaître celle de son auteur, et nonobstant les motifs raisonnables dont M. Toullier appuie cette distinction, on doit conclure avec lui (*ubi suprà, pag.* 341), qu'on ne peut l'admettre sous l'empire de notre Code actuel.

Oui, comme tous les jugemens par défaut et dans la même forme. — (*Delaporte, tom.* 1, *pag.* 196; *Comm. des Ann. du not., tom.* 1, *pag.* 392). (1)

803. *Peut-on prendre inscription sur les registres des hypothèques avant le délai de huitaine mentionné en l'art.* 155?

On sent bien, d'après ce que nous avons dit sur la 798ᵉ. quest., que celle que nous posons ici ne peut se présenter que dans le cas où le jugement serait postérieur à l'échéance ou à l'exigibilité de la dette. Mais, supposant qu'il le soit, l'inscription ne pourra être prise avant huitaine, car elle est un acte d'exécution, et l'exécution des jugemens par défaut ne peut avoir lieu avant l'expiration de ce délai, à moins que l'exécution provisoire n'ait été ordonnée dans les cas où le même art. 155 l'autorise. — (*Pigeau, tom.* 1, *pag.* 113; *Questions de Lepage, pag.* 176).

ARTICLE 195.

Si le défendeur dénie la signature à lui attribuée, ou déclare ne pas reconnaître celle attribuée à un tiers, la vérification en pourra être ordonnée, tant par titres que par experts et par témoins.

Ordonn., tit. 12, art. 7, *in fine*, et art. 8, *in principio*. — Edit de 1684, art. 7. — Ordonn., *du faux*, de 1737, tit. 1, art. 3. — C. de P., art. 212, 232.

CLII. DANS une question aussi délicate que celle que présentent à l'examen de la justice deux parties qui s'accusent, l'une de désavouer ou méconnaître un engagement légitimement contracté, l'autre de se prévaloir d'un titre fabriqué, la loi devait établir les moyens les plus propres à découvrir la vérité: ces moyens sont au nombre de trois, la preuve par titre, la vérification par comparaison, et l'audition des témoins, autorisés par exception à la disposition de l'art. 1341 du Code civil, qui défend de les admettre pour une valeur au-dessus de 150ᶠ (2).

804. *Les trois genres de preuves autorisés par l'art.* 195 *peuvent-ils concourir pour la vérification, c'est-à-dire être employés simultanément; et quel est, dans ce concours, celui dont les résultats doivent l'emporter sur ceux des autres?*

---

(1) Mais les deux espèces examinées sur la précédente question exigent une observation: dans la première, le jugement par défaut, rendu contre une des parties sera, de sa part, sujet à l'opposition, sans que le jugement à intervenir puisse servir ou préjudicier à la partie jugée contradictoirement; dans la seconde, au contraire, le jugement qui sera prononcé après jonction ne sera pas attaquable par voie d'opposition, conformément à l'art. 153.

(2) La vérification par titre n'exige d'autre procédure que la production des actes et pièces, qui peuvent constater ou faire présumer, d'une manière plus ou moins satisfaisante, que la signature à vérifier est véritablement de la main de celui auquel on l'attribue.

La vérification, quand elle s'opère par comparaison, exige une procédure spéciale, qui se compose des règles et formalités prescrites par le présent titre; si elle se fait par témoins, on applique les règles et les formalités concernant les enquêtes en général, sauf l'exécution des art. 211 et 212, particuliers à celles qui ont lieu en matière de vérification.

Il est évident, d'après les expressions de l'art. 195, que les trois genres de preuves peuvent être mis en usage simultanément, et concourir ensemble à établir que l'acte est ou n'est pas écrit ou signé par la partie à laquelle l'écriture ou la signature est attribuée.

Mais, dans ce concours, quelle sera la preuve qui devra l'emporter par ses résultats et déterminer la décision ?

« Lorsque le législateur admet trois genres de preuves, dit le tribun Perrin, » édit. de Didot, pag. 88, il laisse à la conscience du juge, éclairé par la ré» flexion et le recueillement, à prononcer sur les résultats. »

Ainsi, la loi n'oblige point le juge à se décider de préférence par les résultats de l'un ou de l'autre des trois genres de preuves qu'elle admet; elle n'a point mesuré l'influence de chacun sur sa conviction, ni, comme le dit encore le tribun Perrin, assujéti sa conscience à la précision du calcul géométrique, source éternelle de débats et de raisonnemens métaphysiques, qui tous viennent échouer contre la variété infinie des circonstances, et les nuances imperceptibles du langage des experts et des témoins (1).

Au reste, dans l'absence d'un des trois genres de preuves prescrits par l'art. 195, un seul suffit pour déterminer la décision, et la preuve testimoniale ne peut, en matière de vérification, avoir d'autre objet que la vérité de l'écriture, et non pas isolément la vérité de la dette. En effet, la loi rejette la preuve testimoniale pour somme excédant 150f; en sorte que, si l'on se bornait à demander à prouver par témoins, ou que ceux-ci se bornassent à déclarer que le défendeur a reconnu l'obligation, sans parler de l'acte ni en constater autrement la vérité, cette preuve serait inadmissible ou *inconcluante.* C'est par cette raison que l'art. 212 veut que, lors de l'audition des témoins, les actes leur soient représentés et soient paraphés par eux (2).

ARTICLE 196.

Le jugement qui autorisera la vérification, ordonnera qu'elle sera faite par trois experts, et les nommera d'office, à moins que

---

(1) On peut dire néanmoins que, dans le conflit des divers genres de preuves, et dans l'incertitude qui pourrait en résulter, il est du devoir du juge de donner la préférence à la preuve résultant de titres, par lesquels la partie aurait formellement reconnu l'écrit, ou fait des conventions qui en supposeraient l'existence; qu'il doit ensuite avoir égard aux déclarations positives de témoins sur des faits relatifs à la confection de l'acte (*voy. art.* 211), de préférence aux apuremens donnés par des experts, après comparaison de l'écriture. Cette dernière preuve est, de toutes celles qui sont admises en justice, la plus conjecturale.

Aussi la Cour de Paris, par arrêt du 30 germinal an 11, ne balança-t-elle pas, dans une affaire où il y avait concours de la preuve par témoins et de la preuve par experts, à se déterminer par la première; et tous les auteurs ont émis la même opinion. — (*Voy. une dissertation insérée, à la suite de l'arrêt précité, dans le Journ. du Palais*, 2.e *sem. an* 11, *pag.* 369; *Duparc-Poullain, tom.* 9, *pag.* 257 *et suiv., et sur-tout le Traité du droit civil, par M. Toullier, tom.* 8, *pag.* 314, *n.os* 213 *et* 214, 343 *et suiv., n.os* 233—238.

(2) Nous remarquerons en outre que la loi n'exigeant pas absolument le concours des trois modes de vérification, un tribunal peut se borner à ordonner qu'elle sera faite par *témoins*, sauf à la partie, comme nous le dirons sur l'art. 212, à demander autorisation pour procéder par un autre des trois modes, s'il y a lieu. — (*Rennes*, 22 *avril* 1816).

les parties ne se soient accordées pour les nommer. Le même jugement commettra le juge devant qui la vérification se fera; il portera aussi que la pièce à vérifier sera déposée au greffe, après que son état aura été constaté, et qu'elle aura été signée et paraphée par le demandeur ou son avoué, et par le greffier, lequel dressera du tout un procès-verbal.

T., 92. — Ordonn. de 1737, tit. 1, art. 8 et 11. — C. de P., art. 219, 225, 305. — C. d'instr. crim., art. 448.

CLIV. L'ART. 196 et les suivans règlent particulièrement la procédure concernant la vérification par experts, non parce que ce moyen est le plus infaillible, mais parce qu'il est le plus souvent le seul qui soit praticable. Il faut d'abord fixer le choix des experts, auquel il est d'autant plus nécessaire d'apporter une scrupuleuse attention, qu'il est difficile de pénétrer la vérité en cette matière. (*Voy. M. Toullier, tom.* 8, *pag.* 342 *et suiv.*). L'art. 196 veut qu'en ordonnant la vérification, le tribunal lui-même nomme trois experts, si les parties ne se sont pas accordées pour les nommer; ainsi l'expertise se fait ou par les experts que le juge a nommés, ou par ceux que les parties ont désignés d'un commun consentement, et par le résultat d'un vœu unanime. L'article veut ensuite que l'acte à vérifier soit déposé au greffe : c'est l'intérêt de toutes les parties; dès lors, en effet, qu'il est suspect, il devient le patrimoine de la justice, jusqu'à ce qu'elle ait prononcé sur son sort. — (*Rapp. au Corps législ.*)

805. *Si l'une des parties avait nommé un expert, le juge n'aurait-il à nommer d'office que les deux autres?*

Le juge ne devrait point s'arrêter à cette nomination faite par une partie seulement, et n'en ferait pas moins d'office le choix des trois experts, puisque la loi veut qu'il les nomme, lorsque les deux parties ne s'accordent pas pour les nommer elles-mêmes. — (*Voy. Delaporte, tom.* 1, *pag.* 198).

806. *La nomination d'office des trois experts est-elle définitive?*

C'est demander, en d'autres termes, si l'on doit appliquer à l'expertise ordonnée pour vérification d'écritures la disposition de l'art. 305, qui accorde aux parties un délai de trois jours, depuis le jugement, pour convenir d'autres experts que ceux nommés par ce même jugement.

Nous répondons que le Code, au titre de la vérification d'écriture, établit une procédure spéciale, à laquelle on ne peut appliquer les dispositions faites pour les cas ordinaires, qu'autant que la loi l'a dit expressément, comme elle l'a fait en l'art. 197. Il suit de cette observation que les parties ne peuvent convenir d'experts dès que, par le jugement qui ordonne la vérification, le tribunal en a nommé d'office (1).

807. *Le jugement qui ordonne la vérification doit-il fixer le délai dans lequel le demandeur devra déposer la pièce?*

---

(1) M. Pigeau, tom. 1, pag. 303, n.° 3, et pag. 291, paraît être d'une opinion contraire.

La loi ne l'exige pas, mais il est à propos de le faire, afin de hâter la vérification, en offrant au défendeur un moyen de faire prononcer la déchéance du droit de procéder à cette vérification, si le demandeur négligeait de déposer dans le délai. — (*Demiau Crouzilhac, pag.* 158).

808. *Le juge-commissaire doit-il parapher la pièce?*

La loi n'exige point encore cette formalité : on ne pourrait donc se plaindre du défaut de paraphe du juge-commissaire ; mais aussi nous pensons qu'on ne pourrait lui reprocher de l'avoir apposé ; il conviendrait même qu'il le fît, afin d'ajouter encore à la certitude de l'identité de la pièce. — (*Comm. des Ann. du notariat, tom.* 1, *pag.* 396).

809. *Le défendeur doit-il être sommé d'assister au procès-verbal de dépôt de la pièce?*

Les auteurs du Commentaire inséré aux Annales du notariat estiment, tom. 1, pag. 396, que cette sommation n'est pas exigée, mais qu'il est bon de la faire. Dès qu'il s'agit, disent-ils, de vérifier l'état d'un écrit qu'une partie a désavoué ou qu'elle a déclaré ne pas reconnaître, il est dans l'ordre qu'elle puisse voir si la pièce qu'on constate et dépose est réellement la même que celle sur laquelle cette même partie a fourni sa déclaration.

Nous trouvons que l'art. 198 remplit suffisamment cet objet. Cependant, comme la loi ne défend point formellement d'appeler le défendeur au procès-verbal de dépôt ; comme le demandeur peut y trouver quelque intérêt, en ce qu'il ferait à ce moyen courir le délai fixé en l'art. 198, du jour même du dépôt, ainsi que le porte cet article, nous pensons que la loi ne lui interdit point de sommer le défendeur d'assister au procès-verbal de ce dépôt.

Il y a plus : si le défendeur, en comparaissant sur cette sommation, paraphait de suite la pièce, il se rendrait non recevable à exciper de ce que l'ordonnance dont il est question en l'art. 199, aurait été obtenue avant l'expiration du délai fixé par l'art. 198.

Tout ce qui tend à hâter une décision et à économiser les frais, sans qu'une partie en souffre préjudice, est évidemment autorisé ; or, c'est ce que pourrait opérer la sommation dont nous venons de parler. Si le défendeur consentait à parapher la pièce, le procès-verbal en ferait mention, et par là rendrait inutile la signification de l'acte de dépôt, et le procès-verbal de communication que le greffier aurait à dresser, conformément à l'art. 198.

Mais si le défendeur ne se présentait pas, ou n'apposait pas son paraphe, la sommation ne produirait aucun effet, ainsi que nous le dirons sur la 810e. quest.

ARTICLE 197.

En cas de récusation contre le juge-commissaire ou les experts, il sera procédé ainsi qu'il est prescrit aux tit. XIV et XVI du présent livre.

T., 92. — Ordonn. de 1737, tit. 1, art. 9. — C. P., art. 308, 309, 310, 311, 378, 383 384 et 385.

CLV. Nous verrons plus loin que les experts et les juges sont récusables;

mais nous remarquerons dès ici qu'elle ne peut avoir lieu qu'à l'égard des experts nommés d'office, attendu que le juge a pu ignorer les justes motifs de suspicion qui pourraient réclamer contre son choix. Notre article veut qu'il soit procédé en cette matière, suivant les règles générales posées aux titres *des récusations de juges et des visites d'experts.*

ARTICLE 198.

Dans les trois jours du dépôt de la pièce, le défendeur pourra en prendre communication au greffe sans déplacement. Lors de ladite communication, la pièce sera paraphée par lui ou par son avoué, ou par son fondé de pouvoir spécial, et le greffier en dressera procès-verbal.

T., 76, 92. — Ordonn. de 1737, tit. 11, art. 8, 10 et 26, et tit. 3, art. 7 de la même ordonnance. — C. P., art. 196, 308, 378, 1033.

CLVI. D'APRÈS l'art. 196, le premier acte à faire en vertu du jugement qui ordonne la vérification, est le dépôt au greffe de la pièce à vérifier. Ce dépôt est fait par l'avoué du demandeur en vérification, et le greffier en dresse un procès-verbal qui constate, en premier lieu, l'état apparent de la pièce (1), et où l'on fait en outre mention qu'elle a été signée et paraphée de l'avoué comparant, ou du demandeur lui-même, puis du greffier qui s'en est chargé comme dépositaire. Ce dépôt fait, l'avoué du demandeur en prévient son adversaire par une simple déclaration d'avoué à avoué, ou par exploit signifié au défendeur, si celui-ci n'a pas d'avoué constitué; enfin dans les trois jours du dépôt ainsi notifié, le défendeur, son avoué ou son fondé de pouvoir spécial, peut aller au greffe et prendre, sans déplacement, communication de la pièce à vérifier, qui, pour qu'on ne puisse élever, dans la suite, aucun doute sur son identité, est incontinent, et conformément à l'art. 196 ci-dessus, paraphée par celui qui s'est présenté pour en prendre communication; le greffier dresse du tout un second procès-verbal.

810. *Le délai de trois jours donné au défendeur, par l'art. 198, pour prendre au greffe communication de la pièce, courrait-il, en tous les cas, du jour du dépôt même?*

L'art. 198 suppose évidemment que le défendeur a eu connaissance du dépôt; or, il ne peut être présumé l'avoir acquise qu'au moyen de la signification de l'acte qui constate ce dépôt, signification prescrite par l'art. 70 du tarif: ce ne pourra donc être qu'à compter du jour de cette signification que courra le délai dont il s'agit. — (*Voy. Pigeau, tom.* 1, *pag.* 304, *et Demiau Crouzilhac, pag.* 159)

Mais si le défendeur avait été sommé, comme nous l'avons dit sur la 809.ᵉ

(1) *L'état de la pièce,* c'est-à-dire le nombre de rôles dont elle est composée, la dimension du papier, la mention du timbre et de l'enregistrement, les ratures ou surcharges qu'on y remarque, les détériorations qu'elle a pu subir par le tems, l'humidité, le feu, etc.

quest., d'assister au procès-verbal du dépôt, et qu'il eût obéi à cette sommation, on sent que le délai courrait du jour de ce procès-verbal, puisqu'il deviendrait inutile en ce cas de lui signifier le dépôt.

Il n'en serait pas de même s'il n'avait pas comparu sur la sommation. Cette sommation, que la loi n'exige point, lui annonce bien que le dépôt doit avoir lieu, mais ne lui prouve point qu'il ait été fait, et ne peut conséquemment le priver de l'avantage d'un délai que la loi ne fait courir qu'à partir d'un acte qui lui fournisse cette preuve (1).

811. *Si le défendeur ne prenait pas communication dans le délai fixé, serait-il déchu de cette faculté?*

Nous ne doutons pas qu'il peut prendre communication aussi long-tems que le demandeur n'aurait pas mis à exécution l'ordonnance dont il est question en l'art. 199.

812. *La communication peut-elle être donnée par le greffier seul, et hors la présence du juge-commissaire?*

L'art. 6 du tit. 12 de l'ordonnance exigeait la présence du juge-commissaire. Il faut conclure du silence de l'art. 198 du Code, que le législateur a entendu abroger cette ancienne disposition.

Article 199.

Au jour indiqué par l'ordonnance du juge-commissaire, et sur la sommation de la partie la plus diligente, signifiée à avoué, s'il en a été constitué, sinon à domicile, par un huissier commis par ladite ordonnance, les parties seront tenues de comparaître devant ledit commissaire, pour convenir des pièces de comparaison : si le demandeur en vérification ne comparaît pas, la pièce sera rejetée. Si c'est le défendeur, le juge pourra tenir la pièce pour reconnue. Dans les deux cas, le jugement sera rendu à la prochaine audience, sur le rapport du juge-commissaire, sans acte à venir plaider : il sera susceptible d'opposition (2).

T., 76, 92. — Ordonn. de 1737, tit. 2, art. 33, et tit. 3, art. 7 et 8. — C. de P., art. 214.

CLVII. La vérification par experts consiste à comparer les écritures ou signa-

(1) M. Delaporte et les auteurs du Commentaire inséré aux Annales du notariat, sont d'un sentiment opposé; mais, outre les raisons que nous venons de donner, ce qui nous détermine à persister dans le nôtre, c'est qu'une sommation que le demandeur en vérification fait pour son propre intérêt, et autant qu'il ne préjudicie point à celui du défendeur, ne peut être opposée à ce dernier, et doit conséquemment être considérée comme non avenue, s'il n'y a pas obtempéré : il faudra donc, en cette circonstance, lui signifier l'acte de dépôt, et le délai ne courra, comme à l'ordinaire, qu'à partir de cette signification.

(2) JURISPRUDENCE.

L'art. 199 du Code de procédure, portant que si le demandeur en vérification d'écriture

tures de la pièce douteuse, avec les écritures ou signatures d'autres pièces non douteuses, pour des rapports de ressemblance ou dissemblance découverts entre les unes et les autres, conclure la vérité ou la fausseté de la pièce à vérifier. Cette opération ne peut donc être faite qu'autant qu'on a des pièces de comparaison incontestables ou non contestées, et par conséquent, il faut d'abord que les parties conviennent de ces pièces, ou qu'à faute par elles de s'accorder sur ce premier point, le juge prononce ainsi qu'il est dit en l'article suivant. Dans cette vue, l'art. 76 du tarif veut que la partie la plus diligente présente au juge-commissaire, par le ministère de son avoué, une requête non grossoyée, sur laquelle ce magistrat rend une ordonnance portant autorisation de sommer le défendeur de comparaître devant lui aux jour et heure qu'il indique, pour convenir des pièces de comparaison. Cette ordonnance étant enregistrée est signifiée au défendeur avec sommation de se présenter à cet effet, soit que ces deux parties comparaissent, soit que l'une d'elles ne se présente pas; le juge dresse son procès-verbal, d'après lequel, dans le dernier cas, il fait son rapport à l'audience où le tribunal devra prononcer les effets attachés par l'art 199 au défaut, soit du demandeur, soit du défendeur. — (*Voy. Demiau Crouzilhac, pag.* 160). (1)

813. *La faculté donnée au juge de tenir la pièce pour reconnue, doit-elle être restreinte au cas où l'écriture serait attribuée au défendeur?*

M. Delaporte, tom. 1, pag. 202, résout affirmativement cette question. « La » disposition de l'art. 199 s'explique, dit-il, par l'art. 7 du tit. 12 de l'ordon» nance, qui portait que, si l'on prétendait que l'écriture fût de la main du

---

ne comparaît pas au jour indiqué pour convenir des pièces de comparaison, la pièce sera rejetée, doit être entendu en ce sens que le demandeur n'est pas tenu de comparaître en personne, et qu'il peut être valablement représenté par son avoué. — (*Colmar*, 9 *mai* 1818, *Sirey*, 1818, *pag.* 357).

(1) Quand les deux parties comparaissent devant le juge commissaire au jour fixé par son ordonnance, le demandeur en vérification indique les pièces qu'il entend proposer aux experts comme pièces de comparaison; le défendeur les admet ou rejette en totalité ou en partie, ou même en propose d'autres, si bon lui semble, et le juge tâche d'accorder les parties. S'il y réussit, il en fait mention détaillée dans son procès-verbal, et dans le cas contraire, il peut, il doit même décider, en se conformant à l'art. 200, quelles sont parmi ces pièces celles qu'il convient d'admettre ou de rejeter.

Dans le cas où l'une ou l'autre des parties laisse défaut devant le juge-commissaire, le procès-verbal ne doit que mentionner ce défaut, car ce n'est pas à lui, c'est au tribunal qu'il appartient de prononcer les effets que doit entraîner ce défaut. Le mot *juge* ne nous paraît en effet avoir été employé que pour désigner le tribunal entier, et tel est aussi le sentiment de M. Pigeau, tom. 1, pag. 307, et de M. Berriat Saint-Prix, pag. 270, not. 22.

Ainsi, lorsque c'est le demandeur en vérification qui a fait défaut devant le juge-commissaire, le tribunal devant présumer qu'il abandonne sa demande, ordonne que la pièce à vérifier sera rejetée; lorsque c'est le défendeur, la loi, quoiqu'en général elle fasse un devoir aux tribunaux de n'admettre une demande qu'après l'avoir vérifiée, leur laisse néanmoins, par l'art. 199, la faculté de tenir la pièce pour reconnue, sans autre vérification; faculté dont la prudence doit régler l'usage, mais sur laquelle nous observerons que le tribunal ferait toujours bien d'ordonner la vérification, toutes les fois que l'intérêt public ou celui d'un tiers ou d'un incapable, se trouverait compromis. — (*Voy. Pigeau, tom.* 1, *pag.* 308).

» défendeur, elle serait tenue pour reconnue, et que, si elle était d'une autre » main, on procéderait à la vérification. »

Ainsi, le profit du défaut ne consisterait, en ce dernier cas, qu'en ce que la vérification serait faite sur les pièces de comparaison indiquées par le demandeur.

Nous opposons que la loi n'a point distingué, et que c'est précisément parce que le législateur a substitué, dans le Code, des expressions générales aux expressions limitatives de l'ordonnance, que l'on doit croire qu'il a eu l'intention de proscrire la distinction que M. Delaporte reproduit.

814. *L'opposition au jugement rendu sur le rapport du juge-commissaire, à l'occasion du défaut d'une des parties, suffit-elle pour qu'il rende une nouvelle ordonnance à l'effet de convenir des pièces de comparaison?*

Nous pensons qu'il faut que le tribunal statue sur l'opposition, parce qu'à lui seul appartient de rétracter le jugement qu'il a rendu. Jusque là le juge-commissaire demeure sans qualité pour donner suite à la vérification. Ainsi, le tribunal, après avoir admis les moyens d'opposition, qui ne peuvent guère être fondés que sur l'impossibilité où la partie se trouvait de comparaître, ou sur le défaut de signification de l'ordonnance, renverrait à se pourvoir devant le juge-commissaire (1).

ARTICLE 200.

Si les parties ne s'accordent pas sur les pièces de comparaison, le juge ne pourra recevoir comme telles,

1.° Que les signatures apposées aux actes pardevant notaires, ou celles apposées aux actes judiciaires en présence du juge et du greffier, ou enfin les pièces écrites et signées par celui dont il s'agit de comparer l'écriture, en qualité de juge, greffier, notaire, avoué, huissier, ou comme faisant, à tout autre titre, fonction de personne publique;

2.° Les écritures et signatures privées, reconnues par celui à qui est attribuée la pièce à vérifier, mais non celles déniées ou non reconnues par lui, encore qu'elles eussent été précédemment vérifiées et reconnues être de lui.

Si la dénégation ou méconnaissance ne porte que sur partie

---

(1) Mais nous devons remarquer que les auteurs du Commentaire inséré aux Annales du notariat, tom. 1, pag. 400, semblent dire qu'il suffit d'une opposition faite en tems utile, pour que l'on puisse s'adresser incontinent au juge-commissaire, afin d'obtenir une nouvelle ordonnance. Les raisons ci-dessus déduites nous paraissent devoir porter à admettre l'opinion contraire, et, par conséquent, on appliquerait à l'opposition au jugement dont parle l'art. 199, les principes qui régissent celle qui serait formée contre tout autre jugement rendu par défaut.

de la pièce à vérifier, le juge pourra ordonner que le surplus de ladite pièce servira de pièce de comparaison.

Ordonn. de 1737, tit. 1, art. 13, 14 et 15. — Ordonn. de 1670, tit. 8, art. 5. — C. P., art. 236. — C. d'instr. crim., art. 453, 456.

CLVIII. DANS une opération qui consiste à juger de l'inconnu par le connu, on sent qu'il faut partir d'une base incontestable, et qu'une pièce qui aurait besoin d'être vérifiée ne peut devenir le type d'une vérification, si les parties ne tombent pas d'accord à cet égard. C'est par ce motif que la loi veut ici que, faute par les parties de s'accorder, le juge ne puisse recevoir comme pièces de comparaison que celles qu'elle indique, tandis que l'accord volontaire des parties pourrait tomber sur toutes sortes d'écritures privées. Ainsi, le législateur n'a autorisé à admettre pour pièces de comparaison, que celles à l'égard desquelles il ne peut y avoir aucun doute qu'elles n'aient été écrites ou signées par celui dont l'écriture ou la signature est déniée. Or, ce doute n'existe pas, si la présence d'un officier public dans l'exercice de ses fonctions, atteste la vérité de la pièce, ou si, présentée par le demandeur, elle est reconnue par le défendeur; mais ce doute peut exister encore si la pièce n'a été reconnue qu'après vérification, non par la partie, mais par des experts. Tel est l'hommage que la loi rend elle même à l'incertitude des moyens qu'elle adopte pour découvrir la vérité. — (*Voy. Rapp. au Corps législ.*)

815. *Lorsque les parties conviennent à l'amiable des pièces de comparaison, ou lorsqu'étant en présence l'une de l'autre, elles ne s'accordent pas à ce sujet, faut-il qu'il soit rendu jugement qui déclare quelles seront celles qui serviront à la comparaison?*

Il est évident, d'après les termes de l'art. 200, que tout ici est abandonné à l'arbitrage du juge-commissaire, sauf le pourvoi dont nous parlerons sur la 706ᵉ. quest.

Nous nous proposons, au reste, de développer, sur l'art. 236, les raisons qui nous portent à croire que l'on ne peut, en raisonnant par induction de certaines expressions de cet article, maintenir que le tribunal doive toujours rendre jugement pour tenir les pièces reçues. — (*Voy. Quest. de M. Lepage, pag.* 827).

816. *Le juge-commissaire pourrait-il admettre, pour pièces de comparaison, des actes authentiques autres que ceux dressés par un notaire?*

Non; et la preuve s'en tire du changement fait par le Code à l'art. 199 du projet, qui autorisait le juge-commissaire à admettre toutes pièces signées par *pesonnes publiques et en cette qualité.* Il est évident, d'après ce changement, que les actes notariés sont les seuls de tous les actes authentiques extrajudiciaires, que l'on puisse recevoir pour pièces de comparaison. — (*Voy. Pigeau, tom.* 1, *pag.* 308).

817. *Un procès-verbal dressé en bureau de paix, et signé par la partie, pourrait-il être admis comme pièce de comparaison?*

Par les raisons données sur la précédente question, M. Pigeau, *ubi suprà*, maintient la négative; d'autres citent ce procès-verbal comme un exemple des pièces que l'on peut admettre, du moins comme actes judiciaires. Nous adoptons l'opinion de M. Pigeau. Nul doute qu'on ne puisse pas recevoir un tel procès-verbal, bien qu'il soit un acte authentique (*voy.* 231e. *quest.*, *pag.* 111), puisque la loi se borne à indiquer les actes notariés ; d'un autre côté, l'on ne peut le considérer comme acte judiciaire, puisque le juge de paix ne le dresse point en qualité de juge, mais seulement comme conciliateur.

818. *En serait-il de même des registres de l'état civil?*

Oui, puisqu'ils ne peuvent être assimilés aux actes judiciaires, ainsi que la section du Tribunat le fit observer lors de la discussion du projet. — (*Voy. Locré, tom.* 1, *pag.* 399).

La raison en est que l'officier de l'état civil n'étant point, comme le notaire, obligé de connaître les parties et les témoins, n'atteste point l'identité de la signature avec telle personne à laquelle on voudrait l'attribuer.

819. *Pourrait-on recevoir la signature apposée à un acte fait en présence du juge ou du greffier seulement?*

On ne pourrait guère citer d'exemple d'un acte fait en présence du juge seul, et qui fût signé par la partie qu'il concernerait. (*Voy. art.* 1040). Mais cela serait-il possible, un tel acte ne pourrait être reçu pour pièce de comparaison.

Il en serait de même de tout acte dressé en présence du greffier seul, comme les procès-verbaux de vérification d'écritures (*art.* 208), l'acte de soumission de caution, etc. (*art.* 519), l'affirmation du tiers saisi, etc. (*art.* 571).

Le juge-commissaire ne peut donc admettre que les procès-verbaux de toute espèce dressés par le juge, assisté du greffier, comme un procès-verbal d'enquête, un interrogatoire sur faits et articles, etc.

820. *Admettrait-on pour comparaison des pièces que les lois anciennes déclaraient authentiques, mais auxquelles les lois actuelles n'attribueraient pas ce caractère?*

Nous nous croyons bien fondé à résoudre cette question pour l'affirmative ; car il ne dépend pas de la loi nouvelle d'enlever à un acte antérieur à sa publication le caractère d'authenticité que lui attribuait la loi ancienne, et duquel dérivaient, pour les parties, des droits dont elles ne pourraient être privées sans blesser le principe de *non rétroactivité* posé dans l'art. 2 du Code civil (1).

821. *De ce que la loi autorise à admettre les pièces* ÉCRITES ET SIGNÉES *par la partie, en qualité de fonctionnaire ou d'officier public, s'ensuit-il rigoureusement que la pièce doive tout à la fois être* ÉCRITE ET SIGNÉE *par elle?*

Quoique l'art. 200 se serve de ces expressions, *la pièce écrite et signée*, néanmoins, dit M. Pigeau, tom. 1, pag. 309, la signature apposée par le fonctionnaire public, au bas de l'acte qu'il reçoit en cette qualité, sans l'avoir écrit lui-même, peut servir de pièce de comparaison. Puisqu'il donne, par sa signa-

(1) C'est par cette raison que la Cour de Paris, par arrêt du 2 janvier 1808 (*Sirey*, *tom.* 8, *pag.* 65), a décidé que l'on pouvait admettre pour pièces de comparaison des registres de communautés religieuses, attendu qu'ils étaient authentiques et probans de l'état des personnes, et que, comme tels, l'ordonnance de 1737 les admettait pour pièces de comparaison.

ture, l'authenticité à la pièce entière, à plus forte raison, ajoute cet auteur, la confère-t-il à sa signature.

Cette solution ne nous paraît pas à l'abri de toute controverse. On peut opposer que si le législateur avait entendu consacrer la distinction que fait M. Pigeau, il se fût servi de la disjonctive *ou*, et non de la copulative *et*; que la preuve qu'il a voulu que la pièce fût tout à la fois *écrite* et *signée*, résulte de ce passage du discours du tribun Perrin (*édit. de F. Didot, pag.* 86): « Quant aux pièces de comparaison, elles doivent avoir un caractère commun; » il doit n'y avoir aucun doute qu'elles ont été *écrites et signées* par celui dont » l'écriture est déniée. »

Mais nous ne faisons cette observation qu'afin de faire remarquer que le juge-commissaire ne doit pas se rendre trop facile à recevoir des pièces qui ne seraient que signées par la partie. Nous n'en pensons pas moins qu'il le pourrait, suivant les circonstances; par exemple, lorsqu'il serait question de vérifier l'écriture d'un juge; car souvent il serait difficile de trouver des pièces qu'il aurait écrites et signées, puisque l'art. 1040 veut qu'il soit toujours assisté du greffier, et que, par une décision du 11 octobre (*Sirey, tom.* 9, *DD., pag.* 12), Son Exc. le Ministre des finances a prononcé que cet article supposait que le greffier devait écrire sous la dictée du juge (1).

822. *S'il s'agissait de s'assurer qu'un acte a été écrit* EN ENTIER *de la main de la personne à laquelle on attribue l'écriture, de simples signatures apposées à des actes, d'ailleurs admissibles, pourraient-elles suffire pour vérifier le corps entier de l'écriture?*

Nous ne pensons pas que l'offre de cette preuve pût être rejetée par le juge. La loi a entendu lui procurer tous les moyens possibles de l'éclairer, et l'art. 200 admet tout à la fois et des actes *et des signatures;* il ne fait aucune distinction entre le cas où il s'agirait de vérifier un corps d'écriture, et celui où il ne serait question que de simples signatures, et sans contredit, le juge ne peut suppléer cette distinction. C'est aux experts à déclarer ensuite s'il leur a été possible de se former une opinion d'après ces seuls documens, et nonobstant l'invraisemblance de la possibilité d'acquérir, sur l'examen d'une signature, des raisons suffisantes pour décider si un *corps d'écriture* est ou n'est pas de la main de celui qui n'a fait que souscrire la pièce de comparaison.

823. *Quelles sont les écritures et signatures privées que l'on peut admettre pour pièces de comparaison, comme ayant été* RECONNUES *par celui à qui la pièce à vérifier est attribuée?*

Ce sont celles qui ont été reconnues par la partie, en justice ou devant notaires, soit pour avoir été écrites, soit seulement pour avoir été signées par elle. — (*Voy. Pigeau, tom.* 1, *pag.* 309, *et Serpillon sur l'art.* 14 *de l'ordonn. de* 1737).

(1) Nous remarquerons, au surplus, que les dispositions de l'art. 200 sont, à peu de différence près, les mêmes que celles des art. 13, 14 et 15 de l'ordonnance de 1737. Or, le premier de ces articles portait aussi que les pièces devaient être *écrites et signées* par celui dont il s'agissait de comparer l'écriture. Cependant le savant commentateur de cette ordonnance, Serpillon, pag. 29, disait que c'était assez qu'un officier public eût, en cette qualité, *écrit ou signé* un acte, pour qu'il pût servir de pièce de comparaison contre lui.

824. *Comment s'entendent les mots* RECONNUES ÊTRE DE LUI, *qui terminent le* § 2 *de l'article?*

Ils s'entendent, non de la reconnaissance de la partie, mais de celle qui aurait été faite par experts. — (*Locré, tom.* 1, *pag.* 398).

825. *De plusieurs pièces présentées pour servir à la comparaison, quelles sont celles que le juge-commissaire doit admettre de préférence?*

Tous les auteurs se sont accordés à dire que ce sont les plus voisines de la date de la pièce à vérifier, parce qu'après un certain nombre d'années, il se rencontre souvent des différences notables dans l'écriture de la même personne.

826. *Le mot* POURRA, *employé dans la dernière disposition de l'art.* 200, *exprime-t-il seulement que le juge-commissaire est autorisé à admettre, pour comparaison de la partie d'une pièce sur laquelle porte la dénégation ou la méconnaissance, le surplus de cette pièce, qui n'est ni dénié ni méconnu?*

En d'autres termes : *Le juge n'a-t-il pas la faculté ou d'admettre le surplus d'une pièce, pour servir à la comparaison de la partie déniée ou méconnue, ou d'exiger d'autres pièces?*

La disposition de l'art. 200, à laquelle se rapporte cette question, doit être entendue comme les commentateurs de l'ordonnance de 1737 expliquaient l'art. 15 de l'ordonnance. On dira, par conséquent, que le législateur laisse à la prudence du juge-commissaire d'ordonner que la partie de la pièce sur laquelle ne porte pas la dénégation ou la méconnaissance, servira de pièce de comparaison, ou d'exiger d'autres pièces, en usant toutefois de la précaution indiquée sur la question précédente. — (*Voy. Serpillon sur l'article précité de l'ordonn. de* 1737).

827. *Peut-on se pourvoir contre l'ordonnance par laquelle le juge-commissaire aurait admis, pour pièces de comparaison, des écritures et signatures qui ne seraient pas au nombre de celles que la loi désigne?*

En cas d'affirmative de cette question, quelle sera la voie que devra prendre la partie intéressée à faire reformer cette ordonnance?

La loi défend au juge-commissaire d'admettre d'autres pièces que celles indiquées dans les deux paragraphes que renferme l'art. 200. L'on doit conclure de cette défense que la décision de ce magistrat ne saurait être définitive ; autrement, on admettrait, ce qui serait contradictoire, qu'il pourrait arbitrairement enfreindre les règles qui lui sont tracées.

Mais attendra-t-on, pour faire réformer sa décision, le moment où le tribunal aura à statuer sur les résultats de la vérification faite sur les pièces qui auraient été mal à propos admises? Nous ne le pensons pas. Nulle disposition n'autorise cette exécution provisoire, qui préjudicierait aux deux parties, puisque la décision du juge-commissaire venant à être réformée après la vérification faite, il faudrait procéder à une seconde; ce qui causerait tout à la fois et le retard du jugement définitif et des frais plus considérables.

On pourra donc se pourvoir contre cette décision avant que les experts procèdent à la vérification.

Voyons maintenant quelle voie la partie intéressée devra prendre, afin de parvenir à la réformation.

M. Demiau-Crouzilhac est le seul de nos auteurs qui se soit livré à l'examen de cette question.

Selon lui, deux voies sont ouvertes, ou celle de l'incident, aux termes de l'art. 337, ou celle de l'appel. Mais la première lui paraît préférable à tous égards, parce qu'il ne croit pas que l'on puisse donner à la décision d'un juge-commissaire l'effet d'un jugement : d'où il conclut qu'elle ne doit être envisagée que comme un travail purement préparatoire qu'il appartient au tribunal de maintenir ou d'annuler.

Nous avions adopté cette opinion dans notre Analyse, quest. 720 ; mais nous ne croyons pas devoir y persister aujourd'hui, attendu qu'il nous semble, d'après le réquisitoire de M. l'avocat général Jaubert, que nous rapporterons sur l'art. 276, que l'ordonnance du juge-commissaire doit avoir en cette circonstance l'effet d'un jugement, parce que la loi lui donne caractère pour statuer sur l'admission ou le rejet des pièces de comparaison. — (*Voy. aussi nos quest. sur les art.* 759 *et* 970). (1)

828. *Quelles ressources aurait-on pour vérifier l'écriture, si, ne pouvant fournir la preuve par témoins, le demandeur se trouvait également dans l'impuissance de présenter des pièces de comparaison ayant le caractère exigé par l'art.* 200 ?

Il ne resterait en ce cas, dit Rodier, sur l'art. 9, tit. 12 de l'ordonnance, quest. 4, qu'à faire la comparaison avec d'autres écritures privées utiles au défendeur, et, par conséquent, non suspectes, trouvées entre les mains des tierces personnes, sur-tout si le défendeur voulait les agréer; car cet agrément serait une espèce de reconnaissance de ces écritures privées, qui les rendrait en quelque façon des pièces publiques.

Ce savant commentateur ajoute que, suivant un arrêt du Parlement de Toulouse, il n'était pas permis de faire procéder à la reconnaissance d'une écriture privée pour la faire ensuite servir de pièce de comparaison, et il observe que cet arrêt devait avoir été rendu dans des circonstances bien singulières; il renvoie à l'art. 8 du tit. 1 de l'ordonnance de 1737; ce qui donne à entendre qu'il pensait que l'on pouvait tirer de cet article une conséquence contraire à l'arrêt de Toulouse.

Nous remarquerons que cet article défendait d'admettre pour pièces de comparaison des écritures déniées ou non reconnues par le défendeur, *encore qu'elles eussent été vérifiées et reconnues avec lui.*

Sallé (*Esprit des ordonnances*) observait sur cet article qu'il ne s'entendait

(1) Mais, pour épargner aux parties les lenteurs et les frais d'un appel, nous croyons que le juge-commissaire, quoique la loi ne lui en fasse pas une obligation, agirait prudemment en référant au tribunal des difficultés que les parties élèveraient sur l'admissibilité des pièces. Ainsi, dans l'espèce, il pourrait, en insérant dans son procès-verbal les difficultés qui se seraient présentées, déclarer quel est son avis, et vu les débats des parties, renvoyer à l'audience. (*Voy. Questions de Lepage, pag.* 180). Ce serait un moyen de concilier avec la loi les intérêts bien entendus des parties; mais nous ne pensons pas qu'il soit obligé à déférer au réquisitoire que les parties lui feraient à cet égard, il est évidemment libre, ou de prononcer le renvoi à l'audience, ou de statuer sur l'admission et le rejet des pièces, et s'il rend son ordonnance, nous le répétons, elle n'est sujette qu'à l'appel, et non pas à l'espèce d'opposition ou d'incident dont parle M. Demiau Crouzilhac.

que de reconnaissance antérieure à l'accusation de faux, et non de reconnaissance postérieure. L'art. 200 du Code est plus positif en ce sens, puisqu'il est conçu dans ces termes : *Encore qu'elles eussent été* PRÉCÉDEMMENT *reconnues être de lui*, c'est-à-dire *avant* la demande en vérification.

On peut donc conclure de là que l'on pourrait, *postérieurement* à cette demande, poursuivre la reconnaissance et la vérification d'une pièce non susceptible par elle-même d'être admise pour servir à comparaison, afin de lui procurer ce caractère. Voilà, sans doute, ce que pensait Rodier.

Mais nous ne croyons pas ce moyen praticable, car la même difficulté qui se rencontre pour vérifier le premier écrit, se présenterait pour vérifier celui que l'on offrirait pour pièce de comparaison ; nous croyons donc que, dans l'impossibilité de trouver des pièces qui puissent en servir, ou de faire un corps d'écriture, il n'y a d'autre ressource pour celui qui oppose la pièce que le serment décisoire. — (*Voy. infrà, nos quest. sur l'art.* 206).

Article 201.

Si les pièces de comparaison sont entre les mains de dépositaires publics ou autres, le juge-commissaire ordonnera qu'aux jour et heure par lui indiqués, les détenteurs desdites pièces les apporteront au lieu où se fera la vérification, à peine, contre les dépositaires publics, d'être contraints par corps, et les autres par les voies ordinaires, sauf même à prononcer, contre ces derniers, la contrainte par corps, s'il y échet.

T., 166. — Ordonn. de 1737, tit. 1, art. 5, et art. 16, 1.re part. — C. P., art. 205, 206, 221, 245. — C. C., art. 2060, n.° 6. — C. d'instr. crim., art. 454.

CLIX. Les écritures authentiques reposent dans des dépôts publics, et ces dépôts sont la propriété de la société entière; cette propriété existe sous la garantie des officiers publics préposés à sa conservation : c'est pourquoi la loi veut que ce soient ces mêmes dépositaires qui les apportent au lieu où se fait la vérification. Si au contraire les pièces sont entre les mains d'autres personnes que des dépositaires particuliers, elle statue de la même manière à leur égard, dans leur intérêt ou dans celui des tiers auxquels appartiendraient les pièces (1). Cette obligation est imposée aux premiers, sous peine d'y être contraints par corps, et aux seconds, sous peine de contrainte par les voies ordinaires. Mais on sait que les voies ordinaires qu'on peut employer contre une personne, pour la contraindre à faire quelque chose, se réduisent à des dommages-intérêts, *nemo potest precisè cogi ad factum.* (*Voy. aussi C. C., art.* 1142). Cependant, comme le dépositaire ou le particulier qui refuse d'apporter les pièces dont il

(1) Si les pièces de comparaison admises par le juge étaient entre les mains de l'une ou de l'autre des parties, le juge ordonnerait qu'elles seront de suite remises au greffier, pour être présentées aux experts à l'instant de la vérification, dont il fixe le jour et l'heure par la même ordonnance d'admission des pièces.

est détenteur, désobéit à justice, il peut être contraint par corps à remplir cette obligation, si l'on voit que son refus n'ayant pas même l'apparence d'un motif plausible, n'est visiblement inspiré que par l'envie de nuire, ou de favoriser la mauvaise foi de l'une des parties.

829. *Quel est le délai dans lequel doit être fait l'apport des pièces de comparaison?*

La loi n'a point fixé de délai : il est donc laissé à l'arbitrage du juge-commissaire; mais ce magistrat doit observer, comme le dit M. Pigeau, tom. 1, pag. 310, que, si les dépositaires ne demeurent pas dans la commune où se fait la vérification, il est de son devoir d'avoir égard à la distance des lieux, et de fixer un délai convenable, tant pour envoyer avertir ces dépositaires, que pour leur donner le tems nécessaire à l'effet d'apporter les pièces.

830. *Comment s'exécutent les dispositions par lesquelles l'art.* 201 *impose aux détenteurs des pièces l'obligation d'en faire l'apport, savoir : aux dépositaires publics, sous peine d'y être contraints par corps, et aux autres, sous peine d'y être forcés par les voies ordinaires, sauf à prononcer la contrainte par corps, s'il y échet?*

M. Delaporte, tom. 1, pag. 205, dit, à l'égard des dépositaires publics, qu'ils sont de droit contraignables par corps, et qu'il n'est pas même nécessaire que cela soit porté dans l'ordonnance. M. Demiau Crouzilhac dit, pag. 162, que la contrainte par corps se prononce contre eux, dans l'ordonnance même qui leur enjoint d'apporter les pièces.

Les auteurs du Commentaire inséré aux Annales du notariat, tom. 1, pag. 406, et M. Pigeau, tom. 1, pag. 313, estiment qu'il ne suffit pas, pour que l'on puisse exercer la contrainte, de l'ordonnance du juge-commissaire portant que les dépositaires dont il s'agit seront tenus d'apporter les pièces, à peine d'y être contraints par corps; ils pensent qu'il faut encore un jugement, et cela pour deux raisons, dit M. Pigeau :

Premièrement, parce que la contrainte par corps, dans le cas même où elle est autorisée par la loi, ne peut, suivant le Code civil (*art.* 2067), être appliquée qu'en vertu d'un jugement : or, l'ordonnance du juge-commissaire n'est pas un jugement;

Secondement, parce que cette ordonnance n'est pas rendue avec le dépositaire : or, on ne peut condamner un individu sans l'avoir appelé. Le dépositaire peut avoir été empêché, par une juste cause, de satisfaire à l'ordonnance.

Nonobstant ce que nous avons dit *suprà*, pag. 521, n°. 827, il est prudent de suivre cette opinion, par la seconde raison qu'indique M. Pigeau.

Le juge-commissaire dressera donc procès-verbal de la non comparution du dépositaire; il déclarera qu'il en fera rapport au tribunal à un jour indiqué, et ce procès-verbal ayant été signifié avec assignation à comparaître à l'audience, le tribunal prononcera la contrainte.

On agira de la sorte relativement à tout autre détenteur des pièces admises pour servir à la comparaison. En effet, la seule différence que l'art. 201 ait faite entre le dépositaire public et le dépositaire particulier, ne consiste qu'en cela seulement, que le tribunal est tenu de prononcer la contrainte contre le premier, dès qu'il ne justifie pas d'un empêchement causé par une force majeure, tandis qu'il ne peut infliger cette peine au second, que suivant les circonstances, et comme nous l'avons dit au commentaire de l'article, lorsqu'il s'est rendu coupable de mauvaise foi et d'une désobéissance manifeste.

Il y a plus, et ceci repose sur la seconde raison apportée par M. Pigeau, relativement au dépositaire public : c'est que le dépositaire particulier ne pourrait être contraint, même par les voies ordinaires, qu'en vertu d'un jugement qui serait également rendu sur le rapport du juge-commissaire, et *après assignation.*

Au reste, tout ce que nous venons d'établir est conforme à ce que disait Serpillon sur l'art. 4 du tit. 1 de l'ordonnance de 1737, pag. 11.

Article 202.

Si les pièces de comparaison ne peuvent être *déplacées* (1), ou si les détenteurs sont trop éloignés, il est laissé à la prudence du tribunal d'ordonner, sur le rapport du juge-commissaire, et après avoir entendu le procureur du Roi, que la vérification se fera dans le lieu de la demeure des dépositaires, ou dans le lieu le plus proche, ou que, dans un délai déterminé, les pièces seront envoyées au greffe par les *voies* que le tribunal indiquera (2) par son jugement.

Ordonn. de 1737, tit. 1, art. 16, 2.e part. — C. de P., art. 222.

CLX. L'exception portée par cet article à celui qui précède, est fondée, pour le premier cas, sur le dommage que le déplacement des pièces pourrait causer au public, et pour le second, sur la considération qu'il serait aussi dispendieux pour les parties que préjudiciable pour le dépositaire, de l'arracher à ses occupations, en l'obligeant à transporter au loin les pièces dont il est détenteur. S'il est ordonné que la vérification sera faite dans le lieu de la demeure du dépositaire, ou dans le lieu le plus proche, la partie poursuivante lève le jugement et le présente avec requête au juge-commis pour diriger cette vérification. (*Voy. la question suivante*). Si c'est le renvoi qui est ordonné, le jugement est levé et signifié au dépositaire, avec sommation de s'y conformer.

831. *Quand le tribunal ordonne que la vérification se fera ailleurs qu'en son greffe, sera-ce nécessairement le juge-commissaire déjà nommé, qui devra procéder à cette vérification?*

Si le tribunal ordonnait que la vérification se fera au lieu où les pièces sont déposées, ou dans un lieu voisin, et que ce lieu se trouvât situé dans la ville où il siége, ou dans son ressort et à une distance peu éloignée, ce sera, sans doute, le juge-commissaire déjà nommé qui procédera par suite de commission.

(1) *Déplacées.* Par exemple, s'il s'agit d'opérer sur le registre courant que tiendrait un greffier, un conservateur des hypothèques, un officier de l'état civil.

(2) *Par les voies, etc.* Comme par la poste, par la diligence, par tel messager ou telle autre voie, qui, dans tous les cas, doit être indiquée dans le jugement, et toujours à l'adresse du greffier.

Dans le cas contraire, le tribunal devra, d'après l'art. 1035, commettre un juge de paix ou un juge, ou autoriser le tribunal du lieu où la vérification doit être faite, à nommer un de ses membres à l'effet d'y procéder.

832. *Le procureur du Roi n'est-il tenu de porter la parole, dans l'incident de vérification d'écritures, que dans la seule circonstance qui fait l'objet de l'art.* 202 ?

L'affirmative résulte, premièrement, de la disposition même de cet article, puisqu'elle serait inutile, si le procureur du Roi était tenu de conclure sur toute contestation susceptible d'être jugée à l'audience, en matière de vérification ;

Secondement, de l'ensemble des articles du titre qui nous occupe, puisqu'aucun d'eux, à l'exception du 202e., n'exige l'intervention du ministère public (1).

ARTICLE 203.

Dans ce dernier cas, si le dépositaire est personne publique, il fera préalablement expédition ou copie collationnée des pièces, laquelle sera vérifiée sur la minute ou original par le président du tribunal de son arrondissement, qui en dressera procès-verbal; ladite expédition ou copie sera mise par le dépositaire au rang de ses minutes, pour en tenir lieu jusqu'au renvoi des pièces; et il pourra en délivrer des grosses ou expéditions, en faisant mention du procès-verbal qui aura été dressé.

Le dépositaire sera remboursé de ses frais par le demandeur en vérification, sur la taxe qui en sera faite par le juge qui aura dressé le procès-verbal, d'après lequel sera délivré exécutoire.

Loi du 3 brum. an 2, art. 532. — C. de P., art. 205, 245. — C. d'instr. crim., art. 455.

CLXI. LORSQUE le dépositaire qu'un jugement oblige à faire l'envoi des pièces, ainsi qu'il est dit en l'article précédent, n'est qu'une personne privée, la conduite qu'il doit tenir se borne à faire parvenir ces pièces au greffier du tribunal du juge commis pour procéder à la vérification; mais si le dépositaire est personne publique, la loi, pour empêcher que le déplacement ne puisse causer

(1) L'on argumenterait vainement contre cette solution d'une induction tirée de l'art. 251, en ce qu'il veut expressément que, dans la procédure du faux incident, où il s'agit principalement de vérification d'écritures, aucun jugement ne soit rendu sans la participation du procureur du Roi.

On sent qu'une inscription de faux établit une présomption de la possibilité d'un crime, et que, par cette considération, le législateur a dû exiger l'intervention du magistrat chargé du soin de la vindicte publique; mais les mêmes motifs ne se rencontrent pas dans la vérification d'écritures, qui n'est qu'un moyen de prouver un fait contesté, qui n'admet pas par lui-même la présomption dont nous parlons. Si l'art. 202 a exigé les conclusions du procureur du Roi, c'est uniquement par la considération particulière que l'ordre public est intéressé à ce que des pièces qui font partie d'un dépôt public, ne soient pas déplacées sans une nécessité reconnue. — (*Voy. d'ailleurs les Questions de M. Lepage, pag.* 180).

quelque préjudice aux parties que ces pièces intéressent, prescrit de faire préalablement dresser une expédition ou copie collationnée par le président du tribunal de son arrondissement, et qui tient lieu de la minute pendant la durée du dépôt de celle-ci au greffe du tribunal.

833. *L'expédition ou copie que doit faire le dépositaire public avant l'envoi de la minute, doit-elle être* FIGURÉE?

La loi du 25 ventôse an 11 porte (*art.* 22) que les notaires, avant de se dessaisir d'une pièce, en dresseront et signeront une copie figurée, qui, après avoir été certifiée par le président et le procureur du Roi de leur résidence, sera substituée à la minute, dont elle tiendra lieu jusqu'à sa réintégration.

L'art. 203 ne répète point cette disposition, en ce qu'elle exige que la copie soit figurée : d'où les auteurs du Commentaire inséré aux Annales du notariat, tom. 1, pag. 413, concluent que le Code de procédure déroge, en ce point, à la loi du 25 ventôse. Mais il nous est difficile de voir, comme ces auteurs, une dispense dans le silence de l'art. 203, qui ne renferme aucune expression qui puisse la faire présumer.

834. *L'expédition ou copie dont il s'agit ne peut-elle être collationnée que par le président de l'arrondissement du dépositaire?*

Elle ne peut l'être que par lui ou par le juge qui, en cas de maladie ou de tout autre empêchement, le remplacerait suivant l'ordre du tableau.

835. *Cette copie doit-elle être signée par le président?*

Elle doit être signée par le président et par le greffier qui l'assiste (*voy. la* 821e. *quest.*); autrement, rien ne constaterait qu'elle fût la même que celle qui aurait été collationnée sur la minute; mais, comme le procureur du Roi n'est point appelé, par l'art. 203, au procès-verbal de collation, nous pensons, comme les auteurs du Commentaire précité, que le Code de procédure a dérogé à la disposition de la loi du 25 ventôse, qui exige la signature de ce magistrat sur les copies figurées des minutes des actes notariés. Ce ne serait pas néanmoins un motif suffisant pour que les notaires, en toute autre circonstance que celle qui fait l'objet de l'art. 203, se dispensassent de cette formalité.

836. *S'il est ordonné à un dépositaire public de faire l'envoi de plusieurs minutes, devra-t-on lui délivrer autant d'expéditions du procès-verbal de collation qu'il y aura de minutes à envoyer?*

Fondés sur l'art. 7 des lettres-patentes du 12 août 1779, données pour les notaires de Paris, les auteurs du Commentaire inséré aux Annales du notariat, tom. 1, pag. 412, disent « qu'il peut n'être fait qu'un seul procès-verbal de l'état de chacune des minutes et de la conformité de la copie qui en aura été faite; mais qu'il devra être délivré, par le greffier, autant d'expéditions de ce procès-verbal qu'il y aura de minutes à déposer. La raison en est, ajoutent-ils, que chacune de ces expéditions est destinée à être jointe à la copie de la minute originale, pour en tenir lieu, et pour justifier de la cause de l'absence de cette minute. »

Nous croirions au moins que l'on ne devrait expédier que des extraits concernant chaque minute, si nous ne pensions pas qu'il suffit d'une seule expédition du procès-verbal. En effet, l'art. 203 n'oblige le dépositaire qu'à faire mention de ce procès-verbal dans les grosses ou expéditions qu'il aurait à donner des copies collationnées. Aucune loi ne porte aujourd'hui que l'on doive donner autant d'expéditions du procès-verbal qu'il y a de minutes dont il ait constaté l'état et certifié les copies; et l'on ne doit pas multiplier les frais sans nécessité. Il suffit donc, selons nous, que le dépositaire, pour justifier des causes de l'absence des minutes, ait entre les mains une expédition du procès-verbal entier.

837. *La copie ou expédition d'une minute envoyée au greffe, et les grosses ou expéditions qui en seraient faites, doivent-elles produire l'effet que l'art.* 2135 *du Code civil attache aux copies tirées par ordre du magistrat?*

Nous ne le pensons pas, parce que l'art. 1335 du Code civil veut que les parties aient été *présentes* ou *dûment appelées :* d'où il suit que, malgré le procès-verbal de collation dressé conformément à l'art. 203, il suffit que la copie de la minute ait été faite en l'absence des parties ou sans leur consentement, pour que cette copie ou celles qui en seraient faites soient encore dans le cas d'être compulsées sur la demande des parties, et conformément aux art. 847, 849 et 852, du Code de procédure. — (*Voy. Demiau Crouzilhac, pag.* 163).

838. *Le dépositaire doit-il avancer au greffier les avances et honoraires, tant du procès-verbal de collation, que de l'expédition qui lui en est délivrée?*

C'est ce que prescrivaient les lettres-patentes citées sur la 836e. quest., et ce que l'art. 203 suppose évidemment, puisqu'il porte que le dépositaire sera remboursé de ses frais par le demandeur en vérification, sur la taxe qui en sera faite par le juge qui aura dressé le procès-verbal d'après lequel sera délivré l'exécutoire.

Il faut observer que cette taxe est faite sur les copies des minutes et d'après les bases posées aux art. 168 et 169 du tarif.

839. *Un dépositaire particulier pourrait-il faire une copie de la pièce qu'il aurait à déposer, la faire collationner et obtenir exécutoire de ses frais, ainsi que la loi dispose à l'égard du dépositaire public?*

Oui, disent les auteurs du Commentaire inséré aux Annales du notariat, tom. 1, pag. 413 et 414. On ne pourrait opposer à ce dépositaire que la loi ne s'explique qu'à l'égard du dépositaire public, s'il prouvait que le dessaisissement auquel on le forcerait pourrait lui porter préjudice.

M. Delaporte dit, au contraire, tom. 1, pag. 206, que la loi ne se charge point des intérêts du dépositaire qui n'est que personne privée; que c'est à lui à y veiller, comme bon lui semble; qu'il peut bien demander qu'il soit fait une copie collationnée de son titre, mais qu'il ne lui est point délivré exécutoire des frais, qui conséquemment demeurent à sa charge.

Il serait difficile de supposer des cas dans lesquels une personne privée aurait à souffrir préjudice du dessaisissement d'un titre. Si cependant un pareil cas se présentait, nous serions de l'avis des auteurs du Commentaire précité; car il ne serait pas juste qu'un tiers fût obligé de se dessaisir, à son préjudice et pour l'intérêt du demandeur en vérification, d'un titre qui est sa propriété.

840. *Après la vérification, que deviennent les pièces de comparaison, et même la pièce contestée?*

Les art. 209, 242 et 245 offrent la solution de cette question. On suivra les deux derniers, dit avec raison M. Lapage (*voy. ses Quest., pag.* 181), en ce qu'ils peuvent avoir d'applicable à la vérification des écritures.

Ainsi, le jugement décide ce qu'il faut faire de la pièce contestée, dans le cas où elle est déclarée non véritable; dans le cas contraire, il ordonne qu'elle sera rendue au demandeur. De même le juge-commissaire prescrit que les pièces appartenant à des dépositaires leur seront remises (*art.* 209), ou le tribunal indique par quelle voie elles leur seront renvoyées.

ARTICLE 204.

La partie la plus diligente fera sommer par *exploit* (1) les experts et les dépositaires de se trouver aux lieu, jour et heure indiqués par l'ordonnance du juge-commissaire; les experts, à l'effet de prêter serment et de procéder à la vérification, et les dépositaires, à l'effet de représenter les pièces de comparaison; il sera fait sommation à la partie d'être présente, *par acte d'avoué à avoué;* il sera dressé du tout procès-verbal (2); il en sera donné aux dépositaires copie par extrait, en ce qui les concerne, ainsi que du jugement.

T., 29, 70, 76, 166. — Ordonn. de 1737, tit. 1, art. 18. — C. de P., art. 336.

CLXII. L'ORDONNANCE dont il s'agit en cet article, est ou celle que rend le juge-commissaire pris parmi les membres du tribunal, lorsque les pièces de comparaison sont entre les mains des parties ou de dépositaires peu éloignés, ou celle que rend le juge étranger au tribunal commis pour diriger la vérification, lorsque les pièces ne peuvent être déplacées, ou sont entre les mains de dépositaires éloignés. Cette ordonnance, consignée au procès-verbal de l'un ou de l'autre, est levée par la partie la plus diligente, aux fins indiquées par l'article; et au jour fixé pour la vérification, les experts, les dépositaires et les parties comparaissent devant le commissaire et assisté du greffier; les premiers, pour prêter serment de bien et fidèlement s'acquitter de l'opération qui leur est confiée; les seconds pour représenter les pièces de comparaison, et ce double préliminaire est mentionné au procès-verbal dont on poursuit la continuation.

841. *Comment s'obtient l'ordonnance du juge-commissaire, pour sommer les experts de prêter serment, et les dépositaires de représenter les pièces de comparaison?*

Par une requête non grossoyée (*art.* 76, § 5 *du tarif*); et comme, d'après

---

(1) *Par exploit*, c'est-à-dire par sommation ordinaire d'huissier, à personne ou domicile, attendu que les experts et dépositaires ne sont point en cause.

(2) *Par acte d'avoué à avoué*, parce qu'à la différence des experts et des dépositaires, la partie a avoué en cause.

l'art. 201, le commissaire aura désigné, dans le procès-verbal de réception des pièces de comparaison, le jour, l'heure ou le lieu où les pièces doivent être apportées, l'ordonnance qui interviendra sur cette requête, prescrira que les experts et dépositaires seront assignés aux mêmes lieu, jour et heure.

Dans le cas où il serait ordonné, d'après l'art. 202, que dans un délai déterminé les pièces seront envoyées au greffe par telle ou telle voie, les dépositaires seront sommés de les envoyer dans ce délai, et par la voie indiquée.

842. *La sommation qui est faite aux dépositaires d'apporter ou d'envoyer les pièces doit-elle être précédée de copie par extrait, en ce qui les concerne, du jugement qui ordonne la vérification, et du procès-verbal qui indique les pièces de comparaison?* (1)

Nous pensons, avec M. Pigeau, que le jugement dont les dépositaires doivent avoir copie, est celui qui ordonne la vérification, à moins que, dans l'espèce de la 827e. quest. (*voy. pag.* 520), ou dans celle de l'art. 202, il n'en soit intervenu un second qui déterminât, soit quelles seront les pièces qui devront servir à la vérification, soit que les pièces admises par le procès-verbal du juge-commissaire, conformément à l'art. 200, seront envoyées par les dépositaires.

Il est plus naturel, en effet, de donner copie du jugemens qui réfère nécessairement celui qui ordonne la vérification, et qui, d'ailleurs, se rapporte plus perticulièrement aux dépositaires.

---

(1) M. Pigeau, tom. 1, pag. 311, résout affirmativement cette question; il dit, en citant l'art. 204, « que *la sommation donnée aux dépositaires*, en vertu de l'ordonnance du juge-» commissaire, doit porter en tête copie par extrait, en ce qui *les concerne, du jugement » qui ordonne la vérification*, et du procès-verbal qui indique les pièces de comparaison ».

D'autres auteurs, qui sont ceux du Commentaire des Annales du notariat, tom. 1, pag. 416, et M. Delaporte, tom. 1, pag. 208, se bornent à dire que l'on doit donner, en tête de la sommation, la copie, non du jugement qui ordonne la vérification, mais de celui qui ordonne l'apport des pièces.

Ils sont ainsi d'accord avec M. Pigeau, en ce que l'on doit donner copie d'un jugement en tête de la sommation; mais ils diffèrent en ce qu'ils maintiennent qu'il s'agit du jugement qui ordonne l'apport des pièces.

D'un autre côté, ils n'exigent point que l'on donne copie du procès-verbal qui indique les pièces de comparaison; et en cela ils sont conséquens, car il serait fort inutile de donner copie d'un tel procès-verbal, si l'on donnait celle d'un jugement qui ordonnerait l'apport des pièces.

Remarquons maintenant que l'art. 204 n'ordonne pas que l'on notifie, en tête de la sommation, les copies dont parlent ces auteurs. S'il veut, par sa dernière disposition, qu'il soit donné aux dépositaires, chacun en ce qui le concerne, une copie par extrait d'un procès-verbal, il parle du procès-verbal qui constate l'exécution de la première disposition de ce premier article, savoir : le serment des experts, l'apport ou l'envoi des pièces, et la présence ou l'absence du défendeur. S'il veut ensuite que l'on donne également aux dépositaires copie d'un jugement (et nous dirons bientôt de quel jugement la loi entend parler), ce n'est pas en tête de la sommation que cette copie doit être donnée, c'est, au contraire, après l'apport des pièces fait en vertu de cette sommation.

On sent combien cette remarque, ajoutée à la divergence des opinions des auteurs, peut embarrasser dans la pratique, et sur-tout combien il serait dangereux de confondre avec les copies qui, selon M. Pigeau, devraient être données en tête de la sommation, celles dont il est question en l'art. 204, et qui ne doivent l'être qu'aux dépositaires qui auraient obéi à cette même sommation.

Au moyen des solutions qui sont données en réponse à la question ci-dessus, nous croyons avoir levé les difficultés, en conciliant les différentes opinions qui les produisent.

Nous pensons encore, avec le même auteur, qu'on peut notifier ce jugement lors de la sommation; mais ce n'est pas évidemment une obligation. Le dépositaire et l'expert doivent, selon nous, obéir à la sommation faite en vertu de l'ordonnance du juge-commissaire, puisque la loi n'exige pas préalablement la notification dont nous parlons; le premier pourrait tout au plus, s'il était notaire, se refuser à se dessaisir de la pièce, avant qu'on lui justifiât du jugement qui ordonne la vérification, et dont l'ordonnance du juge-commissaire n'est qu'un acte d'exécution : du moins, la première disposition de l'art. 22 de la loi du 25 ventôse an 11 nous paraîtrait-elle, jusqu'à un certain point, autoriser ce refus; et de là, un motif pour que le jugement qui ordonne la vérification, ou celui qui, dans les cas ci-dessus indiqués, admet les pièces et en ordonne l'apport, puisse être signifié en tête de la sommation.

Si nous disons que l'on peut donner, en tête de la sommation, copie de l'un des jugemens dont nous venons de parler, c'est parce que nous pensons que c'est un tel jugement que l'art. 204 indique dans sa dernière disposition. Or, non seulement il importerait peu que cette copie fût donnée avant ou après la rédaction du procès-verbal qui doit être dressé conformément à cet article, mais il convient même, comme on l'a vu par les observations précédentes, qu'elle le soit avec la sommation.

Il résultera seulement de ce que la copie de ce jugement aurait été fournie de la sorte, que l'on sera dispensé de la délivrer au dépositaire, avec celle du procès-verbal prescrit par l'art. 204.

Quant au procès-verbal d'admission des pièces, aucune disposition du Code n'exige qu'il en soit donné copie en tête de la sommation. D'un autre côté, nul motif d'utilité ne porte à croire qu'il convienne de le faire, si ce n'est dans le cas où le juge-commissaire eût omis de mentionner dans l'ordonnance prescrite par l'art. 204 (*voy.* 841e. *quest.*), la pièce que le dépositaire devrait apporter ou envoyer, et s'en fût, à ce sujet, référé à son procès-verbal.

Alors, en effet, l'on devrait notifier copie de ce procès-verbal; car il est indispensable de faire connaître au dépositaire que la pièce qu'on le somme de produire a été jugée nécessaire à une vérification d'écriture, et qu'il est constitué en demeure de la fournir, par une décision à laquelle il doit prêter obéissance.

843. *Comment doit-on procéder, si l'une des parties sommées, conformément à l'art.* 204, *néglige d'obéir à cette sommation?*

S'il s'agit d'un dépositaire qui néglige d'apporter ou d'envoyer les pièces, l'on applique les dispositions de l'art. 201.

Si ce sont les experts qui ne comparaissent pas, ou l'un d'eux seulement, il faut, par induction de l'art. 346, que les parties s'accordent de suite pour les remplacer; dans le cas contraire, le juge-commissaire en fait rapport à l'audience suivante, afin que le tribunal pourvoie lui-même à ce remplacement. Après cette nomination d'office notifiée au défendeur, on procède de nouveau pour faire prêter serment aux experts, ainsi que le prescrit l'art. 204.

Enfin, si l'une ou l'autre des parties ne comparaît pas, le juge-commissaire constate son défaut, et les opérations sont continuées. — (*Voy. Demiau Crouzilhac, pag.* 164; *Cassat.*, 19 *frim. an* 4; *Code de cassat., par M. Guichard, tom.* 2, *pag.* 183).

ARTICLE 205.

Lorsque les pièces seront représentées par les dépositaires, il est laissé à la prudence du juge-commissaire d'ordonner qu'ils resteront présens à la vérification pour la garde desdites pièces, et qu'ils les retireront et représenteront à chaque vacation, ou d'ordonner qu'elles resteront déposées ès mains du greffier, qui s'en chargera par procès-verbal : dans ce dernier cas, le dépositaire, s'il est personne publique, pourra en faire expédition, ainsi qu'il est dit par l'art. 203; et ce, encore que le lieu où se fait la vérification soit hors de l'arrondissement dans lequel le dépositaire a le droit d'instrumenter.

T., 166. — C. P., art. 203, 245. — C. d'inst. crim., art. 455.

CLXIII. L'ARTICLE qui précède ne fournit matière à aucune explication, si ce n'est relativement à l'expédition ou copie collationnée que peut faire un dépositaire public de la pièce dont le juge-commissaire ordonnait le dépôt au greffe. La loi déclare expressément, comme on l'a vu sur l'art. 203, qu'une expédition ainsi faite est régulière, et peut en conséquence remplacer la minute, encore bien, porte l'art. 205, que le lieu où s'opère la vérification soit hors de l'arrondissement dans lequel le dépositaire a le droit d'instrumenter (1).

844. *Si le dépositaire n'est pas resté gardien de sa minute pendant l'opération, et qu'il n'en ait pas été dressé d'expédition, à qui appartiendrait le droit de délivrer des copies ou des expéditions de cette minute?*

On remarque cette différence entre les dispositions de l'art. 203 et celles de l'art. 205, que, suivant le premier, les dépositaires publics sont obligés de faire des copies des actes avant d'en envoyer les minutes, tandis que le second laisse à leur disposition de faire ou de ne pas faire de semblables copies. La raison de cette différence, c'est qu'en ce dernier cas ils portent eux-mêmes leurs minutes, et, par conséquent, l'on n'a pas à craindre qu'elles soient égarées.

Mais s'il arrivait qu'un dépositaire public n'usât pas de la faculté que lui donne l'art. 203 de tirer expédition de la minute qu'il déposerait au greffe, il est évident que le droit d'en donner des copies ou expéditions appartiendrait au greffier du tribunal; mais sans que cet officier ministériel pût exiger

(1) L'expédition dont il s'agit ici étant faite pour être placée au nombre des minutes des dépositaires, afin d'en délivrer des expéditions ou copies, conformément à l'art. 203, il s'ensuit que cette expédition, qu'ils tirent au greffe, doit être collationnée et certifiée par le président du tribunal au greffe duquel la pièce est déposée. Il doit être dressé procès-verbal de cette collation, et les frais du notaire seront remboursables par le demandeur en vérification. En un mot, on doit appliquer au cas où le dépositaire entend tirer une expédition de la pièce qu'il a apportée, les solutions que nous avons données sur l'art. 203. — (*Voy. Pigeau, tom. 1, pag. 315, et le Comm. inséré aux Ann. du not., tom. 1, pag. 417 et 418*).

de plus fortes rétributions que celles qui seraient dues au dépositaire qui aurait apporté la minute. — (*Voy. Quest. de Lepage, pag.* 181; *Demiau Crouzilhac, pag.* 164; *Comm. inséré aux Ann. du not., tom.* 1, *pag.* 417).

ARTICLE 206.

A défaut ou en cas *d'insuffisance* des pièces de comparaison (1), le juge-commissaire pourra ordonner qu'il sera fait un corps d'écriture, lequel sera dicté par les experts, le demandeur présent ou appelé (2).

T., 70 et 92. — Ordonn. de 1737, tit. 11, art. 44. — Loi du 3 brum. an 4, art. 538. — C. d'instr. crim., art. 461.

CLXIV. La loi, dans l'article qui précède, laisse quelque chose à désirer sur la marche à tenir relativement à l'opération qu'elle prescrit. Il convient de remarquer, d'abord, que la confection d'un corps d'écriture doit avoir lieu devant le juge-commissaire, quoique notre article ne s'explique pas à cet égard; secondement, que l'ordonnance peut être rendue, soit à l'instant où l'on procède au choix des pièces de comparaison, lorsque, dès lors, on ne juge pas suffisantes celles que l'on choisit, soit au jour même de la vérification, lorsque les experts ne croient pas trouver, dans les pièces qui leur sont présentées, des points de comparaison capables de fixer leur avis; troisièmement, que si la confection du corps d'écriture a été prescrite par l'ordonnance qui a fixé le jour de la vérification, la partie poursuivante, en signifiant cette ordonnance, a dû sommer l'autre partie de comparaître, non seulement pour assister à la prestation de serment des experts, ainsi qu'au dépôt des pièces de comparaison, mais encore pour effectuer le corps d'écriture, ou pour le voir effectuer, suivant que la sommation est donnée par le demandeur ou par le défendeur; quatrièmement, que si ce n'est qu'au moment où les pièces de comparaison sont apportées devant le juge-commissaire, que la confection du corps d'écriture est ordonnée, l'on peut y procéder sur-le-champ, si les deux parties comparaissent pour assister à la prestation de serment des experts, et au dépôt des pièces de comparaison; mais si l'un ou l'autre est absent, le juge-commissaire doit, par son ordonnance, indiquer un autre jour, tant pour la confection du corps

(1) *Insuffisance.* Dans le cas, par exemple, où les pièces de comparaison seraient fort anciennes, et que l'on pût, par conséquent penser que l'écriture eût beaucoup varié, ou s'il était allégué que la personne eût déguisé son écriture dans ces pièces, ou enfin lorsqu'il n'existe, pour vérifier un corps d'écriture, que de simples signatures de la partie.

(2) JURISPRUDENCE.

Lorsque des experts sont chargés de procéder à la vérification sur le corps d'écriture, à défaut, ou en cas d'insuffisance des pièces de comparaison, cette opération doit avoir lieu, d'après l'art. 206, en présence du demandeur en vérification, ou lui dûment appelé; mais cette formalité n'étant point prescrite à peine de nullité, par cet article, les tribunaux ne doivent pas prononcer la nullité du procès-verbal des experts écrivains, pour omission de cette formalité. — (*Rennes*, 16 *juil.* 1817).

d'écriture que pour la vérification à faire ensuite; cinquièmement, qu'en ce cas, le poursuivant signifie cette ordonnance à l'autre partie seulement, avec sommation de comparaître au jour indiqué, et quant aux experts, ils emportent simplement intimation, par le procès-verbal, à comparaître au jour indiqué pour la seconde vacation (*art.* 1034); sixièmement, qu'à ce jour, le défendeur se présente en personne, pour effectuer le corps d'écriture qui lui est dicté par les experts (1).

845. *Le juge-commissaire peut-il ordonner d'office qu'il sera fait un corps d'écriture?*

Les termes seuls de l'article et une conséquence nécessaire de ce qu'il veut que le demandeur soit appelé, démontrent que le juge-commissaire peut ordonner d'office qu'il sera fait un corps d'écriture.

Il n'est pas besoin de remarquer que ceci n'a lieu qu'autant que c'est au défendeur lui-même que l'écriture ou la signature est attribuée.

846. *Quand cette opération est ordonnée d'office, quelle sera la partie à la requête de laquelle l'ordonnance sera signifiée, tant au défendeur, pour faire le corps d'écriture, qu'au demandeur lui-même, pour y être présent?*

Les auteurs du Commentaire inséré aux Annales du notariat, tom. 1, pag. 420, sont d'avis que le juge-commissaire ordonne aussi d'office la signification de cette ordonnance, tant au défendeur qu'au demandeur, et mette provisoirement l'avance des frais de cette ordonnance et de sa signification à la charge du demandeur, sauf à les faire supporter en définitive par celle des parties qu'il appartiendra.

M. Delaporte, tom. 1, pag. 209, ne parle point de sommation à faire au défendeur; il se borne à dire que c'est à la requête de ce dernier que le demandeur doit être sommé d'être présent à la confection du corps d'écriture; mais il ajoute que, si le défendeur gardait le silence, ce serait au juge-commissaire à ordonner d'office la signification de son ordonnance au demandeur, parce qu'autrement, il dépendrait du défendeur de paralyser la justice.

Nous ne pensons pas que le juge-commissaire doive faire notifier d'office des sommations aux parties. Ce serait une manière d'agir tout à fait opposée à ce qui se pratique ordinairement; le juge *ordonne* et laisse aux parties intéressées à exécuter ou à faire exécuter ses ordres (2).

---

(1) Dans cette circonstance, les experts ont l'attention de dicter au défendeur, ou le contenu même de la pièce à vérifier, ou quelque chose de semblable, quant aux expressions, pour le surprendre, s'il est possible, même dans le soin qu'il prendrait de déguiser son écriture.

(2) C'est pourquoi, dans l'espèce de la question que nous avons posée, le tarif, sans distinguer si le corps d'écriture a été ordonné d'office ou sur les conclusions du demandeur, suppose, dans les art. 70 et 92, que la sommation qui sera faite à ce dernier, pour qu'il soit présent à la confection de cette pièce, aura lieu, de la part du défendeur, par acte d'avoué à avoué. — (*Voy. Berriat Saint-Prix, pag.* 270, *not.* 20, *et Demiau Crouzilhac, pag.* 165).

A la vérité, l'art. 206 du Code et les articles précités du tarif ne laissent rien à supposer sur la sommation à faire au défendeur, afin de le constituer en demeure de faire le corps

847. *Que fera le juge-commissaire, si les pièces de comparaison manquent, et que l'auteur de l'écriture méconnue soit décédé ?*

Nous pensons, avec les auteurs du Praticien, tom. 2, pag. 87, que l'impossibilité où se trouve le demandeur de faire vérifier la pièce qu'il produit, le soumet à l'application de la règle de droit qui met la preuve à la charge du demandeur, *actori incumbit onus probandi ;* qu'ainsi, faute à lui de prouver que l'écriture ou la signature est de la main de la personne à laquelle il l'attribue, il ne peut se servir de la pièce pour établir ou pour appuyer sa demande.

848. *Si le défendeur laissait défaut ou refusait de faire le corps d'écriture, le juge-commissaire pourrait-il tenir la pièce pour reconnue ?*

Autrefois, disent les auteurs du Praticien, *ubi suprà*, le juge pouvait imposer au défendeur l'obligation de faire le corps d'écriture, sous peine de voir tenir la pièce pour reconnue. La loi nouvelle gardant le silence sur cette mesure, les mêmes auteurs estiment que l'on doit procéder, dans cette circonstance, comme l'on ferait si une partie refusait de prêter un serment déféré (*C. C., art.* 1361); qu'en conséquence, le défendeur devrait succomber dans son exception de dénégation ou de méconnaissance de la pièce.

Nous partageons cette opinion, en observant toutefois que nous ne pensons pas que le juge-commissaire soit compétent pour déclarer que la pièce sera tenue pour reconnue : il devrait, selon nous, constater le refus du défendeur sur

---

d'écriture ordonné par le commissaire, et c'est en cela que réside particulièrement la difficulté que présente notre question.

Il nous semble qu'elle doit être examinée dans les deux cas suivans :

Ou le juge-commissaire ordonne d'office le corps d'écriture à une époque où les parties sont présentes, ou il l'ordonne hors de leur présence.

Dans le premier cas, nous croyons qu'il peut, en prescrivant la confection du corps d'écriture, fixer le jour auquel on y procédera, et dire que les parties emportent sommation de comparaître ce même jour, sauf au demandeur à faire assigner les experts, s'ils n'étaient pas présens, ainsi qu'il arriverait si le juge rendait son ordonnance, soit lors de la comparution des parties pour s'accorder sur les pièces de comparaison (*voy. art.* 199), soit sur les observations qui lui seraient faites par les experts dans leur procès-verbal.

Dans le second cas, nous pensons que le juge doit se borner à ordonner le corps d'écriture, sauf à la partie la plus diligente à prendre son ordonnance pour faire fixer jour et heure.

Ce serait cette ordonnance que l'on notifierait avec sommation par acte d'avoué à avoué, conformément aux art. 70 et 92 du tarif, soit au défendeur à requête du demandeur, afin que celui-ci comparaisse pour faire le corps d'écriture, soit au demandeur à requête du défendeur, afin que le premier soit présent à la confection de la pièce.

Mais il faut observer que le défendeur étant, dans ce cas-ci, appelé à comparaître en personne, et pour un fait qui lui est personnel, le juge-commissaire aura dû fixer un délai convenable à raison des distances. — (*Voy.* 815.e *quest.*)

Ainsi, nous le répétons, nulle obligation au juge-commissaire de faire d'office notifier des sommations aux parties, puisque chacune d'elles peut, par elle-même, constituer l'autre en demeure de faire ce qui lui incombe.

L'on opposerait en vain que les parties pourraient ignorer que le juge-commissaire eût ordonné d'office la confection du corps d'écriture : en effet, son ordonnance est insérée, soit dans les procès-verbaux qu'il rédige, soit du moins à la suite des écritures faites au greffe. Or, les parties ont nécessairement connaissance de ces actes, qu'elles doivent retirer, afin de poursuivre l'audience. — (*Voy. Pigeau, tom.* 1, *pag.* 317 *et* 318).

son procès-verbal, et renvoyer à la prochaine audience, pour, sur son rapport, être prononcé par le tribunal, ainsi qu'il est dit en l'art. 199, sauf, en cas de présence des parties, à leur enjoindre de comparaître à cette audience.

ARTICLE 207.

Les experts ayant prêté serment, les pièces leur étant communiquées, ou le corps d'écriture fait, les parties se retireront, après avoir fait, sur le procès-verbal du juge-commissaire, telles réquisitions et observations qu'elles aviseront.

T., 92. — Ordonn. de 1667, tit. 21, art. 10. — C. de P., art. 236, 315.

CLXV. Tous les préliminaires exigés par la loi ayant été remplis, afin de mettre les experts en état de comparer les écritures pour vérifier la pièce contestée, la loi veut avec sagesse que cette opération n'ait pas pour témoins les parties, dont la présence, les observations ou les protestations pourraient troubler ou influencer les vérificateurs.

849. *Quel peut être, en général, l'objet des réquisitions et observations que les parties, avant de se retirer pour laisser procéder les experts, peuvent faire sur le procès-verbal du juge-commissaire?*

Ces réquisitions et observations consistent, par exemple, à inviter les experts à examiner telles ou telles ressemblances ou différences de l'écriture contestée avec les pièces de comparaison; à leur faire remarquer, dans le cas où, parmi ces pièces, se trouverait un corps d'écriture qu'ils auraient dicté au défendeur, que ce dernier aurait déguisé son écriture ordinaire, ou que l'âge ou les infirmités auraient apporté un changement entre son écriture actuelle et celle de la pièce à vérifier, etc.

Le procès-verbal doit rapporter littéralement toutes ces observations et les réponses qui y sont faites; chaque partie doit signer ses dires. C'est ensuite aux experts qui les ont entendus, et qui, d'ailleurs, peuvent consulter le procès-verbal qui les contient, à y avoir, en opérant, tel égard que de raison.

ARTICLE 208.

Les experts procéderont conjointement à la vérification, au greffe, devant le greffier ou devant le juge, s'il l'a ainsi ordonné; et s'ils ne peuvent terminer le même jour, ils remettront à jour et heure certains indiqués par le juge ou par le greffier.

T., 164. — Ordonn. de 1737, tit. 1, art. 22 et 23, et ordonn. de 1670, tit. 8, art. 11 et 12. — C. de P., art. 236, 317.

CLXVI. ISOLÉS des parties, comme on l'a vu par l'article précédent, les experts s'occupent conjointement de la vérification d'écriture, qui se fait au greffe, soit devant le greffier, soit devant le juge-commissaire lui-même, si ce dernier a cru devoir l'ordonner ainsi, à raison d'empêchement; mais comme il peut arriver très-souvent que les détails minutieux auxquels se livreraient les experts ne leur permissent pas de terminer dans le même jour, la loi autorise le juge ou le greffier à remettre la continuation à jour et heure certains qu'il indique dans son procès-verbal, et auxquels les experts emportent intimation de se trouver. — (*Voy. art.* 1034).

850. *En disant que les experts procéderont au* GREFFE *à la vérification, l'art.* 208 *suppose-t-il qu'ils y rédigeront leur procès-verbal?*

Nous croyons que ces expressions, *les experts procéderont à la vérification*, embrassent toute l'opération qu'ils ont à faire, c'est-à-dire l'inspection des pièces, leur rapprochement, la délibération et *la rédaction du rapport*. Ainsi, dans notre opinion, le rapport doit être écrit *au greffe*, de même que l'on y fait toutes les opérations qui le précèdent.

ARTICLE 209.

Leur rapport sera annexé à la minute du procès-verbal du juge-commissaire, sans qu'il soit besoin de l'affirmer; les pièces seront *remises aux dépositaires* (1), qui en déchargeront le greffier sur le procès-verbal.

La taxe des journées et vacations des experts sera faite sur le procès-verbal, et il en sera délivré exécutoire contre le demandeur en vérification (2).

Ordonn. de 1737, tit. 1, art. 63. — C. de P., art. 210, 242, 318. — C. d'instr. crim., art. 463.

CLXVII. On exigeait autrefois que les experts déclarassent, à la fin de leur procès-verbal, qu'il contenait leur véritable décision prise en leur âme et conscience; mais cette formalité a semblé inutile, dès lors qu'ils prêtent serment avant de commencer leur opération.

851. *Lorsque le commissaire n'a pas assisté à la vérification, est-ce le greffier qui reçoit le rapport des experts, qui les taxe, ainsi que les dépositaires de pièces, et qui ordonne que ces pièces seront remises à ceux-ci?*

On ne peut douter que ce soit au juge-commissaire qu'il appartienne exclusivement de faire ces opérations, puisqu'elles doivent être constatées dans le procès-verbal auquel le rapport doit être annexé. — (*Voy. la formule donnée par M. Pigeau, tom.* 1, *pag.* 317, *et le Traité de M. Demiau Crouzilhac, pag.* 166).

(1) *Remises* ou *renvoyées* aux dépositaires, s'ils demeurent dans un autre lieu, par les voies qu'indiquera le tribunal. — (*Voy. ci-après la quest.* 852).

(2) L'art. 209 eût dû former le 210.e, et celui-ci être mis à la place que l'autre occupe, puisque la disposition qu'il renferme suppose nécessairement l'opération terminée, et que la partie poursuivante n'a plus qu'à en lever une expédition, pour la signifier à son adversaire, à l'effet d'engager la discussion, tant sur l'avis des experts que sur la procédure en vérification, qu'il est également permis de critiquer et de combattre.

852. *Faut-il, en tous les cas, que les dépositaires apposent sur le procès-verbal leur déclaration de décharger le greffier des pièces?*

Il est bien certain que les dépositaires n'ont point à donner de décharge au greffier, lorsqu'ils restent présens à la vérification, ainsi qu'il peut arriver d'après l'art. 205. La décharge n'est donc exigée que dans le cas où, conformément à l'art. 201 et à une autre disposition du même art. 205, les minutes auraient été apportées au greffe.

En ce dernier cas, nulle difficulté relativement à l'exécution de l'art. 209. Les dépositaires qui se trouvent sur les lieux, ou qui n'en sont pas éloignés, pourront signer, sur le procès-verbal, la décharge du greffier.

Mais comment exécuter ce même article, lorsque le tribunal ayant ordonné, conformément à l'art. 202, que les pièces seront *envoyées* au greffe, cet envoi aura été fait par le dépositaire?

On sent que la loi n'a autorisé les tribunaux à ordonner que les dépositaires enverront les pièces de comparaison, qu'afin de ne pas distraire de leurs fonctions des officiers publics, dont la présence est nécessaire au lieu où ils les exercent.

Le même motif exige qu'ils ne soient pas obligés à se déplacer pour venir reprendre les pièces qu'ils ont envoyées, et en donner décharge au greffier. Aussi, le tribunal, ainsi que nous l'avons dit sur la 840ᵉ. quest., doit-il indiquer par quelle voie ces mêmes pièces leur seront renvoyées.

Il résulte de là que les dépositaires ne sont point obligés de donner décharge sur le procès-verbal. Le greffier n'aura donc qu'à constater, à la suite de cet acte, le renvoi qu'il aura fait en exécution du jugement qui l'aura prononcé. Il mentionnera de plus qu'il joint au procès-verbal toute pièce qui peut fournir la preuve qu'il a rempli cette obligation, par exemple, le récépissé du directeur des postes ou messageries, etc.

Ce sera ensuite aux dépositaires à envoyer au greffier un accusé de réception, dont il devra constater également l'existence à la suite du procès-verbal, auquel il aura soin de l'annexer.

ARTICLE 210.

Les trois experts seront tenus de dresser un rapport commun et motivé, et de ne former qu'un seul avis à la pluralité des voix.

S'il y a des avis différens, le rapport en contiendra les motifs, sans qu'il soit permis de faire connaître l'avis particulier des experts.

C. de P., art. 318, 322 et 323.

CLXVIII. ON voit, par cet article, que les experts ayant achevé d'examiner les écritures, et fait tous leurs efforts pour s'éclairer, vont aux opinions, et dressent un rapport commun et motivé de leur avis rendu à la pluralité des voix. Ce rapport renferme, 1°. le détail de leurs opérations, c'est-à-dire les points de ressemblance ou de dissemblance qui les ont frappés dans la comparaison des écritures; 2°. l'avis commun qui en est résulté. Si les experts ne sont pas tous du même avis, le rapport doit contenir les motifs de chaque opinion, mais sans faire connaître à qui cette opinion appartient; car la loi veut que les juges se déterminent par leurs propres lumières, plutôt que par une confiance aveugle en tel ou tel expert. (*Voy. la question suivante*). Enfin, dès qu'ils ont rédigé et signé leur rapport commun, ils en font la remise au juge-commissaire, s'il est présent, sinon au greffier, et leur mission est remplie (1).

853. *Les juges sont-ils tenus de prononcer suivant l'opinion des experts?*

Nous pensons que, s'il est une circonstance dans laquelle on doive appliquer l'adage *dictum expertorum nunquàm transit in rem judicatam*, c'est sur-tout en matière de vérification d'écritures, où les apuremens des experts ne sont que les résultats d'un art purement conjectural. Le rapport des experts ne saurait donc lier les juges; ceux-ci sont autorisés à s'en écarter d'après leurs lumières, leur conscience et les circonstances de la cause.

Cette proposition est prouvée par plusieurs jugemens qui se sont écartés de la décision des experts, et que Serpillon rapporte dans son Code du faux. Elle a d'ailleurs été consacrée par la Cour d'appel de Paris, dans l'arrêt cité sur la 804e. quest., pag. 509 (*voy. Journ. du Palais*, 2e. *sem. an* 11, *pag.* 380), et par celle de cassation, dans un autre arrêt rendu par la section des requêtes, le 16 thermidor an 10. (*Même Journ., an* 10, 2e. *sem., pag.* 529). Le premier a décidé que le rapport n'opère qu'une simple présomption; le second, que rien n'empêche les juges de joindre leurs lumières à celles des experts, pour prononcer ce qu'ils jugent convenable (2).

Article 211.

Pourront être entendus comme témoins, ceux qui auront vu écrire ou signer l'écrit en question, ou qui auront connaissance de faits pouvant servir à découvrir la vérité (3).

Ordonn. de 1670, tit. 8, art. 14, et *suprà*, art. 196.

CLXIX. On a vu (*art.* 195) que la vérification d'écriture peut tout à la fois être faite, non seulement par titres et par experts, mais encore *par témoins*. En ce dernier cas, le juge-commissaire peut, en se conformant aux règles générales prescrites pour les enquêtes, délivrer ordonnance à l'effet d'assigner des témoins, procéder à leur audition, dresser procès-verbal de leurs noms et

---

(1) Après que l'opération des experts est terminée, les pièces de comparaison sont remises aux dépositaires. (*Voy. quest.* 852.e). La taxe des journées et vacations, et celle des frais de voyages des dépositaires, est faite sur le même procès-verbal par le juge-commissaire, et le greffier en délivre exécutoire contre le demandeur en vérification.

(2) Voy. aussi l'arrêt de la Cour de cassation rapporté au nouveau Répertoire, 3.e édit., v.o *succession*, 2.e vol., 3.e alinéa; ce qui est établi aux Questions de droit, v.o *vérification d'écriture*, pag. 532, et le Traité de M. Toullier, tom. 8, pag. 348.

(3) JURISPRUDENCE.

1.° L'art. 257 du Code de procédure s'applique à l'audition de témoins ordonnée pour la vérification d'écriture. — (*Cassat.*, 8 *mars* 1816, *Sirey*, *tom.* 16, *pag.* 316).

qualités, de leur prestation de serment, des reproches formés contre eux, et de leurs dépositions. Mais c'est une règle générale, en matière d'enquête, que la preuve testimoniale ne puisse être admise que sur des faits décisifs : il faut donc ici que les témoins produits aient vu écrire ou signer l'écrit en question, ou du moins qu'ils aient connaissance de faits qui conduisent directement à la découverte de la vérité.

854. *Ne doit-on permettre la vérification par témoins qu'autant qu'il n'existe pas de pièces de comparaison, qu'elles sont insuffisantes ou qu'on ne peut avoir un corps d'écriture?*

On pourrait croire que M. Pigeau aurait préjugé cette question pour l'affirmative, si l'on s'arrêtait rigoureusement aux expressions dont il s'est servi tom. 1, pag. 318, n°. 1; mais nous ne pensons pas que cet auteur ait entendu donner une telle décision. Il nous paraît au contraire bien démontré, par les discours des orateurs du Gouvernement et du Tribunat (*voy. édit. de F. Didot, pag.* 36 *et* 87), que les trois genres de preuves admis par l'art. 195, peuvent être employés simultanément, ainsi que nous l'avons dit sur la 804e. quest. « La conviction du magistrat, dit le conseiller d'état Treilhard, s'opère par *la réunion* de toutes ces preuves; et ce qui pourrait manquer à l'une par une parfaite démonstration, peut être suppléé par ce qui résulte de l'autre, etc. » — (*Voy. Comm. inséré aux Ann. du not., tom.* 1, *pag.* 427, *et Demiau Crouzilhac, pag.* 167).

ARTICLE 212.

En procédant à l'audition des témoins, les pièces déniées ou méconnues leur seront représentées, et seront par eux paraphées; il en sera fait mention, ainsi que de leur refus : seront, au surplus, observées les règles ci-après prescrites pour les enquêtes.

Ordonn. de 1737, tit. 1, art. 25 et 26, et tit. 3, art. 13. — C. de P., art. 234, 252, 257, 262, 269, 270, 271, 272, 273, 274, 275, 276 et 277. — C. d'inst. crim., art. 457.

CLXX. La loi établit ici une formalité particulière aux enquêtes à faire sur une demande en vérification d'écriture; le juge-commissaire, après l'avoir remplie, reçoit les dépositions, et l'enquête étant achevée, le poursuivant lève au greffe expédition du procès-verbal de vérification ou d'enquête, pour procéder sur le tout comme nous l'avons dit quest. 853e.; car les avis des experts, de même que les dépositions de témoins, éclairent et ne commandent pas l'opinion du juge.

2.° Pour vérifier par témoins des signatures déniées, il faut que les témoins reconnaissent l'acte qui leur est représenté, et déposent avoir vu apposer sur cet acte la signature par celui qui l'a déniée. — (*Rennes*, 26 *janv.* 1813, *Journ.*, *tom.* 4, *pag.* 26).

3.° La preuve testimoniale, pour être admise en matière d'écriture, doit porter sur le fait même de l'écriture, et non sur la connaissance prétendue de cette écriture. — (*Rennes*, 26 *mars* 1813, *Journ.*, *tom.* 4, *pag.* 58).

855. *Si le demandeur s'était borné d'abord à l'un des trois genres de preuves indiqués par la loi, pourrait-il ensuite être admis à recourir aux autres ?*

Cette question, que nous posons d'une manière générale, a été résolue pour la négative par arrêt de la Cour d'appel de Paris, du 10 février 1809 (*voy. Comm. inséré aux Ann. du notariat, tom.* 1, *pag.* 427), dans l'espèce où le demandeur, après avoir suivi la vérification par la voie de comparaison par titres qu'il avait produits, demandait à faire preuve par témoins que la pièce à vérifier était, en effet, de celui à qui il l'attribuait.

Les motifs de cet arrêt ont été, 1°. que le demandeur en vérification s'étant borné à une seule espèce de preuve, et que son choix étant fait et devenu irrévocable par la clôture du procès-verbal du juge-commissaire, il ne pouvait être admis à une nouvelle vérification par témoins; 2°. que, d'après l'art. 212, l'on doit observer, dans les vérifications d'écritures par témoins, les règles prescrites pour les enquêtes, et dont une des plus essentielles est que cette enquête soit commencée et ensuite parachevée dans un délai qui se trouvait expiré. — (*Voy. art.* 257 *et suiv.*)

Avant cet arrêt, et sous l'empire de l'ordonnance de 1667 (*voy. tit.* 12, *art.* 7), la même Cour avait ainsi prononcé.

Mais la Cour de Pau, par arrêt du 22 floréal an 11 (*voy. Journ. du Palais,* 2e. *sem. an* 11, *n°.* 167, *pag.* 344), et celle de Nismes, par arrêt du 2 décembre 1806 (*voy. même Journal,* 1807, 1er. *sem., pag.* 477), avaient résolu la même question d'une manière opposée.

Voici, sur cette controverse, les observations que l'on pourrait faire, d'après les rédacteurs du Journal du Palais :

Le Code de procédure, après avoir réglé le mode et les formes de la vérification par experts, ajoute, art. 211 : *Pourront être entendus comme témoins ceux qui, etc.*

Il admet donc, comme l'ordonnance de 1667, le concours des deux moyens, et la faculté illimitée d'entendre des témoins.

« Néanmoins, on doit remarquer que la preuve par témoins n'est plus aujourd'hui au premir rang, de même que dans l'ordonnance; elle est purement secondaire, et destinée à faire apprécier le mérite du travail des experts et la valeur de leurs opinions; en outre, elle est facultative pour les juges, maîtres de l'ordonner ou de la rejeter, suivant que leur conviction est plus ou moins avancée, plus ou moins parfaite; en un mot, d'après les circonstances livrées entièrement à leur conscience.

» Ainsi, les tribunaux peuvent également admettre ou refuser la preuve vocale, selon leur manière de voir sur les faits. »

Nous croyons que la contrariété de jurisprudence, résultant des arrêts que nous venons de citer, devrait cesser, si l'on faisait bien attention aux dispositions de l'art. 195.

Cet article dispose qu'en cas de dénégation ou de méconnaissance d'écriture, le tribunal *pourra* ordonner la vérification, tant par titres que par témoins.

Il résulte de là qu'il est laissé à la prudence du tribunal d'ordonner ou non la vérification par témoins, suivant qu'il l'estime convenable; mais nulle disposition ne l'empêche, s'il n'a pas proscrit ce genre de vérification, d'y recourir, lorsque les apuremens donnés par les experts ne lui paraissent pas suffisans pour asseoir sa décision définitive.

Ainsi, le demandeur qui aurait exécuté le jugement par lequel le tribunal se serait borné à ordonner la comparaison d'écritures, ne nous paraîtrait pas non recevable à demander à prouver par témoins, toutes les fois qu'il serait démontré que la preuve par experts ne saurait suffire pour éclairer les juges.

Ce serait, en effet, aller au-delà des termes de la loi, que de poser en principe, comme l'a fait la Cour de Paris, dans son arrêt du 26 prairial an 12, que les deux preuves par experts ou par témoins ne peuvent concourir que quand elles sont simultanément demandées et ordonnées.

Par ces considérations, nous adoptons les motifs de décision des arrêts des Cours de Pau et de Nismes (1).

856. *Peut-on appeler ou récuser comme témoins, en matière de vérification, les personnes que la loi défend d'appeler, ou qu'elle permet de récuser dans les enquêtes ordinaires?*

M. Demiau Crouzilhac, pag. 167, estime que la loi, par l'art. 211, n'exclut du témoignage, en matière de vérification, aucune des personnes qu'elle défend d'appeler dans les enquêtes ordinaires. Telles étaient aussi, dit-il, les dispositions de l'art. 14, tit. 18 de l'ordonnance criminelle, auxquelles nous ajouterons celles des art. 24 du tit. 1, et 12 du tit. 3 de l'ordonnance de 1737.

Ainsi, d'après cette opinion, le juge-commissaire devrait admettre tous les témoins qui seraient produits; que ce fussent des parens, des amis, des domestiques, peu importerait, puisqu'il n'y aurait absolument aucune exclusion: ce serait au tribunal à juger ensuite du degré de confiance que mériteraient leurs dépositions, et à examiner s'il en résulterait une preuve suffisante pour *l'avération* de la pièce.

Nous conviendrons que cette décision n'est pas dénuée de motifs (2), et néanmoins nous ne croyons pas devoir l'adopter, par suite des observations que nous soumettrons à nos lecteurs dans la note ci-dessous (3).

---

(1) A l'appui de ces propositions, on peut ajouter deux arrêts de Liège, l'un du 15 décembre 1810, l'autre du 29 mars 1811, qui ont décidé que si une partie, en demandant la vérification par experts, s'est réservé tous moyens de droit, et que l'adversaire, en consentant à la vérification demandée, n'a point conclu à ce que le demandeur fît toutes les preuves autorisées par la loi dans un seul et même délai, il y a lieu à l'admettre à vérifier par l'un ou l'autre des trois moyens dont il n'a pas encore fait usage. — (*Journ. des avoués, tom. 4, pag. 94*).

Mais si le tribunal, comme il est arrivé dans l'espèce de l'arrêt de la Cour de Paris, du 10 février 1809, avait ordonné que la vérification se fît par les voies de droit, c'est-à-dire par les trois voies que l'art. 195 indique, la preuve par témoins ayant été admise et ordonnée, nous croirions, comme il est dit dans le deuxième considérant de cet arrêt, que la partie ne serait plus recevable à demander la preuve par témoins, si elle avait laissé passer le délai porté aux art. 257 et 258 du Code de procédure. Nous nous fondons sur ce que l'art. 212 veut que l'on applique aux enquêtes faites en matière de vérification, les règles prescrites pour les enquêtes ordinaires.

(2) On dirait, par exemple, que le mot *ceux*, dont se sert l'art. 211, indique toutes personnes indistinctement; que ce sont celles qui ont des rapports de parenté, d'alliance, d'amitié, de domesticité avec l'individu auquel la pièce est attribuée, qui doivent être présumées avoir particulièrement connaissance des faits qu'il s'agit de prouver; que ces personnes sont en quelque sorte des témoins nécessaires, et que la loi a voulu qu'on les entendît, ainsi qu'il arrive en matière de divorce ou de séparation, conformément à l'art. 251 du Code civil.

(3) Les articles précités des ordonnances de 1670 et 1737 ne disent rien autre chose que

Si le législateur avait eu l'intention de faire quelque exception, ne s'en fût-il pas exprimé comme il l'a fait en l'art. 251 du Code civil, et sur-tout en l'art. 413 du Code de procédure?....

ARTICLE 213.

S'il est prouvé que la pièce est écrite ou signée par celui qui l'a déniée, il sera condamné à 150 fr. d'amende envers le domaine, outre les dépens, dommages et intérêts de la partie, et pourra être condamné par corps même pour le principal (1).

Edit de 1684, art. 11. — C. C., art. 2060. — C. de P., art. 126, 214, 246, 552, 780, 1029.

CLXXI. La loi, qui laisse à l'ayant-cause la faculté de n'avouer ni de dénier la signature de son auteur, le suppose toujours de bonne foi, lors même qu'il

---

ce que l'art. 211 exprime, c'est-à-dire que cet article ne fait que reproduire leurs expressions. Or, il ne nous paraît pas résulter nécessairement de ces expressions une exception aux règles des enquêtes ordinaires qui défendent d'appeler certaines personnes, ou qui permettent de récuser telles autres.

Si l'article se sert de ce mot *ceux*, ce n'est, suivant la remarque que nous avons faite sur la 804.e quest., pag. 509, d'après Rodier, sur l'art. 9, tit. 12 de l'ordonnance de 1667, qu'afin d'indiquer que l'on n'appèlera pour témoins que des personnes qui auront vu écrire ou signer l'acte, ou qui pourraient donner d'autres éclaircissemens, comme, par exemple, s'ils avaient entendu celui auquel la pièce est attribuée avouer qu'il l'eût écrite ou signée.

D'un autre côté, nous avons vainement cherché dans les livres des commentateurs des ordonnances de 1670, de 1737 et du nouveau Code, quelque chose qui pût appuyer l'opinion que nous combattons.

Mais sans reproduire les raisons d'ordre public, de morale et de convenance qui s'opposent, selon nous, à ce qu'on s'écarte, en matière de vérification, des règles ordinaires prescrites pour les enquêtes, nous nous arrêterons à cette considération, qui nous paraît décisive : c'est que l'art. 213 veut que l'on observe, en procédant à une vérification par témoins, les règles prescrites pour les enquêtes ordinaires.

C'est ainsi, par exemple, qu'il a été décidé par arrêt de la Cour de cassation, du 8 mars 1816 (*voy. Sirey, tom.* 16, *pag.* 376), que l'art. 257, qui veut que l'enquête soit commencée dans la huitaine de la signification du jugement qui l'ordonne, s'applique à l'audition des témoins ordonnée pour la vérification d'une écriture déniée.

Or, aucune de ces règles n'est exceptée : l'art. 213 suppose donc, par la généralité de ses expressions, que les dispositions qui défendent d'appeler, ou qui permettent de récuser telles personnes qu'elles désignent (*voy. art.* 268 *et* 283), doivent être appliquées en matière de vérification.

(1) JURISPRUDENCE.

1.° Ces peines sont évidemment applicables à celui qui a dénié son écriture et sa signature, relativement à une lettre de change, et elles peuvent être prononcées par le tribunal civil qui a statué sur l'incident, conformément à l'art. 427 du Code de commerce. — (*Paris*, 21 *nov.* 1812, *Sirey, tom.* 14, 2.° *part.*, *pag.* 336).

2.° Le jugement qui, par suite d'une vérification d'écriture, déclare que la pièce con-

succombe sur la demande en vérification (1), et par ce motif, elle ne prononce l'amende portée en l'art 213, que contre celui qui a dénié sa propre écriture.

857. *Qu'est-ce que l'on entend par* PRINCIPAL *dans l'art.* 213 ?

Les auteurs des Annales du notariat, dans leur Commentaire, tom. 1, pag. 430, disent qu'il s'agit de la condamnation de la *somme principale contenue en l'écrit dénié :* d'où semblerait suivre, soit qu'on ne pourrait prononcer la contrainte pour le surplus des condamnations formant le montant de l'action principale à laquelle la demande en vérification serait incidente, soit que, s'il n'y avait pas lieu à prononcer condamnation au paiement d'une somme portée dans la pièce, ce qui peut très-souvent arriver, on ne pourrait encore prononcer la contrainte pour le principal du procès.

Nous croyons, au contraire, que le mot *principal* est employé par opposition à la condamnation qui intervient sur la demande en vérification, qui est un incident du procès, et la raison en est que celui qui a dénié sa propre signature autorise, s'il y a mis de la mauvaise foi, à présumer qu'il en pourra mettre dans l'exécution du jugement : d'où résulte que le mode de cette exécution peut être plus rigoureux.

Au reste, nous remarquerons, avec les mêmes auteurs, que la contrainte n'est pas de droit; qu'il n'est, au contraire, laissé à la prudence du tribunal de la prononcer, qu'autant qu'il verrait une mauvaise foi évidente.

TITRE XI.

Du faux incident civil. (2)

Nous avons dit, pag. 502, que la partie à laquelle on oppose un acte sous signature privée, peut se borner à ne pas reconnaître ou à dénier; mais, si elle a intérêt à faire juger que la pièce est fausse ou falsifiée, la loi lui ouvre deux voies pour y parvenir : celle de l'instruction *en faux principal*, ou celle de l'instruction *en faux incident.*

---

testée a été écrite par l'auteur de l'héritier qui la déniait, peut être considéré comme un jugement définitif. — (*Cassat.*, 21 *mess. an* 9, *Sirey*, *tom.* 1, 2.° *part.*, *pag.* 512).

3.° Les juges ne peuvent se dispenser de prononcer l'amende de 150 fr. contre celui qui n'a dénié sa signature que dans la vue de se procurer un délai, et qui l'a reconnue ensuite, avant qu'aucune vérification ait été faite. — (*Cassat.*, 5 *janv.* 1820, *Sirey*, *tom.* 20, *pag.* 180).

(1) Mais on pourrait croire que, dans le cas où il serait démontré que, par mauvaise foi et par esprit de chicane, le défendeur aurait constitué le demandeur dans la nécessité d'entreprendre une vérification, il y aurait lieu à lui appliquer la disposition concernant la condamnation aux dommages-intérêts.

Nous pensons néanmoins que l'on doit s'en tenir strictement au cas prévu par l'art. 213, attendu que les peines même pécuniaires ne s'infligent point par analogie. — (*Voy. Prat. franç.*, *tom.* 2, *pag.* 93).

(2) Voy. ordonn. de 1737, tit. 2. — C. d'instr. crim., liv. 2, tit. 4, chap. 1. — C. P., tit. 1, chap. 3.

Nous avons dit encore que l'un ou l'autre de ces deux modes de procéder doit nécessairement et exclusivement être employé, si la pièce arguée est un acte authentique. — (*Voy. suprà, pag.* 501 *et* 502).

Le titre du Code que nous avons à expliquer ici prescrit les règles et les formalités que l'on doit suivre en matière de faux incident civil. Cette procédure est une des plus laborieuses et des plus compliquées; elle présente surtout des difficultés pour celui qui n'est pas imbu des principes de législation criminelle, auxquels elle se rattache essentiellement. Il est donc indispensable, pour en faciliter l'étude, de poser ici quelques notions générales sur le caractère du faux, la manière dont il se commet, les actions qu'il produit, leurs rapports entre elles, leurs différences, leurs résultats, et enfin l'acception de certaines expressions propres à la matière, et que la loi n'a pas définies.

Dans son acception générale, le mot *faux* est tout ce qui est opposé à la vérité.

La vérité est une, mais le *faux* se commet de plusieurs manières :

Par des paroles, en faisant de faux sermens, de faux témoignages, de fausses déclarations, etc.

Par des faits, en usant de faux poids et de fausses mesures, en fabriquant de fausses clefs, de fausses monnaies, etc.

Par des écrits, en contrefaisant l'écriture ou la signature de personnes publiques; en composant de faux contrats, de fausses promesses, de faux testamens; en altérant des pièces véritables par des ratures, additions ou surcharges; en supposant dans un acte, d'ailleurs sincère, des consentemens qui n'y ont pas été donnés, des qualités qui n'ont pas été prises, des formalités qui n'ont pas été remplies, ou d'autres circonstances qui n'ont pas eu lieu, etc. — (*Voy. Code pénal, art.* 132—165).

C'est uniquement à cette dernière espèce de faux que s'appliquent les dispositions du Code de procédure civile.

Sous ce rapport, le faux se divise en *faux matériel* et en *faux intellectuel.*

Le *faux matériel* consiste, soit dans la fabrication d'un acte par contrefaction d'écritures : c'est le faux que plusieurs de nos anciens auteurs appelaient *formel;* soit par l'altération d'un acte véritable, au moyen d'addition ou d'intercallation d'écritures, de changemens ou de suppressions de lettres, de syllabes ou de mots, par des ratures, des surcharges, des grattages, des lacérations, etc.

C'est à ce faux seulement que l'on donnait autrefois la dénomination de *faux matériel.* — (*Voy. Berriat Saint-Prix, pag.* 273, *not.* 4).

On voit, comme l'observe aussi notre savant compatriote et ami, M. Legraverend (*Traité de la législation criminelle en France, tom.* 1, *pag.* 523), que cette espèce de faux résulte d'une falsification ou altération, en tout ou en partie, commise sur la pièce arguée, et susceptible d'être démontrée, constatée et reconnue physiquement par une opération ou par un procédé quelconque. C'est de là que vient sa qualification de *faux matériel.*

Le *faux intellectuel* est celui qui, sans qu'il y ait contrefaction ou altération de l'écriture ou de la pièce, dénature la substance de l'acte, en ce que l'écrit se trouve contenir le contraire de ce qu'il devait présenter : par exemple, lorsqu'un officier public aurait inséré des conventions autres que celles qui lui auraient été déclarées ou dictées; constaté comme vrais des faits faux, comme avoués des faits qui ne l'étaient pas; lorsqu'on aurait fait signer à une partie un acte écrit d'une main étrangère, et dont le contenu ne serait pas ce qu'elle entendait signer. — (*Voy. Code pénal, art.* 146 ; *et le Manuel d'instruction criminelle de Bourguignon, édit. in-4°. pag.* 373; *Legraverend*, ubi suprà).

Cette espèce de faux résultant seulement de l'altération dans la substance d'un acte non falsifié *matériellement*, c'est-à-dire, dans les dispositions constitutives de cet acte, ne peut être reconnu à aucun signe palpable, physique et matériel ; et c'est pourquoi il est nommé *faux intellectuel*, par quelques auteurs *faux moral*, et dans plusieurs arrêts de la Cour de cassation, *faux substantiel*.

Quel que soit le caractère du faux en écriture, il est *crime*, s'il a été commis dans l'intention de nuire à autrui, et comme tel la loi le punit d'une manière plus ou moins sévère, suivant les degrés de gravité qu'elle y attache (1).

Lorsque le faux se poursuit en justice criminelle, soit par action publique, soit en même tems par action civile, il prend la dénomination de *faux principal*, parce qu'il est la cause primordiale, le motif unique de l'action, parce que les poursuites qu'il entraîne ne se rattachent à aucune action antérieure à laquelle elles soient incidentes. C'est en ce sens que ces termes sont employés, par exemple, dans l'art. 214 du Code de procédure civile, lorsqu'il défend l'inscription de faux contre une pièce qui aurait été déjà vérifiée aux fins de *faux principal*, et dans l'art. 250, lorsqu'il dispose que le demandeur sur l'incident peut toujours se pourvoir en *faux principal*, c'est-à-dire *au criminel*, par action *principale* et *directe*.

Le faux prend au contraire la qualification d'*incident*, toutes les fois que, sous le cours d'un procès engagé pour une cause quelconque, soit au civil, soit au criminel, on prétend qu'une pièce produite est fausse ou falsifiée. — (*Voy. C. d'inst. crim., art.* 460 ; *C. de proc., art.* 214).

Dans cette circonstance, en effet, le faux n'est qu'un *incident* du procès engagé, lequel forme *le principal* de l'instance, qui se compose de cette contestation *principale* et de la contestation *incidente* qui s'élève sur le faux (2).

Le faux incident, comme presque tous les auteurs semblent le dire, n'est donc point ainsi qualifié par opposition au *faux principal*, qui se poursuit par action directe, et seulement en justice criminelle, mais bien plutôt par oppo-

---

(1) Sous ce rapport, les dispositions législatives qui le concernent se trouvent, quant à la poursuite et à la procédure, dans le Code d'instruction criminelle, liv. 2, tit. 4, art. 448—464, et quant à la répression ou à la peine, dans le Code pénal, tit. 1, chap. 3, sect. 1—5, art. 132—165. Il donne lieu à deux actions : l'une, que l'on appèle *action publique*, et qui s'exerce pour l'application des peines, par les seuls fonctionnaires auxquels elle est confiée par la loi ; l'autre, que l'on appèle *action civile ou privée*, et qui peut être exercée en réparation du dommage, résultant du crime par tous ceux qui en ont souffert — (*C. d'instr. crim., art.* 1).

L'une se poursuit nécessairement en justice criminelle ; l'autre peut être poursuivie en même tems, et devant les mêmes juges que la première ; mais elle peut aussi l'être séparément, et, dans ce cas, l'exercice en est suspendu tant qu'il n'a pas été prononcé définitivement sur l'action publique qui aurait été intentée avant, ou qui l'est nécessairement pendant la poursuite de l'action civile. — (*C. d'instr. crim., art.* 3).

(2) Telle est, par exemple, l'acception dans laquelle l'art. 231 du Code de procédure prend le mot *principal*, en autorisant la jonction des moyens de faux au *procès principal* ; c'est-à-dire à la contestation, quelle qu'elle soit, sous le cours de laquelle l'incident de faux est survenu.

sition au procès principal auquel il se rattache : d'où suit que ces mots *faux principal* ne servent qu'à distinguer la procédure qui se fait au criminel sur l'action directe, de celle qui a lieu sur un faux argué incidemment à un procès.

Cette dernière procédure ne peut avoir lieu, soit au civil, soit au criminel, lorsqu'une pièce produite est arguée de faux, qu'en deux circonstances;

1°. Quand il ne s'élève aucun soupçon de culpabilité du crime contre une personne connue et vivante, ou, dans le cas contraire, lorsque l'action en répression est éteinte par prescription, ou par jugement d'absolution ou d'acquittement devenu inattaquable; autrement, il y aurait lieu à poursuivre en faux principal. — (*Voy. C. d'instr. crim., art.* 2—460; *C. de proc., art.* 239, *et infrà sur l'art.* 214).

2°. Lorsqu'il s'agit de poursuivre contre les héritiers de l'auteur ou du complice du faux, l'action en réparation du dommage que le crime a causé; car si l'action en répression est éteinte par le décès du prévenu, conformément à l'art. 3 du Code d'instruction, ce même article réserve contre ses représentans celle en réparation civile.

En ce dernier cas, l'action est véritablement une action principale; mais elle est essentiellement différente du faux principal que nous avons défini, puisqu'elle ne peut être poursuivie qu'en justice civile. Néanmoins on suit, en ce cas, la procédure prescrite par le titre du faux incident civil. — (*Voy. infrà sur l'art.* 214).

Ces préliminaires posés, nous avons à indiquer ce qui distingue, quant à son objet et à ses effets, la procédure en *faux principal* et la procédure en *faux incident*, et en quoi celle-ci, lorsqu'elle est faite en justice civile, diffère de la vérification des écritures, avec laquelle elle a tant d'analogie sous plusieurs rappports.

Il résulte de ce que nous avons dit sur le faux principal, que les poursuites auxquelles il donne lieu tendent à la punition du coupable; en sorte que ce serait vainement que l'accusé déclarerait qu'il ne veut pas se servir de la pièce; sa déclaration n'empêcherait pas que l'instruction ne continuât contre lui.

En matière de faux incident, au contraire, la partie qui argue la pièce de faux n'a pour objet que de faire rejeter la pièce, et conséquemment, dans cette espèce de procédure, on ne fait le procès qu'à l'acte : ce n'est donc jamais qu'un *procès civil*, l'incident s'élevât-il dans le cours d'une instance criminelle; et, dans tous les cas, par conséquent, cet incident tombe de lui-même, lorsque la partie qui a produit la pièce déclare qu'elle ne veut pas s'en servir. — (*C. d'instr. crim., art.* 458 *et* 459; *C. de proc., art.* 215 *et* 216).

Il est vrai qu'une pareille déclaration n'empêcherait pas le ministère public d'agir par voie de faux principal, s'il y avait lieu; mais ses poursuites en répression du crime n'empêcheraient pas le faux incident de rester sans effet, puisqu'il deviendrait sans objet, la pièce devant être rejetée du procès sur cette simple déclaration. — (*C. d'instr. crim., art.* 459; *C. de proc., art.* 217).

Telles sont les différences à remarquer entre la procédure en faux principal et la procédure en faux incident criminel ou civil.

Cette dernière, dont il nous reste à nous occuper exclusivement, a de commun avec la vérification d'écriture la plupart des dispositions relatives au mode de constater la vérité ou la fausseté de l'acte argué; mais elle en diffère,

1°. En ce que la vérification, ainsi que nous l'avons dit *suprà*, pag. 502, s'instruit à la requête de la partie même qui fait usage de la pièce, et non à la requête de celle qui déclare ne pas la reconnaître ou la dénier. La procédure en inscription de faux se poursuit, au contraire, par la partie contre laquelle on veut faire usage de la pièce.

2°. En ce que la vérification d'écriture n'a lieu qu'en matière d'actes privés, jamais contre un acte authentique, et que l'inscription de faux, comme nous l'avons dit pag. 502, est admise contre toute pièce indistinctement.

3°. En ce qu'on peut encore prendre la voie du faux incident, après avoir épuisé celle de la vérification; ce qui n'est pas permis dans le cas inverse, la procédure en faux étant la plus complète et la plus rigoureuse. — (*Art.* 214).

4°. En ce que la vérification n'exige qu'une procédure ordinaire, tandis que l'inscription de faux étant en quelque sorte une dénonciation de crime, qui peut élever sur la partie qui oppose la pièce un soupçon grave de culpabilité, exigeait, dans l'intérêt de cette partie, comme dans l'intérêt public, des formalités plus multipliées, des délais plus rigoureux, enfin, des règles extraordinaires et spéciales, et sur-tout une surveillance active de la part du ministère public. C'est par ce motif que la loi (*art.* 251) exige son concours à tous les jugemens, soit d'instruction, soit définitifs, et qu'elle se refuse même (*art.* 249) à l'exécution de transactions qui n'auraient pas été homologuées contradictoirement avec lui. L'intérêt de la société, a dit l'orateur du Tribunat, ne permettrait pas qu'un coupable, prêt d'être dévoilé, pût échapper, par quelques sacrifices pécuniaires, à la honte et à la peine qu'il a encourues.

Du reste, les résultats de la vérification et de l'inscription, sauf une seule exception que nous ferons bientôt connaître, sont les mêmes quant à l'intérêt privé : c'est toujours l'admission ou le rejet de la pièce.

Il semblerait donc assez indifférent à la partie à laquelle on oppose un acte non authentique, d'user de la faculté de prendre l'une ou l'autre voie; mais elle préfère ordinairement la vérification, et cette conduite est la plus sage, puisque cette voie, comme nous venons de le dire, est moins rigoureuse, plus simple et plus expéditive; que la partie qui se borne à dénier ou simplement à ne pas reconnaître un écrit, n'est tenue à fournir aucune preuve, et qu'enfin la voie de l'inscription peut encore être pratiquée après qu'un jugement, rendu sur la simple demande en vérification, a déclaré la pièce véritable.

Ainsi, le seul intérêt qu'une partie puisse avoir à préférer la voie de l'inscription, ne peut guère résulter que de cette considération, que l'intervention du ministère public, et l'obligation où il est de requérir le renvoi au criminel, en cas d'indices de culpabilité, la rend plus efficace, soit pour déterminer la partie à renoncer à tirer avantage de la pièce, soit, s'il ne le fait pas, pour découvrir sûrement la fausseté de l'acte. — (*Voy. Pigeau, tom.* 1, *pag.* 320).

Passons à l'analyse de la procédure que l'on doit suivre en cette matière : elle se rapporte à cinq objets principaux; savoir : *la déclaration d'inscription; la remise des pièces et leur communication; les débats des moyens de faux et l'admission ou rejet de ces moyens; les preuves de ces moyens; les plaidoiries définitives; le jugement et ses effets.*

1°. *La déclaration d'inscription* est l'acte que nous avons déjà défini, pag. 307, par lequel la partie à qui la pièce est opposée déclare au greffe qu'elle s'inscrit en faux contre elle.

2°. *La remise de la pièce*, c'est le dépôt qui en est fait au greffe, afin qu'il soit dressé procès-verbal de son état.

3°. *Les débats de moyens de faux* ont pour l'objet de discuter si les moyens de faux sont de nature à faire présumer que la fausseté de la pièce résulterait de la preuve qui en serait faite, auquel cas les moyens sont admis, et la preuve est ordonnée tant par titres que par témoins et par experts. — (231—232).

4°. *Les preuves de faux :* le code les limite aux seuls faits admis. — (233).

5°. *Les plaidoiries définitives, le jugement et ses effets;* l'instruction étant achevée, on poursuit l'audience; les parties plaident sur le mérite de la preuve, et le tribunal prononce. — (238).

Au reste, toutes les dispositions du Code concernant la procédure en faux incident, ont été en grande partie puisées dans l'ordonnance de 1737, fruit des veilles et des lumières de l'illustre d'Aguesseau, qui, pour suppléer au silence de l'ordonnance de 1667, réunit, en les perfectionnant, les principes épars de la législation et de la jurisprudence sur cette importante matière. — (*Voy. disc. du tribun Perrin*).

§ Ier.

De la procédure depuis la production de la pièce jusqu'à l'admission de l'inscription de faux. — (*Art.* 214—218).

Article 214.

Celui qui prétend qu'une pièce signifiée, communiquée ou *produite* (1) dans le cours de la procédure, est *fausse* ou *falsifiée* (2), peut, *s'il y échet*, être reçu à s'inscrire en faux, encore que ladite pièce ait été vérifiée, soit avec le demandeur, soit avec le défendeur en faux, à d'autres fins que celle d'une poursuite de faux principal ou incident, et qu'en conséquence, il soit intervenu un jugement sur le fondement de ladite pièce comme véritable (3).

Ordonn. de 1737, tit. 2, art. 1 et 2. — C. C., art. 323.

CLXXII. Le but de toute inscription de faux est de faire rejeter d'un procès une pièce qui ne devrait qu'à un crime son existence ou sa force. Il en résulte, premiè-

(1) *Produite*, c'est-à-dire *servie* au procès, en ce que la partie, quoique la pièce n'eût été ni *signifiée* ni *communiquée*, s'en est fait un moyen en l'exhibant, en en donnant lecture, en la plaçant au sac ou dossier de son procès : la simple mention ou citation d'un acte dans les défenses, ne serait pas suffisante pour autoriser la partie adverse à s'inscrire en faux.

(2) Une pièce est fausse, lorsque la fausseté est inhérente à son principe, c'est-à-dire lorsque cette pièce est fabriquée fausse, au lieu qu'elle est simplement falsifiée, lorsqu'étant vraie dans son origine, elle a reçu, dans la suite, quelques altérations. C'est en ces deux cas qu'il y a lieu à l'inscription de faux, suivant l'art. 214. — (*Voy. Serpillon et le nouv. Répert., au mot* inscription de faux, *tom.* 6, *pag.* 127).

(3) JURISPRUDENCE.

1.° Lorsqu'un individu, s'appliquant un acte de naissance contraire à sa possession d'état,

rement, que l'inscription peut être admise en tout état de cause, même sous l'appel, car la loi ne saurait permettre qu'une semblable exception pût se couvrir par la procédure volontaire; deuxièmement, qu'elle ne peut avoir lieu qu'autant que la pièce fait partie de celles du procès, puisqu'autrement l'inscription ne tendrait à rien; troisièmement, qu'il en serait ainsi par la même raison du cas où la pièce, en la supposant *vraie*, n'aurait pas plus d'influence sur la con-

---

prétend faire constater son identité, s'il lui est opposé un acte de décès de l'enfant dénommé en l'acte de naissance, dès lors l'acte de naissance est détruit par l'acte de décès; en sorte que le demandeur ne peut plus se prévaloir d'un commencement de preuve par écrit, pour obtenir de compléter ses preuves par une enquête. Peu importe que, pour y arriver, il prenne la voie d'inscription de faux contre l'acte de décès; toujours est-il que son objet est de se créer un état civil, et qu'à cette fin, toute voie criminelle ou preuve testimoniale doit lui être interdite jusqu'à ce que l'état civil soit établi en forme civile. — (*Cassat.*, 5 *avril* 1820, *Sirey*, *tom.* 20, *pag.* 320).

2.° Dans une instance en cassation, on peut s'inscrire en faux incident contre l'arrêt dénoncé. — (*Cassat.*, 7 *déc.* 1818, *Sirey*, *tom.* 19, *pag.* 159).

3.° La qualité accidentelle des témoins instrumentaires d'un acte notarié est un fait hors des stipulations ou dispositions attestées par les notaires; et, par conséquent, la preuve du défaut de qualité peut être admise, sans qu'il soit besoin de s'inscrire en faux contre l'acte. — (*Bruxelles*, 13 *avril* 1811, *Sirey*, *tom.* 12, *pag.* 18).

4.° Lorsqu'un testament offre la mention qu'il a été écrit par le notaire qui l'a reçu, on ne peut prouver le contraire que par la voie de l'inscription de faux; la voie de la vérification ne serait pas suffisante, quand même les parties y auraient consenti. — (*Limoges*, 13 *déc.* 1813, *Sirey*, *tom.* 15, *pag.* 275).

5.° La preuve testimoniale est admissible sur le fait de savoir si un testateur a réellement pu signer son testament, encore que le donataire ait énoncé qu'il ne savait ou ne pouvait signer : dans ce cas, il n'est pas besoin de recourir à l'inscription de faux. — (*Trèves*, 28 *nov.* 1812, *Sirey*, *tom.* 13, *pag.* 366).

6.° Ce n'est que par la voie d'inscription de faux que l'on peut, à raison de la fausseté de la signature, faire déclarer nul un testament olographe, si on l'a exécuté. Cette exécution constitue une reconnaissance tacite de la signature qui interdit la simple vérification pour défaut de reconnaissance. — (*Paris*, 8 *mai* 1815, *Sirey*, 1816, *pag.* 7).

7.° On ne peut attaquer par inscription de faux un rapport d'experts, sur le simple motif que ce rapport constate la présence des experts, les jours mêmes où, au lieu de se réunir pour l'objet de leur expertise, ils avaient vaqué à d'autres opérations. — (*Paris*, 14 *mai* 1810, *Sirey*, *tom.* 14, *pag.* 305).

8.° On peut, sur l'appel d'un jugement d'expropriation, s'inscrire en faux incident contre l'acte qui a motivé la poursuite, bien qu'en première instance on ait pris des conclusions sur le fond, sans articuler le moyen de faux. — (*Amiens*, 27 *mars* 1813, *Sirey*, *tom.* 14, *pag.* 336).

9.° Si, dans l'expédition d'un jugement, un juge se trouve mal à propos porté au nombre de ceux qui y ont pris part, la preuve qu'il n'y a pas concouru peut se faire par la simple représentation du plumitif ou de la feuille d'audience, où son nom ne serait pas porté. — (*Cassat.*, 13 *juil.* 1808, *Sirey*, *tom.* 9, *pag.* 122).

10.° Encore qu'une personne ait été constituée débitrice par un jugement passé en force de chose jugée, qui l'a condamnée par corps à payer le montant d'un billet, elle peut toujours faire annuler la contrainte par corps, en prenant la voie d'inscription de faux contre le titre de sa prétendue obligation.

Dans ce cas, c'est au juge du lieu où s'est fait l'emprisonnement, et non à celui qui a rendu le premier jugement, qu'il appartient de statuer sur le mérite de l'inscription de faux. — (*Rouen*, 11 *fruct. an* 12, *Sirey*, *tom.* 7, 2.° *part.*, *pag.* 966).

11.° Il ne peut y avoir lieu à inscription de faux contre un livre-journal, représenté par des négocians qui l'ont tenu, en quelque tems qu'il ait été confectionné, attendu,

1.° Que les écritures de commerce ou de banque, mentionnées dans l'art. 147 du Code

testation principale, que si elle était jugée fausse (1). En tout cas, la loi admet l'inscription de faux, même dans le cas où la pièce eût été déjà soumise à une simple vérification, ce qui ne peut s'entendre que des actes sous seing privé. (*Voy. pag.* 502 *et* 503, *et la quest.* 859). Mais elle la refuse, lorsque cette pièce eût déjà fait la matière d'une poursuite en faux principal ou incident, sur laquelle il serait intervenu un jugement sur le fondement de ladite pièce, comme véritable. En cette dernière circonstance, le législateur fait l'application de la maxime *res judicata pro veritate habetur*, parce qu'il n'est pas présumable qu'une seconde procédure de faux puisse donner des résultats différens. Dans le premier cas, au contraire, ces présomptions n'ont pas la même force, parce que les formalités de l'instruction ne sont pas aussi rigoureuses, et qu'il est d'ailleurs possible que le résultat de la vérification ait été produit par une collusion entre le coupable et le poursuivant. — (*Voy. Berriat Saint-Prix, pag.* 275, *not.* 12, *et suprà pag.* 547).

858. *Peut-on prendre la voie d'inscription de faux contre une pièce qui aurait été communiquée, mais qui n'aurait été ni signifiée ni produite?*

Comme toutes les pièces qui seraient communiquées sont censées l'être pour la défense de la partie, la simple communication, dit Sallé, autorise l'adversaire à s'inscrire en faux contre celle de ces pièces qu'il croirait fausse ou falsifiée. Serpillon, sur l'art. 1er du tit. 2 de l'ordonnance de 1737, partage cette opinion; et nous croyons qu'on doit encore la suivre, puisque l'art. 214 du Code de procédure admet l'inscription dans l'une seulement de ces trois circonstances, savoir, que la pièce ait été ou *signifiée*, ou *communiquée*, ou *produite*.

859. *Peut-on s'inscrire en faux contre toute pièce, soit privée, soit authentique?*

Oui, mais pourvu qu'il n'y ait jamais eu de procédure en faux, principal

---

pénal, ne s'entendent que des billets de change ou de banque, et de tout autre titre ayant le caractère de preuve en justice;

2.° Que les livres de commerce, susceptibles d'être plus ou moins arriérés, peuvent par la suite, soit plus tôt, soit plus tard, être mis à jour, sans qu'il en résulte une altération portant le caractère de faux.

En ce cas, il y a lieu à déclarer tous les moyens de faux non pertinens, sans toutefois rien préjuger sur la foi due au livre ni sur sa véracité; ce qui est la matière du procès principal. — (*Arrêt de Rennes*, 29 *janv.* 1818).

12.° Une partie poursuivie en paiement d'un titre ne peut plus s'inscrire en faux, si elle s'est bornée à en alléguer la fausseté et qu'il y ait eu condamnation, nonobstant cette allégation. — (*Colmar*, 17 *mai* 1816, *Sirey*, 1817, *pag.* 366).

13.° Premièrement, la poursuite en faux incident contre un titre vérifié précédemment sur une plainte en faux principal, entre les mêmes parties, n'est pas recevable;

Secondement, en matière de faux incident, l'appréciation des faits et des circonstances qui servent de base à cette réclamation, est spécialement dans les attributions des juges saisis de la demande : leur décision ne comporte pas de censure en cassation. — (*Cassat.*, 4 *mars* 1817, *Sirey*, 1818, *pag.* 83).

(1) C'est ce qu'expriment ces mots, *s'il y échet*, empruntés de l'art. 2 de l'ordonnance de 1737, ainsi expliqués par les commentateurs, et interprétés par la jurisprudence, conformément à la maxime *frustrà probatur quod probatum non relevat*. Nous remarquerons, au reste, parmi les cas où l'inscription a été rejetée par ces motifs, celui où des actes étaient argués de faux, non pas sur des dispositions qui doivent faire foi en justice, mais sur des déclarations à l'égard desquelles l'attestation de l'homme public était insuffisante. — (*Voy. Thomines, pag.* 125, *et Comment. des Ann. du not.*, *tom.* 2, *pag.* 11 *et* 12).

ou incident, sur la même pièce, avec celui qui l'argue de faux, ou ceux qu'il représente. — (*Voy. art.* 214, *in fine, et les quest.* 861 *et* 862). (1)

Ainsi, l'inscription de faux a lieu contre tout acte authentique, quel qu'il soit, même contre les minutes ou expéditions des jugemens ou des arrêts (*voy. arrêts divers de la Cour de cassation*), et contre tout acte sous seing privé.

Mais il faut observer que l'inscription de faux est toujours indispensable pour détruire les effets des actes authentiques (*voy. nouv. Rép.*, *ubi suprà*, *n°.* 3), tandis qu'à l'égard des actes sous seing privé, la partie a *presque toujours* le choix entre l'inscription de faux et la dénégation ou la méconnaissance.

Nous disons *presque toujours*, parce qu'il est des cas où la partie à laquelle on oppose un acte privé ne pourrait en arrêter les effets que par la voie de l'inscription; par exemple, lorsqu'elle l'a reconnu en justice, ou devant un fonctionnaire public compétent, tel qu'un notaire ou un juge de paix; lorsque l'écrit a été tenu pour être de son fait, par jugement passé en force de chose jugée; enfin, lorsqu'il a été vérifié et tenu pour reconnu. — (*Voy. le tit. préc.*)

En tous ces cas, l'acte privé acquiert la même foi que l'acte authentique, et, sous ce rapport, il ne peut être attaqué que par la voie de l'inscription de faux. — (*Voy. C. C.*, *art.* 1322).

---

(1) Nous remarquerons ici que la première chambre de la Cour de Rennes semblerait avoir mis en doute, dans un arrêt du 11 juillet 1816, la vérité de cette proposition.

Une partie s'était inscrite en faux contre un livre de commerce produit dans une instance civile; mais les moyens de faux ne tendaient qu'à prouver tout au plus que le livre eût été *recopié* frauduleusement par ceux qui le produisaient.

Au moment où il s'agissait d'admettre ou de rejeter les moyens, le ministère public requit, avant toute discussion, le renvoi des pièces devant le juge d'instruction; ce que la Cour ordonna sans prendre autrement connaissance des moyens.

L'instance criminelle fut terminée par un arrêt de la chambre d'accusation, du mois d'août 1816, qui déclara qu'il n'y avait lieu de poursuivre, et que les faits de la plainte, fussent-ils prouvés, ne pouvaient constituer un faux; la Cour de cassation rejeta le pourvoi contre cet arrêt.

Revenus devant la Cour de Rennes, les défendeurs à l'inscription conclurent au rejet et à condamnation des demandeurs en dommages-intérêts.

Entre autres motifs sur lesquels ils fondaient ces conclusions, ils maintenaient que la pièce avait été l'objet d'une procédure en faux principal; mais la Cour ne se crut point liée, et s'est décidée par le mérite du fond, c'est-à-dire qu'elle a rejeté les moyens de faux par les considérations qui avaient déterminé la chambre d'accusation et la Cour de cassation. — (*Arrêt du* 29 *janv.* 1818, *et suprà, pag.* 549, *not.* 11.°).

Quoi qu'il en soit, nous osons persister à croire qu'indépendamment de la règle générale *non bis in idem*, qui s'applique sur-tout au cas où une procédure criminelle a donné pour résultat qu'il n'y avait point de *délit*, et même qu'il ne pouvait en exister, les termes de l'art. 214 ne permettent pas de s'inscrire en faux ou de poursuivre une inscription déjà formée, contre une pièce qui a été *la matière d'une poursuite en faux principal.*

En effet, ou le faux existe, ou il n'existe pas; il n'y a rien d'intermédiaire entre ces deux hypothèses. Or, s'il a été jugé par un tribunal criminel qu'une pièce ne peut être réputée fausse, un tribunal civil pourra bien la rejeter comme *suspecte* ou *nulle*, mais non pas comme *fausse.*

On ne pourrait opposer un arrêt de la Cour de cassation, du 21 messidor an 9 (*Sirey, tom.* 1, *pag.* 463), lequel décide qu'un jugement criminel, déclarant qu'il n'est pas constant qu'une pièce soit fausse, n'oblige pas un tribunal civil de la réputer vraie sans *vérification aucune.*

L'espèce de cet arrêt diffère essentiellement de la nôtre, en ce qu'il suffit, en grand criminel, comme l'a déclaré la Cour de cassation, que le délit ne soit pas constant pour que l'accusé soit renvoyé, tandis qu'en matière civile, il faut que le titre soit incontestablement reconnu être l'ouvrage de celui à qui il est opposé, ou de ceux dont il est *l'avant-cause*, pour qu'on puisse en exiger le paiement : on peut donc procéder à *la vérification*

860. *Dans le cas où celui auquel le faux est imputé, soit comme auteur, soit comme complice, est connu et vivant, le tribunal ne peut-il prononcer le renvoi au criminel qu'après l'audition des plaidoiries sur les moyens de faux?*

On a vu, par l'espèce qui a fait la matière de la note sur la question 859, que la Cour de Rennes crut devoir prononcer le renvoi avant les plaidoiries; nous croyons, en effet, avec tous les commentateurs du Code d'instruction criminelle, que, dans le cas où la partie qui argue la pièce soutient que celui qui l'a produite est auteur ou complice du faux, le ministère public se trouve dans l'obligation de requérir le renvoi et le tribunal de le prononcer. — (*Voy. Bourguignon, pag.* 383, *édit. in-4°.; Carnot, tom.* 2, *pag.* 509; *Legraverend, pag.* 531).

En effet, l'art. 460 contient une disposition générale qu'il n'est pas permis d'éluder; il est ainsi conçu: « Si la partie qui a argué de faux la pièce *soutient* » *que celui qui l'a produite est l'auteur ou le complice du faux, ou s'il résulte de la* » *procédure* que l'auteur ou le complice du faux soit vivant, et la poursuite » du crime non éteinte par la prescription (nous ajouterons, d'après la maxime » *non bis in idem*, ou par un jugement d'absolution ou d'acquittement devenu » inattaquable), l'accusation sera suivie criminellement; si le procès est engagé » *au civil*, il sera sursis au jugement jusqu'à ce qu'il ait été prononcé sur le » faux. »

Cet article est formel; il ne laisse aucun doute sur l'obligation de renvoyer au criminel, lorsque la partie qui argue de faux accuse celui qui produit la pièce d'être auteur ou complice. C'est véritablement une dénonciation par laquelle l'action du ministère est provoquée; or, il n'appartient à aucun tribunal de l'arrêter.

Mais remarquons bien le second cas, *ou s'il résulte de la procédure*, etc. Ici la loi ne suppose point cette dénonciation de l'une des parties; et à moins que le ministère public ne requière le renvoi, en se fondant sur des renseignemens recueillis d'une manière quelconque hors de l'instruction, nous ne pensons pas que le tribunal dût l'ordonner avant d'avoir entendu les plaidoiries sur les moyens de faux, qui seuls peuvent fournir les indices qui autorisent le renvoi. Autrement il serait prononcé dans un cas autre que celui que supposent et la seconde partie de l'art. 460 du Code d'instruction, et l'art. 259 du Code de procédure civile, qui ne prescrit également le renvoi, qu'autant qu'il *résulte de la procédure* des indices contre une personne vivante. Il faut donc de toute nécessité que le tribunal entende les plaidoiries sur les moyens de faux. — (*Voy. infrà sur l'art.* 215).

861. *Un débiteur solidaire pourrait-il attaquer, par inscription de faux, l'acte sous seing privé reconnu vrai à l'égard de son codébiteur, qui aurait antérieurement succombé dans une pareille attaque?*

Nous croyons que le jugement qui a déclaré l'acte vrai doit être considéré comme étant commun au codébiteur solidaire qui voudrait s'inscrire en faux,

---

de l'acte. — (*Voy. le Traité du droit civil franç., par M. Toullier, tom.* 8, *n.°* 35, *notamment pag.* 71).

Mais lorsqu'il est expressément décidé qu'il n'y a pas lieu à poursuivre en faux principal, c'est juger de la manière la plus formelle qu'il n'y a pas de faux, et par suite il impliquerait d'admettre au civil une instruction en faux incident.

si toutefois son inscription portait sur le contexte de l'acte reconnu véritable; autrement, on admettrait cette seconde inscription contre la prohibition de l'art. 214; car un codébiteur solidaire fait une même personne avec son coobligé.

Mais si l'inscription ne portait que sur la signature, nous ne pensons pas que l'on pût opposer la disposition de l'art. 214, par le motif que le jugement rendu lors de la première inscription, soit sur le corps de l'acte, soit sur la signature de l'un des codébiteurs, n'a point disposé à l'égard de la signature de l'autre. — (*Voy. la 801e. quest. et les développemens donnés par M. Lepage, Questions, pag. 184, et dans la Biblioth. du barr., 1re. part., tom. 3, pag. 210*).

862. *Un acte privé ne pouvant, hors le cas de la précédente question, être une seconde fois inscrit en faux, quelle voie pourrait employer, contre le jugement rendu sur la première inscription, un tiers qui, n'ayant pas été partie à ce jugement, aurait des raisons pour maintenir la fausseté de l'acte?*

Il lui resterait contre ce jugement, qui aurait déclaré l'acte véritable, la voie de la tierce opposition, qui établirait une instance dans laquelle on examinerait, mais par rapport à lui seulement, les motifs d'après lesquels ce jugement pourrait être anéanti. — (*Voy. Quest. de Lepage, pag. 186, et l'art. 174*).

863. *Peut-on s'inscrire en faux après le jugement de la contestation à laquelle se rapporterait l'acte argué?*

Il résulte de l'art. 214 et de la rubrique du titre dont il fait partie, que l'inscription de faux n'est qu'un incident d'une contestation principale existant devant un tribunal, et que cet incident n'a lieu qu'à l'occasion d'une pièce quelconque, dont l'une des parties veut se prévaloir à l'appui de sa demande ou de sa défense.

Ainsi, l'inscription ne peut avoir lieu lorsque la contestation est jugée. — (*Voy. arrêt de la Cour de Paris, du 17 déc. 1808, Journ. du Palais, 2e. sem., 1809, pag. 152*).

Mais par une conséquence *à contrario*, dès que le procès existe encore, même en Cour d'appel, on peut s'inscrire en faux contre une pièce qui aurait servi de base au jugement du tribunal de première instance, et encore bien qu'on eût demandé devant ce tribunal la nullité de cette pièce sur des moyens autres que ceux de faux. — (*Voy. arrêts de la Cour de Montpellier, du 28 fév. 1810, et de celle de Paris, des 17 juill. et 30 août 1810, rapportés au Comm. inséré aux Ann. du notariat, tom. 2, pag. 9, et au Journ. des avoués, tom. 2, pag. 296*).

On peut, en effet, considérer comme un principe certain qu'une partie peut s'inscrire en faux en tout état de cause, et alors même que la pièce eût été vérifiée dans le cours de l'instance. — (*Voy. Berriat Saint-Prix, pag. 276*).

864. *Si la voie de l'inscription de faux n'est ouverte qu'autant qu'il existe une contestation principale, quelle serait, dans le cas où il n'existerait pas de contestation semblable, la voie que pourrait employer une partie, afin de faire déclarer que la pièce est fausse ou falsifiée? Si elle peut agir au civil, suivra-t-on les formalités prescrites par le titre du faux incident?*

Nul doute que cette partie a la voie du faux principal, si l'auteur ou le complice est vivant, et si l'action n'a pas été éteinte de l'une des manières que nous avons indiquées *suprà*, n°. 860.

La question que nous venons de poser ne peut donc se présenter que dans les cas suivans : 1°. lorsqu'il y a impossibilité d'agir en faux principal, parce que l'action criminelle étant éteinte par décès de l'auteur ou du complice, il ne s'agit que de poursuivre le faux contre ses héritiers ou autres possesseurs de la pièce; 2°. lorsque, cette action subsistant, la partie qui ne peut être contrainte à prendre la voie la plus rigoureuse, entend user de la faculté que lui donne l'art. 3 du Code d'instruction, de porter son action en justice civile.

Nous avions posé pour exemple, sur la 743e. quest. de notre Analyse, l'espèce dans laquelle une partie saisie, en vertu d'un titre que l'on prétend authentique, entend l'arguer de faux, et nous avons dit qu'elle pouvait lier l'instance au civil, en formant une demande principale en nullité de l'acte, fondée sur l'allégation du faux, parce que le saisissant devant nécessairement opposer pour exception ses maintiens de la véracité de l'acte qu'il produit, il y a lieu à élever l'incident de faux, et par conséquent à formaliser la procédure prescrite en cette matière.

C'est ainsi que, dans tous les cas où l'on entend faire déclarer une pièce fausse par les juges civils, les dispositions du titre du faux incident civil reçoivent leur application. Vainement dirait-on que ces mots, *faux incident civil*, supposent une contestation principale indépendante du faux, et que, dans les hypothèses que nous avons établies, le faux est réellement l'action principale, et non pas un incident; cette objection, que nous ne nous arrêterons point à combattre, ne serait d'aucune importance; car nulle disposition de la loi n'interdit de poursuivre civilement le faux comme *action principale;* l'art. 3 du Code d'instruction criminelle autorise au contraire cette poursuite de la manière la plus formelle, sauf, s'il y a lieu, le réquisitoire du ministère public afin de renvoi au criminel, et le sursis de cette action civile. Or, comme la loi a tracé une procédure pour ce procès fait à la pièce, il est évident que c'est cette procédure que l'on doit suivre.

865. *Lorsque, dans le cours d'une instance, une partie se qualifie sous un titre qu'elle tient d'un acte authentique qu'elle n'a ni communiqué ni produit, la partie adverse peut-elle retirer l'expédition de cet acte, la communiquer à son adversaire, lui faire le dénoncé prescrit par l'art. 215, et faire en conséquence rejeter la pièce du procès, si l'autre partie ne fait pas dans le délai fixé la déclaration prescrite par l'art. 216?*

OU PLUS GÉNÉRALEMENT, *peut-on admettre à s'inscrire en faux, et par conséquent à faire tous les actes préliminaires à l'inscription, une partie qui produit elle-même le titre qu'elle entend arguer?*

Cette question n'est décidée par aucun arrêt, et n'a été traitée par aucun auteur. Si l'on interprète l'art. 214 du Code civil par l'art. 1 du tit. 2 de l'ordonnance de 1737, on sera porté à décider la question pour la négative, d'après le texte de ce dernier. Il portait, en effet, « que la poursuite du faux incident aura lieu lorsqu'une des parties ayant signifié, communiqué ou produit quelque pièce que ce puisse être dans le cours de la procédure, l'autre partie prétendra que ladite pièce est fausse ou falsifiée. »

Evidemment, on peut conclure de ce texte que la partie à laquelle la communication a été faite, et contre laquelle la pièce a été produite, est la seule qui puisse s'inscrire en faux. Or, dans l'espèce de la question ci-dessus posée, c'est au contraire la partie intéressée à contester le titre qui le produit; et, par conséquent, ses agissemens tendant à inscription de faux contre ce titre, sont prématurés, puisqu'il n'a encore été ni communiqué ni produit par celle contre laquelle elle agit pour parvenir à l'inscription.

On ne peut dissimuler que tous les articles du Code de procédure semblent supposer ce que l'ordonnance disait clairement, savoir : que l'inscription ne peut avoir lieu, si le demandeur en faux n'est pas celle des parties à laquelle la pièce a été communiquée, ou contre laquelle elle a été produite, ou du moins il n'existe aucun texte qui puisse faire supposer la poursuite de l'incident par la partie même qui a produit la pièce.

Quoi qu'il en soit, nous estimons que l'on ne peut argumenter de ce que la loi n'ait point statué sur le cas particulier qui nous occupe, et ne l'ait pas même supposé, pour en conclure que l'on ne puisse admettre la poursuite du faux de la part d'une partie qui a produit une pièce, lorsqu'elle ne la produit dans cette vue d'être admise à l'inscription, que comme formant le titre dont son adversaire entendrait se prévaloir contre elle. La loi ne statue que sur ce qui arrive *le plus ordinairement*, et comme il ne peut arriver que très-rarement qu'une partie fournisse elle-même le titre de son adversaire pour s'inscrire en faux contre lui, il n'est pas étonnant que le Code de procédure suppose toujours que c'est contre la partie intéressée à opposer le titre, que l'inscription se dirige.

Mais, d'après ce que nous avons dit sur la précédente question, si l'on ne peut contester qu'une partie puisse se pourvoir en faux incident, en demandant l'annulation d'un titre qu'un autre a entre les mains; si, d'un autre côté, l'action en faux principal est admise au civil, conformément à l'art. 3 du Code d'instruction criminelle, il s'ensuit évidemment qu'il importe peu que le titre n'ait pas été communiqué ou produit par celui qui pourrait s'en prévaloir. Dès lors que l'autre partie a à craindre qu'on s'en prévaille ou dans la cause engagée, ou par la suite, elle a intérêt à la détruire, et son action doit être admise : elle peut donc sommer la partie de faire sa déclaration, et si celle-ci laisse passer le délai fixé par l'art. 116 sans la fournir, la pièce doit être rejetée, suivant ce que nous avons dit n°. 873.

Nous ajouterons que toute action qui pourrait être principale doit être sans difficulté admise comme incidente, dès que l'intérêt de la former s'ouvre dans le cours d'une instance engagée; alors elle est, de toute nécessité, jointe à cette instance, et elle admet l'application de toutes les règles relatives aux incidens, et conséquemment de celles qui concernent l'inscription de faux.

866. *Peut-on s'inscrire en faux contre des chiffres insérés dans un acte?*

L'affirmative résulte de la généralité des termes de l'art. 214, et, sous l'ordonnance de 1737, elle a été jugée par deux arrêts du Parlement de Besançon. — (*Voy. nouv. Répert., au mot* inscription de faux, *tom.* 6, *pag.* 134 *et suiv.*)

867. *Est-il nécessaire de s'inscrire en faux contre un acte qui ne serait pas argué de fausseté matérielle, mais seulement de fausseté morale ou de simulation?*

M. Thomines Desmazures, pag. 125, décide négativement cette question, et dans son opinion, les faussetés qui constituent le faux *moral intellectuel* ou *substantiel*, que nous avons défini pag. 544, ne donneraient lieu qu'à un incident qui, comme tout autre, serait poursuivi suivant les formes ordinaires, et sur l'admission des différens genres de preuves autorisés par la loi.

Mais si l'on considère, d'un côté, que l'art. 1319 du Code civil dispose que l'exécution des actes n'est ou ne peut être suspendue qu'en cas de plainte en faux principal suivie d'accusation, ou en cas d'*inscription;* que, de l'autre, l'art. 214 du Code de procédure ne fait aucune distinction entre le faux matériel et le faux moral; si l'on considère enfin que ce même Code contient plusieurs dispositions qui sont également applicables à l'une ou à l'autre de ces deux espèces de faux (*voy. art.* 215 *à* 236 *inclus*), ne sera-t-on pas forcé d'admettre que le législateur n'a point entendu distinguer, et qu'il a soumis à la procédure tracée au titre que nous expliquons, toute pièce authentique ou privée, quelle que soit l'espèce du faux?

Telles sont les considérations qui nous portent à croire que l'on doit procéder par voie d'inscription, toutes les fois qu'il s'agit de faussetés morales, et que ce n'est qu'à ce moyen que l'on peut, avec plus de certitude, obtenir de prouver par témoins contre et outre le contenu d'un acte, sans représenter un commencement de preuves par écrit. — (*Voy. arrêt de la Cour de cassat., du* 29 *juil.* 1809, *nouv. Répert., au mot* inscription de faux, *tom.* 6, *pag.* 132) (1).

868. *Doit-on nécessairement s'inscrire en faux, dans le cas où il ne s'agit que d'altération d'un acte véritable?*

Ce faux, que les auteurs appelaient *faux matériel*, et que nous avons seulement considéré, pag. 544, comme une des espèces du faux auquel nous avons donné cette même qualification, peut être tellement frappant, que des auteurs ont pensé qu'il était inutile d'avoir recours, pour le découvrir, à la procédure en inscription de faux.

M. Merlin appuie cette opinion de quelques arrêts; mais on pourrait opposer, comme nous l'avons fait sur la précédente question, relativement au faux moral, l'art. 1319 du Code civil, et la généralité des termes de l'art. 214. Cependant en ne dissimulant pas que l'on pouvait maintenir le contraire, et peut-être avec fondement, par argument de l'art. 1319 du Code civil, et de ce que nous avons établi sur la 867e. quest., M. Berriat Saint-Prix, pag. 273, not. 4, fait

(1) Nous n'en partageons pas moins l'opinion de M. Thomines Desmazures, relativement à la simulation, mais pour les cas seulement où elle n'aurait pas été pratiquée dans un acte contradictoire entre les deux parties; en sorte que l'une n'aurait pas été trompée par l'autre, qui lui aurait fait signer, par exemple, toute autre chose que ce qu'elle eût entendu signer.

On sent, en effet, qu'en ce dernier cas, la simulation constituerait un faux moral, et qu'elle donnerait conséquemment lieu à l'inscription, ainsi que nous l'avons dit ci-dessus.

Au contraire, si l'acte simulé que l'on opposerait à une partie était étranger à son propre fait; si, par exemple, il s'agissait d'un acte de vente qui aurait été simulé entre un débiteur et un tiers, afin de soustraire au créancier le gage que lui présentait la chose qui ferait l'objet de cet acte, on ne pourrait dire qu'il y aurait, à proprement parler, ce qu'on appèle un faux. Alors l'exception de simulation, opposée par le défendeur, formerait un incident ordinaire, sur lequel conséquemment il n'y aurait pas lieu à poursuivre par voie d'inscription de faux. — (*Voy. aussi le Manuel de Bourguignon, pag.* 373).

à ce sujet une distinction; il admet bien qu'il n'y a pas lieu à formaliser dans l'espèce la procédure prescrite pour la vérification de la pièce ; mais il maintient que, pour la rejeter du procès, il est au moins nécessaire que la déclaration d'inscription soit passée au greffe. En effet, dit cet auteur, l'art. 1319 du Code civil décide que l'exécution des actes n'est ou ne peut être suspendue qu'en cas de plainte en faux, suivie d'accusation, ou en cas d'*inscription* : il semble donc prononcer indirectement que l'inscription est au moins nécessaire. Quoi qu'il en soit, cette opinion a été rejetée par arrêt de la Cour de cassation, du 18 août 1813. — (*Sirey, tom.* 14, *pag.* 40).

ARTICLE 215.

Celui qui voudra s'inscrire en faux sera tenu préalablement de sommer l'autre partie, par acte d'avoué à avoué, de déclarer si elle veut ou non se servir de la pièce, avec déclaration que, dans le cas où elle s'en servirait, il s'inscrira en faux.

T., 71. — Ordonn. de 1737, tit. 2, art. 3 et 4.

CLXXIII. IL ne suffit pas d'avoir produit une pièce arguée de faux, pour être exposé à la procédure réglée par ce titre; la loi tend encore une main secourable à celui qui voudrait profiter d'un faux; elle veut qu'il soit averti du danger, et l'instruction ne commence qu'après une réponse affirmative à une sommation de déclarer s'il entend se servir de la pièce. Ici l'art. 215 présente deux innovations relativement à l'ordonnance de 1667, art. 3. Suivant elle, l'autorisation du magistrat devait précéder la sommation, et le demandeur était tenu d'une consignation d'amende dont la quittance devait être jointe à la requête. Les auteurs du Code ont pensé que l'autorisation du magistrat ne devait intervenir qu'au moment où l'intérêt de celui auquel on pourrait opposer la pièce, se joint à la volonté formelle de s'en servir contre lui. Ce n'est qu'alors que l'intérêt du premier prend naissance, et par conséquent, l'autorisation de l'inscription ne peut être donnée qu'après les actes préalables dont il s'agit dans les art. 215, 216 et 217. — (*Voy. art.* 218).

Quant à la consignation d'amende, il n'eût pas été juste de l'exiger avant que le défendeur l'eût encourue (1); elle eût pu d'ailleurs excéder ses moyens, et cette peine anticipée eût été en quelque sorte un déni de justice : aussi notre Code n'ordonne-t-il la consignation que dans le cas où le défendeur a succombé. — (*Art.* 246).

869. *Si l'on entendait poursuivre le faux par action directe, devant le tribunal civil, pourrait-on commencer par la sommation prescrite par l'art.* 215 ?

Cette question a été jugée négativement par arrêt de la Cour de Rennes, du 19 décembre 1812, par la raison que l'art. 215 suppose nécessairement

(1) Cette remarque du rapporteur de la loi au Corps législatif pourrait s'appliquer à la consignation exigée pour l'appel et le pourvoi en cassation.

l'existence d'une instance principale déjà régulièrement formée entre les parties.

Elle a considéré qu'il fallait une assignation à personne ou à domicile sur *la manière légale* d'introduire une instance; et, en conséquence, elle a déclaré nulle la sommation non précédée d'un ajournement régulier.

Cette décision est, sans contredit, conforme aux principes; mais loin de détruire la solution donnée *suprà*, n°. 864, elle nous paraît la confirmer, au contraire, en ce qu'elle admet implicitement la faculté de poursuivre un faux au civil par action principale.

Au reste, nous pensons que, si la sommation contenait *ajournement*, il n'y aurait pas lieu de prononcer la nullité; nous ne verrions dans cet acte qu'économie des frais et moyens de simplifier la procédure, et d'en accélérer les résultats.

870. *La sommation dont il s'agit doit-elle être signée par le demandeur en faux?*

La loi ne l'exige point; et ce qui prouve qu'on ne doit pas suppléer à son silence, c'est qu'elle s'est exprimée formellement toutes les fois qu'elle a entendu que la signature de la partie fût apposée. — (*Voy. art.* 216 *et* 218).

Mais l'avoué qui fait notifier la sommation n'en doit pas moins se munir, à cet effet, d'un pouvoir spécial, afin de se mettre à l'abri du désaveu. — (*Voy Comm. des Ann. du not., tom.* 1, *pag.* 16).

Article 216.

Dans les huit jours, la partie sommée doit faire signifier, par acte d'avoué, sa déclaration, signée d'elle ou du porteur de sa procuration spéciale et authentique, dont copie sera donnée, si elle entend ou non se servir de la pièce arguée de faux.

T., 71. — Ordonn. de 1737, tit. 2, art. 10 et 11, et *infrà* sur l'art. 250.

CLXXIV. La réponse exigée par l'article ci-dessus devient un lien judiciaire pour la partie qui a été sommée de la faire; elle excède par conséquent les bornes d'un pouvoir général : il faut donc qu'elle soit signée de la partie ou d'un fondé de pouvoir spécial. Cette forme est tellement rigoureuse, que l'on a vu, sous le régime de l'ordonnance de 1737, une des Cours supérieures du royaume annuler une inscription de faux, parce qu'on avait cru pouvoir se contenter de la réponse affirmative de la partie, faite à l'audience sur l'interpellation du juge. — (*Rapp. au Corps législ.*)

871. *La partie est-elle tenue de faire la déclaration prescrite par l'art.* 216, *lorsque la sommation lui est faite sous le cours d'un délibéré; et si elle n'y est pas tenue, que doit-elle faire pour prévenir l'inscription de faux?*

Nous avons dit *suprà*, n°. 441, que nous persistions à croire que le délibéré sans rapport était le seul qui terminât l'instruction, nonobstant un arrêt contraire de la Cour de cassation, du 27 fructidor an 8, rapporté au nouveau Répertoire, v°. *délibéré*. Ainsi, nous pensons que la sommation dont il s'agit en l'art. 215 peut être faite sous le cours du délibéré avec rapport; mais, par une conséquence nécessaire, qu'elle ne peut avoir lieu si les juges se sont bornés à renvoyer à une audience indiquée, pour, après délibération à la chambre du conseil, le jugement être prononcé.

Dans ce cas, il nous semble évident que l'instruction est entièrement terminée, et qu'aucun incident ne peut suspendre, soit la délibération, soit la prononciation du jugement.

Ici nous pouvons invoquer l'ancienne pratique, attestée par l'arrêt du 27 fructidor, et la maxime qu'il déclare être un principe constant, que *les délibérés doivent être rapportés et jugés en l'état qu'ils ont eu lieu.* On sentira que cet arrêt doit avoir d'autant plus d'influence dans l'espèce particulière de la présente question, qu'il a été prononcé relativement à un délibéré sur rapport.

Mais, indépendamment de ces raisons générales, uniquement fondées en droit, on doit considérer combien est défavorable un commencement de poursuite afin de faux incident, de la part d'une partie à laquelle la pièce a été opposée, et qui cependant laisse courir l'instance sans l'arguer de faux. Il est d'ailleurs dans le vœu de la loi que la sommation prescrite par l'art. 215 soit notifiée dès que la pièce est opposée, puisque cette sommation et la réponse qu'elle exige ont pour but d'arrêter toutes les procédures auxquelles cette pièce pourrait donner lieu. Nous estimons, en conséquence, que le défendeur à une sommation faite sous le cours d'un délibéré sans rapport, est fondé à déclarer qu'il refuse de répondre à la sommation, attendu qu'elle est tardive, et que le tribunal, dans le cas où le demandeur poursuive l'audience, doit déclarer la sommation non avenue, et passer outre à la prononciation du jugement (1).

872. *Le délai donné au défendeur pour faire la déclaration prescrite est-il franc, et doit-il être augmenté à raison des distances, conformément à l'art.* 1033 ?

D'après l'art. 216, l'avoué ne peut, sans la participation de la partie, répondre à la sommation du demandeur en faux, et cela paraîtrait devoir suffire pour décider que si le défendeur est éloigné, le délai de huitaine accordé pour faire cette réponse doit être augmenté par trois myriamètres, pour le voyage du lieu où siége le tribunal à celui où demeure le défendeur, et de pareil délai pour le retour.

Telle est l'opinion de M. Thomines, pag. 127, et des auteurs des Annales du notariat (*Comm., tom. 2, pag.* 16 *et* 17), et elle aurait pour appui la disposition de l'art. 10 de l'ordonnance de 1737, qui accordait une augmentation de délai, sur laquelle, dirait-on, l'art. 216 garde le silence, par le motif que l'art. 1033 contient une disposition générale à laquelle le législateur a entendu renvoyer.

M. Pigeau dit, au contraire, tom. 1, pag. 323, que la sommation prescrite

---

(1) Il serait possible que l'on opposât contre cette opinion que, dans l'ancienne pratique, celle des parties qui avait une nouvelle demande à former pouvait la porter à l'audience, et que, si les juges trouvaient qu'il y eût *connexité*, ils ordonnaient, sur cette demande, *un délibéré joint au premier ;* mais nous répondrions qu'une *jonction* présuppose la possibilité de juger la nouvelle demande en même tems que la première, qui est l'objet du délibéré, et, de plus, celle de juger en même tems cette nouvelle demande, sans instruction particulière et préalable. Or, au contraire, l'incident de faux exige non seulement une longue procédure, mais plusieurs jugemens préparatoires ou définitifs, avant lesquels on ne peut passer au jugement du fond : ce n'est donc pas le cas de joindre au délibéré.

par l'art. 215 n'est pas faite à personne ou domicile, mais par acte d'avoué. Or, l'art. 1033 ne se rapporte qu'au premier cas, dont le délai n'est ni franc ni susceptible d'augmentation ; le jour de la signification est le seul qui n'y soit pas compris. Nous avions adopté cette opinion dans notre Analyse, n°. 750, en observant toutefois qu'il peut arriver souvent que le délai ne suffise pas ; mais nous répondions que tout inconvénient cessait par la faculté qu'aurait le juge d'ordonner une prorogation. — (*Voy. la question suivante*).

Quoi qu'il en soit, puisqu'il est admis aujourd'hui que, dans l'espèce de l'art. 261, l'art. 1033 est applicable au délai donné à la partie à domicile de son avoué, pour être présente à l'enquête, nous ferons la même application au cas de l'art. 216, non seulement par identité de raison, mais *à fortiori*, puisque, dans l'espèce de l'art 261, la partie n'est pas tenue d'être présente, ou de constituer un procureur spécial, tandis qu'il faut nécessairement que la déclaration exigée d'elle par l'art. 216 soit revêtue de sa signature ou de celle d'un fondé de pouvoir.

873. *Le même délai est-il fatal, en sorte qu'après son expiration le défendeur ne puisse plus signifier sa réponse, et que le juge soit rigoureusement tenu d'ordonner le rejet de la pièce, si le défendeur n'a pas répondu à la sommation?*

Nous avions remarqué, sur la 751e. quest. de l'Analyse, que la question proposée avait été long-tems un objet de controverse sous l'empire de l'ordonnance de 1737; mais qu'enfin elle avait été résolue définitivement pour l'affirmative. Nous le prouvions, en citant des autorités auxquelles nous eussions pu ajouter un arrêt de la Cour de cassation, du 5 avril 1813 (*Sirey, tom. 13, pag. 314*), rendu par application des dispositions de cette ordonnance. Mais comme l'art. 216 du Code de procédure civile ne prononce point la déchéance, nous pensions, par argument *à contrario* de l'art. 1029, que le défendeur était recevable à fournir sa déclaration aussi long-tems, du moins, que sur les poursuites du demandeur, le tribunal n'aurait pas rejeté la pièce. Mais deux arrêts de la Cour de Rennes, l'un du 9 août 1809, 3e. chamb., l'autre du 28 novembre 1814, 1re. chamb., en consacrant notre opinion sous le rapport que le délai fixé par l'art. 216 n'est que comminatoire, admettent un juste tempérament, en déclarant qu'il devient fatal aussitôt que le demandeur en faux a suivi l'audience, conformément à l'art. 217, afin de faire rejeter la pièce. Il s'ensuit que le défendeur peut, jusqu'à l'avenir notifié à cet effet, signifier valablement sa déclaration d'entendre se servir de la pièce; mais que, si l'avenir lui est donné, cette faculté lui est interdite, et le tribunal ne peut se refuser à prononcer le rejet.

Cette décision nous paraît bien fondée, par la raison que si la déchéance n'est pas attachée à l'expiration même du délai donné par l'art. 216, attendu que cet article ne la prononce pas, du moins les effets que doit produire le défaut d'avoir fait la déclaration dans le délai fixé, et qui consistent dans le rejet de la pièce, doivent-ils être acquis au demandeur, aussitôt qu'il a formé sa demande afin que le tribunal les prononce. Si le délai n'est pas fatal jusque là, c'est parce que le demandeur est présumé l'avoir prorogé en ne demandant pas le rejet de la pièce; mais cette présomption cesse par la notification de cette demande, et comme elle est fondée sur ce que le défendeur n'a pas fait sa déclaration, comme l'exige l'art. 216, le tribunal ne peut, sans contrevenir à cet article, admettre le défendeur à faire une déclaration postérieurement à cette demande. Nous concluons, en conséquence, que cette déclaration est valable depuis l'expiration du délai jusqu'à la notification de l'avenir donné à l'effet de rejeter la pièce, ainsi que l'ont jugé les arrêts de Rennes ci-dessus cités, et implicitement la Cour de Rouen, par arrêt du 24 août 1816 (*Sirey, tom.* 18, *pag.* 291), qui, en déclarant que le délai n'est pas prescrit à peine de déchéance, prend en considération que le défendeur avait fait sa déclaration avant toute demande en rejet de la pièce : d'où suit qu'elle l'eût jugé déchu, si le demandeur s'était pourvu, conformément à l'art. 217.

874. *Le tribunal peut-il proroger le délai ?*

Les commentateurs de l'ordonnance de 1737 tenaient l'affirmative (*voy. Serpillon, sur l'art.* 10 *du tit.* 2), et la Cour royale d'Angers, par arrêt du 21 janvier 1809 (*Sirey, tom.* 9, *DD.*, *pag.* 304), s'est prononcée de la même manière, dans une espèce où le défendeur s'excusait de n'avoir pas fourni sa déclaration dans le délai, en alléguant des circonstances qui s'opposaient, suivant lui, à ce qu'il l'eût valablement faite.

M. Thomines, pag. 127, dit aussi que l'avoué du défendeur ne paraît pas exclu du droit de demander une prorogation de délai, en cas d'absence de sa partie, ou de motifs légitimes qui empêcheraient sa réponse. — (*Voy. encore l'art.* 219). (1)

875. *La réponse ou déclaration du défendeur peut-elle être donnée sous condition ou restriction ?*

Elle doit être, comme le disait l'art. 11 du tit. 2 de l'ordonnance de 1737, *précise*, c'est-à-dire *formelle*, *claire*, *sans équivoque*, *ni réserve ni condition*, en un mot, par *oui* ou par *non*. — (*Voy. Serpillon sur cet article*, *pag.* 169).

876. *Le défendeur qui aurait renoncé à se servir de la pièce pourrait-il, avant qu'elle eût été rejetée par jugement, rétracter cette déclaration ?*

Tous les commentateurs de l'ordonnance de 1737 maintenaient la négative (*Voy. Serpillon sur l'art.* 14, *pag.* 179; *Jousse, dans ses notes sur cette ordon.*, *à la suite de son Commentaire de celle de* 1670, *etc.*) Cette opinion a été reproduite par M. Delaporte, tom. 1, pag. 217, et par les auteurs du Commentaire inséré aux Annales du notariat, tom. 2, pag. 19 et 20.

En effet, celui qui a déclaré, dans un procès, qu'il ne veut pas se servir d'une pièce, ne peut changer de volonté, parce qu'il est censé, par sa déclaration, avoir reconnu la fausseté de la pièce, ou l'avoir regardée comme inutile.

Mais on doit remarquer, avec Duparc Poullain, tom. 12, pag. 687, n°. 64 de ses Principes, qu'un tel désistement doit être considéré comme les reconnaissances et les consentemens donnés par une partie sous le cours d'une instance, et qui peuvent être susceptibles de restitution, quand elle prouve qu'ils ont eu pour cause l'erreur, la fraude ou la crainte, etc.

---

(1) Si l'on n'adoptait pas cette opinion, on sent qu'il ne pourrait du moins s'élever de doutes raisonnables concernant l'augmentation de délai dont il a été parlé sur la 872ᵉ quest., et nonobstant la disposition, contraire en apparence, de l'art. 1033 : la loi n'a pas entendu prescrire l'impossible.

877. *Si, au contraire, le défendeur avait déclaré qu'il entendait se servir de la pièce, pourrait-il rétracter cette déclaration ?*

D'anciens arrêts avaient décidé cette question pour la négative. Jousse disait, au contraire, sur l'art. 13 de l'ordonnance de 1737, que le défendeur en faux était en tout état de cause admis à abandonner la pièce arguée.

Nous croyons que cette dernière décision doit prévaloir : puisqu'une partie a, dans toutes les circonstances, la faculté de renoncer à un droit qui lui est acquis, à plus forte raison a-t-elle le pouvoir de renoncer à un moyen qui lui est contesté. — (*Voy. Serpillon, sur l'art.* 13).

878. *Si la déclaration du défendeur n'était pas signée de lui ou de son fondé de pouvoir spécial, devrait-on néanmoins avoir égard à cette déclaration ?*

Nous ne le pensons pas, par le motif que la loi exige impérieusement la signature du défendeur ou de son procurateur. Il en résulte que, si cette formalité n'était pas remplie, on ne devrait avoir aucun égard à la déclaration. Ainsi, le demandeur pourrait sommer d'audience pour faire rejeter la pièce, comme s'il n'y avait pas eu de déclaration. — (*Voy. Comm. des Ann. du not., tom.* 2, *pag.* 17, *et les quest. sur l'art.* 218).

879. *Lorsque le pouvoir en vertu duquel un mandataire agit en justice est argué de faux, est-ce le mandataire qui devient partie principale, et auquel seulement il appartient de soutenir la validité du mandat ?*

Nous croyons devoir résoudre affirmativement cette question vraiment importante.

Vainement, dans notre opinion, voudrait-on se prévaloir pour la négative des dispositions de l'art. 216, qui veut que la déclaration de la partie sommée soit signée d'elle ou du porteur de sa procuration spéciale et authentique, et en conclurait-on que le mandataire, ne pouvant répondre à la sommation qui lui serait faite, conformément à l'art. 216, ce n'est pas lui, mais le commettant qui doit être partie dans l'incident de faux.

Sans doute, lorsque la partie est présente, lorsqu'elle agit par elle-même dans l'instance, c'est à elle à formaliser la déclaration ou à la faire formaliser par un mandataire spécial, parce qu'alors c'est elle-même qui produit la pièce arguée de faux, et qui veut s'en prévaloir.

Il en serait encore ainsi dans le cas où le mandataire produirait un acte ou telle autre pièce en vertu de laquelle il réclamerait pour le mandant l'exécution d'une obligation quelconque; mais lorsque le pouvoir en vertu duquel le mandataire agit est argué de faux, c'est alors véritablement le mandataire qui devient partie principale, et c'est à lui seulement qu'il appartient de soutenir la validité du mandat qui lui a été donné. En effet, ou la procuration est réellement souscrite par le commettant, ou elle ne l'est pas :

Dans la première hypothèse, le mandataire agit en vertu d'un pouvoir légal, et sa conduite est à l'abri de tout reproche.

Dans la seconde, il est manifeste que c'est contre lui que se dirige l'action en inscription de faux, puisque c'est lui seul qui peut être soupçonné d'avoir commis le faux, et condamné à des dommages-intérêts envers les parties contre lesquelles il aurait agi d'après un tel acte.

On peut objecter, il est vrai, qu'en rendant ainsi le mandataire partie principale, on enlève à la partie adverse un des moyens indiqués par la loi pour prouver le faux, c'est-à-dire, le corps d'écriture; mais il est facile de répondre à cette objection, 1°. qu'un corps d'écriture n'est ordonné qu'à défaut ou insuffisance des pièces de comparaison; 2°. que ce moyen n'est pas essentiel, puisqu'autrement il faudrait dire qu'on ne pourrait prendre la voie d'inscription en faux incident civil, qu'autant que la personne qui aurait écrit ou signé l'acte argué serait encore vivante; ce qui est évidemment insoutenable. C'est, en ce cas, au demandeur en faux qui s'est chargé de la preuve à prévoir les difficultés qu'il peut éprouver, et à ne pas intenter une action qui peut toujours, s'il succombe, avoir contre lui des suites plus ou moins fâcheuses (1).

880. *La déclaration d'entendre en* TEL SENS *une énonciation insérée dans la pièce, mais sans ajouter que l'on veut se servir de cette pièce, suffit-elle pour remplir le vœu de l'art.* 216?

Cette question s'est présentée devant la Cour royale de Rennes dans l'espèce suivante :

Un débiteur prétendait avoir été saisi et arrêté dans une maison sans assistance du juge de paix; il poursuivait par ce motif la nullité de son emprisonnement contre l'huissier et le créancier. On lui oppose le procès-verbal de capture, portant que l'huissier s'était transporté *rue de...... près de telle maison*, où il avait rencontré le débiteur et l'avait arrêté. Ce dernier somme les défendeurs de déclarer s'ils entendaient se servir du procès-verbal, en ce sens qu'il porterait que l'huissier ne serait pas entré dans la maison, et n'y aurait pas rencontré le débiteur, et l'huissier répond qu'il entendait le procès-verbal dans le sens et l'interprétation que lui avaient attribués les premiers juges en déclarant la capture légale; le créancier, au contraire, déclare vouloir se servir du procès-verbal, tel qu'il était.

On prétendait que les deux défendeurs devaient s'expliquer sur le sens qu'ils entendaient attribuer aux expressions que le débiteur maintenait énoncer un faux, et on concluait au rejet de la pièce. La Cour, par arrêt du 17 avril 1818, 1re. chambre, a jugé que les deux déclarations fournies par le défendeur suffisaient pour remplir le vœu de l'art. 216, et, en conséquence, qu'il n'y avait pas lieu à rejeter la pièce du procès, sauf au demandeur à formaliser l'inscription de faux incident, s'il croyait l'avoir à faire.

---

(1) Vainement encore prétendrait-on que la procuration étant arguée de faux, le mandataire est sans qualité pour défendre à l'inscription, puisqu'il ne peut y avoir de mandataire sans mandat, et que le pouvoir étant contesté, le mandat, par ce seul fait, doit cesser, ou tout au moins être suspendu.

Indépendamment de ces raisons, par lesquelles nous croyons prouver que, dans l'espèce, le mandataire est vraiment partie principale, il suffit de réfléchir un moment pour apercevoir l'inconvénient grave qui résulterait du système contraire. Il faudrait dire qu'un mandataire pourrait, à tout instant, être arrêté dans ses opérations, si, chaque fois que l'on contesterait la validité de son mandat, il était obligé d'en demander un nouveau pour le confirmer dans sa qualité. Rien n'empêcherait alors d'attaquer ce nouveau mandat, qui ne prouverait pas davantage que le premier, et une simple menace de s'inscrire en faux contre une procuration suffirait ainsi pour paralyser en quelque sorte les pouvoirs donnés à un mandataire; il s'ensuivrait qu'un plaideur de mauvaise foi trouverait, dans la plus vague des imputations, un moyen d'arrêter ou de suspendre à son gré le cours de la justice, et

ARTICLE 217.

Si le défendeur à cette sommation ne fait cette déclaration, ou s'il déclare qu'il ne veut pas se servir de la pièce, le demandeur pourra se pourvoir à l'audience sur un simple acte, pour faire ordonner que la pièce maintenue fausse sera rejetée par rapport au défendeur; sauf au demandeur à en tirer telles inductions ou conséquences qu'il jugera à propos, ou à former *telles demandes* qu'il avisera, pour *ses dommages et intérêts* (1).

Ordonn. de 1737, liv. 2, art. 12 et 13. — C. P., art. 220, 224, 230, 251. — C. d'instr. crim., art. 459.

CLXXV. On voit que, dans l'espèce de l'art. 217, le silence du défendeur est pris pour une déclaration qu'il n'entend faire usage de la pièce (*rapp. au Corps législ.*), et par conséquent, la pièce est rejetée par rapport à lui, afin qu'il n'en puisse retirer aucun avantage pour sa cause, tandis que le demandeur en faux peut au contraire y puiser tous les moyens qui lui conviennent. En effet, s'il est de principe que l'on n'est point tenu de fournir un titre contre soi-même, on ne peut non plus contester la sincérité et les conséquences nécessaires de celui qu'on a librement produit.

881. *Le ministère public doit-il être entendu avant le jugement qui prononcera le rejet de la pièce?*

Il doit être entendu avant tout jugement à rendre dans le cours de l'incident de faux. — (*Voy. art.* 249 *et* 251; *le Comm. inséré aux Ann. du not.*, *tom.* 2, *pag.* 19, *et Pigeau*, *tom.* 1, *pag.* 325).

882. *Si l'affaire est en état, la partie peut-elle tout à la fois sommer d'audience pour faire rejeter la pièce, et pour obtenir que ses conclusions au fond lui soient adjugées?*

Oui sans doute; car la pièce étant rejetée, il n'existe aucun motif qui puisse arrêter le jugement à rendre sur le fond. — (*Pigeau, tom.* 1, *pag.* 323 *et* 324).

ARTICLE 218.

Si le défendeur déclare qu'il veut se servir de la pièce, le demandeur déclarera par acte au greffe, signé de lui ou de son fondé de pouvoir spécial et authentique, qu'il entend s'inscrire

---

de faire tourner au préjudice du mandant les sages précautions que le législateur a prises, pour conserver les droits de celui que la distance des lieux ou d'autres obstacles empêchent de veiller par lui-même à ses propres intérêts.

(1) Par exemple, si la production de la pièce a nui à son crédit, à sa réputation ou a retardé le jugement.

en faux; il poursuivra l'audience sur un simple acte, à l'effet de faire admettre l'inscription, et de faire nommer le commissaire devant lequel elle sera poursuivie (1).

T., 92. — Ordonn. de 1737, tit. 2, art. 14; *infrà*, art. 246, 247, 248, 427. — C. d'instr. crim., art. 459.

CLXXVI. Aussitôt que le défendeur a déclaré vouloir se servir de la pièce arguée de faux, le demandeur peut se retirer au greffe pour y passer la déclaration que l'on nomme *inscription de faux*, et qui n'est autre chose qu'un acte ou procès-verbal portant déclaration que le demandeur entend s'inscrire ou s'inscrit en faux, contre telle pièce que la partie adverse a produite, et dont elle a judiciairement déclaré vouloir se servir.

Cet acte est dressé par le greffier, sur la comparution en personne du demandeur ou de son fondé de pouvoir spécial et authentique. L'un ou l'autre, après avoir fait dresser le procès-verbal sous l'assistance de l'avoué (*tarif*, *art.* 92), le signe avec ce dernier et le greffier.

L'inscription étant ainsi formalisée, il reste à la faire admettre par le tribunal, et, à cet effet, l'avoué du demandeur poursuit l'audience, où le débat s'engage sur la question de savoir s'il échet d'admettre l'inscription de faux; le ministère public est entendu dans ses conclusions, et le tribunal prononce. S'il rejette l'inscription, la procédure sur l'action principale reprend son cours; s'il l'admet, le tribunal nomme par le même jugement le commissaire devant lequel l'instruction sur l'incident de faux sera poursuivie.

883. *Une partie qui, conformément à l'art. 218, a déclaré s'inscrire en faux, peut-elle se désister de cette déclaration, pour en revenir à l'exécution pure et simple de l'art. 1323 du Code civil, et se borner, en conséquence, à déclarer ne pas reconnaître ou dénier l'écriture ou la signature de l'acte contre lequel elle avait entendu s'inscrire en faux?*

Nous pensons que la déclaration d'entendre s'inscrire en faux n'est qu'un

---

(1) JURISPRUDENCE.

1.° Si l'appelant a sommé les intimés de déclarer s'ils entendent se servir des pièces qu'il argue, et que, d'après leur réponse affirmative, il n'ait point fait la déclaration prescrite par l'art. 218 du Code de procédure, il est réputé avoir abandonné l'instance en faux incident. — (*Rennes*, 9 *août* 1809).

2.° Lorsqu'on articule qu'une transaction est intervenue sur des pièces fausses, on ne peut faire résulter de cette transaction une fin de non-recevoir contre l'inscription déclarée au greffe par la partie qui veut prouver la fausseté des pièces. — (*Colmar*, 30 *juil.* 1813, *Journ. des avoués*, *tom.* 10, *pag.* 349).

3.° Il résulte de la combinaison des art. 218, 231 et 238, que le Code établit trois degrés qu'il faut nécessairement parcourir pour parvenir à l'apurement du faux; le premier, qui admet ou rejette l'inscription (218); le second, qui statue sur les moyens du faux (231); le troisième, qui juge le faux.

Chacun de ces degrés doit être rempli par un jugement spécial et distinct, et, par conséquent, un tribunal ne peut annuler dans le même jugement la décision sur l'admission de l'inscription et sur le mérite des moyens. — (*Rennes*, 4 *mai* 1812).

acte de procédure dont la partie à requête de laquelle il a été notifié peut se désister, quand il lui plaît, tant que les choses sont entières, et qu'il n'est pas intervenu de jugement qui influe sur les droits des parties.

Le désistement des actes isolés de procédure a lieu tous les jours sans la moindre difficulté. — (*Voy. infrà sur l'art.* 402).

On ne pourrait, suivant nous, assigner aucune raison pour prouver qu'il soit interdit, relativement à une déclaration d'inscription de faux.

D'un côté, il n'est intervenu sur l'acte qui la contient aucun contrat judiciaire entre les parties : cet acte continue donc d'appartenir à celle qui l'a notifié, et, par conséquent, elle peut renoncer aux effets qu'il pourrait produire, en s'en désistant, soit expressément, soit tacitement, si elle se dispense de poursuivre l'audience pour faire admettre l'inscription, conformément à l'art. 218.

D'un autre côté, le défendeur à l'inscription, loin d'avoir des raisons de contester la validité du désistement, se trouve placé dans une position plus favorable. Ici, par analogie, il y aurait lieu à l'application de la maxime posée dans l'art. 2 du tit. 18 de l'ordonnance de 1670, et consacrée par une jurisprudence constante : *On peut toujours revenir à la voie la plus douce, après avoir pris la voie la plus rigoureuse.*

Enfin, une preuve que nous croyons sans réplique de cette faculté qu'a toujours une partie de se désister d'une déclaration de s'inscrire en faux, résulte de l'art. 547, qui n'assujétit à l'amende le poursuivant qui se désisterait, qu'autant que l'inscription ayant été faite au greffe, *la demande afin de s'inscrire aurait été admise.*

A plus forte raison, le désistement de la simple déclaration, non suivie de la demande afin d'inscription, est-elle autorisée (1).

L'acte de désistement doit, en ce cas, contenir la déclaration de ne pas reconnaître ou de dénier l'écriture ou la signature. Il se signifie d'avoué à avoué ; mais nous croyons prudent de donner à cet effet un pouvoir spécial.

884. *Est-il un délai dans lequel le demandeur doive faire au greffe la déclaration d'entendre s'inscrire en faux?*

L'art. 218 ne fixe aucun délai. Ainsi, lorsque le demandeur est en retard de faire la déclaration dont il s'agit, le défendeur peut poursuivre l'audience, afin de faire prononcer contre lui la déchéance de l'inscription de faux et juger le fond du procès. — (*Voy. Comm. inséré aux Ann. du not., tom.* 2, *pag.* 22; *arg. de l'art.* 15 *du tit.* 2 *de l'ordonn., Serpillon, pag.* 181).

885. *L'avoué du demandeur peut-il être lui-même le fondé de pouvoir spécial de ce dernier, à l'effet de passer la déclaration d'inscription?*

Rien ne s'y oppose, et, en ce cas, l'avoué comparaît seul au greffe, fait la déclaration et la signe, tant comme avoué que comme fondé de pouvoir.

886. *Si la partie ou le procurateur dont elle aurait fait choix ne savait signer, le juge et le greffier pourraient-ils recevoir la déclaration du demandeur?*

L'art. 12 de la loi du 9 floréal an 7 décide l'affirmative, relativement à une inscription de faux qui serait formée contre le procès-verbal d'un préposé des douanes ; mais on ne peut argumenter d'une disposition de lois d'ordre diffé-

---

(1) Quant à la question de savoir s'il y a lieu à dommages-intérêts, voyez *infrà* sur l'art. 247.

rent pour expliquer des lois d'un autre ordre : il faut donc s'en tenir rigoureusement aux termes de l'art. 218, et décider que l'acte qu'il prescrit doit nécessairement être signé, soit par la partie, soit par son procurateur, en cas qu'elle soit absente, ou qu'étant présente, elle ne sache ou ne puisse signer. — (*Voy. même Comm., ubi suprà, et la* 195e. *quest., pag.* 87).

887. *La procuration doit-elle être annexée à l'original de l'acte d'inscription?*

Les auteurs du Commentaire inséré aux Annales du notariat estiment qu'il n'est nécessaire d'annexer la procuration qu'autant qu'elle aurait été donnée en brevet, parce que c'est le moyen de prévenir un désaveu de la part du constituant. Serpillon, sur l'art. 15 de l'ordonnance, et Duparc-Poullain, tom. 12, pag. 679, disaient qu'elle devait être jointe à l'inscription dans tous les cas. Nous pensons qu'il dépend du greffier d'exiger, pour sa sûreté, qu'elle le soit, eût-elle été rapportée en minute ; mais que l'on ne pourrait fonder la nullité de l'inscription sur ce qu'il aurait négligé cette précaution.

888. *Quel serait l'effet de l'omission des formalités prescrites pour l'acte d'inscription par l'art.* 218?

Ce serait, comme le dit Serpillon sur l'art. 15 du tit. 2 de l'ordonnance de 1737, de donner au défendeur le droit de faire ordonner, nonobstant les poursuites que ferait le demandeur, afin de faire admettre l'inscription, qu'il sera passé outre au jugement du procès. — (*Voy.* 878e. *quest., et nouv. Rép., au mot* inscription de faux, *tom.* 6, *pag.* 144).

En effet, si, d'après l'art. 217, le demandeur peut faire ordonner le rejet de la pièce arguée de faux, lorsque le défendeur ne se met pas en règle, il est juste que l'on considère et qu'on rejette, comme n'ayant été formée que pour arrêter le jugement du fond, une demande qui ne serait pas faite dans les formes exigées par la loi.

889. *Si plusieurs demandeurs comparaissent tous ensemble au greffe, pour former dans le même procès une inscription de faux contre une ou plusieurs pièces, le greffier devrait-il dresser autant de procès-verbaux qu'il y aurait d'inscriptions particulières?*

Serpillon, sur l'art. 15, pag. 183, répond qu'il suffirait d'un seul et même procès-verbal.

890. *Le juge peut-il refuser d'admettre l'inscription?*

La raison de décider cette question pour l'affirmative se trouve déjà exposée au commentaire de l'art. 214, pag. 548. Nous ajouterons ici que cette décision est d'autant mieux fondée, que le jugement prescrit par l'art. 218 n'est point une simple formalité ; l'art. 248 le suppose évidemment, puisqu'il porte que l'amende ne sera pas encourue lorsque la demande afin de s'inscrire en faux n'aura pas été admise. Or, elle ne peut être admise, comme le dit M. Merlin, v°. *inscription*, § 1er., n°. 13, contre quelqu'acte que ce soit, que dans le cas où le sort de la contestation principale dépend de la vérité ou de la fausseté de cet acte ; et ainsi ni l'une ni l'autre des parties n'est recevable à s'inscrire en faux contre un acte qui, supposé vrai, n'aurait pas plus d'influence sur la contestation principale que s'il était jugé faux. — (*Voy. aussi Duparc-Poullain, tom.* 12, *pag.* 82, *not.* 61). (1)

§ II.

Procédure depuis l'admission de l'inscription, jusqu'au jugement qui ordonne la preuve des moyens de faux. — (*Art.* 219—233).

Article 219.

Le défendeur sera tenu de remettre la pièce arguée de faux au greffe, dans les trois jours de la signification du jugement qui aura admis l'inscription et nommé le commissaire, et de signifier l'acte de mise au greffe dans les trois jours suivans (2).

T., 70 et 91. — Ordonn. de 1737, tit. 2, art. 14. — C. de P., art. 196 et suiv.

CLXXVII. Le jugement qui admet l'inscription de faux est levé et signifié par le demandeur, et, dans les trois jours de cette signification, le défendeur est tenu de faire au greffe la remise de la pièce arguée, ce que le greffier constate par un acte ou procès-verbal dont il doit délivrer de suite une expédition au défendeur. Dans les trois jours suivans, celui-ci doit signifier cet acte à son adversaire, en lui faisant en même tems la sommation prescrite par l'art. 225.

891. *Le délai de trois jours, donné par l'art.* 219 *pour déposer au greffe la pièce arguée, doit-il recevoir l'augmentation à raison des distances?*

Les auteurs du Commentaire inséré aux Annales du notariat, tom. 2, pag. 26, ne font pas de doute que, si le défendeur est domicilié à une distance de trois myriamètres de la ville où siège le tribunal, il faut augmenter le délai même pour renvoi et retour.

Nous remarquerons en premier lieu que, pour qu'il fût bien certain que l'on dût ajouter au délai de trois jours une augmentation quelconque, à raison de la distance du domicile du défendeur, il faudrait que la loi exigeât que la partie elle-même fût présente à l'acte de remise, ainsi qu'elle a voulu qu'elle signât elle-même, ou qu'un procurateur signât pour elle les déclarations prescrites aux art. 216 et 218. Or, il est douteux que le législateur ait voulu que la partie fût présente à l'acte de remise. Aussi peut-on remarquer que, si M. Pigeau, tom. 1, pag. 336, donne une formule qui suppose que la partie,

---

(1) C'est pourquoi la Cour de Rennes a également décidé qu'il dépendait du juge de rejeter l'inscription, lorsqu'il reconnait qu'elle n'a pour objet que d'éloigner le paiement d'une créance légitime, ou que les faits ne sont pas suffisamment prouvés. — (5 *fév.* 1813).

(2) JURISPRUDENCE.

Si le dépôt prescrit par l'art. 219 n'a pas eu lieu par la faute de l'avoué, il doit être condamné aux frais de l'incident. — (*Paris, 4 août* 1809, *Sirey, tom.* 14, *pag.* 417, *et art.* 1030).

assistée de son avoué, effectue cette remise, M. Demiau Crouzilhac, pag. 171, en donne une autre, dans laquelle il ne mentionne que la comparution de l'avoué.

En second lieu, nous observerons que rien ne démontre la nécessité de la présence de la partie à l'acte dont il s'agit; l'avoué a nécessairement la pièce arguée entre les mains : pourquoi ne la déposerait-il pas lui-même? L'art. 91 du tarif nous paraît d'ailleurs favoriser cette opinion, puisqu'il accorde un droit de vacation à l'avoué, non pour *assister* à l'acte de remise de la pièce, mais pour la *déposer*. Nous pensons, par ces motifs, qu'il n'y a lieu à aucune augmentation de délai. — (*Voy. suprà sur l'art.* 216).

892. *Doit-on considérer comme fatal et péremptoire le délai donné pour faire la remise de la pièce arguée?*

L'affirmative de cette question avait prévalu sous l'empire de l'ordonnance de 1737. — (*Voy. nouv. Rép., au mot* inscription de faux, *tom.* 6, *pag.* 141, *et sur-tout les Quest. de droit de M. Merlin, au même mot, tom.* 3, *pag.* 146).

Cependant Serpillon, sur l'art. 15 du tit. 2 de cette ordonnance, disait que la peine de nullité ne se trouvant pas dans cet article, rien n'empêchait les juges d'accorder, suivant l'exigence des cas, de nouveaux délais qui devaient être brefs, afin de se conformer à l'intention du législateur.

Depuis la mise en activité du Code, la question a été décidée pour l'affirmative, suivant l'ancienne jurisprudence, par la Cour de Besançon (*voy. arrêt du* 18 *juill.* 1811, *Sirey, tom.* 14, *pag.* 320), et pour la négative par la Cour de Paris (*voy. arrêt du* 4 *août* 1809, *Sirey, tom.* 14, *pag.* 417).

Nous tenons au principe que les nullités et les déchéances ne peuvent être suppléées : or, l'art. 219 ne prononçant point de déchéance, ne nous semble pas avoir exprimé, même d'une manière implicite, que le délai qu'il fixe soit péremptoire. Nous appliquons, en conséquence, à la présente question, la solution que nous avons donnée sur la 873e., et que nous avons appuyée sur les motifs mêmes qui ont dicté l'arrêt de la Cour de Paris (1).

ARTICLE 220.

Faute par le défendeur de satisfaire, dans ledit délai, à ce qui est prescrit par l'article précédent, le demandeur pourra se pourvoir à l'audience, pour faire statuer sur le rejet de ladite pièce, suivant ce qui est porté en l'art. 217 ci-dessus, si mieux il n'aime demander qu'il lui soit permis de faire remettre ladite pièce au greffe à ses frais, dont il sera remboursé par le défendeur comme

(1) Nous ne devons pas néanmoins laisser ignorer que M. Coffinières professe une doctrine contraire dans son Journal des avoués, tom. 4, pag. 305. « Il faut convenir, dit-il, » que dans l'art. 219, le législateur exige formellement le dépôt de la pièce arguée de faux » dans le délai de trois jours; qu'une telle disposition ne doit pas être impunément enfreinte, » et que la peine de cette infraction ne peut être que le rejet de la pièce arguée de faux..... »

de frais *préjudiciaux* (1); à l'effet de quoi il lui en sera délivré exécutoire.

T., 91. — Ordonn. de 1737, tit. 2, art. 14, 2.e part. — C. de P., art. 217, 1033.

CLXXVIII. Le refus que ferait le défendeur d'opérer le dépôt ordonné par l'article précédent, ne saurait le remettre dans la position où il était avant sa déclaration d'entendre se servir de la pièce, en sorte qu'elle conservât entre ses mains sa dangereuse existence, et qu'il pût se ménager le moyen de la faire valoir lorsque les preuves seraient déposées : la loi, en ce cas, a donc sagement accordé au demandeur le droit d'agir suivant son intérêt; et d'après l'art. 220, il pourra ou faire prononcer le rejet de la pièce, ou être autorisé à en faire le dépôt aux frais du défendeur — (*Voy. Rapp. au Corps législ.*) (2)

893. *Quel intérêt le demandeur peut-il avoir à se charger de faire remettre la pièce, au lieu d'en poursuivre le rejet?*

Au premier aperçu, il semblerait que le demandeur n'a aucun intérêt à demander, comme l'art. 220 lui en donne le droit, qu'il lui soit permis de faire remettre la pièce à ses frais; il semble qu'il lui serait plus profitable d'en poursuivre le rejet.

Mais si l'on considère que le rejet de la pièce n'a d'autre effet, d'après l'art. 217, que d'empêcher le défendeur de se servir de cette pièce au procès; qu'il conserve ainsi le droit de s'en servir dans un autre, on sent que le demandeur peut être intéressé à poursuivre l'inscription de faux, par le motif que la pièce étant une fois déclarée fausse par suite de l'inscription de cet incident, la décision rendue à ce sujet mettrait le défendeur hors d'état de la reproduire en toute autre contestation, et devant quelque tribunal que ce fût. — (*Voy. Duparc-Poullain, tom.* 12, *pag.* 688, *n°.* 66).

Il est encore un autre motif d'intérêt pour le demandeur, lorsqu'il estime pouvoir tirer de la déclaration donnée par le juge que la pièce est fausse, des inductions favorables pour le jugement du fond. — (*Voy. Serpillon sur l'art.* 16, *tit.* 2 *de l'ordonnance, pag.* 198).

894. *En quelle circonstance est-il possible que le demandeur use de la faculté de faire remettre la pièce ?*

Ce n'est évidemment que dans le cas où l'inscription de faux a pour objet un acte dont il existe des doubles, ou qui a été reçu en minute, et qui se trouve

---

(1) *Frais préjudiciaux.* On qualifie de la sorte les frais faits sur des incidens, sur des préparatoires ou sur des interlocutoires, qui doivent être *jugés avant* d'en venir à la contestation principale.

(2) Le demandeur a-t-il pris le premier parti, et la pièce est-elle rejetée? C'est toujours, comme nous l'avons déjà dit, sans nuire au droit qu'il a d'en tirer telles inductions ou conséquences qu'il jugera convenables. A-t-il, au contraire, préféré d'effectuer lui-même la remise au greffe de la pièce arguée? Il sera tenu d'avancer les frais de l'apport et du dépôt; mais il pourra, sans attendre l'issue de la contestation, poursuivre la liquidation de ces mêmes frais, et s'en faire délivrer exécutoire, pour en être remboursé comme de frais préjudiciaux ou de contumace.

dans un dépôt public ou entre les mains d'un tiers. — (*Voy. Serpillon, d'après Durousseau, ubi suprà; Comm. inséré aux Ann. du not., tom.* 2, *pag.* 29; *Demiau Crouzilhac, pag.* 172).

Dans ces cas, les dépositaires sont contraints de remettre la pièce ainsi qu'il est dit en l'art. 221.

ARTICLE 221.

En cas qu'il y ait minute de la pièce arguée de faux, il sera ordonné, s'il y a lieu, par le juge-commissaire, sur la requête du demandeur, que le défendeur sera tenu, dans le tems qui lui sera prescrit, de faire apporter ladite minute au greffe, et que les dépositaires d'icelle y seront contraints, les fonctionnaires publics, par corps, et ceux qui ne le sont pas, par voie de saisie, amende, et même *par corps* (1), s'il y échet.

T., 70, 76, 92 et 166. — Ordonn. de 1737, tit. 2, art. 16. — C. C., art. 2060, n.° 6.

CLXXIX. L'INTÉRÊT qu'il y a de rapprocher les minutes de l'expédition, lorsque celle-ci est soupçonnée de faux, a dicté la disposition qui en autorise également le dépôt, et celles qui organisent les moyens de contraindre les fonctionnaires publics à l'opérer.

895. *Si le juge-commissaire ne peut d'office ordonner l'apport de la minute de la pièce arguée, ne peut-il pas du moins, s'il juge cet apport nécessaire, en référer au tribunal qui l'ordonnerait?*

L'art. 16 du tit. 2 de l'ordonnance portait qu'il sera ordonné, sur la requête du demandeur, ou *même d'office*, que la minute serait apportée au greffe. Il est évident, d'après les termes de l'art. 221, que le juge-commissaire ne peut ordonner cet apport que sur la requête du demandeur. Mais, en admettant cette conséquence, M. Delaporte, tom. 1, pag. 221, estime que le juge-commissaire peut faire au tribunal un rapport d'après lequel il pourrait, sur les conclusions du ministère public, ordonner que la pièce fût apportée.

Nous ne partageons pas cette opinion; nous croyons, comme M. Delaporte en convient lui-même, que la suppression, dans l'art. 221, des mots *ou même d'office s'il y échet*, qui se trouvaient en l'article precité de l'ordonnance, est fondée sur la distinction qui existe, dans l'organisation judiciaire actuelle, entre les magistrats chargés de juger les affaires civiles et ceux qui sont préposés pour instruire les affaires criminelles.

Sous l'ordonnance, ces attributions étaient cumulées; en sorte que le juge pouvait ordonner d'office la poursuite devant lui d'un crime dont il acquérait la connaissance, ou dont il soupçonnait l'existence dans le cours d'une contestation civile; aujourd'hui, il est tenu de renvoyer devant le substitut du procureur général établi près le juge d'instruction. Or, dans notre espèce, si, nonobstant le défaut de requête du demandeur pour faire apporter la minute,

(1) *Par corps.* La contrainte s'exécute ainsi qu'il est dit *suprà* n.° 830.

le ministère public ou les juges soupçonnaient qu'elle eût été falsifiée, ils ne pourraient procéder eux-mêmes à l'instruction criminelle : il n'y a donc pas de raison pour eux d'en ordonner l'apport d'office. Si le défendeur, et, à son défaut, le demandeur, ne prennent pas ce soin, le ministère public peut seulement, s'il le juge à propos, faire la recherche du crime de faux, suivant les formes tracées par le Code d'instruction criminelle.

Au reste, cette opinion se trouve confirmée par la rédaction de l'art. 222, qui donne au tribunal une alternative, dans le cas où la minute n'a pas été apportée, mais non le pouvoir de la faire apporter d'office.

896. *Le demandeur en faux ne peut-il se pourvoir que vers le juge-commissaire, afin de faire apporter la minute de la pièce arguée ?*

Lorsqu'il présume d'avance qu'il existe entre la minute et la copie arguée des différences qui rendent nécessaire de comparer ces deux pièces, il peut, pour économiser le tems et les frais, demander que, par le jugement qui admettra l'inscription et ordonnera la remise au greffe de la copie (*art.* 218), le tribunal ordonne en même tems l'apport de la minute, dans tel délai qu'il jugera convenable (*art.* 221), et même qu'il soit procédé à la poursuite du faux, sans attendre cet apport, conformément à l'art. 222. — (*Voy. Pigeau, tom.* 1, *pag.* 327).

897. *Le défendeur doit-il être appelé pour voir statuer le juge-commissaire sur l'apport de la minute ?*

Le Code ne le dit pas ; mais l'art. 70 du tarif l'exige, puisqu'il passe en taxe une sommation pour être présent à la réquisition d'apport de la minute : ainsi, l'on doit, à ce sujet, présenter une requête au juge-commissaire, pour qu'il fixe les jour, lieu et heure où il prononcera. — (*Voy. art.* 76, § 5 *du tarif*).

☞ 898. *Si le juge-commissaire, auquel la loi donne la faculté de refuser ou d'ordonner l'apport, ne voulait pas prendre sur lui de prononcer à ce sujet, pourrait-il en référer au tribunal ?*

Nous avons déjà dit (*voy.* 827e. *quest.*) que c'est toujours le parti que doit prendre le juge-commissaire, lorqu'il éprouve quelques difficultés dans le cours de ses opérations. Ainsi, dans l'espèce de la question ci-dessus, il ordonnerait qu'il serait par lui référé au tribunal à un jour qu'il fixerait, et auquel les parties emporteraient sommation de se présenter. — (*Arg. de l'art.* 1034; *voy. Pigeau, tom.* 1, *pag.* 334).

Article 222.

Il est laissé à la prudence du tribunal d'ordonner, sur le rapport du juge-commissaire, qu'il sera procédé à la continuation de la poursuite du faux, sans attendre l'apport de la minute ; comme aussi de statuer ce qu'il appartiendra, en cas que lad...

minute ne pût être rapportée, ou qu'il fût suffisamment justifié qu'elle a été soustraite ou qu'elle est perdue (1).

Ordonn. de 1737, tit. 2, art. 16, 2.e part. C. de P. 202.

CLXXX. L'ARTICLE ci-dessus a son motif dans le cas possible où l'ordonnance du juge-commissaire, touchant l'apport de la minute, paraîtrait devoir entraîner une trop grande perte de tems, ou même éprouver quelque difficulté inattendue; par exemple, si elle est déposée dans un lieu trop éloigné, s'il y a des poursuites à faire contre les dépositaires afin de les contraindre à l'apport; en un mot, toutes les fois qu'il y aurait à craindre que les preuves de faux que le demandeur aurait déjà eues, ne dépérissent à raison du laps de tems qu'entraînerait l'apport. (*Voy. Serpillon, sur l'art.* 16, *n°.* 185). En ces circonstances, le tribunal peut, sur le rapport du juge-commissaire et sur les conclusions du ministère public, ordonner qu'il sera procédé à la continuation de la poursuite du faux, sans attendre la minute.

S'il se trouve que la minute ne puisse être apportée; par exemple, s'il est justifié qu'elle a été soustraite ou qu'elle est perdue, le tribunal, toujours après avoir entendu le juge-commissaire dans son rapport, et le ministère public dans ses conclusions, considère jusqu'à quel point cette pièce pouvait servir à la vérification du faux; il examine si la perte qui en est faite n'est pas l'ouvrage de l'une ou de l'autre des parties, recherche dans les circonstances de la cause les moyens de décider, et reçoit de la loi le pouvoir de statuer ce qu'il appartient.

899. *Comment s'exécute la dernière disposition de l'art.* 222, *relative aux divers cas dans lesquels la minute ne peut être apportée?*

L'impossibilité d'apporter la minute doit être constatée par certificat ou déclaration, de la part de la personne que l'on supposait en être détenteur, portant, soit qu'elle n'a jamais eu la pièce en ses possessions, soit qu'elle a été perdue ou soustraite (2).

Après cela le tribunal, comme nous venons de le dire au commentaire ci-dessus, a, d'après l'art. 222, la plus grande latitude pour prononcer ce qu'il

---

(1) JURISPRUDENCE.

Les tribunaux peuvent décider qu'il n'y a pas lieu à donner de suite à l'inscription de faux contre la minute d'un acte, lorsque le notaire qui en était censé dépositaire certifie qu'elle n'existe pas, et qu'elle ne se trouve pas même relatée dans le répertoire de son prédécesseur qui l'avait reçue. — (*Colmar*, 1.er *fév.* 1812, *Sirey*, *tom.* 14, *pag.* 328).

(2) Quelques-uns des commentateurs du Code pensent que l'on doit encore appliquer la décision d'un arrêt du Parlement de Paris, du 11 mars 1709, rapporté par Jousse, dans son Traité de la justice criminelle, tom. 2, pag. 082, et qu'en conséquence, le tribunal peut ordonner qu'un procès-verbal de perquisition sera dressé sur les répertoires et registres du dépositaire, par un commissaire délégué à cet effet. Nous pensons qu'il n'est pas nécessaire de recourir à ce mode dispendieux, et qu'il suffit, pour constater l'impossibilité d'apporter la pièce, du certificat ou de la déclaration dont nous venons de parler, sauf à la partie intéressée à ce que la minute se retrouve, à exiger du dépositaire les preuves des faits qu'il atteste, et à former contre lui, suivant les circonstances, toute demande en dommages-intérêts. — (*Voy. au surplus Demiau Crouzilhac*, *pag.* 174).

jugera convenable; mais il n'en résulte pas qu'il soit dispensé de chercher, dans les règles du droit, les motifs de sa décision.

C'est pourquoi, sous l'empire de l'ordonnance de 1737, Jousse, sur l'art. 16 du tit. 2, et Durousseau, cité par Serpillon sur le même article, avaient cru devoir poser quelques principes généraux, propres à servir de guide au juge en plusieurs circonstances. M. Demiau Crouzilhac, pag. 173, rappèle aussi qu'il se trouve, aux art. 1334 et 1335 du Code civil, des dispositions qui peuvent être d'un grand secours à la justice, pour déterminer le parti qu'elle doit prendre dans les cas prévus par l'art. 222. — (*Voy. ces auteurs, ubi suprà*).

Article 223.

Le délai pour l'apport de la minute court du jour de la signification de l'ordonnance, ou du jugement au domicile de ceux qui l'ont en leur possession.

T., 29. — Ordonn. de 1737, tit. 2, art. 17, 1.re part. — C. de P., art. 1033.

CLXXXI. Le délai fixé par cet article suppose, ou qu'il ne se rencontre aucun obstacle à l'apport de la minute, ou que l'obstacle qui se présente n'est pas jugé suffisant par le tribunal.

900. *De quel jugement s'agit-il dans l'art.* 223 ?

M. Demiau Crouzilhac, pag. 174, dit que le délai pour apporter la minute court du jour de l'ordonnance donnée par le juge-commissaire, en vertu de l'art. 221, ou du jour du jugement rendu, conformément à l'art. 220.

On pourrait croire, au premier aperçu, qu'il n'est pas possible que l'art. 223 ait entendu parler de ce jugement, puisque l'art. 220 parle de la pièce arguée, et non pas de la minute de cette pièce.

Mais si l'on considère, comme nous l'avons dit sur la 894e. quest., que le demandeur ne saurait être autorisé à faire remettre lui-même la pièce arguée, que dans le cas où elle existerait en double ou en minute entre les mains d'un tiers, on reconnaîtra sans peine que l'art. 223 a pu entendre parler du jugement qui accorde cette autorisation, qui fixe le délai pour l'apport, et qui, par cette raison, doit nécessairement être signifié au tiers détenteur, afin qu'il ait à s'y conformer.

Mais nous ajouterons, d'après les solutions que nous avons données sur les 896e. et 898e. quest., que le jugement dont parle l'art. 223 sera celui que le tribunal aurait rendu dans les espèces qui font l'objet de ces questions. — (*Voy. pag.* 572).

Article 224.

Le délai qui aura été prescrit au défendeur pour faire apporter la minute, courra du jour de la signification de l'ordonnance ou du jugement à son avoué; et faute par le défendeur d'avoir fait les diligences nécessaires pour l'apport de ladite minute dans ce délai, le demandeur pourra se pourvoir à l'audience, ainsi qu'il est dit art. 217.

Les diligences ci-dessus prescrites au défendeur seront remplies, en signifiant par lui aux dépositaires, dans le délai qui aura été prescrit, copie de la signification qui lui aura été faite de l'ordonnance ou du jugement ordonnant l'apport de ladite minute, sans qu'il soit besoin, par lui, de lever expédition de ladite ordonnance ou dudit jugement.

T., 70. — Sur la 1.re part. de cet article, voy. ordonn., tit. 2, art. 12. — C. de P., art. 217, 1033

CLXXXII. Le délai prescrit au défendeur pour faire apporter la minute, c'est-à-dire pour dénoncer à ceux qui la détiennent copie de l'ordonnance ou du jugement qui en ordonne l'apport, a le même cours que celui dont il s'agit au précédent article. A l'expiration de ce délai, sans que le défendeur ait justifié de ses diligences, le demandeur peut se pourvoir à l'audience, comme il est dit en l'art. 217, et par conséquent, pour faire ordonner que la pièce maintenue fausse sera rejetée, toujours sauf à lui à en tirer telles inductions qu'il jugera à propos, et même à former telle demande qu'il avisera pour ses dommages-intérêts, si mieux il n'aime se faire autoriser lui-même à poursuivre l'apport de la minute.

901. *Si l'ordonnance ou le jugement enjoignait au défendeur de faire apporter les pièces dans tel délai, l'apport devrait-il être fait nécessairement dans ce délai?*

L'art. 221 porte que le juge-commissaire ordonnera, s'il y a lieu, que le défendeur sera tenu, *dans le tems qui lui sera prescrit*, de faire apporter la minute au greffe : on pourrait croire que le législateur aurait entendu que non seulement le défendeur devra, à cet effet, faire ses diligences dans le délai, mais encore que la pièce sera apportée dans ce même délai.

Nous ne croyons pas que telle ait été l'intention de la loi ; nous pensons, au contraire, que le jugement qui ordonne l'apport de la pièce doit fixer, premièrement, un délai au défendeur, à l'effet d'agir vers les détenteurs de la minute ; secondement, un délai à ceux-ci, afin d'apporter la pièce, sur l'avis que le défendeur leur a donné. — (*Voy. Demiau Crouzilhac, pag.* 174). (1)

902. *Le défendeur doit-il dénoncer au demandeur qu'il a fait ses diligences, afin que le dépositaire fasse l'apport de la pièce?*

---

(1) Ceci nous paraît résulter nécessairement de l'art. 223, qui veut que le délai pour l'apport coure du jour de la signification de l'ordonnance ou du jugement à ceux qui ont eu la minute en possession, et de la dernière disposition de l'art. 224, portant que les diligences du défendeur seront constatées par cette signification.

S'il en était autrement, si l'ordonnance ou le jugement ne portait qu'un seul délai pour faire apporter la minute, et que ce délai fût le seul dans lequel l'apport dût être effectué, on sent qu'on laisserait à l'arbitraire du défendeur de fixer le délai par rapport au dépositaire. Or, combien de discussions ne s'élèverait-il pas à ce sujet? D'ailleurs, pourquoi l'art. 220 aurait-il parlé, pour apporter les pièces, d'un délai qui ne concerne que les détenteurs, si l'ordonnance ou le jugement ne devait pas en prescrire un?

Oui, puisque, d'après l'art. 224, le demandeur, dans le cas où le défendeur aurait négligé d'agir à cet effet, pourrait se pourvoir pour faire rejeter la pièce. — (*Voy. Demiau Crouzilhac, pag.* 174). (1)

903. *Résulte-t-il de ce que les art.* 221, 223, 224 *et* 225 *ne parlent que de l'apport et non de l'envoi de la minute, que le tribunal ou le juge-commissaire ne puisse ordonner l'envoi, comme en matière de vérification?*

Nous ne pensons pas que l'on puisse conclure du silence de ces articles sur l'envoi des minutes, lorsqu'elles existeraient dans un dépôt éloigné du greffe, ou qu'elles ne pourraient être déplacées, que l'envoi de ces pièces ne pût être ordonné.

Au contraire, la longueur de la procédure en inscription de faux nous paraît exiger, plus impérieusement encore qu'en matière de vérification, que cette marche soit suivie relativement à l'incident de faux.

Nous estimons, en conséquence, que l'on doit se conformer à ce qui est prescrit par les art. 202, 203, 204 et 205, ou du moins, comme l'observent les auteurs du Commentaire inséré aux Annales du notariat, tom. 2, pag. 36, qu'il faut puiser dans ces articles les principes qui s'accorderaient le mieux avec les règles particulières de la procédure en inscription de faux (2).

ARTICLE 225.

La remise de ladite pièce prétendue fausse étant faite au greffe, l'acte en sera signifié à l'avoué du demandeur, avec sommation d'être présent au procès-verbal; et, trois jours après cette signification, il sera dressé procès-verbal de l'état de la pièce.

Si c'est le demandeur qui a fait faire la remise, ledit procès-verbal sera fait dans les trois jours de ladite remise, sommation préalablement faite au demandeur d'y être présent.

T., 70 et 166. — Ordonn. de 1737, tit. 2, art. 23. — C. de P., art. 196, 227. — C. d'inst. crim., art. 448 et suiv.

CLXXXIII. Après avoir recueilli tous les matériaux relatifs au corps du délit, l'ordre naturel des idées conduit aux moyens d'en constater l'état. Le premier de ces moyens est la description de la pièce qui doit être faite dans les délais fixés par l'art. 225.

---

(1) Mais il importe de remarquer que si l'inscription de faux était dirigée contre une pièce qui se trouverait déjà déposée au greffe, le défendeur ferait bien de ne pas se borner à dénoncer purement et simplement l'existence de ce dépôt, attendu qu'il a été jugé, par arrêt du Parlement de Rouen, du 14 janvier 1757, qu'il devait notifier au demandeur un acte du greffier qui la constate. — (*Voy. Prat., tom.* 2, *pag.* 120, *not.* 2).

(2) Au reste, cette opinion se trouve justifiée, 1.° par l'art. 242, qui suppose évidemment le cas où l'envoi des pièces de la part du dépositaire aurait été ordonné, puisqu'il dispose qu'elles seront remises ou *renvoyées* aux dépositaires; 2.° par l'art. 245, qui suppose qu'il aurait été fait des expéditions en exécution de l'art. 203.

904. *La partie qui veut sommer l'autre d'être présente au procès-verbal de l'état de la pièce, peut-elle faire cette sommation sans recourir au juge-commissaire?*

On juge aisément, quoique la loi soit muette sur ce point, que cette partie ne peut notifier la sommation dont il s'agit, qu'après avoir obtenu du juge-commissaire une ordonnance qui fixe l'heure et le lieu de l'opération prescrite par l'art. 225.

ARTICLE 226.

S'il a été ordonné que les minutes seraient apportées, le procès-verbal sera dressé conjointement, tant desdites minutes que des expéditions arguées de faux, dans les délais ci-dessus : pourra néanmoins le tribunal ordonner, suivant l'exigence des cas, qu'il sera d'abord dressé procès-verbal de l'état desdites expéditions, sans attendre l'apport desdites minutes, de l'état desquelles il sera, en ce cas, dressé procès-verbal séparément.

T., 92. — Ordonn. de 1737, tit. 2, art. 24.

CLXXXIV. LE procès-verbal qui constate l'état de la pièce, est le premier acte d'instruction qui suive l'inscription de faux ; il doit être dressé communément avec celui qui constate l'état de la minute, si elle a été apportée; mais si le dépôt de celle-ci ne concourt pas avec l'échéance du délai fixé pour le procès-verbal de description de la pièce arguée, le juge est alors le maître, suivant les circonstances, de suspendre l'instruction jusqu'à ce que la minute soit apportée, comme aussi de procéder à la description de l'expédition. — (*Rapp. au Corps législ.*)

ARTICLE 227.

Le procès-verbal contiendra mention et description des ratures, surcharges, interlignes et autres circonstances du même genre ; il sera dressé par le juge-commissaire, en présence du procureur du Roi, du demandeur et du défendeur, ou de leurs fondés de procurations authentiques et spéciales ; lesdites pièces et minutes seront paraphées par le juge-commissaire et par le procureur du Roi, par le défendeur et le demandeur, s'ils peuvent ou veulent les parapher; sinon il en sera fait mention. Dans le cas de non comparution de l'une ou de l'autre des parties, il sera donné défaut, et passé outre au procès-verbal (1).

T., 92. — Ordonn. de 1737, tit. 1, art. 10 et 11; tit. 2, art. 25.

CLXXXV. CET article ne donne lieu à aucune observation, si ce n'est que

---

(1) JURISPRUDENCE.

Si, lors de la dresse du procès-verbal de l'état de la pièce arguée de faux, une des parties

les avoués des parties doivent les assister à la dresse du procès-verbal, et que le procureur du Roi est prévenu d'y être présent par la communication qui lui est faite de l'ordonnance dont nous avons parlé sur la question précédente.

905. *Quelles sont en général, outre les circonstances mentionnées dans l'article, celles dont le procès-verbal doit faire mention?*

La loi, par ces dernières expressions, et *autres circonstances du même genre*, entend parler de toutes les circonstances qui tendent à faire connaître les endroits suspectés; par exemple, l'état du papier, s'il est neuf, usé, déchiré, taché, gratté; s'il existe des apparences que des mots, des syllabes ou des lettres aient été enlevées à l'aide de procédés chimiques, etc. — (*Voy. Comm. inséré aux Ann. du not., tom.* 2, *pag.* 41, *et suprà, pag.* 513, *à la note.*)

ARTICLE 228.

Le demandeur en faux, ou son avoué, pourra prendre communication, en tout état de cause, des pièces arguées de faux, par les mains du greffier, sans déplacement et sans retard.

T., 91 et 92. — Ordonn. de 1737, tit. 2, art. 26.

CLXXXVI. APRÈS que le procès-verbal dont il est question aux précédens articles a été dressé, il s'agit de connaître les moyens du demandeur, et d'engager les débats sur la question de savoir si ceux qu'il présentera devront être admis ou rejetés; mais dans le cours de cette contestation, le demandeur peut avoir besoin d'examiner attentivement les pièces arguées de faux, et, par conséquent, la loi lui permet d'en prendre communication, mais sans que l'usage de cette faculté puisse jamais servir de prétexte pour retarder le cours de la procédure.

906. *Le demandeur ou son avoué ne peut-il prendre que séparément communication des pièces arguées?*

L'ordonnance de 1737 s'exprimait dans les mêmes termes que l'art. 228, tit. 2, art. 26, à la seule exception qu'au lieu du procureur (l'avoué) de la partie, elle désignait *son conseil*. On ne doutait pas que la particule *ou* devait être entendue en sens conjonctif, et que l'ordonnance permettait ainsi, soit à la partie, soit à son conseil séparément, soit enfin à tous les deux ensemble, de prendre communication. — (*Voy. Serpillon sur l'article précité, pag.* 215).

907. *Mais l'art.* 228 *a-t-il entendu, en substituant l'*AVOUÉ *au* CONSEIL *du demandeur, interdire à celui-ci de prendre communication avec un conseil expert en écriture?*

Le but de l'art. 228 est de fournir au demandeur, à l'aide de l'inspection

---

omettait de requérir les apuremens qu'elle croirait être dans son intérêt, elle serait non recevable à les demander plus tard. — (*Rennes, 3.e chamb., 21 déc.* 1814, *et* 1.re *chamb.,* 13 *fév.* 1815).

des pièces arguées, la facilité de découvrir et articuler clairement ses moyens de faux. (*Voy. art.* 229). Il lui importe donc de faire cet examen avec une personne expérimentée; et c'est pour cela, disait Serpillon, sur les art. 26 et 27 de l'ordonnance, qu'il lui était permis de prendre communication *avec un conseil.*

Si l'art. 228 n'a pas à ce sujet conservé les termes de l'ordonnance, nous ne pensons pas qu'il s'ensuive que le greffier soit autorisé à refuser que la partie ou son avoué prenne cette communication en présence d'un *conseil.* Dans notre opinion, cet article ne parle de l'avoué que pour faire connaître qu'il a, comme la partie elle-même, le droit de prendre la communication dont il s'agit : ainsi, rien ne s'oppose à ce qu'il soit accompagné, ainsi qu'elle, d'une personne dont les observations pourraient être utiles à son instruction.

908. *Le défendeur en faux a-t-il, comme le demandeur, le droit de prendre communication des pièces?*

Si l'art. 228 ne s'explique pas à l'égard du défendeur, c'est que la pièce déposée lui appartenant, on ne pouvait élever de doutes sur le droit qu'il a, par ce motif, d'en prendre communication quand bon lui semble. Il est d'ailleurs indispensable de lui accorder ce droit; autrement, il pourrait se trouver, en plusieurs circonstances, hors d'état de répondre aux moyens de faux articulés par le demandeur.

ARTICLE 229.

Dans les huit jours qui suivront ledit procès-verbal, le demandeur sera tenu de signifier au défendeur ses moyens de faux, lesquels contiendront les faits, circonstances et preuves par lesquels il prétend établir le faux ou la falsification, sinon le défendeur pourra se pourvoir à l'audience, pour faire ordonner, *s'il y échet* (1), que ledit demandeur demeurera déchu de son inscription en faux (2).

T., 75. — Ordonn. de 1737, tit. 2, art. 27.

CLXXXVII. CET article et ceux qui le suivent immédiatement établissent, sur les moyens de faux, une procédure absolument divergente de l'ordonnance de

---

(1) *S'il y échet.* Il suit de là, premièrement, que si la requête a été signifiée après le délai, mais avant le jugement, il n'y a pas de déchéance à prononcer; secondement, que, dans le cas même où elle n'aurait pas été signifiée au moment où il s'agirait de statuer, le tribunal pourrait proroger le délai, si le demandeur donnait de son retard une excuse suffisante : le délai n'est donc que comminatoire.

C'est ainsi que les commentateurs de l'ordonnance avaient décidé la question ci-dessus sur l'art. 27, et que tous les jurisconsultes qui ont écrit sur le Code l'ont résolue.

(2) JURISPRUDENCE.

Celui qui demande à prouver le faux intellectuel d'un acte, en tant qu'il affirme ou constate certains faits, doit, à peine de nullité, non seulement dénier ce qui est affirmé, mais encore indiquer des faits et des circonstances incompatibles avec les faits par lui déniés. — (*Cassat.*, 18 *fév.* 1813, *Sirey*, *tom.* 13, *pag.* 247).

1737, et ont introduit dans la jurisprudence d'importans changemens, au moyen desquels l'instruction en matière de faux incident civil est mise en harmonie avec la publicité, la latitude et la liberté de défense qui résultent du système général de notre procédure criminelle, avec laquelle cette instruction a des rapports essentiels.

L'ordonnance, à partir de la présentation des moyens de faux, s'enveloppait de ce mystère impénétrable qui formait, sous son règne, l'un des traits caractéristiques de l'instruction criminelle. L'art. 27 voulait que les moyens de faux fussent déposés au greffe; l'art. 28 défendait expressément d'en donner communication au défendeur; suivant l'art. 29, le jugement d'admission devait être rendu sur les seules conclusions du ministère public; enfin, c'était encore par la voie seule de l'information secrète que l'on en cherchait la preuve. Notre Code veut, au contraire, par l'art. 229, que les moyens de faux soient signifiés au défendeur; l'art. 230 lui accorde la faculté d'y répondre, d'après ce dernier article et le 231e., le jugement sur l'admission doit être rendu contradictoirement et à l'audience; enfin, l'on verra (*art.* 232) que si ce jugement ordonne une preuve testimoniale, il réserve à l'instant au défendeur le droit d'une preuve contraire.

909. *Lorsqu'en vertu d'un jugement du tribunal on a constaté séparément, par deux procès-verbaux, l'état de l'expédition et celui de la minute, est-ce à partir du premier, ou seulement du second de ces procès-verbaux, que court le délai prescrit par l'art.* 229?

L'ordonnance de 1737 (*art.* 27) prononçait, en termes formels, qu'en ce cas, le délai ne courrait qu'à dater du dernier procès-verbal. Le Code ne reproduit point cette disposition, et cependant la question ci-dessus peut encore se présenter. En effet, si le tribunal, usant de la faculté que lui donne l'art. 226, ordonne qu'il sera d'abord dressé procès-verbal de l'état de l'expédition, il y aura lieu ultérieurement à dresser un pareil acte pour la minute. Dans ce cas, il nous semble, malgré le silence de la loi, que l'on doit décider comme l'avait fait l'ordonnance, attendu que les moyens de faux ne peuvent être tous bien connus et développés que par les argumens tirés des rapports des deux pièces. C'est aussi l'opinion du rapporteur au Corps législatif (1). Si, au contraire, le tribunal n'a pas ordonné que le procès-verbal relatif à l'expédition serait dressé tout d'abord, il n'y a pas lieu à la question, puisque l'art. 226 veut que les deux procès-verbaux se confondent, pour n'offrir l'idée que d'un seul et même acte.

910. *En quoi consistent ordinairement les moyens de faux?*

Ils consistent, dit l'art. 229, dans les faits, circonstances et preuves par lesquels le demandeur prétend établir le faux ou la falsification (2).

---

(1) D'autres pensent que tout est laissé à la discrétion du tribunal, qui, dans le cas proposé, ne doit pas omettre d'expliquer s'il entend que le délai commence à dater du premier procès-verbal ou de celui qui aura lieu par la suite.

(2) Ainsi, voy. pag. 544, où nous avons parlé des faits qui constituent le faux matériel et le faux moral.

911. *Peut-on, dans l'intervalle qui s'écoule entre la signification des moyens de faux et le jugement, notifier de nouveaux moyens?*

Puisqu'on ne trouve dans le Code aucune disposition qui défende de signifier, par une requête additionnelle, des moyens de faux qui n'auraient pas été compris dans la première, nous croyons que l'on peut adopter la solution affirmative donnée par Serpillon sur l'art. 27 de l'ordonnance, pag. 221.

912. *Peut-on plaider à l'audience des moyens qui n'auraient pas été signifiés?*

Il est bien certain, d'après le texte de l'art. 229, que l'on ne peut être admis à plaider sur les moyens de faux qu'autant qu'ils ont été signifiés. La raison de la loi est que ces moyens ne peuvent résulter que de faits et de circonstances puisés dans la pièce déposée au greffe. (*Voy.* 910e. *quest.*) Or, pour que le défendeur en faux puisse répondre à ces moyens, il faut non seulement qu'il les connaisse, mais encore qu'il puisse, en vérifiant la pièce, examiner jusqu'à quel point ils seraient fondés.

C'est par le même motif que nous pensons que le demandeur ne peut être reçu à articuler, à l'audience, des moyens qui n'auraient pas été préalablement signifiés. — (*Voy. Comm. inséré aux Ann. du not., tom.* 2, *pag.* 46).

ARTICLE 230.

Sera tenu le défendeur, dans les huit jours de la signification des moyens de faux, d'y répondre par écrit; sinon le demandeur pourra se pourvoir à l'audience pour faire statuer sur le rejet (1) de la pièce, suivant ce qui est prescrit art. 217 ci-dessus.

T., 75.

CLXXXVIII. La faculté que la loi accorde ici au demandeur de poursuivre l'audience, si le défendeur n'a pas signifié, dans le délai qu'elle fixe, l'écrit contenant les preuves et les faits sur lesquels il pourrait établir sa défense, est fondée sur la présomption qu'il n'a rien à répondre aux faits articulés et aux preuves offertes par son adversaire.

913. *Le délai pour signifier la réponse aux moyens de faux est-il péremptoire?*

On sent, d'après ce qui a été dit pag. 579, not. 1°., que ce délai n'est que comminatoire; il y a identité de raison, réciprocité de droit, suivant l'adage *nil debet actori licere quod reo non liceat.* Le défendeur peut donc valablement faire sa réponse après expiration de huitaine, et jusqu'au jugement à rendre en conformité de l'art. 231.

914. *Le défendeur est-il obligé de signifier une réponse?*

Si le demandeur, par les motifs exposés au commentaire de l'art. 215, pag. 557, est obligé de signifier ses moyens de faux, ce n'est pas un motif pour que

(1) *Sur le rejet de la pièce.* Bien entendu, comme nous l'avons dit pag. 564, que ce rejet n'a d'effet que par rapport au défendeur.

le défendeur ne puisse pas se dispenser d'y répondre par écrit. Le demandeur, qui a proposé ses moyens de faux, est nécessairement présumé en état de les soutenir contre les réfutations de son adversaire, qui peut se borner à les produire à l'audience, et, par conséquent, sommer le demandeur d'y comparaître. — (*Voy. Comm. inséré aux Ann. du not., tom.* 2, *pag.* 48).

915. *S'il intervenait contre le défendeur un jugement par défaut faute de plaider, pourrait-il y former opposition, en faisant signifier ses réponses?*

L'affirmative de cette question ne saurait souffrir difficulté. — (*Voy. Delaporte, tom.* 1, *pag.* 227).

ARTICLE 231.

Trois jours après lesdites réponses, la partie la plus diligente pourra poursuivre l'audience, et les moyens de faux seront admis ou rejetés, en tout ou en partie : il sera ordonné, s'il y échet, que lesdits moyens ou aucuns d'eux demeureront joints, soit à l'incident en faux, si quelques-uns desdits moyens ont été admis, soit à la cause ou au procès principal ; le tout suivant la qualité desdits moyens et l'exigence des cas.

Ordonn. de 1737, tit. 2, art. 29. — C. P., art. 246 et 251.

CLXXXIX. Sur l'avenir signifié conformément à l'art. 231, la cause est appelée, les plaidoiries sont entendues et le tribunal admet ou rejette, soit en tout, soit en partie, les moyens de faux. S'il admet ceux qu'il juge *pertinens*, c'est-à-dire ceux qui étant prouvés, établiraient clairement la fausseté de la pièce arguée, il rejette ceux dont il estimerait qu'il ne pourrait résulter aucune preuve pertinente du faux, quand même ils seraient établis clairement.

Rejette-t-il indistinctement tous les moyens présentés? L'instruction du demandeur tombe d'elle-même, et ce dernier est condamné non seulement aux dépens de l'incident, mais encore aux dommages-intérêts que l'autre partie réclamerait, et qu'il croirait juste d'allouer.

Admet-il les moyens? Il distingue s'il y a lieu entre ceux qui tendent essentiellement à établir la preuve de faux, et il ordonne qu'ils seront joints à l'incident, c'est-à-dire qu'ils deviendront la matière de l'instruction sur le faux, et ceux qui se lieraient plus étroitement avec la demande principale, et alors il les détache de l'incident pour les joindre à cette demande, ainsi qu'il sera plus complétement expliqué sur la question suivante.

916. *Quelles sont les circonstances où il y a lieu à joindre les moyens de faux, soit à l'incident de faux, soit à la cause ou procès principal; et quand cette jonction a été ordonnée, doit-on vider l'incident avant tout jugement, même préparatoire, sur le fond?*

Nous avions, n°. 793 de notre Analyse, examiné la première partie de cette question; mais en nous bornant à deux observations générales qui nous parurent propres à en fixer la solution dans certaines circonstances données. Quelques développemens nous semblent nécessaires pour généraliser et compléter cette solution (1).

Nous remarquerons avant tout qu'on n'admet les moyens de faux que lorsqu'ils sont de nature à prouver la fausseté de l'acte, et que, pour en venir là, deux conditions sont nécessaires.

Il faut, 1°. que le fait que l'on présente comme un *faux* en soit véritablement un; 2°. que les moyens proposés soient pertinens, c'est-à-dire propres à prouver le fait qualifié *faux.* — (*Voy. le Comm. ci-dessus*).

Quand la première condition manque, les moyens doivent être irrévocablement rejetés : la preuve la plus complète des faits allégués ne pourrait jamais soutenir une inscription qui a besoin, pour ainsi dire, d'être constamment alimentée par l'allégation d'un fait qui soit positivement caractérisé faux par la loi. Sur ce fait, le demandeur peut bien, sans doute, fortifier ses moyens; mais il ne peut les dénaturer ou en présenter de nouveaux. — (*Arg., art.* 233).

Quand il ne s'agit que de la seconde condition, on ne doit admettre, il est vrai, que les moyens qui peuvent fournir la preuve du fait *caractéristique;* mais, s'il en est qui, sans présenter actuellement des indices assez prochains pour servir à la preuve, sembleraient cependant de nature à devenir plus directs par l'examen de ce qui reste à juger, c'est alors le cas de *joindre.*

S'il y a des moyens admis, c'est nécessairement à l'incident qu'il faut joindre, et non au fond, parce que les moyens joints ne peuvent jamais être indépendans du faux, et que, par conséquent, il serait contradictoire de joindre au fond, qui ne sera repris qu'après l'incident de faux.

Si, au contraire, on n'admet aucun des moyens, on ne peut plus joindre qu'au fond; mais alors il faut remarquer, ce que trop d'auteurs ont oublié de faire, qu'après l'examen du fond, et lorsque toute instruction est terminée, c'est-à-dire lorsqu'il n'y a plus d'espoir de trouver de nouvelles lumières, il est nécessaire de statuer préalablement sur les moyens de faux, afin de les admettre ou rejeter, d'admettre ou rejeter la pièce, d'admettre ou rejeter la demande en inscription de faux.

Ainsi, par le jugement de jonction au fond, la procédure sur le faux n'est réellement que suspendue; ce n'est qu'un *tardé de faire droit* dans l'espoir d'acquérir de nouvelles lumières, sur la *validité et l'admissibilité* des moyens de faux.

Il faut donc revenir à l'inscription; autrement, elle ne serait pas jugée.

---

(1) Nous nous exprimions comme suit :

L'esprit de la disposition de l'art. 231 ne peut être bien saisi que par des exemples. Voici ce que Duparc-Poullain, tom. 12, pag. 703, sur l'art. 29 de l'ordonnance de 1737, disait à ce sujet :

« Premièrement, entre les moyens de faux, il peut y en avoir dont la validité ou l'invalidité dépende de l'approfondissement des autres moyens que le juge aurait trouvés pertinens et admissibles. (*Voy.* 913.ᵉ *quest.*) En ce cas, il ne peut, en admettant ceux-ci, ni admettre ni rejeter les autres; et il est juste et même indispensable de les joindre à l'incident de faux.

» Secondement, les moyens de faux peuvent, par leur qualité, dépendre du procès principal, de sorte qu'il soit nécessaire ou utile de voir ce procès, pour être en état de juger sur leur validité ou invalidité. Alors la jonction au procès principal doit avoir lieu; et l'examen de ce procès, fait en même tems que celui des moyens de faux, mettra les juges en état de prononcer sur l'admission ou sur le rejet de ces moyens ».

Il est vrai que la loi ne dit pas expressément que l'on doive procéder de la sorte; mais elle n'a supposé nulle part que le contraire fût possible; aucun auteur aussi ne l'a supposé : plusieurs, au contraire, affirment cette doctrine (1), que la Cour de Rennes a implicitement consacrée dans l'arrêt du 29 janvier 1818, cité pag. 151, not. 1°., lors duquel le ministère public, tout en reconnaissant les moyens de faux inadmissibles, concluait néanmoins à ce qu'ils fussent joints au fond, et la Cour, attendu qu'ils ne pouvaient jamais devenir admissibles, et que, dans le cas même où le livre fût dans la suite rejeté comme suspect, il serait toujours vrai de dire que l'inscription de faux est tombée, rejeta définitivement les moyens sans les joindre, et condamna le demandeur à l'amende et à des dommages-intérêts.

De ces observations, nous concluons, 1°. qu'il n'y a lieu à admettre l'inscription qu'autant que les moyens sont de nature à caractériser un fait réellement faux; 2°. qu'il n'y a lieu à joindre au fond qu'autant que les moyens étant d'ailleurs reconnus tels, il paraît qu'ils peuvent être corroborés, quant à leur intensité, par la connaissance du fond; 3°. qu'en tous les cas, avant de rien prononcer interlocutoirement, et même préparatoirement sur le fond, l'incident doit être vidé par l'admission ou le rejet des moyens, et, dans le premier cas, par le complément de l'instruction qui doit suivre l'admission (2).

917. *Le jugement qui prononce l'admission ou le rejet des moyens de faux est-il interlocutoire ou seulement préparatoire?*

Les anciens auteurs le qualifiaient *interlocutoire*, et cette qualification lui appartient encore aujourd'hui, dans le sens que l'art. 452 y attache; car il est évident qu'il préjuge le fond (*art.* 452) : on peut donc en appeler avant le jugement définitif, conformément à l'art. 451.

918. *Lorsqu'au moment du jugement dont il s'agit les juges se trouvent partagés, doit-on procéder conformément à l'art.* 118, *ou l'opinion qui tend au rejet doit-elle faire jugement parce qu'elle est la plus douce?*

L'incident en faux est une contestation purement civile : on ne saurait donc

---

(1) Serpillon s'en exprime formellement sur l'art. 29 de l'ordonnance de 1737, pag. 226. « Lorsque les moyens de faux ont été joints au procès, *il faut*, dit-il, y faire droit préa» lablement, c'est-à-dire les admettre ou les rejeter, avant de rendre aucun jugement *pré» paratoire* ou définitif sur *la contestation principale*, parce que, s'ils sont *déclarés* admis» sibles, il faut préalablement instruire *le faux incident* ».

D'autres, avant lui, avaient fait la même remarque. — (*Voy. ses citations dans ses Questions de droit, ad calcem*, n.° 84).

Jousse, sur le même article de l'ordonnance de 1737, pose aussi comme règle générale que, dès qu'il y a une inscription de faux incident, il faut que l'incident soit jugé *avant le principal*, et qu'il y soit fait droit *préalablement*.

Enfin Duparc-Poullain, à l'endroit cité dans la note précédente, suppose clairement qu'on ne peut *joindre* que pour être plus en état de juger ensuite la validité des moyens. « *Alors,* » *quand la jonction est ordonnée*, l'examen du procès, fait en même tems que celui des » moyens de faux, mettra le juge en état de prononcer sur *l'admission* ou *le rejet* de ces » moyens ».

(2) Voy. en outre, sur les circonstances où il y a lieu à joindre les moyens de faux, Pigeau, tom. 1, pag. 339 et 340; le Commentaire des Annales du notariat, tom. 2, pag. 49; Serpillon, art. 29 de l'ordonnance, pag. 225, et sur-tout art. 31, pag. 229, 230 et 233.

s'écarter de la disposition de l'art. 118 du Code de procédure, et appliquer l'art. 583 de celui d'instruction criminelle, sans confondre, dans leur application, des lois d'un ordre différent. — (*Voy. nouv. Répert., aux mots* inscription de faux *et* partage d'opinion, *tom.* 6, *pag.* 146, *et tom.* 9, *pag.* 163; *enfin, les Quest. de droit, aux mots* tribunaux d'appel, § 5).

ARTICLE 232.

Le jugement ordonnera que les moyens admis seront prouvés, tant par titres que par témoins, devant le juge commis, sauf au défendeur la preuve contraire, et qu'il sera procédé à la vérification des pièces arguées de faux, par trois experts écrivains, qui seront nommés d'office par le même jugement.

T., 164. — Ordonn. de 1737, art. 30, et ordonn. de 1670, art. 13.

CXC. LE même jugement qui admet les moyens de faux et les joint à l'incident, en ordonne la preuve, conformément à l'article ci-dessus. Ainsi, comme dans la vérification d'écriture, on peut cumuler et faire cette preuve par titre, par témoins et par experts; mais on doit remarquer cette différence, qu'en matière de faux, les experts doivent être nommés d'office par le tribunal, et que les parties, lors même qu'elles s'accorderaient pour les indiquer, n'y seraient pas admises. Le jugement qui contiendrait cette contravention serait évidemment nul, encore bien que l'art. 232 ne prononce pas cette peine. — (*Locré, tom.* 1, *pag.* 436). (1)

919. *Le tribunal doit-il nécessairement ordonner les trois genres de preuves?*

L'art. 30 de l'ordonnance de 1737, tit. 2, portait que le tribunal ordonnerait les trois genres de preuves par titres, par témoins ou par experts, *selon que le cas le requerrait.* Serpillon, sur la question de savoir quel genre d'instruction il convenait d'ordonner, renvoyait à ses observations sur l'art. 3 du tit. 1er. de la même ordonnance, concernant le faux principal; mais il résultait de cet article que le juge pouvait ordonner, soit les trois genres d'information, soit seulement un seul, sauf, s'il échéait, à en ordonner telle autre par ordonnance postérieure.

Nous estimons que le tribunal doit ordonner conjointement les trois genres de preuves, lorsqu'il s'agit de faux matériel; mais, s'il ne s'agit que de faux

---

(1) La raison de cette différence est facile à concevoir:

Dans la vérification d'écriture, les parties peuvent convenir d'experts (*art.* 196), parce que l'affaire est toute civile; dans l'inscription, au contraire, ils sont nommés d'office, parce que l'affaire, pouvant devenir criminelle, intéresse l'ordre public, et qu'il y aurait à craindre que les experts nommés par les parties ne fussent dévoués chacun à celle qui l'aurait choisi, et ne cherchassent à pallier le crime. — (*Voy. Pigeau, tom.* 1, *pag.* 340, *et Berriat Saint-Prix, pag.* 280, *not.* 41).

Il est de principe, en effet, que les parties ne peuvent déroger aux dispositions concernant l'ordre public (*voy. Code civil, art.* 6), et qu'en tout état de cause, elles peuvent revenir contre une telle dérogation.

moral, il devient sans doute inutile d'ordonner la preuve par experts; il suffit de celle par titres ou par témoins (1).

920. *Si le tribunal avait ordonné cumulativement les trois genres de preuves, et que le demandeur ne prouvât que par un seul ou deux d'entre eux, cela suffirait-il pour autoriser à déclarer la pièce fausse?*

Oui, sans doute; le défendeur n'en aurait pas moins satisfait à la loi et au jugement, si, par une seule de ces espèces de preuves, il était parvenu à prouver la fausseté de la pièce inscrite de faux. — (*Voy. Serpillon sur l'art.* 29, *pag.* 228).

Ainsi, par exemple, la preuve testimoniale pourrait suffire à défaut de preuves par titres; les moyens pourraient être suffisamment prouvés par témoins. — (*Cassat.*, 29 *juil.* 1807, *Jurispr. du Code de procéd.*, *tom.* 1, *pag.* 161, *et la* 804e. *quest.*)

921. *La preuve contraire à celle qui aurait été ordonnée par le jugement est-elle de droit?*

Le silence du jugement à cet égard ne nous paraîtrait pas exclure le défendeur de prouver que la pièce fût véritable, par les moyens donnés au demandeur pour faire la preuve du faux.

Nous croyons donc que cette faculté lui appartient de droit, encore que l'art. 232 ne s'en explique pas aussi formellement que l'art. 256 le fait pour les cas ordinaires. Cela résulte de ce que le tribunal ne pourrait interdire au défendeur la preuve dont il s'agit, puisque la loi veut qu'il ordonne celle à faire par titres et par témoins de la part du demandeur, *sauf au défendeur la preuve contraire.* — (*Voy. les quest. sur l'art.* 256).

922. *Est-il des cas où l'on doive nommer d'autres experts que des experts écrivains?*

Oui; et ces cas seraient ceux où il résulterait, des moyens admis par le jugement, des présomptions que le faux aurait été commis à l'aide de procédés chimiques; par exemple, en employant l'acide muriatique oxigéné, à l'effet de faire disparaître l'écriture : on nomme alors des experts pris dans la classe des chimistes. — (*Voy. Prat.*, *tom.* 2, *pag.* 125, *not.* 1).

923. *Quand il n'y a lieu qu'à nommer des experts écrivains, le tribunal doit-il nécessairement nommer des personnes professant l'art de l'écriture?*

La loi, disent M. Demiau Crouzilhac, pag. 178, et M. Delaporte, tom. 1, pag. 329, n'entend pas désigner exclusivement des maîtres d'écriture; elle indique, par ces mots *experts écrivains*, tout individu qui, sans avoir enseigné, est présumé expert, c'est-à-dire expérimenté dans l'art de l'écriture; par exemple, un notaire, un employé dans un greffe ou dans un bureau d'administration, etc.

Nous croyons bien que le juge n'est pas tellement obligé de nommer des

(1) On sent, au surplus, qu'il n'y a point d'inconvénient à ordonner conjointement les trois genres de preuves, ou seulement tel ou tel d'entre eux. Dans le premier cas, les parties n'useront évidemment que de celui qui peut conduire à la découverte de la vérité; dans le second, elles seront toujours à portée de demander à être admises à employer celui qui aurait été omis, de même que le tribunal pourrait l'ordonner d'office. — (*Voy.* 804.e *quest.*)

maîtres d'écriture, qu'il ne puisse, s'il en avait des motifs, désigner d'autres personnes; mais il nous semble évident que le législateur a entendu que les premiers soient appelés de préférence : c'est d'ailleurs ce que nous croyons prouvé par l'art. 233, qui autorise les experts à faire les observations qui résulteraient de *leur art.*

924. *N'est-ce que par le jugement qui statue sur l'admission des moyens de faux, que le tribunal peut prononcer, conformément à l'art.* 1319 *du Code civil, la suspension provisoire de l'exécution de l'acte authentique argué de faux?*

L'art. 1319 du Code civil ne détermine pas à quelle époque de l'inscription se prononcera cette suspension. Il résulte d'ailleurs de ces expressions, *suivant les circonstances*, que le tribunal peut la prononcer à quelque époque que ce soit, soit après le procès-verbal de l'état de la pièce, si à son inspection il la trouve suspecte, soit en admettant les moyens de faux; en un mot, dès que les circonstances sont telles qu'il y ait suspicion : mais c'est le plus ordinairement après l'admission des moyens de faux qu'il y a lieu de prononcer à ce sujet. — (*Voy., sur la suspension des actes privés, nos quest. sur l'art.* 250).

ARTICLE 233.

Les moyens de faux qui seront déclarés pertinens et admissibles, seront énoncés expressément dans le dispositif du jugement qui permettra d'en faire preuve; et il ne sera fait preuve d'aucun autre moyen. Pourront néanmoins les experts faire telles observations dépendantes de leur art qu'ils jugeront à propos, sur les pièces prétendues fausses, sauf aux juges à y avoir tel égard que de raison (1).

Ordonn. de 1737, tit. 2, art. 31.

CXCI. C'EST une règle générale, que tout jugement qui admet une preuve par témoins, doit articuler avec précision chacun des faits qu'il s'agit de prouver. La loi reproduit cette règle dans l'art. 233, et pour qu'on l'observe avec un soin plus particulier, elle ne permet de faire preuve d'aucun autre moyen que ceux qui, jugés pertinens et admissibles, se trouveront expressément énoncés dans le dispositif du jugement qui permettra d'en faire preuve. Mais cette restriction ne s'étend pas jusqu'à gêner les experts dans leur opération et dans l'expression de leurs pensées; ils peuvent toujours, quelque resserré que soit le cercle des moyens énoncés au dispositif du jugement, faire telles observations, dépendantes de leur art, qu'ils jugent à propos, sauf aux juges à y avoir tel égard que de raison.

---

(1) JURISPRUDENCE.

Il est permis aux experts commis pour constater un faux matériel de recourir à des pièces de comparaison, quoiqu'ils n'aient à prononcer que sur une surcharge et un grattage. — (*Paris*, 23 *janv.* 1811, *Sirey, tom.* 14, *pag.* 332)

925. *De ce que l'art. 232 porte que le tribunal n'aura que tel égard que de raison aux observations des experts qui ne porteraient pas directement sur les moyens énoncés dans le jugement, doit-on conclure*, à contrario, *qu'il sera lié par les avis donnés sur ces moyens ?*

Non, sans doute, et nous appliquons ici les motifs de la solution donnée sur la 853e. quest. — (*Voy., en outre, Comm. inséré aux Ann. du not., tom.* 2, *pag.* 57, *et Delaporte, tom.* 1, *pag.* 230).

Si l'art. 233 porte que le tribunal aura *tel égard que de raison* aux observations dépendantes de leur art que les experts pourraient faire, ce n'est uniquement qu'afin de faire connaître qu'il peut les prendre en considération, encore bien qu'elles ne soient pas relatives aux moyens admis.

§ III.

De l'instruction du faux jusqu'au jugement définitif. — (*Art.* 234—240).

ARTICLE 234.

En procédant à l'audition des témoins, seront observées les formalités ci-après prescrites pour les enquêtes; les pièces prétendues fausses leur seront représentées, et paraphées d'eux, s'ils peuvent ou veulent les parapher; sinon il en sera fait mention.

A l'égard des pièces de comparaison et autres qui doivent être représentées aux experts, elles pourront l'être aussi aux témoins, en tout ou en partie, si le juge-commissaire l'estime convenable; auquel cas elles seront par eux paraphées, ainsi qu'il est ci-dessus prescrit.

Ordonn. de 1737, tit. 1, art. 25, 26, 27, 28 et 29. — C. P., art. 262, 269, 270, 271, 272, 273, 274, 275, 276 et 277. — Voy. *infrà* sur l'art. 257.

CXCII. Si l'une des parties, ou toutes les deux, veulent faire entendre des témoins, chaque avoué présente sa requête au juge-commissaire, à l'effet d'obtenir l'ordonnance nécessaire, et les témoins sont appelés, reprochés et entendus, conformément aux règles générales prescrites pour les enquêtes. (*Voy. le titre suivant*). Mais ici la loi prescrit quelques formalités particulières à l'incident de faux.

Elles consistent à présenter aux témoins les pièces arguées; le juge-commissaire examine ensuite s'il n'est pas en outre convenable de mettre sous leurs yeux, soit en tout, soit en partie, les pièces de comparaison et autres écrits qui doivent être représentés aux experts, et s'il croit ce soin nécessaire, la loi l'autorise à le remplir, sous les conditions prescrites par l'article ci-dessus.

926. *Si les moyens de faux sont fondés sur ce que les témoins instrumentaires d'un testament n'ont pas assisté à la confection entière de cet acte, peut-on prouver ce fait par la déposition même de ces témoins ?*

Cette importante question étant controversée parmi les jurisconsultes, nous exposerons d'abord les motifs sur lesquels on appuie la négative.

On insiste sur la foi due aux actes authentiques, — sur la *mission légale* de ceux qui sont appelés à donner, par leur concours, ce caractère aux actes; — sur leur *défaut de qualité* pour détruire eux-mêmes leur ouvrage; — sur le danger de leur conférer un pareil pouvoir; — sur l'irrévocabilité des actes, dont la destruction ne peut dépendre de ceux qui leur ont donné l'existence; — sur la singulière position dans laquelle se placent des témoins qui, se démentant eux-mêmes, sont dans l'alternative d'avoir été ou d'être parjures; — enfin, sur le peu de confiance qu'ils inspirent par cela même à la justice, si la cause se plaide au civil, et sur la maxime *non auditur perire volens*, s'ils viennent eux-mêmes s'accuser au criminel.

Et, en effet, alors même qu'on plaide au civil, si les témoins qui viennent se démentir n'ont été *ni surpris ni trompés*, comment échapperont-ils à cette conséquence qu'ils sont, dans toute l'étendue du terme, coupables d'un faux?

« Le notaire, les parties et les témoins ne peuvent plus détruire par leurs dé- » clarations l'acte qu'ils ont signé, parce que leur foi est engagée *par leur signa-* » *ture*, dit Danty sur Boiceau. » — (*Préf.*, *n°.* 33, *édit. de* 1669).

» Si un notaire avouait en mourant avoir fait un acte faux, dit Serpillon » (*Code crim.*, *pag.* 915), cette déclaration ne ferait pas une preuve suffisante; » l'intérêt public s'y opposerait. »

Ce commentateur ajoute, pag. 916 : « L'aveu d'un accusé ne ferait pas seul » une preuve suffisante pour le condamner : il faut distinguer entre les aveux » faits en justice et hors justice. »

Il dit, dans son Code du faux, pag. 406 : « Les déclarations des notaires » ne forment jamais seules une preuve complète, et il renvoie à d'Aguesseau, » tom. 4, pag. 185. »

Mais, il est à remarquer que d'Aguesseau n'admet pas cette proposition d'une manière si absolue.

« Qu'on n'abuse pas, dit-il, de la maxime commune qui ne reçoit pas les » déclarations des officiers publics, lorsqu'elles sont contraires à leurs actes; » cette maxime est véritable, pourvu qu'on la renferme dans ses bornes légi- » times. Ces déclarations ne forment jamais seules et par elles-mêmes une preuve » complète; mais elles forment souvent des conjectures puissantes, des com- » mencemens de preuves que l'on ne peut absolument rejeter. »

Domat (*Lois civ.*, *liv.* 3, *tit.* 6, *sect.* 2, *n°.* 7), affirme qu'on ne recevrait pas les témoins d'un acte en forme à dire le contraire.

Cette doctrine est également celle du président Favre. — (*Cod. ad leg. corn.*, *de falsis*).

Enfin M. Merlin, dans ses Quest. de droit, v°. *témoins*, § 3, 2°. édit., pag. 179, examine la question qui nous occupe, et la résout négativement. — (*Voy. en outre nouv. Dénisart*, *au mot* faux, *tom.* 8, *pag.* 458).

Tels sont les moyens que l'on fait valoir pour la négative de la question.

Mais il faut convenir, en analysant les différentes autorités citées, que si les déclarations des notaires et des témoins ne peuvent seules détruire les actes qu'ils ont rendus authentiques (*voy. arrêts de Paris*, *du* 5 *juin* 1817, *Sirey*, *tom.* 18, *pag.* 35, *et de Riom*, 17 *mars* 1819, *tom.* 19, *pag.* 260) (1), néanmoins les témoins peuvent être admis à déposer en justice sur le faux, ainsi que la Cour de cassation l'a décidé, par arrêt du 1er. avril 1808, également rapporté par Sirey, tom. 7, 2e. part., pag. 1226.

Le danger d'une pareille rétractation doit, en effet, porter à présumer que la force de la vérité et le remords seuls ont pu arracher un pareil aveu, et cette considération peut concourir à faire admettre leurs dépositions pour corroborer les preuves par ailleurs acquises.

Mais nous n'entendons appliquer qu'aux témoins qui auraient signé l'acte cette décision que, si l'on ne doit pas rejeter absolument leurs déclarations, du moins elles ne font pas une preuve complète; c'est ce que la Cour de Paris a jugé, par l'arrêt de 1817 ci-dessus cité.

A l'égard de ceux qui n'ont point signé, soit qu'ils sussent, soit qu'ils ne sussent pas signer, leur foi n'a point été engagée, et par conséquent, leur déclaration n'étant point accompagnée du danger qui existe quand des témoins viennent démentir leurs signatures, il nous semble qu'ils doivent être entendus avec la même confiance que des témoins ordinaires......

Peu importe que le notaire ait mentionné qu'ils ont déclaré ne pouvoir ou ne savoir signer, puisque cette mention ne serait pas moins mensongère sur ce point que sur le fait de leur présence à la confection de l'acte.

A la vérité, aux termes de l'art. 974 du Code civil, il suffit que deux des quatre témoins sachent signer pour que le testament soit valable, et deux témoins non véridiques pourraient, par un semblable démenti, compromettre un notaire supposé de bonne foi.

Mais qu'en conclure? Que le notaire fera bien d'employer des témoins qui puissent être liés par leur signature : la prudence le conseille.

Qu'on doive refuser péremptoirement d'admettre les dépositions de ces témoins, non, sans doute; car s'il convient, dans l'intérêt de la vérité, de ne pas négliger le témoignage de *ceux-là même qui auraient signé*, parce qu'ayant été *surpris ou trompés*, ils pourraient faire une déclaration contraire aux dispositions de l'acte, il doit en être de même, à plus forte raison, de ceux qui nient avoir été présens à sa confection (2).

927. *En sera-t-il de même dans le cas où les témoins instrumentaires auraient à déposer, non sur un fait matériel, mais sur un fait qui résulterait du sens à attacher à une expression employée par le notaire dans la rédaction du testament?*

Pour l'intelligence de cette question, nous établirons cet exemple :

Une partie se pourvoit en nullité contre un testament, parce qu'elle maintient qu'il a été fait par *interrogat*. (*Voy. Toullier*, 2e. *édit.*, *tom.* 5, *pag.* 380 *et* 381;

(1) Par arrêt du 17 décembre 1818 (*Sirey, tom.* 19, *pag.* 284), la Cour de cassation a rejeté le pourvoi, en se fondant, non pas sur le motif que les témoins ne pouvaient être entendus, mais sur ce que la Cour de Paris n'avait violé aucune disposition expresse de la loi, en prononçant d'après la considération que les deux assertions de ces témoins uniques ne lui fournissaient pas une preuve suffisante du faux.

(2) Voy., sur cette question, les conclusions de M. Goux, aux Questions de droit *ubi suprà;* le nouveau Répertoire, dernière édition, tom. 13, pag. 405, et le Traité de M. Toullier, tom. 9, pag. 477.

Répert., *v°*. testament, *etc.*) On oppose qu'elle doit s'inscrire préalablement en faux, parce que le notaire a mentionné que le testament a été *dicté ;* ce qui exclut toute idée de l'interrogat. Nous pensons que la déposition des témoins instrumentaires devrait, dans l'instruction sur le faux, faire pleine foi, nonobstant cette qualité. En effet, ce que nous avons dit ci-dessus suppose une circonstance sur l'existence de laquelle la religion de ces témoins ne peut avoir été surprise, comme s'il était question, par exemple, de prouver qu'ils n'eussent pas été présens à l'acte, quoique leur signature attestât le contraire. Mais lorsqu'il s'agit d'un point qui suppose des connaissances que les témoins n'ont pas toujours, et sur lequel leur bonne foi a pu être surprise, il ne serait pas raisonnable de leur refuser une confiance dont ils n'ont pu, sous aucun rapport, se rendre indignes par un fait qui leur fût personnel ; et pour suivre l'exemple ci-dessus proposé, nous dirons qu'on ne doit pas supposer généralement que des témoins sachent qu'un testament fait par *interrogat* est nul. Ne peuvent-ils pas penser que peu importe la manière dont le testateur fait connaître son intention ? Sont-ils à même d'apprécier le sens de l'expression *dictée* dont le notaire fait usage ? Non, pour l'ordinaire. Ainsi donc, si les témoins ne peuvent, par état, être supposés capables d'avoir apprécié les termes dont le notaire s'est servi, leur témoignage doit être admis.

ARTICLE 235.

Si les témoins représentent quelques pièces lors de leurs dépositions, elles y demeureront jointes, après avoir été paraphées, tant par le juge-commissaire que par lesdits témoins, s'ils peuvent ou veulent le faire, sinon il en sera fait mention ; et si lesdites pièces font preuve du faux ou de la vérité des pièces arguées, elles seront représentées aux autres témoins qui en auraient connaissance, et elles seront par eux paraphées, suivant ce qui est ci-dessus prescrit.

Ordonn. de 1737, tit. 1, art. 40.

CXCIII. IL est sensible que les dispositions de cet article ont pour but d'obtenir des témoins, les renseignemens et explications qu'ils pourraient avoir à donner, sur les pièces qui auraient été représentées par quelques-uns d'entre eux.

928. *L'enquête doit-elle précéder les opérations des experts ?*

C'est ce qui paraît résulter du § 2 de la deuxième disposition de l'art. 236, puisqu'il porte que dans le cas où les témoins auraient joint des pièces à leur déposition, la partie pourra requérir, et le juge-commissaire ordonner qu'elles seront représentées aux experts.

929. *Le juge-commissaire doit-il absolument mentionner, dans son procès-verbal, l'exécution des formalités prescrites par les art. 234 et 235, relativement à la présentation des pièces et au paraphe que les témoins doivent y apposer ?*

L'observation rigoureuse de ces formalités tient tellement à la nature des choses, que, si on ne les remplissait pas, le défendeur serait autorisé à faire rejeter la déposition des témoins. De là résulte, selon nous, la nécessité de mentionner qu'elles ont été remplies; car si on négligeait de le faire, il en résulterait une présomption légale qu'elles ne l'auraient pas été. — (*Voy. Comm. inséré aux Ann. du not., tom. 2, pag.* 60 *et* 62, *et Delaporte, tom.* 1, *pag.* 231).

930. *Si les témoins représentent quelques pièces, lors de leur déposition, le juge-commissaire doit-il constater ce fait, faire la description de ces pièces et les parapher avec le témoin qui les produit?*

L'art. 236, voulant que les pièces dont il s'agit soient représentées aux experts, suppose nécessairement que l'on constatera leur nature et leur identité, en en faisant la description et en les paraphant. — (*Voy. Comm. inséré aux Ann. du not., tom.* 2, *pag.* 61).

931. *Les pièces ne doivent-elles être représentées qu'à ceux des témoins qui seraient entendus après leur remise?*

Après ces mots de l'art. 235, *qui en auraient connaissance*, le projet ajoutait, *et qui seraient entendus depuis la remise desdites pièces.* Cette disposition fut retranchée sur les observations de la section du Tribunat, attendu qu'il pourrait arriver, soit que les témoins qui représenteraient les pièces seraient entendus les derniers, soit que les témoins précédemment entendus auraient connaissance de ces mêmes pièces. Par suite de ce retranchement, les pièces dont il s'agit dans l'art. 235 doivent être représentées à tous ceux des témoins qui ne les auraient pas produites, mais qui pourraient en avoir connaissance. C'est donc au demandeur à requérir et au juge-commissaire à ordonner la nouvelle audition des témoins qui pourraient avoir connaissance des pièces jointes, ou la représentation de ces mêmes pièces, aux témoins précédemment entendus. — (*Locré, tom.* 1, *pag.* 489).

Article 236.

La preuve par experts se fera en la forme suivante :

1.° Les pièces de comparaison seront convenues entre les parties, ou indiquées par le juge, ainsi qu'il est dit à l'art. 200, titre *de la vérification des écritures.*

2°. Seront remis aux experts, le jugement qui aura admis l'inscription de faux; les pièces prétendues fausses; le procès-verbal de l'état d'icelles; le jugement qui aura admis les moyens de faux et ordonné le rapport d'experts; les pièces de comparaison, lorsqu'il en aura été fourni; le procès-verbal de représentation d'icelles, et le jugement par lequel elles auront été reçues. Les experts mentionneront dans leur rapport la remise de toutes les pièces susdites, et l'examen auquel ils auront procédé, sans pouvoir en dresser aucun procès-verbal; ils parapheront les pièces prétendues fausses.

Dans le cas où les témoins auraient joint des pièces à leur

déposition, la partie pourra requérir et le juge-commissaire ordonner qu'elles seront représentées aux experts.

3.° Seront, au surplus, observées audit rapport les règles prescrites au titre *de la vérification des écritures* (1).

Ordonn. de 1737, tit. 1, art. 23, *in fine*, et tit. 2, art. 33, 35, 36 et 39. — C. de P., art. 193 et suiv.

CXCIV. En matière de faux, comme lorsqu'il s'agit de simple vérification d'écriture, l'expertise est d'ordinaire l'opération principale qui conduit à l'appréciation du mérite de la pièce. La loi, dans l'article ci-dessus, indique tous les préliminaires à remplir pour mettre les experts en état de procéder à cette opération en entière connaissance de cause.

932. *Doit-on appliquer à l'inscription de faux les dispositions des art.* 201 *et suivans, relatives à l'apport et à l'envoi des pièces par les dépositaires?*

Oui, quoique l'art. 236 ne parle que du choix des pièces de comparaison et ne renvoie qu'à l'art. 200 du titre de la vérification. Déjà nous avons manifesté cette opinion sur la 903ᵉ. quest., et nous observerons ici qu'elle trouverait un appui dans l'art. 33 du tit. 2 de l'ordonnance de 1737. — (*Voy. Serpillon sur cet art., pag.* 236*; le Comm. inséré aux Ann. du not., tom.* 2*, pag.* 66*; Demiau Crouzilhac, pag.* 179*, et nos quest. sur les art.* 201 *et suivans, pag.* 407).

933. *Quel est le procès-verbal de présentation des pièces de comparaison, dont la seconde disposition de l'art.* 236 *ordonne la remise aux experts?*

C'est celui qui constate la remise de ces pièces au greffier par les dépositaires. — (*Voy. Pigeau, tom.* 1*, pag.* 343).

934. *De ce que l'art.* 236 *porte qu'on remettra aux experts le jugement par lequel les pièces de comparaison auront été reçues, doit-on conclure qu'en matière d'inscription le juge-commissaire ne puisse jamais recevoir ces pièces?*

Nous avons dit, sur la 815ᵉ. quest., pag. 517, que dans le cas où les parties ne convenaient pas à l'amiable des pièces de comparaison, le juge-commissaire pouvait, en matière de vérification d'écritures, déclarer, par une ordonnance, quelles seraient celles qui seraient admises.

Mais nous avons observé, sur la 827ᵉ. quest., pag. 520, qu'il pouvait référer au tribunal des contestations des parties, et que celles-ci étaient fondées, d'ailleurs, à se pourvoir contre son ordonnance.

Nous remarquerons que M. Pigeau, tom. 1, pag. 308, dit à ce sujet « que si les parties ne sont pas d'accord entre elles sur les pièces qui serviront à la comparaison, *le juge-commissaire* indique parmi celles présentées les plus propres à la vérification. »

Ainsi, la solution donnée sur la 815ᵉ. quest. se trouverait appuyée de l'avis de cet auteur, dont le suffrage est sans contredit d'un grand poids

(1) JURISPRUDENCE.

Le demandeur ne peut s'inscrire en faux contre les pièces de comparaison produites par le défendeur; il doit attendre la décision du fond. — (*Jurisp. du Code de procéd., tom.* 1*, pag.* 102 *et* 106).

Mais en traitant du faux incident civil, M. Pigeau, pag. 343, s'attache aux termes de l'art. 236, portant que le jugement par lequel les pièces de comparaison auront été reçues *sera remis aux experts*, et il ajoute : « Ce jugement n'est nécessaire que lorsque les parties ne se sont pas accordées; alors, comme on doit suivre les règles de la vérification d'écritures, c'est *au juge à les indiquer*, suivant l'art. 200; et, par *juge*, on n'entend point le commissaire, mais le tribunal, puisque cet article (*l'art.* 236) exige un jugement, et que le commissaire ne rend que des ordonnances : en sorte que, si les parties ne s'accordent pas, le commissaire ordonne qu'il en sera référé par lui tel jour; et le jour arrivé, le tribunal, sur son rapport, indique les pièces. »

On pourrait croire que M. Pigeau serait ici tombé en contradiction avec ce qu'il établit en expliquant le titre des vérifications d'écritures; mais on remarquera, sans doute, que s'il substitue, dans le passage que nous venons de rapporter, *le tribunal* au *juge-commissaire*, c'est à raison des expressions de l'art. 236, qui font l'objet de la question qui nous occupe Il pense, en conséquence, qu'en matière de vérification, c'est au juge-commissaire à indiquer les pièces; mais qu'en matière de faux, c'est au tribunal qu'il appartient de faire cette indication.

Nous ne croyons pas devoir adopter cette opinion, quoique nous convenions que les termes de l'art. 236 paraissent la supposer (1).

Le principal motif qui nous porte à la rejeter, c'est que l'ordonnance de 1737 (*voy. tit.* 1, *art.* 19, *et tit.* 2, *art.* 36) portait expressément que le juge-commissaire réglerait ce qu'il appartiendrait sur l'admission ou le rejet des pièces de comparaison, à moins qu'il ne jugeât à propos, comme nous l'avons dit sur la 827e. quest., d'ordonner qu'il en serait par lui référé au tribunal.

Aussi l'art. 39 du tit. 2, correspondant à notre art. 236, portait-il qu'on remettrait aux experts *l'ordonnance* ou le jugement qui aurait admis les pièces.

Qu'il soit vrai que le Code de procédure ne s'exprime pas d'une manière aussi précise, du moins devra-t-on remarquer qu'en général il a entendu adopter (*voy. Exposé des motifs par le conseiller d'état Treilhard, édit. de Didot, pag.* 93), et qu'il reproduit, en effet, à l'égard de l'inscription, les dispositions de l'ordonnance de 1737 : on ne peut donc croire, lorsqu'il ne s'est pas exprimé d'une manière formelle, qu'il ait entendu s'en écarter. D'ailleurs, cette faculté, que nous disons appartenir au juge-commissaire d'indiquer les pièces de comparaison, paraît être dans l'esprit de ce Code, d'après la conférence de ses différens articles.

---

(1) Remarquons d'abord que, parmi nos auteurs, M. Pigeau est le seul qui l'ait établie.

M. Lepage, dans ses Questions, pag. 178, maintient, au contraire, qu'il ne faut pas conclure de l'art. 236, qu'avec le procès-verbal de présentation des pièces de comparaison, il y ait nécessairement un jugement qui les déclare reçues; mais seulement, que s'il a été rendu un jugement de cette nature, on doit le remettre aux experts.

M. Demiau Crouzilhac, pag. 180, dit qu'on remettra aux experts les pièces de comparaison, s'il y en a, et le jugement ou *ordonnance* qui les a reçues.

Enfin M. Delaporte, tom. 1, pag. 235, et les auteurs du Commentaire inséré aux Annales du notariat, tom. 2, pag. 66 et 67, s'expliquent avec plus d'étendue sur cette difficulté, et concluent en disant que le vœu de l'art. 236 est qu'on remette aux experts l'ordonnance du juge-commissaire qui a indiqué les pièces, *ou le jugement, quand le tribunal, soit sur le rapport du juge-commissaire, soit sur tout autre incident, a eu occasion de décider quelles seraient les pièces de comparaison*.

Nous persistons, en conséquence, à penser qu'il ne peut y avoir de jugement qui prononce sur l'admission des pièces que dans les cas que nous avons indiqués sur la 827e. quest.; ou encore, comme le dit M. Lepage, dans celui où, le défendeur n'ayant pas comparu devant le juge-commissaire pour convenir des pièces de comparaison, le tribunal refuserait de rejeter la pièce, en ordonnant la vérification, et désignerait celles qui serviraient de comparaison.

Ce sera donc ou l'ordonnance du juge-commissaire, ou le jugement rendu dans ces différentes circonstances, dont la remise sera faite aux experts, conformément à l'art. 236.

935. *Si la partie intéressée ne requérait pas que les pièces que des témoins auraient jointes à leur déposition fussent représentées aux experts, le juge-commissaire pourrait-il l'ordonner d'office?*

Oui, disent les auteurs du Commentaire inséré aux Annales du notariat, tom. 2, pag. 68; et ils fondent leur opinion sur ce que le juge-commissaire doit chercher tous les moyens d'éclairer le tribunal sur le jugement qui devra intervenir, et, par conséquent, donner aux experts tous les secours possibles pour se décider dans le rapport qu'ils doivent faire.

Telle est aussi notre opinion : si la seconde partie de la deuxième disposition de l'art. 236 exige une réquisition de la personne intéressée, c'est, selon nous, pour faire connaître que le juge-commissaire ne sera pas obligé d'ordonner la représentation d'office, mais non pour lui interdire la faculté de représenter les pièces aux experts, lorsqu'il le jugera convenable pour l'instruction d'une affaire qui d'ailleurs intéresse l'ordre public sous plusieurs rapports. Au surplus, il pourrait en référer au tribunal, qui, sur les conclusions du ministère public, aurait incontestablement le droit d'ordonner cette représentation. — (*Voy. nos quest. sur les art.* 207, 208, 209 *et* 210, *pag.* 419 *et suiv.*)

ARTICLE 237.

En cas de récusation, soit contre le juge-commissaire, soit contre les experts, il y sera procédé ainsi qu'il est prescrit aux tit. XIV et XXI du présent livre.

C. de P., art. 308, 309, 378, 383.

CXCV. Si les parties ou l'une d'elles récuse le juge-commissaire ou les experts, cette récusation est instruite et jugée conformément aux règles générales établies au tit. 21, et en attendant, la procédure par inscription de faux demeure suspendue.

ARTICLE 238.

Lorsque l'instruction sera achevée, le jugement sera poursuivi sur un simple acte.

CXCVI. QUAND l'instruction sur le faux est achevée; que l'avis des experts, le procès-verbal d'enquête et autres pièces probantes ont été communiqués au ministère public, il ne s'agit plus que de poursuivre l'audience par un simple avenir, pour faire prononcer définitivement sur l'incident (1).

936. *L'instruction est-elle entièrement achevée par la confection de l'enquête ou du rapport?*

Nous avons vu qu'en matière d'inscription de faux, l'instruction consiste, soit dans la représentation des titres, soit dans l'enquête, soit dans la vérification d'écritures, soit dans ces trois voies réunies; mais, disent les auteurs du Commentaire inséré aux Annales du notariat, tom. 2, pag. 70, elle consiste de plus dans les requêtes et défenses que les parties se font signifier réciproquement, soit pour faire valoir les moyens qu'elles croient résulter, en leur faveur, de l'enquête ou de la vérification d'écritures, soit pour détruire ou atténuer les moyens de leur adversaire.

Nous ne croyons pas que de pareilles écritures passent en taxe dans une procédure d'inscription de faux : la requête contenant les moyens de faux et celle que le défendeur fournit en réponse nous paraissent les seuls écrits que le Code ait admis. Ainsi, dit M. Lepage dans ses Questions, pag. 190, la partie la plus diligente provoque l'audience par un simple acte, aussitôt que la preuve des moyens admis sur le faux a été administrée, tant par titres que par témoins et experts.

ARTICLE 239.

S'il résulte de la procédure des indices de faux ou de falsification, et que les auteurs ou complices soient vivans, et la poursuite du crime non éteinte par la prescription, d'après les dispositions du Code pénal, le président délivrera mandat d'amener contre les prévenus, et remplira, à cet égard, les fonctions d'officier de police judiciaire.

Ordonn. de 1737, tit. 3, art. 14, et loi du 3 brum. an 4, art. 9 et 10. — C. d'instr. crim., art. 462.

CXCVII. LORSQU'IL résulte de la procédure, c'est-à-dire des titres produits ou des aveux faits, des dépositions des témoins ou de la vérification des experts, non pas des preuves évidentes, mais seulement des indices de faux ou de falsification, la loi, qui veille à ce qu'aucun crime ne reste impuni, veut qu'en ce cas le président examine si les auteurs ou complices du faux sont ou non vivans, et si la poursuite du crime n'est pas éteinte par la prescription, d'après les dispositions du Code d'instruction criminelle (*voy. quest.* 940). Le président reconnaît-il que les auteurs vivent encore, et que l'action publique n'est pas éteinte? Dès lors il doit se conformer à la disposition de l'art. 462 du Code d'instruction, qui a modifié l'article ci-dessus, ainsi qu'on le verra par la question suivante.

---

(1) Il peut néanmoins survenir des causes qui obligent de surseoir au jugement définitif, ou même qui dispensent tout à fait de le prononcer. Nous parlerons de ces causes sur les articles suivans.

937. *Le président est-il obligé de décerner le mandat d'amener dans les cas mentionnés en l'art.* 239 ?

Il y a innovation à cette partie de l'art. 239 par l'art. 462 du Code d'instruction criminelle : l'officier chargé du ministère public, ou le président de la Cour ou du tribunal, doit transmettre les pièces au substitut du procureur général près le juge d'instruction, c'est-à-dire, au procureur du Roi près le tribunal d'arrondissement, soit du lieu où le faux paraîtrait avoir été commis, soit du lieu où le prévenu pourra être saisi. En transmettant ces pièces, l'un ou l'autre *peut* délivrer le mandat d'amener devant le substitut près le juge d'instruction, au lieu que, par l'art. 239, le président *devait* délivrer le mandat, et remplir les fonctions d'officier de police judiciaire.

Nous remarquerons que la transmission des pièces peut être faite aussi au substitut du procureur général près le juge d'instruction du lieu où il a été fait un usage criminel des pièces fausses, par la raison que le crime de faux est un crime successif, dont peuvent être valablement saisis les juges des différens lieux où il se perpétue par l'usage. — (*Voy. arrêts divers de la Cour de cassat., et notamment celui du* 11 *vent. an* 12, *Bourguignon, pag.* 186).

938. *Le président qui userait de la faculté de décerner le mandat, aurait-il le droit d'interroger le prévenu?*

Les auteurs du Commentaire inséré aux Annales du notariat, tom. 2, pag. 72, et M. Delaporte, tom. 1, pag. 238, décident affirmativement cette question, en se fondant sur ce que l'art. 239 porte que le président remplit, relativement au mandat d'amener, les fonctions d'officier de police judiciaire (1).

L'art. 462 du Code d'instruction criminelle ne renfermerait pas la disposition que nous avons rapportée sur la question précédente, nous n'en eussions pas moins combattu cette opinion, en disant que le mandat d'amener, dont il est question en l'art. 239 du Code de procédure, ne devait avoir d'autre objet que de faire *amener* ou *conduire* le prévenu devant le magistrat de sûreté.

Aujourd'hui, d'après l'art. 462, ce mandat ne peut être aussi décerné qu'afin de traduire le prévenu devant le substitut du procureur général, à qui les pièces seront transmises (*voy. Manuel de Bourguigon, pag.* 386) : ce qui ne laisse plus aucun doute que le président ne peut interroger le prévenu.

939. *Le magistrat qui exerce le ministère public est-il obligé d'attendre la fin de l'instruction sur le faux incident, pour transmettre les pièces au substitut du procureur général?*

Autrement : *Ce magistrat peut-il, avant que l'instruction soit ordonnée, commencée ou achevée, et dès qu'il lui paraît qu'il existe des indices de crime, déclarer qu'il entend en faire une dénonciation officielle, et requérir la suspension de l'instance civile, conformément à l'art.* 240 ?

(1) On appuyait en outre cette opinion, avant la publication du Code d'instruction, sur ce que le mandat d'amener est un ordre donné à un officier de justice, ou à un agent de la force publique, à l'effet de conduire un prévenu devant le fonctionnaire même qui aurait donné cet ordre. Or, à quoi bon, disait-on, le président eût-il ordonné d'amener le prévenu devant lui, s'il n'avait pas eu le droit de lui faire subir interrogatoire, et de le faire constituer prisonnier, dans le cas où il ne détruisait pas les inculpations dirigées contre lui?

« *Lorsque les preuves sont recueillies*, dit le tribun Perrin (*édit. de Didot, pag.* 198), *soit par la déposition des témoins, soit par l'expertise, et qu'il arrive qu'il y ait des indices de crime, que l'auteur soit connu, etc., le président délivre un mandat d'amener.* »

En s'attachant à cette explication de l'art. 239, et à la circonstance qu'il se trouve placé à la suite d'une disposition qui suppose l'instruction terminée, on pourrait croire que la question ci-dessus posée devrait être décidée négativement, et elle l'a été de la sorte par les auteurs du Commentaire inséré aux Annales du notariat, tom. 2, pag. 73.

Mais nous observerons, en faveur de l'affirmative, premièrement, que l'art. 462 du Code d'instruction n'indique ni ne suppose d'époque fixe à laquelle seulement le ministère public aurait droit d'agir pour provoquer la poursuite du crime; secondement, que l'art. 29 du même Code porte que toute autorité constituée, tout fonctionnaire ou officier public qui, dans l'exercice de ses fonctions, acquiert la connaissance d'un crime ou d'un délit, sera tenu d'en donner avis sur-le-champ au procureur du Roi....., et de lui transmettre tous les renseignemens, procès-verbaux et actes qui y sont relatifs.

Il nous paraît dériver évidemment de ces articles que le magistrat qui exerce le ministère public peut, à quelque époque que ce soit, et avant que l'instruction sur le faux incident soit achevée, déclarer, dans les circonstances prévues par l'art. 239, qu'il se propose de le dénoncer, et requérir, en conséquence, la transmission des pièces et la suspension de l'action civile.

Si l'art. 239 ne semble imposer cette obligation qu'à la fin de l'instruction du faux incident, c'est qu'il est à présumer que, le plus souvent, ce ne sera qu'à cette époque que les indices du crime pourront être découverts; mais ce n'est pas pour interdire au ministère public le droit de provoquer les poursuites criminelles, si les circonstances de l'affaire étaient telles qu'il eût pu apercevoir avant l'instruction, ou durant son cours, des indices suffisans pour qu'il crût urgent d'agir pour la vindicte publique. La priorité que la loi donne à l'action publique sur l'action civile, parce que l'intérêt de la société doit, en effet, marcher avant tout, nous paraît justifier cette opinion. — (*Voy. Code d'inst., art.* 3, *et l'art. suiv. du Code de procéd.*)

940. *Quel est le tems requis pour la prescription de la poursuite du crime de faux?* — (*Voy. l'art.* 657 *du Code d'inst. crimin., et Bourguignon, sur cet art., pag.* 492).

ARTICLE 240.

Dans le cas de l'article précédent, il sera sursis à statuer sur le civil, jusqu'après le jugement sur le faux (1).

C. C., art. 1319.

CXCVIII. COMME l'action publique est d'un intérêt supérieur à l'action privée, qu'on ne peut simultanément poursuivre une partie devant deux tribunaux

---

(1) JURISPRUDENCE.

Si la surséance ordonnée par cet article n'avait pas été prononcée, il y aurait nullité des procédures postérieures. — (*Perrin, Traité des nullités, pag.* 225 *et* 226).

différens pour raison d'un même fait, et que, par conséquent, l'une des deux actions doit être suspendue par l'autre, la loi, qui, comme nous l'avons déjà dit, quest. 939, donne toujours la préférence à l'action publique, veut qu'alors il soit sursis à statuer sur le civil, jusqu'après l'arrêt sur le faux.

941. *Est-il nécessaire que le tribunal constate par jugement que les pièces seront transmises au substitut du procureur général près le juge d'instruction, et qu'en conséquence il sera sursis à statuer sur le civil?*

Tous les auteurs disent, et avec raison, que le sursis est de droit; qu'ainsi, dès qu'il a été décerné acte au ministère public de sa déclaration d'entendre transmettre les pièces à qui de droit, toutes les poursuites de la procédure au civil restent en suspens, dans l'état, jusqu'à ce que l'instruction criminelle soit terminée par arrêt définitif.

Cependant, M. Demiau Crouzilhac estime, pag. 181, qu'il convient qu'un jugement constate que la transmission des pièces sera faite, et qu'il sera conséquemment sursis au jugement civil.

Nous croyons que cette marche est, en effet, plus régulière, car il est de principe que le juge doit constater tout ce qui se passe dans le cours d'une instance. Or, dans l'espèce dont il s'agit, il est assez naturel qu'une décision du tribunal conserve l'état de la procédure, dans l'intérêt du demandeur en faux, qui n'est pas de plein droit partie dans la poursuite criminelle, et qui trouverait au besoin dans cette décision une pièce à opposer au défendeur, s'il arrivait que celui-ci vînt à former contre lui une demande en péremption.

942. *Est-il, en tous les cas, nécessaire de surseoir à statuer au civil, lorsqu'il y a lieu de renvoyer le prévenu de faux devant le substitut du procureur général?*

Le sursis n'a lieu *nécessairement* que dans le seul cas où le sort de la contestation principale dépend de la vérité ou de la fausseté de la pièce arguée de faux. Si, en effet, la vérité ou la fausseté de cette pièce ne doit avoir aucune influence sur la contestation principale, non seulement il ne doit pas être sursis, mais l'inscription de faux incident ne doit pas être admise, ainsi que nous l'avons dit au commentaire de l'art. 214, pag. 549. — (*Voy. nouv. Répert., au mot* inscription de faux, § 1, *n°.* 13).

943. *Le jugement qui sera rendu sur l'action publique par les juges criminels, déterminera-t-il nécessairement les résultats des poursuites civiles qui auront été suspendues?*

L'affirmative de cette question a été maintenue dans le réquisitoire de M. Merlin, sur l'affaire Douhaut, et décidée par l'arrêt du 30 avril 1807. — (*Voy. Sirey, 1807, pag. 408, et le Rép., au mot* chose jugée, § 15). (1)

(1) Nous extrairons de ce réquisitoire les passages suivans, applicables à l'espèce de la question ci dessus, et à celle de l'art. 250 : « Il est clair, disait M. le procureur général, que les jugemens rendus par les tribunaux civils, sur les actions privées des parties lésées par un délit, n'ont et ne peuvent avoir aucune influence sur les jugemens à rendre par les tribunaux criminels sur les poursuites du ministère public.

» Mais lorsque, sur un fait que le ministère public a poursuivi devant un tribunal criminel, il est intervenu un jugement qui a déclaré ou qu'il y avait délit, ou qu'il n'y avait point délit, et que l'accusé est ou n'est pas coupable, peut-on encore soumettre au tribunal civil les questions sur lesquelles il a été prononcé par le tribunal criminel?

Mais cette opinion doit être modifiée par ce que nous avons établi *suprà*, n°. 859, et sur-tout par la savante dissertation de notre respectable collègue M. Toullier, au 8.e volume de son Traité du droit civil, nos. 34 et suivans des notions préliminaires.

Il suit de la discussion véritablement approfondie dans laquelle il est entré, 1°. que la déclaration d'un jury (ou tout arrêt de Cour spéciale ou jugement correctionnel) portant que le fait n'est pas constant, ou que l'accusé n'est pas coupable, ne doit point influer sur les jugemens des actions civiles, et ne peut acquérir, en faveur de l'accusé, l'autorité de la chose jugée relativement à ces dernières actions, parce que de la déclaration négative que le délit n'est pas constant, ou que le prévenu n'est pas coupable, on ne peut conclure autre chose, sinon qu'il ne s'est pas trouvé de preuves suffisantes, soit de l'existence du délit, soit de l'accusé.

2°. Que dans le cas où au lieu de ces déclarations négatives, le jury a déclaré positivement que le délit est constant, ou que l'accusé est coupable, les juges devant qui la partie lésée porte ensuite séparément son action civile, ne sont pas liés par l'arrêt criminel et obligés nécessairement à admettre la demande, puisque cette décision n'a pu avoir autorité de chose jugée entre les deux parties, conformément à l'art. 1351 du Code civil : d'où suit que le demandeur à fins civiles demeure, nonobstant le jugement criminel, assujéti aux règles ordinaires et générales qui l'obligent d'apporter, au soutien de sa demande, d'autres preuves qui peuvent être contredites par le condamné ou par ses héritiers.

» Cette question peut se présenter dans deux espèces différentes : ou la personne lésée par le délit s'était rendue partie civile dans le procès criminel (c'est l'espèce de l'art. 250 du Code de procédure), ou elle n'avait point paru dans ce procès (c'est ce qui pourrait arriver dans l'espèce des art. 239 et 240).

» Si elle s'y était rendue partie civile, nul doute que le jugement du tribunal criminel n'ait pour et contre elle toute l'autorité de la chose jugée, et qu'il ne fasse loi pour tout tribunal civil devant lequel les mêmes questions devraient être reportées . . . .

. . . .

» Il en est de même dans le cas où cette personne n'a point paru dans ce procès. . . . .

. . . .

» C'est ce qui résulte clairement de l'art. 8 du Code du 3 brumaire an 4 (aujourd'hui de l'art. 3 du Code d'instruction criminelle, qui est absolument conçu dans les mêmes termes). Pourquoi, d'après cet article, l'action publique, lorsqu'elle est intentée avant ou pendant la poursuite séparée de l'action civile, doit-elle tenir cette action en état? Il ne peut y en avoir qu'une raison : c'est que l'action publique est *préjudicielle* à l'action civile; c'est, par conséquent, que le sort de l'action civile est subordonné au sort de l'action publique; c'est, par conséquent, que l'action civile doit réussir, si l'action publique réussit, et échouer, si l'action publique échoue; c'est, par conséquent, que le jugement à rendre sur l'action publique recevra, à l'action civile, une application nécessaire et forcée ».

Par application de ces principes à la question ci-dessus posée, on dirait que, le ministère public ayant provoqué des poursuites au criminel dans les circonstances mentionnées en l'art. 239, l'arrêt de la Cour d'assises qui interviendrait sur ces poursuites placerait le tribunal civil dans l'obligation de rejeter la pièce du procès, si cette Cour l'avait déclarée fausse, ou de l'admettre, si au contraire elle l'avait déclarée véritable.

Il en serait de même, à plus forte raison, dans l'espèce de l'art. 250, où le demandeur se rend partie au procès criminel. Telle était l'opinion que nous émettions dans notre Analyse, n.° 818; mais nous l'avons modifiée au n.° 1322 de notre Traité, lequel forme la réponse à la présente question.

§ IV.

De la suite et de l'exécution du jugement définitif. — (*Art.* 241—251).

ARTICLE 241.

Lorsqu'en statuant sur l'inscription de faux, le tribunal aura ordonné la suppression, la lacération ou la radiation en tout ou en partie, même la réformation ou le rétablissement des pièces déclarées fausses, il sera sursis à l'exécution de ce chef du jugement, tant que le condamné sera dans le délai de se pourvoir par appel, requête civile ou cassation, ou qu'il n'aura pas formellement et valablement acquiescé au jugement.

Ordonn. de 1737, tit. 1, art. 59. — C. de P., art. 244. — C. d'instr. crim., art. 463.

CXCIX. LORSQUE le tribunal juge que la pièce arguée est fausse en tout ou en partie, dès lors il peut ordonner non seulement le rejet de cette pièce, mais encore la *suppression*, la *lacération* ou *radiation*, soit totale ou partielle, de même que sa *réformation* ou son *rétablissement*. Cependant, comme la lacération, la radiation ou la réformation d'une pièce l'anéantissent ou la dénaturent irréparablement, la loi veut qu'il soit sursis à l'exécution de ce chef du jugement, tant que la partie qui l'a produite sera dans les délais de se pourvoir, soit par *appel*, soit par *requête civile*, soit *en cassation*, à moins toutefois qu'avant l'expiration de ces délais, elle n'ait formellement et valablement acquiescé au jugement (1).

---

(1) Il convient, pour savoir comment s'exécute la disposition de l'art. 241, d'entrer dans quelques détails sur ce que le législateur a entendu par *suppression*, *lacération*, *réformation*, etc., de la pièce.

Et d'abord, le tribunal a-t-il déclaré qu'une pièce est fausse en entier, comme, par exemple, si la signature dont elle aurait été revêtue était jugée fausse? Il en ordonne la suppression, c'est-à-dire l'abolition, qui s'opère par *la lacération* ou le déchirement de cette pièce par le greffier (*voy. Encyc. méthod., part. Jurispr., au mot* lacération, *tom. 5, pag.* 410), ou par sa *radiation* en entier.

Nous ne pensons pas, en effet, que le législateur, par le mot *suppression*, ait entendu parler d'une abolition de la pièce qui serait exécutée autrement que par lacération ou radiation.

Il serait possible, à la vérité, de supprimer la pièce, en ordonnant, par le jugement qui la déclarerait fausse, qu'elle restera déposée au greffe pour y demeurer, sans pouvoir être déplacée ni communiquée.

Mais comme l'art. 241 veut que le chef du jugement qui ordonne la suppression ne soit exécuté qu'après que ce jugement aura acquis toute l'autorité de la chose jugée, cette mesure supposerait que la pièce pourrait être remise jusqu'à cette époque; ce qui serait absolument contraire à la loi, qui veut évidemment qu'une pièce déclarée fausse ne sorte pas du greffe.

Il faut donc entendre, par le mot *suppression*, l'ordre que donne le tribunal à l'effet que

944. *Si le jugement qui ordonne la suppression, la lacération, etc., avait été rendu contre un mineur, faudrait-il attendre, pour en effectuer l'exécution en ce point, qu'à sa majorité ce jugement lui eût été signifié de nouveau, pour faire courir le délai de la requête civile, et que ce délai fût expiré?*

Les auteurs du Commentaire inséré aux Annales du notariat, tom. 2, pag. 75, et M. Delaporte, tom. 1, pag. 240, tiennent l'affirmative, et se fondent sur ce que la loi ne distinguant point, et le délai de la requête civile ne s'ouvrant contre le mineur qu'à sa majorité (*voy. art.* 484), il n'y a pas de motifs pour le priver de l'effet de ce recours par un préjudice qui serait irréparable.

Il est évident, en effet, et c'est ce que l'art. 241 a sur-tout entendu prévenir, que le pourvoi en requête civile formé par le mineur deviendrait illusoire, si la pièce déclarée fausse par le jugement qu'il attaquerait avait été lacérée, radiée, réformée ou rétablie.

Article 242.

Par le jugement qui interviendra sur le faux, il sera statué, ainsi qu'il appartiendra, sur la remise des pièces, soit aux parties, soit aux témoins qui les auront fournies ou représentées; ce qui aura lieu même à l'égard des pièces prétendues fausses, lorsqu'elles ne seront pas jugées telles : à l'égard des pièces qui auront été tirées d'un dépôt public, il sera ordonné qu'elles seront remises aux *dépositaires* (1), ou renvoyées par les greffiers

---

la pièce reste déposée au greffe, pour être définitivement détruite au moyen de la lacération ou de la radiation, aussitôt que la partie aura acquiescé au jugement, ou que les délais pour se pourvoir par appel, requête civile ou cassation, seront écoulés.

Si la fausseté d'une pièce ne portait que sur une partie, soit des signatures, soit de l'écriture; si, par exemple, on avait mis dans une expédition des mots, des lignes, des pages qui ne seraient pas dans la minute; si l'acte déclaré faux se trouvait sur un registre dont la feuille ne pourrait être lacérée sans que ce registre restât sain et entier à l'égard d'autres actes valables qui seraient écrits, en tout ou en partie, sur la même feuille, alors le tribunal se bornerait à ordonner *la radiation* de la portion seulement qui serait déclarée fausse.

Mais ici se présenterait encore une difficulté : la pièce restera au greffe jusqu'à l'époque où, par suite de l'acquiescement du condamné ou de l'expiration des délais pour se pourvoir contre le jugement, la radiation pourra être effectuée. Or, on opposera que l'acte peut recevoir son exécution relativement aux parties de la pièce qui auront été reconnues véritables, et qu'il ne serait pas juste, en ce cas, de la garder en dépôt au greffe.

La réponse à cette objection se trouve dans l'art. 245. — (*Voy. nos quest. sur cet article*).

Il y a lieu à *réformation*, par exemple, si une copie authentique contenait frauduleusement des clauses et stipulations qui n'existeraient pas sur la minute, ou si, dans quelque pièce que ce fût, on avait, par erreur, ou à dessein, transposé, omis ou mal écrit des mots. En ces cas, on *réformerait* la pièce, en y supprimant ce qu'elle contiendrait de trop, en remettant à leur place, en ajoutant ou en écrivant de nouveau les mots transposés, omis ou mal écrits.

Enfin, *le rétablissement* a lieu dans le cas, par exemple, où la copie authentique ne renfermerait pas des clauses et stipulations qui se trouveraient dans la minute, ou lorsque toute autre pièce ne contiendrait pas ce qu'elle devrait contenir, comme s'il y avait des ratures qui ne devaient pas été faites, etc.

(1) *Aux dépositaires*, lorsqu'ils se présenteront au greffe pour les retirer.

de la manière prescrite par le tribunal; le tout sans qu'il soit rendu séparément un autre jugement sur la remise des pièces, laquelle néanmoins ne pourra être faite qu'après le délai prescrit par l'article précédent.

Ordonn. de 1737, tit. 1, art. 63. — C. de P., art. 209, 244. — C. d'instr. crim., art. 463.

CC. CET article ne fournit matière à aucune observation, si ce n'est que les pièces prétendues fausses ne doivent être rendues qu'autant qu'il a été jugé qu'elles ne l'étaient pas; dans le cas contraire, on a vu par l'art. 241 qu'elles doivent être supprimées. Cependant on peut les remettre quand elles ne sont jugées fausses ou falsifiées qu'en partie, et que la réformation, ou le rétablissement a été ordonné. En ce dernier cas, la partie à laquelle on les a rendues ne peut s'en servir que dans ce dernier état. Il y a ensuite d'autres pièces qui doivent être rendues : ce sont celles qui ont été produites, soit pour servir à la vérification, soit pour prouver, d'un côté, la fausseté de la pièce, ou de l'autre sa véracité.

ARTICLE 243.

Il sera sursis, pendant ledit délai, à la remise des pièces de comparaison ou autres, si ce n'est qu'il en soit autrement ordonné par le tribunal, sur la requête des dépositaires desdites pièces, ou des parties qui auraient intérêt de la demander.

Ordonn. de 1737, tit. 1, art. 67.

CCI. CET article a pour objet d'éviter les retards et les frais d'un second apport des pièces, en cas d'appel, de requête civile ou de pourvoi en cassation.

945. *L'art. 243 établit-il une exception à l'art. 242, de sorte que les parties elles-mêmes et les témoins puissent obtenir la remise des pièces par eux fournies et représentées avant l'expiration des délais?*

Il faut remarquer que l'art. 67 du tit. 1 de l'ordonnance de 1737, auquel renvoyait l'art. 47 du tit. 2, et dont notre art. 243 a, pour ainsi dire, répété les termes, supposait, par sa rédaction, qu'il entendait parler de toute pièce produite. Or, l'art. 243 semble le supposer également, puisqu'il se sert de ces expressions, *pièces de comparaison* OU AUTRES.

Il paraît donc que l'on doit appliquer ici ce que Serpillon, d'après Muyart de Vouglans, disait sur l'art. 67 de l'ordonnance, et décider que, sur la demande des dépositaires et autres parties intéressées, le tribunal peut ordonner, avant l'expiration des délais mentionnés en l'art. 241, la remise de toute pièce, quelle qu'elle soit, fournie ou représentée, à la seule exception de celles qui auraient été l'objet de l'inscription. — (*Voy. art.* 245). (1).

(1) C'est aussi ce qu'ont pensé, contre l'opinion de M. Delaporte, tom. 1, pag. 241, les auteurs du Commentaire inséré aux Annales du notariat, tom. 2, pag. 80 et 81. « On doit

946. *Par qui sont supportés les frais de la remise des pièces?*

C'est évidemment aux frais de celle des parties qui a succombé dans l'incident d'inscription; car elle y est condamnée par le jugement intervenu sur la contestation.

M. Delaporte, tom. 1, pag. 241, émet une semblable opinion; mais il pense, néanmoins, que celle des parties qui aurait succombé dans l'incident ne devrait supporter les frais d'une remise faite avant l'expiration des délais ci-devant indiqués, qu'autant que cette partie, étant intervenue, sur la demande du dépositaire, l'eût mal à propos contestée. M. Delaporte donne pour motif de cette solution le principe général d'après lequel nul ne doit supporter les dépens que dans le cas où il les aurait occasionnés par défaut d'exécution de son obligation, ou par une résistance injuste.

Nous estimons, sur cette question, que la demande de la remise des pièces, avant le délai, doit être formée contre les parties entre lesquelles l'instance en inscription de faux a été jugée, et que si la demande est accueillie, les frais qu'elle aurait occasionnés seront, ainsi que ceux de la remise des pièces, mis à la charge de celui qui aura succombé dans l'instance d'inscription. Quel serait, en effet, le motif de condamner aux frais de la remise celui qui serait jugé fondé dans la réclamation qu'il en aurait faite avant le délai? Cette réclamation n'est-elle pas évidemment une suite de la contestation, dans les frais de laquelle celui qui a succombé doit être condamné, puisqu'elle avait rendu nécessaire le dépôt des pièces?.....

Mais si le demandeur en remise succombait lui-même, nous penserions qu'il pourrait être condamné aux frais de sa demande, s'il l'avait formée sans motifs d'intérêt du moins apparens, sauf à faire supporter au condamné, dans l'instance d'inscription, les frais de la remise à effectuer après les délais ou l'acquiescement.

ARTICLE 244.

Il est enjoint aux greffiers de se conformer exactement aux articles précédens, en ce qui les regarde, à peine d'interdiction, d'amende qui ne pourra être moindre de 100f, et des dommages-intérêts des parties, même d'être procédé extraordinairement, s'il y échet.

Ordonn. de 1737, tit. 1, art. 68. — C. de P., art. 128, 1029 et suiv.

CCII. On voit par cette disposition que les greffiers ne peuvent, en aucune manière, disposer des pièces qui ont servi à l'instruction du faux; gardiens judiciaires de ces pièces, ils ne doivent ni les remettre, ni les retenir qu'en vertu d'une disposition précise de la loi ou d'un jugement du tribunal : ici, la moindre négligence ou la moindre infraction est un délit de charge, et toutes

observer, disent-ils, que, par le mot *parties*, le législateur entend autant celles entre lesquelles l'inscription de faux aurait existé, que les tiers auxquels appartiendraient les pièces qui auraient servi à la vérification ».

les fois qu'au mépris des précédens articles, un greffier se permettrait, soit de refuser la remise des pièces, lorsqu'elle est ordonnée, soit de l'effectuer avant l'expiration des délais, il encourt les peines d'interdiction et d'amende, et la condamnation aux dommages-intérêts (1) des parties lésées; il est même exposé à des poursuites criminelles, si la prévarication est de nature à constituer un délit ou un crime (2).

947. *S'il y avait lieu à poursuivre le greffier dans les cas mentionnés en l'article ci-dessus, devrait-on préalablement en obtenir l'autorisation du Conseil d'état, conformément à l'art. 75 de la loi du 22 frimaire, dite constitution de l'an 8?*

Cette question a été décidée pour la négative, par arrêt de la Cour de cassation, du 25 décembre 1807. Cet arrêt a jugé que les greffiers, de même que les autres officiers ministériels, peuvent, lorsqu'ils prévariquent dans leurs fonctions, être poursuivis, sans qu'il soit besoin de recourir à aucune autorisation préalable. — (*Voy. Comm. des Ann. du not., tom. 2, pag.* 83).

ARTICLE 245.

Pendant que lesdites pièces demeureront au greffe, les greffiers ne pourront délivrer aucune copie ni expédition des pièces prétendues fausses, si ce n'est en vertu d'un jugement; à l'égard des actes dont les originaux ou minutes auront été remis au greffe, et notamment des registres sur lesquels il y aurait des actes non argués de faux, lesdits greffiers pourront en délivrer des expéditions aux parties qui auront le droit d'en demander, sans qu'ils puissent prendre de plus grands droits que ceux qui seraient dus aux dépositaires desdits originaux ou minutes; et sera le présent article exécuté, sous les peines portées par l'article précédent.

S'il a été fait par les dépositaires des minutes desdites pièces, des expéditions pour tenir lieu desdites minutes, en exécution de l'art. 203 du titre *de la vérification des écritures*, lesdits actes ne pourront être expédiés que par lesdits dépositaires.

Ordonn. de 1737, tit. 1, art. 69. — C. de P., art. 128, 203, 205, 1029.

CCIII. Si les greffiers ne peuvent, de leur propre mouvement, disposer de ces pièces, la loi les autorise à en délivrer des expéditions, et, à cet égard,

(1) Ce qui comprend, suivant la remarque de Muyart de Vouglans (*voy. Serpillon sur l'art.* 68 *du tit.* 1 *de l'ordonn. de* 1737, *auquel renvoyait l'art.* 47 *du tit.* 12), les frais des saisies qui auraient été faites en vertu des pièces que le greffier aurait mal à propos remises.

(2) La poursuite extraordinaire, dit le commentateur de l'ordonnance, concerne le cas où il serait prouvé que la remise aurait été faite à prix d'argent, ou qu'il y aurait eu soustraction frauduleuse ou autre prévarication de la part du greffier.

elle distingue les pièces prétendues fausses des autres pièces apportées pour servir à l'instruction du faux.

A l'égard des premières, comme elles peuvent être déclarées fausses tant qu'elles demeurent au greffe, c'est-à-dire tant qu'il n'y a pas de jugement définitif, ou qu'il reste une voie pour attaquer le jugement, le greffier n'en peut délivrer aucune expédition ou copie sans une autorisation du tribunal, à qui l'on expose par requête le besoin qu'on a de cette expédition, et l'usage qu'on se propose d'en faire.

Quant aux autres pièces dont les originaux ou minutes ont été remises au greffe, telles que les pièces de comparaison, et notamment les registres sur lesquels il y aurait des actes non contestés, comme ces actes ne sont point suspects, et que, par conséquent, on ne voit aucun danger à satisfaire les parties, qui ont droit d'en demander expédition, les greffiers peuvent sans difficulté délivrer les expéditions demandées par les parties, mais sans pouvoir, en cette circonstance, exiger des droits plus forts que ceux qui seraient dus au dépositaire de la minute, s'il délivrait lui-même l'expédition. Les greffiers qui contreviendraient aux dispositions énoncées dans cet article, s'exposeraient aux mêmes peines dont nous avons parlé sur l'article précédent, c'est-à-dire à l'interdiction, à l'amende, aux dommages-intérêts des parties, et même à des poursuites criminelles (1).

948. *Que doit porter le jugement qui autoriserait le greffier à donner copie ou expédition des pièces prétendues fausses?*

Il doit ordonner que le greffier qui délivrera la copie ou l'expédition fera mention de l'inscription en faux et du jugement qui aura prononcé sur cet incident, afin que ceux devant qui cette pièce sera produite n'y aient que tel égard que de raison. — (*Voy. Pigeau, tom.* 1, *pag.* 350, *et l'art.* 839).

949. *L'art.* 839 *est-il applicable aux greffiers dépositaires de pièces remises au greffe, pour servir à une inscription de faux?*

Oui, sauf la seule exception qui dérive de l'art. 245, en ce qu'il veut que le greffier ne donne copie des pièces prétendues fausses qu'en vertu de jugement

Ainsi, relativement aux autres pièces déposées, le greffier doit se conformer à l'art. 839, et n'en délivrer des copies ou expéditions qu'aux parties intéressées en nom direct, héritiers ou ayant-cause. — (*Voy. Demiau Crouzilhac, pag.* 182, *et Serpillon sur l'art.* 69, *tit.* 1 *de l'ordonn. de* 1737, *auquel renvoie l'art.* 55 *du tit.* 2).

---

(1) Au surplus, la faculté qu'ont ici les greffiers de délivrer aux ayant-droit expédition des actes non suspects dont ils se trouvent momentanément gardiens, n'a pas lieu si le dépositaire naturel desdits actes a pris soin, avant de s'en dessaisir, d'en tirer une copie collationnée par le président du tribunal civil, suivant les formes prescrites en matière de vérification d'écritures; car, lorsque ce dépositaire s'est mis en état de continuer son service comme à l'ordinaire, il n'existe plus de motif pour qu'un autre empiète sur ses fonctions et sur ses droits.

ARTICLE 246.

Le demandeur en faux qui succombera sera condamné à une amende qui ne pourra être moindre de 300f, et à tels dommages et intérêts qu'il appartiendra.

Ordonn. de 1737, tit. 2, art. 49. — C. de P., art. 128, 213, 247.

CCIV. Au jour indiqué par l'avenir la cause est appelée, les parties plaident sur la question de savoir si la preuve des moyens de faux est régulière et suffisante; les procès-verbaux d'enquête et le rapport d'experts que la partie la plus diligente a levés et signifiés, sont respectivement discutés; le ministère public donne ses conclusions, et le tribunal prononce définitivement à l'audience même, si toutefois il n'a pas besoin d'ordonner un délibéré.

Le tribunal juge-t-il que *la pièce* arguée de faux est *véritable*? Il condamne le demandeur à une amende qui ne peut être moindre de 300f, à tels dommages et intérêts qu'il appartient, et aux frais de l'incident; puis il s'occupe de la cause principale, dont la poursuite avait été suspendue.

950. *L'amende est-elle encourue de plein droit, en sorte que le receveur de l'enregistrement soit autorisé à en poursuivre le paiement, quoique la condamnation ne fût pas exprimée dans le jugement?*

L'affirmative est fondée sur une juste analogie entre l'espèce de l'art. 246, et celle de l'art. 247, qui dispose formellement à ce sujet.

951. *Les dommages-intérêts sont-ils dus de plein droit à la partie, de même que l'amende est due au fisc?*

Non; le tribunal ne doit point en accorder, s'ils ne sont pas réclamés par celui contre lequel l'inscription de faux a été poursuivie; mais s'il fait cette réclamation, le tribunal est tenu d'y faire droit, sauf à fixer le montant des dommages à telle somme qu'il juge appartenir. — (*Voy. Comm. des Ann. du not., tom. 2, pag.* 89).

ARTICLE 247.

L'amende sera encourue toutes les fois que l'inscription en faux ayant été faite au greffe, et la demande afin de s'inscrire admise, le demandeur s'en sera désisté volontairement ou aura succombé, ou que les parties auront été mises hors de procès, soit par le défaut de moyens ou de preuves suffisantes, soit faute d'avoir satisfait, de la part du demandeur, aux diligences et formalités ci-dessus prescrites; ce qui aura lieu, en quelques termes que la prononciation soit conçue, et encore que le jugement ne portât point condamnation d'amende: le tout quand même le demandeur offrirait de poursuivre le faux par la voie extraordinaire.

Ordonn. de 1737, tit. 2, art. 50. — C. de P., art. 229, dernier numéro de l'art. 248, 250, 1029.

CCV. Cette amende a pour but de punir le demandeur en faux de la témérité de son accusation ; elle est encourue par celui-ci, toutes les fois qu'après s'être inscrit en faux et avoir fait admettre son inscription, il ne réussit pas à faire déclarer la pièce *fausse*, ou du moins à la faire *rejeter*. Ainsi, que le demandeur *succombe*, qu'il se *désiste* volontairement, ou même que les deux parties soient mises hors de procès, à faute par lui d'avoir observé *les formalités* prescrites ci-dessus, ou d'avoir articulé des moyens décisifs, ou d'avoir fourni des preuves suffisantes, il est toujours passible de l'amende, quels que soient d'ailleurs les termes du jugement, et quand bien même on n'y trouverait pas un seul mot concernant cette pièce.

Il y a plus : le demandeur offrirait-il, en ce cas, de poursuivre le faux par la voie criminelle ; cette offre ne le dispenserait en rien du paiement de l'amende.

952. *S'il y a plusieurs demandes en faux ou plusieurs pièces arguées de faux, le tribunal doit-il multiplier les amendes suivant le nombre des pièces ou des individus ?*

La négative nous paraît indubitable, dans le cas où plusieurs parties auraient déclaré s'inscrire conjointement et contre une ou plusieurs pièces que la partie adverse leur opposerait à toutes.

Au contraire, si plusieurs parties avaient formé séparément, dans le même procès, plusieurs demandes en faux contre des pièces qui ne seraient opposées qu'à chacune d'elles, chacune d'elles aussi nous paraîtrait encourir individuellement l'amende et les dommages-intérêts. — (*Voy. Prat., tom.* 2, *pag.* 132),

953. *De ce que l'art.* 247 *ne s'exprime point sur les dommages-intérêts comme l'article précédent, doit-on conclure que, dans le cas de condamnation à l'amende, conformément à l'art.* 247, *il ne puisse y avoir condamnation aux dommages-intérêts ?*

La condamnation aux dommages-intérêts peut avoir lieu dans l'un des cas prévus par l'art. 247, comme dans celui mentionné en l'art. 246. Il nous semble seulement résulter du silence de l'art. 247, que le juge peut se dispenser, suivant les circonstances, d'accorder, dans l'espèce de cet article, les dommages-intérêts demandés ; par exemple, comme le dit M. Demiau Crouzilhac, pag. 183, lorsque les parties auraient été mises hors d'instance par défaut de preuves suffisantes, tandis qu'il ne pourrait, dans l'espèce de l'art. 246, se refuser à en accorder. — (*Voy. Comm. inséré aux Ann. du not., tom.* 2, *pag.* 93).

954. *L'amende est-elle encourue, lorsque le tribunal rejette les moyens, ou ne les admet pas ?*

On pourrait élever quelques doutes sur l'affirmative de cette question, attendu que l'art. 247 ne s'explique formellement qu'à l'égard du *défaut* de moyens : d'où l'on conclurait qu'il n'a entendu parler que du cas où le demandeur n'aurait pas signifié au défendeur ses moyens de faux, conformément à l'art. 229.

On ne saurait disconvenir que l'on pourrait appuyer jusqu'à un certain point ce doute du passage d'un Commentaire de Serpillon, pag. 295, sur l'art. 50 de l'ordonnance; il dit, d'après Muyart, que, par ces mots, qu'on retrouve dans l'art. 7, *l'amende sera encourue........ quand les parties auront été mises hors de cause, soit par le défaut de moyens, etc.*, l'ordonnance a eu en vue le cas où le demandeur n'aurait pas produit ses moyens.

Quoi qu'il en soit, nous estimons, comme M. Demiau Crouzilhac, pag. 183, que ces mots, *défaut de moyens*, comprennent le cas où les moyens signifiés n'auraient pas été admis ou auraient été rejetés (1).

955. *L'amende est-elle encourue par celui qui se serait pourvu en faux principal, s'il arrivait que le faux fût déclaré constant par suite de l'instruction criminelle?*

Nous pensons que l'amende est encourue sans restriction, d'après les termes des art. 246 et 247, et quel que soit l'événement en l'inscription de faux principal.

ARTICLE 248.

L'amende ne sera pas encourue, lorsque la pièce ou une des pièces arguées de faux, aura été déclarée fausse en tout ou en partie, ou lorsqu'elle aura été rejetée de la cause ou du procès, comme aussi lorsque la demande afin de s'inscrire en faux n'aura pas été admise; et ce, de quelques termes que les juges se soient servis pour rejeter ladite demande, ou pour n'y avoir pas d'égard.

T., 75. — Ordonn. de 1737, tit. 2, art. 51.

CCVI. Si l'inscription de faux n'a pas été admise, l'amende n'est jamais encourue, de quelques termes que les juges se soient servis pour rejeter ladite inscription, ou pour ne pas y avoir égard.

Il en est de même, si, l'inscription de faux ayant été admise, le demandeur réussit à faire déclarer fausse, en tout ou en partie, la pièce, ou l'une des pièces arguées de faux, ou même s'il fait simplement rejeter cette pièce du procès.

956. *Dans les cas où, conformément à l'art. 248, l'amende n'est pas encourue, la condamnation aux dommages-intérêts pourrait-elle être prononcée?*

Nous ne le pensons pas, parce que la loi paraît supposer que le demandeur n'est pas blâmable de s'être inscrit en faux; et, en effet, si la pièce arguée a été déclarée fausse dans l'une de ses parties, la demande en inscription était

(1) L'art. 248 vient d'ailleurs à l'appui de cette opinion, puisqu'il n'a pas compris le défaut d'admission ou le rejet des moyens parmi les cas où l'amende n'est pas encourue. Or, il doit paraître évident que le législateur a entendu que, dès l'instant où l'inscription de faux a été admise, la condamnation doit avoir lieu. C'est d'ailleurs ce que le tribun Perrin nous semble exprimer, en disant (*voy. édit. de Didot, pag.* 99) que l'amende est encourue à partir de cette époque de la procédure, soit que, dans la suite, il n'y ait pas de *preuve du délit*, soit que le demandeur se soit désisté, ou qu'il soit arrêté dans sa poursuite.

fondée jusqu'à un certain point; si le tribunal n'admet pas l'inscription, ou s'il ordonne, mais sans déclarer précisément que la pièce est fausse, qu'elle sera rejetée du procès, le demandeur en inscription n'est pas réellement constitué en tort. — (*Voy. Comm. inséré aux Ann. du not., tom. 2, pag.* 95).

ARTICLE 249.

Aucune transaction sur la poursuite du faux incident ne pourra être exécutée, si elle n'a été homologuée en justice, après avoir été communiquée au ministère public, lequel pourra faire à ce sujet telles réquisitions qu'il jugera à propos.

Ordonn. de 1737, tit. 2, art. 52. — C. C., art. 2046, et *suprà*, pag. 337.

CCVII. En général, toutes les parties qui jouissent de la libre disposition de leurs droits peuvent terminer, par transaction, leurs différens judiciaires : on peut donc ici, comme dans tous les autres cas, transiger, et par conséquent anéantir la procédure et dépouiller le tribunal de la connaissance du faux incident. Néanmoins, comme en cette matière, l'intérêt public qui réclame la répression des délits se mêle toujours à l'intérêt privé, qui ne tend qu'à des réparations pécuniaires, la loi veut que les parties soient tenues de soumettre au regard de la justice la transaction qu'elles ont pu faire, et que cette transaction ne puisse être exécutée, si elle n'a été homologuée par le tribunal, après avoir été communiquée au ministère public, lequel peut faire à ce sujet telle réquisition qu'il juge à propos.

957. *Une transaction faite avant l'admission de l'inscription, mais après la déclaration passée au greffe, conformément à l'art.* 218, *est-elle sujette à homologation?*

Nous ne croyons pas que cette question soit susceptible de difficulté sérieuse, quoique nous ayons entendu élever, sur sa solution, des doutes fondés sur ce que les poursuites de faux ne seraient réputées commencer qu'à partir de l'admission des moyens.

Mais l'art. 249 est conçu en termes généraux, et il est indubitable, suivant nous, que la déclaration d'inscription est le premier acte par lequel commencent les poursuites du faux, puisqu'il est immédiatement suivi d'autres actes qui conduisent au jugement sur les moyens; de même que la plainte est le fondement de la poursuite en faux principal qui la suit. Il est donc évident que la transaction faite dans cet intervalle arrête des poursuites, et par conséquent, elle est nécessairement soumise à la formalité prescrite par l'art. 249.

958. *Le tribunal peut-il se refuser à homologuer la transaction, en ce qui touche l'intérêt civil, lorsque le ministère public a déclaré poursuivre par voie criminelle?*

M. Demiau Crouzilhac, pag. 183, considère l'homologation exigée par l'art. 249 comme une simple formalité de précaution, prescrite afin qu'on ne puisse soustraire le crime de faux aux poursuites que l'intérêt de la société commande. Or, ce but est rempli lorsque le ministère public a requis que la procédure et les pièces soient renvoyées au substitut du procureur général près le juge d'instruction : il n'y a donc plus de motifs, selon cet auteur, pour que le ministère public empêche et que le tribunal refuse l'homologation, en ce qui concerne l'intérêt privé. Sous ce rapport, dit-il, l'homologation est *de droit.*

On croirait facilement que M. Pigeau partagerait cette opinion, en ce qu'il dit, tom. 1, pag. 344, que si l'on peut, d'après l'art. 2046 du Code civil, transiger sur *l'intérêt civil* qui résulte d'un délit, on ne peut, lorsqu'il est question de faux, faire exécuter la transaction, en ce qui concerne *l'intérêt public*, si elle n'a été homologuée.

Ainsi, dira-t-on, toutes les fois que la transaction n'apporte aucun empêchement à ce que les conclusions du ministère public produisent leurs effets, elle doit, quoiqu'il déclare poursuivre, être homologuée en tout ce qui ne concerne que l'intérêt privé.

Nous ne partageons point cette opinion, et nous nous fondons sur le texte de l'art. 249, qui n'établit ni ne suppose cette distinction, et qui exige, comme une condition nécessaire pour l'exécution de la transaction, qu'elle soit *homologuée*, c'est-à-dire approuvée, sanctionnée par le tribunal (1).

959. *La transaction doit-elle, de plein droit, être réputée nulle et comme non avenue, si elle n'a pas encore été homologuée?*

Serpillon se prononce affirmativement sur cette question. « Jusqu'à l'homologation, dit-il (*voy. art.* 52, *tit.* 2 *de l'ordonn., pag.* 301), la transaction est nulle et son effet suspendu : ainsi, l'une des parties peut revenir contre cet acte, s'opposer à l'homologation, et continuer ses poursuites en faux principal ou incident. »

Nous doutons que cette décision doive être adoptée sans modification.

Une partie qui aurait des motifs légitimes de rétracter une transaction, et qui, par exemple, offrirait de prouver qu'elle a acquis de nouvelles preuves du faux, ou qu'elle a été surprise, pourrait sans doute s'opposer à l'homologation; le tribunal aurait alors à juger si elle est fondée dans son opposition, et à homologuer ou non, suivant les circonstances.

Mais nous ne pensons pas que la transaction puisse être réputée *nulle de plein droit*, par cela même qu'elle n'aurait pas encore été homologuée; et nous nous fonderons, à ce sujet, sur l'art. 2046 du Code civil, qui autorise les parties

---

(1) Nous remarquerons, au surplus, que l'art. 52 de l'ordonnance était conçu dans les mêmes termes que l'art. 249 de notre Code actuel. Or, il suffit de lire le Commentaire de Serpillon, pag. 299, pour se convaincre que tous les auteurs estimaient que les juges pouvaient refuser l'homologation, sous le rapport même de l'intérêt privé.

Vainement, selon nous, opposerait-on l'art. 2046 du Code civil et l'art. 4 du Code d'instruction criminelle, et dirait-on que, ces articles autorisant la transaction sur l'intérêt civil résultant d'un délit, c'est vouloir rendre ces dispositions sans effet, que d'admettre que le tribunal peut refuser d'homologuer la transaction en ce qui ne touche que cet intérêt seulement.

Nous répondons que ces articles reçoivent leur application en ce sens, que le tribunal ne pourrait annuler la transaction, sous le prétexte qu'elle aurait un délit pour objet; mais puisque le législateur, dans le cas particulier du faux, a subordonné sans distinction l'exécution de la transaction à une homologation qu'il n'a pas prescrite dans les autres cas, les articles ci-dessus mentionnés ne sont d'aucune considération pour empêcher un tribunal de refuser l'homologation de la transaction, encore bien qu'elle ne fût relative qu'à l'intérêt privé. — (*Voy. la quest.* 959).

à transiger sur le faux comme sur tout autre délit. Si l'art. 249 du Code de procédure fait dépendre l'exécution de la transaction de l'homologation du tribunal, le contrat n'en subsiste pas moins dans l'état jusqu'à cette homologation : il faudrait donc, pour qu'une partie fût fondée à s'y opposer dans son intérêt, qu'elle apportât des motifs légitimes de cette opposition (1).

Article 250.

Le demandeur en faux pourra toujours se pourvoir, par la voie criminelle, en faux principal; et, dans ce cas, il sera sursis au jugement de la cause, à moins que les juges n'estiment que le procès puisse être jugé indépendamment de la pièce arguée de faux (2).

Ordonn. de 1737, tit. 2, art. 50. — C. de P., art. 240, 448. — C. C., art. 1219, 2046.

CCVIII. La partie publique n'est pas la seule qui puisse suspendre la poursuite du faux incident; l'auteur même de cette poursuite, le demandeur en faux, peut, tant qu'il n'y a pas de jugement définitif rendu sur son inscription,

---

(1) Il n'y a rien en cela d'opposé à la solution donnée sur la question précédente. Si nous avons dit que le tribunal pouvait refuser l'homologation, même en ce qui ne toucherait que l'intérêt civil, c'est parce que le législateur a voulu prévenir une contradiction, entre une décision qui sanctionnerait des conventions d'après lesquelles les parties reconnaîtraient qu'il n'y aurait pas lieu à poursuivre un faux, et une décision qui, en même tems, donnerait acte au ministère public des poursuites qu'il entendrait former; c'est enfin parce que l'homologation que la loi exige est un jugement, et que l'art. 3 du Code d'instruction ne permet pas qu'un jugement civil soit rendu sur une matière qui fait l'objet de poursuites criminelles, avant l'arrêt qui doit être prononcé sur ces poursuites.

Si donc il n'y avait pas lieu à refuser l'homologation, parce que le ministère public ne s'y opposerait pas, le tribunal n'aurait plus à s'arrêter à ces considérations d'ordre public; il n'aurait qu'à prononcer entre les parties et relativement à leurs intérêts privés. En ce cas, il se trouverait soumis aux principes du droit commun, d'après lesquels nul ne peut revenir, sans motifs légitimes, contre les conventions qu'il a souscrites.

(2) JURISPRUDENCE.

1.° Lorsqu'une Cour de justice criminelle ordonne qu'il sera poursuivi d'office, à la requête du procureur général, sous la condition que le dénonciateur consignera au greffe la somme nécessaire pour les frais, la Cour royale doit surseoir au jugement de l'instance introduite devant elle entre ce dénonciateur et les individus qu'il accuse.

Mais s'il intervient un arrêt de la même Cour qui renvoie le dénonciateur se pourvoir ainsi qu'il verra, et que ce dernier ne prouve pas qu'il se soit postérieurement pourvu en faux principal, il devient nécessaire de mettre fin au sursis, et de statuer entre parties sur la demande des intimés. — (*Rennes*, 9 *août* 1809).

2.° Lorsque, dans le cours d'une saisie immobilière, on rend plainte en faux principal contre des actes du ministère de l'huissier, il doit être sursis aux poursuites, même à l'adjudication préparatoire, quoique la mise en accusation du prévenu n'ait pas encore eu lieu. — (*Cassat.*, 15 *fév.* 1809, *Journ. des avoués, tom.* 1, *pag.* 147).

Nota. La raison en est que l'art. 1319 du Code civil ne s'applique qu'à des actes emportant obligation, à des actes dont l'exécution peut être poursuivie *de plano;* en un mot, à des actes notariés, qui sont les

se pourvoir par la voie criminelle en faux principal (1), et dans ce cas, il est encore sursis au jugement de la cause civile ; à moins cependant que les juges n'estiment que le procès peut être jugé indépendamment de la pièce arguée de faux ; ce qui doit arriver rarement après l'admission de l'inscription, puisqu'une décision semblable serait en contradiction avec le jugement qui aurait prononcé cette admission.

960. *Si le demandeur en faux incident veut se pourvoir, par la voie criminelle, en faux principal, le tribunal* DOIT-IL, *avant de surseoir, examiner si le procès peut être jugé indépendamment de la pièce arguée ?*

L'art. 250 dit seulement qu'en cas de faux principal, il sera sursis au jugement de la cause, à moins que *les juges n'estiment* que le procès puisse être jugé indépendamment de la pièce arguée : la loi ne paraîtrait donc pas exiger impérieusement que les juges examinassent, avant tout, s'ils peuvent juger le fond sans recourir à la pièce ; elle exigerait bien moins encore qu'il y eût jugement sur ce point ; elle ne déterminerait même aucune forme extérieure démonstrative de l'opinion qu'auraient eue les juges, sur le point de savoir s'ils pouvaient ou non juger sans la pièce.

De ces observations, on conclurait peut-être que, dès que les juges accordent un sursis, ils reconnaissent implicitement que la pièce est nécessaire. — (*Voy. Jurisp. sur la procéd., tom.* 1, *pag.* 394).

Néanmoins, la Cour de cassation, par arrêt du 13 août 1807, rendu par la section criminelle (*voy. Sirey, tom.* 8, *pag.* 104), a décidé qu'il y avait contravention à l'art. 250 du Code de procédure, dans le cas où l'on n'eût pas examiné s'il y avait lieu à juger le procès au fond, indépendamment de la pièce arguée de faux, ou à prononcer le sursis.

Cet arrêt, que les auteurs que nous venons de citer ne considèrent pas comme devant fixer la jurisprudence sur le point de forme qu'il a décidé, peut sembler opposé aux solutions que nous avons données pag. 549 et 550, et quest. 942e, relativement à l'application de l'art. 240.

---

seuls auxquels convienne la définition de l'acte authentique, telle qu'elle est donnée dans l'art. 1317 du Code civil.

Mais, pour qu'il y ait lieu à suspendre les poursuites, il faut nécessairement que celui qui argue l'acte de faux justifie sa plainte ; il ne lui suffirait pas d'alléguer ce faux. — (*Paris*, 8 *germ. an* 13, *Jurispr. des Cours souv., tom.* 6, *pag.* 56).

3.° La partie demanderesse en faux incident civil ne peut pas provoquer l'exécution, de la part du ministère public, de la disposition de l'art. 460 du Code d'instruction. — (*Rennes*, 28 *août* 1814, *Journ., tom.* 4, *pag.* 348).

(1) La partie qui a porté en justice civile une action fondée sur un délit, ne peut en abandonner les poursuites pour se pourvoir au criminel : tel est le principe général consacré par la jurisprudence de tous les tems, et qui a introduit cette maxime. *On ne peut prendre la voie la plus dure après avoir pris la voie la plus douce.* — (*Voy. nouv. Répert., aux mots* conversion, intervention *et* plainte).

On voit que l'art. 250 ci-dessus fait à ce principe une exception, dont le motif nous paraît fondé sur ce que la partie à laquelle on oppose une pièce dans le cours d'une instance, n'a pas le tems nécessaire pour réfléchir sur la voie qu'il lui conviendrait mieux de prendre ; elle est obligée de présenter de suite son exception, et il serait conséquemment injuste de la priver de la voie criminelle, lorsque les premiers actes de l'instruction sur le faux incident civil lui ont fourni des renseignemens de nature à lui faire préférer les poursuites en faux principal.

Mais nous observerons que cet article ne parle pas, comme l'art. 250, de l'examen de la question de savoir si le procès peut être jugé indépendamment de la pièce arguée. Nous avons dit, à la vérité (*voy. la* 942e. *quest.*), que les juges pouvaient, dans le cas même de l'art. 240, se livrer à cet examen; mais il y aurait, entre les art. 240 et 250, cette différence, que, dans le cas auquel le premier se rapporte, il n'y aurait pas pour le juge obligation, mais seulement faculté de décider préalablement si le procès peut ou non être jugé au fond indépendamment de la pièce arguée, en sorte que le sursis serait de droit; tandis que, dans l'espèce du dernier article, cette obligation serait imposée au juge, d'après l'arrêt ci-dessus rapporté.

On peut donc concilier la décision de cet arrêt avec ce que nous avons dit pag. 549 et 550, et quest. 942e.

961. *Le demandeur en faux incident pourrait-il se pourvoir en faux principal, avant le jugement de l'instance civile, si son inscription avait été rejetée pour omission de formalités ?*

M. Delaporte, tom. 1, pag. 246, estime que, si l'inscription avait été rejetée, faute par le demandeur d'avoir observé quelqu'une des formalités prescrites, il ne peut plus prendre la voie du faux principal qu'après le jugement de l'instance civile.

Cette opinion était fondée, sans doute, sous l'empire de l'ordonnance de 1737 (*voy. Serpillon, sur les art.* 20, 21 *et* 22 *du tit.* 2 *de cette ordon.*); mais l'art. 250 du Code de procédure, loin de répéter les expressions de cette ordonnance, d'où l'on pouvait tirer la conséquence que M. Delaporte érige en principe, dit, au contraire, que le demandeur en faux *pourra toujours* se pourvoir par la voie criminelle : on ne saurait donc admettre l'exception que fait cet auteur.

962. *La partie qui a sommé l'autre de déclarer si elle entend se servir de la pièce, conserve-t-elle la faculté de se pourvoir en faux principal, même lorsque celle-ci renonce à s'en servir ?*

Un arrêt de la Cour de cassation, du 28 octobre 1813, section criminelle (*voy. Journ. des avoués, tom.* 9, *pag.* 22), décide de la manière la plus formelle que la poursuite en faux principal, à la requête du ministère public, ne peut être paralysée par la circonstance que le prévenu aurait déclaré, sur la sommation qui lui en aurait été faite dans le cours d'une instance civile, qu'il n'entendait pas se servir de la pièce.

L'évidence de cette décision est sensible, sur-tout d'après ce que nous avons dit pag. 546.

Mais on pourrait élever quelque doute sur le point de savoir s'il en est ainsi à l'égard de la partie civile : c'est l'objet de notre question.

L'arrêt précité décide implicitement l'affirmative par ses considérans, dans lesquels on lit que, « d'après les art. 19, 20 et 21 du tit. 2 de l'ordonnance » de 1737, lorsqu'une pièce était rejetée d'un procès, sur la déclaration faite » par celui qui l'avait produite de renoncer à s'en servir, la partie civile conservait le droit de se pourvoir en faux principal, sous diverses distinctions, » et que le Code de procédure a formellement disposé, par son art. 250, que » le demandeur en faux pourra toujours se pourvoir, par la voie criminelle, » en faux principal; qu'enfin, en accordant cette faculté à la partie civile,

» cet article a reconnu nécessairement qu'elle était de droit pour la partie pu-
» blique. »

Or, aucune des distinctions de l'ordonnance n'ayant été reproduite par le Code, qui, au contraire, dispose de la manière la plus générale, on ne doit pas, à notre avis, hésiter sur la solution que suppose cet arrêt : il y en a d'ailleurs une raison décisive; c'est que la pièce n'étant rejetée du procès que sur la déclaration de la partie de ne pas s'en servir, n'est pas déclarée fausse, elle reste à la disposition de celle-ci; par conséquent, elle peut causer préjudice à la partie civile, sous d'autres rapports que ceux résultant du procès duquel elle est rejetée; et si, après le rejet prononcé par jugement, la partie civile a encore la ressource du faux principal, à plus forte raison doit-elle être libre d'en user dans l'hypothèse que nous venons d'examiner.

963. *Lorsqu'une pièce authentique est produite dans un procès civil, le tribunal pourrait-il, en cas de plainte en faux principal contre cette pièce, surseoir au jugement du procès?*

On oppose qu'en ordonnant le sursis, le tribunal arrête l'exécution de l'acte; or, d'après l'art. 1319 du Code civil, l'exécution de l'acte authentique argué de faux ne peut être suspendue, en cas de plainte en faux principal, que par la mise en accusation.

Cette objection nous paraît erronée. Autre chose est de surseoir au jugement d'un procès à l'occasion duquel un acte authentique serait produit; autre chose est de suspendre l'exécution de cet acte. Ainsi, le sursis au jugement n'empêcherait pas que l'on ne mît l'acte à exécution, si le prévenu de faux n'avait pas encore été constitué en état d'accusation (*art.* 1319); mais il suffirait que la plainte en faux principal eût été portée, pour qu'il fût sursis, conformément aux art. 240 et 250 du Code de procédure, et à l'art. 3 du Code d'instruction criminelle, au jugement du procès civil, sous le cours duquel l'acte aurait été servi. — (*Voy. Comm. inséré aux Ann. du not., tom.* 2, *pag.* 100 *et* 101).

Si, au contraire, la mise en accusation avait déjà eu lieu à l'époque où le tribunal aurait à prononcer le sursis, il serait fondé à ordonner la suspension de l'exécution, de même qu'il le serait après une inscription en faux incident. — (*Voy.* 924e. *quest.*) (1)

---

(1) Mais il importe de remarquer que l'art. 1319 du Code civil n'est applicable qu'aux plaintes en faux qui ont pour objet des actes non seulement authentiques, mais revêtus d'un caractère exécutoire comme les actes notariés, et non à d'autres actes, tels, par exemple, que ceux des huissiers.

C'est par ce motif que la Cour de cassation a décidé que ce ne serait pas contrevenir à l'art. 1319, que d'ordonner, avant la mise en accusation, la continuation d'une saisie immobilière dont la validité seroit contestée à raison du faux dont les actes de cette procédure seraient argués par voie criminelle. — (*Cassat.*, 15 *fév.* 1810, *Sirey, tom.* 10, *pag.* 174).

On sent qu'à plus forte raison l'exécution d'un acte sous seing privé peut être suspendue, dès qu'il existe contre ces actes, soit une plainte en faux principal, soit une inscription en faux incident.

ARTICLE 251.

Tout jugement d'instruction ou définitif, en matière de faux, ne pourra être rendu que sur les conclusions du ministère public.

Ordonn. de 1737, tit. 2, art. 52. — C. de P., art. 83.

CCIX. Nous avons dit que le jugement qui admet l'inscription de faux, celui qui ordonne la preuve des moyens articulés par le demandeur, celui enfin qui statue définitivement sur les pièces arguées, doivent être rendus sur les conclusions du ministère public : ainsi le veut la disposition générale de l'article 251.

964. *Le défaut de conclusions du ministère public opère-t-il un moyen de nullité contre les jugemens rendus en matière de faux ?*

Ce qui pourrait donner des doutes sur cette question, c'est que l'art. 480 porte que le défaut de conclusions du ministère public ne donne lieu qu'au pourvoi en requête civile : d'où suit que l'on ne pourrait prononcer la nullité du jugement.

Mais, disent les auteurs du Commentaire inséré aux Annales du notariat, tom. 2, pag. 104, si l'on examine avec attention les termes de l'art. 251, on se convaincra facilement que, dans le cas particulier d'une inscription de faux, la présence du ministère public est tellement nécessaire, que, s'il ne donnait pas ses conclusions sur chacun des jugemens qui interviendraient, ces jugemens seraient infectés d'une nullité absolue.

La raison en est qu'en matière d'inscription de faux, ce n'est pas, comme dans les affaires ordinaires, pour l'intérêt particulier de l'une des parties que la présence du procureur du Roi est exigée, mais bien pour l'intérêt de l'ordre social lui-même : ce mandataire de Sa Majesté est donc partie nécessaire dans des causes de cette espèce; et dès lors, le jugement qui serait rendu hors sa présence ne devrait pas être considéré comme rendu entre toutes les parties qui y sont véritablement intéressées.

Ces motifs de la solution affirmative que les auteurs du Commentaire précité donnent sur la question ci-dessus posée ont été adoptés par deux arrêts, l'un de la Cour de Turin, du 7 février 1809, l'autre de la Cour de Paris, du 29 avril de la même année. — (*Sirey, tom.* 14, 2e. *part., pag.* 407 *et* 408). (1)

---

(1) Ces arrêts sont d'ailleurs fondés sur ce que l'art. 251 est conçu en termes prohibitifs.

DISTINCTION SECONDE.

De la procédure en reconnaissance de la vérité ou de la fausseté des frais.

L'AUDITION des témoins, l'inspection des lieux par le juge lui-même, l'examen par des hommes de l'art, soit de ces mêmes localités, soit des choses qui sont l'objet principal ou accessoire du procès; enfin, l'interrogatoire des parties, tels sont les moyens de vérifier et de reconnaître les faits qui peuvent influer sur la décision d'une contestation judiciaire. — (*Voy. suprà, pag.* 501).

La procédure dont nous allons traiter se rapporte donc à quatre voies d'instruction; savoir : *l'enquête, les descentes sur les lieux, les rapports d'experts, et l'interrogatoire sur faits et articles.*

TITRE XII.

Des Enquêtes. (1)

LA preuve testimoniale ne devient nécessaire qu'à défaut de la preuve écrite; elle ne peut être admise que par un jugement (255); et les juges eux-mêmes ne peuvent l'ordonner arbitrairement, mais seulement dans les cas où la loi les y autorise d'une manière expresse. — (253).

A cet égard, le Code civil renferme, dans les art. 1341 à 1348 inclus, des dispositions que l'on peut réduire à quatre règles principales : (2).

1°. Lorsqu'il s'agit de causes non commerciales ou de choses excédant une valeur de 150f, celui qui a pu se procurer une preuve littérale n'est pas admis à faire une preuve par témoins, s'il n'a un commencement de preuve par écrit.

2°. Lorsqu'il y a un acte écrit, les contractans et leurs successeurs ne peuvent, en aucune matière, être admis à la preuve testimoniale contre et outre cet acte, encore bien que l'objet vaille moins de 150f, s'ils n'ont aussi un commencement de preuve par écrit.

3°. On est admis à la preuve testimoniale des objets sur lesquels on n'a pu se procurer de preuve littérale, quelle que soit leur valeur.

4°. Il en est de même lorsque, par un cas fortuit, avoué ou constaté, la preuve littérale a été perdue.

L'enquête (3) est le mode de recevoir et de constater la preuve testimoniale;

(1) Voy. loi du 7 fructidor an 3, *suprà*, pag. 66, et *infrà*, titre des matières sommaires, art. 407—413.

(2) Voy. Pothier, Traité des obligations, 4.e part., chap. 11; Danty sur Boiceau; Duparc-Poullain, tom. 9, pag. 371—328; Pigeau, tom. 1, pag. 251.

(3) Du latin *inquirere*, enquérir, rechercher; l'enquête, en matière criminelle, est appelée *information*.

c'est une voie d'instruction par laquelle le juge *recherche* dans les déclarations de ceux qui lui sont également indiqués comme témoins d'un fait, si ce fait est vrai, et quelles en sont les circonstances (1).

On distingue encore depuis le Code de procédure, comme on distinguait auparavant, deux sortes d'enquêtes, l'une qui se fait à l'audience, l'autre qui se fait en la chambre du conseil devant un juge-commissaire.

La première se nomme *enquête verbale*, parce que les dépositions des témoins n'étant point rédigées par écrit, le ministère du juge se borne à les entendre. Cette enquête a particulièrement lieu dans les justices de paix et dans les tribunaux de commerce; mais elle n'est autorisée dans les autres qu'autant que la cause est *sommaire*. — (40, 410, 432).

La seconde s'appèle *enquête par écrit*, parce que les dépositions sont rédigées dans un procès-verbal (271); elle a lieu dans les causes instruites suivant la forme ordinaire : c'est celle dont il s'agit en ce titre.

Mais il importe d'observer que toutes celles de ces dispositions qui seraient compatibles avec les règles particulières à l'*enquête verbale*, n'en sont pas moins applicables à cette enquête, comme nous aurons occasion de le faire remarquer au titre des matières sommaires et de la procédure devant les tribunaux de commerce.

Ni le Code civil, ni le Code de procédure, ne posent de règles suivant lesquelles le juge doive considérer la preuve testimoniale comme parfaite ou suffisante, afin de l'autoriser soit à admettre, soit à rejeter les faits sur lesquels il aurait ordonné l'enquête.

De là ces questions : La preuve dépend-elle du nombre des témoins? Le juge est-il obligé de s'en rapporter au témoin qui n'est ni incapable, ni récusé, ni reproché? Quel caractère, enfin, doivent avoir les dépositions pour devenir concluantes?

Ces questions sont traitées par M. Locré, Esprit du Code de procédure, tom. 1, pag. 449; et il décide sur tous les points que le législateur a entendu s'en rapporter entièrement aux lumières et à la conscience du magistrat.

Tel est aussi le sentiment de l'auteur du nouveau Répertoire, v°. *preuve*, sect. 2, n°. 1, *in fine*, et sect. 3, n°. 5.

« Aujourd'hui, dit-il, dans les matières criminelles comme dans les matières » civiles, il n'y a aucune règle précise sur le nombre des témoins nécessaires » pour établir la preuve, soit d'un fait général, soit d'un fait particulier; et, » dans les unes comme dans les autres, il peut arriver que la déposition d'un » seul témoin forme une preuve suffisante.

....

» Cela résulte, pour les matières civiles, du silence absolu que le Code de » procédure a gardé, tant sur le *nombre* que sur la *qualité* des témoins néces- » saires pour compléter une preuve, et de la disposition par laquelle il abroge » (*art.* 1041) *toutes lois, coutumes, usages et réglemens relatifs à la procédure* » *civile.* » — (*Voy. aussi le Traité de M. Toullier*, *tom.* 9, *n°.* 317, *pag.* 500).

---

(1) Au civil, on emploie aussi le mot *enquête* pour indiquer l'ensemble des actes relatifs à l'audition des témoins; c'est ainsi que l'on dit qu'une *enquête* est *nulle*, pour exprimer que ces actes présentent une contravention à des dispositions prescrites à peine de nullité. — (*Voy. art.* 292 *et* 293).

Toutes les dispositions du présent titre ont pour objet les faits à prouver, le jugement qui ordonne cette preuve, les qualités des témoins, les formes de l'enquête; enfin, le jugement sur les reproches et sur le fond.

Les faits doivent être articulés *succinctement* dans un acte que l'on appèle acte de *conclusion*, parce qu'on y *conclut* à être admis à les prouver; ils doivent être contredits dans un délai déterminé, et peuvent être tenus pour confessés et avérés, à moins que la loi ne s'y opposât d'une manière formelle. — (252).

Si elle autorise la preuve de ces faits, et que cette preuve soit d'ailleurs utile pour la décision du procès, le tribunal l'ordonne par un jugement que l'on appèle *appointement à informer.*

Ce jugement détaille les faits, et, par conséquent, il est la base des enquêtes *directe, contraire* ou *respective*, auxquelles il est procédé devant un juge-commissaire. — (253, 254, 255).

On appèle *enquête directe*, celle du demandeur en preuve; *enquête contraire*, celle qui a lieu de plein droit de la part du défendeur (256); et *enquête respective*, celle qui se fait tant de la part du demandeur que de celle du défendeur en preuve, lorsque des faits différens, articulés et contestés de la part de chacun d'eux, ont été respectivement l'objet d'un appointement, en sorte que chacune des parties se trouve tout à la fois demanderesse et défenderesse, sous le rapport de la preuve à faire.

La loi veut que les témoins soient *dignes de foi*, et il faut, par une conséquence nécessaire, qu'ils soient *naturellement* et *civilement* capables de porter témoignage.

C'est le motif pour lequel elle écarte certains témoins, et permet de reprocher certains autres. — (268, 283).

Ceux qu'elle écarte ne sont point entendus, mais on reçoit la déposition de ceux qui ne seraient que reprochés. A la différence des témoins qu'elle écarte, ceux que la loi se borne à déclarer susceptibles d'être reprochés n'en sont pas moins entendus par le juge-commissaire; mais leur déposition n'étant lue au tribunal qu'autant qu'il a rejeté les reproches, leur audition, dans le cas contraire, ne peut avoir aucune influence sur le fond du procès. — (287 *à* 292).

Tous les témoins assignés sont obligés de comparaître, à moins que le juge-commissaire n'ait admis leur excuse, ou, en termes de pratique, leur *exoine*. — (263 *et* 267).

Ils sont entendus séparément en présence de la partie, ou elle dûment appelée; leurs déclarations sont données de vive voix, et sont écrites sous leur dictée, ou sous celle du juge-commissaire, qui a d'ailleurs le droit de leur adresser les questions qu'il juge convenables. — (271—280).

En général, l'enquête doit être commencée et parachevée dans les délais rigoureux que la loi prescrit; mais elle en autorise en même tems la prorogation dans certaines circonstances qu'elle détermine. — (257 *à* 259, 279 *et* 280).

La mention de la prestation du serment des témoins, leurs déclarations de n'être ni parens, ni alliés, ni serviteurs d'une des parties, etc., la rédaction de leurs dépositions, l'énonciation des moyens de reproche; tels sont les objets dont se compose le procès-verbal d'enquête. — (269—275).

L'enquête terminée par la clôture de cet acte, qui constate tout ce qui s'est passé devant le juge-commissaire, la partie la plus diligente le signifie à son adversaire, et l'appèle à l'audience, où le tribunal prononce successivement sur les nullités de l'enquête, sur les reproches, s'il y a lieu, et enfin, sur le fond du procès. — (286 *à* 293).

Il nous reste à observer que, si le Code civil est très-sévère sur l'admission de la preuve par témoins, le Code de procédure ne l'est pas moins sur l'accomplissement des formalités de l'enquête; elles sont, pour la plupart, prescrites à peine de nullité, et non seulement l'officier ministériel, mais le juge-commissaire lui-même, sauf les distinctions admises par les art. 292 et 293, sont responsables des vices qui proviendraient de leur fait.

ARTICLE 252.

Les faits dont une partie demandera à faire preuve, seront *articulés succinctement* (1) par un simple acte de conclusion, sans écritures ni requête.

Ils seront également, par un simple acte, déniés ou reconnus dans les trois jours; sinon ils pourront être tenus pour confessés ou avérés (2).

T., 71. — Ordonn. de 1667, tit. 20, art. 1. — C. de P., art. 413.

CCX. LORSQU'UNE partie veut prouver par témoins des faits qu'elle croit pertinens et admissibles, elle doit, avant tout, poser ces faits avec précision, et les faire connaître à l'autre partie; en conséquence, elle dresse de simples conclusions, dans lesquelles, après avoir articulé succinctement chacun des faits à prouver, elle demande que son adversaire ait à les avouer ou dénier, sinon qu'ils soient tenus pour avérés, et en cas de dénégation, qu'il plaise au tribunal permettre d'en faire la preuve par témoins (3).

Dans les trois jours qui suivent la signification des faits que l'on entend prouver par témoins, l'autre partie doit y répondre, et les avouer ou dénier également par un simple acte de conclusion.

Si les faits articulés et signifiés par une partie sont avoués par l'autre, il devient inutile de passer outre à l'enquête; l'aveu suffit pour faire considérer

---

(1) *Articulés succinctement.* Ces expressions s'expliquent par celles de l'art. 1.er du tit. 20 de l'ordonnance de 1667, et signifient que les faits dont une partie demande à faire preuve doivent être proposés dans l'acte de conclusion *article par article, brièvement, sans raisonnemens et sans questions ni moyens de droit.* — (*Voy. Rodier sur l'article précité de l'ordonn., et le disc. du trib. Perrin, édit. de F. Didot, pag.* 100).

(2) JURISPRUDENCE.

On ne peut se plaindre de n'avoir pas été admis à prouver par témoins des faits allégués, quand on n'a pas conclu à cette preuve. — (*Rennes,* 14 *août* 1815, *Journ., tom.* 4, *pag.* 444).

(3) Ces conclusions doivent être minutées et ne former qu'un seul acte; la loi défend aux avoués d'en faire la matière d'une requête ou d'une pièce d'écriture, et le tarif des frais, décrété le 16 février 1807, n'accorde pour cet acte qu'un droit fixe, qui ne peut jamais être augmenté, quels que soient l'importance de la cause, le nombre et l'étendue des faits articulés.

ces faits comme prouvés, et le tribunal n'a pas besoin d'autre preuve, à moins qu'il ne s'agisse d'une cause qui intéresse des tiers ou l'ordre public, telle qu'une demande en séparation de biens.

S'il n'est fait aucune réponse à ces faits dans les trois jours de leur signification, la partie qui les a posés et signifiés poursuit l'audience par un simple avenir, pour faire juger qu'ils seront tenus pour confessés ou avérés; ce qui peut avoir lieu, si les faits sont pertinens et n'intéressent que les parties.

Si, enfin, ces faits ont été déniés dans les trois jours de leur signification, la partie qui veut se faire autoriser à les prouver par témoins, poursuit également l'audience par un simple avenir, et le débat s'engage sur la question de savoir si lesdits faits sont pertinens, et si la loi permet d'en faire preuve par témoins.

965. *Est-il des affaires où les faits à prouver doivent être articulés, soit verbalement, soit par écrit, mais dans un autre acte que celui prescrit par l'art.* 252?

Les faits sont articulés verbalement et à l'audience dans les affaires sommaires et commerciales. — (*Voy. art.* 407 *et* 432).

S'il s'agit d'une demande en séparation de corps, les faits à prouver constituent la demande, et doivent être énoncés dans la requête introductive. — (*Voy. les art.* 236 *du Code civil et* 875 *du Code de procéd.*)

966. *Si la partie avait omis de préciser, dans l'acte de conclusion, quelques faits décisifs, pourrait-elle être admise à en faire ordonner la preuve en les articulant dans un acte additionnel?*

Duparc Poullain, tom. 9, pag. 269, établissait la négative de cette question, premièrement, sur la disposition de l'art. 1 du tit. 20 de l'ordonnance, qui défendait les additions à l'acte d'articulement; secondement, sur l'art. 6, qui voulait que toutes demandes, à quelque titre que ce fût, qui n'auraient pas été entièrement justifiées par écrit, fussent formées par un même exploit, après lequel les autres demandes dont il n'y aurait pas eu de preuves par écrit auraient été rejetées.

Ainsi, dit cet auteur, toute personne est inexcusable, si elle a négligé de proposer *en même tems quelque fait décisif,* ou quelque chef de demande dont la preuve par témoins aurait été recevable.

Nous remarquerons, sur cette question, qui est fort importante dans la pratique, que l'art. 6 du tit. 20 de l'ordonnance se retrouve dans l'art. 1346 du Code civil. Aujourd'hui, comme autrefois, il est donc certain que toutes les demandes qui ne seraient pas entièrement justifiées par écrit, doivent être formées par le même exploit, et que les autres demandes dont il n'y aurait pas de preuves par écrit ne doivent pas être reçues.

Mais cela ne résout pas la question, et on la résoudra mal, en confondant, comme l'a fait Duparc Poullain, les additions défendues par l'art. 1 du tit. 20 de l'ordonnance, avec les demandes nouvelles non justifiées par écrit, que l'art. 6 du même titre rejette.

Cet article avait pour objet d'empêcher qu'on n'éludât la disposition de l'art. 2, qui défend d'admettre la preuve par témoins au-delà de 100^{f}, comme l'objet de l'art. 1346 du Code civil est d'appuyer l'art. 1341, qui rejette aussi la preuve testimoniale au-dessus de 150^{f} (1).

(1) Nous saisissons l'occasion que nous avons ici de parler de l'art. 1346 du Code civil,

Au contraire, l'art. 1 du tit. 20 de l'ordonnance n'avait pour objet que d'abréger la procédure. Il voulait que les faits fussent articulés succinctement; qu'on y répondît sommairement; qu'on ne pût répliquer à cette réponse, ni opposer à la réplique un écrit sous le nom d'*additions*. Le mot *additions* avait ici le même sens qu'il avait dans l'art. 3 du tit. 14 de la même loi.

Or, on voit que l'art. 252 du Code de procédure dit exactement la même chose, en moins de mots; il veut que les faits dont on demande à faire la preuve soient articulés succinctement par simple acte de conclusions, sans écritures ni requêtes, et qu'ils soient déniés ou reconnus dans trois jours, également par un simple acte. Voilà la défense de faire des répliques ou *additions;* c'est-à-dire de faire, après *la réponse sommaire*, qui est l'acte de dénégation ou de reconnaissance, d'autres écritures pour débattre, discuter, contester, ou soutenir les faits qui ont été articulés, et dont on a demandé à faire la preuve.

Mais on ne voit là, ni dans l'ordonnance, la défense d'ajouter aux faits déjà articulés un autre articulement succinct de faits nouveaux, décisifs, pertinens et admissibles. Il doit être permis d'articuler de tels faits jusqu'au jugement qui ordonne la preuve, et dans lequel le juge énonce les faits qu'il permet de prouver. — (*Voy. art.* 255).

« Ainsi, disent les auteurs du Commentaire inséré aux Annales du notariat, tom. 2, pag. 114, en général, lorsqu'une partie a articulé des faits, rien ne l'empêche d'en articuler ensuite de nouveaux. »

Il n'y a qu'une exception à ce sujet, déclarée par deux arrêts, l'un de la Cour de Riom, du 18 nivôse an 12, rapporté au tom. 1 de la Jurisprudence du Code civil; l'autre de la Cour de Paris, du 28 juillet 1809 (*voy. le Comm. précité*). Cette exception est relative aux demandes en divorce ou séparation de corps, à l'égard desquelles il a été décidé que le demandeur ne pouvait faire usage d'autres moyens que de ceux employés dans la requête introductive d'instance (1).

Mais on sent que le jugement qui ordonne l'enquête étant une fois rendu, il ne doit plus être permis d'articuler des faits nouveaux; car il faut que les procès aient un terme. L'abus serait encore plus grand si, après une première enquête faite, on pouvait se faire admettre à en faire une seconde sur d'autres faits nouvellement articulés. C'est ce que nous tâcherons de prouver sur l'art. 293.

---

pour remarquer que, par arrêt du 2 avril 1810, la Cour de Rennes a décidé que cet article ne s'applique qu'aux demandes directes et principales, et non à celles qui seraient proposées par réconvention. — (*Voy. Journ. de cette Cour, tom.* 1, *pag.* 57).

(1) Cette exception, admise pour la séparation de corps par les deux arrêts de Riom et de Paris, cités dans notre Analyse, a été rejetée par un arrêt de Rennes, du 19 mai 1812, 2.e chamb., auquel on peut en ajouter un de Besançon, du 9 avril 1808. (*Voy. Jurispr. du Code civil, tom.* 11, *pag.* 330). Nous nous sommes rangé à l'opinion consacrée par ces dernières décisions (*voy. infrà, n.° 5, sur l'art.* 875), et nous y avons été déterminé par un arrêt de la Cour de cassation, du 25 mai 1807, rapporté au nouveau Répertoire, au mot *enquête*, § 4, tom. 4, pag. 607.

Il est vrai que cet arrêt a été rendu en matière de divorce; mais les motifs de décider s'appliquent, à plus forte raison, à la séparation de corps, qui, aux termes de l'art 309, doit être intentée, instruite et jugée de la même manière que toute autre action civile.

967. *Est-on dispensé de préciser les faits, lorsque l'enquête est demandée, en matière de recélé?*

Danty sur Boiceau, Traité de la preuve par témoins, pag. 312, 6ᵉ. édit., rapporte un arrêt du 6 août 1703, par lequel il a été jugé que la preuve des faits généraux du recélé était admissible, sans expliquer les faits en particulier (1).

Nous pensons que cette décision doit encore être suivie, parce qu'il serait souvent difficile aux héritiers d'un époux décédé, ou à des créanciers qui, le plus souvent, n'auront pas connu en détail l'actif mobilier d'une communauté ou d'une succession, de désigner précisément les objets qui se trouveraient manquer. D'un autre côté, le recélé, comme le remarque Danty, est une espèce de vol, et l'auteur prend nécessairement toutes les précautions pour éviter d'être aperçu ; il se garde sur-tout de faire à découvert l'enlèvement de l'objet qu'il recèle : il ne serait donc pas juste, dans cette circonstance particulière, d'appliquer la loi dans toute la rigueur de ses termes (2).

968. *Le délai pour contester les faits est-il fatal?*

Les auteurs du Commentaire des Annales du notariat, tom. 2, pag. 114, et M. Pigeau, tom. 1, pag. 256, décident négativement cette question, attendu que la loi ne prononce point la déchéance.

M. Demiau Crouzilhac, pag. 186, paraît d'un sentiment contraire. Mais en vain, dit M. Pigeau, voudrait-on opposer l'art. 1029. Il répond, comme nous l'avons déjà fait sur plusieurs questions, que cet article, en déclarant que la déchéance n'est pas comminatoire, suppose qu'il y a une déchéance prononcée.

Les faits peuvent donc être déniés après les trois jours fixés par l'art. 252, tant que le tribunal n'a point prononcé.

969. *Peut-on, sans dénier ni reconnaître les faits, empêcher qu'ils ne puissent être tenus pour confessés ou avérés, et s'opposer à ce que la preuve en soit ordonnée?*

La partie à laquelle les faits sont opposés peut, sans les dénier ni les reconnaître, s'opposer à la preuve, dans les trois cas suivans :

Premièrement, si la preuve n'est pas *admissible*, c'est-à-dire si les faits ne

(1) Dans l'espèce, on demandait seulement à prouver qu'un héritier bénéficiaire avait recelé des effets de la succession, sans articuler quels étaient ces effets; l'héritier prétendait que l'on devait désigner chacun d'eux; car autrement, disait-il, on demanderait à prouver un fait incertain, et le défendeur ne pourrait faire la preuve contraire : ce moyen n'en fut pas moins rejeté, et l'enquête ordonnée, sauf la preuve contraire.

(2) Au reste, la question nous semble abandonnée à la discrétion du juge, qui, suivant les circonstances, peut admettre ou rejeter les conclusions en preuve.

L'objection que faisait le défendeur, dans l'espèce de l'arrêt de 1703, ne nous paraît fondée sur aucun intérêt réel, attendu que celui-ci peut toujours user de la faculté que lui donne l'art. 279 de demander prorogation de délai pour faire sa contre-enquête; et, par conséquent, il ne peut prétendre que le défaut de précision exacte des faits du demandeur le mette dans l'impossibilité de prouver les faits contraires.

Il est à remarquer, en outre, que le défendeur à l'enquête devant être assigné pour être présent à l'audition des témoins, ne peut aujourd'hui prétexter cause d'ignorance des faits à prouver contre lui, et de leurs circonstances.

sont pas de nature à être prouvés par témoins, et du nombre de ceux que la loi permet de prouver ainsi;

Secondement, s'ils sont *non pertinens*, c'est-à-dire s'ils n'ont pas de rapport avec la cause;

Troisièmement, s'ils ne sont pas *concluans*, c'est-à-dire s'ils ne sont pas tels qu'il soit nécessaire de les prouver pour parvenir au jugement du procès; par exemple, lorsque ce procès peut être décidé, ainsi que le portait l'art. 182 de l'ordonnance de 1539, par une fin de non-recevoir évidente, ou par un principe de droit. — (*Voy. Pigeau, tom.* 1, *pag.* 258, *et Berriat Saint-Prix, pag.* 283, *not.* 3, *et pag.* 285, *n*^{os}. 1 *et* 2).

970. *Un avoué qui n'oserait prendre sur son compte de reconnaître ou de dénier les faits, sans en recevoir une autorisation de sa partie, peut-il conserver les droits de celle-ci par un acte équipolent à l'acte d'aveu ou de dénégation?*

Nous croirions qu'il peut, par un simple acte contenant réserves de tous droits et exceptions de sa partie, et motivé sur l'impossibilité où il aurait été de recevoir d'elle les instructions nécessaires pour s'expliquer d'une manière plus précise, déclarer qu'il n'entend ni avouer ni contester les faits, et s'opposer néanmoins à la preuve. Au moyen de cet acte, le tribunal pourrait, suivant les circonstances, refuser de tenir les faits pour confessés et avérés. — (*Voy. Demiau Crouzilhac, pag.* 186). (1)

971. *Le tribunal pourrait-il tenir pour confessé ou avéré un fait qui aurait été articulé dans l'acte de conclusions, si la partie n'avait pas expressément demandé à en faire preuve?*

Il est évident, comme le remarque M. Merlin, dans son nouveau Répertoire, au mot *partage*, § 11, tom. 1, pag. 49, que la disposition de l'article n'est pas applicable à tous les faits qui sont articulés par une partie, mais qu'elle ne l'est seulement qu'à *ceux dont elle demande à faire preuve*; en sorte qu'à l'égard de faits simplement allégués, sans y ajouter l'offre de les prouver, le silence de la partie ne saurait être une présomption ni de dénégation ni d'aveu (2).

972. *Si le tribunal ne se portait pas à tenir pour confessés des faits qui n'auraient pas été contestés, serait-il du moins suffisamment autorisé, par le fait de la non contestation, à en ordonner la preuve, quoiqu'elle eût été inadmissible, s'ils avaient été déniés?*

M. Demiau Crouzilhac, pag. 184, résout affirmativement cette question (3).

---

(1) Mais cette décision ne pourrait pas s'appliquer au cas où les faits auraient été posés dans la demande introductive : ici, l'avoué serait censé avoir reçu de sa partie les instructions suffisantes pour les dénier ou les reconnaître.

(2) On doit observer, en outre, que cette même disposition ne dit pas qu'à défaut d'aveu ou de dénégation des faits articulés, même avec l'offre d'en faire preuve, ces faits seront *de plein droit* tenus pour confessés; qu'elle dit seulement qu'ils *pourront* être tenus pour tels : il suit de là que la partie intéressée doit s'adresser au tribunal, afin qu'il prononce à ce sujet, et qu'il a la faculté de rendre en cette matière telle décision qu'il juge convenable.

(3) Nous réduirons aux raisonnemens suivans les motifs qu'il donne de cette solution :

Les raisons de cet auteur nous paraissent plus spécieuses que solides. Nous convenons bien que l'on ne saurait empêcher une partie de demander, dans un acte de conclusions, à faire preuve de faits qui ne seraient ni pertinens ni admissibles; mais cette demande nous semblerait devoir être considérée comme non avenue, puisqu'elle ne pourrait qu'être rejetée, d'après les dispositions de l'art. 233 : les faits non admissibles seraient donc envisagés comme s'ils avaient été posés sans offre de preuve, et l'on devrait appliquer ce que nous avons dit, d'après M. Merlin, sur la 971ᵉ. quest.; c'est-à-dire qu'il n'y a pas lieu à les tenir pour confessés ou reconnus.

Mais admettons, pour un instant, que le tribunal eût la faculté de tenir pour confessés des faits non admissibles en preuve, parce qu'il suffirait pour cela qu'ils n'eussent pas été déniés, sur l'offre que l'une des parties aurait faite de les prouver, nous ne croirions pas que cette faculté donnât au tribunal celle d'en ordonner la preuve, au lieu de les déclarer avérés. Il faudrait de deux choses l'une, ou qu'il prononçât cette déclaration, ou qu'il rejetât la preuve. Autrement, il contreviendrait aux dispositions des art. 1341 et suiv. du Code civil, et 233 du Code de procédure, qui, sous le rapport de la prohibition de la preuve testimoniale, présentent des dispositions de droit public auxquelles les juges ne sauraient déroger, et dont ils doivent d'office suppléer l'application, si les parties gardaient le silence. — (*Voy. Danty sur Boiceau, ch.* 1, *n°.* 9; *le nouv. Répert., au mot* preuve, § 3, *art.* 1, *n°.* 28, *tom.* 9, *pag.* 651, *et la* 976ᵉ. *quest.*)

973. ***Est-il des cas dans lesquels il ne serait pas permis au tribunal de tenir les faits pour confessés ou avérés, encore que la partie ne les eût pas déniés sur la preuve qui en était offerte, ou n'eût pas suppléé au défaut de l'acte de dénégation par un acte équipolent?***

L'art. 232 reçoit trois exceptions; c'est-à-dire qu'il est trois cas dans lesquels le tribunal, malgré le défaut de dénégation, ne pourrait tenir les faits pour avérés.

Le premier cas est celui où l'ordre public serait directement intéressé. Comme on ne peut, en général, déroger par une convention expresse aux lois qui s'y rapportent, il est évident qu'on le peut encore moins par une convention ta-

---

« Toute preuve est proposable, sauf au juge à la rejeter; mais pour cela il faut que les faits soient contestés; autrement, il y a présomption qu'ils sont vrais : il en est donc d'une preuve offerte, même hors de saison, comme d'un fait qui n'est établi par aucun acte; si la partie contraire ne le conteste pas, on le regarde comme constant, quoique la preuve de son existence ne soit que dans le défaut de dénégation.

» Or, si le tribunal pouvait tenir le fait pour confessé et avéré, il peut, à bien plus forte raison, considérer le défaut de dénégation comme opérant au moins une présomption de la vérité de ce fait; présomption qui ne lui a pas paru suffisante pour le tenir confessé, mais qu'il désire, pour le complément de sa conviction, appuyer d'une preuve testimoniale.

» En cela, la partie intéressée ne pourrait s'opposer à la preuve, en maintenant qu'elle est inadmissible par la nature des faits auxquels elle se rapporte; on lui répondrait que, loin de lui préjudicier, le tribunal a statué dans ses intérêts, puisqu'il pouvait tenir les faits pour avérés, d'après le défaut de dénégation dont cette partie aurait à s'imputer la faute ».

cite. C'est ainsi, par exemple, que la non dénégation de faits sur lesquels une demande en divorce ou en séparation serait fondée, ne saurait autoriser à tenir ces faits pour avérés.

Le second cas est celui où l'affaire intéresserait un mineur, un interdit. Il est évident que le silence du tuteur ne peut leur nuire. Comment, par un aveu présumé, disposerait-il de droits auxquels il ne lui est pas permis de renoncer expressément?

Enfin, le troisième cas est celui où le silence pourrait nuire à un tiers : *Res inter alios acta tertio non nocet.* — (*Voy. les exemples de ces trois cas, rapportés par Pigeau, tom.* 1, *pag.* 257).

Article 253.

Si les faits sont admissibles (1), qu'ils soient déniés, et que la loi n'en défende pas la preuve, elle pourra être ordonnée (2).

Ordonn. de 1667, tit. 13, article unique. — C. C., art. 252, 1341.

CCXI. Le tribunal, après avoir entendu les parties, examine séparément chacun des faits articulés, et considère s'il y a lieu d'en admettre ou rejeter la preuve. — (*Rapp. au Corps lég.*)

---

(1) *Admissibles.* Voyez ci-dessus pag. 67, et sur-tout le Traité du droit civil français, par M. Toullier, tom. 9.

(2) JURISPRUDENCE.

1.° Lorsque les parties sont contraires en faits pertinens et admissibles, la preuve testimoniale prescrite par l'art. 253 est purement *facultative* : les juges peuvent donc statuer sur le fait contesté, s'ils ont d'ailleurs, *et par l'instruction du procès*, des documens suffisans pour fixer leur opinion. — (*Cassat.*, 9 *nov.* 1814, *Sirey, tom.* 15, *pag.* 1).

Nota. Par exemple, un testament mystique est argué de nullité, en ce que le testateur aurait été privé de la vue au jour de la signature du testament : l'offre de prouver la cécité peut être rejetée par les juges, si, dans les élémens de la cause, ils ont d'ailleurs de suffisans motifs de conviction. — (*Cassat.*, 8 *fév.* 1820, *Sirey, tom.* 20, *pag.* 191).

2.° Mais les juges pourraient décider d'après leur *seule connaissance personnelle*, et sans avoir recours aux moyens d'instruction autorisés par la loi, un point de fait contesté entre les parties. — (*Riom*, 3 *nov.* 1809, *Sirey, tom.* 14, *pag.* 266).

3.° Des faits articulés en preuve ne doivent pas être rejetés, par cela seul qu'ils sont personnels à celui qui les propose; il suffit que leur conformité avec d'autres faits puisse concourir à établir également la vraisemblance de tous. — (*Bordeaux*, 19 *août* 1811, *Sirey, tom.* 12, *pag.* 65).

4.° Les tribunaux civils ne peuvent admettre en preuve d'un fait contesté, des enquêtes qui auraient été ordonnées sur le même fait par un tribunal correctionnel. — (*Colmar*, 13 *juil.* 1811, *Sirey, tom.* 12, *pag.* 99).

5.° On n'est pas censé avoir acquiescé à l'admission de la preuve testimoniale, par cela seul que l'on a provoqué l'exécution du jugement qui admet vaguement la partie adverse *à prouver* ses allégations, sans spécifier que la preuve sera faite par témoins. — (*Bruxelles*, 4 *mars* 1811, *Sirey, tom.* 14, *pag.* 329).

6.° Si la loi exige que les mêmes juges qui ont assisté aux plaidoiries de la cause puissent seuls concourir au jugement définitif, elle ne requiert pas également qu'un juge qui n'a pas pris part au jugement qui a ordonné une enquête, s'abstienne de concourir au jugement définitif à rendre sur le résultat des enquêtes : le motif de cette décision est qu'il n'y a rien de commun entre ces deux jugemens. — (*Cassat.*, 18 *avril* 1810, *Sirey, tom.* 10, *pag.* 243).

Pour que la preuve testimoniale d'un fait soit admise il faut (*voy. pag.* 617), que trois circonstances concourent : la première, que ce fait ne soit pas du nombre de ceux que la loi défend de prouver par témoins;

La seconde, qu'il soit pertinent et admissible, c'est-à-dire qu'il soit décisif, et que la preuve offerte ne paraisse pas évidemment impossible;

La troisième, qu'il soit dénié, autrement la preuve est inutile.

974. *Le tribunal pourrait-il ordonner la preuve d'un fait admissible articulé par une partie, mais qui n'aurait été dénié par l'autre ni par acte, ni même à l'audience?*

Si l'art. 252 donne aux juges la faculté de tenir ou non pour confessés et avérés les faits qui n'auraient pas été déniés par un simple acte, en sorte qu'il puisse les admettre en preuve, s'il le juge convenable, cette disposition suppose évidemment que ces mêmes faits seront du moins déniés à l'audience; autrement, il y aurait contradiction entre les art. 252 et 253. Le dernier de ces articles exige, en effet, et comme condition essentielle de l'admission de la preuve, que les faits qu'elle aurait pour objet soient formellement déniés. On sent, d'ailleurs, qu'il serait fort inutile d'ordonner que des témoins seront entendus sur des faits qui ne seraient pas contestés. Il n'y a, selon nous, d'exception à cette solution que dans les trois cas mentionnés sur la 973e. quest. — (*Voy. Pigeau, tom.* 1, *pag.* 258).

Si donc le tribunal ne s'était pas porté à tenir pour avéré, d'après la seconde disposition de l'art. 252, un fait qui n'aurait pas été contesté par acte, et que ce fait n'eût pas été dénié à l'audience, la preuve n'en pourrait être admise, et alors le tribunal aurait, en jugeant, tel égard que de raison aux inductions que la partie qui l'avait articulé aurait cru devoir en tirer dans son intérêt.

975. *Mais si la partie contre laquelle le fait aurait été articulé laissait défaut, le tribunal pourrait-il refuser la preuve, par le motif que cette partie ne l'aurait pas dénié?*

Ici, l'on appliquerait le principe que *le défaut emporte contestation*, et il y aurait lieu, par conséquent, à ordonner la preuve.

976. *Si le tribunal, dans le cas où la preuve par témoins est interdite, ne la rejetait pas d'office, l'acquiescement du défendeur le rendrait-il non recevable à se plaindre qu'elle eût été admise?*

Nous avons déjà dit, sur la 972e. quest., que les dispositions par lesquelles la loi défend la preuve par témoins sont considérées comme étant de droit public; que conséquemment le juge ne peut appointer à informer sur des faits inadmissibles, et doit même suppléer d'office l'exception résultant de la prohibition.

Tous les auteurs sont d'accord sur ce point, par la raison que les dispositions dont il s'agit ont un but d'utilité publique, en ce qu'elles tendent à l'abréviation des procès, et à éviter la subornation des témoins.

On les trouve, au contraire, en opposition sur la question de savoir si, après l'acquiescement à la preuve par témoins, dans le cas où la loi la rejette, on peut réclamer contre cet acquiescement, et le faire considérer comme non avenu, soit par le jugement à intervenir après l'enquête, soit par les juges d'appel (1).

Ceux qui ont pensé qu'une telle contravention ne pouvait être couverte ni par un acquiescement tacite, ni même par un acquiescement exprès, se sont fondés sur le principe que l'on ne peut, par des conventions particulières, déroger aux lois de droit public, et que, conséquemment, ce n'est pas lorsqu'il s'agit de dispositions de cette nature, que l'on peut appliquer la maxime *volenti non fit injuria.*

Mais ce principe ne nous paraît pas admettre, dans l'espèce particulière qui nous occupe, des conséquences aussi étendues. Sans doute, les lois prohibitives tiennent au droit, ou plutôt à l'ordre public, en ce sens que toute défense faite par le législateur prend sa source dans quelques considérations d'intérêt général; mais ne doit-on pas distinguer entre celles de ces dernières lois qui n'appartiennent qu'indirectement à l'ordre public, puisqu'elles ont l'intérêt privé pour objet principal, et celles qui ont essentiellement et directement pour but l'intérêt général?

C'est cette distinction qui a été la base de l'opinion de ceux qui estiment

---

(1) Comme cette question très-importante n'a pas été approfondie par les jurisconsultes qui ont écrit sur nos nouveaux Codes, nous croyons devoir indiquer les opinions émises à son sujet par ceux qui l'ont traitée sous l'empire de l'ancien droit. Nous offrirons en cela un moyen de vérifier celle que nous prendrons ensuite.

Danty sur Boiceau, chap. 1, n.os 1, 35 et 36, pag. 65 et 86, paraît penser que l'acquiescement même tacite de la partie contre laquelle l'enquête est ordonnée, ne peut lui être opposé.

Bornier, dans ses Conférences des Ordonnances, dit en deux endroits, ainsi que le remarque Rodier sur l'art. 2 du tit. 20 de celle de 1667, quest. 6, que les dispositions de cet article doivent être si étroitement observées, que les fins de non-recevoir ne peuvent être couvertes par *le réglement des contraires,* c'est-à-dire par l'appointement à informer en preuve contraire, bien que la partie n'ait pas interjeté appel, et qu'elle ait fait son enquête; qu'enfin les juges, malgré l'enquête faite, ne doivent y avoir aucun égard, attendu que l'art. 2 du tit. 20 (cet article correspond à l'art. 1341 du Code civil) concerne le droit public, auquel ni le juge ni les parties ne peuvent déroger. Ce commentateur cite des arrêts rapportés par Louet, Charondas et Leprêtre.

Rodier, sur le même article, cite un arrêt du Parlement de Toulouse, conforme à ceux qui sont rapportés par Bornier, et un arrêt postérieur du même Parlement, absolument contraire au premier.

Un dernier commentateur de l'ordonnance, Dumont (*voy. nouv. Comm. sur l'ordonn., pag.* 211), s'élève avec force contre l'opinion de Danty et de Bornier.

Mais Jousse, sur l'article précité, admet une distinction : il cite les mêmes arrêts que Bornier; mais ces arrêts avaient seulement décidé qu'une partie qui aurait donné un acquiescement *tacite* à la preuve, par exemple, en faisant *sa contre-enquête,* était néanmoins toujours recevable à appeler du jugement; il ajoute, en conséquence, qu'il en serait autrement si le consentement avait été exprès et formel.

C'est avec raison, lit-on au nouveau Répertoire, au mot *preuve*, tom. 9, pag. 651, que Jousse a émis cette opinion, et il est étonnant, ajoute l'auteur de l'article, que Vrevin (*voy. Observ. sur l'Ordonn. de Moulins*) et Anselmo, sur l'Edit perpétuel, aient soutenu que, dans le cas même d'un consentement exprès, le juge ne devait avoir aucun égard aux enquêtes.

Ainsi, d'après ce passage du Répertoire, on tiendrait pour certain que la contravention aux lois prohibitives de la preuve testimoniale, n'est couverte par l'acquiescement qu'autant que cet acquiescement a été formel.

que le consentement doit opérer une fin de non-recevoir contre l'appel, soit d'un jugement qui ordonnerait une enquête sur des faits inadmissibles, soit d'un jugement fondé sur une telle enquête. — (*Voy. Rodier, ubi suprà, 6e. quest., in fine*).

Ainsi, par exemple, Duparc-Poullain, tom. 9, pag. 301, s'exprimait comme suit, à l'occasion de la question qui nous occupe : « Si l'on dit que la prohibition de l'ordonnance est de droit public, en matière de preuve testimoniale, il semble qu'on peut dire la même chose de presque toutes les dispositions prohibitives des ordonnances et des coutumes ; mais en les considérant comme telles, si elles ont néanmoins pour seul objet l'intérêt des particuliers, et si le droit de quelques autres parties ne s'y trouve pas mêlé, il semble que l'acquiescement doit avoir toute sa force. »

Tel est le sentiment que nous croyons devoir adopter; nous considérons les dispositions qui prohibent la preuve testimoniale comme tenant à l'ordre public, en ce sens que le législateur, statuant sur un objet d'intérêt privé, a voulu donner aux particuliers une garantie contre l'abus qu'on pourrait faire à leur préjudice, de l'usage de la preuve par témoins. Sous ce rapport, il a défendu aux juges de l'admettre ; il leur a implicitement prescrit de suppléer au silence de la partie qui ne réclamerait pas en sa faveur le bénéfice de la loi.

Mais toutes les fois que la partie intéressée a formellement consenti à ce que le juge admît une telle preuve, il nous paraît évident que ce consentement peut lui être opposé; et s'il arrivait que le juge vînt à considérer la preuve comme non avenue; s'il venait à reconnaître, sur la réclamation de la partie contre laquelle elle aurait été faite, qu'elle était vraiment inadmissible, ce ne serait que par suite du principe qu'il n'est pas lié par un interlocutoire.

Un consentement tacite, au contraire, qui n'établit qu'une simple présomption, ne rendrait pas la partie non recevable à réclamer l'application rigoureuse de la loi (1).

---

(1) Ainsi, par exemple, cette partie aurait-elle fait sa contre-enquête par suite du jugement qui aurait permis à son adversaire de prouver des faits inadmissibles, nous penserions qu'un tel acquiescement n'empêcherait pas qu'elle pût, suivant les circonstances, requérir les juges de n'avoir aucun égard à la preuve, et conséquemment se faire grief en appel de ce que la décision aurait été fondée sur cette même preuve; ce qui n'aurait pas lieu, si elle avait donné un consentement exprès.

Mais en serait-il de même si une partie, après avoir contesté sur *l'admissibilité* de la preuve, laissait passer en force de chose jugée la décision qui aurait ordonné l'enquête, ou celle qui aurait statué sur le principal d'après cette enquête ?

Nous ne le pensons pas, parce que les effets de la chose jugée sont assimilés, par la disposition de la loi, à ceux que produirait le consentement le plus formel.

C'est pourquoi la Cour de cassation, section civile, a décidé, par un arrêt du 17 février 1807 (*voy. Sirey, tom. 7, pag.* 108), qu'une partie qui avait laissé expirer le délai pour interjeter appel d'un jugement qui avait ordonné une enquête, ne pouvait remettre en question devant elle le point de savoir si la preuve était ou n'était pas admissible.

Comme cet arrêt porte dans ses considérans que la partie n'était plus recevable à discuter l'admissibilité de la preuve, *soit parce que le jugement était passé en force de chose jugée, soit parce que la partie l'avait* LIBREMENT EXÉCUTÉ, M. Demiau Crouzilhac, pag. 195, s'attachant à ce dernier motif, estime qu'il est définitivement décidé que la prohibition de la preuve testimoniale ne présente qu'une action en nullité purement facultative à celui vis-à-vis duquel elle aurait été enfreinte. Il dit, en conséquence, que lorsqu'une preuve

ARTICLE 254.

Le tribunal pourra aussi ordonner d'office la preuve des faits qui lui paraîtront concluans, si la loi ne le défend pas (1).

C. de P., art. 1035. — Voy. *suprà*, n.os 167 et 170.

CCXII. Il n'est pas toujours nécessaire, pour qu'une enquête soit ordonnée, que l'une des parties en forme la demande, après avoir signifié ses faits, et mis son adversaire en demeure de les avouer ou de les dénier dans la forme ci-dessus prescrite; car si le tribunal remarque, dans les plaidoiries ou dans les défenses écrites, quelques faits qui lui paraissent concluans, et dont la loi ne défende pas la preuve testimoniale (*Rapp. au Corps législ.*), il peut, d'office, ordonner cette preuve (2), quoiqu'elle ne soit demandée ni de part ni d'autre, pourvu néanmoins que les faits ainsi avancés par l'une des parties aient été formellement déniés par son adversaire (3).

977. *Si le tribunal avait ordonné, dans l'intérêt d'une partie, la preuve de faits qu'elle aurait avancés dans ses plaidoiries, mais sans en offrir la preuve, cette partie pourrait-elle se dispenser de la faire, en demandant que la cause fût jugée dans l'état?*

Nous ne posons cette question qu'afin de prévenir les suites d'une allégation faite inconsidérément, de faits dont les parties n'auraient pas la certitude de fournir la preuve. Lorsque de semblables faits sont avancés, et que le tribunal en ordonne la preuve d'office, elle doit être faite; sinon, la partie adverse peut tirer ses inductions du défaut d'enquête, et le tribunal peut les adopter.

Vainement celle qui aurait argumenté de ces faits croirait-elle se soustraire à ce résultat, en donnant pour prétexte qu'elle serait dénuée des moyens pécuniaires nécessaires pour faire recevoir son enquête : cette ruse retomberait

---

aura été permise ou ordonnée d'office contre la prohibition de la loi, il faut absolument que le défendeur à cette preuve interjette appel du jugement; que s'il y acquiesce, que s'il laisse faire l'enquête, que s'il y coopère, il ne pourra plus se plaindre de cette contravention, une fin de non-recevoir insurmontable s'opposant à ce que son action en nullité soit admise.

Nous convenons que l'arrêt de la Cour de cassation fournit matière à ces conséquences, qui se trouveraient en opposition avec ce que nous avons dit relativement au consentement tacite; mais, quoi qu'il en soit, nous ne croirions pas qu'un simple acquiescement présumé pût être valablement opposé contre toute réclamation fondée sur l'inadmissibilité de la preuve.

(1) JURISPRUDENCE.

Un tribunal a toujours la faculté d'éclairer sa religion par des enquêtes, quand la loi ne le défend pas expressément. — (*Rennes*, 25 *août* 1807).

NOTA. Voy. nos questions sur l'art. 452.

(2) Les praticiens nomment *appointement de contrariété*, ou *appointement à informer*, le jugement qui ordonne une preuve par témoins.

(3) Si les faits sont avancés pour la première fois à l'audience, et que l'adversaire, au lieu de les dénier, déclare n'être pas en état d'y répondre sur-le-champ, il convient d'ordonner une remise.

sur elle-même, si l'adversaire offrait d'avancer ces frais; car on sent quelle impression défavorable laisserait le défaut d'acceptation de ces offres. — (*Voy. Demiau Crouzilhac, pag.* 200).

ARTICLE 255.

Le jugement qui ordonnera la preuve contiendra,
1.° Les faits à prouver;
2.° La nomination du juge devant qui l'enquête sera faite.
Si les témoins sont trop éloignés, il pourra être ordonné que l'enquête sera faite devant un juge commis par un tribunal désigné à cet effet (1).

Ordonn. de 1667, tit. 22, art. 1 et 2. — Ordonn. de Blois de 1579, art. 168.

CCXIII. OUTRE les parties constitutives de tout jugement, celui-ci doit particulièrement contenir,

1°. Les faits qu'il s'agit de prouver. Ces faits doivent être posés d'une manière succincte et précise, pour qu'on puisse connaître si la preuve en était admissible, et pour que cette preuve ne porte pas sur des points étrangers à ceux dont le tribunal fait dépendre la décision de la cause.

2°. La nomination d'un juge-commissaire chargé de recevoir l'enquête et d'en conduire toutes les opérations, suivant les règles prescrites.

978. *Y aurait-il nullité d'un jugement qui n'énoncerait pas les faits à prouver?*

Oui, car ce jugement serait vicié dans sa substance, et l'on ne saurait appliquer ici la disposition de l'art. 1030, puisqu'il ne s'agit pas d'un exploit ou d'un acte de procédure. Le législateur a voulu proscrire l'usage où étaient certains tribunaux, d'ordonner la preuve des faits sans les énoncer spécifiquement, et en renvoyant à l'articulement fait dans les conclusions des parties. Cette volonté du législateur deviendrait souvent sans effet, si les juges pouvaient impunément négliger de se conformer à la disposition contenue au § 1er. de l'art. 255.

---

(1) JURISPRUDENCE.

1.° Si les faits à prouver étaient énoncés dans la partie du jugement qui se compose des points de fait, et non dans le dispositif, ce jugement devrait être considéré comme non avenu, attendu que, suivant l'art. 255, clairement expliqué par l'art. 260, les faits doivent être spécifiquement contenus dans le dispositif même du jugement, et non dans *les qualités*, ou par relation à d'autres pièces. — (*Bruxelles, 5 juil.* 1809; *Biblioth. du barr.*, 1810, *pag.* 166).

NOTA. Le fondement de cette décision se trouve en effet dans l'art. 260, puisqu'il porte que l'on donnera copie aux témoins *du dispositif du jugement, seulement en ce qui concerne les faits admis.*

2.° Mais l'irrégularité que présenterait un jugement dans le cas de l'article précédent, serait couverte par les diligences respectivement faites par les parties pour procéder, à l'enquête et à la contre-enquête. — (*Même arrêt*).

979. *Que doit-on faire, s'il arrivait qu'un tribunal eût omis, dans le jugement qui ordonne l'enquête, quelques-uns des faits articulés dans l'acte de conclusion?*

On pourrait conclure de ce que dit Rodier sur l'art. 1er. du tit. 22, que ces faits ayant été articulés dans l'acte de conclusions, la preuve devrait en être reçue par le juge-commissaire, nonobstant le silence du jugement, suivant l'axiôme *idem est esse certum per se, vel per relationem, ad aliud certum.*

Nous croyons plus conforme à l'esprit de la loi, que la partie intéressée demande le rétablissement des faits avant l'enquête, en formant, par un simple acte, un incident à ce sujet. Cette opinion était reçue au barreau de Rennes, sous l'empire de l'ordonnance, mais on admettait en même tems que l'enquête une fois faite, la partie n'était plus recevable en cet incident.

980. *Le tribunal pourrait-il, en jugeant, avoir égard à la preuve de faits décisifs qui pourraient résulter d'une enquête, encore bien que ces faits n'eussent pas été insérés dans le jugement?*

Ricard, dans son Traité des donations, tom. 1, pag. 3, chap. 1er., n.° 33, soutient l'affirmative; mais Rodier, sur l'art. 1er. du tit. 22 de l'ordonnance, 3.e quest., observe que cette loi exigeait que les faits fussent articulés succinctement et insérés dans le jugement. Donc, dit-il, on ne doit plus s'occuper des faits qui n'y auraient pas été insérés.

Nous remarquerons que le Code contient précisément une disposition absolument semblable à celle de l'ordonnance, et, par cette considération, nous lui appliquerons les observations de Rodier. On sent, au reste, que si le tribunal pouvait avoir égard à des faits qui n'auraient pas été insérés dans l'appointement, il serait exposé à commettre une injustice à l'égard du défendeur qui, n'ayant pas été prévenu que la preuve de ces faits serait faite, ne se serait pas mis en état de faire la preuve contraire.

981. *Le tribunal pourrait-il nommer deux juges-commissaires, l'un pour l'enquête directe, l'autre pour la contre-enquête qui serait faite conformément à l'article 256?*

Nous pensons bien, comme le dit M. Pigeau, tom. 1, pag. 258, que le tribunal a la faculté de commettre spécialement deux juges, l'un pour l'enquête directe, l'autre pour la contre-enquête, dans le cas où il aurait lieu de croire que la confection de ces enquêtes exigeât un laps de tems si long, qu'il serait à présumer qu'elles ne pussent être terminées par le même commissaire dans le délai de la loi.

Mais ces cas se présentent rarement; on ne nomme ordinairement qu'un seul commissaire, et il procède tant à l'enquête directe qu'à l'enquete contraire.

982. *Est-il un cas où le jugement ne doive pas contenir nomination d'un juge-commissaire?*

Oui, et c'est celui où l'enquête est ordonnée en matière sommaire ou commerciale. — (*Voy.* 965e. *quest.*)

983. *Quand il y a lieu à commettre un juge, doit-il être nécessairement choisi parmi les membres du tribunal qui ont concouru à rendre le jugement qui ordonne l'enquête?*

La loi ne l'exige point, et nous ne pensons pas qu'il ait été dans son intention d'en faire une obligation. Puisqu'elle permet de commettre un juge d'un autre tribunal, en cas d'éloignement des témoins, à plus forte raison permet-elle de nommer un membre du même tribunal qui a ordonné l'enquête, si, par exemple, les juges qui auraient concouru au jugement étaient occupés déjà d'autres commissions ou de rapports qui ne permettraient pas de leur assigner de nouvelles charges (1).

984. *Comment procéderait-on pour faire remplacer le juge-commissaire qui serait légitimement empêché de vaquer au fait de sa commission?*

Nous serions porté à croire que le nouveau commissaire pourrait être nommé sur requête, par ordonnance du président signifiée à partie ou à son avoué, ainsi qu'il est prescrit par l'art. 110, pour le remplacement d'un rapporteur; mais on est dans l'usage de venir, à cet effet, à l'audience sur un simple acte (2).

985. *Le tribunal, lorsqu'il ordonne que l'enquête sera faite hors du lieu où il siége, ne pourrait-il en confier la confection qu'à un juge commis par un tribunal qu'il désignerait?*

Il faut remarquer que l'art. 1035 a étendu la troisième disposition de l'article 255 : ainsi, le tribunal pourrait, d'après le premier de ces articles, commettre un juge ou même un juge de paix qu'il indiquerait lui-même dans le jugement, ou autoriser un tribunal qu'il désignerait à nommer, soit un de ses membres, soit un juge de paix.

La raison dit que le tribunal commettra toujours un juge de paix, lorsque l'enquête devra se faire dans son ressort, et qu'il conférera au tribunal du domicile des témoins la nomination du commissaire, si l'on doit procéder hors des limites de son territoire (3).

986. *Le tribunal ne peut-il renvoyer l'enquête devant un juge étranger qu'autant qu'il en est requis par les parties? Dépend-il de lui de déférer ou non, soit à cette réquisition, soit à la demande qui lui serait faite de commettre un de ses membres?*

Jousse, sur l'art. 12 du tit. 22 de l'ordonnance, et, après lui, M. Delaporte,

(1) C'est aussi ce que nous avons vu pratiquer à Rennes, en nommant non seulement un juge en titre, mais même un juge suppléant qui n'avait point concouru à l'interlocutoire.

(2) On sent que, si l'empêchement survenait après que l'enquête aurait été commencée, il y aurait lieu, suivant les circonstances, de demander au tribunal une prorogation de délai à l'effet de la continuer.

Ici se place naturellement une décision rendue par la Cour de Metz, le 24 avril 1807, de laquelle il résulte qu'une enquête commencée par un juge peut être continuée par un autre, et même par un suppléant, sans qu'il soit besoin d'indiquer la cause de ce jugement. — (*Voy. Jurispr. du Code civil, tom. 8, pag.* 466).

(3) Ici nous rappèlerons la solution affirmative donnée par deux arrêts de la Cour de Rennes, sur la question de savoir si le juge de paix commis à une enquête peut y procéder conformément aux dispositions propres à sa justice, et se dispenser conséquemment de suivre les formalités prescrites par le titre que nous expliquons.

Nous ajouterons à ce que nous avons dit en examinant cette question, que la Cour de Paris, par arrêt du 26 juin 1809, l'a décidée comme celle de Rennes, mais que la Cour de Montpellier s'est prononcée d'une manière absolument opposée. — (*Voy. Recueil de la*

tom. 1, pag. 255, disent que le juge n'est pas obligé de commettre, à moins que les parties ne le requièrent, parce que souvent elles aiment mieux que l'enquête, quoique plus coûteuse, soit faite pardevant un des juges du tribunal où la contestation est pendante, que la faire faire par un juge étranger.

Nous pensons bien que le juge n'est pas *obligé* de commettre, lorsqu'il n'en est pas requis : cela résulte, selon nous, de ce que la troisième disposition de l'art. 255 est conçue en termes facultatifs (1).

987. *Ne doit-on pas conclure, de ce que la loi est conçue en termes facultatifs, que le tribunal pourrait rejeter la demande d'une partie tendant au renvoi devant un juge qui serait commis, conformément à la seconde disposition de l'article?* (2)

M. Delaporte et les auteurs du Commentaire, décident que le tribunal ne peut se refuser à ordonner le renvoi, conformément à l'art. 255, sans se mettre sous le coup d'une prise à partie pour déni de justice. Alors, disent-ils, si l'une des parties demandait le renvoi pour son enquête, et que l'autre partie s'y opposât, il ne serait ordonné que pour l'enquête de la première, et non pour celle que l'opposant pourrait avoir à faire.

Nous ne partageons point cette opinion, que les auteurs ci-dessus nommés ont en partie puisée dans le Commentaire de Jousse.

Et en effet, nous remarquerons que ce commentateur de l'ordonnance l'avait émise, d'après l'art. 168 de celle de Blois, portant : « Que s'il était besoin » d'examiner quelques témoins hors des lieux de la demeure des juges, ceux- » ci seraient tenus, *s'ils en étaient requis*, d'octroyer commission aux officiers » des lieux, sans qu'ils la *pussent refuser*. »

Bien loin de répéter ces termes, notre Code dit que le juge *pourra* : on ne saurait donc suivre sous son empire le sentiment de Jousse; et il y en a d'ailleurs une raison fondée en justice : c'est qu'il peut arriver qu'une partie ait réellement intérêt à ce que la preuve ne soit pas faite sur les lieux; par exemple, si elle avait des motifs de craindre, de la part du juge qui serait commis, quelques préventions résultant d'impressions locales; préventions qu'il

---

Jurispr. des Cours souver. sur la procéd., par M. Coffinières, doct. en droit, réd. du Journ. des avoués).

On lit, dans le Recueil que nous venons de citer, que la jurisprudence sera bientôt fixée sur cette importante question, attendu qu'il y a pourvoi en cassation contre l'arrêt de la Cour de Montpellier.

Mais aucune décision de la Cour suprême à cet égard n'est parvenue à notre connaissance, et en attendant, nous persisterons à conseiller les mesures de prudence que nous avons indiquées précédemment.

(1) Mais serait-il également vrai, comme paraîtraient le dire les auteurs du Commentaire inséré aux Annales du notariat, tom. 2, pag. 120, que, lorsqu'une telle réquisition ne lui est pas adressée, le tribunal n'aurait pas le droit de commettre un juge étranger? Nous aurions de la peine à le croire : le législateur a voulu économiser les frais, et hâter le terme de l'instruction; il a donné aux juges une faculté qu'il n'a limitée par aucune distinction; et ces motifs nous semblent suffisans pour faire admettre qu'un tribunal, encore bien que les parties n'aient fait aucune réquisition à ce sujet, peut appliquer la troisième disposition de l'art. 255.

(2) Cette question n'est pas de nature à se présenter fréquemment, mais elle est élevée par les auteurs; et il suffit d'ailleurs qu'il ne soit pas impossible qu'il y ait lieu à prononcer à son égard, pour qu'il ne soit pas inutile de l'examiner.

pourrait servir au moyen des interpellations qu'il a droit de faire d'office, conformément à l'art. 273, etc.

Nous croyons que le législateur a voulu, dans l'intérêt des parties, prévenir de semblables inconvéniens, et que c'est pour cela qu'il laisse au juge une faculté pour ainsi dire illimitée de prononcer comme il l'estimerait convenable, d'après les circonstances (1).

988. *Lorsqu'un tribunal a commis un juge étranger pour procéder à une enquête, des témoins qui se trouveraient au lieu où siège ce tribunal peuvent-ils lui demander à être entendus par un commissaire pris dans son sein, et non par le juge étranger devant lequel ils auraient été assignés?*

Une semblable demande a été faite à l'un des présidens de la Cour royale de Rennes, comme juge de référé, par deux témoins, dont l'un était retenu en cette ville pour l'exercice de fonctions publiques, l'autre par des affaires dont il était chargé comme avocat. Sur leur requête tendant à être dispensés de comparaître devant le juge commis dans un département voisin, M. le président a décidé qu'ils seraient entendus par lui.

Il a considéré que le juge étranger n'avait été commis pour faire l'enquête que comme délégué de la Cour, et que cette délégation n'avait pu avoir pour objet des témoins domiciliés au chef-lieu du ressort de cette Cour.

En cette circonstance, les témoins prirent avec raison la précaution de signifier l'ordonnance qui fixait le jour de leur audition, 1°. à la partie, pour qu'elle pût être présente; 2°. au juge étranger, dans la personne du greffier, afin de prévenir la condamnation à l'amende que la loi prononce contre le témoin défaillant. D'un autre côté, M. le président avait fixé le jour de l'audition à une époque assez éloignée pour que la partie pût y assister. (*Ordonn. de M. le président de la 3e. chamb., du 18 avril 1812*).

---

(1) Du moins, dira-t-on, cette faculté ne s'étendra pas jusqu'à donner à un tribunal le droit de prendre un commissaire hors de son sein, lorsqu'une des parties, malgré l'éloignement des lieux, demanderait expressément que l'enquête fût reçue par un membre du tribunal.

Nous répondons qu'il tient en quelque sorte à l'ordre public que le juge, quand il le peut, sans préjudicier aux droits des parties, fasse ce qui dépend de lui pour économiser les frais des procédures; que, d'un autre côté, l'intérêt éventuel qu'aurait la partie adverse à éviter un surcroît de dépenses qu'elle pourrait supporter, s'il arrivait qu'elle succombât, fait un devoir au tribunal d'ordonner que l'enquête sera faite sur les lieux, si on ne lui justifie pas de la nécessité d'y faire procéder pardevant un de ses membres.

Mais nous allons plus loin; et en supposant que la partie adverse consentît à ce que le tribunal n'adressât pas la commission à un juge du domicile des témoins, la première considération que nous venons de présenter nous porterait à croire que ce tribunal, qui ne verrait point de motifs suffisans pour que l'enquête fût faite dans la ville où il siégerait, ne serait pas tenu de céder au vœu contraire des parties.

Il y aurait lieu, en cette circonstance, de présumer que l'esprit de chicane, joint à la présomption du succès, eût porté les deux adversaires à grossir les frais de procédure, afin de se nuire davantage; et certes, le législateur n'a jamais entendu que le juge secondât de telles intentions.

ARTICLE 256.

La preuve contraire sera de droit : la preuve du demandeur et la preuve contraire seront commencées et terminées dans les délais fixés par les articles suivans.

Ordonn. de 1667, tit. 22, art. 1, et *suprà*, pag. 383.

CCXIV. ORDINAIREMENT, lorsqu'on admet la preuve testimoniale des faits articulés par une partie, c'est toujours sauf la preuve contraire que l'autre partie pourra faire de son côté; mais quand cette preuve contraire n'aurait pas été réservée par le jugement, elle n'en serait pas moins permise, attendu qu'elle est de droit dans tous les cas.

Si la partie contre laquelle est admise la preuve testimoniale veut user du droit qu'elle a de faire la preuve contraire, on procède à deux enquêtes séparées.

Les deux enquêtes étant soumises aux mêmes règles, doivent être commencées et terminées dans les mêmes délais.

Le jugement qui ordonne l'enquête est levé et signifié par la partie la plus diligente, cette signification a lieu par acte d'avoué à avoué, si le jugement est rendu contre une partie qui a constitué avoué, sinon elle est faite à personne ou domicile.

989. *Le principe, consacré par l'art. 256, que la preuve contraire est de droit, suppose-t-il que les faits qui seraient l'objet de la contre-enquête n'auront pas besoin d'être articulés, soit avant le jugement, soit après, ou que dans le cas où la partie aurait articulé ses faits, le tribunal fût obligé de les insérer dans le jugement?*

Nous estimons que les faits ne doivent être articulés que par la partie qui se rend demanderesse en preuve, afin de justifier la demande principale qu'elle a formée ou ses défenses à une demande; circonstances qui peuvent amener deux enquêtes directes dans la même cause; mais les faits contraires que la partie défenderesse, à chacune de ces enquêtes, aurait à opposer, ne doivent être nécessairement ni articulés à l'audience, ni énoncés dans le jugement, ni enfin articulés après ce jugement, pour être énoncés dans un second (1). Nous en donnerons nos raisons dans la note suivante, où nous discutons les opinions émises en sens opposé.

---

(1) On dit, pour la négative, que l'art. 252 porte que les faits dont une partie demandera à faire preuve seront articulés succinctement; qu'il ne distingue point entre la partie qui aurait formé cette demande, et la partie adverse qui aurait à faire la preuve contraire; qu'il résulte de là que cette dernière ne peut être admise à faire procéder à une contre-enquête, si elle n'a pas articulé ses faits; qu'enfin, si l'art. 256 porte que *la preuve contraire est de droit*, c'est en ce sens seulement que la preuve offerte par la partie intéressée doit être reçue devant le juge-commissaire, encore bien que le jugement ne contînt aucune disposition à ce sujet, mais non pas en ce sens qu'elle serait dispensée d'articuler ses faits, sinon avant le jugement, du moins après, et par un acte signifié.

A l'appui de cette opinion, l'on cite, en premier lieu, l'art. 260, qui veut qu'il soit donné copie à chaque témoin du dispositif du jugement, en ce qui concerne les faits admis; et l'on en tire la conséquence que cet article deviendrait sans effet relativement aux témoins

990. *Qu'est-ce que l'art. 256 exprime par ces mots :* FAITS CONTRAIRES ?

Cet article n'entend point, sans doute, désigner uniquement des faits qui seraient absolument contraires à chacun de ceux qui auraient été articulés par le demandeur en enquête. Tout fait allégué par celui-ci doit être nécessairement un fait positif : or, si le défendeur ne pouvait produire dans sa contre-enquête que des faits absolument contraires, il se trouverait souvent réduit à des faits purement négatifs, dont on sait que la preuve est réputée impossible par la nature même des choses.

Il faut donc entendre l'art. 256 en ce sens qu'il autorise le défendeur à faire preuve de tous les faits qui, étant pris isolément, pourraient être contraires à ceux posés par le demandeur, parce qu'ils prouveraient indirectement la

---

qui seraient produits dans la contre-enquête, s'il n'y avait eu, avant le jugement, un articulement de faits que ce jugement contiendrait, ou au moins un acte postérieur, dont la signification tiendrait lieu de celle du jugement.

On argumente, en second lieu, de la disposition de l'art. 1.er du tit. 22 de l'ordonnance, et de ce que Serpillon dit sur cet article, pag. 369, que le défendeur à une enquête est obligé d'articuler ses faits contraires dans une sommation ou dans une requête.

L'on produit enfin un arrêt de la Cour de Bruxelles, du 20 frimaire an 14, qui, par application du même article de l'ordonnance, rejette une contre-enquête, attendu que les faits n'avaient point été posés en première instance, et ne faisaient point partie de ceux sur lesquels le juge avait permis la preuve.

Les conséquences que l'on veut tirer de ces diverses autorités pour résoudre négativement la question ci-dessus posée, nous paraissent faussement déduites.

Nous observerons, avant tout, que l'art. 252 suppose évidemment une *demande* de l'une des parties, afin d'être admise à la preuve de faits dont elle aurait à argumenter à l'appui de ses prétentions. Il n'a aucun trait, selon nous, au cas où il ne s'agirait que de combattre par des faits contraires une preuve ainsi *demandée*. En un mot, comme chacune des parties peut *provoquer* dans son intérêt une enquête sur des faits dont elle entend argumenter, le législateur a voulu comprendre, dans l'art. 252, l'une et l'autre des parties, et il l'a fait par ces expressions, *les faits dont* UNE PARTIE *demandera à faire preuve seront articulés*. Or, quand il ne s'agit, de la part du défendeur à une enquête demandée ou ordonnée, que de prouver des faits contraires à ceux dont sa partie adverse doit faire preuve, ce défendeur n'a pas besoin de former lui-même une demande à ce sujet, puisque cette preuve est *de droit*, d'après l'art. 255 : donc il n'a pas besoin d'articuler les faits contraires; ceux de son adversaire sont référés dans le jugement, et cela suffit pour indiquer l'objet des deux enquêtes.

Ce serait donc vainement que l'on opposerait l'art. 260. Il recevra son application, relativement aux témoins qui devront être entendus dans la contre-enquête, en ce que la partie qui les assignera leur donnera copie du dispositif du jugement énonçant les faits à prouver par l'adversaire. Ces témoins seront suffisamment instruits du motif pour lequel ils seront appelés, puisqu'ils apprendront par ce jugement même, ou par l'avis qui leur en sera donné dans l'assignation, qu'ils doivent comparaître, afin de déposer des faits contraires à ceux qui seront énoncés dans le dispositif du jugement.

Quant aux inductions tirées de l'art. 1.er du tit. 22 de l'ordonnance, de la remarque de Serpillon, et de l'arrêt de la Cour de Bruxelles, nous pourrions entrer ici dans une discussion d'après laquelle nous nous croirions autorisé à conclure que, même sous l'empire de l'ordonnance, on n'eût pas été rigoureusement fondé à décider autrement que nous venons de le faire.

Cette discussion nous entraînerait trop loin, et, par ce motif, nous nous bornerons à dire que la remarque de Serpillon n'avait guère pour objet que d'indiquer une chose qu'il était convenable et non pas rigoureusement prescrit de faire : c'est ce que prouveraient plusieurs arrêts qu'il cite, que c'est dans la même vue que M. Pigeau, dans son ancien Traité, pag 292,

fausseté de ceux-ci, en établissant la preuve d'un fait affirmatif opposé, ou qui, considérés dans leur ensemble, offriraient la preuve ou du moins une présomption que les mêmes faits, posés par le demandeur, ne seraient pas vrais, ou qu'on ne devrait pas en conclure les conséquences qu'il prétend en tirer dans son intérêt. — (*Voy., sur ce que l'on doit entendre par faits positifs et négatifs, Rodier sur l'art. 2 du tit. 20 de l'ordonn., quest. 2°.; Lange, nouv. Prat. franç., à la fin du chap. 29 du liv. 4, part. 1re, pag. 58, n°. 8, et les not. 13, 14, 15 et 16*).

Nous examinerons, sur l'art. 273, si le juge-commissaire serait fondé à refuser d'entendre des témoins qui, dans une contre-enquête, déposeraient de faits qui ne lui paraîtraient pas *contraires* à ceux qui auraient été l'objet de l'enquête directe.

ARTICLE 257.

Si l'enquête est faite au même lieu où le jugement a été rendu, ou dans la distance de trois myriamètres, elle sera commencée dans la huitaine du jour de la signification à avoué; si le jugement est rendu contre une partie qui n'avait point d'avoué, le délai courra du jour de la signification à personne ou domicile. Ces délais courent également contre celui qui a signifié le jugement : le tout à peine de nullité.

Si le jugement est susceptible d'opposition, le délai courra du jour de l'expiration des délais de l'opposition (1).

Ordonn. de 1667, tit. 22, art. 26. — C. de P., art. 278, 292, 1033. — Voy. *suprà*, art. 212, et *infrà*, art. 269 et 1037.

CCXV. LA signification du jugement qui ordonne la preuve fait courir le

---

aux notes, disait, ce qu'il a supprimé dans l'édition accommodée à notre Code actuel, *que si la partie contre laquelle on alléguait un fait n'était pas obligée d'EN ARTICULER UN CONTRAIRE, néanmoins il était d'usage qu'elle le fît, pour prouver d'autant la fausseté de ceux allégués contre elle.*

Nous dirons, enfin, qu'on ne pouvait exiger rigoureusement que les faits contraires à prouver par une partie fussent articulés, puisque l'on admettait autrefois (*voy. Rodier sur le même article, quest. 5*) que le défendeur, qui avait laissé défaut sur l'appointement, pouvait, sans avoir besoin de se rendre opposant, faire la preuve des faits contraires à ceux énoncés dans cet appointement. N'était-ce pas évidemment reconnaître qu'il n'était pas absolument nécessaire que les faits fussent articulés?

Au reste, la partie qui a assisté à l'enquête faite par son adversaire, sans demander à faire la preuve contraire, et sans protestation à cet égard, est non recevable à faire ultérieurement une contre-enquête : ce serait cumuler enquête sur enquête, et rendre les procès interminables. — (*Cassat., 18 avril 1821, Sirey, tom. 22, pag. 185*).

(1) JURISPRUDENCE.

1.° Lorsqu'en vertu d'un jugement qui ordonne une enquête, une des parties a fait ses diligences, et que l'autre interjette appel du jugement, les suites commencées par la première sont suspendues, à peine de nullité de celles qui auraient lieu durant l'instance d'appel.

Mais l'enquête peut être, après l'arrêt confirmatif, reprise au point où elle était au mo-

délai de rigueur, dans lequel doit être commencée (1) l'enquête. Si le jugement est susceptible d'opposition, comme c'est une règle générale, prescrite en l'art. 155 du Code, que les jugemens par défaut ne peuvent être exécutés avant l'échéance de huitaine, à partir de leur signification, la loi, qui ne peut être en opposition avec elle-même, déclare qu'en ce cas le délai pour commencer l'enquête ne courra que du jour de l'expiration des délais de l'opposition (2).

991. *L'appel du jugement qui admet la preuve testimoniale est-il suspensif?*

Cette question était diversement résolue sous l'empire de l'ordonnance. Rodier, sur l'art. 2 du tit. 22, dit que, dans le ressort du Parlement de Toulouse, l'appel était considéré comme suspensif en tous les cas. Jousse, sur le même article, paraît donner la même décision. Serpillon dit, au contraire,

---

ment où l'appel a été interjeté, et l'on ne pourrait opposer qu'au moyen de la suspension produite par l'appel, il se fût écoulé plus de huitaine entre la signification du jugement qui avait ordonné l'enquête, et l'époque où, en la reprenant, la partie demande la nomination d'un nouveau juge-commissaire. Le délai ne court que du jour où le poursuivant a été mis en demeure d'agir par une sommation de son adversaire. — (*Rouen*, 30 *mai* 1817, *Sirey, tom.* 17, *pag.* 421).

2.° La signification du jugement qui ordonne l'enquête fait courir les délais contre toutes les parties; et, par exemple, le garant qui a pris fait et cause ne pourrait se prévaloir de ce que ce ne serait pas lui, mais bien le demandeur originaire, qui eût fait faire la signification. — (*Cassat.*, 18 *mars* 1816, *Sirey, tom.* 16, *pag.* 367).

3.° Mais ce délai ne court qu'autant que le jugement contient lui-même la nomination du juge-commissaire. — (*Paris*, 2 *janv.* 1815, *Sirey, tom.* 16, *pag.* 240).

4.° Le juge ne peut donner, pour commencer l'enquête, un plus long délai que celui que fixe l'art. 257. — (*Cassat.*, 13 *nov.* 1816, *Sirey, tom.* 17, *pag.* 71).

5.° En tous cas, le délai n'est suspendu ni pendant la durée des vacances (*cassat.*, 21 *avril* 1812, *Sirey, tom.* 12, *pag.* 187), ni les jours de fête légale (*cassat.*, 7 *mars* 1814, *Sirey, tom.* 14, *pag.* 121, *mais voy. infrà sur l'art.* 1037), ni pendant la durée des délais d'appel; il ne peut l'être que pendant le délai de l'opposition, conformément au § 2 de l'art. 257. — (*Cassat.*, 25 *janv.* 1820, *Sirey, tom.* 20, *pag.* 207).

6.° Lorsque le juge-commissaire, après une première audition, a accordé une nouvelle ordonnance, à l'effet d'assigner de nouveaux témoins, bien que la première audition soit déclarée nulle, la seconde doit subsister, pourvu qu'elle ait été faite dans la huitaine de l'audition des premiers témoins; peu importe que cette seconde audition et l'ordonnance qui l'a permise, soient éloignées de plus de huitaine du jour de la signification du jugement qui a ordonné l'enquête. La première audition, quoique nulle, a rempli les délais, et l'on ne peut pas dire que l'enquête n'a été commencée que par la seconde ordonnance. — (*Cassat.*, 5 *déc.* 1815, *Sirey, tom.* 16, *pag.* 165; *voy. infrà sur l'art.* 258).

(1) Il importe beaucoup d'écarter des témoins toute influence de suggestion étrangère, toutes tentatives de subornation; et tel est le but de la précision des délais pour commencer et terminer les enquêtes. — (*Rapp. au Corps lég.*)

(2) Autrefois on n'était pas d'accord sur la question de savoir si la signification de l'appointement à informer devait faire courir le délai pour commencer l'enquête contre la partie même qui avait fait faire cette signification; mais le Code de procédure décide cette question, que l'ordonnance de 1667 laissait douteuse; et maintenant, c'est une règle expresse que le délai dont il s'agit court également contre les deux parties, quoique l'appointement n'ait été signifié que par l'une d'elles.

Voilà pourquoi, lorsqu'il y a contre-enquête, les deux parties doivent à la fois, et dans les mêmes délais, faire leurs diligences.

Dans la nouvelle forme de procéder comme dans l'ancienne, le délai pour commencer l'enquête est fatal, c'est-à-dire que si l'enquête n'est pas commencée dans le tems prescrit, elle est radicalement nulle : nous verrons dans la suite quel est l'effet de cette nullité.

pag. 178, que c'est une erreur de croire que l'on ne peut procéder à une enquête, lorsqu'il y a appel du jugement qui l'a permise. Il rapporte plusieurs arrêts à l'appui de son opinion, et cite celle de Menelet, dans son Traité de la péremption. Pothier était du même avis. — (*Voy. chap.* 3, *art.* 4, § 2).

La jurisprudence constante de Bretagne était conforme à ce que disent Serpillon et Pothier (*voy. les Princ. de Duparc-Poullain, tom.* 9, *pag.* 350, *n°.* 86); et cela devrait être, puisque la disposition finale de l'art. 2 du tit. 22 de l'ordonnance, auquel correspond l'art. 257 du nouveau Code, voulait qu'il fût procédé à l'enquête, nonobstant *oppositions, appellations*, etc.

Mais nous remarquerons que l'art. 257 et les art. 278 et 279 du Code de procédure ne répètent pas cette disposition de l'ordonnance; on ne la trouve nulle part dans ce Code, ni dans les art. 451 et 452, qui parlent des jugemens interlocutoires et de l'appel de ces jugemens, ni dans l'art. 135, qui parle des cas où l'exécution provisoire des jugemens peut être ordonnée. Or, le législateur a presque répété mot pour mot, dans les art. 257, 278 et 279, l'article 2 du tit. 22 de l'ordonnance, à l'exception de la dernière disposition de cet article. Ne doit-on pas en conclure que son intention a été que l'appel des jugemens qui admettent la preuve testimoniale, et en général des jugemens interlocutoires, fût suspensif?

Telle est aussi notre opinion et celle généralement admise par les auteurs qui ont écrit sur le Code de procédure; du moins le silence de la plupart d'entre eux, sur la question que nous venons d'examiner, autorise-t-il à le croire. — (*Voy. Berriat Saint-Prix*, *pag.* 289, *not.* 27, *n°.* 2, *et la* 994*e*. *quest.*)

992. *Est-il des exceptions au principe que l'appel est suspensif de l'exécution du jugement interlocutoire qui ordonne l'enquête?*

Nous trouvons deux exceptions à ce principe, l'une dans l'art. 135 du Code de procédure, l'autre établie par deux arrêts de la Cour d'appel de Nîmes, des 6 janvier et 29 mars 1808, et par un arrêt de la Cour de Rennes, du 21 décembre 1809. — (*Sirey, tom.* 14, *pag.* 424). (1).

La première exception a lieu dans les cas où le tribunal, conformément à l'art. 135, a ordonné l'exécution provisoire (2).

La seconde exception, qui est celle résultant des trois arrêts que nous venons de citer, a lieu toutes les fois qu'il y aurait à craindre que la preuve ne vînt à dépérir, si l'on attendait, pour la faire, l'arrêt à intervenir sur l'appel. Tel serait, par exemple, le cas du premier de ces arrêts, où l'on avait à faire entendre des témoins très-avancés en âge, sur un fait de possession immémoriale; tel serait encore celui dans lequel un témoin nécessaire aurait à faire un voyage de long cours, etc.

---

(1) En effet, si nous avons observé, sur la précédente question, que l'art. 135 ne parlait point de l'exécution, nonobstant l'appel des jugemens qui ordonneraient une enquête, ce n'est pas à dire que ces jugemens ne puissent jamais être exécutés provisoirement. Nous avons seulement voulu remarquer que, parmi les cas où les juges peuvent ou doivent ordonner l'exécution provisoire, la loi n'a pas placé ces interlocutoires : de là suit qu'en général ils ne sont pas exécutoires, malgré l'appel, et qu'ils ne le deviennent qu'autant qu'ils ont été rendus dans une affaire qui admet l'exécution provisoire. En un mot, ce n'est pas parce qu'un jugement ordonnerait une enquête, que l'appel ne serait pas suspensif, c'est parce qu'il aurait été prononcé dans l'un des cas mentionnés en l'art. 135.

En ces cas, nous ne doutons pas que l'enquête puisse être faite, mais après le jugement du tribunal qui le permet, et sous la condition que l'enquête demeurera close entre les mains du juge-commissaire, pour n'être délivrée à la partie qu'au moment où il lui sera permis d'en faire usage, c'est-à-dire lorsque les juges d'appel auront prononcé. — (*Voy. Rodier, sur l'art.* 1 *du tit.* 22, *quest.* 2e.; *infrà sur l'art.* 458).

993. *La solution que nous venons de donner sur la précédente question, s'appliquerait-elle à une partie qui interjeterait appel d'un jugement qui aurait refusé de l'admettre à faire une preuve par témoins?*

Rodier, *ubi suprà*, pense que l'appelant demanderait en vain à faire sa preuve nonobstant l'appel; il en donne pour raison que, dans l'espèce de la précédente question, le jugement appelé avait admis à la preuve, et qu'il n'est conséquemment question que de l'exécution provisoire d'une décision qui fournit toujours une présomption en faveur de celui qui l'aurait obtenue; tandis que, dans l'espèce de la question actuelle, le jugement ayant rejeté la preuve, il faudrait, par provision, ordonner le contraire; ce que les règles de l'ordre judiciaire ne semblent pas permettre.

Ce que nous venons de dire prouve qu'il est des circonstances où l'on peut encore admettre les enquêtes d'examen à futur, que l'art. 1 du tit. 13 de l'ordonnance avait formellement abrogées, et que notre Code n'a point rétablies (1); mais nous croyons qu'on doit, en général, en borner l'usage au cas d'appel du jugement qui ordonne une enquête, et aux circonstances dont il a été question ci-dessus. On ne pourrait, en conséquence, ainsi que cela se pratiquait avant l'ordonnance, faire recevoir une preuve, soit avant d'intenter un procès, soit à une époque quelconque de l'instance, à laquelle il ne serait pas encore intervenu de jugement qui admît la preuve, du moins s'il n'y avait pas certitude que cette preuve deviendrait impossible, si elle n'avait pas lieu avant la demande ou le jugement dont nous venons de parler. — (*Voy. Jousse et Rodier sur l'art.* 1 *du tit.* 13, *et Pigeau, tom.* 1, *pag.* 7). (2)

994. *De quel jour court le délai pour commencer enquête, lorsqu'il a été interjeté appel du jugement qui aurait ordonné cette enquête?*

Les auteurs qui admettaient, sous l'empire de l'ordonnance, que l'appel était suspensif de l'enquête, s'accordaient à dire que le délai ne commençait qu'à partir de la signification de l'arrêt d'appel. Duparc-Poullain lui-même, qui considérait l'appointement comme exécutoire par provision, rapporte à ce sujet le sentiment de Jousse, et dit que c'était le sentiment commun (*voy. Princ. de Droit, tom.* 9, *pag.* 351, *n*°. 87); mais ces auteurs ne disaient point si le délai prenait son cours à partir de la signification de l'arrêt d'appel, soit à la partie, soit à l'avoué qui avait occupé sur l'appel, soit à l'avoué de première instance.

(1) *Enquête d'examen futur.* On nommait ainsi autrefois une enquête sur des faits à l'égard desquels il était possible qu'il s'élevât dans la suite une instance, ou dont on craignait que les preuves ne dépérissent, soit parce que les témoins étaient fort âgés, soit pour d'autres causes. — (*Voy. Berriat Saint-Prix, pag.* 582, *not.* 2).

(2) La Cour de Nîmes a statué de cette manière, dans l'espèce de la question ci-dessus. — (*Arrêt du* 6 *janv.* 1808, *Jurisp. sur la proc., tom.* 1, *pag.* 388).

Parmi les auteurs qui ont écrit sur le nouveau Code, ceux du Commentaire inséré aux Annales du notariat sont les seuls qui se soient formellement expliqués sur cette importante question, qui, d'ailleurs, a été décidée par arrêt de la Cour de Turin, du 4 décembre 1809 (*Sirey, tom.* 14, *pag.* 251), qu'ils rapportent, tom. 2, pag. 127, et que l'on trouve aussi dans la Bibliothèque du barreau, 2e. part., 1810, pag. 181.

Cet arrêt, rendu le 4 décembre 1809, décide que le délai pour faire enquête court, dans le cas où il y a eu désistement de l'appel, du jour de la signification du désistement à l'avoué de première instance, et de l'acceptation qui l'a suivi.

Les motifs que la Cour de Turin donne de cette décision offrent ceux de la solution qui doit être donnée, dans le cas où il interviendrait arrêt confirmatif du jugement qui aurait ordonné l'enquête.

Ils sont fondés sur ce que l'appel du jugement en avait suspendu l'exécution; que ce jugement n'avait pu redevenir exécutoire, pour raison de l'enquête qu'il permettait, que par la signification à l'avoué *près le tribunal de première instance*, des actes de désistement de l'appel et d'acceptation de ce désistement; que, dans l'intérêt des parties, ces deux actes n'avaient pu avoir, par rapport à l'exécution du jugement qui ordonnait l'enquête, un effet différent *de celui d'un arrêt confirmatif, dont la signification* à l'avoué de première instance aurait été nécessaire pour faire courir le délai prescrit pour le commencement de l'enquête, puisque l'art. 247 du Code, en exigeant formellement la signification à avoué des jugemens interlocutoires, tels que ceux qui ordonnent une enquête, a par là même indiqué que l'exécution de ces jugemens tenait principalement au ministère des avoués, et que tout retard des parties ne peut leur préjudicier, tant que leurs défenseurs ministériels n'ont pas été mis en demeure de les exécuter.

On voit que cet arrêt décide expressément que ce n'est qu'à partir de la signification de l'arrêt confirmatif à l'avoué de première instance, que court le délai pour faire enquête, en vertu du jugement confirmé.

995. *L'enquête directe et l'enquête contraire doivent-elles être commencées toutes les deux dans les délais fixés par l'art.* 257?

Il est nécessaire de remarquer, sur cette question, que l'art. 256 porte que la preuve du demandeur et la preuve contraire seront commencées et terminées dans les délais fixés par les articles suivans.

Ainsi, dit M. Demiau Crouzilhac, pag. 201, on ne peut plus attendre, comme autrefois, que l'enquête soit faite pour procéder à la contraire-enquête; ce sont deux procédures indépendantes, qui doivent être commencées et terminées l'une et l'autre dans le même délai qui court pour toutes deux en même tems, suivant qu'il est dit aux art. 257, 258 et 278.

C'est donc à la partie qui entend faire procéder à une contraire-enquête à prendre l'ordonnance du juge-commissaire dans les délais fixés par la loi, et qui sont les mêmes que ceux dans lesquels le demandeur doit lui-même prendre cette ordonnance. — (*Voy., à l'égard des délais dans lesquels chacune des enquêtes doit être terminée, l'art.* 278).

996. *Si l'enquête a été faite avant l'expiration des délais pour la commencer,*

la partie qui s'apercevrait de la nullité de cette enquête pourrait-elle la recommencer devant le juge-commissaire, ou demander au tribunal à y être autorisée?

Nous ne le pensons pas, par la raison que les délais ayant été anticipés volontairement par cette partie, elle s'est mise précisément dans le même état que si elle eût commencé son enquête à leur expiration. Or, l'enquête étant terminée, est acquise à la partie adverse, et il ne dépend plus de la première de la rendre insignifiante pour celle-ci. Il n'y a plus lieu qu'à l'application, suivant les circonstances, des dispositions des art. 292 et 293. —(*Voy. ci-dessus quest.* 868ᵉ.)

997. *Doit-on comprendre, dans le délai accordé par la loi pour commencer l'enquête, le jour de la signification du jugement qui l'a ordonnée?*

Non, 1°. parce que ce jour appartient tout entier à la partie qui fait signifier le jugement, puisque cette signification est une interpellation pour faire courir utilement le délai; 2°. parce qu'on peut dire que ce même jour est exclu du délai par l'art. 257, puisqu'il veut que l'enquête soit commencée *dans la huitaine* DU jour de la signification du jugement. Or, ce mot DU, comme nous l'avons dit sur la 322ᵉ. quest., a la même signification que le mot *depuis*. — (*Voy. arrêt de la Cour de Pau, du* 6 *décembre* 1809; *Biblioth. du barr.*, 2ᵉ. *part.*, 1810, *pag.* 162; *Jurisp. des Cours souv.*, *tom.* 3, *pag.* 509, *et les questions traitées sur l'art.* 443).

998. *Est-il nécessaire de faire signifier le jugement qui ordonne une enquête en matière sommaire?*

Loin que cette formalité soit exigée, elle serait évidemment en opposition avec le but que la loi se propose; aussi est-elle virtuellement exclue par elle. En effet, l'art. 257 ne l'exige qu'afin de faire courir un délai qui n'a point lieu en matière sommaire, puisque le jugement fixe le jour de l'audition des témoins (*art.* 407); et, d'un autre côté, l'art. 413 ne la place point au nombre des formalités des enquêtes ordinaires, dont cet article prescrit l'observation dans les matières sommaires. — (*Voy. arrêt de la Cour de Turin, du* 18 *nov.* 1807; *Jurisp. des Cours souv.*, *tom.* 3, *pag.* 318).

999. *Quand le jugement qui ordonne l'enquête a été rendu, et que, durant le délai de huitaine pour la commencer, le tribunal, sur la demande d'une partie, décerne commission rogatoire, peut-on opposer la fin de non recevoir résultant de l'expiration du délai?*

Nous ne le pensons pas, attendu qu'aucune disposition du Code n'interdit à une partie la faculté de provoquer une commission rogatoire pour économiser les frais. On peut (*voy. nos quest. sur l'art.* 280) opposer qu'il faut demander la prorogation sur le procès-verbal; 1°. il n'y a point de nullité à la demander autrement; 2°. il s'agit moins de prorogation de délai que d'en fixer un nouveau, conformément à l'art. 258, qui veut que le juge fixe le délai, quand l'enquête n'est pas faite dans le lieu où siége le tribunal, ou dans *la distance* fixée par l'art. 257.

1000. *Si, dans le cas où le juge n'a point fixé de délai pour faire l'enquête dans un lieu éloigné, la partie qui a obtenu le jugement avait fait son enquête dans le délai de huitaine, l'adversaire serait-il forclos du droit de faire sa contre-enquête?*

Il n'est pas douteux qu'il y aurait *forclusion*, dans le cas où l'enquête aurait été faite au lieu où siégerait le tribunal qui l'eût ordonnée (*art.* 257); mais lorsque l'enquête doit être faite dans un lieu éloigné, en vertu de commission rogatoire, et sans que le tribunal eût fixé de délai, conformément à l'art. 258, il nous semble que la partie serait toujours en tems utile pour faire sa contre-enquête, nonobstant la confection de l'enquête directe de la partie adverse.

En effet, il ne peut exister de forclusion qu'à l'expiration d'un délai fatal. Or, aucun délai n'étant fixé dans l'hypothèse sur laquelle nous raisonnons, on ne peut, avec fondement, prétendre qu'il y ait ici matière à appliquer la disposition de l'art. 257, qui est exclusivement relative à une enquête faite sur les lieux.

S'il est possible d'élever quelques doutes sur cette opinion, ils ne peuvent provenir que d'une fausse interprétation de l'art. 278, en ce qu'on l'entendrait en ce sens que les deux enquêtes, c'est-à-dire celle du demandeur et celle du défendeur en preuve, devraient être simultanément parachevées dans la même huitaine, à partir de l'audition des premiers témoins qui auraient été entendus. Mais nous avons prouvé, sur la 906e. quest. de notre Analyse, que cet article doit être appliqué dans un sens tout à fait contraire. — (*Voy. infrà sur l'ar- l'art.* 278).

1001. *Mais supposons que le tribunal, après avoir accordé la commission, n'ait pas fixé le délai, peut-on opposer l'exception résultant de ce que l'enquête n'a pas été commencée dans celui qui a été fixé par le premier jugement?*

Non encore, car le jugement qui a décerné commission a rendu le premier comme non avenu. Or, comme l'a décidé un arrêt de Rennes, du 4 février 1809, il n'y a pas de forclusion, si l'on n'a pas commencé l'enquête dans le délai ordinaire; c'est au tribunal à en indiquer un autre par acte séparé.

1002. *A quels jugemens s'applique la disposition du § 1er. de l'art. 257, d'après laquelle l'enquête doit être commencée dans la huitaine du jour de la signification à personne ou domicile, lorsque le jugement est rendu contre une partie qui n'a pas d'avoué?*

Tout jugement contradictoire est nécessairement rendu contre une partie ayant avoué : la disposition dont il s'agit ne peut donc s'appliquer qu'à un jugement par défaut, rendu faute de constitution d'avoué.

Mais, comme cette disposition exige que l'enquête soit commencée dans la huitaine de la signification du jugement, et comme, d'un autre côté, celle du § 2 du même article veut que, si le jugement est susceptible d'opposition, le délai coure du jour de l'expiration du délai, il y aurait contradiction entre ces deux paragraphes, s'il n'existait pas de jugemens par défaut non susceptibles d'opposition.

Or, on sait que, dans le cas prévu par l'art. 153, le jugement qui adjuge le profit du défaut précédemment joint au fond, n'est pas susceptible d'opposition; on sait aussi que, d'après l'art. 165, l'opposition n'est jamais reçue contre un jugement qui aurait débouté d'une première.

C'est aux jugemens par défaut rendus en ces deux cas, faute de constitution d'avoué, que s'applique la disposition du § 1er; c'est à tous autres jugemens par défaut que se rapporte, au contraire, celle du § 2. De là suit qu'il n'y a aucune contradiction entre ces deux dispositions, puisque chacune statue sur un cas différent.

1003. *Si le jugement est susceptible d'opposition, et rendu faute de plaider, de quel jour court le délai pour commencer l'enquête?*

Un tel jugement n'étant exécutoire qu'à l'expiration de la huitaine de sa signification, et lorsqu'il n'y a pas été formé d'opposition (*voy. art.* 155 *et* 157), ce n'est que du jour de l'expiration de cette huitaine, sans opposition, que doit courir celle fixée pour commencer l'enquête; c'est-à-dire qu'à l'égard de pareils jugemens, l'enquête doit être commencée dans la quinzaine de leur signification, s'il n'est survenu aucun empêchement à leur exécution dans la première huitaine.

Il suit de là que, s'il est formé opposition dans le cours de la première huitaine, la cause est portée au tribunal, et le délai de huitaine pour commencer l'enquête ne courra que du jour de la signification du deuxième jugement qui, comme le premier, ordonnerait cette enquête.

1004. *L'enquête devra-t-elle aussi être commencée dans la quinzaine de la signification du jugement, s'il a été rendu par défaut faute de constitution d'avoué?*

Cette question présente à concilier la disposition de l'art. 156, qui veut qu'un jugement par défaut soit exécuté *dans les six mois de son obtention*, celle de l'art. 158, qui déclare l'opposition recevable *jusqu'à l'exécution du jugement*, et enfin celle du § 2 de l'art. 257, aux termes duquel le délai de huitaine, pour commencer l'enquête, ne doit courir que du jour *où le délai de l'opposition est expiré.*

En cette circonstance, la partie qui a obtenu le jugement aurait à craindre qu'on ne lui opposât la prescription de six mois, si elle ne donnait pas de suites au jugement; d'un autre côté, elle aurait à craindre aussi qu'on ne déclarât son enquête prématurée, si elle la commençait avant que l'autre partie fût mise en demeure de se pourvoir en opposition contre le jugement (1).

---

(1) Comme cette opinion est loin d'être admise généralement, nous reproduirons ici la discussion à laquelle nous nous sommes livré, dans la 879.e quest. de notre Analyse, des opinions diverses des auteurs qui nous ont précédé.

M. Lepage, dans ses Questions, pag. 195, tranche toute difficulté à ce sujet, en disant que la disposition du 2.e § de l'art. 257 ne s'entend que du délai de huitaine donné par l'art. 157, pour former opposition aux jugemens rendus par défaut faute de plaider, et non du délai donné par l'art. 158, relativement à ceux qui l'auraient été faute de constitution d'avoué.

D'après cette décision, l'on appliquerait à toute espèce de jugement par défaut la solution donnée sur la question précédente.

Les motifs de M. Lepage sont que l'art. 157 contient, relativement au délai de l'opposition, une disposition qui fonde *le droit en général*, auquel l'art. 158 établit une sorte d'exception; que, d'ailleurs, la faculté de former opposition jusqu'à l'exécution du jugement ne doit s'appliquer qu'aux jugemens définitifs, dont l'exécution attaque la propriété, quelquefois même la personne du défaillant, et non aux jugemens interlocutoires, qui ne prononcent aucune condamnation, et qui, dans leur exécution, n'atteignent point celui qui ne se présente pas.

Mais cette opinion ne serait-elle pas hasardée? Peut-on bien considérer la disposition de l'art. 157 comme établissant un principe général, puisqu'elle est limitée au cas d'un juge-

Toute l'objection contre la solution affirmative de la question consiste en ce que le jugement par défaut, faute de constitution d'avoué, étant sujet à opposition jusqu'à l'exécution, et l'obtention de l'ordonnance du juge-commissaire n'étant pas acte d'exécution, cette ordonnance et tous les actes qui en seraient la suite, deviennent nuls dès que l'opposition est formée.

Il nous semble difficile de prouver que le jugement par défaut qui ordonne l'enquête puisse être autrement exécuté que par l'obtention de l'ordonnance du juge-commissaire, puisqu'aucun des actes d'exécution indiqués par l'art. 259 ne peut s'appliquer à ce jugement. On ne saurait d'ailleurs supposer avec justice que l'intention de la loi, qui bien certainement n'interdit point de commencer l'enquête dans la huitaine qui suit la signification du jugement par

---

ment par défaut rendu faute de plaider? N'est-il pas évident, au contraire, que cette disposition et celle de l'art. 158 sont absolument indépendantes, et statuent chacune pour un cas particulier? Peut-on dire, avec certitude, que l'art. 158 ne doit pas s'appliquer aux jugemens qui ne sont pas susceptibles d'être exécutés sur les biens ou sur la personne du condamné, lorsque cet article ne fait aucune distinction?

Ces questions laissent dans notre esprit des doutes qui nous empêchent d'adopter l'opinion de M. Lepage.

Mais nous écarterons avec plus de confiance celle des auteurs du Praticien, tom. 2, pag. 160, qui disent que les délais pour commencer l'enquête ne courent que du jour de la signification du jugement de *débouté d'opposition*. Cette assertion nous paraît en effet contraire au § 2 de l'art, 257, qui fait courir les délais de l'enquête à l'instant où celui de l'opposition est expiré. Et, d'ailleurs, ne dépendrait-il pas du défaillant de rendre inutile le jugement qui aurait ordonné l'enquête, en laissant passer, sans former son opposition, le délai de six mois à l'expiration duquel ce jugement serait considéré comme non avenu, aux termes de l'art. 156?

M. Coffinières, Journal des avoués, tom. 3, pag. 250, et M. Demiau Crouzilhac, pag. 202, nous paraissent indiquer, dans la circonstance qui nous occupe, la marche la plus sûre, en conseillant au demandeur de donner au jugement l'exécution dont il est susceptible; de provoquer, en conséquence, l'ouverture de l'enquête par l'obtention de l'ordonnance du juge-commissaire, et de signifier cette ordonnance au défendeur; dès lors, disent-ils, le jugement est réputé *exécuté*, le délai de l'opposition est expiré, puisque cette voie est irrévocablement fermée à la partie défaillante, et celui de l'enquête commence à courir.

Ainsi, l'on parviendrait aux mêmes résultats que ceux qui dériveraient de l'opinion de M. Lepage, en ce que l'enquête pourrait être commencée, sinon avant (*voy. art.* 155), du moins dans la quinzaine de la signification du jugement; mais on pourrait aussi, ce que cet auteur n'admet pas, puisqu'il ne fait aucune différence entre les défauts faute de plaider et ceux prononcés faute de constituer avoué, la commencer à une époque postérieure. C'est ainsi que se trouveront conciliés, selon nous, les art. 156, 157 et 257.

Nous n'entrevoyons qu'une seule objection contre cette solution; c'est que l'obtention de l'ordonnance du juge-commissaire, et même la signification de cette ordonnance, ne pourraient être considérées que comme des préliminaires, et non comme des actes d'exécution; qu'il en serait ici comme d'un *commandement*, qui, aux termes de l'art. 159, ne suffirait pas pour faire considérer un jugement définitif comme exécuté, et qu'il suivrait de là que l'on commencerait l'enquête avant l'expiration des délais de l'opposition, puisque ces délais courent jusqu'à l'exécution.

Nous répondons à cette objection par les raisons développées sur la 663.e quest., pag. 397, et nous disons, en conséquence, que si l'on ne veut considérer que comme un préliminaire d'exécution la signification de l'ordonnance du juge-commissaire, cet acte nous paraît suffire pour constituer le défaillant en demeure de s'opposer, et que, s'il ne le fait pas, et qu'il laisse commencer l'enquête sans former au moins son opposition sur le procès-verbal, le jugement est réputé exécuté contre lui, et il n'est plus recevable dans son opposition.

défaut, ait entendu exposer la partie qui use de cette faculté à perdre les frais d'actes dispendieux, qu'un adversaire de mauvaise foi ne manquerait pas de faire retomber sur elle, en formant son opposition au moment même où l'enquête serait sur le point d'être terminée.

1005. *Si l'appel du jugement qui aurait ordonné l'enquête n'avait été interjeté qu'après la confection de cette enquête, l'appelant serait-il recevable à faire sa contre-enquête, après l'arrêt confirmatif?*

Cette question est décidée affirmativement par Pothier, chap. 3, art. 4, § 2, et cela dit-il, est indubitable; car l'appelant n'a pu, pendant l'appel, faire l'enquête contraire, puisque c'eût été renoncer à son appel que d'y procéder.

Cette décision ne peut plus être suivie, dès que l'art. 156 prescrit que l'enquête directe et l'enquête contraire seront faites dans les mêmes délais (*voy.* 995°. *quest.*) : ce serait donc vainement que l'on prétendrait que le délai pour la contre-enquête ne commencerait à courir qu'à compter de l'expiration du délai pour interjeter appel, ou de la signification de l'arrêt confirmatif, si la partie avait appelé.

Il faut, par conséquent, pour que le droit de faire une contre-enquête soit conservé, que l'appel soit formé dans les délais prescrits par la loi pour la confection des enquêtes.

C'est aussi ce qui a été jugé par arrêt de la Cour de Paris, du 23 mars 1810. (*Voy. Comm. inséré aux Ann. du not., tom.* 2, *pag.* 128). Cette Cour, en adoptant les motifs des premiers juges, a déclaré l'appelant déchu de la faculté de faire sa contre-enquête, « attendu que, s'il avait le droit d'interjeter appel du jugement qui avait admis la preuve, l'intimé avait pareillement le droit de faire procéder à son enquête, tant que l'appel n'avait point été interjeté; que l'enquête ayant été commencée par l'une des parties, l'autre devait faire sa contre-enquête dans le délai de la loi, ou *faire signifier* son appel; que, n'ayant fait ni l'un ni l'autre, elle ne pouvait plus être admise à faire sa contre-enquête. »

ARTICLE 258.

Si l'enquête doit être faite à une plus grande distance, le jugement fixera le délai dans lequel elle sera commencée (1).

Ordonn. de 1667, art. 2. — C. de P., art. 278, 1033.

CCXVI. CETTE disposition n'a pas besoin de commentaire; la loi ne peut exiger l'impossible, et souvent il arriverait, dans le cas prévu par l'art. 258,

---

(1) JURISPRUDENCE.

Lorsqu'en appel une enquête faite en première instance est annulée, avec renvoi devant les premiers juges pour procéder à une nouvelle enquête, la Cour d'appel n'est pas tenue de fixer le délai dans lequel l'enquête aura lieu, encore que le tribunal soit distant de plus de trois myriamètres du siége de la Cour. L'art. 258 du Code de procédure n'est pas applicable lorsque c'est ce tribunal, devant lequel l'enquête devait être faite, qui indique un autre lieu, à raison de l'éloignement des témoins. — (*Cassat.*, 15 *juil.* 1818, *Sirey, tom.* 19, *pag.* 25).

que l'enquête ne pourrait être faite dans les délais prescrits par les articles précédens. Il a donc fallu prescrire au juge de fixer un délai convenable.

1006. *Le tribunal pourrait-il, dans le cas où des témoins éloignés devraient être entendus par un juge étranger, fixer un délai pour commencer l'enquête à l'égard de ces témoins, et la restreindre dans les délais ordinaires, à l'égard de ceux qui pourraient être entendus dans la ville où il siège?*

Si l'art. 258 porte en termes généraux que, si l'enquête doit être faite à une plus grande distance que celle de trois myriamètres, le jugement fixera le délai dans lequel elle sera commencée, nous ne pensons pas qu'il faille en conclure que l'augmentation que le jugement ordonnerait doive s'appliquer nécessairement tant à la partie de l'enquête qui serait faite par un juge étranger, à raison de l'éloignement des témoins, qu'à celle qu'il y aurait à faire dans la ville où siège le tribunal.

Ainsi, rien n'empêcherait le tribunal de fixer, relativement aux témoins éloignés, un délai pour commencer l'enquête, et de déclarer en même tems que celle qui se ferait au lieu où il siège serait commencée et achevée dans les délais ordinaires (1). — (*Voy. Delaporte, tom.* 1, *pag.* 258).

1007. *Le délai fixé par le jugement ne commence-t-il à courir que du jour de la signification qui en est faite?*

Lorsqu'un jugement, soit contradictoire, soit par défaut, ordonne qu'une partie fera telle chose *dans un certain délai*, mais sans indiquer le tems auquel il commencera à courir, il est de règle générale que le délai ne court que du jour de la notification du jugement. Cette règle, attestée par Denisart (*au mot* délai, *n°.* 2), comme résultant d'un usage généralement suivi, a été consacrée par arrêt de la Cour de Rennes, du 9 mars 1810. (*Voy. Journ. des arrêts de cette Cour, tom.* 1, *pag.* 38). Il n'y a d'exception que dans les cas prévus par les art. 122 et 123 du Code de procédure, dans les matières commerciales, ainsi que l'a décidé l'arrêt précité, et dans les causes sommaires, comme nous l'avons dit sur la 998e. quest.

De là suit que si le tribunal, en fixant un délai pour commencer l'enquête, conformément à l'art. 158, ne s'expliquait pas sur le tems auquel ce délai commencerait à courir, ce tems demeurerait fixé de droit à l'époque de la signification du jugement.

1008. *L'enquête qui ne serait pas commencée dans le délai fixé par le jugement serait-elle nulle?*

Cette question est controversée parmi les commentateurs du Code.

M. Lepage, dans ses Questions, pag. 195, tient que l'enquête ne serait pas nulle.

Les auteurs du Commentaire inséré aux Annales du notariat pensent le con-

---

(1) Il en serait de même, à plus forte raison, dans le cas où l'une des parties seulement aurait intérêt à faire entendre des témoins dont la résidence serait éloignée; rien encore ne s'opposerait ici à ce que le tribunal prorogeât le commencement de l'enquête en faveur de cette partie seulement, et à ce que l'autre partie restât soumise à commencer la sienne dans les délais ordinaires. — (*Voy. Comm. inséré aux Ann. du not., tom.* 2, *pag.* 134).

traire, et fondent leur opinion sur ce que les motifs qui ont engagé le législateur à attacher la peine de nullité à l'infraction des dispositions de l'art. 257, ont absolument la même force pour le cas où l'enquête ne serait pas commencée dans le délai fixé par le jugement, conformément à l'art. 258.

Cette dernière opinion se trouve confirmée, quant à ses résultats, par arrêt de la Cour de Rennes, du 9 mai 1810. — (*Voy. Journ. des arrêts de cette Cour, tom. 1, pag. 123*).

Les motifs de cet arrêt sont, premièrement, que le délai dans lequel une enquête doit être commencée varie suivant les divers cas prévus par les dispositions des art. 257 et 258; mais qu'il ne peut jamais aller au-delà d'une huitaine du jour auquel le commencement de l'enquête est fixé, soit par la loi, soit par la décision des juges qui l'ont ordonnée;

Secondement, qu'après ce terme de rigueur, commun à toutes les enquêtes, la nullité prononcée par l'art. 257 doit avoir son application dans les quatre cas déterminés par les art. 257 et 258, quoiqu'elle ne soit pas répétée par le second § de l'art. 257 et par l'art. 258, attendu qu'il y est uniquement question de fixer le délai auquel la huitaine commence, et qu'on ne peut pas supposer des cas dans lesquels la déchéance de l'enquête serait impossible, quoique le terme auquel elle doit être commencée soit déterminé, et que l'art. 256 prescrive de la commencer et de la terminer dans les délais prescrits par les articles suivans, c'est-à-dire par les art. 257 et 258.

ARTICLE 259.

L'enquête est censée commencée pour chacune des parties respectivement, par l'ordonnance qu'elle obtient du juge-commissaire, à l'effet d'assigner les témoins aux jour et heure par lui indiqués.

En conséquence, le juge-commissaire ouvrira les procès-verbaux respectifs par la mention de la réquisition de la délivrance de son ordonnance.

T., 76 et 91. — Ordonn. de 1667, tit. 22, art. 5 et 6, et *infrà*, art. 279.

CCXVII. Ici la loi indique l'acte qui constitue le commencement d'enquête, et dispose qu'il doit avoir lieu dans un délai de rigueur, en disant que l'enquête est censée commencée pour chacune des parties respectivement, par l'ordonnance qu'elle obtient du juge-commissaire, à l'effet d'assigner les témoins aux jour et heure indiqués.

Il faut donc qu'après la signification du jugement, et avant l'expiration du délai prescrit pour commencer l'enquête, celle des parties qui veut faire entendre ses témoins ou toutes les deux, s'il y a contre-enquête, se présentent séparément par le ministère de leurs avoués devant le juge-commissaire, pour obtenir l'ordonnance dont il s'agit.

Cette ordonnance doit être demandée par requête; elle peut l'être également par simple réquisition verbale (1).

(1) Mais dans l'un comme dans l'autre cas, le juge-commissaire doit ouvrir dès cet ins-

1009. *Comment chacune des parties obtient-elle l'ordonnance du juge-commissaire ?*

En présentant une requête, au bas de laquelle le juge rend cette ordonnance. — (*Voy. le Tarif, art.* 76, § 5, *et art.* 91).

1010. *Sur quelle base le juge-commissaire doit-il fixer le délai pour l'audition des témoins ?*

Sur la distance du domicile des témoins qui sont les plus éloignés, puisque, d'après l'art. 278, la clôture de l'enquête doit avoir lieu dans la huitaine de l'audition des premiers témoins, à moins que le jugement d'appointement en preuve n'ait fixé un plus long délai. Si donc le jugement n'a point accordé de prorogation, il convient que, dans la requête, on fasse connaître à quelle distance se trouve le domicile des témoins les plus éloignés, afin que le juge-commissaire y ait égard dans la fixation du délai.

1011. *La partie qui n'aurait pas assigné ses témoins à comparaître au jour fixé par l'ordonnance du juge-commissaire, pourrait-elle obtenir de lui une nouvelle ordonnance pour faire son enquête ?*

Nonobstant les raisons que nous avions exposées dans notre Analyse, numéro 886, et un arrêt de la Cour de Paris, du 8 août 1810, qui a consacré la négative de cette question, nous ne croyons pas devoir persister à la résoudre de la sorte. Voici les considérations qui nous déterminent :

Le but de la loi a été de fixer le délai dans lequel les parties admises à la preuve feraient entendre leurs témoins : elles doivent donc jouir de ce délai dans son intégrité. Pourvu que les témoins soient entendus avant qu'il expire, leur audition est régulière. Pourquoi donc la partie qui, dans le délai pour faire enquête, serait instruite qu'un témoin a connaissance des faits, ne pourrait-elle pas le faire assigner pour déposer? La loi ne le lui défend point : elle en a donc la faculté.

Sans doute, il faut qu'elle obtienne du juge-commissaire la permission de faire assigner ce témoin ; mais cette seconde ordonnance n'est point un nouveau commencement d'enquête : on ne commence point ce qui a déjà été commencé; ce n'est qu'une suite et une continuation de cette enquête, tant que le délai dure.

Il ne peut arriver qu'il y ait une troisième et une quatrième ouvertures d'enquête; il n'y en a jamais qu'une, celle pour l'audition des premiers témoins assignés. A la vérité, la durée du délai est la limite de la preuve, et s'il est terminé, il devient impossible d'appeler de nouveaux témoins; mais, tant qu'il dure, on ne peut priver la partie du droit de faire entendre les témoins qu'elle

---

tant le procès-verbal ou les procès-verbaux respectifs d'enquête, par la mention de la réquisition et de la délivrance de son ordonnance, en vertu du jugement qui admet la preuve.

Si l'ordonnance à l'effet d'assigner les témoins est rendue sur requête, elle est, comme nous le disons n.° 1009, mise par le juge-commissaire au bas de la requête, et la partie requérante fait signifier le tout.

Si, au contraire, cette ordonnance est délivrée sur une simple réquisition verbale, elle elle est portée sur le procès-verbal du juge-commissaire, et la partie qui l'a obtenue s'en fait délivrer expédition par le greffier.

juge à propos : rien ne peut lui ravir ni restreindre ce droit, qu'elle tient de la loi. Il ne dépend même pas des tribunaux de créer des nullités; et la décision de l'arrêt de la Cour d'appel de Paris, du 18 mai 1810, que nous invoquions nous-même, ne peut en conséquence former une règle sur la matière, puisqu'elle n'est pas conforme à la loi.

Les auteurs des Annales du notariat, au Commentaire du Code de procédure, tom. 2, pag. 214, 215 et suivantes, citent deux arrêts contraires à celui du 18 mai 1810; l'un de la Cour d'appel de *Colmar*, du 16 novembre 1810, et l'autre de la Cour d'appel de Paris, du 31 janvier 1811; et après avoir rapporté les circonstances dans lesquelles ces deux arrêts furent rendus, ils s'expriment dans les termes suivans, pag. 216 et 217 : « S'il nous est permis d'émettre » notre opinion sur cette question, nous croyons que l'autorité de l'arrêt de » la Cour de Paris, du 18 mai 1810, est plus que balancée par celle de l'arrêt » rendu le 31 janvier 1811, par la même Cour, et par l'autorité de la Cour » d'appel de *Colmar*, qui, comme on vient de le voir, a prononcé dans le » même sens; que, par conséquent, on peut demander une prolongation de » délai pour faire paraître de nouveaux témoins. »

S'il peut être accordé un nouveau délai pour faire entendre de nouveaux témoins, à plus forte raison la partie qui veut en faire entendre dans le cours du premier délai que la loi lui accorde, est-elle fondée à obtenir du juge-commissaire une ordonnance pour l'audition de ces témoins. C'est aussi ce que suppose un dernier arrêt de Paris, du 5 décembre 1815, cité *suprà* sur l'art. 256. — (*Voy. infrà sur l'art.* 279). (1)

1012. *Lorsque l'avoué a par erreur assigné les témoins pour une autre heure que celle que l'ordonnance indiquait, la partie peut-elle obtenir une prorogation de délai ?*

La Cour de Paris a jugé l'affirmative, par arrêt du 6 décembre 1809 (*Sirey*, 1814, *pag.* 423), en supposant toutefois que le délai de l'enquête ne serait pas expiré.

Mais il faut remarquer qu'il y eut lieu à résoudre cette question à raison de ce que le juge-commissaire ne voulut pas prendre sur son compte de remettre l'audition des témoins à l'heure qui avait été fixée dans l'assignation, et qu'il renvoya les parties à l'audience.

Nous estimons que ce cas ne peut se représenter; car l'art. 259 ne prononçant point la nullité d'une enquête qui ne commence pas à l'heure indiquée, tout le jour est utile pour y procéder, ainsi que l'a jugé la Cour de Rennes, par arrêt du 12 janvier 1810. — (*Voy. infrà sur l'art.* 262).

Un juge-commissaire peut donc surseoir et attendre l'heure fixée dans l'assignation, sans avoir besoin de renvoyer à l'audience pour faire décider s'il y a lieu à prorogation du délai.

---

(1) Au surplus, il est évident que l'on pourrait sans difficulté obtenir une nouvelle ordonnance, si la première contenait une erreur qui rendît son exécution impossible; par exemple, si le juge-commissaire avait indiqué le jour de l'audition par la date seulement, et que ce jour se trouvât un dimanche, car, si nous avons dit que les jours de fête légale étaient utiles pour faire courir le délai, il ne faut pas en conclure que le juge puisse procéder un jour férié.

1013. *Y aurait-il nullité, si le juge-commissaire avait oublié de mentionner, dans les procès-verbaux, la date de la délivrance de son ordonnance?*

Non, puisque la date insérée dans cette ordonnance ferait foi qu'elle aurait été délivrée dans le délai; mais on sent que l'enquête serait nulle, si l'ordonnance ne portait point de date, puisque rien ne pourrait fournir la preuve de sa délivrance dans ce même délai.

Article 260.

Les témoins seront assignés à personne ou domicile. Ceux domiciliés dans l'étendue de trois myriamètres du lieu où se fait l'enquête, le seront au moins un jour avant l'audition. Il sera ajouté un jour par trois myriamètres pour ceux qui seront domiciliés à une plus grande distance; il sera donné copie à chaque témoin du dispositif du jugement, seulement en ce qui concerne les faits admis, et de l'ordonnance du juge-commissaire; le tout à peine de nullité des dépositions des témoins envers lesquels les formalités ci-dessus n'auront pas été observées (1).

T., 29. — Ordonn., tit. 22, art. 2 et 7. — C. d'instr. crim., art. 510 et suiv. — C. de P., art. 267, 294, 413, 1029 et 1033.

CCXVIII. Les témoins doivent être assignés à personne ou domicile par un exploit ordinaire, dans la forme et sous les conditions prescrites par l'article ci-dessus, dont l'observation est exigée à peine de nullité, non pas de l'enquête entière, mais seulement des dépositions des témoins envers lesquels on n'aurait pas observé les formalités qu'il indique (2).

1014. *L'assignation aux témoins doit-elle être signifiée dans la forme ordinaire des exploits d'ajournement?*

Oui, sans doute, et conséquemment elle doit être signifiée par le ministère d'un huissier, contenir l'immatricule de cet officier ministériel, et la mention que la copie a été remise à la personne même du témoin trouvé dans un lieu qu'on désigne, ou qu'elle a été portée à son domicile, et remise à l'individu de la famille qu'on dénomme; en un mot, on doit se conformer aux dispositions des art. 61 et 68. — (*Voy. les quest. traitées sur ces articles*).

1015. *Le juge-commissaire pourrait-il entendre des témoins qui n'auraient pas été assignés?*

---

(1) Il eût été plus conforme à l'ordre naturel de placer cet article après l'art. 261, qui eût été le 260.e

(2) Il faut avoir soin de ne jamais comprendre parmi les témoins assignés des personnes incapables de déposer; car ces personnes ne pouvant jamais être admises en témoignage, même du consentement des parties, ne peuvent, dans aucun cas, être assignées. — (*Voy. art.* 268.).

Il n'en est pas de même des témoins reprochables. — (*Voy. art.* 284).

Rodier, sur l'art. 5 du tit. 22 de l'ordonnance de 1667, dit que la formalité de l'assignation est tellement nécessaire, qu'on regarderait les témoins qui n'auraient pas été assignés comme suspects. Le Code semble avoir consacré cette opinion, puisque l'art. 260 porte que *les témoins seront assignés*, et que l'art. 269 exige qu'ils représentent leurs assignations. Il résulte de là, selon nous, qu'ils ne doivent pas être entendus s'ils n'ont pas été assignés. — (*Voy. Comment. inséré aux Ann. du notar., tom.* 2, *pag.* 137, *et Delaporte, tom.* 1, *pag.* 260). (1).

1016. *Quel est le sens de la disposition de l'art.* 260, *qui exige que les témoins soient assignés au moins un jour avant l'audition?*

La loi veut, par cette disposition,

1°. Que les témoins domiciliés dans l'étendue de trois myriamètres du lieu où se fait l'enquête, soient assignés au moins un jour avant l'audition, c'est-à-dire *trois jours* avant celui où ils doivent être entendus, parce qu'un jour franc emporte trois jours, celui de l'assignation et celui de l'échéance n'étant pas comptés;

2°. Qu'à l'égard de ceux domiciliés à une plus grande distance, c'est-à-dire au-delà des trois myriamètres du lieu où l'enquête doit être faite, il soit donné, indépendamment du jour franc ou des trois jours alloués pour les trois premiers myriamètres, un jour par chacun des trois myriamètres excédant cette première distance. — (*Voy. Traité de proc. civ. et comm. de Hautefeuille, conseiller en la Cour d'Orléans, pag.* 153; *le Comm. inséré aux Ann. du not., tom.* 2, *pag.* 138; *Demiau Crouzilhac, pag.* 203).

1017. *Quand l'enquête est faite en vertu de jugement confirmé sur l'appel, devrait-on donner copie du dispositif de l'arrêt, s'il se bornait à déclarer l'appelant sans griefs?*

Nous pensons qu'on doit, en ce cas, se borner à notifier copie de l'extrait du dispositif du jugement *contenant les faits à prouver*. Il nous semblerait même que celle de l'arrêt confirmatif serait frustratoire, puisque le but du législateur, qui est d'instruire les témoins des faits sur lesquels ils auront à déposer, est rempli par la copie du jugement.

Mais il est évident que, si l'arrêt, en confirmant l'interlocutoire, retranchait quelques-uns des faits que celui-ci aurait admis en preuve, ou en ajoutait qu'il eût rejetés, il y aurait nécessité de donner en cette partie une copie de cette décision.

ARTICLE 261.

La partie sera assignée, pour être présente à l'enquête, au domicile de son avoué, si elle en a constitué, sinon à son domicile; le tout trois jours au moins avant l'audition. Les noms,

(1) Il est néanmoins entendu que le juge-commissaire pourrait recevoir la déposition, si la partie intéressée à écarter le témoin y consentait; mais, en ce cas, il devrait consigner ce consentement dans son procès-verbal, et le faire signer par les parties.

professions et demeures des témoins à produire contre elle lui seront notifiés; le tout à peine de nullité comme ci-dessus (1).

T., 29. — Ordonn., tit. 22, art. 7, 2.e part. — C. de P., art. 267, 275, 408, 413, 1029, 1031.

CCXIX. Après avoir obtenu du juge-commissaire l'ordonnance prescrite par l'art. 259, chaque poursuivant la fait signifier à sa partie adverse, avec assignation à comparaître aux jour et heure fixés devant ce magistrat, pour être présent, si bon lui semble, à l'enquête.

Les noms, professions et demeures des témoins à produire contre la partie assignée lui sont notifiés dans l'exploit, afin qu'elle puisse d'avance connaître tous les moyens de reproche ou d'incapacité qu'elle pourrait proposer contre tel ou tel. Cette assignation doit être donnée trois jours francs au moins avant l'audition du premier témoin, et remise au domicile de l'avoué, s'il en a été constitué un, sinon au domicile de la partie; le tout à peine de nullité.

1018. *La partie assignée pour assister à une enquête doit-elle l'être, à peine de nullité, au domicile de l'avoué par elle constitué, lors même que cette enquête doit se faire dans un lieu plus ou moins éloigné de celui où siège le tribunal qui l'a ordonnée?*

Oui, puisque la disposition de l'art. 261, qui veut, à peine de nullité, que l'assignation pour être présent à l'enquête ne soit donnée au domicile réel de la partie, qu'autant qu'elle n'a pas d'avoué constitué au domicile duquel cette assignation puisse l'être, est générale et absolue, et qu'elle ne comporte aucune exception, pas même celle où cette enquête se ferait dans le lieu même où cette

---

(1) JURISPRUDENCE.

1.° L'assignation serait nulle, si elle s'adressait à l'avoué personnellement, et non à la partie elle-même au domicile de cet avoué. — (*Turin*, 24 *août* 1810, *Sirey, tom.* 14, *pag* 253; *Bruxelles*, 11 *mars* 1813, *Sirey, ibid., pag.* 327; *Rennes*, 11 *août* 1817 *et* 21 *janv.* 1813).

2.° Lorsque l'enquête doit être faite dans un tribunal éloigné, et en vertu de commission rogatoire de celui qui a rendu l'appointement à informer, l'assignation doit être donnée au domicile de l'avoué constitué dans ce dernier tribunal. Cette décision est fondée sur ce qu'aucune disposition du Code n'autorise à donner assignation à la partie qui n'a pas constitué d'avoué près le tribunal où l'enquête doit se faire. — (*Rennes*, 24 *août* 1813).

3.° L'assignation donnée à l'une des parties pour être présente à l'enquête, est soumise aux formalités prescrites par l'art. 61 du Code de procédure, quoiqu'elle soit signifiée au domicile de son avoué. — (*Cassat.*, 24 *déc.* 1811, *Journ. des aud.*, 1812, *pag.* 169).

Nota. En effet, cette assignation n'est point un simple acte d'avoué à avoué, mais une assignation ordinaire, adressée à la partie, et qui ne diffère de toute autre qu'en ce qu'elle est donnée à un domicile d'élection, qui est celui de l'avoué constitué.

4.° Si, dans l'assignation donnée à la partie au domicile de son avoué, on désignait un domicile autre que celui qu'elle aurait réellement, l'assignation ne serait pas nulle par défaut de l'indication du domicile réel exigée par l'art. 61. — (*Cassat.*, 27 *déc.* 1808, *Sirey, tom.* 9, *pag.* 161).

Nota. C'est que l'erreur sur le domicile est ici tout à fait indifférente, l'art. 261 n'indiquant que le domicile de l'avoué.

5.° Les preuves résultant d'une enquête ne peuvent être opposées à la partie, qui, quoiqu'elle fût aux qualités dans la contestation, n'a pas été assignée pour y être présente, et n'y a pas d'ailleurs assisté. — (*Cassat.*, 11 *janv.* 1815, *Sirey, tom.* 15, *pag.* 255).

partie est domiciliée, et à une distance éloignée de celui où siège le tribunal qui l'a ordonnée (1).

1019. *Comment se calcule le délai de trois jours prescrit par l'art. 261 ?*

Il se calcule comme le délai d'un jour franc, qui a fait l'objet de la quest. 1016ᵉ.

Ainsi, l'assignation doit être notifiée à la partie contre laquelle l'enquête est reçue, *trois jours au moins* avant l'audition des témoins, c'est-à-dire cinq jours, à partir de la notification, *inclusivement*, jusques et *inclus* celui de l'audition.

1020. *Ce délai de trois jours est-il susceptible de l'augmentation à raison des distances, quoique l'assignation doive être donnée au domicile de l'avoué ?*

Nous avions résolu négativement cette question, n°. 893 de notre Analyse, conformément à un arrêt de la Cour de cassation, du 22 novembre 1810, et à l'opinion de MM. Hautefeuille et Thomines; mais nous faisions remarquer que la jurisprudence des Cours n'était pas uniforme. — (*Voy., en effet, au Code annoté de M. Sirey, les arrêts cités n°s. 8 et 9*).

Aujourd'hui, toute incertitude semble levée par un arrêt de la Cour de cassation, du 11 janvier 1815 (*Sirey, tom.* 15, *pag.* 255), d'après lequel le délai doit être augmenté, conformément à l'art. 1033, d'un jour à raison de trois myriamètres de distance du domicile de l'avoué où l'assignation serait donnée, au lieu où l'enquête doit se faire (2).

1021. *La nullité de l'assignation donnée au défendeur serait-elle couverte par la contre-enquête à laquelle il ferait procéder?*

L'arrêt de la Cour de cassation cité ci-contre à la note 2°, décide négativement, dans l'espèce où l'assignation était arguée de nullité pour défaut de mention de la personne à qui la copie en avait été laissée. La Cour a considéré que cette nullité n'avait pu être couverte, ni par la déclaration faite en

---

(1) C'est pourquoi la Cour de cassation, section civile, par arrêt du 10 décembre 1811, a décidé qu'une Cour d'appel, en déclarant nulle une assignation, et par suite l'enquête, sur le motif que cette assignation avait été donnée aux défendeurs à leur domicile réel, et non à celui de leur avoué constitué, s'était littéralement conformée à la disposition de l'art. 261. — (*Sirey*, 1812, *pag.* 145).

Nonobstant cet arrêt, sur lequel nous fondions particulièrement l'opinion ci-dessus, dans notre Analyse, n.° 891, la Cour de Rennes a décidé le contraire, par un arrêt de la 3.ᵉ chamb., du 30 août 1817, en déclarant qu'il suffisait que la partie eût été assignée à son domicile, et que les nom, profession et demeure des témoins eussent été notifiés plus de trois jours francs avant l'audition.

La 1.ʳᵉ chamb., par arrêt du 11 du même mois, avait admis le système opposé, et nous pensons que l'on doit s'en tenir à cette décision, conforme à la jurisprudence de la Cour de cassation.

(2) Il importe de remarquer ici que la Cour de Rennes a jugé, le 24 février 1820, qu'il résultait des art. 261 et 1033, et de l'arrêt de la Cour de cassation ci-dessus, que si cette Cour a pensé qu'il y avait lieu à une augmentation de délai au delà de celui prescrit par l'art. 261, ce devait être à raison du domicile de l'avoué de la partie assignée pour être présente à l'enquête, et non à raison du domicile réel de la partie assignée au même lieu: d'où suit que si l'enquête se fait au lieu même du domicile de l'avoué, il n'y a lieu à aucune augmentation de délai.

jugement, par l'avoué du défendeur, que cette copie lui avait été remise, et qu'il l'avait ensuite rendue à son client avant le jour fixé par l'enquête, ni par la contre-enquête faite depuis pour celui-ci, 1°. parce que la formalité du *parlant à* étant intrinsèque et essentielle dans un exploit d'assignation, doit être constatée par l'acte même, et ne peut être suppléée par aucun témoignage ni par aucun aveu; 2°. parce qu'une contre-enquête n'est pas une de ces défenses au fond, qui puisse couvrir une nullité primitive.

Et en effet, pour qu'une nullité puisse être ainsi couverte, il faut que la défense fournie soit la suite nécessaire de l'assignation qu'on voudrait ensuite faire déclarer nulle; mais, dans l'espèce, il n'en était pas de même de la contre-enquête à laquelle il avait été procédé, puisqu'elle n'avait pas eu lieu en vertu de l'assignation ensuite arguée de nullité, mais en vertu d'une ordonnance *ad hoc*, qui l'avait permise, et en exécution de laquelle le défendeur à l'enquête directe avait dû lui-même faire assigner sa partie adverse.

Ainsi, la contre-enquête ne dérivant, en aucune manière, de l'assignation nulle, en étant absolument indépendante, ne peut avoir l'effet de couvrir la nullité de l'assignation.

On remarquera que ces principes se trouvent en harmonie avec la solution que nous avons donnée sur la 461e. quest., pag. 746 (1).

1022. *La nullité d'une assignation donnée pour assister à l'enquête, peut-elle être couverte par la présence de l'avoué ou de la partie à l'audition des témoins?*

La Cour de Rouen, par arrêt du 22 mars 1810 (*Sirey, tom.* 11, *DD., pag.* 64), a jugé la négative, dans une espèce où l'assignation avait été donnée par acte d'avoué à avoué.

Nous croyons devoir rapporter les considérans de cet arrêt, attendu qu'ils concourent à prouver la solution de la question précédente.

Ils sont fondés,

1°. Sur ce que, dans l'espèce, il n'y avait point eu d'assignation donnée par la partie demanderesse à la partie défenderesse en enquête, mais seulement signification d'un acte d'avoué à avoué;

2°. Sur ce que l'assignation exigée par la loi a le double but et d'indiquer au défendeur le jour où il doit comparaître, et de lui faire connaître le délai qui lui est accordé pour s'assurer de la moralité et de la légalité des témoins, et conséquemment de le mettre à portée de fournir ses reproches en connaissance de cause.

La Cour de Rouen a conclu que la nullité radicale de l'assignation, ou, ce qui est la même chose, le défaut d'assignation étant un vice essentiel qui tient, dans les intérêts du défendeur, à la substance de l'enquête, une pareille nullité n'avait pu être couverte par la comparution de l'avoué.

Les auteurs du Commentaire inséré aux Annales du notariat tirent, des

---

(1) La nullité de l'enquête ne serait pas couverte même par des défenses au fond, signifiées antérieurement au jour fixé pour l'enquête. — (*Rennes*, 21 *août* 1811).

A plus forte raison, l'enquête devrait-elle être considérée comme non avenue, si la partie, au moment même de la comparution des témoins, exceptait de ce que l'assignation ne lui donne pas le délai de trois jours francs. — (*Rennes*, 27 *fév.* 1811, *et suprà*, *n.os* 1019 *et* 1020).

motifs de cette décision, une conséquence plus étendue, et pensent que la partie qui n'aurait pas été assignée pour assister à l'enquête ne couvrirait pas, par sa comparution, la nullité dont il s'agit.

Cette opinion ne nous paraîtrait devoir être suivie qu'autant que le défendeur ne se serait présenté que par hasard, et qu'il n'eût pris aucune part à l'enquête, soit en adressant des interpellations aux témoins, soit en apposant sa signature au procès-verbal. — (*Bruxelles*, 6 *févr.* 1812, *Sirey*, *tom.* 12, *pag.* 342).

1023. *L'assignation doit-elle nécessairement* CONTENIR *les noms, professions et demeures des témoins produits contre le défendeur à l'enquête?*

Nous avions dit, n°. 898 de notre Analyse, que l'on pouvait faire, par acte séparé de l'assignation, cette notification des noms, etc., des témoins, pourvu toutefois que cet acte fût signifié dans le même délai que l'assignation donnée à la partie. Nous nous fondions sur des arrêts de Rennes et de Turin.

Nous avons dit ensuite, dans notre Traité et Questions, n°. 1431, que cette opinion avait été confirmée en partie par un arrêt de la Cour de cassation, du 16 février 1815 (*Sirey*, *tom.* 15, *pag.* 264), en ce qu'il décide que l'article 261 contenant deux dispositions distinctes, et indépendantes l'une de l'autre, l'on pouvait, par acte séparé, faire la notification dont il s'agit.

Mais en même tems nous observions que le même arrêt déclarait qu'on pouvait faire cette notification après le délai de trois jours. En effet, il n'est parlé de ce délai que dans la première disposition, relative à l'assignation, tandis que rien n'indique, dans la seconde, que le législateur ait entendu que les qualités fussent notifiées dans le même délai.

Enfin, nous observions que cette décision nous paraissait d'autant plus naturelle que, suivant l'art. 260, les témoins peuvent être assignés seulement un jour avant leur comparution : d'où nous tirions la conséquence qu'on ne pouvait être forcé de signifier leurs noms avant qu'ils fussent assignés eux-mêmes, puisque, jusque là, il est encore incertain qu'ils le soient.

Quoi qu'il en soit, la Cour de cassation, par arrêt du 12 juillet 1819 (*Sirey*, *tom.* 19, *pag.* 397), a décidé la même question d'une manière tout à fait opposée, et il est à remarquer que cette dernière décision émane de la section civile, tandis que la première a été rendue par la section des requêtes.

Par les motifs qui précèdent l'arrêt de 1819, nous rétractons l'opinion émise dans notre Traité, et fondée sur celui de 1815, pour nous en tenir à celle que contenait notre Analyse.

1024. *L'art.* 261 *exigeant qu'on notifie* LA DEMEURE *des témoins, y aurait-il nullité de l'acte, si l'on se contentait de notifier* LE DOMICILE?

La Cour de Turin, par arrêt du 25 juin 1810, rapporté au Journal des avoués, tom. 2, pag. 378, a décidé que ce mot *demeure* n'était point un terme sacramentel, et que, par conséquent, le mot *domicile* était un équipolent qui remplissait suffisamment le vœu de la loi.

Cette décision vient à l'appui de la solution que nous avons donnée sur les 300°. et 308°. quest., pag. 154 et 157 (1).

(1) Mais le défaut de désignation claire et précise des véritables noms et professions des témoins, suffirait pour faire rejeter leurs dépositions — (*Rennes*, 21 *janv.* 1813).

1025. *Comment s'entend la disposition de l'art.* 261, *qui attache à l'inobservation de ce que ce même article prescrit, une peine de nullité de la même nature que celle prononcée par l'art.* 260?

L'art. 260 veut que la nullité qu'il prononce, relativement à l'inobservation des formalités qu'il prescrit envers les témoins appelés pour déposer, ne frappe seulement que sur les dépositions de ceux à l'égard desquels ces formalités n'auraient pas été remplies.

L'art. 261 exprime que toutes les fois que l'application de cette disposition sera possible, elle aura lieu par rapport à l'infraction des règles qu'il établit.

Si donc l'infraction a pour objet une formalité qui tiendrait à l'essence même de l'enquête; si, par exemple, cette infraction concernait l'assignation à donner au défendeur; si elle consistait en ce que les noms, profession, etc., d'aucun témoin n'auraient été notifiés, alors l'enquête serait nulle en entier.

Si, au contraire, cette infraction ne concernait qu'un témoin dont on n'aurait pas notifié les noms, profession et demeure, la nullité ne frapperait que sur la déposition de ce témoin, et les autres dépositions n'en seraient pas moins valables. — (*Arg. d'un arrêt de la Cour d'appel d'Orléans, du* 31 *août* 1810, *cité par Hautefeuille, pag.* 155).

ARTICLE 262.

Les témoins seront entendus séparément, tant en présence qu'en l'absence des parties.

Chaque témoin, avant d'être entendu, déclarera ses noms, profession, âge et demeure, s'il est parent ou allié de l'une des parties, à quel degré, s'il est serviteur ou domestique de l'une d'elles; il fera serment de dire vérité; le tout à peine de nullité.

Ordonn., tit. 22, art. 13, 14 et 15. — C. de P., art. 35, 268, 275 et 1029. — *Suprà* sur l'art. 121.

CCXX. L'ARTICLE ci-dessus admet, par sa première disposition, un juste tempérament entre l'ordonnance de 1667 et la loi intermédiaire du 3 brumaire an 2. La première isolait le juge et le témoin, de telle sorte que c'était dans le secret le plus impénétrable que le premier recevait la décision du second; l'autre, par un système tout opposé, voulait que, dans tous les cas, les témoins fussent entendus à l'audience en présence les uns des autres, de même qu'en présence des parties et du public. Pour écarter les inconvéniens qui naissaient de l'un et de l'autre système, en conservant toutefois ce qui pouvait augmenter l'espoir d'obtenir la vérité et de dilucider les faits, notre article veut que le juge-commissaire fasse appeler successivement les témoins pour les entendre, tant en la présence qu'en l'absence des parties, mais séparément, c'est-à-dire, hors de la présence les uns des autres, et ce à peine de nullité (1).

(1) Les raisons de cette innovation sont complètement établies dans le rapport au Corps législatif. — (8.e *édit. de F. Didot, pag.* 101).

Quant aux déclarations qu'exige la seconde partie du même article, les unes doivent être faites pour que l'on sache bien quel est le témoin qui va déposer; les autres, pour que la partie contre laquelle sa déposition est requise, connaisse ceux qu'il lui serait loisible de reprocher, etc.

1026. *Les témoins doivent-ils, à peine de nullité de l'enquête, être entendus à l'heure fixée par l'ordonnance et par l'assignation?*

La Cour d'appel de Rennes a décidé cette question pour la négative, par arrêt du 12 janvier 1810, attendu que la loi ne prononce point la nullité d'une enquête quand elle ne commence pas à l'heure indiquée : d'où suit que tout le jour est utile pour y procéder.

Cette décision nous paraît d'autant plus certaine, qu'il est d'usage de ne procéder à l'audition des témoins qu'environ une heure après celle indiquée; usage introduit en faveur des deux parties, auxquelles on accorde tout le tems nécessaire pour se présenter, et qui offre l'avantage de procurer une réunion de tous les témoins, auxquels le juge peut, *s'il le veut*, faire donner, avant de les entendre, la lecture des faits sur lesquels ils ont à déposer (1).

1027. *L'indication des noms, profession et âge des témoins dans le procès-verbal, suffit-elle à sa validité, s'il n'y est pas exprimé que cette indication est faite sur la déclaration du témoin?*

L'art. 262 n'exige point qu'il soit fait mention, à peine de nullité, du fait que les énonciations consignées au procès-verbal l'ont été d'après *la déclaration* du témoin ; en un mot, il n'est pas nécessaire qu'il soit dit que c'est le témoin lui-même qui a fait cette déclaration. Il suffit donc, pour qu'il ait été suffisamment satisfait à l'art. 262, que ces énonciations soient incontestables, et que la vérité en soit reconnue par le témoin, qui, après lecture de sa déposition, déclare y persister. — (*Voy. l'arrêt de la Cour de Bruxelles, du* 5 *juill.* 1809, *Biblioth. du barr.*, 2e. *part.*, 1810, *pag.* 166, *et nos quest. sur l'art.* 275).

1028. *Y aurait-il nullité d'une enquête dont le procès-verbal mentionnerait que le témoin a fait la promesse et non le serment de dire vérité?*

Nous remarquerons sur cette question que, par un arrêt du 19 avril 1810, rapporté par M. Sirey, tom. 10, pag. 228, la Cour de cassation a décidé que l'art. 35 du Code de procédure, d'après lequel les témoins qui seraient entendus dans les justices de paix doivent faire serment de dire la vérité, ne pronon-

(1) Mais supposons que, par erreur, on eût indiqué dans l'assignation une heure autre que celle fixée par l'ordonnance du juge-commissaire; que l'on ait assigné la partie à se présenter, par exemple, aux deux heures de relevée, au lieu de huit heures du matin, indiquées par l'ordonnance; il y aurait sans doute nullité de l'enquête qui serait faite le matin, parce que la partie ayant été assignée pour comparaître l'après-dînée, serait considérée comme si l'heure ne lui avait pas été indiquée.

En pareille circonstance, c'est à l'avoué qui s'aperçoit de l'erreur à se présenter à l'heure fixée par l'ordonnance, et à demander au juge-commissaire, ou la prorogation du délai de l'enquête, ou que l'heure de l'audition des témoins soit reportée à celle indiquée par erreur dans l'assignation. — (*Voy. arrêt de la Cour de Turin, du* 6 *déc.* 1809, *Jurisp. des Cours souv.*, *tom.* 3, *pag.* 350).

çant point là nullité, cette peine ne pouvait être appliquée relativement à une enquête où il serait constaté que le témoin n'aurait fait qu'une simple promesse.

Mais nous ne croyons pas que pareille décision pût être rendue dans l'espèce de l'art. 262, puisqu'il exige que les témoins prêtent *serment* à peine de nullité.

Pour décider le contraire, il faudrait admettre que ces mots, *promesse* et *serment*, exprimassent les mêmes idées; or, on sait que le serment est un acte religieux qui consiste à prendre Dieu à témoin de la sincérité que l'on mettra dans les déclarations que l'on va donner, tandis qu'une simple promesse est dépourvue de ce caractère sacré.

C'est pour cela que la Cour de cassation, par arrêt du 12 juillet 1810 (*voy. Sirey*, 1810, *pag.* 329 *et suiv.*), a décidé qu'un juif appelé à rendre témoignagne en justice peut être forcé de prêter serment *more judaïco* (1).

1029. *Que doit-on faire, si un témoin refusait de prêter serment?*

Nous pensons que le juge-commissaire doit le considérer comme défaillant, et lui appliquer les dispositions pénales de l'art. 263. (*Voy. nouv. Rép., au mot* serment). Cette décision est fondée sur ce que sa déposition serait nulle, conformément à l'art. 262 : or, une déposition nulle par le fait volontaire de la personne qui est appelée pour rendre à justice témoignagne de la vérité, doit être considérée comme si elle avait été refusée par elle. — (*Voy. Serpillon sur l'art.* 9, *tit.* 22 *de l'ordonn. de* 1667).

1030. *Comment doivent être entendus les témoins constitués en dignité?*

Le Code de procédure ne contient aucune disposition à cet égard. Nous pensons que l'on pourrait se conduire par analogie, d'après ce que règlent les art. 510 et suivans du Code d'instruction criminelle; mais on peut consulter en outre la loi du 20 thermidor an 4, celle du 21 fructidor an 7, l'arrêté du 7 thermidor an 9, et enfin le décret du 20 juin 1806.

1031. *Est-il des cas où le tribunal puisse ordonner que l'enquête sera faite hors de la présence du défendeur?*

Il n'en est qu'un prévu par l'art. 893 du Code civil, portant, en matière d'interdiction, que le tribunal pourra ordonner, si la circonstance l'exige, que l'enquête sera faite hors de la présence du défendeur.

Mais il est à remarquer que l'article ajoute qu'en ce cas son conseil pourra le représenter.

Article 263.

Les témoins défaillans seront condamnés, par ordonnances du juge-commissaire, qui seront exécutoires nonobstant opposition ou appel, à une somme qui ne pourra être moindre de 10^f, au profit de la partie, à titre de dommages-intérêts; ils pourront de

(1) Sur cet arrêt, nous renvoyons aux 518.e et 519.e quest., pag. 283 et 284.

plus être condamnés, par la même ordonnance, à une amende qui ne pourra excéder la somme de 100f.

Les témoins défaillans seront réassignés à leurs frais.

Ordonn., tit. 22, art. 8. — C. d'instr. crim., art. 80, 86, 157, 304, 335, 579. — C. de P., art. 413, 1029.

CCXXI. L'OBLIGATION imposée aux témoins de se présenter résulte de cette maxime reconnue dans tous les tems, que la vérité est une dette que chaque individu doit à la justice, et qu'il ne peut se refuser d'acquitter. Cette obligation trouve sa sanction dans l'article ci-dessus, qui donne au juge-commissaire un pouvoir qui excède les attributions ordinaires. Le témoin qui fait défaut encourt deux espèces de condamnations, l'une envers la partie à laquelle il peut porter préjudice par son refus, ou même par son retard de porter témoignage, l'autre envers l'État, à raison de sa désobéissance au mandement de justice qu'il a reçu. Il est à remarquer que la loi déclare exécutoires les ordonnances que le juge-commissaire rend à ce sujet, nonobstant opposition ou appel : d'où suit clairement que les condamnations qu'elles prononcent peuvent être attaquées par l'une comme par l'autre de ces deux voies.

1032. *L'exécution provisoire de l'ordonnance portant condamnation d'un témoin défaillant a-t-elle lieu sans caution?*

Oui, puisque la loi n'a mis aucune modification à la disposition par laquelle elle ordonne cette exécution provisoire. — (*Voy. Pigeau, tom. 1, pag. 499*).

1033. *La condamnation à l'amende est-elle purement facultative?*

Il résulte clairement des termes de la loi que la condamnation du témoin défaillant aux dommages et intérêts de la partie est forcée, et qu'au contraire, celle relative à l'amende envers le fisc est laissée à la discrétion du juge-commissaire.

1034. *En est-il de même des dommages-intérêts?*

La disposition de l'article est conçue d'une manière tellement absolue, que nous ne croyons pas qu'il soit permis au juge-commissaire de ne pas prononcer cette condamnation, acquise à la partie par le seul fait de la non comparution des témoins. Il n'a d'autre latitude à ce sujet que de déterminer la quotité de ces dommages-intérêts, sans toutefois en fixer le montant au-dessous de 10f. Cette condamnation est prononcée par l'ordonnance qui constate le défaut du témoin.

1035. *La réassignation des témoins défaillans est-elle de droit, en sorte que le juge-commissaire ne puisse se dispenser de l'ordonner?*

Si la partie qui poursuit l'enquête déclarait au commissaire qu'elle a suffisamment administré la preuve du fait contesté, au moyen des témoins entendus, et qu'elle ne veut pas tirer avantage du défaut, nous penserions que le juge ne pourrait ordonner d'office la réassignation. Il devrait seulement faire mention de la déclaration de celle-ci dans son procès-verbal, et la lui faire signer. — (*Voy. Hautefeuille, pag. 161*). (1)

(1) On sent qu'en cette circonstance, la condamnation aux dommages-intérêts de la partie

1036. *Les peines prononcées par l'art. 263 sont-elles applicables au témoin qui refuserait de répondre?*

Si l'application de la disposition pénale de l'art. 263 devait être rigoureusement restreinte au cas qu'elle a prévu, et qui est celui de la non comparution, il en résulterait qu'un témoin pourrait impunément refuser de répondre. Le législateur n'a pas entendu sans doute lui accorder cette faculté; car la vérité, comme le dit le tribun Perrin, sur l'article que nous expliquons, est une dette dont chaque individu doit s'acquitter envers la justice.

Nous pensons, par ces motifs, que le refus de répondre doit être assimilé au défaut de comparution, et que les peines prononcés par l'art. 263 sont conséquemment applicables. — (*Voy. suprà*, n°. 1029).

1037. *N'est-il pas des personnes qui ne peuvent être contraintes à déposer?*

La décision donnée sur la précédente question suppose qu'il ne s'agit pas des personnes qui ne peuvent être contraintes à déposer, parce qu'elles sont obligées au secret par état.

Ainsi, les confesseurs, les avocats, les avoués, les notaires, les médecins, les chirurgiens, les sages-femmes et les pharmaciens ne sont pas sujets à l'application des peines prononcées par l'art. 263 (1).

1038. *Le juge-commissaire peut-il prendre sur lui de dispenser le témoin de déposer, ou de le contraindre à le faire?*

---

ne pourrait être prononcée, puisqu'en renonçant à l'avantage de la réassignation, elle annonce qu'elle n'a souffert aucun préjudice.

(1) Mais nous ferons à ce sujet plusieurs observations:

Premièrement, à l'égard des confesseurs, nous remarquerons que la Cour de cassation, par arrêt du 30 novembre 1810 (*voy. Denevers*, 1811, *pag.* 18), a jugé non seulement qu'un prêtre ne pouvait être contraint de déposer de faits dont il avait acquis la connaissance comme confesseur, mais encore qu'il pouvait se dispenser de rendre témoignage de ceux qui lui auraient été révélés hors confession, mais par suite de confession et sous la foi de l'inviolabilité de cet acte religieux. M. Merlin avait cependant requis que la dispense de la révélation fût circonscrite dans le cercle de la confession seulement; il pensait que, hors ce cas, un prêtre était tenu, comme tout autre citoyen, à déclarer à la justice les faits et les circonstances d'un délit qu'il avait connu. La Cour a bien rendu hommage à ce principe dans l'arrêt que nous venons de citer; mais elle a décidé que, *dans l'espèce*, la même inviolabilité devait être observée, et que le prêtre n'était pas tenu à la révélation. Nous estimons que ces règles, admises en matière criminelle, doivent, à plus forte raison, être suivies en matière civile.

Secondement, à l'égard des avocats, avoués et notaires, la dispense de déposer n'est pas applicable dans le cas où ils auraient eu connaissance des faits avant que la partie leur eût accordé sa confiance, ou s'ils n'avaient été consultés ou employés par elle qu'à dessein de les empêcher de déposer. — (*Voy. Pigeau*, *tom.* 1, *pag.* 266, *et le nouv. Répert.*, *au mot* déposition, § 2).

Troisièmement, quant aux médecins, chirurgiens, sages-femmes et apothicaires, M. Bourguignon, dans son Manuel d'instruction criminelle, pag. 169, observe avec raison, sur l'art. 155 du Code d'instruction criminelle, que la dispense ne peut avoir lieu qu'autant qu'ils ont eu à traiter de maladies secrètes, et non de blessures; ce que M. Merlin exprime d'une manière équivalente, en disant qu'ils ne peuvent être entendus sur les faits relatifs aux *maladies* qu'ils ont traitées, et pour lesquelles on leur a recommandé le secret.

Enfin, l'art. 268 indique d'autres personnes qui ne peuvent être entendues comme témoins.

Duparc-Poullain, au tom. 9 de ses Principes, pag. 562, n°. 99, dit qu'après avoir fait prêter serment au témoin, le juge-commissaire doit rapporter les motifs de dispense que ce témoin pourrait alléguer, et le faire souscrire sa déclaration s'il sait signer; mais qu'il n'est pas le seul juge de la question de savoir si ce témoin doit déposer; que c'est au corps du siége qu'il appartient de la décider.

Nous partageons cette opinion de Duparc, en convenant néanmoins que le juge-commissaire ne doit faire ce référé au tribunal qu'autant que la partie à la requête de laquelle le témoin a été assigné, persisterait à ce qu'il fût entendu.

En ce cas, il serait prudent au poursuivant de demander prorogation de délai, s'il avait lieu de présumer que cet incident ne pût être jugé avant l'expiration de celui où l'enquête devrait être close (1).

1039. *Est-ce avant ou après l'audition des témoins présens que le juge-commissaire doit appliquer les dispositions pénales de l'art. 263 ?*

Il nous semble que cette application ne doit être faite qu'après l'audition des témoins présens, ceux qui ne le sont pas ayant toujours la faculté de se présenter, et pouvant être entendus tant que dure l'enquête. Sous l'empire de l'ordonnance, l'usage était contraire; les peines étaient prononcées avant l'audition; mais il y en avait une raison particulière, tirée de ce que les témoins devaient être présens à la première séance, pour y prêter serment devant les parties, qui n'assistaient point, comme aujourd'hui, à leurs dépositions. — (*Voy. l'ordonn., tit. 22, art. 6*).

1040. *La condamnation à l'amende emporte-t-elle la contrainte par corps ?*

La négative résulte positivement de la suppression des ces mots, *et par corps*, dans la rédaction communiquée au Conseil d'état. — (*Locré, tom. 1, pag. 481*).

1041. *L'ordonnance du juge-commissaire est-elle sujette à l'appel, tant de la part du témoin condamné, que de la part de la partie qui l'a assigné ?*

Nous croyons pouvoir répondre affirmativement sur cette question : la partie qui poursuit l'enquête peut avoir à se plaindre de la modicité de la somme qui lui serait adjugée pour ses dommages-intérêts, et il serait injuste, dans cette circonstance, qu'elle n'eût pas pour ses avantages les mêmes droits que les témoins. — (*Voy. Comm. inséré aux Ann. du not., tom. 2, pag. 157*).

1042. *Que doit-on faire pour assurer la comparution d'un témoin qui ne pourrait se présenter parce qu'il se trouverait sous le coup d'une contrainte par corps ?*

La partie qui se propose d'appeler le témoin doit, dans le cas même où celui-ci devrait être entendu en justice de paix ou devant un tribunal de commerce, présenter au président du tribunal civil du lieu où la déposition doit

---

(1) Nous croyons cependant que, si le tribunal décidait que le refus que le témoin aurait fait de déposer n'était pas fondé, le défaut de demande en prorogation n'empêcherait pas de continuer l'enquête, puisque la suspension ne pourrait être imputée à faute au poursuivant: celui-ci agirait donc régulièrement, en obtenant une ordonnance dans la huitaine du jour de la signification du jugement qui aurait ordonné au témoin de déposer, et en le faisant assigner ensuite aux jour et heure qu'elle aurait fixés. — (*Voy. Duparc-Poullain, ubi suprà, et le Comm. inséré aux Ann. du not., tom. 2, pag. 159 et suiv.*)

être reçue, une requête tendante à ce qu'il lui soit donné *un sauf-conduit*. Le témoin lui-même peut former cette demande, comme le dit M. Pigeau, tom. 1, pag. 263.

Le sauf-conduit est l'acte par lequel on garantit *conduite sauve*, c'est-à-dire que le porteur peut se rendre dans tel lieu sans risque.... Il est accordé sur les conclusions du ministère public, et la durée en est fixée à peine de nullité.

En vertu du sauf-conduit, le débiteur appelé en témoignage ne peut être arrêté ni le jour fixé pour sa comparution, ni pendant le tems nécessaire pour aller et pour revenir.

Telles sont, sur la question que nous avons posée, les conséquences qui résultent de l'art. 782 du Code (*voy. nos questions sur cet article*), de l'art. 77 du tarif, d'un avis du Conseil d'état, du 30 mai 1807, et enfin d'une lettre du ministre de la justice, du 8 septembre de la même année. — (*Voy. Berriat Saint-Prix, pag.* 542, *not.* 6).

1043. *Lorsque le juge-commissaire a ordonné la réassignation des témoins défaillans, faut-il appeler de nouveau la partie contre laquelle l'enquête se fait, à comparaître au jour et à l'heure fixés pour l'audition de ces témoins?*

Nous croyons que cette assignation de la partie n'est nécessaire que dans le cas où elle ne comparaitrait pas personnellement à l'enquête; encore pourrait-on soutenir, avec quelque raison, que le poursuivant serait fondé à s'en dispenser, car cette partie aurait à s'imputer à elle-même les suites de sa non comparution. D'ailleurs la loi, qui exige une première assignation, n'en prescrit pas une seconde.

A plus forte raison, lorsque la partie est présente, le procès-verbal qui constate le fait constate également la connaissance qu'elle a eue du nouveau jour fixé pour la comparution, et si c'est son avoué qui comparaît pour elle, c'est à lui de l'avertir.

Cette décision, que donnent en termes équivalens les auteurs du Commentaire inséré aux Annales du notariat, tom. 2, pag. 159, nous paraît fondée en analogie sur la disposition des art. 267 et 1034 du Code de procédure.

Au surplus, le juge-commissaire fera bien, en semblable circonstance, de déclarer dans son procès-verbal que les parties en cause emportent assignation à comparaître au jour et à l'heure auxquels il ordonne que le témoin défaillant sera réassigné.

1044. *Si le jour fixé par le juge-commissaire pour la comparution du témoin défaillant excédait le délai prescrit par l'art.* 278 *pour la clôture de l'enquête, serait-il nécessaire que le poursuivant en demandât la prorogation?*

Cette question peut se présenter dans le cas où le témoin défaillant serait ou l'un des derniers appelés pour déposer, ou domicilié à une distance éloignée; alors, en effet, le juge-commissaire ne pourrait fixer le jour de la réassignation dans le délai de huitaine, porté en l'art. 278 pour la clôture de l'enquête, à partir de l'audition du premier témoin.

Ainsi, le jour auquel le témoin défaillant devrait être réassigné tomberait après l'expiration de cette huitaine.

Les auteurs du Commentaire inséré aux Annales du notariat, tom. 2, pag. 160 et 161, apportent des raisons d'après lesquelles ils décident que, dans une pareille circonstance, où l'on ne saurait imputer au demandeur la cause qui empêcherait que l'enquête fût terminée dans le délai prescrit, l'ordonnance du juge suffirait pour accorder la prorogation, sans qu'il fût besoin de demande de la partie (1).

ARTICLE 264.

Si les témoins réassignés sont encore défaillans, ils seront condamnés, et par corps, à une amende de 100f; le juge-commissaire pourra même décerner contre eux un mandat d'amener.

Ordonn., tit. 22, art. 8. — C. d'instr. crim., art. 80, 157, 355. — C. de P., art. 1029.

CCXXII. ON a vu (*art.* 263) que les témoins défaillans sont réassignés à leurs frais. La loi, prévoyant ici l'opiniâtreté dans la désobéissance, veut qu'ils soient, en cas d'un second défaut, condamnés par corps à une amende, et accorde même au juge-commissaire la faculté de décerner contre eux un mandat d'amener, si les circonstances l'exigent; par exemple, si le témoin est *nécessaire*, si l'affaire est urgente, etc., si l'ordre public paraît intéressé, etc.

1045. *Est-ce au juge-commissaire ou au tribunal qu'il appartient de prononcer la contrainte portée en l'art. 264?*

Tous les commentateurs du Code estiment que c'est au juge-commissaire à prononcer la contrainte par corps, encore bien que l'art. 264 n'en contienne pas une disposition formelle.

Mais, par les raisons déduites sur la 830e. quest., pag. 523, nous estimons que cette contrainte ne pourrait être exercée sans jugement.

1046. *L'amende de 100f qui doit être prononcée, et par corps, dans l'espèce de l'art. 264, ne peut-elle l'être que sur le réquisitoire de la partie?*

Elle doit être prononcée d'office par le juge-commissaire, puisqu'elle est dévolue au fisc exclusivement. Il est d'ailleurs à remarquer que cette amende est tout à fait indépendante de celle qui pourrait être prononcée dans l'espèce de l'art. 263. Le juge n'est pas obligé de prononcer celle-ci; il est de son devoir rigoureux de prononcer celle-là; l'une peut être fixée à une somme inférieure à celle de 100f; l'autre ne peut être moindre ou supérieure; enfin, ces deux amendes étant infligées chacune pour un cas particulier, la condamnation portée en vertu de l'art. 263 ne peut être un prétexte pour modérer celle à prononcer d'après l'art. 264.

1047. *Le mandat d'amener ne peut-il être décerné que d'office comme l'amende?*

---

(1) Ces auteurs ajoutent néanmoins qu'il serait prudent de requérir cette prorogation sur le procès verbal d'enquête, conformément à l'art. 280; mais ce réquisitoire conduirait à faire prononcer la prorogation par le tribunal, et entraînerait des frais inutiles, puisqu'il n'est pas présumable que le tribunal puisse jamais refuser, en pareil cas, la prorogation demandée. Nous croyons donc qu'en cette circonstance particulière, où il s'agit d'un événement que la partie ne pouvait prévoir, le juge-commissaire accorde la prorogation, par cela même qu'il fixe, pour la réassignation du témoin, un jour postérieur à l'expiration du délai. En un mot, ce serait pure chicane, selon nous, que de demander qu'une forclusion fût prononcée en semblable circonstance, faute de prorogation accordée par le tribunal lui-même.

Les termes dans lesquels est conçue la disposition de l'art. 264 relative à ce mandat, font suffisamment connaître qu'il est laissé à la prudence du juge-commissaire de le décerner, soit d'office, soit à la requête de la partie qui poursuit l'enquête, et qui a intérêt à faire entendre le témoin (1).

1048. *A la charge de qui sont les frais d'exécution du mandat d'amener, et comment en doit-on poursuivre le remboursement?*

Ces frais sont évidemment à la charge du témoin, non seulement parce qu'ils sont occasionnés par lui, mais encore parce qu'ils se trouvent compris dans ceux de la réassignation qu'il doit supporter., d'après l'article précédent,

La partie qui en aurait fait l'avance n'a qu'une action contre le témoin; mais nous ne pensons pas qu'il fût prudent de suivre l'opinion des auteurs du Commentaire inséré aux Annales du notariat, tom. 2, pag. 167, et de porter cette action devant le tribunal où l'enquête aurait été faite; comme pure personnelle, elle est régulièrement de la compétence du juge du domicile.

Article 265.

Si le témoin justifie qu'il n'a pu se présenter au jour indiqué, le juge-commissaire le déchargera, après sa déposition, de l'amende et des frais de réassignation.

C. d'instr. crim., art. 81, 158, 356.

CCXXIII. La rigueur des dispositions des articles précédens est tempérée par celui-ci, en considération de l'impossibilité où le témoin défaillant eût pu se trouver de comparaître au jour fixé par l'assignation : en ce cas, la loi lui offre un moyen très-simple de faire rapporter les condamnations prononcées contre lui, c'est de se présenter au jour fixé par la seconde assignation, et même postérieurement, s'il en est tems encore (2); il expose au juge-commissaire les motifs qui l'ont empêché de comparaître (3). Mais ce magistrat doit s'occuper avant tout de l'objet principal de son opération; il commence par entendre la déposition du témoin; puis, s'il juge les moyens d'excuse admissibles, c'est-

(1) On sent que le juge-commissaire ne doit se porter à faire droit au réquisitoire que la partie ferait à ce sujet, qu'autant qu'il y a lieu de présumer que la déposition du témoin est essentielle à la cause.

(2) Cette démarche du témoin défaillant ne souffre aucune difficulté, pourvu qu'elle ait lieu dans un instant où les parties sont présentes ou appelées devant le juge-commissaire, et sur-tout avant la clôture du procès-verbal d'enquête; mais si les parties ne sont ni présentes, ni appelées pour assister à la déposition de ce témoin, si l'enquête est parachevée, si, par conséquent, la mission du juge-commissaire est finie, nous ne pensons pas que les raisons d'excuses et la déposition du témoin puissent encore être entendues par le juge.

(3) La loi ne décide rien, soit sur le genre d'excuses que le témoin doit produire, soit sur l'espèce de preuves qu'il aurait à fournir pour les justifier, et il s'ensuit que la conscience du juge doit seule le diriger dans cette circonstance. Nous remarquerons seulement qu'il ne pourrait admettre l'excuse d'un témoin qui prétendrait n'avoir pu comparaître, parce qu'il serait sous le coup d'une contrainte par corps. Il aurait à s'imputer la faute de n'avoir pas obtenu un *sauf-conduit,* conformément à l'art. 782.

à-dire, s'il considère qu'effectivement il n'a pu comparaître au jour indiqué, il le décharge de l'amende et même des frais de réassignation.

1049. *De ce que l'art. 265 ne parle que de l'amende et des frais, résulte-t-il que le juge-commissaire ne puisse décharger le témoin des condamnations aux dommages-intérêts qu'il aurait prononcées lors du premier défaut?*

Nous croyons, avec M. Demiau Crouzilhac, pag. 205, et M. Hautefeuille, pag. 162, que les raisons qui ont porté le législateur à autoriser le juge-commissaire à décharger de l'amende et des frais de réassignation le témoin qui justifie qu'il a été dans l'impossibilité de comparaître, militent également en sa faveur, relativement aux dommages-intérêts. Si le législateur n'en parle pas, il nous semble que c'est une omission que la justice veut que le magistrat répare : il peut donc décharger le témoin de toutes les condamnations prononcées, soit d'après l'art. 263, soit d'après l'art. 264, *et encore bien qu'il eût décerné mandat d'amener.* — (*Voy. Delaporte, tom. 1, pag. 266; Comm. inséré aux Ann. du not., tom. 2, pag. 168*).

1050. *L'ordonnance par laquelle le juge-commissaire admettrait ou rejeterait les excuses du témoin, est-elle sujette à l'opposition ou à l'appel?*

C'est notre opinion, fondée sur ce que les parties ayant la faculté de se pourvoir contre un jugement quelconque du tribunal de première instance, doivent, à plus forte raison, avoir celle de demander la réformation de l'ordonnance d'un juge-commissaire.

Mais cette solution deviendra plus certaine, par les raisons qui seront développées en la dernière question que nous examinerons sur l'art. 276.

ARTICLE 266.

Si le témoin justifie qu'il est dans l'impossibilité de se présenter au jour indiqué, le juge-commissaire lui accordera un délai suffisant, qui néanmoins ne pourra excéder celui fixé pour l'enquête, ou se transportera pour recevoir la déposition. Si le témoin est éloigné, le juge-commissaire renverra devant le président du tribunal du lieu, qui entendra le témoin ou commettra un juge. Le greffier de ce tribunal fera parvenir de suite la minute du procès-verbal au greffe du tribunal où le procès est pendant, sauf à lui à prendre exécutoire pour les frais contre la partie à la requête de qui le témoin aura été entendu.

Loi du 20 therm. an 4, art. 2. — C. de P., art. 412, 266, 782, 1035.

CCXXIV. LORSQU'UN témoin assigné pour déposer dans une enquête se voit dans l'impossibilité de comparaître au jour fixé par l'assignation, le plus sage parti qu'il ait à prendre est d'en prévenir, sans retard, le juge-commissaire, en lui justifiant des causes qui l'empêchent de se présenter. Les causes d'empêchement sont-elles suffisamment justifiées? Le juge-commissaire examine si l'obstacle peut cesser avant l'expiration du temps prescrit pour faire l'enquête, ou s'il doit durer au-delà. Dans le second cas, il se transporte lui-même, assisté du greffier, auprès du témoin, pour recevoir sa déposition. L'une et l'autre de ces mesures sont réglées par une ordonnance consignée au procès-verbal.

Que, si le témoin qu'un obstacle durable empêche de comparaître se trouve dans un lieu trop éloigné, par exemple, s'il est tombé malade en voyage, ou s'il est retenu par des fonctions publiques ou autres affaires d'une importance grave, le juge-commissaire délivre une ordonnance de renvoi devant le président du tribunal du lieu où se trouve le témoin, et le président reçoit la déposition ou commet un juge pour la recevoir.

La partie qui veut faire exécuter cette ordonnance la joint à l'appointement, et présente les deux pièces, avec une requête, au président devant lequel est ordonné le renvoi; la requête répondue, le témoin assigné et sa déposition recueillie par procès-verbal, le greffier du tribunal du lieu doit faire parvenir de suite la minute même de ce procès-verbal au greffe du tribunal où le procès est pendant, sauf à lui à prendre exécutoire pour les frais qui lui sont dus contre la partie qui a fait entendre le témoin; car c'est toujours à celui qui poursuit une procédure à faire l'avance des frais. — (*Voy. les développemens donnés sur les quest suiv.*)

1051. *A quelle époque et de quelle manière le témoin doit-il justifier qu'il est dans l'impossibilité de se présenter au jour indiqué?*

Il le doit faire au jour fixé pour son audition, afin que les parties puissent combattre ses moyens de justification, si elles le jugent convenable, connaître le délai que le juge-commissaire croirait devoir lui accorder, ou le jour qu'il fixerait pour se transporter près de lui, si cela lui paraissait nécessaire.

Si la partie défenderesse à l'enquête ou son avoué n'avait pas comparu, on agirait ainsi que nous l'avons dit sur la 1043e. quest.

Quant à la manière dont le témoin doit proposer son *exoine*, c'est-à-dire son excuse ou sa justification, la loi n'ayant rien statué à ce sujet, il en résulte que le juge-commissaire peut l'admettre lorsqu'elle est produite par un mandataire, par des parens ou amis, même par lettres missives.

Une maladie plus ou moins grave, une incommodité passagère, une absence accidentelle ou forcée, des fonctions publiques qui, aux jour et heure indiqués pour l'enquête, exigent la présence du témoin dans un autre lieu, telles sont les causes les plus ordinaires qui déterminent l'application de l'article 266.

Ces causes sont justifiées, ou par la notoriété publique, ou par toutes pièces que les circonstances auraient permis au témoin de se procurer; elles pourraient même, si elles étaient déclarées de vive voix, être admises sans preuves, d'après le degré de confiance que le juge aurait dans la véracité du témoin : c'est aux parties intéressées à en contester le mérite. — (*Voy. Comm. inséré aux Ann. du not., tom. 2, pag. 170 à 173*).

1052. *Qu'arrive-t-il lorsque les excuses du témoin sont admises ou rejetées?*

Si le juge-commissaire rejète les excuses, il applique la disposition de l'article 263.

S'il les admet, il ordonne de trois choses l'une : ou que le témoin se présentera dans un délai qu'il indique, ou qu'il se transportera au domicile de ce témoin, pour y recevoir sa déposition, ou que ce même témoin sera entendu, soit par le président du tribunal de l'arrondissement dans lequel il sera domicilié, soit par un juge délégué par ce magistrat.

1053. *Comment s'exécute la décision par laquelle le juge-commissaire ordonne l'une des trois choses mentionnées en l'article précédent?*

C'est à la partie qui poursuit l'enquête à lever de suite l'ordonnance du juge-commissaire, et à en faire, envers le témoin, l'usage que les circonstances exigent. Par exemple, si cette ordonnance fixe un autre jour pour l'audition du témoin, ou si elle porte déclaration du transport du juge-commissaire au domicile de ce témoin, le poursuivant doit signifier l'ordonnance à ce dernier, avec sommation d'y obtempérer; et à l'égard du défendeur à l'enquête, il l'assigne pour être présent, s'il n'avait pas comparu lors de la décision qui a prononcé sur les excuses. — (*Voy.* 1043ᵉ. *quest.*)

Si, au contraire, le juge a renvoyé le témoin devant le président d'un autre tribunal, le poursuivant doit présenter à ce magistrat, ou au juge qu'il aurait délégué lui-même, une requête à laquelle il joindra une expédition de l'ordonnance du juge-commissaire, et par laquelle il demandera qu'il soit fixé jour et heure pour l'audition du témoin : l'ordonnance qui interviendra sera signifiée au témoin avec citation.

Quant au défendeur à l'enquête, il sera nécessairement assigné pour être présent à l'audition du témoin, puisqu'il n'aurait pas eu ou ne pourrait être censé avoir eu connaissance du jour et de l'heure qui auraient été fixés.

Nous croyons cependant, comme les auteurs du Commentaire inséré aux Annales du notariat, tom. 2, pag. 177, qu'il serait inutile, dans cette circonstance, d'observer le délai de trois jours prescrit par l'art. 261, puisque le défendeur aurait déjà eu connaissance des noms, profession et demeure du témoin, en exécution du même article, et qu'il a eu non seulement ces trois jours, mais encore tout le tems qui s'est écoulé depuis l'ouverture de l'enquête, pour prendre les renseignemens nécessaires sur la personne du témoin.

1054. *L'art. 266 est-il applicable, par analogie, au cas prévu par la dernière disposition de l'art. 255, en ce que le premier exige qu'on envoie la minute du procès-verbal d'enquête au greffe du tribunal où le procès est pendant?*

Dans l'espèce de l'art. 266, le juge-commissaire fait, par rapport à un témoin, ce que l'art. 255 autorise le tribunal entier à faire pour l'enquête entière : la similitude des deux cas est donc évidente, et conséquemment il y a même raison pour décider que, dans l'espèce de ce dernier article, la minute, et non une expédition du procès-verbal de l'enquête, doit être adressée au tribunal qui a rendu l'appointement à informer. — (*Voy. Quest. de Lepage, pag.* 199).

ARTICLE 267.

Si les témoins ne peuvent être entendus le même jour, le juge-commissaire remettra à jour et heure certains; et il ne sera donné nouvelle assignation ni aux témoins, ni à la partie, encore qu'elle n'ait pas comparu.

T., 167. — Ordonn. de 1667, tit. 22, art. 11. — C. de P., art. 269.

CCXXV. PUISQUE les témoins et le défendeur ont été appelés par une assignation qui leur indiquait un jour et une heure fixes, il faut qu'ils soient avertis par une décision légale de la prorogation donnée à cette assignation. Ainsi, pour l'exécution de l'article ci-dessus, le juge-commissaire doit rendre une ordonnance écrite ou procès-verbal d'enquête, qui, en énonçant les différentes remises que les circonstances nécessitent, lie entre elles toutes les vacations de l'enquête. C'est aussi parce que la loi présuppose que cette ordonnance sera rendue par le juge-commissaire et lue aux témoins et à la partie, qu'elle dispose qu'il ne leur sera pas donné d'assignation nouvelle. — (*Voy. Comm. inséré aux Ann. du not., tom.* 2, *pag.* 178; *Hautefeuille, pag.* 160, *et l'art.* 269). (1)

Article 268.

Nul ne pourra être assigné comme témoin, s'il est parent ou allié en ligne directe de l'une des parties, ou son conjoint, même divorcé.

Ordonn. de 1667, tit. 22, art. 11. — C. de P., art. 270, 275, 282 et suiv., 413.

CCXXVI. Rien de plus sage, dit M. Toullier, tom. 9, pag. 434, que cette prohibition absolue de recevoir le témoignage des parens et alliés au degré fixé par l'article ci-dessus. Ainsi restreinte dans ses justes bornes, elle est fondée sur la nature même, qui forme entre les ascendans et leurs descendans un lien d'amour et de respect tellement fort et tellement sacré, que la morale défend de les entendre en témoignage pour ou contre les uns et les autres............ La nature, la religion et la loi réunies forment encore un lien plus fort entre les époux, qui ne sont plus qu'une seule et même personne........... L'un des époux ne peut donc être appelé en témoignage dans une cause qui devient la sienne dès qu'elle intéresse son conjoint..............; enfin, l'union conjugale identifiant ainsi les deux époux, établit entre eux et les parens de l'autre un lien pareil à celui du sang................ Ce n'est plus qu'une seule et même famille dont les intérêts sont confondus : la loi devait donc défendre d'appeler en témoignage les parens et alliés en ligne directe de l'une des parties. » (2)

1055. *Si l'on avait assigné, malgré la disposition de l'art.* 268, *une des personnes désignées dans cet article, cette personne ne pourrait-elle être écartée de l'enquête qu'autant qu'elle serait reprochée par la partie ?*

« Le témoin assigné étant au degré prohibé pour être entendu, n'a pas besoin, dit M. Hautefeuille, tom. 1, pag. 155, d'être reproché pour être écarté de l'enquête; le juge-commissaire doit le rejeter d'office, parce que la loi porte, en termes formels, que les parens et alliés à ce degré ne pourront être assignés; s'ils ne peuvent être assignés, ils ne peuvent être entendus : le reproche est dans la loi même; sa disposition est prohibitive. »

---

(1) Il n'est pas besoin d'insister pour faire sentir que le juge-commissaire ne peut fixer une remise au-delà du délai dans lequel l'enquête doit être close, conformément à l'art. 278. — (*Voy. les quest. sur l'art.* 269).

(2) Quant aux parens et alliés collatéraux, voy. l'art. 283.

Telle est aussi l'opinion de tous les commentateurs du nouveau Code, à l'exception de M. Demiau Crouzilhac, qui maintient, pag. 209, que l'art. 268 n'attachant point la peine de nullité à la prohibition qu'il prononce, on ne pourrait annuler l'assignation donnée à un parent ou allié en ligne directe. De là, cet auteur tire la conséquence que ces témoins ne peuvent se dispenser de comparaître, et qu'ils ont seulement la faculté de refuser leur témoignage. « C'est, ajoute-t-il, ce qui résulte évidemment de l'art. 283, où il est dit que les parens en ligne directe peuvent être reprochés : d'où il faut conclure que le législateur suppose qu'ils peuvent être assignés ; car autrement la disposition de la loi qui présente la parenté en ligne directe comme un moyen de reproche, ne serait plus qu'une inconséquence, parce que si réellement la prohibition d'assigner de tels témoins était absolue, on ne serait jamais dans le cas de les reprocher. »

Nous ne croyons pas que l'art. 283 suppose qu'il soit besoin de reprocher des témoins parens ou alliés en ligne directe, pour les empêcher de déposer. S'il en était ainsi, on ne pourrait nier qu'il se trouverait une contradiction manifeste entre les art. 268 et 283. A quoi bon le législateur eût-il défendu d'assigner des témoins qui, s'ils l'étaient au mépris de cette prohibition, ne pourraient néanmoins être écartés qu'en vertu de reproches ?.....

Cette contradiction n'existe point, selon nous ; car l'art. 283 ne parle point des parens ou alliés de l'une des parties auxquels se rapporte expressément l'art. 268, *mais des parens ou alliés d'un conjoint décédé sans avoir laissé d'enfans.* — (*Voy. nos quest. sur l'art.* 283), (1)

1056. *L'art.* 268 *doit-il s'entendre seulement de la parenté ou de l'alliance en ligne directe légitime, ou peut-il être étendu à la ligne directe naturelle ?*

D'après Denisart, au mot *témoins*, tom. 4, pag. 675, n°. 10, cette question doit être résolue pour l'affirmative. On peut d'ailleurs l'appuyer d'un arrêt de la Cour de cassation, du 6 avril 1809 (*voy. Denevers*, 1809, *pag.* 177), qui a décidé que la prohibition, dans le cas de l'art. 358 du Code du 3 brumaire an 4, était applicable à un enfant naturel adultérin appelé à déposer contre le mari de sa mère. La Cour a déclaré que le vice de la naissance de l'enfant n'étant d'aucune considération à l'égard du mari, qui a contracté une union légale avec la mère, il existe toujours entre celle-ci et son enfant, lors même qu'il est bâtard ou adultérin, un lien naturel d'où résultent des rapports inaltérables d'alliance entre cet enfant et celui qui a épousé sa mère.

---

(1) Il paraîtrait suivre de cette remarque que l'opinion de M. Demiau Crouzilhac se trouverait détruite dans ses bases, et que l'on doit s'en tenir à celle de M. Hautefeuille ci-dessus rapportée.

Cette dernière opinion trouve d'ailleurs un appui dans le passage suivant du discours du tribun Perrin (*voy. édit. de F. Didot, pag.* 268) : « Le projet distingue entre les témoins qui *ne peuvent être entendus*, et ceux contre lesquels on peut proposer des reproches. La première classe est composée des parens en ligne directe. La nature ne connaît point de liens plus forts que ceux qui existent du père aux enfans : la corruption ne connaît point d'ingratitude plus criminelle que celle qu'elle élève entre eux. Il ne faut pas que leurs dépositions, quoique rejetées, puissent devenir un monument de parjure ; il ne faut pas qu'un témoin puisse être froissé entre les devoirs de sa conscience et des affections aussi impérieuses. »

On a considéré, d'ailleurs, que les motifs de prudence et les considérations morales qui avaient dicté la prohibition de l'art. 358 du Code de brumaire (*aujourd'hui art.* 322 *du Code d'instruction*), à l'égard du fils légitime de l'un des conjoints, s'appliquaient aussi à l'enfant illégitime de la femme vis-à-vis de son mari.

On sent que cette considération trouverait également son application à la prohibition portée en l'art. 268 du Code de procédure (1).

1057. *La prohibition prononcée par l'art.* 268 *doit-elle être appliquée en matière de divorce et de séparation de corps?*

Il est certain, d'après le texte formel de l'art. 251 du Code civil, que l'art. 268 n'est point applicable en matière de divorce. Mais les art. 307 du même Code, et 879 de celui de procédure, disposant que la demande en séparation de corps doit être intentée, instruite et jugée de la même manière que toute autre action civile, on avait douté que cet art. 251 du Code civil fût applicable en matière de séparation.

Ce doute a été levé par un arrêt de la Cour de cassation, section des requêtes, du 8 mai 1810 (*voyez Denevers*, 1810, *pag.* 200), qui a déclaré, premièrement, que le législateur, en décidant qu'on pourra intenter la demande en séparation de corps, dans le cas où il y a lieu à demander le divorce pour cause déterminée, n'a pas établi de différence dans la manière de prouver, dans un cas comme dans l'autre, des faits qui sont les mêmes; secondement, qu'on ne peut pas dire que les art. 307 du Code civil, et 879 du Code de procédure, en prononçant que la demande en séparation de corps sera intentée, instruite et jugée dans les formes établies pour les autres demandes, se soient expliqués sur les qualités des témoins ni sur les causes qui les rendent reprochables.

1058. *Est-il d'autres cas dans lesquels il y ait exception à la prohibition portée en l'art.* 268?

Cette question était controversée sous l'empire de l'ordonnance de 1667, dont l'art. 11 du tit. 22 portait que les parens ou alliés des parties, jusqu'aux enfans des cousins issus de germains inclusivement, ne pourraient être témoins

(1) Si l'arrêt que nous venons de citer n'existait point, nous ne croirions pas devoir émettre une opinion absolument conforme à celle qu'il a consacrée; nous nous bornerions à dire que la disposition de l'art. 268 ne doit être étendue à la ligne directe naturelle qu'autant que l'enfant aurait été reconnu par les auteurs de ses jours, conformément à l'art. 334 du Code civil. Nous en apporterions pour preuve les dispositions des art. 158, 383, 756 et 765 du Code civil, qui attachent à cette reconnaissance des effets civils, consistant en droits et en obligations, et nous en conclurions que les liens naturels et civils et le lien d'intérêt qui unissent alors l'enfant aux auteurs de ses jours, et ceux-ci à lui, exigeroient l'application de l'art. 268 du Code de procédure.

Mais l'enfant naturel non reconnu, l'enfant adultérin ou incestueux qui ne peut l'être (*voy. Code civil, art.* 335), nous paraîtraient pouvoir être assignés. Quoi qu'il en soit, il est facile de se convaincre que l'arrêt que nous venons de citer repousserait cette distinction; et c'est aussi ce qu'établissait clairement M. le conseiller chargé du rapport de l'affaire dans laquelle il a été rendu. — (*Voy. nos quest. sur l'art.* 283).

en matière civile, pour déposer en leur faveur ou contre elles, et que leurs dépositions seraient rejetées (1).

Il faut, dit Vedel sur Catellan, liv. 9, chap. 7, s'en tenir scrupuleusement à la disposition de la loi, sans entrer dans les motifs de nécessité qu'il peut y avoir d'employer pour témoins des parens au degré de l'ordonnance, qui, n'ayant usé d'aucune distinction, ôte tout prétexte de distinguer, suivant la maxime *cùm lex loquitur generaliter, generaliter est intelligenda.*

Nous croyons devoir appliquer ces raisons à la disposition de l'art. 268, qui, d'ailleurs, a restreint la prohibition de l'ordonnance aux seuls parens ou alliés en ligne directe, et rendu moins sensibles encore les effets de cette prohibition, pour les cas où il serait nécessaire de recourir au témoignage de parens ou alliés de l'une des parties. Il nous paraît, en outre, que telle est l'opinion de M. Merlin, puisque, après avoir répété les passages ci-dessus rapportés de l'ancien Répertoire, il se borne à renvoyer, sans aucune observation, aux art. 268 et 283 du Code de procédure, articles qu'il a insérés au mot *enquête*, § 4, et sur lesquels il ne dit encore rien qui puisse autoriser quelques exceptions aux dispositions qu'ils renferment (2). — (*Voy. Toullier, tom. 9, pag. 497, n°. 316*).

---

(1) Jousse, Rodier, Serpillon, disent non seulement que l'on pouvait, mais encore que l'on devait entendre les parens et alliés au degré prohibé en cet article, 1.° quand il s'agissait de prouver l'âge, le mariage, la mort de quelqu'un; 2.° s'il était question de prouver une parenté ou alliance, comme dans le cas d'une récusation; 3.° lorsqu'il s'agissait de vérifier un fait qui s'était passé dans le secret d'une famille; 4.° lorsqu'il s'agissait de soustraction ou recélé des effets d'une succession. — (*Voy. les autorités citées par Rodier à l'appui de ces quatre propositions*).

On lisait, au contraire, dans l'ancien Répertoire, et on lit encore dans le nouveau, au mot *témoins judiciaires*, tom. 12, pag. 564, que, nonobstant les observations faites par les commissaires rédacteurs de l'ordonnance, relativement aux cas d'exception dont nous venons de parler, l'article passa purement et simplement; que le législateur n'a adopté, par aucune loi postérieure, les modifications qui étaient proposées. « De là, dit le rédacteur, on doit, ce semble, conclure que toutes les fois qu'on prend la voie civile pour vérifier, soit une parenté ou alliance, soit l'âge, l'état ou le décès de quelqu'un, soit des faits passés dans le secret d'une famille, on ne peut faire entendre comme témoins aucuns des parens ou alliés au degré fixé par l'ordonnance ».

(2) M. Demiau Crouzilhac admet, il est vrai, une partie des exceptions que l'on retrouve établies par Rodier, Jousse et Serpillon, et voici comment il s'exprime :

« Le législateur est moins sévère en matière civile, par rapport à des cas particuliers, où les parens, même en ligne directe, peuvent devenir des *témoins nécessaires;* aussi ne dit-il pas (*voy. art. 268 du Code de proc.*), comme dans la loi criminelle (*voy. art. 322 du Code d'instr.*), que leurs dépositions ne *seront pas reçues;* il se contente de dire qu'ils ne seront pas assignés; et comme cependant il est possible que les circonstances aient nécessité leur vocation, il permet de les reprocher, sur le seul motif de la parenté; permission qui est très-importante, parce qu'il se rencontre quelquefois qu'il y a nécessité absolue de les entendre. Ceci s'applique aux cas de *spoliation d'hérédité, de soustraction ou enlèvement d'effets immédiatement après décès* ».

L'on voit que cet auteur établit son opinion sur l'hypothèse que l'art. 283, en permettant de reprocher des parens ou alliés au degré prohibé par l'art. 268, permettrait conséquemment de les entendre s'ils n'étaient pas reprochés. Nous croyons avoir prouvé, sur la 1055.° quest., que cette hypothèse n'existe pas, et l'on en trouve une nouvelle preuve au § 5 de l'art. 413, qui exprime formellement que la prohibition d'*assigner* est une prohibition d'*entendre*, puisqu'il porte qu'on appliquera aux enquêtes à faire en matière sommaire la *prohibition d'*ENTENDRE *les conjoints des parties, les parens et alliés en ligne directe.*

ARTICLE 269.

Les procès-verbaux d'enquête contiendront la date des jour et heure, les comparutions ou défauts des parties et témoins, la représentation des assignations, les remises à autres jour et heure, si elles sont ordonnées, à peine de nullité.

Ordonn. de 1667, tit. 22, art. 22. — C. de P., art. 275, 294, 1029.

CCXXVII. Ici la loi impose au juge-commissaire des obligations dont le but est de constater l'accomplissement des formalités qu'elle a prescrites pour la validité de l'enquête, et il semblerait, par la généralité des termes dans lesquels elle prononce la nullité, qu'elle frapperait l'enquête entière. Telle n'a pas été l'intention du législateur. La raison dit, et l'art. 294 dispose que, si l'omission est relative à une mention qui concernerait la substance même de l'acte, comme par exemple celle de la date, la nullité doit frapper sur l'enquête entière; celle qui ne concernerait qu'un témoin isolé, comme si l'on avait oublié de mentionner la représentation de sa copie d'assignation, ne doit porter que sur la déposition de ce témoin; en sorte que le surplus de l'enquête n'en est pas moins valable.

1059. *L'obligation de mentionner, dans le procès-verbal, la représentation des assignations, s'entend-elle tant des copies d'assignations données aux témoins et à la partie, que de l'original de ces copies?*

Nous avons dit, sur la 1018e. question, que l'on ne pourrait entendre des témoins qui n'auraient pas été assignés; de là résulte que chacun d'eux doit représenter la copie de l'assignation qui lui a été donnée. Mais nous pensons que si un témoin avait perdu ou oublié cette copie, il suffirait que le poursuivant représentât l'original de l'assignation, qui constaterait que ce témoin a été réellement cité (1).

Nous croyons qu'il suffit, pour cet objet, de mentionner la représentation de l'original de l'assignation donnée au défendeur; et dans le cas où elle ne renfermerait pas les noms des témoins, celle de l'acte séparé qui en contiendrait la notification. — (*Voy. la* 1023e. *quest.*)

On sent, en effet, que la représentation de l'original des assignations données aux témoins devient inutile, puisqu'ils doivent représenter la copie qu'ils ont reçue; ce ne serait donc que dans le cas où un témoin aurait perdu sa copie, ou ferait défaut, que le poursuivant aurait à justifier de l'assignation qu'il lui

---

(1) Les auteurs du Commentaire inséré aux Annales du notariat, tom. 2, pag. 184, estiment de plus que l'art. 269, en disant que le procès-verbal d'enquête doit contenir la mention de la représentation des assignations, entend parler aussi de l'original même des assignations données à la requête du poursuivant, tant aux témoins qu'au défendeur. Ils se fondent sur ce que ce n'est que par la représentation de cet original que le juge-commissaire peut connaître le nombre des témoins qui ont été assignés, et prendre les mesures que les circonstances nécessiteraient contre ceux des témoins qui ne paraîtraient point.

aurait donnée, ce dont il deviendrait nécessaire que le juge fît mention dans son procès-verbal (1).

1060. *Doit-on ouvrir, à peine de nullité, le procès-verbal d'enquête le jour même où l'ordonnance du juge-commissaire est donnée, conformément à l'art.* 259,

Cet article porte, dans la seconde disposition, que le juge-commissaire ouvrira les procès-verbaux respectifs pour la mention de la réquisition et de la délivrance de son ordonnance.

Mais l'art. 269 suppose que le procès-verbal n'est ouvert qu'au jour fixé pour l'audition des témoins; de là se sont introduits deux usages différens. En certains tribunaux, le juge-commissaire ouvre son procès-verbal le jour même auquel il délivre l'ordonnance; dans d'autres, il ne l'ouvre que le jour de l'audition des témoins, et l'on croit se conformer suffisamment à l'art. 259, en mentionnant la délivrance de l'ordonnance.

Le premier de ces usages s'est établi sur l'avis de M. Lepage, (*voy. dans son nouveau Style, 4e. édit., pag.* 258), adopté par M. Demiau, pag. 202. Ces deux auteurs estiment que le procès-verbal doit être ouvert par la mention, 1°. du jugement qui a ordonné l'enquête; 2°. de la comparution et de la réquisition de la partie qui se présente pour obtenir l'ordonnance; 3°. enfin, *de la délivrance que le juge lui en fait.*

M. Pigeau s'exprime, à ce sujet, dans les termes les plus formels. « La partie » qui veut faire entendre ses témoins, présente requête au juge-commissaire, » et *celui-ci ouvre en même tems le procès-verbal de l'enquête par la mention de » la réquisition et de la délivrance de son ordonnance.* »

Cette explication est sans contredit fondée sur le texte même de l'art. 259, dont la seconde disposition est liée avec les premières par ces mots, *en conséquence, le juge ouvrira.....*

On doit donc s'en tenir au premier usage; mais nous ne pensons pas qu'il y ait nullité à suivre le second, parce que l'art. 275 ne place pas l'art. 259 au nombre de ceux dont il exige l'observation sous cette peine.

---

(1) Quant au défendeur à l'enquête, les auteurs déjà cités disent encore que l'on doit exiger du défendeur la justification de la copie de l'assignation qui lui a été donnée, et en faire mention sur le procès-verbal, parce que cette pièce prouve l'individualité de celui qui la représente, fait voir qu'il est en effet le défendeur, et qu'en cette qualité, il a le droit d'être présent aux opérations de l'enquête.

Nous avions dit, au contraire, sur la 942.e quest. de notre Analyse, que cette représentation et la mention à en faire au procès-verbal ne nous semblaient point exigées; qu'elles ne devenaient nécessaires qu'autant que le demandeur contestant l'individualité de celui qui se présenterait comme défendeur, ce dernier produisait la copie en preuve de cette individualité; mais il n'est guère possible, ajoutions-nous, il n'est pas même vraisemblable que ce cas puisse se présenter. — (*Voy. Delaporte, pag.* 270, *et la formule donnée par M. Pigeau, tom.* 1, *pag.* 275).

Un arrêt de la Cour de cassation, du 4 janvier 1813 (*voy. Sirey, tom.* 13, *pag.* 303), a décidé que les procès-verbaux doivent, à peine de nullité, contenir la mention expresse de la représentation des assignations, et il est à observer que cet arrêt prononce dans une espèce où il s'agissait de l'assignation donnée à la partie défenderesse à l'enquête. Il rejette, par conséquent, l'opinion que nous avions émise, que l'art. 269 ne devait s'entendre que des assignations aux témoins.

ARTICLE 270.

Les reproches seront proposés par la partie ou par son avoué, avant la déposition du témoin, qui sera tenu de s'expliquer sur iceux : ils seront circonstanciés et pertinens, et non en termes vagues et généraux. Les reproches et les explications du témoin seront consignés dans le procès-verbal.

T., 92. — Ordonn. de 1667, tit. 22, art. 27. — C. de P., art. 275, 284 et suiv.

CCXXVIII. Il arrive rarement, dit M. Toullier, tom. 9, n°. 263, pag. 410, que les hommes veuillent tromper *sans intérêt* : nous devons donc penser, par analogie, que tel témoin appelé pour dire la vérité ne la trahira point en présence de la justice, si quelqu'intérêt ne l'y porte. Mais la même analogie qui nous induit à penser qu'un témoin ne trahira pas la vérité sans intérêt, nous fait aussi juger qu'il la déguisera, qu'il la taira ou la trahira même, si son intérêt, ses passions ou ses préjugés l'y portent. C'est d'après cette dernière présomption, que la loi autorise la partie à reprocher le témoin appelé pour déposer contre elle, c'est-à-dire, à présenter les moyens propres à justifier le soupçon de partialité qu'elle élève contre lui, et par suite faire rejeter sa déposition. Mais pour écarter de cette matière ce que les passions, l'arbitraire ou le caprice pourraient imaginer, soit pour compromettre injustement la probité d'un témoin, soit pour entraver mal à propos la preuve testimoniale, la loi veut que le reproche ne soit admissible qu'autant qu'il serait circonstancié et pertinent. Ainsi, des imputations qui, fussent-elles prouvées, seraient insuffisantes pour faire écarter la déposition d'un témoin, ou qui ne seraient alléguées que d'une manière vague et générale, sans aucune détermination de faits, de circonstances ou de motifs, ne devraient pas même être recueillies par le juge-commissaire. Le témoin reproché doit s'expliquer de suite sur le fondement du reproche, et donner les renseignemens qui peuvent éclairer la décision ultérieure de la justice.

1061. *Une partie peut-elle reprocher un témoin qu'elle a produit ?*

M. Pigeau, tom. 1, pag. 272, résout négativement cette question, par le motif que celui qui a *produit* un témoin renonce par cela seul aux moyens de reproches qu'il pourrait faire valoir contre lui, si ce témoin lui avait été opposé.

Serpillon, sur l'art. 1 du tit. 23 de l'ordonnance, n°. 8, admet une exception pour le cas où la partie aurait découvert la cause du reproche depuis l'assignation du témoin. En cette circonstance, dit-il, les juges ne pourraient, sans doute, s'empêcher d'avoir égard à de pareils reproches. Il est, au reste, laissé à leur prudence de statuer sur l'admission ou le rejet des reproches, suivant les circonstances. C'est aussi l'avis de Duparc-Poullain, tom. 9, pag. 408, n°. 138 ; et nous croyons qu'il est juste de le suivre, toutes les fois qu'il est bien démontré que la partie, au moment de l'assignation donnée à sa requête au témoin, ignorait les causes de récusation qui existaient en sa personne.

1062. *Le juge peut-il suppléer d'office les reproches que la partie n'a pas proposés ?*

Nous avons dit, sur la 1055ᵉ. quest., qu'il ne nous paraissait pas douteux que le juge pouvait suppléer d'office les incapacités résultant de la prohibition portée en l'art. 268. Serpillon, sur l'art. 23 de l'ordonnance, nº. 27, s'appuyant sur ce que les reproches sont de droit public, dit qu'il est certain, même en matière civile, qu'il doit suppléer les reproches, dans le cas où une partie négligente ou mal informée n'articule pas un moyen de reproche notoire; qu'il le doit sur-tout si la partie est défaillante, puisqu'il doit alors *vices absentis gerere*. On pourrait conclure de cette opinion, et sans distinction, l'affirmative de la question que nous avons posée; mais Duparc-Poullain, tom. 9, pag. 407, se bornait à dire, à ce sujet, que si le juge n'est pas suffisamment autorisé à rejeter d'office la déposition, son devoir l'oblige de balancer tous les moyens de suspicion, dans l'examen des preuves respectives.

On remarquera que l'art. 284 du Code de procédure portant que le témoin sera entendu dans sa déposition, la question dont il s'agit n'offre pas le même intérêt qu'elle pouvait présenter sous l'empire de l'ordonnance, et qu'elle se réduit à celle de savoir s'il est permis au juge-commissaire de consigner sur le procès-verbal les connaissances qu'il aurait de certaines causes de reproches ignorées de la partie.

Nous répondons que l'exercice d'une telle faculté devrait au moins être restreint aux reproches dont la cause serait évidemment de nature à pouvoir être ignorée de la partie. Celle, par exemple, dont le domicile serait éloigné, peut n'avoir pas connaissance de condamnations criminelles prononcées contre un témoin, etc.; alors il ne serait pas juste que cette ignorance pût lui nuire, et nous ne verrions aucun inconvénient à ce que le juge prît soin d'en avertir le tribunal dans son procès-verbal, afin qu'en procédant au jugement, il eût tel égard que de raison à la déposition d'un témoin dont la véracité peut être suspecte. (1) — (*Voy. Duparc, ubi suprà*).

1063. *Les reproches servent-ils aux deux parties?*

En général, les reproches formés contre un témoin ne servent qu'à la partie qui les a proposés et non aux autres, à moins, dit Jousse sur l'art. 1 du tit. 23 de l'ordonnance, qu'ils ne soient fondés sur une capacité personnelle pour déposer, telle que celle résultant de condamnations judiciaires. — (*Voy. art. 283, 2ᵉ. disposition*).

Mais, dans notre opinion, l'on doit excepter aussi le cas où il s'agirait, dans la contestation, d'un objet commun à plusieurs parties : certes, les reproches que l'une d'elles opposerait contre les témoins de l'adversaire serviraient à toutes les parties intéressées dans cette contestation.

---

(1) Mais, *en général*, le juge-commissaire doit se garder de suppléer ainsi le reproche. L'art. 270 est formel : *Les reproches*, dit-il, *seront proposés par la partie ou par son avoué*. La partie est donc présumée ne vouloir pas s'en servir et s'en rapporter à la bonne foi du témoin, toutes les fois qu'elle ne les présente pas par elle-même ou par son avoué.

D'ailleurs, l'art. 283 ne donne qu'une *faculté* de reprocher le témoin; il n'en fait point une obligation; et de là résulte encore que la partie doit être présumée renoncer aux reproches qu'elle n'oppose pas. Ici le juge ne peut ni ne doit veiller pour elle. — (*Voy. Traité de M. Toullier, tom. 9, n.º 287, pag. 436*).

1064. *Est-il nécessaire, pour que l'avoué reproche un témoin, qu'il en ait un pouvoir spécial?*

Nous ne le pensons pas, par le motif que le Code ne répète point la disposition de l'art. 6 du tit. 23 de l'ordonnance, qui portait que les procureurs *devaient apparoir d'un pouvoir spécial par écrit.* La constitution d'avoué par la partie suffit donc pour autoriser celui-ci à proposer le reproche. Mais c'est à lui à agir avec circonspection en semblable circonstance; car si le reproche qu'il aurait opposé était jugé calomnieux, il pourrait, sur l'action en garantie de la partie, être personnellement assujéti aux réparations et dommages-intérêts portés en l'art. 289.

1065. *Quand est-il nécessaire de justifier par écrit les reproches opposés contre les témoins?*

L'art. 270 porte que les reproches seront proposés.... avant la déposition du témoin, qui sera tenu de s'expliquer sur iceux.... L'art. 282 veut qu'aucun reproche ne soit proposé après la déposition, s'il n'est justifié par écrit.

Du rapprochement de ces deux articles, il résulte, 1°. que le vœu de la loi est que tout reproche soit proposé avant la déposition; 2°. qu'il faut nécessairement proposer à cette époque celui dont la partie ne pourrait justifier que par témoins; 3°. que, par une exception portée en l'art. 282 à la disposition générale de l'art. 270, on peut, après la déposition, proposer un reproche qui serait justifié par écrit.

1066. *Mais la partie qui propose des reproches avant la déposition du témoin, est-elle tenue, à peine de forclusion, d'offrir, au même instant, la preuve de ces reproches, et, quand cette preuve ne peut être faite que par témoins, d'indiquer ces témoins?*

Il est certain, d'après l'art. 282, combiné avec l'art. 289, que, dans la cas où *la preuve peut être faite par écrit*, cette preuve peut être offerte jusqu'au jugement, et, par conséquent, après la déposition du témoin. Tous les auteurs sont d'accord sur ce premier point; mais il en est autrement par rapport au cas où les reproches ne pourraient être justifiés qu'à l'aide de la preuve testimoniale (1).

---

(1) M. Delaporte, tom. 1, pag. 283, M. Pigeau, tom. 1, pag. 282, et les auteurs du Commentaire inséré aux Annales du notariat, tom. 2, pag. 189, sont ceux qui maintiennent que la partie n'est pas tenue d'offrir la preuve, et de nommer ses témoins à l'instant où elle oppose le reproche. Voici les motifs sur lesquels ils établissent leur opinion :

Si le législateur eût voulu que la preuve fût offerte, et les témoins nommés à l'instant où le reproche serait proposé, c'est dans l'art. 270 qu'il eût exprimé sa volonté. Or, cet article ne contient aucune disposition à ce sujet.

Les articles qui suivent règlent toutes les formalités de l'enquête jusqu'à sa clôture; ils établissent la procédure ultérieure, et c'est après toutes ces dispositions que vient l'art. 289, portant que *si les reproches proposés avant la disposition ne sont justifiées par écrit, la partie sera tenue d'en offrir la preuve et de désigner les témoins; autrement, elle n'y sera plus reçue.*

En quelle circonstance doit-elle donc faire cette offre et cette désignation? Ce n'est pas à l'instant même où elle propose ses reproches, puisqu'on vient de voir que l'art. 270 ne l'ordonne pas; ce ne peut donc être qu'après la clôture de l'enquête; époque où il ne s'agit

Un arrêt de la Cour d'Orléans, du 4 avril 1810, rapporté au Journal des avoués, tom. 2, pag. 376, a formellement consacré l'opinion des auteurs qui maintiennent que la partie n'est pas obligée d'offrir la preuve à l'instant, encore bien que l'on eût fait valoir devant elle toutes les raisons par lesquelles les autres ont soutenu le système opposé.

On regrette que les motifs de cette décision n'aient pas reçu tous les développemens qu'on pourrait désirer, et nous avouons que nous ne saurions trouver un argument vraiment décisif en sa faveur.

L'art. 71 du tarif admet que l'offre de la preuve et la désignation des témoins peuvent être l'objet d'un acte particulier : il n'est donc pas formellement exigé que les déclarations relatives à ces deux objets soient consignées sur le procès-verbal, comme le doivent être les reproches et les explications des témoins, conformément à l'art. 270. Aussi l'art. 275, qui indique plusieurs articles de l'observation desquels ce procès-verbal doit faire mention, ne comprend-il point l'art. 289.

Il suit de là que l'arrêt de la Cour d'Orléans, en déclarant seulement que les reproches non justifiés par écrit doivent être, *au moment de l'articulation*, accompagnés, tant de l'offre de la preuve que de la désignation du nom des témoins, en conformité de l'art. 289, se réduit, comme l'observe M. Berriat Saint-Prix, pag. 295, not. 50, à exiger que l'offre de la preuve et l'indication des témoins soient faites avant ce procès-verbal, ou au plus tard en même tems que l'articulation des reproches.

Mais nous demanderons quel est l'article du Code qui autorise à fixer ainsi le terme de la déchéance que prononce l'art. 289? Rejeter les conclusions de l'acte qui serait dressé conformément à l'art. 71 du tarif, parce qu'il n'aurait pas été signifié avant la déposition du témoin reproché, ou au moins au moment de son audition, n'est-ce pas arbitrairement avancer le terme auquel l'art. 289 paraît fixer la déchéance? n'est-ce pas conséquemment la suppléer à cette époque de la procédure?

Or, s'il n'y a aucune raison qui rende indispensable de notifier l'écrit autorisé par le tarif avant que l'enquête soit signifiée, la circonstance que l'art. 289 suit au lieu de précéder la disposition qui permet à la *partie la plus diligente* de signifier les procès-verbaux d'enquête, ne porte-t-elle pas à croire que le législateur n'exige la signification de l'écrit dont nous venons de parler, qu'après celle de ces procès-verbaux?

---

plus que de suivre l'audience, pour faire statuer sur les reproches qu'on aurait proposés lors de l'enquête.

Vainement on opposerait donc l'art. 289; il n'est qu'un corollaire des art. 286, 287 et 288, qui le précèdent immédiatement. Ces trois articles ont pour objet de tracer la marche qu'il faut suivre pour faire statuer sur les reproches, et par conséquent, c'est relativement à cette marche et pour l'expliquer qu'est porté l'art. 289.

Enfin, ce qui confirme cette opinion, c'est que l'art. 71 du tarif autorise, pour l'offre de la preuve et pour la désignation des témoins, un acte, et même une réponse à cet acte; ce qui ne peut se concilier avec une offre faite sur le procès verbal au moment de la comparution du témoin.

Le sentiment contraire paraît adopté par les auteurs du Praticien, tom. 2, pag. 189, et par MM. Commaille, tom. 1, pag. 303, Thomines, pag. 143, Demiau Crouzilhac, pag. 213, et Hautefeuille, pag. 158.

Il est à remarquer, d'ailleurs, que le projet du Code de procédure contenait deux articles conçus dans les mêmes termes que les art. 270 et 289; ces articles étaient les 273ᵉ. et 292ᵉ. La Cour de Rennes, dans ses observations, disait (*voy. le Recueil des observat. des Cours sur ce projet, tom.* 1, *pag.* 17), « qu'il était essentiel de faire clairement connaître aux parties le moment auquel elles devraient offrir la preuve des reproches qu'elles proposent; qu'elles n'auraient aucune incertitude, quand l'art. 292 (aujourd'hui 289ᵉ. du Code), aurait déterminé que ce serait au moment même du *procès-verbal.* »

Cette Cour proposait en conséquence d'ajouter après le mot *preuve* ces mots, *lors du procès-verbal.* D'un côté, cette addition n'a pas été faite; de l'autre, l'art. 71 du tarif fournit de fortes raisons de croire que le législateur n'entendait pas exprimer que l'offre de la preuve des reproches fût fournie à l'instant même de l'articulation : on doit donc s'en tenir à l'opinion de ceux qui pensent que cette preuve peut être faite à quelque époque que ce soit de la procédure, pourvu toutefois qu'elle le soit avant le jugement qui prononce sommairement sur les reproches (*art.* 286), soit en les admettant ou en les rejetant, soit en ordonnant qu'ils seront prouvés (*art.* 290).

Article 271.

Le témoin déposera, sans qu'il lui soit permis de lire aucun projet écrit. Sa déposition sera consignée sur le procès-verbal; elle lui sera lue, et il lui sera demandé s'il y persiste; le tout à peine de nullité : il lui sera demandé aussi s'il requiert taxe.

Ordonn. de 1667, tit. 22, art. 16, 17, 19 et 20. — C. de P., art. 275 et 217. — Toullier, tom. 9, pag. 475.

CCXXIX. Chaque témoin dépose oralement et sans pouvoir lire aucun projet écrit; car ne devant attester que des faits dont il a parfaite connaissance, il n'a besoin ni d'art, ni de préparation; c'est lui qu'on interroge, c'est à lui à répondre : sa mémoire et sa conscience lui suffisent.

On laisse d'abord le témoin dire librement ce qu'il sait touchant les faits de l'enquête; à mesure qu'il dépose, le greffier qui tient la plume, consigne au procès-verbal sa déposition, à la rédaction de laquelle préside le juge-commissaire. Cette rédaction achevée, le juge en fait donner lecture au témoin, puis il lui demande s'il y persiste. Ces formalités, dont l'accomplissement doit être constaté par le procès-verbal, sont requises à peine de nullité.

1067. *Un témoin muet ou sourd pourrait-il apporter une déposition écrite?*

Duparc-Poullain, tom. 9, pag. 381 et 382, enseigne que, dans ce cas, le témoin ne peut pas apporter sa déposition écrite, mais qu'il doit l'écrire devant le juge-commissaire; il ajoute que si le témoin muet ne savait pas écrire, il ne pourrait être admis à déposer; qu'il en serait ainsi, si le témoin sourd ne savait pas lire.

Nous pensons que cette opinion de Duparc, relativement au témoin muet qui ne sait pas écrire, et au témoin sourd qui ne sait pas lire, ne devrait pas être suivie aujourd'hui; qu'on devrait se gouverner par analogie, d'après la disposition de l'art. 333 du Code d'instruction criminelle, l'institution des

Sourds-Muets ayant fourni des moyens de communication avec cette classe infortunée.

Ainsi, le juge-commissaire nommerait d'office au témoin un interprète qui serait la personne qui aurait le plus d'habitude avec lui ; cet interprète prêterait serment, et le juge ferait écrire la déclaration qu'il transmettrait. — (*Voyez Bourguignon*, *pag.* 275). (1).

1068. *Le procès-verbal d'enquête doit-il constater que le témoin a fait sa déposition de vive voix, c'est-à-dire sans lire aucun projet?*

Puisque l'art. 275 veut que les procès-verbaux fassent mention de l'observation des formalités prescrites par plusieurs articles, au nombre desquels se trouve l'art. 271, nous estimons que le juge-commissaire doit, à peine de nullité, faire mentionner au procès-verbal que le témoin a fait sa déposition de vive voix. Nous n'ignorons pas qu'un usage contraire s'est établi, mais nous trouvons les art. 271 et 275 tellement positifs en faveur de la nullité, que nous croirions fort imprudent au juge-commissaire de négliger cette mention. (2).

1069. *Pourrait-on, dans le silence du procès-verbal, prouver par témoin que la déposition eût été lue?*

Si cette preuve pouvait être admise, ce ne serait du moins que par voie d'inscription de faux ; mais nous ne croirions pas que la partie qui aurait été présente à l'enquête fût recevable dans cette inscription.

---

(1) Cette opinion a été consacrée par arrêt de la Cour de Nîmes, du 21 août 1821. (*Sirey, tom.* 22, *pag.* 117). Elle a décidé que le sourd et muet de naissance peut être admis à déposer comme témoin en matière civile, et que si les formalités voulues par le Code sont impraticables, son témoignage doit être recueilli avec les précautions prescrites en matière criminelle, par l'art. 333 du Code d'instruction criminelle.

(2) Nous pourrions ajouter aux motifs énoncés dans notre Analyse, à l'appui de cette opinion, un arrêt de la Cour de Rennes, rendu en audience solennelle le 28 juillet 1814, 1.re et 3.e chamb. réunies. Cet arrêt déclare une enquête nulle, conformément à l'art. 275, parce qu'en outre des mentions exigées par cet article, le procès-verbal n'énonçait pas que *les témoins eussent été entendus sans lire aucun projet*.

Quoi qu'il en soit, un usage contraire a prévalu assez généralement, et on le justifie par les observations suivantes :

L'art. 271 ne prescrit point qu'il soit fait mention au procès-verbal que le témoin a déposé de vive voix : on doit donc présumer que la prohibition prononcée par cet article a été respectée, dès que ce même procès-verbal ne contient rien qui autorise à croire que le témoin ait lu ou remis un projet.

Il est d'autant plus juste d'admettre que la déposition a eu lieu d'une manière régulière, que les parties étant présentes à l'enquête, ne manqueraient pas de s'opposer à ce qu'elle fût donnée autrement que de vive voix.

On ajoute que l'argument tiré de l'art. 275 n'est pas concluant, parce que, si cet article rappèle l'art. 271, c'est seulement par la raison qu'il contient des formalités positives, dont l'accomplissement doit être mentionné dans le procès-verbal, telles que la lecture et l'interpellation au témoin, s'il persiste dans sa déposition.

La Cour de Rennes, par deux autres arrêts, des 11 avril 1815 et 12 mars 1816, a prononcé, d'après ces motifs, la validité d'une enquête, et jugé ainsi d'une manière opposée à celui que nous avons cité ci-dessus.

De cette contrariété de jurisprudence, on conclura du moins, si l'on ne partage pas notre opinion, qu'il est prudent au juge-commissaire d'insérer au procès-verbal la mention que le témoin a déposé sans lire aucun projet.

1070. *Le juge-commissaire doit-il nécessairement rédiger la déposition du témoin?*

Le juge-commissaire doit rédiger la déposition et la dicter au greffier, lorsque le témoin est incapable de le faire par lui-même. C'est à celui-ci, lors de la lecture qui lui en est faite, à faire tels changemens ou additions que bon lui semble, si le juge n'avait pas rendu la déposition de la manière dont le témoin entendait l'énoncer.

Mais lorsque le témoin est en état de rédiger lui-même sa déposition, le juge-commissaire pourrait et devrait même la faire écrire sous la dictée de ce témoin, pourvu que ce fût en sa présence. — (*Voy. Duparc-Poullain, tom.* 9, *pag.* 375.)

1071. *Le juge-commissaire doit-il, lorsqu'il rédige la déposition, conserver les expressions mêmes du témoin?*

Il n'est point tenu de répéter la déposition mot pour mot; autrement, il arriverait souvent qu'elle serait obscure et mal conçue. Il doit donc laisser au témoin une entière liberté de dire tout ce qu'il veut, et ensuite rendre clairement, et avec fidélité, tout ce qui a été déclaré par le témoin; il doit conserver, *autant qu'il est possible*, les termes dont celui-ci s'est servi, toutes les fois du moins qu'ils tendent à fortifier ou à affaiblir la déclaration. Tels seraient, dans le premier cas, ces mots, *je suis certain, etc.;* dans le deuxième, ceux-ci, *je crois, il me semble, si je ne me trompe, etc.;* mais, en ce dernier cas, il convient que le juge-commissaire interpelle le témoin de s'expliquer d'une manière plus précise. — (*Voy. Rodier sur l'art.* 17 *du tit.* 22 *de l'ordonnance de* 1667, *et nos questions sur les art.* 272 *et* 273).

1072. *Le juge-commissaire doit-il, à peine de nullité, demander au témoin s'il requiert taxe, et faire mentionner cette demande dans le procès-verbal?*

L'affirmative paraîtrait résulter de l'art. 275, qui porte que les procès-verbaux feront, à peine de nullité, mention de l'observation des formalités prescrites par les articles qu'il indique; or, au nombre de ces articles se trouve l'art. 271, qui fait mention de la demande à faire au témoin *s'il requiert taxe.*

Quoi qu'il en soit, la rédaction des art. 271 et 274 prouve qu'il faut décider autrement. En effet, ces articles ne portent la peine de nullité que relativement aux dispositions qui précèdent celles relatives à la taxe : d'un autre côté, l'art. 277, qui veut qu'il soit fait mention au procès-verbal de la taxe fixée par le juge, n'exige point cette mention à peine de nullité; et de là, sans doute, on doit conclure la négative de la question ci-dessus posée. — (*Voy. Prat. franç., tom.* 2, *pag.* 176, *et Pigeau, tom.* 1, *pag.* 273).

1073. *La nullité prononcée par l'art.* 271, *ne porte-t-elle seulement que sur chacune des dépositions à l'égard desquelles on n'aurait pas observé les formalités prescrites?*

Oui sans doute; ainsi, lorsque parmi plusieurs dépositions, on aurait rempli ces formalités à l'égard de quelques-unes seulement, tandis qu'elles auraient été négligées à l'égard des autres, la nullité de ces dernières dépositions n'emporterait pas la nullité des premières; il n'y aurait de nulles que celles où ces règles n'auraient pas été suivies. Au surplus, il en est de même à l'égard de toutes les formalités qui concernent la déposition de chaque témoin pris isolément, par exemple dans l'espèce de l'art. 272 ci-après, etc. — (*Voy. le Comm. inséré aux Ann. du not., tom. 2, pag.* 196).

ARTICLE 272.

Lors de la lecture de sa déposition, le témoin pourra faire tels changemens et additions que bon lui semblera; ils seront écrits à la suite ou à la marge de sa déposition; il lui en sera donné lecture, ainsi que de la déposition, et mention en sera faite; le tout à peine de nullité.

Ordonn. de 1667, tit. 22, art. 18. — C. de P., art. 275.

CCXXX. IL résulte de la disposition de l'art. 272 que si, lors de la lecture qui lui est faite de sa déposition, un témoin s'apercevait qu'elle n'a pas été rédigée fidèlement, il aurait droit de faire opérer toutes les rectifications qu'il jugerait convenable.

1074. *Que devrait faire un témoin, si le juge-commissaire refusait de faire à la déposition les changemens que ce témoin voudrait y apporter?*

Le témoin pourrait refuser de signer, ou en signant, protester du défaut d'exactitude dans la rédaction. Mais, comme il pourrait arriver que ce témoin ne sût pas signer, Rodier, sur l'art. 13 du tit. 22 de l'ordonnance, dit qu'il n'aurait autre chose à faire, si ce n'est, en sortant, et sans conférer avec aucune des parties, de faire sa protestation au juge-commissaire en présence d'autres témoins. Une protestation faite ultérieurement, ajoute cet auteur, serait inutile, parce qu'on présumerait qu'elle aurait été suggérée.

1075. *Un témoin, après avoir été entendu, et avoir signé sa déposition, pourrait-il être admis à déposer encore, ou à faire des changemens et additions à ses précédentes déclarations, sous prétexte qu'il aurait oublié de déposer d'un ou de plusieurs faits importans?*

Nous ne le pensons pas. Dès que le témoin a signé, ou que le juge a mentionné qu'il n'a pu le faire, la déposition est close. S'il demande à la changer ou à y ajouter, il est supposé avoir été sollicité, ainsi que nous l'avons dit sur la précédente question : il ne peut, par conséquent, être entendu de nouveau. — (*Voy. Serpillon sur l'art.* 16 *du tit.* 22 *de l'ordonnance, et Thomines, pag.* 258).

Bien plus, nous pensons que le juge-commissaire lui-même ne pourrait rappeler le témoin ni l'entendre de nouveau; son pouvoir a cessé, une addition n'étant permise que sur la déclaration du témoin qui, *après lecture*, demande à réparer un oubli.

ARTICLE 273.

Le juge-commissaire pourra, soit d'office, soit sur la réquisition des parties ou de l'une d'elles, faire au témoin les interpellations qu'il croira convenables pour éclaircir sa déposition.

Les réponses du témoin seront signées de lui, après lui avoir été lues, ou mention sera faite s'il ne veut ou ne peut signer. Elles seront également signées du juge et du greffier; le tout à peine de nullité.

C. de P., art. 275.

CCXXXI. Si les parties ne peuvent interrompre ni questionner le témoin, pendant qu'il dépose, il ne leur est pas interdit, après qu'il a spontanément et librement déposé, de le faire interpeller par le juge, pour en obtenir tous les éclaircissemens et développemens qui peuvent donner une plus grande intelligence des faits ou de la déposition.

Seul chargé de faire parler le témoin, et de le maintenir s'il est possible dans un juste état d'impartialité, le juge-commissaire peut alors, soit sur la réquisition des parties ou de l'une d'elles, soit même d'office, lui faire les observations et interpellations qu'il croit convenables.

1076. *Les interpellations que le juge-commissaire aurait à faire au témoin, peuvent-elles lui être adressées dans le cours de sa déposition?*

Nous estimons que ces interpellations ne doivent, autant que possible, être faites qu'après la déposition, puisque l'article dit qu'elles auront pour objet d'éclaircir ce qu'elle pourrait avoir d'obscur ou d'insignifiant.

S'il en était autrement, le témoin ne déposerait pas, il répondrait à un interrogatoire, et l'on verrait, comme l'observent les auteurs du Praticien, tom. 2, pag. 175, se reproduire les abus que présentaient des enquêtes dans lesquelles les témoins n'avaient répondu que par *oui* et par *non*, ou par des mots équivalens, sur des questions posées ou préparées à l'avance.

La déposition doit donc être rédigée en un seul contexte par le juge; il fait ici ce que fait un notaire qui rédige les conventions des parties, après les avoir entendues.

1077. *Résulte-t-il de la solution donnée sur la précédente question, que le témoin doive apposer une double signature, l'une à la déposition qui précède ses réponses aux interpellations, l'autre à ses réponses?*

Il faut remarquer que l'art. 273 exige que le témoin signe ses réponses; mais cela ne peut s'entendre qu'en ce sens, qu'il y aurait nullité à l'égard des réponses qui, ayant été données après une déposition déjà signée du témoin, ne seraient pas revêtues de sa signature. Il est bien certain que si les interpellations avaient été faites durant la déposition, ce qui peut arriver quelquefois, ou immédiatement après la déposition, et sans que celle-ci eût été close, la signature apposée à la fin du contexte la régirait dans son entier; ce serait au juge-commissaire à mentionner que lecture a été faite au témoin, tant de sa déposition que des interpellations à lui faites, et de ses réponses. — (*Voy. Demiau Crouzillac, pag.* 210; *Pigeau, tom.* 1, *pag.* 278).

1078. *Les interpellations qui pourraient être faites au témoin, ne doivent-elles toujours porter que sur les faits compris dans le jugement qui a ordonné l'enquête?*

Le juge-commissaire ne doit faire d'interpellations aux témoins que pour éclaircir leurs dépositions. Or, l'assignation qui leur a été donnée avec copie du dispositif du jugement, conformément à l'art. 260, leur a indiqué les faits sur lesquels ils ont à déposer : ils doivent donc garder le silence sur tout fait étranger, et de là résulte l'affirmative de la question que nous venons de poser.

On sent, d'ailleurs, que si le juge-commissaire adressait à un témoin des interpellations qui auraient pour effet de lui faire donner des déclarations étrangères aux faits contenus dans l'appointement, il préjudicierait à l'une des parties, qui aurait pu s'opposer à l'admission de la preuve, ou qui ne se trouverait pas à portée de faire la preuve contraire.

Il faut donc, comme le dit Rodier, sur l'art. 12 du tit. 22 de l'ordonnance, quest. 2e., et comme il résulte implicitement des termes de l'art. 273, que le juge-commissaire se borne à interpeller le témoin sur la raison de ses déclarations, et afin de les éclaircir, par exemple, sur les circonstances de lieu, de tems, et sur toutes autres qui peuvent rendre sa déposition plus précise et plus utile pour l'une ou l'autre des parties, sans distinction ni partialité.

1079. *De ce que le juge-commissaire ne peut interpeller le témoin sur des faits qui ne seraient pas contenus dans l'appointement, suit-il qu'il ait le pouvoir de refuser d'insérer des déclarations qui lui sembleraient étrangères à ces mêmes faits?*

« Le juge-commissaire, dit Duparc-Poullain, tom. 9, pag. 379, n°. 110, ne peut empêcher le témoin de mettre tout ce qu'il veut dans sa déposition ; *il ne peut même en retrancher les faits étrangers;* car ce n'est pas alors le tems ni le lieu de décider si cette partie de la déposition est inutile ; cela ne peut être jugé que par le corps du tribunal. »

Nous adoptons cette observation, qui nous conduit à résoudre affirmativement la question que nous avons annoncée à la suite de celle qui a été traitée n°. 990, pag. 637. Ainsi, nous pensons que le juge-commissaire ne peut se refuser à entendre un témoin, sous le prétexte qu'il déposerait de faits qui ne seraient pas compris dans l'appointement, ou qui ne lui paraîtraient pas, s'il procédait à une contre-enquête, *être contraires* à ces mêmes faits (1).

1080. *Le greffier peut-il se faire remplacer pour écrire l'enquête?*

Nous pensons, avec les auteurs du Praticien, tom. 2, pag. 178, que le Code, en exigeant la présence du greffier, entend parler de celui qui en remplit les fonctions, encore bien qu'il ne soit pas *titulaire.*

Mais Rodier, sur l'art. 15 du tit. 22 de l'ordonnance, dit qu'il est libre aux greffiers en titre d'écrire eux-mêmes les enquêtes ou de fournir un commis assermenté ; que cependant il n'y aurait pas nullité, si, en ce cas, le

(1) Il pourrait tout au plus, s'il avait raison de croire que tous les témoins appelés par une partie n'auraient à déposer que de faits étrangers, interpeller celle-ci de déclarer si les témoins doivent déposer de faits contenus dans l'appointement, ou contraires à ceux-ci ; et, en cas de déclaration qui annonçât que cette partie entendît faire preuve d'autres faits, en référer au tribunal, en énonçant que les parties emportent assignation à l'audience la plus prochaine.

greffier en titre signait ce que ce commis aurait écrit. Cette dernière décision serait évidemment erronée, sous l'empire de notre Code actuel, qui veut que l'enquête soit signée par celui qui l'a écrite.

Supposons maintenant que l'officier ministériel qui doit écrire en qualité de greffier ne puisse le faire par suite d'absence, d'interdiction, de maladie ou de toute autre cause; alors le juge-commissaire pourrait d'office le faire remplacer par une personne ayant les qualités requises pour exercer les fonctions de greffier, et dont il recevrait le serment. — (*Voy. Pigeau, tom.* 1, *pag.* 523). (1)

ARTICLE 274.

La déposition du témoin, ainsi que les changemens et additions qu'il pourra y faire, seront signés par lui, le juge et le greffier, et si le témoin ne veut ou ne peut signer, il en sera fait mention; le tout à peine de nullité.

Il sera fait mention de la taxe, s'il la requiert, ou de son refus.

Ordonn., tit. 22, art. 18 et 19; *infrà* sur l'art. 275.

1081. *Lorsque les changemens et additions sont écrits à la marge, suffit-il de les parapher?*

Non, sans doute; et cependant, en certains tribunaux, on est dans l'usage de se contenter du simple paraphe du témoin, du juge et du greffier. Mais il suffit de lire l'art. 274, pour se convaincre que cet usage est absolument opposé au vœu de la loi, et qu'il y aurait nullité, sinon de la déposition entière, du moins des renvois qui seraient écrits à la marge et marqués d'un simple paraphe.

Ceci nous conduit à observer que rien ne doit être écrit en interligne, ainsi que l'exprimait l'art. 18 du tit. 22 de l'ordonnance, et que le dit implicitement l'art. 272.

Mais comme on ne saurait tirer aucune induction des dispositions de cet article, en ce qui concernerait les ratures, nous estimons que l'on doit suivre l'opinion de Rodier, sur l'article précité de l'ordonnance, 2e. quest., et décider, en conséquence, que l'on ne pourrait prononcer la nullité d'une déposition qui contiendrait des ratures, si ces ratures étaient approuvées pour le nombre de mots et de lignes raturés.

1082. *La mention que le témoin ne sait écrire, équivaut-elle à la mention qu'il ne sait signer?*

Si le témoin ne sait pas signer, il doit être fait mention de la déclaration qu'il fait à ce sujet; s'il sait signer, mais qu'il déclare qu'il ne le peut, à

(1) On remarquera que ce cas ne peut se présenter que très-rarement dans les tribunaux de première instance et dans les Cours, où la loi oblige le greffier en chef d'avoir des *commis-jurés;* mais il en est autrement des tribunaux de commerce et des justices de paix.

cause d'une infirmité quelconque, il faut également faire mention de sa déclaration, ainsi que de la cause à laquelle il attribue son empêchement; mais mentionner qu'un témoin ne sait écrire, ce n'est pas dire qu'il ne sait ou qu'il n'a pu signer; car on peut savoir signer, encore qu'on ne sache écrire, ainsi que nous l'avons observé sur la 167e. quest., pag. 77. — (*Voy. arrêt de la Cour de cassation, rapporté sur cette question*).

Nous remarquerons, en outre, que l'apposition d'une croix n'est pas une signature (*voy. arrêt de la Cour de Bruxelles, du 27 janv.* 1807, *Jurisp. du Code civil, tom.* 8, *pag.* 370), et que l'on pourrait, en conséquence, arguer de nullité une déposition qui, étant souscrite de la sorte, ne contiendrait pas la mention que la partie *ayant déclaré ne savoir signer, a apposé une croix*, signe ordinaire dont elle fait usage en remplacement de sa signature.

ARTICLE 275.

Les procès-verbaux feront mention de l'observation des formalités prescrites par les art. 261, 262, 269, 270, 271, 272, 273 et 274 ci-dessus; ils seront signés, à la fin, par le juge et le greffier, et par les parties, si elles le veulent ou le peuvent; en cas de refus, il en sera fait mention : le tout à peine de nullité.

Voy. *suprà* sur les articles indiqués dans celui-ci.

1083. *Doit-on, indépendamment de la preuve que fournirait le procès-verbal, de l'observation des formalités prescrites par les articles indiqués en l'art.* 275, *y mentionner, en termes exprès, que ces articles ont été observés?*

Il ne suffit pas, a-t-on dit, que le procès-verbal offre par lui-même la preuve que les formalités prescrites par les articles rappelés en l'art. 275 aient été observées, mais il faut en outre qu'il y soit dit expressément qu'elles l'ont été, par exemple, par l'insertion, à la fin de la déposition de chaque témoin, de ces mots : *Les formalités prescrites par les art.* 261, 262, 269, 270, 271, 272, 273 *et* 274 *ayant été observées, lecture a été donnée au témoin de sa déposition, etc.*

Il paraît que cette opinion, que nous avons entendu soutenir, présente une interprétation forcée de l'art. 275, et que le législateur n'a entendu exiger autre chose, si ce n'est que l'on *mentionnerait*, dans les procès-verbaux, que le témoin a déclaré, ou que l'on a observé à son égard tout ce qu'exigent les articles indiqués par l'art. 275.

Aussi ne trouvons-nous pas un auteur qui ait dit que l'on dût insérer, dans le procès-verbal, les expressions dont nous venons de nous servir. Il suffit donc, pour la validité de l'enquête, qu'il soit dit en ce procès-verbal que le défendeur a été assigné (*art.* 261); que chaque témoin a déclaré ses noms, profession, etc. (*art.* 262); que chaque séance a eu lieu tel jour et à telle heure (*art.* 269) : en un mot, il suffit que l'on ait énuméré toutes les formalités dont la loi veut que l'observation soit mentionnée (1).

(1) Mais s'il suffit d'avoir mentionné l'observation de tout ce que chacun de ces articles

1084. *Avant de requérir la signature des parties sur le procès-verbal, le juge-commissaire doit-il leur en faire donner lecture?*

Puisque la loi ne l'exige point, le juge-commissaire peut se contenter de faire lire aux parties la simple clôture de cet acte; encore pensons-nous qu'il n'y aurait pas de nullité, si l'on avait omis de mentionner cette lecture.

1085. *La signature apposée par les parties sur le procès-verbal, peut-elle leur être opposée comme une approbation des dépositions qu'il renferme?*

Non, sans doute, car la loi n'exige ces signatures qu'afin de constater la clôture de l'acte et la fin des opérations. Au surplus, si les parties, craignant de se compromettre en signant, refusaient de le faire ou voulaient insérer des protestations, le juge-commissaire constaterait leurs déclarations à ce sujet, et le but de la loi se trouverait rempli.

ARTICLE 276.

La partie ne pourra ni interrompre le témoin dans sa déposition, ni lui faire aucune interpellation directe, mais sera tenue de s'adresser au juge-commissaire, à peine de 10^f d'amende, et de plus forte amende, même d'exclusion, en cas de récidive; ce qui sera prononcé par le juge-commissaire. Ses ordonnances seront exécutoires nonobstant appel ou opposition.

Voy. quest. sur les art. 200 et 265.

ARTICLE 277.

Si le témoin requiert taxe, elle sera faite par le juge-commissaire sur la copie de l'assignation, et elle vaudra exécutoire : le juge fera mention de la taxe sur son procès-verbal.

T., 167. — Ordonn. de 1667, tit. 22, art. 19.

1086. *Quels sont les effets résultant de ce que la copie d'assignation, sur laquelle la taxe est faite, vaut exécutoire au témoin?*

Ces effets consistent en ce que l'ordonnance relative à cette taxe, quoique simplement écrite sur la copie de l'assignation du témoin, est exécutoire contre la partie qui poursuit l'enquête; en sorte que le témoin, pour obtenir le paie-

---

exige, sans exprimer que telle formalité a eu lieu d'après *tel article*, etc., d'un autre côté, le vœu de la loi ne serait pas rempli, si l'on se bornait à cette simple énonciation : *Les art.* 261, 262, *etc., ont été observés.* A plus forte raison, comme l'a décidé la Cour de Turin, par arrêt du 27 avril 1813 (*Sirey, tom.* 14, *pag.* 314), y aurait-il nullité d'une enquête où le juge se serait borné à une mention générale ainsi conçue : *La présente enquête a été par nous juge-commissaire rédigée en conformité du Code de procédure, et sur-tout de l'art.* 275. Il est évident qu'en tous ces cas, il y a contravention à ce dernier article, qui exige une mention expresse de l'observation des formalités prescrites par les articles qu'il énumère.

ment de cette taxe, peut faire, en vertu de cette ordonnance, toutes les poursuites autorisées pour l'exécution d'un jugement, et, par conséquent, saisir les crédits, les meubles ou les immeubles du poursuivant, qui devient son débiteur.

ARTICLE 278.

L'enquête sera respectivement parachevée dans la huitaine de l'audition des premiers témoins, à peine de nullité, si le jugement qui l'a ordonnée n'a fixé un plus long délai.

Ordonn., tit. 22, art. 2 et 19. — C. de P., art. 257, 279 et suiv., 292 et suiv., 1029, 1031.

CCXXXII. Nous avons vu que le délai prescrit pour commencer l'enquête est fatal ; il en est de même du délai prescrit pour la terminer. La loi veut impérieusement que l'enquête, ainsi que la contre-enquête, s'il en est fait une, soit respectivement parachevée dans la huitaine de l'audition des premiers témoins, sous peine de nullité. Le motif de cette rigueur est d'enlever à la mauvaise foi le tems et l'espérance de corrompre des témoins, et de saisir la vérité pendant qu'elle n'a pas encore été dénaturée.

1087. *Que signifie le mot* RESPECTIVEMENT, *employé dans l'art. 278?*

Il signifie que la disposition de l'article s'applique tant à l'enquête directe qu'à la contre-enquête. Ainsi, l'enquête du demandeur doit être parachevée dans la huitaine de l'audition du premier témoin assigné à sa requête, et, *respectivement*, l'enquête du défendeur doit être terminée dans le même délai de huitaine, à partir également de l'audition du premier témoin qui a déposé sur l'assignation de celui-ci. — (*Turin*, 19 *avril* 1811, *Sirey*, 1815, *pag.* 173; *Pigeau*, *tom.* 1, *pag.* 278).

1088. *Si une enquête était composée de plusieurs dépositions reçues en tems utile, et de plusieurs autres reçues après le délai, la nullité frapperait-elle sur l'enquête entière?*

Duparc-Poullain, tom. 9, pag. 349, rapporte sur cette question le sentiment de Boutaric, qui citait lui-même un arrêt du Parlement de Toulouse, par lequel il avait été décidé qu'une enquête ayant été faite en trois séances différentes, dont la dernière était hors de délai, les dépositions reçues dans cette séance étaient nulles, sans que leur nullité pût influer sur celles qui avaient été reçues auparavant et dans le délai légal.

Duparc, sans s'expliquer davantage, paraît adopter cette opinion, par cela même qu'il ne la contredit pas; mais Rodier, en citant le même arrêt, sur l'art. 2 du tit. 22 de l'ordonnance, 1re. quest., maintient que l'enquête n'en est pas moins indivisible et *nulle dans son entier*. Tel est aussi le sentiment de M. Delaporte, tom. 1, pag. 277.

Mais M. Lepage, dans ses Questions, pag. 200, soutient, en argumentant de l'art. 294, que la nullité ne tombe que sur les témoignages reçus après le délai, et tel est aussi l'avis de M. Pigeau, tom. 1, pag. 279.

Nous remarquerons que cette opinion a été consacrée par un arrêt de la Cour de cassation, section civile, du 5 floréal an 11. — (*Voy. Jurisp. des Cours souv.*, *tom.* 3, *pag.* 312).

Si, sous l'empire de l'ordonnance, qui ne contenait point la distinction portée en l'art. 294 de notre Code, une semblable décision a été rendue, à plus forte raison doit-on croire que, par une conséquence naturelle de cet article, l'on prononcerait aujourd'hui de la même manière.

ARTICLE 279.

Si néanmoins l'une des parties demande prorogation dans le délai fixé pour la confection de l'enquête, le tribunal pourra l'accorder (1).

T. 168. — Ordonn., art. 2 et 19. — C. de P., art. 413, 1031.

CCXXXIII. Ce délai de huitaine peut, dans un grand nombre de cas, être insuffisant; aussi la loi, qui n'oblige point à l'impossible, permet-elle au tribunal d'en fixer un plus long par le jugement même qui ordonne l'enquête, si l'une des parties la demandait, et si les circonstances l'exigent.

S'il arrive, après l'enquête commencée, mais avant l'expiration du délai prescrit pour sa confection, soit par la loi, soit par le tribunal, qu'une des parties demande la prorogation de ce délai, qu'un événement ou des difficultés imprévues rendent insuffisant, les juges peuvent accorder la prorogation demandée.

---

(1) JURISPRUDENCE.

1.° Une prorogation de délai peut être accordée à la partie qui allègue une indisposition, sans justifier que cette indisposition l'a réellement empêchée d'indiquer ses témoins. — (*Bruxelles*, 29 *juin* 1813, *Sirey*, *tom.* 15, *pag.* 239).

2.° Le juge qui a fixé le délai pour faire l'enquête, sans prononcer de déchéance, peut accorder une prorogation, même après l'expiration du délai. — (*Cassat.*, 9 *mars* 1819, *Sirey*, 1819, *pag.* 300).

3.° Si, dans la huitaine fixée par l'art. 257 pour commencer l'enquête, le poursuivant ne faisait aucunes diligences, il ne serait pas recevable, après cette huitaine, à demander une prorogation de délai pour l'achever, conformément à l'art. 279. — (*Montpellier*, 2 *mai* 1810, *Comm. des Ann. du not.*, *tom.* 2, *pag.* 213).

NOTA. Les motifs de cet arrêt ont été que le poursuivant s'étant, par sa négligence, laissé déchoir de la faculté de faire l'enquête, avait, par cela même, perdu le droit de demander la prorogation du délai accordé pour la parachever.

4.° La demande en prorogation de délai doit être motivée, attendu, 1.° que l'art. 279 pose une *exception* à la règle générale que contient l'art. 278; 2.° qu'il s'ensuit que si la demande en prorogation pouvait être formée sans cause d'équité évidente et sans justes motifs, elle deviendrait arbitraire et destructive du principe justement sévère de la loi, qui, en fixant des règles invariables et des délais péremptoires, veut empêcher que l'une des parties puisse, par des prétextes et des détours, ou par sa propre négligence, fatiguer son adversaire et retarder capricieusement la décision définitive du procès. — (*Turin, du* 20 *août* 1808, *Jurisp. des Cours souv.*, *tom.* 3, *pag.* 331).

NOTA. On croira, sans doute, que la Cour n'a pas entendu décider qu'il faille *nécessairement* que la partie *motive* sa demande en prorogation sur le procès-verbal du juge-commissaire, en sorte qu'il ne dût y avoir aucun égard et pût se dispenser d'en référer au tribunal, parce que les moyens de cette demande n'auraient pas été établis. Nous pensons qu'on ne doit conclure de l'arrêt que nous venons de citer rien autre chose, si ce n'est que la partie qui a formé sa demande sur le procès-verbal du juge-commissaire, doit au moins justifier de ses motifs lors du référé que fait ce magistrat au tribunal, conformément à l'art. 280.

En un mot, l'arrêt dont il s'agit exprime qu'il ne suffit pas, pour qu'une prorogation de délai soit accordée, que la partie ait formé la demande; mais qu'il faut, pour que le tribunal l'accorde, que cette demande soit justifiée : ce n'est, au reste, que ce que dit l'art. 279, en laissant au tribunal *la faculté* d'accorder ou de refuser la prorogation.

1089. *A quelle époque de l'enquête le poursuivant peut-il valablement demander une prorogation de délai ?*

C'est, en d'autres termes, mettre en question si la demande en prorogation peut être faite dès l'instant où l'enquête est réputée commencée, c'est-à-dire, dès l'obtention de l'ordonnance du juge-commissaire, qui permet d'assigner les témoins, ou si, au contraire, elle ne doit l'être que pendant la huitaine qui suit l'audition des premiers témoins.

Il est certain, suivant les auteurs du Commentaire inséré aux Annales du notariat, tom. 2, pag. 212, que, l'art. 279 n'indiquant pas si c'est à l'ouverture du procès-verbal d'enquête ou à sa clôture, que la demande d'un nouveau délai pour la terminer doit être faite, on doit en conclure que la partie peut valablement demander cette prorogation de délai dans tout l'intervalle qui s'écoule, à compter du jour où l'ordonnance du juge-commissaire a été obtenue, jusqu'à la huitaine de l'audition des premiers témoins.

« Il n'y aurait pas, en effet, ajoutent ces auteurs, de motifs d'opposer à une demande de cette espèce, une fin de non-recevoir tirée de l'époque où cette demande aurait été faite, puisque la loi l'autorise dans tout le délai qui est accordé pour la confection de l'enquête : d'où suit qu'elle est admissible pendant tout le tems qui est accordé, soit pour commencer, soit pour terminer l'enquête. »

Mais ne pourrait-on pas objecter que le délai pour commencer l'enquête (*art.* 257 *et* 258) est absolument indépendant du délai fixé pour la terminer (*art.* 278)? que l'art. 279 ne parle que de ce dernier délai, qui, d'après ces expressions, est celui dans lequel la demande en prorogation doit être formée? que c'est, conséquemment, violer cet article, que de la former auparavant? qu'enfin, cette demande ne pouvant être motivée que sur l'impossibilité de parachever l'enquête dans ce même délai, il faut néssairement que l'audition des témoins ait été commencée pour que cette impossibilité puisse être reconnue? qu'ainsi le texte de la loi, d'accord avec l'esprit qui l'a dictée, veut évidemment que la demande en prorogation ne puisse être faite avant le délai fixé pour parachever l'enquête?

Quelque importance que l'on attache à ces raisonnemens, nous ne croyons pas qu'ils soient de nature à faire rejeter l'opinion des auteurs du Commentaire inséré aux Annales du notariat, et nous en donnerons pour raison que si l'art. 279 ne paraît exiger que la demande en prorogation soit faite, dans le délai fixé par l'art. 279, ce n'est qu'afin d'interdire cette demande après ce délai.

Nous ne voyons, en effet, aucun inconvénient à ce qu'une partie qui, avant le jour fixé pour l'audition de ses témoins, s'aperçoit que le délai pour achever l'enquête ne suffit pas, forme une demande en prorogation sur le procès-verbal, dont le juge-commissaire a fait l'ouverture en donnant son ordonnance (1).

(1) Au reste, il peut arriver des circonstances dans lesquelles il serait nécessaire de demander, avant l'audition des témoins, la prorogation du délai pour parachever l'enquête. Tel serait le cas où il se serait glissé, dans l'ordonnance par laquelle le commissaire aurait fixé le jour et l'heure de l'audition des témoins, quelque irrégularité ou omission qui eût empêché l'exécution de cette ordonnance. — (*Voy. arrêt de la Cour de Turin, du* 19 *avril* 1811, *Sirey, tom.* 15, *pag.* 173).

1090. *Lorsque le délai fixé par l'art. 257 pour* COMMENCER *l'enquête, a été prorogé, aux termes de l'art. 258, la* PARTIE *n'en serait-elle pas moins recevable à demander une prorogation de délai pour* PARACHEVER *cette enquête?*

Oui, sans doute, puisque le délai dans lequel l'enquête doit être commencée est, comme nous l'avons dit sur la question précédente, tout à fait indépendant de celui dans lequel les parties sont tenues de la parachever.

1091. *Mais la prorogation du délai pour* COMMENCER *l'enquête ne pouvant avoir lieu, d'après les art. 257 et 258, lorsqu'elle doit être faite devant un commissaire du tribunal même qui l'a ordonnée, une partie peut-elle s'opposer à la prorogation du délai pour parachever cette enquête, par le motif que les juges auraient, au mépris de ces deux articles, prorogé le délai fixé pour la* COMMENCER?

Nous ne le pensons pas, et nous fondons encore notre opinion sur ce que les délais pour *commencer* et *parachever* l'enquête sont absolument distincts. Ainsi, dans l'espèce de la question que nous examinons, le défendeur ne peut qu'attaquer, pour cause de contravention aux art. 257 et 258, le jugement qui a retardé l'ouverture de l'enquête, et s'il ne le fait pas, il n'est pas recevable à s'opposer à l'adjudication de la demande en prorogation autorisée par l'art. 279 (1).

1092. *La partie qui n'a pas fait assigner tous ses témoins peut-elle, après l'audition de ceux qu'elle a appelés, demander prorogation de délai, à l'effet de faire entendre les autres?*

Cette question a été jugée :

Pour la négative, par un arrêt de la Cour de Paris, du 18 mai 1810, rapporté au Commentaire inséré aux Annales du notariat, tom. 2, pag. 215.

Pour l'affirmative, par arrêt de la Cour de Colmar, du 16 novembre 1810 (*Sirey, tom.* 11, *pag.* 265); par arrêt de la Cour de Paris, du 31 janvier 1811, déjà cité sur la 985e. quest.; enfin, par arrêt de la Cour de Turin, du 12 du même mois, rapporté au Journal des avoués, tom. 3, pag. 354.

Les motifs de la première solution sont que, dans le vœu de la loi, la demande en prorogation de délai n'est autorisée que pour le cas où la partie prévoit que la huitaine fixée par l'art. 278 sera insuffisante pour entendre tous les témoins; que cette hypothèse n'existe point lorsque tous les témoins assignés ont comparu et qu'ils ont tous déposé; qu'alors l'enquête est censée parachevée; et que, conséquemment, une demande en prorogation, tendant à faire entendre de nouveaux témoins, aurait pour objet moins de proroger l'enquête, dans le sens de l'art. 279, que d'obtenir l'exorbitante prérogative de faire procéder à une nouvelle enquête.

Pour l'opinion contraire, on dit qu'aucune disposition du Code n'oblige la partie à assigner, en même tems et pour le même jour, tous les témoins qu'elle se propose de faire entendre; que l'art. 278 suppose, au contraire, qu'après l'audition des premiers témoins assignés, on peut en assigner et en faire en-

(1) Au surplus, cette question et celle qui précède ont été résolues comme nous venons de le faire, par arrêt de la Cour de Paris, du 31 janvier 1811. — (*Voy. Journ. des avoués*, 1811, *tom.* 2, *pag.* 92).

tendre d'autres, puisqu'il veut que l'enquête soit parachevée dans la huitaine *de l'audition des premiers témoins;* qu'il n'y a d'autres limites à cette faculté que l'obligation d'assigner la partie à l'audition, et de lui notifier les noms de ces témoins.

On ajoute, au surplus, que l'art. 279, en autorisant une partie à demander la prorogation du délai de huitaine, fixé par l'art. 278 pour la confection de l'enquête, ne fait aucune distinction entre les témoins qui ont été assignés et ceux qui ne l'ont pas été, et qu'il suffit, conséquemment, que la demande en prorogation soit formée dans ce délai pour qu'elle soit recevable, et pour que le tribunal l'accorde, *si d'ailleurs elle repose sur de justes motifs.* — (*Voy. les* 1090ᵉ. *et* 1091ᵉ. *quest.*)

Tel est aussi le sentiment des auteurs du Commentaire inséré aux Annales du notariat. — (*Voy. tom.* 2, *pag.* 216).

1093. *Mais une partie peut-elle obtenir une prorogation de délai, pour faire entendre de nouveau ses témoins, afin qu'ils précisent et expliquent les dépositions qu'ils auraient déjà faites?*

La Cour d'appel de Turin, par l'arrêt du 12 janvier 1811, déjà cité sur la précédente question, a décidé la négative, en considérant qu'une demande en prorogation, faite pour un semblable objet, était contraire aux lois et à tous les principes. M. Coffinières, en rapportant cet arrêt dans son Journal des avoués, justifie cette décision par cette double considération, que, dans une procédure où tous les délais sont de rigueur, on ne doit pas en accorder de nouveaux, si ce n'est dans le cas d'une nécessité absolue, et que les parties présentes à l'enquête pouvant faire interpeller les témoins sur les circonstances qui leur semblent mal précisées, le désir de retarder l'instruction pourrait seul les engager à produire de nouveau les témoins.

On juge, d'après la solution que nous avons donnée sur la 1074ᵉ. quest., que nous ne pouvons qu'adopter cette opinion.

ARTICLE 280.

La prorogation sera demandée sur le procès-verbal du juge-commissaire, et ordonnée sur le référé qu'il en fera à l'audience, au jour indiqué par son procès-verbal, sans sommation ni avenir, si les parties ou leurs avoués ont été présens : il ne sera accordé qu'une seule prorogation, à peine de nullité (1).

Ordonn., art. 2. — C. de P., art. 275, 1035.

CCXXXIV. LE jour d'audience fixé par l'ordonnance du juge-commissaire

(1) JURISPRUDENCE.

1.° La demande en prorogation de délai doit être motivée; les juges peuvent la rejeter, si le demandeur n'allègue aucune cause qui la rende nécessaire ou légitime. — (*Turin*, 20 *août* 1808, *Sirey*, *tom.* 14, *pag.* 433 *bis*)

2.° L'art. 280 ne s'applique pas aux matières de commerce. Les juges de commerce peu-

étant arrivé, le tribunal, après avoir entendu ce magistrat dans son rapport, et les parties dans leurs moyens, accorde ou refuse la prorogation demandée; mais on voit que la prorogation accordée ne peut jamais être suivie d'une seconde, et par conséquent c'est à la partie qui se trouve dans le cas de former une demande en prorogation, à prévoir et à faire peser au tribunal toutes les difficultés qui peuvent la retarder, afin d'obtenir un délai suffisant.

1094. *La prorogation du délai doit-elle être demandée sur le procès-verbal du juge-commissaire*, A PEINE DE NULLITÉ?

On ne peut disconvenir que le contexte de l'art. 280 fournit des raisons de douter, sur le point de savoir si les mots *à peine de nullité*, qui le terminent, se réfèrent à toutes les dispositions contenues en cet article, ou seulement à la défense d'accorder plus d'une prorogation pour parachever l'enquête.

Mais ce qui porte à décider que ces mots ne doivent s'étendre qu'à la défense dont nous venons de parler, c'est cette circonstance remarquable, que l'article renferme différentes dispositions, et que néanmoins on ne lit pas à la fin cette clause, LE TOUT *à peine de nullité*, qu'on trouve employée dans un grand nombre d'articles du Code, toutes les fois que le législateur a voulu exprimer l'intention d'appliquer la nullité à la contravention faite à chacune des dispositions contenues dans un même article.

On remarquera d'ailleurs que la disposition prohibitive de l'art. 280, à la fin de laquelle se trouvent ces mots, *à peine de nullité*, est séparée des dispositions qui la précèdent par deux points; d'où suit que, d'après le sens naturel des termes, la peine ne peut être applicable qu'à la demande d'une seconde prorogation, et non à l'omission d'avoir demandé, sur le procès-verbal, celle que la loi autorise.

C'est aussi ce que la Cour de Turin, par l'arrêt du 12 janvier 1811, déjà cité sur les 1092.e et 1093.e quest., a formellement décidé.

1095. *Le jour que le juge indique pour référer à l'audience doit-il se trouver compris dans le délai fixé par l'art. 278, pour parachever l'enquête?*

Non, dit M. Pigeau, tom. 1, pag. 279, il suffit que la partie *demande* la prorogation avant l'expiration du délai fixé par l'art. 278.

Et en effet, tous les jours de ce délai, même le dernier, étant utiles pour former une semblable demande, il impliquerait que le juge dût indiquer, pour le référé qu'il doit faire à l'audience, un jour qui fût nécessairement dans ce même délai.

1096. *Comment s'exécutera l'art. 280, lorsque l'enquête sera faite par un juge étranger au tribunal qui aura rendu le jugement d'appointement en preuve?*

La Cour de Grenoble observait, sur l'art. 283 du projet, qu'il supposait que l'enquête serait toujours faite devant un juge du tribunal; « mais, ajoutait-elle, si, d'après les motifs donnés dans nos observations sur l'art. 257, il importe de laisser aux tribunaux la faculté de commettre les juges de paix pour procéder aux enquêtes, l'art. 283 devra être supprimé dans la partie qui ordonne un référé ». — (*Voy. le Recueil des Observ. des Cours, tom. 2*).

---

vent toujours, et quand bon leur semble, proroger les délais de l'enquête. — (*Bruxelles, 6 mai 1813, Sirey, tom. 14, pag. 181*).

On remarquera que ces art. 257 et 283 du projet forment, sans aucun changement, les art. 255 et 280 du Code; et comme il est impossible d'exécuter l'art. 280, en ce qui concerne *le référé*, les auteurs du Praticien, tom. 2, pag. 203, disent qu'il en résulte que l'on n'a pas cru devoir accorder aux juges de paix le droit de dresser les enquêtes, et que les juges des tribunaux civils sont seuls compétens en cette matière.

Cette conséquence prouve qu'il peut échapper des erreurs aux personnes les plus instruites; car l'art. 1035 autorise formellement le tribunal à commettre les juges de paix pour procéder aux enquêtes. — (*Voy. la* 985ᵉ. *quest.*)

En cette circonstance, où un juge de paix aurait été commis, il est évident sans doute qu'il n'y aura point lieu à ce qu'il fasse le référé devant le tribunal, puisque ce commissaire n'est pas pris dans son sein; il se bornera donc à renvoyer les parties se pourvoir à un jour qu'il indiquera, et sur cela, il y a d'autant moins de difficultés, que nous avons dit sur la précédente question qu'il n'est pas nécessaire que le jour indiqué pour soumettre au tribunal la demande de prorogation, se trouve dans le délai fixé pour parachever l'enquête.

Mais on demandera si l'on doit agir ainsi, dans le cas où le juge-commissaire serait membre d'un tribunal de première instance autre que celui qui a rendu le jugement d'appointement?

La solution de cette question dépend de celle de savoir si c'est exclusivement au tribunal qui a ordonné l'enquête qu'il appartient de prononcer sur la demande en prorogation. En effet, si le tribunal, dont le juge-commissaire ferait partie, pouvait prononcer sur cette demande, il n'y aurait aucune difficulté pour appliquer, dans toute son étendue, la disposition de l'art. 280.

Mais nous croyons qu'il n'y a que le tribunal qui a ordonné l'enquête qui puisse en accorder la prorogation.... Une demande à cette fin forme dans l'instance un incident dont le jugement ne peut appartenir qu'aux juges saisis du principal; s'il en était autrement, on étendrait la juridiction d'un tribunal étranger à l'affaire et aux parties; or, on sait que la compétence des tribunaux ne peut être prorogée que dans les cas déterminés par la loi. D'ailleurs, la partie qui réclame une augmentation de délai peut motiver sa demande sur des circonstances dont il n'y a que les juges saisis du principal qui puissent apprécier le mérite, pour user de la faculté que leur donne la loi d'accorder ou de refuser cette augmentation.

Nous disons, en conséquence, qu'il n'y a point lieu à référé toutes les fois que le juge-commissaire n'a pas été pris dans le sein du tribunal qui a ordonné l'enquête, et qu'en ce cas, ce juge n'a, comme nous l'avons déjà dit, qu'à renvoyer les parties à ce tribunal, en indiquant le jour de leur comparution; et ce sera sur le vu du procès-verbal où il aura fait cette indication, que le tribunal prononcera.

1097. *Le tribunal peut-il proroger le délai au-delà de huitaine?*

Oui, puisque la loi ne fixe aucune limite à cet égard. Il est même assez ordinaire de fixer le délai de la prorogation au-delà du terme du premier délai, attendu que l'article défendant d'accorder une seconde prorogation, les circonstances pourraient être telles que le second délai fût insuffisant, s'il n'était que de huitaine.

C'est par cette considération que M. Demiau Crouzilhac, pag. 212, conseille au demandeur en délai d'exposer la situation et les circonstances où il se trouve, et de préciser sur-tout le délai dont il croit avoir besoin, afin de mettre le tribunal à portée de lui accorder tout le tems nécessaire.

1098. *Est-il des cas d'exception à la prohibition d'accorder une seconde prorogation?*

La Cour de Caen, dans ses observations sur l'art. 283 du projet (*voyez le Recueil des Observations des Cours, tom.* 1), disait qu'il fallait excepter les cas où les témoins n'auraient pas comparu, et où il aurait fallu, soit se transporter chez eux, soit commettre des juges pour les entendre. « Ces circonstances, qui ne sont pas du fait des parties, disait cette Cour, ces circonstances, qu'elles ne peuvent ni prévoir ni empêcher, doivent faire exception à la prohibition de proroger le délai : cette prorogation doit être, dans ces cas, laissée à la prudence du juge. »

Nous remarquerons que le législateur n'a point eu égard à cette observation, et que l'art. 1029 portant qu'aucune des *nullités* prononcées par le Code n'est *comminatoire*, on ne doit point admettre d'exception à la prohibition dont il s'agit. (1)

Article 281.

La partie qui aura fait entendre plus de cinq témoins sur un même fait, ne pourra répéter les frais des autres dépositions.

T., 168. — Ordonn., art. 21. — C. de P., art. 413, 1031.

1099. *Quels doivent être le nombre et la qualité des témoins nécessaires pour compléter une preuve?*

Sous la législation ancienne, les juges ne pouvaient pas tenir pour prouvé un fait qui n'était attesté que par un témoin, et ils étaient forcés de tenir pour prouvé tout fait que deux témoins irréprochables leur certifiaient, d'une manière bien précise, s'être passé sous leurs yeux.

De là, dit M. Merlin (*Nouv. Répert., au mot* preuve, *sect.* 3, *tom.* 9, *pag.* 655), ces manières de parler si communes alors : *Je suis convaincu comme homme, mais je ne le suis pas comme juge;* ou, *je suis convaincu comme juge, mais je ne le suis pas comme homme.* — Et grâces aux progrès des lumières, ajoute cet auteur, il en est autrement sous la législation actuelle. Cela résulte, pour les matières civiles, du silence absolu que garde le Code de procédure, tant sur le nombre que sur la qualité des témoins nécessaires pour compléter une preuve, et de la disposition par laquelle il abroge (*art.* 1041) toutes les lois, coutumes, usages et réglemens relatifs à la procédure civile........

(1) Mais il peut être accordé une prorogation de délai pour *parachever* l'enquête, encore bien qu'il ait été accordé, par le jugement qui a ordonné l'enquête, une première prorogation *pour la commencer*. La disposition de l'art. 280, qui défend d'accorder plus d'une prorogation de délai, doit être restreinte au cas de deux demandes en prorogation d'un seul et même délai. — (*Paris, 31 janv.* 1811, *Sirey, tom.* 14, *pag.* 213).

D'après cette opinion, l'on appliquerait aux matières civiles ce qui est formellement prescrit par le Code d'instruction pour les matières criminelles; c'est-à-dire, que le juge qui aurait à prononcer par suite d'une enquête doit être considéré comme un juré; que, par conséquent, il peut avoir égard à la déposition d'un témoin unique, de même qu'il n'est point forcé de regarder comme prouvé le fait attesté par plusieurs témoignages; qu'en un mot, il doit prononcer ce que lui dicte l'intime conviction qu'il a acquise de la vérité ou de la fausseté des faits. (1) — (*Voy. Berriat Saint-Prix, pag.* 291, *not.* 34, *et Toullier, tom.* 9, *pag.* 500, *n*os. 317).

ARTICLE 282.

Aucun reproche ne sera proposé après la déposition, s'il n'est pas justifié par écrit (2).

T., 71. — Ordonn. de 1670, tit. 15, art. 20. — C. de P., art. 378.

CCXXXV. On a vu par l'art. 270 que les reproches doivent être proposés avant la déposition, parce qu'il serait à craindre, s'ils pouvaient l'être après, qu'ils ne fussent inspirés par la déclaration, dont on saurait le contenu, et calqués d'après elle. Néanmoins, l'art. 282 admet, même après la déposition, à proposer les reproches justifiés par écrit, parce qu'en cette circonstance, on n'a point à craindre, comme dans le premier cas, qu'ils aient été inventés et concertés après coup.

1100. *Qu'entend-on par ces mots* REPROCHES JUSTIFIÉS PAR ÉCRIT?

Ce sont des reproches justifiés par titre, comme, par exemple, lorsqu'il résulte d'un acte authentique que tel témoin qui a déposé ne pouvait être en-

---

(1) Plusieurs auteurs professent une autre doctrine. Il faut des témoins, dit M. Thomines, pag. 133, n.° 59; *un seul ne suffirait pas pour faire une preuve*, à moins qu'il ne s'agît d'une preuve ordonnée pour joindre à un commencement de preuve, ou, comme le dit M. Demiau Crouzilhac, pag. 218, de divers faits qui auraient rapport à un fait général; *quando plura tendunt ad perficiendum unum totum, tunc, quæ non prosunt singula, si sint simul collecta, juvant.*

L'auteur que nous venons de citer reproduit aussi tous les principes d'après lesquels on déterminait, dans l'ancienne jurisprudence, le nombre et la qualité des témoignages nécessaires pour former une preuve complète.

Nous croyons que c'est à l'opinion de M. Merlin que l'on doit s'attacher, non seulement par la raison qu'il tire de l'art. 1041 du Code de procédure pour conclure l'abrogation de ces principes, mais encore parce que le Code civil, qui traite de la preuve testimoniale, ne les a point conservés. Or, l'art. 7 de la loi du 30 ventôse an 12 abroge toute loi générale ou locale dans les matières qui sont l'objet de ce Code.

NOTA. On remarquera que la question que nous venons d'examiner ne se rattache pas très-directement à l'objet de notre travail. Nous avons cru néanmoins devoir nous y arrêter, attendu son importance; mais nous ne pouvons, relativement au grand nombre de questions que nous aurions à traiter, si nous voulions poser les règles relatives à l'influence et aux effets de la preuve par témoins, que renvoyer aux ouvrages qui les expliquent.

Voyez entre autres le Traité de la preuve par témoins de Danty; l'Essai sur la nature et la force des preuves par M. Cabriel; le nouveau Traité de la preuve par témoins de M. Desquiron; le Répertoire de M. Merlin, au mot *preuves*, sect. 3, et enfin le tom. 9 de M. Toullier, pag. 500 et suiv.

(2) L'art. 71 du tarif autorise et taxe pour l'exécution de cet article deux écrits, l'un pour proposer le reproche, l'autre pour y répondre.

tendu, parce qu'il était *reprochable* du chef de la parenté ou de l'alliance, ou bien encore parce qu'il résulterait d'un écrit également certain que ce même individu avait, avant de déposer, donné un certificat sur les faits au sujet desquels son témoignage a été invoqué, etc.

ARTICLE 283.

Pourront être reprochés, les parens ou alliés de l'une et de l'autre des parties, jusqu'au degré de cousin issu de germain inclusivement; les parens et alliés des conjoints au degré ci-dessus, si le conjoint est vivant, ou si la partie ou le témoin en a des enfans vivans : en cas que le conjoint soit décédé, et qu'il n'ait pas laissé de descendans, pourront être reprochés les parens et alliés en ligne directe, les frères, beaux-frères, sœurs et belles-sœurs.

Pourront aussi être reprochés, le témoin héritier présomptif ou donataire; celui qui aura bu ou mangé avec la partie, et à ses frais, depuis la prononciation du jugement qui a ordonné l'enquête; celui qui aura donné des certificats sur les faits relatifs au procès; les serviteurs et domestiques; le témoin en état d'accusation; celui qui aura été condamné à une peine afflictive ou infamante, ou même à une peine correctionnelle pour cause de vol. (1)

C. C., art. 251. — Ordonn. de 1667, tit. 23, art. 2.

CCXXXVI. La loi indique, dans l'article qui précède, les causes pour lesquelles les témoins peuvent être reprochés. A la différence de l'ordonnance de 1667, qui avait prononcé l'exclusion du droit de témoignage, non seulement contre tous les parens et alliés en ligne directe, mais encore contre les parens et alliés en ligne collatérale, jusqu'au huitième degré, et qui avait abandonné tous les

---

(1) JURISPRUDENCE.

1.° La simple déclaration du témoin d'être cousin issu de germain de la partie, et d'avoir bu et mangé avec elle postérieurement au jugement qui ordonne l'enquête, est suffisante pour valider un reproche. — (*Rennes*, 21 *janv*. 1813).

NOTA. D'après ce que nous avons établi quest. 1102, cette déclaration ne nous paraîtrait pas suffisante; le juge n'en devrait pas moins avoir égard aux circonstances et à la qualité des personnes, et rejeter le reproche, si elles paraissaient à l'abri de tout soupçon. — (*Voy. Toullier, n.°* 305).

2.° La mendicité n'est pas par elle-même un motif suffisant pour reprocher un témoin, sauf au juge à avoir tel égard que de raison à la déposition du témoin mendiant. — (*Rennes*, 12 *janv*. 1810).

NOTA. Cette décision est conforme aux explications données sur la 1102.e quest., not. 2, pag. 700).

3.° Un témoin reprochable pour avoir bu ou mangé avec la partie, etc., pouvant être entendu (*art.* 284) dans sa déposition, l'on ne peut induire l'abandon du reproche de ce que la partie contre laquelle il a été entendu l'a interpellé de faire sa déclaration sur les faits qui tenaient au fond de la cause. — (*Rennes*, 22 *nov*. 1813).

4.° Si l'art. 283 porte que le témoin qui aura donné des certificats peut être reproché, il résulte néanmoins de cet article, combiné avec l'art. 211, que les individus qui ont vu

moyens de reproches à la conscience du juge, sans en indiquer aucun, elle permet de reprocher les parens et alliés de l'une ou de l'autre des parties, jusqu'au degré de cousin-germain. La raison en est que le danger d'entendre, comme témoins, des personnes que les liens du sang ou de l'affinité font présumer susceptibles d'intérêt ou de partialité, diminue à mesure que les liens s'éloignent de leur origine, et alors, comme le dit le rapporteur au Corps législatif, rien ne s'oppose à ce que la loi laisse auxparties le droit d'admettre les dépositions. C'est un hommage qu'elle leur laisse à rendre à la probité du témoin, qui ne peut être suspect aux yeux du juge, dès que les parties, éclairées par leur propre intérêt, consentent de s'en rapporter à ses déclarations.

Outre ce moyen de reproche général, la loi en indique six autres, tous fondés, ou sur l'intérêt personnel, ou sur des liaisons intimes qui se sont manifestées depuis le jugement, ou sur la foi engagée, ou sur l'infamie. La disposition qui les adopte est l'écho de toutes les lois, parce que ces motifs sont de tous les tems comme de toutes les nations. Mais devra-t-on conclure de cette indication ou énumération, que le législateur ait voulu limiter au nombre de causes que renferme notre article, les moyens de reproches, dont le nombre, dit un jurisconsulte célèbre, est illimité par la nature des choses? Cette question est la première que nous avons à examiner sur cet article. — (*Voy. numéro suivant*).

1101. *Les causes de reproches mentionnées dans l'art. 283, sont-elles les seules que les juges puissent admettre?*

La plupart des Cours d'appel observaient, sur l'art. 286 du projet de Code, que l'énumération des causes de reproches qui étaient détaillées en cet article, ne devait pas exclure plusieurs autres qui seraient de nature à faire impression sur les juges. Ces Cours proposaient, en conséquence, d'ajouter que les reproches fondés sur d'autres causes que celles mentionnées en l'article, seraient appréciés par le tribunal, qui pourrait ou les admettre, ou les rejeter, ou les joindre au principal, pour y avoir tel égard que de raison. — (*Voy. le détail de ces causes de reproches, au Comm. de Rodier, art. 1 du tit. 23 de l'ordonn., quest. 1re.*) (1).

écrire ou signer un écrit dont la vérification est ordonnée, auquel ils n'ont aucun intérêt, et qui *l'ont même signé* avec la personne dont on méconnaît la signature, peuvent être entendus comme témoins. On ne peut les assimiler à des témoins qui auraient donné des certificats. — (*Rennes, 18 avril 1816*).

5.° Le notaire et les témoins d'un acte public ne peuvent être reprochés, lorsqu'ils sont appelés à déposer sur les faits qui ont été l'objet de cet acte; la raison en est que le notaire qui a reçu l'acte, et les deux témoins instrumentaires qui ont signé cet acte, ayant un caractère légal, et n'ayant rempli qu'un ministère non seulement avoué par la loi, mais même obligé par elle, ne peuvent être assimilés à ceux qui auraient donné *des certificats sur des faits relatifs à des procès*, dans le sens et l'objet de cet article. —(*Cassat., 23 nov. 1812, Sirey, tom. 13, pag. 174, et Toullier, tom. 9, pag. 477, n.° 309*).

(1) Ainsi, disait la Cour de Caen, les reproches mentionnés au projet *pourraient* être absolus, et il faudrait permettre aux parties d'articuler tels autres reproches, et laisser à la prudence des juges d'y avoir tel égard que de raison, en sorte qu'ils puissent, dans leur sagesse, accorder l'équité avec la stricte justice ».

Nonobstant ces observations, le projet n'a souffert aucun changement; nulle addition n'a été faite à l'art. 286 de ce projet, qui forme aujourd'hui l'art. 283 du Code.

De là résulte la question que nous avons à décider. Il est à remarquer, avant tout, que tous les auteurs qui l'ont traitée se sont accordés à considérer l'article 283 comme n'étant pas tellement *limitatif*, qu'une partie ne fût pas recevable à fonder un reproche sur d'autres causes que celles qu'il indique. Mais M. Toullier est celui d'entre eux qui se prononce le plus fortement en ce sens. (*Voy. tom.* 9, *pag.* 443 *et suiv.*, *et* 459 *et suiv.*). Nous avions adopté, dans notre Analyse, une opinion qui nous semblait concilier avec les observations des Cours le texte de la loi, en ce qu'il eût pu sembler limitatif, par la raison qu'on n'eut pas égard à ces observations, et nous disions, en nous fondant sur plusieurs arrêts de Cours royales, auxquels nous pourrions ajouter plusieurs autres, rendus par celle de Rennes, que les causes de reproches mentionnées dans l'article 283, étaient les seules que les juges pouvaient admettre; mais qu'ils étaient autorisés, néanmoins, à avoir tel égard que de raison à des moyens propres à faire considérer la déposition d'un témoin comme indigne de foi. La Cour de cassation, par arrêt du 3 juillet 1820, a levé toute incertitude, en décidant que les juges peuvent admettre contre les témoins d'autres motifs de reproches que ceux spécifiés par l'art. 283 du Code de procédure, les dispositions de cet article étant DÉMONSTRATIVES et non *limitatives*. — (*Voy. Sirey*, *tom.* 21, *pag.* 107). (1)

1102. *Les juges ont-ils la faculté de rejeter les reproches, encore bien qu'il leur soit prouvé qu'ils seraient fondés sur l'une des causes mentionnées en l'art.* 283?

M. Delaporte, tom. 1, pag. 281, et les auteurs du Commentaire inséré aux Annales du notariat, tom. 2, pag. 229, décident affirmativement cette question, et nous avions donné la même solution dans notre Analyse, n°. 977; mais toutefois en disant qu'il nous semblait que le juge, dans le cas où les causes du reproche n'étaient pas fondées sur la loi, ne nous semblait pas absolument autorisé à ordonner que la déposition ne serait pas lue.

Par les raisons que M. Toullier a développées dans son tom. 9, en combattant l'opinion de M. Locré (*Espr. du Code de comm.*, *tom.* 9, *pag.* 307 *et* 308), et d'après la solution de la question qui précède, nous poserons en principe, comme le premier de ces auteurs, que les juges ont le pouvoir de rejeter, aussi bien que d'admettre, les moyens de reproches généraux indiqués par l'art. 283, suivant ce qui résulte des circonstances et des réponses aux reproches (2).

1103. *Y a-t-il lieu à reprocher des parens en ligne directe de l'une des parties?*

---

(1) Voy. la note sur la question suivante.

(2) Nous devons remarquer ici qu'un arrêt de la Cour de cassation, du 22 novembre 1812 (*Sirey*, *tom.* 13, *pag.* 174), a décidé qu'il y avait fausse application de l'art. 283, dans un jugement qui avait admis un motif de reproche de témoins que la loi n'a pas créé; mais cette décision n'est point en opposition avec l'opinion ci-dessus émise, attendu qu'il s'agissait, dans l'espèce, d'assimiler à une personne reprochable pour avoir donné un certificat, le notaire et les témoins instrumentaires d'un acte. Aucun autre motif de reproche n'étant présenté comme pouvant élever une présomption de partialité contre ces témoins, il était évident que l'on ne pouvait les déclarer reprochables *à raison de leur qualité*, et en les assimilant, par cette considération, à celui qui eût donné un certificat; mais il n'en reste pas moins vrai que s'ils avaient été reprochés pour toute autre cause non mentionnée dans l'art. 283, le reproche eût été admissible — (*Voy.*, *au surplus, la distinction faite par M. Toullier, n.os* 294—296, *entre les reproches généraux et les reproches particuliers*).

Nous avons dit, sur la 1055e. quest., pag. 670, que les parens ou alliés à ce degré ne peuvent être *entendus* : il en résulte qu'ils n'ont pas besoin d'être reprochés, et c'est ce qui fait dire à M. Pigeau, tom. 1, pag. 268, qu'il paraîtra peut-être superflu de les avoir compris dans la liste des témoins reprochables, mais que le législateur s'y est déterminé pour le cas où, contre la volonté de la loi, ils auraient été assignés et *entendus*.

Nous pensons que le législateur n'a point voulu, par les termes généraux dont il se sert, parler des parens en ligne directe, afin d'exprimer qu'ils devront être reprochés. Si, sous ces mots, *parens ou alliés jusqu'au degré de cousin issu de germain*, les parens et alliés en ligne directe se trouvent compris, ce n'est pas une raison pour en conclure qu'il soit nécessaire de les reprocher pour empêcher que leur déposition soit lue. La prohibition prononcée par l'art. 268 suffit pour faire connaître que le législateur n'a eu en vue, dans l'art. 283, que les parens et alliés en ligne collatérale : d'où nous concluons que si, contre cette prohibition, des parens en ligne directe étaient assignés comme témoins, il suffirait à la partie intéressée de déclarer les liens qui les unissent à la partie adverse, pour que le juge-commissaire, en cas que l'alliance ou la parenté ne fût pas contestée, refusât de les entendre; ce qui n'aurait pas lieu, s'ils devaient être *reprochés*. — (*Voy. le Traité de M. Toullier, tom. 9, pag. 434, n°. 286*).

1104. *Une partie pourrait-elle reprocher celui qui aurait épousé la sœur de la femme de la partie adverse?*

Nous ne faisons cette question qu'afin de rappeler que la section criminelle de la Cour de cassation a plusieurs fois jugé, sur l'art. 358 de la loi du 3 brumaire an 4, que les époux de deux sœurs ne sont pas alliés, *et vice versâ*, d'après le principe que l'affinité ne produit pas l'affinité. Ce principe a été appliqué par le ministre de la justice, à la disposition de l'art. 162 du Code civil, qui, en ligne collatérale, prohibe le mariage entre le frère et la sœur légitimes ou naturels, et les alliés au même degré, et il a conséquemment décidé que le mariage n'était pas défendu entre un individu et la veuve du frère de sa première femme. — (*Voy. lettre du 12 mars 1810, Biblioth. du barr., 1811, pag. 197*).

Pour appliquer cette décision aux reproches pour cause de parenté ou d'alliance mentionnés en l'art. 283, nous disons qu'il n'est pas douteux que l'on puisse reprocher la personne qui aurait épousé, soit la sœur, soit le frère de la femme d'une des parties, *et vice versâ*, puisque cet article autorise le reproche des parens et alliés du conjoint, jusqu'au degré de cousin-germain, si le conjoint est vivant, et celui des parens et alliés en ligne directe, des frères, *beaux-frères*, sœurs et *belles-sœurs*, s'il est décédé : or, le mari de la sœur du conjoint est le *beau-frère* de celle-ci.

Mais on ne pourrait reprocher, par exemple, le mari de la sœur du beau-frère du conjoint, puisque celui-ci ne serait pas allié de ce dernier, d'après le principe ci-dessus énoncé.

1105. *Ne peut-on reprocher les parens, tant du conjoint partie au procès, que ceux du conjoint qui n'y est point partie, qu'en ligne directe et au second degré en collatérale, si l'autre conjoint est mort sans enfans?*

Cette question, née de l'obscurité que présente la seconde disposition de l'art. 283, est résolue pour la négative par M. Toullier, tom. 9, pag. 439, n°. 289. Nous ne pouvons que nous en référer aux motifs qu'il développe à l'appui.

1106. *La parenté ou alliance naturelle serait-elle une cause de reproche contre un témoin?*

Nous avons dit, sur la 1056e. quest., pag. 671, que la prohibition d'entendre les parens et alliés en ligne directe légitime nous semblait, d'après un arrêt de la Cour de cassation, du 6 avril 1809, devoir être étendue aux parens et alliés en ligne directe naturelle, encore bien que l'enfant naturel qui produit ce lien n'eût pas été reconnu; mais nous ne croyons pas qu'il en soit ainsi, relativement aux reproches que la loi autorise en ligne collatérale, parce que les enfans naturels n'entrent point dans la famille de leurs père et mère. Ce ne serait, tout au plus, que dans le cas où plusieurs enfans ayant été reconnus par les mêmes père et mère, seraient par cette raison frères ou sœurs, que l'un pourrait être reproché comme témoin dans l'affaire de l'autre.

1107. *La parenté réciproque des témoins est-elle un sujet de reproche?*

Les auteurs décidaient négativement cette question sous l'empire de l'ordonnance de 1667, et il doit en être de même aujourd'hui, avec d'autant plus de raison que l'art. 283 ne parle que de la parenté ou de l'alliance des témoins avec une des parties, et non entre eux. — (*Bruxelles, 25 mars 1806, Jurisp. du Code civ., tom. 7, pag. 78*).

1108. *Si la partie est héritière ou donataire du témoin, celui-ci est-il reprochable?*

Nous avions dit, dans notre Analyse, quest. 982e., que le reproche ne pouvait être admis que sauf à avoir tel égard que de raison à la déposition, dont on ne pourrait d'ailleurs empêcher la lecture. (*Voy. Pigeau, tom. 1, pag. 269*). Mais, d'après l'opinion que nous avons adoptée, n°. 1001, nous rétractons cette première solution.

1109. *Peut-on reprocher le témoin chez lequel la partie aurait bu ou mangé en qualité de pensionnaire?*

Il est bien certain, d'après le texte de l'art. 283, que l'on ne peut reprocher le témoin qui aurait bu ou mangé avec la partie, soit dans une maison d'ami, soit dans une autre maison tierce, même dans une auberge. Il suffit, en effet, pour que le reproche ne soit pas fondé, que le témoin n'ait pas bu ou mangé aux frais de la partie.

Mais on a élevé des doutes relativement au témoin chez lequel la partie a bu ou mangé en qualité de pensionnaire. On disait que ce témoin était reprochable, *attendu que celui qui prend un pensionnaire vit au moins pour partie aux dépens de ce pensionnaire.* Mais la Cour de Paris, par arrêt du 10 mars 1809 (*voy. Denevers, 1809, supp., pag. 141*), et celle de Rennes, par arrêt du 4 juillet 1814, ont rejeté ce moyen, que les juges de première instance avaient adopté, et ont déclaré, en conséquence, que le témoin ne se trouvait pas dans le cas prévu par l'art. 283. — (*Voy. Pigeau, tom. 1, pag. 270*).

1110. *Est-on admis à récuser un témoin qui, sur la sommation de l'une des parties, a fait une déclaration extrajudiciaire sur quelques faits du procès?*

Nous croyons que l'art. 283, en disposant que l'on pourra reprocher celui qui aura donné des certificats sur les faits *relatifs au procès*, n'a entendu parler que des certificats essentiellement volontaires, et non d'une déclaration qui aurait été donnée à la suite d'une sommation. Telle est aussi l'opinion de M. Coffinières. (*Voy. Journ. des avoués*, 1811, *pag.* 343). Et, en effet, il nous semble que c'est dans ce cas seulement que le reproche pourrait être fondé contre la personne appelée en témoignage, comme suspecte de partialité, attendu l'empressement qu'elle aurait mis à donner sa déclaration. Mais, lorsqu'elle est provoquée par une sommation qui, bien qu'elle soit extrajudiciaire, lui est faite par un officier ministériel, on ne peut attribuer à sa partialité une réponse qu'elle peut se croire tenue de donner par suite de cette sommation (1).

1111. *En serait-il de même d'une déclaration donnée par le témoin devant notaire, relativement aux faits sur lesquels il serait appelé à déposer?*

Par arrêt du 2 messidor an 10, la Cour de Rennes (*voy. Jurisp. de la Cour d'appel de Rennes, dont le Journ. actuel de cette Cour est la continuation, pag.* 725), a décidé que le reproche résultant de la déclaration faite devant notaire n'était point au nombre de ceux qui étaient textuellement établis par l'ordonnance; qu'une telle déclaration, bien qu'elle ne pût établir une preuve juridique, ne pouvait être envisagée comme l'effet de la suggestion, mais d'une erreur dans le choix du mode de constater un fait.

On remarquera que le Code de procédure n'était point en vigueur à l'époque où cet arrêt a été rendu; que l'art. 283 contient une disposition qui ne distingue point entre les certificats donnés sous seing privé et ceux donnés pardevant notaire; que le témoin qui donne une déclaration notariée agit volontairement, à la différence de celui qui est sommé de s'expliquer, comme dans l'espèce de la précédente question.

Nous ne croyons donc pas, disions-nous dans notre Analyse, quest. 985e., que l'arrêt de la Cour de Rennes puisse faire règle aujourd'hui sur la question que nous avons posée, et notre opinion a été adoptée par M. Toullier, tom. 9, pag. 475, n°. 307.

1112. *Mais un certificat qui serait donné sur des faits qui seraient* RELATIFS *au procès, mais étrangers à ceux dont la preuve est ordonnée, opérerait-il une cause de reproche contre celui qui aurait donné ce certificat?*

« Le témoin, dit M. Hautefeuille, pag. 158, qui a donné des certificats sur les faits *relatifs* au procès, peut être reproché, quand même il ne se serait pas expliqué sur les faits qui doivent être prouvés. »

M. Coffinières a rapporté, dans son Journal des avoués (1811, *pag.* 342), un arrêt de la Cour de Paris, du 24 mai 1811, qui a décidé le contraire; et il remarque, à cette occasion, qu'en s'attachant à l'esprit plutôt qu'à la lettre de l'art. 283, on s'aperçoit que, pour que le reproche soit admissible, il faut

(1) On ne devrait pas encore, dit M. Toullier, tom. 9, pag. 476, regarder comme certificat ou moyen de reproche suffisant, la réponse faite par un témoin à une lettre où on lui eût demandé s'il avait connaissance des faits,........ Cette information, nécessaire pour ne pas appeler des témoins inutiles, n'a rien par elle-même qui puisse faire naître un soupçon raisonnable contre la véracité d'un témoin. — (*Voy. au surplus, sur ce qu'on doit entendre par certificat, le même auteur, pag.* 471 *et suiv., n.*° 306).

qu'il y ait identité entre les faits constatés par le certificat du témoin et ceux sur lesquels il doit être interrogé.

Nous pensons néanmoins qu'outre la généralité des termes de l'art. 283, il y a une raison particulière pour adopter le sentiment de M. Hautefeuille : c'est que le témoin qui a donné à une partie un certificat sur des faits du procès, a déjà manifesté de l'intérêt pour cette partie. Cette faveur qu'il lui a accordée, et dans son intérêt, puisqu'elle l'a provoquée, fournit, de la part du témoin, une présomption de partialité qui a pu suffire pour que le législateur le déclarât reprochable.

1113. *Peut-on reprocher, comme ayant donné un certificat sur* DES FAITS RELATIFS AU PROCÈS, *l'individu qui, en qualité de membre d'un conseil de famille, a concouru à une autorisation à l'effet d'intenter ce procès?*

On disait, pour l'affirmative, dans l'espèce de l'arrêt de la Cour de Paris, du 10 mars 1809 (*Sirey, tom. 14, pag.* 433), que l'individu dont il s'agit ayant été d'avis que le procès fût intenté, avait manifesté cette opinion par écrit; qu'il avait donné un véritable certificat, d'après lequel il était intéressé au succès du procès, pour paraître ne point s'être trompé; mais l'arrêt précité a rejeté le reproche, par le motif qu'il n'était pas prévu par l'art 283 (1).

1114. *Des témoins qui ont fait des déclarations en un procès-verbal d'experts nommés pour visiter des lieux, peuvent-ils être reprochés dans l'enquête qui se fait par suite de l'expertise?*

Cette question s'est présentée dans une espèce où les experts avaient été autorisés à recevoir les déclarations des personnes qui leur seraient présentées, ou qui seraient appelées d'office. La Cour d'Orléans l'a décidée négativement par arrêt du 22 février 1811, cité par M. Hautefeuille, pag. 157, attendu que de telles déclarations ne pouvaient être assimilées aux certificats dont parle l'art. 283.

On sent que cette décision vient prêter un appui à la solution que nous avons donnée sur la 1110.° quest.

1115. *Qu'entend-on par le mot* DOMESTIQUE, *dont se sert l'art.* 283?

En matière de reproche, on entend par ce mot non seulement les serviteurs à gages, mais encore ceux qui vivent à la même table gratuitement ou à raison des services qu'ils rendent au maître de la maison, comme un clerc, un commis, etc.; en sorte que cette communauté suppose de la supériorité et de la dépendance de l'un à l'autre. — (*Voy. Toullier, tom.* 9, *pag.* 496, *n°.* 314).

Les auteurs du Praticien, tom. 2, pag. 186, placent les *pensionnaires* parmi les domestiques; mais nous avons vu, sur la 1109e. quest., que le pensionnaire ne pouvait être reproché; et en effet, le reproche fondé sur la domesticité dérive de la dépendance où se trouverait le témoin. Or, le pensionnaire est indépendant, dit M. Pigeau, tom. 1, pag. 270, puisqu'il paie sa nourriture.

---

(1) En effet, comme le remarque M. Toullier, tom. 9, pag. 475, n.° 307, il faut, pour qu'il puisse fonder un moyen de reproche, que l'écrit qu'on présente comme certificat ait pour objet de s'assurer de la déposition du témoin, et qu'il ait été d'ailleurs volontairement délivré à la partie qui en fait usage.

Cette distinction entre le serviteur et le domestique était établie par les anciens praticiens ; et il est évident, d'après les termes de l'art. 283, qu'elle a été conservée, quoique, dans le langage ordinaire, ce mot domestique soit employé comme synonyme du mot *serviteur*. C'est, par exemple, dans l'acception vulgaire que nous nous en sommes servi en posant la 367e. quest., pag. 192. — (*Voy. Duparc-Poullain, tom. 9, pag. 396; le Prat.; Pigeau, ubi suprà, et Thomines, pag.* 136). (1)

1116. *Le reproche fondé sur l'état de domesticité n'est-il admissible qu'autant que le témoin se trouve actuellement au service de l'assigné?*

Le reproche fondé sur l'état de domesticité ne nous paraît proposable et admissible qu'autant que le témoin est au service de la partie qui requiert son audition, *actuellement*, c'est-à-dire au tems de l'enquête, ou bien encore, lors qu'il n'a quitté ce service que depuis le jugement qui a ordonné l'enquête, et qu'il y a lieu de croire que sa sortie a été convenue avec le maître pour qu'il pût être entendu en témoignage, sa sortie n'étant que feinte.

Mais le reproche ne doit pas être admis si le témoin a cessé d'être au service de la partie en qualité de domestique, long-tems avant le jugement interlocutoire.

Si c'était peu de tems avant, et qu'il y eût quelque motif de le suspecter, il faudrait, tout en écartant le reproche, réserver d'avoir, en jugeant, tel égard que de raison à sa déposition. Cette espèce de reproche a pour fondement l'état de dépendance du témoin domestique ; la dépendance cessant par sa sortie, le reproche tombe.

La rédaction des art. 262 et 283 du Code de procédure, suppose bien qu'il s'agit du témoin *actuellement* au service de la partie.

Conformément à ces observations, un jugement du tribunal de Rennes (2e. chambre), rendu le 1er. août 1817, a rejeté le reproche qui avait été proposé contre un témoignage d'une personne qui se trouvait au service de l'une des parties à l'époque de l'événement sujet du procès, mais qui avait quitté le service deux ou trois mois avant le jugement d'appointement à faire preuve. Ce témoin, d'ailleurs, avait paru de la plus grande impartialité dans sa déposition, ce qui contribua encore à faire écarter le reproche : mais nous pensons qu'indépendamment de cette considération particulière, le tribunal n'en aurait pas moins bien jugé.

1117. *Le témoin mis en accusation demeure-t-il reprochable, s'il vient à être acquitté avant le jugement du procès dans lequel il a déposé?*

Non, sans doute, puisque son absolution a fait cesser l'état d'accusation qui

---

(1) Au reste, il est inutile d'insister sur ce point, puisque les tribunaux ayant, comme nous l'avons vu *suprà*, n.os 1101 et 1102, le pouvoir d'admettre ou de rejeter, suivant les circonstances, les motifs généraux de reproches indiqués dans l'art. 283, on ne peut leur refuser la faculté d'étendre ou de resserrer, suivant les circonstances, l'acception du mot *domestique*. Un arrêt de Rennes, du 1.er août 1816, a jugé que si la loi permet de reprocher les serviteurs et domestiques, elle laisse au juge la faculté d'admettre ou de rejeter, suivant les circonstances, les reproches proposés. — (*Voy. Toullier, tom.* 9, *pag.* 496, *n.*° 314).

avait été la cause du reproche. Ainsi, le reproche ne serait pas admis, si le témoin avait été acquitté avant le jugement à rendre sur ce reproche; et si ce jugement, rendu lorsque le temoin était encore accusé, avait admis le reproche, la partie intéressée aurait droit de demander la lecture de la déposition, en justifiant, soit de l'ordonnance d'acquit du président de la Cour d'assises, soit de l'arrêt d'absolution de la Cour spéciale. — (*Voy. Pigeau, tom.* 1, *pag.* 271 *et* 272).

1118. *Est-il nécessaire de reprocher un individu condamné à une peine emportant mort civile?*

Non, car l'art. 25 du Code civil porte qu'un tel individu ne peut être admis à porter témoignage en justice; et, d'un autre côté, l'art. 28 du Code pénal ne l'admet pas à déposer, même pour donner de simples renseignemens, puisqu'il ne parle que des condamnés à la peine des travaux forcés à tems, du bannissement, de la réclusion ou du carcan. — (*Voy. la* 746e. *quest., in fine, pag.* 462.)

1119. *Les condamnés à peine afflictive ou infamante, ou à une peine correctionnelle pour cause de vol, peuvent-ils être reprochés, quoiqu'ils ne soient admis à rendre témoignagne que pour donner de simples renseignemens ou déclarations?*

Oui, sans doute; car ces simples renseignemens ou déclarations pourraient faire impression sur l'esprit du juge : d'où suit que la partie intéressée doit avoir le droit de reprocher ces condamnés; s'il en était autrement, la loi serait moins sévère à l'égard de ces individus, déjà notés de suspicion par un jugement solennel, qu'elle ne l'est à l'égard de tout autre particulier désigné en l'art. 283. — (*Voy. Code pénal, art.* 28 *et* 42).

Toute la différence qu'il y a entre ces individus et d'autres personnes appelées en témoignage, c'est que s'ils ne sont pas reprochés, le juge-commissaire ne pourra recevoir leurs déclarations que comme de simples renseignemens, et *sans exiger leur serment* (*voy. Bourguignon, sur l'art.* 71 *du Code d'instruction, pag.* 110); c'est que le tribunal, dans le cas même où la déclaration aurait été assermentée, ne la considérera point comme déposition; c'est qu'il en sera de même de la déclaration de l'individu qui ne serait pas reprochable, parce qu'il n'aurait pas été condamné correctionnellement pour vol, mais pour tout autre délit (1).

1120. *L'individu qui a été condamné à une peine afflictive ou infamante, ou à une peine correctionnelle pour simple vol, est-il* A JAMAIS *reprochable?*

Un arrêt de la Cour de Colmar, du 6 août 1814 (*Sirey, tom.* 15, *pag.* 20) (2),

---

(1) Ceci suppose que les individus condamnés correctionnellement auraient été interdits du droit de porter témoignage en justice, conformément à la faculté que la loi accorde au juge correctionnel, par l'art. 42 du Code pénal; autrement, on devrait recevoir leurs déclarations en forme de déposition, et comme celle de tout autre citoyen, à la différence des condamnés à une peine afflictive ou infamante, dont l'interdiction n'a pas besoin d'être prononcée, parce qu'elle est la suite nécessaire des peines de cette nature. (*Code pénal, art.* 28). — (*Voy. les questions suivantes*).

(2) Il est à remarquer que cette décision a été rendue dans l'espèce d'une condamnation prononcée en pays étranger. Et en effet, peu importe, pour que le reproche soit fondé, de quelle autorité soit émanée la condamnation; le condamné n'en a pas moins une tache

a décidé cette question pour l'affirmative, au sujet d'une personne qui avait été anciennement condamnée pour vol, et qui n'avait pas été réhabilitée. Nous croyons cette décision bien fondée, parce qu'en effet la réhabilitation seule peut, aux termes de l'art. 633 du Code d'instruction, faire cesser, pour l'avenir, dans la personne du condamné à une peine afflictive et infamante, les incapacités résultant de cette condamnation.

Mais le condamné pour vol par voie de police correctionnelle n'ayant pas besoin d'être réhabilité, sera donc à jamais reprochable pour cette cause? Celui qui aura été jugé coupable d'un délit sera donc plus rigoureusement traité que l'individu qui aurait été condamné pour crime?

Nous répondons que cette contradiction n'existe point, parce que l'art. 401 du Code pénal dispose que les condamnés pour vol par la police correctionnelle, ne pourront être interdits des droits mentionnés en l'art. 42, que pendant cinq ans au moins, et dix ans au plus, à compter du jour où ils auront subi leur peine.

Ainsi, le condamné pour vol par voie de police correctionnelle se trouve, à l'expiration du délai fixé par son jugement, et relativement au droit de porter témoignage en justice, dans la même classe que le condamné pour crime qui aurait été réhabilité.

Quant au condamné qui n'aurait pas été interdit de la sorte du droit de porter témoignage, attendu que l'art. 401 est limitatif, nous estimons qu'il cesse d'être *reprochable* dans le sens de la loi, et qu'on ne peut opposer sa condamnation que comme un moyen pour atténuer sa déposition, moyen qui rentre dans la classe de ceux dont nous avons parlé sur la 1101°. quest.

C'est ainsi que les art. 633 du Code d'instruction et 401 du Code pénal ont modifié, suivant nous, la disposition de l'art. 283 du Code de procédure, qui ne fixe aucun terme passé lequel un condamné à peine afflictive ou infamante, ou à une peine correctionnelle pour vol, puisse cesser d'être reproché (1).

---

d'infamie, qui, dans tous les cas, doit le rendre suspect; car la décision qui l'a frappé est toujours celle de la justice.

(1) On peut, à la vérité, objecter qu'autre chose est un reproche, autre chose une interdiction prononcée par la loi ou en vertu de la loi pénale.

Nous répondrons que les lois doivent s'entendre de manière à ce qu'elles ne présentent aucune contradiction dans leurs effets. Or, il impliquerait qu'un homme que la loi a réintégré, par l'effet de la réhabilitation, dans l'exercice de tous ses droits, et dont elle a totalement effacé la tache, pût en souffrir une impression nouvelle par suite d'un reproche sur lequel la justice aurait à prononcer, et qui perpétuerait le souvenir d'un égarement dont l'oubli a été acheté par la peine qu'il a subie, et par une longue suite de bonnes actions.

Ce que nous disons du condamné réhabilité, nous sommes, à plus forte raison, fondé à le dire d'un condamné par simple voie de police correctionnelle. Le terme de sa condamnation est celui de toute incapacité qui pourrait en résulter. Quelle raison donnerait-on pour établir qu'il fût *à jamais* reprochable comme témoin? On le placerait dans une condition plus dure que celle du condamné à une peine afflictive ou infamante, s'il pouvait être reproché perpétuellement, puisque celui-ci n'est pas reprochable lorsqu'il est réhabilité.

Nous pouvons nous tromper; mais les contradictions qui nous paraissent résulter de l'opinion contraire à celle que nous venons d'émettre, sont tellement frappantes à nos yeux, que nous ne saurions nous déterminer autrement, par les raisons que l'on pourrait apporter pour les combattre.

ARTICLE 284.

Le témoin reproché sera entendu dans sa déposition. (1)

T., 92, 168.

ARTICLE 285.

Pourront les individus âgés de moins de quinze ans révolus être entendus, sauf à avoir à leurs dépositions tel égard que de raison.

T., 168. — C. d'instr. crim., art. 79. — C. de P., art. 413.

CCXXXVII. La loi a dû autoriser à appeler les enfans à déposer en justice, comme elle l'a fait à l'égard des femmes, quoique les uns et les autres ne puissent figurer comme témoins dans un acte public. C'est qu'il ne s'agit point, dans les enquêtes, de remplir une sorte de fonction publique, et que les parties à requête desquelles elles ont lieu, n'ont pas été libres de choisir les témoins devant lesquels se sont passés les faits qu'il s'agit de prouver. Mais en admettant le témoignage des enfans, la loi veut que le juge prenne en considération la faiblesse de leur âge, et qu'il n'ajoute à leur déposition que le degré de confiance qu'elle paraîtrait mériter.

1121. *Les individus âgés de moins de quinze ans doivent-ils être dispensés de la prestation de serment prescrite par l'art.* 262?

Plusieurs Cours d'appel, dans leurs observations sur le projet de Code, avaient demandé que cette dispense fût expressément prononcée. « Nous convenons, disait celle de Turin, que l'on peut entendre les impubères; mais il faut ajouter: *Sans cependant les soumettre au serment;* un acte de cette importance est trop grave pour leur âge. » C'est par ces motifs que le Code d'instruction dispose (*art.* 79) que les enfans de cet âge ne seront entendus que *par forme de déclaration,* et *sans prestation de serment.*

Quelque argument que l'on puisse tirer de cette disposition, nous ne pensons pas que l'on puisse, en matière civile, dispenser du serment les enfans dont il s'agit. Il faut remarquer, en effet, que le Code de procédure les admet, non pas seulement, comme en matière criminelle, à faire de simples déclarations qui supposent la dispense du serment (*voy. Bourguignon, sur l'art.* 71 *du Code d'instruction, pag.* 110), mais *à déposer;* or, toute *déposition* doit être assermentée, d'après l'art. 262.

1122. *Est-il, au-dessous de quinze ans révolus, un âge auquel on ne puisse recevoir la déposition d'un enfant?*

L'art. 285, en disant que les individus âgés de moins de quinze ans révolus

---

(1) JURISPRUDENCE.

Un tribunal, en admettant un motif de reproche contre un témoin, peut ordonner qu'on n'entendra pas sa déposition : la disposition de l'art. 284 est facultative et non limitative. — (*Cassat.*, 3 *juil.* 1820, *Sirey*, *tom.* 21, *pag.* 107. *Voy. quest.* 1101 *et* 1102).

pourront être entendus, n'a point déterminé jusqu'à quel âge, au-dessous de quinze ans, cette faculté pourra être exercée. Nous pensons qu'il faudrait s'arrêter à l'époque où la faiblesse de l'âge est exclusive de l'intelligence nécessaire pour avoir pu remarquer les faits ou entendre les discours dont il s'agirait de déposer; mais comme le commencement de cette intelligence varie dans les individus, et se manifeste plus tôt ou plus tard, c'est au juge-commissaire à référer au tribunal sur la question s'il y a lieu d'entendre ou non l'enfant qui serait appelé en témoignage.

1123. *Si le témoin âgé de moins de quinze ans ne comparaissait pas, pourrait-on le condamner aux peines prononcées contre le témoin défaillant, par les art.* 263 *et* 264?

Il faut répondre que non, dit M. Delaporte, tom. 1, pag. 281. Mais, selon lui, les père et mère ou tuteur de l'enfant pourraient subir les condamnations dont il s'agit, si, sous cette peine, le juge leur avait ordonné de l'amener.

Les auteurs du Commentaire inséré aux Annales du notariat, tom. 2, pag. 232, émettent la même opinion.

Nous croyons aussi que des condamnations peuvent être prononcées contre les individus sous l'autorité desquels le mineur serait placé, si *le tribunal*, sur le référé du juge-commissaire, leur avait intimé l'ordre d'amener le témoin. Mais, dans le cas où la partie n'eût pas provoqué l'intervention du tribunal à ce sujet, et se fût contentée d'assigner l'enfant, nous croirions, contre l'opinion de M. Delaporte, qu'il devrait être condamné comme tout autre témoin défaillant.

En effet, le refus d'obéir à la justice peut être assimilé à un délit, et les peines d'amende prononcées par les art. 263 et 264, à une peine correctionnelle. Ces articles ne font aucune exception parmi les témoins, et l'art. 285 appelant les enfans au-dessous de quinze ans à déposer, nous pensons qu'ils peuvent être personnellement condamnés à l'amende, et même frappés d'un mandat d'amener.

Mais l'art. 263 prononce une amende de 10f au profit de la partie, à titre de dommages-intérêts : cette amende est donc l'objet d'une condamnation purement civile. Le même article veut aussi que le témoin défaillant soit condamné aux frais de la réassignation. C'est de ces deux condamnations seulement que nous pensons que les père et mère ou tuteur du témoin défaillant seraient civilement responsables, d'après l'art. 1384 du Code civil, sauf l'exception portée au dernier paragraphe de cet article, c'est-à-dire, s'ils justifiaient qu'ils n'ont pu empêcher le défaut de l'enfant appelé en témoignage.

Quant à l'autre amende, fixée par les art. 263 et 264, nous ne pensons pas que les père et mère ou tuteur puissent en être tenus; elle nous paraît être la peine attachée, dans l'intérêt public, à la désobéissance, et une peine de cette nature ne peut tomber que sur le coupable.

Article 286.

Le délai pour faire enquête étant expiré, la partie la plus diligente fera signifier à avoué copie des procès-verbaux, et poursuivra l'audience sur un simple acte.

T., 70. — Ordonn. de 1667, tit. 22, art. 27. — C. de P., art. 82.

1124. *La partie la plus diligente peut-elle suivre l'audience aussitôt que son enquête est parachevée, et en la faisant signifier?*

Il ne suffit pas, pour qu'une partie puisse poursuivre l'audience, que son enquête soit terminée ; il faut encore que celle de sa partie adverse le soit également. En d'autres termes, ce n'est qu'après la clôture de l'enquête directe et de la contre-enquête, que la partie la plus diligente peut suivre l'audience.

1125. *L'art. 286, disant que la partie la plus diligente fera signifier copie des procès-verbaux, suppose-t-il qu'elle devra notifier, non seulement le procès-verbal de son enquête, mais encore celui de sa partie adverse?*

Les auteurs du Commentaire inséré aux Annales du notariat, tom. 2, pag. 233, estiment qu'il est au pouvoir de la partie la plus diligente, soit de ne signifier que la copie du procès-verbal de son enquête, attendu que personne n'est tenu de fournir des titres contre soi-même, soit de signifier les procès-verbaux de l'enquête de l'adversaire, attendu que le procès-verbal de cette enquête est un acte *commun entre les deux parties.*

« Lors donc, ajoutent ces auteurs, que l'art. 286 dit que la partie la plus diligente *fera* signifier copie *des procès-verbaux*, cela ne peut s'entendre que du cas où cette partie croirait pouvoir tirer avantage du procès-verbal même de son adversaire. »

M. Thomines, pag. 142, maintient, au contraire, que la partie la plus diligente est non seulement autorisée à signifier l'enquête de sa partie adverse, mais qu'il paraît qu'elle *doit la faire signifier*, quand même elle ne voudrait pas en fare usage. « Le Code, dit cet estimable auteur, nous indique que le tribunal qui a ordonné une preuve ou une expertise, ne doit juger que sur le vu des rapports; il n'y a que lorsqu'il s'agit d'interrogatoire sur faits et articles, qu'il laisse la partie poursuivante maîtresse de ne le pas produire. — (*Art.* 286, 299, 321 *et* 335).

Même opinion de la part M. Demiau Crouzilhac, pag. 215; de M. Lepage, dans ses Questions, pag. 200.

Mais M. Delaporte, tom. 1, pag. 282, dit qu'il ne suit pas des expressions de l'art. 286 que la partie la plus diligente doive signifier les deux enquêtes; la loi, selon cet auteur, dit les *procès-verbaux*, parce que l'enquête a pu occuper plusieurs séances, et donner lieu ainsi à plusieurs procès-verbaux.

Nous sommes loin d'accorder la préférence à cette opinion; car il nous paraît certain qu'il n'y a qu'un procès-verbal pour chaque enquête. C'est ce que prouve l'art. 267 et ce que nous avons dit en son commentaire pag. 669.

Nous partageons donc l'opinion de M. Thomines et des auteurs que nous avons précédemment cités. Elle nous paraît fondée sur le texte de l'art. 286, sur celui de l'art. 70 du tarif, et enfin sur le principe que la partie qui poursuit un jugement doit produire au juge toutes les pièces qui peuvent lui fournir les élémens de la décision; et, par exemple, ne pourrait-il pas arriver que le défendeur à l'action laissât défaut, après avoir fait procéder à sa contre-enquête? Le tribunal ne pourrait prononcer qu'après avoir vérifié la demande et l'avoir trouvée juste. (*Art.* 150). N'est-il pas nécessaire, à cet effet, que l'enquête et la contre-enquête lui soient fournies, et n'est-ce pas la partie poursuivante qui doit lui servir l'une et l'autre?

Mais nous dirons, avec M. Thomines, pag. 143, que si la partie voulait opposer la nullité de l'enquête de son adversaire, elle devrait le faire en même tems qu'elle signifierait les procès-verbaux, afin qu'on ne pût lui opposer cette signification comme un acquiescement.

ARTICLE 287.

Il sera statué sommairement sur les reproches.

Ordonn., tit. 23, art. 5. — C. de P., art. 203, 404 et suiv.

CCXXXVIII. LES reproches sont jugés *sommairement*, c'est-à-dire sur un simple exposé verbal fait à l'audience, tandis que les moyens sur le fond du procès, et sur la question de savoir si la preuve testimoniale est concluante, peuvent être signifiés par écrit. Il est sensible, d'après l'art. 287, que la discussion et le jugement des reproches sont un préliminaire qui doit être expédié séparément de la cause principale (1).

1126. *Le juge est-il obligé de vérifier les reproches, si le fait est prouvé par les dépositions des témoins non reprochés?*

Rodier décide négativement cette question, sur l'art. 4 du tit. 23 de l'ordonnance, n°. 1, et cette solution résultait de ce que l'art. 6 du projet de ce même titre renfermait une disposition formelle à ce sujet, qui fut supprimée comme surabondante. (*Voy. le procès-verbal*). On sent que la même solution doit être donnée sous l'empire du Code, qui, par le même motif, garde le silence sur la question dont il s'agit. — (*Voy. Thomines, pag.* 144).

ARTICLE 288.

Si néanmoins le fond de la cause était en état, il pourra être prononcé sur le tout par un seul jugement (1).

Ordonn., tit. 23, art. 3. — C. de P., art. 134, 172, 338.

CCXXXIX. IL est nécessaire de statuer sur les reproches avant de décider

(1) C'est aussi ce qui a été jugé par arrêt de la Cour de Rennes, du 13 avril 1816, mais bien entendu sauf l'exception autorisée par l'art. 288.

(2) JURISPRUDENCE.

Il en est des nullités comme des reproches, en ce sens que l'on peut statuer sur ces nul-

le fond de la contestation, puisqu'elle dépend de l'enquête, et que celle-ci est fondée sur la validité et l'intégrité des témoins, qui ont été entendus; mais quand le fond de la contestation est *en état*, et que les motifs de l'admission ou du rejet des témoins reprochés paraissent évidens, la loi, pour économiser les frais, a dû laisser aux juges la faculté de statuer sur le tout par un même jugement.

1127. *Le juges qui auraient statué sur les reproches doivent-ils nécessairement être les mêmes que ceux qui statueront sur le fond?*

Rodier (*ubi suprà, n°.* 4) décide encore cette question pour la négative, attendu que le jugement des reproches diffère essentiellement et est absolument indépendant du jugement à rendre sur le fond. — (*Voy. suprà, pag.* 626, *not.* 6).

ARTICLE 289.

Si les reproches proposés avant la déposition ne sont justifiés par écrit, la partie sera tenue d'en offrir la preuve, et de désigner les témoins; autrement elle ne sera plus reçue : le tout sans préjudice des réparations, dommages et intérêts qui pourraient être dus au témoin reproché.

T., 71. — C. de P., art. 268, 270, 282 et suiv., 287 et suiv., 314.

CCCXL. LA partie qui propose contre un témoin des moyens de reproches doit être prête à en fournir la preuve. Elle est donc tenue, si le reproche ne peut pas se *justifier par écrit* (1), d'offrir cette preuve, et de désigner en même tems les témoins qui doivent l'établir, au moins dès la première audience qui suit la clôture de l'enquête; autrement elle n'y serait plus recevable (*voy. la quest.* 1066), et les reproches seraient écartés, sans préjudice toutefois des réparations que le témoin pourrait demander, s'il avait été inculpé d'une manière grave.

ARTICLE 290.

La preuve, s'il y échet, sera ordonnée par le tribunal, sauf la preuve contraire, et sera faite dans la forme ci-après réglée pour les enquêtes sommaires. Aucun reproche ne pourra y être proposé, s'il n'est justifié par écrit.

Infrà, sur les art. 407 et suivans.

CCCXLI. LE tribunal, après avoir entendu les parties demanderesse et dé-

---

lités en jugeant le fond qui est en état. Aucune disposition du Code de procédure ne prescrit, en effet, aux juges de statuer préalablement sur les nullités d'enquête, et la jonction des moyens de forme à ceux du fond ne peut porter préjudice aux droits d'aucune des parties. — (*Rennes*, 18 *avril* 1810).

(1) Par exemple, si on reproche un témoin pour avoir bu ou mangé avec la partie ad-

fenderesse sur les reproches, ordonne, *s'il y échet*, la preuve testimoniale des moyens sur lesquels ils sont fondés, mais sauf la preuve contraire, qui est toujours de droit. Cette seconde enquête est faite suivant les règles établies pour les matières sommaires : c'est, par conséquent, une enquête verbale; mais pour qu'elle ne soit pas suivie d'une troisième, aucun reproche n'y peut être proposé, s'il n'est justifié par écrit.

ARTICLE 291.

Si les reproches sont admis, la déposition du témoin reproché ne sera point lue (1).

Ordonn. de 1667, tit. 23, art. 5, 2.e part. — C. de P., art. 294, 570.

CCXLII. Si les reproches proposés contre un témoin sont admis, la déposition de ce témoin est sans force; on ne peut y ajouter aucune foi, et par conséquent la loi, afin qu'elle ne puisse en aucune manière produire quelqu'impression sur le juge, lui interdit de s'en faire donner lecture.

1128. *Quoique la déposition d'un témoin reproché ait été lue en première instance, les juges d'appel doivent-ils, avant de prononcer au fond, juger si les reproches ont été valablement rejetés?*

Jousse, sur l'ordonnance de 1667, tit. 23, art. 5, résout affirmativement cette question, et nous pensons que son opinion doit être suivie, si l'appelant a coté grief sur le rejet du reproche. En effet, le jugement que le tribunal de première instance a porté sur la nature des reproches peut avoir influé sur la décision du fond. Il faut donc qu'en appel on examine les reproches, pour s'assurer que les premiers juges ne se sont pas écartés de la loi. — (*Voy. aussi Rodier, sur l'art. 4 du tit. 23, 1re. quest., n°. 2*).

ARTICLE 292.

L'enquête ou la déposition déclarée nulle par la faute du juge-commissaire, sera recommencée à ses frais; les délais de la nouvelle enquête ou de la nouvelle audition de témoins courront du jour de la signification du jugement qui l'aura ordon-

---

verse, il faudra prouver ces faits par témoins, parce qu'ils ne sont pas susceptibles de l'être par écrit, ainsi que le serait la parenté; mais toutes ces déclarations doivent être faites avant la déposition du témoin, comme nous l'avons dit sur l'art. 270.

(1) JURISPRUDENCE.

L'art. 291 disposant que si les reproches sont admis, la déposition du témoin ne sera pas lue, il en résulte que les juges, avant de passer à la décision du fond, sont tenus de statuer préalablement sur les moyens des reproches proposés contre les témoins, soit pour les admettre, soit pour les rejeter : on ne peut donc les joindre au fond. Et si, après les avoir joints, le tribunal ne prononce pas sur le rejet, il y a omission de prononcer qui emporte nullité. — (*Rennes, 18 avril 1816*).

née : la partie pourra faire entendre les mêmes témoins; et si quelques-uns ne peuvent être entendus, les juges auront tel égard que de raison aux dépositions par eux faites dans la première enquête (1).

Ordonn. de 1667, tit. 22, art. 36. — Ordonn. de François 1.er, de 1535, chap. 7, art. 9. — C. de P., art. 257 et suiv., 260 et suiv., 271 et suiv., 278, 1029.

CCXLIII. Nous avons vu que la plupart des formalités à suivre dans une enquête sont prescrites à peine de nullité; mais il importe de remarquer, par rapport à cette peine, que suivant les circonstances, elle diffère, ou d'elle-même, ou des autres nullités. Quelquefois, elle fappe le corps entier de l'enquête; quelquefois, elle n'atteint qu'une ou plusieurs des dépositions. Dans un cas, elle est fatale et fait perdre le droit de prouver par témoins (*art.* 293), tandis que dans l'autre, elle ne vicie que la procédure, et laisse la faculté de recommencer l'enquête : c'est le cas de l'art. 292.

La nullité frappe le corps entier de l'enquête, lorsqu'elle résulte de l'omission de l'une des formalités, qui concernent toute l'opération, comme le défaut de date au procès-verbal d'enquête, etc.; mais elle n'atteint qu'une ou quelques-unes des dépositions, lorsqu'elle provient de l'inexécution des formalités particulièrement ordonnées pour l'audition de chaque témoin : telle serait l'omission du serment de l'un d'eux, etc. — (*Voy. l'art.* 294).

D'après l'art. 292, la nullité de l'enquête n'est point fatale, lorsqu'elle résulte de la faute du juge-commissaire, qui aurait omis quelque formalité rigoureusement prescrite par le Code; mais elle est recommencée à ses frais, comme le voulait l'ordonnance de 1667, attendu qu'il n'est pas juste que les parties éprouvent le moindre préjudice des erreurs ou de la négligence d'un magistrat qu'elles n'ont pas été libres de choisir (2).

1129. *Si la faute ne paraissait imputable qu'au greffier, l'enquête n'en serait-elle pas moins recommencée aux frais du juge-commissaire?*

---

(1) JURISPRUDENCE.

1.° L'art. 292 subordonne la confection de la nouvelle enquête à la sagesse des juges; si des lumières survenues les rendent suffisamment instruits, ils peuvent juger en l'état, comme ils auraient pu juger d'abord sans enquête, s'ils l'avaient jugée inutile pour la décision de la cause. — (*Cassat.*, 17 *mars* 1819, *Sirey, tom.* 19, *pag.* 403).

2.° Les juges d'appel, en annulant une enquête faite en première instance, par le motif qu'elle a été ordonnée et faite comme en matière sommaire, tandis qu'elle devait avoir lieu suivant la forme ordinaire, peuvent en ordonner une nouvelle. En ce cas, on ne peut dire que l'enquête soit annulée par la faute de l'avoué. — (*Cassat.*, 15 *juil.* 1818, *Sirey*, 1819, *pag.* 253).

(2) Les formes de cette nouvelle enquête n'ont rien de particulier. Nous verrons bientôt que les délais pour la commencer courent à partir de la signification du jugement qui l'a ordonnée ; nous examinerons si l'on peut entendre des témoins nouveaux; mais, en tous cas, on doit remarquer que si quelques-uns des témoins entendus dans l'enquête annulée ne peuvent être entendus dans la seconde, pour cause de décès, d'absence ou d'autre empêchement, la loi, par une exception d'équité à la maxime *quod nullum est, nullum producit effectum*, recommande au tribunal d'avoir tel égard que de raison aux dépositions de ces témoins, lors de la première enquête.

C'est notre opinion, fondée sur ce que le greffier est l'homme du juge, et n'est censé écrire que ce que le juge lui dicte.

Mais nous remarquerons qu'il faut, pour être admis à recommencer l'enquête, que l'exception de nullité ait été proposée, et que l'enquête ait été déclarée nulle; car on ne peut de soi-même se désister d'une enquête, sous prétexte de nullité et à dessein de la recommencer.

1130. *L'enquête peut-elle être déclarée nulle sur la demande de la partie qui l'a requise?*

M. Thomines (dans ses cahiers de dictée) pense, avec raison, que, pour être admis à recommencer l'enquête, il faut préalablement qu'elle ait été déclarée nulle sur la demande de la partie contre laquelle elle aurait été faite; car celle qui a fait l'enquête ne serait pas admise à s'en désister sous prétexte de nullité et à dessein de recommencer.

1131. *Dans le cas où le tribunal ordonne que l'enquête sera recommencée, la partie peut-elle faire entendre de nouveaux témoins?*

Pour résoudre cette question, qui est d'autant plus importante qu'elle était controversée sous l'empire de l'ordonnance, et qu'elle l'est encore aujourd'hui, nous rappelerons que l'art. 36 du tit. 22 de cette ordonnance était ainsi conçu:

« Si l'enquête est déclarée nulle par la faute du juge ou du commissaire, » il en sera fait une nouvelle aux frais et dépens du juge ou commissaire, dans » laquelle la partie *pourra faire ouïr de nouveau les mêmes témoins.* »

Les différences qu'on remarque entre cette disposition et celle de l'art. 292 du Code, sont,

Premièrement, que celui-ci dispose tant à l'égard de la déposition annulée d'un témoin qu'à l'égard de l'enquête entière;

Secondement, qu'il indique les délais pour faire la nouvelle enquête;

Troisièmement, qu'au lieu de ces mots, *il sera fait une nouvelle enquête*, il se sert de ceux-ci, *l'enquête sera* RECOMMENCÉE;

Quatrièmement enfin, et c'est une disposition remarquable, qu'il autorise *les juges à avoir tel égard que de raison aux dépositions faites dans la première enquête par des témoins qui ne pourraient être entendus.*

C'est de cette faculté, donnée à la partie par l'art. 36 de l'ordonnance et par l'art. 292 de notre Code, de faire entendre les mêmes témoins, que résulte la question que nous avons posée (1).

---

(1) On disait, sous l'empire de l'ordonnance (*voy. Duparc-Poullain, tom.* 9, *pag.* 339), 1.° que la loi permettait de faire entendre *les mêmes témoins*, quoiqu'on pût objecter que leur foi avait été engagée (*voy. procès-verbal, tit.* 22, *art.* 42); mais qu'elle ne disait pas qu'on fût exclu d'en faire entendre d'autres, ni qu'on pût les faire entendre;

2.° Que si l'une des parties était autorisée à faire entendre de nouveaux témoins, elle profitait de la nullité de son enquête au préjudice de la partie adverse; que si, au contraire, elle était réduite à faire assigner de nouveau les témoins de l'enquête annulée, elle souffrait un préjudice réel et irréparable, si quelqu'un de ces témoins était mort;

3.° Que la généralité des expressions de l'art. 36 semblait accorder à la partie une entière liberté de faire entendre, dans la nouvelle enquête, les mêmes témoins de la précédente, sans l'exclure d'en faire déposer d'autres;

4.° Que le jugement qui annulait l'enquête mettait les parties au même état où elles étaient

Les commentateurs du Code, à l'exception de M. Demiau Crouzilhac, pag. 216, qui résout cette question en disant *qu'elle avait été décidée affirmativement sous l'empire de l'ordonnance*, et des auteurs du Praticien, tom. 2, pag. 197, qui renvoient au Commentaire de Rodier, estiment que l'on ne peut entendre de nouveaux témoins.

Nous lisons, dans l'ouvrage de M. Pigeau, tom. 1, pag. 281, que la partie ne peut produire de nouveaux témoins. La loi, dit-il, ne le permet pas, parce que ce n'est pas une nouvelle enquête que l'on fait, mais bien la première que *l'on commence.*

La partie, dit M. Delaporte, pourra faire entendre les mêmes témoins, et *non de nouveaux*, parce que le juge n'est pas obligé de faire les frais d'une nouvelle enquête, mais seulement ceux de la première. Enfin, les auteurs du Commentaire inséré aux Annales du notariat, tom. 2, pag. 246, émettent la même opinion, en se fondant sur ce qu'il serait injuste et même inconvenant d'augmenter les frais de l'enquête, en appelant de nouveaux témoins, et sur ce que l'art. 292 disposant qu'on entendra *les mêmes témoins*, exclut manifestement toutes additions au nombre des témoins.

C'est, selon nous, ce dernier avis qu'il faut suivre; et pour s'en convaincre il suffit de remarquer que l'art. 292 porte que l'enquête *sera recommencée*, expression dont l'ordonnance ne s'était pas servie, et qui prouve que le législateur a entendu exprimer que le jugement qui prononcerait la nullité d'une enquête, n'aurait d'autre effet que celui de faire procéder de nouveau à l'audition des mêmes témoins qui auraient déposé dans l'enquête annulée (1).

---

lors du jugement d'appointement en preuve, en sorte qu'elle pouvait ou se dispenser de faire entendre les mêmes témoins, ou en produire d'autres, ou en joindre de nouveaux aux premiers. — (*Voy. Rodier, sur l'art.* 36, *quest.* 2).

5.° Qu'en ce cas, l'audition de ces nouveaux témoins ne serait pas aux frais du commissaire dont l'enquête aurait été déclarée nulle. — (*Voy. arrêt du Parlem. de Toulouse, du* 3 *déc.* 1749, *Rodier, ubi suprà*).

Mais M. Pussort, lors des conférences des commissaires chargés de l'examen du projet de l'ordonnance, avait dit, dans le procès-verbal de ces conférences, *ubi suprà*, que les mêmes témoins pourraient être encore une fois entendus, *parce qu'en cela il n'y aurait rien du fait de la partie*. Or, cette remarque ne semblait-elle pas indiquer que le législateur avait entendu seulement que la partie dont l'enquête avait été annulée, sans qu'il y eût de sa faute, fût remise au même état où elle était avant que la nullité fût jugée, et conséquemment qu'elle devait être réduite à ne faire entendre que les mêmes témoins?

Cette dernière opinion était admise par le plus grand nombre des commentateurs. — (*Voy. Boutaric, Serpillon, Jousse, sur l'art.* 36 *du tit.* 22 *de l'ordonn., et Pigeau, dans sa Procéd. du Châtelet, tom.* 1, *pag.* 288).

Ces auteurs adoptaient cependant une exception pour le cas où quelques-uns des témoins entendus en l'enquête déclarée nulle, seraient morts ou hors d'état d'être entendus de nouveau.

Mais Rodier maintenait formellement qu'en tous les cas on ne pouvait faire entendre de nouveaux témoins; autrement, dit-il, l'ordonnance n'eût pas dit : *La partie pourra faire ouïr*, mais *la partie fera ouïr de nouveau les mêmes témoins.*

Tel était, à l'époque de la publication du Code, l'état de la question que nous examinons.

(1) On remarquera, en outre, que la raison la plus déterminante en faveur de l'opinion de ceux des commentateurs de l'ordonnance qui admettaient l'audition de témoins nouveaux, était tirée de l'injustice qu'il y aurait eu à interdire à une partie le droit de faire entendre d'autres témoins à la place de ceux qui seraient décédés. Or, cette raison ne saurait être

1132. *Est-ce du jour de la signification du jugement qui a annulé l'enquête, ou du jour de l'ordonnance du juge commis pour la nouvelle, que court le délai pour faire entendre les témoins?*

Les délais pour l'enquête nouvelle courent, comme pour la première, savoir : celui pour commencer l'enquête, du jour de la signification du jugement, et celui pour entendre, du jour indiqué par le juge commis pour recevoir cette nouvelle enquête. Il en est de même quand il s'agit de n'entendre qu'un témoin ou quelques témoins dont la déposition aurait été déclarée nulle. — Ces mots *nouvelle enquête, nouvelle audition de témoins*, ne nous semblent point des termes synonymes, quoi qu'en ait dit M. Pigeau, tom. 1, pag. 281 ; les premiers se rapportent au cas où l'enquête entière aurait été annulée ; les seconds, à celui où la déposition d'un ou de quelques-uns des témoins seulement l'aurait été, et les uns et les autres se rattachent à ces premiers termes de l'article, *l'enquête ou la déposition déclarée nulle* sera recommencée.

1133. *Doit-on, pour la nouvelle enquête, commettre un autre juge que celui qui aurait reçu celle qui a été déclarée nulle?*

M. Pigeau le suppose (*ubi suprà*), en se servant toujours des mots *nouveau commissaire.*

M. Hautefeuille, pag. 166, dit qu'il serait inconvenant, et peut-être dangereux, que cette nouvelle enquête fût faite devant le même juge-commissaire ; qu'il est plus prudent d'en nommer un autre.

Nous remarquerons que l'art. 9 de l'édit du mois de mai 1583, portait expressément que la nouvelle enquête devait être faite par un autre juge-commissaire ; que l'on appliquait cette disposition sous l'empire de l'ordonnance, et qu'il serait difficile de trouver des raisons pour en agir autrement. — (*Voy. Conférences du Code de procédure avec les lois précédentes, par M. Dufour, tom. 1, pag.* 174).

1134. *La partie adverse de celle dont l'enquête est annulée peut-elle faire une contre-enquête?*

Sous l'empire de l'ordonnance, cette question était fortement controversée, dit M. Demiau Crouzilhac, pag. 216. Il ajoute, pag. 217, que rien ne s'oppose, quand une partie fait de son chef une enquête, à ce que la partie adverse use de la faculté de la contraire enquête, qui est la conséquence de toute enquête principale.

---

aujourd'hui d'aucune considération, puisque l'art. 292 permet aux juges d'avoir, à la déposition de ces témoins et de ceux qui ne pourraient être entendus dans la nouvelle enquête, tel égard que de raison.

Il n'est qu'une objection contre cette décision ; c'est qu'il était inutile que le législateur eût exprimé que l'on pourrait entendre les mêmes témoins, s'il n'avait pas autorisé la partie à en produire de nouveaux. Nous répondrons que la loi ne s'est expliquée sur cette faculté qu'afin de faire connaître que les témoins qui auraient déposé dans l'enquête annulée, ne pouvaient être écartés de la nouvelle enquête, sous le prétexte qu'ils auraient déjà engagé leur foi dans la première, que cette précaution du législateur fournit ainsi un motif de plus en faveur de l'opinion que nous avons adoptée.

Au surplus, nous devons dire que la Cour de Limoges, par arrêt du 13 juin 1818 (*Sirey, tom.* 18, *pag.* 285), a résolu la question contre cette opinion, qui, d'un autre côté, a été consacrée par arrêt de la Cour de Rennes, du 28 juillet 1814.

On sent, d'après la solution donnée sur la 1131[e]. quest., que nous ne pouvons admettre cette opinion. Nous dirons donc, avec M. Pigeau, tom. 1, pag. 281, que la contraire enquête n'est pas permise. M. de Lamoignon éleva la question qui nous occupe, lors de l'examen de l'ordonnance de 1667 (*voy., sur l'art. 36, le procès-verbal de cette ordonnance*), et M. Pussort répondit qu'il n'y avait pas d'apparence que la liberté de faire une nouvelle enquête fût réciproque, parce qu'elle n'avait été accordée que pour réparer la faute du juge, à l'égard de la partie qui en avait reçu préjudice.

La raison de suivre cette opinion, sous le Code de procédure, est d'autant plus fondée, que nous croyons avoir prouvé que la nullité d'une enquête prononcée à raison de la faute du juge-commissaire, n'opère autre chose que la faculté de *recommencer* cette enquête, en faisant entendre les mêmes témoins. Certes, on ne saurait, en admettant cette opinion, assigner aucun motif pour donner à la partie adverse le droit de faire une contre-enquête.

ARTICLE 293.

L'enquête déclarée nulle par la faute de l'avoué (1) ou par celle de l'huissier (2), ne sera pas recommencée; mais la partie pourra en répéter les frais contre eux, même des dommages et intérêts, en cas de manifeste négligence; ce qui est laissé à l'arbitrage du juge.

Ordonn. de 1667, tit. 22, art. 36. — C. de P., art. 71, 132, 257 et suiv., 260 et suiv., 271 et suiv., 278, 360, 1030.

CCXLIV. DANS les deux cas indiqués par l'article ci-dessus, la nullité devient fatale; l'enquête ou la déposition déclarée nulle ne peut être recommencée; la déchéance de la preuve est encourue; mais la partie déchue peut, si la négligence de l'officier ministériel est manifeste, répéter contre lui les frais de l'enquête ou de la déposition annulée, et même le faire condamner à des dommages-intérêts. Ici, la loi laisse à l'arbitrage du juge d'apprécier la faute et de statuer ce qu'il appartient (3).

---

(1) *De l'avoué.* Voy. art. 257, 259, 278.

(2) *De l'huissier.* Voy. art. 260, 261.

(3) « Pourquoi, demandèrent plusieurs Cours d'appel sur le projet du Code de procédure, la vérité ne pourrait-elle plus se montrer, parce qu'un avoué ou un huissier aura négligé l'observation de l'une de ces formes aussi rigoureuses qu'elles sont multipliées? Si une enquête ne peut être recommencée sans danger, ce danger sera-t-il plus grand, lorsque la nullité provient de la faute de l'officier ministériel, que lorsqu'elle a été commise par le juge? Et s'il est sans considération dans un cas, par quel singulier phénomène en obtiendra-t-il une si grande dans l'autre? »

« Ce raisonnement, dit le rapporteur au Corps législatif, a sans doute quelque apparence » de fondement; mais qui garantira que la nullité commise par l'avoué n'est pas le résultat » d'un concert entre lui et son client? Et que deviendra la sévérité avec laquelle la loi » prescrit des délais, si l'avoué peut rendre à son client tous les moyens de séduction que » la loi a voulu lui enlever; si celui-ci, peu satisfait de ses premières tentatives sur la foi

1135. *Les officiers ministériels, par la faute desquels une déposition isolée serait déclarée nulle, sont-ils assujétis, à raison de cette déposition, à la responsabilité dont il s'agit en l'art.* 293?

Il y a même motif de décider pour cette nullité isolée que pour l'enquête entière. Si, d'ailleurs, l'art. 293 garde le silence à cet égard, la réponse que nous venons de donner se trouve appuyée de la disposition générale de l'art. 1031. — (*Voy. Comm. inséré aux Ann. du not., tom.* 2, *pag.* 250).

1136. *Une partie pourrait-elle, après la confection de l'enquête, faire entendre des témoins sur de nouveaux faits par elle articulés?*

Nous avons dit, à la fin de la 966ᵉ. quest., pag. 622, qu'il ne devait plus être permis d'articuler des faits nouveaux après le jugement d'appointement, et sur-tout après une enquête faite.

Cependant Rodier, Bornier et Jousse, sur l'art. 34 du tit. 22 de l'ordonnance, qui portait qu'après la signification de l'enquête on ne pourrait, en cause principale ou d'appel, faire entendre des témoins, admettaient une exception pour les cas où il s'agirait d'autres faits que ceux qui auraient fait l'objet de l'enquête. Alors, disent-ils, on peut, tant en première instance qu'en cause d'appel, faire ouïr de nouveaux témoins, parce que c'est plutôt une enquête différente qu'une continuation d'enquête.

Rodier cite des arrêts conformes à cette opinion, et auxquels on peut ajouter celui de la Cour d'appel de Turin. — (*Voy. Prat., tom.* 2, *pag.* 159, *et la Jurisp. des Cours souv., tom.* 3, *pag.* 316).

En rapportant cet arrêt, M. Coffinières dit que l'on déciderait aujourd'hui de la même manière, parce que la disposition des art. 1 et 2 du tit. 22 de l'ordonnance est répétée par les art. 255 et 257 du Code de procédure, et que l'art. 252 veut, comme l'art. 26 du tit. 11, que les faits à prouver soient articulés succinctement par un acte simple.

Malgré ces autorités respectables, nous doutons que l'on doive résoudre affirmativement la question ci-dessus posée, et nous disons, avec Duparc-Poullain, « que toute personne qui veut parvenir à la preuve par témoins doit avoir attention de *proposer ses faits avec toute l'étendue qu'elle veut donner à la preuve testimoniale.* La loi a voulu ôter aux parties tout prétexte de prolonger la procédure, et de *multiplier les enquêtes :* il est vrai qu'il peut en résulter des inconvéniens; mais, répond Duparc, ils ne sont pas comparables à celui de la prolongation des procès; et, d'ailleurs, il est certain, en général, que le demandeur, qui a tout le tems de préparer ce qui est nécessaire pour l'établissement et l'instruction de ses droits, n'est pas excusable, s'il a négligé de proposer en même tems quelque fait décisif, ou quelque chef de demande dont la preuve par témoins aurait été recevable. » (1)

» des témoins, peut ainsi se procurer les moyens de se livrer à de nouvelles manœuvres, » s'il ne lui faut que le léger sacrifice de quelques frais? Cette seule observation répond à » tout, et justifie la sagesse de l'article ».

(1) Cette opinion nous paraît fondée, tant sur les dispositions du Code de procédure, qui fixent des délais de rigueur pour commencer et pour parachever l'enquête, que sur les raisons développées sur la 1131.ᵉ quest., afin de prouver que, dans une deuxième enquête faite à l'occasion de celle qui aurait été annulée, on ne peut faire entendre de nouveaux témoins;

Article 294.

La nullité d'une ou plusieurs dépositions n'entraîne pas celle de l'enquête (1).

Voy. les art. 260, 261, 262, 269, 270, 271, 272, 273, 274, 275 et 291.

CCXLV. Cet article établit les distinctions que nous avons faites, *suprà*, pag. 714, entre les nullités qui frappent l'enquête en son entier, et celles qui ne l'annulent qu'en partie.

TITRE XIII.

De la descente sur les lieux. (2)

« Les faits, disait sur ce titre l'orateur du Tribunat, ne sont pas toujours » uniquement confiés à la foi des témoins; il peut en exister des preuves ma- » térielles que les localités conservent, et que le magistrat ne peut saisir qu'à » l'inspection des lieux : c'est ce qu'on connaît sous la dénomination de *des- » cente sur les lieux.* »

La descente sur les lieux, que l'on appèle aussi *accès de lieu*, est le transport d'un juge, assisté du greffier, sur les lieux contentieux pour les examiner, en saisir les points décisifs, et les recueillir dans un procès-verbal.

---

en un mot, toutes ces dispositions du Code nous semblent présenter cette conséquence que le législateur a voulu qu'il n'y eût qu'une seule enquête dans un même procès. D'ailleurs, cette volonté serait dictée par la justice; car une partie pourrait, à dessein de prolonger la contestation et de fatiguer son adversaire, négliger de produire d'abord des faits pertinens et admissibles, pour les articuler, soit après le jugement d'appointement, soit même après la confection d'une première enquête. Si l'on admet cet articulement de faits nouveaux, on ne trouvera pas de raison décisive pour en rejeter un second, un troisième, etc.; ainsi le procès ne finira point, et ainsi sera contrarié le but de la loi, qui est évidemment d'en hâter, autant que possible, la décision.

Du moins ne devrait-on admettre une partie à prouver de nouveaux faits, qu'autant que ces faits seraient survenus depuis le jugement ou depuis la confection de l'enquête, ou peut-être encore lorsqu'il y aurait consentement respectif des parties. — (*Voy., sur la question de savoir si l'intervenant est recevable à faire enquête, soit après le jugement qui admet les parties principales à faire preuve, soit après la confection de leurs enquêtes, les questions résolues sur l'art.* 340).

(1) JURISPRUDENCE.

Lorsqu'une enquête a été validée par jugement en dernier ressort, la cassation de ce jugement entraîne la cassation de celui qui aurait été rendu sur le fond, par suite, et en conséquence de l'enquête. Cette décision a lieu, encore qu'il soit prétendu que le jugement sur le fond se soutient par d'autres preuves que celles résultants de l'enquête. Apprécier le mérite de cette défense, serait, de la part de la Cour de cassation, entrer dans l'examen des faits, contre la loi de son institution. — (*Cassat.*, 13 *oct.* 1812, *Sirey*, 1813, *pag.* 112).

(2) Voy. *suprà*, liv. 1, tit. 8, pag. 39; Code civil, art. 834, 868, 1559, 2103, § 4.

Les formalités de cette voie d'instruction sont aussi simples qu'économiques: elles consistent dans la nomination d'un juge-commissaire (296), l'ordonnance par laquelle il fixe jour et heure (297), le procès-verbal (298), sa signification et la poursuite de l'audience (299).

Il est à remarquer que le ministère public ne doit être présent à la descente que *lorsqu'il est partie* (300), et que l'on doit consigner d'avance les frais du transport du juge (301).

ARTICLE 295.

Le tribunal pourra, dans les cas où il le croira nécessaire, ordonner que l'un des juges se transportera sur les lieux; mais il ne pourra l'ordonner dans les matières où il n'échoit qu'un simple rapport d'experts, s'il n'en est *requis* (1) par l'une ou par l'autre des parties.

Ordonn., tit. 21, art. 1.er, et *suprà*, art. 42. — C. de P., art. 41, 296 et suiv., 302 et suiv.

CCXLVI. Ou la descente sur les lieux est indispensable, et alors le tribunal doit l'ordonner d'office, ou elle peut n'avoir d'autre objet que de suppléer à l'inobservation des experts, et alors elle ne peut être ordonnée que sur la réquisition des parties.

On la juge ordinairement nécessaire, lorsqu'il s'agit de reconnaître un droit de servitude ou d'en régler l'usage, d'appliquer des titres à des localités, de lever des doutes que laisse un rapport d'experts précédemment fait, et d'autres cas semblables.

Mais si la matière du litige est assez peu compliquée pour qu'un simple rapport d'experts doive évidemment suffire, et par exemple, s'il ne s'agit que d'arpenter un champ, estimer un ouvrage, diviser un immeuble, fixer le montant d'une restitution de fruits, vérifier la qualité, culture, plantation, détérioration et amélioration d'une terre, des réparations faites ou à faire à un bâtiment, l'exécution d'un devis; en un mot, s'il s'agit de vérifier un fait simple, et dont les circonstances ne sont ni diversement saisies, ni diversement interprétées, le tribunal semblerait devoir se dispenser d'ordonner la descente, pour s'en tenir à nommer des experts, conformément aux dispositions du titre suivant. (2) — (*Voy. quest.* 1138).

1137. *Dans quel cas n'échoit-il qu'un simple rapport d'experts?*

C'est un principe général, que le juge ne peut jamais faire la fonction d'ex-

(1) *Requis*. L'ordonnance de 1667 obligeait la partie qui voulait requérir la descente à le faire par écrit. Notre article n'exige pas expressément cette formalité, et le tarif ne contient aucune taxe à cet égard : d'où il faut conclure qu'il suffit, à la rigueur, que la réquisition soit mentionnée dans le jugement.

(2) Cependant, comme le remarque M. Berriat Saint-Prix, pag. 309, not. 3, l'art. 295 est conçu en tels termes, qu'on peut dire que la nécessité de l'accès est à peu près laissée à l'arbitrage du juge. L'art. 1.er de l'ordonnance, où on l'a puisé, offrait le même résultat; et quoi qu'en dise Rodier sur cet article, le procès-verbal (*voy. tit.* 18, *art.* 1.er) n'avait point levé la difficulté.

pert, quelque talent qu'il eût, d'ailleurs, pour toutes les opérations qui sont du ministère des experts.

Ainsi, à l'exception des apuremens que le juge peut donner sur ce qu'on peut connaître par la seule inspection des choses, sans mesurage et sans aucune connaissance que celle que toute personne peut avoir, il faut nécessairement que les apuremens soient donnés aux juges par des experts.

C'est dans ces cas que le tribunal ne peut ordonner une descente sur les lieux qu'autant qu'il en est requis par l'une ou l'autre des parties.

1138. *Si le juge, dans une matière où il n'échoit qu'un simple rapport d'experts, est requis de descendre sur les lieux, est-il tenu de déférer à cette réquisition?*

Sallé, l'un des commentateurs de l'ordonnance de 1667, décide négativement cette question; et l'on peut dire, ajoute Rodier, sur l'art. 1er. du tit. 21 de cette ordonnance, que les juges, sans souscrire aveuglément à la fantaisie d'une partie, doivent considérer si la descente est nécessaire.

M. Delaporte, tom. 1, pag. 289, estime que si la partie qui demande la descente du juge n'allègue aucun moyen raisonnable pour la déterminer, il ne paraît pas que le juge soit dans l'obligation de l'accorder.

Rodier, après s'être exprimé comme nous venons de le dire, donne lui-même quelques raisons qui pourraient porter à adopter l'opinion contraire, que Jousse, sur l'art. 1er. du tit. 21 de l'ordonnance, et Duparc-Poullain, tom. 9, pag. 471, n.° 4, admettent formellement, en disant que si le juge est requis d'ordonner la descente, *elle ne peut être refusée.*

Dans ce conflit d'opinions, nous estimons que l'art. 295 n'impose point au juge l'obligation rigoureuse de déférer à la réquisition de la partie. Il nous semble que ces termes, *il ne pourra l'ordonner, s'il n'en est requis par l'une ou par l'autre des parties,* ne signifient autre chose, si ce n'est qu'*il ne peut ordonner la descente d'office.*

1139. *Aux frais de qui se fait la descente, dans l'espèce de la précédente question?*

Un arrêt du Parlement de Paris, du 22 février 1732, a décidé que c'est aux frais de la partie qui la requiert, puisque la loi, en défendant en général qu'elle ait lieu dans les matières où il n'échoit qu'un simple rapport d'experts, ne l'autorise évidemment que dans l'intérêt de la partie qui la demanderait. — (*Voy. Dénisart et le Répert., au mot* descentes de juges; *les Quest. de Lepage, pag.* 205, *et le Comm. inséré aux Ann. du not., tom.* 2, *pag.* 255). (1)

---

(1) Mais l'arrêt que nous venons de citer peut avoir été déterminé par des circonstances particulières : ne serait-il pas injuste d'en faire une règle générale?

Si la descente demandée par une partie est contestée par l'autre, et que le juge l'ordonne, il décide que la descente est utile ou nécessaire pour le jugement du procès : ne doit-il pas en être alors des frais de la descente du juge comme de ceux d'une expertise ou d'une enquête, et comme de tous les autres frais d'instruction?

Si la descente du juge demandée par une partie n'est pas contestée par l'autre, il y a au moins consentement tacite de celle-ci. Les deux parties sont censées approuver cette des-

1140. *La descente doit-elle être requise par écrit?*

Les auteurs du Praticien, tom. 2, pag. 215, répondent qu'elle doit être requise par requête communiquée à l'autre partie ; et M. Pigeau, tom. 1, pag. 352, dit, au contraire, que le Code ne prescrivant aucune forme pour cette réquisition, le tribunal est suffisamment autorisé à l'ordonner, d'après la demande que la partie lui en aurait faite à l'audience.

Nous croyons cette opinion d'autant plus conforme à l'esprit de la loi, qu'elle tend à diminuer la procédure et les frais.

1141. *Un jugement motivé sur une visite du lieu contentieux, faite d'office par le tribunal entier, est-il nul, si cette visite n'a pas été ordonnée par jugement et constatée par procès-verbal?*

Dans cette circonstance, les juges peuvent être considérés comme ayant exercé les fonctions d'experts, ce qui ne leur est pas permis, ainsi que nous l'avons dit sur la 1137ᵉ. quest.

Une semblable visite prouverait, à la vérité, le zèle des juges; mais on ne pourrait néanmoins regarder que comme très-irrégulier le transport arbitraire d'un tribunal entier, qui n'aurait été ni requis par les parties, ni ordonné par un jugement, et dont il n'existerait pas de procès-verbal.

D'ailleurs, les parties ne pourraient avoir connaissance des observations faites par les juges, ni faire entendre elles-mêmes leurs réflexions et leurs objections, relativement aux motifs qui détermineraient le jugement à intervenir.

Si donc ces observations et ces motifs, dont les parties n'auraient pas eu connaissance, servaient de base à un jugement, ce jugement devrait être annulé.

C'est ainsi que la Cour d'Agen s'est prononcée, dans un arrêt du 7 décembre 1809. — (*Voy. Sirey, tom. 10, DD., pag.* 328). (1)

---

cente et espérer d'en profiter : ne sont-elles pas censées consentir, par cela même, à en mettre les frais sur la même ligne que tous les autres frais d'instruction, et à les faire tomber sur la partie qui succombera en définitif?

S'il est vrai, en général, que la descente du juge, demandée par une partie, peut et doit n'être pas accordée, si le juge croit qu'elle est inutile, il la croit utile pour l'instruire de la vérité, lorsqu'il se porte à l'ordonner. Or, pourquoi obliger une des parties à supporter seule, et en tout événement, les frais d'un genre d'instruction que la loi permet, et que le juge estime utile ou nécessaire pour éclairer sa religion et pour assurer le triomphe de la bonne cause?

La loi ancienne et la nouvelle veulent que la partie qui requiert la descente de juge en avance et consigne les frais; elles ne disent rien de plus; l'art. 301 du Code de procédure s'applique également aux deux dispositions de l'art. 295 : pourquoi donc faire une distinction que la loi ne fait pas? C'est la partie qui succombe en définitive qui supporte les frais de la descente du juge, ordonnée d'office par le tribunal : pourquoi n'en serait-il pas de même des frais de la descente que le tribunal juge à propos d'ordonner, sur la demande d'une des parties, dans le cas où il n'échoit qu'un simple rapport d'experts? N'y a-t-il pas, dans les deux cas, même raison de décider, puisque, dans l'un comme dans l'autre, le tribunal n'ordonne la descente du juge que parce qu'il la croit utile pour l'intérêt de la vérité et de la justice? — (*Voy. Jousse, sur l'art. 5 du tit. 21 de l'ordonn.*)

(1) Que cette décision paraisse rigoureuse, sur-tout après la lecture des moyens qu'employait la partie intéressée à maintenir le jugement, nous la croyons néanmoins conforme

ARTICLE 296.

Le jugement commettra l'un des juges qui y auront assisté.

Ordonn., tit. 21, art. 24.

CCXLVII. Le motif de cette disposition est facile à saisir; le juge, qui a concouru à ordonner la descente, est instruit d'avance des causes qui la rendent nécessaire. Un autre juge ne pourrait pas aussi bien que lui provoquer et recueillir tous les renseigemens utiles pour la décision de la cause.

1142. *Dans un procès par écrit, le juge-rapporteur peut-il être nommé commissaire, et le commissaire peut-il être choisi indifféremment parmi les juges, sans qu'on suive l'ordre du tableau?*

L'art. 2 du tit. 21 de l'ordonnance défendait de nommer le rapporteur dans les Cours et aux requêtes de l'hôtel du Palais, et l'usage était de garder l'ordre du tableau, à commencer par le premier d'entre les juges qui avaient assisté à l'audience.

Aujourd'hui, la généralité des expressions de l'art. 296 s'oppose tout à la fois et à l'exclusion du juge-rapporteur, et à ce qu'on suive nécessairement l'ordre du tableau. — (*Voy. nouv. Répert., au mot* descente de juges, *pag.* 586).

1143. *Le juge nommé commissaire pourrait-il se faire remplacer par un autre juge?*

Le commissaire doit être nommé par le jugement qui ordonne la descente. Il s'ensuit que s'il ne veut ou ne peut pas la faire, il ne peut en nommer un autre à sa place. La subrogation d'un nouveau commissaire ne peut donc être faite que par le tribunal. — (*Voy. Duparc, tom.* 9, *pag.* 475, *et les autorités citées par Jousse, sur l'art.* 4 *du tit.* 21 *de l'ordonn.*)

1144. *Le tribunal pourrait-il, d'après l'art.* 1035, *commettre un tribunal voisin ou un juge de paix?*

Le détail que présente l'art. 1035, de certaines opérations pour lesquelles il autorise les juges à commettre un tribunal voisin ou un juge de paix, etc., n'est pas exclusif de la faculté de décerner une semblable commission dans d'autres circonstances. C'est ce qui résulte de ces expressions : *Et généralement, de faire une opération quelconque en vertu d'un jugement.*

La descente sur les lieux est donc implicitement comprise dans la disposition de l'art. 1035.

C'est aussi ce qui a été jugé par arrêt de la Cour de Bordeaux, du 15 mars 1809, rapporté au Commentaire inséré aux Annales du notariat, tom. 2, pag. 259.

Il suit de cet arrêt que l'art. 296 n'exprime autre chose, si ce n'est que le tribunal qui ordonne une descente est bien *tenu, lorsqu'il commet à cet effet*

à l'esprit de la loi, qui assujétit la descente à des règles et à des formalités qui fournissent aux parties les moyens de faire des observations au juge qui y procède, et de prévenir de sa part des erreurs auxquelles il pourrait être exposé par la simple inspection des lieux. Au surplus, nous remarquerons que la loi de procédure de Genève donne au tribunal la faculté de se transporter sur les lieux, et même d'y rendre jugement, comme on le pratique parmi nous en justice de paix. — (*Voy. ci-après quest.* 1152).

un de ses membres, de ne le choisir que parmi ceux qui ont coopéré au jugement, mais qu'il n'en est pas moins libre de commettre un juge étranger, dans le cas prévu par l'art. 1035.

1145. *Les faits à vérifier doivent-ils être précisés dans le jugement qui ordonne la descente?*

Nonobstant le silence de la loi sur ce point, nous ne doutons pas que le jugement doit contenir les faits à vérifier, de même que celui qui ordonne un rapport d'expert doit énoncer clairement les objets de l'expertise. Il faut bien déterminer l'objet et les limites de la commission du juge; autrement il serait à craindre qu'il ne se livrât à des apuremens inutiles, et qui pourraient donner d'ailleurs lieu à de nouvelles discussions entre les parties.

ARTICLE 297.

Sur la requête de la partie la plus diligente, le juge-commissaire rendra une ordonnance qui fixera les lieu, jour et heure de la descente; la signification en sera faite d'avoué à avoué, et vaudra sommation.

T., 70, 76, 92. — Ordonn., tit. 21, art. 6.

CCXLVIII. Sous l'empire de l'ordonnance de 1667, le juge-commissaire, sur la réquisition de la partie la plus diligente, ouvrait un procès-verbal constatant ce réquisitoire, la représentation du jugement qui avait ordonné l'enquête (*voy. la question suivante*), et l'ordonnance qu'il rendait pour fixer les lieu, jour et heure de la descente. On voit que le Code, par la disposition qui précède, a beaucoup simplifié cette procédure, et n'a exigé que ce qui est essentiellement utile.

1146. *Le jugement qui ordonne la descente ne doit-il pas être levé et signifié à la partie adverse, et l'expédition être jointe à la requête adressée au commissaire, en fixation de jour et de lieu?*

L'art. 6 du tit 21 de l'ordonnance voulait, comme nous l'avons dit au commentaire ci-dessus, que le jugement qui ordonnait la descente fût servi au juge-commissaire. Le Code n'exige qu'une requête (*voy. le tarif, art. 70*), afin d'obtenir l'ordonnance de ce juge; mais ne faudra-t-il pas au moins signifier le jugement à la partie adverse? M. Thomines Desmazures, pag. 156, résout affirmativement la question : *le jugement signifié*, dit-il, *la partie...... présente requête, etc.* Les auteurs du Praticien, tom. 2, pag. 217, et M. Demiau Crouzilhac, pag. 123, sont d'une opinion contraire.

Mais il faut remarquer ici que la Cour d'appel de Trèves, dans ses observations sur le projet, élevait la question qui nous occupe, et que le législateur ne s'est pas expliqué davantage. De là ne doit-on pas conclure que le jugement ne doit être ni levé, ni signifié; en sorte que, le jour même de la prononciation, l'on pourrait, comme le dit M. Demiau Crouzilhac, présenter la requête au juge-commissaire?

Nous sommes de l'avis de M. Thomines, sur la nécessité de lever le jugement et de le signifier. Le silence du législateur, sur l'observation de la Cour de Trèves, relative à ce point de forme, n'est point une conjecture qu'il l'ait improuvée; il a pu envisager cette formalité comme allant de droit, sans disposition; et, en effet, si le tribunal a ordonné d'office qu'un de ses membres se transportera sur les lieux, le jugement indiquera sans doute quelles seront les vérifications à faire par ce juge : il deviendra donc nécessaire que le commissaire ait ce jugement sous les yeux.

1147. *Si l'une des parties n'avait pas d'avoué en cause, comment se ferait la signification de l'ordonnance du juge-commissaire, l'art.* 297 *exigeant qu'elle soit faite d'avoué à avoué?*

M. Lepage, dans ses Questions de procédure, pag. 204, pense que le défaillant qui a été averti, par la signification du jugement, qu'il y aura une descente de juge, et qui néanmoins s'obstine à ne pas constituer avoué, consent que l'opération se fasse sans lui. Dès lors, dit cet auteur, le tems de mettre le jugement à exécution étant arrivé, on prend l'ordonnance du juge-commissaire qui fixe le jour et l'heure, et l'on procède sans faire de signification.

M. Demiau Crouzilhac dit, au contraire, pag. 123, que, dans le cas où la partie n'a pas d'avoué, l'on doit lui signifier à elle-même l'ordonnance, avec sommation de se rendre sur les lieux, si bon lui semble.

Même opinion de la part des auteurs du Praticien, tom. 2, pag. 317, et de M. Pigeau, tom. 1, pag. 335.

Entre autres raisons de décider comme ces auteurs, nous rappèlerons que la Cour de Trèves avait demandé que la loi prescrivît la signification à partie, lorsqu'il n'y aurait pas d'avoué constitué. Si le législateur a néanmoins gardé le silence, c'est sans doute, comme le remarquent les auteurs du Praticien, parce qu'il est de principe que, toutes les fois qu'il n'y a point d'avoué, la signification se fait à partie, à personne ou à domicile (1).

1148. *En vertu du jugement qui aurait ordonné d'office la descente, le juge-commissaire pourrait-il procéder à l'opération sans attendre la réquisition de l'une des parties?*

---

(1) L'opinion que nous émettons ici suppose que la descente peut être ordonnée quand une partie est défaillante.

Cependant on peut dire que la loi, en ne prescrivant qu'une signification de l'ordonnance à l'avoué, laquelle vaut sommation, ne suppose pas que la descente puisse être ordonnée en cas de défaut. On en donnerait d'ailleurs pour raison que cette mesure n'étant presque toujours provoquée que par les contestations qui s'élèvent sur des points de fait, il est évident qu'elle est inutile s'il n'y a point de contradiction, et qu'il y a difficilement contradiction, lorsqu'une des parties seule figure dans l'instance.

Nous répondons que le juge (*voy. suprà, art.* 150, *quest.* 617 *et* 619) ne pouvant, en cas de défaut, adjuger les conclusions du demandeur qu'après vérification, et ayant d'ailleurs, en cette circonstance, la faculté d'ordonner tout ce qu'il juge nécessaire pour son instruction, la descentep eut avoir lieu même dans le cas du défaut.

D'un autre côté, il peut arriver que la partie qui poursuit par défaut l'adjudication de ses conclusions ne soit pas d'accord avec elle-même, ou que des experts précédemment nommés se soient trouvés d'avis différens; en ce cas, le tribunal peut évidemment ordonner la descente, et alors il faut bien que la signification de son jugement soit faite, comme nous l'avons dit, à personne ou domicile, en observant les règles établies pour la signification et l'exécution des jugemens par défaut.

M. Lepage *(voyez ses Questions, pag. 203)* prouve, et telle est aussi notre opinion, qu'il ne suffit pas que la descente ait été ordonnée d'office, pour que le juge-commissaire y procède de son propre mouvement. Il appuie cette solution sur la nécessité du concours des parties et de la consignation des frais de transport.

1149. *S'il y avait deux défendeurs dont l'un fît défaut, comment faudrait-il procéder, dans le cas où il y aurait lieu à une descente de juge?*

Cette question ne peut se présenter qu'après la signification, avec réassignation, du jugement de jonction prescrit par l'art. 153. M. Lepage *(voyez Questions, pag. 205)* dit que, si le défaillant persiste à ne pas se présenter, on ordonne, avant de faire droit, la descente sur les lieux; *ce qui ne concerne que les parties comparantes;* et il ajoute que si, pendant l'instruction, le défaillant venait à se présenter, il y prendrait part, mais dans l'état où elle se trouverait. D'après la solution donnée sur la précédente question, nous estimons que l'ordonnance doit être signifiée au défaillant; il y a même raison de décider : ainsi, nous ne dirons pas que la descente ne concernera que les parties comparantes. Le défaillant sera lié à l'opération par la signification qui lui aura été faite de l'ordonnance; et c'est par cette raison qu'il sera plus juste de dire que, s'il se présente sous le cours de l'instruction, il procédera dans l'état où elle se trouverait.

1150. *Appliquera-t-on les dispositions de l'art. 297, si, comme il est dit en la 1144ᵉ. quest., le jugement, en exécution de l'art. 1035, commet, pour la descente, un juge de paix, ou renvoie à un autre tribunal la nomination du commissaire?*

Quoiqu'il ne soit rien dit de la forme à observer dans chacune de ces deux hypothèses, nous croyons, avec les auteurs du Commentaire inséré aux Annales du notariat, tom. 2, pag. 251, que les dispositions de l'art. 297 fournissent elles-mêmes les règles que l'on doit suivre.

Ainsi, lorsqu'un juge de paix aura été commis, on obtiendra son ordonnance, que l'on signifiera à la partie adverse.

Si le jugement renvoie à un tribunal étranger la nomination du juge-commissaire, elle sera provoquée par requête présentée au président, et à laquelle sera jointe l'expédition du jugement. Le commissaire nommé, on se pourvoira pardevers lui, comme le prescrit l'art. 297, et son ordonnance sera signifiée, soit par acte d'avoué à avoué, si les distances le permettent, soit à partie, si l'avoué était trop éloigné.

Dans ce cas, en effet, nous croyons permis de signifier l'ordonnance à la partie qui se trouve plus rapprochée que son avoué du lieu où la descente doit être effectuée; la justice le veut ainsi; car il serait possible que l'avoué qui recevrait la signification ne pût en donner connaissance à son client. Au reste, l'art. 297, en prescrivant un acte d'avoué à avoué, ne porte point de nullité pour l'inobservation de cette règle, et la matière ne présente aucun motif de la prononcer.

ARTICLE 298.

Le juge-commissaire fera mention, sur la minute de son procès-verbal, des jours employés aux transport, séjour et retour.

Ordonn., tit. 21, art. 19.

CCXLIX. Le procès-verbal que le juge-commissaire doit dresser conformément à l'article ci-dessus, doit être fait sur les lieux ou dans le lieu indiqué par ce magistrat (*argument de l'art.* 317); il doit contenir la date du jour et de l'heure où il est commencé, conformément à l'ordonnance, la mention de cette ordonnance et de la représentation de l'original de la signification faite à la partie adverse, l'énonciation des parties présentes ou absentes, la désignation des lieux contentieux que le juge-commissaire a parcourus, les faits et les circonstances qu'il a recueillis, les observations des parties ou de leurs avoués, la réquisition de leur signature, enfin, la mention des journées employées aux transport, séjour et retour, la signature du juge-commissaire et celle du greffier. — (*Voy. Pigeau, tom.* 1, *pag.* 356 *et* 357).

1151. *Le juge-commissaire peut-il recevoir des renseignemens de personnes étrangères au procès, sur quelques points de fait relatifs à la descente?*

Il ne peut recevoir de tels renseignemens qu'autant que le jugement qui ordonne la descente l'y aurait formellement autorisé; autrement, il ferait une espèce d'enquête sans jugement d'appointement de preuve, et sans les formalités requises à cet égard (1).

1152. *Si le juge-commissaire pensait que son rapport ne suffirait pas pour éclairer ses collègues, pourrait-il ordonner la levée du plan des lieux?*

Le juge-commissaire, dit M. Pigeau, tom. 1, pag. 356, ne peut s'écarter de la mission qui lui a été donnée par le jugement : il ne peut donc faire dresser un plan qu'avec le consentement des parties. C'est au tribunal à l'ordonner, s'il trouve le rapport insuffisant.

Mais, dit M. Berriat Saint-Prix, pag. 310, not. 9, le but de la loi, lorsqu'elle prescrit de commettre un juge pour la descente, étant de diminuer les dépenses, il semblerait que le tribunal pourrait aujourd'hui, comme autrefois (*voy. le procès-verbal de l'ordonnance, et Rodier, sur l'art.* 1er. *du tit.* 21), se transporter en corps sur les lieux, pourvu que ce fût sans frais : cette mesure serait bien préférable à celle du plan.

Nous ne croyons pas que l'arrêt de la Cour d'Agen, rapporté sur la 1141e. quest., s'oppose absolument à ce qu'un tribunal prenne ce parti, dans les cas

(1) Il est cependant un cas où nous penserions, comme M. Hautefeuille, pag. 169, que le juge-commissaire pourrait recevoir et consigner sur son procès-verbal des déclarations données en forme de renseignemens, par des tierces personnes : ce cas est celui où les parties seraient présentes, et le requerraient expressément; alors le juge-commissaire pourrait, en mentionnant ces réquisitoires et consentemens respectifs, et en faisant signer cette mention, recevoir valablement les déclarations dont il s'agit.

où les lieux à visiter sont rapprochés de la ville où il siège. Il deviendrait seulement nécessaire d'ordonner ce transport par jugement, et d'y appeler les parties.

1153. *Si le juge-commissaire remettait la continuation de la descente à jour fixé, faudrait-il notifier cette remise à la partie ?*

Non, dans le cas même où elle ne serait pas présente ; et cela résulte de la disposition générale de l'art. 1034. C'est, en effet, la faute de la partie, si elle n'a point assisté à la première vacation, où elle aurait connu la remise de l'opération. — (*Voy. Pigeau, tom.* 1, *pag.* 356).

ARTICLE 299.

L'expédition du procès-verbal sera signifiée par la partie (1) la plus diligente aux avoués des autres parties; et, trois jours après, elle pourra poursuivre l'audience sur un simple acte.

T., 70. — Ordonn., tit. 21, art. 23. — C. de P., art. 82, 286.

CCL. L'ART. 286 contient, comme nous l'avons vu, une pareille disposition pour les enquêtes. Le délai que l'article ci-dessus fixe entre la signification du procès-verbal et la poursuite de l'audience, est accordé afin que la partie ait le tems d'examiner le procès-verbal et de préparer, *pour les faire valoir à l'audience* (2), soit les moyens que le procès-verbal peut fournir en sa faveur, soit ses défenses contre les apuremens qu'il renfermerait contre elle.

ARTICLE 300.

La présence du ministère public ne sera nécessaire que dans le cas où il sera lui-même partie.

C. de P., art. 83, etc.

CCLI. IL n'est pas nécessaire que le ministère public assiste à la descente, s'il n'est lui-même partie dans la cause, et par conséquent, on ne doit pas l'y appeler dans celles où il donne simplement des conclusions, aux termes de l'art. 283 et des articles détaillés au commentaire du tit. 4, pag. 213; mais il doit être présent lorsqu'il assiste dans les qualités de demandeur, de défendeur ou d'intervenant ; par exemple, quand le Roi est assigné pour ses domaines (*art.* 69); quand il agit pour et au nom d'un présumé absent, etc. — (*Code civ., art.* 114. *Voy. Pigeau, tom.* 1, *pag.* 355; *nos questions sur l'art.* 381, *et notre Traité des lois d'organisation et de compétence, liv.* 1er. *tit.* 2).

---

(1) *Sera signifiée*, lorsque la minute aura été enregistrée et déposée au greffe.

(2) Mais non pas pour fournir et signifier des défenses, comme le dit M. Hautefeuille, pag. 169. L'art. 299 veut en effet, et sans distinction, que l'audience soit poursuivie sur un simple acte, et par conséquent, il exclut toute espèce de défenses écrites. — (*Voy. Pigeau, tom.* 1, *pag.* 357, *et le Comm. des Ann. du not., tom.* 2, *pag.* 265).

ARTICLE 301.

Les frais de transport seront avancés par la partie requérante, et par elle consignés au greffe.

Ordonn., tit. 5, dern. part. — C. de P., art. 319, 852.

1154. *Quelle est la partie que désigne l'art.* 301 *par ces mots,* PARTIE REQUÉRANTE?

Selon les auteurs du Praticien français, tom. 2, pag. 220, lorsque la descente a été ordonnée sur la réquisition d'une partie, celle-ci doit avancer les frais de transport; mais dans le cas où la descente est ordonnée d'office, le tribunal pourrait enjoindre aux parties d'avancer les frais par moitié

Remarquons que l'art. 5 du tit. 21 de l'ordonnance portait ce qui suit : « Les commissaires ne pourront faire les descentes sans la réquisition des parties (*voy. la* 1148e. *quest.*), et sera tenue, la partie requérante, consigner les frais ordinaires ».

Ainsi, disait Serpillon sur cet article, c'est la partie la plus diligente qui requiert la descente *ordonnée*, c'est-à-dire l'exécution du jugement qui doit faire cette consignation, sauf à répéter, s'il est ordonné, en fin de cause, c'est-à-dire si cette partie obtient condamnation de dépens.

Cependant M. Delaporte, tom. 2, pag. 291, estime que, dans le cas où la descente n'a pas été ordonnée d'office, mais sur les conclusions de l'une des parties, c'est toujours celle-ci qui doit en consigner les frais.

M. Hautefeuille dit, pag. 168, que, lorsque la descente a été ordonnée sur la réquisition des parties ou de l'une d'elles, *ou d'office*, c'est celle qui poursuit l'exécution de ce jugement qui est obligée, avant de présenter sa requête pour obtenir l'ordonnance du juge (*art.* 297), de consigner au greffe les frais de transport du juge et du greffier.

Tel est aussi notre sentiment, fondé sur la disposition de l'ordonnance que nous paraît devoir interpréter l'art. 301 (1).

---

(1) Mais nous supposons qu'une partie requière l'exécution du jugement qui aurait ordonné la descente. Or, est-il des cas où une partie puisse se dispenser de requérir cette ordonnance? Nous le croyons, et voici, en dernière analyse, la solution que nous paraît exiger la question générale de savoir quand il y a lieu à la consignation exigée par l'art. 301 :

Si la descente est ordonnée d'office, comme elle a pour objet, d'après la déclaration que le tribunal en a donnée lui-même, d'éclairer sa religion par la visite du lieu contentieux, c'est à la partie qui a intérêt à obtenir jugement à consigner les frais en requérant l'ordonnance du commissaire; mais si la descente avait été requise par une des parties, ce serait à elle à faire cette consignation, si son adversaire ne croyait pas devoir mettre le jugement à exécution. En effet, celui-ci pourrait poursuivre le jugement définitif, puisque la descente, par le retard que mettrait l'autre partie à faire exécuter le jugement qu'elle aurait obtenu, ne pourrait plus être considérée comme nécessaire à la décision, le tribunal ne l'ayant pas ordonnée d'office.

TITRE XIV.

Des rapports d'experts. (1)

On appèle *expertise* l'opération que font des *experts* ou gens connaisseurs dans un art, afin d'éclairer le juge sur des questions ou sur des faits qu'il ne peut approfondir ou connaître par lui-même.

Un rapport d'experts est donc l'exposé par écrit de cette opération, c'est-à-dire des travaux, recherches, calculs, etc., auxquels les experts se sont livrés et de l'avis qu'ils ont formé d'après les résultats de ces travaux.

Un avis n'est qu'une opinion et non pas une décision, et conséquemment on ne peut assigner à celui des experts d'autres caractères que ceux de simples renseignemens, auxquels le juge ne peut être tenu de se conformer, si sa conviction s'y oppose.

De là une différence notable entre un expert et un arbitre. Ce dernier prononce sur le fond de la contestation qui existe entre les parties; l'expert, au contraire, se borne à rendre compte au tribunal de ce qu'il a fait en vertu de la commission qui lui a été donnée.

Le Code de procédure renferme, sur les expertises, des dispositions en partie puisées dans l'ordonnance de 1667, en partie absolument nouvelles, mais qui ne s'appliquent qu'aux procès existant entre particuliers. (*Voy. infrà, n°.* 1157). Elles concernent :

Premièrement, *le jugement par lequel* l'expertise est ordonnée (302); secondement, *la nomination des experts* (303, 307); troisièmement, *la récusation des experts* (309, 314); quatrièmement, *les préliminaires du rapport* (315, 316); cinquièmement, *le rapport et ses suites* (317, 321); sixièmement enfin, elles accordent au juge la faculté d'ordonner un nouveau rapport (322), et consacrent le principe que l'avis des experts n'est point une loi pour lui (323).

ARTICLE 302.

Lorsqu'il y aura lieu à un rapport d'experts, il sera ordonné par un jugement, lequel énoncera clairement les objets de l'expertise.

Ordonn. de 1667, tit. 21, art. 8. — C. C., art. 1675, 1678 et suiv. — C. de P., art. 295, 971.

CCLII. D'APRÈS cet article, les tribunaux peuvent ordonner les rapports d'experts, ou sur la demande qui leur en est faite, *ou d'office* (2), et, dans l'un

---

(1) Voy. *suprà*, liv. 1, tit. 8, pag. 69, et les art. 195, 196, 232, 322, 429, 935 et 969, 971; Code civil, art. 1680.

(2) *D'office*, puisque l'art. 302 porte *lorsqu'il y a lieu*. Or, le tribunal, indépendamment des conclusions des parties, peut juger qu'il y a lieu à un rapport d'experts, et en ordonnant cette mesure, il ne fait que se conformer au principe général que les juges peuvent *d'office* recourir à toutes les voies d'instruction autorisées par la loi, toutes les fois et par cela même qu'elle n'exige pas expressément la réquisition de l'une des parties. — (*Rennes, 25 août 1807; Berriat Saint-Prix, pag.* 179).

comme dans l'autre cas, le jugement doit énoncer avec clarté et précision les objets de l'expertise, afin d'empêcher les experts de s'écarter de leur mission; ce qui pourrait fréquemment arriver, si le juge n'indiquait que les opérations principales auxquelles ils auraient à s'attacher.

1155. *Le tribunal peut-il se dispenser de déférer à la demande d'expertise faite par l'une des parties?*

Oui, s'il croit avoir des connaissances suffisantes sur les choses qui feraient l'objet de cette expertise : la loi est purement facultative pour tous les cas où le législateur n'exige pas expressément cette voie d'instruction, comme il l'a fait par exemple dans ceux qui sont prévus par les l'art. 17 de la loi du 22 frimaire an 7, et 1678 du Code civil. — (*Voy. Demiau Crouzilhac, pag.* 225, *et la* 1157e. *quest.*)

1156. *Après le jugement qui ordonne une expertise, une partie peut-elle demander que les experts donneront des apuremens sur des objets qui n'auraient pas été compris dans le jugement?*

Nous avons dit, sur la 966e. quest., pag. 621, que si le jugement qui ordonne l'enquête était rendu, il ne serait plus permis d'articuler des faits nouveaux. Mais il y a cette différence entre une expertise et une enquête, que la première a pour objet des faits qui sont réalisés et fixés par l'état des lieux, et qu'il ne s'agit que de constater : d'où suit qu'il n'y a point à craindre qu'ils varient par suite d'un délai plus ou moins long qui serait donné pour l'opération. C'est par ce motif que la loi n'a point fixé à ce sujet de délai péremptoire, ainsi qu'elle l'a fait pour commencer les enquêtes. (*Voy. art.* 257 *et suiv.*) On peut donc admettre aujourd'hui, comme on admettait autrefois en Bretagne, l'affirmative de la question ci-dessus proposée.

1157. *Les formalités de l'expertise, prescrites par le Code de procédure, sont-elles applicables en toute matière?*

Dans les expertises ordonnées à la requête de la régie de l'enregistrement, pour les cas prévus par l'art. 17 de la loi du 22 frimaire an 7, on doit encore se conformer aux règles prescrites par l'art. 18 de la même loi : cela résulte d'un avis du Conseil d'État, du 12 mai 1807.

Les dispositions du Code de procédure ne s'appliquent pas non plus aux expertises qui sont ordonnées administrativement, par exemple, d'après la loi du 16 septembre 1807, relative au dessèchement des marais et à d'autres objets d'utilité publique (*art.* 8 *et* 9 *de cette loi*). — (*Voy. nouv. Répert., au mot* expert).

Article 303.

L'expertise ne pourra se faire que par trois experts, à moins que les parties ne consentent qu'il soit procédé par un seul (1).

Ordonn. de 1667, tit. 21. — C. de P., art. 196, 232, 429, 955. — C. C., art. 126, 453, 466, 824, 834, 1678.

CCLIII. Presque toujours, sous l'empire de l'ordonnance de 1667, un tri-

---

(1) JURISPRUDENCE.

La nomination d'un seul expert ne peut, dans tous les cas, avoir lieu que du consente-

bunal se bornait à dire par le jugement qui ordonnait une expertise, qu'elle serait faite par experts dont les parties conviendraient, sinon qui seraient nommés d'office, et la plupart du tems, il arrivait que chaque partie choisissait un expert dont elle était sûre, et chaque expert embrassait aveuglément les intérêts de celle à laquelle il devait sa nomination. Ces deux experts se réunissaient, moins pour s'éclairer que pour constater l'opposition de leur avis, et, sur le procès-verbal établissant le partage, on revenait à l'audience, pour obtenir un tiers expert que désignait le tribunal. Ce tiers opérait de nouveau avec les deux premiers experts, et à la pluralité des voix, le rapport était enfin arrêté. La nomination en nombre impair, prescrite par l'art. 303, évite les inconvéniens et les frais de cette involution de procédure (1).

1158. *Hors les cas où le nombre des experts est fixé par des lois spéciales, doit-on se conformer rigoureusement à l'art. 303?*

La Cour de cassation a jugé, le 2 septembre 1811, qu'une estimation qui devait, d'après une convention écrite, être faite par trois experts, n'était pas valable faite par deux, sur le refus du troisième d'y concourir. De même un tribunal ne pourrait augmenter le nombre des experts, ni ordonner, par exemple, qu'ils procéderaient au nombre de quatre, de cinq, etc. — (*Voy. Prat., tom. 2, pag. 231; Delaporte, tom. 1, pag. 293, etc.; arrêts de la Cour de Paris, des 4 février et 1er. avril 1811; Journ. des avoués, tom. 3, pag. 203 et 213*).

Dans les matières où l'on devrait, en vertu d'une loi spéciale, faire procéder à l'expertise par des experts dont le nombre aurait été fixé au-dessous ou au-delà de celui que l'art. 303 détermine, il ne faut pas appliquer cet article (2).

1159. *La convention tendant à ce que l'expertise soit faite par un seul expert est-elle valable, s'il y a un mineur intéressé?*

Nous ne le pensons pas, non seulement par le motif que le mineur n'est pas susceptible de donner un consentement légal, mais parce que son tuteur ne peut, en son nom, stipuler une renonciation à l'avantage que la loi lui offre, en fixant pour l'expertise le nombre de trois experts, qui lui assurent un plus grand concours de lumières. Il en serait de même de toute personne

---

ment unanime des parties, et par conséquent, elle ne peut être faite par le tribunal. — (*Paris, 11 fév. 1811, Sirey, tom. 11, pag. 449*).

(1) Cet expédient nous avait été fourni depuis plus de deux mille ans, par les lois des douze Tables, pour le cas de partage entre cohéritiers, de réglement de limites entre voisins, d'estimation de dommages, etc. Mais ce n'est pas sans difficulté que l'on est parvenu à l'introduire dans notre Code de procédure, et quoique l'art. 1678 du Code civil l'eût adopté pour la preuve de la lésion en vente d'immeubles, l'ancien mode fut encore proposé par les rédacteurs du projet. — (*Exposé des motifs de la loi sur la procédure civile pour le canton de Genève*).

(2) Ainsi, par une conséquence de la solution donnée sur la question précédente, la Cour de cassation a déclaré nul, le 25 octobre 1808 (*voy. Denevers, 1808, pag. 536*), un jugement qui, en matière d'enregistrement, avait nommé un troisième expert, au mépris de l'art. 18 de la loi du 22 frimaire an 7, d'après lequel deux experts suffisent pour procéder à une estimation à faire dans le cas prévu par cette loi. C'est aux deux experts, en cas de partage, à appeler un tiers, et s'ils ne peuvent en convenir, c'est au juge de paix de la situation des biens à y pourvoir.

qui ne peut transiger. — (*Voy. Comm. inséré aux Ann. du not.*, *tom.* 2, *pag.* 279; *Demiau Crouzilhac*, *pag.* 225, *et Hautefeuille*, *pag.* 169).

On pourrait cependant soutenir, avec quelque fondement, que le tribunal pourrait, si du moins la partie adverse ne s'y opposait pas, nommer un seul expert, lorsque l'objet de l'expertise serait d'une valeur modique. L'on s'appuierait, à ce sujet, de la disposition de l'art. 955 du Code de procédure, qui, en déterminant les formalités à observer pour la vente des biens immeubles appartenant à des mineurs, dit que le jugement qui homologuera l'avis du conseil de famille relatif à une pareille vente, nommera en même tems *un ou trois experts*, suivant que l'importance des biens paraîtra l'exiger. Or, disent les auteurs, si, dans le cas de la vente des biens des mineurs, le législateur laisse à la prudence du tribunal de ne nommer qu'un seul expert, il n'y a pas de raisons pour lui interdire, en toute autre circonstance, cette faculté, qui tend à diminuer les frais de l'expertise. En ce cas, le tribunal aurait à consigner dans le jugement la considération qui l'aurait porté à ne nommer qu'un seul expert au lieu de trois (1).

Article 304.

Si, lors du jugement qui ordonne l'expertise, les parties se sont accordées pour nommer les experts, le même jugement leur donnera acte de la nomination.

CCLIV. Ainsi, ou les parties s'accordent pour nommer un ou trois experts, et le tribunal, en ordonnant l'expertise, leur donne, par le même jugement, acte de leur nomination, ou elles ne peuvent tomber d'accord sur le choix d'un expert; mais elles sont néanmoins de concert pour demander au tribunal qu'un seul soit chargé de procéder à l'expertise, et alors le tribunal, après leur avoir donné acte de cette demande, nomme d'office un expert seulement.

1160. *Faut-il nécessairement que les parties s'accordent sur le choix des trois experts, en sorte que le tribunal devrait les nommer tous les trois d'office, si, par exemple, elles ne s'étaient accordées que sur deux?*

Il résulte des termes de l'art. 304, combinés avec ceux de l'art. 305, qu'il

---

(1) Cependant la Cour de Rennes, par arrêt du 24 mars 1812, 1.re chamb., a jugé que la convention des parties de ne nommer qu'un seul expert n'était pas absolument sans effet, quoique l'une d'elles agît *en qualité de tuteur*, si l'expert avait été désigné *par celle-ci*, agréé par la partie adverse et nommé par le tribunal.

En conséquence, la Cour a rejeté la demande en nullité du rapport, fondée de la part du tuteur sur ce que l'expertise avait été faite par un expert, nonobstant la minorité d'une des parties. Cet arrêt vient à l'appui des observations que nous venons de faire en terminant l'examen de la question ci-dessus, à l'effet de modifier la proposition générale qui les précède; mais, quoi qu'il en soit, nous persistons à croire qu'il est du moins prudent de ne pas ordonner le rapport par un seul expert, lorsqu'un mineur est intéressé.

faut que les parties s'accordent sur les trois experts, et qu'en cas de dissentiment sur un d'eux, le tribunal doit les nommer tous (1).

ARTICLE 305.

Si les experts ne sont pas convenus par les parties, le jugement ordonnera qu'elles seront tenues d'en nommer dans les trois jours de la signification; sinon, qu'il sera procédé à l'opération par les experts qui seront nommés d'office par le même jugement.

Ce même jugement nommera le juge-commissaire qui recevra le serment des experts convenus ou nommés d'office : pourra néanmoins le tribunal ordonner (2) que les experts prêteront leur serment devant le juge de paix du canton où ils procéderont (3).

Ordonn. de 1667, tit. 21, art. 8 et 9. — C. de P., art. 1033, 1035. — Régl. du 30 mars 1808, art. 65.

CCLV. SI les parties ne s'accordent, ni sur le nombre ni sur le choix des experts, le tribunal en nomme trois d'office; mais cette nomination n'est que provisoire et conditionnelle. Pour être parfaite et définitive, il faut que le délai fixé par la loi se soit écoulé, à partir de la signification du jugement qui ordonne l'expertise, sans que les parties se soient accordées pour en nommer d'autres.

1161. *Si les parties ne sont point convenues d'experts, ou si l'une d'elles a refusé d'en nommer, le tribunal pourrait-il en nommer d'office, sans accorder le délai porté en l'art.* 305 ?

Il suffit de lire l'art. 305 pour se convaincre que le tribunal n'a pas cette

---

(1) Ainsi, par arrêts des 10 février 1809 et 13 juillet 1813 (*Journ., tom.* 4, *pag.* 119), la Cour de Rennes, 3.e chamb., a décidé que la nomination de deux experts, faite d'office par le tribunal, une des parties ayant nommé le troisième, était irrégulière.

Néanmoins, rien ne s'opposerait à ce que le tribunal décernât acte à chacune des parties de la nomination qu'elle ferait de son expert, et nommât le tiers seulement, sur leur déclaration de lui laisser le choix. Ici, il y a accord des parties, et par conséquent, les art. 304 et 305 cessent d'être applicables.

C'est ainsi qu'il faut entendre ce que disent les auteurs du Commentaire inséré aux Annales du notariat, tom. 2, pag. 281 et 282, et c'est d'ailleurs ce qui se pratique tous les jours.

(2) Cette disposition est sur-tout applicable, quand les experts ayant leur domicile non loin de l'objet contentieux, sont, au contraire, éloignés de la ville où siège le tribunal.

(3) JURISPRUDENCE.

1.° Les juges, en ordonnant une expertise, peuvent adjoindre aux experts nommés telles personnes qu'ils croient capables de fournir des renseignemens utiles sur les lieux, sans qu'il soit permis aux parties d'alléguer que ces personnes n'étant tenues par aucun serment devant la justice, n'offrent pas une garantie suffisante de l'impartialité de leurs renseignemens. — (*Cassat.*, 4 *janv.* 1820, *Sirey*, *tom.* 20, *pag.* 160).

faculté; mais, comme cet article n'est point prescrit à peine de nullité, on avait pensé que la nomination des experts pouvait être maintenue.

Mais les Cours de Bruxelles et de Paris, par arrêts des 6 août 1808 et 4 février 1811 (*voy. la Jurisp. sur la procéd., tom.* 2, *pag.* 468, *et le Comm. inséré aux Ann. du not., tom.* 2, *pag.* 284), ont décidé qu'une telle nomination devait être considérée comme non avenue. Et, en effet, il s'agit ici moins d'une formalité d'un acte de procédure que de l'accomplissement d'une obligation qui tient à la substance du jugement par lequel les experts auraient été nommés d'office.

C'est ici le lieu de remarquer que, par arrêt du 14 novembre 1810, la Cour de Rennes a décidé que l'exécution, sans réserves, d'un jugement qui nomme d'office les experts, rend non recevable l'appel de ce jugement, fondé sur ce que le tribunal n'aurait pas laissé aux parties la faculté d'en convenir.

1162. *Le tribunal, après le délai de trois jours expiré, peut-il rétracter sa nomination faite d'office?*

Nous pensons, comme M. Thomines, que le délai de la récusation est un délai fatal; on serait donc, en général, déchu du droit de récusation, si l'on ne profitait pas de ce délai : néanmoins, si les motifs étaient extrêmement graves, et que la preuve en fût mise sous les yeux du tribunal, on ne devrait pas tenir à la rigueur, au point de décider que le tribunal ne pût rétracter la nomination qu'il aurait faite : les experts ne sont pour lui que des conseillers; il ne doit pas même suivre leur avis, quand sa conviction s'y oppose (323). Il peut donc aussi rétracter son choix dans une circonstance particulière où il reconnaît qu'il ne pourrait raisonnablement accorder aucune confiance au rapport.

1163. *Les juges, greffiers et commis-greffiers ne peuvent-ils remplir les fonctions d'experts?*

C'est un principe que le juge ne peut remplir les fonctions d'expert, quelque talent qu'il eût pour toutes les opérations de ce ministère. — (*Princ. du droit de Duparc, tom.* 9, *pag.* 47).

Les greffiers ne peuvent non plus remplir ces fonctions; et en général, l'incapacité des juges pour certains objets s'étend à eux. — (*Voy. Cod. civil, art.* 1597).

Il y a d'ailleurs incompatibilité entre les fonctions de greffier et celles d'experts. Pour s'en convaincre, il suffit de lire les art. 312 et suivans du Code de procédure, sur les rapports d'experts. Le greffier qui doit assister le juge dans tous ces actes, et dont le poste est ou à l'audience ou au greffe, ne peut pas faire des expertises; il en est de même des commis assermentés.

Quant aux écrivains non assermentés, ils peuvent être nommés experts, soit d'office, soit par les parties; cependant, s'ils travaillent habituellement au greffe, il convient de ne pas les nommer d'office, les rapports qu'ils y ont pouvant affaiblir la confiance des parties.

1164. *Le tribunal qui nomme d'office des experts doit-il, à peine de nullité, désigner leurs prénoms et profession?*

L'arrêt de Bruxelles que nous venons de citer sur la quest. 1161e. a résolu celle-ci pour l'affirmative, attendu qu'une désignation aussi vague que celle qui n'indiquerait les experts que par leurs noms de famille, devait mettre la partie dans l'impossibilité de proposer contre eux des moyens de récusation, conformément à l'art. 309.

Nous remarquerons que la circonstance de l'éloignement du domicile de la partie du lieu où chacun des experts habitait a eu beaucoup d'influence sur cette décision, ou plutôt, d'après les termes de l'arrêt, en a été le motif déterminant.

Nous croyons aussi que la question que nous avons posée ne doit être décidée que d'après les circonstances, et que l'on ne pourrait justement annuler une nomination d'experts, sur le seul motif que le tribunal eût omis d'insérer dans son jugement les prénoms ou la profession des experts, si d'ailleurs il était probable que les parties les connussent.

1165. *Le délai de trois jours, fixé pour nommer les experts, court-il du jour de la signification du jugement, s'il a été rendu par défaut?*

La disposition de l'art. 305, relative à ce délai, ne s'applique qu'au cas où le jugement est contradictoire et non entrepris par appel. En effet, si le jugement était rendu par défaut, comme il serait sujet à l'opposition, il est certain que ce ne serait qu'à l'expiration de la huitaine donnée pour l'attaquer par cette voie, ou à partir du jour du *débouté* de l'opposition, que le délai fixé par l'art. 305 commencerait à courir. De même, s'il était interjeté appel de ce jugement, et qu'il vînt à être confirmé, ce même délai ne courrait qu'à compter du jour de la signification de l'arrêt confirmatif.

1166. *Les parties sont-elles obligées de convenir d'experts, dans le délai fixé par l'art. 305, lorsque le tribunal a prononcé des condamnations au fond, avec cette alternative,* SI MIEUX N'AIMENT LES PARTIES A DIRE D'EXPERTS?

On sait qu'il arrive souvent que les tribunaux prononcent des condamnations, en laissant à la partie contre laquelle elles sont prononcées l'option de les faire exécuter, ou d'en faire arbitrer le montant à dire d'experts. Il a été jugé par la Cour d'Orléans, le 12 décembre 1810 (*voy. Hautefeuille, pag.* 170 *et* 171), dans une espèce où des condamnations sur le fond avaient été prononcées, avec faculté de recourir à un réglement par experts dans un délai déterminé, à peine de déchéance, que les parties n'étaient pas tenues de convenir d'experts dans les trois jours de la signification du jugement, parce qu'elles avaient un délai pour opter et demander l'expertise; que conséquemment ce n'était qu'à compter de l'expiration du délai pour opter, que l'expertise devait ou non avoir lieu; qu'ainsi, ce n'était que dans les trois jours à partir de l'expiration de ce même délai, qu'elles devaient convenir d'experts, afin d'empêcher que ceux qui auraient été nommés d'office ne procédassent aux opérations.

1167. *Le juge-commissaire n'étant nommé que pour recevoir le serment, peut-il assister à l'expertise?*

Il le peut, si le tribunal l'a ordonné, sur la demande d'une des parties, qui craindrait que sa partie adverse ne se livrât, lors de l'opération, à des propos ou à des actes qui troubleraient les experts ou qui les gêneraient pour donner leur avis. En ce cas, dit M. Pigeau, tom. 1, pag. 291, on autorise le juge à ordonner par provision ce qu'il estimera convenable, soit pour prévenir les résistances, soit pour les réprimer, même à ordonner tout ce qu'il croira nécessaire pour mettre les experts en état de faire leur rapport, comme des ouvertures de portes, des fouilles, etc.

Cette opinion nous paraît conforme à l'esprit de l'art. 295, qui, sur la réquisition d'une des parties, autorise le tribunal à ordonner une descente de juges. Or, dans l'espèce proposée, le tribunal ordonnerait moins encore qu'une descente, puisque le juge n'aurait aucuns renseignemens à donner sur les objets de l'expertise, et que sa mission serait bornée à procurer l'exécution du jugement qui l'aurait ordonnée.

ARTICLE 306.

Dans le délai ci-dessus, les parties qui se seront accordées pour la nomination des experts, en feront leur déclaration au greffe (1).

T., 91. — C. de P., art. 1035.

CCLVI. IL est entendu que le greffier qui reçoit cette déclaration doit en dresser acte.

1168. *La déclaration exigée par l'art.* 306 *doit-elle être faite par chacune des parties assistée de son avoué?*

Oui, parce que cette déclaration est un acte judiciaire, et qu'aucun acte fait dans le cours d'une instance ne peut être fait sans assistance d'avoué; c'est pourquoi l'art. 91 du tarif accorde une vacation à cet officier ministériel. — (*Voy. Pigeau, ubi suprà*).

1169 *Si, postérieurement aux trois jours que donne l'art.* 305 *pour convenir d'experts, les parties, conformément à l'art.* 306, *déclaraient au greffe les noms d'experts qu'elles auraient choisis, ces derniers feraient-ils l'opération de préférence à ceux qui auraient été commis d'office?*

M. Lepage maintient l'affirmative, dans ses Questions, pag. 207, attendu que la nomination d'office n'est faite que dans l'intérêt des parties, dont l'une ne peut être retardée dans ses poursuites par la négligence de l'autre à convenir d'experts; mais, dit cet auteur, si aucune des parties ne se met en mesure pour que l'expertise soit faite par les personnes nommées par le tribunal, si, au contraire, les deux parties nomment des experts, rien ne s'oppose à ce que ce soient les experts convenus par elles qui procèdent, et c'est même ce qui paraît être dans l'intention de la loi.

Tel est aussi le sentiment de M. Delaporte, tom. 1, pag. 294, et des auteurs du Commentaire inséré aux Annales du notariat, tom. 2, pag. 288.

Mais ces auteurs estiment que l'exercice de la faculté de convenir ainsi d'experts, même après le délai, cesse dès que l'ordonnance prescrite par l'art. 207 a été délivrée, et M. Delaporte dit même qu'il cesse au moment où cette or-

---

(1) *Au greffe.* Si cependant la nomination était faite autrement qu'au greffe, elle ne serait pas nulle. — (*Perrin, Traité des nullités, pag.* 236).

donnance a été demandée. Nous ne pensons pas que cette faculté doive être restreinte à ce point. Sans doute, il est un terme auquel les opérations ordonnées par la justice ne peuvent être interrompues, mais il faut qu'elles soient commencées. Or, le Code ne dit point, au titre de l'expertise, comme il l'a dit pour les enquêtes en l'art. 257, que cette opération sera censée commencée par l'obtention de l'ordonnance du juge-commissaire; ce n'est véritablement que par le serment prêté par les experts, en vertu de cette ordonnance, qu'ils sont censés avoir accepté la commission, et que l'opération peut être réputée commencée. Ce n'est donc qu'à cette époque que l'on doit assigner le terme de la faculté donnée aux parties de s'accorder sur le choix des experts.

1170. *Si le tribunal, en nommant des experts d'office, a refusé acte aux parties de la nomination qu'elles avaient faite elles-mêmes, ou a omis de leur ordonner de convenir d'experts dans le délai de l'art. 305, les parties doivent-elles appeler?*

Les parties peuvent faire leur déclaration au greffe et requérir l'ordonnance du juge-commissaire, afin de prestation de serment. Si le juge refuse de recevoir le serment des experts et de les laisser opérer, ou que ceux nommés d'office veuillent opérer, on revient au tribunal et on relève appel, s'il maintient les experts nommés d'office.

ARTICLE 307.

Après l'expiration du délai ci-dessus, la partie la plus diligente *prendra* l'ordonnance du juge, et fera sommation aux experts nommés par les parties ou d'office, pour faire leur serment, sans qu'il soit nécessaire que les parties y soient présentes (1).

T., 29, 76, 91. — Ordonn., tit. 21, art. 10.

CCLVII. LA partie la plus diligente obtient, sur requête du juge-commissaire (*tarif, art.* 76), une ordonnance, afin de sommer les experts choisis ou nommés d'office, pour qu'ils aient à comparaître devant le juge aux jour, heure et lieu par lui fixés, et faire leur serment de bien et fidèlement s'acquitter de la commission qui leur est confiée. Mais, comme il est libre aux parties d'assister ou non, il serait frustratoire de leur faire une sommation à cet effet (2).

1171. *Le poursuivant doit-il sommer la partie adverse d'être présente à la prestation de serment des experts?*

Cela n'est pas nécessaire, puisque l'art. 307 porte que le serment peut être

---

(1) JURISPRUDENCE.

1.° Le délai pour prendre l'ordonnance et en faire la notification aux experts n'est pas fatal. — (*Montpellier*, 15 *mai* 1810, *Journ. des avoués*, 1810, *tom.* 2, *pag.* 175).

2.° Pour mettre la partie défaillante à même de pouvoir récuser les experts nommés d'office, il faut qu'elle les connaisse, et par conséquent, il est nécessaire de lui notifier le jugement qui les nomme. — (*Rennes*, 13 *juil.* 1813).

(2) Toutefois, l'art. 91 du tarif accorde une vacation aux avoués pour y comparaître.

prêté en l'absence des parties. — (*Voy. Quest. de Lepage, tom.* 1, *pag.* 293; *Comm. inséré aux Ann. du not., tom.* 2, *pag.* 293; *Hautefeuille, pag.* 173).

Néanmoins, dit M. Pigeau, tom. 1, pag. 293, il est à propos de le faire, afin que si la partie adverse se présente, l'indication par les experts du jour où ils procéderont à l'opération lui vaille sommation de s'y trouver (1).

1172. *Quand les parties ont elles-mêmes nommé les experts et les ont expressément dispensés du serment, l'une d'elles peut-elle demander la nullité de leur opération, sur le motif qu'ils n'ont pas prêté le serment?*

On a dit, pour l'affirmative, que la formalité du serment intéresse l'ordre public, parce ce qu'elle a pour but d'imposer aux experts le devoir d'apporter la plus grande impartialité à leurs opérations; qu'on ne peut déroger aux lois de droit public, et que, conséquemment, une partie qui avait consenti à ce que des experts fussent dispensés du serment, était recevable à opposer la nullité d'une opération faite par des experts non assermentés.

Mais ces moyens ont été rejetés par un arrêt de la Cour de Florence, du 23 juin 1810 (*voy. Biblioth. du barr.*, 2e. *part., tom.* 7, *pag.* 45), attendu qu'il s'agissait d'une formalité qui tenait à l'intérêt privé des parties, et que, conséquemment, leurs conventions devaient servir de règles.

ARTICLE 308.

Les récusations ne pourront être proposées que contre les experts nommés d'office, à moins que les causes n'en soient survenues depuis la nomination et avant le serment.

C. de P., art. 197, 237, 309, 310, 430.

CCLVIII. Il résulte de la combinaison des art. 308 et 310, que les experts convenus par les parties, ne peuvent *en général* être récusés; car, en les choisissant, on a dû les connaître, et s'il y avait contre eux des causes de récusation, on est présumé les avoir considérées comme indifférentes.

Il n'en est pas de même, si la cause de récusation était postérieure au choix qu'une partie a fait d'un expert récusable. Si cet expert, par exemple, était devenu allié de l'une des parties, en ce cas il y aurait exception à la règle, et la récusation pourrait être proposée contre cet expert, mais avant toutefois qu'il eût prêté serment. — (*Voy. la quest. suiv.*)

A l'égard des experts nommés d'office, ils peuvent être récusés même pour

(1) MM. Delaporte, tom. 1, pag. 295, et Demiau Crouzilhac, regardent comme indispensable d'appeler la partie à la prestation du serment; mais si, comme nous le pensons et comme le disent M. Hautefeuille et M. Demiau (*voy. ubi suprà*), la requête présentée au juge-commissaire ainsi que son ordonnance, doit être signifiée à la partie au domicile de son avoué, parce qu'elle fait partie de la procédure, cette signification, qui donne à cette partie connaissance du jour et de l'heure fixés pour la prestation du serment, n'est-elle pas pour elle un avertissement suffisant de se présenter si bon lui semble? Exiger en outre une sommation, ne serait-ce pas multiplier les frais sans nécessité, puisque l'art. 307 n'impose pas aux parties l'obligation de comparaître?

cause existante au moment de leur nomination. La justice de cette faculté est de toute évidence.

1173. *Est-il, nonobstant la disposition de l'art. 308, des cas où l'on puisse récuser, après le serment, des experts nommés à l'amiable?*

Il résulte expressément de l'art. 308, combiné avec l'art. 309, que jamais la récusation ne peut être proposée contre un expert quand il a prêté serment. Ainsi, dans le cas même où les experts auraient bu ou mangé avec l'une des parties, ou reçu d'elles des présens pendant le cours de leurs opérations, il ne nous paraîtrait pas, comme aux auteurs du Praticien, tom. 2, pag. 234, que l'expert pût être récusé, quelque violens que fussent les soupçons de séduction; nous dirons seulement, avec ces mêmes auteurs et M. Lepage, dans ses Questions, tom. 1, pag. 204 et 208, que la partie intéressée pourrait du moins, lorsque le tribunal aurait à prononcer d'après les résultats de l'expertise, soumettre ces circonstances au tribunal, afin qu'il y eût tel égard que de raison, et qu'il n'attachât pas à ces résultats la confiance dont ils seraient dignes, si nul soupçon de partialité n'était élevé contre les experts ou l'un d'eux. C'est d'ailleurs ce qui était autorisé sous l'empire de l'ordonnance, dont l'art. 15 du tit. 21 défendait aux commissaires et aux experts de recevoir par eux ou par leurs domestiques aucun présent des parties, ni de souffrir qu'elles les défrayassent. M. Berriat Saint-Prix, pag. 304, not. 16, dit que cette règle, que la Cour de Trèves proposait de consacrer par une disposition du Code, doit être conservée, et si elle l'est, son effet sera sans doute d'atténuer, comme nous venons de le dire, la confiance du tribunal dans les apuremens donnés par les experts.

ARTICLE 309.

La partie qui aura des moyens de récusation à proposer, sera tenue de le faire dans les trois jours de la nomination, par un simple acte signé d'elle ou de son mandataire spécial, contenant les causes de récusation et les preuves, si elle en a, ou l'offre de les vérifier par témoins. Le délai ci-dessus expiré, la récusation ne pourra être proposée, et l'expert prêtera serment au jour indiqué par la sommation.

T., 71. — Ordonn., tit. 21, art. 7. — C. de P., art. 1035.

CCLIX. L'ART. 309 veut impérieusement que la partie propose, dans le délai fixé, les récusations qu'elle aurait à faire contre des experts nommés d'office. Ce délai peut sans doute être facilement observé, quand le jugement est prononcé contradictoirement ou par défaut, faute de plaider. S'il est rendu par défaut contre une partie qui n'a pas constitué d'avoué, elle ne peut être informée de ce qui se passe, et on ne peut lui imputer à faute de ne s'être pas conformée à l'art. 309. La loi ne prévoit point cette difficulté; mais il nous semble qu'elle est résolue par l'art. 383, et que, par identité de raison, on doit décider que le délai court du jour de l'expiration de la huitaine pour former opposition, et que, s'il y a eu opposition, il court du jour du débouté de l'opposition, même par défaut.

1174. *Les trois jours accordés pour la récusation sont-ils francs?*

Nous ne le pensons pas, parce qu'ils établissent un délai ordinaire de procéder. Ainsi, le jour de la nomination des experts ne compterait point, mais celui de l'échéance serait compris.

1175. *Le délai de la récusation courra-t-il du jour de la prononciation du jugement, à l'égard des experts nommés d'office?*

On a pensé que ce délai ne devait commencer à courir, dans ce cas, que trois jours après la signification du jugement. Si, dit-on, le délai devait courir du jour même du jugement, il arriverait qu'une partie, dont le domicile serait éloigné, se trouverait souvent déchue du droit de récusation, avant qu'elle eût pu être informée de la nomination des experts.

Nous pensons néanmoins que si le jugement est contradictoire, on doit, en se gouvernant par analogie, d'après ce que prescrit l'art. 383, décider que la récusation doit avoir lieu dans les trois jours, à compter du jugement ou de la nomination des experts, quel que soit d'ailleurs l'éloignement du domicile de la partie. En effet, pour qu'elle pût avoir connaissance de la nomination d'office des experts, il faudrait que le jugement lui fût notifié à domicile; or, la loi ne le dit pas, la signification à avoué suffit: le délai est donc fatal, si le jugement est contradictoire (1).

Article 310.

Les experts pourront être récusés par les motifs pour lesquels les témoins peuvent être reprochés (2).

Jousse sur l'art. 9 du tit. 21 de l'ordonn. — C. C., art. 25. — C. de P., art. 28, 42, 43, 202, 208, 283.

CCLX. On peut demander, sur cet article, quel est le motif pour lequel le législateur indique, pour cause de récusation contre les experts, plutôt les

---

(1) C'est aussi ce qui a été jugé par arrêt de la Cour royale de Rennes, du 17 juin 1816, 1.re chamb. Il faut néanmoins convenir que les argumens d'après lesquels on a soutenu que le délai ne devait courir qu'à partir de la signification du jugement qui nomme les experts, ne sont pas dénués de tout fondement. On peut dire que ce jugement ne nomme les experts d'office que par précaution et d'avance, comme nous l'avons dit comm. de l'art. 305, pag. 735, pour le cas où les parties ne conviendraient pas elles-mêmes d'experts dans les trois jours de la signification du jugement. Pendant ce premier intervalle, la nomination faite par le juge n'est que conditionnelle; elle ne devient absolue que quand il est expiré. Ainsi, dit M. Thomines, le délai pour récuser les experts ne commence point à courir du jour de la signification du jugement, mais seulement trois jours après : en sorte que les parties ont réellement six jours depuis la signification du jugement, pour s'informer de la qualité et de la moralité des experts, et les récuser, s'il y a lieu.

(2) JURISPRUDENCE.

On ne peut récuser un expert pour avoir un procès contre une partie, s'il n'a suivi ce procès qu'en qualité de consignataire d'un armateur, et non pas en nom personnel. — (*Rennes*, 4 *fév.* 1818).

moyens de reproches indiqués par l'art. 283, contre les témoins, que ceux que l'art. 287 admet pour la récusation des juges? Ce motif est que les experts ne sont point des juges, puisque leur avis ne lie en aucune manière le tribunal (*art.* 323); ce sont des témoins instruits qui viennent déposer, d'après les connaissances de leur art, des déclarations propres à éclairer les juges sur les objets à l'égard desquels ceux-ci ont cru nécessaire d'avoir ces déclarations (1).

1176. *La récusation est-elle suspensive de l'effet de la nomination de l'expert?*

Oui, sans doute, puisque la récusation suspend la prestation de serment, qui ne peut plus avoir lieu qu'après le jugement qui la rejeterait. (*Voy. arg. des art.* 309 *et* 387). C'est une différence remarquable entre l'expert et le témoin proprement dit, dont la déposition est reçue nonobstant le reproche. (*Art.* 284). Il serait superflu de détailler les raisons de cette différence.

ARTICLE 311.

La récusation *contestée* (2) sera jugée sommairement à l'audience, sur un simple acte, et sur les conclusions du ministère public; les juges pourront ordonner la preuve par témoins, laquelle sera faite dans la forme ci-après prescrite pour les enquêtes sommaires.

T., 71. — Jousse, art. 9 de l'ordonn. — C. de P., art. 83, 405 et suiv.

CCLXII. DEUX conséquences résultent de cet article :

1°. Si la récusation est rejetée, l'appel du jugement n'empêche point qu'il soit procédé à l'expertise; mais la Cour infirme-t-elle ensuite ce jugement? Le rapport dans lequel a figuré l'expert récusable est nul.

2°. Si la récusation est admise, le nouvel expert, nommé d'office en place de celui qu'on a jugé récusable, doit malgré l'appel procéder à l'opération. Mais le jugement est-il infirmé par l'appel? Son rapport ne nous en semble pas moins valable, quand cet expert n'a pas lui-même été récusé; l'avantage que recueille en ce cas l'appelant est de gagner les frais.

1177. *Le ministère public ne doit-il être entendu que lorsqu'il y a eu nomination d'office?*

On a cherché à établir l'affirmative, en disant que l'incident ne tenait à l'ordre public qu'en cette circonstance seule, en ce sens, que la récusation porte une sorte d'atteinte à la décision du juge. Mais la loi ne distingue point, et par suite nous croyons que cette distinction doit être rejetée. — (*Voy. les questions sur l'art.* 407.)

---

(1) Nous ne saurions assigner aucune raison pour faire, à l'égard des experts, une distinction d'après laquelle on n'appliquerait aux reproches formés contre eux ce que nous avons dit, au sujet des témoins, sur les quest. 1101 et 1102.

(2) *Contestée*, soit par l'expert contre lequel elle a été proposée, soit contre la partie qui l'a nommé.

ARTICLE 312.

Le jugement sur la récusation sera exécutoire, nonobstant l'appel.

Ordonn., tit. 24, art. 26. — C. de P., art. 135.

1178. *L'appel du jugement rendu sur la récusation est-il recevable, si l'expertise avait été ordonnée dans une matière susceptible d'être jugée en dernier ressort?*

Les termes généraux de l'art. 312 supposent l'affirmative de cette question, et cette solution est confirmée par une juste analogie de l'art. 391. — (*Voy. Pigeau, tom.* 1, *pag.* 295).

1179. *Les effets de l'exécution du jugement, nonobstant appel, s'étendent-ils jusqu'à donner au tribunal la faculté de statuer sur le fond, d'après les résultats d'une expertise, à laquelle aurait concouru un expert dont la récusation aurait été rejetée?*

Les auteurs du Commentaire inséré aux Annales du notariat, tom. 2, pag. 302, prononcent pour la négative, et se fondent sur ce qu'il faudrait nécessairement, si les juges d'appel réformaient le jugement de première instance, nommer un autre expert à la place de celui qu'ils déclareraient justement récusé. De là suivrait la nécessité d'une nouvelle expertise qui pourrait donner des résultats différens de la première, et conséquemment fournir au tribunal, pour la décision du fond, des motifs opposés à ceux contenus dans le premier rapport. — (*Voy. Delaporte, tom.* 2, *pag.* 297).

Nous convenons de la vérité de cette remarque; mais nous ne trouvons dans le Code aucune disposition qui autorise les juges qui ont rejeté la récusation à suspendre le jugement du fond; et puisque le jugement qui prononce ce rejet est exécutoire, nous estimons que le tribunal qui l'a prononcé doit procéder comme s'il n'en avait point été interjeté appel; qu'il peut conséquemment statuer sur le fond, sauf à faire jugement nouveau après une seconde expertise, si la Cour réformait la décision par laquelle il aurait rejeté le reproche.

ARTICLE 313.

Si la récusation est admise, il sera d'office, par le même jugement, nommé un nouvel expert, à la place de celui ou de ceux récusés.

CCLXII. DANS le cas prévu par l'art. 313, le tribunal doit *nommer d'office* un nouvel expert ou de nouveaux experts, soit que la récusation ait eu lieu contre un premier nommé d'office, soit qu'elle ait eu lieu contre un expert *convenu* et pour une cause postérieure à sa nomination. Le motif de cette disposition est que le législateur a voulu hâter, autant que possible, l'opération de l'expertise.

1180. *Lorsqu'un expert ou des experts ont été nommés d'office, conformément à l'art. 313, les parties ont-elles de nouveaux délais pour en choisir d'autres?*

Nous croyons, contre l'opinion de M. Delaporte, tom. 1, pag. 298, et de M. Demiau Crouzilhac, pag. 329, et par une conséquence de ce que nous venons d'énoncer au commentaire ci-dessus, que la nomination d'office, faite conformément à cet article, n'emporte point nécessairement l'application des art. 305 et 306; autrement, on suppléerait une disposition que la loi ne contient point (1).

1181. *Les experts nommés d'office, conformément à l'art. 313, sont-ils récusables, comme l'étaient ceux qu'ils sont appelés à remplacer?*

Oui, puisque la loi ne dit pas le contraire. La raison indique, d'ailleurs, qu'il serait injuste de laisser au tribunal la faculté de susbtituer à des experts récusés des experts que les parties seraient obligées d'admettre, nonobstant les causes de récusation qu'elles auraient à leur opposer. — (*Voy. Demiau Crouzilhac, pag.* 229).

ARTICLE 314.

Si la récusation est rejetée, la partie qui l'aura faite sera condamnée en tels dommages et intérêts qu'il appartiendra, même envers l'expert, s'il le requiert; mais, dans ce dernier cas, il ne pourra demeurer expert.

C. C., art. 1146 et suiv. — C. de P., art. 128, 390.

CCLXIII. EN cas de rejet de la récusation, le tribunal peut prononcer des dommages-intérêts envers l'expert, parce que la récusation peut être de nature à porter atteinte à son honneur; mais il faut qu'il requière cette condamnation (2), et en ce cas, la loi cesse avec raison d'avoir confiance dans son impartialité, puisqu'il s'est rendu partie contre l'auteur de la récusation.

1182. *La partie qui a fait une récusation peut-elle, en cas de rejet, être condamnée à des dommages-intérêts envers d'autres que l'expert ou les experts récusés?*

C'est ce qui résulte de ces termes de l'article, *sera condamné en tels dommages et intérêts qu'il appartiendra,* MÊME *envers l'expert.*

Ainsi, la partie adverse de celle qui a récusé l'expert peut obtenir ses dommages-intérêts à raison du préjudice qu'elle lui a fait éprouver par le retard

(1) Mais si, d'un commun accord, les parties renonçaient à se servir du jugement qui contiendrait la nomination d'office, rien ne s'opposerait, les choses étant entières, à ce que les experts qu'elles choisiraient procédassent à l'opération.

(2) Plusieurs Cours d'appel voulaient qu'on indiquât et limitât les cas dans lesquels cette condamnation pourrait avoir lieu. On voit, par l'art. 314, que la loi s'en rapporte à cet égard à la conscience du juge, qui peut néanmoins ne la prononcer qu'autant que l'expert récusé a éprouvé quelque préjudice; par exemple, dans les cas qui seront exposés sur la question suivante. — (*Voy. Locré, tom.* 1, *pag.* 527).

apporté à la confection de l'expertise, et, par suite, au jugement définitif de la contestation.

Ainsi, encore, l'expert en obtiendra lui-même, mais, bien entendu, dans les cas seulement où la récusation aurait été fondée sur des motifs qui porteraient atteinte à son honneur et à sa réputation. Si, par exemple, il n'avait été récusé que pour cause de parenté qui n'aurait pas été prouvée, nous croyons que le tribunal ne pourrait lui accorder des dommages-intérêts. — (*Voy. Observ. des Cours de Poitiers et de Metz sur le projet, et Hautefeuille, pag.* 113).

Au reste, les dommages-intérêts ne sont adjugés, soit à la partie, soit à l'expert, que sur leur demande; le tribunal ne saurait y condamner d'office. — (*Voy. Comm. inséré aux Ann. du not., tom.* 2, *pag.* 304.)

1183. *Comment est formée la demande en dommages-intérêts?*

Elle est formée par l'expert, et doit être jugée d'après les règles qui sont établies au titre des incidens.

1184. *Quand un expert a requis des dommages-intérêts, comment est-il remplacé?*

Le tribunal nomme d'office un autre expert, ainsi qu'il est dit en l'art. 313.

Article 315.

Le procès-verbal de prestation de serment contiendra indication, par les experts, du lieu et des jour et heure de leur opération.

En cas de présence des parties ou de leurs avoués, cette indication vaudra sommation.

En cas d'absence, il sera fait sommation aux parties, par acte d'avoué, de se trouver aux jour et heure que les experts auront indiqués (1).

T., 70, 91. — Ordonn. de 1667, tit. 25, art. 10. — C. de P., art. 267, 280, 1034.

1185. *Y aurait-il nullité du procès-verbal qui ne contiendrait pas indication de la prestation de serment des experts, du jour et de l'heure de l'opération?*

---

(1) JURISPRUDENCE.

1.° Les formalités prescrites par le présent titre, et notamment celles qui tendent à mettre toutes les parties à portée de connaître l'époque de l'expertise et le contenu au rapport, sont applicables en matière commerciale comme en matière civile. — (*Nîmes, 3 janv.* 1820, *Sirey, tom.* 20, *pag.* 98).

2.° Une partie n'ayant pas été présente à la prestation de serment des experts, ni assignée à se trouver sur les lieux aux jours et heures indiqués, n'est pas fondée à demander une nouvelle expertise, s'il est prouvé, par le procès-verbal des experts, qu'elle fut rencontrée par ces derniers aux dépendances des lieux, et qu'elle a fait suspendre l'opération pour aller chercher son conseil à l'effet de l'assister. — (*Rennes,* 18 *nov.* 1815).

Ce procès-verbal est un acte de procédure, et la loi n'exige point que l'indication dont il s'agit y soit contenue, à peine de nullité. (*Art.* 1030). D'un autre côté, on ne peut dire que cette indication vicie ce même acte dans sa substance. Ainsi, lorsqu'elle n'est pas faite, on peut assigner les experts devant le commissaire, à l'effet qu'ils réparent cette omission. — (*Voy. Delaporte, tom.* 1, *pag.* 299; *Comm. des Ann. du not., tom.* 2, *pag.* 307 *et* 308, *et cassat.*, 21 *nov.* 1820, *Sirey, tom.* 21, *pag.* 392).

1186. *Devrait-on prononcer la nullité d'une expertise, si la partie qui n'aurait pas été présente au procès-verbal de prestation de serment, n'avait pas été sommée de se trouver aux jour, lieu et heure fixés par ce procès-verbal?*

Il faut, de toute nécessité, que cette sommation soit signifiée, puisqu'elle a pour objet de mettre les parties à portée de faire aux experts les observations qu'elles jugeraient convenables à leurs intérêts. Ici conséquemment la nullité de l'opération résultant du défaut de sommation est évidente, puisqu'elle dérive de la nature même des choses. — (*Voy. ci-contre not.* 2°.)

1187. *Si les parties se font assister à l'opération pas leurs avoués, les vacations de ceux-ci passent-elles en taxe?*

Non; le montant de ces vacations demeure à la charge de la partie qui s'est fait assister de son avoué. — (*Voy. tarif, art.* 92).

1188. *En cas d'absence des deux parties, ou de l'une d'elles, à la prestation du serment, par qui sera faite la sommation prescrite par l'art.* 315?

Elle sera faite comme dans le cas de l'art. 307, c'est-à-dire par la partie la plus diligente. — (*Voy. Prat., tom.* 2, *pag.* 237).

ARTICLE 316.

Si quelque expert n'accepte point la nomination, ou ne se présente point, soit pour le serment, soit pour l'expertise, aux jour et heure indiqués, les parties s'accorderont sur-le-champ pour en nommer un autre à sa place; sinon la nomination pourra être faite d'office par le tribunal.

L'expert qui, après avoir prêté serment, ne remplira pas sa mission, pourra être condamné par le tribunal qui l'avait commis, à tous les frais frustratoires, et même aux dommages et intérêts, s'il y échoit.

C. C., art. 1146 et suiv. — C. de P., art. 303, 320.

1189. *Est-il des cas où l'on puisse contraindre un individu à exercer les fonctions d'expert?*

L'art. 316 apprend que le ministère des experts est libre jusqu'à la prestation du serment; en sorte que celui qui refuserait d'accepter la commission ne serait assujetti jusque-là à aucune peine; mais le serment une fois prêté, le refus de l'expert l'expose à tous les frais frustratoires, et même aux dommages-intérêts des parties. Il paraît donc que, sauf cette condamnation, l'on pourrait dire, généralement parlant, que le ministère des experts est essentiellement et indéfiniment libre.

Cependant Jousse, sur l'art. 10 du tit. 21 de l'ordonnance, dit qu'en certains cas, on peut contraindre un individu à remplir la commission d'expert qui lui est décernée. Cet auteur cite des cas provisoires et autres de nécessité.

Nous pensons, au contraire, qu'il n'y a point d'espèces d'affaires où le tribunal puisse forcer un citoyen à remplir les fonctions d'experts : *nemo cogi potest ad factum.* Et, en effet, puisque le législateur, après l'acceptation de l'expert résultant du serment, ne l'a soumis, en cas de refus de remplir sa mission, qu'au paiement des frais frustratoires et à des dommages-intérêts, il a fait lui-même l'application de l'axiôme; et puisqu'il n'a voulu punir l'expert que dans le cas de refus après le serment, il en résulte qu'il est libre, dans tous les cas, d'accepter ou de ne pas accepter.

L'opinion de Jousse n'est d'ailleurs fondée sur aucune autorité; et Duparc-Poullain, tom. 9, pag. 484, n°. 17, disait, sans distinction, que la fonction d'expert était libre, qu'elle n'était point regardée comme une charge publique, etc.

1190. *Les experts peuvent-ils refuser d'opérer, parce que les frais de leurs vacations n'auraient pas été consignés ?*

Il est certain qu'ils y sont autorisés avant leur prestation de serment; mais on a douté qu'ils le fussent après.

« Les experts, disait la Cour d'Orléans, dans ses observations sur le projet, peuvent se refuser d'opérer, si on ne leur donne l'assurance du paiement de leur salaire ; elle demandait qu'il fût ordonné que la partie qui voudrait aller en avant consignât au greffe telle somme qui serait arbitrée par le président du tribunal. »

Nonobstant cette observation, le Code garde le silence à ce sujet ; mais on remarquera que l'ordonnance de 1667 ne s'expliquait pas davantage, et cependant on tenait pour certain que les experts ne pouvaient être forcés d'opérer tant qu'on n'avait pas, *sur leur demande,* consigné leurs vacations. On appliquait à l'expertise ce que prescrivait l'art. 15 du tit. 21 de cette ordonnance, relativement aux descentes des juges. (*Voy. Rodier et Jousse sur cet article; Pothier et Duparc-Poullain, tom.* 9, *pag.* 479). Nous ne voyons aucun motif pour ne pas décider de même aujourd'hui, en appliquant l'art. 301 du Code, qui correspond à l'article précité de l'ordonnance.

Telle est aussi l'opinion de M. Berriat Saint-Prix, pag. 304, not. 16. — (*Voy. la* 1154e. *quest.*)

1191. *Si, après la prestation de serment, un expert avait une cause valable d'excuse, pourrait-il être dispensé?*

Nous estimons que cette dispense peut et doit être accordée à l'expert qui prouverait être dans l'impossibilité de concourir à l'expertise sans éprouver un préjudice notable. C'est l'opinion de M. Pigeau, tom. 1, pag. 296. Elle est fondée sur un argument que l'on peut raisonnablement tirer de l'art. 2007 du Code civil; mais nous ajoutons que l'on doit l'adopter avec d'autant plus de raison, que le § 2 de l'art. 316 n'accorde au tribunal qu'une faculté de condamner l'expert qui, après avoir prêté serment, ne remplit pas sa mission; de sorte que, s'il lui était survenu un empêchement reconnu légitime par le tribunal, il y aurait lieu à exécuter le § 1er. de cet article, et conséquemment à le dispenser.

ARTICLE 317.

Le jugement qui aura ordonné le rapport, et les pièces nécessaires, seront remis aux experts; les parties pourront faire tels dires et réquisitions qu'elles jugeront convenables : il en sera fait mention dans le rapport; il sera rédigé sur le lieu contentieux, ou dans le lieu et aux jour et heure qui seront indiqués par les experts.

La rédaction sera écrite par un des experts, et signée par tous; s'ils ne savent pas tous écrire, elle sera écrite et signée par le greffier de la justice de paix du lieu où ils auront procédé.

T., 15, 92. — Ordonn., tit. 25, art. 10. — C. de P., art. 956.

CCLXIV. D'APRÈS l'art. 317, on voit que les experts ne sont jamais entendus à l'audience et qu'ils donnent toujours leur avis par écrit. La loi de procédure du canton de Genève admet, disent les rédacteurs, comme une des plus utiles innovations à la pratique française, celle qui accorde aux juges la faculté d'entendre les experts oralement et en audience publique, comme les témoins (1), ou d'ordonner le rapport par écrit.

1192. *Les experts sont-ils tenus de déférer à toutes les réquisitions que leur feraient les parties ?*

S'ils ne jugent pas devoir déférer à une réquisition qui leur est faite, ils remplissent suffisamment le but de la loi, en faisant mention de cette réquisition sur leur procès-verbal. Au reste, lorsqu'il s'élève des difficultés d'après lesquelles ils ne se croiraient pas autorisés à passer outre, ils doivent renvoyer les parties à l'audience. — (*Voy. Pigeau, tom. 1, pag.* 296).

1193. *Les parties ou leurs avoués peuvent-ils être présens à la rédaction du rapport, lorsque les experts déclarent que cette rédaction sera faite dans un autre lieu que le lieu contentieux ?*

C'est l'opinion de M. Delaporte, tom. 1, pag. 303, des auteurs du Commentaire inséré aux Annales du notariat, tom. 2, pag. 316, et de M. Hautefeuille, pag. 175. Ils se fondent sur ce que la loi exige que les experts indiquent le lieu, le jour et l'heure auxquels ils feront cette rédaction : or, il suit de là que les parties et leurs avoués peuvent être présens; autrement, l'indication dont il s'agit serait sans objet.

Nous adoptons cette opinion, sauf la distinction qu'établit M. Pigeau, tom. 1,

---

(1) Voy. les motifs de cette innovation, dans l'excellent Exposé de M. Belot, professeur honoraire de la faculté de droit, etc., pag. 144 et 145.

pag. 297. Le procès-verbal, dit-il, contient deux parties principales; la première constate, 1.° le transport et l'arrivée des experts et des parties; 2.° la remise des pièces; 3.° les dires et réquisitions; 4.° les opérations faites par les experts pour asseoir leur avis, comme toisés, vérifications, etc. Ces opérations se font en présence des parties, parce qu'elles appartiennent à l'instruction. C'est cette seule partie du procès-verbal qui doit être rédigée en présence des parties, en quelque lieu que se fasse la rédaction du rapport.

Mais la seconde partie, qui est le résultat de la première, contient l'avis des experts. Elle doit, selon nous, être rédigée hors de la présence des parties; car les experts, comme le remarque le savant professeur que nous venons de citer, prononcent à cet égard une espèce de jugement, et il convient de leur laisser la liberté la plus entière.

1194. *Faut-il appliquer l'art. 317 dans le cas même où l'un des experts saurait écrire?*

M. Lepage, dans ses Questions, pag. 211, décide affirmativement, en disant qu'elle souffre difficulté, cette question, qui ne devait pas en faire une, suivant M. Delaporte, tom. 1, pag. 303. Et, en effet, l'art. 317 nous paraît clair: si un des experts ne sait pas écrire, c'est le greffier de la justice de paix qui doit écrire et signer le procès-verbal. — (*Voy. Prat., tom. 2, pag. 241; Demiau, pag. 231; Hautefeuille, pag. 176*).

1195. *Est-ce le greffier du lieu que les experts ont visité ou celui du lieu où ils auraient arrêté leur avis, qui doit écrire le procès-verbal, dans le cas prévu par l'art. 317?*

Il faut répondre, dit M. Delaporte, tom. 1, pag. 303, que c'est le greffier du juge de paix du lieu où les experts auront procédé à leur délibération. Les auteurs du Commentaire inséré aux Annales du notariat, tom. 1, pag. 319, disent qu'ils n'hésitent pas à adopter cette opinion. Ils en donnent pour raison, ainsi que M. Delaporte, que si l'on voulait que le procès-verbal fût écrit par le greffier du lieu contentieux, il deviendrait alors nécessaire que les experts restassent jusqu'à la rédaction de leur rapport dans le canton où ce lieu serait situé, puisque ce greffier ne peut exercer ses fonctions que dans ce canton, ou qu'ils y retournassent pour cette même rédaction, ce qui serait multiplier les frais et les lenteurs sans nécessité (1).

Quoi qu'il en soit, nous pensons que par ces mots, *le greffier du lieu où les experts auront procédé*, le législateur a évidemment entendu désigner le greffier de la justice de paix du lieu contentieux; et telle est aussi l'opinion des auteurs du Praticien, tom. 2, pag. 241, puisqu'ils indiquent le greffier du lieu où les

(1) Cette opinion pourrait être appuyée de l'usage consacré sous l'empire de l'ordonnance. « Les experts, de retour chez eux, dresseront leur rapport, dit Pothier, 1.re part., chap. 3, sur les notes qu'ils ont pu faire sur les lieux lors de leur visite. Le projet de l'ordonnance les obligeait à le dresser sur le lieu, de peur qu'à leur retour ils ne pussent être corrompus et changer d'avis; mais cet article a été retranché, et le motif qui a déterminé à le faire, est que ces rapports demandant souvent un tems considérable pour être dressés, *cela aurait arrêté trop long-tems ces experts sur le lieu, et augmenté considérablement les frais* ».

experts auront *opéré*. Telle est aussi celle de M. Hautefeuille, qui indique celui du lieu où les experts ont procédé *à la visite* (1).

1196. *Les experts pourraient-ils employer un notaire pour écrire leur procès-verbal?*

Il est certain qu'autrefois le rapport des experts pouvait être écrit par un notaire; mais en certains lieux, des officiers, appelés *greffiers de l'écritoire*, avaient le droit exclusif de rédiger ces rapports. Ces greffiers n'existent plus; mais partout se trouvent des notaires exerçant un ministère public, pour raison duquel ils sont assermentés, et dont les actes font foi en justice.

M. Delaporte, tom. 1, pag. 304, dit qu'il ne faut plus suivre l'usage de faire écrire le rapport par un notaire, puisque la loi indique le greffier de la justice de paix.

C'est notre opinion, que nous fondons sur-tout sur ce que le procès-verbal des experts n'est point un acte de la juridiction volontaire, et que c'est par cette raison sans doute que le législateur a désigné un officier de la juridiction contentieuse (2).

1197. *Le greffier du juge de paix doit-il écrire sous la dictée de l'expert?*

Le rapport doit être écrit par le greffier, dit M. Demiau Crouzilhac, pag. 231, mais *sous la dictée* de l'un des experts.

Nous pensons bien que telle est l'intention de la loi, puisqu'elle ne charge le greffier que *d'écrire*. Mais il faut convenir que, dans le cas où aucun des experts ne le saurait faire, il n'est guère vraisemblable que celui qui dicterait fît une rédaction aussi correcte et aussi claire que le greffier. Nous ne croyons donc pas que l'on puisse arguer de nullité un procès-verbal qui n'aurait pas été écrit sous la dictée. Dans la circonstance que nous venons de supposer, il faut considérer le greffier comme le notaire qui *écrit* toujours les conventions des parties, mais qui souvent les *rédige*; il suffit que la rédaction soit conforme à ce qui lui est exprimé, pour que l'on n'ait rien à reprocher à l'acte (3).

---

(1) Il y a d'ailleurs un motif fondé sur la justice et la raison, pour que le greffier de la justice de paix du lieu contentieux soit celui qui écrive le procès-verbal : c'est que des experts qui ne savent écrire ne peuvent conserver de notes suffisantes pour la rédaction du procès-verbal : il faut donc qu'il soit rédigé dans le tems le plus voisin de leur visite, et de là naîtrait la présomption, pour ne pas dire la certitude, que le législateur a entendu désigner le greffier de paix du lieu contentieux, si, d'ailleurs, les termes de l'article étaient équivoques.

(2) Mais M. Delaporte lui-même et les auteurs du Commentaire inséré aux Annales du notariat, tom. 2, pag. 318, estiment qu'il n'y aurait pas nullité du procès-verbal qui serait écrit par un notaire, dans le cas d'éloignement du domicile du greffier de la justice de paix, et d'un empêchement constaté de cet officier ministériel. Nous ne voudrions point admettre cette exception pour le cas d'un simple éloignement du domicile du greffier; mais comme la loi n'a point indiqué de moyens pour le remplacer, *s'il était légitimement empêché*, comme le recours au tribunal retarderait le complément de l'opération, comme ce retard pourrait nuire, parce que des experts qui n'ont pu prendre des notes oublieraient facilement certains apuremens, nous convenons qu'un notaire, dans ce cas d'exception, pourrait valablement écrire le rapport.

(3) Il y a plus : c'est que, dans le cas même où il y a lieu à ce qu'un des experts écrive

1198. *Le rapport peut-il être fait un jour de dimanche ou de fête légale?*

On lit au nouveau Répertoire, au mot *expert*, tom. 5, pag. 30, le passage suivant: « C'est encore parce que les experts font, à certains égards, la fonction de juges, qu'il leur est défendu de faire des rapports les jours de dimanche ou de fête. Par arrêt du Parlement de Provence, du 18 novembre 1694, *on a jugé*, dit M. le président de Bezieux, liv. 2, chap. 6, § 2, *qu'un rapport étant daté d'un jour de fête solennelle, il ne pouvait pas subsister; mais comme ce défaut venait de la propre faute des experts, la Cour ordonna qu'il serait refait à leurs dépens.* » — (*Voy. M. Delaporte, tom. 1, pag.* 304).

Les auteurs du Commentaire inséré aux Annales du notariat, tom. 2, pag. 320, ont appliqué cette décision à notre Code actuel.

Mais aujourd'hui, disent les auteurs du Praticien, tom. 2, pag. 256, qu'aucune disposition de la loi n'interdit aux experts de vaquer les jours de dimanche et de fête, il semble qu'il serait difficile d'annuler un rapport d'experts par le motif qui a déterminé l'arrêt du Parlement d'Aix. Telle est notre opinion, que nous fondons non pas sur la disposition de l'art. 1030, qui veut qu'aucun acte de procédure ne soit annulé, si la nullité n'en est pas formellement prononcée par la loi, mais sur l'art. 1037, qui n'interdit rigoureusement de faire un jour de fête légale d'autres actes que les *significations et exécutions.* Sans doute, comme les juges, les experts dont les actes sont judiciaires seront blâmables de procéder un jour de fête légale; mais nous ne voyons pas que la loi prononce formellement la nullité des actes qu'ils auraient faits dans ces jours, que la loi ne désigne d'ailleurs aux juges que comme *jours de vacance.*

Article 318.

Les experts dresseront un seul rapport; ils ne formeront qu'un seul avis à la pluralité des voix.

Ils indiqueront néanmoins, en cas d'avis différens, les motifs des divers avis, sans faire connaître quel a été l'avis personnel de chacun d'eux (1).

Ordonn. de 1667, tit. 21, art. 12 et 13. — C. C., art. 534, 1679. — C. de P., art. 210, 956.

CCLXV. La délibération des experts terminée, si les trois experts sont d'accord sur un même avis, cet avis est inséré comme unanime; s'ils sont partagés

---

le procès-verbal, rien ne s'oppose à ce que, d'un commun accord, ceux-ci chargent un tiers de la rédaction, afin d'y mettre plus de clarté et moins de tems, s'ils ne croyaient pas qu'ils eussent la capacité nécessaire (*voy. Comm. inséré aux Ann. du not., tom. 2, pag.* 320). Aussi l'art. 317 ne dit-il pas que la rédaction *sera faite*, mais qu'elle *sera écrite* par un des experts et signée par tous. Voilà, ce nous semble, tout ce que la loi exige pour la validité du rapport.

(1) JURISPRUDENCE.

Il n'est pas nécessaire, à peine de nullité, que le rapport d'experts exprime la valeur séparée de chacun des objets à l'ensemble desquels les experts ont eu égard pour fixer le prix d'une maison. — (*Nîmes, 3 pluv. an 13, Sirey, tom. 5, pag.* 496).

entre deux avis différens, l'avis adopté par la pluralité, c'est-à-dire par deux experts, est simplement admis dans le rapport; si enfin chacun des trois se trouve d'un avis différent, et qu'ils y persistent, le rapport indique chaque avis, et les motifs de son auteur, mais sans nommer celui-ci, rien ne devant faire connaître quel a été l'avis personnel de tel ou tel expert (1).

1199. *L'omission des formalités prescrites par l'art.* 317, *emporte-t-elle nullité?*

Ce procès-verbal n'est qu'un acte de procédure, comme celui qui constate la prestation de serment, etc.; et par les mêmes raisons que celles sur lesquelles nous avons résolu la 1185e. quest., on ne peut, d'après l'art. 1030, en prononcer la nullité, pour cause d'omission des formalités que prescrit l'art. 317 (2); mais il n'en est pas moins vrai que le rapport est irrégulier dans sa substance, si, par exemple, les experts ont mis les parties hors d'état de requérir les apuremens tendant à la découverte de la vérité, et, en ce cas, l'art. 323 déclarant que les juges ne sont point astreints à suivre l'avis des experts, il nous semble que le juge peut ordonner une nouvelle expertise, ce qui produit en définitive les mêmes effets que si le procès-verbal était frappé de nullité pour défaut de forme. — (*Rennes*, 16 *juillet* 1818).

1200. *Les experts, pour former la pluralité, sont-ils tenus de se réduire à deux opinions, ainsi que l'art.* 117 *le prescrit aux juges?*

Il suffit de lire en son entier l'art. 318, pour se convaincre que cette obligation ne leur est point imposée. Il résulte, en effet, de l'ensemble de cet article, que les experts ne doivent, comme les juges, qu'un seul avis, à la pluralité des voix, mais qu'ils sont tenus, à la différence de ceux-ci, auxquels on ne demande pas compte de la manière dont se forme parmi eux la pluralité des suffrages, d'indiquer les diverses opinions et les motifs particuliers de chacun. Ils ne sont donc pas tenus, comme les juges, de se réduire à deux opinions; chacun peut avoir la sienne différente de celle des deux autres, et alors il suffira que chaque avis soit motivé : le tribunal, saisi de la contestation, choisira entre les trois avis, puisque ce mode d'instruction n'est fait que pour l'éclairer, et il appliquera les dispositions de l'art. 322, si aucun des avis ne le satisfait. — (*Voy. Comm. inséré aux Ann. du not., tom.* 2, *pag.* 322).

1201. *Les experts peuvent-ils donner, soit des renseignemens, soit un avis, sur*

---

(1) Nous lisons, dans les motifs de la loi de procédure du canton de Genève, que « la » disposition opposée a paru aux rédacteurs de cette loi plus conforme au système général » de publicité qu'elle admet, et plus propre à éclairer le juge, dont la mission consiste moins » à compter les voix qu'à les peser ». On a vu, au commentaire de l'art. 317, que cette loi laisse au juge l'option d'ordonner le rapport par écrit; par exemple, dans les cas de partage de biens, de dépouillement et de vérification de comptes, ou d'entendre les experts à l'audience.

(2) C'est pourquoi la Cour de Paris a jugé, par arrêt du 21 juillet 1814 (*Sirey, tom.* 15, *pag.* 21), que l'art. 317, en ce qu'il veut que la rédaction des rapports d'experts soit écrite par l'un d'eux et signée par tous, n'emporte pas nullité, et qu'il suffit que l'un des experts ait dicté cette rédaction et que tous l'aient signée. De même, la Cour de cassation, par arrêt du 21 novembre 1820 (*Sirey, tom.* 21, *pag.* 392), a décidé que la signature de tous les experts n'est pas absolument nécessaire pour la validité du rapport, et qu'il peut suffire qu'il soit signé par la majorité.

des objets qui n'auraient pas été mentionnés dans le jugement qui ordonne l'expertise?

Sous l'empire de l'ordonnance, comme depuis la publication du Code, on a énoncé comme un principe certain que les experts doivent se renfermer dans la limite de la mission qui leur est donnée, c'est-à-dire qu'ils ne doivent, comme le dit entre autres M. Hautefeuille, pag. 176, faire ni moins ni plus, que ce qui leur est ordonné. Et, en effet, s'ils font moins, ils ne remplissent pas leur mandat; s'ils font plus, ils en excèdent les bornes.

Dans les cas même où ils ne s'occuperaient que des objets désignés dans le jugement qui ordonne l'expertise, ils doivent encore borner leur rapport à ce qui est de leur art : ce qu'ils disent sur le droit des parties est inutile et ne peut être pris en considération, à moins que les observations qu'ils feraient à cet égard ne fussent nécessairement liées aux apuremens qu'ils auraient donnés sur la qualité, l'état, la valeur, etc., des choses qui font l'objet de leur rapport. — (*Voy. Brodeau sur Paris, art.* 185, *n°.* 7; *Jousse, sur l'art.* 12 *du tit.* 21; *Duparc-Poullain, tom.* 9, *pag.* 480).

1202. *L'avis se formant à la majorité des voix, l'expert qui ne partage pas le sentiment de la majorité peut-il donner ses motifs?*

Tel est assez généralement l'usage; mais, en ce cas, l'expert ne se nomme pas. A ce moyen le tribunal, qui n'est pas assujetti à suivre l'avis des experts, peut trouver des renseignemens utiles pour adopter une opinion contraire, en même tems que l'on n'a pas à craindre qu'il soit influencé par la considération de la personne.

ARTICLE 319.

La minute du rapport sera déposée au greffe du tribunal qui aura ordonné l'expertise, sans nouveau serment de la part des experts : leurs vacations seront taxées par le président au bas de la minute; et il en sera délivré exécutoire contre la partie qui aura requis l'expertise, ou qui l'aura poursuivie, si elle a été ordonnée d'office.

Ordonn., tit. 21, art. 12 et 14. — C. de P., art. 209, 301, 957.

CCLXVI. L'EXPERTISE entièrement faite et la minute du rapport achevée, les experts ou l'un d'eux, ou même le greffier de la justice de paix, suivant les cas, dépose ou fait déposer cette minute au greffe du tribunal. Le greffier dresse acte de ce dépôt; les frais et vacations dus aux experts, ainsi que ceux de rédaction du greffier de la justice de paix, s'il a fallu recourir à cet officier, sont taxés par le président du tribunal, et le greffier en délivre exécutoire, si la partie qui doit payer les frais n'a pas acquitté d'avance le montant de cette taxe.

1203. *Le Code de procédure établit-il une exception à l'obligation de déposer la minute du rapport au greffe du tribunal?*

Oui, et cette exception se trouve dans l'art. 957, qui veut qu'en matière de vente d'immeubles par un notaire commis par un tribunal, le procès-verbal rapporté pour constater la valeur du bien soit déposé dans l'étude du notaire.

1204. *Dans quel greffe devrait être déposé le procès-verbal, si l'expertise avait été ordonnée par une Cour?*

La raison seule dirait que le procès-verbal doit être déposé au greffe de la Cour, si l'art. 470 ne le décidait pas, en disposant que les règles établies pour les tribunaux inférieurs doivent être observées dans les Cours d'appel.

Aussi la Cour de Paris a-t-elle ainsi jugé, par arrêt du 2 décembre 1809, rapporté au Commentaire inséré aux Annales du notariat, tom. 2, pag. 325.

1205. *Est-ce aux experts à faire revêtir le procès-verbal de la formalité de l'enregistrement?*

Oui, dit le Commentaire des Annales du notariat, tom. 2, pag. 326 et suiv., et c'est conséquemment au tribunal à ordonner, si les experts l'exigent, la consignation préalable du montant du droit. Par induction d'une circulaire du ministre de la justice, du 28 octobre 1808 (*voy. infrà sur l'art.* 1020), nous pensons au contraire que ce n'est point aux experts à faire revêtir le procès-verbal de la formalité de l'enregistrement; c'est au receveur à en poursuivre le recouvrement sur l'extrait du dépôt que lui fournit le greffier, et le tribunal ne peut prononcer qu'autant que le procès-verbal est revêtu de la formalité; en un mot, on doit se conformer ici à ce qui se pratique relativement aux sentences arbitrales. — (*Voy. les quest. sur l'art.* 1020) (1).

1206. *Dans quel délai les experts doivent-ils effectuer le dépôt de leur rapport?*

La Cour de Rennes faisait cette question, dans ses observations sur le projet de Code, et proposait de décider que le dépôt serait fait dans le délai de trois jours de la clôture, dans la distance de cinq myriamètres, en ajoutant un jour par trois myriamètres au-delà de cette distance. Cependant, l'art. 319 n'a point fixé de délai : il faudra donc requérir ce dépôt ainsi qu'il est dit en l'art. 320. Mais il est entendu que cette réquisition ne peut être faite qu'après un certain laps de tems, et que le juge, suivant les circonstances, aura à prononcer si elle est prématurée ou non. — (*Voy. Prat., tom.* 2, *pag.* 243).

1207. *De ce que l'art.* 319 *porte que le président délivrera exécutoire aux experts, doit-on conclure qu'ils n'ont plus, contre chacune des parties, l'action solidaire pour leurs vacations, que leur accordaient anciennement plusieurs arrêts?*

Il avait été décidé, par des arrêts des Parlemens d'Aix et de Dijon, cités au nouveau Répertoire, au mot *expert*, tom. 5, pag. 32, que les experts avaient une action solidaire contre chacune des parties pour lesquelles ils avaient opéré. Ces arrêts étaient fondés sur ce que les vacations des experts étaient comme les vacations et épices des juges, lesquelles étaient dues solidairement.

Cette jurisprudence, dit M. Merlin, paraît abrogée par l'art. 319 du Code de procédure. En effet, cet article dispose que l'exécutoire est délivré contre la partie qui aura requis l'expertise, *ou qui l'aura poursuivie, si elle a été or-*

---

(1) Remarquons, au reste, que ce droit n'est fixé qu'à 1 fr., par l'art. 68, § 1.er, n.° 35, de la loi du 22 frimaire an 7; en sorte que cette question est d'une bien faible importance.

donnée d'office; et, d'un autre côté, l'art. 1202 du Code civil porte que la solidarité ne se présume point; qu'il faut qu'elle soit stipulée par les parties, ou prononcée par la loi. Or, on ne pourrait citer aucune disposition de nos Codes qui prononçât la solidarité dans l'espèce de la question présente.

1208. *L'ordonnance du président, qui déclare exécutoire contre l'une des parties une taxe de frais d'expertise, est-elle susceptible d'opposition?*

Cette question a été jugée pour l'affirmative par arrêt de la Cour de cassation, du 2 avril 1811 (*voy. Sirey, tom.* 11, *pag.* 169), dans l'espèce même où l'ordonnance avait été rendue contradictoirement. Le même arrêt décide que l'art. 6 du décret du 16 février 1807, sur la liquidation des dépens, lequel article fixe à trois jours le délai de l'opposition contre la taxe des dépens, n'était pas applicable à l'opposition à une ordonnance de taxation des experts, qui déciderait un différent élevé sur le point de savoir contre laquelle des parties en instance doit être poursuivi l'exécutoire, au profit des experts.

Ainsi, le délai de l'opposition en ce cas est le délai ordinaire de huitaine, et elle se porte devant le tribunal.

Article 320.

En cas de retard ou de refus de la part des experts de déposer leur rapport, ils pourront être assignés à trois jours, sans préliminaire de conciliation, pardevant le tribunal qui les aura commis, pour se voir condamner, même par corps s'il y échet, à faire ledit dépôt; il y sera statué sommairement et sans instruction.

T., 159. — C. de P., art. 316.

CCLXVII. L'assignation dont il est question dans cet article est donnée par la partie qui veut poursuivre le jugement de la cause; et il est bien entendu, quoique la loi parle *des experts*, que, si le refus ou le retard ne provient que d'un seul d'entre eux, cet expert coupable ou négligent doit seul supporter la condamnation.

1209. *Quels sont les cas dans lesquels il y aurait lieu à prononcer la contrainte par corps contre les experts?*

C'est, par exemple, lorsqu'il paraît que le retard ou le refus provient de mauvaise foi, d'un accord des experts avec une des parties, d'une intention bien caractérisée de nuire ou de désobéir à justice, etc.

1210. *Les experts peuvent-ils, à raison du retard ou du refus de déposer leur rapport, être condamnés à des dommages-intérêts envers la partie qui en aurait éprouvé préjudice?*

C'est notre opinion, fondée sur une juste induction de l'art. 316, qui autorise le tribunal à condamner à des dommages-intérêts l'expert qui, après avoir prêté serment, ne remplirait pas sa mission. A plus forte raison, une semblable condamnation doit-elle être prononcée contre ceux qui, ayant fait leur rapport, négligent, dans la seule intention de nuire, l'obligation qu'ils ont contractée de le déposer. — (*Voy. Hautefeuille, pag.* 177; *Comm. inséré aux Ann. du not., tom.* 2, *pag.* 336).

ARTICLE 321.

Le rapport sera levé et signifié à avoué par la partie la plus diligente; l'audience sera poursuivie sur un simple acte.

T., 71. — Ordonn., tit. 21, art. 23. — C. de P., art. 82, 286, 299.

CCLXVIII. Au jour d'audience indiqué, après le dépôt et la signification du rapport, la discussion s'engage verbalement entre les parties, sur la question de savoir si l'avis des experts est concluant, s'il doit être admis ou rejeté.

Les juges sont-ils suffisamment éclairés sur l'objet de l'expertise? Ils prononcent leur jugement définitif.

1211. *Si la partie qui lève le rapport n'est pas celle qui a requis l'expertise, peut-elle se faire délivrer exécutoire du montant de cette expédition, et s'en faire rembourser comme de frais préjudiciaux?*

Nous le croyons avec M. Pigeau, tom. 1, pag. 300, parce qu'il nous semble de principe, en général, qu'une partie ne peut refuser de payer préalablement les frais faits par son adversaire, lorsqu'elle-même eût dû en faire les avances. On trouve un exemple de l'application de ce principe dans l'art. 220, et nous ne voyons pas de motifs pour ne pas accorder la même faculté dans l'espèce de l'art. 321.

1212. *Si l'affaire s'intruit par écrit, comment l'expédition du procès-verbal doit-elle être remise au rapporteur?*

Elle lui est remise par la voie du greffe, ainsi qu'il se pratique dans le cas prévu par l'art. 102. — (*Voy. Prat., tom.* 2, *pag.* 247).

1213. *L'acte par lequel l'audience est poursuivie peut-il contenir un exposé des inductions résultant du procès-verbal, et doit-on, par cet acte, conclure à ce que le rapport soit homologué?*

La loi exige un *simple acte;* ainsi, l'on ne passerait en taxe que les frais de cet acte.

Mais, relativement à la demande d'homologation, nous observerons que M. Hautefeuille, pag. 177, dit que l'audience est poursuivie sur un simple acte contenant les conclusions de la partie en *homologation* (ou en rejet) du rapport. Nous nous rangeons à l'avis de M. Pigeau, tom. 1, pag. 300, et de M. Demiau Crouzilhac, pag. 233, qui pensent qu'il est, en général, absolument inutile de demander une homologation, puisque les juges ont à prononcer ce qu'ils estiment convenable (*art.* 322), et à donner, dans le dispositif du jugement, leur décision sur tous les points qui ont fait l'objet de l'expertise.

On ne doit demander l'homologation que dans le cas d'un partage de succession, parce que le rapport deviendrait, à ce moyen, un titre pour chaque copartageant, le jugement qui attribue à chacun sa lotie ne pouvant contenir les détails que renferme le rapport des experts.

ARTICLE 322.

Si les juges ne trouvent point dans le rapport les éclaircissemens suffisans, ils pourront ordonner d'office une nouvelle expertise, par un ou plusieurs experts qu'ils nommeront également d'office, et qui pourront demander aux précédens experts les renseignemens (1) qu'ils trouveront convenables (2).

Art. 184 de la Cout. de Paris.

CCLXIX. Les juges trouvent-ils que le rapport ne contienne point les éclaircissemens qu'ils attendaient? La loi leur permet d'ordonner une nouvelle expertise, à laquelle on procède suivant les mêmes règles que nous avons exposées.

L'insuffisance d'un rapport vient, pour l'ordinaire, ou de ce que les faits à vérifier n'ont pas été bien précisés par le jugement qui a ordonné l'expertise, ou de ce que les parties ont choisi des experts incapables.

C'est toujours d'office qu'une seconde expertise est ordonnée. La loi, sauf ce que nous dirons sur la question suivante, ne permet même pas aux parties de la requérir; car il n'appartient qu'au tribunal d'examiner s'il est ou n'est pas assez instruit pour juger.

En cette seconde expertise, les parties n'ont plus la faculté de s'accorder, ni sur le nombre, ni sur le choix des experts; c'est au tribunal à décider suivant les circonstances et le degré de lumières qu'il se propose d'acquérir, s'il est besoin de faire opérer trois experts ou s'il suffit d'en commettre un; c'est également à lui de nommer d'office l'expert ou les experts qui méritent sa confiance (3).

---

(1) Voyez ci-après la dernière question traitée sur l'art. 323.

(2) JURISPRUDENCE.

1.° Il n'y a lieu qu'à rectifier et non à annuler un rapport d'experts, lorsqu'il ne contient qu'une simple erreur dans l'estimation. — (*Rennes*, 19 *mai* 1812).

2.° Le tribunal qui, ne se trouvant pas suffisamment éclairé par un premier rapport d'experts, ordonne une nouvelle expertise, peut, suivant les circonstances, renommer les mêmes experts, sur-tout lorsque la nouvelle expertise n'a pour but que de suppléer à des omissions et à l'insuffisance du premier rapport. — (*Cassat.*, 5 *mars* 1818, *Sirey*, 1819, *pag.* 227).

3.° Les expertises régulières, mais défectueuses et insuffisantes, peuvent, même en matière d'enregistrement, être écartées par les juges pour ordonner une nouvelle expertise. — (*Cassat.*, 24 *juil.* 1815, *Sirey*, *tom.* 15, *pag.* 402).

(3) « La pratique actuelle, disent les rédacteurs de la loi de procédure du canton de Genève, » ne laisse aux juges, contre un rapport obscur ou incomplet, que l'expédient d'en ordonner » un nouveau (1); expédient fâcheux sous deux rapports, par les frais qu'il occasionne aux » parties, et par l'obligation de nommer d'autres experts et de se priver des lumières des » premiers (2). Nous recourons à une voie plus simple : nous autorisons les juges à ordonner

(1) On sait que la pratique genevoise, antérieure à cette loi, était celle du Code français.

(2) Pas absolument, puisque l'art. 322 autorise les nouveaux experts à demander aux précédens les explications et renseignemens qu'ils désirent.

1214. *Le tribunal peut-il ordonner une seconde expertise sur la demande des parties?*

Jousse, sur l'art. 13 du tit. 21 de l'ordonnance, dit que si les experts, qui ont d'abord été nommés, font un rapport uniforme, les parties ne sont pas recevables à en demander un autre, quand même celle qui demanderait le nouveau rapport offrirait de le faire faire à ses dépens, à moins, ajoute cet auteur, que le premier rapport ne fût pas concluant, ou qu'il ne fût exprimé d'une manière ambiguë ou suspecte, ou qu'il ne renfermât quelques autres vices de cette espèce.

Plusieurs auteurs, que Duroussaud-de-Lacombe cite dans son Recueil de jurisprudence, au mot *experts*, soutenaient que les parties étaient toujours recevables à demander la contre-visite, et telle était la jurisprudence reçue en Bretagne, ainsi que l'atteste Duparc, tom. 9, pag. 486, n°. 25.

Aujourd'hui, les commentateurs du Code de procédure sont aussi divisés sur la question, et, par exemple, les auteurs du Praticien, tom. 2, pag. 247, et M. Pigeau, tom. 1, pag. 300, interprétant rigoureusement les termes de l'article 322, disent que si la loi permet d'ordonner d'office un nouveau rapport, elle ne permet pas aux parties de le requérir, parce que le tribunal verra bien par lui-même, après la plaidoirie, si les éclaircissemens sont suffisans ou non.

MM. Delaporte, tom. 1, pag. 108, Demiau Crouzilhac, pag. 234, et les auteurs du Commentaire inséré aux Annales du notariat, tom. 2, pag. 339, sont d'un sentiment opposé.

Nous croyons aussi que le législateur n'a point entendu interdire aux parties le droit de demander une nouvelle expertise, dans le cas prévu par l'art. 322, ou toutes les fois qu'elles auraient à opposer qu'il y aurait erreur ou partialité dans le rapport. Et, en effet, puisque, dans ces circonstances, le tribunal est investi du droit d'ordonner une contre-visite d'office, c'est-à-dire sans que les parties forment un réquisitoire à ce sujet, il peut, à plus forte raison, l'ordonner, lorsque la demande lui en est faite.

En effet, toutes les dispositions qui autorisent les juges à ordonner quelque chose d'office, ne sont insérées dans la loi, qu'afin de faire connaître qu'ils auront, nonobstant le silence des parties, le droit d'ordonner de leur propre mouvement ce qu'ils jugeront convenable. Mais il ne suit pas de là qu'il soit interdit aux parties de requérir du juge ce qu'il est autorisé à ordonner, sans qu'il soit besoin de cette réquisition; et voilà, selon nous, tout ce qu'exprime l'art. 322, c'est que le juge peut prescrire une seconde expertise, encore qu'elle ne soit pas demandée.

Si donc une des parties, en demandant une contre-visite, fait concevoir aux juges qu'elle est nécessaire, ou si, après cette demande ou indépendamment d'elle, ils reconnaissent cette nécessité, il nous paraît juste qu'ils ordonnent

---

» la comparution des experts à l'audience, pour obtenir de leur bouche les renseignemens, » les explications propres à éclaircir, à compléter leur rapport écrit. Nous prévenons d'oiseux » débats; les parties ne se prévaudront plus de quelque équivoque, de quelque obscurité » de rédaction, pour torturer le sens du rapport qui leur est contraire, lorsqu'il ne faudra » qu'une simple explication donnée à l'audience par l'expert, pour faire évanouir toute leur » argumentation ».

la nouvelle expertise, comme il serait juste qu'ils la refusassent s'ils ne la croyaient pas utile. — (*Voy. nouv. Répert., au mot* experts, *tom.* 5, *pag.* 30). (1)

1215. *Le tribunal doit-il mentionner, dans le jugement qui ordonne la nouvelle expertise, l'insuffisance du premier rapport?*

M. Merlin, *ubi suprà*, résout cette question en ces termes : « Sans contredit, lorsque, dans la même instance sur laquelle il a été fait une expertise, et entre les mêmes parties, les juges ne trouvent pas dans le rapport les éclaircissemens suffisans, ils ne peuvent ordonner d'office une expertise nouvelle, *qu'en déclarant l'insuffisance des éclaircissemens contenus dans le rapport de la première.* »

On ne saurait contester cette opinion, qui est fondée sur ce que tout jugement doit être motivé, et sur ce qu'un tribunal n'est autorisé à ordonner une seconde expertise qu'autant qu'il reconnaît que la première est insuffisante.

1216. *Les frais de la nouvelle expertise sont-ils à la charge des experts qui ont fait la première?*

Selon les auteurs du Commentaire inséré aux Annales du notariat, tom. 2, pag. 338, les experts ne pourraient être chargés de ces frais qu'autant qu'il serait reconnu que l'insuffisance de leur rapport eût été le résultat de la mauvaise foi. Dans le cas contraire, cette insuffisance ne devrait être attribuée qu'à une erreur involontaire, sur ce que le tribunal aurait exigé d'eux.

Duparc-Poullain, tom. 9 de ses Principes, pag. 487, ne fait point cette distinction, et pense que les experts, dont le rapport est attaqué pour nullité ou pour quelqu'autre vice, sont responsables de la faute notable qu'ils ont commise.

Il faut remarquer que cet auteur établit sa décision sur l'art. 264 de la Coutume de Bretagne, qui rendait les priseurs et arpenteurs responsables de la faute grossière commise dans leurs opérations.

Nous partageons l'opinion des auteurs du Commentaire précité, parce que nous assimilons l'insuffisance reconnue d'un rapport d'experts au *mal jugé* dont les juges ne sont pas responsables, lorsqu'il provient d'une erreur de fait ou de droit, dégagée de dol ou de fraude, tandis que, dans le cas de dol ou de fraude, l'action en dommages-intérêts est ouverte contre les juges par voie de prise à partie. — (*Art.* 505).

1217. *Peut-on ordonner une nouvelle expertise en matière de vérification d'écritures? Autrement, l'art.* 322 *est-il applicable en cette matière?*

On a dit pour la négative, et en se fondant sur le principe énoncé dans la 806e. quest., que la disposition du titre de la vérification d'écritures, éta-

---

(1) La Cour de Rennes, par arrêt du 26 mars 1813, 2.e chamb., a décidé que les parties plaidantes ne peuvent juger le mérite d'un rapport d'experts et obtenir *nécessairement* une nouvelle expertise, si la première ne fournit pas de renseignemens suffisans. Ce mot *nécessairement* prouve que cet arrêt ne juge pas que l'on ne puisse ordonner une nouvelle expertise, par cela seul que les parties l'auraient provoquée; mais seulement, comme nous venons de le dire, qu'il a la faculté de l'ordonner ou de la refuser. L'essentiel est, quand il l'ordonne, qu'il déclare dans le jugement que c'est pour sa propre instruction, et indépendamment de la demande qui lui en a été faite.

blissent une procédure spéciale; que cette spécialité résulte des art. 197 et 212 de ce titre; que si l'intention du législateur avait été de rendre communes aux vérifications d'écritures privées toutes les dispositions du tit. 14, il s'en fût expliqué, comme il l'a fait dans l'art. 197, pour la récusation du juge-commissaire et des experts, et dans l'art. 212, pour les règles à observer lors de l'audition des témoins; qu'ayant gardé le silence à ce sujet, il s'ensuit qu'il n'a voulu appliquer aux vérifications d'écritures que les dispositions des tit. 14 et 21, relativement à la récusation des experts et du juge-commissaire, et celle du tit. 12, relative à l'audition des témoins; que de là résultait que l'art. 322 du tit. 14, était sans application en matière de vérification d'écritures.

On répondait pour l'affirmative que, dans les cas où la loi a spécifiquement statué sur une formalité, il est vrai qu'on ne peut ajouter à cette formalité celles que la loi générale aurait établies pour d'autres cas; qu'il en était de même lorsque la loi spéciale, comme dans notre quest. 806, avait statué sur un mode de nomination d'experts; mais qu'il en était tout autrement, lorsque cette loi ne s'expliquait en aucune manière sur un cas prévu dans la loi générale, et qui peut se représenter dans le cours de la procédure réglée par la loi spéciale; qu'il fallait alors, lorsqu'il y a même motif de décider, suivre la loi générale, et que, par ces raisons, l'art. 322 était applicable en matière de vérification.

On se fondait sur ce que dit M. Merlin : *Si la loi spéciale abroge la loi générale dans les points où la première statue*, elle ne l'abroge pas dans ceux sur lesquels elle *garde silence*. Loin de là, dit le même auteur (*nouv. Répert.*, *v°.* douane, § 7), *la loi spéciale, à l'égard des mêmes points, est censée se référer à la loi générale.*

Sur cette difficulté, la Cour de Rennes, 3°. chambre, a considéré, par arrêt du 16 juillet 1817, qu'encore bien que l'art. 322 se trouve sous le titre des rapports d'experts, il devait recevoir son application dans le cas de la procédure en vérification d'écritures, puisque les écrivains ou autres individus chargés de donner leur avis sur l'écriture contestée, exercent véritablement les fonctions d'experts, et sont qualifiés tels par la loi; que si le législateur a établi sous deux rubriques différentes les règles relatives aux rapports d'experts, et celles concernant les vérifications d'écritures, c'est parce que cette dernière procédure exigeait des formalités qui lui étaient particulières; mais que les règles qui, comme celle contenue dans l'art. 322, conviennent aux rapports d'experts, en général, n'en sont pas moins applicables aux experts en écriture, comme à tous autres (1).

1218. *Peut-on prétendre devant la Cour que les premiers juges ont eu tort de déclarer n'avoir pas trouvé des renseignemens suffisans dans un premier procès-*

(1) La Cour de cassation, par arrêt du 7 août 1815 (*Sirey, tom. 15, pag. 345*), a jugé qu'en matière d'expertise, et pour vérification d'écritures, l'opinion de la majorité des experts est la règle naturelle des tribunaux; mais cette décision ne contrarie point la solution de la question ci-dessus; car le même arrêt ajoute qu'il n'est permis aux juges de s'en écarter, qu'*autant qu'ils déclarent formellement avoir une conviction contraire :* d'où suit que toutes les fois qu'ils décident contre l'avis des experts, ils doivent insérer dans le jugement et cette déclaration, et les motifs qui lui servent de base.

verbal, et conclure, par cette raison, à la réformation de leur jugement, en ce qu'il aurait ordonné une nouvelle expertise?

Par l'arrêt précité, la Cour de Rennes a considéré que l'usage de la faculté établie par l'art. 322 a dû être abandonné à la prudence des magistrats, puisqu'il était impossible de déterminer le degré d'impression que pouvaient produire sur son esprit les apuremens donnés par les premiers experts; qu'on doit respecter l'opinion du juge, lorsqu'il déclare n'avoir pas encore acquis une conviction suffisante, et laisser à sa disposition tous les moyens légaux pour la compléter; que ce serait en quelque sorte prétendre régler sa conscience, que de décider qu'il a eu tort de ne pas se trouver suffisamment convaincu.

1219. *Y a-t-il lieu à ordonner une nouvelle expertise, dans un cas qui ne serait pas celui prévu par l'art.* 322?

Un arrêt de la Cour de cassation, du 5 avril 1810, rapporté par Sirey, tom. 11, pag. 1, et M. Merlin, dans ses Questions de droit (*au mot* union, *tom.* 5, *pag.* 459), nous en fournit un exemple dans l'espèce d'une tierce opposition formée contre un jugement rendu dans une cause où il y avait déjà eu une expertise. Il a été décidé par cet arrêt que les tiers opposans étaient fondés à demander que l'objet litigieux fût vu et visité par de nouveaux experts. En effet, ils sont étrangers aux actes d'instruction faits dans le cours de la première instance.

ARTICLE 323.

Les juges ne sont point astreints à suivre l'avis des experts, si leur conviction s'y oppose (1).

CCLXX. Nous avons déjà (*voy. quest.* 177 *et* 853) eu l'occasion de faire remarquer que l'avis des experts n'entraîne point la décision du juge. En effet, la fonction de juge est d'apprécier la justesse de cet avis, et non de s'y conformer sans examen. Il n'est donc aucunement tenu de le suivre quand sa conviction s'y oppose.

1220. *Est-il des cas dans lesquels les juges soient obligés de suivre l'avis des experts?*

La disposition de l'art. 323, qui consacre l'axiôme de droit, *dictum expertorum nunquàm transit in rem judicatam,* reçoit exception toutes les fois que la loi a indiqué l'expertise comme moyen spécial de vérifier un fait. Ainsi, par exemple, les lois des 22 frimaire au 7 et 27 ventôse an 9, autorisent la régie de l'enregistrement à faire estimer un bien, afin de percevoir un supplément de droit sur une vente qu'elle croit avoir été faite pour un prix supérieur à celui porté

(1) JURISPRUDENCE.

1.° Les juges saisis d'une demande en dommages-intérêts peuvent en fixer eux-mêmes la quotité, s'ils se croient suffisamment éclairés; il n'y a point d'obligation d'ordonner dans tous les cas un rapports d'expert. — (*Cassat.*, 17 *mars* 1819, *Sirey*, 1820, *pag.* 2).

2.° Les juges peuvent juger autrement que selon l'avis des experts, sans être tenus pour

dans le contrat; en cette circonstance, le tribunal sera lié par l'avis des experts, ainsi qu'il a été décidé par arrêts de la Cour de cassation, des 7 mars 1808 et 17 avril 1816. — (*Voy. Sirey, tom. 8, supp., pag. 213, et tom. 20, pag. 491; voy. aussi un arrêt du 9 brumaire an 14, rapporté au Diction. de Montainville, tom. 4, pag. 142 et 143*). (1)

1221. *Quand une condamnation à une somme déterminée a été prononcée sous cette alternative,* SI MIEUX N'AIMENT LES PARTIES A DIRE D'EXPERTS, *l'avis des experts doit-il être la règle de la décision définitive?*

La Cour de Rennes a résolu cette question pour l'affirmative, par arrêt du 7 août 1813; attendu que l'option étant consommée en faveur de l'expertise, la condamnation à une somme fixe devient caduque, puisque les deux dispositions étant alternatives et au choix des parties, celle qu'elles ont admise doit nécessairement subsister avec tous ses effets, comme si l'autre n'avait pas été portée.

1222. *Si les parties avaient, dans l'espèce de l'alternative ci-dessus, consommé leur option pour l'expertise, le tribunal pourrait-il ordonner d'office une seconde expertise, dans le cas où la première serait irrégulière ou n'offrirait pas de renseignemens suffisans?*

Nous pensons que cette question devrait être décidée pour l'affirmative, par suite de la solution ci-dessus donnée. En effet, si, dans le cas d'option entre une somme fixe et celle à fixer par experts, c'est la dernière seule qui doit être la règle de la décision définitive, il s'ensuit que le jugement qui donnait cette option n'est considéré que comme un *interlocutoire,* pour le cas où les parties n'eussent pas acquiescé à la fixation faite par ce jugement. Or, par une conséquence nécessaire de ce caractère, attribué au jugement qui accorde l'option, le tribunal ne se trouve pas dessaisi de l'affaire, et s'il s'élève des contestations sur l'expertise, rien ne s'oppose à ce qu'il en ordonne une nouvelle, dans le cas prévu par l'art. 322 (2).

---

cela de faire faire une nouvelle expertise. — (*Cassat., 22 mars 1813, Sirey, tom. 13, pag. 386*).

3.° Lorsqu'il a été nommé deux experts, et qu'ils sont d'avis différens, il n'est pas absolument nécessaire que les juges désignent un tiers expert pour vider le partage. Ils peuvent statuer, nonobstant cette opposition d'avis, si d'ailleurs leur religion se trouve suffisamment éclairée. — (*Cassat., 20 frim. an 14, Sirey, tom. 7, pag. 977*).

4.° L'art. 323 permettant aux juges de ne pas suivre l'avis des experts, quand leur conviction s'y oppose, les juges d'appel peuvent adopter la seconde expertise, qui aurait eu lieu en première instance, quoique les premiers juges eussent donné la préférence à la première. — (*Rennes, 5 juil. 1816*).

5.° L'art. 323 du Code de procédure portant que les juges ne sont point astreints à suivre l'avis des experts, *si leur conviction s'y oppose*, n'est point introductif d'un droit nouveau; en conséquence, il peut être appliqué sans effet rétroactif, bien qu'il s'agisse d'un rapport d'experts antérieur au Code de procédure. — (*Cassat., 10 juin 1818, Sirey, 1819, pag. 235*).

(1) Il en serait de même dans notre opinion, et par induction de l'arrêt précité, relativement à une expertise ordonnée, dans l'espèce de l'art. 1678 du Code civil, puisque cette expertise est la seule voie que le juge puisse employer, afin d'obtenir la preuve de la lésion résultant d'un acte de vente.

(2) Nous ajouterons, sur cette question, que nous eussions placée sous l'article précédent,

1223. *Un procès-verbal d'experts fait-il foi de son contenu?*

Les experts ne sont pas des juges, comme on vient de le voir par les précédentes questions ; mais ce sont des commissairess avoués par les parties ou par la justice : de là suit qu'on doit tenir pour vrais, jusqu'à inscription de faux, les faits qu'ils énoncent dans leur rapport, lorsque les énonciations sont relatives à leur ministère; telles seraient, par exemple, les énonciations d'avoir procédé en présence des parties, d'avoir reçu d'elles quelque pouvoir, d'avoir fait leur opération tel jour, ordonné telle remise, etc.; en un mot, un rapport d'experts est regardé comme un acte authentique. — (*Voy. arrêt du* 6 *frim. an* 14, *cité au nouv. Répert., au mot* experts, *tom.* 5, *pag.* 29, *et par Denevers,* 1806, *suppl., pag.* 30).

TITRE XV.

De l'Interrogatoire sur faits et articles. (1)

Parmi les moyens de prouver des faits qui peuvent influer sur la décision d'un procès, nous avons placé l'aveu des parties. (*Voy. pag.* 501). L'aveu est extrajudiciaire ou judiciaire, et ce dernier est *spontané* ou *forcé.*

Il est *spontané* quand il se trouve consigné dans un acte de procédure, tel qu'un exploit d'ajournement, une défense, des conclusions, dans une plaidoirie même. Mais, en ce dernier cas, celui qui veut tirer avantage de l'aveu doit préalablement s'en faire décerner acte par le juge, s'il craint que dans la suite il ne soit dénaturé ou méconnu.

L'aveu est *forcé,* 1°. quand la comparution personnelle est ordonnée (*voy. suprà sur l'art.* 119); 2°. quand le serment est déféré ou référé (*suprà sur les art.* 120 *et suiv.*); 3°. quand on procède *à l'interrogatoire sur faits et articles.*

L'interrogatoire sur faits et articles (2) est un acte judiciaire fait à requête de l'une des parties, à l'effet d'établir, au moyen des réponses de l'autre à des questions qui lui sont adressées, la vérité de faits articulés par la première, et dont elle ne peut autrement administrer la preuve.

Au moyen de ses questions, la partie qui a requis l'interrogatoire essaie, pour ainsi dire, de pénétrer dans la conscience de son adversaire, en le for-

---

si sa solution ne se rattachait pas à celle de la 1221.e quest. qui la précède, que le jugement qui accorde l'option ne devient définitif qu'autant que les parties n'auraient pas voté pour l'expertise. Dans le cas contraire, la disposition portant condamnation à une somme fixe est considérée comme non avenue. Il ne subsiste plus que la seconde disposition, qui est *interlocutoire;* et par suite, on se retrouve dans le même état de choses que si le tribunal avait seulement ordonné l'expertise. Or, dans ce cas, il reprend le droit d'user de la faculté que lui donne l'art. 322, et peut évidemment ordonner d'office un nouveau rapport d'experts.

(1) Voy. ordonn. de Villers-Cotterets, de 1539; de Roussillon, art. 6; de Blois, art. 168; de 1667, tit. 10, art. 1.er

(2) On appèle aussi cet interrogatoire *audition catégorique,* parce que les faits sont du même genre, et disposés avec ordre. — (*Rodier, tit.* 10, *art.* 1.er).

çant de s'expliquer positivement sur des points ou des circonstances de fait qu'il ne peut avouer sans compromettre sa propre défense, ou dénier sans être convaincu de mensonge.

En cas d'aveu, l'effet de ce mode d'instruction est *en général* de donner lieu à l'application de l'art. 1356 du Code civil, suivant lequel les déclarations judiciaires des parties font pleine foi contre celui qui les a faits, sans pouvoir être rétractées ni divisées. Dans le cas contraire, l'interrogatoire n'offre que des inductions à tirer des dénégations et des contradictions de la partie qui l'a subi; mais ces inductions ne peuvent tout au plus donner lieu qu'à l'application de l'art. 1353 du Code civil, et n'ont par conséquent d'effet utile qu'autant que la preuve testimoniale étant admissible, les réponses de l'interrogé produisent contre lui des présomptions graves, précises et concordantes. (*Voy. infrà sur l'art.* 335). Il résulte de ces observations que l'interrogatoire, dans la plupart des circonstances, n'offre qu'une faible ressource contre la mauvaise foi. On a dit avec raison, comme le remarque M. Thomines, pag. 153, qu'il nuit plus souvent à la conscience de l'interrogé, qu'il n'est utile pour la justice.

Cependant le législateur ne devait pas négliger ce dernier moyen de découvrir la vérité et de déjouer la fraude; aussi son origine remonte-t-elle jusqu'au droit écrit (1), et a été constamment adoptée dans l'ancienne législation française, dont le Code de procédure n'a fait que répéter ou modifier les dispositions (2).

ARTICLE 324.

Les parties peuvent, en toutes matières et en tout état de cause, demander de se faire interroger respectivement sur faits et articles pertinens, concernant seulement la matière dont est question, sans retard de l'instruction ni du jugement (3).

Ordonn. de 1667, tit. 10, art. 1.er, conforme à l'art. 37 de l'ordonn. de François 1.er, de 1539. — C. de P., art. 119, 428.

1224. *Quelles sont les personnes qui peuvent ou contre lesquelles on peut demander l'interrogatoire sur faits et articles?*

On répond, d'après ces termes de l'art. 324, *les parties peuvent, etc.*, que

---

(1) *ff de interrogationibus in jure faciendis.*

(2) Ce mode d'instruction a été rejeté dans la procédure genevoise, comme étant absolument opposé au but que le législateur en attend, et qui est d'atteindre la vérité. On y a substitué, et avec raison, suivant nous, la comparution personnelle telle qu'elle est autorisée par l'art. 119 de notre Code, mais avec faculté à la partie d'adresser des questions à son adversaire. — (*Voy. les motifs de la loi de Genève, pag.* 109 *et suiv., et le Traité de M. Toullier, tom.* 10, *pag.* 412, *n.os* 276—285).

(3) JURISPRUDENCE.

1.° Celui qui, en vertu d'un testament olographe, a pris qualité de légataire pour former une demande, ne peut exciper de la non vérification de la signature de ce même testament, pour refuser de subir un interrogatoire sur faits et articles en la même qualité de légataire. — (*Cassat.*, 18 *mars* 1818, *Sirey, tom.* 18, *pag.* 275).

2.° On doit regarder comme *pertinens* tous les faits sur lesquels une partie demande l'in-

tout individu qui est partie au procès, soit comme demandeur principal ou intervenant, soit comme défendeur principal ou en garantie, a droit de demander l'interrogatoire de sa partie adverse, de même qu'il ne peut s'opposer à le subir lui-même, à moins, toutefois, qu'il ne fût prouvé au tribunal que cet individu ne fût absolument désintéressé dans la cause, et qu'il ne fût évident qu'on ne l'y eût appelé qu'afin d'obtenir de lui, à l'aide de l'interrogatoire, une sorte de déposition dans une affaire où la preuve par témoins ne serait pas admissible. — (*Voy. Rodier, sur l'art.* 1er. *du tit.* 10 *de l'ordonn.*)

Une tierce personne ne peut donc subir l'interrogatoire : c'est un principe de jurisprudence attesté par tous les auteurs, et qui dérive du texte même de l'art. 324.

Mais Lange, Rodier, Jousse, Serpillon et plusieurs auteurs qu'ils citent après eux, M. Delaporte, tom. 1, pag. 309. les auteurs du Praticien, tom. 2, pag. 277, ceux du Commentaire inséré aux Annales du notariat, tom. 2, pag. 349, font à ce principe deux exceptions :

Premièrement, à l'égard du tuteur, qui peut être interrogé sur des faits concernant son pupille;

Secondement, à l'égard de la femme, lorsque le mari est poursuivi seul pour cause mobiliaire ou immobiliaire concernant celle-ci ou les biens communs des deux époux.

Nous admettons la première de ces propositions, mais dans un cas seulement où il nous semble qu'elle cesse d'être une exception au principe que les tierces personnes ne peuvent être interrogées sur faits et articles. Ce cas est celui où il s'agit des intérêts d'un mineur non émancipé. Alors, en effet, le tuteur, qui représente le mineur au procès, s'y trouve partie, et, comme tel, il doit subir l'interrogatoire ordonné dans la cause de son pupille. C'est pourquoi nous lisons ce qui suit au nouveau Répertoire (*voy. interrogatoire sur faits et articles, tom.* 5, *pag.* 436) : « Quant aux personnes, toutes les parties indistinctement peuvent se faire réciproquement interroger............ *Il suit de cette règle que les tuteurs peuvent être interrogés pour le fait de leurs mineurs.* »

Cependant, M. Pigeau, tom. 1, pag. 229, dit qu'un mineur en tutelle, n'ayant la libre disposition d'aucunes choses, ne peut pas être interrogé. S'il ne peut l'être, pourquoi son tuteur le serait-il à sa place?

Nous répondons que le tuteur sera interrogé, mais sauf au tribunal à avoir

---

terrogatoire de son adversaire, s'ils sont tous également relatifs à la contestation. — (*Rennes,* 25 *juin* 1813).

3.° Dans une instance en recherche de la maternité, les questions sur lesquelles on demande que la mère présumée soit interrogée sur faits et articles, peuvent contenir la désignation de celui auquel on attribue la paternité. — (*Rennes,* 25 *janv.* 1810, *Journ. de cette Cour,* 1810, *pag.* 22).

4.° Celui qui invoque la prescription de trente ans ne peut se dispenser de subir interrogatoire sur des faits qui emportent renonciation à la prescription. — (*Paris,* 18 *mars* 1812, *Sirey, tom.* 14, *pag.* 33).

5.° Les juges peuvent, d'après leur conscience, se refuser d'ordonner un interrogatoire sur faits et articles, sur-tout s'ils se réservent d'ordonner, s'il y a lieu, une comparution personnelle. — (*Cassat.,* 11 *janv.* 1815, *Sirey, tom.* 15, *pag.* 243).

6.° L'interrogatoire peut être ordonné même après un serment *non décisoire* ordonné par le premier juge. — (*Montpellier,* 6 *fév.* 1810, *Sirey, tom.* 14, *pag.* 351, *et infrà sur l'art.* 335).

tel égard que de raison à ses réponses; par exemple, s'il est question de faits personnels au mineur, on ne pourra tirer contre celui-ci aucun avantage des aveux du tuteur; si, au contraire, il s'agit de faits relatifs à l'administration du tuteur, ses réponses pourront lui être opposées. — (*Voy. Rodier, sur l'art.* 4 *du tit.* 10 *de l'ordonn.*)

Quant au mineur émancipé, on pourra l'interroger personnellement sur tout ce qui concerne l'administration de ses biens et son commerce, parce qu'il a la disposition de tout ce qui tient à ces objets; mais, relativement à ses capitaux mobiliers et à ses immeubles, nous croyons devoir l'assimiler au mineur en état de pleine minorité. — (*Voy. Pigeau, ubi suprà, et les art.* 481 *et suiv. du Code civil*).

Ainsi, le tuteur ne pourrait être interrogé qu'autant qu'il assisterait dans une cause qui concernerait les objets dont le mineur n'a pas la libre disposition.

Venons à l'exception faite par les auteurs, relativement à la femme mariée.

Lorsqu'elle est en cause, nul doute qu'elle peut être interrogée sur faits et articles relativement aux objets dont elle a la libre disposition; par exemple, si elle est séparée de biens, si, lorsqu'elle est mariée sous le régime dotal, elle s'est réservé de toucher annuellement, sur ses seules quittances, une partie de ses revenus (*voy. Code civil, art.* 1549), ou que ses biens ou partie de ses biens sont paraphernaux (*voy. art.* 1576) : c'est alors elle qui devra subir interrogatoire sur ce qui concerne son administration et son mobilier, et son mari ne pourrait même l'en empêcher, sous prétexte du défaut d'autorisation (*voy. nouv. Répert., ubi suprà*), parce que le jugement qui aurait ordonné l'interrogatoire contient implicitement l'autorisation de justice, qui, aux termes de l'art. 218 du Code civil, supplée l'autorisation maritale. — (*Voy. Comm. inséré aux Ann. du not., tom.* 2, *pag.* 350).

Mais lorsque le mari est seul en cause pour actions qui concernent sa femme, la question de savoir si elle peut être interrogée sur faits et articles présente quelque difficulté. Nous voyons tous les auteurs maintenir l'affirmative, et ils vont plus loin encore, en disant que la femme peut être interrogée dans les affaires qui auraient pour objet des biens qui lui seraient communs (1).

Pour rejeter une opinion appuyée d'autorités si respectables, il faudrait sans doute apporter des raisons qui fussent de nature à ne laisser aucune incertitude sur le défaut de fondement de celles que l'on opposerait. On pourrait dire que, dans tous les cas que nous venons d'énumérer, la femme n'est point partie au procès; que l'art. 324 ne permet qu'aux parties de se faire interroger respectivement sur faits et articles; que les décisions ci-dessus rapportées n'éta-

---

(1) Un arrêt de la Cour de Bruxelles, du 11 octobre 1808, rapporté en entier dans la Bibliothèque du Barreau, 1809, 2.e part., 2.e année, pag. 254, et cité par les auteurs du Commentaire inséré aux Annales du notariat, tom. 2, pag. 350, a consacré cette opinion, en décidant qu'on peut faire entendre sur faits et articles la femme commune en biens d'un négociant, à raison d'une opération commerciale faite par son mari. Les motifs de cet arrêt ont été que la cause avait pour objet une action mobiliaire faisant partie de l'association conjugale existant entre le défendeur et son épouse; que, par conséquent, celle-ci, étant intéressée dans la contestation, ne pouvait se soustraire à répondre sur les faits qui pouvaient contribuer à faire connaître la vérité.

Nous observons que cette femme n'était point personnellement en cause dans l'instance.

blissent que des règles d'une jurisprudence qui a cessé de produire ses effets depuis la publication du Code de procédure, l'art. 1041 ayant abrogé toutes les dispositions, coutumes, etc., en matière de procédure.

On ajouterait, relativement à l'espèce de la décision de la Cour de Bruxelles, qu'en permettant de faire interroger la femme sur faits et articles, c'est admettre contre le mari une sorte de déposition qu'elle n'eût pu donner, d'après l'art. 268 du Code.

Mais on répond à ces objections, en disant qu'appeler la femme à l'effet de subir interrogatoire, c'est la rendre partie au procès, et qu'elle peut être mise en cause dans une affaire où elle a évidemment un intérêt même actuel.

Au surplus, M. Merlin a conservé en son nouveau Répertoire les principes dont il s'agit, sans faire aucune observation qui tendît à en écarter l'application sous l'empire du Code de procédure ; et le silence de ce savant magistrat, qui n'a pas manqué de noter les modifications que nos nouveaux Codes ont apportées aux anciens usages, est pour nous un forte raison de croire que la femme peut être entendue dans les cas que nous avons rappelés.

Ici nous ajouterons aux raisons que nous avons exposées pour prouver que la femme peut, en certains cas, et ne peut pas dans d'autres être interrogée, lorsqu'elle n'est pas aux qualités du procès, que, par arrêt du 10 juillet 1812 (*voy. Sirey, tom.* 14, *pag.* 101), la Cour de Caen a décidé qu'une femme ne peut être soumise à l'interrogatoire sur des faits de faute ou négligence reprochés au mari, mais étrangers, soit au commerce dont les époux se mêlent en commun, soit à l'administration intérieure du ménage, encore bien que l'action en dommages-intérêts, résultant de ces faits, retombe sur la communauté.

1225. *Qu'entend-on par* FAITS ET ARTICLES PERTINENS ?

Puisque l'interrogatoire sur faits et articles ne peut avoir d'autre objet que de faire connaître les faits de la cause, c'est-à-dire ceux qui concernent la matière dont il est question, ce sont ces faits, comme le dit l'art. 324, que l'on peut regarder comme pertinens. — (*Voy. arrêt de la Cour de Rennes, du* 27 *juin* 1809).

Ainsi, tous les faits étrangers, tous ceux qui ne tendent qu'à satisfaire la partie, en un mot tous les faits qui n'ont pas un rapport direct à la contestation, doivent être rejetés, parce qu'ils sont contraires à l'objet pour lequel l'interrogatoire sur faits et articles est autorisé ; en sorte qu'une partie serait fondée à refuser de répondre sur de tels faits, si le juge les avait admis.

Mais on tenait pour certain, sous l'empire de l'ordonnance (*voy. Bornier, Rodier et Serpillon, sur l'art* 1er. *du tit.* 10), que les juges ne pouvaient ordonner l'interrogatoire sur faits et articles, lorsqu'il s'agissait de faits dont l'aveu pouvait exposer les parties à une action criminelle, ou dévoiler leur propre turpitude. Plusieurs des commentateurs du Code ont répété cette décision.

Nous remarquerons que M. Merlin la combat comme n'étant fondée ni sur la raison, puisqu'elle s'oppose à ce qu'une partie soit privée, par le fait de la partie adverse, des avantages des voies d'instruction indiquées par la loi, ni sur la loi, puisqu'elle ne contient pas un seul mot d'où l'on puisse inférer qu'entre des *faits pertinens*, sur lesquels il est permis à toute partie de faire interroger son adversaire, on doive excepter les faits qui tendent à inculper ou à deshonorer celui-ci. — (*Voy. les autres raisons données au nouveau Répert., ubi suprà, pag.* 437, *et répétées au Comm. inséré aux Ann. du not., tom.* 2, *pag.* 352). (1)

1226. *La disposition de l'art.* 324, *qui veut que l'interrogatoire puisse être ordonné* EN TOUTE MATIÈRE, *n'admet-elle aucune exception?*

Puisque la loi permet de faire interroger sur tout ce qui peut faire la matière d'un procès, cette faculté a lieu dans les affaires sommaires comme dans les affaires ordinaires, dans les affaires *qui s'instruisent par écrit* comme dans les affaires d'audience. — (*Voy. Comm. des Ann. du not., tom.* 2, *pag.* 355, *et les Quest. de Lepage, pag.* 213 *et* 214).

Ainsi, dit M. Berriat Saint-Prix, pag. 312, on n'admet aucune exception, pas même en faveur de la partie qui produit un acte public : telle est la doctrine des auteurs (2).

1227. *Peut-on ordonner l'interrogatoire dans un tribunal de commerce?*

Les formalités prescrites par le présent titre pour l'interrogatoire ont fait croire qu'il ne pouvait avoir lieu dans les tribunaux de commerce; qu'il suffisait d'ailleurs, pour atteindre le même but, de recourir à la comparution personnelle autorisée par l'art. 428. Nous répondons que l'art. 119 autorise aussi la comparution dans les tribunaux civils d'arrondissement, et cependant la loi y admet en outre l'interrogatoire : il n'y a aucune raison à alléguer pour qu'il en soit autrement dans les tribunaux de commerce. Quant aux formalités, il résulte seulement de ce que le ministère d'avoué n'est pas admis dans ces tribunaux, et de ce que la procédure y est essentiellement sommaire, qu'elles doivent recevoir, dans leur application, les modifications qu'indiquent ces différences dans la forme de procéder. Aussi, M. Pardessus n'a-t-il pas balancé

---

(1) Nous ajouterons qu'il ne suffirait pas, pour qu'un interrogatoire sur faits et articles fût ordonné, que les faits fussent *pertinens*, dans le sens que nous venons de donner à ce mot. L'art. 324 l'emploie dans un sens plus étendu, et veut tout à la fois, pour que les faits soient réputés *pertinens*, qu'ils concernent la matière dont il est question, et qu'ils soient *concluans*, c'est-à-dire qu'ils soient tels que, si la partie les avoue ou refuse de répondre après avoir comparu, son aveu ou son silence fasse preuve contre elle. — (*Voy. Pigeau, tom.* 1, *pag.* 230).

(2) Ainsi la Cour de Turin, par arrêt du 4 août 1806 (*voy. Jurisp. du Code civil, tom.* 8, *pag.* 214), a décidé que l'interrogatoire pouvait être ordonné pour détruire un compromis.

Ainsi encore, la Cour de Bruxelles, par arrêt du 1.er décembre 1810, rapporté au commentaire inséré aux Annales du notariat, tom. 2, pag. 354, a décidé qu'il y avait lieu à accueillir une demande tendant à faire interroger une partie sur le fait qu'il y avait eu une transaction *verbale* sur l'objet de la contestation, nonobstant l'art. 2044 du Code civil, qui exige que les transactions soient prouvées par écrit, et qui conséquemment en prohibe la preuve testimoniale.

Enfin, la Cour de Paris et celle de Rennes ont encore décidé que l'on peut admettre l'interrogatoire pour anéantir la foi d'un acte authentique, quoiqu'on opposât que l'on ne pouvait s'élever contre le contenu d'un pareil acte que par la voie de l'inscription de faux.

Néanmoins, la même Cour de Rennes, par arrêt du 6 août 1812, 1.re chamb., a admis une exception relativement à un bail verbal qui n'avait pas encore reçu d'exécution. En adoptant les motifs des premiers juges, elle a décidé que, nonobstant l'art. 324, la partie qui niait le bail ne pouvait être soumise à l'interrogatoire sur faits et articles, mais seulement au serment, conformément à l'art. 1715 du Code civil, auquel l'art. 324 du Code de procédure n'a point dérogé.

Ces décisions nous semblent difficiles à concilier, et nous estimons que la dernière ne peut être suivie, attendu que la loi, en admettant l'interrogatoire en toutes matières sans distinc-

à déclarer qu'une partie peut être interrogée sur faits et articles dans les tribunaux de commerce. (*Voy. tom.* 4, *pag.* 63). Tel est aussi l'avis de M. Locré. (*Esprit du Code de comm., tom.* 9, *pag.* 374). Il se fonde, avec raison, sur ce que l'art. 324 admet l'interrogatoire en toutes *matières*, et par conséquent dans les affaires commerciales.

1228. *Pourrait-on demander l'interrogatoire, dans une matière sur laquelle il n'y aurait pas d'instance?*

Non, sans doute; il faut toujours qu'il y ait une instance engagée. (*Voy. Jousse et Rodier sur l'art.* 1er. *du tit.* 10 *de l'ordonn.*) Cela résulte d'ailleurs, dit M. Berriat Saint-prix, pag. 312, not. 8, des termes *les parties*, dont se sert l'art. 324 : or, dans le langage de la procédure, il n'y a point de parties sans instance (1).

En effet, le mot instance exprime aujourd'hui le procès engagé par un exploit de demande devant le tribunal qui doit juger cette demande en définitive; il ne désigne plus, comme autrefois et sur-tout en Bretagne, le procès lié par la contestation en cause, c'est-à-dire par le premier préparatoire rendu sur les conclusions des parties.

C'est pourquoi la question controversée sous l'empire de l'ordonnance, et qui était celle de savoir si l'interrogatoire pouvait être demandé avant la contestation en cause, ne saurait se reproduire sous l'empire de notre Code actuel. — (*Voy. la* 1231e. *quest.*)

1229. *Peut-on demander l'interrogatoire en cause d'appel, quand la demande n'en a pas été formée en première instance?*

On a dit, pour la négative, que les juges d'appel ne sont pas juges d'instruction; que leur mission est bornée à l'examen du bien ou du mal jugé du premier tribunal; que, pour apprécier un jugement, il faut le prendre dans l'état où il a été rendu; qu'autrement, l'appel produirait une instance nouvelle plutôt qu'une cause d'appel.

On répond, avec raison, par cet axiôme si souvent invoqué au barreau : *In appellationibus non deducta deduci, non probata probari possunt;* axiôme consacré par la disposition de l'art. 464 de notre Code, qui, en défendant de former, sur l'appel, aucune nouvelle demande, autorise celles qui servent de défense à l'action principale, et, par conséquent, tout interlocutoire qui tend à donner une instruction plus ample que celle qui aurait eu lieu devant les premiers juges, et, en un mot, à réparer les omissions faites, sous ce rapport, en première instance (2).

---

tion, a suffisamment annoncé qu'elle entendait que l'aveu qui peut en résulter suppléât à tous les autres genres de preuves qu'elle eût interdits.

(1) Ainsi, par exemple, on ne pourrait, en bureau de paix, demander à interroger une partie sur faits et articles, parce que l'essai de conciliation n'est pas une instance, mais un préliminaire d'instance.

(2) Au surplus, la loi n'a point limité aux premières instances la faculté qu'elle donne aux parties de se faire interroger respectivement. Ses expressions sont générales; elles embrassent le procès dans toute l'étendue de sa durée : aussi long-tems qu'il existe, l'interrogatoire peut donc avoir lieu; or, le jugement n'a pas éteint le procès, s'il a été suivi d'appel. — (*Voy. Rodier, sur l'art.* 1.er *du tit.* 10 *de l'ordonn., et le procès-verbal, tit.* 16, *art.* 4; *Dufour, dans ses Confér., tom.* 1, *pag.* 196, *et les Quest. de Lepage, pag.* 214).

1230. *Si une partie a requis l'interrogatoire en première instance, et que son adversaire ne l'ait pas subi, celui-ci serait-il recevable à se faire interroger en cause d'appel?*

On pourrait, pour la négative, argumenter de la disposition de l'art. 331, qui n'admet la partie qui a fait défaut à subir interrogatoire, qu'autant qu'elle se présente avant le jugement.

Or, dirait-on, dans l'espèce actuelle, le jugement a été rendu : la partie qui devait être interrogée a donc, par une juste induction de l'article précité, perdu le droit de prêter l'interrogatoire qui lui était prescrit. — (*Voy. Demiau Crouzilhac, pag.* 241).

Mais la raison de décider autrement, c'est que, par l'effet de l'appel, la contestation est remise daus le même état où elle était avant le jugement de première instance, puisqu'il s'agit de savoir si ce jugement sera confirmé ou infirmé. D'ailleurs, comme le dit Duparc-Poullain, tom. 9, pag. 458, n°. 9, et, comme nous l'avons dit aussi sur la question précédente, on peut, en cause d'appel, réparer toutes les omissions faites lors des premières instructions. La partie qui, ayant fait défaut au procès-verbal d'interrogatoire, ou qui, ayant refusé de répondre, offrirait en cause d'appel de subir l'interrogatoire, ne ferait pas autre chose que de développer des moyens de défenses ou en fournir de nouveaux : elle est donc recevable dans cette offre, dont l'effet sera de faire cesser toutes les présomptions de vérité des faits que les premiers juges auraient tirées de son silence (1).

1231. *L'interrogatoire peut-il être ordonné, en cause d'appel, avant que l'appelant ait signifié ses griefs, et que l'instruction de la cause ait commencé devant la Cour d'appel?*

La solution de cette question dépend du sens qu'on doit donner aux mots *en tout état de cause*, employés dans l'art. 324. Suffit-il que l'instance soit introduite, et la cause mise au rôle, pour que les parties aient le droit d'user de la faculté accordée par cet article? On répond que, dans cet état de la procédure, l'interrogatoire serait absolument sans objet, puisqu'il doit porter sur des faits que les juges ne peuvent connaître qu'à la suite d'une discussion contradictoire, sur les moyens respectifs des parties.

D'ailleurs, l'interrogatoire sur faits et articles n'est qu'un moyen supplétif que le législateur fournit aux parties, pour parvenir à la découverte de la vérité : il faut donc avoir tenté de la découvrir par les moyens ordinaires; il faut donc qu'une instruction préparatoire ait eu lieu, pour que les juges puissent admettre l'interrogatoire; et, par suite de conséquences, l'interrogatoire en cause d'appel ne peut être ordonné avant que l'appelant ait signifié ses griefs, et que l'instruction de la cause ait commencé.

Telle a été l'opinion que la Cour de Bruxelles a consacrée par un arrêt du 22 juillet 1809, rapporté dans la Jurisprudence des Cours souveraines, tom. 4, pag. 297.

---

(1) C'est aussi ce qui a été décidé par un arrêt de la Cour de cassation, du 13 nivôse an 10, inséré au Bulletin officiel de la même année. — (*Voy. nouv. Répert., ubi suprà, pag.* 436, *et Berriat Saint-Prix, pag.* 312).

Mais nous remarquerons, sur cet arrêt, que les écrits de griefs ne sont point d'obligation rigoureuse, ainsi que nous le prouverons sur l'art. 462. Il en est d'eux, sous ce rapport, comme des écrits de défense (*voy. art.* 78 *et* 79) : on peut poursuivre l'audience sans les avoir signifiés. De là, nous concluons que l'interrogatoire peut être demandé indépendamment de l'existence de ces écrits, puisqu'autrement se serait les rendre *nécessaires* (1).

1232. *Pourrait-on ordonner l'interrogatoire jusqu'au jugement définitif, et même au moment des plaidoiries ?*

Ces mots, *en tout état de cause*, prouvent, dit M. Berriat Saint-Prix, pag. 312, qu'on a le droit de faire interroger *jusqu'au jugement;* mais l'article veut que ce soit *sans retard de l'instruction* ni du jugement. Or, ne serait-ce pas retarder le jugement, que d'ordonner un interrogatoire au moment où les avocats ou avoués des parties sont présens à l'audience pour y plaider la cause? Cependant la Cour de Rennes, par arrêt du 12 avril 1809, n'en a pas moins ordonné un interrogatoire en semblable circonstance. Elle a considéré que les expressions de l'article s'entendaient en ce sens, que la partie qui obtenait de faire interroger son adversaire devait y faire procéder sans abuser des délais, de manière à retarder le jugement.

Il serait possible que cette décision isolée ne fût pas admise généralement; on pourrait opposer que la partie qui, dès l'introduction de l'instance, a pu faire usage de la faculté de requérir l'interrogatoire, doit avoir à s'imputer la faute de ne l'avoir pas fait en tems utile (2).

---

(1) Nous nous rapprocherions toutefois de la décision de la Cour de Bruxelles, en ce sens que nous pensons que le tribunal pourrait, sans y être obligé, surseoir à ordonner l'interrogatoire qui serait demandé avant l'expiration du délai pour fournir les premiers écrits de griefs ou de défenses, parce qu'il est possible que, dans ces écrits, la partie fasse des aveux qui dispenseraient de là voie dispendieuse des interrogatoires. (*Voy. Serpillon, sur l'art.* 1.er *du tit.* 10 *de l'ordonn.*) Mais, nous le répétons, la loi n'attachant plus aucun effet à ce qu'on appelait autrefois la contestation en cause, nous ne croyons pas que le juge soit tenu de refuser un interrogatoire qui serait demandé avant le délai donné pour la signification des écrits dont nous venons de parler, encore moins d'exiger que cette signification ait été faite. — (*Voy. Rodier, sur l'art.* 1.er *du tit.* 10 *de l'ordonn., et le Prat. franç., tom.* 2, *pag.* 279; *Demiau Crouzilhac, pag.* 236).

(2) Mais cette question n'est pas d'une grande importance; car, en disposant que l'interrogatoire sera fait sans retard de l'instruction ni du jugement, la loi nous paraît plutôt donner un conseil aux juges qu'énoncer une règle prohibitive de laquelle ils ne pourraient s'écarter, lorsque l'équité et les circonstances l'exigeraient. Tout ce que prétend le législateur, dit M. Demiau Crouzilhac, pag. 236, consiste en ce que la faculté des interrogatoires ne puisse jamais être une arme dont la chicane puisse abuser; à cela près, il dépend du juge de céder à quelques considérations de circonstances, parce qu'on ne peut jamais lui faire un reproche d'avoir ordonné l'interrogatoire, afin de prononcer avec une plus grande connaissance de cause.

Sous ce rapport, l'arrêt de la Cour d'appel de Rennes peut n'être pas sujet à la critique.

Au reste, la même Cour, 2.e chamb., avait jugé, par arrêt du 21 décemb. 1812, que l'interrogatoire ne peut être demandé, lorsque les plaidoiries sont terminées, et qu'il a été rendu jugement préparatoire qui ordonne un délibéré, et fixe le jour auquel le jugement définitif sera prononcé, et la Cour de cassation, par arrêt du 30 décembre 1813 (*Sirey, tom.* 15, *pag.* 160), a confirmé cette décision.

Nota. On voit que ces deux arrêts viennent à l'appui des observations qui précèdent.

1233. *Mais pourrait-on ordonner l'interrogatoire après un jugement de partage?*

On disait pour l'affirmative, devant la Cour de Rouen, qu'un jugement de partage n'est point une décision définitive; qu'il constitue conséquemment une période de la cause dont une partie peut profiter, si, avant son expiration, elle trouve un tems suffisant pour faire interroger son adversaire; que si la question à juger est difficile, ainsi que semble l'indiquer le partage des juges, l'interrogatoire offrait un moyen d'écarter les difficultés, en faisant sortir de la bouche même de la partie une condamnation dont les élémens ne se trouvaient point dans les pièces du procès, mais seulement dans les replis de la conscience de l'adversaire.

On répondait que l'instruction de la cause est terminée lors du jugement ou de l'arrêt qui a déclaré le partage; qu'ainsi, il ne doit plus être permis aux parties de changer l'état de la contestation, en commençant une instruction nouvelle.

Ces moyens ont prévalu, et, par arrêt du 11 avril 1809, la Cour de Rouen a rejeté la demande en interrogatoire, attendu que la cause doit se présenter devant les juges appelés pour vider le partage, dans le même état où elle était lors du jugement qui l'a déclaré. — (*Voy. Comm. des Ann. du not., tom.* 2, *pag.* 356, *et la Jurisp. des Cours souveraines, tom.* 4, *pag.* 295 *et suiv*).

1234. *Le délai prescrit par un jugement pour faire procéder à un interrogatoire est-il fatal?*

L'art. 324 n'a pas prescrit de terme fatal dans lequel l'interrogatoire doive avoir lieu, et s'il dit qu'il sera ordonné, sans retard de l'instruction ni du jugement, ce n'est, comme nous l'avons dit sur la 1232ᵉ. quest., qu'afin d'empêcher que la mauvaise foi ne s'en fasse un moyen pour entraver la marche de la procédure et retarder la condamnation.

Mais on ne pourrait inférer de cette restriction que celui qui a obtenu de faire interroger sa partie adverse, fût tenu de le faire dans un délai que le tribunal aurait prescrit, tellement qu'en cas de défaut, il ne pût être relevé. Le contraire résulte même de l'art. 331, qui porte que celui qui a fait défaut sur l'assignation sera interrogé, s'il se présente avant le jugement, en payant les frais encourus pour son défaut.

On ne voit en effet aucune raison de refuser le même avantage à celui qui a obtenu de faire interroger sa partie adverse, d'autant plus que cette faculté est ici en sa faveur, et qu'il peut arriver qu'il lui ait été impossible de faire procéder à l'interrogatoire dans le tems prescrit.

Il suit de là, ainsi que l'a jugé la Cour de Bruxelles, le 11 février 1809 (*Sirey, tom.* 14, *pag.* 41), qu'un tribunal ne peut déclarer forclose de la faculté de faire procéder à un interrogatoire, la partie qui ne l'a pas fait dans le terme fixé, et que la seule peine qu'il serait en droit de lui infliger pour son retard serait de la condamner aux dépens que ce retard aurait occasionnés.

On remarquera sans doute que cette décision n'aurait pas lieu si le tribunal avait fixé le délai *sous peine de déchéance.*

1235. *La même partie peut-elle demander, dans le même procès, plus d'une interrogatoire?*

De ce que l'art. 1ᵉʳ. du tit. 10 de l'ordonnance permettait aux parties, comme le fait l'art. 324 du Code, de se faire interroger *en tout état de cause*, c'est-à-dire, pendant tout le cours de l'instruction, les commentateurs concluaient que la même partie pouvait demander un second interrogatoire, mais sous la condition qu'il fût relatif à d'autres faits, ou du moins à des faits explicatifs de ceux qui avaient été l'objet du premier. — (*Voy. Rodier sur cet article, et Duparc-Poullain, tom. 9, pag.* 455).

Nous ne saurions trouver aucune raison de décider autrement sous l'empire du Code, et telle est aussi l'opinion qu'émettent les auteurs du Praticien français, tom. 2, pag. 279, et M. Demiau Crouzilhac, pag. 245.

1236. *Un interrogatoire sur faits et articles, demandé par l'une des parties et subi par l'autre, est-il un obstacle à l'admission de la preuve testimoniale?*

Cette question a été décidée pour la négative par deux arrêts de la Cour de cassation, l'un du 6 frimaire an 13 (*voy. Jurisp. des Cours souv., tom.* 4, *pag.* 284), l'autre du 9 février 1808 (*voy. Sirey, tom.* 8, *pag.* 215), et ces décisions sont d'autant plus remarquables, que l'interrogatoire avait été subi sous la foi du serment. Cette circonstance n'a pas empêché d'admettre la preuve par témoins, parce qu'on a considéré que l'on ne pouvait appliquer à un tel serment les règles du Code civil, relatives au serment judiciaire (1).

Article 325.

L'interrogatoire ne pourra être ordonné que *sur requête* (2) contenant les faits et par jugement rendu à l'audience : il y sera procédé, soit devant le président, soit devant un juge par lui commis (3).

T., 70 et 79. — Ordonn. de 1667, tit. 10, art. 1.er

CCLXXI. On remarquera, sur cet article, que la comparution des parties en personne peut, ainsi que la plupart des moyens d'instruction que nous avons

(1) Nous prouverons, dans nos questions sur l'art. 333, que l'interrogatoire ne peut être précédé du serment de la partie qui le subit. L'on doit donc, à plus forte raison, décider que l'interrogatoire ne fait obstacle à l'admission d'aucune preuve autorisée par la loi, et qu'il ne doit être considéré que comme une voie d'instruction qui, suivant les expressions de Rodier, vient, au contraire, au secours des preuves qui ne sont pas concluantes. — (*Voy. Rodier, ubi suprà, et le Prat. franç., tom.* 2, *pag.* 280).

(2) Mais en matière sommaire et commerciale, l'interrogatoire est demandé à l'audience, et non par requête. — (*Locré, tom.* 1, *pag.* 543).

(3) JURISPRUDENCE.

Un tribunal est suffisamment autorisé à refuser un interrogatoire sur faits et articles, par cela seul que la demande n'a pas été faite dans la forme prescrite par l'art. 325. — (*Rennes*, 26 *déc.* 1811).

traités jusqu'ici, être ordonnée *d'office*, et qu'il en est autrement de l'interrogatoire (1).

1237. *Comment doivent être présentés les faits, dans la requête afin d'interrogatoire?*

Ils doivent être exposés de manière que le tribunal soit à lieu de connaître s'ils sont pertinens, et de juger avec connaissance de cause si l'interrogatoire doit être ordonné.

1238. *Peut-on ordonner l'interrogatoire sur des faits dont l'aveu tournerait à la honte de l'interrogé?*

Dans l'ancienne jurisprudence, on tenait assez généralement pour la négative de cette question, ainsi résolue par un arrêt du Parlement de Rouen, du 12 mars 1778; mais M. Merlin prouve sans réplique, à notre avis, que cette doctrine n'est fondée ni sur la raison ni sur la loi. —(*Nouv. Répert. v.°* interrogatoire sur faits et articles, *tom.* 6, *pag.* 436). (2)

1239. *La partie dont l'interrogatoire est demandé, doit-elle être assignée pour être présente et plaider à l'audience où le tribunal devra prononcer sur cette demande?*

Cette question est formellement résolue pour la négative par l'art. 79 du tarif, portant que la requête pour avoir permission de faire interroger ne sera point signifiée, ni la partie appelée avant le jugement qui admettra ou rejetera la demande en interrogatoire, mais qu'elle ne sera notifiée qu'avec le jugement et l'ordonnance du juge pour le faire subir (3).

1240. *Résulte-t-il de la solution donnée sur la précédente question, que la partie dont l'interrogatoire est requis ne puisse prendre la parole, pour soutenir que la permission de l'interroger ne doit pas être accordée?*

Nous répondons affirmativement sur cette question, en nous fondant sur l'art. 79 du tarif précédemment cité. Il nous paraît défendre implicitement à cette partie d'opposer aucun moyen contre la demande, et décider que le législateur a entendu s'en rapporter à la prudence du tribunal, sur son admission ou son rejet. Si, d'ailleurs, il existait quelques doutes à ce sujet, ils seraient

(1) Par une juste conséquence, le tribunal ne pourrait, en accordant la permission d'interroger, ajouter de nouveaux faits à ceux qui auraient été présentés dans la requête : il semble donc qu'il ne pourrait recevoir des parties les renseignemens qu'il jugerait utiles, qu'en ordonnant la comparution personnelle, aux termes de l'art. 119. Mais, sans recourir à ce moyen, il peut les obtenir indirectement, au moyen de la faculté que l'art. 333 donne au juge-commissaire d'interroger d'office sur des faits qui n'auraient pas été compris dans le jugement.

(2) Ainsi, la Cour de Liège, par arrêt du 5 avril 1811 (*Sirey, tom.* 14, *pag.* 344), a décidé que l'on pouvait interroger une partie sur des faits tendant à l'inculper d'usure.

(3) En conséquence, la requête est remise au président, qui en fait lui-même rapport, s'il n'a pas commis un juge à cet effet, et c'est à la suite de ce rapport, *qui, SELON NOUS, doit se faire à la chambre du conseil*, que le jugement est rendu à l'audience.

Nous disons que le rapport doit se faire à la chambre du conseil, et c'est, à notre connaissance, l'usage de plusieurs tribunaux, usage fondé sur ce que la partie dont l'interrogatoire serait demandé pourrait être présente à l'audience publique, et acquérir dès lors une connais-

levés par l'explication que le tribun Perrin donne de l'art. 325, dans son rapport (*voy. édit. de Didot, pag.* 325), et par un arrêt de la Cour de Bruxelles, du 23 février 1809. — (*Jurisp. des Cours souv., tom.* 4, *pag.* 295).

1241. *Le jugement dont il s'agit est-il sujet soit à l'opposition soit à l'appel?*

Cette question a été principalement examinée par M. Demiau Crouzilhac, qui la résout affirmativement, pag. 239.

Les auteurs du Commentaire inséré aux Annales du notariat émettent la même opinion, qui, enfin, a été formellement consacrée, 1°. par un arrêt de la Cour de Bruxelles, du 1er. décembre 1810 (*Sirey, tom.* 12, *pag.* 19); il décide que le jugement qui déclare les faits pertinens est sujet à l'appel avant le jugement définitif; 2°. par arrêt de la Cour de Paris, du 28 mai 1808 (*Sirey, tom.* 14, *pag.* 339), motivé sur ce que tous jugemens sur requête sont susceptibles d'opposition, et tous jugemens de première instance sujets à l'appel; 3°. par arrêt de la Cour d'Orléans, du 22 mars 1810, portant que le jugement qui permet l'interrogatoire étant rendu hors de la présence de la partie, celle-ci a le droit d'y former opposition (1).

---

sance des faits qu'elle ne doit avoir, d'après l'art. 329, qu'à une époque plus rapprochée de celle où elle doit subir cet interrogatoire; mais le jugement est rendu en audience, parce que l'art. 325 le porte expressément.

Nous disons plus, mais en avertissant que plusieurs des formules données par les auteurs (*voy. entre autres Pigeau, tom.* 1, *pag.* 231) supposent le contraire, nous disons que le jugement ne doit point détailler les faits qui seront l'objet de l'interrogatoire : le tribunal se borne à permettre que la partie sera interrogée sur les faits contenus en la requête, lesquels il déclare pertinens; il ne détaille que ceux qu'il rejeterait comme ne lui ayant pas paru tels. C'est une suite des motifs ci-dessus énoncés, et cette opinion nous paraît en outre fondée sur ce que l'art. 333 porte que la partie répondra *aux faits contenus dans la requête*. — (*Voy. les questions sur cet article*).

D'après la formule de jugement insérée au Praticien, tom. 2, pag. 300, les auteurs de cet ouvrage nous semblent partager cette opinion, que nous croyons la seule conforme à l'esprit de la loi, dont le but serait manqué, si l'on donnait à la partie tant de facilités pour préparer des réponses mensongères.

(1) Toutes ces décisions sont fondées sur ce qu'aucun article du Code de procédure ne soustrait les jugemens qui permettent un interrogatoire à la règle générale, d'après laquelle tout jugement obtenu contre une partie, en son absence, est sujet à l'opposition, ainsi que tout jugement contradictoire ou par défaut l'est à l'appel, quand la matière en est susceptible. Or, pour écarter l'application d'un principe général, il faut qu'il y ait une exception formellement prononcée par la loi; et de là suit nécessairement que deux voies, celles de l'opposition et de l'appel, sont ouvertes contre les jugemens dont il s'agit. La voie de l'opposition l'est par deux raisons; la première, parce que le jugement est rendu par défaut; la seconde, parce qu'en admettant, ce que nous croyons plus raisonnable, que ce jugement ne soit pas, à proprement parler, un jugement par défaut, puisque la partie n'a pas été appelée pour se défendre, il est rendu hors de sa présence, et doit recevoir conséquemment l'application des principes de jurisprudence suivant lesquels on a toujours admis l'opposition aux jugemens sur requête, ainsi que nous l'avons expliqué sur la 660.e quest., pag. 394.

Mais on répond que l'exception au principe général de l'opposition et de l'appel, se trouve dans les art. 325 du Code et 79 du tarif, d'après lesquels la partie ne doit ni être appelée, ni être entendue, lors du jugement qui statuera sur la demande afin d'interrogatoire; qu'il s'ensuit que les voies d'opposition ou d'appel ne peuvent être ouvertes à cette partie, puisque ce serait l'admettre à plaider sur la pertinence des faits, malgré la disposition de la loi, malgré son vœu bien prononcé que les juges statuent seuls, d'après leurs propres lumières, sur l'objet de la requête qui leur est soumise.

Ces raisonnemens sont, sans contredit, de nature à faire impression; aussi M. Coffinières,

Quelque respectables que soient ces autorités, nous estimons que le législateur n'a entendu autoriser, outre le jugement qui ordonne l'interrogatoire, ni la voie de l'opposition, ni celle de l'appel. Il nous semble que son intention serait trompée, si l'on pouvait, à l'aide d'une opposition ou d'un appel, plaider sur la pertinence des faits. Il a fait, dans le cas particulier qui nous occupe, une exception aux règles générales; exception que nous croyons fondée sur la nécessité de ne pas faire connaître trop tôt à la partie les faits sur lesquels elle pourrait être interrogée, et de l'empêcher ainsi de préparer ses réponses, de manière à prévenir les résultats que l'adversaire attendrait de son interrogatoire. Certes, si le législateur eût entendu autoriser la voie d'opposition, il l'eût dit, et n'eût pas fixé un délai très-court à l'expiration duquel on procède immédiatement à l'interrogatoire (*voy. art.* 329); et quant à l'appel, il serait contraire à la règle des deux degrés de juridiction, de soumettre aux juges supérieurs une question qui n'aurait pas été discutée en première instance. Au reste, nous prouverons, sur l'art. 330, que la partie peut refuser de répondre à un fait qu'elle soutient n'être pas pertinent. Il lui restera à se pourvoir par appel, si le tribunal persiste à le considérer comme tel en jugeant au fond : elle n'aura donc pas à craindre de souffrir grief en définitive du jugement qui aura permis l'interrogatoire.

ARTICLE 326.

En cas d'éloignement, le président pourra commettre le président du tribunal dans le ressort duquel la partie réside, ou le juge de paix du canton de cette résidence.

Ordonn. de 1667, tit. 10, art. 1.er — C. de P., art. 1035.

1242. *Le droit de commettre n'appartient-il qu'au président? Le vice-président ou le juge qui présiderait la chambre à laquelle la contestation serait soumise, n'exercerait-il pas ce même droit?*

Il faut entendre l'art. 326 en ce sens qu'il désigne tout juge présidant la chambre qui permet l'interrogatoire. Lorsqu'un tribunal est divisé en plusieurs chambres, le droit de commettre, aux termes de cet article, n'appartient donc au président du tribunal entier, qu'autant qu'il aurait présidé lui-même la chambre, lors du jugement dont nous venons de parler.

---

en rapportant l'arrêt la Cour de Bruxelles qui décide que la partie ne peut, lors de la présentation de la requête, discuter le mérite et la nature des faits qui y sont posés (*voy.* 1241.e *quest.*), dit-il que l'arrêt de la Cour de Paris, qui admet l'opposition au jugement qui déclare ces faits pertinens, se trouve contrarié par celui-ci.

Cependant cet auteur ajoute que l'interprétation donnée par la Cour de Paris (nous ajoutons et par la Cour d'Orléans, *voy. ubi suprà*) est en harmonie avec ce principe d'ordre public et d'équité naturelle, qu'on ne doit jamais priver une partie de ses moyens de défense.

Mais si la loi n'avait pas entendu, dans l'espèce actuelle, interdire la défense, n'aurait-elle pas ordonné d'appeler la partie et de l'entendre? Et puisqu'elle dispose formellement le contraire, n'est-ce pas l'interpréter fort mal que d'admettre cette défense, en accordant l'opposition ou l'appel?

1243. *Le président pourrait-il autoriser le tribunal de la résidence de la partie à commettre, soit un de ses membres, soit un juge de paix, pour procéder à l'interrogatoire?*

Oui, par application de l'art. 1035. — (*Voy. Pigeau, tom. 1, pag. 31, et la 1144e. quest.*)

Article 327.

Le juge commis indiquera, au bas de l'ordonnance qui l'aura nommé, les jours et heure de l'interrogatoire; le tout sans qu'il soit besoin de procès-verbal contenant réquisition ou délivrance de son ordonnance.

Ordonn., tit. 10, art. 2.

1244. *Doit-on présenter, soit au président, s'il a retenu l'interrogatoire, soit au président ou au juge qui aurait été commis par lui, une requête en fixation de jour et d'heure?*

M. Delaporte, tom. 1, pag. 327, et les auteurs du Commentaire inséré aux Annales du notariat, tom. 2, pag. 373, estiment que l'on ne doit pas présenter de requête pour avoir l'ordonnance dont il s'agit; que le réquisitoire doit se faire de vive voix.

MM. Pigeau, tom. 1, pag. 231, Demiau Crouzilhac, pag. 237, Hautefeuille, pag. 180, estiment au contraire que l'on doit présenter une requête; autrement, dit M. Demiau Crouzilhac, comment pourrait-on établir le déni de justice, dans le cas où le président se refuserait à rendre l'ordonnance?

Mais nous observerons qu'on ne peut guère supposer un tel refus de la part du président ou du juge commis; et, d'ailleurs, la requête ne prouverait pas plus le déni de justice que la représentation du jugement au commissaire. Or, comme le tarif n'a point taxé cette requête, comme il paraît, d'après les derniers termes de l'art. 327 lui-même, que le législateur a entendu simplifier les formalités et prévenir autant que possible les frais pour parvenir à l'interrogatoire, puisqu'il déclare qu'il n'est pas besoin de procès-verbal contenant réquisition ou délivrance de l'ordonnance, nous estimons qu'une requête ne passerait point en taxe.

Ainsi, l'on doit présenter, soit au président, s'il avait retenu l'interrogatoire, le jugement qui l'ordonne, et il mettrait son ordonnance au pied, soit au juge commis, l'ordonnance portant sa commission, au pied de laquelle il mettrait également la sienne en fixation de jour et d'heure.

Article 328.

En cas d'empêchement légitime de la partie, le juge se transportera au lieu où elle est retenue.

Ordonn., tit. 10, art. 6, 2.e part. — C. de P., art. 333.

1245. *L'art. 328 se trouve-t-il en opposition avec l'art. 332?*

L'art. 328 porte qu'en cas *d'empêchement légitime* de la partie, le juge se transportera au lieu où elle est retenue, et l'art. 332 veut que, dans le même cas d'empêchement légitime, le juge indique un autre jour pour l'interrogatoire.

De là, dit-on, une opposition entre ces deux articles.

Il faut observer que le législateur a supposé, dans le premier, un empêchement permanent qui ne permet pas de pouvoir fixer un jour prochain auquel on pourrait remettre l'interrogatoire; tels seraient les cas d'une maladie grave, etc.; dans le second, au contraire, on a entendu parler d'un empêchement momentané, d'une absence, par exemple, dont le terme pourrait être fixé. — (*Voy. Prat., tom. 2, pag. 287, et la 1030e. quest., dont la solution serait applicable, suivant nous, aux grands dignitaires du royaume, comme le disent M. Berriat Saint-Prix, et les auteurs du Commentaire inséré aux Annales du not., tom. 2, pag. 374*). (1)

ARTICLE 329.

Vingt-quatre heures au moins avant l'interrogatoire, seront signifiées par le même exploit, à personne ou domicile, la requête et les ordonnances du tribunal, du président ou du juge qui devra procéder à l'interrogatoire, avec assignation donnée par un huissier qu'il aura commis à cet effet.

T., 29. — Ordonn., tit. 10, art. 3. — C. de P., art. 333.

CCLXXII. LE principal motif qui ait décidé le législateur à ordonner la communication à la partie des actes mentionnés dans cet article, est de lui donner le tems nécessaire pour rappeler à sa mémoire les faits, qui peuvent quelquefois être fort anciens, et de l'empêcher d'être surprise par un interrogatoire trop subit (3).

---

(1) Mais pour qu'il y ait lieu, soit à ajourner l'interrogatoire, soit à y procéder ailleurs qu'en la chambre du conseil, il faut que la légitimité de l'empêchement soit justifiée. — (*Voy. pag* 666, *not.* 3, *et* 1051.e *quest.*)

C'est à l'avoué chargé d'occuper pour la partie à interroger, à remettre les pièces justificatives de l'empêchement, et le juge indiquera, en conséquence, soit le jour de la remise, soit un jour auquel il se transportera au lieu où la partie sera retenue, ou, en cas qu'elle fût trop éloignée, il commettra le juge de paix du lieu, ou s'adressera au président du tribunal de l'arrondissement. — (*Voy. Pigeau, tom.* 1, *pag.* 233, *et l'art.* 1035).

(2) Plusieurs Cours d'appel voulaient que l'on eût, au contraire, interdit cette communication, qui, disait-on, n'aurait pour but que de permettre à la partie de préparer par elle-même ou par des conseils des réponses évasives. Elles proposaient, en conséquence, que l'interrogatoire eût lieu sans autre acte intermédiaire qu'une assignation à comparaître, ou au moins que l'on consacrât l'usage suivi sous l'ordonnance de 1667, et d'après lequel, quoique cette loi contînt une disposition semblable à celle du Code (*tit.* 10, *art.* 3), on admettait l'interrogatoire de la partie sur des faits qui n'étaient communiqués qu'au juge-commissaire. (*Voy. ci-après art.* 333). Nous avons vu, aux préliminaires de ce titre, pag. 765, not. 2, que la loi de Genève a rejeté la disposition de l'article ci-dessus, et ses motifs sont qu'elle

1246. *Qu'est-ce qu'exprime l'art.* 329, *par ces mots,* ORDONNANCE DU TRIBUNAL?

Il exprime la décision qui permet l'interrogatoire ; s'il la qualifie d'ordonnance, c'est, dit M. Lepage dans ses Questions, pag. 217, parce que ce jugement étant rendu sur requête non communiquée, on a voulu le distinguer des décisions prononcées après plaidoiries, et auxquelles on a réservé exclusivement la qualification de jugement; mais c'est sur-tout, dans notre opinion, parce que cette décision n'est point, comme les décisions ordinaires, précédée de motifs, et ne consiste que dans une simple ordonnance du tribunal, portant qu'une partie sera interrogée sur les faits contenus dans la requête de son adversaire. — (*Voy. la* 1237e. *quest.*)

1247. *Les significations prescrites par l'art.* 329 *peuvent-elles être faites, et l'assignation être donnée à un autre domicile que le domicile réel?*

La négative était prononcée par l'art. 3 du tit. 10 de l'ordonnance, qui exprimait formellement que les significations et l'assignation dont il s'agit ne seraient faites ni au domicile de l'avoué, ni à aucun domicile élu. — (*Voy. Rodier et Jousse, sur l'article précité, et Duparc-Poullain, tom.* 9, *pag.* 458).

Les commentateurs du Code estiment qu'il doit en être ainsi sous son empire (*voy. Delaporte, pag.* 313, *et sur-tout les Quest. de Lepage, pag.* 215), et telle est notre opinion, attendu que la loi exige, art. 333, que la partie réponde en personne; d'où suit qu'il est dans l'intention du législateur que l'on emploie le plus sûr moyen que l'on puisse trouver de l'avertir. Or, ce moyen est évidemment celui de l'assignation à personne ou à domicile réel.

1248. *Y aurait-il nullité de l'assignation qui n'aurait pas été donnée par un huissier commis?*

Nous avons cru devoir décider, sur la quest. 644e., pag. 385, qu'il y aurait nullité de la signification d'un jugement par défaut qui n'aurait pas été signifié par un huissier commis, aux termes de l'art. 156. Ainsi, nous pensons que l'on ne pourrait tenir pour avérés, en conformité de l'art. 330, les faits qui seraient l'objet d'un interrogatoire auquel une partie ne se serait pas présentée, s'il était justifié que l'assignation ne lui aurait pas été signifiée par un huissier commis. Le tribunal pourrait seulement ordonner à la partie de prêter l'interrogatoire dans un délai désigné, sous le cours duquel les significations seraient renouvelées (1).

ARTICLE 330.

Si l'assigné ne comparaît pas (2), ou refuse de répondre après

---

n'aurait pour objet que de fournir à l'interrogé les moyens de méditer à tête reposée et de calculer ses réponses.

Nous verrons, sur l'art. 333, que cet inconvénient devient moins grave, par la faculté qu'il donne au juge-commissaire de faire d'office des questions à la partie interrogée.

(1) En cela, nous différons en quelques points de l'opinion émise par M. Lepage, dans ses Questions, pag. 217; mais nous croyons la nôtre conforme à la rigueur des principes rappelés sur notre 644.e quest.

(2) Si la partie interrogée ne comparaissait pas, l'ordonnance voulait que les faits fussent

avoir comparu, il en sera dressé procès-verbal sommaire, et les faits pourront être tenus pour avérés.

Ordonn., tit. 10, art. 4, 1.re part. — C. de P., art. 428.

CCLXXIII. Le refus de répondre ou le défaut de comparution doit-il imposer au juge l'obligation de tenir les faits pour avérés, ou seulement lui en laisser la faculté? On voit que l'article ci-dessus a décidé cette question en faveur de la seconde alternative, et telle est aussi la disposition de l'art. 167 du Code genevois. Les motifs de cette disposition ont été parfaitement développés par le rapporteur de la loi au Corps législatif. — (*Voy. la not. ci-dessous*). (1)

1249. *La partie pourrait-elle refuser de répondre, sous prétexte que les faits ne seraient pas pertinens?*

M. Commaille, tom. 1, pag. 366, maintient la négative ; mais M. Demiau Crouzilhac, pag. 240, prouve que, si les faits ne sont pas pertinens, la partie peut refuser d'y répondre, quoique le jugement les ait admis. Nous adoptons d'autant plus volontiers cette opinion, qu'elle est absolument conforme aux explications données par le rapporteur au Corps législatif. — (*Voy. édit. de F. Didot, pag.* 108 *et* 109, *et un arrêt de la Cour de Bruxelles, du* 1er. *décembre* 1810, *Journ. des avoués*, 1811, *pag.* 352). (2)

1250. *Si la partie interrogée sur un fait répondait qu'elle ne se souvient pas, le juge pourrait-il tenir ce fait pour avéré?*

Rodier, sur l'art. 8 du tit. 10 de l'ordonnance, et Duparc, tom. 9, pag. 461,

---

tenus pour avérés. — (*Voy. les raisons de la disposition facultative de l'art.* 330, *dans la note ci-dessous du commentaire*).

(1) « Le refus de répondre, dit M. Perrin, élève sans doute contre celui qui s'en rend » coupable une juste prévention. L'homme qui n'a que la vérité pour guide ne craint pas » qu'on la lui demande ; il ne s'effraie ni des questions qui lui ont été communiquées, ni » de celles imprévues que le magistrat lui adressera. Il se présente avec assurance ; il aper- » çoit d'avance, dans le résultat de son interrogatoire, un nouveau moyen de combattre son » adversaire.

» Mais n'est-ce pas donner à cette présomption morale une force que réprouve la saine » logique, que la considérer comme une preuve légale sur laquelle le magistrat doive né- » cessairement diriger son opinion? Combien de motifs peuvent, en quelque sorte, justifier » ou au moins excuser le refus de répondre? Et s'il existe des preuves écrites qui contredisent » les faits tenus pour confessés et avoués, le précepte de la loi pourra-t-il contraindre l'esprit » du juge à rejeter l'évidence pour lui préférer une simple présomption?

» Il est plus juste, il est plus sage sans doute de s'en remettre à ses lumières et à sa » pénétration. C'est sur son esprit qu'agira le refus de répondre ; il se reposera avec sécurité » sur ce moyen de décision, lorsque les faits concorderont entre eux, lorsque rien ne les » contredira, lorsqu'ils se lieront sans aucune contrainte, sans invraisemblance, à ce qui » d'ailleurs est constant et reconnu dans la cause ».

(2) Ainsi, la partie aura soin de motiver, sur ce moyen, son refus de répondre ; et ce sera au tribunal, en jugeant le fond, à tenir ou non les faits pour avérés, suivant qu'il aura reconnu que la partie aura ou n'aura pas été fondée dans ce refus.

Telle est l'opinion de M. Demiau Crouzilhac : nous la préférons à celle de Jousse, qui, sur l'art. 4 du tit. 10 de l'ordonnance, estime que le refus de répondre forme un incident sur lequel le juge-commissaire doit renvoyer à l'audience, pour être prononcé préalablement. — (*Rapprochez la solution de cette question de celle qui a été donnée sur la* 1229.e *quest.*)

font dépendre la décision de la nature du fait et de la vraisemblance ou invraisemblance de l'oubli : opinion qui concilie et la loi et la justice; mais il faut que la bonne foi de celui qui allègue l'oubli soit évidente. Dans le doute, le juge pourrait suivre la rigueur du droit, qui veut, sur chaque fait, des réponses précises et pertinentes. — (*Art.* 333. *Voy. discours du tribun Perrin, édit. de F. Didot, pag.* 109 *et* 110).

1251. *La disposition de l'art.* 330 *peut-elle s'appliquer à d'autres interpellations que celles d'un interrogatoire?*

Cette disposition, qui autorise le juge à tenir pour avérés les faits sur lesquels l'interrogé refuse de répondre, s'applique à toute interpellation judiciaire, c'est-à-dire adressée à la partie par le juge, et lorsque le tribunal a ordonné que l'un des contendans s'expliquerait à l'audience, comme dans le cas de l'art. 119.

Mais, ajoute M. Perrin, pag. 364, si l'interpellation est extrajudiciaire, comme si elle n'est adressée que par la partie adverse, même dans le cours d'une instance, le silence de la personne requise de s'expliquer ne saurait valoir par lui-même un aveu ni un consentement, à moins que la loi ne l'ait exprimé positivement, comme dans l'art. 194. — (*Voy. suprà, pag.* 507).

Article 331.

Si, ayant fait défaut sur l'assignation, il se présente avant le jugement, il sera interrogé, en payant les frais du premier procès-verbal et de la signification, sans répétition (1).

Ordonn., tit. 10, art. 5.

CCLXXIV. La partie poursuivante lève, au greffe, expédition du procès-verbal dressé conformément à l'article précédent, et le fait signifier par un simple acte d'avoué, portant avenir pour la prochaine audience, ou le tribunal, s'il ne trouve pas que la conduite de la partie qui devait répondre et comparaître soit suffisamment justifiée, peut tenir les faits pour avérés, et prononcer en même tems son jugement définitif en conséquence. Mais si, avant ce jugement, la partie qui a fait défaut (2), au jour fixé pour son interrogatoire, se présentait au juge-commis, et déclarait être prête à répondre, la loi impose à ce magistrat l'obligation de l'interroger, sans exiger d'elle autre chose que le paiement des frais du premier procès-verbal et de la signification qui en a été faite (3).

---

(1) JURISPRUDENCE.

Les juges ne peuvent se dispenser d'entendre la partie qui se présente. — (*Cassat.*, 13 *niv. an* 10, *Sirey*, 1817, 2.e *part.*, *pag.* 1073).

(2) La loi ne parle que de la partie défaillante, et lui accorde la faculté de se faire interroger, par les mêmes motifs qu'elle accorde la faculté d'opposition à un jugement par défaut; mais celui qui a comparu, et qui a refusé de répondre, n'est pas excusable à ses yeux, et ne jouit pas du même avantage.

(3) Ces frais doivent être versés de suite et sans espoir de répétition, quel que soit ultérieurement le jugement définitif, entre les mains de l'avoué poursuivant. Sur le récépissé qu'il en donne, le juge passe à l'interrogatoire.

1252. *La partie défaillante doit-elle aussi supporter les frais de son interrogatoire?*

Non, puisque la loi ne l'assujétit qu'aux frais du procès-verbal qui constate sa non comparution, et de la signification de ce procès-verbal; mais nous n'avons posé cette question qu'afin de remarquer la différence qui existe, à ce sujet, entre l'art. 331 du Code et l'art. 5 du tit. 10 de l'ordonnance de 1667.

ARTICLE 332.

Si, au jour de l'interrogatoire, la partie assignée justifie d'empêchement légitime, le juge indiquera un autre jour pour l'interrogatoire, sans nouvelle assignation.

CCLXXV. LA partie qui se trouve empêchée de comparaître au jour fixé pour l'interrogatoire doit, par le ministère de son avoué, faire connaître au juge-commissaire les causes d'empêchement qui la retiennent. Le juge examine ces causes, et s'il les trouve légitimes et suffisamment justifiées, il indique sur son procès-verbal un autre jour pour l'interrogatoire, ou déclare qu'il se transportera sur les lieux où se trouve la partie empêchée, ou commet, pour interroger celle-ci, le juge de sa résidence, suivant les cas ou la nature des empêchemens. — (*Voy. ci-dessus quest.* 1245).

ARTICLE 333.

La partie répondra en personne, sans pouvoir lire aucun projet de réponse par écrit, et sans assistance de conseil, aux faits contenus en la requête, même à ceux sur lesquels le juge l'interrogera d'office; les réponses seront précises et pertinentes sur chaque fait, et sans aucun terme calomnieux ni injurieux: celui qui aura requis l'interrogatoire ne pourra y assister.

Ordonn. de 1667, tit. 10, art. 6, 1.re part., et art. 7 et 8. — C. de P., art. 271.

CCLXXVI. Dès que la partie qui doit être interrogée se présente, le juge ouvre son procès-verbal par la mention de sa comparution, et procède à l'interrogatoire en y faisant écrire les questions et les réponses de l'interrogé. Il termine cet acte par l'accomplissement des formalités et des énonciations qu'exige l'art. 334. C'est ici le lieu de remarquer qu'en autorisant les questions d'office, l'art. 333 apporte un remède aux inconvéniens sur lesquels se fonde l'opinion de ceux qui pensent qu'on eût dû conserver l'usage suivi sous l'empire de l'ordonnance, et dont nous avons parlé pag. 779, à la not. 2. Aussi cette faculté est-elle devenue d'un grand secours pour détruire l'effet d'une réponse habilement préparée, en mettant la mauvaise foi dans le cas de se trahir elle-même. La loi s'en rapporte, en ce cas, à la prudence et à l'impartialité du juge-commissaire, sur le choix des questions et l'ordre dans lequel il doit les proposer. Il faut, dit M. Berriat Saint-Prix, qu'il se rappèle qu'il est juge et non pas défenseur; car il lui serait facile, par la tournure qu'il donnerait aux questions, d'induire en erreur l'interrogé.

1253. *Le juge doit-il exiger de l'interrogé un serment préalable?*

Non, très-certainement, à la différence de ce qui se pratiquait sous l'empire de l'ordonnance de 1667, dont l'art. 7 du tit. 10 prescrivait au juge de prendre le serment de l'interrogé; disposition dont plusieurs Cours d'appel avaient demandé la conservation. Ce changement, dit le tribun Perrin (*édit. de F. Didot, pag.* 110), a eu pour objet de ne pas placer le répondant entre son intérêt et sa conscience. D'ailleurs, la preuve testimoniale étant admissible contre les réponses, il ne fallait pas ouvrir un moyen de le constituer en état de parjure (1).

1254. *Comment doivent être entendues ces expressions de l'art.* 333, LA PARTIE RÉPONDRA AUX FAITS CONTENUS DANS LA REQUÊTE?

Ces expressions ont été employées, parce que le jugement ne contient point les faits de l'interrogatoire; il s'en réfère au contenu en la requête; et, comme nous l'avons dit sur la quest. 1237e., s'il en est quelques-uns qu'il déclare non pertinens, ce sont ceux-là seulement qu'il énonce. Ainsi, quoique l'article dise que la partie répondra aux faits contenus dans la requête, ces termes ne s'entendent que des faits que le tribunal a déclarés pertinens, et non de ceux qu'il aurait rejetés. — (*Voy. Hautefeuille, pag.* 182).

1255. *Les expressions de l'art.* 333, *d'après lesquelles la partie est tenue de répondre, même sur les questions que le juge-commissaire lui adresserait d'office, s'étendent-elles jusqu'à donner à ce juge le pouvoir d'interroger sur des faits isolés qui n'auraient pas de rapport avec ceux contenus en la requête?*

Les commentateurs de l'ordonnance (*voy. Bornier, Jousse, Rodier et Serpillon, sur l'art. 7 du tit.* 10, *et Duparc-Poullain, tom.* 9, *pag.* 459, *n°.* 11) s'accordent à dire qu'il faut, pour que le juge-commissaire interroge d'office sur des faits qui ne sont pas énoncés dans la requête, que ces faits aient du moins quelques rapports avec ceux qui seraient contenus dans cette requête; qu'ils tendent, par exemple, à un plus grand éclaircissement de la vérité, c'est-à-dire, à tirer raison de ce qui ne serait pas assez clairement exprimé dans les réponses, à concilier les contrariétés qu'elles présenteraient, à faire expliquer les causes et les motifs des faits avoués ou déniés; en un mot, à faire connaître, dans toute son étendue, la vérité des faits signifiés.

Ainsi, d'après ces auteurs, le commissaire ne doit point interroger d'office sur des faits étrangers ni singuliers, s'ils n'ont du rapport avec ceux énoncés dans la requête.

---

(1) Aussi la Cour d'appel de Florence a-t-elle jugé, par arrêt du 19 mars 1810 (*voy. Jurisp. des Cours souv., tom.* 4, *pag.* 300), que la déclaration d'avoir dit vérité, exigée par l'art. 334, ne pouvait être donnée sous la foi du serment : il n'y a donc ni serment préalable à l'interrogatoire, ni serment postérieur sur la vérité des réponses; mais le serment judiciaire peut être déféré sur l'objet de la demande, parce que l'interrogatoire, comme nous l'avons dit sur la 1236.e quest., n'exclut aucun des genres de preuves admises par la loi.

Ainsi, l'interrogatoire eût-il été, contre le vœu de la loi, subi par une partie sous la foi du serment, ne serait pas pour cela un obstacle à l'admission de la preuve testimoniale. — (*Cassat.*, 9 *fév.* 1808, *Sirey, tom.* 8, *pag.* 214).

Telle est aussi la doctrine généralement admise par les jurisconsultes qui ont écrit sur le Code. — (*Voy. Delaporte, tom.* 2, *pag.* 316; *Prat., tom.* 2, *pag.* 288; *Demiau Crouzilhac, pag.* 242; *le Comm. inséré aux Ann. du not., tom.* 2, *pag.* 386; *Berriat Saint-Prix, tom.* 2, *pag.* 316, *not.* 29, 1°.)

1256. *La partie peut-elle servir au juge, et celui-ci recevoir d'elle des notes ou mémoires contenant des faits secrets sur lesquels il aurait à interroger d'office?*

Serpillon discute cette question sur l'art. 7 du tit. 10 de l'ordonnance, et, comme Jousse et Sallé, il la résout pour la négative.

Rodier, sur le même article, dit seulement que le juge-commissaire peut se dispenser, pour faire des questions d'office, de recevoir des mémoires par écrit de la partie qui requiert l'interrogatoire; il se fonde sur ce que l'ordonnance ne portait pas que cette partie pût en donner; mais rien, ajoutecet auteur, n'empêche que le commissaire ne reçoive, s'il le veut, ces mémoires ou des instructions verbales, sauf à n'en faire usage qu'autant que les faits ne sont pas étrangers à ceux qui ont été signifiés, et à agir d'ailleurs de la manière indiquée sur la précédente question.

M. Pigeau, pag. 130, dit que, si le demandeur présente une requête contenant les faits sur lesquels doit porter l'interrogatoire, il en est pourtant qui peuvent rester secrets et sur lesquels le juge pourrait interroger d'office. Ainsi, dit-il, on signifie les faits sur lesquels il est indifférent que la partie se prépare, et l'on réserve les faits importans sur lesquels la préparation serait dangereuse.

Nous remarquerons sur ce point, comme le faisait Rodier sous l'empire de l'ordonnance, que la loi ne s'exprime point sur cette remise au juge-commissaire de notes ou mémoires contenant des faits secrets, qui lui serviraient d'instructions pour adresser à la partie des interrogations d'office. Cette expression *d'office*, dit M. Berriat Saint-Prix, pag. 316, not. 29, 2°., annonce que le Code laisse au juge la faculté de recueillir, comme bon lui semble, les renseignemens dont il a besoin, sauf à n'user que de ceux qui sont relatifs au fait principal. Cette observation se rapproche de celles que Rodier faisait sur l'ordonnance, et nous croyons qu'elle doit être adoptée, en restreignant toutefois son application aux faits qui auraient rapport à ceux contenus dans la requête (1).

1257. *Le juge-commissaire peut-il rédiger les réponses de l'interrogé, et quelles seraient à cet égard les règles de sa conduite?*

Nous donnerons sur cette question la même solution que sur les 1070e. et 1071e; mais en observant que c'est sur-tout en matière d'interrogatoire que le juge-commissaire doit être attentif à consigner les expressions mêmes du répondant, et à ne se servir d'aucuns termes qui puissent en dénaturer le sens.

Les auteurs du Praticien, tom. 2. pag. 288, M. Demiau Crouzilhac, pag. 242, et les auteurs du Commentaire inséré aux Annales du notariat, pag. 388, ajoutent que le juge-commissaire peut refuser d'insérer des termes calomnieux

(1) C'est ainsi que l'on pourra concilier avec l'opinion des auteurs qui ont pensé que l'on ne pouvait communiquer au juge-commissaire des faits secrets, le sentiment opposé de M. Pigeau. Les auteurs du Commentaire inséré aux Annales du notariat admettent ce tempérament et, apportent plusieurs raisons qui en justifient la sagesse. — (*Voy. tom.* 2, *pag.* 385).

ou injurieux, et telle est aussi notre opinion, fondée sur la disposition de l'art. 333, puisqu'il porte que les réponses ne peuvent être données en termes de cette nature (1).

1258. *Qu'entend-on par réponses* PRÉCISES *et* PERTINENTES? *Les réponses doivent-elles être données par simple dénégation ou affirmation?*

Les réponses doivent être *précises*, c'est-à-dire qu'elles doivent être données, sur chaque fait, de manière à ne laisser aucun doute sur l'aveu ou la dénégation de la partie. Autrement, on pourrait les interpréter contre l'interrogé, parce qu'il serait permis de croire qu'il ne se serait exprimé d'une manière équivoque, qu'afin de ne donner aucune prise sur lui relativement à un fait dont il n'aurait pas voulu convenir, en même tems qu'il n'aurait osé le désavouer formellement (2).

Les réponses doivent être *pertinentes*, c'est-à-dire qu'elles doivent se rapporter au fait même sur lequel la partie est interrogée, et ne pas contenir de digressions qui, se rapportant à des faits étrangers, n'auraient d'autre but que d'éluder la question proposée. — (*Voy. Demiau Crouzilhac, pag.* 242).

ARTICLE 334.

L'interrogatoire achevé sera lu à la partie, avec interpellation de déclarer si elle a dit vérité et persiste : si elle ajoute, l'addition sera rédigée en marge ou à la suite de l'interrogatoire; elle lui sera lue, et il lui sera fait la même interpellation; elle signera l'interrogatoire et les *additions* (3); et si elle sait ou ne veut signer, il en sera fait mention.

T., 70.

1259. *Le juge-commissaire et le greffier doivent-ils signer le procès-verbal?*

---

(1) Mais il faut faire attention qu'il ne s'agit ici que *des expressions :* le juge-commissaire pourrait quelquefois aller trop loin, s'il se permettait de supprimer des réponses qui ne seraient point, à proprement parler, conçues en termes calomnieux ou injurieux, mais qui lui paraîtraient avoir ce caractère, quant à leurs effets. Au surplus, la loi s'en rapporte ici à sa prudence et à sa discrétion. D'ailleurs, si les réponses contenaient des calomnies ou des injures, les art. 362 et 367 du Code pénal ouvrent à la partie qui en serait l'objet une action tendant à des condamnations qui remplacent l'amende arbitraire que, suivant Jousse (*sur l'art.* 8 *du tit.* 10 *de l'ordonn.*), le tribunal saisi de la contestation avait droit de prononcer; ce qu'il ne pourrait faire aujourd'hui, d'après le silence que le Code de procédure garde à ce sujet. — (*Voy. Delaporte, tom.* 1, *pag.* 317; *le Comm. inséré aux Ann. du not., tom.* 2, *pag.* 388, *et Berriat Saint-Prix, pag.* 282, *not.* 28).

(2) Mais de ce que les réponses doivent être précises, Jousse, *ubi suprà*, après lui M. Delaporte, tom. 1, pag. 333, et les auteurs du Commentaire inséré aux Annales du notariat, tom. 2, pag. 387, concluent que l'interrogé doit répondre *affirmativement ou négativement, et non par des phrases vagues et équivoques.* Rodier est d'un avis contraire sur le premier point, et c'est, selon nous, son avis qui doit prévaloir, quoique les ordonnances sur lesquelles il se fonde ne s'appliquent pas directement à l'interrogatoire, ainsi que le remarque M. Berriat Saint-Prix, pag. 316, not. 27. Une réponse peut en effet être *précise*, lors même qu'elle n'est pas réduite à un *oui* ou à un *non.*

(3) *Additions.* Il faut entendre par ce mot les changemens que la partie voudrait faire.

Oui, sans doute, et si le Code de procédure n'en contient pas une disposition formelle, ainsi que le demandait la Cour de Trèves dans ses observations sur le projet, c'est qu'il est de droit que les magistrats et officiers instrumentaires d'un acte le certifient par leur signature. — (*Voy. Hautefeuille*, *pag.* 183, *et les questions traitées au titre des enquêtes, sur les art.* 272, 273 *et* 274).

ARTICLE 335.

La partie qui voudra faire usage de l'interrogatoire, le fera signifier, sans qu'il puisse être un sujet d'écritures de part ni d'autre.

T., 70.

CCLXXVII. EN défendant toute écriture par suite de l'interrogatoire, l'article ci-dessus suppose qu'après la signification, il n'y a qu'à poursuivre l'audience par un simple acte, et que la discussion s'engage sur les preuves et sur les inductions qui peuvent sortir de l'interrogatoire.

1260. *La défense de signifier des écritures s'applique-t-elle au cas où l'interrogatoire aurait été ordonné dans un procès par écrit ?*

Nous croyons, puisqu'une fois l'instruction par écrit ordonnée, on ne peut venir à l'audience que pour plaider sur certains incidens, que dans les affaires qui s'instruisent de la sorte, on ne pourrait rejeter un écrit qui serait fourni au juge-commissaire par chacune des parties, afin qu'il en fit dans son rapport l'usage qu'il jugerait convenable, et qu'il y exposât les moyens que les parties eussent fait valoir dans ces écrits.

1261. *Le tribunal pourrait-il ordonner une instruction par écrit, à l'occasion de l'interrogatoire ?*

Ces expressions restrictives de l'art. 335, *sans qu'il puisse être un sujet d'écritures de part et d'autre*, semblent ôter au juge la faculté d'ordonner une instruction par écrit, quelqu'étendu et compliqué que soit l'interrogatoire. — (*Voy. Demiau Crouzilhac*, *pag.* 243; *Berriat Saint-Prix*, *pag.* 317, *not.* 32).

1262. *Quels sont en général les effets de l'interrogatoire?*

Tous les auteurs (*voy. entre autres Thomines*, *pag.* 153, *Malleville*, *tom.* 4, *pag.* 175), s'accordent à appliquer en général, aux effets de l'interrogatoire, les art. 1353 et 1356 du Code civil, sur les présomptions et sur l'aveu judiciaire.

Cette proposition générale fait naître plusieurs questions relatives à divers cas, où elle pourrait être susceptible de distinctions et d'exceptions. Cet examen est sans doute étranger à l'objet et au plan de notre travail; mais plusieurs des commentateurs du Code de procédure s'en sont occupés d'une manière plus ou moins complète, et c'est une raison pour laquelle nous devons traiter au moins les questions qu'ils ont résolues.

Premièrement, M. Thomines dit que les dispositions du Code civil, sur l'aveu judiciaire et les présomptions, s'appliquent à l'interrogatoire, savoir : en ce qui concerne le premier; qu'il fait pleine foi contre l'interrogé; qu'il ne peut être divisé contre lui; mais, en même tems, cet estimable professeur dit qu'il ne doit *pas être divisé.* Quant aux inductions tirées de contradictions et de mensonges, elles n'ont, dit-il encore, de poids que dans le cas où la preuve testimoniale serait admissible. Un interrogatoire, ajoute-t-il enfin, ne *fait point un commencement de preuve par écrit.*

Comme M. Thomines, M. Malleville, tom. 4, pag. 475, dit que les dispositions du Code concernant l'aveu judiciaire, s'appliquent en général à la confession résultant d'un interrogatoire sur faits et articles, et qu'elle ne peut être rétractée qu'en prouvant l'erreur de fait, en conformité de l'art. 1356. Nous admettons cette décision (1); mais nous croyons que la disposition de ce même article, relative à l'indivisibilité des réponses, ne doit être appliquée que sous certaines conditions.

Aussi Duparc-Poullain, tom. 9, pag. 461, observait-il que si un fait allégué par l'interrogé pour sa décharge était prouvé faux, soit par écrit, soit même par témoins, dans une matière susceptible de cette preuve, sa réponse sur ce fait pourrait être rejetée, sans qu'un autre fait reconnu par lui cessât d'être décisif contre lui. Cette observation se concilie avec l'indivisibilité des réponses, admise d'une manière générale par plusieurs auteurs. (*Voy. entre autres Jousse sur l'art.* 8 *du tit.* 10 *de l'ordonnance*). En effet, un interrogatoire contient plusieurs faits; il n'est pas présumable que ni Jousse, ni aucun autre commentateur, aient entendu dire que l'ensemble des réponses sur tous ces faits fût indivisible.

Si donc l'art. 1356 du Code civil suppose que l'on ne peut, en discutant un interrogatoire, tirer avantage des aveux d'une partie en les divisant, qu'il faut les prendre dans leur entier (*voy. Lepage, en ses Quest., pag.* 219; *Jousse, ubi suprà; Pothier, Traité des obligations, n°.* 827), cette défense ne s'applique point aux réponses données sur différens faits, et c'est ce qu'établit M. Merlin, dans son réquisitoire sur l'arrêt rendu le 30 avril 1807, dans la cause Douhaut. — (*Voy. nouv. Répert. au mot* chose jugée, § 15 *pag.* 335).

Mais il semble à M. Berriat Saint-Prix, pag. 317, not. 35, qu'on ne peut du moins diviser un aveu de différens points d'un même fait, quoique cet aveu ait été exprimé dans plusieurs réponses. Par exemple, Joseph, dans une première réponse, convient d'avoir emprunté, et il déclare dans la seconde qu'il a rendu... Ces deux réponses paraîtraient à cet auteur former un aveu indivisible.

Nous remarquerons que cette opinion aurait en sa faveur un arrêt de la Cour de cassation, du 30 avril 1807 (*voy. les Notices décennales de M. Sirey, au mot* aveu, *et son Journal, tom.* 7, 2.e *part., pag.* 779.), qui a décidé que si une partie interrogée sur faits et articles, pour savoir si la cause exprimée dans un contrat public est véritable, avoue qu'elle ne l'est pas, mais, en même tems, assure qu'il y a une autre cause licite de l'obligation, cet aveu est indivisible, en sorte que le contrat ne peut être annulé comme étant sans cause ou sur une fausse cause (2).

---

(1) Elle trouve un appui dans un arrêt de la Cour de Bruxelles, du 1.er décembre 1810 (*Sirey, tom.* 12, *pag.* 19), lequel décide que l'on peut *suppléer* à la preuve *écrite* d'une transaction, par un aveu qui ne serait que le résultat d'un interrogatoire sur faits et articles, et cela, nonobstant l'art. 2044 du Code civil, attendu qu'il ne suit pas de cet article que le contrat ne puisse s'établir par l'aveu de la partie.

(2) Il faut néanmoins convenir qu'en plusieurs circonstances les juges seraient autorisés à diviser des réponses données sur un même fait, lorsque ces réponses établiraient elles-

Secondement, quant à l'application de l'art. 1353, relatif aux présomptions, nous avons encore à remarquer que tout ici est abandonné aux lumières et à la conscience du juge; c'est pourquoi l'art. 330, à la différence de l'art. 4 du tit. 10 de l'ordonnance, qui voulait que les juges tinssent les faits pour avérés, lorsque la partie avait refusé de répondre, leur laisse la faculté de les tenir pour tels; d'où suit qu'un tribunal est libre de tirer telles inductions qu'il juge convenables des réponses qui auraient été faites, en observant toutefois qu'elles ne peuvent, aujourd'hui sur-tout qu'elles ne sont point données sous le sceau du serment, former une preuve en faveur de l'interrogé, et qu'elles ne fournissent, comme toute confession judiciaire, qu'un titre pour sa partie adverse. — (*Voy. Pothier, Traité des oblig., n.° 26; Duparc-Poullain, tom. 9, pag. 468; le discours du tribun Perrin, édit. de F. Didot, pag. 110, et Berriat Saint-Prix, not. 37*).

Troisièmement, il nous reste à examiner si l'on peut tirer d'un interrogatoire sur faits et articles, un commencement de preuves par écrit qui puisse faire admettre la preuve testimoniale.

M. Pigeau, tom. 1, pag. 238, résout affirmativement cette question, contre l'opinion ci-dessus rapportée de M. Thomines. S'il résulte, dit-il, des contradictions de l'interrogatoire, sinon la preuve du fait allégué par le demandeur, du moins que ce fait est vraisemblable, la preuve testimoniale de ce fait peut être admise; car cette vraisemblance est le caractère du commencement de preuve par écrit, d'après l'art. 1347 du Code civil.

Nous ajoutons que la Cour de cassation, par arrêt du 20 fructidor an 12, rapporté dans les Questions de droit de M. Merlin, au mot *suppression de titres*, pag. 159, a décidé que des aveux consignés dans un interrogatoire fait même devant un tribunal criminel, avaient pu être réputés des commencemens de preuves par écrit. Les motifs de cet arrêt sont fondés sur la règle qui assimile la preuve confessionnelle à la preuve littérale, combinée avec les dispositions des art. 2 et 3 du tit. 20 de l'ordonnance, dont l'un défendait la preuve par témoins pour toutes conventions excédant 100f, tandis que l'autre la permettait lorsqu'il y avait commencement de preuves par écrit.

Néanmoins, par un autre arrêt du 1er. juillet 1806, la même Cour paraîtrait avoir décidé le contraire, en déclarant qu'une dissemblance alléguée entre des déclarations judiciaires, outre qu'elle ne donnait soupçon ni de dol ni de fraude, ne présentait pas le commencement de preuves écrites qu'exige la loi.

---

mêmes des faits différens. Par exemple, il s'agit du fait de l'existence d'une obligation d'abord contestée; elle est avouée dans l'interrogatoire, mais l'interrogé maintient l'avoir acquittée; cette allégation n'est plus qu'une exception proposée par le débiteur : ne devra-t-on pas diviser cette allégation? Ne pourra-t-on pas soumettre celui qui l'a faite à en fournir la preuve? — (*Voy. l'Essai de M. Gabriel, sur les preuves, tom. 1, pag. 80*).

Nous croyons en outre qu'on pourrait distinguer aussi, dans le cas de plusieurs réponses sur le même fait, si parmi elles il en est qui soient justificatives, mais évidemment fausses, et rejeter celles-ci, en sorte que l'indivisibilité des réponses ne soit maintenue qu'autant qu'elles seraient toutes vraisemblables?....... — (*Voy. Pigeau, tom. 1, pag. 238; le nouv. Répert., au mot* confession; *les auteurs cités par Serpillon, sur l'art. 1.er du tit. 10, n.° 13, et enfin, les Quest. de droit de M. Merlin, au mot* suppression de titres, § 1.er, *tom. 5, pag. 158 et suiv.*)

Nous ne croyons pas qu'il existe d'opposition entre ces deux arrêts, ainsi qu'on l'a supposé. (*Voy. Dictionnaire des arrêts de M. Loiseau, tom.* 1, *pag.* 74). Il faut remarquer que, dans l'espèce du premier, les aveux avaient été précédés de déclarations mensongères et accompagnées de variations plus ou moins choquantes; ce qui faisait dire à M. Merlin, *ubi suprà*, que les parties avaient fourni contre elles-mêmes des *présomptions* très-fortes et équipollentes à un commencement de preuves par écrit. Au contraire, dans l'espèce du second arrêt, la Cour de cassation n'a pas trouvé, dans la dissemblance des déclarations judiciaires, de telles présomptions qui, en rendant vraisemblable le fait allégué, eussent pu les faire considérer comme opérant un commencement de preuves.

Ainsi, la Cour ne nous paraîtrait pas avoir décidé, en point de droit, que les aveux judiciaires ou des contradictions d'une partie interrogée ne pouvaient jamais former un commencement de preuves par écrit.

Et en effet, un aveu judiciaire consigné dans un acte de procédure, des réponses écrites dans un procès-verbal d'interrogatoire, ne sont-ils pas des *actes émanés de la partie*? Et s'ils sont tels qu'ils rendent *vraisemblable* le fait auquel ils se rapportent, n'est-ce pas faire une juste application de l'art. 1347 du Code civil, que de les considérer comme devant produire un commencement de preuves par écrit (1)?

1263. *Quelle est celle des parties qui doit supporter les frais de l'interrogatoire?*

L'art. 10 du tit. 10 de l'ordonnance voulait que ces frais fussent toujours à la charge de celui qui avait requis l'interrogatoire

La Cour de Rouen insistait, dans ses observations sur le projet, afin que cette disposition fût maintenue

---

(1) Nous ne devons pas dissimuler que le système que nous adoptons ici a contre lui l'opinion de notre respectable confrère M. Berriat Saint-Prix. « Ce système, dit-il, auquel on peut » aussi opposer des décisions de tribunaux et d'auteurs, nous paraît, d'une part, offrir des in» convéniens très graves; car il serait très-facile de se procurer, au moyen de l'interrogatoire, » des commencemens de preuve par écrit; et de l'autre, peu concorder avec la définition » précise que le Code civil, art. 1347, donne de ce commencement de preuve ». Nous nous en référerons, pour soutenir notre opinion, aux motifs développés par M. Toullier, tom. 9, n.° 116, pag. 197. Mais sur une question de cette importance, et sur laquelle deux auteurs aussi recommandables émettent une opinion différente, nous ne devons dissimuler aucun des moyens sur lesquels on pourrait appuyer celle que nous combattons.

Nous dirons donc que M. Salviat, dans son Recueil de jurisprudence du Parlement de Bordeaux, au mot *audition catégorique*, cite un arrêt de 1768 qui semble fournir une autorité à ceux qui croiraient devoir soutenir l'opinion contraire à la nôtre. Mais est-il bien certain que cet arrêt ait statué en pur point de droit? N'aurait-il pas, comme l'arrêt de la Cour de cassation, du 1.er juillet 1806, ci-dessus rapporté, jugé seulement, dans l'espèce particulière sur laquelle il a prononcé, que les réponses dont on se prévalait contre l'interrogé n'avaient point le caractère d'un commencement de preuves quelconques, parce qu'elles étaient trop vagues, trop peu précises; ou, enfin, n'aurait-il pas été fondé sur tout autre motif tiré des circonstances de la cause, en sorte que la décision aurait été plutôt rendue en fait qu'en droit? L'éditeur ne s'étant aucunement expliqué à cet égard, nous persistons dans notre sentiment, en ajoutant, pour le justifier, un troisième arrêt de la Cour de cassation, du 5 juillet 1808 (*Denevers*, 1808, *pag.* 366), lequel décide que *si l'interrogatoire paraît fournir un commencement de preuve par écrit*, le tribunal peut, en appliquant l'art. 1267 du Code civil, ordonner le serment supplétif de la partie qui l'a requis.

Celle de Nanci demandait, au contraire, qu'on laissât à la prudence des tribunaux de prononcer sur cette question.

M. Merlin, dans son nouveau Répertoire, au mot *interrogatoire sur faits et articles*, dit que la disposition de l'ordonnance ne se trouvant pas dans le Code de procédure, elle est conséquemment abrogée par l'art. 1041 de ce Code; et nous croyons qu'on ne saurait élever aucun doute sur cette opinion, puisque le tarif taxe (*voy. art.* 29 *et* 70) la requête, les ordonnances et la signification de l'interrogatoire : c'est bien décider, sans doute, que les frais sont mis à la charge de celui qui succombe. Tel est aussi le sentiment de tous les auteurs (1).

ARTICLE 336.

Seront tenues les administrations d'établissemens publics de nommer un administrateur ou agent, pour répondre sur les faits et articles qui leur auront été communiqués : elles donneront, à cet effet, un pouvoir spécial dans lequel les réponses seront expliquées et affirmées véritables, sinon, les faits pourront être tenus pour avérés; sans préjudice de faire interroger les administrateurs et agens sur les faits qui leur seront personnels, pour y avoir, par le tribunal, tel égard que de raison (2).

Ordonn., tit. 10, art. 9. — C. de P., art. 1032.

CCLXXVIII. Nous avons vu que celui qui doit subir un interrogatoire est obligé de comparaître et de répondre en personne. Cette règle générale ne pouvait, sans de graves inconvéniens, être suivie par les administrations et établissemens publics : il était donc nécessaire d'admettre une exception en faveur de ces parties. Aussi, la loi ne les oblige, quand elles ont à répondre aux faits et articles qui leur ont été communiqués dans la forme ordinaire, qu'à nommer un administrateur ou agent chargé de leur pouvoir pour transmettre leur réponse. Il faut observer qu'alors le pouvoir doit être spécial et renfermer toutes les réponses clairement expliquées, et affirmées véritables, de sorte que le mandataire n'ait qu'à présenter son mandat pour remplir le but de la justice, sinon les faits peuvent être tenus pour avérés et le jugement définitif prononcé en conséquence.

1264. *L'administrateur ou l'agent nommé pour prêter l'interrogatoire, peut-il lire ses réponses, et être interrogé d'office?*

---

(1) Nous remarquerons que l'on doit comprendre parmi ces frais ceux du voyage de l'interrogé. — (*Arg. de l'art.* 146 *du tarif, in fine*).

(2) JURISPRUDENCE.

De ce qu'un préfet est président-né du conseil des hôpitaux, il ne s'ensuit pas qu'il puisse être assimilé aux administrateurs des établissemens publics, et soumis en cette qualité à l'interrogatoire sur faits et articles, sur des actes de son administration. Un préfet peut et doit s'opposer à l'exécution d'une telle disposition judiciaire. — (*Déc. du* 22 *janv.* 1808).

Nous décidons l'affirmative sur le premier point, et la négative sur le second, parce que nous trouvons à faire ici une exception qui résulte de la nature des choses.

L'administrateur nommé pour prêter l'interrogatoire ne peut excéder les limites du pouvoir spécial qui contient l'explication et l'affirmation des réponses; d'où suit qu'il peut les faire en lisant cet acte, et que celles qu'il donnerait sur des interrogats posés d'office ne pourraient, en aucune manière, lier l'administration qui l'aurait commis. — (*Voy. Demiau Crouzilhac, pag.* 244, *et Berriat Saint-Prix, pag.* 315, *not.* 17).

1265. *Les réponses d'un administrateur ou d'un agent à des questions relatives à des faits qui lui seraient personnels, obligeraient-elles l'administration qu'il représente?*

La loi dit que le tribunal peut avoir à ces réponses *tel égard que de raison :* la question que nous venons de poser sera donc toujours décidée d'après les circonstances, en sorte que les réponses de l'administrateur ou agent, sur des faits qui lui seraient personnels, ne seront opposées à son administration qu'autant qu'il aurait agi, relativement à ces faits, dans les bornes d'un mandat qu'il aurait reçu d'elle — (*Voy., pour l'application de cette décision, Pigeau, tom.* 1, *pag.* 239).

TROISIÈME SUBDIVISION.

De la procédure incidente résultant de demandes nouvelles formées soit par le défendeur, soit par des tiers ou contre eux, dans le cours d'une instance.

TITRE XVI.

Des incidens ou des demandes incidentes, de la reconvention, de l'intervention et de la déclaration du jugement commun.

Nous avons dit, pag. 422, ce que l'on entendait, en général, par le mot *incident;* et, d'après la définition que nous avons donnée, nous avons considéré comme formant autant d'incidens particuliers, les différentes exceptions, contestations ou événemens quelconques qui surviennent dans le cours d'une instance.

La plupart d'entre eux ne tiennent qu'à l'instruction d'un procès, et ne changent rien à son état, quant au fond. Les autres, au contraire, ajoutent d'autres contestations à la contestation primitive, et prorogent ainsi la juridiction du juge pour statuer à leur égard, en même tems que sur la première, et par un seul et même jugement, comme s'il n'y avait qu'un seul procès.

Ce sont ces contestations, élevées à la suite ou à l'occasion d'une autre dont le tribunal est déjà saisi, que le tit. 16 de notre Code appèle *incidens.*

Ou ils surviennent entre ces parties elles-mêmes, et il les qualifie *demandes incidentes* (*voy. ci-après*, § 1er.) ; ou ils sont élevés contre elles par un tiers, et ils prennent le nom d'*intervention* (*voy.* § 2) ; ou enfin ils sont formés par l'une des parties contre un tiers qu'elle contraint d'intervenir, et ils constituent l'*action en déclaration de jugement commun*, sur laquelle le Code de procédure garde le silence.

§ Ier.

Des demandes incidentes.

Il suit de ce qui précède, que la demande incidente proprement dite n'est qu'une demande nouvelle, formée pendant le cours d'une instance principale, soit par l'une, soit par l'autre des parties.

Si elle l'est par le demandeur originaire, elle conserve le nom de *demande incidente ;* mais, pour la distinguer de celle que formerait le défendeur contre le demandeur, nous voudrions l'appeler *demande additionnelle.* On risque, en effet, de confondre et de fausser les idées, en se servant de la même expression comme dénomination tout à la fois *générique* de deux objets différens, et *spécifique* de l'un de ces objets seulement. Lorsqu'au contraire la demande nouvelle est opposée par le défendeur, elle prend le nom de *réconvention* ou *demande réconventionnelle* (1).

On peut la définir une demande que le défendeur cité en justice forme à son tour, devant le même juge, contre le demandeur, afin d'anéantir ou de restreindre les effets de l'action intentée par celui-ci.

C'est une règle depuis long-tems consacrée par notre jurisprudence, que les tribunaux ne peuvent admettre comme demandes incidentes celles qui doivent être l'objet d'une action principale. Cette règle doit être observée d'autant plus rigoureusement que, sans elle, on pourrait non seulement éluder l'essai de conciliation, dans beaucoup de cas où la loi l'exige, mais encore éterniser la procédure la plus simple, en introduisant à son gré, dans le cours de l'instance, une demande incidente, arrangée de manière à présenter beaucoup de difficultés.

On ne peut donc faire de toutes sortes de prétentions l'objet d'une demande incidente. Il n'y a que celles qui servent de réponse contre la demande principale, ou qui ont avec elle une connexité, ou qui ne sont nées que depuis l'action, qui puissent être jugées et instruites incidemment ; telles sont les demandes en compensation, en provision, en paiement de loyers échus, ou de dommages causés depuis l'action principale.

Il faut en général, pour qu'une demande puisse être opposée contre une

(1) « Ce mot *réconvention*, dit M. Toullier, tom. 7, pag. 421, not. 1, vient du latin » *convenire*, citer en justice, *vocare in jus ;* de *convenire* est venu *conventio*, citation en » justice, *vocatio in jus*. Le réduplicatif *reconvenire* signifie donc *iterùm convenire*, et, en » matière de compensation, *convenire vicissìm apud eumdem judicem* ». S'il est permis de s'exprimer ainsi, c'est la *réaction* du défendeur contre le demandeur, c'est une *contre-action* que le premier forme contre son adversaire.

Il est essentiel de voir la discussion approfondie dans laquelle M. Toullier est entré sur les principes et les effets, en droit, de la réconvention. — (*Voy. tom. 7, pag. 421 et suiv.*)

action principale, que toutes les deux proviennent de la même source, de la même affaire ou de la même convention : *Ex eodem fonte, sive ex eodem negotio, vel eodem contractu* (1).

Néanmoins il est, en matière de compensation, une remarque importante à faire ; c'est que, dans le cas même où la demande incidente ne procède pas *ex eodem fonte et negotio*, si la dette opposée en compensation est claire et liquide, le tribunal recevra la demande réconventionnelle, pour y faire droit en même tems que sur la demande principale, afin que la compensation s'opère, s'il y a lieu (2).

Article 337.

Les demandes incidentes seront formées par un simple acte contenant les moyens et les conclusions, avec offre de communiquer les pièces justificatives sur récépissé, ou par dépôt au greffe.

Le défendeur à l'incident donnera sa réponse par un simple acte (3).

T., 71. — Ordonn. de 1667, tit. 11, art. 27. — C. de P., art. 77, 82, 188 et suiv., 406.

CCLXXIX. Par cet article, la loi autorise la réunion des diverses demandes incidentes qu'une partie aurait à former, et elle veut qu'un simple acte en énonce les moyens et les conclusions, et réciproquement qu'un même acte contienne la réponse. Au moyen de ces deux écrits, tout est consommé jusqu'à ce que la discussion s'ouvre à l'audience. Mais notre article ne détermine point les délais dans lesquels devront être faites les communications, les réponses, etc. ; et de là suit que, si l'audience provoquée par l'une des parties a lieu avant que l'autre ait notifié sa réponse, cette réponse est donnée verbalement à l'audience, sauf au tribunal à ordonner une remise, si les circonstances l'exigent. En tout cas, la remise ne doit être accordée qu'à bref délai ; car le but de la loi est que la procédure dont il s'agit se poursuive avec célérité (4).

---

(1) Exemple : Un propriétaire assigne le locataire d'une maison, pour qu'il ait à la garnir de meubles suffisans ; le locataire peut répondre, en demandant qu'on lui fasse les réparations nécessaires pour rendre la maison habitable, et cette demande réconventionnelle procédera, parce qu'elle prend sa source dans le même contrat que la demande principale. Mais si une personne assignée en paiement d'une somme d'argent opposait que le demandeur lui doit une servitude réelle, on la déclarerait non recevable dans sa réconvention, sauf à elle à se pourvoir par action principale.

(2) Voy. la définition de M. Toullier, tom. 7, pag. 466, et ce qu'il établit pour la justifier, pag. 535, n.° 408.

(3) JURISPRUDENCE.

Lorsqu'il s'élève un incident à l'audience d'une Cour royale jugeant en audience solennelle, la Cour peut renvoyer à l'une de ses chambres le jugement de cet incident. — (*Cassat.*, 18 *mars* 1817, *Sirey*, 1818, *pag.* 72).

(4) On sait qu'*en matière sommaire*, il ne doit point y avoir de réponse écrite contre la demande incidente, puisqu'il n'y en a pas, même contre la demande principale.

1266. *Peut-on former une demande incidente, lorsqu'une partie n'a pas constitué d'avoué?*

L'art. 337, en disant que les demandes incidentes seront formées par un acte, suppose la présence des parties sous l'instance principale : toutes les fois donc qu'une d'elles est défaillante, il n'y a pas lieu à former de demandes de cette nature, ainsi que nous l'avons dit sur la quest. 620, pag. 367. — (*Voy. les développemens donnés sur cette solution dans les Quest. de Lepage, pag.* 221).

1267. *De ce que l'art.* 337 *veut que les demandes incidentes soient signifiées d'avoué à avoué, s'ensuit-il qu'elles ne soient pas autorisées dans les justices de paix ni dans les tribunaux de commerce, où le ministère d'avoué n'est pas admis?*

Non sans doute; mais, comme on ne fait aucune écriture sous le cours des instances pendantes en ces juridictions, les demandes incidentes sont formées à l'audience. — (*Voy. Lepage, ubi suprà*).

1268. *Mais pourrait-on, même dans les tribunaux de première instance, former à l'audience une demande incidente?*

Les auteurs du Commentaire inséré aux Annales du notariat, tom. 2, pag. 399, décident l'affirmative, en se fondant sur ce qu'on remplirait éminemment les intentions manifestes du législateur, qui sont de diminuer, autant que possible, les frais que les demandes dont il s'agit pourraient occasionner.

Mais, puisque l'art. 337 exige que le simple acte par lequel ces demandes seraient formées en contienne *les moyens et les conclusions*, c'est, sans doute, parce qu'il a été dans l'intention du législateur que la partie en fût instruite avant l'audience, et pût préparer les réponses, qu'elle peut également donner par un simple acte : de là nous concluons, contre le sentiment des auteurs précités, qu'en général la partie contre laquelle une demande incidente serait formée, peut opposer avec succès la fin de non-recevoir résultant du défaut de signification. — (*Voy. Quest. de droit de M. Merlin, au mot* intervention, *§ 2, tom. 3, pag.* 178). (1).

ARTICLE 338.

Toutes demandes incidentes seront formées en même tems; les frais de celles qui seraient proposées postérieurement, et

(1) C'est aussi ce qu'admettait la Cour de Bruxelles, dans ses observations sur le projet, en disant que les demandes incidentes pouvaient être formées par acte d'avoué à avoué, *pourvu qu'elles fussent signifiées avant l'audience.*

Mais comme il peut arriver des cas où les demandes incidentes seraient amenées par la plaidoirie même, et où il deviendrait nécessaire que la partie les formât de suite, afin qu'on ne lui opposât pas son silence, la même Cour observait qu'on devait permettre de les former à l'audience, à la charge de signification *dans le jour,* et sauf à faire supporter les frais à la partie, s'il était jugé que la demande aurait pu être formée plus tôt.

Nous admettons cette exception, fondée sur la nécessité, mais en observant que la signification pourrait être faite aussi long-tems que la partie défenderesse à l'incident n'aurait pas obtenu jugement qui le rejetât faute de signification. — (*Voy. régl. du* 30 *mars* 1808, *art.* 33).

dont les causes auraient existé à l'époque des premières, ne pourront être répétés.

Les demandes incidentes seront jugées par préalable, s'il y a lieu, et, dans les affaires sur lesquelles il aura été donné une instruction par écrit, l'incident sera porté à l'audience, pour être statué ce qu'il appartiendra.

Ordonn., tit. 11, art. 27. — C. de P., art. 134, 186, 288, 341, 1031.

CCLXXX. Quoique les parties soient libres de former les demandes incidentes jusqu'au jugement de la cause principale, elles ne doivent pas néanmoins abuser de cette faculté, pour entraver la marche de la procédure et multiplier les frais. Aussi l'art. 337 veut-il que toutes les demandes qu'une partie peut avoir à former pendant le cours d'une instance, soient faites cumulativement par un seul acte et non successivement. Au reste, toute demande incidente doit être portée à l'audience et jugée préalablement, *s'il y a lieu* (1); sinon elle est jointe à la demande principale, pour être statué sur le tout par un même jugement (2).

1269. *Qu'exprime l'art. 338, en disposant que, dans les procès par écrit, l'incident sera porté à l'audience, pour être statué ce qu'il* APPARTIENDRA ?

La loi exprime, par ces derniers mots, que le tribunal jugera l'incident sur-le-champ, s'il est possible, ou le joindra au fond, pour y statuer en définitif par le même jugement. — (*Prat., tom. 2, pag. 312; voy., sur la question de savoir comment se jugent les demandes incidentes dans les affaires en délibéré, les quest. 443 et 444*).

§ II.

De l'intervention. (3)

Il résulte de ce que nous avons dit *suprà*, *pag.* 793, que l'intervention est la demande formée par un tiers dans une instance déjà engagée devant un tribunal, afin d'être reçu partie dans cette instance, pour y conserver et faire valoir, soit ses propres droits, soit ceux de ses débiteurs, ou d'une partie qu'il doit garantir.

---

(1) *S'il y a lieu,* c'est-à-dire quand la demande incidente consistera dans une exception, ou quand elle offrira à décider une question dont la solution ne laissera plus rien à juger sur la demande principale. — (*Voy. Pigeau, tom.* 1, *pag.* 391).

(2) Cette règle est invariable, soit que la cause principale ne comporte que l'instruction ordinaire, soit qu'elle s'instruise par écrit; car de ce que la cause principale a dû faire l'objet d'une instruction par écrit, il ne suit pas toujours qu'il faille instruire la demande incidente suivant le même mode. Ainsi donc, quel que soit le genre d'instruction de la demande principale, c'est toujours à l'audience qu'il faut d'abord porter la demande incidente. Le tribunal examine et résout la question de savoir si cette seconde demande peut ou doit être jugée par préalable; mais s'il pense, au contraire, que ces deux demandes sont de nature à ne pouvoir être bien éclaircies que par une même discussion, et bien jugées que par un même jugement, il en ordonne la jonction.

(3) Voyez *infrà*, sur l'art. 466.

ARTICLE 339.

L'intervention sera formée par requête qui contiendra *les moyens et conclusions* (1), dont il sera donné copie, ainsi que des pièces (2) justificatives (3).

T., 75. — Ordonn., tit. 4, art. 28. — C. de P., art. 49, n.° 2, 65, 406, 466, 536.

CCLXXXI. A la différence des demandes incidentes proprement dites, qui se forment par un simple acte, on ne peut intervenir que par une *requête*, et en

---

(1) *Les moyens et conclusions,* si l'affaire est ordinaire; si elle est sommaire, la requête ne doit contenir que de simples conclusions motivées.

(2) Les seules copies données avec la requête passent en taxe; les autres sont à la charge de l'intervenant, conformément à l'art. 65. — (*Locré, tom.* 2, *pag.* 4).

(3) JURISPRUDENCE.

1.° Tout créancier inscrit sur un immeuble saisi, et à qui d'ailleurs la notification prescrite par l'art. 696 du Code de procédure a été faite, peut intervenir dans l'instance relative à la validité des poursuites pendantes entre le poursuivant et le saisi. L'intervention ne pourrait être écartée par l'effet d'une transaction entre le poursuivant et le saisi, laquelle aurait mis fin à l'instance. — (*Cassat.*, 26 *déc.* 1820, *Sirey, tom.* 22, *pag.* 37).

2.° Un créancier d'une succession bénéficiaire, déjà partie dans l'instance du bénéfice, peut opposer des exceptions aux demandes de reprises ou de créances, soit d'une veuve, soit de créanciers, par un simple acte d'assignation à l'audience, sans intenter une demande principale, en conformité de l'art. 61 du Code de procédure, ou sans présenter une requête d'intervention, aux termes de l'art. 339 du même Code. En pareil cas, la Cour peut statuer sur le fond. — (*Rennes*, 18 *mai* 1811).

3.° Un individu qui a reçu un acte d'appel pour un parent, ne peut intervenir à l'effet de conclure à ce qu'il lui soit décerné acte de sa déclaration de rétracter l'acceptation de cet exploit d'appel. — (*Rennes*, 16 *mai* 1812).

4.° L'intervention n'est pas permise à celui qui, étant étranger au procès, se prétendrait injurié dans les mémoires des parties, et voudrait en demander la suppression. Il n'a, pour obtenir réparation, que la voie d'action principale. — (*Rouen*, 29 *nov.* 1808, *Sirey, tom.* 12, *pag.* 208, *et suprà*, *n.°* 432).

5.° Néanmoins, l'intervention dans une cause peut avoir lieu de la part de l'avocat d'une des parties, pour demander la répression des injures dirigées contre lui dans les mémoires imprimés et signifiés par l'autre partie. — (*Rouen*, 25 *mars* 1808, *Sirey, tom.* 7, *pag.* 1027).

6.° L'intervention formée par un fondé de pouvoir au nom du mandant est non recevable. — (*Rome*, 6 *juil.* 1811, *Sirey*, 1814, *pag.* 189).

NOTA. Mais nous remarquerons, d'après ce que nous avons dit *suprà*, n.° 290, qu'elle serait valablement formée si le mandataire avait mentionné les noms, profession et domicile du mandant, en déclarant qu'il n'agit que pour lui. Il en est ici comme de l'ajournement, qui n'est pas nul en cette circonstance. — (*Voyez suprà*, *n.os* 289 *et* 290).

7.° On ne peut former intervention que par requête, et non par de simples conclusions prises sur le barreau. En effet, les motifs d'exception donnés pour les demandes incidentes, pag. 795 not. 1, n'existaient point pour l'intervention. — (*Rennes*, 29 *mars* 1817).

8.° Lorsque des intervenans ont le même intérêt et proposent les mêmes moyens que la partie principale, on peut leur opposer les mêmes exceptions. — (*Paris*, 18 *fév.* 1809, *Sirey, tom.* 9, *pag.* 247).

9.° Le tribunal qui a admis une partie à intervenir à ses frais dans une instance, ne peut, par le jugement définitif, condamner aux frais de l'intervention celle des parties principales qui succombe. — (*Rennes*, 2 *juil.* 1810).

aucun cas par des conclusions verbales prises à l'audience, ainsi qu'il se pratiquait souvent avant la publication du Code de procédure.

1270. *En quels cas une partie peut-elle intervenir dans un procès?*

Cette question tient plutôt, soit à la qualité, soit au fond du droit des parties, qu'aux règles et aux formalités de la procédure; et, par ce motif, nous sommes dispensé de lui donner tous les développemens dont elle serait susceptible.

Il nous suffira de rappeler que le mot *intervention* exprime l'action par laquelle une tierce personne se rend partie dans un procès où elle était d'abord étrangère, afin de soutenir des droits qui pourraient être compromis.

L'intervenant se rend ainsi partie adverse, soit du demandeur ou du défendeur, soit de l'un et de l'autre. M. Berriat Saint-Prix, pag. 320, not. 4, cite, à ce sujet, les exemples suivans :

1°. Celui qui serait chargé de payer un legs, si un testament était déclaré valable, peut intervenir dans la cause où l'on demande la validité de ce testament. — (*Voy. arrêt de la Cour de cassation, du* 23 *pluviôse an* 9).

2°. Il en serait de même du cédant, dans l'action intentée par son cessionnaire contre le débiteur cédé.

3°. Du tiers propriétaire, dans l'adjudication de ses biens saisis et mis en vente, contre le détenteur. — (*Voy. Cod. de procédure, art.* 727 *et* 729).

Dans le premier cas, l'intervenant attaque le demandeur; dans le second, le défendeur; dans le troisième, l'un et l'autre.

Nous venons de dire que l'intervenant se rend partie *afin de soutenir des droits, etc* En effet, une intervention dénuée d'intérêt n'est pas plus recevable qu'une action principale qui en serait dépourvue. L'intérêt est, en tous les cas, la mesure des actions et des exceptions. — (*Voy. Prat, tom.* 2, *pag.* 316).

C'est d'après ce principe général que l'on doit sur-tout se gouverner dans presque tous les cas où il s'agit d'admettre ou de rejeter une intervention. — (*Voy. pour les détails, le nouv. Répert., au mot* intervention; *Pigeau, tom.* 1, *pag.* 593; *Demiau Crouzilhac, pag.* 288, *etc., et sur la quest. de savoir quand on peut intervenir en cause d'appel, nos quest. sur l'art.* 466) (1).

1271. *Est-il des cas où l'intervention puisse être forcée?*

Les dispositions du paragraphe que nous expliquons paraîtraient supposer que l'intervention serait toujours volontaire; mais il est des cas où l'on peut forcer un tiers à intervenir dans un procès. Tel est, par exemple, celui où un individu, à raison de l'intérêt qu'il aurait à l'objet de la cause principale, serait recevable à former tierce opposition au jugement à intervenir dans cette cause. On l'assigne alors *en déclaration de jugement commun*, afin de prévenir le nou-

(1) Nous ajouterons aux exemples ci-dessus le cas du créancier, qui, d'après l'art. 882 du Code civil, peut intervenir dans l'instance de partage, afin d'éviter qu'il ne soit fait en fraude de ses droits; mais, en cette circonstance, la loi veut qu'il intervienne à ses frais. Nous croyons qu'en tout autre cas un créancier aurait le même droit, sous la même condition; car il y a un intérêt qui peut se réaliser; ce qui suffit pour autoriser une action. Les mêmes motifs d'après lesquels a été portée la disposition de l'art. 882, existent dans une foule d'autres cas que celui qu'il mentionne.

veau procès qu'il pourrait intenter en se rendant tiers opposant. — (*Voy. le nouv. Répert. de M. Merlin, au mot* intervention).

Mais ce que nous venons de dire ne suppose pas que *l'action en déclaration de jugement commun* doive toujours être formée incidemment; elle peut être principale, et c'est ce qui arrive quand on a omis de mettre le tiers intéressé en cause avant la décision du procès (1).

1272. *Suffit-il, pour former l'intervention, d'une requête signifiée d'avoué à avoué, et ne faut-il pas, en outre, que cette requête soit remise à un juge, pour être répondue par le tribunal?*

Quoique l'art. 339 dise seulement que l'intervention est formée par *requête*, sans qu'il soit ajouté, comme en plusieurs autres articles, et notamment en l'art. 406, que cette requête sera une requête d'avoué, il n'est pas douteux cependant que l'intervention étant une demande incidente de sa nature, afin de comparution d'un tiers dans une cause déjà engagée entre des parties qui ont nécessairement leurs avoués, c'est à ceux-ci qu'elle doit être signifiée : déjà chargés de la cause, ils sont à portée de voir si l'intervention est bien ou mal fondée, et conséquemment en état d'y défendre. — (*Voy. Rodier, sur*

---

(1) La question que nous venons d'examiner exige que nous fassions connaître ce que l'on entend par demande en déclaration de jugement commun, dans quel cas elle a lieu, quels en sont les effets et la forme.

Cette demande est une action formée contre un tiers, afin de faire prononcer contre lui les mêmes condamnations que l'on poursuit, ou qui déjà ont été prononcées contre une autre partie.

Cette demande a conséquemment lieu par rapport à un jugement à intervenir, ou bien par rapport à un jugement rendu.

Dans le premier cas, elle a pour objet de forcer un tiers à se rendre partie dans une contestation pendante entre deux personnes; de sorte que le jugement à rendre étant prononcé avec ce tiers, celui-ci ne puisse pas ensuite l'attaquer par la voie de la tierce opposition. C'est dans ce cas seulement que l'action forme un incident, en ce qu'elle produit une *intervention passive* ou *forcée* de la partie contre laquelle elle est formée.

Dans le second cas, la demande en déclaration de jugement commun a pour objet de faire prononcer qu'un jugement rendu entre deux personnes aura effet contre un tiers, de même que si ce tiers y avait été partie. Cette demande est principale, et conséquemment elle doit être sujette au préliminaire de conciliation, à la différence de la première, qui en est dispensée comme l'intervention. — (*Voy. suprà, art.* 49).

On a le droit d'exercer cette action toutes les fois qu'un tiers aurait droit de former tierce opposition contre un jugement rendu ou à rendre. (*Voy. infrà, sur l'art.* 474). C'est ce qui aurait lieu, par exemple, dans le cas où une maison, possédée en indivis par plusieurs personnes, est réclamée par une autre; si celui qui réclame n'a intenté son action que contre l'un des copossesseurs, chacun des autres ayant le droit de se rendre tiers opposant, pourrait être assigné en déclaration de jugement commun.

Le Code n'ayant rien prescrit sur les formes à suivre pour former cette demande, il nous semble que, dans les deux cas où elle est formée, elle doit l'être par requête, avec assignation à personne ou domicile, à laquelle on joint copie des titres. S'il s'agit de forcer le tiers à intervenir, il est nécessaire que le libelle de l'exploit lui fasse connaître l'état de l'instance dans laquelle on entend le rendre partie; si, au contraire, l'action est principale, il faut signifier le jugement que l'on prétend faire rendre commun. Du reste, lorsque cette demande est formée incidemment, elle doit être soutenue, contestée et jugée conformément aux règles de l'intervention volontaire. — (*Voy. Berriat Saint-Prix, pag.* 323).

l'art. 28 *du tit.* 11 *de l'ordonn., quest.* 1re.; *Comm. inséré aux Ann. du not., tom.* 2, *pag.* 403; *Demiau Crouzilhac, pag.* 248, *et Thomines, pag.* 159).

Cependant M. Denevers (*voy. supplément*, 1809, *pag.* 40) et M. Hautefeuille, pag. 186, disent que la Cour d'appel de Colmar, par arrêt du 22 février 1809 (*Sirey, tom.* 14, *pag.* 435, *feuille* 55), a décidé que la demande en intervention ne peut être formée par requête d'avoué à avoué, attendu que la demande en intervention est une demande faite directement à la justice; que le mot *requête* suppose qu'elle est destinée à lui être présentée, et qu'elle doit conséquemment être remise à un des juges, pour en être fait rapport et être répondu.

Il est essentiel de remarquer ici qu'il ne résulte point de là que la Cour de Colmar ait jugé que la requête ne doit pas être faite par acte d'avoué à avoué, mais seulement qu'elle aurait décidé que l'intervention n'est formée que par la représentation de cette requête au tribunal; c'est, d'ailleurs, ce qui est exprimé dans l'arrêt même, rapporté *en son entier* au tom. 4 de la Jurisprudence des Cours souveraines sur la procédure, pag. 318. On y lit, en effet, que, si la loi a voulu que la signification des requêtes fût faite d'*avoué à avoué*, on ne doit pas en conclure qu'elle ait entendu dispenser les parties de les présenter à la Cour ou au tribunal à qui elles sont adressées.

Mais est-il bien juste de dire que l'intervention ne peut être formée qu'autant que la requête a été remise à un juge, pour en être fait rapport et être répondue? Nous ne le pensons pas, et peut-être serions-nous fondé à dire que l'usage est conforme à notre opinion. De ce que le législateur veut que l'intervention soit formée par requête, il n'en résulte pas, selon nous, que cette requête doive être répondue sur rapport d'un juge; si la loi l'eût voulu, elle s'en fût exprimée; elle eût dit que la requête serait remise au président, qui en ferait rapport ou commettrait à cet effet un des juges. Si, d'ailleurs, la loi n'exige un jugement sur l'intervention que dans le cas où elle est contestée (*voy. art.* 341), comment admettre que la requête doive être répondue à l'audience? Aussi, nul des commentateurs du Code n'a-t-il donné de décision semblable à celle de la Cour de Colmar. — (*Voy. nos quest. sur les art.* 364, 492 *et* 493). (1)

1273. *L'intervenant doit-il, à peine de nullité, énoncer dans la requête d'intervention ses nom, profession et domicile, et y joindre les pièces justificatives?*

Cette question a été résolue pour l'affirmative par l'arrêt de la Cour de Colmar déjà cité sur la question précédente, attendu, sur le premier point, qu'une requête en intervention présente une demande nouvelle et principale de celui qui prend cette voie; qu'il devient lui-même une nouvelle partie, et qu'il faut, par conséquent, qu'il indique, comme tout demandeur qui introduit son action, ses nom, profession et domicile, ainsi que le prescrit l'art. 61, à peine de nullité.

Nous remarquerons que, dans l'espèce, il s'agissait d'une intervention formée par des personnes qui n'étaient désignées que sous le nom collectif d'*héritiers de tel.*

---

(1) Remarquons qu'il n'est pas besoin d'autant de requêtes d'intervention qu'il y a d'instances liées entre les parties principales. — (*Rennes,* 15 *mai* 1812).

Quant au second point, la Cour de Colmar n'a point donné ses motifs; mais nous remarquerons que l'art. 339 ne dispose point à peine de nullité, et que conséquemment, d'après l'art. 1030, on ne pourrait annuler la requête pour défaut de copie des titres. Si, comme nous venons de le dire, cette même Cour a annulé une requête d'intervention pour défaut de mention des noms, profession et domicile de l'intervenant, c'est en vertu de l'art. 61, qui prononce nullité de tout exploit qui ne contiendrait pas la mention des noms et profession de celui à requête duquel un exploit est donné.

La Cour considéra, avec raison, qu'il tenait à la substance de la requête que l'intervenant se fît connaître; mais il ne tient pas à la substance de cet acte que la copie des titres soit donnée. Cette obligation n'est qu'une formalité accessoire de la requête : or, un accessoire ne peut, sous aucun rapport, tenir à la substance d'un acte; il n'y a que ce qui est *inhérent* et *intrinsèque* qui puisse être considéré comme *substantiel* (1).

ARTICLE 340.

L'intervention ne pourra retarder le jugement de la cause principale, quand elle sera en état (2).

Voy. *infrà*, art. 343.

CCLXXXII. ON peut intervenir dans une instance en tout état de cause, même sur l'appel. (*Art.* 466). Cependant, l'intervention ne peut devenir un moyen de retarder le jugement de la cause principale, dès qu'elle se trouve en état

(1) En effet, l'art. 339 porte : *L'intervention sera formée par requête, qui contiendra les moyens et conclusions.*

Voilà tout ce qui tient à la substance de l'acte, puisque c'est tout ce qui le compose.

L'article ajoute, *dont il sera donné copie, ainsi que des pièces justificatives* : cette copie des pièces ne fait pas partie de la requête.

Ainsi, lorsqu'elle n'a point été donnée, il n'y a pas lieu à annuler cet acte, mais seulement à interdire à l'intervenant de plaider jusqu'à ce qu'il ne la fournisse : on se retrouve ici dans l'espèce de l'art. 65. C'est aussi ce que la Cour de Rennes a jugé, par arrêt du 26 juin 1815.

Contre cette opinion, l'on oppose l'art. 673, qui exige copie du titre en tête du commandement, et dont la violation emporte nullité. Mais cette objection est absolument dénuée de fondement; car si le commandement est nul faute de copie de titre, c'est parce que l'art. 717 prononce la nullité pour omission de ce que prescrit l'art. 673; mais nulle part le législateur n'applique cette peine à l'omission de la copie des pièces dans la requête d'intervention. Loin de là, il n'est pas douteux que la copie des titres puisse être donnée par acte séparé de la requête : donc le défaut de copie ne peut l'annuler. La loi dit, en effet, *dont il sera donné copie, ainsi que des pièces*, et non *dont il sera donné copie* AVEC *celle des pièces*, ou *dont il sera donné copie contenant celle des titres*. Or, aucun délai n'est fixé pour donner cette dernière copie : on est donc à tems de se conformer à la disposition de la loi, quand on veut, à moins que la partie adverse ne l'ait exigée de suite, auquel cas on ne peut la refuser.

(2) JURISPRUDENCE.

On ne peut intervenir dans une instance en expropriation forcée, trois jours, par exemple, avant l'adjudication définitive. — (*Rennes*, 16 *fév.* 1815, *Journ.*, *tom.* 4, *pag.* 376).

d'être jugée. En effet, la partie que l'intervenant attaque ne doit pas souffrir de ce qu'il lui a plu de se joindre à la partie adverse, et de ce qu'il s'est présenté trop tard. Si donc le tribunal se trouve suffisamment instruit pour statuer sur les moyens respectifs du demandeur et du défendeur, et que ceux de l'intervenant soient encore obscurs et non vérifiés, il doit passer outre, s'il en est requis, au jugement définitif de la demande originaire, sauf à l'intervenant à procéder par action séparée (1).

1274. *Résulte-t-il de la disposition de l'art.* 340 *que l'intervenant doive prendre l'affaire en l'état où elle se trouve, en sorte qu'il ne puisse opposer une exception déclinatoire ou dilatoire?*

C'est un principe consacré par la jurisprudence, que l'intervenant doit toujours être prêt à plaider, fût-ce le lendemain de la signification de sa requête. — (*Voy. Rodier*).

Ainsi, l'intervenant n'a pas le droit de décliner la juridiction du tribunal saisi de la demande principale; il ne peut non plus proposer d'exception dilatoire (*voy. Bornier, Jousse et Rodier, sur l'art.* 28 *du tit.* 11 *de l'ordonn.*); il doit, enfin, prendre l'affaire en l'état où elle se trouve, c'est-à-dire se réduire aux seuls actes qui restent à faire pour l'instruction.

De là Rodier soutient, contre Jousse (*art.* 36 *du tit.* 22 *de l'ordonn.*), que l'intervenant reçu au procès, lorsque les enquêtes des deux parties sont terminées, n'est pas admissible à en faire une.

Duparc-Poullain, tom. 9, pag. 391, n°. 122, dit que, si l'intervenant a un véritable intérêt dans l'affaire, on lui objecterait inutilement qu'il doit prendre l'instance dans l'état où elle se trouve; car cette proposition n'a pas d'autre sens, sinon que la procédure qui a été faite jusqu'à l'intervention doit subsister. Il est indubitable, ajoute-t-il, que tous les droits de l'intervenant sont entiers, et qu'ainsi il peut, de son chef, faire valoir tous les moyens qui peuvent établir ses droits.

Supposons, par exemple, que le procès soit lié avec un héritier, et qu'après les enquêtes ou la forclusion acquise contre lui, un de ses cohéritiers intervienne, sans qu'il puisse y avoir de difficulté sur sa qualité et son intérêt, par quel motif pourrait-on lui refuser la preuve par témoins, sur une créance qui n'excéderait pas 150f, et dans laquelle il a un droit indivis? On opposera l'art. 340, qui porte que l'intervention ne peut retarder le jugement de la cause principale; mais la partie adverse ne doit-elle pas s'imputer d'avoir négligé de mettre en cause tous les intéressés dans l'affaire? Et d'ailleurs, si, après les enquêtes, elle avait jugé à propos de mettre en cause ce cohéritier, pourrait-elle lui objecter la forclusion acquise contre son consort? Cela, dit Duparc, serait contre la justice et la raison. Or, il n'y a pas de différence entre cette espèce et celle d'un intervenant, qui a pu même ignorer l'instance jusqu'au tems de son intervention. Telle est aussi notre opinion; mais avec la distinction ci-dessous énoncée en la note (2).

(1) Cette règle doit sur-tout s'appliquer lorsque l'intervenant n'a pas donné copie des pièces. (*Nîmes*, 18 *nov.* 1811, *Berriat Saint-Prix*, *pag.* 321, *not.* 12).

(2) Cette distinction est faite par Bornier, et d'après lui par les auteurs du Praticien, tom. 2,

ARTICLE 341.

Dans les affaires sur lesquelles il aura été ordonné une instruction par écrit, si l'intervention est contestée par l'une des parties, l'incident sera porté à l'audience.

C. de P., art. 338.

CCLXXXIII. QUAND la demande principale n'est pas instruite par écrit, la demande en intervention est, au même jour qu'elle, portée à l'audience, et tout est jugé par le même jugement.

Quand, au contraire, une instruction par écrit ou même un simple délibéré sur rapport ont été ordonnés, il faut distinguer si les parties principales ou l'une d'elle soutiennent l'intervention non recevable, ou si l'admission en cause de l'intervenant n'est pas contestée. Dans le premier cas, la partie la plus diligente poursuit l'audience par un simple acte, pour faire juger incidemment la question de savoir si l'intervention doit être admise ou rejetée; dans le second,

---

pag. 315, et M. Berriat Saint-Prix, pag. 321, not. 12, entre l'intervenant qui attaque les deux parties, et celui qui se borne à appuyer l'une d'elles. Par les motifs énoncés au commentaire de l'article, ce dernier doit, sans contredit, prendre la cause en l'état où elle se trouve; mais il ne serait pas juste que le premier fût la victime de ce qu'on ne l'a pas appelé dans un procès où il est évidemment intéressé, et de la rapidité avec laquelle les parties auraient instruit la cause, dans le dessein peut-être de le priver de ses droits.

Nous ne dissimulons pas toutefois, comme le dit aussi M. Berriat, que cette opinion semble contrariée par l'art. 340 : c'est pourquoi M. Demiau Crouzilhac, pag. 248, dit que l'intervention ne peut retarder du tout la cause, lorsqu'elle est en état, c'est-à-dire lorsqu'elle est parvenue au degré d'instruction indiqué en l'art. 343; mais si l'on donne à cet article un sens aussi étendu que la généralité de ses termes paraît le permettre, il en résultera que les tiers qui n'auront pas connu l'instance primitive aussitôt après la demande, préféreront à une intervention la voie de la tierce opposition, où ils seront libres d'instruire complètement leur cause; par conséquent, le but de la loi institutive de l'intervention, c'est-à-dire celui de prévenir la multiplication des procès, sera tout à fait manqué. — (*Voy. Thomines, pag.* 158).

Au surplus, si l'opinion que nous venons d'émettre offre quelques difficultés à raison de la disposition générale de l'art. 340, ce n'est du moins qu'à l'égard de la partie qui intervient volontairement; car celle dont l'intervention serait forcée, et qui, par exemple, serait assignée en déclaration de jugement commun, ne peut avec justice être contrainte à paraître, peut-être au moment de l'audience même, pour être aussitôt jugée, sans avoir usé des voies d'instruction dont elle aurait joui, sans avoir pu opposer les moyens de défense qu'elle aurait pu produire dans la procédure de la tierce opposition, si elle n'avait pas été appelée sous le cours de l'instance principale.

Ici encore nous ne pouvons dissimuler qu'un arrêt de la Cour de cassation, du 18 août 1808 (*Sirey, tom* 8, *pag.* 453), paraîtrait s'opposer à cette solution; mais, comme le remarquent M. Berriat Saint-Prix, pag. 322, not. 14, et les auteurs du Commentaire inséré aux Annales du notariat, tom. 2, pag. 406, les motifs de cet arrêt n'ont été fondés que sur des faits particuliers à la cause. Son autorité ne saurait donc détruire l'opinion où nous sommes, ainsi que ces auteurs, que, dans le cas d'une intervention forcée, on doit accorder à la partie un délai suffisant pour proposer ses moyens, et que, conséquemment, on ne peut procéder de suite au jugement du fond, quand même la cause serait en état entre les parties qui étaient déjà en instance.

il suffit du consentement des parties principales pour lier entre elles et l'intervenant la contestation en cause, et pour autoriser ce dernier à produire sa requête et ses pièces justificatives, soit au greffe, soit entre les mains du rapporteur, qui dès lors prépare et fait son rapport, tant sur le principal que sur l'incident.

Ainsi, l'on voit que dans les affaires jugées sur plaidoirie à l'audience, les juges ont à décider tout à la fois, 1°. si l'intervention est recevable; 2°. si les conclusions de l'intervenant sont bien fondées, tandis que dans celles instruites par écrit ou mises au rapport, ils n'ont à statuer en définitive que sur le dernier point.

1275. *Le jugement qui reçoit ou qui rejète l'intervention contestée, est-il préparatoire ou interlocutoire?*

On pense généralement que, dans les causes d'audience, les parties doivent, encore bien que l'intervention soit contestée, instruire en même tems sur l'intervention et sur le principal, pour y être statué par un seul et même jugement, sauf au juge à statuer d'abord sur l'intervention, et à renvoyer la décision du fond. — (*Voy. Rodier, sur l'art.* 28 *du tit.* 11 *de l'ordonn.; Hautefeuille, pag.* 186.)

Mais dans les affaires qui s'instruisent par écrit, l'art. 341 veut que l'incident sur la contestation soit porté à l'audience.

Cette contestation consiste, par exemple, à établir que l'intervenant est étranger à la cause, que le jugement à intervenir sur le fond ne peut lui apporter ni préjudice, ni avantage, etc. etc. C'est à l'intervenant à soutenir sa demande par les moyens inverses, c'est-à-dire en démontrant son intérêt.

Sur ce débat intervient un jugement que la Cour de Montpellier, par arrêt du 12 avril 1809, a déclaré être essentiellement préparatoire, et conséquemment non susceptible d'être attaqué par voie d'appel avant le jugement définitif (1).

Nous croyons, comme l'a jugé cet arrêt, qu'un jugement qui admet ou qui rejète une intervention, est préparatoire de sa nature; mais nous admettons, avec M. Coffinières, qu'il pourrait être considéré comme interlocutoire, s'il était démontré que l'admission ou le rejet de l'intervention pût influer sur le jugement à rendre au fond (2).

---

(1) Les motifs de cet arrêt sont, d'une part, que l'art. 341 qualifie d'incident la demande en intervention; de l'autre, que l'art. 340 dispose que l'intervention ne pourra retarder le jugement de la cause principale, quand elle sera en état : d'où il suit que, dans l'intention du législateur, le jugement qui reçoit l'intervention est dans la classe des jugemens préparatoires dont l'appel n'est pas recevable, puisque, s'il pouvait être reçu, l'appel ne pouvant suspendre le jugement de la cause principale, la demande en intervention serait presque toujours vaine et illusoire, quand même elle serait trouvée fondée par l'arrêt postérieur.

M. Coffinières, en rapportant ce même arrêt dans son Recueil de la jurisprudence des Cours souveraines sur la procédure, tom. 4, pag. 322, remarque que l'on pourrait admettre, en ce cas, une distinction consacrée par plusieurs arrêts, notamment par une décision de la Cour de cassation qu'il rapporte même tome, pag. 269. Cette décision range un jugement qui ordonne la mise en cause d'une tierce personne dans la classe des interlocutoires, attendu l'influence que cette mise en cause peut avoir sur la décision du procès.

(2) Au reste, nous reviendrons sur cette question, en examinant les difficultés que peu-

QUATRIÈME SUBDIVISION.

De la procédure incidente, relative à l'interruption de l'instance par changement de personne ou d'état dans les parties ou leurs avoués.

L'INSTANCE introduite par l'exploit de demande subsiste devant le juge saisi de la contestation, jusqu'à ce qu'elle ait été terminée par jugement (*voy. suprà, pag.* 127, 3.°, *et pag.* 261, *à la note*); par péremption (*infrà, tit.* 17); par désistement (*infrà, tit.* 23), ou par compromis (*infrà, liv.* 3, *titre unique*).

Mais elle peut être interrompue dans son cours, soit par suite de la volonté des parties, lorsqu'elles-mêmes discontinuent leurs poursuites, soit malgré elles, lorsqu'il survient des événemens qui ne permettent de les continuer qu'après la cessation de l'obstacle qu'ils opèrent.

A ce sujet, le législateur, prenant en considération particulière les cas du décès d'une des parties, ou d'empêchement de son avoué, prescrit ce qu'il y a à faire pour que l'instance reprenne son cours (1). C'est l'objet du titre 17.

TITRE XVII.

Des reprises d'instance, et constitution de nouvel avoué. (1)

EN matière de procédure, il est de principe élémentaire qu'aucune partie ne peut être jugée sans avoir fait ou pu faire entendre ses moyens de défense.

Or, ce principe s'oppose à ce qu'on passe outre à l'instruction d'une cause, toutes les fois que l'affaire n'étant pas en état de recevoir jugement, une partie décède, devient incapable d'ester en justice, ou cesse de pouvoir y être représentée par l'avoué qu'elle avait constitué : il faut donc que les suites de l'instance soient suspendues jusqu'à ce qu'un héritier, un administrateur, un nouvel avoué, viennent remplacer le défunt ou l'incapable.

C'est ce changement de parties ou d'avoué qui donne lieu à la *reprise d'instance* et à la *constitution de nouvel avoué*.

On peut définir la *reprise d'instance* l'acte par lequel ceux qui succèdent aux droits et obligations d'une partie, ou qui ont, à tout autre titre, droit et qua-

---

vent présenter, dans la pratique, les art. 451 et 452 du Code. — (*Voy. nos questions sur ces deux articles*).

(1) On peut ajouter une foule d'autres événemens, qui, d'après la disposition de la loi ou la nature de la cause, suspendent aussi l'instance, tels que l'incident de faux dans les tribunaux d'exception, la plainte en faux principal, les désaveux, les réglemens de juges, toutes les demandes en renvoi, les questions préjudicielles; en un mot, tout événement qui exige une décision préalable à toute autre. Il ne s'agit ici que de ceux qui donnent lieu à reprise d'instance ou à constitution de nouvel avoué.

(2) Voy. *suprà*, pag. 201 et 202, et *infrà* sur l'art. 397.

lité pour la représenter, reprennent volontairement, ou sont forcés de reprendre l'instance dans laquelle cette partie était engagée.

La reprise volontaire se fait par une simple déclaration, signifiée à l'avoué adverse, d'entendre procéder d'après les *derniers erremens* de l'instance (1).

La reprise forcée s'opère en exécution d'un jugement rendu sur assignation, à celui qui doit procéder au lieu et place de la partie décédée ou devenue incapable.

La constitution de nouvel avoué est également un acte volontaire ou forcé, par lequel un avoué est institué, en cas de démission, interdiction ou destitution de celui qui avait été précédemment constitué.

ARTICLE 342.

Le jugement de l'affaire qui sera en état, ne sera différé, ni par le changement d'état des parties, ni par la cessation des fonctions dans lesquelles elles procédaient, ni par leur mort, ni par les décès, démissions, interdictions ou destitutions de leurs avoués (2).

Ordonn. de 1667, tit. 26, art. 1 et 2. — C. de P., art. 75, 93, 109, 148, 397, 426, 1038.

CCLXXXIV. Nous venons de dire que c'est un principe élémentaire en matière de procédure, qu'aucune partie ne peut être jugée sans avoir fait ou pu faire entendre ses moyens de défense, et que ce principe s'opposait, quand

---

(1) En termes de pratique, ce mot *errement* signifie la dernière procédure, le dernier état d'une affaire. Ainsi, *procéder suivant les derniers erremens*, c'est procéder dans l'état où se trouvait l'instance au moment de son *interruption*, et à partir conséquemment du dernier acte de la procédure.

(2) JURISPRUDENCE.

1.° Lorsqu'une instance a été introduite par ou avec un adjoint de maire en sa qualité, et que ce fonctionnaire vient à être remplacé, il n'y a point pour cela interruption d'instance et obligation de la reprendre avec le nouveau maire ou adjoint; la personne morale est restée la même. — (*Cassat*, 16 *avril* 1818, *Sirey*, *tom.* 19, *pag.* 178).

2.° L'art. 342 s'applique au cas de saisie immobilière, parce qu'elle forme une instance liée entre le poursuivant, les parties saisies et les créanciers inscrits, et dont le jugement, lorsqu'elle est en état, ne peut être différé par la mort d'une des parties. En conséquence, l'adjudication définitive ne peut être suspendue par le seul décès du saisi. — (*Paris*, 11 *juil.* 1812, *Sirey*, *tom.* 13, *pag.* 197).

NOTA. On objecterait vainement que l'art. 342 n'est pas applicable, parce que, d'après l'art. 343, l'affaire n'est en état que quand les plaidoiries sont commencées par des conclusions contradictoirement prises. On répondrait qu'à l'audience des criées il n'y a point de plaidoiries contradictoires autrement que sur des incidens.

3.° Lorsqu'une affaire qui, d'après la loi, doit s'instruire par écrit, est mise en état d'être jugée par les productions des deux parties, ou par le défaut dans lequel l'une d'elles a été constituée de produire, si l'une des parties vient à mourir avant que le rapport en soit fait à l'audience, il n'est pas nécessaire d'assigner ses héritiers en reprise d'instance; et si le rapport se fait sans qu'ils aient été asssignés, l'arrêt qui intervient à la suite de ce rapport ne doit pas être annulé sur ce seul fondement. — (*Cassat.*, 19 *vent. an* 9, *Sirey*, *tom.* 7, *pag.* 1183).

une partie décède ou devient incapable, ou cesse de pouvoir être représentée par l'avoué qu'elle avait constitué, à ce qu'on passât outre à l'instruction et au jugement du procès, nonobstant l'absence de cette partie, ou de son avoué. Ceux-ci n'ont plus le pouvoir de se faire entendre : il faut donc que la procédure soit suspendue pendant le tems nécessaire pour former une reprise d'instance, ou constituer un nouvel avoué.

Mais cette suspension de la procédure ne doit point avoir lieu dans tous les cas. Il faut distinguer si l'empêchement qui provient, soit de la partie, soit de l'avoué, n'a lieu qu'après que l'affaire est en état, ou s'il survient auparavant.

S'il n'a lieu qu'après, comme il ne s'agit plus alors ni de continuer l'instruction, puisqu'elle est achevée, ni d'entendre les conclusions, puisqu'elles ont été prises, mais seulement de vérifier et de juger la demande, ni le décès d'une partie, ni son changement d'état, ni la perte qu'elle a faite de son avoué, ne peuvent être un motif de différer le jugement.

1276. *Qu'entend-on par ces mots*, CHANGEMENT D'ÉTAT DES PARTIES et CESSATION DES FONCTIONS DANS LESQUELLES ELLES PROCÉDAIENT?

Le législateur entend, par *changement d'état*, le changement qui peut survenir dans l'état civil des personnes, relativement à la capacité que la loi leur donne ou leur refuse d'administrer par elles-mêmes leurs propres affaires, et, par conséquent, d'ester en justice, soit à raison de leur âge, soit à raison de leurs facultés intellectuelles, soit, enfin, à raison de la dépendance dans laquelle le mariage les aurait placées (1).

1277. *Lorsqu'un procès est en état d'être jugé, et que la contestation roule sur un droit* PERSONNEL *à une partie, c'est-à-dire non transmissible à ses héritiers, le décès de cette partie éteint-il le procès, en sorte que le tribunal ne puisse prononcer jugement, conformément à l'art.* 342?

Pour que cette question soit bien saisie, il est nécessaire de rapporter une espèce dans laquelle elle s'est présentée.

Il s'agissait de décider si l'épouse d'un interdit conserverait l'administration de la communauté, à la charge que les deniers existans fussent immobilisés pour être appliqués en acquisition de biens-fonds. Le décès de cette dame, sur-

---

(1) Ainsi, par exemple, le mineur qui devient majeur, le majeur qui est interdit, éprouvent dans leur état un changement qui donne au premier le droit de continuer par lui-même l'instance, dans laquelle il ne pouvait plaider que par son tuteur, et qui en rend le second incapable; en un mot, la loi entend parler de tout changement d'état qui peut produire dans la personne soit une capacité, soit une incapacité qu'elle n'avait pas auparavant.

On entend par cessation de fonctions, la cessation des fonctions qui donnaient à un individu qualité pour ester en justice. Un tuteur, par exemple, perd le droit de soutenir un procès au nom de son mineur devenu majeur, puisque ses fonctions cessent par la majorité de celui-ci; il en est de même du tuteur d'un interdit qui aurait obtenu main-levée de son interdiction, du mandataire dont les pouvoirs auraient été révoqués, etc. etc.

D'après l'art. 342, ce changement d'état, cette cessation de fonctions ne peuvent différer le jugement d'une affaire, lorsqu'elle est parvenue au degré d'instruction déterminé par l'art. 343.

venu au moment où l'affaire était en état, rendait inutile la décision de cette question, et cependant la Cour de Bruxelles prononça en la résolvant pour l'affirmative.

On disait, devant la Cour de cassation, que l'arrêt présentait une fausse application de l'art. 342, attendu qu'en principe général la mort éteint les procès; que la faculté de juger ceux qui seraient en état est une exception qu'il faut restreindre; exception qui suppose nécessairement qu'il s'agit de droits transmis à l'héritier du défunt; que le législateur n'a pu vouloir faire juger un procès désormais sans objet et sans utilité; que, dans l'espèce, la communauté étant dissoute, il n'y avait plus à décider qui l'administrerait.

Mais, par arrêt du 1.er juin 1808 (*voy. Sirey, tom. 8, pag. 341*), la Cour de cassation a décidé que la cause étant en état, la loi permettait à la Cour d'appel de procéder au jugement malgré le décès de la femme; que ce décès laissait à décider la question la plus importante, qui était celle de l'immobilisation des deniers; qu'à la vérité, la demande que la femme avait formée afin de gérer la société devenait sans objet pour l'avenir, mais que, cependant, la Cour d'appel avait pu, sans violer aucune loi, *juger cette question en droit et dans le rapport qu'elle pouvait avoir avec les dépens du procès.*

On remarquera, sans doute, que la nécessité de prononcer sur les dépens, dont la condamnation est essentiellement subordonnée au sort de la demande au principal, est véritablement une raison décisive pour qu'un tribunal prononce, ainsi qu'il y est autorisé par l'art. 342, dans le cas même où le droit qui serait l'objet de cette demande fût absolument personnel au défunt.

1278. *Le refus d'un avoué de plaider une cause dans laquelle il aurait pris des conclusions, empêche-t-il le tribunal de la juger?*

Non, puisqu'en cette circonstance l'affaire se trouve en état par l'effet des conclusions prises, et, par suite de conséquence, le jugement qui intervient est réputé contradictoire. — (*Voy. l'arrêt de la Cour d'Aix cité sur la quest. 614, pag. 361, et l'art. 28 du décret du 1er juin 1808*).

1279. *Y a-t-il lieu à assigner en reprise d'instance les héritiers d'un tiers saisi, décédé depuis le dénoncé et l'assignation lui donnés en vertu des art. 564 et 570?*

Autrement, *le décès du tiers saisi suspend-il la demande en validité de la saisie, pendant les délais donné à la veuve et aux héritiers pour faire inventaire et délibérer?*

Un tribunal a résolu cette question pour l'affirmative, mais nous ne croyons pas cette décision fondée. En effet, aucune disposition de la loi ne porte que la saisie-arrêt ne peut être déclarée valable qu'autant que la déclaration du tiers saisi aura été donnée. Au contraire, la déclaration du tiers saisi peut être postérieure au jugement de validité, dans le cas où le titre du saisissant est authentique. — (*Art. 568*).

D'un autre côté, le tiers saisi n'est point véritablement partie au procès; il n'y figure que comme témoin; et c'est pour cela qu'aussitôt qu'il s'élève des contestations sur la déclaration, il peut demander son renvoi, parce qu'il devient alors partie.

Il suit de là qu'il n'y a pas lieu à assigner ses héritiers en reprise d'instance.

S'il décède avant d'avoir fourni sa déclaration, le tribunal peut juger la saisie valable, jusqu'à concurrence de ce qui sera par la suite déclaré être dû. Cependant il serait mieux de renouveler la dénonciation et l'assignation aux héritiers en qualité d'habiles, et ceux-ci auraient à faire la déclaration, attendu qu'il ne s'agit, en ce cas, que d'une mesure conservatoire, à laquelle ils sont tenus de répondre, ainsi que nous l'avons déjà dit. — (*Voy. suprà, quest.* 757e., *pag.* 473). (1)

ARTICLE 343.

L'affaire sera en état, lorsque la plaidoirie sera commencée; la plaidoirie sera réputée commencée, quand les conclusions auront été contradictoirement prises à l'audience.

Dans les affaires qui s'instruisent par écrit, la cause sera en état quand l'instruction sera complète, ou quand les délais pour les productions et réponses seront expirés (2).

Régl. du 30 mars 1808, art. 28 et suiv., 69. — C. de P., art. 75, 90, 98, 369.

CCLXXXV. POUR l'intelligence et l'application de l'article précédent, la loi indique ici en quelles circonstances une cause sera réputée en état d'être jugée. L'auteur de l'Exposé des motifs de la loi genevoise, pag. 167, s'exprimait ainsi sur la disposition que contient, à ce sujet, notre art. 343 : « Quelque pénétra- » tion que nous soyons disposés à reconnaître dans nos juges, nous l'avoue- » rons, notre esprit se refuse à admettre une *plaidoirie commencée*, une simple » expiration de délais, comme suffisante pour garantir la bonté de leurs déci- » sions ». Aussi l'art. 274 de cette loi ne répute-t-il la cause en état qu'autant que la plaidoirie est terminée, ou si l'instruction par écrit qui en tient lieu est complète. Il semblerait, d'après ces observations, que la loi française autoriserait de passer outre au jugement après le commencement des plaidoiries, ou l'expiration du délai, et avant qu'elles fussent terminées. Ce serait alors qu'il serait exact de dire qu'il n'y aurait pas de garantie suffisante de la bonté de la décision. Mais l'art. 343 n'établit point cette injuste conséquence; il n'exprime pas autre chose, si ce n'est qu'en conformité de l'art. 332, il n'y aura pas lieu

---

(1) Au reste, s'ils prétendaient ne pouvoir donner de déclaration positive, soit parce qu'ils seraient dans leur délai, soit parce qu'ils ne connaîtraient pas l'état des affaires de leur auteur, alors l'assignation et la dénonciation, leur signifiées, n'en *tiendraient* pas moins, d'après les raisons que nous avons exposées sur la 756.e quest., pag. 472, et le tribunal déclarerait la saisie valable et à tenir entre leurs mains : d'où résulterait qu'ils ne pourraient se dessaisir au préjudice du saisissant, sauf, à l'expiration des délais, à faire leur déclaration, qui serait ou non contestée, suivant les circonstances.

(2) JURISPRUDENCE.

Si, au mépris des art. 342 et 343, un tribunal autorisait une reprise d'instance, dans le cas de décès de l'une des parties, *la cause étant en état*, le tribunal pourrait, en exécution de ce jugement qui aurait acquis autorité de chose jugée, accorder un délai pour mettre les héritiers en cause. — (*Bruxelles*, 8 *août* 1809, *Journ. des avoués, tom.* 1, *pag.* 249).

à reprise d'instance, lorsque l'instruction de la cause sera parvenue au degré qu'il indique. Les plaidoiries sont donc continuées, si cette cause est orale, et si l'instruction par écrit a été ordonnée, la forclusion est acquise contre ceux qui eussent pu reprendre l'instance (1). Ainsi, le reproche que l'on a fait ici à notre législation ne nous paraît pas fondé.

Article 344.

Dans les affaires qui ne seront pas en état, toutes procédures faites postérieurement à la notification de la mort de l'une des parties, seront nulles : il ne sera pas besoin de signifier les décès, démissions, interdictions ni destitutions des avoués ; les poursuites faites et les jugemens obtenus depuis seront nuls, s'il n'y a constitution de nouvel avoué.

T., 70. — Ordonn. de 1667, tit. 26, art. 2. — C. C., art. 75, 447, 1029, 1038.

CCLXXXVI. Lorsque la cause n'est pas en état, toute procédure est nulle dans les cas exprimés par cet article ; mais il faut considérer de qui provient l'empêchement qui nécessiterait la suspension. Provient-il d'une partie? La procédure n'est suspendue que dans un cas, celui du décès, et qu'après que ce décès a été notifié par l'avoué de la partie décédée. Ne s'agit-il que du changement d'état de l'une ou de l'autre des parties? L'article suivant contient à cet égard une disposition particulière. Au reste, dans le cas de cessation des fonctions de l'avoué, la notification n'est pas exigée, parce que les procédures se formalisent dans le domicile même de cet officier, et là, les événemens qui le concernent et qui font cesser ses fonctions ne peuvent être méconnus. — (*Voy. Rapp. au Corps législ.*)

1280. *La nullité prononcée par la loi, à l'égard des poursuites faites à la suite d'un décès, est-elle absolue quant à ses effets, en ce sens que toutes les parties puissent s'en prévaloir?*

Elle n'est que relative, et ne produit ses effets que vis-à-vis les héritiers de la partie décédée, ou vis-à-vis les parties qui auraient perdu leur avoué.

Cette proposition peut être appuyée d'un arrêt de la Cour de Paris, du 23 avril 1807, rapporté par Sirey, tom. 7, DD., pag. 45. Elle est prouvée, d'ailleurs, par M. Demiau Crouzilhac, pag. 251, 252 et 253. Et, en effet, il serait difficile de croire que l'intention du législateur, en prononçant la nullité des poursuites faites depuis le décès d'une partie, n'ait pas eu *seulement* en vue l'intérêt de ceux qui pourraient éprouver préjudice par suite d'actes qu'ils n'auraient pu surveiller, en un mot, l'intérêt des héritiers, des créanciers et ayant-cause de celui au nom duquel on aurait agi dans un tems où il n'était plus.

---

(1) C'est ce que prouve ce passage du rapport au Corps législatif : « Le changement » d'état, le décès de l'une des parties, la cessation des fonctions de l'un des avoués, peut » suspendre l'instruction ; mais ce ne doit pas être lorsque les parties *ont épuisé* leurs moyens » de défenses, ou lorsque les fonctions de l'avoué sont devenues superflues ».

1281. *Y a-t-il exception à la disposition de l'art.* 344, *par rapport au décès d'une des parties?*

L'art. 360 du Code civil déroge à cet article, en ce qu'il dispose que, si l'adoptant vient à mourir après que l'acte d'adoption a été porté devant les tribunaux, et avant que ceux-ci eussent définitivement prononcé, l'instruction sera continuée, et l'adoption admise, s'il y a lieu.

1282. *Par quelle voie faut-il poursuivre la nullité du jugement rendu en contravention à l'art.* 344? *Faut-il se pourvoir par tierce opposition, par appel ou par requête civile?*

La Cour de Grenoble demandait que l'on ajoutât à l'art. 343 du projet, formant aujourd'hui l'art. 344 du Code, que la nullité du jugement dont il s'agit serait prononcée à l'audience sur acte d'avoué, sans qu'il fût besoin de l'attaquer ni par la voie de la requête civile, ni par la voie de la tierce opposition.

Les auteurs du Praticien, tom. 2, pag. 326, disent aussi que ni l'une ni l'autre de ces deux voies ne sont nécessaires; que seulement, quand la partie qui aurait obtenu le jugement nul voudra s'en prévaloir, on lui opposera la nullité.

Cette opinion de la Cour de Grenoble et des auteurs du Praticien se rattache à celle de Rodier, qui rejetait l'appel, la requête civile et la tierce opposition, et n'admettait que la simple opposition appelée *demande en rapport de jugement*, et qui a fait l'objet de la quest. 660, pag. 394.

C'est cette même voie que nous croyons, par les motifs qu'en donne Rodier, sur l'art. 2 du tit. 26, quest. 4, devoir être employée dans le cas dont il s'agit.

A la vérité, M. Demiau-Crouzilhac, pag. 254 et 255, maintient qu'on ne peut se pourvoir que par appel et par requête civile, parce que la voie de la *tierce opposition* lui paraît, *par sa nature*, ne pouvoir être prise dans notre espèce. Cependant, si l'on observe que Rodier ne parle point de la tierce opposition, mais bien de l'opposition simple dont nous venons de parler, on reconnaîtra peut-être que les objections ci-dessus ne peuvent être d'aucun poids contre l'avis que nous donnons.

Au surplus, nous n'entendons point insister sur cette question, qui n'est pas de nature à se présenter souvent.

ARTICLE 345.

Ni le changement d'état des parties, ni la cessation des fonctions dans lesquelles elles procédaient, n'empêcheront la continuation des procédures.

Néanmoins le défendeur qui n'aurait pas constitué avoué avant le changement d'état ou le décès du demandeur, sera assigné de nouveau à un délai de huitaine, pour voir adjuger les conclusions, et sans qu'il soit besoin de conciliation préalable.

C. de P., art. 72 et suiv., 75, 1038.

CCLXXXVII. S'IL ne s'agit que du changement d'état de l'une ou de l'autre des parties (*voy. ci-dessus, quest.* 1276), la procédure, conformément à l'article qui précède, n'en suit pas moins sa marche, sauf néanmoins l'exception contenue dans la deuxième disposition. Si donc il arrive tout à la fois, et que ce soit le demandeur qui se trouve frappé de la mort ou du changement d'état, et que cet événement ait lieu avant que le défendeur ait constitué avoué, l'héritier ou l'administrateur qui vient reprendre l'instance à la place du demandeur décédé, ou devenu incapable par changement d'état, doit faire signifier au défendeur une assignation nouvelle à *huit jours francs, plus un jour par trois myriamètres de distance*, pour voir adjuger les conclusions prises dans le premier exploit; assignation qui doit naturellement contenir une déclaration de reprise d'instance.

1283 *Si l'incapacité résultant d'un changement d'état ou de la cessation des fonctions sous lesquelles une partie procédait, était survenue et connue avant que la cause fût en état, les poursuites seraient-elles valables, en conformité de l'art.* 345?

M. Demiau Crouzilhac, pag. 256 et suiv., résout cette question pour la négative; mais nous observerons que l'art. 345 dispose précisément pour le cas où l'affaire n'est pas en état, et nous croyons que cet article n'admet aucune distinction. Cette opinion, qui est aussi celle de M. Pigeau, tom. 1, pag. 404, serait appuyée, s'il en était besoin, sur ce que la Cour d'Aix, dans ses observations sur le projet, demandait formellement que l'art. 351 fût rédigé suivant l'interprétation que lui donne M. Demiau Crouzilhac. Néanmoins l'art. 351 a été maintenu, et forme l'art. 345 du Code. Or, si l'intention du législateur avait été de consacrer l'observation de la Cour d'Aix, ce dernier article eût été autrement rédigé, puisqu'il eût fallu qu'il exprimât toute autre chose que ce qu'il énonce : ici donc les observations des Cours, loin de servir, comme il peut arriver souvent, à interpréter ou à expliquer la loi dans le sens où ces Cours proposaient de la rédiger, prouvent, au contraire, qu'on doit l'entendre autrement.

Nous concluons de là que le simple changement d'état ou la cessation de fonctions d'une partie, comme si une fille se marie, ou que, la tutelle finissant, le tuteur cesse son administration, n'interrompt point la procédure, sauf à celui qui est poursuivi à demander au poursuivant, s'il le juge convenable, de la régulariser : le mari peut intervenir, s'il lui plaît, le majeur peut prendre la suite du procès; mais on n'est pas obligé de les sommer de le faire. — (*Voy. Thomines, pag.* 161, *et le Comm. inséré aux Ann. du not., tom.* 2, *pag.* 415.) (1)

---

(1) Un arrêt de la Cour de cassation, du 10 décembre 1812 (*voy. Sirey, tom.* 14, *pag.* 196), justifie cette solution, en ce qu'il décide que le mariage d'une femme, contracté pendant le cours d'une instance, n'empêche pas la continuation de la procédure avec elle; que les parties adverses ne sont pas obligées d'appeler le mari en cause, si le mariage ne leur a pas été notifié, et qu'ainsi le jugement qui intervient contre une femme après son mariage ne peut être attaqué par tierce opposition de la part du mari, sous prétexte qu'il n'aurait pas été appelé dans l'instance.

Mais celui qui interjette appel d'un jugement rendu entre lui et une femme qui s'est mariée pendant le procès, doit, à peine de nullité, assigner sur l'appel le mari pour autoriser sa femme; en ce cas, il n'est pas nécessaire que le changement d'état lui ait été ex-

1284. *Comment doit s'entendre la deuxième disposition de l'art.* 345?

Lorsque le défendeur n'a pas encore constitué d'avoué avant le changement d'état ou le décès du demandeur, il n'y a pas lieu, contre le défendeur, à la demande en reprise d'une instance où il n'est pas encore partie; mais l'*ayant-cause du demandeur* doit assigner le défendeur à un nouveau délai de huitaine, pour voir adjuger les conclusions prises par l'exploit originaire.

Telle est l'explication que M. Pigeau donne de la deuxième disposition de l'art. 345; mais M. Lepage, dans ses Questions, pag. 229, ajoute que cette disposition exprime que, dans les deux cas qu'elle a prévus, il n'y a pas lieu, de la part du défendeur, à former la demande en reprise d'une instance où il n'aurait pas encore paru, même quand il lui prendrait envie de se présenter. Toute procédure cesse, dit cet auteur, jusqu'à ce qu'il convienne à l'héritier du demandeur, ou au demandeur même, dont l'état est changé, de donner une nouvelle assignation.

Nous croyons aussi que, dans ces circonstances, on considère l'instance comme n'étant point encore entièrement engagée, autrement contradictoire, en sorte que le défendeur se trouve au même état qu'au jour de l'assignation; d'où suit que la procédure est arrêtée relativement à lui, et qu'il ne devient partie au procès que par l'assignation donnée en conformité de l'art. 345.

1285. *La solution donnée sur la question précédente s'applique-t-elle au cas de cessation des fonctions sous lesquelles le demandeur procédait?*

On voit que cette question dérive de ce que la deuxième disposition de l'art. 345 n'exprime que les deux cas de changement d'état et de décès du demandeur, et se tait sur celui de la cessation des fonctions sous lesquelles il procédait.

M. Lepage, dans ses Questions, pag. 29, et M. Hautefeuille, pag. 188, estiment qu'il y a même raison de décider, en ce dernier cas. On en sera convaincu, dit le premier, si l'on considère que le § 1er. de l'art. 345 n'autorise la continuation des procédures, à l'occasion du changement d'état ou de la cessation des fonctions de l'une des parties, qu'en faveur de l'autre partie, qui ne doit pas souffrir d'un événement de cette espèce. Mais, si cette autre partie ne s'est pas présentée, elle n'a pas droit de se plaindre de l'interruption des procédures, qui ne sont pas son ouvrage; il serait même injuste de lui permettre de choisir, pour entrer en cause, précisément le moment du changement arrivé du côté de son adversaire : voilà, ajoute M. Lepage, le motif qui a déterminé le § 2 du même article; or, il convient non seulement au cas où arrive, soit le décès, soit le changement d'état du demandeur, mais encore au cas où ses fonctions viennent à cesser.

---

pressément notifié. (*Cassat.*, 7 *août* 1815, *Sirey, tom.* 15, *pag.* 346). La raison de cette décision est qu'il s'agit ici d'une nouvelle instance.

Article 346.

L'assignation en reprise ou en constitution sera donnée aux délais fixés au titre des *ajournemens*, avec indication des noms des avoués qui occupaient, et du rapporteur, s'il y en a.

Jousse, sur le tit. 6, art. 1.er, de l'ordonn. de 1667. — C. de P., art. 72.

CCLXXXVIII. La reprise d'instance et la constitution de nouvel avoué ne peuvent être que volontaires, dans tous les cas où la procédure n'est pas suspendue, comme lorsque l'affaire se trouve en état, lorsqu'une partie se trouve dépouillée des fonctions dans lesquelles elle procédait, lorsqu'elle éprouve un changement, et enfin, lorsqu'il y a révocation d'un avoué.

Elles peuvent être ou volontaires ou forcées dans les autres cas, c'est-à-dire lorsqu'une partie décède, et que le décès a été notifié, ou lorsqu'un avoué cesse de remplir ses fonctions par cause de mort, de démission, d'interdiction ou de destitution, le tout pendant le cours d'une instance qui n'est pas en état. — (*Voy. les préliminaires de ce titre, pag.* 805).

Dans ces cas, les poursuites faites et les jugemens obtenus depuis la suspension de la procédure jusqu'à la reprise d'instance, ou la constitution de nouvel avoué, sont nulles.

Il faut donc, lorsque la partie qui doit reprendre l'instance ou constituer un autre avoué ne se dispose pas à le faire volontairement, recourir à la justice, pour l'y contraindre; ce qu'on fait par le moyen de l'assignation en reprise ou en constitution.

Cette assignation, qui n'a pour objet qu'une demande incidente, ne doit point être précédée de l'essai de conciliation; elle est d'ailleurs signifiée dans les formes prescrites et dans les délais fixés au titre des ajournemens, et doit en outre indiquer les noms des avoués qui occupaient, lors de la suspension de la procédure, et celui du rapporteur, s'il en a été nommé un.

1286. *L'assignation dont il s'agit doit-elle contenir copie des pièces de la procédure?*

M. Berriat Saint-Prix, pag. 348, not. 38, dit qu'il faut donner une nouvelle copie des pièces, suivant un arrêt du Parlement de Grenoble, du 17 juillet 1671; mais cet auteur observe en même tems que Jousse, sur l'art. 2 du tit. 26 de l'ordonnance, prétend qu'il suffit de la copie du dernier errement ou acte de la procédure, tandis que Rodier, sur le même article, maintient que cela n'est pas même nécessaire, à moins que l'assigné ne le réclame.

L'usage, disent les auteurs du Commentaire inséré aux Annales du notariat, tom. 2, pag. 416, est de suivre l'opinion de Jousse. Mais puisque l'art. 346 ne prescrit point de donner cette copie, nous pensons, avec M. Hautefeuille, pag. 189, qu'il suffit de relater le dernier acte qui aurait été signifié dans la cause. Au reste, si l'on n'avait pas fait cette mention, on ne pourrait arguer l'assignation de nullité, parce que l'art. 346 ne la prescrit point : c'est à la partie assignée en reprise ou en constitution, et que l'assignation instruit des noms des avoués qui occcupaient, et du rapporteur, s'il y en a, à prendre, par le vu des pièces, tous les renseignemens qu'elle juge convenable sur l'état de la procédure.

ARTICLE 347.

L'instance sera reprise par acte d'avoué à avoué.

T., 71.

CCLXXXIX. Si la partie assignée en reprise d'instance, ou en constitution de nouvel avoué, veut déférer à la demande, la reprise ou la constitution est faite par un simple acte d'avoué à avoué.

Dès lors toute procédure est terminée sur l'incident, et l'instance est poursuivie comme à l'ordinaire, sans qu'il puisse y avoir, pour achever l'instruction commencée, d'autres délais que ceux qui restaient à courir.

1287. *L'art. 347 est-il applicable à la reprise d'instance faite spontanément par les ayant-cause du défunt?*

Les questions que nous venons de résoudre sur l'art. 346, se rapportent au cas où la reprise d'instance est forcée par l'assignation donnée en conformité de cet article; mais il peut arriver que les ayant-cause de la partie décédée n'attendent pas cette assignation pour en remplir l'objet.

En ce dernier cas, ils reprennent l'instance par acte d'avoué à avoué, conformément à l'art. 347, dont la disposition se réfère évidemment, tant à la reprise forcée qu'à la reprise volontaire.

Il faut remarquer en outre que ce même article s'applique nécessairement à la constitution de nouvel avoué, puisque cette constitution se fait toujours par acte de l'avoué institué à l'avoué de la partie adverse.

1288. *Si, après une assignation en reprise d'instance, les deux parties procédaient volontairement, sans qu'il eût été préalablement signifié d'acte de reprise, l'instance est-elle tenue pour reprise par ce consentement tacite?*

Ce cas peut arriver fréquemment, parce que la reprise d'instance n'a lieu qu'en cas de décès d'une des parties. Or, cette partie avait un avoué, et si cet avoué continue la procédure, en vertu de pouvoirs et au nom des ayant-cause, nous ne voyons pas qu'il soit nécessaire d'un acte particulier de reprise : l'instance sera donc tenue pour reprise sur le premier acte notifié. Telle est l'opinion des commentateurs de l'ordonnance, et de Jousse entr'autres, sur l'art. 2 du tit. 26.

Telle est aussi celle des jurisconsultes qui ont écrit sur le Code.

Article 348.

Si la partie assignée en reprise conteste, l'incident sera jugé sommairement (1).

T., 75. — C. de P., art. 404 et suiv. — Voy. nos quest. sur l'art. 397.

CCXC. Si la reprise ou la constitution n'a pas été faite dans les délais de l'ajournement, ces délais expirés, l'incident est poursuivi dès la première audience et jugé sommairement.

1289. *De ce que l'incident prévu par l'art.* 348 *doit être jugé sommairement, en résulte-t-il que la cause doive être portée à l'audience sur un simple avenir, et sans qu'il soit besoin de signifier aucuns moyens par écrit?*

Plusieurs auteurs décident affirmativement cette question; mais l'art. 75 du tarif prouve leur erreur, puisqu'il taxe une requête et une réponse à cette requête.

Cette remarque nous fournit l'occasion de rappeler que le mot *sommairement*, employé en plusieurs articles du Code, ne signifie pas que l'instruction sera toujours faite comme dans les affaires énoncées au titre des matières sommaires, mais de la manière indiquée sur la 733.e quest., pag. 449. — (*Voy. d'ailleurs Berriat Saint-Prix, pag.* 334).

1290. *Si des héritiers contestaient la demande en reprise d'instance ou en constitution de nouvel avoué, sur le motif qu'ils auraient renoncé à la succession, que devrait faire le demandeur?*

Le demandeur doit faire créer un curateur à la succession vacante, l'assigner en reprise d'instance ou en constitution de nouvel avoué, s'il y a lieu, et suivre contre lui. — (*Voy. Pothier, chap.* 5, *sect.* 3, § 2).

1291. *Des héritiers assignés en reprise d'instance ou en constitution de nouvel avoué, sont-ils recevables à opposer l'exception dilatoire résultant du délai donné par les art.* 797 *et* 798 *du Code civil, et* 174 *du Code de procédure, pour faire inventaire et délibérer?*

C'est notre opinion, conforme à celle de MM. Delaporte, tom. 1, pag. 328, Pigeau, tom. 1, pag. 409, Berriat Saint-Prix, pag. 349, et des auteurs du Praticien, tom. 2, pag. 330; opinion d'ailleurs conforme à celle énoncée par Bornier et par Jousse, sur l'art. 2 du tit. 26 de l'ordonnance (2).

---

(1) JURISPRUDENCE.

L'action en reprise d'instance se prescrit par le même laps de tems que l'action principale. Ainsi, par exemple, lorsque l'action principale est une action en rescision soumise à la prescription de dix ans par les ordonnances de 1510 et 1535, l'action en reprise d'instance est passible de la même prescription. — (*Cassat.*, 24 *vend. an* 12, *Sirey, tom.* 4, 2.e *part.*, *pag.* 64).

(2) Mais M. Demiau Crouzilhac, pag. 262, maintient le contraire; il se fonde, premièrement, sur la disposition de l'art. 349, qui défend d'accorder d'autres délais que ceux qui restent à courir; secondement, sur l'art. 779 du Code civil, qui déclare que les actes pu-

ARTICLE 349.

Si, à l'expiration du délai, la partie assignée en reprise ou en constitution ne comparaît pas, il sera rendu jugement qui tiendra la cause pour reprise, et ordonnera qu'il sera procédé suivant les derniers erremens, et sans qu'il puisse y avoir d'autres délais que ceux qui restaient à courir.

C. de P., art. 149 et suiv.

CCXCI. LA loi ne suppose pas qu'à l'audience fixée par l'assignation donnée en conformité de l'art. 346, le défendeur en constitution de nouvel avoué puisse

---

rement conservatoires, de surveillance et d'administration, ne sont pas des actes d'adition d'héritier, si l'on n'y a pris le titre ou la qualité d'héritier. Or, dans son opinion, ce que dit l'art. 349, pour le cas où la partie assignée ne se présente pas, doit s'appliquer *à fortiori* à celui où elle se présente; et comme cet article exclut tout délai, sans aucune distinction, on doit conclure que, s'il eût voulu que la procédure fût suspendue pendant le délai accordé pour faire inventaire et délibérer, il n'eût pas manqué de le dire en cet endroit. D'un autre côté, on ne peut considérer comme acte d'héritier la part qu'un habile à succéder prendrait dans un procès commencé par le défunt, si toutefois il déclarait n'entendre prendre aucune qualité. Alors, il n'aurait d'autre objet que d'affranchir la succession d'une condamnation quelconque, il n'agirait que comme administrateur : donc on peut le contraindre à reprendre une instance, sans qu'il puisse opposer l'exception résultant du délai pour faire inventaire et délibérer.

Telles sont les raisons qui ont déterminé M. Demiau Crouzilhac; mais nous ne les jugeons pas assez fondées en droit pour faire rejeter, sans distinction, le sentiment opposé des auteurs cités en commençant.

Et d'abord, nous croyons pouvoir regarder comme certain que l'art. 349 ne comprend point dans sa prohibition les délais pour faire inventaire et délibérer, ainsi que nous le prouverons sur la 1293.ᵉ quest. S'il en était autrement, on suppléerait aux dispositions de l'art. 174 du Code de procédure, une exception qui n'est point textuellement prononcée par l'art. 349; car, ainsi que M. Demiau le dit lui-même, pag. 240, à l'occasion d'une question que nous avons traitée sous le n.° 1241, pag. 776, pour faire cesser un principe général, il faut qu'il y ait une exception expresse. Or, l'art. 174 établit, en principe général, que tout héritier a droit d'opposer l'exception résultant de ce qu'il est dans les délais pour faire inventaire et délibérer; exception qui, à la vérité, ne détruira pas la demande en reprise d'instance, mais qui en différera les poursuites comme en tout autre cas. — (*Voy.* 756.ᵉ *quest.*, *pag* 472).

Mais cette opinion acquerra un nouveau degré de force, si nous prouvons que l'on ne peut appliquer généralement au cas proposé la disposition de l'art. 779 du Code civil.

Ici nous rappèlerons ce que nous avons dit sur la 757.ᵉ quest., pag. 473, que les personnes auxquelles appartient le droit d'opposer l'exception dilatoire pour faire inventaire ou délibérer, ne peuvent user de cette exception, s'il s'agit de demandes purement conservatoires ou d'administration, parce que les art. 179 et 1454 du Code civil les autorisent à former elles-mêmes de pareilles demandes, sans qu'elles puissent être considérées comme ayant fait acte d'héritier; ainsi, par exemple, s'il s'agissait, dans l'instance en reprise pour laquelle elles seraient assignées, soit d'une saisie-arrêt, soit de réparations à faire à des immeubles, etc., on pourrait poursuivre la reprise, nonobstant l'exception dilatoire dont il est question.

Mais s'il s'agissait de toute autre contestation, d'une contestation qui roulât sur des droits

contester sur l'incident. En effet, en supposant qu'il existât en cette circonstance quelques moyens de contestation, il faudrait, pour les proposer, commencer par constituer un avoué, et cette constitution est précisément tout ce qu'on demande à la partie assignée.

Mais il n'en est pas ainsi du défendeur en reprise d'instance, qui peut avoir de justes motifs pour résister à la demande, soit en répudiant la qualité dans laquelle on l'assigne, soit en opposant quelques exceptions dilatoires, telles que celles qui résultent des délais accordés à l'héritier pour faire inventaire et délibérer.

Il est donc naturel que le défendeur en reprise d'instance comparaisse, et que le défendeur en constitution d'avoué fasse défaut, lorsqu'il ne veut pas acquiescer à la demande.

Cependant, il est possible que l'un, ainsi que l'autre, ne comparaisse pas à la première audience qui suit l'expiration des délais d'ajournement. Alors, il intervient un jugement par défaut, qui tient l'instance pour reprise, et ordonne qu'il y sera procédé *suivant les derniers erremens*, (*voy. la not.* 1ère., *pag.* 806), sans autre délai que ceux qui restent à courir.

1292. *Si, de plusieurs parties assignées en reprise d'instance ou constitution de nouvel avoué, l'une laissait défaut, faudrait-il appliquer l'art.* 153, *et conséquemment joindre le profit du défaut, et ordonner une réassignation du défaillant?*

Nous ne le pensons pas, par le motif que le profit du défaut ne porte que sur la reprise et non sur le fond du procès. Ainsi, le profit doit être jugé à l'échéance de l'assignation. Ce qui le prouve, dit M. Demiau, pag. 263, c'est que l'art. 351 accorde, sans distinction, la voie de l'opposition contre le jugement qui intervient, tandis que l'art. 153 l'interdit pour le cas où le défaut a été joint en conformité de ses dispositions.

1293. *Quel est le sens de cette disposition, par laquelle l'art.* 349 *défend d'accorder d'autres délais que ceux qui restaient à courir?*

Cette disposition doit s'entendre en ce sens que, si, au moment du décès de la partie ou de l'avoué, il restait des délais à courir, la partie condamnée à reprendre l'instance ou à constituer nouvel avoué, n'a que le restant du délai pour remplir telle ou telle formalité, telle ou telle obligation qui serait prescrite (1).

---

dont la privation diminuerait l'actif de la succession, ou dont *l'allocation* faite à la partie adverse augmenterait son passif, il nous semble hors de doute que l'on ne pourrait forcer un successible de reprendre les suites de l'instance avant l'expiration des délais que la loi lui donne, pour faire inventaire ou délibérer : il ne s'agit plus ici des actes que la loi qualifie *actes conservatoires.*

Au reste, M. Demiau, en disant que l'héritier doit protester, en reprenant l'instance, qu'il n'agit qu'en qualité d'administrateur, ne convient-il pas implicitement qu'il a droit de proposer l'exception? En effet, dans le cas où la contestation n'a aucun trait à la conservation ou à l'administration, quel motif raisonnable allèguerait-on pour l'obliger à soutenir un procès qui, en définitive, lui deviendrait indifférent, s'il renonçait à la succession? Et, d'un autre côté, pourrait-on exiger qu'il le soutînt en qualité d'administrateur, puisqu'il ne concernerait pas l'administration ?

(1) Ainsi M. Pigeau, tom. 1, pag. 408, suppose pour exemple que, par jugement pré-

ARTICLE 350.

Le jugement rendu par défaut contre une partie, sur la demande en reprise d'instance ou en constitution de nouvel avoué, sera signifié par un huissier commis; si l'affaire est en rapport, la signification énoncera le nom du rapporteur.

T, 29. — C. de P., art. 95, 156.

CCXCII. LE jugement rendu par défaut, conformément à l'article précédent, est celui qui serait prononcé contre une partie, sur une demande *incidente* en reprise d'instance, ou en constitution de nouvel avoué.

Il doit être levé et signifié à cette partie défaillante par un huissier commis, à cet effet, ou par le jugement même, ou par une ordonnance du président.

ARTICLE 351.

L'opposition à ce jugement sera portée à l'audience, même dans les affaires en rapport.

C. de P., art. 95, 157 et suiv., 165.

CCXCIII. LA partie défaillante peut, dans les délais et suivant les formes ordinaires, former opposition contre ce jugement. Cette opposition est ensuite portée à l'audience, même dans les affaires mises en rapport, et le tribunal juge ce qu'il appartient.

Le délai de l'opposition expiré, si la partie défaillante a continué de garder le silence, on procède au jugement définitif, qui pareillement est rendu par défaut.

1294. *L'opposition peut-elle être jointe au fond?*

S'il est formé opposition au jugement par défaut rendu en conformité de l'art. 349, il résulte évidemment de l'art. 351 qu'elle forme un incident qui doit être porté à l'audience, et sur lequel le tribunal doit statuer isolément, et abs-

---

paratoire, il ait été ordonné que, dans trois mois, le défendeur justifierait de telle pièce; il décède au bout de deux mois dix jours : il ne restera à l'assigné en reprise ou en constitution d'avoué que vingt jours, à compter de la signification du jugement, pour produire la pièce en question. En un mot, le législateur, par l'art. 349, a voulu que la reprise d'instance ou la constitution de nouvel avoué ne pût, en aucune manière, servir à la partie contre laquelle l'instance est tenue pour reprise, de prétexte pour la prolonger au delà des délais dans lesquels le procès eût été en état sans ces circonstances; que, sous ce rapport, cette partie est mise à la place du défunt, s'il s'agit d'une assignation en reprise, ou dans la position où elle était à l'époque où elle avait encore son avoué, s'il s'agit d'en constituer un nouveau. Mais on sent que le délai donné à un héritier pour faire inventaire et délibérer, est indépendant de ces délais de *procédures,* desquels il s'agit uniquement en l'article que nous expliquons; le premier ne tient point à l'instruction de l'affaire; il ne concerne que la personne.

traction faite du fond de la contestation, qui ne pourrait être jugé qu'après cet incident. — (*Voy. Demiau Crouzilhac, pag.* 264, *et le Comm. des Ann. du not., tom.* 2, *pag.* 420).

CINQUIÈME SUBDIVISION.

TITRE XVIII.

Du désaveu (1).

En général, le contrat qui se forme entre la partie et son avoué a les caractères et doit produire les effets du mandat; mais les actes faits par un avoué ne sont pas nuls de plein droit, comme dans l'espèce d'un mandat ordinaire. (*Cod. civ.*, 1939 *et* 1998). Ils sont seulement sujets à l'annulation par suite de l'action en désaveu.

Cette action est celle qui appartient à toute partie qui prétend qu'un *officier ministériel* n'a point eu commission d'occuper, ou d'instrumenter pour elle, ou qu'il a excédé les bornes de son pouvoir.

Le désaveu est l'acte qui renferme ce maintien, et c'est en ce sens que l'on dit que *le désaveu est fait au greffe* (353); *qu'il est signifié par acte d'avoué à avoué* (354), *etc.*

Son objet est de procurer à la partie lésée la réparation du tort qui lui a été porté par le fait indiscret ou coupable de l'officier ministériel.

On distingue deux sortes de désaveux, le *désaveu principal*, formé directement contre un acte, et indépendamment de toute instance, et le *désaveu incident*, formé contre un acte employé dans une instance.

En tous les cas, l'action n'est admise qu'à l'égard des actes pour lesquels la loi exige un pouvoir spécial (*art.* 352), et que la partie n'a point d'ailleurs exécutés ou ratifiés, soit expressément par une approbation écrite, soit tacitement par un fait quelconque, qui se trouverait en opposition directe avec le désaveu. (*Voy. Code civ., art.* 1338). On applique ici le principe que la ratification équivaut au mandat. *Ratihabitio mandato æquiparatur* (2).

---

(1) Voy. *suprà*, pag. 201 et suiv.

(2) C'est par cette raison que, dans le cas où les actes désavoués auraient donné lieu à un jugement passé en force de chose jugée, ce jugement est considéré comme s'il avait été rendu *sur défaut faute de comparaître*, à la seule différence que l'action en désaveu est encore recevable dans les huit jours après l'exécution, tandis que l'opposition ne le serait plus. La loi suppose *acquiescement*, si la partie a laissé passer ce délai. (362).

ARTICLE 352.

Aucunes offres, aucun aveu ou consentement, ne pourront être faits, donnés ou acceptés sans un pouvoir spécial, à peine de désaveu (1).

Ordonn. de 1667, tit. 35, art. 34. — C. C., art. 1109, 1258 et suiv., 1356, 1987. — C. de P., art. 49, 73 et suiv., 812 et suiv.

CCXCIV. LES huissiers sont, comme les avoués, exposés au désaveu, quoique la loi ne paraisse s'occuper ici que des avoués qui ont agi sans pouvoir (1).

On sait que le mandat *ad lites* intervient entre une partie et son avoué, par la simple remise des pièces que celle-là fait à celui-ci.

Mais le pouvoir qui résulte du fait de cette remise, se borne aux actes ordinaires d'instruction, et au développement des moyens qui naissent, ou des pièces, ou de la loi.

Si donc il s'agit, dans le cours d'une instance, de faire ou d'accepter des offres, d'avouer ou désavouer des faits, de donner un consentement qui touche le droit ou l'exercice du droit litigieux, de déférer le serment décisoire, d'élever

---

(1) JURISPRUDENCE.

1.° Lorsque, devant un tribunal de première instance, il a été fait, sans autorisation, des déclarations, au nom de l'une des parties, qui lui soient préjudiciables, elle ne serait point obligée, si ces déclarations n'étaient point insérées dans les motifs du jugement, de prendre la voie du désaveu avant d'interjeter appel. En ce cas, la partie a pu croire qu'elles n'avaient influé en rien sur la décision rendue à son préjudice. — (*Paris*, 12 *avril* 1806, *Sirey, tom.* 7, *pag.* 902).

2.° Encore que le greffier ait mentionné sur le plumitif d'un jugement qu'un avoué a pris des conclusions au nom d'une partie, et qu'il ait écrit sur le placet que le dispositif du jugement a été passé d'accord avec lui, il n'est pas toujours nécessaire de prendre la voie de l'inscription de faux, pour établir que ces énonciations du greffier ne sont point véritables. Dans ce cas, si l'avoué n'a pas signé le placet, on peut prouver par un concours de circonstances qu'il n'a point occupé, et se borner ainsi à la simple déclaration en désaveu. — (*Paris*, 27 *mars* 1806, *Sirey, tom.* 7, 2.° *part.*, *pag.* 959, *et suprà*, *pag.* 332, *not.* 1).

(1) Plusieurs dispositions du tit. 18 feraient au contraire facilement présumer que l'action en désaveu, dont il établit les règles et les formes, n'est ouverte que contre les avoués; telles sont, entre autres, celles des art. 354 et 355.

M. le tribun Perrin semble fournir un argument en faveur de cette interprétation restrictive de l'art. 352, dans la définition qu'il a donnée de l'action dont il s'agit : c'est, dit-il, celle qui appartient à la partie dont *l'avoué* a excédé les pouvoirs et compromis les intérêts.

Quoi qu'il en soit, nous pensons, avec la plupart des auteurs qui ont écrit sur notre Code, par exemple, avec M. Merlin, en son nouveau Répertoire, au mot *désaveu*, tom. 3, pag. 583, avec M. Pigeau, tom. 1, pag. 411, avec M. Berriat Saint-Prix, pag. 350, note 4, et enfin, avec M. Locré, tom. 6, pag. 16, qu'un huissier peut être désavoué dans les cas prévus en l'art. 352, et que ce désaveu doit s'instruire de la même manière que celui d'un avoué.

Cette proposition était certaine sous l'empire de l'ancienne jurisprudence, et les termes généraux dans lesquels l'art. 352 s'exprime, la circonstance que la loi exige en plusieurs cas que les huissiers soient munis d'un pouvoir spécial, nous paraissent autoriser l'action en désaveu contre l'huissier.

des incidens extraordinaires, tels qu'une inscription de faux, une récusation de juges ou d'experts, une demande en renvoi d'un tribunal à un autre, pour cause de parenté ou d'alliance, l'avoué doit obtenir un pouvoir spécial, à peine de désaveu. — (*Voy. ci-après quest.* 1297, 1298).

En général, tant qu'un officier ministériel n'est pas désavoué par la partie au nom de laquelle il agit, on doit le supposer suffisamment autorisé : la partie ne peut donc exiger de lui qu'il représente ses pouvoirs, et encore moins former la demande en désaveu.

Cependant, il est des cas où la loi veut impérieusement que la copie du pouvoir soit donnée à la suite d'un acte, ou que l'acte lui-même soit signé de la partie à la requête de laquelle il est fait. Alors, celui contre lequel on agit peut, non désavouer l'acte, mais le soutenir nul.

1295. *L'action en désaveu est-elle ouverte contre un avocat?*

Nous pensons, avec Duparc-Poullain, tom. 8, pag. 149, que l'action en désaveu ne peut avoir lieu contre l'avocat, dans ce qui est purement de son ministère. Il n'est point obligé de prendre les précautions auxquelles l'avoué est assujetti, même dans les cas où le pouvoir spécial est nécessaire. Outre qu'il est présumé défendre la cause suivant ses lumières et sa conscience, ce n'est point lui, c'est l'avoué, qui doit se munir du pouvoir spécial nécessaire pour la validité des offres, consentemens, etc. Si celui-ci donnait des consentemens, faisait des aveux, des offres nuisibles à sa partie, sans un pareil pouvoir, elle pourrait sans doute les désavouer, mais ce désaveu ne pourrait donner lieu de mettre l'avocat en cause; il ne serait dirigé que contre l'avoué.

Et en effet, les avocats exercent *librement* leur ministère pour la défense de la justice et de la vérité : il faudrait donc, pour qu'on pût les inquiéter à l'occasion de ce qu'ils auraient dit dans l'exercice de leurs fonctions, un dol bien prouvé, une prévarication.

Mais la prévarication de l'avocat serait encore plus punissable que celle de l'avoué, à cause de la dignité et de la noblesse de la profession.

Au reste, c'est à l'avoué à désavouer hautement et publiquement à l'audience les assertions de l'avocat, si elles étaient préjudiciables à la cause, et, d'après ce désaveu, elles cesseraient d'avoir influence sur le juge. Autrement, l'avocat serait présumé n'avoir rien avancé que du consentement de l'avoué, et ce serait contre lui seul que l'action pourrait être intentée.

Tels sont les principes qui furent consacrés par deux arrêts rapportés au nouveau Répertoire, au mot *avocat*, § 9, tom. 1, pag. 414 (1).— (*Voy. Serres, tom.* 4, *tit.* 3, § 7; *nouveau Dénisart*, v°. désaveu, § 1, *pag.* 295).

---

(1) Nous ne dissimulerons point que l'on pourrait tirer, contre notre opinion, quelques inductions d'un arrêt de la Cour de Bruxelles, du 15 mars 1810 (*Sirey, tom.* 14, *pag.* 263), et opposer en outre un arrêt de la Cour de cassation, du 16 mars 1814, également rapporté par Sirey, tom. 14, pag. 296, lequel a décidé que *l'avocat, assisté de l'avoué, a représenté la partie, et que les aveux qu'il a pu faire dans la plaidoirie sont censés faits par la partie elle-même.* En conséquence, considérant, dans l'espèce, que la partie n'avait point désavoué *légalement* l'avocat qui avait plaidé pour elle devant la Cour d'appel, ce même arrêt déclare que dès lors l'aveu de celui-ci ne pouvait être critiqué.

Nous concevons bien qu'en cette circonstance, on peut dire qu'il n'y a pas contravention

1296. *L'action en désaveu est-elle ouverte contre le mandataire qui aurait plaidé devant un tribunal de commerce?*

La Cour de Rouen, par arrêt du 1.er mars 1811, cité par Sirey, tom. 11, pag. 233, a décidé que ce mandataire est exposé à un désaveu comme le serait un avoué, s'il donnait, dans sa plaidoirie, quelques consentemens préjudiciables à sa partie, sans avoir reçu d'elle un pouvoir *ad hoc.*

Deux arrêts de la Cour d'appel de Rennes, l'un du 19 juillet 1808, l'autre du 9 mai 1810 (*voy. Journ. des arrêts de cette Cour, tom. 1, pag. 132, et la Jurispr. des Cours souv., tom. 3, pag. 244*), supposent une décision semblable, puisqu'ils ont déclaré, par les motifs qui seront développés sur l'art. 356, que l'action de désaveu ne peut en ce cas être jugée que devant les tribunaux civils d'arrondissement

On pourrait objecter, contre ces décisions, que le mandataire dont il s'agit est un simple procurateur *ad negotia*, rigoureusement obligé de se renfermer dans les bornes de son mandat; qu'à son égard, si l'on oppose au mandant un acte fait en son nom par le mandataire, contre les termes du mandat ou au-delà, il suffit au premier d'opposer à celui qui veut exécuter un pareil acte le défaut ou l'insuffisance de pouvoir, et que c'est à celui qui veut se servir de l'acte à recourir en garantie vers le prétendu mandataire, si celui-ci l'a trompé sur l'étendue ou l'existence de ses pouvoirs.

Ce n'est plus alors que la matière d'un procès qu'on doit suivre par les voies ordinaires. — (*Voy. Duparc, tom. 8, pag. 132, et l'art. 1998 du Cod. civ.*)

Ces principes sont vrais; mais pour en écarter l'application au mandataire qui plaide devant un tribunal de commerce, ne suffit-il pas de dire que ce mandataire, chargé de défendre en justice, n'est point en cette partie un simple procurateur *ad negotia*, mais un véritable procurateur *ad lites*?

Si, dans les tribunaux de commerce, il n'y a pas d'avoué en titre, si l'on n'y connaît plus ce qu'on appelait autrefois des agréés ou postulans, qui tenaient de l'approbation des juges une sorte de caractère légal, en est-il moins vrai que le ministère qu'exercent les mandataires chargés, en ces tribunaux, de la défense des parties, est véritablement de la même nature que celui d'un avoué? C'est le soin et la conduite d'un procès, c'est une poursuite, une défense judiciaires qui leur sont conférés : la partie est donc liée par les agissemens d'un mandataire devant les tribunaux de commerce, comme par ceux d'un avoué devant les tribunaux ordinaires; la procédure subsiste donc jusqu'au désaveu; elle est donc régulière et censée faite de l'aveu de la partie. C'est ici le cas de la maxime *factum procuratoris factum partis.*

à la loi, et par conséquent matière à cassation, lorsque les juges, sur le motif d'un tel aveu, déclarent le fait suffisamment justifié; mais nous persistons à penser qu'il n'y a pas lieu à formaliser contre l'avocat une action en désaveu, conformément aux dispositions du présent titre. La discussion au Conseil d'état prouve que l'action dont ce titre établit les formes, ne procède que contre les officiers ministériels (*voy. suprà, pag.* 820, *et n.°* 1111 *ci-dessus*); et s'il peut y avoir lieu à cette action dans le cas que nous supposons ici, elle ne peut être dirigée, comme nous l'avons dit ci-dessus, que contre l'avoué présent à la plaidoirie de l'avocat, et à qui il appartient de démentir des faits indiscrètement avancés par ce dernier, puisqu'il est *dominus litis*, et seul représentant légal de la partie. Au reste, cette opinion a été formellement consacrée par arrêt de la Cour de Colmar, du 22 décembre 1820. — (*Sirey, tom.* 21, *pag.* 256).

Au surplus, l'avis que nous émettons ici se trouverait justifié par un arrêt de la Cour d'appel de Pau, du 12 avril 1806, qui a décidé qu'avant le rétablissement des avoués, l'action en désaveu était ouverte contre le fondé de procuration qui représentait une partie devant les tribunaux.

M. Coffinières dit avec raison, en citant cet arrêt dans la Jurisprudence des Cours souveraines sur la procédure, tom. 3, pag. 238, qu'il sert à décider la question relativement aux mandataires admis à plaider dans les tribunaux de commerce. (1)

1297. *Quels sont les cas dans lesquels il a été décidé qu'il n'y avait pas lieu à désaveu contre un huissier ou un avoué?*

Nous rassemblerons, sur cette question, quelques décisions des Cours souveraines, rendues en différentes circonstances, où l'on soutenait que l'action en désaveu était ouverte; et comme les questions qu'elles ont résolues ne nous paraissent désormais pouvoir fournir matière à controverse, nous les réduisons aux propositions suivantes :

1°. Un avoué ne peut être sujet à désaveu pour avoir pris des conclusions qui dériveraient naturellement de son mandat; il est suffisamment autorisé par la remise de l'original ou de la copie des pièces; l'adversaire est, en quelque sorte, tenu de suivre sa foi. — (*Voy. arrêt de la Cour de Bruxelles, du 4 thermidor an 13, Jurisp. des Cours souveraines, tom. 3, pag. 230, et la quest. 382, pag. 203*).

2°. Tout huissier porteur de pièces qu'il tient, soit de l'avoué, soit de la partie, est autorisé (sauf les cas prévus par l'art. 556) à instrumenter sans autre pouvoir, et ne peut conséquemment être désavoué. Il en est de même, à plus forte raison, de l'huissier qui fait un acte de son ministère, en vertu d'une ordonnance du juge. — (*Voy. arrêt de la Cour de Paris, du 4 avril 1808, Jurisp. des Cours souveraines, tom. 3, pag. 247, et tom. 4, pag. 161*).

3°. Un avoué ne peut être désavoué par sa partie, sous prétexte que, pour la décision de la cause, il s'en serait rapporté à la prudence des juges. —(*Voy. arrêt de la même Cour, du 13 mars 1810, Sirey, tom. 14, pag. 263*).

4°. Il ne peut l'être également pour avoir défendu sur l'opposition à un jugement lors duquel il aurait occupé, encore bien qu'il eût déclaré, à l'occasion de l'opposition, n'avoir ni pouvoir ni mission.

---

(1) Contre cette proposition, on peut citer un arrêt de la Cour de Bruxelles, du 12 décembre 1812, rapporté par les auteurs de la Jurisprudence du Code civil, tom. 20, pag. 168. Cet arrêt décide positivement que toute action résultant d'excès de pouvoir de la part du mandataire, que les parties emploient librement devant les tribunaux de commerce, doit être réglée d'après les principes généraux du mandat. Ainsi, la question dont l'examen, dans notre Analyse, a donné lieu à la proposition ci-dessus, est et demeurera sujette à controverse, jusqu'à ce que la Cour de cassation l'ait expressément décidée. Il faut convenir que la discussion au Conseil d'état fournit une forte raison en faveur de l'arrêt de Bruxelles, en ce qu'on y a formellement exprimé que, « si le mot *désaveu*, pris *généralement*, peut s'appliquer » à toute espèce de mandataire qui a excédé ses pouvoirs, cependant telle n'est pas l'accep- » tion dans laquelle ce terme est employé au tit. 18 du Code de procédure, où il n'a trait » qu'aux *officiers ministériels* qui ont *nui à leur partie en excédant leurs pouvoirs.* » (*Voy. Locré, tom. 2, pag. 16*). Mais, quoi qu'il en soit, nous persistons dans notre précédente solution, l'opinion contraire nous semblant sujette à une foule d'inconvéniens.

L'art. 1038 l'oblige, en effet, de continuer d'occuper sur l'exécution des jugemens; d'où suit qu'il n'est sujet à désaveu qu'autant que ses pouvoirs ont, par rapport à cette exécution, été révoqués d'une manière expresse. — (*Voy. arrêt de cassation, du 1er. août 1810, cité par Hautefeuille, pag. 190, et nos quest. sur l'art. 1038*).

5°. Enfin, un avoué est mal à propos désavoué, s'il n'a fait que reconnaître des faits constans, d'après les pièces, ou admis par un mandataire spécial. — (*Colmar, déjà cité, pag. 832, à la note*).

Le désistement d'un chef de conclusion peut être, sans pouvoir spécial, fait par l'avocat ou l'avoué en plaidant; et il n'y a pas lieu à désaveu si la partie présente à l'audience ne s'y est point opposée. — (*Bruxelles, 29 juin 1808, Sirey, tom. 16, pag. 9*).

1298. *Quels sont les cas particuliers dans lesquels il a été décidé qu'il y avait lieu à désaveu contre un avoué?*

Nous trouvons, parmi les arrêts rendus en matière de désaveu, deux décisions d'où dérivent les propositions suivantes :

1.° Un avoué de première instance ne peut, sans un mandat spécial, exécuter un jugement en premier ressort contenant des dispositions définitives, parce que ce jugement donne lieu à l'appel, et qu'il ne dépend point de l'avoué de priver son client de cette faculté; d'où suit que l'avoué peut être désavoué pour avoir donné cet acquiescement, qui rentre évidemment dans la classe des actes mentionnés en l'art. 352. — (*Voy. arrêt de la Cour de Pau, du 3 janv. 1810, Biblioth. du barr., 2.e part., 1810, pag. 462*).

2.° Il y a lieu au désaveu d'un avoué, lorsqu'il déclare n'avoir point eu commission d'occuper, et qu'il n'a réellement point occupé pour la partie désavouante, bien qu'il soit mentionné sur le plumitif (feuille d'audience) qu'il ait pris des conclusions, et que le greffier ait écrit sur le placet que le dispositif était passé d'accord avec lui. — (*Voy. arrêt de la Cour de Paris, du 29 mars 1806, Journ. du Palais, 1er. sem. 1806, pag. 380, et la Jurisp. des Cours souv., tom. 3, pag. 235*).

1299. *Faut-il, dans les cas où la loi exige que les avoués ou huissiers se munissent d'un pouvoir spécial, que ce pouvoir soit signifié à la partie pour laquelle ces officiers ministériels agissent?*

On ne saurait citer aucune disposition du Code qui exige que le pouvoir donné à l'huissier ou à l'avoué soit signifié à la partie contre laquelle ils agissent. On ne pourrait donc fonder la nullité d'un emprisonnement ou d'une expropriation, sur ce que l'huissier n'aurait pas signifié le pouvoir spécial qu'il doit avoir du requérant; on ne pourrait ainsi soutenir que des offres ne seraient pas valables, parce que l'avoué n'aurait pas signifié le pouvoir qu'il aurait de le faire.

Il suit de là que le défaut de pouvoir expose seulement l'huissier ou l'avoué au désaveu; que tout ce qu'ils font est présumé le fait de leur partie, tant qu'elle ne le désavoue pas, et si toutefois il ne s'agit pas de quelques cas particuliers dans lesquels le Code exige que l'officier ministériel apparaisse d'un pouvoir spécial, dans les cas prévus par l'art. 352.

Néanmoins, d'après un arrêt de la Cour de cassation, du 6 janvier 1812, rapporté en nos questions sur l'art. 556, on est dans l'usage de signifier le pouvoir donné à l'huissier chargé de procéder à une saisie immobilière ou à un emprisonnement.

1300. *Mais dans ces cas, où la loi ne prescrit pas que l'officier ministériel donne copie du pouvoir spécial dont elle exige qu'il soit muni, la partie adverse n'a-t-elle pas du moins le droit d'en demander la représentation, afin d'assurer la stabilité de la procédure?*

C'est notre opinion, fondée sur ce qu'aucune loi n'interdit à une partie le droit d'exiger d'un officier ministériel, la représentation des pouvoirs spéciaux sans lesquels il ne pourrait agir.

Quel serait, en effet, le motif de contester à la partie le droit d'exiger cette représentation, afin de prévenir une action en désaveu de la part de son adversaire?.....

1301. *L'action en désaveu procède-t-elle pour toute autre cause que des offres, aveux ou consentemens?*

Nous avons pour ainsi dire préjugé la solution négative de cette question, en traitant celle insérée sous le n°. 382, pag. 203.

Mais nous devons dire que plusieurs auteurs sont d'un sentiment opposé; tels sont MM. Demiau Crouzilhac, pag. 265, et Berriat Saint-Prix, pag. 350, not. 6. (1)

Nous ne dissimulerons pas que cette opinion a ses partisans, et que l'on peut même tirer de quelques arrêts rapportés sur les précédentes questions, certaines inductions en sa faveur; mais, quoi qu'il en soit, nous croyons que l'application de l'art. 352 doit être restreinte aux cas qu'il exprime, autrement, il aurait été rédigé en d'autres termes; c'est-à-dire que le législateur eût exprimé, d'une manière générale, que l'action en désaveu procèderait dans tous les cas où la loi exigeant un pouvoir spécial, l'officier ministériel aurait agi sans ce pouvoir.

Ainsi, tout acte de l'avoué qui n'aurait pas pour objet un aveu, un consentement ou des offres, ne nous paraît pas donner ouverture à l'action en désaveu, encore que la loi ait exigé pour cet acte un pouvoir spécial.

Mais on demandera comment la partie pourra obtenir la réparation du tort que lui causeraient les actes qu'elle n'aurait pas autorisé son avoué à faire?

Nous répondons qu'on aura contre l'avoué l'action *ex mandato* pour sortir indemne; action qui ne pourra préjudicier à la partie adverse, à la différence de celle que produit le désaveu : c'est que, dans le premier cas, où il ne s'agit pas d'offres, de consentemens, d'aveux, la partie adverse n'est pas obligée de demander à l'avoué l'exhibition de ses pouvoirs; elle peut justement présumer qu'il en est muni; c'est que, dans l'autre cas, elle est avertie qu'il pourrait y

---

(1) Les raisons que donne le premier sont les mêmes que celles rapportées sur la quest. 382; le second s'exprime en termes généraux. « Un officier ministériel, dit-il, peut être désavoué » toutes les fois qu'il excède les limites de ses fonctions sans un pouvoir spécial, *sur-tout* » lorsqu'il fait, donne ou reçoit, sans cette espèce de mandat, des offres, aveux ou con- » sentemens. Nous disons *sur-tout*, ajoute l'auteur, note 6, parce que les offres, aveux et » consentemens indiqués par la loi dans l'art. 352, ne sont pas tous les actes où l'officier » ministériel peut excéder les limites de ses fonctions, et qu'il en est même d'autres où elle » exige positivement un pouvoir spécial ».

avoir lieu à l'action en désaveu, et que, par conséquent, elle a à s'imputer la faute de ne l'avoir point prévenue, en exigeant l'exhibition des pouvoirs (1).

1302. *Si, de plusieurs parties à requête desquelles un appel a été interjeté, l'une prétendait que cet appel ne l'a été réellement que par ses consorts, sans son consentement ni sa participation, pourrait-elle valablement former l'action en désaveu contre l'avoué constitué par cet acte d'appel?*

Il est de principe (*voy. suprà, n°.* 382) que l'avoué saisi des pièces est suffisamment autorisé pour tous les actes autres que ceux à l'égard desquels la loi exige un pouvoir spécial. De là résulte que c'est à la partie qui désavoue à démontrer, d'une manière positive, que l'acte qui constitue cet avoué a été fait à son insu ou contre son consentement; mais la présomption doit être contre la partie qui désavoue : il serait d'ailleurs du plus grand danger d'admettre une semblable action sur de simples allégations.

On sent que, lors d'un appel relevé par plusieurs parties qui ont un intérêt

---

(1) Au reste, cette question n'est point aussi importante dans la pratique qu'on pourrait le croire au premier aspect. En effet, il n'est peut-être pas un cas, hormis ceux de l'art. 352, où les dispositions de la loi, qui exigent un pouvoir spécial, rendent utile l'action en désaveu.

En effet, il faut distinguer parmi ces cas, 1.° ceux où il s'agit d'actes de procédure pour lesquels la loi exige qu'il soit donné à l'avoué un pouvoir spécial par la signature apposée à ces actes, soit par la partie, soit par son fondé de pouvoir; 2.° ceux dans lesquels l'avoué a besoin d'un pouvoir constaté par un acte séparé.

Les premiers cas sont les plus nombreux; ce sont, par rapport aux avoués, ceux des art. 216, 218, 309, 353, 370, 384 et 511 du Code de procédure; et, par rapport aux huissiers, ceux des art. 66 et 2185 du Code civil. Mais la partie au nom de laquelle sont faits les actes dont il s'agit en ces articles peut, ainsi que l'observe M. Pigeau, tom. 1, pag. 412, en objecter la nullité, *sans être obligée de désavouer,* le défaut de la signature voulue par la loi les rendant radicalement nuls.

Les autres cas sont ceux des art. 556 et 709. Le premier ne concerne que les huissiers, qui ne peuvent, sans pouvoir spécial, mettre un jugement à exécution par voie de saisie immobilière ou d'emprisonnement. Il est évident qu'ici l'huissier n'est point sujet à désaveu; car cette action n'est accordée que dans l'intérêt de la partie au nom de laquelle cet officier ministériel aurait agi : or, c'est à celui contre lequel il exécute ce jugement à lui demander la représentation du pouvoir spécial, afin d'arrêter, en cas qu'il n'existe point, la saisie ou l'emprisonnement, qui sera déclaré nul à défaut de ce pouvoir. Cette nullité pourra sans doute donner lieu, de la part de cet individu, à une demande en dommages-intérêts contre la partie au nom de laquelle l'huissier aurait mis le jugement à exécution. Mais pour y défendre, aurait-elle besoin de désavouer l'huissier? Nous ne le pensons pas; elle n'aurait qu'à l'appeler en garantie, conformément à l'art. 1031. — (*Voy. nos quest. sur l'art.* 556).

Reste l'art. 709, qui exige que l'avoué, dernier enchérisseur d'un immeuble vendu par expropriation forcée, déclare l'adjudicataire, et fournisse son acceptation, sinon représente son pouvoir, qui demeurera annexé à la minute de sa déclaration, faute de quoi il sera réputé adjudicataire en son nom. En ce cas, encore, point de nécessité de désavouer l'avoué, puisque sa partie n'a rien à craindre des suites de son enchère, la loi voulant qu'il représente son pouvoir.

Ce rapprochement des dispositions de la loi relatives au pouvoir spécial des officiers ministériels, nous semble démontrer que le législateur a entendu limiter l'application de l'art. 352 aux seuls cas qu'il exprime, et que, dans tous les autres, un officier ministériel doit être présumé, relativement à la partie adverse de celle pour laquelle il agit, avoir pouvoir de la part de celle-ci, sauf contre lui l'action résultant de l'art. 1031, ou l'action *ex mandato*, afin de sortir indemne. — (*Voy. Pigeau, tom.* 1, *pag.* 126).

commun, chacune d'elle n'écrit pas à l'avoué; il n'y a qu'un original d'exploit, et par conséquent il n'est envoyé que par une seule partie. Cependant s'il était permis, à une époque quelconque de la procédure, d'écrire qu'on n'entend pas être partie au procès, qu'on n'a même donné aucun pouvoir, la marche de l'instance serait le plus souvent arrêtée sous un vain prétexte, et la réputation d'un avoué compromise.

Ce n'est donc pas à l'officier ministériel à justifier de pouvoir écrit de la partie qui le désavoue; c'est à celle-ci, au contraire, à prouver que l'appel a été relevé à son insu par son consort (1).

1303. *Mais n'est-ce pas plutôt contre l'huissier rédacteur de l'acte d'appel, et non contre l'avoué, que la partie doit former d'abord son action en désaveu, lorsqu'elle prétend que l'appel a été interjeté à son insu?*

Pothier examine cette question dans son Traité du mandat, chap. 5, art. 1, § 3, n.° 128. « Lorsqu'un procureur, dit-il, qui s'est constitué pour une » partie qui a donné une demande, se trouve porteur de l'exploit de demande, » *qui lui a été remis par l'huissier qui l'a fait*, le procureur est censé établir son » droit par cet exploit, dont il est porteur, à moins que la partie n'ait pareille- » ment désavoué l'huissier, et fait juger bon et valable son désaveu contre » l'huissier. »

On a vu *suprà*, pag. 821, not. 1, qu'il n'est pas douteux que l'action en désaveu procède valablement contre un huissier. Cela posé, comme il est également incontestable que la remise de l'original tient lieu de pouvoir à l'avoué, on doit reconnaître que le désaveu de ce dernier, par la partie qui prétend que l'acte d'appel a été donné à son insu, ne peut valablement procéder qu'autant qu'il a été formé et jugé préalablement contre l'huissier auteur de l'exploit; et peu importe que l'avoué tienne l'original de cet huissier lui-même, comme l'a supposé Pothier, ou de tout autre, puisque le fait d'un appel interjeté à l'insu d'une partie employée aux qualités de l'exploit, ne peut être imputé qu'à l'huissier qui l'a signifié. Il y a plus, d'après Rodier, dont l'opinion, en ce point, est, à la vérité, contraire à plusieurs auteurs qu'il cite : il faudrait, en ce cas, s'inscrire en faux contre l'exploit; mais nous pensons que le désaveu suffit. (*Voy. Rodier, sur l'art.* 16 *du tit.* 2 *de l'ordonn.*) C'est aussi ce que la Cour de Rennes a jugé par arrêt du 14 décembre 1810.

1304. *Faut-il nécessairement former l'action en désaveu pour contester des déclarations faites par un avoué dans les qualités d'un jugement?*

Nous avons dit *suprà*, n°. 601, que le défaut d'opposition aux qualités rendait

---

(1) On opposerait vainement un arrêt du 9 février 1743, rapporté au nouveau Dénisart, pag. 296, puisque, dans son espèce, où un frère sans l'autorisation de ses frères et sœurs, avait interjeté appel, *tant pour lui que pour eux*, le désaveu du procureur fut déclaré *bon;* mais en même tems la partie qui l'avait institué fut condamnée à l'indemniser.

Les motifs de cet arrêt sont faciles à saisir; le désaveu fut déclaré bon, parce que le frère avait relevé appel tant en son nom qu'en celui de ses cohéritiers, et qu'il en convenait, prétendant seulement qu'il y avait été autorisé par eux : aussi la peine du désaveu ne retomba que sur lui. Ce furent donc des circonstances particulières qui déterminèrent la décision; circonstances qui ne se rencontrent pas dans l'espèce de la question que nous venons d'examiner.

une partie non recevable à contester ce qui y est énoncé; d'où suit nécessairement que toute déclaration de l'avoué contenue aux qualités, et qui peut porter préjudice à la partie, a son effet, mais seulement jusqu'à l'action en désaveu, formée en conformité de l'art. 352.

1305. *La partie au nom de laquelle a été fait un acte sans pouvoir, est-elle la seule qui puisse le désavouer, dans les cas où l'action en désaveu procéderait conformément à la solution donnée sur la quest.* 1301?

Oui, sans doute. La partie adverse ne peut désavouer l'acte, parce que la foi est due à l'officier ministériel qui l'a rédigé; tant que la partie elle-même au nom de laquelle il a été fait ne conteste pas, cet officier est présumé avoir agi en vertu de pouvoirs.

Mais il est à remarquer, relativement aux actes qui pourraient être déclarés nuls par défaut d'une signature que la loi exige, soit de la partie, soit de son fondé de pouvoir, que la nullité de ces actes peut être opposée par la partie adverse. — *(Voy. Pigeau, tom. 1, pag. 412).*

ARTICLE 353.

Le désaveu sera fait au greffe du tribunal qui devra en connaître, par un acte signé de la partie, ou du porteur de sa procuration spéciale et authentique : l'acte contiendra les moyens, conclusions, et constitution d'avoué (1).

T., 92.

CCXCV. ON voit, par cet article, que l'action en désaveu ne commence ni par un essai de conciliation, ni par un exploit ordinaire d'ajournement; celui qui veut la former comparaît en personne ou par un fondé de pouvoir au greffe du tribunal. Le greffier dresse l'acte prescrit par l'art. 353, et pour en faire juger la validité, le désavouant se conforme aux dispositions de l'art. 354.

1306. *Si la partie ou son fondé de pouvoir ne savait signer, le greffier suppléerait-il à ce défaut, en mentionnant la cause de l'impossibilité?*

M. Lepage, dans ses Questions, pag. 233 et 234, résout affirmativement cette question. « Le greffier, dit-il, mentionne la cause de l'impossibilité de signer; ce sera à l'officier désavoué à prouver que l'impuissance est une feinte, ou que la personne qui s'est présentée au greffe n'est pas celle au nom de qui se forme le désaveu ».

Nous ne partageons pas cette opinion, sur la suffisance de la déclaration du greffier, relativement à l'impossibilité où serait le désavouant ou son fondé de procuration de ne savoir signer. L'art. 353 est précis; il faut que le désaveu soit

---

(1) JURISPRUDENCE.

Il ne suffit pas d'avoir un mandat général pour être autorisé à former un désaveu contre un avoué : l'acte de désaveu doit nécessairement être signé, ou par la partie elle-même, ou par un mandataire spécial. — (*Cassat.*, 1.er *fév.* 1820, *Sirey, tom.* 20, *pag.* 346).

fait par acte signé du désavouant ou du porteur de sa procuration spéciale et authentique : il nous paraît donc indispensable que le désavouant signe, ou, s'il ne sait pas signer, ou s'il ne peut se transporter au greffe, qu'il donne un pouvoir spécial et authentique à quelqu'un qui sache signer, de se transporter et de signer pour lui. C'est, au reste, ce que nous avons déjà dit sur plusieurs questions.

Des jurisconsultes estiment néanmoins que l'on aurait satisfait à la loi, si, le porteur de la procuration ne sachant pas signer, le greffier en faisait mention; alors, disent-ils, la procuration annexée à l'acte de désaveu ne laisserait aucune incertitude sur la volonté et l'identité du désavouant, et son mandataire ne remplirait plus qu'une pure formalité.

Cette opinion peut être suivie, mais la nôtre nous semble préférable; elle écarte toute difficulté. Au reste, si l'on admettait celle des jurisconsultes qui la modifient, il faut convenir au moins que rien ne paraît dispenser le désavouant de signer en présence du greffier, ou de donner la procuration que veut la loi; une procédure en désaveu est trop importante à raison de ses résultats, pour se relâcher d'une garantie prescrite par le législateur. — (*Voy. art.* 355, 356 *et* 358).

Article 354.

Si le désaveu est formé dans le cours d'une instance encore pendante, il sera signifié, sans autre demande, par acte d'avoué, tant à l'avoué contre lequel le désaveu est dirigé, qu'aux autres avoués de la cause, et ladite signification vaudra sommation de défendre au désaveu (1).

T., 29, 70, 75, 76.

CCXCVI. Pour savoir quel tribunal doit connaître de l'action en validité du désaveu, il faut, aux termes des art. 354, 356 et 358, distinguer si l'acte désavoué est *extrajudiciaire* ou *judiciaire*.

S'il est *extrajudiciaire*, par exemple s'il s'agit d'actes d'exécution qu'un huissier sans pouvoir s'est permis de faire (*voy. nos questions sur l'art.* 358), il faut encore examiner si ces actes d'exécution ont ou n'ont pas donné lieu à une instance. Dans ce cas, l'action doit être portée incidemment devant le tribunal déjà saisi de cette instance. Mais si aucune instance n'a été engagée, il s'agit de former une action principale, qui ne peut être portée que devant le tribunal du domicile du défendeur, c'est-à-dire de l'officier désavoué (358). (2)

---

(1) JURISPRUDENCE.

La demande en désaveu, formée en première instance incidemment à une contestation de 1,000 liv. ou au-dessous, n'empêche pas qu'il y ait lieu au dernier ressort, encore que l'objet du désaveu soit indéterminé. — (*Cassat.*, 5 *therm. an* 13, *Sirey*, *tom.* 7, *pag.* 897).

(2) Sur la question de savoir si l'action en désaveu cesse d'être recevable à l'expiration d'un certain délai, voy. ci-après quest. 1307.

Si l'acte ou les actes désavoués sont *judiciaires*, c'est-à-dire s'il s'agit d'une procédure instruite en justice, le tribunal devant lequel a été faite cette procédure est, dans tous les cas, le seul compétent pour connaître du désaveu, soit que l'instance existe encore devant lui, soit qu'elle ait été portée devant un autre, ou même qu'elle se trouve éteinte. — (*Voy. art.* 356).

On voit que la demande en désaveu d'un acte judiciaire, comme celle d'un acte extrajudiciaire, est formée tantôt par action principale, et tantôt par action incidente.

Quand elle est formée par action principale, au sujet d'un acte sur lequel il n'y a point d'instance, le demandeur, qui a levé au greffe une expédition du désaveu, en fait signifier copie, tant à l'officier désavoué qu'aux parties intéressées, avec assignation de comparaître dans les délais ordinaires de l'ajournement. (*Voy. Berriat Saint-Prix, pag.* 352, *not.* 15). Il est inutile que cette assignation renferme les moyens et les conclusions, puisqu'on les trouve dans la copie du désaveu. — (*Voy. art.* 353).

Quand elle est incidemment formée dans le cours d'une instance encore pendante, la demande ne consiste que dans la simple copie du désaveu, signifiée par acte d'huissier, tant à celui contre lequel est dirigé le désaveu, qu'aux autres avoués de la cause pour leur partie; cette seule signification vaut sommation de répondre au désaveu.

1307. *Est-il un délai passé lequel on ne puisse plus former l'action en désaveu?*

Cette action peut être formée aussi long-tems que la partie au nom de laquelle l'acte à désavouer aurait été fait sans pouvoir, ne l'aurait pas approuvé, soit expressément, soit tacitement.

La même décision a été rendue sous l'empire de l'ordonnance, par un arrêt de la Cour de cassation, du 18 août 1807. — (*Voy. Sirey, tom.* 7, *pag.* 481).

1308. *La défense en désaveu peut-elle être fournie par requête?*

Oui, d'après l'art. 75 du tarif. (1)

ARTICLE 355.

Si l'avoué n'exerce plus ses fonctions, le désaveu sera signifié par exploit à son domicile; s'il est mort, le désaveu sera signifié à ses héritiers, avec assignation au tribunal où l'instance est pendante, et notifié aux parties de l'instance, par acte d'avoué à avoué.

T., 29, 70.

CCXCVII. Si celui contre lequel est incidemment dirigé le désaveu, est un avoué qui n'exerce plus ses fonctions, ou un huissier, le désaveu ne pouvant être signifié par un simple acte d'avoué à avoué, puisque l'officier ne figure en aucune qualité dans l'instance, il doit recevoir la signification par un exploit à personne ou à domicile; s'il est mort, c'est à ses héritiers qu'on fait cette signi-

(1) Voy., à la page suivante, la note du commentaire.

fication, qui, dès lors, est suivie d'assignation au tribunal où l'instance est pendante. Quant aux autres parties qui figurent dans l'instance, la simple signification du désaveu ne leur en est pas moins faite par acte d'avoué à avoué, comme à l'ordinaire (1).

1309. *L'action en désaveu peut-elle être exercée, tant en cas de mort naturelle qu'en cas de mort civile?*

Oui : le législateur disant, en l'art. 355, qu'on peut se pourvoir en désaveu contre un avoué qui serait *mort*, se sert de cette expression pour faire entendre qu'on peut exercer cette action dans l'un et l'autre des cas ci-dessus exprimés.

Article 356.

Le désaveu sera toujours porté au tribunal devant lequel la procédure désavouée aura été instruite, encore que l'instance dans le cours de laquelle il est formé soit pendante dans un autre tribunal; le désaveu sera dénoncé aux parties de l'instance principale, qui seront appelées dans celle de désaveu. (2)

C. de P., art. 49, 358.

1310. *Où se portera l'action en désaveu formée sous l'appel, relativement à un acte fait en première instance?*

Il résulte évidemment de l'art. 356 que si le désaveu a lieu sous l'appel, pour les procédures faites au tribunal de première instance, ce sera devant ce dernier tribunal que l'action sera portée, sauf dénonciation de l'acte de désaveu aux parties de la cause principale à personne ou à domicile réel. — (*Voy. Questions de Lepage, pag.* 232 *et* 233; *Demiau Crouzilhac, pag.* 267; *Pigeau, tom.* 1, *pag.* 416, *et un arrêt de la Cour de Bruxelles, du* 24 *mars* 1810, *Journ. des avoués, tom.* 2, *pag.* 110).

1311. *Le désaveu formé contre un mandataire constitué devant un tribunal de commerce, est-il porté à ce tribunal?*

Il résulte de l'esprit et des termes du titre entier du Code de procédure civile concernant le désaveu, que l'instruction qu'il prescrit se rapporte aux tribunaux ordinaires dans lesquels militent des officiers ministériels sous le nom *d'avoués*, et près desquels la loi a placé des magistrats exerçant le ministère public.

Aucune disposition de ce titre n'est conséquemment applicable aux tribunaux

---

(1) Remarquons que l'officier désavoué, ou s'il est décédé, son héritier, doit proposer contre le désaveu ses moyens de défense, par une requête signifiée dans la quinzaine.

Cette quinzaine court à partir de la signification du désaveu, lorsqu'il a été fait par acte d'avoué à avoué, et lorsqu'elle a eu lieu par exploit à personne ou domicile, à partir de la constitution d'avoué faite par l'officier désavoué, dans les délais d'ajournement.

Le demandeur en désaveu peut, dans la huitaine, répondre aussi par une requête aux défenses qu'a fait signifier le désavoué.

Les autres parties peuvent également faire signifier leurs moyens de défense, lorsqu'elles en ont à proposer contre le désaveu; ce qui arrive souvent.

(2) Le commentaire de cet article se trouve compris dans celui de l'art. 354. — (*Voy. pag.* 830).

de commerce, qui sont d'institution spéciale, et dont la compétence est bornée à une nature ou espèce particulière d'affaires. (1)

ARTICLE 357.

Il sera sursis à toute procédure et au jugement de l'instance principale, jusqu'à celui du désaveu, à peine de nullité; sauf cependant à ordonner que le désavouant fera juger le désaveu dans un délai fixe, sinon qu'il sera fait droit.

CCXCVIII. LA signification du désaveu, faite soit incidemment, soit pendant le cours d'une instance principale, pendante en un autre tribunal que celui qui doit statuer sur les actes désavoués, il est sursis à toute procédure et au jugement de l'instance principale, jusqu'à celui du désaveu, à peine de nullité.

Si les parties s'aperçoivent que le demandeur en désaveu ne cherche dans ce sursis qu'un moyen de paralyser l'exercice de l'action principale, elles peuvent demander et faire ordonner par les juges devant lesquels est portée cette action, qu'à faute par le désavouant de faire juger le désaveu dans un délai fixe, il sera fait droit.

1312. *Le désaveu suspendrait-il l'exécution des interlocutoires précédemment rendus et le jugement du fond, s'il était indifférent à ces jugemens et ne pouvait y influer?*

La Cour d'Amiens tenait l'affirmative dans ses observations sur le projet; mais le Code n'a point fait de distinction. M. Delaporte, tom. 1, pag. 331, et les auteurs du Commentaire inséré aux Annales du notariat, tom. 2, pag. 428, n'en maintiennent pas moins que les dispositions de l'art. 357 ne sont applicables qu'au cas où l'événement du désaveu pourrait influer sur la décision de l'instance principale; autrement, le tribunal pourrait, sans s'arrêter ni avoir égard au désaveu, et sans y préjudicier, prononcer sur le fond.

Nous disons, pour l'opinion contraire, que l'art. 357 commande qu'il soit sursis à toute procédure, et qu'on ne saurait raisonner par analogie de ce qui peut se pratiquer en matière d'inscription de faux, attendu que le législateur a laissé au juge la faculté de surseoir ou non au jugement définitif, suivant que l'inscription peut ou ne peut pas avoir d'influence sur ce jugement; mais ici il n'y a point d'exception, et il y a peine de nullité à violer l'article : d'ailleurs,

---

(1) Vainement opposerait-on la disposition de l'art. 356, qui dispose que *le désaveu sera toujours porté au tribunal devant lequel la procédure désavouée aura été instruite.*

On répondrait que les juges de commerce ne sont pas autorisés à s'appliquer cette disposition, et que leur *incompétence, en raison de la matière,* est absolue, parce qu'il s'agit d'une action personnelle et ordinaire qui naît de l'inexécution d'un contrat civil; action sur laquelle le ministère public doit être entendu, conformément à l'art. 359.

Le consentement des parties ne pourrait couvrir une telle incompétence, parce que l'art. 424 prescrit aux tribunaux de commerce de les renvoyer, encore que le déclinatoire n'ait pas été proposé; ce qui établit une règle de droit public dont le consentement ne peut couvrir l'infraction ni empêcher l'application devant les tribunaux supérieurs. C'est ce qui a été jugé par arrêt de la Cour de Rennes, du 19 juillet 1808.

il est difficile de supposer qu'une partie se porte jamais à désavouer des actes qui seraient indifférens à la décision du fond.

1313. *Mais le tribunal ne pourrait-il pas du moins statuer par le même jugement sur le désaveu et sur le fond, si l'instruction était en état sur l'un et sur l'autre?*

Nous ne voyons pas d'inconvénient à agir de cette manière, et c'est aussi l'opinion de M. Pigeau, tom. 1, pag. 419; mais le parti le plus prudent serait peut-être de prononcer par deux jugemens séparés. Nous croyons du moins qu'il est dans le vœu de la loi que l'instance de désaveu soit vidée séparément et avant tout.

1314. *Si, au lieu de formaliser une demande en désaveu, dans les cas prévus par l'art.* 352, *la partie appelait l'officier ministériel en garantie devant le tribunal saisi de l'affaire dans laquelle on opposerait un acte fait sans pouvoir, cette demande aurait-elle l'effet de l'action en désaveu?*

La conséquence du désaveu étant de faire déclarer nul et non avenu l'acte contre lequel on s'est pourvu, on peut dire que l'avisagement, outre qu'il présente l'inconvénient majeur de suivre une autre forme que celle spécialement établie par la loi, présupposerait la validité de l'acte, du moins relativement au tiers, puisque celui qui souffre de cet acte conclurait à une libération qui suppose que ce même acte conserve son effet. Il est donc nécessaire de *formaliser* la demande en désaveu.

Article 358.

Lorsque le désaveu concernera un acte sur lequel il n'y a point instance, la demande sera portée au tribunal du défendeur. (1)

C. de P., art. 59.

1315. *En quel cas l'art.* 358 *peut-il recevoir son application?*

Cet article s'applique particulièrement aux cas où un huissier aurait inconsidérément fait des offres ou donné des consentemens préjudiciables à la partie qui l'aurait chargé de faire un acte extrajudiciaire, par exemple, une saisie-opposition, des offres réelles, etc. — (*Voy. Pigeau, tom.* 1, *pag.* 414 *et* 415.)

Article 359.

Toute demande en désaveu sera communiquée au ministère public.

C. de P., art. 83. — Voy. nos quest. sur le § 8 de l'art. 480.

CCXCIX. L'instruction dont nous avons tracé la marche, pag. 829 et suiv., étant achevée, le procès est communiqué au ministère public, qui doit être entendu en toute demande en désaveu. L'audience est ensuite poursuivie par

(1) Le commentaire de cet article est compris dans celui de l'art. 354. — (*Voy. pag.* 830).

un simple acte; la cause est plaidée; le ministère public donne ses conclusions, et le désaveu est admis ou rejeté.

ARTICLE 360.

Si le désaveu est déclaré valable, le jugement, ou les dispositions du jugement relatives aux chefs qui ont donné lieu au désaveu, demeureront annulées et comme non avenues; le désavoué sera condamné, envers le demandeur et les autres parties, en tous dommages-intérêts, même puni d'interdiction, ou poursuivi extraordinairement, suivant la gravité du cas et la nature des circonstances (1).

C. C., art. 1146 et suiv. — C. de P., art. 128, 132, 1029 et suiv.

CCC. QUAND le désaveu est admis, l'acte ou les actes désavoués sont déclarés nuls, ainsi que tout ce qui s'en est suivi.

Les actes désavoués ont-ils été suivis d'un jugement? Ce jugement ou les dispositions relatives aux chefs qui ont donné lieu au désaveu demeurent pareillement annulées et comme non avenues (2).

Au reste, le tribunal prononce les peines portées en l'art. 360, et statue de suite et par le même jugement sur le principal, *s'il y a lieu*, et si la cause est en état (3).

1316. *La nullité du jugement qui aurait donné lieu au désaveu a-t-elle lieu de plein droit?*

L'affirmative résulte évidemment du texte; par ces mots *demeureront annulées et comme non avenues*, il exprime clairement que le jugement qui accueille purement et simplement le désaveu, suffit pour anéantir celui qui y a donné lieu, quoiqu'il ne s'explique pas à son égard. — (*Perrin, Traité des nullités, pag.* 136).

1317. *Si, dans le cours d'une instance qui serait de nature à être jugée en dernier*

---

(1) JURISPRUDENCE.

Il n'y a lieu à des dommages et intérêts contre le désavoué, qu'après que la partie a inutilement tenté toutes les voies de droit pour faire réformer le jugement dont elle se plaint. — (*Paris, 12 avril* 1806, *Sirey, 2.° part., tom.* 7, *pag.* 901).

(2) Ainsi, l'on n'est plus obligé, comme sous l'ordonnance de 1667, de prendre d'abord la voie d'opposition, d'appel ou de requête civile, contre le jugement qu'on veut faire annuler, pour introduire ensuite incidemment la demande en désaveu; une seule action suffit pour faire annuler les actes désavoués et le jugement qui en a été la conséquence.

Cependant, il est possible qu'un jugement se trouve attaqué par la voie d'appel, lorsqu'il est déclaré nul par la demande en désaveu. Dans ce cas, l'auteur du désaveu qui n'a pas négligé de faire suspendre d'abord l'instance d'appel, n'a qu'à produire à la Cour le jugement qu'il vient d'obtenir du tribunal compétent, et à demander que vu la nullité du jugement dont est appel, les parties soient mises hors de cause.

(3) C'est-à-dire lorsque le désaveu a été formé incidemment à une instance.

ressort, un acte de cette même instance était désavoué, le désaveu, comme accessoire, serait-il également soumis au jugement souverain?

M. Pigeau se fait cette question, tom. 1, pag. 420, et, après avoir exposé les raisons de prononcer affirmativement, il adopte la négative, par induction de l'art. 371. Nous pensons, comme cet auteur et comme M. Coffinières (*voy. Jurisp. des Cours souv., tom.* 3, *pag.* 233), que l'action en désaveu n'est pas, à proprement parler, une demande incidente, au moins relativement à l'officier ministériel contre lequel elle est dirigée, et qu'il suffit d'ailleurs qu'elle intéresse son honneur et qu'elle l'expose à des peines graves, pour qu'elle ne puisse être jugée qu'en premier ressort, comme les récusations des juges.

ARTICLE 361.

Si le désaveu est rejeté, il sera fait mention du jugement de rejet en marge de l'acte de désaveu, et le demandeur pourra être condamné, envers le désavoué et les autres parties, en tels dommages et réparations qu'il appartiendra.

T., 91. — C. C., art. 1146 et suiv. — C. de P., art. 128.

CCCI. QUAND le désaveu est rejeté, le jugement ordonne qu'il sera considéré comme nul et non avenu. Le demandeur peut, dans ce cas, être condamné envers l'officier ministériel qu'il a mal à propos outragé, et même envers les autres parties, à tels dommages-intérêts qu'il appartient.

Le jugement de rejet doit en outre, et cela quand même les juges auraient omis de le dire, être mentionné par le greffier, sur la minute, et en marge de l'acte de récusation.

ARTICLE 362.

Si le désaveu est formé à l'occasion d'un jugement qui aura acquis force de chose jugée, il ne pourra être reçu après la huitaine, à dater du jour où le jugement devra être réputé exécuté, aux termes de l'art. 159 ci-dessus (1).

C. de P., art. 356.

CCCII. NOUS avons dit au commentaire de ce titre, pag. 820, et sur la quest. 1307, qu'une partie ne peut désavouer l'acte qu'elle a ratifié par une approbation expresse ou tacite, quoique cet acte soit l'ouvrage d'un officier sans pouvoir. La disposition de l'art. 362, relative au cas où le désaveu tend à

---

(1) JURISPRUDENCE.

Le désaveu est recevable, même après le paiement des frais à l'avoué, en retirant les pièces : on ne peut pas dire que ce soit là une exécution du jugement, dans le sens de l'art. 159 du Code de procédure civile. — (*Paris, 22 juil.* 1815, *Sirey, tom.* 16, *pag.* 332).

faire annuler un jugement passé en force de chose jugée, est une conséquence de ce principe. C'est, en effet, parce que la loi considère comme une approbation tacite le silence prolongé de la partie condamnée, qu'elle déclare celle-ci non recevable à proposer un désaveu, après la huitaine qui suit le jour où, *suivant l'art.* 159, le jugement est réputé exécuté. (1)

1318. *L'art.* 362 *ne s'applique-t-il qu'aux jugemens par défaut?*

Il est évident, disent M. Delaporte, tom. 2, pag. 432, et les auteurs du Commentaire inséré aux Annales du notariat, tom. 2, pag. 432, qu'il s'agit, en cet article, des jugemens par défaut auxquels on peut former opposition lors du premier acte tendant à exécution, et, par conséquent, après la huitaine de la signification.

Ces auteurs sont les seuls qui aient émis cette opinion. Il nous paraît, au contraire, d'après les expressions du tribun Perrin, sur l'art. 362, qu'il s'agit, en cet article, d'un terme au-delà duquel l'action en désaveu ne peut être intentée, soit qu'elle se rapporte à une procédure sur laquelle un jugement par défaut serait intervenu, soit qu'elle ait trait à une procédure par suite de laquelle un jugement contradictoire aurait été rendu.

Comment admettre, d'ailleurs, l'opinion contraire, puisque dans les jugemens par défaut dont parlent les auteurs que nous venons de citer, il ne saurait y avoir lieu au désaveu de la part de la partie condamnée, puisqu'elle n'a pas constitué d'avoué? Le renvoi à l'art. 159 n'a donc pas d'autre objet que d'indiquer les modes d'exécution qui, lorsqu'ils auraient été suivis, rendent l'action en désaveu non recevable.

1319. *Dans le cas prévu par l'art.* 362, *est-il nécessaire de signifier le désaveu à la partie en faveur de laquelle le jugement aurait été rendu?*

M. Pigeau, tom. 1, pag. 415, considère ici le désaveu comme principal, parce qu'il concerne un acte sur lequel il n'existe plus d'instance; mais il n'en conclut point qu'il ne doive pas être signifié à la partie au profit de laquelle le jugement aurait été rendu, et qu'il n'y a lieu qu'à mettre l'officier ministériel en cause. Le contraire résulte formellement de l'explication donnée sur l'art. 362 par le tribun Perrin, dans son rapport au Corps législatif. — (*Voy. édit. de Didot, pag.* 114).

Il est évident, d'après ces explications et le texte de l'art. 362, que cet article établit trois principes; premièrement, qu'il n'est plus permis de se pourvoir en désaveu, lorsque le jugement a l'autorité de la chose jugée, et qu'il s'est écoulé depuis un intervalle de huit jours; deuxièmement, que si le désaveu fait dans la huitaine est déclaré valable, il emporte (*voy. suprà, art.* 360) la réformation même du jugement passé en force de chose jugée; troisièmement, que le désaveu doit par conséquent être signifié aux personnes qui ont été parties à ce jugement.

De ces principes, que le législateur devait consacrer avec d'autant plus de raison qu'il n'a pas fait du désaveu, comme cela se pratiquait sous l'empire de l'ordonnance, un moyen de requête civile, il résulte que l'action est non rece-

(1) Voy. au commentaire de ce titre, pag. 820, la raison de cette dernière disposition.

vable, si elle n'a pas été signifiée à la partie en faveur de laquelle le jugement a été rendu.

Au reste, ce mode de procéder est en tout conforme aux anciens principes. — (*Voy. nouveau Dénisart, au mot* désaveu, § 2, *n°.* 1, *pag.* 295).

SIXIÈME SUBDIVISION.

De la Procédure incidente relative aux récusations, soit d'un tribunal entier, soit des juges en particulier.

Si le Code de procédure, au tit. 9 du livre 1er. (*voy. suprà, pag.* 83, *et au tit* 21, *voy. infrà*), n'emploie le mot *récusation* que pour exprimer la demande afin d'exclure un ou plusieurs membres d'un tribunal de la connaissance d'une affaire, néanmoins, dans son acception générale, ce même mot s'applique à toute exception par laquelle une partie *refuse* (1) d'avoir pour juge le tribunal même devant lequel elle est appelée.

Sous ce rapport, toute demande tendante, soit, comme celle en *réglement de juges*, à attribuer à un tribunal, de préférence à un autre, la connaissance d'une affaire dont ces deux tribunaux sont simultanément saisis, soit, comme celles *en renvoi*, pour quelque cause que ce soit, à substituer un autre tribunal à celui devant lequel la cause est portée, constitue une véritable récusation.

De même, toute récusation est réellement une exception *déclinatoire* (2), quoique le Code de procédure n'emploie ce dernier mot que pour qualifier l'exception dont il s'agit au tit. 9, § 2. — (*Voy. suprà, pag.* 435).

Il résulte de ces observations, que le mot *récusation* peut être proprement et utilement employé comme expression générique, qui désigne tout à la fois, et les demandes tendantes au réglement de juges et au renvoi d'un tribunal à un autre, pour cause de parenté ou d'alliance, et celles par lesquelles la partie refuse d'avoir pour juges un ou plusieurs membres du tribunal; demandes qui sont la matière de la présente subdivision de la procédure incidente. (3)

TITRE XIX.

Des réglemens de juges.

Un même différent peut se trouver porté à la fois devant deux ou plusieurs tribunaux.

---

(1) *Récusation*, du verbe *latin recusare*, refuser, *recusatio*. — (*Voy. au surplus la définition donnée suprà, pag.* 83).

(2) *Déclinatoire*, de *declinare*, *éviter*; or, *éviter* d'avoir tel tribunal pour juge, c'est bien *refuser* de se soumettre à sa jurisdiction.

(3) Au reste, pour prévenir toute confusion d'idées par suite de l'emploi que nous faisons, comme terme générique, de ce mot *récusation*, dont le Code ne se sert que *spécifiquement*, nous appèlerons *récusation partielle*, celle des juges en particulier.

Si l'un de ces tribunaux est incompétent, il y a lieu de proposer l'exception déclinatoire pour cause d'incompétence, dont nous avons traité *suprà*, pag. 426 et 443.

S'il n'y a pas d'incompétence, on peut demander le renvoi pour cause de *litispendance* devant le premier tribunal saisi. — (*Voy. suprà, pag. 446, sur l'art.* 171).

Mais si, dans ces deux cas, le renvoi n'est pas accordé, ou s'il présente trop de difficultés, il faut se pourvoir en *réglemens de juges*, afin de faire cesser le *conflit* de jurisdiction existant entre deux ou plusieurs tribunaux, par une décision qui règle auquel d'entre eux doit rester la connaissance de l'affaire.

Tout conflit de jurisdiction est positif ou négatif; *positif*, quand deux ou plusieurs tribunaux retiennent également la connaissance d'une affaire; *négatif*, quand ils refusent également d'en connaître. (1)

C'est au premier seulement que s'appliquent les dispositions du Code de procédure, sur les réglemens de juges, l'art. 363 (2) ayant conservé à la Cour de cassation la compétence exclusive, à l'effet de statuer sur les demandes en réglement fondées sur un conflit négatif (3).

Toute la procédure, en cette matière, se réduit à un jugement qui permet d'assigner (364), et qui doit être signifié, avec assignation, dans un délai déterminé (365), à peine de déchéance de la demande en réglement (366). Du reste, le Code assujétit aux dommages-intérêts le demandeur qui succombe (367). (4)

---

(1) Voy. notre Traité des lois d'organisation et de compétence, liv. 2, tit. 5.

(2) Voy. le commentaire sur cet article.

(3) C'est pourquoi nous définissons le réglement de juges, en tant qu'il est l'objet des dispositions du Code de procédure, *la décision par laquelle une autorité judiciaire supérieure déclare laquelle de deux ou de plusieurs autorités qui lui sont subordonnées, doit connaître d'une contestation dont elles se trouvent simultanément saisies.*

(4) Nous devons faire remarquer que cette forme de procéder ne s'applique pas seulement dans le cas du conflit dont nous venons de parler; on doit en outre la suivre dans tous ceux où il devient nécessaire de donner des juges aux parties qui se trouvent n'en point avoir, par quelque événement que ce puisse être; par exemple, en cas de récusation ou de déport de tous les juges, etc. Mais alors l'action est qualifiée *demande en indication*, et non pas *en réglement de juges*, attendu qu'il n'existe pas de conflit dans la circonstance où elle est formée.

On verra, dans notre Traité d'organisation et de compétence, liv. 3, tit. 6, à quelle autorité il appartient de prononcer sur ces demandes; mais nous devons dire ici que la procédure à faire consiste dans une requête que la partie la plus diligente présente à l'autorité compétente; que cette requête doit énoncer les causes et les preuves de l'empêchement, avec conclusions au renvoi de l'affaire au tribunal le plus voisin du tribunal empêché; qu'enfin, ce renvoi est prononcé sur les conclusions du ministère public, parties présentes ou dûment appelées.

Telles sont, dit M. Berriat Saint-Prix, pag. 300, not. 18, les règles qui s'induisent naturellement des lois des 30 germinal an 5 et 16 ventôse an 12, combinées avec la jurisprudence de la Cour de cassation, à laquelle le Code de procédure ne paraît pas avoir dérogé; mais nous ajouterons que depuis sa publication elles ont été consacrées, de la manière la plus expresse, par un arrêt de la chambre des vacations de la Cour de Rennes, du 20 septembre 1808.

Article 363.

Si un différent est porté à deux ou plusieurs tribunaux de paix ressortissant du même tribunal, le réglement de juges sera porté à ce tribunal.

Si les tribunaux de paix relèvent de tribunaux différens, le réglement de juges sera porté à la Cour royale.

Si ces tribunaux ne ressortissent pas de la même Cour royale, le réglement sera porté à la Cour de cassation. (*Voy. art.* 368).

Si un différent est porté à deux ou plusieurs tribunaux de première instance ressortissant de la même Cour royale, le réglement des juges sera porté à cette Cour : il sera porté à la Cour de cassation, si les tribunaux ne ressortissent pas tous de la même Cour royale, ou si le conflit existe entre une ou plusieurs Cours (1).

Ordonn. de 1669 et de 1737. — Voy. *infrà* sur les art. 883 et 1028.

CCCIII. Avant la publication du Code de procédure, toutes les demandes en réglement de juges devaient, en conformité des lois des 1er. décembre 1790 et 27 ventôse an 8, être portées à la Cour de cassation. Mais il résulte de la première disposition de l'article ci-dessus, qu'elle ne peut plus connaître que des *conflits négatifs*, ainsi que nous venons de le dire *suprà*, pag. 839. Le même article établit, à l'égard des conflits positifs, une règle générale conforme

(1) JURISPRUDENCE.

1.° Lorsqu'après s'être pourvu devant deux tribunaux différens contre des parties différentes, un demandeur essuie, de la part de chacune de ces parties, une exception qui rend le même objet litigieux devant les deux tribunaux à la fois, ce demandeur peut, par voie de réglement de juges, obtenir que les deux affaires soient renvoyées devant un seul et même tribunal. — (*Cassat.*, 3 *pluv. an* 10, *Sirey*, *tom.* 2, 2.e *part.*, *pag.* 429).

2.° Il n'y a pas lieu à se pourvoir par réglement de juges avant que les tribunaux entre lesquels le conflit peut s'élever soient saisis de la contestation; autrement, ce serait non un réglement, mais une indication de juges qui, bien qu'elle soit de la compétence des Cours royales, ne peut avoir lieu que pour certaines causes absolument différentes de celles qui donnent lieu au réglement. — (*Arg. d'un arrêt de Turin*, *du* 2 *février* 1812, *Sirey*, *tom.* 14, *pag.* 350).

3.° On ne peut attaquer, par une simple demande en réglement de juges, un jugement par lequel un tribunal, sur la question de savoir s'il devait procéder comme jurisdiction civile ou jurisdiction criminelle, a déclaré ne pouvoir procéder qu'en la première de ces deux qualités. — (*Cassat.*, 16 *brum. an* 13, *Sirey*, *tom.* 7, 2.e *part.*, *pag.* 1165).

4.° Il y a lieu à réglement de juges, lorsque les tribunaux de première instance et d'appel ont dû se déclarer incompétens. — (*Cassat.*, 24 *vend. an* 10, *Sirey*, *tom.* 7, *pag.* 73).

5.° On ne peut, par voie de réglement de juges, faire réformer un arrêt qui, par l'expiration des délais fixés pour tout recours, est passé en force de chose jugée. — (*Cassat.*, 16 *pluv. an* 13, *Sirey*, *tom.* 6, *pag.* 41).

6.° Sont nuls et de nul effet tous jugemens et arrêts rendus sur le fond, après signification d'un arrêt de la Cour de cassation, ordonnant le soit communiqué d'une demande en

à l'ordre hiérarchique des autorités judiciaires, et d'après laquelle la demande en réglement se porte toujours devant le tribunal immédiatement supérieur, et qui étend sa juridiction sur les deux tribunaux entre lesquels le conflit existe. Ainsi, lorsque le différent sera porté à deux ou à plusieurs tribunaux de paix, ressortissant du même tribunal d'arrondissement, ce sera ce tribunal qui prononcera sur le conflit.

Dans le cas contraire ce sera la Cour royale, et s'ils relèvent de deux Cours différentes, ce sera la Cour de cassation. Cet ordre est également suivi pour les tribunaux d'arrondissement, et toujours la Cour de cassation est le dernier terme auquel on vient aboutir, parce qu'elle est la suprême conservatrice des lois du Royaume, parce qu'elle est placée au-dessous du législateur, et que sa compétence ne reçoit point de limites. — (*Rapp. au Corps législ.*)

1320. *Quel est le caractère que doit avoir une cause, pour qu'elle donne lieu au réglement de juges, conformément à l'art.* 363?

Il faut que le différent porté à deux ou à plusieurs tribunaux constitue, par son objet, une seule et même cause, ou du moins une autre cause essentiellement connexe. Cette identité, cette connexité d'objet suffisent pour qu'il y ait lieu à réglement de juges, la cause fût-elle soutenue par la même personne et contre *deux particuliers* différens. C'est qu'en effet, l'art. 363 n'exige pas qu'il y ait *identité* de personnes pour que la demande en réglement soit accueillie — (*Voy. Berriat Saint-Prix, pag.* 358, *n°.* 2, *not.* 2, *et cassat.*, 28 *décembre* 1807, *Jurisp. des Cours souv.*, *tom.* 5, *pag.* 98)

1321. *Peut-il y avoir lieu au réglement de juges entre des tribunaux de commerce?*

M. Lepage, pag. 235, propose cette question, attendu que l'art. 363 ne parle que du conflit qui s'élève, soit entre des justices de paix, soit entre des tribunaux de première instance, soit entre des Cours, et qu'il garde le silence à l'égard des tribunaux de commerce : il se prononce pour l'affirmative. Et, en effet, il est évident que, dès qu'il peut exister conflit entr ces tribunaux, la demande en réglement de juges est autorisée; ils sont, d'ailleurs, compris sous la dénomination de tribunaux de première instance. Aussi, la Cour de cassation a-t-elle consacré la décision de M. Lepage, en prononçant, par arrêt du 23 décembre 1807 (*voy. Sirey, tom.* 9, 1re. *part.*, *pag.* 67), un réglement de de juges entre le tribunal de commerce de Lyon et celui d'Orléans (1).

---

réglement de juges, avec cette disposition, *toutes choses demeurant en l'état.* — (*Cassat.*, 6 *mai* 1812, *Sirey, tom.* 13, *pag.* 31).

7.° L'action en diminution de prix de bail pour éviction soufferte par le preneur, et l'action en nullité du bail pour incapacité du bailleur, ne sont pas des actions identiques ou connexes, dans le sens de l'art. 171 du Code de procédure civile. Si donc une partie se pourvoit en diminution du prix, et l'autre en résiliation du bail, chaque action peut être portée à un tribunal différent, sans qu'il y ait lieu à ordonner le renvoi des deux contestations devant un même tribunal, le premier saisi. — (*Cassat.*, 5 *juil.* 1810, *Sirey, tom.* 14, *pag.* 136).

NOTA. Ainsi, dans ce cas, il ne peut y avoir lieu à réglement de juges.

(1) Dans le cas où il s'agit d'une demande en indication de juges de commerce, la Cour doit renvoyer devant le tribunal civil, attendu que les parties se trouvent dans le même état que s'il n'y avait pas de juges de commerce dans l'arrondissement.

1322. *Dans tous les cas où la même affaire ou une affaire connexe se trouve soumise à deux tribunaux différens, est-on nécessairement obligé de former une demande en réglement de juges?*

Nous croyons que deux voies se présentent à la partie qui ne veut plaider qu'en un seul tribunal; premièrement, elle peut proposer son déclinatoire, et appeler, en cas de rejet (*voy. art.* 454); secondement, elle peut former sa demande en réglement de juges devant l'autorité compétente (1).

1323. *Le Code de procédure a-t-il dérogé à la disposition de l'ordonnance de 1737, qui autorise la partie qui a été déboutée d'un déclinatoire par elle proposé, sans qu'il y ait eu conflit entre deux tribunaux, à se pourvoir en réglement de juges devant la Cour de cassation?*

L'art. 19 de l'ordonnance de 1737, porte que la partie qui aura été déboutée d'un déclinatoire par elle proposé dans la Cour ou dans la jurisdiction qu'elle prétendra incompétente, et de la demande en renvoi dans une autre Cour ou dans une jurisdiction d'un autre ressort, pourra se pourvoir au Conseil (aujourd'hui Cour de cassation).

Il est évident qu'en ce cas il n'existe point de conflit entre deux tribunaux, puisqu'un seul est saisi de la contestation; or, l'art. 363 suppose un tel conflit : cet article est donc étranger au cas prévu par l'ordonnance, qui n'a subi

(1) Nous ferons observer ici qu'une fois le réglement prononcé, la voie du déclinatoire ne serait plus admise; car ce qui a été décidé irrévocablement par l'autorité compétente ne saurait être remis en question. Il y a, d'ailleurs, une foule de cas dans lesquels l'autorité qui aurait prononcé le réglement se trouvait être celle-là même qui serait chargée de statuer sur l'appel du jugement, intervenu sur le déclinatoire proposé après la prononciation du réglement; or, cette autorité ne pourrait se réformer.

Mais supposons qu'au lieu de demander d'abord le réglement de juges, on eût opposé un déclinatoire qui eût été rejeté sur l'appel; n'en résultera-t-il pas que la cause sera pendante en deux tribunaux? Ne pourra-t-on pas alors recourir au réglement de juges?

Nous ne pensons pas, ainsi que nous l'avons dit sur la 728.e quest., que cette faculté soit accordée à la partie qui a succombé sur l'appel, si toutefois le tribunal, qui aurait décidé sur cet appel que les premiers juges garderaient la connaissance de l'affaire, était aussi celui auquel on devrait porter la demande en réglement de juges. Ici notre opinion est fondée sur cette raison, que nous avons déjà donnée, qu'un tribunal ne peut se réformer lui-même.

Il en serait autrement, si le tribunal d'appel n'était pas le même que celui auquel le réglement de juges devrait être demandé.

Mais si l'on a, pour éviter de plaider devant deux tribunaux, les deux voies que nous venons d'indiquer, nous devons avertir de l'inconvénient que pourrait entraîner la préférence donnée au déclinatoire sur le réglement; c'est qu'il se pourrait que celui des deux tribunaux, relativement auquel la demande en renvoi, ou en cas de rejet, l'appel, n'est point suspensif, continuât d'instruire et passât au jugement; que, d'un autre côté, le demandeur en renvoi ayant succombé dans son appel, fût obligé de soutenir une seconde fois le même procès devant le tribunal qu'il aurait voulu décliner. L'on doit conclure de là que deux ou plusieurs tribunaux étant une fois saisis d'un différent, la demande en réglement est le plus sûr parti qu'on puisse prendre.

Mais lorsque, sur le déclinatoire proposé par l'une des parties, les premiers juges se sont dépouillés de la connaissance du procès, le défendeur au déclinatoire ne peut se pourvoir en réglement de juges. En ce cas, la voie d'appel est la seule qui lui soit ouverte. — (*Cassat., 25 therm. an 12, Sirey, tom. 7, 2.e part., pag.* 879).

aucune dérogation, et qui, conséquemment, doit être suivie. Par suite de conséquences, il y a lieu à se pourvoir en réglement de juges devant la Cour de cassation, ainsi qu'elle l'a décidé par arrêt du 30 juin 1807. — (*Voy. Denevers*, 1808, *suppl.*, *pag.* 74).

1324. *Mais la demande en réglement serait-elle recevable, ainsi qu'il vient d'être dit, si le jugement qui aurait rejeté le déclinatoire avait statué sur le fond?*

Non, parce que l'article de l'ordonnance de 1737, cité sur la précédente question, n'autorise les parties déboutées du déclinatoire proposé par elles devant des tribunaux de première instance ou d'appel à se pourvoir en réglement de juges à la Cour de cassation, qu'autant qu'il a été statué sur le déclinatoire seulement, et que le fond est à juger, le réglement de juges supposant nécessairement des contestations à décider ultérieurement. — (*Voy. cassation*, 21 *nivôse an* 13 *et* 22 *vendémiaire an* 14, *Jurisp. des Cours souv.*, *tom.* 5, *pag.* 96).

1325. *Cette règle doit-elle recevoir son application même dans le cas où la partie n'aurait pas contesté sur le fond?*

Un arrêt de la Cour de cassation, du 27 mars 1812, Sirey, tom. 12, pag. 304, suppose nécessairement la négative, puisqu'il déboute le demandeur en réglement, attendu qu'il avait, en cause d'appel, contesté sur le fond, au lieu de se borner au déclinatoire, comme il l'avait fait en première instance : d'où suit évidemment que, s'il n'avait pas élevé cette contestation, la Cour ne lui eût pas appliqué la règle ci-dessus posée.

D'un autre côté, la question a été formellement résolue dans ce même sens par un autre arrêt du 20 juillet 1815, Sirey, tom. 15, pag. 379, lequel déclare que le droit de se pourvoir en réglement de juges ne peut être enlevé par un tribunal qui prononcerait sur le fond, auquel le demandeur en renvoi n'avait ni conclu ni plaidé.

Mais un arrêt intermédiaire rendu par la même Cour, le 12 juillet 1814, Sirey, tom. 14, pag. 172, déclare que « la règle qui autorise à se pourvoir en » réglement de juges, lorsque l'exception d'incompétence a été rejetée, ne » s'applique pas au cas où la contestation a été, en même tems que la com» pétence, jugée au fond, tant en première instance qu'en appel, attendu qu'il » ne peut plus y avoir lieu à réglement de juges, toutes les fois qu'il n'y a » plus de contestation à juger. »

Sur cet arrêt, M. Sirey observe qu'il a été rendu dans une espèce où le demandeur en renvoi n'avait aucunement défendu au fond, et n'avait point étendu au mal *jugé* l'appel qu'il avait interjeté.

Si cette observation était entièrement exacte, il y aurait une opposition formelle entre cet arrêt et celui du 20 juillet 1815. Mais nous remarquons que le demandeur en réglement avait interjeté appel, tant du jugement qui avait prononcé sur le déclinatoire, que du jugement qui avait statué sur le fond : alors, peu importait qu'il eût ou non défendu au fond, puisqu'il avait saisi la Cour de la contestation, par cet appel au fond.

Au contraire, dans l'espèce de l'arrêt de 1814, l'affaire n'était pas en appel, et le demandeur en réglement n'avait point conclu au fond.

Il n'y a donc aucune contradiction entre les différens arrêts que nous venons de citer; ils sont conformes aux principes, et avertissent une partie qui a opposé un déclinatoire en première instance, qu'elle doit se borner à appeler du jugement, ou de la disposition du jugement qui prononce sur le déclinatoire, pour, en cas de rejet, obtenir réglement devant la Cour de cassation.

1326. *Ne doit-on recourir au réglement de juges, conformément à l'art. 363, qu'autant que la cause serait pendante à deux tribunaux non ressortissant à la même autorité supérieure?*

Autrement, *ne doit-on pas se borner à opposer le déclinatoire, lorsque la cause est pendante à deux tribunaux ressortissant à la même autorité supérieure?*

M. Delaporte, tom. 1, pag. 334, et les auteurs du Commentaire inséré aux Annales du notariat, tom. 2, pag. 435, enseignent que si la cause est pendante à deux tribunaux, ressortissant à la même autorité supérieure, il y a lieu de proposer le déclinatoire, et non de recourir au réglement de juges. Ils n'admettent le conflit que dans le cas où deux tribunaux indépendans, et qui ne ressortissent pas à la même autorité, s'obstinent à retenir la même affaire.

Mais les tribunaux de première instance sont indépendans les uns des autres, quoique dans le ressort de la même Cour d'appel, et s'ils sont dans celui de deux Cours différentes, ne sont-ils pas soumis, pour ce qui concerne la demande en réglement de juges, au même supérieur commun, à la Cour de cassation?

La loi nous semble repousser la distinction des auteurs que nous venons de citer; et toutes les fois qu'il y a lieu de demander le réglement, on peut, à la vérité, essayer de l'obtenir par la voie du déclinatoire, en courant les risques que nous avons indiqués dans la 1322e. quest., à la note, pag. 842; mais on peut aussi former directement la demande en réglement de juges, conformément à l'art. 363.

Article 364.

Sur le vu des demandes formées dans différens tribunaux, il sera rendu, sur requête, jugement portant permission d'assigner en réglement, et les juges pourront ordonner qu'il sera sursis à toutes procédures dans lesdits tribunaux.

T., 78. — Ordonn. de 1669, tit. 2, art. 4 et 5, et art. 7 et 8 de celle de 1737; *suprà*, art. 83.

CCCIV. La demande en réglement de juges, non sujette à l'essai de conciliation, est d'abord formée par une requête que le demandeur présente au tribunal ou à la Cour qui doit connaître du conflit. Cette requête, appuyée des pièces justificatives, est répondue par un jugement portant permission d'assigner : le même jugement peut ordonner qu'il sera sursis à toute poursuite et procédure, tant sur l'une que sur l'autre des demandes en conflit; ce qui ne manque jamais d'arriver, quand les juges entrevoient que la demande en réglement est sérieuse.

1327. *La requête par laquelle la demande en réglement est formée, doit-elle être lue en audience publique?*

Puisque la permission d'assigner en réglement de juges doit être accordée par jugement, aux termes de l'art. 364, il faut que la lecture de la requête soit faite à l'audience publique, et que les juges délibèrent sur cette requête de la même manière qu'ils le font pour une cause qui est plaidée devant eux. — (*Voy. Comm. des Ann. du not., tom. 2, pag.* 436).

1328. *Comment le tribunal est-il mis à portée de statuer sur la requête?*

On est dans l'usage, en quelques tribunaux, de laisser donner lecture de cette requête par l'avoué qui l'a souscrite; dans d'autres, et c'est l'opinion de M. Hautefeuille, pag. 196, cette requête est remise au président, qui en fait part au tribunal. Nous pensons que, dans l'espèce de l'art. 364, bien différente de celle qui a fait l'objet de notre 1272ᵉ. quest., en ce que la partie adverse n'est point encore assignée, on peut, ou suivre l'opinion de M. Hautefeuille, ou remettre la requête au greffe.

1329. *La requête doit-elle être communiquée au ministère public?*

Les auteurs du Commentaire inséré aux Annales du notariat, tom. 2, pag. 436, disent qu'encore bien que l'art. 83, § 4, veuille que le ministère public porte la parole dans les causes en réglement de juges, son intervention serait inutile dans le jugement dont il s'agit en l'art. 364, parce qu'il n'a pour objet qu'une voie préparatoire pour parvenir à l'instance à laquelle la demande en réglement doit donner lieu.

Nous remarquerons que l'art. 83 ne distingue pas, et qu'il peut exister des raisons pour lesquelles le ministère public pourrait s'opposer, soit à l'assignation en réglement, soit au sursis qui serait demandé par la requête.

Aussi la plupart des auteurs disent-ils que la requête est communiquée au ministère public, qui met au pied la déclaration de *n'entendre empêcher* ou *de s'opposer*. — (*Voy. Pigeau, pag.* 134; *Hautefeuille, pag.* 196).

1330. *Les juges auxquels la requête est présentée peuvent-ils refuser la permission d'assigner en réglement?*

Selon M. Demiau Crouzilhac, pag. 272, il suffit qu'on exhibe au tribunal deux exploits qui établissent qu'un différent est soumis à plusieurs tribunaux, pour qu'il soit obligé, sur un seul fait, d'accorder la permission d'assigner devant lui en réglement de juges. Cet auteur se fonde sur ces termes impératifs de l'art. 364, *il sera rendu jugement.*

Nous croyons bien aussi que le tribunal est obligé d'accorder la permission d'assigner, lorsqu'on lui présente deux exploits de demande qui établissent clairement qu'un même différent se trouve soumis à deux ou à plusieurs tribunaux. Décider autrement, ce serait prononcer *arbitrairement* et contre la disposition textuelle de la loi; mais il n'en est pas moins vrai que le tribunal peut refuser la permission d'assigner, s'il est convaincu, à l'inspection des deux exploits, qu'il ne s'agit pas, soit d'une même demande, soit d'une demande essentiellement connexe à une autre (1).

(1) C'est par cette considération, sur-tout, que nous avons résolu d'une manière affirmative la question qui précède, relativement à la communication au ministère public. D'ailleurs, si le tribunal n'avait pas cette faculté, à quoi bon le législateur eût-il exigé qu'il fût donné permission d'assigner?

1331. *Mais le tribunal pourrait-il se refuser à ordonner le sursis à toutes les procédures, dans les tribunaux en conflit?*

Les expressions de l'art. 364 prouvent que cette surséance est laissée à l'arbitrage du tribunal, qui peut la refuser, s'il y a lieu de présumer que la demande en réglement est susceptible d'être contestée par la partie adverse. — (*Voy. Pigeau, tom.* 1, *pag.* 133; *Demiau Crouzilhac, ubi suprà*).

1332. *Le jugement qui accorde la permission d'assigner doit-il contenir l'énoncé des points de fait et de droit, ainsi que les motifs, conformément à l'art.* 141?

M. Pigeau, tom. 1, pag. 134, aux notes, dit que l'art. 141 ne se rapporte qu'aux jugemens rendus après contestation, et non à ceux qui seraient rendus sur requête. Néanmoins, ajoute-t-il, on peut appliquer à ceux-ci les motifs de la loi : il est bon d'y étendre cet article.

On sentira, d'après ce que nous avons dit *suprà*, pag. 338, not. 3, que nous partageons cette opinion; mais nous ne croirions pas que l'on pût opposer, dans l'espèce actuelle, la nullité du jugement qui ne serait pas strictement conforme à l'art. 141.

ARTICLE 365.

Le demandeur signifiera le jugement, et assignera les parties au domicile de leurs avoués (1).

Le délai pour signifier le jugement et pour assigner sera de quinzaine, à compter du jour du jugement.

Le délai pour comparaître sera celui des ajournemens, en comptant les distances d'après le domicile respectif des avoués.

T., 29. — Ordonn. de 1737, tit. 2, art. 1, 9 et 10, et ordonn. de 1669, tit. 2, art. 1 et 6.

CCCV. Le demandeur en réglement lève au greffe expédition du jugement par lui obtenu, pour le signifier avec assignation, aux fins de sa requête.

Les parties assignées ne doivent pas recevoir à leur domicile, ni faire à celui de leurs avoués, la signification du jugement d'adjudication, qui doit leur être faite dans la quinzaine, à compter du jour même du jugement.

Elles ont pour comparaître les délais ordinaires d'ajournement, en comptant les distances d'après le domicile respectif des avoués, chez lesquels est remise l'assignation (2).

1333. *Comment la signification et l'assignation sont-elles faites, lorsqu'il n'y a*

(1) La signification du jugement et l'assignation doivent être données par un même acte, conformément à l'art. 29 du tarif.

(2) On n'a pas besoin d'observer qu'alors que le conflit existe entre deux ou plusieurs justices de paix ou tribunaux de commerce, la signification dont il s'agit doit être faite à la personne ou au domicile des parties, et le délai pour comparaître compte d'après ce domicile.

pas d'avoués; et comment, en cette circonstance, se calculent les délais de la comparution?

Lorsqu'il n'y a pas d'avoués, ce qui arrive dans les justices de paix et dans les tribunaux de commerce, la signification et l'assignation sont données au domicile des parties, et alors les délais se calculent d'après la distance de la Cour ou du tribunal saisi de la demande en réglement de juges (*Voy. Pigeau, tom.* 1, *pag.* 135). On applique, au reste, le principe consacré par l'art. 151, qui veut que l'on ne prenne défaut qu'après l'échéance du délai donné à la partie la plus éloignée. — (*Voy. Prat., tom.* 2, *pag.* 356).

ARTICLE 366.

Si le demandeur n'a pas assigné dans les délais ci-dessus, il demeurera déchu du réglement de juges, sans qu'il soit besoin de le faire ordonner, et les poursuites pourront être continuées dans le tribunal saisi par le défendeur en réglement (1).

Ordonn. de 1737, tit. 2, art. 13, et ordonn. de 1669, tit. 2, art. 8.

CCCVI. SI le demandeur n'a pas assigné, dans la quinzaine du jugement par lui obtenu, la loi le déclare déchu du réglement de juges.

Cette déchéance a lieu de *plein droit* : ainsi, le défendeur en réglement peut, sans avoir besoin de la faire prononcer, continuer ses poursuites sur la demande principale, devant le tribunal qu'il en a lui-même saisi.

La demande en réglement de juges ne saurait exiger une longue instruction. Cependant, comme elle n'est point mise au nombre des affaires sommaires, le défendeur peut signifier ses défenses et le demandeur ses réponses dans les délais et suivant les règles établies pour l'instruction des actions ordinaires; mais les écritures signifiées de part et d'autre doivent être d'autant moins volumineuses, qu'il s'agit ici d'une espèce de déclinatoire, et que l'article 75 du tarif ne permet pas que les requêtes respectivement signifiées sur un déclinatoire excèdent six rôles.

On se rappèle que les réglemens de juges, sont rangés au nombre des causes qui doivent être communiquées au ministère public.

Le tribunal ou la Cour, après avoir entendu les parties à l'audience, dans leurs moyens respectifs, ainsi que le ministère public dans ses conclusions, délibère sur la question de savoir si les demandes prétendues en conflit ont réellement un objet identique : s'il admet l'affirmative, il fait cesser le conflit, en renvoyant les parties et la cause devant l'un des tribunaux saisis.

---

(1) JURISPRUDENCE.

Le défaut de l'assignation dans le délai opère non seulement la déchéance de la demande en réglement de juges, qui donnait lieu à cette assignation, mais encore l'exclusion d'une nouvelle demande en réglement, puisque l'art. 366 porte que les poursuites pourront être continuées dans le tribunal saisi par le défendeur en réglement. — (*Cassat.*, 11 *mai* 1807, *Sirey, tom.* 7, *pag.* 87).

1334. *Le défendeur peut-il défendre par écrit à l'assignation en réglement de juges?*

Oui, puisque les réglemens de juges ne sont pas mis au rang des matières sommaires. D'ailleurs, la demande en réglement est un déclinatoire, et nous avons vu, sur la quest. 733e., pag. 449, que l'art. 75 du tarif permet de défendre en cette forme. — (*Voy. cette question; Pigeau, tom.* 1, *pag.* 136, *et Locré, tom.* 2, *pag.* 32).

ARTICLE 367.

Le demandeur qui succombera, pourra être condamné aux dommages-intérêts envers les autres parties.

Ordonn. de 1737, tit. 2, art. 29.

CCCVII. Si le tribunal devant lequel les parties sont renvoyées est celui que le demandeur prétendait avoir pour juge, le défendeur doit, comme toute partie qui succombe, être condamné aux dépens, sinon, le demandeur subit la même peine.

Quand c'est le demandeur qui succombe il peut, outre les dépens, être condamné aux dépens envers les autres parties. Cette condamnation, qui dépend des circonstances, est ordinairement prononcée, quand le tribunal, jugeant que les demandes prétendues en conflit, n'ont point un objet identique, rejète une demande en réglement qui n'avait d'autre but que d'entraver la marche de la justice, et de paralyser une double procédure.

1335. *De ce que l'art.* 367 *ne parle que d'une condamnation facultative aux dommages-intérêts, doit-on conclure que le tribunal doive toujours joindre les dépens de l'instance en réglement de juges?*

M. Lepage, dans ses Questions, pag. 238, donne plusieurs raisons d'après lesquelles il conclut que le jugement qui prononce sur une demande en réglement de juges doit, ou adjuger les dépens, ou les compenser, ou les réserver, selon les circonstances. Ce point, dit-il, est laissé à la prudence des juges : ce qui est pour eux d'obligation, c'est de statuer d'une manière quelconque sur les dépens.

Nous pensons que le demandeur en réglement qui succombe doit nécessairement être condamné aux dépens, indépendamment des dommages-intérêts que les autres parties peuvent obtenir, à raison du retard que l'instance en réglement a mis dans leurs poursuites.

Si, au contraire, le demandeur a eu raison de se pourvoir en réglement, et si le défendeur n'a point fait de mauvaises contestations, il y a lieu de joindre les dépens au sort de la demande ou des demandes principales, et de renvoyer, pour y être statué par les juges à qui la connaissance en est déférée. — (*Voyez, pour les renvois pour cause de suspicion légitime et de sûreté publique, notre Traité des lois d'organisation et de compétence, liv.* 2, *tit.* 6.

TITRE XX.

Du Renvoi à un autre Tribunal, pour Parenté ou Alliance.

SI la loi a pu n'avoir aucun égard aux craintes imaginaires d'un plaideur toujours disposé à l'inquiétude, elle ne devait pas mépriser également des appréhensions qui peuvent avoir un fondement raisonnable.

Sans doute, comme le disait l'orateur du Conseil d'état (*édit. de Didot, pag.* 40), la majeure partie des juges, tous peut-être, sont capables de s'élever au-dessus de toute affection du sang et de toute considération d'intérêt de famille. Mais enfin, la prévention qui résulte de la parenté et de la confraternité, est, pour nous servir des expressions de notre estimable confrère M. Poncet (*Traité des actions, pag.* 256), un de ces sentimens naturels qui peuvent entraîner, même à leur insu et contre leur gré, les hommes les plus intègres et les plus attachés à leur devoir. La loi se prêtant à cette présomption, fondée sur la seule considération de la faiblesse humaine, a mis le plaideur à l'abri de toute inquiétude, en autorisant *la demande en renvoi pour parenté et alliance.*

Elle peut être définie, *une exception déclinatoire* par laquelle le tribunal, saisi d'une contestation, est *récusé* en entier, à raison de la parenté ou alliance d'un ou de plusieurs de ses membres, jusqu'au degré de cousin issu de germain, avec la partie contre laquelle on oppose cette demande.

C'est, disons-nous, *une exception déclinatoire,* car elle tend à soustraire l'affaire à la jurisdiction du tribunal qui en a été saisi; c'est aussi une récusation, puisque c'est un refus d'être jugé par ce tribunal. (*Voy. suprà, pag.* 487). Mais cette récusation diffère de la récusation proprement dite, en ce qu'elle est *générale,* tandis que l'autre est *partielle,* et personnellement dirigée contre tel ou tel juge (1).

ARTICLE 368.

Lorsqu'une partie aura deux parens ou alliés jusqu'au degré de cousin issu de germain inclusivement, parmi les juges d'un tribunal de première instance, ou trois parens ou alliés au même degré dans une Cour royale; ou lorsqu'elle aura un parent audit degré parmi les juges du tribunal de première instance, ou deux parens dans la Cour royale, et qu'elle-même sera membre

(1) Il est à remarquer que le présent titre ne contient aucune disposition concernant une demande en renvoi, qui, d'après la loi non abrogée du 27 vendémiaire an 8, pourrait encore être formée aujourd'hui pour cause de suspicion et de sûreté publique. Nous parlerons, au liv. 2, tit. 6, de notre Traité des lois d'organisation et de compétence, de ce qui concerne la compétence des tribunaux à l'égard de ces demandes. Quant à la forme de procéder, il nous suffira de dire qu'elle est absolument la même que celle que l'on doit suivre pour *les indications de juges,* dont nous avons parlé ci-dessus p. 839.

du tribunal ou de cette Cour, l'autre partie pourra demander le renvoi (1).

Ordonn. de 1737, tit. 1, art. 1, 2, 3, 4, 5, 6 et 7. — Ordonn. de 1669, tit. 1 (*des évocations*), art. 1, 2, 3, 4 et 5. — Ordonn. de Blois, de 1579, art. 117, et enfin, l'avis du Conseil d'état, des 17 mars et 23 avril 1807. — C. de P., art. 168 et suiv.

CCCVIII. Pour savoir quand peut avoir lieu la demande en renvoi qui fait la matière de ce titre, il faut considérer le degré de jurisdiction devant lequel se trouvent les parties, et le degré de parenté qu'elles ou l'une d'elles peuvent avoir avec un ou plusieurs juges.

D'abord, il est évident qu'en justice de paix, il n'y a pas lieu de former cette demande, puisqu'il n'y a qu'un seul juge : on ne peut donc jamais prendre ici que la voie de la récusation ordinaire.

Il est également facile de sentir que la Cour de cassation ne peut jamais être arrêtée par une demande en renvoi, puisqu'il n'existe pas d'autre jurisdiction devant qui l'affaire puisse être renvoyée.

Cette demande ne peut donc se présenter que devant les tribunaux de première instance, au nombre desquels il faut ranger ceux de commerce, et dans les Cours royales.

Dans les tribunaux de première instance, il suffit que l'une des parties compte parmi les juges deux parens ou alliés, pour que son adversaire puisse demander le renvoi devant un autre tribunal.

Dans les Cours royales, qui sont plus nombreuses, il faut que les parens ou alliés de cette partie soient au nombre de trois.

Ce nombre diminue, si la partie est elle-même juge au tribunal ou à la Cour; il suffit dès lors que cette partie trouve dans un de ses collègues un seul parent ou allié, si l'affaire est portée devant un tribunal de première instance, et deux, si elle existe devant une Cour royale, pour que la demande en renvoi soit fondée.

Le degré de parenté ou d'alliance qui rend, aux yeux du législateur, un juge suspect de partialité, est, pour la demande en renvoi, le même que pour celle en récusation des juges de première instance ou d'appel : il faut donc que les juges qui donnent lieu à la demande en renvoi soient au moins parens ou alliés au degré prohibé, c'est-à-dire qu'ils soient au moins parens ou alliés au degré de cousins issus de germain. Au-delà de ce degré, l'exception ne serait pas recevable.

1336. *Peut-on demander le renvoi à un autre tribunal, lorsque des juges sont récusables pour autre cause que pour parenté ou alliance, et, par exemple, si l'un*

---

(1) JURISPRUDENCE.

1.° Lorsque, pour cause de suspicion légitime, une affaire est renvoyée à d'autres juges que ceux qui doivent en connaître, s'il arrive que ceux-ci aient jugé avant d'avoir eu connaissance de l'arrêt qui soustrait l'affaire à leur jurisdiction, l'arrêt de renvoi n'en doit pas moins recevoir son exécution, et ce qui a été jugé par la Cour ou tribunal dessaisi est déclaré non avenu. — (*Cassat.*, 18 *déc.* 1812, *Sirey, tom.* 17, *pag.* 346).

2.° L'art. 368 n'est pas applicable à un avoué appelé pour compléter un tribunal où se trouve un juge son parent. — (*Cassat.*, 18 *janv.* 1808, *Sirey, tom.* 8, *pag.* 263).

des juges était donataire de l'une des parties, si un autre avait sollicité pour elle, si un autre avait été son conseil, etc., etc.?

M. Pigeau traite cette question tom. 1, pag. 438 et 439, et il la résout affirmativement. Il se fonde sur ce qu'il y a même raison pour autoriser le renvoi dans tous les cas où les juges sont récusables. Et en effet, dit-il, la partie qui compte parmi ses juges celui qui a sollicité pour son adversaire, celui qui a été son conseil et son donataire, a des craintes tout aussi fondées, et peut-être davantage, que si elle y comptait deux parens ou alliés de son adversaire.

M. Lepage dans ses questions, pag. 200, émet une opinion absolument contraire à celle de M. Pigeau; et peut-être pensera-t-on comme nous, que c'est celle-là qui doit l'emporter, si l'on considère que le législateur n'aurait point réuni sous un titre séparé un grand nombre de dispositions relatives au renvoi pour parenté ou alliance; s'il avait entendu autoriser ce renvoi pour toutes les causes qui donnent lieu à la récusation, il se fût borné à déclarer qu'il y aurait lieu au renvoi toutes les fois qu'un juge serait récusable.

D'ailleurs, est-il rigoureusement vrai qu'il y ait pour toutes les causes de récusation, les mêmes raisons de décider en faveur du renvoi, que pour celles qui résultent de la parenté ou de l'alliance? N'a-t-on pas particulièrement à craindre, lorsque plusieurs juges sont parens ou alliés de l'une des parties, que lors même qu'ils ne solliciteraient pas leurs collègues en sa faveur, le désir de leur être agréable n'excitât en ceux-ci, presqu'involontairement, une prévention contre la cause de la partie adverse? Or, ce danger est bien moins redoutable dans les autres cas de récusation. D'un côté, un juge parent ou allié croira trouver dans cette qualité une excuse pour les sollicitations qu'il pourrait faire, tandis qu'il ne pourrait, sans rougir, donner pour prétexte des causes qui le rendraient récusable; de l'autre, ces causes peuvent, le plus souvent, être ignorées des autres juges, et la parenté ou l'alliance qui est notoire, est susceptible d'amener la prévention dont nous venons de parler.

Nous ajouterons, avec notre estimable confrère M. Poncet, professeur de la faculté de Dijon, dans son Traité des actions, pag. 260, qu'un tribunal, dont la compétence n'est pas douteuse, ne peut être privé de sa jurisdiction qu'en vertu d'un texte formel ou par suite d'une nécessité bien démontrée.

Or, d'une part, il n'existe aucune disposition de la loi qui étende les cas de demandes en renvoi à d'autres causes que celles qui sont exprimées par l'art. 368; de l'autre, il n'y a aucune nécessité de fournir un pareil moyen aux parties, dont tous les intérêts sont suffisamment mis à couvert par celui de la récusation partielle, ainsi que par les voies de réformation qui leur sont ouvertes contre le jugement, suivant les règles du droit commun, etc. — (*Voy. infrà, sur l'art.* 378). (1)

---

(1) On trouve cependant, au Recueil de M. Sirey, supp., tom. 7, pag. 1181, un arrêt de la Cour de cassation, qui admet la demande en renvoi sur *l'intérêt* qu'un des juges du tribunal, saisi de l'affaire, avait dans l'affaire même, quoiqu'il ne fût pas partie. Mais il est à remarquer que cette décision, quoiqu'insérée au Code annoté de M. Sirey, sous l'art. 368 du Code de procédure, a été rendue en matière criminelle. Aujourd'hui, la même décision pourrait bien être donnée d'après ce dernier Code, qui, comme les lois précédentes (*voy. Bourguignon, pag.* 439), a par son silence abandonné à la conscience de la Cour de cassation les causes de renvoi; mais le Code de procédure civile s'est expliqué à ce sujet; et, d'un autre

1337. *Mais si d'autres causes que celles de la parenté ou de l'alliance contre un ou plusieurs juges ne donnent pas lieu à la demande en renvoi, ne peut-on pas du moins récuser en masse tous les membres d'un tribunal, et par conséquent obtenir le renvoi devant un autre?*

Cette question était controversée sous l'empire de l'ancienne jurisprudence; mais l'opinion que l'on pouvait récuser en masse, *en matière civile*, paraissait avoir prévalu. Aujourd'hui, comme l'observe M. Legraverend, tom. 2, pag. 36, il est reconnu que rien ne s'oppose à ce qu'un tribunal entier soit récusé en masse, tant en matière civile qu'en matière criminelle : seulement, ajoute-t-il, la récusation en masse est considérée comme une demande en *renvoi d'un tribunal à un autre, pour cause de suspicion légitime;* et, en ce cas, elle doit en suivre les règles, relativement à la compétence et à la forme. — (*Cassat.*, 6 *déc.* 1808, *Sirey, tom.* 9, *pag.* 143). (1)

1338. *Peut-on demander, dans un tribunal de commerce, le renvoi pour cause de parenté et d'alliance?*

Oui, par les motifs donnés sur la 1321e. quest. — (*Voy. d'ailleurs les Quest. de Lepage, pag.* 240).

1339. *Ne s'agit-il, dans l'art.* 368, *que de la parenté et de l'alliance naturelles et civiles tout à la fois?*

La loi n'entend parler, en général, que de la parenté et de l'alliance naturelles et civiles tout à la fois, et non de la parenté et de l'alliance que l'on supposerait dériver de la nature seulement ou de l'adoption. De tels liens n'existent point, en effet, suivant la loi civile, à l'égard d'un enfant naturel avec les parens de ses père ou mère, et d'un enfant adopté avec ceux de l'adoptant. Nous exceptons néanmoins, par suite de ce que nous avons établi sur les 1056e. et 1057e. quest., la parenté naturelle en ligne directe, c'est-à-dire du père au fils légalement reconnu, et entre des frères naturels aussi légalement reconnus.

1340. *L'alliance qui peut servir de fondement au renvoi s'efface-t-elle par la dissolution du mariage qui l'a formée, s'il n'en reste point d'enfans?*

---

côté, il a mis au nombre des causes de récusation partielle l'intérêt du juge dans l'affaire : il est donc incontestable que l'arrêt que nous venons de rapporter ne peut recevoir d'application dans les procès civils.

(1) Néanmoins, d'après ce que nous avons dit au numéro précédent, nous devons remarquer que cette récusation en masse ne peut avoir lieu que dans les cas de suspicion légitime, dont nous parlerons en notre Traité des lois d'organisation et de compétence, et non pour les causes mentionnées en l'art. 378, qui ne s'applique qu'à la récusation partielle, ainsi que l'a décidé la Cour de Paris, par arrêt du 18 mars 1813. — (*Sirey, tom.* 13, *pag.* 325).

Nous croirions donc mal rendu un arrêt de la Cour d'Angers, du 12 janvier 1815 (*Sirey, tom.* 17, *pag.* 129), en ce qu'il déclare qu'un tribunal entier peut être récusé en masse; que cette récusation peut durer tant que le tribunal est composé des mêmes juges, et enfin, que les membres de ce tribunal sont recevables à former opposition à l'arrêt qui a admis leur récusation. Sans doute, si des causes de récusation mentionnées dans l'art. 378 existaient contre tous les juges d'un tribunal, une partie ne pourrait être contrainte de plaider devant eux; mais alors la voie de la demande en renvoi, pour cause de suspicion légitime, lui est ouverte devant l'autorité supérieure, et elle ne peut, par une récusation en masse, paralyser le cours de la justice.

L'affirmative de cette question résulte de ce que nous avons établi sur les 341e. et 342e. quest., pag. 173 et 174. — (*Voy. aussi la* 1104e. *quest.*)

1341. *Les suppléans de première instance sont-ils à compter au nombre des juges, pour donner lieu à la demande en renvoi?*

Il faut remarquer que la loi suppose, pour qu'il y ait lieu à une demande en renvoi dans un tribunal de première instance, qu'il y a, dans ce tribunal, deux *juges* qui se trouvent parens ou alliés de l'une des parties, ou qu'elle-même sera *membre* du tribunal.

De cette différence d'expressions, *juges* et *membre* du tribunal, M. Demiau Crouzilhac, pag. 273, conclut que, dans la première hypothèse, les suppléans ne doivent pas entrer en considération pour donner lieu à la demande en renvoi, attendu qu'ils ne sont *juges* qu'accidentellement, et que conséquemment on ne peut pas dire qu'ils soient compris sous la dénomination générique de *juges*, la loi ne les qualifiant, d'ailleurs, que par le titre de *juges suppléans*, ou simplement de *suppléans*. — (*Voy., en effet, les art.* 35 *et* 41 *de la loi du* 20 *avril* 1810, *et l'art.* 118 *du Code de proc.*)

Le même auteur croit, au contraire, que, dans la seconde hypothèse, c'est-à-dire, lorsqu'un suppléant est partie, il y a lieu à la demande en renvoi, parce que l'art. 368 emploie la qualification générique de *membre du tribunal*. Or, les suppléans sont bien certainement membres des tribunaux de première instance : la loi organisatrice de ces tribunaux porte qu'ils sont composés de *juges et de suppléans*. — (*Voy. la loi du* 27 *vent. an* 8, *art.* 8 *et suiv.*).

Les auteurs du Praticien, tom. 2, pag. 365, estiment qu'en aucun cas les suppléans ne doivent compter pour autoriser la demande en renvoi, du moins tant qu'ils n'exercent pas leurs fonctions; mais nous observerons que cette restriction est pour ainsi dire nulle, car les suppléans n'exercent des fonctions habituelles que dans les cas très-rares de vacances de places de juges.

Nous convenons que les raisons données par M. Demiau sont de nature à faire impression.

Mais aussi ne peut-on pas répondre qu'encore bien que les suppléans n'exercent pas, à proprement parler, des fonctions habituelles, ils n'en ont pas moins le caractère de juges? que, sous un rapport, ces mêmes fonctions ne sont pas absolument accidentelles, puisque l'art. 41 de la loi du 20 avril 1810 leur donne la faculté d'assister à toutes les audiences, avec voix consultative, et qu'en cas de partage, le plus ancien dans l'ordre de réception aurait voix délibérative? que si la loi les a qualifiés de *juges-suppléans*, de *suppléans*, c'est qu'il a fallu les distinguer des *juges en titre*? que si l'art. 368 se sert, pour un cas, du mot *juge*, ce n'est pas nécessairement une raison suffisante pour ne pas comprendre les suppléans, qui sont véritablement des *juges*? et que si le même article parle ensuite des *membres* du tribunal, il ne l'a fait qu'afin d'éviter une répétition d'expressions, sans y attacher autrement d'importance, sans entendre exprimer que ce sera dans le cas seulement où il se sert de ce mot *que les suppléans seront compris*?

Telles sont les raisons pour lesquelles nous croyons ne devoir pas distinguer entre les juges en titre et les juges-suppléans. Au reste, il est à désirer que la Cour suprême ait à prononcer sur cette question, qui est véritablement sérieuse et sujette à controverse. — (*Voy. la quest. suiv.*) (1)

1342. *De ce que l'art.* 368 *ne parle que des juges, doit-on conclure que l'on ne puisse demander le renvoi du chef du ministère public?*

Non, disent les auteurs du Praticien, tom. 2, pag. 365, parce que le procureur du roi exerce la même influence sur l'esprit des juges qu'un juge lui-même : *ubi eadem ratio, idem jus.*

Même opinion de la part de M. Pigeau, tom. 1, pag. 438. Il s'appuie sur l'art. 381, qui applique au ministère public les causes de récusation qui sont relatives aux juges. Or, dit-il, la loi reconnaît, par cette disposition, que la partialité du ministère public, en faveur de l'une des parties, est aussi funeste à son adversaire que celle d'un juge. C'est donc lui obéir que de compter le ministère public pour un juge en matière de renvoi.

A ces raisons, on pourrait ajouter la disposition de l'ordonnance du mois d'août 1737, concernant les évocations et les réglemens de juges. Elle était ainsi conçue : « N'entendons comprendre dans les articles précédens, sous le nom d'officiers du corps de nos Cours ou autres compagnies, que ceux qui y auront séance et voix délibérative, *ensemble nos avocats et procureurs généraux.* »

Mais aussi on peut invoquer, pour l'opinion contraire, le silence de l'art. 368, à l'égard des agens du ministère public, et celui des orateurs du Gouvernement et du Tribunat, sur l'intention du législateur de les comprendre parmi les parens ou alliés, membres d'une Cour ou d'un tribunal, qui peuvent donner lieu au renvoi. On ne saurait supposer que, lors de la discussion, le Conseil d'état n'ait pas eu sous les yeux l'ordonnance de 1669 et celle de 1737. La Cour d'Agen avait, d'ailleurs, provoqué une explication à ce sujet, en disant dans ses observations sur le projet, qu'il était vraisemblable que sous le nom de *juges* on avait compris le procureur du roi.

L'on pourrait conclure de là que c'est avec connaissance de cause que les rédacteurs de la loi n'ont point fait entrer dans le Code la disposition de l'art. 11 de l'ordonnance de 1737; qu'ils ne l'ont pas voulu, parce qu'ils n'ont pas considéré l'influence du ministère public à l'égal de celle d'un juge.

Ne pourrait-on pas en outre argumenter, contre l'opinion des auteurs que nous venons de citer, de l'art. 381 lui-même, sur lequel ils se fondent? En effet, le législateur s'étant expliqué, en matière de récusation, sur le ministère public, et ne l'ayant pas fait dans le cas de l'art. 368, ne faut-il pas plutôt en conclure que la parenté ou l'alliance d'un procureur du roi avec une partie, ne doit pas être prise en considération pour motiver le renvoi autorisé par ce dernier article?

Il faut, d'ailleurs, remarquer qu'il n'y a pas d'analogie entre le renvoi fondé sur l'art. 368 et la récusation. La récusation tend à écarter un juge ou le ministère public par des motifs de suspicion qui lui sont personnels; elle a pour fondement une foule d'autres causes que la parenté ou l'alliance avec l'une des parties. Le renvoi, au contraire, n'est fondé que sur ces deux causes, et

(1) Nous ajouterons que notre estimable confrère M. Mettivier, professeur de la faculté de Poitiers, a énoncé la même opinion dans ses cahiers de dictée.

sur la crainte que des parens ou alliés de cette partie n'exerçassent en sa faveur auprès de leurs collègues, et quoiqu'ils ne restassent pas juges du procès, une influence préjudiciable à la partie adverse ; influence que l'identité de fonctions, les rapports plus intimes de confraternité qu'établissent les délibérations communes, etc., rendent plus à craindre de la part des juges que de la part du ministère public.

Au reste, il s'agit ici d'une espèce d'incapacité, et en cette matière il est de principe qu'il ne faut se gouverner ni par analogie, ni par induction. L'évocation ou le renvoi porte atteinte aux droits d'un tribunal entier sur ses justiciables; il enlève toujours nécessairement et contre son gré une partie à ses juges naturels : il faut donc, sur ce point, restreindre plutôt qu'étendre, et se renfermer rigoureusement dans les termes de la loi.

Voilà notre opinion, et c'est aussi celle de M. Berriat Saint-Prix, pag. 334, not. 4 et 5. Outre que l'art. 368 ne parle que des juges, et que le magistrat qui exerce le ministère public n'est pas juge, M. Locré, tom. 2, pag. 37, nous apprend que la rédaction primitive de l'article a été changée sur la demande du Tribunat, afin qu'on ne pût en induire que le procureur du roi dût compter pour les renvois (1).

1343. *L'art. 368 est-il applicable, dans le cas même où le juge, parent ou allié, se trouverait appartenir à une autre chambre que celle qui serait saisie du différent?*

Les auteurs du Praticien, tom. 2, pag. 366, estiment qu'en ce cas il n'y a lieu qu'au renvoi d'une chambre à une autre.

M. Berriat Saint-Prix, pag. 334, not. 4 et 5, n°. 2, répond que ces termes de l'art. 368, *parmi les juges d'un tribunal*, embrassent évidemment les juges de toutes les chambres. Telle est aussi l'opinion de M. Lepage, dans ses Questions, pag. 212, et l'on pensera sans doute qu'elle doit être adoptée, non seulement parce que la loi ne distingue point, mais encore parce que les liens de la confraternité existent entre tous les membres d'un tribunal, indépendamment de la circonstance qu'ils appartiennent à telle ou telle chambre, à laquelle d'ailleurs ils ne sont attachés que momentanément.

1344. *La partie qui a des parens ou alliés dans le tribunal ne peut-elle demander le renvoi? Une partie qui aurait avec elle des intérêts communs, pourrait-elle du moins le demander du chef de celle-ci?*

La rédaction de l'art. 368 ne laisse, relativement à la partie parente ou alliée, aucun doute sur la négative de la première partie de cette question, d'après ces mots, *lorsqu'une partie aura deux parens....., L'AUTRE PARTIE pourra demander le renvoi;* et, par une conséquence résultant des motifs qui ont dicté cette disposition, il a été décidé, par jugement du tribunal civil de Sarlat, dont les motifs ont été adoptés par arrêt de la Cour de Bordeaux, du 8 juin 1809 (*voy. Sirey, tom. 9, DD., pag. 297*), que celui qui aurait des intérêts com-

(1) On remarquera sans doute que si, dans l'espèce présente, nous nous tenons rigoureusement au texte de la loi, nous ne sommes point en opposition avec la solution donnée sur la précédente question, relativement aux *juges-suppléans*, puisque nous nous sommes fondé, à leur sujet, sur ce qu'ils étaient compris sous la dénomination générique de *juges*.

muns avec un autre, du chef duquel procéderait la parenté ou l'alliance, ne saurait former la demande en renvoi pour cette cause, parce qu'on ne peut le considérer comme partie adverse.

1345. *Un garant et un intervenant peuvent-ils demander le renvoi pour cause de parenté ou d'alliance ?*

Oui, disent, en termes généraux, les auteurs du Praticien, tom. 2, pag. 367; mais, répond M. Berriat Saint-Prix, pag. 334, not. 5 et 6, outre que, par le mot *partie*, la loi ne désigne pas suffisamment les garans et intervenans, l'ordonnance du mois d'août 1737, sur les évocations, leur refuse cette qualité, excepté dans les cas qu'elle énonce; et il est naturel, ajoute-t-il, de la faire servir à l'interprétation du Code de procédure. Telle est aussi l'opinion de M. Delaporte, tom. 1, pag. 342.

Or, cet ordonnance, tit. 1er., art. 30, 31 et 32, dispose, relativement à la demande en garantie, que, si elle se trouve jointe et confondue avec la demande principale, de manière qu'elles ne forment plus qu'une seule contestation, alors celui qui est assigné en garantie peut requérir le renvoi, comme on peut le requérir de son chef, parce que les deux demandes forment un tout indivisible.

Mais, s'il n'y a point de jonction présumée ni formelle, le renvoi ne peut être provoqué que relativement à la demande en garantie, et ne pourrait empêcher qu'il fût passé outre au jugement de la demande principale. — (*Voy. nouv. Répert., au mot* évocation, § 1er., *tom.* 4, *pag.* 799 *et* 800).

Nous ne doutons pas que ces règles ne doivent être suivies sous l'empire du Code, puisqu'elles se trouvent en harmonie avec les dispositions qu'il renferme, relativement à la jonction et à la disjonction des demandes en garantie. — (*Voy. nos quest. sur les art.* 181 *et suiv., et sur-tout celles de Lepage, pag.* 243).

Quant à l'intervention, nous remarquerons que les articles précités de l'ordonnance de 1737 font, relativement à l'intervention forcée, c'est-à-dire à la demande en déclaration de jugement commun (*voy. la* 1271e. *quest., pag.* 798), les mêmes distinctions qu'à l'égard de la garantie.

Mais l'art. 29 dispose, concernant l'intervention volontaire, que l'évocation ne pourra être demandée par celui qui aura été reçu partie intervenante en cause d'appel seulement, ni de son chef, ni de celui de ses parens et alliés, si ce n'est que ses droits n'eussent pas été ouverts, et que lui ou ses auteurs n'eussent pu agir avant le jugement rendu en cause principale.

Ainsi, l'on pourrait conclure de cet article que l'intervenant aurait, en première instance, comme les parties principales, le droit de former la demande en renvoi; droit dont il ne pourrait user en appel que dans le cas prévu par ce même article; mais M Lepage, dans ses Questions, pag. 245, ne distingue point entre l'intervention en première instance et l'intervention en cause d'appel, et applique, dans les deux cas, les règles admises en matière de garantie; c'est-à-dire qu'il exige, pour que la demande en renvoi soit accueillie de la part de l'intervenant ou contre lui, qu'il soit lié dans la cause, soit parce que son intervention n'a pas été contestée, soit parce qu'un jugement l'a reçue après contestation. Nous croyons que l'on doit admettre cette distinction, tant en première instance qu'en appel, puisque la contestation de l'intervention peut souvent former un incident séparé de la demande principale (1). — (*Voy. la* 1275ᵉ. *quest., pag.* 804).

1346. *Lorsque deux parties en contestation ont, dans le même tribunal, soit des parens ou alliés qui leur sont communs, soit des parens ou alliés qui n'appartiennent qu'à chacune d'elles, peuvent-elles demander le renvoi devant d'autres juges?*

Il était certain, dans l'ancienne jurisprudence, comme il l'est aujourd'hui, ainsi que nous l'avons dit sur la 1344ᵉ. quest., qu'on ne pouvait former la demande en renvoi du chef de ses propres parens ou alliés; mais on faisait une exception pour le cas où ces derniers étaient en même tems parens ou alliés de l'autre partie dans un degré plus proche. — (*Voy. nouv. Répert., au mot* évocation, § 1ᵉʳ., *pag.* 799).

Ainsi l'on admettait, dit M. Lepage dans ses Questions, pag. 241, que, dans le cas où les deux parties avaient des parens ou alliés au même nombre ou au même degré dans le tribunal, il n'était permis ni à l'une ni à l'autre de demander le renvoi; mais que, si l'une des parties avait un plus grand nombre de parens ou alliés, ou bien s'ils étaient en degrés plus rapprochés que les parens ou alliés de son adversaire, celui-ci était recevable à former la demande dont il s'agit.

Rien, ajoute cet auteur, n'empêche aujourd'hui d'adopter cette opinion, qui paraît fort raisonnable : on veut que les parties n'aient pas plus de motifs l'une que l'autre de se défier de l'impartialité du tribunal......

M. Demiau Crouzilhac, pag. 274, dit, au contraire, que, la loi ne s'expliquant point sur la question qui nous occupe, il paraît que les circonstances qui en sont l'objet ne sont pas un obstacle à la demande, parce que la condition à laquelle la loi attache la faculté de demander le renvoi se trouvant dans les deux parties, elles ont nécessairement le droit d'exercer cette faculté l'une à l'égard de l'autre.

---

(1) Mais du moins, en cause d'appel, n'admettra-t-on l'intervenant à demander le renvoi que dans les cas mentionnés en l'art. 29 de l'ordonnance? Pour l'affirmative, on peut dire que cette disposition a un motif d'utilité qui subsiste toujours, celui de rendre les demandes en renvoi plus rares. Or, la partie qui n'intervient qu'en cause d'appel a à s'imputer la faute de ne s'être pas rendue partie en première instance, lorsqu'elle pouvait le faire : ce n'est conséquemment qu'en considération qu'elle ne l'eût pu, qu'il est juste de l'admettre à demander le renvoi en cause d'appel, etc. etc. Pour la négative, on dira que, si l'on peut interpréter le Code de procédure par les dispositions des ordonnances qui l'ont précédé, ce n'est du moins que dans les seuls cas où ces dispositions se rattachent à quelques-unes de celles que ce Code renferme lui-même, ou ne tendent pas à établir des incapacités, des exceptions, des déchéances; en un mot, des fins de non-recevoir qu'il ne suppose en aucune manière : d'où suit qu'aucun article ne donnant lieu à présumer que le législateur ait entendu limiter, au cas exprimé dans l'ordonnance, le droit de l'intervenant à demander le renvoi en cause d'appel, on ne peut, sans suppléer une déchéance, le resserrer dans ces limites.

Par ces dernières considérations, nous adoptons, sous tous les rapports, l'opinion de M. Lepage, relativement à l'intervenant.

Il nous reste à faire observer qu'en tous les cas la demande en renvoi ne peut être accueillie, dès qu'il serait évident que la garantie ou l'intervention aurait été concertée avec l'une des parties, dans le dessein seul d'occasionner le renvoi.

Nous sommes porté à adopter cette dernière opinion, attendu que l'art. 368 n'a fait aucune distinction; mais, comme la question est de nature à se présenter rarement, nous nous dispenserons d'entrer dans le détail des motifs qui nous déterminent. Au surplus, si la demande en renvoi ne devait pas être autorisée dans tous les cas, il serait toujours certain que l'on pourrait récuser les juges parens ou alliés, conformément à l'art. 378, § 1er.

Article 369.

Le renvoi sera demandé avant le commencement de la plaidoirie, et, si l'affaire est en rapport, avant que l'instruction soit achevée, ou que les délais soient expirés : sinon, il ne sera plus reçu.

Ordonn. de 1737, tit. 1, art. 28. — Ordonn. de 1667, tit. 5, art. 5. — Ordonn. de 1669, tit. 1, art. 19. — C. de P., art. 96, 97, 98, 99, 100, 102, 103, 343 et 382.

CCCIX. La demande en renvoi n'est plus recevable, après les époques déterminées par l'art. 369, à moins qu'elle ne fût fondée sur une cause postérieure, telle que l'alliance qui s'effectuerait entre un juge et l'une des parties, à la veille du jugement.

1347. *Résulte-t-il de la disposition de l'art. 369 que l'on ne puisse, en aucun cas, former une demande en renvoi après l'époque fixée par cet article?*

Il résulte sans doute des termes de l'art. 369 que l'on ne peut, après l'époque qu'il détermine, demander le renvoi pour la parenté ou l'alliance qui existait à cette époque, et même sous le prétexte qu'on n'aurait pas connu ces liens de famille. L'article n'admet point cette exception : sa disposition est absolue.

Mais la demande nous paraîtrait recevable après l'époque dont il est question, si les causes sur lesquelles elle serait fondée lui étaient postérieures. Telle est la décision de l'art. 382, par rapport à la récusation. Il reçoit ici son application, dit M. Pigeau, tom. 1, pag. 439, parce que les motifs qui l'ont dicté existent également en matière de renvoi.

Cette opinion, qui est aussi celle de M. Delaporte, tom. 1, pag. 338, et des auteurs du Commentaire inséré aux Annales du notariat, tom. 2, pag. 442, est une conséquence de l'ancienne jurisprudence, qui admettait qu'une partie qui avait succombé sur une demande en évocation, était admise à en former une seconde dans la suite de la même affaire, s'il était survenu de nouvelles parentés, de nouvelles alliances ou de nouvelles parties. — (*Voy. nouv. Répert., ubi suprà, pag.* 800). (1)

---

(1) A la vérité, l'on oppose que des causes qui existaient antérieurement à l'époque dont il s'agit, mais qui ne peuvent avoir été connues que depuis par la partie qui veut les faire valoir, sont de nature à servir de base à une demande en renvoi. Telle est l'opinion qu'émet M. Legraverend, relativement aux matières criminelles, pag. 437. Il se fonde sur ce qu'une circonstance inconnue est réputée, en pareil cas, n'avoir pas existé. Nous n'en persistons pas moins dans notre précédent avis, parce qu'il nous semble que la loi ayant étendu jusqu'au commencement des plaidoiries le délai utile pour proposer cette exception, a jugé

1348. *Une partie condamnée par défaut peut-elle, sur son opposition, former sa demande en renvoi?*

On ne saurait en douter, si l'on considère qu'il n'y a, en cas de défaut, aucune plaidoirie de la partie, et que son opposition, si elle n'est pas valable dans la forme, remet les choses dans l'état où elles étaient à partir de l'assignation. Il en est ici comme de tout autre déclinatoire, que la partie défaillante est toujours recevable à proposer par suite de son opposition.

ARTICLE 370.

Le renvoi sera proposé par acte au greffe, lequel contiendra les moyens, et sera signé de la partie ou de son fondé de procuration spéciale et authentique.

T., 92. — Ordonn. de 1637, tit. 1, art. 37. — Ordonn. de 1669, tit. 1, art. 22. — C. de P., art. 45, 353, 384 et 392.

CCCX. LA demande en renvoi doit être proposée par acte fait au greffe du tribunal saisi de la contestation (1). Cet acte renferme les moyens et les conclusions de la partie, qui comparaît assistée de son avoué, pour requérir le renvoi; il est signé d'elle ou de son fondé de pouvoir spécial et authentique, et alors la procuration reste entre les mains du greffier, qui l'annexe à la minute de l'acte.

1349. *Faut-il déposer au greffe une requête contenant la demande en renvoi?*

M. Commaille, tom. 1, pag. 413 et 414, n°. 236, dit que la demande doit être faite par requête déposée au greffe. Mais nous remarquerons, d'un côté, que l'art. 370, en disant que le renvoi sera *proposé par acte au greffe*, suppose le transport de la partie ou de son procurateur à ce greffe, où le greffier rédige l'acte qui contient la demande de renvoi. D'un autre côté, le tarif n'a point taxé la requête dont parle M. Commaille, et confirme, au contraire, ce que nous venons d'établir, puisqu'on y trouve, au 14e. alinéa de l'art. 92, un droit de vacation *pour l'avoué qui aura assisté la partie*, non pour déposer l'acte, mais pour y *former la demande*.

1350. *Le greffier peut-il suppléer au défaut de signature de la partie ou de son procurateur, en mentionnant les causes de ce défaut?*

Appliquez ici ce que nous avons dit plusieurs fois, et notamment sur la 195e. quest. — (*Voy. les Quest. de Lepage, pag.* 246).

---

que ce laps de tems devait suffire à la partie pour se procurer les renseignemens nécessaires. On sent, d'ailleurs, dans quel embarras entraîneraient l'admission et le jugement des preuves de l'ignorance dont argumenterait la partie.

(1) C'est, comme le dit M. Berriat Saint-Prix, pag. 335, not. 6, ce qui paraît résulter de l'ensemble du titre; mais cet auteur fait en même tems remarquer, d'après de nombreuses autorités, qu'il faudrait s'adresser à celui qui connait des réglemens de juges, si, à cause de parenté des juges, il y avait insuffisance de nombre. — (*Voy. le Traité des lois d'organisation et de compétence, liv.* 2, *tit.* 6).

1351. *La procuration doit-elle être annexée à l'acte?*

Oui, quoique l'art. 370 garde le silence à cet égard. C'est qu'il est nécessaire qu'on puisse vérifier sa forme, et s'assurer au besoin que le mandataire avait un pouvoir suffisant. — (*Arg. de l'art.* 384; *voy. Delaporte, tom.* 1, *pag.* 339; *Comm. inséré aux Ann. du notariat, tom.* 2, *pag.* 443; *Pigeau, tom.* 1, *pag.* 439)

Article 371.

Sur l'expédition dudit acte, présentée avec les pièces justificatives, il sera rendu jugement qui ordonnera,

1.° La communication aux juges à raison desquels le renvoi est demandé, pour faire, dans un délai fixe, leur déclaration au bas de l'expédition du jugement; 2.° la communication au ministère public; 3.° le rapport, à jour indiqué, par l'un des juges nommé par ledit jugement.

Dispositions différentes de celles des art. 26, ordonn. de 1669, et 45, ordonn. de 1737. — — C. de P., art. 385 et suiv.

1352. *Quelles sont les formalités qui précèdent l'obtention du jugement préparatoire à rendre sur le renvoi?*

On ne signifie point l'acte afin de renvoi, et il ne se fait à son sujet aucune procédure entre les parties; mais il est présenté par l'entremise du président, auquel le greffier en remet l'expédition, après quoi intervient jugement, sans qu'il soit besoin d'appeler à l'audience les parties de la cause et de les entendre. — (*Voy. Demiau Crouzilhac, pag.* 275, *et l'art.* 385).

1353. *Les juges dont la parenté ou l'alliance donne lieu à la demande en renvoi, peuvent-ils concourir au jugement préparatoire dont il s'agit en l'art.* 371?

Nous ne le pensons pas, car il ne serait pas conséquent qu'ils ordonnassent une communication à faire à eux-mêmes, etc.; ainsi, l'on exécute ici l'art. 49 du réglement du 30 mars 1808. — (*Voy. cependant la* 1357*e. quest.*)

Article 372.

L'expédition de l'acte afin de renvoi, les pièces y annexées, et le jugement mentionné en l'article précédent, seront signifiés aux autres parties.

T., 70, 92. — Ordonn. de 1669, art. 22. — Ordonn. de 1737, art. 37.

1354. *Comment et à quelle époque doivent être faites les significations prescrites par l'art.* 372?

Ces significations se font par acte d'avoué à avoué, avant la communication aux juges parens ou alliés.

1355. *Comment se font aux juges les communications prescrites par le jugement préparatoire?*

Elles se font par la voie du greffe, c'est-à-dire sans signification, et au moyen du dépôt que l'on y fait des pièces à communiquer.

1356. *Les parties adverses de celles qui demandent le renvoi peuvent-elles contester cette demande?*

Elles peuvent contester le renvoi par une requête à laquelle le demandeur peut répondre par un autre. — (*Voy. tarif, art.* 75).

ARTICLE 373.

Si les causes de la demande en renvoi sont avouées ou justifiées dans un tribunal de première instance, le renvoi sera fait à l'un des autres tribunaux ressortissant en la même Cour royale, et si c'est dans une Cour royale, le renvoi sera fait à l'une des trois Cours les plus voisines.

T., 75.

CCCXI. QUAND les juges ont fourni leur réponse au bas de l'expédition, ou quand les délais pour la faire sont expirés, le ministère public et le rapporteur nommé, reçoivent à leur tour la communication des pièces (1). Enfin, au jour d'audience fixé par le jugement préparatoire, les parties exposent leurs moyens, le rapporteur est entendu, le ministère public donne ses conclusions, et le tribunal rend son jugement définitif, par lequel il accueille ou rejète la demande en renvoi.

Quand la demande est accueillie, le tribunal renvoie, par son jugement, les parties et la cause devant un tribunal égal en degré de juridiction.

1357. *Peut-on justifier la demande en renvoi par la preuve testimoniale?*

M. Demiau Crouzilhac, pag. 276, cite plusieurs ordonnances qui le permettaient. M. Pigeau, tom. 1, pag. 441, estime, au contraire, qu'elle ne peut être admise qu'au moyen d'un commencement de preuves par écrit; mais à défaut de texte précis du Code, nous serions porté à croire qu'il serait permis d'appliquer, par analogie, la disposition de l'art. 389, relative aux récusations, et qu'en conséquence, le tribunal serait libre de rejeter la demande en renvoi sur la simple déclaration des juges, ou d'ordonner la preuve testimoniale.

1358. *Si les juges du chef desquels la demande en renvoi est formée avouent leur parenté ou alliance, peuvent-ils concourir à ordonner le renvoi?*

Nous avons dit, sur la 1353e. quest., que nous ne croyions pas qu'ils pussent

---

(1) La partie contre laquelle est formée la demande en renvoi peut mettre beaucoup d'importance à conserver les juges. L'art. 75 du tarif lui permet de signifier ses moyens par une requête à laquelle son adversaire peut répondre. La requête et la réponse, quand il en a été signifié, sont jointes à la communication faite au ministère public et au rapporteur.

concourir à rendre le jugement préparatoire dont il s'agit en l'art. 371 ; à plus forte raison, ne peuvent-ils pas statuer sur le renvoi même. Cependant la Cour d'appel de Colmar, par arrêt du 29 décembre 1810 (*voy. le Journal des avoués, tom.* 3, *pag.* 237), a décidé que, dans le cas où plusieurs juges déclarent ne pouvoir connaître d'une affaire pour cause de parenté avec les parties, de telle sorte que le tribunal ne puisse se compléter, ce tribunal n'en est pas moins compétent pour ordonner lui-même le renvoi devant le tribunal voisin. Cette Cour s'est fondée sur ce que les art. 373 et 375 du Code veulent, le premier, que, si les causes du renvoi sont avouées ou justifiées, ce renvoi soit fait à l'un des autres tribunaux ressortissant en la même Cour; le second, que, s'il n'y a pas d'appel, ou que l'appelant ait succombé, la contestation soit portée, sur simple assignation, devant le tribunal qui doit en connaître, etc. : d'où suivrait, d'après l'arrêt précité, que, dès lors qu'il ne reste plus assez de juges pour connaître de la cause, le tribunal, tel qu'il se trouve composé au moment où elle est appelée, serait compétent pour ordonner le renvoi.

Il nous semble, ainsi qu'à M. Berriat Saint-Prix, pag. 335, note 6, et à M. Demiau Crouzilhac, pag. 278, que cette décision ne peut être suivie, d'après les divers arrêts de la Cour de cassation que nous avons eu occasion de citer au titre des réglemens de juges, et sur-tout d'après celui du 17 mars 1807, rapporté par Sirey, tom. 7, 2e. part., pag. 510.

Ainsi, l'on doit se pourvoir en indication de juges, de la manière indiquée pag. 839, à la note.

ARTICLE 374.

Celui qui succombera sur sa demande en renvoi, sera condamné à une amende qui ne pourra être moindre de 50f, sans préjudice des dommages-intérêts de la partie, s'il y a lieu.

Ordonn. de 1669, art. 35. — Ordonn. de 1737, art. 79. — C. de P., art. 128, 390, 1029.

1359. *L'application de l'art. 374 est-elle facultative?*

Elle est *forcée* relativement à l'amende, parce qu'elle est au profit du fisc, et que d'ailleurs les expressions de la loi sont impératives sous ce rapport; elle est *facultative* quant aux dommages-intérêts, puisque l'article porte que la condamnation sera prononcée s'il y a lieu. Il faut observer en outre qu'un tribunal ne peut accorder de dommages-intérêts qu'autant qu'ils sont *demandés;* car il ne saurait prononcer d'office une condamnation qui ne tient qu'à l'intérêt purement privé des parties.

ARTICLE 375.

Si le renvoi est prononcé, qu'il n'y ait pas d'appel, ou que l'appelant ait succombé, la contestation sera portée devant le tribunal qui devra en connaître, sur simple assignation, et la procédure y sera continuée suivant ses derniers erremens.

Ordonn. de 1669, art. 46. — Ordonn. de 1737, art. 92. — C. de P., art. 373.

CCCXII. LORSQUE le jugement rendu sur une demande en renvoi n'est pas attaqué par la voie d'appel, ou que l'appelant a succombé, rien n'empêche d'en poursuivre l'exécution.

Pour cet effet, la partie la plus diligente le fait signifier à l'autre partie, suivant la règle qui ne permet pas d'exécuter un jugement non signifié.

Si le renvoi est prononcé, la signification du jugement est faite à personne ou domicile, avec simple assignation pour comparaître devant la Cour ou le tribunal désigné pour connaître de la demande principale. Sur cette assignation, qui n'a pas besoin d'être libellée, la procédure est, non pas recommencée, mais continuée d'après ses derniers erremens.

Si le renvoi est rejeté, le jugement est simplement signifié d'avoué à avoué, avec sommation d'y obéir, c'est-à-dire de continuer devant les mêmes juges la procédure commencée.

1360. *L'assignation prescrite par l'art.* 375 *doit-elle être donnée au domicile réel des parties ou à celui de leurs avoués?*

Cette assignation, suivant M. Hautefeuille, pag. 199, serait donnée à domicile d'avoué; mais M. Lepage, dans ses Questions, pag. 247 et 248, estime, au contraire, qu'elle doit être donnée à domicile réel.

On peut dire, pour l'opinion de M. Hautefeuille, que l'assignation dont il s'agit n'est qu'une continuation de procédure, puisque la cause est jugée dans le tribunal indiqué par le jugement de renvoi sur les derniers *erremens*, c'est à-dire qu'elle est reprise à partir du dernier acte qui a été fait devant les juges primitivement saisis : d'où suit que l'assignation peut être remise aux avoués chez lesquels les parties ont leur domicile de droit pour tout ce qui concerne la contestation.

M. Lepage oppose qu'en principe général toute assignation est faite à personne ou à domicile; qu'il n'y a d'exception qu'autant que la loi la prononce formellement, comme elle l'a fait, par exemple, dans l'espèce de l'art. 365. (*Voy. nos quest. sur cet article*). Or, elle ne s'est point exprimée de la même manière dans l'art. 372, et l'on ne peut étendre une exception d'un cas à un autre, ici sur-tout, où l'espèce diffère essentiellement, et où les motifs de décider ne sauraient être les mêmes.

Au surplus, quoique l'assignation donnée en vertu d'un jugement de renvoi ait pour objet de continuer la procédure suivant les derniers erremens, il n'en faut pas moins que les parties constituent, dans le nouveau tribunal, des avoués auxquels elles ont à donner des pouvoirs plus ou moins étendus, et qui touchent le fond de la contestation. Les parties seules peuvent remplir cette obligation : il faut donc qu'elles soient assignées à personne ou domicile.

Nous pensons que ces raisons doivent l'emporter sur celles que nous avons alléguées en faveur du sentiment de M. Hautefeuille; du moins, croyons-nous que la prudence exige que l'on suive l'opinion de M. Lepage.

ARTICLE 376.

Dans tous les cas, l'appel du jugement de renvoi sera suspensif.

C. de P., art. 392, 393, 394, 395, 457.

CCCXIII. Tout jugement par lequel un tribunal de première instance a statué sur une demande en renvoi, est sujet à l'appel, soit qu'il ait accueilli, soit qu'il ait rejeté la demande, soit que la cause principale ne doive être jugée qu'à charge d'appel, soit qu'elle puisse l'être en dernier ressort; car, ainsi qu'on l'a dit, il s'agit ici d'une véritable récusation exercée contre un tribunal entier.

La loi déclare, dans l'article précédent, que dans tous les cas cet appel sera suspensif: ce serait donc inutilement que le tribunal aurait ordonné l'exécution provisoire de son jugement. Cette disposition demeurerait sans effet, et la procédure sur la demande principale continuerait d'être suspendue, jusqu'à ce qu'il eût été statué par la Cour royale.

1361. *Où se porte l'appel du jugement de renvoi, prononcé par un tribunal de première instance à un autre tribunal du ressort de la même Cour royale?*

Il se porte à cette Cour; c'est une conséquence des art. 375 et 376.

1362. *Quand le renvoi est prononcé par une Cour royale, y a-t-il lieu au pourvoi en cassation, et le pourvoi, en ce cas, est-il suspensif?*

Le Code de procédure laisse ces questions indécises. Néanmoins nous pensons, avec M. Jourdain (*Cod. de compét., tom. 2, pag.* 253), qu'il n'y a pas lieu en ce cas, plus qu'en tout autre, de douter de la faculté du pourvoi, lorsqu'il y a d'ailleurs ouverture.

Quant à l'effet suspensif, la règle générale est que les demandes en cassation ne suspendent pas l'exécution des arrêts. Pour faire exception à cette règle, il faudrait qu'une loi l'eût consacrée. L'art. 376 attribue, à la vérité, l'effet suspensif à l'appel du jugement de renvoi; mais on ne trouve pas une semblable disposition sur le pourvoi.

ARTICLE 377.

Sont applicables audit appel, les dispositions des art. 392, 393, 394, 395, titre de la récusation, ci-après.

TITRE XXI.

De la Récusation (PARTIELLE) (1)

La *récusation* est une exception par laquelle une partie *refuse* d'avoir pour juge un ou plusieurs des membres du tribunal saisi du procès.

(1) Voy. *suprà*, liv. 1.er, des justices de paix, tit. 9, pag. 83, et le titre précédent, n.os 1336, 1337 et 1357; voy. aussi l'observation faite *suprà*, pag. 838 et 849.

Cette exception se range naturellement dans la classe des exceptions déclinatoires, puisqu'en récusant un magistrat, on *évite* de se soumettre à son autorité.

Comme le remarque M. Poncet, Traité des actions, pag. 262, la récusation est introduite en premier ordre dans l'intérêt personnel de la partie récusante; mais elle influe nécessairement sur d'autres intérêts, et tend à compromettre celui de la partie adverse, en la privant d'un ou plusieurs juges dans lesquels elle avait peut-être une confiance particulière. L'intérêt public s'y trouve indirectement engagé, puisqu'elle a pour fondement nécessaire un motif plus ou moins injurieux à la magistrature. Enfin, le juge récusé peut être aussi particulièrement intéressé à obtenir la réparation de l'injuste agression dont il aurait été l'objet.

De là résultent les principales règles que le Code de procédure renferme en matière de récusation, et dont l'objet est de concilier ces intérêts divers.

ARTICLE 378.

Tout juge (1) peut être récusé pour les causes ci-après :

1.° S'il est parent ou allié des parties ou de l'une d'elles, jusqu'au degré de cousin issu de germain inclusivement;

2.° Si la femme du juge est parente ou alliée de l'une des parties, ou si le juge est parent ou allié de la femme d'une des parties, au degré ci-dessus, lorsque la femme est vivante, ou qu'étant décédée, il en existe des enfans. Si elle est décédée et qu'il n'y ait point d'enfans, le beau-père, le gendre, ni les beaux-frères ne pourront être juges.

La disposition relative à la femme décédée s'appliquera à la femme divorcée, s'il existe des enfans du mariage dissous (2);

3.° Si le juge, sa femme, leurs ascendans et descendans, ou alliés dans la même ligne, ont un différent sur pareille question que celle dont il s'agit entre les parties;

4.° S'ils ont un procès en leur nom dans un tribunal où l'une des parties sera juge; s'ils sont créanciers ou débiteurs d'une des parties;

5.° Si, dans les cinq ans qui ont précédé la récusation, il y

---

(1) *Tout juge*. Par ce mot *juge*, il ne faut pas entendre seulement les membres ordinaires d'un tribunal; il faut comprendre en outre les suppléans, les avocats et les avoués, lorsqu'ils se trouvent appelés à connaître d'une affaire, soit en remplacement des juges, soit pour vider un partage. Le ministère public est également récusable (*voy. art.* 381); mais le greffier ne l'est pas. — (*Arrêt de Rennes, suprà, n.*° 591).

(2) On sait que le divorce est aboli; mais cette disposition reçoit son application pour les femmes antérieurement divorcées.

a eu procès criminel entre eux et l'une des parties, ou son conjoint, ou ses parens ou alliés en ligne directe;

6.° S'il y a procès civil entre le juge, sa femme, leurs ascendans et descendans, ou alliés dans la même ligne et l'une des parties, et que ce procès, s'il a été intenté par la partie, l'ait été avant l'instance dans laquelle la récusation est proposée; si ce procès étant terminé, il ne l'a été que dans les six mois précédant la récusation;

7.° Si le juge est tuteur, subrogé tuteur ou curateur, héritier présomptif ou donataire, maître ou commensal de l'une des parties; s'il est administrateur de quelque établissement, société ou direction, partie dans la cause; si l'une des parties est sa présomptive héritière;

8.° Si le juge a donné conseil, plaidé ou écrit sur le différent; s'il en a précédemment connu comme juge ou comme arbitre; s'il a sollicité, recommandé ou fourni aux frais du procès; s'il a déposé comme témoin; si, depuis le commencement du procès, il a bu ou mangé avec l'une ou l'autre des parties dans leur maison, ou reçu d'elles des présens;

9.° S'il y a inimitié capitale entre lui et l'une des parties; s'il y a eu, de sa part, agressions, injures ou menaces, verbalement ou par écrit, depuis l'instance ou dans les six mois précédant la récusation proposée.

Ordonn. de 1667, tit. 24, art. 1, 2, 3, 4, 5, 6, 7, 8, 9, 10, 11 et 12. — C. de P., art. 14, 197, 363 et suiv., 368 et suiv., 514, 1014.

CCCXIV. Outre la récusation pour causes déterminées, qui faisait l'objet d'un titre dans l'ordonnance de 1667, nous connaissions, avant le Code de procédure, une autre espèce de récusation nommée *péremptoire*, qu'une loi du 23 vendémiaire an 4 avait empruntée de l'ancien droit romain. La récusation péremptoire était faite par une simple déclaration au greffe, sans déduction de motifs; mais chaque partie ne pouvait récuser péremptoirement qu'un seul juge.

---

(1) JURISPRUDENCE.

1.° L'enfant naturel, incestueux ou adultérin de la femme, est allié du mari de cette femme. — (*Cassat.*, 6 *avril* 1809, *Sirey*, *tom.* 9, *pag.* 136, *et suprà*, *n.°* 1468).

2.° L'affinité entre un juge et le défenseur de l'une des parties, ne peut être pour l'autre un motif de récusation. — (*Cassat.*, 12 *juin* 1809, *Sirey*, *tom.* 14, *pag.* 89).

3.° La loi n'admet pas, comme cause de récusation dans un procès intéressant une commune, la circonstance que les juges appelés à en connaître sont habitans de la commune, s'ils ne figurent pas dans l'affaire comme administrateurs ou en leur nom personnel. — (*Cassat.*, 4 *juil.* 1816, *Sirey*, *tom.* 16, *pag.* 386; *Berriat Saint-Prix*, *pag.* 328, *not.* 16).

Quoique la récusation péremptoire eût encore quelque partisans, l'abus en a paru trop facile pour qu'elle méritât d'être conservée.

Toute partie qui veut récuser un juge doit donc avoir maintenant, comme avant la loi du 24 vendémiaire an 4, des motifs ou causes légitimes de récusation.

La loi, soigneuse de céder aux justes appréhensions, sans pourtant rien abandonner à leurs passions aveugles, non plus qu'à leur crainte imaginaire, a pris soin d'énumérer les causes qui peuvent donner lieu à la récusation, dans les tribunaux inférieurs et dans les Cours.

Rangeant ces causes en neuf classes, elle a dit que tout juge pouvait être récusé.

Elle a fourni une série des cas dans lesquels elle a établi, contre le juge, la présomption légale de partialité, qui peut servir de fondement à la récusation. Il est facile de s'apercevoir, à la lecture de l'article, que toutes ces causes se rattachent à quatre motifs principaux, qui sont l'intérêt, l'affection, la haine ou la prévention du juge.

Si nul témoin ne peut être entendu dans sa propre cause, aucun juge, à plus forte raison, ne doit prononcer entre son intérêt et celui d'un tiers : *Nemo jus sibi dicere debet.* Voilà pourquoi le juge devient récusable, lors même qu'il n'a qu'un intérêt éloigné ou direct à la décision de l'affaire. Ceux que la loi désigne comme intéressés, sont l'héritier présomptif ou le donataire des parties, ou l'une d'elles; celui qui soutient un différent sur pareille question que celle à juger; celui qui reçoit un présent d'une partie, ou qui trouve dans cette partie son juge, son créancier ou son débiteur.

L'affection peut également faire dévier la raison du juge, car presque toujours les mouvemens du cœur empêchent les opérations du jugement. Comme l'affection est un sentiment naturel dans un tuteur, un curateur, un administrateur, un commensal, un maître, elle devient, dans les juges investis de l'une de ces qualités, une cause de récusation. Il en est de même des liens de parenté ou d'alliance, lorsque les degrés n'en sont pas encore trop éloignés. Cependant il faut sur ce point remarquer, avec la loi, que la cause de récusation n'existe qu'entre les parties et les juges qui sont unis par ces liens, mais qu'elle ne s'étend pas jusqu'aux personnes qui représentent simplement une partie. Si donc le juge n'est parent que du tuteur, du curateur, de l'administrateur ou mandataire de l'une des parties, il n'y a pas lieu à récusation, à moins que lesdits tuteurs, curateurs, administrateurs ou mandataires, n'aient dans la cause un intérêt distinct et personnel.

Si l'intérêt ou l'affection empêche le juge de voir avec exactitude, et de peser avec impartialité les moyens d'une affaire, la haine, cette passion qui maîtrise l'homme, et dénature à ses yeux les rapports les plus simples comme les faits les plus évidens, n'est pas un obstacle moins difficile à surmonter pour lui; c'est pourquoi tout ce qui décèle, de la part du juge, inimitié capitale ou simple animadversion, des agressions, des injures ou des menaces, un procès criminel dont la mémoire ne peut encore être effacée, un procès civil existant ou récemment terminé, sont rangés au nombre des causes de récusation.

Mais de tous les obstacles qui peuvent empêcher la vérité de parvenir jusqu'à la conscience du juge, la prévention est sans doute le plus dangereux et le plus difficile à surmonter. Un magistrat intègre peut se tenir en garde contre les séductions de son intérêt, contre les penchans de son affection, contre les tentations de sa haine, tandis que le juge prévenu consultera vainement sa raison et ses lumières; dirigé insensiblement par son amour-propre, tous ses efforts ne tendront qu'à lui fournir des armes pour accréditer et défendre l'erreur qu'il aura d'abord embrassée : c'est donc avec raison que la loi a mis au nombre des juges récusables, celui qui d'avance à fait connaître son opinion, soit comme conseil, comme avocat, comme avoué, comme juge ou comme arbitre, soit en sollicitant pour une partie, en fournissant aux frais du procès, en déposant comme témoin dans l'affaire, etc.

L'ordonnance de 1667, après avoir énuméré la plupart des causes de récusation que nous avons rapportées, ajoutait : « N'entendons exclure les autres moyens de fait ou de droit, pour lesquels un juge pourrait être valablement récusé. »

Cette disposition trop générale avait engagé la plupart des auteurs à rechercher quels étaient les moyens de fait ou de droit qui permettaient de récuser un juge, quoiqu'ils ne fussent pas écrits dans l'ordonnance. Les rédacteurs du Code, en consultant l'expérience, ont tâché de prévoir et de fixer tous les cas où peut avoir lieu la récusation. C'est sans doute par ce motif qu'ils n'ont pas cru devoir maintenir la disposition citée. — (*Voy. la quest. suiv.*)

QUESTIONS SUR L'ENSEMBLE DE L'ARTICLE.

1363. *Les causes de récusation de juges peuvent-elles être admises comme causes de reproches contre les témoins?*

M. Pigeau, tom. 1, pag. 268, dit que l'on peut adopter pour principe que les causes de récusation contre les juges sont causes de reproches contre des témoins, toutes les fois qu'il n'y a pas de raisons particulières pour en décider autrement.

Mais on remarquera que, si le législateur a étendu les causes de récusation de juges au-delà des cas où l'art. 283 autorise à reprocher les témoins, c'est, comme l'ont dit tous les auteurs, par la raison qu'il est plus facile de remplacer des juges, qu'il ne l'est de suppléer des témoins. Nous ne croyons donc pas que l'on doive admettre en principe que les causes de récusation soient, de plein droit, des causes de reproches, et nous pensons que l'on doit appliquer au cas où l'on opposerait contre un témoin celles des causes qui donneraient lieu à récuser un juge, mais qui ne seraient pas mentionnées en l'article 283, ce que nous avons dit sur la 1101e. quest., pag. 699.

1364. *Les causes de récusation indiquées dans l'art.* 378, *sont-elles les seules qui puissent être proposées?*

Cette question divise les auteurs; les uns, et entre autres M. Lepage, dans ses Questions, pag. 251, et M. Demiau Crouzilhac, pag. 279, estiment que la justice exige que l'on admette les causes de récusation autres que celles qui sont détaillées dans le Code, toutes les fois qu'elles seraient de nature à faire concevoir de justes craintes de partialité; d'autres, comme M. Thomines, pag. 167, et M. Hautefeuille, pag. 200, pensent, au contraire, qu'on ne peut aller au-delà des dispositions de l'art. 378. Il n'y a, disent-ils, rien d'arbitraire en matière de récusation de juges; la loi désigne *tous les motifs et les* SEULS *motifs de récusation.*

Cette dernière opinion a été consacrée par un arrêt de la Cour d'appel d'Agen, du 28 août 1809, rapporté au Journal des avoués, tom. 1, pag. 257, et nous paraît conforme à l'esprit du législateur, qui n'a énuméré les causes de récusation qu'afin de prévenir des inculpations vagues et injurieuses à la magistrature; inculpations dont la décision serait abandonnée à l'arbitraire, et qui d'ailleurs pourraient, en obligeant le juge à se récuser lui-même par délicatesse, produire en définitive l'inconvénient de mettre au pouvoir d'une partie d'écarter, par des allégations sans fondement, un magistrat dont elle n'aurait véritablement à craindre que les lumières et l'intégrité.

C'est pour prévenir cet inconvénient, c'est aussi parce qu'il était injurieux à la magistrature de laisser planer un soupçon sur un juge récusé sans motifs, que notre Code actuel a interdit les récusations péremptoires. (*Voy. Discours du tribun Perrin, édit. de Didot, pag.* 118). Or, nous demanderons s'il ne serait pas plus injurieux encore à l'ordre judiciaire, et plus dangereux dans les résultats, d'autoriser l'allégation de toute espèce de causes, qu'une partie, au gré de sa malignité et de son intérêt, prétendrait pouvoir opposer comme moyen de récusation?...... Pourrait-on, par exemple, admettre un plaideur, ainsi que le pense un des commentateurs du Code, à récuser un juge, sous prétexte que des parens ou alliés de sa concubine seraient parties dans l'instance?...... Nous sommes dispensé, sans doute, de détailler les inconvéniens qui résulteraient de la discussion scandaleuse d'un pareil moyen.

Nous pensons donc que l'on ne peut admettre d'autres causes de récusation que celles énumérées en l'art. 378.

Telle est aussi l'opinion que M. Berriat Saint-Prix paraît adopter, pag. 333, not. 42, 43 et 44. Il cite ce passage de Rebuffe : *Judex recusatur in causâ suæ* amasiæ, *quia* amasius, *pro* amasiâ *omne fas atque nefas committeret......;* mais il ne le cite que pour faire la censure des causes de récusation que l'on admettait autrefois, et qu'il n'y aurait pas de raison pour rejeter aujourd'hui, s'il était permis de s'écarter des dispositions restrictives de l'art. 378. — (*Mais voy. nos quest. sur l'art.* 380).

Au surplus, notre opinion paraît confirmée par la suppression dans le Code de la disposition de l'art. 12 du tit. 24 de l'ordonnance, par laquelle le législateur, après avoir rapporté plusieurs moyens de récusation, marquait expressément son intention de n'entendre exclure les autres moyens de fait ou de droit, pour lesquels un juge pourrait être valablement récusé.

1365. *La récusation peut-elle être proposée dans les tribunaux de commerce?*

Oui, sans doute, puisque l'art. 378 renferme ces expressions générales, *tout juge peut être récusé pour les causes ci-après.*

Vainement opposerait-on que la loi veut que le ministère public soit entendu (*art.* 385); ce qui ne peut avoir lieu dans les tribunaux de commerce. On répond que la loi veut aussi que le ministère public soit entendu sur les déclinatoires pour cause d'incompétence; et cependant cette exception est proposée devant les juges de commerce (*art.* 424). Mais c'est trop s'arrêter peut-être sur cette question, qui ne souffre pas de difficulté sérieuse. — (*Voy. Quest. de Lepage, pag.* 254).

1366. *Le demandeur peut-il récuser un juge, quand le défendeur n'a pas constitué avoué ?*

C'est notre opinion, fondée sur ce que les conclusions du demandeur ne pouvant lui être adjugées qu'autant qu'elles sont justes et bien vérifiées, il peut avoir à craindre l'influence d'un juge récusable.

Mais il n'en est pas ainsi du défendeur, puisqu'il doit être congédié de la demande sur le défaut de sa partie adverse. Ici, nul motif pour l'autoriser à récuser. — (*Voy. Quest. de Lepage, pag.* 259, *et notre quest.* 617e., *pag.* 364).

§§ I et II (1).

1367. *Le juge parent ou allié des deux parties, peut-il être récusé?*

Nous appliquons ici les motifs de décision fournis sur la 1344e. quest., en ajoutant qu'il y a d'autant moins de doute en matière de récusation, que l'article 378 porte que tout juge peut être récusé, s'il est parent ou allié DES PARTIES ou *de l'une d'elles.* Ainsi, le législateur a clairement prévu le cas de la parenté ou alliance du chef des deux parties, et il l'a fait, sans doute, parce qu'il était difficile de supposer que le juge eût le même degré d'affection pour chacune d'elles, etc. Telle est aussi l'opinion de Rodier.

1368. *Mais le juge peut-il aussi être récusé par la partie dont il serait parent ou allié, sans l'être de la partie adverse?*

Si nous avons dit, sur la 1344e. quest., que la partie parente ou alliée du juge ne peut demander le renvoi devant un autre tribunal, c'est en nous fondant sur ces mots de l'art. 368, *lorsqu'une partie aura......,* L'AUTRE PARTIE *pourra, etc.;* mais ces termes ne se retrouvent point dans l'art. 378. On y lit seulement *que tout juge peut être récusé, s'il est parent ou allié des* PARTIES, *ou de l'une d'elles;* et de là nous devons conclure que la loi n'ayant point distingué, la partie même dont le juge est parent ou allié peut le récuser. Le législateur a considéré qu'il pouvait exister dans les familles des haines qu'il ne fallait pas obliger un parent à révéler; peut-être aussi a-t-il craint que, par excès de délicatesse, un juge ne conçût de la prévention contre un de ses parens, dans la crainte d'être accusé de partialité pour lui, et il a voulu que ce juge fût récusable par ce parent lui-même, pour cause de *la parenté seulement.* Telle est aussi l'opinion de M. Pigeau, tom. 1, pag. 428, et de M. Berriat Saint-Prix.

Au reste, personne ne doute que l'on n'admettrait pas le déport d'un juge fondé sur la parenté ou l'alliance : ces deux causes sont donc des causes de récusation, proposables par celui même que de semblables liens unissent au juge.

1369. *Dans le cas où le mariage a été dissous par le divorce, le beau-père, le gendre et les beaux-frères sont-ils récusables, lorsqu'il n'existe pas d'enfans, de même qu'ils le sont dans le cas du décès de la femme?*

---

(1) Voyez, sur l'art. 283, plusieurs questions qui ont trait aux causes de récusation mentionnées dans ces deux premières dispositions de l'art. 378.

M. Pigeau convient, tom. 1, pag. 425, que les expressions de la loi semblent présenter la négative de cette question, et cependant il estime que l'on peut, *dans le cas où il n'existe pas d'enfans* d'un mariage dissous par le divorce, récuser le beau-père, le gendre et les beaux-frères.

Quelle que soit l'importance des considérations sur lesquelles cet auteur se fonde, nous ne pouvons admettre une opinion qui suppose la radiation, dans le § 2 de l'article, de ces termes formels, *s'il existe des enfans du mariage dissous.*

§ III.

1370. *Qu'est-ce que la loi entend par ce mot* DIFFÉRENT, *employé dans le* § 3 *de l'art.* 378?

Selon les auteurs du Praticien, tom. 2, pag. 380, on doit entendre un procès soumis à des arbitres ou à des tribunaux.

On peut opposer cependant que la loi se servant, au § 3 de l'art. 378, du mot DIFFÉRENT, au lieu du mot PROCÈS qu'elle emploie au § 4, il suffirait, pour que le juge fût récusable, qu'il y eût une contestation à naître. Mais les auteurs du Praticien citent, à l'appui de leur opinion, un arrêt de la Cour de cassation, du 15 messidor an 11, qui a décidé qu'il fallait que le DIFFÉRENT fût né; or, il ne l'est qu'autant que la contestation est soumise à des arbitres ou à des juges. La Cour de cassation a considéré que la possibilité qu'un différent survienne par la suite n'est pas prise en considération par la loi, dont la disposition n'est relative qu'au différent actuellement existant. On peut ajouter un autre arrêt de la même Cour, du 27 nivôse an 11. — (*Voy. au reste Rodier, sur l'art.* 5 *du tit.* 34, 2e. *quest., et les Quest. de droit de M. Merlin, au mot* transcription au bureau des hypothèques, § 3). (1).

1371. *Qu'entend-on par ces mots,* PAREILLE QUESTION?

On n'entend pas que le différent qu'aurait le juge soit pareil, dans toutes les circonstances, à celui dans lequel la récusation est proposée; il suffit qu'il présente, en droit ou en fait, une question susceptible de recevoir la même décision (2).

1372. *Peut-on prouver par témoins qu'il existe, sur une pareille question, un différent auquel le juge ou ses parens ou alliés en ligne directe seraient intéressés?*

L'art. 5 du tit. 24 de l'ordonnance de 1667 le défendait expressément; il exigeait qu'il y eût preuve par écrit; sinon, le juge devait en être cru à sa déclaration, sans que le récusant pût être reçu à la preuve par témoins, ni même demander aucun délai pour rapporter la preuve par écrit.

Quoique cette disposition ne se retrouve point dans le Code de procédure, nous ne pensons pas qu'il soit entré dans l'esprit du législateur d'autoriser

---

(1) Ces arrêts ont été rendus sous l'empire de l'ordonnance; mais on remarquera que l'art. 5 du tit. 24 portait, comme l'art. 378, que le juge pourra être récusé s'il a un différent sur pareille question que celle dont il s'agit entre les parties.

(2) Voyez les développemens et les preuves de cette proposition dans le Commentaire de Serpillon, sur l'art. 5 du tit. 24.

en tous les cas la preuve testimoniale, dont l'inconvénient serait de donner lieu, sur la récusation, à un procès dont la durée serait souvent très-longue et le succès dangereux, puisqu'il dépendrait de la foi des témoins. D'ailleurs, combien ne serait-il pas difficile de prouver par témoins la similitude de la question entre le procès du juge et celui du récusant?

Ce sont ces inconvéniens que l'article précité voulait prévenir, en interdisans la preuve testimoniale; et cette prohibition avait en outre l'avantage, comme le remarquait M. Pussort, lors des conférences des rédacteurs, d'écarter toutes les difficultés que pouvait présenter la question de similitude du procès, en exigeant la représentation des assignations, des compromis, de tous autres actes de procédure, en un mot, de toutes preuves écrites. — (*Voy. Rodier, 2e. quest., et Serpillon, sur l'art.* 5).

Au surplus, on peut inférer du silence du Code que la loi laisse aux juges à ordonner ou à refuser la preuve par témoins, suivant les circonstances, c'est-à-dire lorsque l'impossibilité de prouver autrement serait constante, et que les faits articulés seraient vraiment pertinens. C'est ainsi qu'il pourrait y avoir nécessité d'admettre la preuve par témoins, lorsque le juge qu'une partie voudrait récuser ne serait pas en nom direct au procès qui ferait l'objet de la récusation; par exemple, s'il était associé de celui qui aurait ce procès, que la société fût verbale ou sous signature privée, et conséquemment secrète. Alors, la preuve testimoniale qui était interdite, même en ce cas, par les dispositions générales de l'ordonnance, pourrait être reçue, parce que le Code ne contient aucune prohibition, et qu'il serait impossible de prouver par écrit. — (*Voy. Rodier, ubi suprà, et l'art.* 389).

§ IV.

1373. *En quel cas le juge est-il récusable, si lui-même, sa femme, ses ascendans, etc., sont créanciers ou débiteurs d'une des parties?*

Le juge est récusable, dans notre opinion, toutes les fois qu'il est obligé envers la partie, ou qu'elle est obligée envers lui pour un capital, encore bien que la dette ne soit pas encore exigible.

Mais on admettait généralement, dans l'ancienne jurisprudence, qu'on ne pouvait récuser le juge locataire ou fermier de l'une des parties, lorsqu'il ne devait pas de loyers, parce qu'on ne le considérait pas alors comme débiteur; il en était ainsi du débiteur d'une rente, s'il ne devait point d'arrérages, parce qu'il n'est pas débiteur du principal, tant qu'il n'est pas dans les cas où la loi autorise le créancier à exiger le remboursement. — (*Voy. Rodier sur l'art.* 10 *du tit.* 24 *de l'ordon., quest.* 8; *Jousse sur le même article, et sur l'art.* 12; *Serpillon sur l'art.* 1er.)

M. Pigeau, tom. 1, pag. 427, admet ces distinctions, et nous croyons que son opinion doit être suivie, parce qu'en effet la dette des loyers et fermages, celle des arrérages de rentes, n'existent qu'au fur et à mesure de la jouissance. Ce ne serait donc que dans le cas où il y aurait des termes arriérés, que nous voudrions appliquer la disposition du § 4 de l'art. 378

1374. *Y aurait-il lieu à récuser le juge sur lequel une partie aurait accepté un transfert de créance?*

Une déclaration du 27 mai 1705, rapportée au nouveau Répertoire, au mot *récusation*, tom. 10, pag. 684, tout en reconnaissant le principe qu'un juge est récusable, comme débiteur d'une partie, y apportait une sage restriction, en défendant d'accepter le transport de droits sur les juges devant lesquels on plaidait, et cela à peine de nullité du transfert, et même d'une amende de 1 000f, si l'on s'en faisait un moyen de récusation.

Ni le Code civil, ni celui de procédure, ne répètent cette disposition, et nous pensons, en conséquence, que la nullité d'un semblable transfert ne pourrait être prononcée.

Cependant, selon M. Delaporte, tom. 1, pag. 350, et les auteurs du Commentaire inséré aux Annales du notariat, tom. 2, pag. 455, il ne faudrait avoir aucun égard à la récusation qui n'aurait pour cause qu'une semblable cession. S'il en était autrement, disent ces derniers, on sent à combien d'abus les dispositions du § 4 de l'art. 378 pourraient donner lieu.

Et, en effet, l'ordonnance de 1705 avait pour objet d'empêcher que le cours de la justice ne fût souvent interrompu par des récusations frauduleuses fondées sur des créances feintes ou véritables, que des plaideurs se feraient céder sur leurs juges, afin d'écarter ceux dont il leur plairait de suspecter l'intégrité.

C'est sans doute un abus qui peut se reproduire; mais le Code civil a traité du transport des créances aux art. 1689 et suivans, et il ne répète point la disposition de l'ordonnance de 1705; d'un autre côté, l'art. 7 de la loi du 11 ventôse an 12 abroge les anciennes ordonnances, dans les matières qui sont l'objet de ce Code, et le Code de procédure, qui abroge en cette matière toutes les lois qui l'ont précédé (*voy. art.* 1041), garde le même silence que le Code civil. On doit donc décider que l'ordonnance dont nous parlons ne doit plus être d'aucune considération, et que l'on peut aujourd'hui récuser un juge sur lequel une partie aurait accepté un transport de droits, puisque ce transport le rendrait débiteur de cette partie.

Nous croirions néanmoins que le juge ne serait pas valablement récusé, si ce transfert n'avait été fait ou accepté que depuis l'introduction de l'instance, parce qu'il serait présumable qu'il ne l'eût été qu'afin de ménager à la partie un moyen de récusation. Or, il est dans l'esprit de la loi, manifesté au § 6 de la disposition de l'art. 378, d'interdire toute récusation fondée sur une cause que la partie aurait fait naître. — (*Voy. la* 1376e. *quest.*)

§ V.

1375. *Que doit-on entendre par ces mots,* PROCÈS CRIMINEL, *employés dans le § 5 de l'art. 378?*

On doit, contre le sentiment de M. Delaporte, tom. 2, pag. 347, considérer ces mots, *procès criminel*, comme des termes génériques qui comprennent tout procès, soit en police simple ou correctionnelle, soit en justice criminelle, et non pas seulement les derniers. Ces termes, *procès criminel*, ne sont employés que par opposition avec ceux-ci, *procès civil*, qui se trouvent dans le § 6, et n'admettent conséquemment aucune distinction. D'ailleurs, de simples discussions dans un tribunal de police suffisent pour exciter des haines entre les familles qui les ont soutenues; mais une simple plainte ou dénonciation qui n'aurait pas eu de suite, ne pourrait fonder une récusation, car elle ne constitue pas ce qu'on appèle *un procès criminel*. — (*Voy. Comm. inséré aux Annales du not., pag.* 455 *et* 456; *Locré, tom.* 2, *pag.* 49).

§ VI.

1376. *Peut-on récuser un juge relativement à un procès intenté par lui, ses parens ou alliés en ligne directe, depuis celui sous le cours duquel cette récusation serait opposée ?*

Suivant M. Delaporte, tom. 1, pag. 349, et les auteurs du Commentaire inséré aux Annales du notariat, tom. 2, pag. 456, le procès civil intenté pendant l'instance, par le juge ou par ses parens ou alliés en ligne directe, ne serait pas une cause de récusation; ce ne serait que dans le seul cas où il l'aurait été par la partie et avant l'instance, qu'elle pourrait s'en faire un moyen pour récuser le juge qui aurait à connaître de cette instance.

Mais, si l'on pèse bien les termes du § 6 de l'art. 378, on remarquera qu'ils ne sont point exclusifs de la récusation du juge, à raison d'un procès intenté par lui, ses parens ou ses alliés, depuis l'instance. En premier lieu, la récusation est, en général, admise, s'il y a procès civil non jugé, dans lequel les individus que nous venons de désigner figurent, soit comme défendeurs, soit comme demandeurs.

En second lieu, la loi admet une restriction pour le cas où la partie qui récuserait le juge, à raison du procès, ne l'aurait pas intenté avant l'instance. Cette restriction est fondée sur ce qu'une partie pourrait susciter à un juge, sur les plus vains prétextes, un procès qui lui procurerait du moins un moyen de récusation; mais elle ne s'applique évidemment qu'à la partie récusante qui, par les raisons que nous venons de donner, doit avoir intenté le procès avant l'instance : elle n'empêche donc pas que le juge soit récusé, si lui-même, ses parens ou ses alliés, avaient intenté un procès à cette même partie postérieurement à l'instance soumise au tribunal auquel ce juge serait attaché.

Tel est aussi le sentiment de M. Pigeau, tom. 1, pag. 427. Lorsque le procès est né avant l'instance, le juge est récusable, dit ce savant professeur, soit qu'il y agisse en qualité de demandeur, soit qu'il y figure en qualité de défendeur.........; mais, si le procès est né depuis l'instance, il faut que le juge soit demandeur pour qu'on puisse le récuser; autrement, une partie intenterait un procès au juge qui lui déplairait, dans la seule intention de se procurer une cause de récusation.

§ VII.

1377. *Que doit-on entendre par le mot* MAITRE ?

Les auteurs du Praticien, tom. 2, pag. 383, aux notes, disent que ce mot s'entend du propriétaire de la ferme que cultive une des parties, et du juge qui aurait une des parties à ses gages ou à son service. Ces auteurs citent Bouvot et Faber, sans doute d'après Jousse et Rodier, sur l'art. 10 du tit. 24 de l'ordonnance.

Mais M. Berriat Saint-Prix remarque, pag. 327, not. 16, 1°. que Faber ne motive pas bien cette décision; qu'il ne l'applique qu'à l'inquilin (locataire d'une maison) et au colon partiaire, et non pas au fermier à prix d'argent; 2°. que plusieurs auteurs rapportent quatre arrêts des Parlemens de Rennes et de Grenoble, dont un, de l'avis des chambres, qui en donnent une contraire même pour l'inquilin.

On peut voir, dans Rodier, combien la solution de la question qui nous occupe était incertaine dans l'ancienne jurisprudence; mais on pourra conclure de ce qu'il dit sur l'art. 10, quest. 8, et sur l'art. 12, 1re. quest., n°. 8, que l'on admettait assez généralement que le juge locataire de l'une des parties et le juge propriétaire de la maison que l'une des parties habite, pouvaient demeurer juges.

Ainsi, l'on ne devrait considérer le juge comme maître, et le récuser en cette qualité, que dans la cause de ses serviteurs ou de ses commensaux, eu égard à l'affection qu'il pourrait avoir pour eux, et à la protection qu'il leur doit. Ce ne serait donc que dans le cas où le fermier ou locataire serait débiteur du juge pour fermages ou loyers arriérés, que celui-ci serait récusable dans la cause de l'un ou de l'autre.

Cette décision nous paraît particulièrement fondée sur un arrêt du Parlement de Rennes, du 8 février 1716, cité au nouveau Répertoire, au mot *récusation*, § 1er., pag. 685, et rapporté par Duparc-Poullain, au Journal des audiences de ce Parlement, tom. 1, pag. 408. On objectait l'art. 10 du tit. 24 de l'ordonnance, qui se sert du mot *maître;* mais, dit Duparc, les juges considérèrent que cet article ne parlait point des propriétaires ni des fermiers, mais seulement des maîtres et des domestiques; qu'il y avait une différence entière entre les uns et les autres; que les domestiques demeurent toujours avec les maîtres; qu'ils sont de leur maison; qu'ils forment même, en quelque façon, une partie de leur famille; qu'il n'en est pas de même du fermier; qu'ainsi l'on ne peut faire d'extension d'un cas à l'autre, les récusations étant d'ailleurs odieuses, et devant, par conséquent, être restreintes dans les termes de la loi.

C'est d'après cette explication que nous croyons devoir résoudre la question que nous avons posée. L'art. 378 dit que le juge peut être récusé, s'il est *maître* ou *commensal :* ici le mot *maître* nous paraît employé par opposition à *commensal*, et pour désigner le maître de maison qui aurait des serviteurs, des commis, un intendant, un précepteur, ou toutes autres personnes vivant avec lui (1); de même, le mot *commensal* nous paraît employé, réciproquement, et aussi par opposition à celui de *maître*, à l'effet de désigner ces personnes.

§ VIII.

1378. *En quel cas peut-on dire qu'un juge a donné conseil ou connu du différent?*

Un juge peut être regardé comme le conseil d'une partie, non seulement s'il lui a conseillé d'entreprendre ou de soutenir le procès, mais encore s'il a dirigé ses démarches, s'il a conféré avec l'avocat ou l'avoué, s'il a agi pour lui procurer des actes ou titres, etc.

Un juge serait récusable pour avoir connu du différent, s'il avait été déjà

(1) Remarquons, avec M. Berriat Saint-Prix, pag. 328, not. 17, qu'un juge ne pouvant guère exercer aujourd'hui de semblables professions, il paraît que le Code a voulu simplement parler du juge qui vit *à la table du plaideur*.

pris pour arbitre, ou si, comme amiable compositeur, il eût essayé d'accorder les parties. — (*Voy. Rodier, sur l'art.* 6, *quest.* 1re.) (1)

1379. *Le juge qui, dans un tribunal de première instance, a concouru au jugement d'une affaire, peut-il, devenu membre du tribunal supérieur, être récusé dans l'instance d'appel?*

M. Merlin rapporte, dans ses Questions de droit, au mot *récusation*, § 2, deux arrêts de la Cour de cassation, des 14 ventôse an 10 et 22 frimaire an 11, qui ont décidé que le juge dont il s'agit peut, *lorsqu'il n'est récusé par aucune des parties*, connaître encore de cette affaire en cause d'appel, sans que de là il résulte, contre l'arrêt auquel il prend part, une ouverture à cassation.

On doit conclure de cet arrêt que le juge peut être récusé en cette circonstance, puisque la Cour de cassation n'a maintenu celui de la Cour d'appel que par la considération que le juge *n'avait pas été récusé.* — (*Voy. art.* 380; *le Prat., tom.* 2, *pag.* 385; *Rodier, sur l'art.* 6, *quest.* 1re.)

1380. *Un juge est-il récusable, lorsqu'il n'a précédemment connu de l'affaire que pour se déclarer incompétent, soit à raison de l'état où l'affaire se trouvait alors, soit à raison de la qualité en laquelle on prétendait qu'il devait en connaître?*

On trouve au nouveau Répertoire, au mot *récusation*, § 2, pag. 688, aux notes, un arrêt de la Cour de cassation, du 2 février 1809, qui a décidé négativement cette question, sans doute par le motif que le juge, qui ne s'est occupé du différent que pour déclarer son incompétence, n'est pas réputé avoir connu du fond qui constitue le *différent.*

1381. *Le juge peut-il être récusé, s'il a ouvert son avis extrajudiciairement?*

L'art. 6 de l'ordonnance décidait cette question pour l'affirmative : le juge était récusable, d'après les expressions dont elle se servait, toutes les fois qu'en tout autre cas qu'en s'occupant *de la visite, de l'examen, ou du jugement* du procès avec les autres juges, il avait non seulement annoncé son avis, mais fait connaître ce qu'il pensait. — (*Voy. Rodier sur cet article, question* 3e.)

Il est étonnant, dit M. Berriat Saint-Prix, que l'on n'ait pas reproduit cette disposition dans le Code. Nous pensons que le législateur l'a fait avec intention, puisqu'il avait l'ordonnance sous les yeux, et c'est, à notre avis, un motif pour décider négativement la question proposée (2).

---

(1) Mais les juges qui ont rendu un jugement attaqué par tierce opposition ne sont pas réputés avoir manifesté leur opinion, dans le sens du § 8 de l'art. 378; et conséquemment, ils ne peuvent être récusés pour cette cause, lorsque la tierce opposition leur est soumise. — (*Cassat.*, 4 *juil.* 1816, *Sirey, tom.* 16, *pag.* 386).

(2) M. Legraverend, dans son Traité de la législation criminelle en France, tom. 2, pag. 34, appliquant aux affaires criminelles les dispositions de l'art. 378, estime néanmoins que cette cause de récusation, admise par l'ordonnance de 1667, doit encore subsister. Il répugne, dit-il, à la raison et à la justice, qu'un homme qui a manifesté à l'avance son opinion sur une affaire, puisse néanmoins rester juge dans cette affaire. Quoi qu'il en soit, nous persistons dans notre précédente opinion, que nous pouvons appuyer du rejet au Conseil d'état d'une proposition tendante à maintenir sur ce point la disposition de l'ordonnance. — (*Voy. Locré, tom.* 2, *pag.* 52).

1382. *Le juge serait-il récusable pour avoir bu ou mangé avec la partie, soit chez lui, soit en maison tierce?*

Non, selon les auteurs du Praticien, tom. 2, pag. 386, aux notes; et, en effet, le texte du § 8 indique cette solution, puisqu'il porte que le juge sera récusable, *s'il a bu ou mangé avec l'une ou l'autre des parties dans leur maison;* ce qui exclut sa propre maison et celle d'un tiers.

Nous remarquerons qu'il était reçu dans l'ancienne jurisprudence que le juge n'était pas récusable pour avoir bu ou mangé en maison tierce (*voy. nouv. Rép., au mot* récusation, § 1, *pag.* 685), à moins, dit Rodier, sur l'art. 12, 1re. quest., n°. 5, que le juge, se trouvant dans une hôtellerie, n'eût été défrayé par la partie; ce qui nous paraît conforme à l'esprit du législateur, manifesté par l'art. 378 lui-même, et par l'art. 283.

Mais plusieurs arrêts avaient décidé qu'un juge était récusable pour avoir bu ou mangé avec la partie, soit chez lui, soit chez elle. Il nous paraît que le législateur n'a pas entendu comprendre le premier cas parmi les causes de récusation. La loi s'en est rapportée à la délicatesse du juge. En ce cas comme en plusieurs autres, elle n'a point voulu supposer qu'il pût manquer à ses devoirs.

1383. *Le juge est-il récusable, si sa femme ou ses enfans ont reçu des présens de la partie?*

Quoique la loi se serve de ces mots, *si le juge a reçu des présens de la partie*, nous n'en croyons pas moins qu'il est récusable si ces présens ont été faits à sa femme ou à ses enfans, ou à de proches parens qui habiteraient avec lui; car ce serait de sa part recevoir *indirectement* ces présens; ce que défendent les anciennes ordonnances, dont on ne pourrait sérieusement alléguer l'abrogation, en se fondant sur le silence de nos lois nouvelles. On sent d'ailleurs que l'on ne manquerait jamais d'user de cette manière indirecte, à l'effet de corrompre le juge, s'il pouvait n'être pas récusé. — (*Voy. nouv. Rép., au mot* récusation, § 1, *pag.* 685, *et au mot* don corrompable, *pag.* 31).

Mais il faut remarquer qu'un don de peu de valeur, fait à des enfans surtout, ne devrait pas être pris en considération.

1384. *Qu'entend-on par inimitié capitale?*

Rodier répond à cette question qu'il faut que l'inimitié soit décidée, connue, manifestée, occasionnée par l'homicide de quelqu'un de nos proches, par des querelles, par des affaires d'honneur ou d'un gros intérêt, dont le ressentiment porterait à saisir les occasions d'attenter à la vie, à l'honneur, ou aux avantages temporels de son ennemi.

Godefroi, sur la loi 3, *ff de testibus*, se sert de ces expressions : *Inimicus capitalis, gravissimus, non levis, putà, si quis palàm tibi maledixerit, infaustas voces adversus te jactaverit, statûs controversiam moverit, vel omnium bonorum, vel majoris partis, etc.*

Il faut remarquer, 1°. que, si l'inimitié a été suivie de réconciliation, elle cesse de donner lieu à la récusation; et d'ailleurs, la loi ne dit plus, comme l'ordonnance, *s'il y a eu inimitié;* elle dit, *s'il y a inimitié;*

2°. Que la récusation ne peut être admise, pour cette cause, qu'autant que la partie précise et articule les faits caractéristiques de l'inimitié; elle serait infailliblement déboutée, si elle se bornait à des allégations vagues de haine ou d'outrage, ainsi qu'il a été décidé par deux arrêts, l'un de la Cour de cassation, du 9 novembre 1808 (*voy. Denevers, 1808, supp., pag.* 161), l'autre de la Cour d'appel de Paris, du 30 août 1810. — (*Voy. Journal des avoués, tom.* 3, *pag.* 28; *voy. aussi Rodier et Jousse, sur l'art.* 8 *du tit.* 24 *de l'ordonnance*). (1)

1385. *De ce qu'une partie peut récuser le juge qui l'aurait injuriée, attaquée ou menacée, ne s'ensuit-il pas qu'elle peut récuser celui contre lequel elle aurait elle-même proféré ou écrit des injures, etc.?*

Non; car autrement il suffirait à une partie d'insulter un juge dont elle redouterait les lumières et la probité, pour avoir le droit de le récuser. C'est aussi ce qui a été décidé par arrêt de la Cour de cassation, du 23 août 1810, rapporté par Sirey, tom. 11, pag. 28. — (*Voy. Pigeau, tom.* 1, *pag.* 427; *les Quest. de Lepage, pag.* 253, *et la* 1376e.)

Article 379.

Il n'y aura pas lieu à récusation, dans les cas où le juge serait parent du tuteur ou du curateur de l'une des deux parties, ou des membres ou administrateurs d'un établissement, société, direction ou union, partie dans la cause, à moins que lesdits tuteurs, administrateurs ou intéressés, n'aient un intérêt distinct ou personnel.

1386. *Qu'entend-on par ces mots,* INTÉRÊT DISTINCT ET PERSONNEL?

Nous pensons que le législateur a voulu exprimer les cas où, par exemple, un tuteur ou curateur agirait, tant dans son intérêt, en ce qui le concerne, que comme tuteur ou curateur, en ce qui concerne le mineur ou l'interdit; ou lorsque l'administrateur a une part, soit comme émolument ou à tout autre titre, à l'objet qui fait la matière de la contestation; ou enfin lorsqu'il s'agit, dans la contestation, d'un fait qui donne lieu à la responsabilité civile prononcée par l'art. 1384 du Code civil.

---

(1) Au surplus, la disposition de l'article relative à l'inimitié capitale, est purement *discrétionnaire*, c'est-à-dire que le tribunal est libre d'apprécier les raisons sur lesquelles l'allégation d'inimitié serait fondée, et en conséquence, d'admettre ou de rejeter la récusation, suivant qu'il les jugera vraisemblables ou non. — (*Voy. Locré, tom.* 2, *pag.* 51).

ARTICLE 380.

Tout juge qui saura cause de récusation en sa personne, sera tenu de la déclarer à la chambre, qui décidera s'il doit s'abstenir.

Ordonn. de 1667, tit. 24, art. 17 et 18. — Ordonn. de Blois, du mois de mai 1579, art. 118.

CCCXV. LA récusation, quel que soit le motif, a toujours quelque chose de scandaleux et de contraire à la dignité du magistrat. Le juge qui se trouve dans un des cas précédens doit donc, sans attendre une espèce d'injure qu'il peut facilement éviter, prévenir la récusation, non pas en s'abstenant de lui-même, car il ne peut de son propre gré se dispenser des devoirs de sa place, mais en déclarant à ses collègues, lorsqu'ils sont réunis en la chambre du conseil, le motif pour lequel il se croit récusable. La chambre délibère sur cette déclaration et décide si le juge doit s'abstenir.

Comme cette décision est pour les parties *res inter alios judicata*, elle ne peut ni leur servir, ni leur nuire.

Si le juge n'a pas déclaré lui-même à la chambre la cause qui doit l'empêcher de prendre part au jugement d'une affaire, celle des parties qui ne veut pas l'avoir pour juge, n'a qu'à proposer contre lui sa récusation.

Ce que nous disons du juge s'applique au ministère public, d'après la disposition de l'article suivant.

1387. *Le juge ne peut-il nécessairement s'abstenir qu'en vertu de décision de la chambre du conseil ?*

La disposition de l'art. 18 de l'ordonnance de 1667, reproduite en l'art. 380, ne s'observait point à la rigueur dans le ressort de plusieurs Parlemens, notamment en Bretagne, et nous voyons encore aujourd'hui que des juges se déportent, sans qu'il intervienne de décision de la chambre qui ordonne qu'ils s'abstiendront.

Rodier paraît approuver cet usage, pour les cas où les juges sont assez nombreux pour que le déport ne rende pas un renvoi nécessaire. Il est d'ailleurs sans inconvénient, dit Duparc-Poullain, tom. 9, pag. 205, tandis qu'il y en aurait quelquefois à ordonner que le juge déclarera les causes de son déport. Cependant, ajoute cet auteur, si l'une des parties ou la partie publique, lorsque l'affaire intéresse son ministère, exige que le juge déclare son motif de déport, ses collègues ne pourraient pas se dispenser de l'ordonner; et s'ils en jugeaient les causes insuffisantes, le juge serait contraint de connaître de la contestation.

Au moyen de ces distinctions, nous croyons que l'usage dont il s'agit peut être conservé, puisqu'il a l'avantage de dispenser le juge de déclarer des causes de déport qu'il peut avoir des motifs de garder secrètes, et que, d'un autre côté, il lui épargne le désagrément d'avoir à connaître, contre son gré, d'une contestation au jugement de laquelle il lui répugnerait de concourir, si les causes de déport qu'il déclarerait n'étaient pas admises par la chambre. Il faut cependant convenir que cet usage n'est pas absolument dans l'esprit de la loi, et que la plupart des auteurs le rejètent.

1388. *Mais supposons que le juge fasse sa déclaration à la chambre, à l'effet d'être dispensé, et que cette déclaration ne soit pas fondée sur un motif qui établirait une cause de récusation, la chambre pourrait-elle ordonner qu'il s'abstiendra?*

Nous avons dit, sur la 1364e. quest., que les tribunaux ne pouvaient admettre d'autres causes de récusation que celles qui sont mentionnées en l'art. 378. La conséquence de cette solution paraîtrait assez naturellement conduire à la négative de celle que nous venons de poser.

Nous croyons néanmoins que, si l'art. 380 oblige le juge à déclarer les causes de récusation qui existent en sa personne, ce n'est qu'afin d'empêcher que les parties n'opposent elles-mêmes ces causes, et qu'on ne doit pas en conclure que la chambre ne puisse accueillir un déport qui ne serait fondé que sur une délicatesse scrupuleuse de conscience, sur-tout lorsqu'il resterait un nombre de juges suffisant pour composer le tribunal.

1389. *La décision de la chambre, portant que le juge doit s'abstenir, doit-elle être notifiée ou communiquée aux parties? Celles-ci peuvent-elles en interjeter appel?*

La négative a été jugée par arrêt de la Cour de Paris, du 18 mars 1808, rapporté en la Jurisprudence sur le Code de procédure, tom. 1, pag. 396, par le motif que la loi n'ordonne point la communication ou signification de la décision dont il s'agit, et n'en autorise point l'appel (1).

1390. *Le juge peut-il, en tout état de cause, faire la déclaration prescrite par l'art.* 380?

Le doute qui s'élève sur cette question prend sa source dans l'art. 382, qui fixe des délais après lesquels la récusation ne peut être opposée, à moins que les causes n'en soient survenues postérieurement.

On dit qu'il y a même motif de décider pour le cas où le juge se déporterait.

Enfin, l'on ajoute, entre autres raisons que nous nous dispenserons de rapporter, que la loi n'a point entendu permettre de recommencer une procédure en état, lorsqu'un juge viendrait à s'apercevoir, sous le cours d'un délibéré peut-être, qu'il est parent ou allié d'une des parties.

Quoi qu'il en soit, nous avons vu, au tribunal de première instance de Rennes, recevoir, sous le cours d'un délibéré, la déclaration de déport d'un juge, et la chambre ordonner qu'il s'abstiendrait : par suite de cette décision, les plaidoiries furent recommencées. Ce déport eut lieu, comme il peut arriver souvent, dans une cause où un grand nombre de créanciers se trouvaient parties, en sorte qu'à la simple lecture des qualités, le juge ne put remarquer que l'un d'eux était son allié, et ne s'en aperçut que sur le vu des pièces en la chambre du conseil. Nous croyons que cette décision a été bien rendue, parce que la loi impose au juge, en l'art. 380, une obligation de l'accomplissement de laquelle elle ne déclare le dispenser à aucune époque; mais nous pensons, en même tems, que la chambre ne serait pas rigoureusement tenue

(1) Il est à remarquer que l'art. 17 du tit. 24 de l'ordonnance portait que la déclaration du juge serait communiquée aux parties, et que l'art. 380 ne répète pas cette disposition; ce qui sert à confirmer d'autant la décision ci-dessus mentionnée.

d'ordonner que le juge s'abstiendra ; autrement, il eût été assez inutile d'exiger qu'elle prononçât à ce sujet. Cette opinion nous paraît fondée sur ce que le Code ne donne point à la partie, ainsi que le faisait l'art. 21 de l'ordonnance, le droit d'opposer, en tout état de cause, une récusation pour parenté et alliance, lorsque le juge n'aurait pas fait de déclaration : la loi présume donc que la partie a pu connaître les motifs de récusation, et lui impute à faute de ne les avoir pas fait valoir.

1391. *Un juge qui s'est déporté peut-il reprendre la connaissance de l'affaire, quand les causes de son déport ont cessé ?*

Le déport d'un juge, dit d'Aguesseau (*Lettre du 7 août 1731, tom. 12, pag. 24 de la nouv. édition de ses Œuvres*), ne peut être ni conditionnel, ni limité à un certain tems, quand il s'agit du procès à l'égard duquel le déport a été fait. La confiance et la défiance ne se divisent point, par rapport à une seule et même affaire ; et on ne souffre pas, dans les véritables règles de l'ordre public, qu'un juge qui a une fois renoncé à en exercer les fonctions dans un procès où il avait été récusé, puisse les reprendre à l'égard du même procès, sous prétexte que la cause de la récusation, qui était juste, quand elle a été proposée, a cessé postérieurement. On peut toujours appréhender que la récusation n'ait laissé au moins une plaie légère dans le cœur du juge, qui a senti par là qu'il était suspect à une partie ; et quand même cette partie garderait le silence, il devrait se défendre à lui-même de vouloir être juge dans le procès de celui qui a eu une fois contre lui une suspicion légitime. L'illustre chancelier applique ces raisons au déport, et déclare que toutes sortes de raisons, non seulement de bienséance, mais de règle, obligent le juge qui s'est une fois déporté de s'abstenir de toute connaissance ultérieure du procès.

1392. *Le concours d'un juge récusable rend-il le jugement nul, s'il n'a pas déclaré les causes de récusation qu'il savait exister dans sa personne, ou s'il n'a pas été récusé ?*

Suivant M. Lepage, dans ses Questions, pag. 253, le jugement ne serait pas nul ; et telle est notre opinion, fondée non seulement sur ce qu'il n'y a point de disposition dans la loi qui prononce la nullité (ce ne serait peut-être pas une raison suffisante), mais sur ce qu'il est au pouvoir des parties de récuser ou de ne pas récuser, même pour les motifs déclarés causes valables de récusation. L'art. 378 dit, *tout juge peut être récusé :* d'où suit que le silence est un consentement tacite des parties à ce qu'il reste juge.

Ainsi, l'on ne pourrait se faire grief, sous l'appel, de ce qu'un juge, qui ne pouvait ignorer les causes de récusation, ne se soit pas déporté. Le motif de la loi, en donnant aux parties la faculté de récuser, et en prescrivant au juge de se déporter, est que la justice soit rendue avec impartialité ; que l'intérêt, la passion et les considérations humaines ne puissent faire triompher la mauvaise cause au préjudice du bon droit. Or, lorsqu'il y a la ressource de l'appel, et que la partie qui se plaint d'avoir été mal jugée en a usé, il ne s'agit plus d'examiner si elle a eu pour juges des juges récusables, mais si, au fond, elle a été réellement mal jugée. En effet, de ce que des juges soient récusables, il ne s'ensuit pas nécessairement qu'ils aient mal jugé.

C'est pourquoi si, dans un cas semblable, il y avait appel comme de juge incompétent, il serait subordonné au jugement de l'appel au fond.

Au surplus, cette opinion nous paraît à l'abri de toute controverse, d'après l'arrêt rapporté sur la 1379e. quest., pag. 876 (1). — (*Voy., au reste, les Quest. de Lepage, pag.* 255, *et les Œuvres de d'Aguesseau, tom.* 12, *pag.* 107).

ARTICLE 381.

Les causes de récusation relatives aux juges sont applicables au ministère public, lorsqu'il est partie jointe; mais il n'est pas récusable lorsqu'il est partie principale.

Voy. le comment. de l'art. 300, et la 1342.e quest.

1393. *La récusation dirigée contre le ministère public, agissant d'office, est-elle nulle de plein droit?*

Oui, puisqu'en ce cas il n'est pas récusable. Ainsi, la récusation ne peut suspendre la décision du tribunal sur la contestation qui lui est soumise. — (*Arg. d'un arrêt de la Cour de cassat., du* 14 *février* 1811, *Sirey, tom.* 11, *pag.* 356).

ARTICLE 382.

Celui qui voudra récuser devra le faire *avant le commencement de la plaidoirie* (2); et, si l'affaire est en rapport, avant que l'instruction soit achevée ou que les délais soient expirés, à moins que les causes de la récusation ne soient survenues postérieurement (3).

Ordonn. de 1667, tit. 24, art. 20. — C. de P., art. 96, 97, 98, 343, 369.

1394. *Peut-on, après les époques déterminées par l'art.* 382, *admettre une récusation, si les causes existantes n'avaient été connues que depuis ces mêmes époques?*

Au cas prévu par la loi, c'est-à-dire à la survenance des causes après les

---

(1) C'est par application de ces principes que la Cour de Rennes, par arrêt du 26 décembre 1811, a jugé qu'un jugement n'était pas nul pour avoir été rendu en présence du procureur du Roi parent de l'une des parties. Il s'agissait, il est vrai, d'une cause non communicable; si elle l'eût été, le ministère public eût été dans l'obligation de se déporter (*voy. art.* 381); mais, d'après la solution de la question ci-dessus, le jugement n'eût pas été nul par le seul motif que le procureur du Roi eût porté la parole.

(2) C'est-à-dire avant que les conclusions aient été contradictoirement prises à l'audience. — (*Voy. art.* 343).

(3) JURISPRUDENCE.

L'art. 382 du Code de procédure portant : « *Celui qui voudra récuser devra le faire avant* » *le commencement de la plaidoirie* », doit s'entendre en ce sens, que la récusation est recevable, parce qu'elle est proposée *avant la plaidoirie qui a lieu pour obtenir jugement définitif;* peu importe qu'elle soit postérieure à la plaidoirie, qui a eu lieu lors d'un jugement interlocutoire déjà intervenu dans la cause. — (*Metz,* 4 *août* 1818, *Sirey, tom.* 19, *pag.* 41).

époques dont il s'agit, les auteurs du Praticien, tom. 2, pag. 391, estiment qu'on doit assimiler celui qui fait l'objet de notre question. Tel est aussi le sentiment de M. Berriat Saint-Prix, pag. 330, not. 27.

M. Delaporte, tom. 1, pag. 359, et les auteurs du Commentaire inséré aux Annales du notariat, tom. 2, pag. 460, rejètent indistinctement, dans ce cas, toute espèce de récusation.

Nous remarquerons que l'art. 382 n'exprime point, comme le faisait l'art. 21 du tit. 24 de l'ordonnance de 1667, qu'une partie puisse récuser en tout état de cause, *en affirmant* que les motifs de récusation soient venus depuis peu à sa connaissance; il dit, au contraire, qu'il faut que les causes soient *survenues* postérieurement à la mise en état de l'affaire. Nous pensons, en conséquence, que l'exception doit être renfermée dans les termes de la loi, qui veut que l'existence des causes de récusation, et non pas la connaissance de ces causes, soit postérieure aux époques qu'elle indique.

1395. *Lorsqu'une récusation a été formée tardivement, peut-elle être considérée comme non avenue, sans qu'il soit besoin d'un jugement qui la déclare non recevable?*

Un arrêt de la Cour de cassation, du 4 pluviôse an 12, a prononcé d'une manière affirmative sur cette question. On sent qu'elle serait résolue de la même manière aujourd'hui, puisque l'art. 382 fixe un délai dans lequel la récusation doit être faite, de même que la loi du 23 vendémiaire an 4, sous l'empire de laquelle cet arrêt a été rendu, en fixait un pour les récusations péremptoires qu'elle autorisait. — (*Voy. Jurisp. des Cours souv., tom.* 5, *pag.* 41).

ARTICLE 383.

La récusation contre les juges commis aux descentes, enquêtes et autres opérations, ne pourra être proposée que dans les trois jours qui courront : 1.° si le jugement est contradictoire, du jour du jugement; 2.° si le jugement est par défaut et qu'il n'y ait pas d'opposition, du jour de l'expiration de la huitaine de l'opposition; 3.° si le jugement a été rendu par défaut, et qu'il y ait eu opposition, du jour du débouté d'opposition, même par défaut.

Ordonn., tit. 24, art. 22. — C. de P., art. 1033.

1396. *Faut-il distinguer, pour l'application de l'art.* 383, *entre les jugemens par défaut rendus faute de constitution d'avoué, et les jugemens rendus faute de plaider?*

Non, puisque la loi ne fait aucune distinction. Ainsi, bien que l'opposition contre un jugement rendu faute de constitution d'avoué soit recevable jusqu'à son exécution, ce ne sera qu'*à partir* de l'expiration de la huitaine que courront les trois jours donnés pour récuser le juge-commissaire. — (*Voy. Demiau Crouzilhac, pag.* 282).

1397. *Doit-on appliquer, au cas de l'art.* 383, *l'exception portée en l'article précédent, relativement à la survenance des causes après les délais fixés par cet art.* 383?

Oui, d'après M. Delaporte, tom. 1, pag. 361. Mais telle n'est pas notre opinion : d'un côté, l'art. 22 de l'ordonnance disposait formellement le contraire; de l'autre, il nous semble que le silence de l'art. 383 a été observé à dessein, à raison de la nécessité de terminer promptement les opérations ; nécessité qui a fait abréger, pour le juge qui en est chargé, les délais des récusations ordinaires.

1398. *Quel est le tribunal qui doit prononcer sur la récusation d'un juge-commissaire, lorsque ce juge n'a pas été pris parmi les membres du tribunal saisi de la contestation?*

Rodier répond, sur l'art. 10 du tit. 22 de l'ordonnance, que la récusation d'un commissaire délégué doit être jugée par les juges déléguans, et celle d'un juge par les officiers du siége. Nous pensons, au contraire, qu'il résulte de l'esprit et de l'ensemble des dispositions du Code, qu'elle doit être jugée par le tribunal auquel appartient le juge délégué, et si c'est un juge de paix, par e tribunal qui connaîtrait de la récusation en tout autre cas, conformément à l'art. 47.

Nous disons, en premier lieu, que cette opinion est fondée sur l'esprit du Code; car il tend à hâter la confection de l'opération du juge-commissaire. (*Voy. la question précédente*). Or, ce serait la retarder que de déférer le jugement de la récusation à un tribunal éloigné. Nous disons ensuite que cette même opinion résulte de la combinaison de plusieurs articles; et, en effet, l'art. 384 veut que la récusation soit faite au greffe; l'art. 286 veut que le juge récusé fasse sa déclaration au greffe, *à la suite de la minute de l'acte de récusation.* On sent que ces articles ne pourraient être exécutés sans que l'on suppléât une procédure sur laquelle la loi garde le silence. Mais ce qui achève de nous confirmer dans notre opinion, c'est qu'une Cour royale peut commettre un juge inférieur ; et si la récusation de ce juge devait être jugée par elle, on demandera où se porterait l'appel que l'art. 376 autorise? Certes, il n'est pas dans l'intention du législateur de rendre nécessaire en ce cas un réglement de juges (1).

Article 384.

La récusation sera proposée par un acte au greffe, qui en contiendra les moyens, et sera signé de la partie, ou du fondé

---

(1) Au surplus, pour couper court au plus grand nombre de difficultés qui peuvent naître sur cette question, que le Code n'a pas prévue, c'est aux tribunaux à avoir soin d'autoriser, autant que possible, ainsi qu'ils en ont le droit d'après l'art. 1035, un tribunal à commettre un de ses juges, parce qu'alors il ne sera pas douteux que ce sera ce tribunal qui devra connaître de la récusation.

de sa procuration authentique et spéciale, laquelle sera annexée à l'acte (1).

T., 92. — Ordonn., tit. 24, art. 23. — C. de P., art. 370.

CCCXVI. La récusation ne peut être faite verbalement en présence du juge; d'anciens arrêts ont prononcé la peine de l'amende contre une attaque si peu décente.

Il faut donc, pour concilier et l'intérêt des parties et le respect dû à la magistrature, que le récusant se retire au greffe, soit personnellement, soit par un fondé de pouvoir spécial et authentique; là, sans éclat comme sans injures inutiles, et sans expressions gratuitement offensantes, il fait sa déclaration par un acte qu'il signe conjointement avec l'avoué qui l'assiste, et le greffier. Cette déclaration doit contenir les moyens, c'est-à-dire les causes de la récusation et les preuves à l'appui. Quand c'est un fondé de pouvoir qui comparaît pour le récusant, il doit annexer à l'acte la procuration dont il est porteur.

ARTICLE 385.

Sur l'expédition de l'acte de récusation, remise dans les vingt-quatre heures par le greffier au président du tribunal (2), il sera, sur le rapport du président et les conclusions du ministère public, rendu jugement qui, si la récusation est inadmissible, la rejettera; et si elle est admissible, ordonnera, 1.° la communication au juge récusé, pour s'expliquer en termes précis sur les faits, dans le délai qui sera fixé par le jugement; 2.° la communication au ministère public, et indiquera le jour où le rapport sera fait par l'un des juges nommé par ledit jugement.

Ordonn., tit. 24, art. 24. — C. de P., art. 371.

CCCXVII. Sur le vu de cette expédition, qu'il communique au ministère public, le président, ou celui qui le remplace, fait son rapport à la prochaine audience; le ministère public est entendu dans ses conclusions, et le tribunal se borne à rechercher si la cause sur laquelle est fondée la récusation est admissible, sans examiner encore si elle est bien justifiée.

Le tribunal reconnaît-il que la récusation n'est point admissible? Dès l'instant qu'il l'a rejetée, on passe outre, soit à l'instruction, soit au jugement de la cause principale. Juge-t-il, au contraire, qu'elle est admissible? Il ordonne, 1°. qu'elle sera communiquée au juge récusé, pour que ce dernier ait à s'expliquer en termes précis sur les faits, dans un délai qui lui est prescrit par le

(1) JURISPRUDENCE.

Un tribunal n'est pas obligé de s'arrêter à une récusation irrégulière dans la forme. — (*Cassat.*, 16 *brum. an* 12, *Sirey, an* 12, *pag.* 64, *et suprà*, *n.*° 1395).

(2) Si c'est le président qui lui-même est récusé, la remise s'en fait au juge qui le remplace.

jugement; 2°. que la réponse de ce juge et les autres pièces relatives à la récusation seront ensuite communiquées au ministère public; ce jugement commet en outre un juge rapporteur, et fixe le jour d'audience auquel sera fait le rapport.

1399. *Le juge récusé peut-il concourir au jugement dont il s'agit en l'art.* 385?

Non sans doute. — (*Voy. quest.* 1344e. *et* 1358e., *et Rodier, sur l'art.* 24 *de l'ordonn.*)

Il a même été décidé, par arrêt du Parlement de Grenoble, cité par M. Berriat Saint-Prix, pag. 331, not. 31, que les juges parens du récusé ne doivent point prendre part à un semblable jugement, quand il s'agit de son intérêt ou de son honneur.

Nous ne pensons pas que ces juges soient tenus de s'abstenir, ni qu'ils puissent être récusés, parce qu'ainsi qu'il sera dit sur la quest. 1402e., le juge récusé n'est point, à vrai dire, partie dans l'incident de récusation, et que la volonté de la loi est qu'un juge ne s'abstienne que dans le cas où il y a cause de récusation. — (*Voy. Cassat.*, 30 *nov.* 1809, *Sirey, tom.* 10, *pag.* 209; *suprà*, *n°.* 1351).

1400. *Mais le tribunal peut-il, au nombre de juges auquel il est réduit par l'éloignement du juge récusé ou qui s'abstient, prononcer sur l'abstention ou la récusation?*

Dans ces deux cas, le tribunal doit être composé du nombre de juges nécessaire pour rendre un jugement sur le fond : il faut en conséquence compléter le tribunal comme dans les cas ordinaires.

Article 386.

Le juge récusé fera sa déclaration au greffe, à la suite de la minute de l'acte de récusation.

CCCXVIII. En exécution du jugement qui admet la récusation, le juge récusé se transporte au greffe, et donne l'explication demandée par une déclaration qu'il écrit à la suite de la minute même de l'acte de récusation.

Cette déclaration faite, le ministère public et le rapporteur prennent chacun communication des pièces, et se mettent en état, l'un de faire son rapport, l'autre de donner ses conclusions au jour fixé pour l'audience.

1401. *Quel est l'objet de la déclaration ordonnée par l'art.* 386?

L'objet de cette déclaration est que le juge s'explique sur les causes de récusation, soit en les avouant, soit en les contestant, soit enfin en donnant, à ce sujet, tous les renseignemens qui pourront mettre le tribunal à portée de statuer avec connaissance de cause.

1402. *La déclaration faite par le juge, et dans laquelle il contesterait les causes de récusation, l'établit-elle partie dans l'incident?*

Non, et c'est ce qui a été formellement décidé par arrêt de la Cour de cassation, du 21 novembre 1809. (*Voy. Sirey, tom.* 10, *pag.* 80). On lit dans cet arrêt qu'il résulte de la combinaison des différens articles relatifs à la récusation, que le juge récusé n'est pas réputé partie dans l'incident.

Par suite de ce principe, et, en outre, par le motif que le Code de procédure a réglé et déterminé (*voy. art.* 505) les cas où un juge peut être pris à partie, sans y comprendre la résistance même du juge à la demande en récusation formée contre lui, le même arrêt a décidé que le juge qui ne se déporte pas, et qui conteste au contraire les causes de récusation, ne peut être condamné aux dépens de l'incident, lorsque la récusation est admise.

ARTICLE 387.

A compter du jour du jugement qui ordonnera la communication, tous jugemens et opérations seront suspendus. Si cependant l'une des parties prétend que l'opération est urgente et qu'il y a péril dans le retard, l'incident sera porté à l'audience sur un simple acte, et le tribunal pourra ordonner qu'il sera procédé par un autre juge.

Ordonn. de 1667, tit. 21, art. 7, et 2.e part., tit. 24, art. 22. — C. de P., art. 391.

CCCXIX. A compter du jour où la récusation est admise et la communication ordonnée, tout jugement et toute opération sur l'instance principale demeurent suspendus; car le juge récusé devant s'abstenir provisoirement jusqu'à ce qu'il ait été statué sur la récusation par jugement définitif, le tribunal se trouve momentanément incomplet (1).

1403. *Si un juge commis est pris hors du sein du tribunal et est récusé, et qu'il y ait urgence dans l'opération, à quel tribunal faut-il s'adresser pour faire commettre un autre juge?*

Nous pensons que le tribunal auquel appartient le juge-commissaire peut le remplacer, lorsque le tribunal saisi de la contestation l'a chargé de commettre; mais, dans le cas où ce dernier tribunal a commis d'une manière directe tel juge désigné par lui, par exemple, lorsqu'il aurait spécialement indiqué le président ou le plus ancien juge de tel autre tribunal, ainsi qu'il en a le droit, d'après l'art. 1035 du Code (*voy. quest.* 1398e.), alors il n'y a que le tribunal déléguant qui puisse remplacer le commissaire délégué.

1404. *Peut-on, s'il est urgent de faire prononcer un jugement interlocutoire ou provisoire, demander au tribunal qu'il fasse remplacer le juge récusé, afin qu'il puisse rendre ce jugement?*

---

(1) Si cependant une des parties prétend qu'il est urgent, ou d'ordonner une opération, ou de procéder à celle ordonnée, si quelque demande provisoire, qui ne peut souffrir de retard, se présente à juger; par exemple, s'il s'agit de constater l'état de l'objet ou d'un lieu qui peut changer; de faire entendre des témoins qui vont s'éloigner; d'enlever une récolte, etc., l'incident est porté à l'audience sur un simple acte, et le tribunal, après avoir appelé, pour le compléter, un juge en remplacement de celui qu'on a récusé, pèse les circonstances, et s'il les trouve très-pressantes, il ordonne, suivant les cas, ou que l'opération sera faite, ou qu'il y sera procédé par un autre juge, etc.

A s'attacher aux termes de la loi, on est porté à croire qu'elle n'a point entendu donner cette faculté aux parties : Tous JUGEMENS et opérations, dit l'art. 387, *seront suspendus ;* et il n'admet ensuite qu'une exception concernant les opérations.

Quoi qu'il en soit, M. Pigeau, tom. 1, pag. 432, et M. Hautefeuille, pag. 205, décident affirmativement la question proposée, et pensent que l'on peut se pourvoir à l'audience, pour obtenir un jugement interlocutoire ou provisoire, que le tribunal pourrait rendre en faisant remplacer le juge récusé.

Telle n'est pas notre opinion ; nous croyons du moins que celle des auteurs précités est contraire au texte de la loi.

1405. *Y aurait-il nullité des jugemens rendus ou des opérations faites au mépris de la prohibition de l'art.* 387 ?

C'est notre opinion, fondée sur ce que l'art. 1030 ne s'applique, selon nous, qu'aux exploits et actes de procédure faits par des officiers ministériels, et non pas aux actes du ministère des juges. Ainsi, les voies d'appel ou de cassation sont ouvertes, suivant les circonstances. — (*Voy. Quest. de Lepage, pag.* 256).

ARTICLE 388.

Si le juge récusé convient des faits qui ont motivé sa récusation, ou si ces faits sont prouvés, il sera ordonné qu'il s'abstiendra.

Ordonn., tit. 24, art. 15.

CCCXX. Si, par sa déclaration, le juge récusé convient des faits sur lesquels est motivée la récusation, son aveu, qui fait preuve suffisante en ce cas, ne peut être contesté par aucune des parties. Le tribunal déclare, en conséquence, la récusation valable et bien fondée, ordonne que le juge récusé s'abstiendra, et réserve les dépens en définitif, pour être supportés par celle des parties qui succombera (1).

ARTICLE 389.

Si le récusant n'apporte preuve par écrit ou commencement de preuve des causes de la récusation, il est laissé à la prudence du tribunal de rejeter la récusation sur la simple déclaration du juge, ou d'ordonner la preuve testimoniale.

C. C., art. 1347 et 1348.

CCCXXI. Si le récusant ne peut fournir une preuve par titre, mais qu'il présente un commencement de preuve par écrit des faits avancés pour motif

(1) La même décision a lieu si le juge récusé ne s'étant pas expliqué sur les faits ou les ayant dénaturés, le récusant en fournit la preuve par écrit.

de sa récusation, avec offre de compléter ce commencement de preuve par une enquête, le tribunal doit accueillir son offre, et lui permettre de faire entendre ses témoins, suivant la forme ordinaire.

Le récusant n'apporte-t-il ni preuves par titres, ni commencement de preuve par écrit? La loi laisse à la prudence du tribunal ou de rejeter la récusation sur la simple déclaration du juge récusé, ou d'admettre le récusant à faire la preuve testimoniale (1).

L'enquête achevée, l'audience est poursuivie comme à l'ordinaire sur un simple acte; le rapporteur et le ministère public prennent de nouveau la parole, et le tribunal prononce définitivement sur la récusation.

ARTICLE 390.

Celui dont la récusation aura été déclarée non admissible ou non recevable, sera condamné à telle amende qu'il plaira au tribunal, laquelle ne pourra être moindre de 100f, et sans préjudice, s'il y a lieu, de l'action du juge en réparation et dommages et intérêts, auquel cas il ne pourra demeurer juge (2).

Ordonn., tit. 24, art. 29 et 30. — C. de P., art. 314, 1029.

CCCXXII. LA récusation peut être rejetée comme inadmissible, comme non recevable ou comme mal fondée.

On a vu qu'elle est rejetée de prime-abord comme inadmissible, quand les faits allégués par le récusant ne sont point de nature à former une cause de récusation.

Elle est écartée comme non recevable, lorsqu'au jour d'audience indiquée par le jugement qui l'a déclarée admissible, on reconnaît qu'elle n'a pas été proposée dans le délai prescrit.

Enfin on la juge mal fondée, lorsque le récusant n'a point fourni la preuve de ses faits ou causes de récusation.

---

(1) Quand la preuve testimoniale est ordonnée, rien n'empêche de commettre, pour entendre les témoins, le juge nommé rapporteur par le premier jugement.

(2) JURISPRUDENCE.

Lorsque plusieurs membres d'un tribunal ont été récusés, et que les autres se sont déportés, les causes de récusation doivent être jugées par un premier tribunal, avant d'être présentées à la Cour, puisque l'art. 391 déclare que tout jugement sur récusation est sujet à l'appel; mais puisque plusieurs juges sont récusés, et que les autres se sont déportés, les causes de récusation ne peuvent être jugées par le même tribunal.

Il y a conséquemment lieu de permettre à la partie qui a récusé de signifier et d'appeler sa partie adverse pardevant la Cour d'appel, conformément à l'art. 364, en indication de juges, pour prononcer sur les récusations. — (*Rennes, 27 nov.* 1807).

Nota. On remarquera que cet arrêt de la Cour de Rennes n'a rien de contraire à ce que nous avons établi sur l'art. 368, n.° 1337, attendu qu'il ne s'agissait, dans l'espèce, que de récusations partielles. Or, il ne pouvait y avoir lieu ni à la demande en renvoi pour cause de suspicion légitime, puisque tous les membres du tribunal n'étaient pas récusés, ni à la demande *en indication de juges*, pour prononcer sur le fond de l'affaire, puisque ceux qui avaient été récusés n'ayant pas acquiescé à la récusation, il pouvait arriver, si elle était rejetée, que le tribunal pût être complété.

1406. *Le demandeur est-il sujet à l'amende, soit dans le cas où la récusation est jugée inadmissible ou non recevable, soit dans celui où elle est jugée mal fondée?*

On pourrait supposer, d'après ces expressions de l'art. 390, *celui dont la récusation aura été déclarée* NON ADMISSIBLE *ou non recevable*, que la condamnation à l'amende n'aurait lieu qu'autant que la récusation serait rejetée par le jugement à rendre, conformément à l'art. 385. Ce n'est, dirait-on, qu'à cette époque de la procédure que le tribunal prononce que la récusation est *inadmissible* ou *non recevable*, soit comme n'étant pas fondée sur une cause mentionnée dans la loi, soit comme n'ayant pas été proposée dans les délais qu'elle détermine.

Mais si l'on observe, 1°. que l'art. 29 du tit. 24 de l'ordonnance de 1667 portait que l'amende était encourue lorsque les récusations étaient déclarées *impertinentes et inadmissibles*, ou lorsqu'on en était débouté faute de preuves; 2.° qu'il n'existe aucun motif raisonnable pour que le législateur eût prononcé l'amende contre le demandeur qui succomberait lors du jugement à rendre, d'après l'article 385, et l'en eût dispensé, si la récusation était jugée mal fondée par celui qui interviendrait, en exécution de l'art. 390; si l'on envisage, au contraire, que celui qui a récusé un juge pour une cause fausse, est plus répréhensible que celui qui a invoqué une cause non admise par la loi, ou qui n'a pas fait la récusation dans le délai prescrit, alors, sans doute, on admettra, avec MM. Pigeau, tom. 1, pag. 434, et Demiau Crouzilhac, pag. 285, que l'amende doit être prononcée dans tous les cas.

Article 391.

Tout jugement sur récusation, même dans les matières où le tribunal de première instance juge en dernier ressort, sera susceptible d'appel : si néanmoins la partie soutient qu'attendu l'urgence, il est nécessaire de procéder à une opération sans attendre que l'appel soit jugé, l'incident sera porté à l'audience sur un simple acte, et le tribunal qui aura rejeté la récusation, pourra ordonner qu'il sera procédé à l'opération par un autre juge.

Ordonn., tit. 24, art. 26. — C. de P., art. 376, 387.

CCCXXIII. La généralité des termes de cet article fait assez connaître que l'on peut appeler, 1°. du jugement qui déclare la récusation inadmissible; 2°. de celui qui la déclare non recevable; 3°. de celui qui admet à la preuve, car il est interlocutoire; 4°. de celui qui déclare la récusation mal fondée (1).

1407. *L'adversaire du récusant peut-il appeler des jugemens rendus sur la récusation?*

M. Pigeau, tom. 1, pag. 435, et M. Lepage, dans ses Questions, pag. 257,

(1) Voyez Pigeau, tom. 1, pag. 435; Praticien, tom. 2, pag. 397; Demiau Crouzilhac, pag. 286, et la question suivante).

maintiennent la négative de cette question, et se fondent sur ce que les articles 391 et 396 parlent seulement de l'appel du jugement qui a rejeté la récusation, et qui, par conséquent, a été interjeté par le demandeur en récusation : ils prohibent donc tacitement l'appel du jugement qui a admis la récusation, et ils le prohibent par une conséquence de ce que le droit d'appeler d'un jugement n'appartient qu'à ceux qui ont été parties. Or, l'adversaire du récusant n'est point partie dans l'incident, puisque la loi n'oblige ce dernier à lui faire aucune signification, ni en première instance, ni en cause d'appel.

D'ailleurs, ajoute M. Pigeau, le jugement qui a admis la récusation ne fait aucun tort à l'adversaire du récusant, puisque le récusé est remplacé par un autre juge ou par un juge-suppléant.

M. Demiau, pag. 286, tout en reconnaissant qu'il paraît que le législateur n'a supposé l'appel que de la part du récusant, dit néanmoins que cela n'exclut point l'appel des autres parties. D'un autre côté, M. Berriat Saint-Prix, pag. 332, not. 38, combat l'opinion de M. Pigeau, en objectant, 1°. que, d'après l'art. 391, tout jugement sur récusation est susceptible d'appel; d'où suit que toute partie peut appeler, si la loi ne le lui défend pas; car l'appel est un avantage de droit commun, dont on peut user tant qu'il n'y a pas de prohibition formelle; 2°. que, la loi donnant aux parties la faculté de contester le renvoi pour parenté, il y a même raison de leur accorder celle d'attaquer la récusation, et, par conséquent, le jugement qui l'autorise; 3°. enfin que cet avis est conforme à l'ancienne jurisprudence.

Rodier dit en effet, sur l'art. 26 du tit. 24 de l'ordonnance, que, bien que les récusations soient jugées sans la participation de la partie adverse, *il est cependant permis à chacune des parties d'en relever appel.*

Ce qui nous détermine à adopter cette opinion, ce sont ces termes de l'art. 391, *tous jugemens sur récusation.* On ne saurait contester, selon nous, que ces expressions générales ne comprennent, sans distinction, tous les jugemens qui interviennent par suite de la récusation, c'est-à-dire tous ceux que nous avons indiqués sur la précédente question, et tous ceux qui admettent la récusation, soit dans la forme, soit au fond; car tous ces jugemens sont rendus *sur la récusation.* Si les art. 391 et 396 parlent, comme le dit M. Pigeau, des jugemens qui ont rejeté la récusation, ce n'est que pour énoncer des dispositions particulières à ce cas; dispositions dont on ne saurait conclure que les expressions que nous venons de rappeler ne doivent pas être entendues dans leur généralité. (1)

1408. *Mais le juge récusé peut-il aussi se rendre appelant du jugement qui déclare que la récusation est admise, ou qu'il s'abstiendra ?*

Aucune disposition du Code, dit M. Pigeau, *ubi suprà*, n'accorde formelle-

---

(1) Telle est aussi l'opinion de M. Poncet, pag. 265, qui conclut, avec raison, de ce que la voie d'appel est ouverte à l'adversaire du récusant, qu'il a le droit de contester la récusation en première instance. Et, en effet, si la récusation est une faveur introduite dans l'intérêt d'une partie, l'adversaire doit jouir de tous les moyens légitimes d'empêcher que cette faveur ne tourne à son préjudice; c'est en ce sens que nous avons envisagé la contestation de ce dernier, comme tenant aux dispositions du Code, qui tendent à concilier les intérêts des parties, du public et des magistrats. — (*Voy. suprà, pag.* 865).

ment au juge récusé le droit d'appeler des jugemens de récusation. Cependant cet auteur, ainsi que M. Lepage, dans ses Questions, pag. 258, reconnaît ce droit au juge, dont l'honneur serait compromis par le jugement qui admettrait la récusation.

M. Berriat Saint-Prix, *ubi suprà*, observe que, dans les autres cas que ceux dont parle M. Pigeau, on pourrait soutenir que peut-être l'appel est interdit au juge récusé, attendu que la loi ne considère pas, à proprement parler, le juge *comme partie*, du moins d'après ce qui résulte de l'arrêt de la Cour de cassation, du 13 novembre 1809, cité sur notre quest. 1402e.

Il faut observer ici que Rodier, sur l'art. 26 de l'ordonnance, disait aussi que le juge pouvait se rendre appelant d'un jugement sur récusation qui blesserait son intérêt ou son honneur, tandis que Serpillon, sur le même article, cite un arrêt du Parlement de Dijon qui décide, sans aucune distinction, que le juge récusé ne peut se rendre appelant du jugement qui a déclaré la récusation valable.

M. Demiau Crouzilhac, pag. 287, admet l'appel de la part du juge, non seulement dans les cas dont nous venons de parler, mais encore dans celui où il aurait formé la demande en dommages-intérêts. Nous nous rangeons à cette dernière opinion, parce que le juge a, dans ces circonstances, un intérêt personnel à la réformation du jugement; mais il est entendu que, s'il appelait pour toute autre cause, ou dans la seule vue de rester juge, il serait déclaré sans griefs (1).

1409. *L'adversaire du récusant ou le juge récusé peut-il former opposition au jugement rendu sur récusation ?*

Suivant Rodier, sur l'art. 26, la partie adverse du récusant pouvait, sous l'empire de l'ordonnance, former opposition au jugement; mais le juge ne pouvait se pourvoir que par appel, parce qu'il avait été ouï sur les causes de récusation. M. Demiau Crouzilhac, pag. 286, dit que le juge, comme la partie, doit préférablement prendre la voie d'opposition, qui, selon lui, lui est ouverte, parce qu'il n'est pas entendu dans le jugement.

Nous ne pensons pas que cette opinion puisse se concilier avec les dispositions du Code de procédure, qui n'admettent que l'appel, et qui ne portent point, comme l'article précité de l'ordonnance, que les jugemens rendus sur récusation seront exécutés nonobstant *oppositions* ou appellations (2).

---

(1) Au surplus, la Cour suprême, comme M. Berriat a soin de le faire remarquer en terminant sa note 38, paraît même à présent considérer le juge comme *partie*, puisque, dans deux arrêts, l'un du 24 octobre 1817, l'autre du 11 février 1820, elle a statué sur le recours de deux juges récusés (l'un d'eux avait appelé du jugement de récusation), tandis que, dans un système différent de celui que nous maintenons, elle les eût sans doute purement déclarés non recevables.

Il n'est pas besoin de dire que la partie adverse du récusant, ou le juge récusé, ne peut être intimé sous l'appel : ceci résulte de l'ensemble des dispositions du Code et de l'art. 391, et telle était aussi l'ancienne jurisprudence. — (*Voy. Serpillon, sur l'art. 26 de l'ordonn.*)

(2) D'ailleurs, quel serait le délai de cette opposition? Quelle serait la procédure à faire en conséquence? La loi n'en dit rien. Suivra-t-on les règles ordinaires? L'incident sera prolongé, tandis que le législateur a fait tout ce qui était en lui pour hâter sa décision. — (*Voy. art.* 394 *et* 395).

Il est vrai que l'on demandera, comme la Cour d'Agen, relativement aux jugemens de

ARTICLE 392.

Celui qui voudra appeler, sera tenu de le faire dans les cinq jours du jugement, par un acte au greffe, lequel sera motivé et contiendra énonciation du dépôt au greffe des pièces au soutien.

C. de P., art. 377, 396, 1033.

ARTICLE 393.

L'expédition de l'acte de récusation, de la déclaration du juge, de l'appel, et les pièces jointes, seront envoyées sous trois jours par le greffier, à la requête et aux frais de l'appelant, au greffier de la Cour royale.

C. de P., art. 377.

ARTICLE 394.

Dans les trois jours de la remise au greffier de la Cour royale, celui-ci présentera lesdites pièces à la Cour, laquelle indiquera le jour du jugement, et commettra l'un des juges; sur son rapport, et sur les conclusions du ministère public, il sera rendu à l'audience jugement, sans qu'il soit nécessaire d'appeler les parties.

Même art. 377, même tit. 24, art. 27 de l'ordonnance.

ARTICLE 395.

Dans les vingt-quatre heures de l'expédition du jugement, le greffier de la Cour royale renverra les pièces à lui adressées au greffier du tribunal de première instance.

Voy. art. 377, conséquence de l'art. 393.

---

renvoi, quelle sera la voie ouverte contre un jugement de récusation rendu par une Cour d'appel, si ce n'est celle de l'opposition? On dira que Rodier, sur l'art. 26, admettait l'opposition, si ces jugemens émanaient des juges en dernier ressort. Mais cette opinion ne décide rien relativement aux jugemens de première instance, et Rodier disait lui-même qu'il n'y avait contre eux que la voie d'appel.

Quant aux arrêts rendus par des Cours d'appel sur récusation de leurs membres, peut-être pourrait-on suivre l'opinion de Rodier; mais nous répétons que le Code ne s'explique nulle part sur l'opposition; que le législateur n'a point eu égard à l'observation de la Cour d'appel dont nous venons de parler, puisqu'il a gardé le silence, et que, par conséquent, on doit conclure qu'il n'a entendu autoriser d'autre pourvoi, contre les arrêts rendus sur récusation, que le recours en cassation.

Article 396.

L'appelant sera tenu, dans le mois du jour du jugement de première instance qui aura rejeté sa récusation, de signifier aux parties le jugement sur l'appel, ou certificat du greffier de la Cour royale, contenant que l'appel n'est pas jugé, et indication du jour déterminé par la Cour : sinon, le jugement qui aura rejeté la récusation sera exécuté par provision, et ce qui sera fait en conséquence sera valable, encore que la récusation fût admise sur l'appel.

T., 70.

CCCXXIV. Une procédure particulière a lieu pour l'appel des jugemens sur récusation, et cette procédure, comme on le voit par les cinq articles qui précèdent, est *simple* (1) et rapide. Il ne faut pas, a dit l'orateur du Gouvernement, que l'intégrité du magistrat reste long-tems sous le soupçon.

Celui qui veut interjeter appel d'un jugement rendu sur récusation, ne peut le faire que dans le délai de cinq jours.

Ce délai court à partir, non pas de la *signification*, mais de la simple prononciation du jugement (2).

La partie qui veut se rendre appelante, se transporte au greffe, assistée de son avoué. C'est là qu'elle fait sa déclaration d'appel par un acte *motivé*, qui doit contenir, outre les moyens, les conclusions, l'énonciation sommaire de chacune des pièces déposées au soutien.

La loi n'exige point expressément que l'acte d'appel soit, comme celui de récusation, signé de la partie elle-même, ou de son fondé de pouvoir spécial et authentique. Ainsi, l'appel ne serait pas nul par cela seul qu'il n'aurait été signé que de l'avoué (*voy. Demiau Crouzilhac, pag.* 187); mais il faut remarquer que l'avoué, s'il n'était pas en état de justifier d'une autorisation suffisante pour souscrire un tel acte, s'exposerait au désaveu (3).

L'appel du jugement sur récusation est suspensif, comme l'est en général celui de tout autre jugement : il a de plus cela de particulier, que le tribunal ne peut en ordonner l'exécution provisoire. Néanmoins, s'il est urgent de procéder à quelque opération pour laquelle est commis le juge récusé, l'incident

---

(1) Aussi n'avons-nous à donner sur ces articles que les simples explications qui forment le présent commentaire, qui embrasse toutes leurs dispositions.

(2) Nous croyons qu'il est fatal, quoique le contraire ait été décidé par arrêt de la Cour de Bordeaux, du 8 juin 1809 (*Sirey, tom,* 9, *pag.* 297), par application de l'art. 1030, qui n'a trait qu'à l'omission des formalités prescrites pour les actes de la procédure, et non pas à des obligations imposées aux parties, comme celle que leur impose l'art. 392, par ces mots, *celui qui voudra appeler sera tenu.* — (*Voy. Demiau Crouzilhac, pag.* 288).

(3) Ainsi, la prudence exige que les avoués se munissent d'avance d'un pouvoir spécial, qu'il est facile de faire donner en même tems que celui nécessaire pour la récusation; car le cas d'appel peut toujours se prévoir, comme le dit M. Lepage, dans ses Questions, pag. 258.

est porté sur un simple acte devant le tribunal qui a rejeté la récusation, et ce tribunal peut ordonner qu'il sera procédé à l'opération par tel autre juge qu'il commet à la place du premier.

Dans les trois jours qui suivent celui de la déclaration d'appel au greffe du tribunal qui a rendu le jugement, le greffier de ce tribunal est tenu, s'il en est requis par l'appelant, et si ce dernier lui consigne les frais nécessaires, d'envoyer au greffier de la Cour d'appel du ressort, 1°. l'expédition de l'acte de récusation; 2°. celle de la déclaration du juge récusé; 3°. celle du jugement dont est appel; 4°. celle de l'acte d'appel, et les pièces déposées au soutien.

Le greffier de la Cour d'appel doit à son tour, dans les trois jours de la remise qu'on lui fait de toutes ces pièces, les présenter à la Cour, qui nomme de suite un juge rapporteur et fixe le jour d'audience auquel sera prononcé l'arrêt définitif.

Au jour fixé pour l'audience, le rapporteur fait son rapport, le ministère public donne ses conclusions, et la Cour prononce définitivement sur l'appel, sans qu'il soit nécessaire d'appeler les parties.

Si l'arrêt est favorable à l'appelant, celui-ci doit promptement en lever une expédition; cette expédition levée, le greffier de la Cour d'appel, qui n'a plus de motif pour retenir davantage les pièces, est tenu de les renvoyer dans les vingt-quatre heures au greffier du tribunal de première instance. Si l'arrêt a confirmé le jugement de première instance, on peut, à la rigueur, se dispenser d'en prendre expédition, sauf au greffier de la Cour d'appel à se faire délivrer un exécutoire pour le paiement de ses droits et déboursés.

Nous avons dit que l'appel de tout jugement sur récusation était suspensif; mais cette suspension ne doit pas dégénérer en abus et devenir un moyen de paralyser indéfiniment l'action principale. Aussi la loi veut-elle que si, dans le mois, à partir du jugement de première instance, l'appelant n'a pas fait signifier l'arrêt définitif de la Cour d'appel, ou du moins un certificat du greffier de cette Cour, constatant que l'appel n'est pas encore jugé, et désignant le jour auquel il doit l'être, le jugement qui a rejeté la récusation soit exécuté provisoirement, et que toutes les procédures faites ou les jugemens rendus en conséquence de cette exécution provisoire soient valables, même dans le cas où la récusation serait ensuite admise sur l'appel.

FIN DU PREMIER VOLUME.

www.ingramcontent.com/pod-product-compliance
Lightning Source LLC
LaVergne TN
LVHW020954300926
849160LV00007B/143